THE CELTIC MOON SIGN KIT

BOOK ONE

HOW TO CAST A LUNAR HOROSCOPE

HELENA PATERSON

F

A Fireside Book
Published by Simon & Schuster

In memory of my father. A man of the sea, whose working life followed the flow of the tides and the position of the stars.

FIRESIDE
Rockefeller Center
1230 Avenue of the Americas
New York, NY 10020

Adapted from
The Handbook of Celtic Astrology
Copyright © 1994 Helena Paterson
Published by Llewellyn Publications
St. Paul, MN 55164 USA

1 3 5 7 9 10 8 6 4 2

Library of Congress Cataloging-in-Publication Data

Paterson, Helena, [1945]
The Celtic moon sign kit / Helena Paterson.
p. cm.
Includes bibliographical references.
1. Astrology, Celtic. 2. Horoscopes. 3. Moon—Miscellanea.
I. Title.
BF1714.C44P384 1999
133.5'93916—dc21 99–17392
CIP

ISBN 0-684-86218-2

AN EDDISON•SADD EDITION
Edited, designed and produced by
Eddison Sadd Editions Limited
St Chad's House, 148 King's Cross Road
London WC1X 9DH

Phototypeset in Colmcille MT using QuarkXPress on Apple Macintosh
Manufactured in China by Leo Paper Products

CONTENTS

Introduction

The ancient Celtic ritual calendar and zodiac of thirteen lunar months was associated with thirteen sacred trees, and these tree signs form the basis for the astrological system used in this kit. Each tree has its own *dryad* or tree spirit which, according to the Druids, was created by the first rays of the Sun that reached Earth – long before human beings appeared. They represent the spiritual nature of the human character – an integral part of the human psyche that is not primarily addressed in Sun-sign astrology.

In astrology, the Moon is a symbol of the unconscious mind and it is a dimension of ourselves that Western-based astrological systems have tended to disregard, with just a cursory nod to the 'irrational' influences of the Moon. The lunar dimension of the Celtic zodiac contains the residual influences of past lives (reflecting the Druidic belief in reincarnation) and all the hidden agendas of which the conscious mind is largely unaware, but which are retained in what is known as our *Shadow self*. While this is the dimension of the mind that this kit addresses, it takes full account of both the Sun and Moon – or the conscious *and* unconscious mind – and thus forms a truly cohesive system, with a corresponding increase in accuracy. Why, then, did Celtic astrology fall into disuse?

A brief history

When the Romans conquered Europe and a large part of Britain, they destroyed many of the Druidic centres of learning in a concerted effort to establish their own authoritarian regime. As part of this process they imported their own zodiac derived from the Greek version. Hence the Graeco-Roman zodiac became the accepted format of astrology throughout Europe. Celtic beliefs, however, remained deeply embedded in the psyche of the people, or what Jung referred to as the 'collective unconscious'. Having been passed down through the centuries by word of mouth, they were eventually recorded in ancient manuscripts by Celtic Christian monks, who were in essence latter-day Druids and Bards. Druidic cosmology and the related philosophies are also to be found in numerous Celtic myths and poems published in the books recorded in the Bibliography and Further reading *(see Book Two page 175)*.

Hidden wisdom

The unconscious, or abstract, mind 'thinks' in the language of mythological symbols, which is why mythology emerges as today's psychology.

In nearly all ancient myths both the Moon and Earth were identified with primeval goddesses, and their relationship with each other forms an integrated and transforming aspect of the psyche. A lunar eclipse, for example, occurs at the time of the Full Moon when the shadow of the Earth slowly creeps across the face of the Moon; according to the lunar mysteries of the Druids, the Moon's own dark shadow or polarity guards a source of hidden wisdom. Indeed, this 'hidden agenda' is the key to your future growth. My interpretations of the Shadow self and the hidden agenda are drawn from this premise in relationship to the solstices, equinoxes and Celtic Fire Festivals.

The alternation of day and night, or light and darkness, had profound meaning for the Celts; it formed the pivotal duality of life and death. Hence their ritual lunar calendar and zodiac marks the changing light in the sky with the spiralling passage of the Sun moving in unison through the cyclic phases of the Moon. A fundamental spiritual comparison can be made with the Brahmin beliefs that provide the source of Vedic karmic astrology known as 'Jyotish', the science of *light*.

About this kit

This kit has been specially designed to enable you to cast a detailed horoscope without having to worry about the complex astrological calculations or even having a basic knowledge of astrology. The lunar dimension of this system reveals great insight into your whole psyche and provides a more accurate and fascinating character analysis than the more familiar Sun-based system alone.

The kit consists of this introductory book, which includes a Tables of Years section giving planetary positions for every day and year from 1920–2019, plus a Lunar Zodiac Wheel, a book of Lunar Horoscope Readings, a notepad for easy reference and a chinagraph pencil with which to write on the wheel. Everything you need is at your fingertips, so now you can turn to the next page and begin.

How to cast a lunar horoscope

First of all, work through the directions for the sample chart that follows; you will then discover just how easy it is in practice. You will also begin to understand more about the working system of Celtic astrology. The simple step-by-step process only takes around fifteen minutes, and you will soon be confident enough to cast horoscopes quickly and efficiently for yourself and others.

1 The sample horoscope we are going to cast is my own, and my birth date is 31 May 1945. Turn first to page 9 where you will find the dates of the thirteen tree signs, together with their lunar symbols and planetary rulers. You will see that I was born under the Hawthorn, whose lunar symbol is the Silver Chalice, and planetary ruler is Vulcan. Record these facts in the notepad as shown below (NOTE: you will only be able to write in your lunar position when you have worked through step 2).

These are the personal references for:

Name *Helena Paterson*

Date of Birth *31 May 1945*

Tree Sign *Hawthorn*

Lunar Symbol *Silver Chalice*

Lunar Position *Aquarius*

Planetary Ruler *Vulcan*

Then turn to the Tables of years beginning on page 12 in this book, and find the page for 1945 (this year is also shown on page 12 as an example). In the horizontal column are the months of the year; find May and run down this column until you come to the date. You will see there are ten numbers in two rows. Write them down exactly as they are listed under the corresponding planetary abbreviations in the space provided on the notepad as shown below.

Numbers from the Tables of Years

S	Mn	Mer	Ven	Mars
7	*31*	*6*	*3*	*3*
Ju	Sat	Ur	Nep	Pl
17	*10*	*8*	*19*	*13*

2 Now look at the Lunar Zodiac Wheel. You will see that it is divided into thirty-six numbered spaces, or decans. These correspond to the numbers you have just written on your notepad. Beginning with number 7 (under 'S' for Sun) write 'S' in space 7 of the wheel, then write 'Mn' (for Moon) in space 31. Now look at the wheel

and you will see that the position of the Moon is placed in the degrees of Aquarius. Write this on your notepad to complete the information necessary to obtain your Basic Paragraph, which forms the basis of your lunar horoscope reading in Book Two. It also represents the connecting link operating between the solar and lunar zodiacs. Then continue to write in all the planetary positions around the wheel using the special pen provided *(see wheel on page 9)*. The horoscope wheel is now set up.

3 The Basic Paragraph reference numbers are found in the table on page 10, and are listed in Book Two under the tree signs. Find Hawthorn in the left-hand column of the table *(solar position)* and read across until you come to the column containing Aquarius *(lunar position)*. The Basic Paragraph number is 71. You will find that the Hawthorn is on page 62 in Book Two, and begins with the Celtic mythology associated with the lunar symbol. Read this first, and then go on to read the following text on the Hawthorn tree character, which provides a fundamental 'missing' part of lunar character analysis that is fully integrated with the Sun's position. The Basic Paragraph is then extended through the position of the Moon (paragraph 71 – Moon in Aquarius) for greater depth and with reference to the Shadow self, a lunar dimension that provides an insight into past lives and the hidden potential which is summarized under the heading *Hidden agenda*.

4 If you now turn to the Table of conjunctions and aspects on page 11 in this book, you will see the Sun and Moon and eight planets are all presented in various combinations. Each of the conjunctions is listed with a number which corresponds to a paragraph in Book Two. In the sample horoscope already set up on the wheel *(see page 9)*, you will see that Venus and Mars form a conjunction, which means that they are in the same space, number 3. Under the Table of conjunctions and aspects, the reference number of this conjunction is number 212. Write this number in your notepad under *Conjunctions*.

Note

When casting other horoscopes you may discover that there are more than two planets in the same space. If, for example, Mercury, Venus and Mars are occupying the same space, write down the three combinations (i.e. Mer/Ven, Mer/Mars, Ven/Mars) and read all the related interpretations in Book Two.

5 We have now reached the final stage for casting a horoscope.

Hold the Lunar Zodiac Wheel firmly in your right hand, then turn the inner wheel with your thumb grip on the left side. You will see that the smaller inner wheel contains four triangles and three squares. Triangles relate to trines and sextiles, or positive planetary influences, and squares relate to squares and oppositions which, though termed negative planetary influences, reflect important learning areas in your life. First, point the arrow to the Moon (in the sample horoscope the Moon is in space 31) and note where the triangles and squares are positioned. You will see a triangle pointing to the Sun (space 7), a triangle pointing to Neptune (space 19) and a square pointing to Pluto (space 13). Then, once again, consult the Table of conjunctions and aspects *(see page 11)* and find the relevant numbers, which are listed as 258, 170, and 268 respectively.

Complete this process by turning the arrow to line up with each of the planets in turn, recording in the notepad all the relevant aspect numbers, as shown below. These numbers all indicate interpretive paragraphs in Book Two.

Basic Paragraph 71

Conjunctions 212

Aspects 258, 170, 268, 189
264, 246, 253, 288

6 Now consult Book Two for the lunar horoscope readings. Read the Basic Paragraph section first, then each of the Conjunctions and Aspects paragraphs. You will discover an extremely accurate character analysis which reveals your hidden agenda in life, insight into your shadow self, potential creative patterns for a new personality, and details of past lives which hold a residual influence. In Celtic astrology this information is largely attributed to the positioning on the zodiac of the planets in relationship to the solstices, equinoxes and the four seasonal fire festivals of Brigantia, Beltane, Lammas and Samhain *(see wheel opposite)*.

Astrological symbols

The astrological symbols or glyphs shown below can be substituted for the planetary abbreviations; they require less space and are used by professional astrologers. The symbols for the planetary aspects are also shown below.

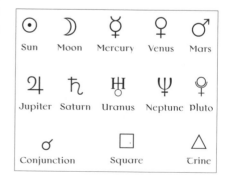

☉ Sun	☽ Moon	☿ Mercury	♀ Venus	♂ Mars
♃ Jupiter	♄ Saturn	♅ Uranus	♆ Neptune	♇ Pluto
☌ Conjunction		□ Square		△ Trine

THE LUNAR ZODIAC WHEEL SHOWING THE HOROSCOPE OF HELENA PATERSON

From the Tables of years we see that Venus and Mars both fall into position number 3; hence they are in conjunction.

The central disk can be turned to point to each planet in turn. If the arrow points to the Sun, Moon or a planet and a ▲ or ■ is opposite another one, an aspect is indicated.

Born 31 May, Helena's Celtic tree sign is Hawthorn, her lunar symbol is the Silver Chalice, and her planetary ruler is Vulcan.

The arrow points to the Moon, so the Moon's aspects are: Moon trine Sun, Moon square Pluto, and Moon trine Neptune. From the Table of Conjunctions and Aspects we can see that these aspects indicate paragraphs 258, 268 and 170 respectively.

THE CELTIC TREE SIGNS

Date of Birth	**Tree Sign**	**Lunar Symbol**	**Ruling Planet**
December 24–January 20	Birch	White Stag	Sun
January 21–February 17	Rowan	Green Dragon	Uranus
February 18–March 17	Ash	Sea-horse	Neptune
March 18–April 14	Alder	Hawk	Mars
April 15–May 12	Willow	Sea-serpent	Moon
May 13–June 9	Hawthorn	Silver Chalice	Vulcan
June 10–July 7	Oak	White Mare	Jupiter
July 8–August 4	Holly	Unicorn	Earth
August 5–September 1	Hazel	Salmon	Mercury
September 2–September 29	Vine	White Swan	Venus
September 30–October 27	Ivy	Butterfly	Persephone
October 28–November 24	Reed	White Hound	Pluto
November 25–December 23	Elder	Black Horse	Saturn

Table of Basic Paragraphs

Find your tree sign in the left-hand column and read across until you come to your lunar position. This gives you your Basic Paragraph number.

Note

Depending on what time of the day you were born, the exact position of the Moon may vary. For example, if you were born in the early morning and the Basic Paragraph does not seem to fit you, read the preceding Moon number. If born late in the evening, the opposite applies, so you may read the following Moon number.

Solar Position / Lunar Position	Aries	Taurus	Gemini	Cancer	Leo	Virgo	Libra	Scorpio	Sagittarius	Capricorn	Aquarius	Pisces
Birch	1	2	3	4	5	6	7	8	9	10	11	12
Rowan	13	14	15	16	17	18	19	20	21	22	23	24
Ash	25	26	27	28	29	30	31	32	33	34	35	36
Alder	37	38	39	40	41	42	43	44	45	46	47	48
Willow	49	50	51	52	53	54	55	56	57	58	59	60
Hawthorn	61	62	63	64	65	66	67	68	69	70	71	72
Oak	73	74	75	76	77	78	79	80	81	82	83	84
Holly	85	86	87	88	89	90	91	92	93	94	95	96
Hazel	97	98	99	100	101	102	103	104	105	106	107	108
Vine	109	110	111	112	113	114	115	116	117	118	119	120
Ivy	121	122	123	124	125	126	127	128	129	130	131	132
Reed	133	134	135	136	137	138	139	140	141	142	143	144
Elder	145	146	147	148	149	150	151	152	153	154	155	156

Table of conjunctions and aspects

Use the information given below to discover which interpretive paragraphs relate to your conjunctions and aspects.

MOON conjunctions

Sun	257	Jup	160
Mer	157	Sat	161
Ven	158	Ur	162
Mar	159	Nep	163
		pl	266

MOON △

Sun	258	Jup	167
Mer	164	Sat	168
Ven	165	Ur	169
Mar	166	Nep	170
		pl	267

MOON □

Sun	259	Jup	174
Mer	171	Sat	175
Ven	172	Ur	176
Mar	173	Nep	177
		pl	268

SUN conjunctions

Mer	178	Sat	182
Ven	179	Ur	183
Mar	180	Nep	184
Jup	181	pl	263

SUN △

Mer	—	Ven	260
Mar	185	Sat	187
Jup	186	Ur	188
Nep	189	pl	264

SUN □

Mer	—	Jup	191
Ven	—	Sat	192
Mar	190	Ur	193
Nep	194	pl	265

MERCURY conjunctions

Ven	195	Sat	198
Mar	196	Ur	199
Jup	197	Nep	200
		pl	269

MERCURY △

Ven	201	Sat	204
Mar	202	Ur	205
Jup	203	Nep	206
		pl	270

MERCURY □

Ven	—	Sat	209
Mar	207	Ur	210
Jup	208	Nep	211
		pl	271

VENUS conjunctions

Mar	212	Ur	215
Jup	213	Nep	216
Sat	214	pl	272

VENUS △

Mar	217	Ur	220
Jup	218	Nep	221
Sat	219	pl	273

VENUS □

Mar	222	Ur	225
Jup	223	Nep	226
Sat	224	pl	274

MARS conjunctions

Jup	227	Ur	229
Sat	228	Nep	230
		pl	275

MARS △

Jup	231	Ur	233
Sat	232	Nep	234
		pl	276

MARS □

Jup	235	Ur	237
Sat	236	Nep	238
		pl	277

JUPITER conjunctions

Sat	239	Ur	240
Nep	241	pl	278

JUPITER △

Sat	242	Ur	243
Nep	244	pl	279

JUPITER □

Sat	245	Ur	246
Nep	247	pl	280

SATURN conjunctions

Ur	248	Nep	249
		pl	281

SATURN △

Ur	250	Nep	251
		pl	282

SATURN □

Ur	252	Nep	253
		pl	283

URANUS conjunctions

Nep	254	pl	284

URANUS △

Nep	255	pl	285

URANUS □

Nep	256	pl	286

NEPTUNE conjunctions

pl	287

NEPTUNE △

pl	288

NEPTUNE □

pl	289

Tables of years

The following pages carry the complete tables of planetary positions from 1920 to 2019. The table for 1945 is repeated below for use with the sample horoscope for Helena Paterson, which is described on pages 6–9 of this book.

Sample Table for 1945

	JAN	FEB	MAR	APR	MAY	JUNE	JULY	AUG	SEPT	OCT
1	29 14 27 33 27 18 10 7 19 13	32 19 30 36 30 18 10 7 19 13	35 20 35 3 32 18 10 7 19 13	2 24 3 4 34 18 10 7 19 13	5 27 2 2 36 17 10 8 19 13	8 32 6 3 3 17 10 8 19 13	10 36 12 6 5 18 11 8 19 13	13 6 16 9 7 18 11 8 19 13	16 11 15 13 9 19 12 8 19 14	19 14 19 1 19 12 8 1
2	29 16 27 33 27 18 10 7 19 13	32 20 30 1 30 18 10 7 19 13	35 21 35 3 32 18 10 7 19 13	2 25 3 4 34 18 10 8 19 13	5 29 2 2 36 17 10 8 19 13	8 34 6 3 3 17 11 8 19 13	11 2 12 6 5 18 11 8 19 13	13 7 16 9 7 18 11 8 19 13	16 12 15 13 9 19 12 8 19 14	19 16 19 1 19 12 8 1
3	29 17 27 33 27 18 10 7 19 13	32 21 30 1 30 18 10 7 19 13	35 22 35 3 32 18 10 7 19 13	2 26 3 4 34 17 10 8 19 13	5 30 2 2 1 17 10 8 19 13	8 35 6 3 3 17 11 8 19 13	11 3 12 6 5 18 11 8 19 13	14 8 16 9 7 18 11 8 19 13	17 13 15 13 9 19 12 8 19 14	19 17 19 1 19 12 8 19
4	29 18 27 33 27 18 10 7 19 13	32 22 30 1 30 18 10 7 19 13	35 23 35 3 32 18 10 7 19 13	2 28 3 4 34 17 10 8 19 13	5 31 2 2 1 17 10 8 19 13	8 1 7 3 3 17 11 8 19 13	11 4 13 6 5 18 11 8 19 13	14 10 16 10 7 18 11 8 19 13	17 15 15 13 9 19 12 8 19 14	20 18 20 17 19 12 8 19
5	29 19 27 33 28 18 10 7 19 13	32 24 31 36 30 18 10 7 19 13	35 24 35 3 32 18 10 7 19 13	2 29 3 4 34 17 10 8 19 13	5 33 2 2 1 17 10 8 19 13	8 2 7 4 3 17 11 8 19 13	11 6 13 6 5 18 11 8 19 13	14 11 16 10 7 18 11 8 19 13	17 16 15 13 9 19 12 8 19 14	20 19 20 17 19 12 8 19
6	29 20 27 34 28 18 10 7 19 13	32 25 31 36 30 18 10 7 19 13	35 26 36 3 32 18 10 7 19 13	2 30 3 4 34 17 10 8 19 13	5 34 3 2 1 17 10 8 19 13	8 3 7 4 3 17 11 8 19 13	11 7 13 6 5 18 11 8 19 13	14 12 16 10 7 18 11 8 19 13	17 17 15 13 9 19 12 8 19 14	20 20 20 1 19 12 8
7	29 22 27 34 28 18 10 7 19 13	32 26 31 36 30 18 10 7 19 13	35 27 36 3 32 18 10 7 19 13	2 32 3 4 35 17 10 8 19 13	5 36 3 2 1 17 10 8 19 13	8 5 7 4 3 17 11 8 19 13	11 9 13 7 5 18 11 8 19 13	14 14 16 10 8 18 11 8 19 14	17 18 15 13 9 19 12 8 19 14	20 22 20 1 19 12 8 1
8	29 23 27 34 28 18 10 7 19 13	32 27 31 36 30 18 10 7 19 13	35 28 36 3 32 18 10 7 19 13	2 33 3 3 35 17 10 8 19 13	5 1 3 2 1 17 10 8 19 13	8 6 7 4 3 17 11 8 19 13	11 10 13 7 5 18 11 8 19 13	14 15 16 10 8 18 11 8 19 14	17 20 15 14 10 19 12 8 19 14	20 23 20 1 19 12 8 19
9	29 24 27 34 28 18 10 7 19 13	33 29 31 36 30 18 10 7 19 13	35 29 36 3 32 18 10 7 19 13	2 35 3 3 35 17 10 8 19 13	5 2 3 2 1 17 10 8 19 13	8 8 8 4 3 17 11 8 19 13	11 11 13 7 6 18 11 8 19 13	14 16 16 10 8 18 11 8 19 14	17 21 15 14 10 19 12 8 19 14	20 24 21 17 19 12 8 19
10	29 25 27 34 28 18 10 7 19 13	33 30 31 36 30 18 10 7 19 13	35 31 36 3 32 18 10 7 19 13	3 36 3 3 35 17 10 8 19 13	5 4 3 2 1 17 10 8 19 13	8 9 8 4 3 17 11 8 19 13	11 13 14 7 6 18 11 8 19 13	14 17 16 10 8 18 11 8 19 14	17 22 16 14 10 19 12 8 19 14	20 25 21 19 12 8
11	30 27 27 34 28 18 10 7 19 13	33 31 31 36 30 18 10 7 19 13	36 32 1 4 32 18 10 7 19 13	3 2 3 3 35 17 10 8 19 13	6 6 3 2 1 17 10 8 19 13	9 11 8 4 3 17 11 8 19 13	11 14 14 7 6 18 11 8 19 13	14 19 16 10 8 18 11 8 19 14	17 23 16 14 10 19 12 8 19 14	20 26 21 20 12 8 1
12	30 28 27 34 28 18 10 7 19 13	33 33 32 36 30 18 10 7 19 13	36 34 1 4 33 18 10 7 19 13	3 3 3 3 35 17 10 8 19 13	6 7 3 2 1 17 10 8 19 13	9 12 8 4 4 17 11 8 19 13	11 15 14 7 6 18 11 8 19 13	14 20 16 10 8 18 11 8 19 14	17 24 16 14 10 19 12 8 19 14	20 28 21 18 20 12 8 19
13	30 29 27 34 28 18 10 7 19 13	33 34 32 2 30 18 10 7 19 13	36 35 1 4 33 18 10 7 19 13	3 5 3 3 35 17 10 8 19 13	6 8 3 2 1 17 10 8 19 13	9 13 8 4 4 17 11 8 19 13	12 17 14 7 6 18 11 8 19 13	15 21 16 11 8 18 11 8 19 14	18 25 16 14 10 19 12 8 19 14	20 29 21 18 1 20 12 8 19 1
14	30 31 28 34 28 18 10 7 19 13	33 36 32 2 31 18 10 7 19 13	36 1 1 4 33 18 10 7 19 13	3 6 3 3 35 17 10 8 19 13	6 10 3 2 1 17 10 8 19 13	9 15 9 4 4 17 11 8 19 13	12 18 14 7 6 18 11 8 19 13	15 22 16 11 8 18 11 8 19 14	18 27 16 14 10 19 12 8 19 14	21 30 21 18 20 12 8 1
15	30 32 28 35 28 18 10 7 19 13	33 1 32 2 31 18 10 7 19 13	36 2 1 4 33 18 10 7 19 13	3 8 3 3 35 17 10 8 19 13	6 11 3 2 1 17 10 8 19 13	9 16 9 4 4 17 11 8 19 13	12 19 14 7 6 18 11 8 19 13	15 23 16 11 8 18 11 8 19 14	18 28 16 14 10 19 12 8 19 14	21 31 22 20 12 8 1
16	30 34 28 35 28 18 10 7 19 13	33 3 32 2 31 18 10 7 19 13	36 4 1 4 33 18 10 7 19 13	3 9 3 3 35 17 10 8 19 13	6 13 3 2 2 17 10 8 19 13	9 17 9 4 4 17 11 8 19 13	12 20 14 7 6 18 11 8 19 13	15 25 16 11 8 18 11 8 19 14	18 29 17 15 10 19 12 8 19 14	21 32 22 18 20 12 8 19
17	30 35 28 35 28 18 10 7 19 13	33 4 32 2 31 18 10 7 19 13	36 5 2 4 33 18 10 7 19 13	3 10 3 3 35 17 10 8 19 13	6 14 4 2 2 17 10 8 19 13	9 18 9 5 4 17 11 8 19 13	12 21 15 8 6 18 11 8 19 13	15 26 15 11 8 18 11 8 19 14	18 31 17 15 10 19 12 8 19 14	21 34 22 18 20 12 8 19
18	30 36 28 35 28 18 10 7 19 13	33 6 33 2 31 18 10 7 19 13	36 7 2 4 33 18 10 7 19 13	3 12 2 3 35 17 10 8 19 13	6 15 4 2 2 17 10 8 19 13	9 19 10 5 4 17 11 8 19 13	12 23 15 8 6 18 11 8 19 13	15 27 15 11 8 18 11 8 19 14	18 32 17 15 10 19 12 8 19 14	21 36 22 1 20 12 8 1
19	30 2 28 35 28 18 10 7 19 13	34 7 33 2 31 18 10 7 19 13	36 8 2 4 33 18 10 7 19 13	3 13 2 3 35 17 10 8 19 13	6 16 4 3 2 17 10 8 19 13	9 21 10 5 4 17 11 8 19 13	12 24 15 8 6 18 11 8 19 13	15 28 15 11 8 18 11 8 19 14	18 33 17 15 10 19 12 8 19 14	21 1 22 1 20 12 8 19
20	31 3 28 35 29 18 10 7 19 13	34 8 33 2 31 18 10 7 19 13	36 9 2 4 33 18 10 7 19 13	4 14 2 3 36 17 10 8 19 13	6 17 4 3 2 17 10 8 19 13	9 22 10 5 4 17 11 8 19 13	12 25 15 8 6 18 11 8 19 13	15 30 15 11 8 18 11 8 19 14	18 35 17 15 10 19 12 8 19 14	21 3 22 1 20 12 8 1
21	31 5 28 35 29 18 10 7 19 13	34 10 33 2 31 18 10 7 19 13	1 11 2 4 33 18 10 7 19 13	4 15 2 3 36 17 10 8 19 13	7 19 4 3 2 17 10 8 19 13	9 23 10 5 4 17 11 8 19 13	12 26 15 8 6 18 11 8 19 13	15 31 15 11 8 18 12 8 19 14	18 36 17 15 10 19 12 8 19 14	21 4 23 19 20 12 8 19
22	31 6 29 35 29 18 10 7 19 13	34 11 33 2 31 18 10 7 19 13	1 12 2 4 33 18 10 7 19 13	4 17 2 3 36 17 10 8 19 13	7 20 4 3 2 17 10 8 19 13	10 24 10 5 4 17 11 8 19 13	12 28 15 8 6 18 11 8 19 13	15 32 15 12 8 18 12 8 19 14	18 2 18 15 10 19 12 8 19 14	21 6 23 19 20 12 8 19
23	31 8 29 35 29 18 10 7 19 13	34 12 34 2 31 18 10 7 19 13	1 13 3 4 33 18 10 7 19 13	4 18 2 3 36 17 10 8 19 13	7 21 4 3 2 17 10 8 19 13	10 26 11 5 4 17 11 8 19 13	13 29 15 8 7 18 11 8 19 13	15 34 15 12 9 18 12 8 19 14	19 3 18 15 10 19 12 8 19 14	21 7 23 1 20 12 8
24	31 9 29 36 29 18 10 7 19 13	34 14 34 3 31 18 10 7 19 13	1 14 3 4 33 18 10 7 19 13	4 19 2 3 36 17 10 8 19 13	7 22 5 3 2 17 10 8 19 13	10 27 11 5 4 17 11 8 19 13	13 30 15 8 7 18 11 8 19 13	16 35 15 12 9 18 12 8 19 14	19 5 18 15 10 19 12 8 19 14	22 9 23 1 20 12 8 1
25	31 10 29 36 29 18 10 7 19 13	34 15 34 3 31 18 10 7 19 13	1 16 3 4 34 18 10 7 19 13	4 20 2 2 36 17 10 8 19 13	7 23 5 3 2 17 10 8 19 13	10 28 11 5 5 18 11 8 19 13	13 32 15 8 7 18 11 8 19 13	16 1 15 12 9 19 12 8 19 14	19 6 18 16 11 19 12 8 19 14	22 10 23 19 20 12 8 19
26	31 11 29 36 29 18 10 7 19 13	34 16 34 3 31 18 10 7 19 13	1 17 3 4 34 18 10 7 19 13	4 21 2 2 36 17 10 8 19 13	7 25 5 3 2 17 10 8 19 13	10 29 11 5 5 18 11 8 19 13	13 33 15 9 7 18 11 8 19 13	16 2 15 12 9 19 12 8 19 14	19 8 18 16 11 19 12 8 19 14	22 11 23 1 20 12 8 1
27	31 13 29 36 29 18 10 7 19 13	34 17 34 3 32 18 10 7 19 13	1 18 3 4 34 18 10 7 19 13	4 23 2 2 36 17 10 8 19 13	7 26 5 3 2 17 10 8 19 13	10 31 11 5 5 18 11 8 19 13	13 34 16 9 7 18 11 8 19 13	16 4 15 12 9 19 12 8 19 14	19 9 19 16 11 19 12 8 19 14	22 13 23 2 20 12 8 1
28	31 14 29 36 29 18 10 7 19 13	34 18 34 3 32 18 10 7 19 13	1 19 3 4 34 18 10 7 19 13	4 24 2 2 36 17 10 8 19 13	7 27 5 3 2 17 10 8 19 13	10 32 12 5 5 18 11 8 19 13	13 36 16 9 7 18 11 8 19 13	16 5 15 12 9 19 12 8 19 14	19 10 19 16 11 19 12 8 19 14	22 14 24 20 12 8 1
29	31 15 29 36 29 18 10 7 19 13		1 20 3 4 34 18 10 7 19 13	4 25 2 2 36 17 10 8 19 13	7 28 5 3 3 17 10 8 19 13	10 33 12 6 5 18 11 8 19 13	13 1 16 9 7 18 11 8 19 13	16 7 15 12 9 19 12 8 19 14	19 12 19 16 11 19 12 8 19 14	22 15 24 20 20 12 8 19
30	32 16 30 36 29 18 10 7 19 13		1 22 3 4 34 18 10 7 19 13	4 26 2 2 36 17 10 8 19 13	[illegible] 17 10 8 [illegible] 13	10 35 12 6 5 18 11 8 19 13	13 3 16 9 7 18 11 8 19 13	16 8 15 13 9 19 12 8 19 14	19 13 19 16 11 19 12 8 19 14	22 16 24 20 20 12 8 19
31	32 18 30 36 29 18 10 7 19 13		2 23 3 4 34 18 10 7 19 13		7 31 6 3 3 17 10 8 19 13		13 4 16 9 7 18 11 8 19 13	16 9 15 13 9 19 12 8 19 14		22 18 24 2 20 12 8 19

1920

	JAN	FEB	MAR	APR	MAY	JUNE	JULY	AUG	SEPT	OCT	NOV	DEC
1	28 4 26 24 20 14 17 33 14 10	32 9 31 28 22 14 17 34 14 10	35 11 36 31 22 13 16 34 13 10	2 17 36 35 22 13 16 34 13 10	5 20 2 3 21 13 16 34 13 10	8 25 8 7 21 14 16 34 13 10	10 28 13 10 21 14 16 34 14 10	13 33 13 14 22 15 17 34 14 10	16 1 16 18 24 16 17 34 14 10	19 5 21 22 26 16 17 34 14 10	22 10 25 25 28 17 18 34 14 10	25 14 23 29 31 17 18 34 14 10
2	29 5 27 24 20 14 17 33 14 10	32 10 31 28 22 14 17 34 14 10	35 13 36 31 22 13 16 34 13 10	2 18 36 35 22 13 16 34 13 10	5 21 2 3 21 13 16 34 13 10	8 26 8 7 21 14 16 34 13 10	10 29 13 10 21 14 16 34 14 10	13 34 13 14 23 15 17 34 14 10	16 3 16 18 24 16 17 34 14 10	19 6 21 22 26 16 17 34 14 10	22 12 25 26 29 17 18 34 14 10	25 16 23 29 31 17 18 34 14 10
3	29 7 27 24 20 14 17 33 14 10	32 12 32 28 22 14 17 34 14 10	35 14 1 32 22 13 16 34 13 10	2 19 36 35 22 13 16 34 13 10	5 23 2 3 21 13 16 34 13 10	8 27 9 7 21 14 16 34 13 10	11 30 13 11 21 14 16 34 14 10	14 35 12 14 23 15 17 34 14 10	17 4 16 18 24 16 17 34 14 10	19 8 21 22 26 16 17 34 14 10	23 13 25 26 29 17 18 34 14 10	26 17 24 29 31 17 18 34 14 10
4	29 8 27 24 20 14 17 33 14 10	32 13 32 28 22 14 17 34 14 10	35 16 1 32 22 13 16 34 13 10	2 21 36 36 22 13 16 34 13 10	5 24 3 3 21 13 16 34 13 10	8 28 9 7 21 14 16 34 13 10	11 32 13 11 21 14 16 34 14 10	14 36 12 14 23 15 17 34 14 10	17 5 16 18 24 16 17 34 14 10	20 9 21 22 26 16 17 34 14 10	23 15 25 26 29 17 18 34 14 10	26 18 24 29 31 17 18 34 14 10
5	29 10 27 25 20 14 17 33 14 10	32 15 32 28 22 14 17 34 14 10	35 17 1 32 22 13 16 34 13 10	2 22 36 36 22 13 16 34 13 10	5 25 3 3 21 13 16 34 13 10	8 29 9 7 21 14 16 34 13 10	11 33 13 11 21 14 16 34 14 10	14 2 12 15 23 15 17 34 14 10	17 7 16 18 25 16 17 34 14 10	20 11 21 22 27 16 17 34 14 10	23 16 25 26 29 17 18 34 14 10	26 20 24 30 31 17 18 34 14 10
6	29 11 27 25 20 14 17 33 14 10	32 16 32 28 22 14 16 34 14 10	35 18 1 32 22 13 16 34 13 10	2 23 36 36 22 13 16 34 13 10	5 26 3 3 21 13 16 34 13 10	8 31 9 7 21 14 16 34 13 10	11 34 13 11 21 14 16 34 14 10	14 3 12 15 23 15 17 34 14 10	17 8 17 19 25 16 17 34 14 10	20 12 22 22 27 16 17 34 14 10	23 17 25 26 29 17 18 34 14 10	26 21 24 30 31 17 18 34 14 10
7	29 13 27 25 20 14 17 33 14 10	32 18 32 29 22 14 16 34 13 10	35 20 1 32 22 13 16 34 13 10	2 24 36 36 22 13 16 34 13 10	5 27 3 4 21 13 16 34 13 10	8 32 9 7 21 14 16 34 13 10	11 35 13 11 21 14 16 34 14 10	14 4 12 15 23 15 17 34 14 10	17 9 17 19 25 16 17 34 14 10	20 13 22 22 27 16 17 34 14 10	23 19 25 26 29 17 18 34 14 10	26 22 24 30 31 17 18 34 14 10
8	29 14 27 25 20 14 17 33 14 10	32 19 32 29 22 14 16 34 13 10	35 21 1 32 22 13 16 34 13 10	2 25 36 36 22 13 16 34 13 10	5 29 3 4 21 13 16 34 13 10	8 33 10 7 21 14 16 34 13 10	11 1 13 11 21 14 16 34 14 10	14 6 12 15 23 15 17 34 14 10	17 11 17 19 25 16 17 34 14 10	20 15 22 23 27 16 17 34 14 10	23 20 25 26 29 17 18 34 14 10	26 23 24 30 31 17 18 34 14 10
9	29 15 28 25 21 14 17 33 14 10	32 20 33 29 22 14 16 34 13 10	35 22 1 32 22 13 16 34 13 10	2 27 36 36 22 13 16 34 13 10	5 30 4 4 21 13 16 34 13 10	8 34 10 8 21 14 16 34 13 10	11 2 13 11 21 14 16 34 14 10	14 7 12 15 23 15 17 34 14 10	17 12 17 19 25 16 17 34 14 10	20 16 22 23 27 16 17 34 14 10	23 21 25 26 29 17 18 34 14 10	26 25 24 30 31 17 18 34 14 10
10	29 17 28 25 21 14 17 33 14 10	32 21 33 29 22 14 16 34 13 10	35 23 1 32 22 13 16 34 13 10	2 28 36 36 22 13 16 34 13 10	5 31 4 4 21 14 16 34 13 10	8 36 10 8 21 14 16 34 13 10	11 3 13 11 21 14 16 34 14 10	14 8 12 15 23 15 17 34 14 10	17 14 17 19 25 16 17 34 14 10	20 18 22 23 27 16 17 34 14 10	23 22 25 27 29 17 18 34 14 10	26 26 24 30 31 17 18 34 14 10
11	29 18 28 25 21 14 17 33 14 10	33 23 33 29 22 14 16 34 13 10	36 25 1 33 22 13 16 34 13 10	3 29 36 36 22 13 16 34 13 10	5 32 4 4 21 14 16 34 13 10	8 1 10 8 21 14 16 34 13 10	11 5 14 12 22 14 16 34 14 10	14 10 13 15 23 15 17 34 14 10	17 15 17 19 25 16 17 34 14 10	20 19 22 23 27 16 17 34 14 10	23 24 24 27 29 17 18 34 14 10	26 27 24 30 32 17 18 34 14 10
12	30 19 28 25 21 14 17 33 14 10	33 24 33 29 22 14 16 34 13 10	36 26 1 33 22 13 16 34 13 10	3 30 36 36 22 13 16 34 13 10	6 33 4 4 21 14 16 34 13 10	9 2 10 8 21 14 16 34 13 10	11 6 14 12 22 15 16 34 14 10	14 11 13 15 23 15 17 34 14 10	17 17 18 19 25 16 17 34 14 10	20 20 22 23 27 16 17 34 14 10	23 25 24 27 29 17 18 34 14 10	26 28 25 30 32 17 18 34 14 10
13	30 21 28 26 21 14 17 33 14 10	33 25 33 29 22 14 16 34 13 10	36 27 1 33 22 13 16 34 13 10	3 31 36 1 22 13 16 34 13 10	6 35 4 4 21 14 16 34 13 10	9 4 11 8 21 14 16 34 13 10	12 7 14 12 22 15 16 34 14 10	14 13 13 16 23 15 17 34 14 10	17 18 18 19 25 16 17 34 14 10	20 22 23 23 27 16 17 34 14 10	24 26 24 27 29 17 18 34 14 10	27 29 25 31 32 17 18 34 14 10
14	30 22 28 26 21 14 17 33 14 10	33 26 34 29 22 14 16 34 13 10	36 28 1 33 22 13 16 34 13 10	3 33 36 1 22 13 16 34 13 10	6 36 4 4 21 14 16 34 13 10	9 5 11 8 21 14 16 34 13 10	12 9 14 12 22 15 16 34 14 10	15 14 13 16 23 15 17 34 14 10	18 19 18 20 25 16 17 34 14 10	21 23 23 23 27 16 17 34 14 10	24 27 24 27 29 17 18 34 14 10	27 31 25 31 32 17 18 34 14 10
15	30 23 29 26 21 14 17 33 14 10	33 27 34 30 22 14 16 34 13 10	36 29 1 33 22 13 16 34 13 10	3 34 36 1 22 13 16 34 13 10	6 1 5 5 21 14 16 34 13 10	9 7 11 8 21 14 16 34 13 10	12 11 14 12 22 15 16 34 14 10	15 16 13 16 23 15 17 34 14 10	18 21 18 20 25 16 17 34 14 10	21 24 23 23 27 17 17 34 14 10	24 29 24 27 30 17 18 34 14 10	27 32 25 31 32 17 18 34 14 10
16	30 24 29 26 21 14 17 33 14 10	33 29 34 30 22 14 16 34 13 10	36 31 1 33 22 13 16 34 13 10	3 35 36 1 22 13 16 34 13 10	6 3 5 5 21 14 16 34 13 10	9 8 11 8 21 14 16 34 13 10	12 12 14 12 22 15 16 34 14 10	15 17 13 16 23 15 17 34 14 10	18 22 18 20 25 16 17 34 14 10	21 25 23 23 27 17 17 34 14 10	24 30 24 27 30 17 18 34 14 10	27 33 25 31 32 17 18 34 14 10
17	30 25 29 26 21 14 17 33 14 10	33 30 34 30 22 14 16 34 13 10	36 32 1 33 22 13 16 34 13 10	3 1 36 1 22 13 16 34 13 10	6 4 5 5 21 14 16 34 13 10	9 10 11 9 21 14 16 34 13 10	12 14 13 12 22 15 16 34 14 10	15 19 13 16 23 15 17 34 14 10	18 23 19 20 25 16 17 34 14 10	21 27 23 24 27 17 17 34 14 10	24 31 24 27 30 17 18 34 14 10	27 34 25 31 32 17 18 34 14 10
18	30 27 29 26 21 14 17 33 14 10	33 31 34 30 22 14 16 34 13 10	36 33 1 33 22 13 16 34 13 10	3 2 1 1 22 13 16 34 13 10	6 6 5 5 21 14 16 34 13 10	9 11 11 9 21 14 16 34 13 10	12 15 13 12 22 15 16 34 14 10	15 20 13 16 23 15 17 34 14 10	18 25 19 20 25 16 17 34 14 10	21 28 23 24 27 17 17 34 14 10	24 32 24 28 30 17 18 34 14 10	27 35 25 31 32 17 18 34 14 10
19	30 28 29 26 21 14 17 33 14 10	33 32 34 30 22 14 16 34 13 10	36 34 1 34 22 13 16 34 13 10	3 3 1 1 22 13 16 34 13 10	6 7 5 5 21 14 16 34 13 10	9 13 12 9 21 14 16 34 13 10	12 16 13 13 22 15 16 34 14 10	15 21 13 16 23 15 17 34 14 10	18 26 19 20 25 16 17 34 14 10	21 29 23 24 28 17 17 34 14 10	24 33 24 28 30 17 18 34 14 10	27 1 26 31 32 17 18 34 14 10
20	30 29 29 26 21 14 17 33 14 10	34 34 35 30 22 14 16 34 13 10	36 36 36 34 22 13 16 34 13 10	3 5 1 1 22 13 16 34 13 10	6 9 6 5 21 14 16 34 13 10	9 14 12 9 21 14 16 34 13 10	12 18 13 13 22 15 16 34 14 10	15 23 13 16 24 15 17 34 14 10	18 27 19 20 25 16 17 34 14 10	21 30 23 24 28 17 18 34 14 10	24 35 23 28 30 17 18 34 14 10	27 2 26 31 32 17 18 34 14 10
21	30 30 29 26 21 14 17 33 14 10	34 35 35 30 22 14 16 34 13 10	1 1 36 34 22 13 16 34 13 10	4 6 1 2 22 13 16 34 13 10	6 10 6 5 21 14 16 34 13 10	9 16 12 9 21 14 16 34 13 10	12 19 13 13 22 15 16 34 14 10	15 24 14 17 24 15 17 34 14 10	18 28 19 20 26 16 17 34 14 10	21 31 24 24 28 17 18 34 14 10	24 36 23 28 30 17 18 34 14 10	27 3 26 32 32 17 18 34 14 10
22	31 31 30 27 21 14 17 33 14 10	34 36 35 30 22 14 16 34 13 10	1 3 36 34 22 13 16 34 13 10	4 8 1 2 22 13 16 34 13 10	7 12 6 5 21 14 16 34 13 10	10 17 12 9 21 14 16 34 13 10	12 20 13 13 22 15 16 34 14 10	15 25 14 17 24 15 17 34 14 10	18 29 19 21 26 16 17 34 14 10	21 33 24 24 28 17 18 34 14 10	24 1 23 28 30 17 18 34 14 10	27 5 26 32 32 17 18 34 14 10
23	31 33 30 27 21 14 17 34 14 10	34 2 35 30 22 14 16 34 13 10	1 4 36 34 22 13 16 34 13 10	4 9 1 2 22 13 16 34 13 10	7 13 6 6 21 14 16 34 13 10	10 18 12 9 21 14 16 34 13 10	12 22 13 13 22 15 16 34 14 10	15 26 14 17 24 15 17 34 14 10	18 31 20 21 26 16 17 34 14 10	21 34 24 24 28 17 18 34 14 10	25 2 23 28 30 17 18 34 14 10	28 6 26 32 32 17 18 34 14 10
24	31 34 30 27 21 14 17 34 14 10	34 3 35 31 22 14 16 34 13 10	1 5 36 34 22 13 16 34 13 10	4 11 1 2 21 13 16 34 13 10	7 15 6 6 21 14 16 34 13 10	10 20 12 9 21 14 16 34 13 10	13 23 13 13 22 15 16 34 14 10	16 27 14 17 24 15 17 34 14 10	19 32 20 21 26 16 17 34 14 10	22 35 24 24 28 17 18 34 14 10	25 4 23 28 30 17 18 34 14 10	28 8 26 32 33 17 18 34 14 10
25	31 35 30 27 21 14 17 34 14 10	34 4 36 31 22 14 16 34 13 10	1 7 36 34 22 13 16 34 13 10	4 12 1 2 21 13 16 34 13 10	7 16 7 6 21 14 16 34 13 10	10 21 12 10 21 14 16 34 13 10	13 24 13 13 22 15 16 34 14 10	16 29 14 17 24 15 17 34 14 10	19 33 20 21 26 16 17 34 14 10	22 36 24 25 28 17 18 34 14 10	25 5 23 28 30 17 18 34 14 10	28 9 27 32 33 17 18 34 14 10
26	31 1 30 27 21 14 17 34 14 10	34 6 36 31 22 14 16 34 13 10	1 8 36 34 22 13 16 34 13 10	4 14 1 2 21 13 16 34 13 10	7 17 7 6 21 14 16 34 13 10	10 22 12 10 21 14 16 34 13 10	13 25 13 13 22 15 16 34 14 10	16 30 14 17 24 15 17 34 14 10	19 34 20 21 26 16 17 34 14 10	22 2 24 25 28 17 18 34 14 10	25 7 23 29 30 17 18 34 14 10	28 11 27 32 33 17 18 34 14 10
27	31 2 30 27 21 14 17 34 14 10	34 7 36 31 22 14 16 34 13 10	1 10 36 35 22 13 16 34 13 10	4 15 2 2 21 13 16 34 13 10	7 19 7 6 21 14 16 34 13 10	10 23 13 10 21 14 16 34 13 10	13 26 13 14 22 15 16 34 14 10	16 31 15 17 24 15 17 34 14 10	19 36 20 21 26 16 17 34 14 10	22 3 24 25 28 17 18 34 14 10	25 8 23 29 30 17 18 34 14 10	28 12 27 32 33 17 18 34 14 10
28	31 3 31 27 21 14 17 34 14 10	34 9 36 31 22 14 16 34 13 10	1 11 36 35 22 13 16 34 13 10	4 16 2 2 21 13 16 34 13 10	7 20 7 6 21 14 16 34 13 10	10 24 13 10 21 14 16 34 13 10	13 28 13 14 22 15 16 34 14 10	16 32 15 17 24 16 17 34 14 10	19 1 20 21 26 16 17 34 14 10	22 4 24 25 28 17 18 34 14 10	25 10 23 29 31 17 18 34 14 10	28 14 27 32 33 17 18 34 14 10
29	31 5 31 27 21 14 17 34 14 10	34 10 36 31 22 13 16 34 13 10	1 13 36 35 22 13 16 34 13 10	4 18 2 3 21 13 16 34 13 10	7 21 8 6 21 14 16 34 13 10	10 26 13 10 21 14 16 34 13 10	13 29 13 14 22 15 17 34 14 10	16 33 15 18 24 16 17 34 14 10	19 2 21 21 26 16 17 34 14 10	22 6 24 25 28 17 18 34 14 10	25 11 23 29 31 17 18 34 14 10	28 15 27 32 33 17 18 34 14 10
30	31 6 31 28 21 14 17 34 14 10		1 14 36 35 22 13 16 34 13 10	4 19 2 3 21 13 16 34 13 10	7 22 8 6 21 14 16 34 13 10	10 27 13 10 21 14 16 34 14 10	13 30 13 14 22 15 17 34 14 10	16 35 15 18 24 16 17 34 14 10	19 4 21 22 26 16 17 34 14 10	22 7 24 25 28 17 18 34 14 10	25 13 23 29 31 17 18 34 14 10	28 17 27 33 33 17 18 34 14 10
31	31 8 31 28 21 14 17 34 14 10		1 15 36 35 22 13 16 34 13 10		7 24 8 6 21 14 16 34 13 10		13 31 13 14 22 15 17 34 14 10	16 36 15 18 24 16 17 34 14 10		22 9 25 25 28 17 18 34 14 10		28 18 27 33 33 17 18 34 14 10

1921

	JAN	FEB	MAR	APR	MAY	JUNE	JULY	AUG	SEPT	OCT	NOV	DEC
1	29 20 28 33 33 17 17 34 14 10	32 25 33 35 35 17 17 34 14 10	35 25 35 3 2 17 17 34 14 10	2 30 36 3 4 16 18 34 13 10	5 33 4 3 6 16 18 34 13 10	8 1 10 3 8 17 17 35 14 10	10 5 11 6 11 17 17 35 14 10	13 10 11 8 11 17 17 34 14 10	16 16 18 13 14 18 18 34 14 10	19 19 22 16 16 19 19 34 14 11	22 25 22 19 18 19 19 34 13 10	25 28 24 24 20 20 19 35 14 10
2	29 21 28 33 33 17 17 34 14 10	32 26 33 35 35 17 17 34 14 10	35 26 35 3 2 17 17 34 14 10	2 31 36 4 4 16 18 34 13 10	5 34 4 3 6 16 18 34 13 10	8 3 10 4 8 17 17 35 14 10	11 6 11 6 11 17 17 35 14 10	13 11 11 8 11 17 17 34 14 10	16 18 18 13 14 18 18 34 14 10	19 21 22 16 16 19 19 34 14 11	22 25 22 19 18 19 19 34 13 10	25 29 24 24 20 20 19 35 14 10
3	29 22 28 33 33 17 17 34 14 10	32 26 34 1 35 17 17 34 14 10	35 28 34 3 2 17 17 34 14 10	2 31 36 4 4 16 18 34 13 10	5 36 4 3 5 16 18 34 13 10	8 4 10 4 8 17 17 35 14 10	11 8 11 6 11 17 17 35 14 10	14 13 11 8 13 17 17 34 14 10	17 19 18 13 14 18 18 34 14 10	19 22 22 16 16 19 19 34 14 11	23 27 22 20 18 19 19 34 13 10	26 30 24 24 20 20 19 35 14 10
4	29 23 28 34 34 17 17 34 14 10	32 28 34 1 35 17 17 34 14 10	35 29 34 3 2 17 17 34 14 10	2 34 36 4 4 16 18 34 13 10	5 1 4 3 5 16 18 34 13 10	8 5 10 4 8 17 17 35 14 10	11 9 11 6 11 17 17 35 14 10	14 14 11 8 13 17 17 34 14 10	17 20 18 13 14 18 18 34 14 10	20 23 22 16 16 19 19 34 14 11	23 28 22 20 18 19 19 34 13 10	26 31 24 24 20 20 19 35 14 10
5	29 25 28 34 34 17 17 34 14 10	32 29 34 1 35 17 17 34 14 10	35 30 34 3 2 17 17 34 14 10	2 36 36 4 4 16 18 34 13 10	5 2 4 3 5 16 18 34 13 10	8 7 11 5 8 17 17 35 14 10	11 11 11 6 11 17 17 35 14 10	14 16 11 8 13 17 17 34 14 10	17 21 18 14 14 18 18 34 14 10	20 25 22 16 16 19 19 34 14 11	23 30 23 20 18 19 19 34 13 10	26 34 24 24 20 20 19 35 14 10
6	29 26 28 34 34 17 17 34 14 10	32 31 34 2 35 17 17 34 14 10	35 32 34 3 2 17 17 34 14 10	2 36 36 4 4 16 18 34 13 10	5 3 4 3 7 16 18 34 13 10	8 8 11 5 8 17 17 35 14 10	11 12 11 6 11 17 17 35 14 10	14 17 11 10 13 17 17 34 14 10	17 22 18 14 14 18 18 34 14 10	20 26 22 16 16 19 19 34 14 11	23 31 23 20 18 19 19 34 13 10	26 34 24 24 20 20 19 35 14 10
7	29 26 28 34 34 17 17 34 14 10	32 32 34 2 35 17 17 34 14 10	35 33 34 4 2 17 17 34 14 10	2 1 36 4 4 16 18 34 13 10	5 4 4 3 7 16 18 34 13 10	8 10 11 5 8 17 17 35 14 10	11 14 11 6 11 17 17 35 14 10	14 19 11 10 13 17 17 34 14 10	17 24 18 14 14 18 18 34 14 10	20 28 22 16 16 19 19 34 14 11	23 32 23 21 19 19 19 34 13 10	26 35 24 24 20 20 19 35 14 10
8	29 28 29 34 34 17 17 34 14 10	32 33 34 2 35 17 17 34 14 10	35 34 34 4 2 17 17 34 14 10	2 3 36 4 4 16 18 34 13 10	5 6 6 3 7 16 18 34 13 10	8 12 10 4 9 16 18 34 13 10	11 15 11 7 11 17 17 34 14 10	14 20 13 10 13 17 17 34 14 10	17 25 18 14 14 18 18 34 14 10	20 29 22 16 16 19 19 34 14 11	23 33 22 21 19 19 19 34 14 10	26 36 25 25 20 20 19 35 14 10
9	29 29 29 34 34 17 17 34 14 10	33 34 34 2 35 17 17 34 14 10	35 35 34 4 2 17 17 34 14 10	2 4 36 4 4 16 18 34 13 10	5 7 6 3 7 16 18 34 13 10	8 13 10 4 9 16 18 34 13 10	11 17 11 7 11 17 17 34 14 10	14 22 13 10 13 17 17 34 14 10	17 27 19 14 14 18 18 34 14 10	20 30 22 16 16 19 19 34 14 11	23 34 22 21 19 19 19 34 14 10	26 1 25 25 20 20 19 34 14 10
10	29 31 29 34 34 17 17 34 14 10	33 35 34 2 35 17 17 34 14 10	35 35 34 4 2 17 17 34 14 10	3 5 36 5 5 17 17 35 14 10	5 9 6 3 7 16 18 34 13 10	8 15 10 4 9 16 18 34 13 10	11 18 11 7 11 17 17 34 14 10	14 23 14 10 14 17 17 34 14 10	17 28 19 14 15 18 18 34 14 10	20 31 22 16 16 19 19 34 14 11	23 36 22 21 19 19 19 34 14 10	26 2 25 25 20 20 19 34 14 10
11	30 32 29 34 34 17 17 34 14 10	33 1 34 2 35 17 17 34 14 10	36 2 34 4 2 17 17 34 14 10	3 7 36 5 5 17 17 35 14 10	6 10 6 3 7 16 18 34 13 10	8 16 10 4 9 16 18 34 13 10	11 20 11 7 11 17 17 34 13 10	14 24 14 10 14 17 17 34 14 10	17 29 19 14 15 18 18 34 14 10	20 32 22 16 16 19 19 34 14 11	23 1 22 21 19 19 19 34 14 10	26 4 25 25 20 20 19 34 14 10
12	30 33 29 34 34 17 17 34 14 10	33 2 34 2 35 17 17 34 14 10	36 3 34 4 2 17 17 34 14 10	3 8 36 5 5 17 17 35 14 10	6 12 6 3 7 16 18 34 13 10	9 18 10 4 9 16 18 34 13 10	11 21 11 7 11 17 17 34 13 10	14 25 14 10 14 17 17 34 14 10	17 30 19 14 15 18 18 34 14 10	20 33 22 16 16 19 19 34 14 11	23 2 22 21 19 19 19 34 14 10	26 5 26 26 20 20 19 34 14 10
13	30 34 29 34 34 17 17 34 14 10	33 3 34 2 1 17 17 34 14 10	36 4 34 4 3 16 18 34 13 10	3 9 36 5 5 17 17 35 14 10	6 13 6 3 7 16 18 34 13 10	9 19 10 4 9 16 18 34 13 10	12 22 11 7 11 17 17 34 13 10	15 26 14 10 14 17 17 34 14 10	18 32 20 14 15 18 18 34 14 10	20 34 22 16 16 19 19 34 14 11	24 3 22 21 19 19 19 34 14 10	27 7 26 26 20 20 19 34 14 10
14	30 35 29 34 34 17 17 34 14 10	33 5 34 2 1 17 17 34 14 10	36 6 34 4 3 16 18 34 13 10	3 11 2 5 5 17 17 35 14 10	6 15 6 3 7 16 18 34 13 10	9 19 10 4 9 16 18 34 13 10	12 23 11 7 11 17 17 34 13 10	15 28 14 10 14 17 17 34 14 10	18 33 20 14 15 18 18 34 14 10	21 34 22 16 16 19 19 34 14 11	24 4 22 22 19 19 19 34 14 10	27 8 26 26 20 20 19 34 14 10
15	30 1 29 34 34 17 17 34 14 10	33 5 35 2 1 17 17 34 14 10	36 7 34 4 3 16 18 34 13 10	3 12 2 5 5 17 17 35 14 10	6 16 7 3 7 16 18 34 13 10	9 21 10 4 9 16 18 34 13 10	12 25 11 7 11 17 17 34 13 10	15 29 14 10 14 17 17 34 14 10	18 34 20 14 15 18 18 34 14 10	21 1 23 17 17 19 19 34 14 11	24 6 22 22 19 19 19 34 14 10	27 10 26 26 20 20 19 34 14 10
16	30 2 29 34 34 17 17 34 14 10	33 7 35 2 2 17 17 34 14 10	36 9 34 4 3 16 18 34 13 10	3 14 2 5 5 17 17 35 14 10	6 18 7 3 7 16 18 34 13 10	9 22 10 4 9 16 18 34 13 10	12 26 11 7 11 17 17 34 13 10	15 31 14 11 14 17 17 34 14 10	18 35 20 14 15 18 18 34 14 10	21 2 23 17 17 19 19 34 14 11	24 7 22 22 19 19 19 34 14 10	27 11 26 26 20 20 19 34 14 10
17	30 4 29 34 34 17 17 34 14 10	33 8 35 2 2 17 17 34 14 10	36 10 34 4 3 16 18 34 13 10	3 15 2 5 5 17 17 35 14 10	6 19 7 3 7 16 18 34 13 10	9 24 10 4 9 16 18 34 13 10	12 26 11 7 11 17 17 34 13 10	15 32 14 11 14 17 17 34 14 10	18 36 20 14 15 18 18 34 14 10	21 4 23 17 17 19 19 34 14 11	24 9 22 22 19 19 19 34 13 10	27 12 26 26 20 20 19 34 14 10
18	30 5 29 35 35 17 17 34 14 10	33 10 35 2 2 17 17 34 14 10	36 12 34 4 3 16 18 34 13 10	3 17 2 5 5 17 17 35 14 10	6 20 7 3 7 16 18 34 13 10	9 25 10 4 9 16 18 34 13 10	12 28 11 7 11 17 17 34 13 10	15 33 14 11 14 17 17 34 14 10	18 1 20 14 15 18 18 34 14 10	21 5 23 17 17 19 19 34 14 11	24 10 22 22 19 19 19 34 13 10	27 14 26 26 20 20 19 34 14 10
19	30 5 31 35 35 17 17 34 14 10	34 11 35 2 2 17 17 34 14 10	36 13 34 4 3 16 18 34 13 10	3 17 2 5 5 17 17 35 14 10	6 22 8 3 8 17 17 35 14 10	9 27 10 4 9 16 18 34 13 10	12 29 11 8 11 17 17 35 14 10	15 34 14 11 14 17 17 34 14 10	18 3 20 14 15 18 18 34 14 10	21 6 23 17 17 19 19 34 14 11	24 12 22 22 19 19 19 34 13 10	27 15 26 26 20 20 19 34 14 10
20	30 8 31 35 35 17 17 34 14 10	34 14 35 2 2 17 17 34 14 10	36 14 34 4 3 16 18 34 13 10	3 19 2 5 5 17 17 35 14 10	6 23 8 3 8 17 17 35 14 10	9 28 10 4 8 16 18 34 13 10	12 31 11 8 11 17 17 35 14 10	15 35 14 11 14 17 17 34 14 10	18 4 20 14 16 18 18 34 14 10	21 7 23 17 17 19 19 34 14 11	24 13 22 22 19 19 19 34 13 10	27 16 27 27 21 20 19 34 14 10
21	31 8 32 35 35 17 17 34 14 10	34 15 35 2 2 17 17 34 14 10	1 15 34 4 3 16 18 34 13 10	4 20 1 4 6 16 18 34 13 10	6 24 8 3 8 17 17 35 14 10	9 29 10 4 8 16 18 34 13 10	12 32 11 8 11 17 17 35 14 10	15 1 15 11 14 17 17 34 14 10	18 6 21 15 16 18 18 34 14 10	21 9 23 19 17 19 19 34 14 11	24 13 22 22 19 19 19 34 13 10	27 18 27 27 21 20 19 34 14 10
22	31 11 32 35 35 17 17 34 14 10	34 16 35 2 2 17 17 34 14 10	1 16 34 4 3 16 18 34 13 10	4 22 1 4 6 16 18 34 13 10	7 26 8 3 8 17 17 35 14 10	10 30 12 6 10 16 18 34 13 10	12 33 11 8 11 17 17 35 14 10	15 2 15 11 14 17 17 34 14 10	18 7 21 15 16 18 18 34 14 11	21 10 23 19 17 19 19 34 14 11	24 16 22 22 19 19 19 34 13 10	28 19 28 28 22 20 19 34 14 10
23	31 11 32 35 35 17 17 34 14 10	34 17 35 2 2 17 17 34 14 10	1 18 34 4 3 16 18 34 13 10	4 24 1 4 6 16 18 34 13 10	7 26 8 3 8 17 17 35 14 10	10 31 12 6 10 16 18 34 13 10	13 35 11 8 11 17 17 35 14 10	15 3 15 11 14 17 17 34 14 10	18 8 22 16 16 18 18 34 14 11	21 12 23 19 17 19 19 34 14 11	25 17 22 22 19 19 19 34 13 10	28 20 28 28 20 20 19 34 14 10
24	31 14 32 35 35 17 17 34 14 10	34 19 35 3 2 17 17 34 14 10	1 19 34 4 3 16 18 34 13 10	4 25 1 4 6 16 18 34 13 10	7 28 8 3 8 17 17 35 14 10	10 33 12 6 10 16 18 34 13 10	13 35 11 8 11 17 17 35 14 10	16 4 16 11 14 17 17 34 14 10	19 9 22 16 16 19 19 34 14 11	22 13 23 19 18 19 19 34 13 11	25 18 22 22 19 19 19 34 13 10	28 22 28 28 21 20 19 34 14 10
25	31 15 32 35 35 17 17 34 14 10	34 20 35 3 2 17 17 34 14 10	1 21 34 4 4 16 18 34 13 10	4 26 1 3 6 16 18 34 13 10	7 29 8 3 8 17 17 35 14 10	10 34 12 6 10 16 18 34 13 10	13 1 11 8 11 17 17 34 14 10	16 5 16 11 14 17 17 34 14 10	19 10 22 16 16 19 19 34 14 11	22 14 22 19 18 19 19 34 13 11	25 19 22 22 19 19 19 34 13 10	28 24 28 28 22 20 19 34 14 10
26	31 17 32 35 35 17 17 34 14 10	34 22 35 3 2 17 17 34 14 10	1 22 34 4 4 16 18 34 13 10	4 27 3 3 6 16 18 34 13 10	7 30 8 3 8 17 17 35 14 10	10 34 12 6 10 16 18 34 13 10	13 2 11 8 11 17 17 34 14 10	16 7 16 11 14 17 17 34 14 10	19 12 22 16 16 19 19 34 14 11	22 16 22 19 18 19 19 34 13 11	25 21 22 22 19 19 19 34 13 10	28 25 28 28 22 20 19 34 14 10
27	31 17 32 35 35 17 17 34 14 10	34 23 35 3 2 17 17 34 14 10	1 24 34 4 4 16 18 34 13 10	4 28 3 3 6 16 18 34 13 10	7 32 8 3 8 17 17 35 14 10	10 36 12 6 10 16 18 34 13 10	13 3 11 8 11 17 17 34 14 10	16 8 16 11 14 17 17 34 14 10	19 13 22 16 16 19 19 34 14 11	22 18 22 19 18 19 19 34 13 11	25 22 22 22 19 19 19 34 13 10	28 26 28 28 22 20 19 34 14 10
28	31 19 32 35 35 17 17 34 14 10	34 24 35 3 2 17 17 34 14 10	1 25 34 4 4 16 18 34 13 10	4 30 3 3 6 16 18 34 13 10	7 33 8 3 8 17 17 35 14 10	10 1 12 6 10 16 18 34 13 10	13 4 11 8 11 17 17 34 14 10	16 10 16 11 14 17 17 34 14 10	19 15 22 16 16 19 19 34 14 11	22 19 22 19 18 19 19 34 13 11	25 24 22 22 19 19 19 34 13 10	28 27 28 27 22 20 19 34 14 10
29	31 20 32 35 35 17 17 34 14 10		1 27 34 4 4 16 18 34 13 10	4 31 3 3 6 16 18 34 13 10	7 35 9 3 8 17 17 35 14 10	10 2 12 6 10 16 18 34 13 10	13 5 11 8 11 17 17 34 14 10	16 11 16 11 14 17 17 34 14 10	19 16 22 16 16 19 19 34 14 11	22 20 22 19 18 19 19 34 13 10	25 25 22 22 19 19 19 34 13 10	28 28 28 27 22 20 19 34 14 10
30	32 22 32 35 35 17 17 34 14 10		1 28 34 4 4 16 18 34 13 10	4 31 3 3 6 16 18 34 13 10	7 35 9 3 8 17 17 35 14 10	10 4 12 6 10 16 18 34 13 10	13 7 11 8 11 17 17 34 14 10	16 13 16 11 14 17 17 34 14 10	19 18 22 16 16 19 18 34 14 11	22 22 22 19 18 19 19 34 13 10	25 26 22 22 19 19 19 34 13 10	28 30 28 28 22 20 19 34 14 10
31	32 23 32 35 35 17 17 34 14 10		2 28 34 4 4 16 18 34 13 10		7 36 10 3 8 17 37 35 14 10		13 8 11 8 11 17 17 34 14 10	16 14 16 11 14 17 17 34 14 10		22 23 22 19 18 19 19 34 13 10		28 31 28 28 22 20 19 34 14 10

1922

	JAN	FEB	MAR	APR	MAY	JUNE	JULY	AUG	SEPT	OCT	NOV	DEC
1	29 32 28 28 22 20 19 34 14 10	32 1 34 32 23 20 19 34 14 10	35 1 32 34 25 20 19 34 14 10	1 6 34 2 26 20 19 35 14 10	5 10 5 7 27 19 19 35 14 10	8 14 10 10 26 19 19 35 14 10	10 19 9 14 26 20 19 35 14 10	13 24 13 17 26 20 19 35 14 11	16 29 19 20 26 20 19 35 14 11	19 33 21 24 28 21 19 34 13 11	22 1 20 25 31 22 20 34 14 11	25 4 25 24 33 22 20 34 14 11
2	29 33 28 28 22 20 19 34 14 10	32 2 34 32 23 20 19 34 14 10	35 2 32 34 25 20 19 34 14 10	2 8 34 2 26 20 19 35 14 10	5 11 5 7 27 19 19 35 14 10	8 17 10 10 26 19 19 35 14 10	10 20 9 14 26 20 19 35 14 10	13 26 13 17 26 20 19 35 14 11	16 30 19 20 26 20 19 35 14 11	19 34 21 24 28 21 19 34 13 11	22 2 20 25 31 22 20 34 14 11	25 5 25 24 33 22 20 34 14 11
3	29 34 28 28 22 20 19 34 14 10	32 2 34 32 23 20 19 34 14 10	35 4 32 34 25 20 19 34 14 10	2 8 34 2 26 20 19 35 14 10	5 13 5 7 27 19 19 35 14 10	8 18 10 11 26 19 19 35 14 10	11 22 9 14 26 20 19 35 14 10	14 27 13 18 26 20 19 35 14 11	17 32 19 20 26 20 19 35 14 11	19 34 21 24 28 21 19 34 13 11	23 3 20 25 31 22 20 34 14 11	26 7 25 24 33 22 20 34 14 11
4	29 36 28 28 22 20 19 34 14 10	32 4 34 32 23 20 19 34 14 10	35 5 32 34 25 20 19 34 14 10	2 10 34 2 26 20 19 35 14 10	5 14 6 7 27 19 19 35 14 10	8 19 10 11 26 19 19 35 14 10	11 23 9 14 26 20 19 35 14 10	14 28 14 18 26 20 19 35 14 11	17 33 19 20 26 20 19 35 14 11	20 36 21 24 28 21 19 34 13 11	23 5 20 25 31 22 20 34 14 11	26 8 25 24 33 22 20 34 14 11
5	29 1 28 28 22 20 19 34 14 10	32 5 34 32 23 20 19 34 14 10	35 7 32 34 25 20 19 34 14 10	2 11 35 2 26 20 19 35 14 10	5 15 6 8 27 19 19 35 14 10	8 20 10 11 26 19 19 35 14 10	11 25 9 14 26 20 19 35 14 10	14 29 14 18 26 20 19 35 14 11	17 35 19 20 26 20 19 35 14 11	20 1 21 24 28 21 19 34 13 11	23 5 20 25 31 22 20 34 14 11	26 9 25 24 33 22 20 34 14 11
6	29 2 29 28 22 20 19 34 14 10	32 7 34 32 23 20 19 34 14 10	35 9 32 34 25 20 19 34 14 10	2 13 36 3 26 20 19 35 14 10	5 17 6 8 27 19 19 35 14 10	8 23 10 11 26 19 19 35 14 10	11 26 9 14 26 20 19 35 14 10	14 31 14 18 26 20 19 35 14 11	17 35 19 20 26 20 19 35 14 11	20 2 21 24 28 21 19 34 13 11	23 7 22 25 31 22 20 34 14 11	26 11 25 24 33 22 20 34 14 11
7	29 3 29 28 22 20 19 34 14 10	32 8 34 32 23 20 19 34 14 10	35 9 32 34 25 20 19 34 14 10	2 14 1 4 26 20 19 35 14 10	5 18 7 8 27 19 19 35 14 10	8 23 10 11 26 19 19 35 14 10	11 26 9 14 26 20 19 35 14 10	14 32 14 18 26 20 19 35 14 11	17 35 19 21 26 20 19 35 14 11	20 4 21 24 28 21 19 34 13 11	23 8 22 25 31 22 20 34 14 11	26 11 25 24 33 22 20 34 14 11
8	29 4 29 28 22 20 19 34 14 10	32 10 34 32 23 20 19 34 14 10	35 10 32 36 25 20 19 34 14 10	2 17 1 4 26 20 19 35 14 10	5 19 7 8 27 19 19 35 14 10	8 25 10 11 26 19 19 35 14 10	11 27 9 14 26 20 19 35 14 10	14 33 14 18 26 20 19 35 14 11	17 1 19 22 26 20 19 35 14 11	20 5 21 24 28 21 19 34 13 11	23 9 22 25 31 22 20 34 14 11	26 13 26 24 33 22 20 34 14 11
9	29 6 30 28 22 20 19 34 14 10	32 11 32 32 23 20 19 34 14 10	35 11 32 36 25 20 19 34 14 10	2 17 1 4 26 20 19 35 14 10	5 21 7 8 27 19 19 35 14 10	8 26 10 11 26 19 19 35 14 10	11 28 9 14 26 20 19 35 14 10	14 35 14 18 26 20 19 35 14 11	17 2 19 22 26 20 19 35 14 11	20 6 21 24 28 21 19 34 13 11	23 11 22 25 31 22 20 34 14 11	26 14 26 24 33 22 20 34 14 11
10	29 7 30 28 22 20 19 34 14 10	33 13 32 32 23 20 19 34 14 10	35 13 32 36 25 20 19 34 14 10	2 19 1 4 26 20 19 35 14 10	5 23 7 8 27 19 19 35 14 10	8 28 10 11 26 19 19 35 14 10	11 29 9 15 26 20 19 35 14 10	14 35 14 19 26 20 19 35 14 11	17 4 19 23 26 20 19 35 14 11	20 7 21 24 28 21 19 34 13 11	23 12 22 25 31 22 20 34 14 11	26 16 26 24 33 22 20 34 14 11
11	30 9 30 28 22 20 19 34 14 10	33 14 32 32 23 20 19 34 14 10	36 14 32 36 26 20 19 34 14 10	2 20 1 4 26 20 19 35 14 10	5 24 7 8 27 19 19 35 14 10	8 28 8 11 26 19 19 35 14 10	11 31 9 15 26 20 19 35 14 10	14 1 14 19 26 20 19 35 14 11	17 5 19 23 26 20 19 35 14 11	20 9 21 25 28 21 19 34 13 11	23 13 22 25 31 22 20 34 14 11	26 17 26 24 33 22 20 34 14 11
12	30 10 31 28 22 20 19 34 14 10	33 16 32 32 23 20 19 34 14 10	36 16 32 36 26 20 19 34 14 10	2 22 1 4 26 20 19 35 14 10	5 26 7 8 27 19 19 35 14 10	9 30 8 11 26 19 19 35 14 10	11 32 9 15 26 20 19 35 14 10	14 2 14 19 26 20 19 35 14 11	17 6 19 23 26 20 19 35 14 11	20 10 21 25 28 21 19 34 13 11	23 14 22 25 31 22 20 34 14 11	26 19 26 24 34 22 20 34 14 11
13	30 12 31 28 22 20 19 34 14 10	33 17 32 32 23 20 19 34 14 10	36 18 32 1 26 20 19 34 14 10	3 23 2 4 27 20 19 35 14 10	6 27 8 8 27 19 19 35 14 10	9 31 8 11 26 19 19 35 14 10	12 33 9 15 26 20 19 35 14 10	14 3 14 19 26 20 19 35 14 11	17 8 19 23 28 20 19 35 14 11	20 10 21 25 28 21 19 34 13 11	24 16 22 25 31 22 20 34 14 11	27 20 26 24 34 22 20 34 14 11
14	30 13 31 29 22 20 19 34 14 10	33 19 32 32 23 20 19 34 14 10	36 19 33 1 26 20 19 34 14 10	3 25 2 4 27 20 19 35 14 10	6 28 8 8 27 19 19 35 14 10	9 32 8 12 26 19 19 35 14 10	12 35 9 15 26 20 19 35 14 10	15 4 14 19 26 20 19 35 14 11	17 9 20 23 28 20 19 35 14 11	20 12 21 25 28 21 19 34 13 11	24 17 22 25 31 22 20 34 14 11	27 22 26 24 34 22 20 34 14 11
15	30 15 31 29 22 20 19 34 14 10	33 20 32 32 23 20 19 34 14 10	36 20 33 1 26 20 19 34 14 10	3 26 2 4 27 20 19 35 14 10	6 30 8 9 27 19 19 35 14 10	9 34 8 12 26 19 19 35 14 10	12 36 10 16 26 20 19 35 14 10	15 5 16 19 26 20 19 35 14 11	18 10 20 23 28 20 19 35 14 11	21 14 21 25 30 21 19 34 13 11	24 19 22 25 31 22 20 34 14 11	27 23 26 24 34 22 20 34 14 11
16	30 16 31 30 22 20 19 34 14 10	33 22 32 33 23 20 19 34 14 10	36 22 33 1 26 20 19 34 14 10	3 27 2 4 27 20 19 35 14 10	6 32 8 9 27 19 19 35 14 10	9 35 8 12 26 19 19 35 14 10	12 1 10 16 26 20 19 35 14 10	15 7 16 19 26 20 19 35 14 11	18 11 20 23 28 20 19 35 14 11	21 15 21 25 30 21 19 34 13 11	24 20 22 25 31 22 20 34 14 11	27 24 26 24 34 22 20 34 14 11
17	30 18 31 30 22 20 19 34 14 10	33 23 32 34 23 20 19 34 14 10	36 23 33 1 26 20 19 34 14 10	3 28 2 4 27 20 19 35 14 10	6 32 8 9 27 19 19 35 14 10	9 36 8 12 26 19 19 35 14 10	12 2 10 16 26 20 19 35 14 10	15 8 16 19 26 20 19 35 14 11	18 13 20 23 28 20 19 35 14 11	21 16 21 25 30 21 19 34 13 11	24 22 22 25 31 22 20 34 14 11	27 25 28 24 34 22 20 34 14 11
18	30 19 32 30 23 20 19 34 14 10	33 24 32 34 25 20 19 34 14 10	36 25 34 1 26 20 19 34 14 10	3 29 3 4 27 20 19 35 14 10	6 33 8 9 27 19 19 35 14 10	9 1 8 12 26 19 19 35 14 10	12 3 10 16 26 20 19 35 14 10	15 9 17 19 26 20 19 35 14 11	18 14 20 23 28 20 19 35 14 11	21 18 20 25 30 21 19 34 13 11	24 23 22 25 31 22 20 34 14 11	27 27 28 24 34 22 20 34 14 11
19	30 20 32 30 23 20 19 34 14 10	34 25 32 34 25 20 19 34 14 10	36 26 34 1 26 20 19 34 14 10	3 31 3 4 27 20 19 35 14 10	6 35 9 9 27 19 19 35 14 10	9 2 8 12 26 19 19 35 14 10	12 5 10 17 26 20 19 35 14 11	15 10 17 19 26 20 19 35 14 11	18 16 20 23 28 20 19 35 14 11	21 19 20 25 30 21 19 34 13 11	24 25 22 25 31 22 20 34 14 11	27 29 28 24 34 22 20 34 14 11
20	30 22 32 30 23 20 19 34 14 10	34 25 32 34 25 20 19 34 14 10	36 28 34 1 26 20 19 34 14 10	3 32 3 4 27 20 19 35 14 10	6 35 9 9 27 19 19 35 14 10	9 4 8 13 26 19 19 35 14 10	12 8 10 17 26 20 19 35 14 11	15 12 17 19 26 20 19 35 14 11	18 17 20 23 28 20 19 35 14 11	21 21 20 25 30 21 19 34 13 11	24 26 22 25 31 22 20 34 14 11	27 29 28 24 34 22 20 34 14 11
21	31 23 32 31 23 20 19 34 14 10	34 26 32 34 25 20 19 34 14 10	1 29 34 1 26 20 19 34 14 10	4 33 3 4 27 20 19 35 14 10	6 1 9 9 27 19 19 35 14 10	9 5 8 13 26 19 19 35 14 10	12 8 11 17 26 20 19 35 14 11	15 14 17 19 26 20 19 35 14 11	18 19 20 23 28 20 19 35 14 11	21 22 20 25 30 21 19 34 13 11	24 28 23 25 32 22 20 34 14 11	27 31 28 24 34 22 20 34 14 11
22	31 25 32 31 23 20 19 34 14 10	34 28 32 34 25 20 19 34 14 10	1 30 34 1 26 20 19 34 14 10	4 35 3 4 27 20 19 35 14 10	7 1 9 9 27 19 19 35 14 10	10 6 8 13 26 19 19 35 14 10	12 10 11 17 26 20 19 35 14 11	15 15 17 19 26 20 19 35 14 11	18 20 20 23 28 20 19 35 14 11	21 24 20 25 30 21 19 34 13 11	24 29 23 25 32 22 20 34 14 11	27 32 28 24 34 22 20 34 14 11
23	31 26 32 31 23 20 19 34 14 10	34 29 32 34 25 20 19 34 14 10	1 32 34 1 26 20 19 34 14 10	4 36 3 5 27 20 19 35 14 10	7 3 9 9 27 19 19 35 14 10	10 8 8 13 26 19 19 35 14 10	12 11 11 17 26 20 19 35 14 11	15 17 17 20 26 20 19 35 14 11	18 22 20 23 28 20 19 35 14 11	21 25 20 25 30 21 19 34 13 11	25 30 23 25 32 22 20 34 14 11	28 34 29 24 34 22 20 34 14 11
24	31 27 32 31 23 20 19 34 14 10	34 31 32 34 25 20 19 34 14 10	1 32 34 1 26 20 19 34 14 10	4 1 4 5 27 20 19 35 14 10	7 5 9 9 27 19 19 35 14 10	10 8 8 13 26 19 19 35 14 10	13 13 11 17 26 20 19 35 14 11	16 18 17 20 26 20 19 35 14 11	19 23 20 23 28 20 19 35 14 11	22 27 20 25 31 22 19 34 13 11	25 32 23 25 32 22 20 34 14 11	28 35 29 24 34 22 20 34 14 11
25	31 28 32 31 23 20 19 34 14 10	34 32 32 34 25 20 19 34 14 10	1 34 34 2 26 20 19 34 14 10	4 2 5 5 27 20 19 35 14 10	7 6 9 9 27 19 19 35 14 10	10 10 8 13 26 19 19 35 13 10	13 14 11 17 26 20 19 35 14 11	16 19 17 20 26 20 19 35 14 11	19 25 20 23 28 20 19 35 14 11	22 28 20 25 31 22 19 34 13 11	25 33 23 25 32 22 20 34 14 11	28 36 29 24 34 22 20 34 14 11
26	31 29 32 31 23 20 19 34 14 10	34 33 32 34 25 20 19 34 14 10	1 34 34 2 26 20 19 34 14 10	4 3 5 5 27 20 19 35 14 10	7 7 9 10 27 19 19 35 14 10	10 12 8 13 26 19 19 35 13 10	13 16 11 17 26 20 19 35 14 11	16 20 17 20 26 20 19 35 14 11	19 26 20 23 28 20 19 35 14 11	22 30 20 25 31 22 19 34 13 11	25 34 23 25 32 22 20 34 14 11	28 1 29 24 34 22 20 34 14 11
27	31 31 32 31 23 20 19 34 14 10	34 34 32 34 25 20 19 34 14 10	1 36 34 2 26 20 19 34 14 10	4 5 5 5 27 20 19 35 14 10	7 7 9 10 27 19 19 34 14 10	10 13 8 13 26 19 19 35 13 10	13 17 11 17 26 20 19 35 14 11	16 23 17 20 26 20 19 35 14 11	19 27 20 24 28 20 19 35 14 11	22 31 20 25 31 22 19 34 13 11	25 35 23 25 32 22 20 34 14 11	28 2 29 24 34 22 20 34 14 11
28	31 32 32 31 23 20 19 34 14 10	34 36 32 34 25 20 19 34 14 10	1 1 34 2 26 20 19 34 14 10	4 6 5 5 27 20 19 35 14 10	7 10 9 10 27 19 19 34 14 10	10 14 8 13 26 19 19 35 13 10	13 19 12 17 26 20 19 35 14 11	16 24 18 20 27 20 19 35 14 11	19 28 20 24 28 20 19 35 14 11	22 32 20 25 31 22 19 34 13 11	25 36 25 25 32 22 20 34 14 11	28 4 29 24 34 22 20 34 14 11
29	31 33 32 31 23 20 19 34 14 10		1 2 34 2 26 20 19 34 14 10	4 8 5 5 27 20 19 35 14 10	7 10 9 10 27 19 19 34 14 10	10 16 8 13 26 19 19 35 13 10	13 20 12 17 26 20 19 35 14 11	16 25 18 20 27 20 19 35 14 11	19 29 20 24 28 20 19 35 14 11	22 33 20 25 31 22 19 34 13 11	25 2 25 24 32 22 20 34 14 11	28 5 29 24 34 22 20 34 14 11
30	31 34 32 31 23 20 19 34 14 10		1 4 34 2 26 20 19 34 14 10	4 9 5 5 27 20 19 35 14 10	7 12 9 10 27 19 19 34 14 10	10 17 8 13 26 19 19 35 13 10	13 20 12 17 26 20 19 35 14 11	16 26 18 20 27 20 19 35 14 11	19 30 20 24 28 20 19 35 14 11	22 34 20 25 31 22 19 34 13 11	25 3 25 24 32 22 20 34 14 11	28 6 29 24 34 22 20 34 14 11
31	32 35 33 31 23 20 19 34 14 10		1 5 34 2 26 20 19 34 14 10		7 14 9 10 27 19 19 34 14 10		13 23 12 17 26 20 19 35 14 11	16 28 18 20 27 20 19 35 14 11		22 36 20 25 31 22 19 34 13 11		28 7 29 24 34 22 20 34 14 11

1923

	JAN	FEB	MAR	APR	MAY	JUNE	JULY	AUG	SEPT	OCT	NOV	DEC
1	29 8 30 24 34 23 20 34 14 11	32 14 31 26 2 23 20 34 14 10	35 14 32 30 3 23 20 35 14 10	2 20 1 34 5 23 20 35 14 10	5 23 7 2 8 23 20 35 14 10	8 29 7 5 10 22 20 35 14 10	11 32 8 8 11 22 20 35 14 11	13 1 14 12 14 23 20 35 14 11	16 5 19 16 16 23 20 35 14 11	19 8 19 20 17 23 20 35 14 11	22 13 21 24 19 24 21 35 15 11	25 16 26 27 21 25 21 35 15 11
2	29 10 30 25 34 23 20 34 14 11	32 15 31 26 2 23 20 34 14 10	35 16 32 30 3 23 20 35 14 10	2 21 1 34 5 23 20 35 14 10	5 26 7 2 8 23 20 35 14 10	8 30 7 5 10 22 20 35 14 10	11 33 8 8 11 22 20 35 14 11	13 2 14 12 14 23 20 35 14 11	16 6 19 16 16 23 20 35 14 11	19 10 19 20 17 23 20 35 14 11	22 14 21 24 19 24 21 35 15 11	26 17 26 27 21 25 21 35 15 11
3	29 11 30 25 34 23 20 34 14 11	32 16 31 26 2 23 20 34 14 10	35 17 32 30 3 23 20 35 14 10	2 23 1 34 5 23 20 35 14 10	5 26 7 2 8 23 20 35 14 10	8 32 7 5 10 22 20 35 14 11	11 35 8 8 11 22 20 35 14 11	14 3 14 12 14 23 20 35 14 11	16 8 19 17 16 23 20 35 14 11	19 11 19 20 17 23 20 35 14 11	23 16 21 24 19 24 21 35 15 11	26 18 26 27 21 25 21 35 15 11
4	29 13 30 25 34 23 20 34 14 11	32 17 31 26 2 23 20 34 14 10	35 19 32 31 4 23 20 35 14 10	2 24 2 34 5 23 20 35 14 10	5 28 7 2 8 23 20 35 14 10	8 32 7 5 10 22 20 35 14 11	11 36 8 8 11 22 20 35 14 11	14 5 14 13 14 23 20 35 14 11	17 9 19 17 16 23 20 35 14 11	19 11 19 20 17 23 20 35 14 11	23 17 21 24 19 24 21 35 15 11	26 21 26 27 21 25 21 35 15 11
5	29 14 31 25 34 23 20 34 14 11	32 19 31 26 2 23 20 34 14 10	35 20 32 31 4 23 20 35 14 10	2 26 2 34 5 23 20 35 14 10	5 29 7 2 8 23 20 35 14 10	8 34 7 5 10 22 20 35 14 11	11 1 8 8 12 22 20 35 14 11	14 5 15 13 14 23 20 35 14 11	17 10 19 17 16 23 20 35 14 11	20 13 18 20 17 23 20 35 14 11	23 18 22 24 19 24 21 35 15 11	26 21 28 27 21 25 21 35 15 11
6	29 15 31 25 34 23 20 34 14 11	32 20 31 26 2 23 20 34 14 10	35 22 32 31 4 23 20 35 14 10	2 27 2 35 5 23 20 35 14 10	5 31 7 2 8 23 20 35 14 10	8 35 7 5 11 22 20 35 14 11	11 2 8 8 12 22 20 35 14 11	14 7 15 13 14 23 20 35 14 11	17 11 20 17 16 23 20 35 14 11	20 14 18 20 17 23 20 35 14 11	23 19 22 24 19 24 21 35 15 11	26 24 27 27 21 25 21 35 15 11
7	29 16 31 25 34 23 20 34 14 11	32 22 29 28 2 23 20 34 14 10	35 23 32 31 4 23 20 35 14 10	2 28 2 35 5 23 20 35 14 10	5 32 7 2 8 23 20 35 14 10	8 36 7 5 11 22 20 35 14 11	11 4 9 9 12 22 20 35 14 11	14 8 15 13 14 23 20 35 14 11	17 13 20 17 16 23 20 35 14 11	20 16 18 20 17 23 20 35 14 11	23 21 22 24 19 24 21 35 15 11	26 25 27 27 21 25 21 35 15 11
8	29 17 31 25 34 23 20 34 14 11	32 23 29 28 2 23 20 34 14 10	35 25 32 31 4 23 20 35 14 10	2 29 5 35 5 23 20 35 14 10	5 33 8 2 8 23 20 35 14 10	8 2 7 5 11 22 20 35 14 11	11 5 9 9 12 22 20 35 14 11	14 9 16 14 14 23 20 35 14 11	17 14 20 17 16 23 20 35 14 11	20 17 18 20 17 23 20 35 14 11	23 23 22 25 19 24 21 35 15 11	26 26 27 27 21 25 21 35 15 11
9	29 20 32 25 34 23 20 34 14 10	32 25 29 28 2 23 20 34 14 10	35 26 32 31 4 23 20 35 14 10	2 31 5 35 5 23 20 35 14 10	5 34 8 2 8 23 20 35 14 10	8 3 7 5 11 22 20 35 14 11	11 6 10 10 12 22 20 35 14 11	14 11 16 14 14 23 20 35 14 11	17 15 20 17 16 23 20 35 14 11	20 19 18 20 17 23 20 35 14 11	23 24 22 25 19 24 21 35 15 11	26 28 27 27 21 25 21 35 15 11
10	29 20 32 25 34 23 20 34 14 10	33 26 29 28 2 23 20 34 14 10	35 28 34 31 4 23 20 35 14 10	2 32 5 35 5 23 20 35 14 10	5 35 8 2 8 23 20 35 14 10	8 4 7 5 11 22 20 35 14 11	11 7 10 10 12 22 20 35 14 11	14 12 16 14 14 23 20 35 14 11	17 17 20 17 17 23 20 35 14 11	20 20 18 20 18 23 20 35 14 11	23 26 22 25 19 24 21 35 15 11	26 30 28 28 21 25 21 35 15 11
11	30 23 32 25 35 23 20 34 14 10	33 28 29 28 2 23 20 34 14 10	35 29 34 31 4 23 20 35 14 10	2 33 5 35 6 23 20 35 14 10	5 1 8 2 8 23 20 35 14 10	8 5 7 5 11 22 20 35 14 11	11 8 10 10 12 22 20 35 14 11	14 13 17 14 14 23 20 35 14 11	17 18 20 17 17 23 20 35 14 11	20 22 18 20 18 23 20 35 14 11	23 27 24 26 19 24 21 35 15 11	26 31 28 28 22 25 21 35 15 11
12	30 24 32 25 35 23 20 34 14 10	33 29 29 28 2 23 20 34 14 10	35 30 34 31 4 23 20 35 14 10	2 35 5 35 6 23 20 35 14 10	5 2 8 2 8 23 20 35 14 10	9 6 7 5 11 22 20 35 14 11	11 10 11 11 12 22 20 35 14 11	14 14 17 14 14 23 20 35 14 11	17 20 20 17 17 23 20 35 14 11	20 23 19 20 18 23 20 35 14 11	23 29 24 26 21 24 21 35 15 11	26 33 28 28 22 25 21 35 15 11
13	30 25 32 25 35 23 20 34 14 10	33 30 29 28 2 23 20 34 14 10	35 31 34 31 4 23 20 35 14 10	2 35 5 35 6 23 20 35 14 10	5 3 8 2 8 23 20 35 14 10	9 7 7 7 11 22 20 35 14 11	11 11 11 11 12 22 20 35 14 11	14 16 17 14 14 23 20 35 14 11	17 21 20 17 17 23 20 35 14 11	20 25 19 20 18 23 20 35 14 11	24 30 24 26 21 24 21 35 15 11	27 34 29 28 22 25 21 35 15 11
14	30 26 32 25 35 23 20 34 14 10	33 31 31 28 2 23 20 34 14 10	35 32 34 31 4 23 20 35 14 10	2 1 5 35 6 23 20 35 14 10	6 4 8 2 8 23 20 35 14 10	9 8 7 7 11 22 20 35 14 11	11 12 11 11 12 22 20 35 14 11	15 17 17 14 14 23 20 35 14 11	17 23 20 17 17 23 20 35 14 11	20 26 19 20 18 23 20 35 14 11	24 32 24 26 21 24 21 35 15 11	27 35 29 28 22 25 21 35 15 11
15	30 28 32 25 35 23 20 34 14 10	33 32 31 28 2 23 20 34 14 10	35 34 34 32 5 23 20 35 14 10	2 2 4 35 6 23 20 35 14 10	6 5 9 2 8 23 20 35 14 10	9 11 7 7 11 22 20 35 14 11	11 14 11 11 12 22 20 35 14 11	15 19 17 14 14 23 20 35 14 11	17 24 20 17 17 23 20 35 14 11	21 28 21 22 18 24 21 35 15 11	24 33 24 26 21 24 21 35 15 11	27 36 29 28 22 25 21 35 15 11
16	30 29 32 25 35 23 20 34 14 10	33 34 31 29 2 23 20 34 14 10	35 35 35 32 5 23 20 35 14 10	2 3 4 35 7 23 20 35 14 10	6 7 8 2 8 23 20 35 14 10	9 11 7 7 11 22 20 35 14 11	11 15 11 11 12 22 20 35 14 11	15 20 17 14 14 23 20 35 14 11	17 26 20 17 17 23 20 35 14 11	21 30 21 22 18 24 21 35 15 11	24 34 24 26 21 24 21 35 15 11	27 1 29 28 22 25 21 35 15 11
17	30 31 32 25 35 23 20 34 14 10	33 35 31 29 2 23 20 34 14 10	36 36 35 32 5 23 20 35 14 10	2 5 4 36 7 23 20 35 14 10	6 8 8 3 8 23 20 35 14 10	9 13 8 8 11 22 20 35 14 11	11 16 11 11 12 22 20 35 14 11	15 22 17 14 14 23 20 35 14 11	17 27 20 18 17 23 20 35 14 11	21 31 21 22 18 24 21 35 15 11	24 35 24 26 21 24 21 35 15 11	27 3 29 28 22 25 21 35 15 11
18	30 32 32 25 35 23 20 34 14 10	33 36 31 29 2 23 20 34 14 10	36 1 35 32 5 23 20 34 14 10	3 5 4 35 7 23 20 35 14 10	6 8 8 3 8 23 20 35 14 10	9 14 8 8 11 22 20 35 14 11	12 17 11 11 12 22 20 35 14 11	15 23 17 14 14 23 20 35 14 11	17 28 20 18 17 23 20 35 14 11	21 32 21 22 19 24 21 35 15 11	24 1 24 26 21 24 21 35 15 11	27 4 29 29 22 25 21 35 15 11
19	30 33 32 25 35 23 20 34 14 10	33 2 31 29 2 23 20 34 14 10	36 2 35 32 5 23 20 35 14 10	3 7 4 35 7 23 20 35 14 10	6 10 8 3 8 23 20 35 14 10	9 15 8 8 11 22 20 35 14 11	12 19 11 11 12 22 20 35 14 11	15 24 17 14 14 23 20 35 14 11	18 29 20 18 17 23 20 35 14 11	21 33 21 22 19 24 21 35 15 11	24 3 24 26 21 24 21 35 15 11	27 5 29 29 22 25 21 35 15 11
20	30 34 32 25 35 23 20 34 14 10	34 2 31 29 2 23 20 34 14 10	36 4 35 32 5 23 20 35 14 10	3 8 4 35 7 23 20 35 14 10	6 11 8 3 8 23 20 35 14 10	9 17 8 8 11 22 20 35 14 11	12 19 11 11 12 22 20 35 14 11	15 26 17 14 14 23 20 35 14 11	18 31 20 18 17 23 20 35 14 11	21 34 21 22 19 24 21 35 15 11	24 3 24 26 21 24 21 35 15 11	27 6 31 31 22 25 22 35 15 11
21	31 35 32 25 1 23 20 34 14 10	34 4 31 29 2 23 20 34 14 10	36 5 35 32 5 23 20 35 14 10	4 9 4 35 7 23 20 35 14 10	6 13 8 3 8 23 20 35 14 10	9 18 8 8 11 22 20 35 14 11	12 22 11 11 12 22 20 35 14 11	15 27 17 14 14 23 20 35 14 11	18 32 20 18 17 23 20 35 14 11	21 35 21 22 19 24 21 35 15 11	24 4 24 26 21 24 21 35 15 11	27 8 31 31 22 25 22 35 15 11
22	31 1 32 25 1 23 20 34 14 10	34 5 31 29 2 23 20 34 14 10	1 6 35 32 5 23 20 35 14 10	4 11 4 35 7 23 20 35 14 10	7 14 7 4 8 23 20 35 14 10	10 19 8 8 11 22 20 35 14 11	12 23 11 11 12 22 20 35 14 11	15 29 17 14 14 23 20 35 14 11	18 34 20 18 17 23 20 35 14 11	21 1 21 22 19 24 21 35 15 11	24 5 24 26 21 24 21 35 15 11	27 9 31 31 22 25 22 35 15 11
23	31 2 32 25 1 23 20 34 14 10	34 6 32 29 2 23 20 34 14 10	1 7 35 32 5 23 20 35 14 10	4 12 4 36 7 23 20 35 14 10	7 16 7 4 8 23 20 35 14 10	10 20 8 8 11 22 20 35 14 11	12 25 11 11 12 22 20 35 14 11	15 29 17 14 14 23 20 35 14 11	18 35 20 18 17 23 20 35 14 11	21 3 21 22 19 24 21 35 15 11	25 7 24 26 21 25 21 35 15 11	28 10 31 31 22 25 22 35 15 11
24	31 3 32 25 1 23 20 34 14 10	34 7 32 29 2 23 20 34 14 10	1 6 35 32 5 23 20 35 14 10	4 13 4 36 7 23 20 35 14 10	7 17 7 4 8 23 20 35 14 10	10 22 8 8 11 22 20 35 14 11	13 26 13 11 13 22 20 35 14 11	16 31 17 14 14 23 20 35 14 11	19 36 19 19 17 23 20 35 14 11	22 3 21 22 19 24 21 35 15 11	25 8 26 26 21 25 21 35 15 11	28 11 31 31 22 25 22 35 15 11
25	31 4 32 25 1 23 20 34 14 10	34 8 32 29 2 23 20 34 14 10	1 10 35 32 5 23 20 35 14 10	4 14 4 36 7 23 20 35 14 10	7 18 7 4 9 23 20 35 14 10	10 23 8 8 11 22 20 35 14 11	13 28 13 11 13 22 20 35 14 11	16 32 18 14 14 23 20 35 14 11	19 1 19 19 17 23 20 35 14 11	22 4 21 22 19 24 21 35 15 11	25 9 26 26 21 25 21 35 15 11	28 12 31 31 22 25 22 35 15 11
26	31 5 32 25 1 23 20 34 14 10	34 10 32 29 2 23 20 34 14 10	1 11 35 32 5 23 20 35 14 10	4 16 4 36 7 23 20 35 14 10	7 20 7 4 9 23 20 35 14 10	10 25 8 8 11 22 20 35 14 11	13 29 13 11 13 22 20 35 14 11	16 34 18 14 14 23 20 35 14 11	19 2 19 19 17 23 20 35 14 11	22 6 21 24 19 24 21 35 15 11	25 10 26 27 21 25 21 35 15 11	28 14 31 31 22 25 22 35 15 11
27	31 7 32 26 1 23 20 34 14 10	34 11 32 29 2 23 20 34 14 10	1 12 35 32 5 23 20 35 14 10	4 17 4 1 8 23 20 35 14 10	7 21 7 4 9 23 20 35 14 10	10 26 8 8 11 22 20 35 14 11	13 31 13 11 13 22 20 35 14 11	16 35 18 14 16 23 20 35 14 11	19 4 19 19 17 23 20 35 14 11	22 7 21 24 19 24 21 35 15 11	25 12 26 27 21 25 21 35 15 11	28 15 31 31 22 25 22 35 15 11
28	31 8 31 26 1 23 20 34 14 10	34 13 32 29 2 23 20 34 14 10	1 14 35 32 5 23 20 35 14 10	4 19 6 1 8 23 20 35 14 10	7 23 7 5 9 23 20 35 14 10	10 28 8 8 11 22 20 35 14 11	13 31 13 11 13 22 20 35 14 11	16 36 19 16 16 23 20 35 14 11	19 5 19 19 17 23 20 35 14 11	22 8 21 24 19 24 21 35 15 11	25 13 26 27 21 25 21 35 15 11	28 16 31 31 22 25 22 35 15 11
29	31 9 31 26 1 23 20 34 14 10		2 15 35 32 5 23 20 35 14 10	4 20 6 1 8 23 20 35 14 10	7 24 7 5 9 23 20 35 14 10	10 29 8 8 11 22 20 35 14 11	13 33 13 11 13 22 20 35 14 11	16 2 19 16 16 23 20 35 14 11	19 6 19 19 17 23 20 35 14 11	22 9 21 24 19 24 21 35 15 11	25 14 26 27 21 25 21 35 15 11	28 17 31 31 22 25 22 35 15 11
30	31 11 31 26 1 23 20 34 14 10		2 17 35 33 5 23 20 35 14 10	4 22 6 1 8 23 20 35 14 10	7 26 7 5 9 23 20 35 14 10	10 31 8 8 11 22 20 35 14 11	13 34 13 12 13 22 20 35 14 11	16 2 19 16 16 23 20 35 14 11	19 7 19 19 17 23 20 35 14 11	22 10 21 24 19 24 21 35 15 11	25 15 26 27 21 25 21 35 15 11	28 19 31 31 22 25 22 35 15 11
31	31 12 31 26 1 23 20 34 14 10		2 18 1 33 5 23 20 35 14 10		7 27 7 5 9 23 20 35 14 10		13 35 14 12 13 22 20 35 14 11	16 3 19 16 16 23 20 35 14 11		22 12 21 24 19 24 21 35 15 11		28 20 31 31 22 25 22 35 15 11

1924

	JAN	FEB	MAR	APR	MAY	JUNE	JULY	AUG	SEPT	OCT	NOV	DEC
1	29 22 30 31 23 25 22 35 14 11	32 25 29 35 26 26 22 35 14 11	35 29 32 2 26 26 22 35 14 11	2 35 4 5 29 26 22 35 14 11	5 2 5 8 31 26 22 35 14 11	8 6 6 12 33 26 21 35 15 11	10 10 10 10 34 26 21 35 14 11	13 15 16 10 34 26 21 36 15 11	16 19 17 12 33 26 21 35 14 11	19 23 17 15 33 26 22 35 15 11	22 28 22 17 34 27 22 35 15 11	26 33 27 22 35 27 22 35 15 11
2	29 23 30 31 23 25 22 35 14 11	32 28 29 35 26 26 22 35 14 11	35 31 32 2 26 26 22 35 14 11	2 35 4 5 29 26 22 35 14 11	5 3 5 8 31 26 22 35 14 11	8 7 6 12 33 26 21 35 15 11	11 12 10 10 34 26 21 35 14 11	13 16 16 10 34 26 21 36 15 11	16 24 17 12 33 26 21 35 14 11	19 24 17 15 33 26 22 35 15 11	22 30 23 17 34 27 22 35 15 11	26 34 27 22 35 27 22 35 15 11
3	29 25 30 31 23 25 22 35 14 11	32 29 29 35 26 26 22 35 14 11	35 32 32 2 26 26 22 35 14 11	2 1 4 5 29 26 22 35 14 11	5 4 5 8 31 26 22 35 14 11	8 8 6 12 33 26 21 35 15 11	11 12 10 10 34 26 21 35 14 11	14 18 16 10 34 26 21 36 15 11	17 22 17 12 33 26 21 35 14 11	19 26 17 15 33 26 22 35 15 11	23 31 23 19 34 27 22 35 15 11	26 35 28 22 35 27 22 35 15 11
4	29 26 30 31 23 25 22 35 14 11	32 31 29 35 26 26 22 35 14 11	35 34 34 4 28 26 22 35 14 11	2 2 4 5 29 26 22 35 14 11	5 5 5 8 31 26 22 35 14 11	8 10 6 12 33 26 21 35 15 11	11 14 10 10 34 26 21 35 14 11	14 18 16 10 34 26 21 36 15 11	17 23 17 12 33 26 21 35 14 11	20 27 17 15 33 26 22 35 15 11	23 33 23 19 34 27 22 35 15 11	26 36 28 22 35 27 22 35 15 11
5	29 28 30 31 23 25 22 35 14 11	32 32 29 35 26 26 22 35 14 11	35 35 34 4 28 26 22 35 14 11	2 3 4 7 29 26 22 35 14 11	5 7 5 8 31 26 22 35 14 11	8 12 6 12 33 26 21 35 15 11	11 15 10 10 34 26 21 35 14 11	14 19 16 10 34 26 21 36 15 11	17 25 17 12 33 26 21 35 14 11	20 29 17 15 33 26 22 35 15 11	23 34 23 19 34 27 22 35 15 11	26 1 28 22 35 27 22 35 15 11
6	29 29 30 31 23 25 22 35 14 11	32 35 29 35 26 26 22 35 14 11	35 36 34 4 28 26 22 35 14 11	2 5 4 7 29 26 22 35 14 11	5 8 5 10 31 26 22 35 14 11	8 12 6 12 33 26 21 35 15 11	11 16 10 10 34 26 21 35 14 11	14 21 16 10 34 26 21 36 15 11	17 26 17 12 33 26 21 35 14 11	20 30 17 15 33 26 22 35 15 11	23 35 24 19 34 27 22 35 15 11	26 3 28 22 35 27 22 35 15 11
7	29 31 30 31 23 25 22 35 14 11	32 35 29 35 26 26 22 35 14 11	35 1 34 4 28 26 22 35 14 11	2 5 4 7 29 26 22 35 14 11	5 9 5 10 31 26 22 35 14 11	8 15 6 12 33 26 21 35 15 11	11 17 12 10 34 26 21 35 14 11	14 22 16 10 34 26 21 36 15 11	17 28 17 12 33 26 21 35 14 11	20 31 19 15 33 26 22 35 15 11	23 36 24 19 34 27 22 35 15 11	26 4 28 22 35 27 22 35 15 11
8	29 32 30 32 23 25 22 35 14 11	32 1 29 35 26 26 22 35 14 11	35 2 34 4 28 26 22 35 14 11	2 7 4 7 30 26 21 35 14 11	5 10 5 10 32 26 21 35 14 11	8 15 6 12 33 26 21 35 15 11	11 19 12 10 34 26 21 35 14 11	14 24 16 10 34 26 21 36 15 11	17 29 17 12 33 26 21 35 14 11	20 33 19 16 33 26 22 35 15 11	23 2 24 19 34 27 22 35 15 11	26 6 28 22 35 27 22 35 15 11
9	29 33 30 32 23 25 22 35 14 11	32 2 29 35 26 26 22 35 14 11	35 4 34 4 28 26 22 35 14 11	2 8 4 7 30 26 21 35 14 11	5 12 5 10 32 26 21 35 14 11	8 16 6 12 33 26 21 35 15 11	11 21 12 10 34 26 21 35 14 11	14 26 18 10 34 26 21 36 15 11	17 30 17 13 33 26 21 35 14 11	20 34 19 16 33 26 22 35 15 11	23 3 24 19 34 27 22 35 15 11	26 6 28 22 35 27 22 35 15 11
10	29 34 30 32 23 25 22 35 14 11	33 3 30 36 26 26 22 35 14 11	35 5 35 4 28 26 22 35 14 11	2 9 4 7 30 26 21 35 14 11	5 13 5 10 32 26 21 35 14 11	8 17 6 12 33 26 21 35 15 11	11 21 12 10 34 26 21 35 14 11	14 27 18 10 34 26 21 36 15 11	17 32 17 13 33 26 21 35 14 11	20 35 19 16 33 26 22 35 15 11	23 4 24 19 34 27 22 35 15 11	26 7 28 22 35 27 22 35 15 11
11	30 35 30 32 23 25 22 34 14 11	33 4 30 36 26 26 22 35 14 11	36 6 35 4 28 26 22 35 14 11	3 10 5 7 30 26 21 35 14 11	6 14 5 10 32 26 21 35 14 11	9 19 6 12 33 26 21 35 15 11	11 22 12 10 34 26 21 35 14 11	14 28 18 10 34 26 21 36 15 11	17 33 17 13 33 26 21 35 14 11	20 1 19 16 33 26 22 35 15 11	23 6 24 19 34 27 22 35 15 11	27 8 29 23 36 27 23 36 15 11
12	30 1 29 33 23 25 22 34 14 11	33 5 31 1 26 26 22 35 14 11	36 7 35 4 28 26 22 35 14 11	3 12 5 7 30 26 21 35 14 11	6 15 5 10 32 26 21 35 14 11	9 21 6 12 33 26 21 35 15 11	11 23 12 10 34 26 21 35 14 11	14 30 18 10 34 26 21 36 15 11	17 34 17 13 33 26 21 35 14 11	20 2 19 16 33 26 22 35 15 11	24 7 25 19 35 27 22 35 15 11	27 10 29 23 36 27 23 36 15 11
13	30 2 29 33 23 25 22 34 14 11	33 7 31 1 26 26 22 35 14 11	36 8 35 4 28 26 22 35 14 11	3 13 5 7 30 26 21 35 14 11	6 16 5 10 32 26 21 35 14 11	9 22 7 12 33 26 21 35 15 11	12 25 12 10 34 26 21 35 14 11	15 31 18 10 34 26 21 36 15 11	18 35 17 13 33 26 21 35 14 11	20 3 20 16 33 26 22 35 15 11	24 8 25 21 35 27 22 35 15 11	27 11 29 23 36 27 23 36 15 11
14	30 4 29 33 23 25 22 34 14 11	33 8 31 1 26 26 22 35 14 11	36 10 35 4 28 26 22 35 14 11	3 14 5 7 30 26 21 35 14 11	6 17 5 10 32 26 21 35 14 11	9 24 7 12 33 26 21 35 15 11	12 26 13 10 34 26 21 35 14 11	15 33 18 10 33 26 21 36 15 11	18 1 17 13 33 26 22 35 15 11	21 4 20 16 33 26 22 35 15 11	24 9 25 21 35 27 22 35 15 11	27 12 29 24 36 27 23 36 15 11
15	30 5 29 33 23 25 22 34 14 11	33 9 31 1 26 26 22 35 14 11	36 11 35 4 28 26 22 35 14 11	3 16 5 8 30 26 21 35 14 11	6 19 5 10 32 26 21 35 14 11	9 25 7 12 33 26 21 35 15 11	12 28 13 10 34 26 21 25 14 11	15 34 18 10 33 26 21 36 15 11	18 3 17 13 33 26 22 35 15 11	21 6 21 16 33 26 22 35 15 11	24 10 25 21 35 27 22 35 15 11	27 14 29 24 36 27 23 36 15 11
16	30 5 29 33 23 25 22 34 14 11	33 10 31 1 26 26 22 35 14 11	36 12 35 4 28 26 22 35 14 11	3 17 5 8 30 26 21 35 14 11	6 21 5 10 32 26 21 35 14 11	9 26 7 12 33 26 21 35 15 11	12 30 13 10 34 26 21 35 14 11	15 36 18 10 33 26 21 36 15 11	18 4 17 13 33 26 22 35 15 11	21 7 21 17 33 26 22 35 15 11	24 11 25 21 35 27 22 35 15 11	27 15 29 24 36 27 23 36 15 11
17	30 7 29 34 25 25 21 35 14 11	33 12 31 1 26 26 22 35 14 11	36 14 35 4 28 26 22 35 14 11	3 18 5 8 30 26 21 35 14 11	6 22 5 10 32 26 21 35 14 11	9 28 7 12 33 26 21 35 15 11	12 31 13 10 34 26 21 35 14 11	15 1 18 10 33 26 21 36 15 11	18 5 17 13 33 26 22 35 15 11	21 8 21 17 33 26 22 35 15 11	24 13 25 21 35 27 22 35 15 11	27 16 29 24 36 27 23 36 15 11
18	30 8 29 34 25 25 21 35 14 11	33 13 31 1 26 26 22 35 14 11	36 14 35 5 29 26 22 35 14 11	3 20 5 8 30 26 21 35 14 11	6 23 5 10 32 26 21 35 14 11	9 29 7 12 33 26 21 35 15 11	12 33 14 10 34 26 21 35 14 11	15 2 18 10 33 26 21 36 15 11	18 6 17 13 33 26 22 35 15 11	21 10 21 17 33 26 22 35 15 11	24 14 26 21 35 27 22 35 15 11	27 17 29 24 36 27 23 36 15 11
19	30 9 29 34 25 25 21 35 14 11	33 14 31 1 26 26 22 35 14 11	36 16 35 5 29 26 22 35 14 11	3 21 5 8 30 26 21 35 14 11	6 25 5 10 32 26 21 35 14 11	9 31 7 11 33 26 21 35 14 11	12 34 14 10 34 26 21 35 14 11	15 3 18 12 33 26 21 36 15 11	18 7 17 13 33 26 22 35 15 11	21 11 21 17 33 26 22 35 15 11	24 15 26 21 35 27 22 35 15 11	27 18 29 24 36 27 23 36 15 11
20	30 11 29 34 25 25 21 35 14 11	34 15 31 1 26 26 22 35 14 11	36 17 35 5 29 26 22 35 14 11	4 23 5 8 31 26 22 35 14 11	6 26 5 10 32 26 21 35 14 11	9 32 7 11 33 26 21 35 14 11	12 35 14 10 34 26 21 35 14 11	15 4 18 12 33 26 21 36 15 11	18 8 17 13 33 26 22 35 15 11	21 12 21 17 33 26 22 35 15 11	24 16 26 21 35 27 22 35 15 11	27 20 29 24 36 27 23 36 15 11
21	31 12 29 35 26 25 22 35 14 11	34 17 32 2 26 26 22 35 14 11	1 19 35 5 28 26 22 35 14 11	4 24 5 8 31 26 22 35 14 11	7 28 5 10 32 26 21 35 14 11	9 33 8 11 33 26 21 35 14 11	12 1 14 10 34 26 21 35 14 11	15 6 18 12 33 26 21 36 15 11	18 10 17 14 33 26 22 35 15 11	21 13 21 17 33 26 22 35 15 11	24 17 26 21 35 27 22 35 15 11	28 21 29 24 1 28 23 36 15 11
22	31 13 29 35 26 26 22 35 14 11	34 17 32 2 26 26 22 35 14 11	1 20 2 5 29 26 22 35 14 11	4 26 5 8 31 26 22 35 14 11	7 30 5 10 32 26 21 35 14 11	10 35 8 11 33 26 21 35 14 11	13 3 14 10 34 26 21 35 14 11	15 7 18 12 33 26 21 36 15 11	18 11 17 14 33 26 22 35 15 11	21 15 21 17 34 26 22 35 15 11	24 19 26 21 35 27 22 35 15 11	28 23 29 25 36 28 23 36 15 11
23	31 14 29 35 26 26 22 35 14 11	34 19 32 2 26 26 22 35 14 11	1 22 2 5 29 26 22 35 14 11	4 27 5 8 31 26 22 35 14 11	7 31 5 11 32 26 21 35 14 11	10 35 8 11 32 26 21 35 14 11	13 3 14 10 34 26 21 35 14 11	16 8 18 12 34 26 21 36 15 11	19 12 17 14 33 26 22 35 15 11	21 16 21 17 34 26 22 35 15 11	25 21 26 21 35 27 22 35 15 11	28 24 29 25 36 28 23 36 15 11
24	31 16 29 35 26 26 22 35 14 11	34 20 32 2 26 26 22 35 14 11	1 23 2 5 29 26 22 35 14 11	4 29 5 8 31 26 22 35 14 11	7 32 5 11 32 26 21 35 14 11	10 1 8 11 33 26 21 35 14 11	13 5 14 10 34 26 21 35 14 11	16 9 18 12 34 26 21 36 15 11	19 13 17 14 33 26 22 35 15 11	22 17 21 17 34 26 22 35 15 11	25 22 26 21 35 27 22 35 15 11	28 26 29 25 36 28 23 36 15 11
25	31 17 29 35 26 26 22 35 14 11	34 22 32 2 26 26 22 35 14 11	1 25 2 5 29 26 22 35 14 11	4 31 5 8 31 26 22 35 14 11	7 34 5 11 32 26 20 35 14 11	10 3 8 11 33 26 21 35 14 11	13 6 14 10 34 26 21 35 14 11	16 10 18 12 34 26 21 36 15 11	19 14 17 15 33 26 22 35 15 11	22 18 22 17 34 26 22 35 15 11	25 24 27 21 35 27 22 35 15 11	28 27 29 25 36 28 23 36 15 11
26	31 19 29 35 26 26 22 35 14 11	34 23 32 2 26 26 22 35 14 11	1 26 2 5 29 26 22 35 14 11	4 32 5 8 31 26 22 35 14 11	7 35 5 11 32 26 20 35 14 11	10 4 8 11 33 26 21 35 14 11	13 7 14 10 34 26 21 35 14 11	16 12 18 12 34 26 21 36 15 11	19 16 17 15 33 26 22 35 15 11	22 19 22 17 34 26 22 35 15 11	25 25 27 21 35 27 22 35 15 11	28 28 29 25 36 28 23 36 15 11
27	31 20 29 35 26 26 22 35 14 11	34 25 32 2 26 26 22 35 14 11	1 28 2 5 29 26 22 35 14 11	4 33 5 8 31 26 22 35 14 11	7 36 5 11 32 26 20 35 14 11	10 5 8 11 33 26 21 35 14 11	13 8 14 10 34 26 21 35 14 11	16 13 18 12 34 26 21 36 15 11	19 17 17 15 33 26 22 35 15 11	22 21 22 17 34 26 22 35 15 11	25 26 27 22 35 27 22 35 15 11	28 30 29 25 36 28 23 36 15 11
28	31 21 29 35 26 26 22 35 14 11	34 26 32 2 26 26 22 35 14 11	1 29 2 5 29 26 22 35 14 11	4 34 5 8 31 26 22 35 14 11	7 1 5 11 32 26 20 35 14 11	10 6 8 11 33 26 21 35 14 11	13 9 14 10 34 26 21 35 14 11	16 14 18 12 34 26 21 36 15 11	19 19 17 15 33 26 22 35 15 11	22 22 22 17 34 26 22 35 15 11	25 28 27 22 35 27 22 35 15 11	28 32 29 25 36 29 23 36 15 11
29	31 23 29 35 26 26 22 35 14 11	34 28 32 2 26 26 22 35 14 11	1 31 2 5 29 26 22 35 14 11	4 35 5 8 31 26 22 35 14 11	7 2 5 11 32 26 20 35 14 11	10 7 8 11 33 26 21 35 14 11	13 10 14 10 34 26 21 35 14 11	16 15 18 12 34 26 21 36 15 11	19 20 17 15 33 26 22 35 15 11	22 23 22 17 34 26 22 35 15 11	25 29 27 22 35 27 22 35 15 11	28 33 29 25 36 28 23 36 15 11
30	31 24 29 35 26 26 22 35 14 11		1 32 2 5 29 26 22 35 14 11	4 1 5 8 31 26 22 35 14 11	7 4 5 11 32 26 20 35 14 11	10 8 10 11 33 26 21 35 14 11	13 12 14 10 34 26 21 35 14 11	16 16 18 12 34 26 21 36 15 11	19 22 17 15 33 26 22 35 15 11	22 25 22 17 34 26 22 35 15 11	25 31 27 22 35 27 22 35 15 11	28 34 28 26 36 28 23 36 15 11
31	31 25 29 35 26 26 22 35 14 11		2 33 2 5 29 26 22 35 14 11		8 5 5 11 32 26 20 35 14 11		13 14 16 10 34 26 21 35 14 11	16 18 18 12 33 26 21 36 15 11		22 26 22 17 34 26 22 35 15 11		28 35 28 26 36 28 23 36 15 11

1925

	JAN	FEB	MAR	APR	MAY	JUNE	JULY	AUG	SEPT	OCT	NOV	DEC
1	29 1 27 27 1 28 22 35 15 11	32 6 29 29 3 28 23 35 15 11	35 7 34 32 5 29 23 35 14 11	2 11 3 2 8 29 23 36 15 11	5 13 3 4 9 30 22 36 15 11	8 19 6 9 12 30 22 36 15 11	10 22 12 13 13 30 22 36 15 11	13 27 16 16 15 29 22 36 15 11	16 33 15 19 16 28 22 36 15 11	19 1 19 23 19 29 23 36 15 11	22 6 24 27 20 29 23 36 15 11	24 9 27 30 24 30 24 36 15 11
2	29 3 27 27 1 28 22 35 15 11	32 7 29 29 3 28 23 35 15 11	35 8 34 32 5 29 23 35 14 11	2 12 4 2 8 29 23 36 15 11	5 15 3 4 9 30 22 36 15 11	8 20 6 9 12 30 22 36 15 11	11 24 12 13 13 30 22 36 15 11	13 29 16 16 15 29 22 36 15 11	16 34 15 19 16 28 22 36 15 11	19 2 19 23 19 29 23 36 15 11	22 7 24 27 20 29 23 36 15 11	24 10 27 30 24 30 24 36 15 11
3	29 4 27 27 1 28 22 35 15 11	32 8 29 29 3 28 23 35 15 11	35 9 34 32 5 29 23 35 14 11	2 14 4 2 8 29 23 36 15 11	5 16 3 4 9 30 22 36 15 11	8 21 6 9 12 30 22 36 15 11	11 25 12 13 13 30 22 36 15 11	14 30 16 16 15 29 22 36 15 11	17 36 15 19 16 28 22 36 15 11	19 3 19 23 19 29 23 36 15 11	23 9 24 27 20 29 23 36 15 11	26 12 27 30 24 30 24 36 15 11
4	29 4 27 27 1 28 22 35 15 11	32 9 29 29 3 29 23 35 15 11	35 10 35 34 5 29 23 35 14 11	2 15 4 2 8 29 23 36 15 11	5 18 3 4 9 30 22 36 15 11	8 22 6 9 12 30 22 36 15 11	11 27 13 13 13 30 22 36 15 11	14 32 16 16 15 29 22 36 15 11	17 1 15 19 16 28 22 36 15 11	19 5 19 23 19 29 23 36 15 11	23 9 24 27 20 29 23 36 15 11	26 13 27 30 24 30 24 36 15 11
5	29 6 27 27 1 28 22 35 15 11	32 10 29 29 4 28 23 35 15 11	35 11 35 34 5 29 23 35 14 11	2 16 4 2 8 29 23 36 15 11	5 19 3 4 9 30 22 36 15 11	8 24 6 9 12 30 22 36 15 11	11 28 13 13 13 30 22 36 15 11	14 33 16 17 15 29 22 36 15 11	17 3 15 19 16 28 22 36 15 11	20 6 20 23 20 29 23 36 15 11	23 10 24 27 20 29 23 36 15 11	26 15 27 30 24 30 24 36 15 11
6	29 7 27 27 1 28 23 35 15 11	32 11 29 29 4 28 23 35 15 11	35 12 35 34 5 29 23 35 14 11	2 17 4 2 8 29 23 36 15 11	5 21 3 4 9 30 22 36 15 11	8 25 6 9 12 30 22 36 15 11	11 30 13 13 13 30 22 36 15 11	14 35 16 17 15 29 22 36 15 11	17 4 15 19 16 28 22 36 15 11	20 7 20 24 20 29 23 36 15 11	23 12 24 27 20 29 23 36 15 11	26 15 27 31 24 30 24 36 15 11
7	29 8 27 27 1 28 23 35 15 11	32 13 31 31 4 28 23 35 15 11	35 15 35 34 5 29 23 35 14 11	2 18 4 2 8 29 23 36 15 11	5 22 3 4 9 30 22 36 15 11	8 27 7 9 12 30 22 36 15 11	11 31 13 13 13 30 22 36 15 11	14 36 16 17 15 29 22 36 15 11	17 6 15 19 16 28 22 36 15 11	20 9 20 24 20 29 23 36 15 11	23 13 25 28 30 29 23 36 15 11	26 16 27 31 24 30 24 36 15 11
8	29 10 27 27 1 28 23 35 15 11	32 14 31 31 4 28 23 35 15 11	35 15 35 34 5 29 23 35 14 11	2 19 4 2 8 29 23 36 15 11	5 24 3 4 9 30 22 36 15 11	8 28 7 9 12 30 22 36 15 11	11 33 13 13 13 30 22 36 15 11	14 1 16 17 15 29 22 36 15 11	17 7 15 19 16 28 22 36 15 11	20 10 20 24 20 29 23 36 15 11	23 14 25 28 30 29 23 36 15 11	26 18 27 31 24 30 24 36 15 11
9	29 11 27 27 1 28 23 35 15 11	33 15 31 31 4 28 23 35 15 11	35 16 35 34 5 29 23 35 14 11	2 21 4 2 8 29 23 36 15 11	5 25 3 4 9 30 22 36 15 11	8 30 7 9 12 30 22 36 15 11	11 34 13 13 13 30 22 36 15 11	14 3 16 17 15 29 22 36 15 11	17 8 15 21 16 28 22 36 15 11	20 11 20 24 20 29 23 36 15 11	23 15 25 28 30 29 23 36 15 11	26 19 27 31 24 30 24 36 15 11
10	29 12 27 27 1 28 23 35 15 11	33 16 31 31 4 28 23 35 15 11	35 17 35 34 5 29 23 35 14 11	3 23 4 2 8 29 23 36 15 11	5 27 4 6 10 30 22 36 15 11	8 31 7 10 12 30 22 36 15 11	11 36 13 13 13 30 22 36 15 11	14 4 16 18 15 29 22 36 15 11	17 9 15 21 16 28 22 36 15 11	20 12 20 24 20 29 23 36 15 11	23 16 25 28 30 29 23 36 15 11	26 21 27 31 24 30 24 36 15 11
11	30 13 27 27 1 28 23 35 15 11	33 17 31 31 4 28 23 35 15 11	36 19 35 34 5 29 23 35 14 11	3 24 4 2 8 29 23 36 15 11	6 28 4 6 10 30 22 36 15 11	9 33 7 10 12 30 22 36 15 11	11 1 13 13 13 30 22 36 15 11	14 6 16 18 15 29 22 36 15 11	17 10 16 21 18 28 22 36 15 11	20 14 20 24 20 29 23 36 15 11	23 18 25 28 21 29 23 36 15 11	26 21 27 31 24 30 24 36 15 11
12	30 15 27 27 1 28 23 35 15 11	33 19 31 31 4 28 23 35 15 11	36 20 35 34 5 29 23 35 14 11	3 25 4 2 8 29 23 36 15 11	6 30 4 6 10 30 22 36 15 11	9 34 7 10 12 30 22 36 15 11	11 2 13 13 13 30 22 36 15 11	14 7 16 18 15 29 22 36 15 11	17 11 16 21 18 28 22 36 15 11	20 15 20 26 20 29 23 36 15 11	23 19 25 28 21 29 23 36 15 11	26 22 27 31 24 30 24 36 15 11
13	30 16 27 27 1 28 23 35 15 11	33 21 32 32 5 28 23 35 15 11	36 21 35 34 15 29 23 35 14 11	3 27 4 2 8 29 23 36 15 11	6 31 4 6 10 30 22 36 15 11	9 36 7 10 12 30 22 36 15 11	12 3 13 13 13 30 22 36 15 11	15 8 16 18 16 28 22 36 15 11	18 13 16 21 18 28 22 36 15 11	20 16 21 26 20 29 23 36 15 11	23 20 25 28 21 29 23 36 15 11	27 24 27 31 24 30 24 36 15 11
14	30 17 28 28 3 28 23 35 15 11	33 22 32 32 5 28 23 35 15 11	36 23 1 35 6 29 23 35 15 11	3 28 4 2 8 29 23 36 15 11	6 32 4 6 10 30 22 36 15 11	9 1 7 10 12 30 22 36 15 11	12 4 13 13 13 30 22 36 15 11	15 9 16 18 16 28 22 36 15 11	18 13 16 21 18 28 22 36 15 11	20 17 21 26 20 29 23 36 15 11	23 22 27 28 22 29 23 36 15 11	27 25 27 31 24 30 24 36 15 11
15	30 18 28 28 3 28 23 35 15 11	33 23 32 32 5 28 23 35 15 11	36 24 1 35 6 29 23 35 15 11	3 30 3 3 9 30 23 36 15 11	6 33 4 6 10 30 22 36 15 11	9 3 9 10 12 30 22 36 15 11	12 6 13 13 13 30 22 36 15 11	15 10 16 18 16 28 22 36 15 11	18 15 16 21 18 28 22 36 15 11	21 18 21 26 20 29 23 36 15 11	23 23 27 28 22 29 23 36 15 11	27 27 27 31 24 30 24 36 15 11
16	30 19 28 28 3 28 23 35 15 11	33 24 32 32 5 28 23 35 15 11	36 25 1 35 6 29 23 35 15 11	3 31 3 3 9 30 23 36 15 11	6 34 4 6 10 30 22 36 15 11	9 4 9 10 12 30 22 36 15 11	12 7 15 15 13 30 22 36 15 11	15 12 16 18 16 28 22 36 15 11	18 16 16 22 18 28 22 36 15 11	21 20 21 26 20 29 23 36 15 11	23 24 27 29 22 29 23 36 15 11	27 28 27 31 24 30 24 36 15 11
17	30 21 28 28 3 28 23 35 15 11	33 26 32 32 5 28 23 35 14 11	36 26 1 35 6 29 23 35 15 11	3 33 3 3 9 30 23 36 15 11	6 36 4 6 10 30 22 36 15 11	9 4 9 10 12 30 22 36 15 11	12 9 15 15 13 30 22 36 15 11	15 13 16 18 16 28 22 36 15 11	18 18 16 22 18 28 22 36 15 11	21 21 22 26 20 29 23 36 15 11	23 27 27 29 22 29 23 36 15 11	27 30 27 31 24 30 24 36 15 11
18	30 23 28 28 3 28 23 35 15 11	33 27 32 32 5 28 23 35 14 11	36 28 1 35 6 29 23 35 15 11	3 34 3 3 9 30 23 36 15 11	6 1 4 6 10 30 22 36 15 11	9 6 9 10 12 30 22 36 15 11	12 10 15 15 13 30 22 36 15 11	15 14 16 18 16 28 22 36 15 11	18 19 16 22 18 28 22 36 15 11	21 22 22 26 20 29 23 36 15 11	23 27 27 29 22 29 23 36 15 11	27 31 27 31 24 30 24 36 15 11
19	30 23 28 28 3 28 23 35 15 11	34 28 32 32 5 28 23 35 14 11	36 29 3 35 6 29 23 35 15 11	3 35 2 3 9 30 23 36 15 11	6 3 4 6 10 30 22 36 15 11	9 7 9 10 12 30 22 36 15 11	12 11 15 15 13 30 22 36 15 11	15 15 16 18 16 28 22 36 15 11	18 20 16 22 18 28 22 36 15 11	21 23 22 26 20 29 23 36 15 11	23 29 27 29 22 29 23 36 15 11	27 33 27 33 24 30 24 36 15 11
20	30 25 28 28 3 28 23 35 15 11	34 30 32 32 5 28 23 35 14 11	36 30 3 35 6 29 23 35 15 11	3 36 2 3 9 30 23 36 15 11	6 4 4 6 10 30 22 36 15 11	9 9 9 10 12 30 22 36 15 11	12 12 15 15 13 30 22 36 15 11	15 16 16 18 16 28 22 36 15 11	18 21 16 22 18 28 22 36 15 11	21 25 23 26 20 29 23 36 15 11	23 29 27 29 22 29 23 36 15 11	27 34 27 33 24 30 24 36 15 11
21	31 26 28 28 3 28 23 35 15 11	34 32 32 32 5 28 23 35 14 11	1 31 3 1 6 29 23 35 15 11	4 2 2 4 9 30 23 36 15 11	6 6 4 6 10 30 22 36 15 11	9 10 10 10 12 30 22 36 15 11	12 13 15 15 13 30 22 36 15 11	15 18 16 18 16 28 22 36 15 11	18 22 18 22 18 28 22 36 15 11	21 27 23 26 20 29 23 36 15 11	23 31 27 29 22 29 23 36 15 11	27 36 27 33 24 30 24 36 15 11
22	31 28 28 28 3 28 23 35 15 11	34 32 32 32 5 28 23 35 14 11	1 33 3 1 6 29 23 35 15 11	4 3 2 4 9 30 23 36 15 11	7 7 4 7 10 30 22 36 15 11	10 11 10 10 12 30 22 36 15 11	12 15 15 15 15 30 22 36 15 11	15 19 16 19 16 28 22 36 15 11	18 24 18 22 18 28 22 36 15 11	21 28 23 26 20 29 23 36 15 11	23 32 27 29 22 29 23 36 15 11	28 1 27 33 24 30 24 36 15 11
23	31 29 28 29 3 28 23 35 15 11	34 35 32 32 5 28 23 35 14 11	1 34 3 1 6 29 23 35 15 11	4 5 2 5 9 30 23 36 15 11	7 8 4 7 10 30 22 36 15 11	10 12 10 10 12 30 22 36 15 11	13 16 15 15 15 30 22 36 15 11	15 20 16 19 16 28 22 36 15 11	18 25 18 22 18 28 22 36 15 11	21 29 23 26 20 29 23 36 15 11	25 34 27 29 22 29 23 36 15 11	28 2 27 33 24 30 24 36 15 11
24	31 32 28 28 3 28 23 35 15 11	34 35 32 32 5 28 23 35 14 11	1 35 3 1 7 29 23 35 15 11	4 6 2 5 9 30 23 36 15 11	7 9 4 7 10 30 22 36 15 11	10 13 10 12 12 30 22 36 15 11	13 17 15 15 15 30 22 36 15 11	16 21 16 19 16 28 22 36 15 11	19 27 18 22 18 28 22 36 15 11	22 30 23 26 20 29 23 36 15 11	25 36 27 29 22 29 23 36 15 11	28 3 27 33 24 30 24 36 15 11
25	31 32 28 28 3 28 23 35 15 11	34 1 32 32 5 28 23 35 14 11	1 1 3 1 7 29 23 35 15 11	4 7 2 5 9 30 23 36 15 11	7 10 4 7 10 30 22 36 15 11	10 15 10 12 12 30 22 36 15 11	13 18 15 15 15 30 22 36 15 11	16 22 16 19 16 28 22 36 15 11	19 28 18 22 18 28 22 36 15 11	22 32 23 26 20 29 23 36 15 11	25 1 27 29 22 29 23 36 15 11	28 4 27 33 24 30 24 36 15 11
26	31 34 28 28 3 28 23 35 15 11	34 2 34 32 5 28 23 35 14 11	1 3 3 1 7 29 23 35 15 11	4 9 2 5 9 30 23 36 15 11	7 12 4 7 10 30 22 36 15 11	10 16 12 12 13 30 22 36 15 11	13 19 16 15 15 30 22 36 15 11	16 24 16 19 16 28 22 36 15 11	19 28 18 22 18 28 22 36 15 11	22 33 24 27 20 29 23 36 15 11	25 3 27 29 22 29 23 36 15 11	28 5 27 33 24 30 24 36 15 11
27	31 35 28 28 3 28 23 35 15 11	34 4 34 32 5 28 23 35 14 11	1 4 3 1 7 29 23 35 15 11	4 9 2 5 9 30 23 36 15 11	7 13 4 7 10 30 22 36 15 11	10 17 12 12 13 30 22 36 15 11	13 21 16 16 15 30 22 36 15 11	16 25 15 19 16 28 22 36 15 11	19 31 18 22 18 28 22 36 15 11	22 34 24 27 20 29 23 36 15 11	25 4 27 29 22 29 23 36 15 11	28 7 27 33 24 30 24 36 15 11
28	31 1 28 28 3 28 23 35 15 11	34 5 34 32 5 28 23 35 14 11	1 5 3 1 7 29 23 35 15 11	4 10 2 5 9 30 23 36 15 11	7 14 4 7 10 30 22 36 15 11	10 18 12 12 13 30 22 36 15 11	13 22 16 16 15 30 22 36 15 11	16 27 15 19 16 28 22 36 15 11	19 33 18 22 18 28 22 36 15 11	22 36 24 27 20 29 23 36 15 11	25 5 27 29 22 29 23 36 15 11	28 9 27 33 25 30 24 36 15 11
29	31 2 28 28 3 28 23 35 15 11		1 7 3 1 7 29 23 35 15 11	4 12 2 5 9 30 23 36 15 11	7 15 4 7 10 30 22 36 15 11	10 19 12 12 13 30 22 36 15 11	13 24 16 16 15 30 22 36 15 11	16 28 15 19 16 28 22 36 15 11	19 34 19 22 19 28 22 36 15 11	22 1 24 27 20 29 23 36 15 11	25 6 27 29 23 29 23 36 15 11	28 10 27 33 25 30 24 36 15 11
30	32 3 29 29 3 28 23 35 15 11		1 8 3 1 7 29 23 35 15 11	4 13 2 5 9 30 23 36 15 11	7 16 4 7 10 30 22 36 15 11	10 21 12 12 13 30 22 36 15 11	13 24 16 16 15 30 22 36 15 11	16 30 15 19 16 28 22 36 15 11	19 35 19 22 19 28 22 36 15 11	22 2 24 27 20 29 23 36 15 11	25 7 27 29 23 29 23 36 15 11	28 11 27 33 25 30 24 36 15 11
31	32 5 29 29 3 28 23 35 15 11		1 10 3 1 7 29 23 35 15 11		7 18 6 7 10 30 22 36 15 11		13 25 16 16 15 30 22 36 15 11	16 31 15 19 16 28 22 36 15 11		22 4 24 27 20 29 23 36 15 11		28 12 27 33 25 30 24 36 15 11

1926

	JAN	FEB	MAR	APR	MAY	JUNE	JULY	AUG	SEPT	OCT	NOV	DEC
1	29 13 27 33 25 30 24 36 15 11	32 18 31 33 27 31 24 36 15 11	35 19 36 31 29 31 24 36 15 11	2 24 1 33 31 33 24 36 15 11	5 27 3 36 33 33 24 36 15 11	8 33 8 3 36 33 24 36 15 11	10 36 13 7 1 33 23 36 14 11	13 6 15 12 4 33 24 36 15 11	16 10 15 15 6 33 24 36 15 11	19 13 21 18 6 33 24 36 15 11	22 18 25 22 4 32 24 36 15 11	25 21 25 25 4 33 25 36 15 11
2	29 15 27 33 25 30 24 36 15 11	32 19 31 33 27 31 24 36 15 11	35 19 36 31 29 31 24 36 15 11	2 25 1 34 31 33 24 36 15 11	5 28 3 36 33 33 24 36 15 11	8 34 8 3 36 33 24 36 15 11	10 1 13 7 1 33 23 36 14 11	13 7 15 12 4 33 24 36 15 11	16 12 15 15 6 33 24 36 15 11	19 15 21 19 6 33 24 36 15 11	22 19 25 22 4 32 24 36 15 11	25 22 25 25 4 33 25 36 15 11
3	29 16 27 33 25 30 24 36 15 11	32 20 31 33 27 31 24 36 15 11	35 21 36 31 29 31 24 36 15 11	2 26 1 34 31 33 24 36 15 11	5 30 3 36 33 33 24 36 15 11	8 35 8 4 36 33 24 36 15 11	11 3 14 8 2 33 23 36 14 11	14 8 14 12 4 33 23 36 14 11	17 13 15 15 6 33 24 36 15 11	20 16 21 18 6 33 24 36 15 11	23 20 25 22 4 32 24 36 15 11	26 24 25 25 4 33 25 36 15 11
4	29 17 27 33 25 30 24 36 15 11	32 21 31 33 27 31 24 36 15 11	35 22 36 31 29 31 24 36 15 11	2 27 1 34 31 33 24 36 15 11	5 31 3 36 34 33 24 36 15 11	8 36 8 4 36 33 24 36 15 11	11 5 14 8 2 33 23 36 14 11	14 9 14 12 4 33 23 36 14 11	17 15 15 15 6 33 24 36 15 11	20 17 21 18 6 33 24 36 15 11	23 21 25 22 4 32 24 36 15 11	26 25 25 26 4 33 25 36 15 11
5	29 18 27 33 25 30 24 36 15 11	32 23 31 33 27 31 24 36 15 11	35 24 36 31 29 31 24 36 15 11	2 29 1 34 31 33 24 36 15 11	5 33 3 36 34 33 24 36 15 11	8 2 8 4 36 33 24 36 15 11	11 5 14 8 2 33 23 36 14 11	14 10 14 12 4 33 23 36 14 11	17 15 15 15 6 33 24 36 15 11	20 18 21 18 6 33 24 36 15 11	23 23 25 22 4 32 24 36 15 11	26 27 25 26 4 33 25 36 15 11
6	29 19 27 33 25 31 24 36 15 11	32 24 31 33 27 31 24 36 15 11	35 25 1 31 30 31 24 36 15 11	2 30 1 34 31 33 24 36 15 11	5 34 3 36 34 33 24 36 15 11	8 3 8 4 36 33 24 36 15 11	11 6 14 8 2 33 23 36 14 11	14 12 14 12 4 33 23 36 14 11	17 16 16 15 6 33 24 36 15 11	20 19 21 19 6 33 24 36 15 11	23 24 25 22 4 32 24 36 15 11	26 28 25 26 4 33 25 36 15 11
7	29 21 27 33 25 31 24 36 15 11	32 25 31 33 27 31 24 36 15 11	35 27 1 31 30 31 24 36 15 11	2 31 1 34 31 33 24 36 15 11	5 36 3 1 34 33 24 36 15 11	8 4 8 4 36 33 24 36 15 11	11 7 14 8 2 33 23 36 14 11	14 13 14 12 4 33 23 36 14 11	17 18 16 15 6 33 24 36 15 11	20 21 21 19 6 33 24 36 15 11	23 25 25 22 4 32 24 36 15 11	26 29 25 26 4 33 25 36 15 11
8	29 22 27 33 25 31 24 36 15 11	32 27 31 33 27 31 24 36 15 11	35 28 1 31 30 31 24 36 15 11	2 33 1 34 31 33 24 36 15 11	5 1 3 1 34 33 24 36 15 11	8 6 9 3 36 33 24 36 15 11	11 9 14 8 2 33 23 36 14 11	14 14 14 12 4 33 24 36 15 11	17 18 16 15 6 33 24 36 15 11	20 22 21 19 6 33 24 36 15 11	23 27 25 22 4 32 24 36 15 11	26 30 25 26 4 33 25 36 15 11
9	29 24 27 33 25 31 24 36 15 11	32 28 31 33 28 31 24 36 15 11	35 29 1 31 30 31 24 36 15 11	2 34 1 34 31 33 24 36 15 11	5 3 3 1 34 33 24 36 15 11	8 7 9 3 36 33 24 36 15 11	11 11 14 8 2 33 23 36 14 11	14 15 13 12 4 33 24 36 15 11	17 20 16 15 6 33 24 36 15 11	20 24 21 19 6 33 24 36 15 11	23 28 25 22 4 32 24 36 15 11	26 32 25 27 4 33 25 36 15 11
10	29 25 27 33 25 31 24 36 15 11	33 30 31 33 28 31 24 36 15 11	35 30 1 31 30 31 24 36 15 11	2 36 1 34 31 33 24 36 15 11	5 4 3 1 34 33 24 36 15 11	8 9 9 3 36 33 24 36 15 11	11 12 14 8 2 33 23 36 14 11	14 16 13 12 4 33 24 36 15 11	17 21 16 15 6 33 24 36 15 11	20 24 22 19 6 33 24 36 15 11	23 30 26 22 4 32 24 36 15 11	26 33 25 27 4 33 25 36 15 11
11	30 25 28 33 25 31 24 36 15 11	33 31 33 31 28 31 24 36 15 11	36 31 1 31 30 31 24 36 15 11	3 1 1 33 33 33 24 36 15 11	5 6 3 1 34 33 24 36 15 11	9 10 9 3 36 33 24 36 15 11	11 13 14 8 2 33 23 36 14 11	14 18 13 12 4 33 24 36 15 11	17 22 16 15 6 33 24 36 15 11	20 25 22 19 6 33 24 36 15 11	23 31 26 22 4 32 24 36 15 11	26 35 25 27 4 33 25 36 15 11
12	30 27 28 33 25 31 24 36 15 11	33 33 33 31 28 31 24 36 15 11	36 33 1 31 30 31 24 36 15 11	3 3 1 33 33 33 24 36 15 11	6 6 3 1 34 33 24 36 15 11	9 11 10 6 36 33 24 36 15 11	11 14 14 8 2 33 23 36 14 11	14 19 13 12 4 33 24 36 15 11	17 24 17 16 6 33 24 36 15 11	20 27 22 19 6 33 24 36 15 11	23 32 26 24 4 32 24 36 15 11	26 36 25 27 4 33 25 36 15 11
13	30 28 28 33 25 31 24 36 15 11	33 34 33 31 28 31 24 36 15 11	36 36 1 31 30 31 24 36 15 11	3 4 1 33 33 33 24 36 15 11	6 8 4 1 34 33 24 36 15 11	9 12 10 6 36 33 24 36 15 11	12 16 15 9 3 33 24 36 15 11	14 20 13 12 4 33 24 36 15 11	17 25 17 16 6 33 24 36 15 11	21 28 22 21 6 33 24 36 15 11	24 33 26 24 4 32 24 36 15 11	27 1 25 27 4 33 25 36 15 11
14	30 30 28 33 25 31 24 36 15 11	33 36 33 31 28 31 24 36 15 11	36 1 1 31 30 31 24 36 15 11	3 6 1 33 33 33 24 36 15 11	6 9 4 1 34 33 24 36 15 11	9 13 10 6 36 33 24 36 15 11	12 17 15 9 3 33 24 36 15 11	15 21 13 12 4 33 24 36 15 11	18 26 17 16 6 33 24 36 15 11	21 30 22 21 6 33 24 36 15 11	24 34 26 24 4 32 24 36 15 11	27 3 25 27 4 33 25 36 15 11
15	30 32 28 33 25 31 24 36 15 11	33 1 33 31 28 31 24 36 15 11	36 2 1 31 30 31 24 36 15 11	3 7 1 33 33 33 24 36 15 11	6 10 4 1 34 33 24 36 15 11	9 13 10 6 36 33 24 36 15 11	12 18 15 9 3 33 24 36 15 11	15 22 13 12 4 33 24 36 15 11	18 27 18 16 6 33 24 36 15 11	21 31 24 21 6 33 24 36 15 11	24 36 26 24 4 32 24 36 15 11	27 4 25 27 4 33 25 36 15 11
16	30 33 28 33 27 31 24 36 15 11	33 3 33 31 28 31 24 36 15 11	36 3 1 31 30 31 24 36 15 11	3 9 1 33 33 33 24 36 15 11	6 12 4 1 34 33 24 36 15 11	9 16 10 6 36 33 24 36 15 11	12 19 15 9 3 33 24 36 15 11	15 24 13 12 4 33 24 36 15 11	18 28 18 16 6 33 24 36 15 11	21 33 24 21 6 33 24 36 15 11	24 2 26 24 4 32 24 36 15 11	27 6 25 27 4 33 25 36 15 11
17	30 36 28 33 27 31 24 36 15 11	33 4 33 31 28 31 24 36 15 11	36 5 1 31 30 31 24 36 15 11	3 10 1 33 33 33 24 36 15 11	6 13 4 1 34 33 24 36 15 11	9 17 10 6 36 33 24 36 15 11	12 21 15 9 3 33 24 36 15 11	15 25 13 12 4 33 24 36 15 11	18 30 18 16 6 33 24 36 15 11	21 34 24 21 6 33 24 36 15 11	24 3 26 24 4 32 24 36 15 11	27 7 25 28 4 33 25 36 15 11
18	30 36 28 33 27 31 24 36 15 11	33 6 34 31 28 31 24 36 15 11	36 6 3 33 30 33 24 36 15 11	3 11 1 33 33 33 24 36 15 11	6 14 4 1 34 33 24 36 15 11	9 18 12 6 36 33 24 36 15 11	12 22 15 9 3 33 24 36 15 11	15 27 13 13 4 33 24 36 15 11	18 31 18 16 6 33 24 36 15 11	21 36 24 21 6 33 24 36 15 11	24 4 26 24 4 32 24 36 15 11	27 9 25 28 4 33 25 36 15 11
19	30 3 28 33 27 31 24 36 15 11	34 6 34 31 28 31 24 36 15 11	36 8 3 33 30 33 24 36 15 11	3 12 1 33 33 33 24 36 15 11	6 15 4 1 34 33 24 36 15 11	9 19 12 6 36 33 24 36 15 11	12 24 15 9 3 33 24 36 15 11	15 28 13 13 4 33 24 36 15 11	18 33 18 16 6 33 24 36 15 11	21 1 24 21 6 33 24 36 15 11	24 6 26 24 4 32 24 36 15 11	27 10 25 28 4 33 25 36 15 11
20	30 3 28 33 27 31 24 36 15 11	34 7 34 31 28 31 24 36 15 11	36 9 3 33 30 33 24 36 15 11	3 13 1 33 33 33 24 36 15 11	6 16 4 1 34 33 24 36 15 11	9 21 12 6 36 33 24 36 15 11	12 24 15 9 3 33 24 36 15 11	15 29 13 13 4 33 24 36 15 11	18 34 18 16 6 33 24 36 15 11	21 3 24 21 6 33 24 36 15 11	24 7 25 24 4 32 24 36 15 11	27 11 25 28 4 33 25 36 15 11
21	31 4 28 33 27 31 24 36 15 11	34 9 34 31 28 31 24 36 15 11	1 10 1 33 31 33 24 36 15 11	4 15 1 33 33 33 24 36 15 11	6 18 6 1 34 33 24 36 15 11	9 22 12 6 36 33 24 36 15 11	12 25 15 9 3 33 24 36 15 11	15 31 13 13 4 33 24 36 15 11	18 36 18 16 6 33 24 36 15 11	21 4 24 21 6 33 24 36 15 11	24 9 25 24 4 32 24 36 15 11	27 12 25 28 4 33 25 36 15 11
22	31 6 30 33 27 31 24 36 15 11	34 10 34 31 28 31 24 36 15 11	1 11 1 33 31 33 24 36 15 11	4 16 1 36 33 33 24 36 15 11	7 19 6 3 36 33 24 36 15 11	10 24 12 6 1 33 24 36 15 11	12 27 15 9 3 33 24 36 15 11	15 33 13 13 4 33 24 36 15 11	18 1 19 17 6 33 24 36 15 11	21 6 24 21 6 33 24 36 15 11	24 10 25 24 4 32 24 36 15 11	27 13 25 28 4 33 25 36 15 11
23	31 7 30 33 27 31 24 36 15 11	34 12 34 31 28 31 24 36 15 11	1 12 1 33 31 33 24 36 15 11	4 17 1 36 33 33 24 36 15 11	7 20 6 3 36 33 24 36 15 11	10 25 12 6 1 33 24 36 15 11	13 28 15 10 4 33 24 36 15 11	16 34 14 14 5 33 23 36 15 11	18 3 19 17 6 33 24 36 15 11	21 7 24 21 6 33 24 36 15 11	25 12 25 25 4 32 25 36 15 11	27 15 25 28 4 33 25 36 15 11
24	31 9 30 33 27 31 24 36 15 11	34 13 34 31 28 31 24 36 15 11	1 14 1 33 31 33 24 36 15 11	4 18 1 36 33 33 24 36 15 11	7 21 6 3 36 33 24 36 15 11	10 26 12 6 1 33 24 36 15 11	13 30 15 10 4 33 24 36 15 11	16 36 14 14 5 33 23 36 15 11	19 4 19 17 6 33 24 36 15 11	22 8 24 21 6 33 24 36 15 11	25 13 25 25 4 32 25 36 15 11	28 16 26 28 4 33 25 36 15 11
25	31 9 30 33 27 31 24 36 15 11	34 14 34 31 28 31 24 36 15 11	1 15 1 33 31 33 24 36 15 11	4 19 1 36 33 33 24 36 15 11	7 22 6 3 36 33 24 36 15 11	10 27 12 6 1 33 24 36 15 11	13 31 15 10 4 33 24 36 15 11	16 1 14 14 5 33 23 36 15 11	19 6 19 17 6 33 24 36 15 11	22 9 24 21 6 33 24 36 15 11	25 14 25 25 4 32 25 36 15 11	28 17 26 28 4 33 25 36 15 11
26	31 10 30 33 27 31 24 36 15 11	34 15 36 31 28 31 24 36 15 11	1 16 1 33 31 33 24 36 15 11	4 21 1 36 33 33 24 36 15 11	7 24 6 3 36 33 24 36 15 11	10 29 12 6 1 33 24 36 15 11	13 33 15 10 4 33 24 36 15 11	16 3 14 14 5 33 23 36 15 11	19 7 19 18 6 33 24 36 15 11	22 11 24 21 6 33 24 36 15 11	25 15 25 25 4 32 25 36 15 11	28 18 26 28 4 33 25 36 15 11
27	31 12 30 33 27 31 24 36 15 11	34 16 36 31 28 31 24 36 15 11	1 17 1 33 31 33 24 36 15 11	4 22 1 36 33 33 24 36 15 11	7 25 6 3 36 33 24 36 15 11	10 30 12 6 1 33 24 36 15 11	13 34 15 10 4 33 24 36 15 11	16 4 14 14 5 33 23 36 15 11	19 9 19 18 6 33 24 36 15 11	22 12 24 21 6 33 24 36 15 11	25 16 25 25 4 32 25 36 15 11	28 19 27 28 4 33 25 36 15 11
28	31 13 30 33 27 31 24 36 15 11	34 18 36 31 28 31 24 36 15 11	1 18 1 33 31 33 24 36 15 11	4 24 1 36 33 33 24 36 15 11	7 27 6 3 36 33 24 36 15 11	10 31 12 6 1 33 24 36 15 11	13 36 15 10 4 33 24 36 15 11	16 6 15 15 6 33 24 36 15 11	19 10 19 18 6 33 24 36 15 11	22 13 24 21 4 33 24 36 15 11	25 18 25 25 4 32 25 36 15 11	28 21 27 28 4 33 25 36 15 11
29	31 14 30 33 27 31 24 36 15 11		1 19 1 33 31 33 24 36 15 11	4 24 1 36 33 33 24 36 15 11	7 28 6 3 36 33 24 36 15 11	10 33 13 7 36 33 24 36 15 11	13 1 15 10 4 33 24 36 15 11	16 6 15 15 6 33 24 36 15 11	19 11 19 18 6 33 24 36 15 11	22 15 24 21 4 33 24 36 15 11	25 19 25 25 4 32 25 36 15 11	28 22 27 28 4 33 25 36 15 11
30	31 15 30 33 27 31 24 36 15 11		1 21 1 33 31 33 24 36 15 11	4 25 1 36 33 33 24 36 15 11	7 30 7 1 34 33 24 36 15 11	10 34 13 7 36 33 24 36 15 11	13 3 15 10 4 33 24 36 15 11	16 7 15 15 6 33 24 36 15 11	19 12 21 18 6 33 24 36 15 11	22 16 24 22 4 33 24 36 15 11	25 20 25 25 4 32 25 36 15 11	28 23 27 28 4 33 25 36 15 11
31	32 16 30 33 27 31 24 36 15 11		1 22 1 33 31 33 24 36 15 11		7 31 7 1 34 33 24 36 15 11		13 4 15 10 4 33 24 36 15 11	16 9 15 15 6 33 24 36 15 11		22 17 25 22 4 33 24 36 15 11		28 24 27 28 4 33 25 36 15 11

1927

	JAN	FEB	MAR	APR	MAY	JUNE	JULY	AUG	SEPT	OCT	NOV	DEC
1	29 25 27 30 5 33 25 36 15 11	32 31 33 33 6 34 25 36 15 11	34 31 36 1 7 34 25 36 15 11	2 1 36 6 9 36 25 36 15 11	5 4 3 9 10 36 25 1 15 11	7 10 10 13 13 1 25 1 15 11	10 15 13 15 15 1 25 1 15 11	13 18 12 18 16 1 25 1 15 11	16 22 16 18 18 36 25 36 15 11	19 25 21 16 20 36 25 36 15 11	22 30 24 18 22 36 25 36 15 11	25 34 24 21 24 36 26 36 15 11
2	29 27 27 30 5 33 25 36 15 11	32 33 33 34 6 34 25 36 15 11	35 33 36 1 7 34 25 36 15 11	2 3 36 6 9 36 25 36 15 11	5 6 3 9 10 36 25 1 15 11	8 11 10 13 13 1 25 1 15 11	10 15 13 15 15 1 25 1 15 11	13 19 12 18 16 1 25 1 15 11	16 24 16 18 18 36 25 36 15 11	19 27 21 16 20 36 25 36 15 11	22 31 24 18 22 36 25 36 15 11	25 35 24 21 24 36 26 36 15 11
3	29 28 27 30 5 33 25 36 15 11	32 34 33 34 6 34 25 36 15 11	35 34 36 1 7 34 25 36 15 11	2 4 36 6 9 36 25 36 15 11	5 7 3 9 10 36 25 1 15 11	8 12 10 13 13 1 25 1 15 11	11 16 13 15 15 1 25 1 15 11	14 20 12 18 16 1 25 1 15 11	16 25 16 18 18 36 25 36 15 11	19 28 22 16 20 36 25 36 15 11	23 33 24 18 22 36 25 36 15 11	26 36 24 21 24 36 26 36 15 11
4	29 30 28 30 5 33 25 36 15 11	32 36 33 34 6 34 25 36 15 11	35 36 36 1 7 34 25 36 15 11	2 6 36 6 9 36 25 36 15 11	5 9 3 9 10 36 25 1 15 11	8 14 10 13 13 1 25 1 15 11	11 17 13 15 15 1 25 1 15 11	14 21 12 18 16 1 25 1 15 11	17 26 18 18 18 36 25 36 15 11	20 29 22 16 20 36 25 36 15 11	23 34 24 18 22 36 25 36 15 11	26 2 24 21 24 36 26 36 15 11
5	29 32 28 30 5 33 25 36 15 11	32 1 33 34 6 34 25 36 15 11	35 1 36 1 7 34 25 36 15 11	2 7 36 6 9 36 25 36 15 11	5 10 3 9 10 36 25 1 15 11	8 15 10 13 13 1 25 1 15 11	11 18 13 16 15 1 25 1 15 11	14 22 12 18 16 1 25 1 15 11	17 27 18 18 18 36 24 36 15 11	20 30 22 16 20 36 25 36 15 11	23 36 24 18 22 36 25 36 15 11	26 3 24 21 24 36 26 36 15 11
6	29 33 28 30 5 33 25 36 15 11	32 2 33 34 6 34 25 36 15 11	35 3 36 1 7 34 25 36 15 11	2 8 36 6 9 36 25 36 15 11	5 12 4 9 10 36 25 1 15 11	8 16 10 13 13 1 25 1 15 11	11 19 13 16 15 1 25 1 15 11	14 24 12 18 16 1 25 1 15 11	17 28 18 18 18 36 24 36 15 11	20 32 22 16 20 36 25 36 15 11	23 1 24 18 22 36 25 36 15 11	26 4 24 21 24 36 26 36 15 11
7	29 34 28 30 5 33 25 36 15 11	32 3 33 34 6 34 25 36 15 11	35 4 36 1 7 34 25 36 15 11	2 9 36 6 9 36 25 36 15 11	5 13 4 9 12 36 25 1 15 11	8 17 10 13 13 1 25 1 15 11	11 21 13 16 15 1 25 1 15 11	14 25 12 18 16 1 25 1 15 11	17 30 18 17 18 36 24 36 15 11	20 33 22 16 20 36 25 36 15 11	23 3 24 18 22 36 25 36 15 11	26 6 24 21 24 36 26 36 15 11
8	29 36 28 30 5 33 25 36 15 11	32 5 33 34 6 34 25 36 15 11	35 6 36 1 7 34 25 36 15 11	2 11 36 6 9 36 25 36 15 11	5 14 4 9 12 36 25 1 15 11	8 19 10 13 13 1 25 1 15 11	11 22 13 16 15 1 25 1 15 11	14 26 12 18 16 1 25 1 15 11	17 31 18 17 18 36 24 36 15 11	20 34 22 16 20 36 25 36 15 11	23 4 24 18 22 36 25 36 15 11	26 8 24 21 25 36 26 36 15 11
9	29 1 28 31 4 33 25 36 15 11	32 6 33 34 6 34 25 36 15 11	35 7 36 1 7 34 25 36 15 11	2 12 36 6 9 36 25 36 15 11	5 15 4 9 12 36 25 1 15 11	8 20 10 13 13 1 25 1 15 11	11 23 13 16 15 1 25 1 15 11	14 27 12 18 16 1 25 1 15 11	17 33 18 17 18 36 24 36 15 11	20 36 22 16 20 36 25 36 15 11	23 6 24 18 24 36 25 36 15 11	26 9 25 22 25 36 26 36 15 11
10	29 3 28 31 4 33 25 36 15 11	33 7 34 34 6 34 25 36 15 11	35 9 36 1 7 34 25 36 15 11	2 13 36 6 9 36 25 36 15 11	5 16 4 10 12 36 25 1 15 11	8 21 10 13 13 1 25 1 15 11	11 24 13 16 15 1 25 1 15 11	14 28 12 18 16 1 25 1 15 11	17 34 18 17 18 36 24 36 15 11	20 2 22 16 20 36 25 36 15 11	23 7 24 18 24 36 25 36 15 11	26 11 25 22 25 36 26 36 15 11
11	30 4 28 31 4 33 25 36 15 11	33 9 34 34 6 34 25 36 15 11	35 10 36 1 7 34 25 36 15 11	3 15 36 6 9 36 25 36 15 11	5 18 4 10 12 36 25 1 15 11	8 22 10 13 13 1 25 1 15 11	11 25 13 16 15 1 25 1 15 11	14 30 13 18 17 1 25 1 15 11	17 36 18 17 18 36 24 36 15 11	20 3 22 16 20 36 25 36 15 11	23 9 24 18 24 36 25 36 15 11	26 12 26 22 26 36 26 36 15 11
12	30 4 28 31 4 33 25 36 15 11	33 10 34 34 6 34 25 36 15 11	36 11 36 2 7 34 25 36 15 11	3 16 36 6 9 36 25 36 15 11	6 19 4 10 12 36 25 1 15 11	9 24 11 13 13 1 25 1 15 11	11 27 13 16 15 1 25 1 15 11	14 31 13 18 17 1 25 1 15 11	17 1 18 17 18 36 24 36 15 11	20 4 22 16 21 36 25 36 15 11	23 10 24 18 24 36 25 36 15 11	26 13 26 22 26 36 26 36 15 11
13	30 7 28 31 4 33 25 36 15 11	33 12 34 34 6 34 25 36 15 11	36 12 36 2 7 34 25 36 15 11	3 18 36 6 9 36 25 36 15 11	6 20 4 10 12 36 25 1 15 11	9 25 11 13 13 1 25 1 15 11	12 28 13 16 15 1 25 1 15 11	14 33 13 18 17 1 25 1 15 11	17 3 18 17 18 36 24 36 15 11	20 6 22 16 21 36 25 36 15 11	24 12 24 19 24 36 25 36 15 11	26 15 26 22 26 36 26 36 15 11
14	30 8 28 31 4 33 25 36 15 11	33 13 34 35 6 34 25 36 15 11	35 13 36 2 7 34 25 36 15 11	3 18 36 6 9 36 25 36 15 11	6 21 6 10 12 36 25 1 15 11	9 26 11 13 13 1 25 1 15 11	12 30 13 16 15 1 25 1 15 11	15 34 13 18 17 1 25 1 15 11	18 4 18 17 18 36 24 36 15 11	21 7 22 16 21 36 25 36 15 11	24 13 24 19 24 36 25 36 15 11	27 17 26 22 26 36 26 36 15 11
15	30 9 28 31 4 33 25 36 15 11	33 14 34 35 6 34 25 36 15 11	36 15 36 2 7 34 25 36 15 11	3 19 36 6 9 36 25 36 15 11	6 22 6 10 12 36 25 1 15 11	9 27 11 13 13 1 25 1 15 11	12 31 13 16 15 1 25 1 15 11	15 36 13 18 17 1 25 1 15 11	18 6 18 17 18 36 24 36 15 11	21 9 22 16 21 36 25 36 15 11	24 15 24 19 24 36 25 36 15 11	27 18 26 22 26 36 26 36 15 11
16	30 10 29 31 4 33 25 36 15 11	33 15 34 35 6 34 25 36 15 11	36 16 36 2 7 34 25 36 15 11	3 21 36 6 9 36 25 36 15 11	6 24 6 10 12 36 25 1 15 11	9 28 11 13 13 1 25 1 15 11	12 33 13 16 15 1 25 1 15 11	15 1 13 18 17 1 25 1 15 11	18 7 18 17 18 36 24 36 15 11	21 10 22 16 21 36 25 36 15 11	24 15 24 19 24 36 25 36 15 11	27 18 26 22 26 36 26 36 15 11
17	30 12 29 31 4 33 25 36 15 11	33 16 34 36 6 34 25 36 15 11	36 17 36 2 7 34 25 36 15 11	3 22 1 7 10 36 25 1 15 11	6 25 6 10 12 36 25 1 15 11	9 30 11 13 13 1 25 1 15 11	12 34 13 16 15 1 25 1 15 11	15 3 13 18 17 1 24 1 15 11	18 8 18 17 18 36 24 36 15 11	21 12 22 16 21 36 25 36 15 11	24 16 24 19 24 36 25 36 15 11	27 20 26 22 26 36 26 36 15 11
18	30 13 29 31 4 34 25 36 15 11	33 18 34 36 6 34 25 36 15 11	36 18 36 2 7 34 25 36 15 11	3 23 1 7 10 36 25 1 15 11	6 26 6 10 12 36 25 1 15 11	9 31 12 13 13 1 25 1 15 11	12 35 13 16 15 1 25 1 15 11	15 4 13 18 17 1 24 1 15 11	18 9 18 17 18 36 24 36 15 11	21 13 22 16 21 36 25 36 15 11	24 18 24 19 24 36 25 36 15 11	27 21 26 22 26 36 26 36 15 11
19	30 13 29 31 4 34 25 36 15 11	33 19 34 36 6 34 25 36 15 11	36 19 36 2 7 34 25 36 15 11	3 24 1 7 10 36 25 1 15 11	6 27 6 10 12 36 25 1 15 11	9 33 12 13 13 1 25 1 15 11	12 36 13 16 15 1 25 1 15 11	15 6 13 18 17 1 24 1 15 11	18 11 18 17 18 36 24 36 15 11	21 15 24 18 21 36 25 36 15 11	24 19 24 19 24 36 25 36 15 11	27 22 26 22 26 36 26 36 15 11
20	31 15 29 31 4 34 25 36 15 11	34 20 36 36 7 34 25 36 15 11	36 21 36 2 7 34 25 36 15 11	3 25 1 7 10 36 25 1 15 11	6 30 6 10 12 36 25 1 15 11	9 34 12 13 13 1 25 1 15 11	12 2 13 17 15 1 25 1 15 11	15 7 14 18 18 1 24 1 15 11	18 12 18 16 18 36 25 36 15 11	21 16 24 18 21 36 25 36 15 11	24 20 24 19 24 36 25 36 15 11	27 23 26 22 26 36 26 36 15 11
21	31 16 29 33 6 34 25 36 15 11	34 21 36 36 7 34 25 36 15 11	36 22 36 2 7 34 25 36 15 11	4 27 1 7 10 36 25 1 15 11	6 30 6 10 12 36 25 1 15 11	9 36 13 13 13 1 25 1 15 11	12 3 13 17 15 1 25 1 15 11	15 9 14 18 18 1 24 1 15 11	18 13 18 16 18 36 25 36 15 11	21 18 24 18 22 36 25 36 15 11	24 21 24 19 24 36 25 36 15 11	27 24 26 22 26 36 26 36 15 11
22	31 18 29 33 6 34 25 36 15 11	34 22 36 36 7 34 25 36 15 11	1 23 34 1 7 34 25 36 15 11	4 28 1 7 10 36 25 1 15 11	7 31 7 12 12 36 25 1 15 11	10 1 13 13 13 1 25 1 15 11	12 5 13 17 15 1 25 1 15 11	15 10 15 18 18 1 24 1 15 11	18 15 18 16 18 36 25 36 15 11	21 18 24 18 22 36 25 36 15 11	24 22 24 19 24 36 25 36 15 11	27 26 26 22 26 36 26 36 15 11
23	31 19 31 33 6 34 25 36 15 11	34 24 36 36 7 34 25 36 15 11	1 24 34 4 7 34 25 36 15 11	4 29 1 7 10 36 25 1 15 11	7 33 7 12 12 36 25 1 15 11	10 2 13 13 13 1 25 1 15 11	12 6 13 17 15 1 25 1 15 11	15 11 15 18 18 1 24 1 15 11	19 16 19 16 19 1 25 1 15 11	21 19 24 18 22 36 25 36 15 11	25 24 24 19 24 36 25 36 15 11	28 27 26 22 26 36 26 36 15 11
24	31 20 31 33 6 34 25 36 15 11	34 25 36 36 7 34 25 36 15 11	1 25 34 4 7 34 25 36 15 11	4 30 1 7 10 36 25 1 15 11	7 34 7 12 12 36 25 1 15 11	10 4 13 13 13 1 25 1 15 11	13 7 13 17 15 1 25 1 15 11	16 13 15 18 18 1 25 1 15 11	19 17 21 16 19 1 25 1 15 11	22 20 24 18 22 36 25 36 15 11	25 25 24 19 24 36 25 36 15 11	28 28 27 22 26 36 26 36 15 11
25	31 21 31 33 6 34 25 36 15 11	34 26 36 36 7 34 25 36 15 11	1 27 35 4 8 35 25 36 15 11	4 32 1 7 10 36 25 1 15 11	7 36 7 12 12 36 25 1 15 11	10 4 13 15 15 1 25 1 15 11	13 9 12 17 16 1 25 1 15 11	16 14 15 18 18 1 25 1 15 11	19 18 21 16 19 1 25 1 15 11	22 22 24 18 22 36 25 36 15 11	25 26 24 19 24 36 25 36 15 11	29 30 27 22 26 36 26 36 15 11
26	31 24 31 33 6 34 25 36 15 11	34 27 36 36 7 34 25 36 15 11	1 28 35 4 8 35 25 36 15 11	4 35 1 7 10 36 25 1 15 11	7 1 7 12 12 36 25 1 15 11	10 6 13 15 15 1 25 1 15 11	13 10 12 17 16 1 25 1 15 11	16 15 15 18 18 1 25 1 15 11	19 19 21 16 19 1 25 1 15 11	22 23 24 18 22 36 25 36 15 11	25 27 24 19 24 36 25 36 15 11	29 31 27 22 26 36 26 36 15 11
27	31 24 31 33 6 34 25 36 15 11	34 28 36 1 8 34 25 36 15 11	1 30 35 4 8 35 25 36 15 11	4 34 1 7 10 36 25 1 15 11	7 2 7 12 12 36 25 1 15 11	10 7 13 15 15 1 25 1 15 11	13 12 12 17 16 1 25 1 15 11	16 16 15 18 18 1 25 1 15 11	19 21 21 16 19 1 25 1 15 11	22 24 24 18 22 36 25 36 15 11	25 28 24 19 24 36 25 36 15 11	28 32 27 22 26 36 26 36 15 11
28	31 25 31 33 6 34 25 36 15 11	34 30 36 1 7 34 25 36 15 11	1 31 35 4 8 35 25 36 15 11	4 34 3 7 10 36 25 1 15 11	7 4 9 12 12 36 25 1 15 11	10 9 13 15 15 1 25 1 15 11	13 13 12 17 16 1 25 1 15 11	16 18 15 18 18 1 25 1 15 11	19 22 21 16 19 1 25 1 15 11	22 25 24 18 22 36 25 36 15 11	25 30 24 19 24 36 25 36 15 11	28 33 27 22 26 36 26 36 15 11
29	31 27 31 33 6 34 25 36 15 11		1 33 35 5 8 35 25 36 15 11	4 1 3 7 10 36 25 1 15 11	7 6 9 12 12 36 25 1 15 11	10 10 13 15 15 1 25 1 15 11	13 14 12 17 16 1 25 1 15 11	16 19 16 18 18 1 25 1 15 11	19 23 21 16 19 1 25 1 15 11	22 27 24 18 22 36 25 36 15 11	25 31 24 21 24 36 25 36 15 11	28 35 27 22 26 36 26 36 15 11
30	31 28 31 33 6 34 25 36 15 11		1 34 35 5 8 35 25 36 15 11	4 3 3 9 10 36 25 1 15 11	7 7 9 12 12 36 25 1 15 11	10 12 13 15 15 1 25 1 15 11	13 15 12 17 16 1 25 1 15 11	16 20 16 18 18 1 25 1 15 11	19 24 21 16 19 1 25 1 15 11	22 29 24 18 22 36 25 36 15 11	25 33 24 21 24 36 25 36 15 11	28 36 27 22 26 36 26 36 15 11
31	32 29 33 33 6 34 25 36 15 11		1 36 35 5 8 35 25 36 15 11		7 8 9 12 12 36 25 1 15 11		13 16 12 17 16 1 25 1 15 11	16 21 16 18 18 1 25 1 15 11		22 29 24 18 22 36 25 36 15 11		28 2 27 22 26 36 26 36 15 11

1928

	JAN	FEB	MAR	APR	MAY	JUNE	JULY	AUG	SEPT	OCT	NOV	DEC
1	28 3 28 24 26 36 26 36 15 11	32 8 33 28 28 1 26 1 15 11	35 11 33 31 31 1 26 1 15 11	2 16 35 35 33 1 26 2 15 11	5 19 4 3 36 3 27 1 15 11	8 24 11 8 2 3 26 2 15 11	10 26 10 10 4 4 26 1 15 11	13 31 12 15 6 4 26 1 15 11	16 36 18 18 8 5 26 1 15 11	19 4 22 22 10 4 26 1 16 11	22 10 21 26 10 4 26 1 16 11	26 13 25 29 10 4 26 1 16 11
2	29 4 29 24 26 36 26 36 15 11	32 10 33 28 28 1 26 1 15 11	35 12 33 31 31 1 26 1 15 11	2 17 35 35 33 1 26 2 15 11	5 20 5 3 36 3 27 1 15 11	8 25 11 8 2 3 26 2 15 11	11 28 10 10 4 4 26 1 15 11	13 33 12 15 6 4 26 1 15 11	16 1 18 18 8 5 26 1 15 11	19 6 22 22 10 4 26 1 16 11	22 11 22 26 10 4 26 1 16 11	26 14 25 29 10 4 26 1 16 11
3	29 6 29 24 26 36 26 36 15 11	32 11 33 28 28 1 26 1 15 11	35 13 33 31 31 1 26 1 15 11	2 18 35 35 33 1 26 2 15 11	5 21 5 3 36 3 27 1 15 11	8 26 11 8 2 3 26 2 15 11	11 29 10 10 4 4 26 1 15 11	14 34 12 15 6 4 26 1 15 11	17 3 18 18 8 5 26 1 15 11	20 8 22 22 10 4 26 1 16 11	23 12 22 26 10 4 26 1 16 11	26 16 25 29 10 4 26 1 16 11
4	29 8 29 25 26 36 26 36 15 11	32 12 33 28 28 1 26 1 15 11	35 15 33 31 31 1 26 1 15 11	2 19 35 35 33 1 26 2 15 11	5 23 5 3 36 3 27 1 15 11	8 27 11 8 2 4 26 2 15 11	11 31 10 10 4 4 26 1 15 11	14 36 13 15 6 4 26 1 15 11	17 5 18 18 8 5 26 1 15 11	20 8 22 22 10 4 26 1 16 11	23 14 22 26 10 4 26 1 16 11	26 17 25 30 10 4 26 1 16 11
5	29 9 29 25 26 36 26 36 15 11	32 14 33 29 29 1 26 1 15 11	35 16 33 32 31 1 26 1 15 11	2 20 35 35 33 1 26 2 15 11	5 24 5 3 36 3 27 1 15 11	8 28 10 8 2 4 26 1 15 11	11 31 10 10 4 4 26 1 15 11	14 1 13 15 6 4 26 1 15 11	17 6 19 19 8 5 26 1 15 11	20 10 22 22 10 4 26 1 16 11	23 15 22 26 10 4 26 1 16 11	26 19 25 30 10 4 26 1 16 11
6	29 10 29 26 27 36 26 36 15 11	32 15 33 29 29 1 26 1 15 11	35 17 33 32 31 1 26 1 15 11	2 22 35 35 33 1 26 2 15 11	5 25 6 4 36 3 27 1 15 11	8 30 10 8 2 4 26 1 15 11	11 33 10 10 4 4 26 1 15 11	14 2 13 15 6 4 26 1 15 11	17 8 19 19 8 5 26 1 15 11	20 11 22 22 10 4 26 1 16 11	23 16 22 26 10 4 26 1 16 11	26 20 25 30 10 4 26 1 16 11
7	29 12 29 26 27 36 26 36 15 11	32 17 34 28 28 1 26 1 15 11	35 18 33 32 31 1 26 1 15 11	2 23 35 35 33 1 26 2 15 11	5 27 6 4 36 3 27 1 15 11	8 31 10 8 2 4 26 1 15 11	11 35 10 10 4 4 26 1 15 11	14 3 13 15 6 4 26 1 15 11	17 8 19 19 8 5 26 1 15 11	20 13 22 22 10 4 26 1 16 11	23 17 22 26 10 4 26 1 16 11	26 21 25 30 10 4 26 1 16 11
8	29 13 29 26 27 36 26 36 15 11	32 18 34 28 28 1 26 1 15 11	35 20 33 32 31 1 26 1 15 11	2 24 35 35 33 1 26 2 15 11	5 27 6 4 36 3 27 1 15 11	8 32 10 8 2 4 26 1 15 11	11 36 10 10 4 4 26 1 15 11	14 4 13 15 6 4 26 1 15 11	17 10 19 19 8 5 26 1 15 11	20 14 22 22 10 4 26 1 16 11	23 19 22 26 10 4 26 1 16 11	26 22 25 31 10 4 26 1 16 11
9	29 14 29 26 27 36 26 36 15 11	33 19 34 28 28 1 26 1 15 11	35 21 33 33 31 1 26 1 15 11	2 25 35 35 33 1 26 2 15 11	5 29 6 4 36 3 27 1 15 11	8 33 10 8 2 4 26 1 15 11	11 1 10 10 4 4 26 1 15 11	14 6 13 16 7 4 26 1 15 11	17 12 19 19 8 5 26 1 15 11	20 15 22 22 10 4 26 1 16 11	23 20 22 26 10 4 26 1 16 11	26 24 26 31 10 4 26 1 16 11
10	30 16 30 26 27 36 26 36 15 11	33 20 35 28 28 1 26 1 15 11	35 22 33 33 31 1 26 1 15 11	3 26 35 35 33 1 26 2 15 11	5 30 7 4 36 3 27 1 15 11	8 36 10 8 2 4 26 1 15 11	11 2 10 11 4 4 26 1 15 11	14 8 13 16 7 4 26 1 15 11	17 13 19 19 8 5 26 1 15 11	20 17 22 22 10 4 26 1 16 11	23 21 22 26 10 4 26 1 16 11	26 25 26 31 10 4 26 1 16 11
11	30 17 30 26 27 36 26 36 15 11	33 21 35 28 28 1 26 1 15 11	36 23 33 33 31 1 26 1 15 11	3 28 1 1 33 1 26 2 15 11	6 31 7 4 36 3 27 1 15 11	9 36 10 8 2 4 26 1 15 11	11 4 10 11 4 4 26 1 15 11	14 9 13 16 7 4 26 1 15 11	17 15 19 19 8 5 26 1 15 11	20 18 22 22 10 4 26 1 16 11	23 22 22 26 10 4 26 1 16 11	26 26 26 31 10 4 26 1 16 11
12	30 18 30 26 27 36 26 36 15 11	33 22 35 28 28 1 26 1 15 11	36 24 33 33 31 1 26 1 15 11	3 29 1 1 33 1 26 2 15 11	6 33 7 4 36 3 27 1 15 11	9 1 10 8 2 4 26 1 15 11	11 6 10 11 4 4 26 1 15 11	14 11 13 16 7 4 26 1 15 11	17 16 19 19 8 5 26 1 15 11	20 19 22 22 10 4 26 1 16 11	23 24 22 26 10 4 26 1 16 11	27 27 27 31 9 4 27 1 16 11
13	30 19 30 26 27 36 26 36 15 11	33 24 35 28 28 1 26 1 15 11	36 26 33 33 31 1 26 1 15 11	3 30 1 1 33 1 26 2 15 11	6 34 7 4 36 3 27 1 15 11	9 3 10 8 2 4 26 1 15 11	12 7 10 11 4 4 26 1 15 11	14 12 13 16 7 4 26 1 15 11	18 17 19 19 8 5 26 1 15 11	20 20 22 22 10 4 26 1 16 11	24 25 22 26 10 4 26 1 16 11	27 28 27 31 9 4 27 1 16 11
14	30 21 30 26 27 36 26 36 15 11	33 25 35 28 28 1 26 1 15 11	36 26 33 33 31 1 26 1 15 11	3 31 1 1 34 1 26 2 15 11	6 36 7 4 36 3 27 1 15 11	9 4 10 8 2 4 26 1 15 11	12 8 10 11 4 4 26 1 15 11	15 13 13 17 8 4 26 1 15 11	18 17 19 19 8 5 26 1 15 11	21 22 22 22 10 4 26 1 16 11	24 26 22 26 10 4 26 1 16 11	27 29 27 31 9 4 27 1 16 11
15	30 22 30 26 27 36 26 36 15 11	33 26 35 30 30 1 26 1 15 11	36 28 33 33 31 1 26 1 15 11	3 32 1 1 34 1 26 2 15 11	6 36 7 4 34 3 27 1 15 11	9 6 10 8 2 4 26 1 15 11	12 10 10 11 4 4 26 1 15 11	15 15 15 17 8 4 26 1 15 11	18 19 19 19 8 5 26 1 15 11	21 23 22 23 10 4 26 1 16 11	24 27 22 26 10 4 26 1 16 11	27 31 27 31 9 4 27 1 16 11
16	30 23 30 26 27 36 26 36 15 11	33 27 35 30 30 1 26 1 15 11	36 29 33 33 31 1 26 1 15 11	3 34 1 1 34 1 26 2 15 11	6 1 9 4 36 3 27 1 15 11	9 8 10 8 2 4 26 1 15 11	12 11 10 12 4 4 26 1 15 11	15 17 15 17 8 4 26 1 15 11	18 21 19 19 8 5 26 1 15 11	21 24 22 23 10 4 26 1 16 11	24 28 22 26 10 4 26 1 16 11	27 32 27 31 9 4 27 1 16 11
17	30 24 31 26 27 36 26 36 15 11	33 28 35 30 30 1 26 1 15 11	36 31 33 33 31 1 26 1 15 11	3 35 1 1 34 1 26 2 15 11	6 3 9 4 1 3 27 1 15 11	9 8 10 8 2 4 26 1 15 11	12 12 10 12 4 4 26 1 15 11	15 18 15 17 8 4 26 1 15 11	18 22 20 20 8 4 26 1 15 11	21 26 22 23 10 4 26 1 16 11	24 30 22 28 10 4 26 1 16 11	27 33 27 31 9 4 27 1 16 11
18	30 26 31 26 27 36 26 36 15 11	33 30 35 30 30 1 26 1 15 11	36 32 33 33 31 1 26 1 15 11	3 1 1 1 34 1 26 2 15 11	6 5 9 4 1 3 27 1 15 11	9 10 10 8 3 4 26 1 15 11	12 14 10 12 4 4 26 1 15 11	15 19 15 17 8 4 26 1 15 11	18 23 20 20 8 4 26 1 15 11	21 26 22 23 10 4 26 1 16 11	24 31 22 28 10 4 26 1 16 11	27 34 27 31 9 4 27 1 16 11
19	30 27 31 26 27 36 26 36 15 11	33 31 35 31 31 1 26 1 15 11	36 33 33 33 32 1 26 2 15 11	3 2 1 1 35 1 26 2 15 11	6 6 9 4 1 3 27 1 15 11	9 12 10 9 3 4 26 1 15 11	12 15 10 12 4 4 26 1 15 11	15 20 15 17 8 4 26 1 15 11	18 24 20 20 9 4 26 1 15 11	21 28 22 23 10 4 26 1 16 11	24 32 22 28 10 4 26 1 16 11	27 36 27 31 9 4 27 1 16 11
20	30 28 32 26 27 36 26 36 15 11	34 33 34 31 31 1 26 1 15 11	36 35 33 33 32 1 26 2 15 11	4 4 2 2 35 1 26 2 15 11	6 9 9 6 1 3 27 1 15 11	9 13 10 9 3 4 26 1 15 11	12 17 10 12 6 4 26 1 15 11	15 21 17 17 8 4 26 1 15 11	18 26 20 20 9 4 26 1 16 11	21 29 22 23 10 4 26 1 16 11	24 33 23 28 10 4 26 1 16 11	27 1 27 32 9 4 27 1 16 11
21	31 29 32 26 28 1 26 1 15 11	34 34 34 31 31 1 26 1 15 11	1 36 34 34 32 1 26 2 15 11	4 6 2 2 35 1 26 2 15 11	7 9 9 6 1 3 27 1 15 11	9 15 10 9 3 4 26 1 15 11	12 18 10 12 6 4 26 1 15 11	15 22 17 17 8 4 26 1 15 11	18 27 20 20 9 4 26 1 16 11	21 30 22 23 10 4 26 1 16 11	24 35 23 28 10 4 26 1 16 11	27 3 27 32 9 4 27 1 16 11
22	31 30 32 26 28 1 26 1 15 11	34 35 34 31 31 1 26 1 15 11	1 2 34 34 32 1 26 2 15 11	4 7 2 2 35 1 26 2 15 11	7 11 9 6 1 3 27 1 15 11	10 16 10 10 4 4 26 1 15 11	12 19 10 12 6 4 26 1 15 11	15 24 17 17 8 4 26 1 15 11	18 28 21 21 9 4 26 1 16 11	21 31 22 23 10 4 26 1 16 11	24 35 23 28 10 4 26 1 16 11	28 4 28 32 9 4 27 1 16 11
23	31 32 32 26 28 1 26 1 15 11	34 1 34 31 31 1 26 1 15 11	1 3 34 34 32 1 26 2 15 11	4 8 2 2 35 1 26 2 15 11	7 12 9 6 1 3 27 1 15 11	10 17 10 10 4 4 26 1 15 11	13 21 10 13 6 4 26 1 15 11	16 25 17 17 8 5 26 1 15 11	19 29 22 22 10 4 26 1 16 11	21 32 22 23 10 4 26 1 16 11	25 1 23 28 10 4 26 1 16 11	28 5 28 32 9 4 27 1 16 11
24	31 33 32 26 29 1 26 1 15 11	34 2 34 31 31 1 26 1 15 11	1 5 34 34 33 1 26 2 15 11	4 10 2 2 35 1 26 2 15 11	7 13 9 6 1 3 27 1 15 11	10 18 10 10 4 4 26 1 15 11	13 22 10 13 6 4 26 1 15 11	16 26 17 17 8 5 26 1 15 11	19 30 22 22 10 4 26 1 16 11	22 33 22 25 10 4 26 1 16 11	25 3 23 28 10 4 26 1 16 11	28 7 28 32 9 4 27 1 16 11
25	31 35 32 26 28 1 26 1 15 11	34 4 34 31 31 1 26 1 15 11	1 6 34 34 33 1 26 2 15 11	4 12 2 2 35 1 26 2 15 11	7 15 9 6 1 3 27 1 15 11	10 20 10 10 4 4 26 1 15 11	13 23 10 13 6 4 26 1 15 11	16 27 17 17 8 5 26 1 15 11	19 31 22 22 10 4 26 1 16 11	22 34 21 25 10 4 26 1 16 11	25 4 23 28 10 4 26 1 16 11	28 9 28 32 9 4 27 1 16 11
26	31 36 32 27 28 1 26 1 15 11	34 6 33 31 31 1 26 1 15 11	1 7 35 35 32 1 26 2 15 11	4 13 2 2 35 1 26 2 15 11	7 16 9 6 2 3 26 2 15 11	10 21 10 10 4 4 26 1 15 11	13 24 10 13 6 4 26 1 15 11	16 28 17 17 8 5 26 1 15 11	19 33 22 22 10 4 26 1 16 11	22 1 21 25 10 4 26 1 16 11	25 6 23 28 10 4 26 1 16 11	28 10 28 32 9 4 27 1 16 11
27	31 1 32 27 28 1 26 1 15 11	34 7 33 31 31 1 26 1 15 11	1 8 35 35 32 1 26 2 15 11	4 14 4 2 35 1 26 2 15 11	7 18 9 6 2 3 26 2 15 11	10 22 10 10 4 4 26 1 15 11	13 26 10 13 6 4 26 1 15 11	16 30 17 17 8 5 26 1 15 11	19 34 22 22 10 4 26 1 16 11	22 2 21 25 10 4 26 1 16 11	25 7 23 28 10 4 26 1 16 11	28 12 28 32 9 4 27 1 16 11
28	31 3 33 27 28 1 26 1 15 11	34 8 33 31 31 1 26 1 15 11	1 10 35 35 32 1 26 2 15 11	4 15 4 2 35 1 26 2 15 11	7 19 9 6 2 3 26 2 15 11	10 23 10 10 4 4 26 1 15 11	13 27 10 13 6 4 26 1 15 11	16 31 17 17 8 5 26 1 15 11	19 36 22 22 10 4 26 1 16 11	22 4 21 25 10 4 26 1 16 11	25 8 24 29 10 4 26 1 16 11	28 13 29 33 9 4 27 1 16 11
29	31 4 33 28 28 1 26 1 15 11	34 9 33 31 31 1 26 1 15 11	1 11 35 35 32 1 26 2 15 11	4 16 4 2 35 1 26 2 15 11	7 20 11 6 2 3 26 2 15 11	10 24 10 10 4 4 26 1 15 11	13 28 10 13 6 4 26 1 15 11	16 32 17 17 8 5 26 1 15 11	19 1 22 22 10 4 26 1 16 11	22 5 21 26 10 4 26 1 16 11	25 9 24 29 10 4 26 1 16 11	28 14 29 33 9 4 27 1 16 11
30	31 6 33 28 28 1 26 1 15 11		1 13 35 35 32 1 26 2 15 11	4 17 4 2 35 1 26 2 15 11	7 21 11 8 2 3 26 2 15 11	10 26 10 10 4 4 26 1 15 11	13 29 10 13 6 4 26 1 15 11	16 33 17 17 8 5 26 1 15 11	19 3 22 22 10 4 26 1 16 11	22 6 21 26 10 4 26 1 16 11	25 12 24 29 10 4 26 1 16 11	28 16 29 33 9 4 27 1 16 11
31	31 7 33 28 28 1 26 1 15 11		1 14 35 35 32 1 26 2 15 11		7 22 11 8 2 3 26 2 15 11		13 30 12 13 6 4 26 1 15 11	16 35 17 17 8 5 26 1 15 11		22 8 21 26 10 4 26 1 16 11		28 17 29 33 9 4 27 1 16 11

1929

	JAN	FEB	MAR	APR	MAY	JUNE	JULY	AUG	SEPT	OCT	NOV	DEC
1	28 18 28 33 9 4 27 1 16 11	32 23 33 36 9 4 27 1 16 11	35 24 32 3 9 4 27 1 16 11	2 28 36 4 10 4 28 1 15 11	5 31 6 3 11 6 27 1 15 11	8 36 9 3 14 6 27 2 15 11	10 3 9 6 15 7 27 1 15 11	13 9 14 9 18 8 27 2 16 11	16 14 20 14 20 8 27 2 16 11	19 18 21 16 21 8 27 1 16 11	22 22 21 19 23 8 27 1 16 11	25 26 26 24 26 8 28 1 16 11
2	29 19 29 33 9 4 27 1 16 11	32 24 33 36 9 4 27 1 16 11	35 25 32 3 9 4 27 1 16 11	2 29 36 4 10 4 28 1 15 11	5 32 6 3 11 6 27 1 15 11	8 2 9 3 14 6 27 2 15 11	11 4 9 6 15 7 27 1 15 11	13 10 14 9 18 8 27 2 16 11	16 15 20 14 20 8 27 2 16 11	19 19 21 16 21 8 27 1 16 11	22 23 21 19 23 8 27 1 16 11	25 27 26 24 26 8 28 1 16 11
3	29 21 29 33 9 4 27 1 16 11	32 25 33 36 9 4 27 1 16 11	35 26 32 3 9 4 27 1 16 11	2 30 36 4 10 4 28 1 15 11	5 33 6 3 11 6 27 1 15 11	8 3 9 4 14 6 27 2 15 11	11 6 9 6 15 7 27 1 15 11	14 11 14 9 18 8 27 2 16 11	16 16 20 14 20 8 27 2 16 11	19 21 21 16 21 8 27 1 16 11	23 25 21 19 23 8 27 1 16 11	26 28 26 24 26 8 28 1 16 11
4	29 22 29 33 9 4 27 1 16 11	32 27 33 1 9 4 27 1 16 11	35 27 32 3 9 4 27 1 16 11	2 31 1 4 10 4 28 1 15 11	5 35 7 3 11 6 27 1 15 11	8 4 9 4 14 6 27 2 15 11	11 7 9 6 15 7 27 1 15 11	14 13 14 9 18 8 27 2 16 11	17 18 20 14 20 8 27 2 16 11	20 22 21 16 21 8 27 1 16 11	23 26 21 21 23 8 27 1 16 11	26 30 26 24 26 8 28 1 16 11
5	29 23 30 33 9 4 27 1 16 11	32 27 33 1 9 4 27 1 16 11	35 28 33 3 9 4 27 1 16 11	2 33 1 4 10 4 28 1 15 11	5 36 7 3 11 6 27 1 15 11	8 6 9 4 14 6 27 2 15 11	11 9 9 6 15 7 27 1 15 11	14 15 14 10 18 8 27 2 16 11	17 20 20 14 20 8 27 2 16 11	20 23 21 17 21 8 27 1 16 11	23 27 21 21 23 8 27 1 16 11	26 31 26 24 26 8 28 1 16 11
6	29 24 30 34 9 4 27 1 16 11	32 28 33 1 9 4 27 1 16 11	35 30 33 3 9 4 27 1 16 11	2 34 1 4 10 4 28 1 15 11	5 1 7 3 11 6 27 1 15 11	8 7 9 4 14 6 27 2 15 11	11 10 9 6 15 7 27 1 15 11	14 16 14 10 18 8 27 2 16 11	17 21 20 14 20 8 27 2 16 11	20 24 19 17 22 8 27 1 16 11	23 28 22 21 23 8 27 1 16 11	26 32 26 24 26 8 28 1 16 11
7	29 25 30 34 9 4 27 1 16 11	32 30 33 1 9 4 27 1 16 11	35 31 33 3 9 4 27 1 16 11	2 36 1 4 10 4 28 1 15 11	5 3 7 3 11 6 27 1 15 11	8 9 9 4 14 6 27 2 15 11	11 12 9 6 15 7 27 1 15 11	14 18 14 10 18 8 27 2 16 11	17 22 20 14 20 8 27 2 16 11	20 26 19 17 22 8 27 1 16 11	23 29 22 21 23 8 27 1 16 11	26 33 27 25 27 7 28 1 16 11
8	29 27 31 34 9 4 27 1 16 11	32 31 33 1 9 4 27 1 16 11	35 32 33 4 9 4 27 1 16 11	2 1 1 4 10 4 28 1 15 11	5 4 7 3 11 6 27 1 15 11	8 10 9 4 14 6 27 2 15 11	11 13 9 7 16 7 27 1 15 11	14 19 14 11 18 8 27 2 16 11	17 24 20 14 20 8 27 2 16 11	20 27 19 17 22 8 27 1 16 11	23 31 22 21 23 8 27 1 16 11	26 35 27 25 27 7 28 1 16 11
9	29 28 31 34 9 4 27 1 16 11	33 33 33 1 9 4 27 1 16 11	35 33 33 4 9 4 27 1 16 11	2 2 1 4 10 5 28 1 15 11	5 5 7 3 11 6 27 1 15 11	8 12 9 4 14 6 27 2 15 11	11 15 9 7 16 7 27 1 15 11	14 20 14 11 18 8 27 2 16 11	17 25 20 14 20 8 27 2 16 11	20 28 19 18 22 8 27 1 16 11	23 32 22 21 23 8 27 1 16 11	26 36 27 25 27 7 28 1 16 11
10	29 29 31 34 9 4 27 1 16 11	33 34 33 1 9 4 27 1 16 11	35 34 33 4 9 4 27 1 16 11	3 4 1 4 10 5 27 1 15 11	5 7 7 3 11 6 27 1 15 11	8 13 8 4 14 6 27 2 15 11	11 16 9 7 16 7 27 1 15 11	14 21 14 11 18 8 27 2 16 11	17 26 20 14 20 8 27 2 16 11	20 29 19 18 22 8 27 1 16 11	23 32 22 21 23 8 27 1 16 11	26 1 27 25 27 7 28 1 16 11
11	30 30 31 34 9 4 27 1 16 11	33 36 33 1 9 4 27 1 16 11	36 36 33 4 9 4 27 1 16 11	3 5 1 4 10 5 27 1 15 11	6 9 7 3 11 6 27 1 15 11	9 15 8 4 15 6 27 2 15 11	11 18 10 7 16 7 27 1 15 11	14 22 14 11 18 8 27 2 16 11	17 27 20 14 20 8 27 2 16 11	20 30 19 18 22 8 27 1 16 11	23 34 22 21 23 8 27 1 16 11	26 3 27 25 27 7 28 1 16 11
12	30 31 31 34 9 4 27 1 16 11	33 36 33 1 9 4 27 1 16 11	36 1 33 4 9 4 27 1 16 11	3 6 1 4 10 5 27 1 15 11	6 10 7 3 11 6 27 1 15 11	9 16 8 4 15 7 27 2 15 11	11 19 10 7 16 7 27 1 15 11	14 24 16 11 18 8 27 2 16 11	17 28 20 14 20 8 27 2 16 11	20 31 19 18 22 8 27 1 16 11	23 36 23 22 23 8 27 1 16 11	26 3 27 25 27 7 28 1 16 11
13	30 33 31 34 9 4 27 1 16 11	33 1 31 1 9 4 27 1 16 11	36 3 33 4 9 4 27 1 16 11	3 7 3 4 10 5 27 1 15 11	6 12 7 3 12 6 27 1 15 11	9 17 8 4 15 7 27 2 15 11	11 21 10 7 16 7 27 1 15 11	14 25 16 11 18 8 27 2 16 11	18 30 20 14 20 8 27 2 16 11	21 33 19 18 22 8 27 1 16 11	24 1 23 22 24 8 27 1 16 11	27 5 27 25 27 7 28 1 16 11
14	30 34 32 35 9 4 27 1 16 11	33 3 31 1 9 4 27 1 16 11	36 4 33 4 9 4 27 1 16 11	3 9 3 3 10 5 27 1 15 11	6 13 7 3 12 6 27 1 15 11	9 18 8 4 15 7 27 2 15 11	12 22 10 7 16 7 27 1 15 11	15 27 16 11 18 8 27 2 16 11	18 31 21 15 21 8 27 2 16 11	21 34 19 18 22 8 27 1 16 11	24 2 23 22 24 8 27 1 16 11	27 7 28 25 27 7 28 1 16 11
15	30 36 32 35 9 4 27 1 16 11	33 4 31 1 9 4 27 1 16 11	36 6 33 4 9 4 27 1 16 11	3 10 3 3 10 5 27 1 15 11	6 15 7 3 13 6 27 1 15 11	9 20 8 4 15 7 27 2 15 11	12 23 10 7 16 7 27 1 15 11	15 27 16 11 18 8 27 2 16 11	18 32 21 15 21 8 27 2 16 11	21 35 19 18 22 8 27 1 16 11	24 4 23 22 24 8 27 1 16 11	27 8 28 25 27 7 28 1 16 11
16	30 1 32 35 9 4 27 1 16 11	33 6 31 1 9 4 27 1 16 11	36 7 34 4 9 4 27 1 16 11	3 12 3 3 10 5 27 1 15 11	6 16 7 3 13 6 27 1 15 11	9 21 8 4 15 7 27 2 15 11	12 24 10 7 16 7 27 1 15 11	15 29 16 11 18 8 27 2 16 11	18 33 21 15 21 8 27 2 16 11	21 36 19 18 22 8 27 1 16 11	24 5 23 22 24 8 27 1 16 11	27 9 27 25 27 7 27 1 16 11
17	30 2 33 36 9 4 27 1 16 11	33 7 31 1 9 4 27 1 16 11	36 8 34 4 9 4 27 1 16 11	3 13 3 3 10 5 27 1 15 11	6 17 7 3 13 6 27 1 15 11	9 22 8 5 15 7 27 2 15 11	12 25 10 7 16 7 27 1 15 11	15 30 17 11 18 8 27 2 15 11	18 34 21 15 21 8 27 2 16 11	21 1 19 18 22 8 27 1 16 11	24 7 23 22 24 8 27 1 16 11	27 10 27 25 27 7 27 1 16 11
18	30 3 33 36 9 4 27 1 16 11	33 9 31 3 9 4 27 1 16 11	36 9 34 4 9 4 27 1 16 11	3 15 3 3 10 5 27 1 15 11	6 18 7 3 13 6 27 1 15 11	9 24 8 5 15 7 27 2 15 11	12 27 10 7 16 7 27 1 15 11	15 31 17 11 18 8 27 2 15 11	18 36 21 15 21 8 27 2 16 11	21 3 19 18 22 8 27 1 16 11	24 8 24 22 23 8 27 1 16 11	27 12 27 25 27 7 27 1 16 11
19	30 6 33 36 9 4 27 1 15 11	34 10 31 3 9 4 27 1 16 11	36 10 34 4 9 4 27 1 16 11	3 16 3 3 10 5 27 1 15 11	6 21 7 3 13 6 27 1 15 11	9 24 8 6 15 7 27 2 15 11	12 28 10 7 16 7 27 1 15 11	15 32 17 11 18 8 27 2 15 11	18 2 21 15 21 8 27 2 16 11	21 4 19 19 22 8 27 1 16 11	24 10 24 22 23 8 27 1 16 11	27 13 27 27 27 7 27 1 16 11
20	31 6 33 36 9 4 27 1 15 11	34 12 31 3 9 4 27 1 16 11	36 12 34 4 9 4 27 1 16 11	4 18 4 4 11 5 27 1 15 11	6 21 9 3 13 6 27 1 15 11	9 26 8 6 15 7 27 2 15 11	12 29 10 7 16 7 27 1 15 11	15 33 18 11 18 8 27 2 15 11	18 3 21 15 21 8 27 2 16 11	21 6 19 19 22 8 27 1 16 11	24 12 24 22 23 8 27 1 16 11	27 15 27 27 27 7 27 1 16 11
21	31 7 33 36 9 4 27 1 15 11	34 13 31 3 9 4 27 1 16 11	1 13 34 4 10 4 28 1 15 11	4 19 4 4 11 5 27 1 15 11	6 22 9 3 13 6 27 1 15 11	9 27 8 6 15 7 27 2 15 11	12 30 10 7 16 7 27 1 15 11	15 35 18 11 18 8 27 2 15 11	18 4 21 15 21 8 27 2 16 11	21 8 19 19 22 8 27 1 16 11	24 13 24 22 23 8 27 1 16 11	27 16 27 27 27 7 27 1 16 11
22	31 9 33 36 9 4 27 1 15 11	34 15 31 3 9 4 27 1 16 11	1 15 34 4 10 4 28 1 15 11	4 20 4 4 11 5 27 1 15 11	7 24 9 3 13 6 27 1 15 11	10 28 8 6 15 7 27 2 15 11	12 31 10 7 16 7 27 1 15 11	15 36 18 11 19 8 27 2 15 11	18 5 21 15 21 8 27 2 16 11	21 9 19 19 22 8 27 1 16 11	24 14 24 22 23 8 27 1 16 11	28 18 27 28 28 7 28 1 16 11
23	31 10 33 36 9 4 27 1 15 11	34 16 31 3 9 4 27 1 16 11	1 16 34 4 10 4 28 1 15 11	4 21 4 4 11 5 27 1 15 11	7 25 9 3 13 6 27 1 15 11	10 29 8 6 15 7 27 2 15 11	13 33 12 9 16 7 27 1 15 11	15 2 18 12 20 8 27 2 15 11	18 6 21 15 21 8 27 2 16 11	21 10 19 19 22 8 27 1 16 11	25 15 25 22 25 8 27 1 16 11	28 19 27 28 28 7 28 1 16 11
24	31 12 33 36 9 4 27 1 15 11	34 18 31 3 9 4 27 1 16 11	1 18 34 4 10 4 28 1 15 11	4 23 4 4 11 5 27 1 15 11	7 26 9 3 13 6 27 1 15 11	10 30 8 6 15 7 27 2 15 11	13 34 12 9 16 7 27 1 16 11	16 3 18 12 20 8 27 2 16 11	19 8 21 15 21 8 27 1 16 11	22 12 19 19 22 8 27 1 16 11	25 17 25 23 25 8 27 1 16 11	28 21 29 28 28 7 28 1 16 11
25	31 13 33 36 9 4 27 1 15 11	34 18 31 3 9 4 27 1 16 11	1 19 34 4 10 4 28 1 15 11	4 24 4 4 11 5 27 1 15 11	7 27 9 3 13 6 27 1 15 11	10 32 8 6 15 7 27 2 15 11	13 35 12 9 16 7 27 1 16 11	16 4 18 12 20 8 27 2 16 11	19 9 21 15 21 8 27 1 16 11	22 13 19 19 23 8 27 1 16 11	25 18 25 23 25 8 27 1 16 11	28 22 29 28 28 7 28 1 16 11
26	31 15 33 36 9 4 27 1 15 11	34 19 31 3 9 4 27 1 16 11	1 21 34 4 10 4 28 1 15 11	4 25 4 4 11 5 27 1 15 11	7 28 9 3 13 6 27 1 15 11	10 33 8 6 15 7 27 2 15 11	13 36 12 9 16 7 27 1 16 11	16 5 18 12 20 8 27 2 16 11	19 10 21 16 21 8 27 1 16 11	22 15 19 19 23 8 27 1 16 11	25 19 25 23 25 8 27 1 16 11	28 23 29 28 28 7 28 1 16 11
27	31 16 33 36 9 4 27 1 15 11	34 21 31 3 9 4 27 1 16 11	1 22 35 4 10 4 28 1 15 11	4 26 4 4 11 5 27 1 15 11	7 30 9 3 13 6 27 1 15 11	10 34 8 6 15 7 27 2 15 11	13 1 12 9 16 7 27 1 16 11	16 7 18 12 20 8 27 2 16 11	19 12 21 16 21 8 27 1 16 11	22 16 19 19 23 8 27 1 16 11	25 21 25 23 25 8 27 1 16 11	28 24 29 28 28 7 28 1 16 11
28	31 18 33 36 9 4 27 1 15 11	34 22 31 3 9 4 27 1 16 11	1 23 35 4 10 4 28 1 15 11	4 27 4 4 11 5 27 1 15 11	7 31 9 3 13 6 27 1 15 11	10 36 8 6 15 7 27 2 15 11	13 3 13 9 16 7 27 1 16 11	16 8 18 12 20 8 27 2 16 11	19 13 21 16 21 8 27 1 16 11	22 18 19 19 23 8 27 1 16 11	25 22 25 23 25 8 27 1 16 11	28 25 29 28 28 7 28 1 16 11
29	31 19 33 36 9 4 27 1 15 11		1 24 35 4 10 4 28 1 15 11	4 28 4 4 11 5 27 1 15 11	7 32 9 3 13 6 27 1 15 11	10 1 8 6 15 7 27 2 15 11	13 4 13 9 18 7 27 1 16 11	16 9 18 12 20 8 27 2 16 11	19 15 21 16 21 8 27 1 16 11	22 19 21 19 23 8 27 1 16 11	25 23 25 23 25 8 27 1 16 11	28 26 29 28 28 7 28 1 16 11
30	32 21 33 36 9 4 27 1 15 11		1 25 35 4 10 4 28 1 15 11	4 29 4 4 11 5 27 1 15 11	7 33 9 3 13 6 27 1 15 11	10 2 8 6 15 7 27 2 15 11	13 6 13 9 18 7 27 1 16 11	16 11 19 12 20 8 27 2 16 11	19 16 21 16 21 8 27 1 16 11	22 20 21 19 23 8 27 1 16 11	25 25 25 23 25 8 27 1 16 11	28 28 29 28 28 7 28 1 16 11
31	32 22 33 36 9 4 27 1 15 11		2 27 35 4 10 4 28 1 15 11		7 34 9 3 13 6 27 1 15 11		13 7 13 9 18 7 27 1 16 11	16 12 19 12 20 8 27 2 16 11		22 21 21 19 23 8 27 1 16 11		28 29 29 28 28 7 28 1 16 11

1930

	JAN	FEB	MAR	APR	MAY	JUNE	JULY	AUG	SEPT	OCT	NOV	DEC
1	29 30 30 28 28 7 28 1 16 11	32 35 30 31 30 7 28 1 16 11	35 36 32 34 32 7 28 1 16 11	2 5 2 3 35 8 29 2 16 11	5 8 7 7 1 8 28 1 16 11	8 13 6 10 3 9 28 1 16 11	10 18 9 15 6 10 28 1 16 11	13 22 15 17 8 10 28 2 16 11	16 27 19 21 10 11 28 2 16 12	19 30 18 23 11 11 28 1 16 12	22 35 22 25 13 12 28 1 16 12	25 2 26 23 14 11 29 2 16 12
2	29 31 31 28 28 7 28 1 16 11	32 36 30 31 30 7 28 1 16 11	35 1 32 34 32 7 28 1 16 11	2 6 2 3 35 8 29 2 16 11	5 9 7 7 1 8 28 1 16 11	8 15 6 10 3 9 28 1 16 11	10 19 9 15 6 10 28 1 16 11	13 23 16 17 8 10 28 2 16 11	16 28 19 21 10 11 28 2 16 12	19 31 18 23 11 11 28 1 16 12	22 36 22 25 13 12 28 1 16 12	25 3 26 23 14 11 29 2 16 12
3	29 33 31 28 28 7 28 1 16 11	32 1 30 31 30 7 28 1 16 11	35 2 32 35 32 7 28 1 16 11	2 8 2 3 35 8 29 2 16 11	5 10 7 7 1 8 28 1 16 11	8 16 6 10 4 9 28 1 16 11	11 20 10 15 6 10 28 1 16 11	14 25 16 17 8 10 28 2 16 11	17 29 19 21 10 11 28 2 16 12	19 33 18 23 11 11 28 1 16 12	23 1 22 25 13 12 28 1 16 12	26 5 26 23 14 11 29 2 16 12
4	29 34 31 28 28 7 28 1 16 11	32 3 30 31 30 7 28 1 16 11	35 3 32 35 32 7 28 1 16 11	2 8 2 4 35 8 29 2 16 11	5 12 7 7 1 8 28 1 16 11	8 18 6 10 4 9 28 1 16 11	11 21 10 15 6 10 28 1 16 11	14 26 16 17 8 10 28 2 16 11	17 31 19 21 10 11 28 2 16 12	20 34 18 23 11 11 28 1 16 12	23 3 22 25 13 12 28 1 16 12	26 5 26 23 14 11 29 2 16 12
5	29 35 31 28 28 7 28 1 16 11	32 4 30 31 30 7 28 1 16 11	35 4 32 35 32 7 28 1 16 11	2 11 2 4 35 8 29 2 16 11	5 13 7 7 1 8 28 1 16 11	8 19 6 10 4 9 28 1 16 11	11 23 10 15 6 10 28 1 16 11	14 27 16 17 8 10 28 2 16 11	17 32 19 21 10 11 28 2 16 12	20 35 18 23 11 11 28 1 16 12	23 4 22 25 13 12 28 1 16 12	26 7 27 23 14 11 29 2 16 12
6	29 36 31 28 28 7 28 1 16 11	32 5 30 32 30 7 28 1 16 11	35 5 33 36 33 7 28 1 16 11	2 11 3 4 35 8 29 2 16 11	5 15 7 8 1 8 28 1 16 11	8 21 6 10 4 9 28 1 16 11	11 24 11 15 6 10 28 2 16 11	14 28 16 18 8 10 28 2 16 11	17 33 19 21 10 11 28 2 16 12	20 36 18 23 11 11 28 1 16 12	23 5 22 25 13 12 28 1 16 12	26 8 27 23 14 11 29 2 16 12
7	29 1 31 28 28 7 28 1 16 11	32 6 30 32 31 7 28 1 16 11	35 7 33 36 33 7 28 1 16 11	2 13 3 4 35 8 29 2 16 11	5 16 7 8 1 8 28 1 16 11	8 22 7 10 4 9 28 1 16 11	11 25 11 15 6 10 28 2 16 11	14 29 16 18 8 10 28 2 16 11	17 34 19 22 10 11 28 2 16 12	20 1 18 23 11 11 28 1 16 12	23 6 22 25 13 12 28 1 16 12	26 11 28 23 14 11 29 2 16 12
8	29 3 31 28 28 7 28 1 16 11	32 7 30 32 31 7 28 1 16 11	35 9 33 36 33 7 28 1 16 11	2 14 3 4 35 8 29 2 16 11	5 18 7 8 1 8 28 1 16 11	8 23 7 10 4 9 28 1 16 11	11 27 11 16 7 10 28 2 16 11	14 31 16 18 8 10 28 2 16 11	17 35 19 22 10 11 28 2 16 12	20 2 18 23 11 11 28 1 16 12	23 7 22 25 13 12 28 1 16 12	26 11 28 23 14 11 29 2 16 12
9	29 4 31 28 28 7 28 1 16 11	33 8 30 32 31 7 28 1 16 11	35 10 33 36 33 7 28 1 16 11	2 16 3 4 35 8 29 2 16 11	5 20 7 8 2 8 29 2 16 11	8 24 7 10 4 9 28 1 16 11	11 28 11 16 7 10 28 2 16 11	14 32 16 19 8 10 28 2 16 11	17 1 19 22 10 11 28 2 16 12	20 4 18 23 11 12 28 2 16 12	23 9 22 25 13 12 28 1 16 12	26 13 28 23 14 11 29 2 16 12
10	29 6 31 28 28 7 28 1 16 11	33 10 30 32 31 7 28 1 16 11	35 12 34 36 33 7 28 1 16 11	2 17 5 5 35 8 29 2 16 11	5 21 7 8 2 8 29 2 16 11	8 25 7 10 4 9 28 1 16 11	11 29 11 16 7 10 28 2 16 11	14 33 16 19 8 10 28 2 16 11	17 2 19 22 10 11 28 2 16 12	20 6 18 23 12 12 28 3 16 12	23 10 22 25 13 12 28 1 16 12	26 14 28 23 14 11 29 2 16 12
11	30 7 31 28 28 7 28 1 16 11	33 12 30 32 31 7 28 1 16 11	36 13 34 36 33 7 28 1 16 11	2 18 5 5 35 8 29 2 16 11	5 22 7 8 2 8 29 2 16 11	8 27 7 12 4 9 28 1 16 11	11 30 11 16 7 10 28 2 16 11	14 35 16 19 8 10 28 2 16 11	17 3 19 22 10 11 28 2 16 12	20 7 19 25 12 12 28 3 16 12	23 12 22 25 13 12 28 1 16 12	26 16 28 23 14 11 29 2 16 12
12	30 8 31 28 28 7 28 1 16 11	33 13 30 32 31 7 28 1 16 11	36 15 34 36 33 7 28 1 16 11	3 20 5 5 35 8 29 2 16 11	6 23 7 8 2 8 29 2 16 11	9 28 7 12 4 9 28 1 16 11	11 31 11 16 7 10 28 2 16 11	14 36 16 19 8 10 28 2 16 11	17 4 19 22 10 11 28 2 16 12	20 8 19 25 12 12 28 3 16 12	23 13 23 25 13 12 28 1 16 12	26 17 28 23 14 11 29 2 16 12
13	30 10 31 28 28 7 28 1 16 11	33 14 30 32 31 7 28 1 16 11	36 16 34 1 33 7 28 1 16 11	3 21 5 5 35 8 29 2 16 11	6 25 7 8 2 8 29 2 16 11	9 29 7 12 4 9 28 1 16 11	12 33 11 15 6 10 28 2 16 11	14 1 16 19 8 10 28 2 16 11	17 5 19 22 10 11 28 2 16 12	20 9 19 25 12 12 28 3 16 12	24 15 23 25 13 12 28 1 16 12	27 19 28 23 14 11 29 2 16 12
14	30 12 31 28 28 7 28 1 16 11	33 16 30 32 31 7 28 1 16 11	36 18 34 1 33 7 28 1 16 11	3 22 5 5 35 8 29 2 16 11	6 26 7 8 2 8 29 2 16 11	9 30 7 12 4 9 28 1 16 11	12 34 11 16 7 10 28 2 16 11	15 2 17 19 8 10 28 2 16 12	17 7 19 23 11 11 28 2 16 12	21 12 19 25 12 12 28 3 16 12	24 16 23 25 13 12 28 1 16 12	27 20 28 23 14 11 29 2 16 12
15	30 13 31 28 28 7 28 1 16 11	33 18 30 32 31 7 28 1 16 11	36 19 34 1 33 7 28 1 16 11	3 23 5 5 35 8 29 2 16 11	6 27 7 8 2 8 29 2 16 11	9 31 7 12 4 9 28 1 16 11	12 35 11 16 7 10 28 2 16 11	15 3 18 20 9 11 29 2 16 12	18 8 19 23 11 11 28 2 16 12	21 12 19 25 12 12 28 3 16 12	24 18 24 25 13 12 28 1 16 12	27 21 28 23 14 11 29 2 16 12
16	30 15 31 28 28 7 28 1 16 11	33 19 31 32 31 7 28 1 16 11	36 21 34 1 33 7 28 1 16 11	3 25 5 5 35 8 29 2 16 11	6 29 7 8 2 8 29 2 16 11	9 33 7 12 4 9 28 1 16 11	12 36 11 16 7 10 28 2 16 11	15 5 18 20 9 11 29 2 16 12	18 10 19 23 11 11 28 2 16 12	21 13 19 25 12 12 28 2 16 12	24 19 24 25 13 12 28 1 16 12	27 23 28 23 14 11 29 2 16 12
17	30 16 31 28 28 7 28 1 16 11	33 20 31 32 31 7 28 1 16 11	36 22 34 1 34 7 28 1 16 11	3 26 5 5 35 8 29 2 16 11	6 30 6 8 2 8 29 2 16 11	9 34 7 12 4 9 28 1 16 11	12 1 12 16 7 10 28 1 16 11	15 6 18 20 9 11 29 2 16 12	18 11 19 23 11 11 28 2 16 12	21 15 19 25 12 12 28 2 16 12	24 21 25 25 13 12 28 1 16 12	27 24 28 23 14 11 29 2 16 12
18	30 18 31 28 28 7 28 1 16 11	33 22 31 32 31 7 28 1 16 11	36 23 34 1 34 7 28 1 16 11	3 28 5 5 35 8 29 2 16 11	6 31 6 8 2 8 29 2 16 11	9 36 7 12 4 9 28 1 16 11	12 3 12 16 7 10 28 2 16 11	15 8 18 20 9 11 29 2 16 12	18 12 19 23 11 11 28 2 16 12	21 16 19 25 12 12 28 2 16 12	24 22 25 25 13 12 28 1 16 12	27 25 28 23 14 11 29 2 16 12
19	30 19 31 29 29 7 28 1 16 11	34 24 31 34 31 7 28 1 16 11	36 24 34 1 34 7 28 1 16 11	3 29 5 5 36 8 29 2 16 11	6 32 6 8 2 8 29 2 16 11	9 1 7 13 4 9 28 1 16 11	12 4 13 16 7 10 28 2 16 11	15 9 18 20 9 11 29 2 16 12	18 14 18 23 11 11 28 2 16 12	21 18 19 25 12 12 28 2 16 12	24 23 25 25 13 12 28 1 16 12	27 26 28 23 14 11 29 2 16 12
20	30 20 31 29 29 7 28 1 16 11	34 25 31 34 31 7 28 1 16 11	36 25 34 1 34 7 28 1 16 11	3 30 5 5 36 8 29 2 16 11	6 33 6 8 2 8 29 2 16 11	9 2 7 13 4 9 28 1 16 11	12 5 13 16 7 10 28 2 16 11	15 10 18 20 9 11 29 2 16 12	18 15 18 23 11 11 28 2 16 12	21 19 19 25 12 12 28 2 16 12	24 24 25 25 13 12 28 1 16 12	27 28 28 23 14 11 29 2 16 12
21	31 21 31 31 29 7 28 1 16 11	34 26 31 34 31 7 28 1 16 11	1 27 34 1 34 7 28 1 16 11	4 31 5 5 36 8 29 1 16 11	6 34 6 8 2 8 29 2 16 11	9 3 7 13 4 9 28 1 16 11	12 6 13 16 7 9 28 1 16 11	15 11 18 20 9 11 29 2 16 12	18 17 18 23 11 11 28 2 16 12	21 20 21 25 12 12 28 2 16 12	24 25 25 25 13 12 28 1 16 12	27 29 28 23 14 11 29 2 16 12
22	31 23 31 31 29 7 28 1 16 11	34 27 31 34 31 7 28 1 16 11	1 28 36 1 34 7 28 1 16 11	4 32 5 5 36 8 29 2 16 11	7 35 6 8 2 8 28 2 16 11	10 4 7 13 4 9 28 1 16 11	12 7 14 16 7 10 28 2 16 11	15 13 18 20 9 11 29 2 16 12	18 19 18 23 11 11 28 2 16 12	21 22 21 25 12 12 28 2 16 12	24 27 25 24 13 12 28 1 16 12	27 30 28 23 14 11 29 2 16 12
23	31 24 31 31 29 7 28 1 16 11	34 28 31 34 31 7 28 1 16 11	1 29 36 1 34 7 28 1 16 11	4 34 6 6 36 8 29 2 16 11	7 1 6 8 2 8 28 2 16 11	10 5 7 13 4 9 28 1 16 11	12 9 14 16 7 10 28 2 16 11	15 15 18 20 9 11 29 2 16 12	18 20 18 23 11 11 28 2 16 12	21 23 21 25 12 12 28 2 16 12	25 28 25 24 13 12 28 1 16 12	28 33 28 23 14 11 29 2 16 12
24	31 25 31 31 29 7 28 1 16 11	34 30 31 34 31 7 28 1 16 11	1 30 36 1 34 7 28 1 16 11	4 35 6 6 36 8 29 2 16 11	7 2 6 8 2 8 28 2 16 11	10 7 7 13 4 9 28 1 16 11	13 10 14 17 8 10 28 1 16 11	16 16 18 20 9 11 29 2 16 12	19 21 18 23 11 11 28 2 16 12	22 25 21 25 13 12 28 2 16 12	25 30 25 24 13 12 28 1 16 12	28 33 28 23 14 11 29 2 16 12
25	31 26 30 31 29 7 28 1 16 11	34 31 31 34 31 7 28 1 16 11	1 31 36 1 34 7 28 1 16 11	4 36 6 6 36 8 29 2 16 11	7 3 6 10 2 8 28 1 16 11	10 9 7 13 4 9 28 1 16 11	13 12 14 17 8 10 28 2 16 11	16 18 18 20 9 11 29 2 16 12	19 23 18 23 11 11 28 2 16 12	22 26 21 25 13 12 28 2 16 12	25 31 25 24 13 12 28 1 16 12	28 34 28 23 14 11 29 2 16 12
26	31 28 30 31 30 7 28 1 16 11	34 31 31 34 31 7 28 1 16 11	1 33 36 1 34 7 28 1 16 11	4 1 6 6 1 8 28 1 16 11	7 5 6 10 3 9 28 1 16 11	10 10 7 13 4 9 28 1 16 11	13 14 14 17 8 10 28 2 16 11	16 19 18 20 9 11 28 2 16 12	19 24 18 23 11 11 28 2 16 12	22 28 21 25 13 12 28 2 16 12	25 32 25 24 13 12 28 1 16 12	28 35 30 23 14 11 29 2 16 12
27	31 29 30 31 30 7 28 1 16 11	34 33 31 34 31 7 28 1 16 11	1 35 2 2 35 8 29 2 16 11	4 2 6 6 1 8 28 1 16 11	7 6 6 10 3 9 28 1 16 11	10 11 7 13 4 10 28 1 16 11	13 15 14 17 8 10 28 2 16 11	16 20 19 20 10 11 28 2 16 12	19 26 18 23 11 11 28 2 16 12	22 29 21 25 13 12 28 2 16 12	25 33 25 24 13 12 28 1 16 12	28 36 30 23 14 11 29 2 16 12
28	31 30 30 31 30 7 28 1 16 11	34 34 31 34 31 7 28 1 16 11	1 36 2 2 35 8 29 2 16 11	4 4 6 6 1 8 29 2 16 11	7 7 6 10 3 9 28 1 16 11	10 13 7 14 5 10 28 1 16 11	13 17 14 17 8 10 28 2 16 11	16 22 19 20 10 11 28 2 16 12	19 27 18 23 11 11 28 2 16 12	22 30 21 25 13 12 28 2 16 12	25 34 25 24 13 12 28 1 16 12	28 2 30 24 14 11 29 2 16 12
29	31 31 30 31 30 7 28 1 16 11		1 1 2 2 35 8 29 2 16 11	4 6 6 6 1 8 29 2 16 11	7 9 6 10 3 9 28 1 16 11	10 14 7 14 5 10 28 1 16 11	13 18 14 17 8 10 28 2 16 11	16 24 19 20 10 11 28 2 16 12	19 28 18 23 11 11 28 2 16 12	22 31 21 25 13 12 28 2 16 12	25 36 25 24 13 12 28 1 16 12	28 3 30 24 14 11 29 2 16 12
30	31 32 30 31 30 7 28 1 16 11		1 2 2 3 35 8 29 2 16 11	4 7 6 6 1 8 29 2 16 11	7 10 6 10 3 9 28 1 16 11	10 16 7 14 5 10 28 1 16 11	13 19 14 17 8 10 28 1 16 11	16 25 19 20 10 11 28 2 16 12	19 29 18 23 11 11 28 2 16 12	22 32 22 25 13 12 28 2 16 12	25 1 25 24 13 12 28 1 16 12	28 4 30 24 14 11 29 2 16 12
31	32 34 30 31 30 7 28 1 16 11		2 3 2 3 35 8 29 2 16 11		7 12 6 10 3 9 28 1 16 11		13 21 14 17 8 10 28 1 16 11	16 26 19 20 10 11 28 2 16 12		22 34 22 25 13 12 28 2 16 12		28 5 30 24 14 11 29 2 16 12

1931

	JAN	FEB	MAR	APR	MAY	JUNE	JULY	AUG	SEPT	OCT	NOV	DEC
1	29 7 29 24 14 11 29 2 16 11	32 12 29 27 13 11 29 2 16 11	34 12 33 30 12 11 30 3 16 11	2 19 2 34 13 11 29 2 16 11	5 22 4 1 14 11 29 2 16 11	8 27 5 5 15 12 30 3 16 11	10 30 12 9 18 12 30 3 16 12	13 35 16 12 19 13 29 2 16 12	16 3 17 16 20 14 29 2 16 12	19 6 17 20 23 14 29 2 16 12	22 11 23 23 25 14 29 2 16 12	25 14 26 26 26 14 29 2 16 12
2	29 8 29 24 14 11 29 2 16 11	32 13 29 27 13 11 29 2 16 11	35 14 33 30 12 11 30 3 16 11	2 19 2 34 13 11 29 2 16 11	5 23 4 2 14 11 29 2 16 11	8 28 5 5 15 12 30 3 16 11	10 32 12 9 18 12 30 3 16 12	13 36 16 13 19 13 29 2 16 12	16 5 17 16 20 14 29 2 16 12	19 8 17 20 23 14 29 2 16 12	22 12 23 23 25 14 29 2 16 12	25 16 28 28 26 14 29 2 16 12
3	29 9 29 24 14 11 29 2 16 11	32 14 29 27 13 11 29 2 16 11	35 15 34 30 12 11 30 3 16 11	2 20 2 34 13 11 29 2 16 11	5 24 4 2 14 11 29 2 16 11	8 30 5 5 15 12 30 3 16 11	11 33 12 9 18 12 30 3 16 12	14 1 16 13 19 13 29 2 16 12	17 6 17 17 20 14 29 2 16 12	19 9 18 20 23 14 29 2 16 12	23 14 23 23 25 14 29 2 16 12	26 17 28 28 26 14 29 2 16 12
4	29 11 29 25 14 11 29 2 16 11	32 16 29 28 13 11 29 2 16 11	35 17 34 30 12 11 30 3 16 11	2 22 4 34 13 11 29 2 16 11	5 26 4 2 14 11 29 2 16 11	8 31 5 5 15 12 30 3 16 11	11 34 12 9 18 12 30 3 16 12	14 2 16 13 19 13 29 2 16 12	17 7 17 17 20 14 29 2 16 12	20 10 18 20 23 14 29 2 16 12	23 15 23 23 25 14 29 2 16 12	26 19 28 28 26 14 29 2 16 12
5	29 12 29 25 14 11 29 2 16 11	32 17 29 28 13 11 29 2 16 11	35 18 34 30 12 11 30 3 16 11	2 24 4 34 13 11 29 2 16 11	5 27 4 2 14 11 29 2 16 11	8 32 5 5 15 12 30 3 16 11	11 36 12 9 18 12 30 3 16 12	14 3 16 13 19 13 29 2 16 12	17 8 17 17 20 14 29 2 16 12	20 11 19 20 23 14 29 2 16 12	23 16 23 23 25 14 29 2 16 12	26 20 28 28 26 14 29 2 16 12
6	29 14 29 25 14 11 29 2 16 11	32 19 29 28 13 11 29 2 16 11	35 21 34 31 12 11 30 3 16 11	2 25 4 34 13 11 29 2 16 11	5 28 4 2 14 11 29 2 16 11	8 33 6 6 15 12 30 3 16 11	11 36 12 9 18 12 30 3 16 12	14 5 16 13 19 13 29 2 16 12	17 9 17 17 20 14 29 2 16 12	20 13 19 20 23 14 29 2 16 12	23 18 23 23 25 14 29 2 16 12	26 22 28 28 26 14 29 2 16 12
7	29 15 29 25 14 11 29 2 16 11	32 20 29 29 13 11 29 2 16 11	35 21 34 31 12 11 30 3 16 11	2 26 4 34 13 11 29 2 16 11	5 29 4 2 14 11 29 2 16 11	8 34 7 7 16 12 30 3 16 11	11 2 12 9 18 12 30 3 16 12	14 6 16 13 19 13 29 2 16 12	17 11 17 17 20 14 29 2 16 12	20 14 19 20 23 14 29 2 16 12	23 19 24 26 26 14 29 2 17 12	26 23 28 28 26 14 29 2 16 12
8	29 17 29 25 14 11 29 2 16 11	32 22 31 28 13 11 29 2 16 11	35 23 34 31 12 11 30 3 16 11	2 28 4 34 13 11 29 2 16 11	5 31 4 2 14 11 29 2 16 11	8 36 7 7 16 12 30 3 16 11	11 3 12 10 18 12 30 3 16 12	14 7 16 13 19 13 29 2 16 12	17 12 17 17 20 14 29 2 16 12	20 16 19 20 23 14 29 2 16 12	23 20 24 26 26 14 29 2 17 12	26 25 28 28 26 14 29 2 16 12
9	29 18 29 25 14 11 29 2 16 11	32 23 31 28 13 11 29 2 16 11	35 24 36 31 12 11 30 3 16 11	2 29 5 35 13 11 29 2 16 11	5 32 4 2 14 11 29 2 16 11	8 1 7 7 16 12 30 3 16 11	11 4 12 10 18 12 30 3 16 12	14 8 16 13 19 13 29 2 16 12	17 14 16 17 20 14 29 2 16 12	20 17 20 20 23 14 29 2 16 12	23 22 24 26 26 14 29 2 17 12	26 26 28 28 26 14 29 2 16 12
10	29 20 29 25 14 11 29 2 16 11	32 25 31 28 13 11 29 2 16 11	35 25 36 31 12 11 30 3 16 11	2 30 5 35 13 11 29 2 16 11	5 34 4 2 14 11 29 2 16 11	8 2 7 7 16 12 30 3 16 11	11 5 12 10 18 12 30 3 16 12	14 10 16 13 19 13 29 2 16 12	17 15 16 17 20 14 29 2 16 12	20 19 20 20 23 14 29 2 16 12	23 24 24 26 26 14 29 2 17 12	26 28 28 29 28 14 29 2 16 12
11	30 21 29 25 14 11 29 2 16 11	33 26 31 28 13 11 29 2 16 11	35 27 36 33 12 11 30 3 16 11	3 31 5 35 13 11 29 2 16 11	5 35 4 2 14 11 29 2 16 11	8 3 7 7 16 12 30 3 16 11	11 6 13 10 18 12 30 3 16 12	14 12 17 13 19 13 29 2 16 12	17 16 16 17 20 14 29 2 16 12	20 20 20 20 23 14 29 2 16 12	23 26 25 26 26 14 29 2 17 12	26 29 28 29 28 14 29 2 16 12
12	30 23 29 26 14 11 29 2 16 11	33 27 31 28 13 11 29 2 16 11	36 28 36 33 12 11 30 3 16 11	3 33 5 35 13 11 29 2 16 11	6 36 4 2 14 11 29 2 16 11	9 5 7 7 16 12 30 3 16 11	11 8 13 10 18 12 30 3 16 12	14 13 17 13 19 13 29 2 16 12	17 18 16 17 20 14 29 2 16 12	20 22 20 20 23 14 29 2 16 12	23 27 25 26 26 14 29 2 17 12	26 30 28 29 28 14 29 2 16 12
13	30 24 29 26 14 11 29 2 16 11	33 29 31 28 13 11 29 2 16 11	36 30 36 33 12 11 30 3 16 11	3 34 5 35 13 11 29 2 16 11	6 1 4 2 14 11 29 2 16 11	9 6 7 7 16 12 30 3 16 11	12 9 13 10 18 12 30 3 16 12	14 14 17 13 19 13 29 2 16 12	17 19 16 17 20 14 29 2 16 12	20 23 20 20 23 14 29 2 16 12	24 28 25 26 26 14 29 2 17 12	27 32 28 29 28 14 29 2 16 12
14	30 25 29 26 14 11 29 2 16 11	33 30 31 28 13 11 29 2 16 11	36 31 36 33 12 11 30 3 16 11	3 35 5 35 13 11 29 2 16 11	6 2 4 2 14 11 29 2 16 11	9 7 7 7 16 12 30 3 16 11	12 10 13 10 18 12 30 3 16 12	15 15 17 13 19 13 29 2 16 12	18 20 16 17 20 14 29 2 16 12	21 25 20 20 23 14 29 2 16 12	24 29 25 26 26 14 29 2 17 12	27 33 28 29 28 14 29 2 16 12
15	30 27 29 26 14 11 29 2 16 11	33 31 31 29 13 11 29 2 16 11	36 32 36 33 12 11 30 3 16 11	3 36 5 35 13 11 29 2 16 11	6 3 4 2 14 11 29 2 16 11	9 8 7 7 16 12 30 3 16 11	12 12 13 10 18 12 30 3 16 12	15 17 17 13 19 13 29 2 16 12	18 22 16 17 22 14 29 2 16 12	21 26 20 22 23 14 29 2 16 12	24 31 26 26 26 14 29 2 17 12	27 34 28 29 28 14 29 2 16 12
16	30 28 29 26 14 11 29 2 16 11	33 32 31 29 12 11 29 2 16 11	36 33 36 33 12 11 30 3 16 11	3 2 5 36 13 11 30 2 16 11	6 5 4 2 14 11 29 2 16 11	9 9 7 7 16 12 30 3 16 11	12 13 13 10 18 12 30 3 16 12	15 18 17 13 19 13 29 2 16 12	18 24 16 17 22 14 29 2 16 12	21 27 20 22 23 14 29 2 16 12	24 32 26 26 26 14 29 2 17 12	27 35 28 29 28 14 29 2 16 12
17	30 29 29 26 14 11 29 2 16 11	33 33 31 29 12 11 29 2 16 11	36 34 36 33 12 11 30 3 16 11	3 3 5 36 13 11 30 2 16 11	6 6 4 2 14 11 29 2 16 11	9 11 7 7 16 12 30 3 16 11	12 15 14 11 17 11 29 2 16 12	15 20 17 14 20 13 29 2 16 12	18 25 16 17 22 14 29 2 16 12	21 29 20 22 23 14 29 2 16 12	24 33 26 26 26 14 29 2 17 12	27 1 28 29 28 14 29 2 16 12
18	30 30 29 26 14 11 29 2 16 11	33 34 32 29 12 11 29 2 16 11	36 35 36 33 12 11 30 3 16 11	3 4 5 36 13 11 30 2 16 11	6 7 4 2 14 11 29 2 16 11	9 12 7 7 16 12 30 3 16 11	12 16 14 11 17 11 29 2 16 12	15 21 17 14 20 13 29 2 16 12	18 26 16 18 22 14 29 2 16 12	21 30 20 22 23 14 29 2 16 12	24 35 26 26 26 14 29 2 17 12	27 2 28 29 28 14 29 2 16 12
19	30 32 29 26 14 11 29 2 16 11	34 36 32 29 12 11 29 2 16 11	36 1 1 33 12 11 30 3 16 11	3 5 5 36 13 11 30 2 16 11	6 8 4 2 14 11 29 2 16 11	9 14 7 7 16 12 30 3 16 11	12 17 14 11 17 11 29 2 16 12	15 23 17 14 20 13 29 2 16 12	18 28 16 18 22 14 29 2 16 12	21 32 20 22 23 14 29 2 16 12	24 36 26 26 26 14 29 2 17 12	27 3 28 29 28 14 29 2 16 12
20	30 33 29 26 14 11 29 2 16 11	34 1 32 29 12 11 29 2 16 11	36 2 1 33 12 11 30 3 16 11	3 6 5 36 13 11 30 2 16 11	6 10 4 2 14 11 29 2 16 11	9 15 9 7 16 12 30 3 16 11	12 19 14 11 17 11 29 2 16 12	15 24 17 14 20 13 29 2 16 12	18 29 16 18 22 14 29 2 16 12	21 33 20 22 23 14 29 2 16 12	24 1 26 26 26 14 29 2 17 12	27 4 28 29 28 14 29 2 16 12
21	31 34 29 26 13 11 29 2 16 11	34 2 32 29 12 11 29 2 16 11	36 3 1 33 12 11 30 3 16 11	4 8 5 36 13 11 29 2 16 11	6 11 4 4 14 11 29 2 16 11	9 17 9 7 16 12 30 3 16 11	12 20 14 11 17 11 29 2 16 12	15 26 17 14 20 13 29 2 16 12	18 30 16 18 22 14 29 2 16 12	21 34 21 22 23 14 29 2 16 12	24 2 26 26 26 14 29 2 17 12	27 5 26 29 29 14 29 2 16 12
22	31 35 29 26 13 11 29 2 16 11	34 3 32 29 12 11 29 2 16 11	1 4 3 33 12 11 30 3 16 11	4 9 5 36 13 11 29 2 16 11	6 13 4 4 14 11 29 2 16 11	10 18 9 7 16 12 30 3 16 11	12 22 14 11 17 11 29 2 16 12	15 27 17 14 20 13 29 2 16 12	18 32 16 18 22 14 29 2 16 12	22 35 21 22 23 14 29 2 16 12	24 3 26 26 26 14 29 2 17 12	27 7 26 29 29 14 29 2 16 12
23	31 36 29 26 13 11 29 2 16 11	34 5 32 29 12 11 29 2 16 11	1 6 3 33 12 11 30 3 16 11	4 11 5 36 14 11 29 2 16 11	7 14 4 4 15 11 29 2 16 11	10 20 9 7 16 12 30 3 16 11	12 23 14 11 17 11 29 2 16 12	15 28 17 14 20 13 29 2 16 12	18 33 16 18 22 14 29 2 16 12	22 36 22 22 23 14 29 2 16 12	25 5 26 26 26 14 29 2 16 12	28 8 26 29 29 14 29 2 16 12
24	31 2 29 26 13 11 29 2 16 11	34 6 32 29 12 11 29 2 16 11	1 7 3 33 12 11 30 3 16 11	4 12 5 36 14 11 29 2 16 11	7 15 4 4 15 11 29 2 16 11	10 21 9 7 16 12 30 3 16 11	13 24 14 11 17 13 29 2 16 12	16 29 17 14 20 13 29 2 16 12	19 34 16 19 22 14 29 2 16 12	22 1 22 23 23 14 29 2 16 12	25 6 26 26 26 14 29 2 16 12	28 9 26 29 29 14 29 2 16 12
25	31 3 29 26 13 11 29 2 16 11	34 7 32 30 12 11 30 3 16 11	1 8 3 33 12 11 30 3 16 11	4 14 5 36 14 11 29 2 16 11	7 17 4 4 15 11 29 2 16 11	10 22 9 7 16 12 30 3 16 11	13 25 14 11 17 13 29 2 16 12	16 31 17 14 20 13 29 2 16 12	19 35 16 19 22 14 29 2 16 12	22 2 22 23 23 14 29 2 16 12	25 7 26 26 26 14 29 2 16 12	28 10 26 31 29 14 29 2 16 12
26	31 4 29 26 13 11 29 2 16 11	34 8 32 30 12 11 30 3 16 11	1 9 3 33 12 11 30 3 16 11	4 15 5 36 14 11 29 2 16 11	7 18 4 4 15 11 29 2 16 11	10 24 10 7 16 12 30 3 16 11	13 26 14 11 17 13 29 2 16 12	16 32 17 14 20 13 29 2 16 12	19 1 17 19 22 14 29 2 16 12	22 4 22 23 23 14 29 2 16 12	25 8 26 26 26 14 29 2 16 12	28 11 26 31 29 14 29 2 16 12
27	31 5 29 26 13 11 29 2 16 11	34 10 33 30 12 11 30 3 16 11	1 10 2 33 12 11 30 2 16 11	4 16 5 1 14 11 29 2 16 11	7 19 4 4 15 11 29 2 16 11	10 25 10 7 16 12 30 3 16 12	13 29 14 11 17 13 29 2 16 12	16 33 17 16 20 13 29 2 16 12	19 2 17 20 22 14 29 2 16 12	22 5 22 23 23 14 29 2 16 12	25 9 26 26 26 14 29 2 16 12	28 13 26 31 29 14 29 2 16 12
28	31 6 29 26 13 11 29 2 16 11	34 12 33 30 12 11 30 3 16 11	1 12 2 33 12 11 30 2 16 11	4 17 5 1 14 11 29 2 16 11	7 20 4 4 15 11 29 2 16 11	10 26 10 7 16 12 30 3 16 12	13 30 14 11 17 13 29 2 16 12	16 34 17 16 20 13 29 2 16 12	19 3 17 20 22 14 29 2 16 12	22 6 22 23 23 14 29 2 16 12	25 11 26 26 26 14 29 2 16 12	28 14 26 31 29 14 29 2 16 12
29	31 8 29 26 13 11 29 2 16 11		1 13 2 33 12 11 30 2 16 11	4 19 5 1 14 11 29 2 16 11	7 22 4 4 15 11 29 2 16 11	10 28 10 7 16 12 30 3 16 12	13 31 16 11 17 13 29 2 16 12	16 36 17 16 20 13 29 2 16 12	19 4 17 20 22 14 29 2 16 12	22 7 22 23 23 14 29 2 16 12	25 12 26 26 26 14 29 2 16 12	28 16 26 31 29 14 29 2 16 12
30	31 9 29 27 14 11 29 2 16 11		1 15 2 33 12 11 30 2 16 11	4 21 5 1 14 11 29 2 16 11	7 24 5 5 15 11 29 2 16 11	10 30 10 7 16 12 30 3 16 12	13 32 16 11 18 13 29 2 16 12	16 1 17 16 20 13 29 2 16 12	19 5 17 20 22 14 29 2 16 12	22 8 22 23 23 14 29 2 16 12	25 13 26 26 26 14 29 2 16 12	28 17 26 31 29 14 29 2 16 12
31	32 10 29 27 14 11 29 2 16 11		1 16 2 33 12 11 30 2 16 11		7 25 5 5 15 11 29 2 16 11		13 33 16 11 18 13 29 2 16 12	16 2 17 16 20 13 29 2 16 12		22 10 22 23 23 14 29 2 16 12		28 19 26 31 29 14 29 2 16 12

1932

	JAN	FEB	MAR	APR	MAY	JUNE	JULY	AUG	SEPT	OCT	NOV	DEC
1	28 21 27 31 30 15 30 3 16 12	32 25 30 34 32 14 30 2 16 12	35 28 34 2 34 14 30 2 16 12	2 32 2 6 36 14 31 2 16 11	5 36 2 8 2 14 31 2 16 12	8 4 6 12 6 15 31 3 16 12	10 7 12 10 7 15 31 3 16 12	13 12 16 9 9 15 31 3 16 12	16 18 15 12 12 16 30 3 16 12	19 21 19 15 13 16 30 3 16 12	22 27 24 18 15 17 30 3 17 12	25 30 7 22 16 17 30 3 16 12
2	29 21 27 31 30 15 30 3 16 12	32 27 30 34 32 14 30 2 16 12	35 29 35 2 34 14 30 2 16 12	2 34 2 6 36 14 31 2 16 11	5 1 2 8 2 14 31 2 16 12	8 6 6 12 6 15 31 3 16 12	11 9 12 10 7 15 31 3 16 12	13 13 16 9 9 15 31 3 16 12	16 19 15 12 12 16 30 3 16 12	19 22 19 15 13 16 30 3 16 12	22 28 24 18 15 17 30 3 17 12	26 33 27 22 16 17 31 3 16 12
3	29 23 27 31 30 15 30 3 16 12	32 28 30 36 32 14 30 2 16 12	35 30 35 2 34 14 30 2 16 12	2 35 2 6 36 14 31 2 16 11	5 2 2 8 2 14 31 2 16 12	8 7 7 12 6 15 31 3 16 12	11 10 13 10 7 15 31 3 16 12	14 15 16 9 9 15 30 3 16 12	17 20 15 12 12 16 30 3 16 12	20 24 19 15 13 16 30 3 16 12	23 29 25 19 15 17 30 3 17 12	26 33 27 22 16 17 31 3 16 12
4	29 24 27 31 30 15 30 3 16 12	32 30 30 36 32 14 30 2 16 12	35 32 35 2 34 14 30 2 16 12	2 36 2 6 36 14 31 2 16 11	5 4 2 8 2 14 31 2 16 12	8 8 7 12 6 15 31 3 16 12	11 11 13 10 7 15 31 3 16 12	14 16 16 9 9 15 30 3 16 12	17 21 15 12 12 16 30 3 16 12	20 25 19 15 13 16 30 3 16 12	23 30 25 19 15 17 30 3 17 12	26 34 27 22 16 17 31 3 16 12
5	29 26 27 32 30 15 30 3 16 12	32 31 30 36 32 14 30 2 16 12	35 33 35 2 34 14 30 2 16 12	2 2 2 7 1 14 31 2 16 11	5 5 2 8 2 14 31 2 16 12	8 9 7 12 6 15 31 3 16 12	11 13 13 10 7 15 31 3 16 12	14 18 16 10 10 15 30 3 16 12	17 23 15 12 12 16 30 3 16 12	20 27 19 15 13 16 30 3 16 12	23 32 25 19 15 17 30 3 17 12	26 36 27 23 16 17 31 3 16 12
6	29 27 27 32 30 15 30 3 16 12	32 32 31 36 32 14 30 2 16 12	35 34 35 2 34 14 30 2 16 12	2 2 2 7 1 14 31 2 16 11	5 6 2 8 2 14 31 2 16 12	8 12 7 12 6 15 31 3 16 12	11 14 13 10 7 15 31 3 16 12	14 19 16 10 10 15 30 3 16 12	17 24 15 12 12 16 30 3 16 12	20 28 19 15 13 16 30 3 16 12	23 33 25 19 15 17 30 3 17 12	26 1 27 23 16 17 31 3 16 12
7	29 28 27 32 30 15 30 3 16 12	32 33 31 36 32 14 30 2 16 12	35 35 36 3 34 14 30 2 16 12	2 4 2 7 1 14 31 2 16 11	5 7 2 8 2 14 31 2 16 12	8 12 7 12 6 15 31 3 16 12	11 15 13 10 7 15 31 3 16 12	14 21 16 10 10 15 30 3 16 12	17 25 15 12 12 16 30 3 16 12	20 30 20 16 13 16 30 2 16 12	23 35 25 19 15 17 30 3 17 12	26 2 25 23 16 17 31 3 16 12
8	29 30 27 32 30 15 30 3 16 12	32 34 31 36 32 14 30 2 16 12	35 1 36 3 34 14 30 2 16 12	2 5 2 7 1 14 31 2 16 11	5 8 2 8 2 14 31 2 16 12	8 13 7 12 6 15 31 3 16 12	11 16 13 10 7 15 31 3 16 12	14 22 16 10 10 15 30 3 16 12	17 27 15 12 12 16 30 3 16 12	20 31 20 16 13 16 30 2 16 12	23 36 25 19 15 17 30 3 17 12	26 3 25 23 16 17 31 3 16 12
9	29 31 27 32 30 15 30 3 16 12	32 36 31 36 32 14 30 2 16 12	35 2 36 3 34 14 30 2 16 12	2 6 2 7 1 14 31 2 16 11	5 10 2 8 2 14 31 2 16 12	8 15 7 12 6 15 31 3 16 12	11 18 13 10 7 15 31 3 16 12	14 24 16 10 10 15 30 3 16 12	17 28 16 13 12 16 30 3 16 12	20 32 20 16 13 16 30 2 16 12	23 1 25 19 15 17 30 3 17 12	26 4 25 23 16 17 31 3 16 12
10	29 33 27 32 30 15 30 3 16 12	33 1 31 36 32 14 30 2 16 12	35 3 1 4 34 14 31 2 16 12	3 7 2 7 1 14 31 2 16 11	5 11 2 8 2 14 31 2 16 12	8 16 7 12 6 15 31 3 16 12	11 19 13 10 7 15 31 3 16 12	14 25 16 10 10 15 30 3 16 12	17 30 16 13 12 16 30 3 16 12	20 34 20 16 13 16 30 2 16 12	23 2 25 19 15 17 30 3 17 12	26 6 25 23 16 17 31 3 16 12
11	30 34 27 32 30 15 30 3 16 12	33 2 32 36 32 14 30 2 16 12	36 4 1 4 34 14 31 2 16 12	3 8 2 7 1 14 31 2 16 11	6 12 2 8 2 14 31 2 6 12	9 17 9 12 6 15 31 3 16 12	11 21 13 10 8 15 31 3 17 12	14 26 16 10 10 15 30 3 16 12	17 31 16 13 12 16 30 3 16 12	20 35 20 16 13 16 30 2 16 12	23 3 25 19 15 17 30 3 17 12	27 7 25 23 16 17 31 3 16 12
12	30 35 27 32 30 14 30 2 16 12	33 3 32 36 32 14 30 2 16 12	36 5 1 4 34 14 31 2 16 12	3 10 2 7 1 14 31 2 16 11	6 13 2 8 2 14 31 2 16 12	9 18 9 12 6 15 31 3 16 12	11 22 15 10 7 15 31 3 17 12	14 27 15 10 10 16 30 3 16 12	18 33 16 13 12 16 30 3 16 12	20 36 20 16 13 16 30 2 16 12	23 5 27 21 15 17 31 3 17 12	27 8 25 23 16 17 31 3 16 12
13	30 36 27 32 30 14 30 2 16 12	33 5 32 1 32 14 30 2 16 12	36 7 1 4 34 14 31 2 16 12	3 11 2 7 1 14 31 2 16 11	6 15 2 10 4 14 31 2 16 12	9 20 9 10 6 15 31 3 16 12	12 24 15 10 9 15 31 3 16 12	15 29 15 10 10 16 30 3 16 12	18 34 16 13 12 16 30 3 16 12	21 2 22 16 14 16 30 3 16 12	24 6 27 21 15 17 31 3 17 12	27 9 25 24 16 17 31 3 16 12
14	30 2 28 32 30 14 30 2 16 12	33 6 32 1 32 14 30 2 16 12	36 8 1 4 34 14 31 2 16 12	3 12 2 7 1 14 31 2 16 11	6 16 2 10 4 14 31 2 16 12	9 21 9 10 6 15 31 3 16 12	12 25 15 9 9 15 31 3 16 12	15 30 15 10 10 16 30 3 16 12	18 35 16 13 12 16 30 3 16 12	21 3 23 17 15 17 30 3 17 12	24 7 27 21 16 17 31 3 16 12	27 11 25 24 16 17 31 3 16 12
15	30 3 28 32 30 14 30 2 16 12	33 7 32 1 32 14 30 2 16 12	36 9 2 4 34 14 31 2 16 12	3 13 2 8 2 14 31 2 16 11	6 17 2 10 4 14 31 2 16 12	9 22 9 10 6 15 31 3 16 12	12 27 15 9 9 15 31 3 16 12	15 31 15 10 10 16 30 3 16 12	18 36 16 13 12 16 30 3 16 12	21 4 23 17 15 17 30 3 17 12	24 8 27 21 16 17 31 3 16 12	27 12 26 24 17 17 31 3 17 12
16	30 4 28 32 30 14 30 2 16 12	33 8 32 1 32 14 30 2 16 12	36 10 2 4 34 14 31 2 16 12	3 15 2 8 2 14 31 2 16 11	6 19 4 10 4 14 31 2 16 12	9 24 9 10 6 15 31 3 16 12	12 28 15 9 9 15 31 3 16 12	15 33 15 10 10 16 30 3 16 12	18 2 16 13 12 16 30 3 16 12	21 5 23 17 15 17 30 3 17 12	24 9 27 21 16 17 31 3 16 12	27 13 26 24 17 17 31 3 17 12
17	30 5 28 32 30 14 30 2 16 12	33 9 32 1 32 14 30 2 16 12	36 11 2 4 35 14 31 2 16 12	3 16 2 8 2 14 31 2 16 12	6 20 4 10 4 14 31 2 16 12	9 26 10 10 6 15 31 3 16 12	12 29 15 9 9 15 30 3 16 12	15 34 15 10 10 16 30 3 16 12	18 3 16 13 12 16 30 3 16 12	21 6 23 17 15 17 30 3 17 12	24 11 27 21 16 17 31 3 16 12	27 14 26 24 17 17 31 3 17 12
18	30 6 28 32 30 14 30 2 16 12	33 11 32 1 32 14 30 2 16 12	36 13 2 4 35 14 31 2 16 12	3 18 2 8 2 14 31 2 16 12	6 22 4 10 4 14 31 2 16 12	9 27 10 10 6 15 31 3 16 12	12 30 15 9 9 15 30 3 16 12	15 36 15 10 10 16 30 3 16 12	18 4 16 13 12 16 30 3 16 12	21 8 23 17 15 17 30 3 17 12	24 12 27 21 16 17 31 3 16 12	27 15 26 24 17 17 31 3 17 12
19	30 8 28 32 30 14 30 2 16 12	33 12 32 2 32 14 30 2 16 12	36 14 2 4 35 14 31 2 16 11	3 19 2 8 2 14 31 2 16 12	6 24 4 10 4 14 31 2 16 12	9 29 10 10 6 15 31 3 16 12	12 32 15 9 9 15 30 3 16 12	15 1 15 10 10 16 30 3 16 12	18 5 16 14 12 16 30 3 16 12	21 9 23 17 15 17 30 3 17 12	24 13 27 21 16 17 31 3 16 12	27 17 26 24 17 17 31 3 17 12
20	30 9 28 34 30 14 30 2 16 12	34 14 34 2 34 14 30 2 16 12	36 16 2 5 35 14 31 2 16 11	3 20 2 8 2 14 31 2 16 12	6 25 4 10 4 14 31 2 16 12	9 30 10 10 6 15 31 3 16 12	12 33 15 9 9 15 30 3 16 12	15 2 15 10 10 16 30 3 16 12	18 6 16 14 13 16 30 3 16 12	21 10 23 17 15 17 30 3 17 12	24 15 27 21 16 17 30 3 16 12	27 18 26 25 17 17 31 3 17 12
21	31 10 28 34 31 14 31 2 16 12	34 15 34 2 34 14 30 2 16 12	1 17 2 5 35 14 31 2 16 11	4 22 2 8 2 14 31 2 16 12	7 26 4 10 4 14 31 2 16 12	9 31 10 10 6 15 31 3 16 12	12 35 15 9 9 15 30 3 16 12	15 3 15 10 10 16 30 3 16 12	18 7 18 14 13 16 30 3 16 12	21 11 23 17 15 17 30 3 17 12	24 16 27 21 16 17 30 3 16 12	27 19 26 25 17 17 31 3 17 12
22	31 11 28 34 31 14 31 2 16 12	34 16 34 2 34 14 30 2 16 12	1 19 2 5 35 14 31 2 16 11	4 23 2 8 2 14 31 2 16 12	7 28 4 10 4 14 31 2 16 12	10 33 10 10 6 15 31 3 16 12	12 36 15 9 9 15 30 3 16 12	15 4 15 10 10 16 30 3 16 12	18 9 18 15 13 16 30 3 16 12	21 12 23 17 15 17 30 3 17 12	24 17 27 21 16 17 30 3 16 12	28 21 26 25 17 17 31 3 17 12
23	31 13 28 34 31 14 31 2 16 12	34 18 34 2 34 14 30 2 16 12	1 20 2 5 35 14 31 2 16 11	4 26 2 8 2 14 31 2 16 12	7 29 4 10 4 14 31 2 16 12	10 34 10 10 7 15 31 3 16 12	13 2 15 9 9 15 30 3 16 12	16 6 15 10 10 16 30 3 16 12	19 10 18 15 13 16 30 3 16 12	21 14 23 17 15 17 30 3 16 12	25 18 27 21 16 17 30 3 16 12	28 22 26 25 17 17 31 3 17 12
24	31 14 28 34 31 14 31 2 16 12	34 19 34 2 34 14 30 2 16 12	1 22 2 5 35 14 31 2 16 11	4 27 2 8 2 14 31 2 16 12	7 31 4 10 4 14 31 2 16 12	10 35 10 10 7 15 31 3 16 12	13 3 15 9 9 15 30 3 16 12	16 7 15 10 10 16 30 3 16 12	19 12 18 15 13 16 30 3 16 12	22 15 23 17 15 17 30 3 16 12	25 20 27 21 16 17 30 3 16 12	28 23 26 26 17 17 31 3 17 12
25	31 15 28 34 31 14 31 2 16 12	34 21 34 2 34 14 30 2 16 12	1 23 2 5 35 14 31 2 16 11	4 28 2 8 2 14 31 2 16 12	7 32 4 10 4 14 31 2 16 12	10 36 10 10 7 15 31 3 16 12	13 4 15 9 9 15 30 3 16 12	16 8 15 12 12 16 30 3 16 12	19 13 18 15 13 16 30 3 16 12	22 16 23 17 15 17 30 3 16 12	25 21 27 21 16 17 30 3 16 12	28 25 26 26 17 17 31 3 17 12
26	31 16 28 34 31 14 30 2 16 12	34 22 34 2 34 14 30 2 16 12	1 25 2 5 35 14 31 2 16 11	4 29 2 8 2 14 31 2 16 12	7 33 4 10 4 14 31 2 16 12	10 2 10 10 7 15 31 3 16 12	13 5 15 9 9 15 30 3 16 12	16 9 15 12 12 16 30 3 16 12	19 14 19 15 13 16 30 3 16 12	22 17 23 17 15 17 30 3 16 12	25 22 27 22 16 17 31 3 16 12	28 27 26 26 17 17 31 3 17 12
27	31 18 28 34 31 14 30 2 16 12	34 23 34 2 34 14 30 2 16 12	1 26 2 5 35 14 31 2 16 11	4 31 2 8 2 14 31 2 16 12	7 34 4 10 4 14 31 2 16 12	10 3 12 10 7 15 31 3 16 12	13 6 15 9 9 15 30 3 16 12	16 11 15 12 12 16 30 3 16 12	19 15 19 15 13 16 30 3 16 12	22 19 23 17 15 17 30 3 16 12	25 24 27 22 16 17 31 3 16 12	28 28 26 26 17 17 31 3 17 12
28	31 20 30 34 31 14 30 2 16 12	34 25 34 2 34 14 30 2 16 12	1 27 2 5 35 14 31 2 16 11	4 32 2 8 2 14 31 2 16 12	7 36 4 10 4 14 31 2 16 12	10 4 12 10 7 15 31 3 16 12	13 8 16 9 9 15 30 3 16 12	16 12 15 12 12 16 30 3 16 12	19 16 19 15 13 16 30 3 16 12	22 21 23 17 15 17 30 3 16 12	25 26 27 22 16 17 31 3 16 12	28 30 26 26 17 17 31 3 17 12
29	31 21 30 34 32 14 30 2 16 12	34 26 34 2 34 14 30 2 16 12	1 29 2 6 36 14 31 2 16 11	4 34 2 8 2 14 31 2 16 12	7 1 5 10 4 14 31 2 16 12	10 5 12 10 7 15 31 3 16 12	13 9 16 9 9 15 30 3 16 12	16 13 15 12 12 16 30 3 16 12	19 18 19 15 13 16 30 3 16 12	22 22 23 27 15 17 30 3 16 12	25 27 27 22 16 17 31 3 16 12	28 31 26 26 17 17 31 3 17 12
30	31 23 30 34 32 14 30 2 16 12		2 30 2 6 36 14 31 2 16 11	4 35 2 8 2 14 31 2 16 12	7 2 5 10 4 14 31 2 16 12	10 6 12 10 7 15 31 3 16 12	13 10 16 9 9 15 30 3 16 12	16 14 15 12 12 16 30 3 16 12	19 19 19 15 13 16 30 3 16 12	22 23 23 18 15 17 30 3 16 12	25 29 27 22 16 17 31 3 16 12	28 33 26 26 17 17 31 3 17 12
31	32 34 30 34 32 14 30 2 16 12		2 31 2 6 36 14 31 2 16 11		7 3 5 10 4 14 31 2 16 12		13 11 16 9 9 15 30 3 16 12	16 16 15 12 12 16 30 3 16 12		22 25 23 18 15 17 30 3 16 12		28 34 26 26 17 17 31 3 17 12

1933

	JAN	FEB	MAR	APR	MAY	JUNE	JULY	AUG	SEPT	OCT	NOV	DEC
1	29 35 26 26 17 17 31 2 17 12	32 4 31 30 18 18 31 2 16 12	35 4 36 33 16 16 31 2 16 12	2 9 36 2 16 17 32 2 16 12	5 12 3 5 16 16 32 3 16 12	8 16 9 9 16 16 31 3 16 12	10 20 14 12 18 16 32 3 16 12	13 25 14 16 20 18 32 3 16 12	16 31 15 20 22 18 31 3 16 12	19 34 21 24 24 19 31 3 16 12	22 3 26 27 27 20 32 3 17 12	25 7 23 30 29 20 32 3 17 12
2	29 36 26 26 17 17 31 2 17 12	32 5 31 30 18 18 31 2 16 12	35 5 36 33 16 16 31 2 16 12	2 10 36 2 16 17 32 2 16 12	5 14 3 5 16 16 32 3 16 12	8 18 9 9 16 16 31 3 16 12	11 22 14 12 18 16 32 3 16 12	13 27 14 16 20 18 32 3 16 12	16 32 16 20 22 18 31 3 16 12	19 35 21 24 24 19 31 3 16 12	22 5 26 27 27 20 32 3 17 12	25 8 23 30 29 20 32 3 17 12
3	29 2 26 26 17 17 31 2 17 12	32 6 31 30 18 18 31 2 16 12	35 7 36 33 16 16 31 2 16 12	2 11 36 2 16 17 32 2 16 12	5 14 3 5 16 16 32 3 16 12	8 19 9 9 16 16 31 3 16 12	11 22 14 13 18 16 32 3 16 12	14 28 14 16 20 18 32 3 16 12	17 34 16 20 22 18 31 3 16 12	19 1 21 24 24 19 31 3 16 12	23 6 26 27 27 20 32 3 17 12	26 9 23 30 29 20 32 3 17 12
4	29 2 26 26 17 17 31 2 17 12	32 7 31 30 18 18 31 2 16 12	35 8 1 34 16 16 31 2 16 12	2 12 36 2 16 17 32 2 16 12	5 16 3 5 16 16 32 3 16 12	8 21 9 9 16 16 31 3 16 12	11 25 14 13 18 16 32 3 16 12	14 30 13 16 20 18 32 3 16 12	17 35 16 20 22 18 31 3 16 12	20 3 21 24 24 19 31 3 16 12	23 8 26 27 27 20 32 3 17 12	26 11 23 30 29 20 32 3 17 12
5	29 4 26 26 17 17 31 2 17 12	32 9 31 30 18 18 31 2 16 12	35 9 1 34 16 16 31 2 16 12	2 14 36 2 16 17 32 2 16 12	5 17 3 5 16 16 32 3 16 12	8 22 9 9 16 16 31 3 16 12	11 26 14 13 18 17 32 3 16 12	14 32 13 16 20 18 32 3 16 12	17 36 15 21 22 18 31 3 16 12	20 4 21 24 24 19 31 3 16 12	23 9 26 27 27 20 32 3 17 12	26 12 24 30 29 20 32 3 17 12
6	29 5 26 26 17 17 31 2 17 12	32 10 31 30 18 18 31 2 16 12	35 10 1 34 16 16 31 2 16 12	2 15 36 2 16 17 32 2 16 12	5 18 3 5 16 16 32 3 16 12	8 24 9 9 16 16 31 3 16 12	11 28 14 13 19 17 32 3 16 12	14 33 13 16 20 18 32 3 16 12	17 1 15 21 22 18 31 3 16 12	20 5 22 24 24 19 31 3 16 12	23 10 26 27 27 20 32 3 17 12	26 13 24 30 29 20 32 3 17 12
7	29 6 26 26 17 17 31 2 17 12	32 11 31 31 18 18 31 2 16 12	35 12 1 34 16 16 31 2 16 12	2 16 36 2 16 17 32 2 16 12	5 20 3 5 16 16 32 3 16 12	8 25 9 9 16 16 31 3 16 12	11 29 14 13 19 17 32 3 16 12	14 34 13 16 20 18 32 3 16 12	17 3 15 21 22 18 31 3 16 12	20 6 22 24 24 19 31 3 16 12	23 11 26 28 27 20 32 3 17 12	26 14 24 30 29 20 32 3 17 12
8	29 8 26 26 17 17 31 2 17 12	32 12 32 31 18 18 31 2 16 12	35 13 1 34 16 16 31 2 16 12	2 18 36 2 16 17 32 2 16 12	5 21 3 5 16 16 32 3 16 12	8 27 9 9 16 16 31 3 16 12	11 30 14 14 18 17 32 3 16 12	14 36 13 16 21 18 32 3 16 12	17 5 15 21 22 18 31 3 16 12	20 7 22 24 24 19 31 3 16 12	23 12 26 28 27 20 32 3 17 12	26 15 24 32 30 20 32 3 17 12
9	29 9 28 26 17 17 31 2 17 12	33 13 32 31 18 18 31 2 16 12	35 14 1 34 16 16 31 2 16 12	2 19 36 2 16 17 32 2 16 12	5 23 3 5 16 16 32 3 16 12	8 28 10 10 16 16 31 3 16 12	11 32 14 14 18 17 32 3 16 12	14 1 13 16 21 18 32 3 16 12	17 6 15 21 22 18 31 3 16 12	20 9 22 25 25 19 31 3 16 12	23 14 26 28 27 20 32 3 17 12	26 17 24 32 30 20 32 3 17 12
10	29 10 28 26 17 17 31 2 17 12	33 14 32 31 18 18 31 2 16 12	35 15 1 34 16 17 31 2 16 12	3 20 36 2 16 17 32 2 16 12	5 24 3 5 16 16 32 3 16 12	8 30 10 10 16 16 31 3 16 12	11 33 14 14 18 17 32 3 16 12	14 2 14 17 21 17 32 3 17 12	17 7 15 21 23 19 32 3 16 12	20 10 22 25 25 19 31 3 16 12	23 15 26 29 27 20 32 3 17 12	26 18 24 32 30 20 32 3 17 12
11	30 11 28 26 17 17 31 2 17 12	33 16 32 31 18 18 31 2 16 12	36 16 1 34 16 17 31 2 16 12	3 22 36 2 16 17 32 2 16 12	6 25 4 5 16 16 32 3 16 12	9 31 10 10 17 16 32 3 17 12	11 34 14 14 18 17 32 3 16 12	14 3 14 17 21 17 32 3 17 12	17 8 15 21 23 19 32 3 16 12	20 11 22 25 25 19 31 3 16 12	23 16 26 29 27 20 32 3 17 12	26 19 24 32 30 20 32 3 17 12
12	30 12 28 26 17 17 31 2 17 12	33 18 32 31 18 18 31 2 16 12	36 18 1 34 16 17 31 2 16 12	3 23 36 2 16 17 32 2 16 12	6 27 4 5 16 16 32 3 16 12	9 32 10 10 17 16 32 3 17 12	11 36 14 14 18 17 32 3 16 12	14 5 14 17 21 17 32 3 17 12	17 9 15 21 23 19 32 3 16 12	20 12 22 25 25 19 31 3 16 12	23 17 26 29 27 20 32 3 17 12	27 20 25 32 30 20 32 3 17 12
13	30 13 28 26 17 17 31 2 17 12	33 19 32 31 18 18 31 2 16 12	36 19 1 34 16 17 31 2 16 12	3 25 36 2 16 17 32 2 16 12	6 28 4 5 16 16 32 3 16 12	9 34 10 10 17 16 32 3 17 12	12 2 14 14 18 18 32 3 16 12	14 6 14 17 21 17 32 3 17 12	17 11 18 21 23 19 32 3 16 12	20 13 22 25 25 19 31 3 16 12	24 18 26 29 27 20 32 3 17 12	27 22 25 32 30 20 32 3 17 12
14	30 15 28 28 17 17 31 2 17 12	33 20 34 31 18 18 31 2 16 12	36 21 1 34 16 17 31 2 16 12	3 26 36 2 16 17 32 2 16 12	6 30 4 5 16 16 32 3 16 12	9 35 10 10 17 16 32 3 17 12	12 3 14 14 18 18 32 3 16 12	15 7 14 18 21 18 32 3 16 12	18 12 18 21 23 19 32 3 16 12	20 15 22 25 25 19 31 3 16 12	24 20 25 29 27 20 32 3 17 12	27 23 25 32 30 20 32 3 17 12
15	30 17 28 28 17 17 31 2 17 12	33 21 34 31 18 18 31 2 16 12	36 22 1 34 16 17 31 2 16 12	3 28 36 3 16 17 32 3 16 12	6 32 5 7 16 16 32 3 16 12	9 1 10 10 17 16 32 3 17 12	12 4 14 14 18 18 32 3 16 12	15 9 14 18 21 18 32 3 16 12	18 13 18 21 23 19 32 3 16 12	21 16 22 25 25 19 31 3 16 12	24 21 25 29 27 20 32 3 17 12	27 24 26 32 30 20 32 3 17 12
16	30 18 28 28 18 18 31 2 16 12	33 23 34 31 18 18 31 2 16 12	36 24 1 35 16 17 31 2 16 12	3 30 36 3 16 17 32 3 16 12	6 33 5 7 16 16 32 3 17 12	9 2 10 10 17 16 32 3 17 12	12 5 14 14 20 18 32 3 16 12	15 9 14 18 21 18 32 3 16 12	18 14 18 21 23 19 32 3 16 12	21 18 22 25 25 19 31 3 16 12	24 23 24 29 27 20 32 3 17 12	27 26 26 32 30 20 32 3 17 12
17	30 19 28 28 18 18 31 2 16 12	33 24 34 31 18 18 31 2 16 12	36 25 1 35 16 17 31 2 16 12	3 31 1 3 16 17 32 3 16 12	6 34 5 7 16 16 32 3 16 12	9 3 10 10 17 16 32 3 17 12	12 6 14 14 20 18 32 3 16 12	15 11 14 18 21 18 32 3 16 12	18 15 18 21 23 19 32 3 16 12	21 19 22 25 25 19 31 3 16 12	24 24 24 29 27 20 32 3 17 12	27 27 26 32 30 20 32 3 17 12
18	30 21 28 28 18 18 31 2 16 12	33 27 36 31 18 18 31 2 16 12	36 26 1 35 16 17 31 2 16 12	3 32 1 3 16 17 32 3 16 12	6 36 5 7 16 16 32 3 16 12	9 4 10 10 17 16 32 3 17 12	12 7 14 14 20 18 32 3 16 12	15 12 14 18 21 18 32 3 16 12	18 16 18 21 23 19 32 3 16 12	21 20 22 25 25 19 31 3 16 12	24 25 24 29 27 20 32 3 17 12	27 30 26 32 30 20 32 3 17 12
19	30 22 28 28 18 18 31 2 16 12	34 27 26 31 18 18 31 2 16 12	36 28 1 35 16 17 31 2 16 12	3 33 1 3 16 17 32 3 16 12	6 1 5 7 16 16 32 3 16 12	9 5 12 12 18 16 32 3 18 12	12 9 14 14 20 18 32 3 16 12	15 14 14 18 21 18 32 3 16 12	18 18 19 22 23 19 31 3 16 12	21 21 22 25 25 19 31 3 16 12	24 27 24 29 27 20 32 3 17 12	27 31 26 32 30 20 32 3 17 12
20	31 23 28 28 18 18 31 2 16 12	34 29 36 31 18 18 31 2 16 12	36 29 1 35 16 17 31 2 16 12	4 34 1 4 16 17 32 3 16 12	6 2 5 7 16 16 32 3 16 12	9 7 12 12 18 16 32 3 18 12	12 10 14 14 20 18 32 3 16 12	15 15 14 18 21 18 32 3 16 12	18 19 19 22 21 19 31 3 16 12	21 22 22 25 25 19 31 3 16 12	24 28 24 29 27 20 32 3 17 12	27 32 26 32 30 20 32 3 17 12
21	31 24 30 28 18 18 31 2 16 12	34 30 36 31 18 18 31 2 16 12	1 32 1 35 16 17 32 2 16 12	4 36 1 4 16 17 32 3 16 12	6 3 5 7 16 16 32 3 16 12	9 9 12 12 18 16 32 3 18 12	12 11 14 14 20 18 32 3 16 12	15 16 14 18 21 18 32 3 16 12	18 21 19 22 23 19 31 3 16 12	21 24 24 25 25 19 31 3 16 12	24 30 24 30 28 20 32 3 17 12	27 33 26 32 30 20 32 3 17 12
22	31 27 30 28 18 18 31 2 16 12	34 31 36 31 18 18 31 2 16 12	1 33 1 35 16 17 32 2 16 12	4 1 1 4 16 17 32 3 16 12	7 5 5 7 16 16 32 3 16 12	10 9 12 12 18 16 32 3 18 12	12 12 14 14 20 18 32 3 16 12	15 17 14 19 21 18 32 3 16 12	18 22 19 22 23 19 31 3 16 12	21 25 24 25 25 19 31 3 16 12	24 32 24 30 28 20 32 3 17 12	28 35 26 32 30 20 32 3 17 12
23	31 27 30 28 18 18 31 2 16 12	34 33 36 31 18 18 31 2 16 12	1 34 1 35 16 17 32 2 16 12	4 2 1 4 16 17 32 3 16 12	7 5 5 7 16 16 32 3 16 12	10 10 12 12 18 16 32 3 18 12	13 14 14 15 20 18 32 3 16 12	15 18 14 19 21 18 32 3 16 12	19 24 19 22 23 19 31 3 16 12	21 27 24 25 25 19 31 3 16 12	25 33 23 30 29 20 32 3 17 12	28 36 26 32 30 20 32 3 17 12
24	31 28 30 28 18 18 31 2 16 12	34 34 34 33 16 16 31 2 16 12	1 35 1 35 16 17 32 2 16 12	4 4 2 4 16 17 32 3 16 12	7 7 6 7 16 16 32 3 16 12	10 12 12 12 18 16 32 3 18 12	13 15 14 15 20 18 32 3 16 12	16 20 14 20 21 18 32 3 16 12	19 25 19 22 23 19 31 3 16 12	22 28 24 25 25 19 31 3 16 12	25 34 23 30 29 20 32 3 17 12	28 2 26 32 30 20 32 3 17 12
25	31 30 30 30 18 18 31 2 18 12	34 34 34 33 16 16 31 2 16 12	1 36 36 36 16 17 32 2 16 12	4 5 2 4 16 17 32 3 16 12	7 8 7 7 16 16 32 3 16 12	10 13 12 12 18 16 32 3 18 12	13 16 14 15 20 18 32 3 16 12	16 21 14 20 21 18 32 3 16 12	19 26 19 22 23 19 31 3 16 12	22 30 24 25 25 19 31 3 16 12	25 35 23 30 29 20 32 3 17 12	28 3 26 32 30 20 32 3 17 12
26	31 31 30 30 18 18 31 2 18 12	34 1 34 33 16 16 31 2 16 12	1 1 36 36 16 17 31 2 16 12	4 6 2 4 16 17 32 3 16 12	7 9 7 7 16 16 32 3 16 12	10 14 12 12 18 16 32 3 18 12	13 17 14 15 20 18 32 3 16 12	16 22 15 20 21 18 32 3 16 12	19 27 19 22 24 19 31 3 16 12	22 31 24 25 25 19 31 3 16 12	25 36 23 30 29 20 32 3 17 12	28 4 26 32 30 20 32 3 17 12
27	31 33 31 30 18 18 31 2 18 12	34 2 35 33 16 16 31 2 16 12	1 2 36 36 16 17 31 2 16 12	4 7 2 5 16 17 32 3 16 12	7 11 7 7 16 16 32 3 16 12	10 15 13 12 18 16 32 3 18 12	13 18 14 16 20 18 32 3 16 12	16 24 15 20 21 18 32 3 16 12	19 29 19 22 24 19 31 3 16 12	22 33 24 25 25 19 31 3 16 12	25 2 23 30 29 20 32 3 17 12	28 5 26 32 30 20 32 3 17 12
28	31 34 31 30 18 18 31 2 18 12	34 3 35 33 16 16 31 2 16 12	1 4 36 1 16 17 31 2 16 12	4 8 2 5 16 17 32 3 16 12	7 12 7 7 16 16 32 3 16 12	10 17 13 12 18 16 32 3 18 12	13 20 14 16 20 18 32 3 16 12	16 25 15 20 21 18 32 3 16 12	19 30 19 22 24 19 31 3 16 12	22 34 24 25 25 19 31 3 16 12	25 3 23 30 29 20 32 3 17 12	28 6 26 32 30 20 32 3 17 12
29	31 36 31 30 18 18 31 2 18 12		1 5 36 1 16 17 31 2 16 12	4 10 2 5 16 17 32 3 16 12	7 13 7 7 16 16 31 3 16 12	10 18 13 12 18 16 32 3 18 12	13 21 14 16 20 18 32 3 16 12	16 27 15 20 21 18 32 3 16 12	19 31 19 22 24 19 31 3 16 12	22 36 24 25 25 19 31 3 16 12	25 5 23 30 29 20 32 3 17 12	28 8 26 32 30 20 32 3 17 12
30	32 1 31 30 18 18 31 2 18 12		1 7 36 1 16 17 31 2 16 12	4 11 2 5 16 17 32 3 16 12	7 13 7 7 16 16 31 3 16 12	10 19 13 12 18 16 32 3 18 12	13 23 14 16 20 18 32 3 16 12	16 28 15 20 21 18 32 3 16 12	19 33 20 22 24 19 31 3 16 12	22 1 25 27 27 19 31 3 16 12	25 6 23 30 29 20 32 3 17 12	28 9 26 32 30 20 32 3 17 12
31	32 2 31 30 18 18 31 2 18 12		2 8 36 1 16 17 31 2 16 12		7 15 7 7 16 16 31 3 16 12		13 24 14 16 20 18 32 3 16 12	16 30 15 20 21 18 32 3 16 12		22 2 25 27 27 19 31 3 16 12		28 10 26 32 30 20 32 3 17 12

1934

	JAN	FEB	MAR	APR	MAY	JUNE	JULY	AUG	SEPT	OCT	NOV	DEC
1	29 12 27 32 31 21 32 3 17 12	32 16 33 33 33 21 33 3 17 12	35 17 35 32 35 21 33 3 17 12	2 21 35 33 3 21 33 3 17 12	5 26 3 36 4 20 33 3 16 12	8 30 9 3 6 20 33 3 16 12	10 35 12 8 8 20 33 3 17 12	13 3 11 11 11 20 33 4 17 12	16 8 17 15 13 21 33 4 17 12	19 12 22 18 15 21 33 3 17 12	22 16 24 22 17 22 33 3 17 12	25 19 24 26 18 23 34 3 17 12
2	29 13 28 32 31 21 32 3 17 12	32 17 33 33 33 21 33 3 17 12	35 18 35 32 35 21 33 3 17 12	2 23 35 33 3 21 33 3 17 12	5 27 3 36 4 20 33 3 16 12	8 32 10 3 6 20 33 3 16 12	10 36 12 8 9 20 33 3 17 12	13 5 11 11 11 20 33 4 17 12	16 9 17 15 13 21 33 4 17 12	19 13 22 18 15 21 33 3 17 12	22 17 22 22 17 22 33 3 17 12	25 20 24 26 18 23 34 3 17 12
3	29 14 28 32 31 21 32 3 17 12	32 18 33 33 33 21 33 3 17 12	35 19 35 32 35 21 33 3 17 12	2 24 35 33 3 21 33 3 17 12	5 28 4 36 4 20 33 3 16 12	8 33 10 3 7 20 33 3 16 12	11 1 12 8 9 20 33 3 17 12	14 6 11 11 11 20 33 4 17 12	17 11 17 15 13 21 33 4 17 12	19 14 22 18 15 21 33 3 17 12	23 18 22 22 17 22 33 3 17 12	26 21 24 26 18 23 34 3 17 12
4	29 15 29 32 32 21 32 3 17 12	32 20 33 33 34 21 33 3 17 12	35 21 35 32 35 21 33 3 17 12	2 26 35 33 3 21 33 3 17 12	5 30 4 36 4 20 33 3 16 12	8 35 10 3 7 20 33 3 16 12	11 3 12 8 9 20 33 3 17 12	14 8 11 11 11 20 33 4 17 12	17 12 17 15 13 21 33 4 17 12	20 15 22 18 15 21 33 3 17 12	23 19 22 22 17 22 33 3 17 12	26 22 24 26 18 23 34 3 17 12
5	29 17 29 32 32 21 32 3 17 12	32 21 33 33 34 21 33 3 17 12	35 22 35 32 35 21 33 3 17 12	2 27 35 33 3 21 33 3 17 12	5 31 4 36 4 20 33 3 16 12	8 36 10 3 7 20 33 3 16 12	11 4 12 8 9 20 33 3 17 12	14 9 11 11 11 20 33 4 17 12	17 13 17 15 13 21 33 4 17 12	20 16 22 19 15 21 33 3 17 12	23 21 22 22 17 22 33 3 17 12	26 24 24 26 18 23 34 3 17 12
6	29 18 29 32 32 21 32 3 17 12	32 22 33 33 34 21 33 3 17 12	35 24 35 32 36 21 33 3 17 12	2 29 35 34 3 21 33 3 17 12	5 33 4 36 4 20 33 3 16 12	8 2 10 3 7 20 33 3 16 12	11 5 12 8 9 20 33 3 17 12	14 10 11 11 11 20 33 4 17 12	17 14 17 15 13 21 33 4 17 12	20 17 22 19 15 21 33 3 17 12	23 22 22 22 17 22 33 3 17 12	26 25 25 26 18 23 34 3 17 12
7	29 19 29 32 32 21 32 3 17 12	32 24 35 33 35 21 33 3 17 12	35 25 35 32 36 21 33 3 17 12	2 30 35 34 3 21 33 3 17 12	5 34 4 36 4 20 33 3 16 12	8 3 10 3 7 20 33 3 16 12	11 6 12 8 9 20 33 3 17 12	14 11 11 11 11 20 33 4 17 12	17 15 18 15 13 21 33 4 17 12	20 19 22 19 15 21 33 3 17 12	23 24 22 22 17 22 33 3 17 12	26 27 25 26 18 23 34 3 17 12
8	29 20 29 32 32 21 32 3 17 12	32 25 35 33 35 21 33 3 17 12	35 26 35 32 36 21 33 3 17 12	2 31 36 34 3 21 33 3 16 12	5 35 4 36 4 20 33 3 16 12	8 4 10 3 7 20 33 3 16 12	11 8 11 8 9 20 33 3 17 12	14 12 12 11 11 20 33 4 17 12	17 17 18 15 13 21 33 4 17 12	20 20 22 19 15 21 33 3 17 12	23 25 22 24 17 22 33 3 17 12	26 29 25 26 18 23 34 3 17 12
9	29 21 29 32 32 21 32 3 17 12	33 27 35 33 35 21 33 3 17 12	35 27 35 32 36 21 33 3 17 12	2 33 36 34 3 21 33 3 16 12	5 36 4 36 4 20 33 3 16 12	8 6 10 3 7 20 33 3 16 12	11 9 11 8 9 20 33 3 17 12	14 13 12 11 11 20 33 4 17 12	17 18 18 15 13 21 33 4 17 12	20 21 22 19 15 21 33 3 17 12	23 26 22 24 17 22 33 3 17 12	26 30 25 26 18 23 34 3 17 12
10	29 23 29 32 32 21 32 3 17 12	33 28 35 33 35 21 33 3 17 12	35 29 35 32 36 21 33 3 17 12	2 34 36 34 3 21 33 3 16 12	5 2 6 36 6 20 33 3 16 12	8 7 10 3 7 20 33 3 16 12	11 10 11 8 9 20 33 3 17 12	14 15 13 11 11 20 33 4 17 12	17 19 18 15 13 21 33 4 17 12	20 23 22 19 15 21 33 3 17 12	23 27 22 24 17 22 33 3 17 12	26 33 25 26 18 23 34 3 17 12
11	30 24 30 32 32 21 32 3 17 12	33 30 35 33 35 21 33 3 17 12	35 30 35 32 36 21 33 3 17 12	3 35 36 34 3 21 33 3 16 12	6 3 6 36 6 20 33 3 16 12	8 8 10 3 7 20 33 3 16 12	11 11 11 8 9 20 33 3 17 12	14 16 13 12 12 21 33 4 16 12	17 21 19 16 13 21 33 4 17 12	20 24 22 20 15 21 33 3 17 12	23 29 22 24 17 22 33 3 17 12	26 33 26 27 18 23 34 3 17 12
12	30 26 30 32 32 21 32 3 17 12	33 31 35 33 35 21 33 3 17 12	36 32 35 32 36 21 33 3 17 12	3 1 36 34 3 21 33 3 16 12	6 5 6 36 6 20 33 3 16 12	9 9 10 4 7 20 33 3 16 12	11 12 11 8 9 20 33 3 17 12	14 17 13 12 12 21 33 4 16 12	17 22 19 16 13 21 33 4 17 12	20 25 24 20 15 21 33 3 17 12	23 30 22 24 17 22 33 3 17 12	26 35 26 27 18 23 34 3 17 12
13	30 27 30 32 32 21 32 3 17 12	33 33 35 33 35 21 33 3 17 12	36 33 35 32 36 21 33 3 17 12	3 3 36 34 3 21 33 3 16 12	6 6 6 36 6 20 33 3 16 12	9 11 10 4 7 20 33 3 16 12	12 14 11 8 9 20 33 3 17 12	15 18 13 12 12 21 33 4 16 12	18 23 19 16 13 21 33 4 17 12	20 27 24 20 15 21 33 3 17 12	24 32 22 24 17 22 33 3 17 12	27 36 26 27 18 23 34 3 17 12
14	30 29 30 32 32 21 32 3 17 12	33 34 35 33 35 21 33 3 17 12	36 35 35 33 36 21 33 3 17 12	3 4 36 34 3 21 33 3 16 12	6 7 6 36 6 20 33 3 16 12	9 12 10 4 7 20 33 3 16 12	12 15 11 8 9 20 33 3 17 12	15 19 13 12 12 21 33 4 16 12	18 24 19 16 13 21 33 4 17 12	21 28 24 20 15 21 33 3 17 12	24 33 22 24 17 22 33 3 17 12	27 1 26 27 18 23 34 3 17 12
15	30 30 30 33 33 21 33 3 17 12	33 35 35 33 35 21 33 3 17 12	36 36 35 33 36 21 33 3 17 12	3 5 1 34 3 21 33 3 16 12	6 8 6 36 6 20 33 3 16 12	9 13 10 4 7 20 33 3 16 12	12 16 11 8 9 20 33 3 17 12	15 20 13 12 12 21 33 4 16 12	18 26 19 17 13 21 33 4 17 12	21 29 24 21 15 21 33 3 17 12	24 35 22 24 17 21 33 3 17 12	27 3 26 27 18 23 34 3 17 12
16	30 33 30 33 33 21 33 3 17 12	33 1 35 32 35 21 33 3 17 12	36 2 35 33 36 21 33 3 17 12	3 6 1 34 3 21 33 3 16 12	6 9 6 36 6 20 33 3 16 12	9 14 10 4 7 20 33 3 16 12	12 17 11 9 10 20 33 3 16 12	15 22 14 12 12 21 33 4 16 12	18 27 20 17 13 21 33 4 17 12	21 30 24 21 15 21 33 3 17 12	24 36 22 24 17 22 33 3 17 12	27 4 26 28 19 23 34 3 17 12
17	30 33 30 33 33 21 33 3 17 12	33 2 36 32 35 21 33 3 17 12	36 3 35 33 36 21 33 3 17 12	3 8 1 34 3 21 33 3 16 12	6 11 7 36 6 20 33 3 16 12	9 15 11 4 7 20 33 3 16 12	12 18 11 9 10 20 33 3 16 12	15 23 14 12 12 21 33 4 16 12	18 28 20 17 13 21 33 4 17 12	21 33 24 21 15 21 33 3 17 12	24 2 22 24 17 22 33 3 17 12	27 5 26 28 19 23 34 3 17 12
18	30 35 30 33 33 21 33 3 17 12	33 3 35 32 35 21 33 3 17 12	36 5 35 33 36 21 33 3 17 12	3 9 1 34 3 21 33 3 16 12	6 12 7 36 6 20 33 3 16 12	9 16 11 4 7 20 33 3 16 12	12 20 11 9 10 20 33 3 16 12	15 24 15 13 12 21 33 4 16 12	18 30 20 17 13 21 33 4 17 12	21 33 24 21 15 21 33 3 17 12	24 3 22 24 17 22 33 3 17 12	27 6 26 28 19 23 34 3 17 12
19	30 36 30 33 33 21 33 3 17 12	34 5 35 32 35 21 33 3 17 12	36 6 35 33 36 21 33 3 17 12	3 10 1 34 3 21 33 3 16 12	6 13 7 36 3 20 33 3 16 12	9 18 12 6 7 20 33 3 16 12	12 21 11 9 10 20 33 3 16 12	15 26 15 13 12 21 33 4 16 12	18 31 20 17 13 21 33 4 17 12	21 35 24 21 16 21 33 3 17 12	24 4 22 24 17 22 33 3 17 12	27 8 26 28 19 23 34 3 17 12
20	30 2 30 33 33 21 33 3 17 12	34 6 35 32 35 21 33 3 17 12	36 7 35 33 36 21 33 3 17 12	3 11 1 34 3 21 33 3 16 12	6 14 7 36 6 20 33 3 16 12	9 19 12 6 7 20 33 3 16 12	12 22 11 9 10 20 33 3 16 12	15 27 15 13 12 21 33 4 16 12	18 33 20 17 13 21 33 4 17 12	21 36 24 21 16 21 33 3 17 12	24 6 22 24 17 22 33 3 17 12	27 9 26 28 19 23 34 3 17 12
21	31 3 31 33 33 21 33 3 17 12	34 7 35 32 35 21 33 3 17 12	1 8 35 33 1 21 33 3 17 12	4 12 2 34 4 20 33 3 16 12	6 15 7 36 6 20 33 3 16 12	9 20 12 6 7 20 33 3 16 12	12 24 11 9 10 20 33 3 16 12	15 29 15 13 12 21 33 4 16 12	18 35 21 17 15 21 33 4 17 12	21 2 24 21 16 21 33 3 17 12	24 7 22 24 17 22 33 3 17 12	27 10 26 28 19 23 34 3 17 12
22	31 4 31 33 33 21 33 3 17 12	34 8 35 32 35 21 33 3 17 12	1 9 35 33 1 21 33 3 17 12	4 14 2 34 4 20 33 3 16 12	7 16 7 36 6 20 33 3 16 12	9 21 12 6 7 20 33 3 16 12	12 25 11 9 10 20 33 3 16 12	15 30 15 13 12 21 33 4 16 12	18 36 21 17 15 21 33 4 17 12	21 3 24 21 17 22 33 4 17 12	24 8 24 24 17 22 33 3 17 12	27 12 26 28 19 23 34 3 17 12
23	31 6 31 33 33 21 33 3 17 12	34 9 35 32 35 21 33 3 17 12	1 10 35 33 1 21 33 3 17 12	4 15 2 34 4 20 33 3 16 12	7 18 7 36 6 20 33 3 16 12	10 23 12 6 7 20 33 3 16 12	12 27 11 9 10 20 33 3 16 12	15 31 15 13 12 21 33 4 16 12	18 1 21 17 15 21 33 4 17 12	21 4 24 21 17 22 33 4 17 12	25 9 24 25 17 22 33 3 17 12	28 13 27 28 19 23 34 3 17 12
24	31 6 31 33 33 21 33 3 17 12	34 11 35 32 35 21 33 3 17 12	1 12 35 33 1 21 33 3 17 12	4 16 2 34 4 20 33 3 16 12	7 20 7 36 6 20 33 3 16 12	10 24 12 6 7 20 33 3 16 12	13 28 11 10 10 20 33 4 16 12	16 33 16 13 13 21 33 4 16 12	19 3 21 17 15 21 33 4 17 12	22 6 24 21 17 22 33 4 17 12	25 11 24 25 17 22 33 3 17 12	28 14 27 28 19 23 34 3 17 12
25	31 8 31 33 33 21 33 3 17 12	34 12 35 32 35 21 33 3 17 12	1 13 35 33 1 21 33 3 17 12	4 17 2 34 4 20 33 3 16 12	7 21 7 36 6 20 33 3 16 12	10 25 12 6 7 20 33 3 16 12	13 29 11 10 10 20 33 4 16 12	16 35 16 13 13 21 33 4 16 12	19 4 21 17 15 21 33 4 17 12	22 7 24 21 17 22 33 4 17 12	25 12 24 25 17 22 33 3 17 12	28 15 27 28 19 23 34 3 17 12
26	31 9 31 33 33 21 33 3 17 12	34 13 35 32 35 21 33 3 17 12	1 15 35 33 1 21 33 3 17 12	4 18 2 36 4 20 33 3 16 12	7 22 7 2 6 20 33 3 16 12	10 27 12 6 7 20 33 3 16 12	13 31 11 10 10 20 33 4 16 12	16 36 16 13 13 21 33 4 16 12	19 6 21 17 15 21 33 4 17 12	22 9 24 21 17 22 33 4 17 12	25 13 24 25 17 22 33 3 17 12	28 16 27 28 19 23 34 3 17 12
27	31 10 31 33 33 21 33 3 17 12	34 14 35 32 35 21 33 3 17 12	1 15 35 33 1 21 33 3 17 12	4 20 3 36 4 20 33 3 16 12	7 23 9 2 6 20 33 3 16 12	10 29 12 6 7 20 33 3 16 12	13 33 11 10 10 20 33 3 16 12	16 2 16 14 11 20 33 4 16 12	19 7 21 17 15 21 33 4 17 12	22 10 24 21 17 22 33 4 17 12	25 14 24 25 17 22 33 3 17 12	28 17 27 28 19 23 34 3 17 12
28	31 11 31 33 33 21 33 3 17 12	34 15 35 32 35 21 33 3 17 12	1 17 35 33 1 21 33 3 17 12	4 21 3 36 4 20 33 3 16 12	7 25 9 2 6 20 33 3 16 12	10 30 12 6 7 20 33 3 16 12	13 34 11 10 10 20 33 4 16 12	16 3 16 14 11 20 33 4 16 12	19 8 21 17 15 21 33 4 17 12	22 11 24 21 17 22 33 4 17 12	25 15 24 26 17 22 33 3 17 12	28 19 28 28 19 23 34 3 17 12
29	31 12 33 33 33 21 33 3 17 12		1 18 35 33 1 21 33 3 17 12	4 22 3 36 4 20 33 3 16 12	7 26 9 2 6 20 33 3 16 12	10 32 12 6 7 20 33 3 16 12	13 35 11 10 10 20 33 4 16 12	16 4 16 14 11 20 33 3 16 12	19 9 21 17 15 21 33 4 17 12	22 12 24 21 17 22 33 4 17 12	25 17 24 26 17 22 33 3 17 12	28 19 28 28 19 23 34 3 17 12
30	31 15 33 33 33 21 33 3 17 12		1 19 35 33 1 21 33 3 17 12	4 24 3 36 4 20 33 3 16 12	7 28 9 2 6 20 33 3 16 12	10 33 12 6 9 20 33 3 16 12	13 1 11 10 10 20 33 4 16 12	16 5 16 15 11 20 33 4 16 12	19 11 22 18 15 21 33 4 17 12	22 14 24 22 17 22 33 4 17 12	25 18 24 26 17 22 33 3 17 12	28 21 28 28 19 23 34 3 17 12
31	32 15 33 33 33 21 33 3 17 12		1 20 35 33 1 21 33 3 17 12		7 29 9 2 6 20 33 3 16 12		13 2 11 10 10 20 33 4 16 12	16 7 16 15 11 20 33 4 16 12		22 15 24 22 17 22 33 4 17 12		28 22 28 28 19 23 34 3 17 12

1935

	JAN	FEB	MAR	APR	MAY	JUNE	JULY	AUG	SEPT	OCT	NOV	DEC
1	29 24 29 30 20 23 33 3 17 12	32 29 33 33 21 23 33 3 17 12	34 30 33 1 21 24 34 3 17 12	2 34 36 6 20 24 34 4 16 12	5 3 5 7 19 23 34 4 16 12	8 8 10 12 19 23 35 4 17 12	10 11 9 15 20 23 35 4 17 12	13 16 13 17 22 23 35 4 17 12	16 20 18 17 23 23 34 4 17 12	19 24 22 16 25 24 34 4 17 12	22 28 21 17 28 24 34 4 17 12	25 32 25 21 30 25 34 4 17 12
2	29 25 29 30 20 23 33 3 17 12	32 30 33 34 21 23 33 3 17 12	34 31 33 1 21 24 34 3 17 12	2 36 36 6 20 24 34 4 16 12	5 4 5 7 19 23 34 4 16 12	8 9 10 12 19 23 35 4 17 12	10 13 9 15 20 23 35 4 17 12	13 17 13 17 22 23 35 4 17 12	16 21 18 17 23 23 34 4 17 12	19 25 22 16 25 24 34 4 17 12	22 29 21 17 28 24 34 4 17 12	25 33 25 21 30 25 34 4 17 12
3	29 27 29 30 20 23 33 3 17 12	32 32 33 34 21 23 33 3 17 12	35 33 33 1 21 23 34 3 17 12	2 2 36 6 20 24 34 4 16 12	5 5 5 7 19 23 34 4 16 12	8 10 10 12 19 23 35 4 17 12	11 14 9 15 20 23 35 4 17 12	14 18 13 17 22 23 34 4 17 12	17 22 19 17 23 23 34 4 17 12	19 26 22 16 25 24 34 4 17 12	23 31 21 17 28 24 34 4 17 12	26 34 25 21 30 25 34 4 17 12
4	29 29 29 30 20 23 33 3 17 12	32 33 33 34 21 23 33 3 17 12	35 34 33 1 21 24 34 3 17 12	2 3 36 6 20 24 34 4 16 12	5 7 5 7 19 23 34 4 16 12	8 11 10 12 19 23 35 4 17 12	11 15 9 15 20 23 35 4 17 12	14 19 13 17 22 23 34 4 17 12	17 23 19 17 23 23 34 4 17 12	20 27 22 16 25 24 34 4 17 12	23 33 21 17 28 24 34 4 17 12	26 36 25 21 30 25 34 4 17 12
5	29 30 29 30 20 23 33 3 17 12	32 35 33 34 21 23 33 3 17 12	35 36 33 1 21 24 34 3 17 12	2 4 36 6 20 24 34 4 16 12	5 9 5 9 19 23 34 4 16 12	8 13 10 12 19 23 35 4 17 12	11 17 9 15 20 23 35 4 17 12	14 20 13 17 22 23 34 4 17 12	17 25 19 17 23 23 34 4 17 12	20 28 22 16 25 24 34 4 17 12	23 34 21 18 29 24 34 4 17 12	26 2 25 21 30 25 34 4 17 12
6	29 31 30 30 20 23 33 3 17 12	32 36 33 35 21 23 33 3 17 12	35 1 33 1 21 24 34 3 17 12	2 6 36 6 20 24 34 4 16 12	5 10 5 9 19 23 34 4 16 12	8 14 10 12 19 23 35 4 17 12	11 17 9 15 20 23 35 4 17 12	14 22 13 17 22 23 34 4 17 12	17 26 19 17 23 23 34 4 17 12	20 30 22 16 25 24 34 4 17 12	23 36 21 18 29 24 34 4 17 12	26 3 25 21 30 25 34 4 17 12
7	29 33 30 30 20 23 33 3 17 12	32 2 33 35 21 23 33 3 17 12	35 3 33 1 21 24 34 3 17 12	2 7 36 6 20 24 34 4 16 12	5 11 5 9 19 23 34 4 16 12	8 15 10 13 19 23 35 4 17 12	11 18 9 15 20 23 35 4 17 12	14 23 13 17 22 24 35 4 17 12	17 28 19 17 23 23 34 4 17 12	20 31 22 16 25 24 34 4 17 12	23 1 21 18 29 24 34 4 17 12	26 4 25 22 31 25 34 4 17 12
8	29 34 30 30 21 23 33 3 17 12	32 3 33 35 21 23 33 3 17 12	35 4 33 1 21 24 34 3 17 12	2 9 36 6 20 24 34 4 16 12	5 12 5 9 19 23 34 4 16 12	8 17 10 13 19 23 35 4 17 12	11 19 9 16 20 23 35 4 17 12	14 24 13 17 22 24 35 4 17 12	17 29 19 16 23 23 34 4 17 12	20 33 22 16 26 24 34 4 17 12	23 2 22 18 29 24 34 4 17 12	26 6 26 22 31 25 34 4 17 12
9	29 35 30 31 21 23 33 3 17 12	32 5 33 35 21 23 33 3 17 12	35 6 33 1 21 24 34 3 17 12	2 10 1 6 20 24 34 4 16 12	5 13 7 9 19 23 34 4 16 12	9 18 10 13 19 23 35 4 17 12	11 20 9 17 20 23 35 4 17 12	14 25 13 17 22 24 35 4 17 12	17 30 19 16 23 23 34 4 17 12	20 34 22 16 26 24 34 4 17 12	23 4 22 18 29 24 34 4 17 12	26 7 26 22 31 25 34 4 17 12
10	29 1 30 31 21 23 33 3 17 12	33 6 33 35 21 24 33 3 17 12	35 7 33 1 21 24 34 3 17 12	2 11 1 6 20 24 34 4 16 12	5 15 7 9 19 23 34 4 16 12	8 19 10 13 19 23 35 4 17 12	11 22 9 17 20 23 35 4 17 12	14 26 14 17 22 24 35 4 17 12	17 31 19 16 23 23 34 4 17 12	20 36 22 16 26 24 34 4 17 12	23 5 22 18 29 24 34 4 17 12	26 9 26 22 31 25 34 4 17 12
11	30 2 30 31 21 23 33 3 17 12	33 8 33 35 21 24 33 3 17 12	35 8 33 3 21 24 34 3 17 12	3 13 1 6 20 24 34 4 16 12	5 16 7 9 19 23 34 4 16 12	8 20 10 13 19 23 35 4 17 12	11 23 9 17 20 23 35 4 17 12	14 28 14 17 22 24 35 4 17 12	17 32 19 16 23 23 34 4 17 12	20 1 22 16 26 24 34 4 17 12	23 6 22 18 29 24 34 4 17 12	26 10 26 22 31 25 34 4 17 12
12	30 3 30 31 21 23 33 3 17 12	33 9 33 35 21 24 33 3 17 12	35 9 33 3 21 24 34 3 17 12	3 14 2 6 20 24 34 4 16 12	6 17 7 10 19 23 34 4 16 12	9 21 10 13 19 23 35 4 17 12	11 26 9 17 20 23 35 4 17 12	14 30 14 17 22 24 35 4 17 12	17 34 19 16 23 23 34 4 17 12	20 3 22 16 26 24 34 4 17 12	23 7 22 20 29 24 34 4 17 12	26 12 26 22 31 25 34 4 17 12
13	30 5 31 31 21 23 33 3 17 12	33 10 33 35 21 24 33 3 17 12	36 11 33 3 21 24 34 3 17 12	3 15 2 6 20 24 34 4 16 12	6 18 7 10 19 23 34 4 16 12	9 22 10 14 20 23 35 4 17 12	12 26 9 17 20 23 35 4 17 12	14 31 14 17 22 24 35 4 17 12	17 36 20 16 23 23 34 4 17 12	20 4 22 16 26 24 34 4 17 12	24 9 22 20 29 24 34 4 17 12	27 13 26 22 31 25 34 4 17 12
14	30 6 31 31 21 23 33 3 17 12	33 11 33 35 21 24 33 3 17 12	36 12 33 3 21 24 34 3 17 12	3 16 2 6 20 24 34 3 16 12	6 19 7 10 19 23 34 4 16 12	9 23 10 14 20 23 35 4 17 12	12 27 10 17 20 23 35 4 17 12	15 32 14 17 22 24 35 4 17 12	18 2 20 16 23 23 34 4 17 12	21 6 22 16 26 24 34 4 17 12	24 11 22 20 29 24 34 4 17 12	27 14 26 22 31 25 34 4 17 12
15	30 8 31 31 21 23 33 3 17 12	33 12 33 35 21 24 33 3 17 12	36 13 33 3 21 24 34 3 17 12	3 17 2 6 20 24 34 3 16 12	6 20 7 10 19 23 34 4 16 12	9 26 10 14 20 23 35 4 17 12	12 29 11 17 20 23 35 4 17 12	15 34 15 17 22 24 35 4 17 12	18 3 20 16 23 23 34 4 17 12	21 7 22 16 26 24 34 4 17 12	24 12 22 20 29 24 34 4 17 12	27 15 26 22 31 25 34 4 17 12
16	30 9 31 31 21 23 33 3 17 12	33 13 33 35 21 24 33 3 17 12	36 15 33 3 21 24 34 3 17 12	3 18 2 7 20 24 34 3 16 12	6 22 7 10 19 23 34 4 16 12	9 26 10 14 20 23 35 4 17 12	12 30 11 17 20 23 35 4 17 12	15 35 15 17 22 24 35 4 17 12	18 4 20 16 25 23 34 4 17 12	21 8 20 16 26 24 34 4 17 12	24 13 22 20 29 24 34 4 17 12	27 16 27 22 31 25 34 4 17 12
17	30 10 32 32 21 23 33 3 17 12	33 14 33 35 21 24 33 3 17 12	36 15 33 3 21 24 34 3 17 12	3 20 2 7 20 24 34 3 16 12	6 23 7 10 19 23 34 4 16 12	9 28 10 14 20 23 35 4 17 12	12 31 11 17 21 23 35 4 17 12	15 1 16 17 22 24 35 4 17 12	18 6 20 16 25 23 34 4 17 12	21 10 20 16 26 24 34 4 17 12	24 14 22 20 29 24 34 4 17 12	27 18 27 22 31 25 34 4 17 12
18	30 11 32 32 21 23 33 3 17 12	33 15 33 35 21 24 33 3 17 12	36 17 33 3 21 24 34 3 17 12	3 21 2 7 20 24 34 3 16 12	6 24 7 10 19 23 34 4 16 12	9 29 10 14 20 23 35 4 17 12	12 33 11 17 21 23 35 4 17 12	15 2 16 17 22 24 35 4 17 12	18 7 20 16 25 23 34 4 17 12	21 11 20 16 26 24 34 4 17 12	24 16 22 20 29 24 34 4 17 12	27 19 28 22 31 25 34 4 17 12
19	30 12 32 32 21 23 33 3 17 12	33 17 33 35 21 24 33 3 17 12	36 18 34 3 21 24 34 3 17 12	3 22 2 7 20 24 34 3 16 12	6 25 7 10 19 23 34 4 16 12	9 31 10 14 20 23 35 4 17 12	12 35 11 17 21 23 35 4 17 12	15 4 16 17 22 24 35 4 17 12	18 9 20 16 25 23 34 4 17 12	21 12 20 17 26 24 34 4 17 12	24 17 23 20 29 24 34 4 17 12	27 20 28 22 31 25 34 4 17 12
20	30 14 32 32 21 23 33 3 17 12	34 18 33 35 21 24 34 3 17 12	36 19 34 3 21 24 34 3 17 12	3 24 2 7 20 24 34 3 16 12	6 27 7 10 19 23 34 4 16 12	9 32 9 14 20 23 35 4 17 12	12 36 11 17 21 23 35 4 17 12	15 5 16 17 22 24 35 4 17 12	18 10 20 16 25 23 34 4 17 12	21 13 20 17 26 24 34 4 17 12	24 18 23 20 29 24 34 4 17 12	27 21 28 22 31 25 34 4 17 12
21	31 15 32 32 21 23 33 3 17 12	34 19 33 36 21 24 34 3 17 12	36 21 34 3 21 24 34 3 17 12	4 25 3 7 20 24 34 4 16 12	6 28 7 10 19 23 34 4 16 12	9 33 9 14 20 23 35 4 17 12	12 2 11 17 21 23 35 4 17 12	15 7 16 17 22 24 35 4 17 12	18 11 21 16 25 23 34 4 17 12	21 15 20 17 26 24 34 4 17 12	24 20 23 20 29 24 34 4 17 12	27 23 28 23 32 25 34 4 17 12
22	31 16 32 32 21 23 33 3 17 12	34 21 33 36 21 24 34 3 17 12	1 21 34 3 21 24 34 3 17 12	4 26 3 7 20 24 34 4 16 12	7 30 9 10 19 23 34 4 16 12	10 35 9 14 20 23 35 4 17 12	12 3 11 17 21 23 35 4 17 12	15 8 16 17 22 24 35 4 17 12	18 31 21 16 25 23 34 4 17 12	21 16 21 17 27 24 34 4 17 12	24 20 23 20 29 24 34 4 17 12	27 24 28 23 32 25 34 4 17 12
23	31 17 32 32 21 23 33 3 17 12	34 21 33 36 21 24 34 3 17 12	1 23 34 3 21 24 34 3 17 12	4 27 3 7 20 24 34 4 16 12	7 31 9 10 19 23 34 4 16 12	10 36 9 14 20 23 35 4 17 12	12 4 11 17 21 23 35 4 17 12	15 9 16 17 22 24 35 4 17 12	18 14 21 16 25 23 34 4 17 12	21 17 21 17 27 24 34 4 17 12	25 22 23 20 29 25 34 4 17 12	28 25 28 23 32 25 34 4 17 12
24	31 18 33 33 21 23 33 3 17 12	34 23 33 36 21 24 34 3 17 12	1 24 34 4 21 24 34 4 16 12	4 29 4 7 19 24 34 4 16 12	7 32 9 10 19 23 34 4 16 12	10 2 9 14 20 23 35 4 17 12	13 5 11 17 22 23 35 4 17 12	16 11 16 17 23 23 34 4 17 12	19 15 21 16 25 23 34 4 17 12	21 18 21 17 27 24 34 4 17 12	25 23 23 20 29 25 34 4 17 12	28 26 28 23 32 25 34 4 17 12
25	31 20 33 33 21 23 33 3 17 12	34 24 33 36 21 24 34 3 17 12	1 25 34 4 21 24 34 4 16 12	4 30 4 7 19 24 34 4 16 12	7 34 9 10 19 23 34 4 16 12	10 3 9 14 20 23 35 4 17 12	13 7 11 17 22 23 35 4 17 12	16 12 16 17 23 23 34 4 17 12	19 16 21 16 25 23 34 4 17 12	22 20 20 17 28 24 34 4 17 12	25 24 23 20 29 25 34 4 17 12	28 27 28 23 32 25 34 4 17 12
26	31 21 33 33 21 23 33 3 17 12	34 25 33 1 21 24 34 3 17 12	1 27 34 4 21 24 34 4 16 12	4 31 4 7 19 24 34 4 16 12	7 36 9 12 19 23 34 4 16 12	10 4 9 14 20 23 35 4 17 12	13 8 11 17 22 23 35 4 17 12	16 13 17 17 23 23 34 4 17 12	19 17 21 16 25 23 34 4 17 12	22 21 20 17 28 24 34 4 17 12	25 25 23 20 29 25 34 4 17 12	28 28 28 23 32 25 34 4 17 12
27	31 22 33 33 21 23 33 3 17 12	34 27 33 1 21 24 34 3 17 12	1 28 34 4 21 24 34 4 16 12	4 33 4 7 19 24 34 4 16 12	7 1 9 12 19 23 34 4 16 12	10 5 9 14 20 23 35 4 17 12	13 10 11 17 22 23 35 4 17 12	16 14 17 17 23 23 34 4 17 12	19 19 21 16 25 23 34 4 17 12	22 22 20 17 28 24 34 4 17 12	25 26 23 20 29 25 34 4 17 12	28 29 28 23 32 25 34 4 17 12
28	31 23 33 33 21 23 33 3 17 12	34 29 33 1 21 24 34 3 17 12	1 29 34 4 21 24 34 4 16 12	4 34 4 7 19 24 34 4 16 12	7 2 9 12 19 23 34 4 16 12	10 3 9 14 20 23 35 4 17 12	13 11 12 17 22 23 35 4 17 12	16 15 17 17 23 23 34 4 17 12	19 20 22 16 25 23 34 4 17 12	22 23 20 17 28 24 34 4 17 12	25 28 23 20 29 25 34 4 17 12	28 31 29 23 32 25 34 4 17 12
29	31 24 33 33 21 23 33 3 17 12		1 30 34 4 21 24 34 4 16 12	4 36 4 7 19 24 34 4 16 12	7 4 9 12 19 23 34 4 16 12	10 9 9 14 20 23 35 4 17 12	13 12 12 17 22 23 35 4 17 12	16 16 17 17 23 23 34 4 17 12	19 21 22 16 25 23 34 4 17 12	22 24 20 17 28 24 34 4 17 12	25 29 23 20 29 25 34 4 17 12	28 32 29 23 32 25 34 4 17 12
30	31 26 33 33 21 23 33 3 17 12		1 31 34 4 21 24 34 4 16 12	4 1 4 7 19 24 34 4 16 12	7 5 10 12 19 23 34 4 16 12	10 10 9 14 20 23 35 4 17 12	13 13 12 17 22 23 35 4 17 12	16 17 17 17 23 23 34 4 17 12	19 22 22 16 25 23 34 4 17 12	22 25 20 17 28 24 34 4 17 12	25 31 25 20 29 25 34 4 17 12	28 34 29 23 32 25 34 4 17 12
31	31 27 33 33 21 23 33 3 17 12		1 33 34 4 21 24 34 4 16 12		7 6 10 12 19 23 34 4 16 12		13 14 12 17 22 23 35 4 17 12	16 19 17 17 23 23 34 4 17 12		22 27 20 27 28 24 34 4 17 12		28 35 29 23 32 25 34 4 17 12

1936

	JAN	FEB	MAR	APR	MAY	JUNE	JULY	AUG	SEPT	OCT	NOV	DEC
1	29 36 30 24 33 26 35 4 17 12	32 7 31 28 35 26 35 4 17 12	35 9 32 32 1 27 35 4 17 12	2 14 1 35 4 27 35 4 17 12	5 17 7 3 6 27 35 4 17 12	8 22 7 7 8 27 36 4 17 12	10 25 8 11 10 26 36 4 17 12	13 30 14 14 12 26 35 4 17 12	16 35 19 18 14 26 35 4 17 12	19 3 19 22 16 26 35 4 17 12	22 8 21 26 18 27 35 4 17 12	25 12 26 29 20 27 35 4 17 12
2	29 2 30 24 33 26 35 4 17 12	32 8 31 28 25 26 35 4 17 12	35 10 32 32 1 27 35 4 17 12	2 15 1 35 4 27 35 4 17 12	5 18 7 3 6 27 35 4 17 12	8 23 7 7 8 27 36 4 17 12	11 26 9 11 10 26 36 4 17 12	14 31 15 14 12 26 35 4 17 12	16 36 19 18 14 26 35 4 17 12	19 4 19 22 16 26 35 4 17 12	23 9 22 26 18 27 35 4 17 12	26 13 26 29 20 28 35 4 17 12
3	29 3 30 25 33 26 35 4 17 12	32 10 31 28 35 26 35 4 17 12	35 12 32 32 1 27 35 4 17 12	2 16 1 36 4 27 35 4 17 12	5 20 7 3 6 27 35 4 17 12	8 24 7 7 8 27 36 4 17 12	11 27 9 11 10 26 36 4 17 12	14 32 15 15 12 26 35 4 17 12	17 2 19 18 14 26 35 4 17 12	20 6 19 22 16 26 35 4 17 12	23 11 22 26 18 27 35 4 17 12	26 14 26 30 20 28 35 4 17 12
4	29 4 30 25 33 26 35 4 17 12	32 11 31 28 35 26 35 4 17 12	35 13 32 32 1 27 35 4 17 12	2 17 1 36 4 27 35 4 17 12	5 21 7 3 6 27 35 4 17 12	8 25 7 7 8 27 36 4 17 12	11 28 9 11 10 26 36 4 17 12	14 34 15 15 12 26 35 4 17 12	17 3 19 19 14 26 35 4 17 12	20 7 19 22 16 26 35 4 17 12	23 12 22 26 18 27 35 4 17 12	26 15 27 30 20 28 35 4 17 12
5	29 6 30 25 33 26 35 4 17 12	32 12 31 29 35 26 35 4 17 12	35 14 32 32 1 27 35 4 17 12	2 19 2 36 4 27 35 4 17 12	5 22 7 4 6 27 35 4 17 12	8 26 7 7 8 27 36 4 17 12	11 30 9 11 10 26 36 4 17 12	14 35 15 15 12 26 35 4 17 12	17 5 19 19 14 26 35 4 17 12	20 8 19 22 16 26 35 4 17 12	23 13 22 26 18 27 35 4 17 12	26 17 27 30 20 28 35 4 17 12
6	29 7 31 25 33 26 35 4 17 12	32 13 31 29 35 26 35 4 17 12	35 15 33 32 2 27 35 4 17 12	2 20 2 36 4 27 35 4 17 12	5 23 7 4 6 27 35 4 17 12	8 28 7 7 8 27 36 4 17 12	11 31 9 11 10 26 36 4 17 12	14 1 15 15 12 26 35 4 17 12	17 6 20 19 14 26 35 4 17 12	20 10 19 23 16 26 35 4 17 12	23 15 22 26 18 27 35 4 17 12	26 18 27 30 20 28 35 4 17 12
7	29 9 31 25 33 26 35 4 17 12	32 15 31 29 35 26 35 4 17 12	35 17 33 32 2 27 35 4 17 12	2 21 2 36 4 27 35 4 17 12	5 24 7 4 6 27 35 4 17 12	8 29 7 8 8 27 36 4 17 12	11 33 10 11 10 26 36 4 17 12	14 2 16 15 12 26 35 4 17 12	17 7 20 19 14 26 35 4 17 12	20 11 19 23 16 26 35 4 17 12	23 16 22 26 18 27 35 4 17 12	26 19 27 30 20 28 35 4 17 12
8	29 10 31 25 33 26 35 4 17 12	32 16 31 29 35 26 35 4 17 12	35 18 33 32 2 27 35 4 17 12	2 22 2 36 4 27 35 4 17 12	5 25 7 4 6 27 35 4 17 12	8 30 7 8 8 26 36 4 17 12	11 34 10 11 10 26 36 4 17 12	14 4 16 15 12 26 35 4 17 12	17 9 20 19 14 26 35 4 17 12	20 12 19 23 16 26 35 4 17 12	23 17 23 27 18 27 35 4 17 12	26 20 27 30 20 28 35 4 17 12
9	29 11 31 25 33 26 35 4 17 12	32 17 31 29 36 26 35 4 17 12	35 19 33 33 2 27 35 4 17 12	2 23 2 36 4 27 35 4 17 12	5 27 7 4 6 27 35 4 17 12	8 32 7 8 8 26 36 4 17 12	11 35 10 12 10 26 36 4 17 12	14 5 16 15 12 26 35 4 17 12	17 10 20 19 14 26 35 4 17 12	20 14 19 23 16 26 35 4 17 12	23 18 23 27 18 27 35 4 17 12	26 22 27 30 20 28 35 4 17 12
10	29 12 31 25 33 26 35 4 17 12	33 19 31 29 36 26 35 4 17 12	35 20 33 33 2 27 35 4 17 12	3 25 3 36 4 27 35 4 17 12	5 28 8 4 6 27 35 4 17 12	8 33 7 8 8 26 36 4 17 12	11 1 10 12 11 26 36 4 17 12	14 6 16 15 13 26 35 4 17 12	17 11 20 19 15 26 35 4 17 12	20 15 19 23 16 26 35 4 17 12	23 19 23 27 18 27 35 4 17 12	26 23 28 31 20 28 35 4 17 12
11	30 14 31 26 33 26 35 4 17 12	33 20 31 29 36 26 35 4 17 12	36 21 33 33 2 27 35 4 17 12	3 26 3 1 4 27 35 4 17 12	6 29 8 4 6 27 35 4 17 12	9 34 7 8 9 26 36 4 17 12	11 2 10 12 11 26 36 4 17 12	14 8 16 16 13 26 35 4 17 12	17 13 20 19 15 26 35 4 17 12	20 16 19 23 16 26 35 4 17 12	23 21 23 27 18 27 35 4 17 12	26 24 28 31 20 28 35 4 17 12
12	30 16 31 26 33 26 35 4 17 12	33 21 31 29 36 26 35 4 17 12	36 23 33 33 2 27 35 4 17 12	3 27 3 1 4 27 35 4 17 12	6 31 8 4 6 27 35 4 17 12	9 36 7 8 9 26 36 4 17 12	12 4 10 12 11 26 36 4 17 12	14 9 16 16 13 26 35 4 17 12	17 14 20 20 15 26 35 4 17 12	20 17 19 23 17 27 35 4 17 12	24 22 23 27 18 27 35 4 17 12	27 25 28 31 20 28 35 4 17 12
13	30 17 32 26 33 26 35 4 17 12	33 22 31 29 36 26 35 4 17 12	36 24 34 33 2 27 35 4 17 12	3 28 3 1 4 27 35 4 17 12	6 32 7 5 7 27 35 4 17 12	9 1 7 8 9 26 36 4 17 12	12 5 10 12 11 26 36 4 17 12	15 10 17 16 13 26 35 4 17 12	18 15 20 20 15 26 35 4 17 12	21 18 19 23 17 27 35 4 17 12	24 23 23 27 18 27 35 4 17 12	27 26 28 31 20 28 35 4 17 12
14	30 19 32 26 34 26 35 4 17 12	33 23 31 30 36 26 35 4 17 12	36 25 34 33 2 27 35 4 17 12	3 30 3 1 4 27 35 4 17 12	6 33 7 5 7 27 35 4 17 12	9 3 7 8 9 26 36 4 17 12	12 7 11 12 11 26 36 4 17 12	15 12 17 16 13 26 35 4 17 12	18 16 20 20 15 26 35 4 17 12	21 20 19 23 17 27 35 4 17 12	24 24 24 27 19 27 35 4 17 12	27 28 28 31 20 28 35 4 17 12
15	30 20 32 26 34 26 35 4 17 12	33 24 31 30 36 26 35 4 17 12	36 26 34 33 2 27 35 4 17 12	3 31 4 1 5 27 35 4 17 12	6 35 7 5 7 27 35 4 17 12	9 4 7 9 9 26 36 4 17 12	12 8 11 12 11 26 36 4 17 12	15 13 17 16 13 26 35 4 17 12	18 18 20 20 15 26 35 4 17 12	21 21 19 24 17 27 35 4 17 12	24 25 24 27 19 27 35 4 17 12	27 29 28 31 20 28 35 4 17 12
16	30 21 32 26 34 26 35 4 17 12	33 25 31 30 36 27 35 4 17 12	36 27 34 33 2 27 35 4 17 12	3 32 4 1 5 27 35 4 17 12	6 36 7 5 7 27 35 4 17 12	9 6 7 9 9 26 36 4 17 12	12 9 11 12 11 26 36 4 17 12	15 14 17 16 13 26 35 4 17 12	18 19 20 20 15 26 35 4 17 12	21 22 19 23 17 27 35 4 17 12	24 27 24 28 19 27 35 4 17 12	27 30 29 31 20 28 35 4 17 12
17	30 22 32 26 34 26 35 4 17 12	33 27 31 30 36 27 35 4 17 12	36 29 34 34 2 27 35 4 17 12	3 34 4 1 5 27 35 4 17 12	6 2 7 5 7 27 35 4 17 12	9 7 7 9 9 26 36 4 17 12	12 11 11 13 11 26 36 4 17 12	15 16 17 16 13 26 35 4 17 12	18 20 20 20 15 26 35 4 17 12	21 23 19 23 17 27 35 4 17 12	24 28 24 28 19 27 35 4 17 12	27 31 29 31 20 28 35 4 17 12
18	30 23 32 26 34 26 35 4 17 12	33 28 31 30 36 27 35 4 17 12	36 30 34 34 2 27 35 4 17 12	3 35 4 1 5 27 35 4 17 12	6 3 7 5 7 27 35 4 17 12	9 8 7 9 9 26 36 4 17 12	12 12 11 13 11 26 36 4 17 12	15 17 17 16 13 26 35 4 17 12	18 21 20 20 15 26 35 4 17 12	21 25 19 23 17 27 35 4 17 12	24 29 24 28 19 27 35 4 17 12	27 33 29 31 21 28 35 4 17 12
19	30 25 32 26 34 26 35 4 17 12	33 29 31 30 36 27 35 4 17 12	36 31 35 34 3 27 35 4 17 12	3 1 5 2 5 27 35 4 17 12	6 5 7 5 7 27 35 4 17 12	9 10 7 9 9 26 36 4 17 12	12 13 12 13 11 26 36 4 17 12	15 18 17 17 13 26 35 4 17 12	18 22 20 20 15 26 35 4 17 12	21 26 19 23 17 27 35 4 17 12	24 30 24 28 19 27 35 4 17 12	27 34 29 31 21 28 35 4 17 12
20	30 26 32 27 34 26 35 4 17 12	34 31 31 30 36 27 35 4 17 12	36 32 35 34 3 27 35 4 17 12	4 2 5 2 5 27 35 4 17 12	6 6 7 5 7 27 36 4 17 12	9 11 7 9 9 26 36 4 17 12	12 15 12 13 11 26 36 4 17 12	15 19 18 17 13 26 35 4 17 12	18 24 20 21 15 26 35 4 17 12	21 27 20 24 17 27 35 4 17 12	24 32 24 28 19 27 35 4 17 12	27 35 29 31 21 28 35 4 17 12
21	31 27 32 27 34 26 35 4 17 12	34 32 31 30 1 27 35 4 17 12	1 34 35 34 3 27 35 4 17 12	4 4 5 2 5 27 35 4 17 12	7 8 7 6 7 27 36 4 17 12	9 12 7 9 9 26 36 4 17 12	12 16 12 13 11 26 36 4 17 12	15 20 18 17 13 26 35 4 17 12	18 25 20 21 15 26 35 4 17 12	21 28 20 24 17 27 35 4 17 12	24 33 24 28 19 27 35 4 17 12	27 1 29 31 21 28 35 4 17 12
22	31 28 32 27 34 26 35 4 17 12	34 34 31 30 1 27 35 4 17 12	1 36 35 34 3 27 35 4 17 12	4 5 5 2 5 27 35 4 17 12	7 9 7 6 7 27 36 4 17 12	10 14 7 9 9 26 36 4 17 12	12 17 12 13 11 26 36 4 17 12	15 22 18 17 13 26 35 4 17 12	18 26 20 21 15 26 35 4 17 12	21 29 20 24 17 27 35 4 17 12	25 34 25 28 19 27 35 4 17 12	28 2 29 32 21 28 35 4 17 12
23	31 29 32 27 34 26 35 4 17 12	34 35 31 31 1 27 35 4 17 12	1 2 35 34 3 27 35 4 17 12	4 7 5 2 5 27 35 4 17 12	7 10 7 6 7 27 36 4 17 12	10 15 8 10 9 26 36 4 17 12	13 18 13 13 11 26 36 4 17 12	16 23 18 17 13 26 35 4 17 12	19 27 20 21 15 26 35 4 17 12	22 31 20 25 17 27 35 4 17 12	25 36 25 28 19 27 35 4 17 12	28 4 30 31 21 28 35 4 17 12
24	31 31 32 27 34 26 35 4 17 12	34 1 31 31 1 27 35 4 17 12	1 3 35 34 3 27 35 4 17 12	4 8 5 2 5 27 35 4 17 12	7 12 7 6 7 27 36 4 17 12	10 16 8 10 9 26 36 4 17 12	13 20 13 13 11 26 36 4 17 12	16 24 18 17 13 26 35 4 17 12	19 29 20 21 15 26 35 4 17 12	22 32 20 25 17 27 35 4 17 12	25 1 25 28 19 27 35 4 17 12	28 5 30 31 21 28 35 4 17 12
25	31 33 32 27 34 26 35 4 17 12	34 2 31 31 1 27 35 4 17 12	1 5 36 35 3 27 35 4 17 12	4 10 6 2 5 27 35 4 17 12	7 13 7 6 7 27 36 4 17 12	10 17 8 10 10 26 36 4 17 12	13 21 13 13 11 26 36 4 17 12	16 25 18 17 14 26 35 4 17 12	19 30 20 21 15 26 35 4 17 12	22 33 20 25 17 27 35 4 17 12	25 3 25 29 19 27 35 4 17 12	28 7 30 31 21 28 35 4 17 12
26	31 34 32 27 34 26 35 4 17 12	34 4 32 31 1 27 35 4 17 12	1 6 36 35 3 27 35 4 17 12	4 11 6 2 5 27 35 4 17 12	7 14 7 6 7 27 36 4 17 12	10 19 8 10 10 26 36 4 17 12	13 22 13 14 12 26 36 4 17 12	16 26 18 17 14 26 35 4 17 12	19 31 20 21 15 26 35 4 17 12	22 35 20 25 17 27 35 4 17 12	25 4 25 29 19 27 35 4 17 12	28 8 30 31 21 28 35 4 17 12
27	31 36 32 27 35 26 35 4 17 12	34 5 32 31 1 27 35 4 17 12	1 7 36 35 3 27 35 4 17 12	4 12 6 3 5 27 35 4 17 12	7 16 7 6 8 27 36 4 17 12	10 20 8 10 10 26 36 4 17 12	13 23 13 14 12 26 36 4 17 12	16 28 19 18 14 26 35 4 17 12	19 33 20 21 16 26 35 4 17 12	22 36 21 25 17 27 35 4 17 12	25 6 26 29 19 27 35 4 17 12	28 9 30 31 21 28 35 4 17 12
28	31 1 32 28 35 26 35 4 17 12	34 7 32 31 1 27 35 4 17 12	1 9 36 35 3 27 35 4 17 12	4 13 6 3 5 27 35 4 17 12	7 17 7 6 8 27 36 4 17 12	10 21 8 10 10 26 36 4 17 12	13 24 14 14 12 26 36 4 17 12	16 29 19 18 14 26 35 4 17 12	19 34 19 22 16 26 35 4 17 12	22 2 21 25 17 27 35 4 17 12	25 7 26 29 19 27 35 4 17 12	28 11 30 31 21 28 35 4 17 12
29	31 3 32 28 35 26 35 4 17 12	34 8 32 31 1 27 35 4 17 12	1 10 36 35 3 27 35 4 17 12	4 15 6 3 6 27 35 4 17 12	7 18 7 6 8 27 36 4 17 12	10 22 8 10 10 26 36 4 17 12	13 26 14 14 12 26 36 4 17 12	16 30 19 18 14 26 35 4 17 12	19 35 19 22 16 26 35 4 17 12	22 3 21 25 18 27 35 4 17 12	25 9 26 29 19 27 35 4 17 12	28 12 30 33 21 28 35 4 17 12
30	31 4 32 28 35 26 35 4 17 12		1 11 36 35 3 27 35 4 17 12	5 16 6 3 6 27 35 4 17 12	7 19 7 7 8 27 36 4 17 12	10 23 8 10 10 26 36 4 17 12	13 27 14 14 12 26 36 4 17 12	16 32 19 18 14 26 35 4 17 12	19 1 19 22 16 26 35 4 17 12	22 5 21 25 18 27 35 4 17 12	25 10 26 29 19 27 35 4 17 12	28 13 30 33 21 28 35 4 17 12
31	32 6 32 28 35 26 35 4 17 12		2 13 1 35 3 27 35 4 17 12		7 20 7 7 8 27 36 4 17 12		13 28 14 14 12 26 36 4 17 12	16 33 19 18 14 26 35 4 17 12		22 6 21 26 18 27 35 4 17 12		28 15 30 33 21 28 35 4 17 12

1937

	JAN	FEB	MAR	APR	MAY	JUNE	JULY	AUG	SEPT	OCT	NOV	DEC
1	29 16 31 33 21 28 35 4 17 12	32 21 29 36 23 29 36 4 17 12	35 22 33 3 24 29 36 4 17 12	2 26 2 4 25 30 36 4 17 12	4 29 6 3 25 30 1 4 17 12	8 34 5 3 24 30 1 5 17 12	10 2 10 6 23 30 1 5 17 12	13 7 16 9 24 30 1 5 17 12	16 12 18 13 26 29 1 5 17 12	19 16 18 16 28 29 1 5 17 12	22 21 23 20 30 30 36 5 18 13	25 24 27 24 32 30 36 5 18 12
2	29 18 31 33 22 28 35 4 17 12	32 22 29 1 23 29 36 4 17 12	35 23 33 3 24 29 36 4 17 12	2 27 3 4 25 30 36 4 17 12	5 30 6 3 25 30 1 4 17 12	8 35 5 3 24 30 1 5 17 12	11 3 10 6 23 30 1 5 17 12	13 8 16 9 24 30 1 5 17 12	16 14 18 13 26 29 1 5 17 12	19 17 18 16 28 29 1 5 17 12	22 22 23 20 30 30 36 5 18 13	25 25 27 24 32 30 36 5 18 12
3	29 19 31 33 22 28 35 4 17 12	32 23 29 1 23 29-36 4 17 12	35 24 33 3 24 29 36 4 17 12	2 28 3 4 25 30 36 4 17 12	5 32 6 3 25 30 1 4 17 12	8 1 5 3 24 30 1 5 17 12	11 4 10 6 23 30 1 5 17 12	13 10 16 9 24 30 1 5 17 12	17 15 18 13 26 29 1 5 17 12	19 19 18 17 28 29 1 5 17 12	23 23 23 20 30 30 36 5 18 13	26 26 27 24 32 30 36 5 18 12
4	29 20 31 33 22 28 35 4 17 12	32 24 29 1 23 29 36 4 17 12	35 25 33 3 24 30 36 4 17 12	2 29 3 4 25 30 36 4 17 12	5 33 6 2 25 30 1 4 17 12	8 2 5 3 24 30 1 5 17 12	11 6 10 6 23 30 1 5 17 12	14 11 16 9 24 29 1 5 17 12	17 16 18 13 26 29 1 5 17 12	19 20 18 17 28 29 1 5 17 12	23 24 23 20 30 30 36 5 18 13	26 28 28 24 32 30 36 5 18 12
5	29 21 31 33 22 28 35 4 17 12	32 25 30 1 23 29 36 4 17 12	35 26 33 3 24 30 36 4 17 12	2 31 3 4 25 30 36 4 17 12	5 34 6 2 25 30 1 4 17 12	8 4 6 4 24 30 1 5 17 12	11 7 11 6 23 30 1 5 17 12	14 13 16 10 24 29 1 5 17 12	17 18 18 13 26 29 1 5 17 12	20 21 18 17 28 29 1 5 17 12	23 25 23 21 30 30 36 5 18 13	26 29 28 24 32 30 36 5 18 12
6	29 22 31 34 22 28 35 4 17 12	32 27 30 1 23 29 36 4 17 12	35 27 34 3 24 30 36 4 17 12	2 32 3 4 25 30 36 4 17 12	5 36 6 2 25 30 1 4 17 12	8 5 6 4 24 30 1 5 17 12	11 9 11 6 24 30 1 5 17 12	14 14 16 10 24 29 1 5 17 12	17 19 18 13 26 29 1 5 17 12	20 22 18 17 28 29 1 5 17 12	23 27 23 21 30 30 36 5 18 13	26 30 28 24 32 30 36 5 18 12
7	29 23 31 34 22 28 35 4 17 12	32 28 30 1 23 29 36 4 17 12	35 28 34 3 24 30 36 4 17 12	2 33 4 4 25 30 36 4 17 12	5 1 6 2 25 30 1 4 17 12	8 7 6 4 24 30 1 5 17 12	11 10 11 6 24 30 1 5 17 12	14 16 16 10 24 29 1 5 17 12	17 20 18 13 26 29 1 5 17 12	20 23 18 17 28 29 1 5 17 12	23 28 24 21 30 30 36 5 18 13	26 31 28 25 32 30 36 5 18 12
8	29 25 31 34 22 28 35 4 17 12	32 29 30 1 23 29 36 4 17 12	35 30 34 3 24 30 36 4 17 12	2 35 4 4 25 30 36 4 17 12	5 3 6 2 25 30 1 4 17 12	8 8 6 4 24 30 1 5 17 12	11 12 11 7 24 30 1 5 17 12	14 17 17 10 24 29 1 5 17 12	17 21 18 14 26 29 1 5 17 12	20 25 19 17 28 29 1 5 17 13	23 29 24 21 30 30 36 5 18 13	26 32 28 25 33 30 36 5 18 12
9	29 26 30 34 22 28 35 4 17 12	33 31 30 1 23 29 36 4 17 12	35 31 34 3 24 30 36 4 17 12	2 36 4 4 25 30 36 4 17 12	5 4 6 2 25 30 1 5 17 12	8 10 6 4 24 30 1 5 17 12	11 13 11 7 24 30 1 5 17 12	14 18 17 10 25 29 1 5 17 12	17 23 18 14 26 29 1 5 17 12	20 26 19 17 28 29 1 5 17 13	23 30 24 21 30 30 36 5 18 13	26 34 28 25 33 30 36 5 18 12
10	29 27 30 34 22 28 35 4 17 12	33 32 30 1 23 29 36 4 17 12	35 33 34 4 24 30 36 4 17 12	3 2 4 4 25 30 36 4 17 12	5 5 6 2 25 30 1 5 17 12	8 11 6 4 24 30 1 5 17 12	11 15 12 7 24 30 1 5 17 12	14 19 17 10 25 29 1 5 17 12	17 24 18 14 26 29 1 5 17 12	20 27 19 17 28 29 1 5 17 13	23 31 24 21 30 30 36 5 18 13	26 35 28 25 33 30 36 5 18 12
11	29 28 30 34 22 28 35 4 17 12	33 33 30 1 23 29 36 4 17 12	36 34 34 4 24 30 36 4 17 12	3 3 4 4 25 30 36 4 17 12	6 7 5 2 25 30 1 5 17 12	9 12 6 4 24 30 1 5 17 12	11 16 12 7 24 30 1 5 17 12	14 21 17 10 25 29 1 5 17 12	17 25 18 14 26 29 1 5 17 12	20 28 19 18 28 29 1 5 17 13	23 33 24 21 30 30 36 5 18 13	26 36 28 25 33 30 36 5 18 12
12	30 30 30 34 22 28 35 4 17 12	33 34 30 2 23 29 36 4 17 12	36 35 35 4 24 30 36 4 17 12	3 5 5 4 25 30 36 4 17 12	6 9 5 2 25 30 1 5 17 12	9 14 6 4 24 30 1 5 17 12	11 17 12 7 24 30 1 5 17 12	14 22 17 10 25 29 1 5 17 12	17 26 18 14 26 29 1 5 17 12	20 29 19 18 28 29 1 5 17 13	23 34 24 21 31 30 36 5 18 13	27 2 29 25 33 30 36 5 18 12
13	30 31 30 34 22 28 35 4 17 12	33 36 30 2 23 29 36 4 17 12	36 1 35 4 25 30 36 4 17 12	3 6 5 4 25 30 36 4 17 12	6 10 5 2 25 30 1 5 17 12	9 15 6 4 24 30 1 5 17 12	12 19 12 7 24 30 1 5 17 12	15 23 17 10 25 29 1 5 17 12	18 27 18 14 26 29 1 5 17 12	20 31 19 18 28 29 1 5 17 13	24 35 24 22 31 30 36 5 18 13	27 3 29 25 33 30 36 5 18 12
14	30 32 30 34 22 28 35 4 17 12	33 1 31 2 23 29 36 4 17 12	36 2 35 4 25 30 36 4 17 12	3 8 5 4 25 30 36 4 17 12	6 12 5 2 25 30 1 5 17 12	9 17 7 4 24 30 1 5 17 12	12 20 12 7 24 30 1 5 17 12	15 24 17 11 25 29 1 5 17 12	18 29 18 14 26 29 1 5 17 12	21 32 20 18 28 29 1 5 17 13	24 1 25 22 31 30 36 5 18 13	27 4 29 25 33 30 36 5 18 12
15	30 34 30 35 22 29 35 4 17 12	33 3 31 2 24 29 36 4 17 12	36 4 35 4 25 30 36 4 17 12	3 9 5 3 25 30 36 4 17 12	6 13 5 3 24 30 1 5 17 12	9 18 7 4 24 30 1 5 17 12	12 21 13 7 24 30 1 5 17 12	15 25 18 11 25 29 1 5 17 12	18 30 17 14 27 29 1 5 17 12	21 33 20 18 29 29 1 5 17 13	24 2 25 22 31 30 36 5 18 13	27 6 29 26 33 30 36 5 18 12
16	30 35 30 35 22 29 35 4 17 12	33 4 31 2 24 29 36 4 17 12	36 5 35 4 25 30 36 4 17 12	3 11 5 3 25 30 36 4 17 12	6 14 5 3 24 30 1 5 17 12	9 19 7 4 24 30 1 5 17 12	12 22 13 7 24 30 1 5 17 12	15 27 18 11 25 29 1 5 17 12	18 31 17 14 27 29 1 5 17 12	21 35 20 18 29 29 1 5 17 13	24 4 25 22 31 30 36 5 18 13	27 7 29 26 33 30 36 5 18 12
17	30 36 29 35 22 29 35 4 17 12	33 6 31 2 24 29 36 4 17 12	36 7 35 4 25 30 36 4 17 12	3 12 5 3 25 30 36 4 17 12	6 16 5 3 24 30 1 5 17 12	9 20 7 5 24 30 1 5 17 12	12 23 13 8 24 30 1 5 17 12	15 28 18 11 25 29 1 5 17 12	18 32 17 15 27 29 1 5 17 12	21 36 20 18 29 29 1 5 17 13	24 5 25 22 31 30 36 5 18 13	27 9 29 26 33 30 36 5 18 12
18	30 2 29 35 22 29 35 4 17 12	33 7 31 2 24 29 36 4 17 12	36 8 36 4 25 30 36 4 17 12	3 13 5 3 25 30 36 4 17 12	6 17 5 3 24 30 1 5 17 12	9 21 7 5 24 30 1 5 17 12	12 25 13 8 24 30 1 5 17 12	15 29 18 11 25 29 1 5 17 12	18 34 17 15 27 29 1 5 17 12	21 1 20 18 29 29 36 5 18 13	24 7 25 22 31 30 36 5 18 13	27 10 29 26 33 30 36 5 18 12
19	30 3 29 35 22 29 35 4 17 12	34 8 31 2 24 29 36 4 17 12	36 10 36 4 25 30 36 4 17 12	3 15 5 3 25 30 36 4 17 12	6 18 5 3 24 30 1 5 17 12	9 23 7 5 23 30 1 5 17 12	12 26 13 8 24 30 1 5 17 12	15 30 18 11 25 29 1 5 17 12	18 35 17 15 27 29 1 5 17 12	21 3 20 19 29 29 36 5 18 13	24 8 25 22 31 30 36 5 18 13	27 12 29 26 33 30 36 5 18 12
20	30 4 29 35 22 29 35 4 17 12	34 10 31 2 24 29 36 4 17 12	36 11 36 4 25 30 36 4 17 12	3 16 5 3 25 30 36 4 17 12	6 19 5 3 24 30 1 5 17 12	9 24 8 5 23 30 1 5 17 12	12 27 14 8 24 30 1 5 17 12	15 32 18 11 25 29 1 5 17 12	18 1 17 15 27 29 1 5 17 12	21 4 21 19 29 29 36 5 18 13	24 10 26 22 31 30 36 5 18 13	27 13 29 26 33 31 36 5 18 12
21	31 6 29 35 22 29 35 4 17 12	34 11 32 2 24 29 36 4 17 12	1 12 36 4 25 30 36 4 17 12	4 17 6 3 25 30 36 4 17 12	6 21 5 3 24 30 1 5 17 12	9 25 8 5 23 30 1 5 17 12	12 28 14 8 24 30 1 5 17 12	15 33 18 11 25 29 1 5 17 12	18 2 17 15 27 29 1 5 17 12	21 6 21 19 29 29 36 5 18 13	24 11 26 23 31 30 36 5 18 13	27 15 29 26 34 31 36 5 18 12
22	31 7 29 35 22 29 35 4 17 12	34 13 32 2 24 29 36 4 17 12	1 14 36 4 25 30 36 4 17 12	4 18 6 3 25 30 36 4 17 12	7 22 5 3 24 30 1 5 17 12	10 26 8 5 23 30 1 5 17 12	12 29 14 8 24 30 1 5 17 12	15 34 18 12 25 29 1 5 17 12	18 3 17 15 27 29 1 5 17 12	21 7 21 19 29 29 36 5 18 13	24 13 26 23 31 30 36 5 18 13	28 16 29 27 34 31 36 5 18 12
23	31 9 29 35 22 29 35 4 17 12	34 14 32 2 24 29 36 4 17 12	1 15 36 4 25 30 36 4 17 12	4 19 6 3 25 30 36 4 17 12	7 23 5 3 24 30 1 5 17 12	10 27 8 5 23 30 1 5 17 12	13 31 14 8 24 30 1 5 17 12	15 36 18 12 25 29 1 5 17 12	19 5 17 15 27 29 1 5 17 12	21 9 21 19 29 29 36 5 18 13	25 14 26 23 31 30 36 5 18 13	28 18 29 27 34 31 36 5 18 12
24	31 10 29 36 22 29 35 4 17 12	34 15 32 3 24 29 36 4 17 12	1 16 1 4 25 30 36 4 17 12	4 21 6 3 25 30 36 4 17 12	7 24 5 3 24 30 1 5 17 12	10 29 8 5 23 30 1 5 17 12	13 32 14 8 24 30 1 5 17 12	16 1 18 12 25 29 1 5 17 12	19 6 17 15 27 29 1 5 17 12	22 10 21 19 29 30 36 5 18 13	25 15 26 23 31 30 36 5 18 13	28 19 29 27 34 31 36 4 18 12
25	31 12 29 36 23 29 35 4 17 12	34 16 32 3 24 29 36 4 17 12	1 17 1 4 25 30 36 4 17 12	4 22 6 3 25 30 36 4 17 12	7 25 5 3 24 30 1 5 17 12	10 30 8 5 23 30 1 5 17 12	13 33 15 8 24 30 1 5 17 12	16 2 18 12 25 29 1 5 17 12	19 8 17 16 27 29 1 5 17 12	22 12 21 19 29 30 36 5 18 13	25 17 26 23 31 30 36 5 18 12	28 20 29 27 34 31 36 4 18 12
26	31 13 29 36 23 29 35 4 17 12	34 18 32 3 24 29 36 4 17 12	1 19 1 4 25 30 36 4 17 12	4 23 6 3 25 30 1 4 17 12	7 26 5 3 24 30 1 5 17 12	10 31 9 5 23 30 1 5 17 12	13 35 15 8 24 30 1 5 17 12	16 4 18 12 25 29 1 5 17 12	19 9 17 16 27 29 1 5 17 12	22 13 22 19 29 30 36 5 18 13	25 18 26 23 32 30 36 5 18 12	28 21 29 27 34 31 36 4 18 12
27	31 14 29 36 23 29 35 4 17 12	34 19 32 3 24 29 36 4 17 12	1 20 1 4 25 30 36 4 17 12	4 24 6 3 25 30 1 4 17 12	7 28 5 3 24 30 1 5 17 12	10 32 9 5 23 30 1 5 17 12	13 36 15 9 24 30 1 5 17 12	16 5 18 12 25 29 1 5 17 12	19 11 17 16 27 29 1 5 17 12	22 14 22 19 29 30 36 5 18 13	25 19 27 23 32 30 36 5 18 12	28 23 29 27 34 31 36 4 18 12
28	31 16 29 36 23 29 35 4 17 12	34 20 33 3 24 29 36 4 17 12	1 21 2 4 25 30 36 4 17 12	4 25 6 3 25 30 1 4 17 12	7 29 5 3 24 30 1 5 17 12	10 34 9 6 23 30 1 5 17 12	13 1 15 9 24 30 1 5 17 12	16 7 18 12 25 29 1 5 17 12	19 12 17 16 27 29 1 5 17 12	22 16 22 20 29 30 36 5 18 13	25 20 27 23 32 30 36 5 18 12	28 24 28 27 34 31 36 4 18 12
29	31 17 29 36 23 29 35 4 17 12		1 22 2 4 25 30 36 4 17 12	4 27 6 3 25 30 1 4 17 12	7 30 5 3 24 30 1 5 17 12	10 35 9 6 23 30 1 5 17 12	13 3 15 9 24 30 1 5 17 12	16 8 18 12 26 29 1 5 17 12	19 13 17 16 27 29 1 5 17 12	22 17 22 20 30 30 36 5 18 13	25 21 27 24 32 30 36 5 18 12	28 25 28 27 34 31 36 4 18 12
30	31 18 29 36 23 29 35 4 17 12		1 23 2 4 25 30 36 4 17 12	4 28 6 3 25 30 1 4 17 12	7 31 5 3 24 30 1 5 17 12	10 36 9 6 23 30 1 5 17 12	13 4 15 9 24 30 1 5 17 12	16 9 18 12 26 29 1 5 17 12	19 14 17 16 28 29 1 5 17 12	22 18 22 20 30 30 36 5 18 13	25 23 27 24 32 30 36 5 18 12	28 26 28 28 34 31 36 4 18 12
31	32 18 29 36 23 29 36 4 17 12		2 25 2 4 25 30 36 4 17 12		7 33 5 3 24 30 1 5 17 12		13 6 15 9 24 30 1 5 17 12	16 11 18 13 26 29 1 5 17 12		22 19 22 20 30 30 36 5 18 13		28 27 28 28 34 31 36 4 18 12

1938

	JAN	FEB	MAR	APR	MAY	JUNE	JULY	AUG	SEPT	OCT	NOV	DEC
1	29 28 28 28 34 31 36 4 18 12	32 33 30 32 1 32 1 4 18 12	35 34 34 35 3 32 1 5 18 12	2 3 4 3 5 33 1 5 17 12	5 7 3 7 7 33 2 5 17 12	8 12 5 10 9 34 2 5 17 12	10 16 11 14 11 34 2 5 17 12	13 21 16 18 13 33 2 5 17 12	16 25 16 21 15 33 2 5 18 13	19 29 19 24 17 33 2 5 18 13	22 33 24 25 19 33 2 5 18 13	25 36 27 24 21 33 2 5 18 13
2	29 30 28 28 34 31 36 4 18 12	32 34 30 32 1 32 1 4 18 12	35 35 34 35 3 32 1 5 18 12	2 4 4 3 5 33 1 5 17 12	5 8 3 7 7 33 2 5 17 12	8 13 6 11 9 34 2 5 17 12	10 17 12 14 11 34 2 5 17 12	13 22 16 18 13 33 2 5 17 12	16 27 16 21 15 33 2 5 18 13	19 30 19 24 17 33 2 5 18 13	22 34 24 25 19 33 2 5 18 13	25 1 27 24 21 33 2 5 18 13
3	29 31 28 28 34 31 36 4 18 12	32 36 30 32 1 32 1 4 18 12	35 1 34 35 3 32 1 5 17 12	2 6 4 3 5 33 1 5 17 12	5 10 3 7 7 33 2 5 17 12	8 15 6 11 9 34 2 5 17 12	11 19 12 14 11 34 2 5 17 12	14 23 16 18 13 33 2 5 17 13	17 28 15 21 15 33 2 5 18 13	19 31 19 24 17 33 2 5 18 13	23 35 24 25 19 33 2 5 18 13	26 3 27 24 21 33 2 5 18 13
4	29 32 28 28 35 31 36 4 18 12	32 1 30 32 1 32 1 4 18 12	35 2 34 36 3 32 1 5 17 12	2 7 4 3 5 33 1 5 17 12	5 11 3 7 7 33 2 5 17 12	8 16 6 11 9 34 2 5 17 12	11 20 12 14 11 34 2 5 17 12	14 25 16 18 13 33 2 5 17 12	17 29 15 21 15 33 2 5 18 13	20 32 19 24 17 33 2 5 18 13	23 1 24 25 19 33 2 5 18 13	26 4 27 24 21 33 2 5 18 13
5	29 33 28 28 35 31 36 4 18 12	32 2 30 32 1 32 1 4 18 12	35 3 35 36 3 32 1 5 17 12	2 9 4 4 5 33 1 5 17 12	5 12 3 7 7 33 2 5 17 12	8 18 6 11 9 34 2 5 17 12	11 21 12 14 11 34 2 5 17 12	14 26 16 18 13 33 2 5 17 13	17 30 15 21 15 33 2 5 18 13	20 33 19 24 17 33 2 5 18 13	23 2 24 25 19 33 2 5 18 13	26 6 27 24 21 33 2 5 18 13
6	29 35 28 28 35 31 36 4 18 12	32 4 30 32 1 32 1 4 18 12	35 5 35 36 3 32 1 5 17 12	2 10 4 4 5 33 1 5 17 12	5 14 3 7 7 33 2 5 17 12	8 19 6 11 9 34 2 5 17 12	11 22 12 15 11 34 2 5 17 12	14 27 16 18 13 33 2 5 17 13	17 31 15 21 15 33 2 5 18 13	20 35 20 24 17 33 2 5 18 13	23 3 24 25 19 33 2 5 18 13	26 7 27 23 21 33 2 5 18 13
7	29 36 27 29 35 31 36 4 18 12	32 5 30 32 1 32 1 4 18 12	35 6 35 36 3 32 1 5 17 12	2 11 4 4 5 33 1 5 17 12	5 15 3 7 7 33 2 5 17 12	8 20 6 11 10 34 2 5 17 12	11 24 13 15 12 34 2 5 17 12	14 28 17 18 14 33 2 5 17 13	17 33 15 22 15 33 2 5 18 13	20 36 20 24 17 33 2 5 18 13	23 5 25 25 19 33 2 5 18 13	26 9 27 23 21 33 2 5 18 13
8	29 1 27 29 35 31 36 4 18 12	32 6 31 33 1 32 1 4 18 12	35 7 35 36 3 32 1 5 17 12	2 13 4 4 5 33 1 5 17 12	5 17 3 8 8 33 2 5 17 12	8 21 7 11 10 34 2 5 17 12	11 25 13 15 12 34 2 5 17 12	14 29 17 18 14 33 2 5 17 13	17 34 15 22 16 33 2 5 18 13	20 1 20 24 17 33 2 5 18 13	23 6 25 25 19 33 2 5 18 13	26 10 27 23 21 33 2 5 18 13
9	29 3 27 29 35 31 36 4 18 12	33 8 31 33 1 32 1 4 18 12	35 9 35 36 3 32 1 5 17 12	2 14 4 4 6 33 1 5 17 12	5 18 3 8 8 33 2 5 17 12	8 23 7 11 10 34 2 5 17 12	11 26 13 15 12 34 2 5 17 12	14 30 17 18 14 33 2 5 17 13	17 35 15 22 16 33 2 5 18 13	20 3 20 24 18 33 2 5 18 13	23 8 25 25 19 33 2 5 18 13	26 12 27 23 21 33 2 5 18 13
10	29 4 27 29 35 31 36 4 18 12	33 9 31 33 1 32 1 4 18 12	35 10 36 36 3 32 1 5 17 12	2 16 4 4 6 33 1 5 17 12	5 19 3 8 8 33 2 5 17 12	8 24 7 12 10 34 2 5 17 12	11 27 13 15 12 34 2 5 17 12	14 32 17 19 14 33 2 5 17 13	17 36 16 22 16 33 2 5 18 13	20 4 20 24 18 33 2 5 18 13	23 9 25 25 20 33 2 5 18 13	26 13 27 23 21 33 2 5 18 13
11	30 5 27 29 35 31 36 4 18 12	33 11 31 33 1 32 1 5 18 12	36 12 36 36 3 32 1 5 17 12	3 17 4 4 6 33 1 5 17 12	6 20 3 8 8 33 2 5 17 12	9 25 7 12 10 34 2 5 17 12	11 28 13 15 12 34 2 5 17 12	14 33 17 19 14 33 2 5 17 13	17 2 16 22 16 33 2 5 18 13	20 5 20 24 18 33 2 5 18 13	23 11 25 25 20 33 2 5 18 13	26 14 27 23 21 33 2 5 18 13
12	30 7 27 29 35 31 36 4 18 12	33 12 31 33 1 32 1 5 18 12	36 13 36 1 4 32 1 5 17 12	3 18 4 4 6 33 1 5 17 12	6 22 3 8 8 33 2 5 17 12	9 26 7 12 10 34 2 5 17 12	11 30 13 15 12 34 2 5 17 12	14 34 17 19 14 33 2 5 17 13	17 3 16 22 16 33 2 5 18 13	20 7 21 24 18 33 2 5 18 13	23 12 25 25 20 33 2 5 18 13	26 16 27 23 22 33 2 5 18 13
13	30 8 28 29 35 31 36 4 18 12	33 14 31 33 2 32 1 5 18 12	36 14 36 1 4 32 1 5 17 12	3 20 4 5 6 33 1 5 17 12	6 23 3 8 8 33 2 5 17 12	9 27 8 12 10 34 2 5 17 12	12 31 14 15 12 34 2 5 17 12	15 35 17 19 14 33 2 5 17 13	18 4 16 22 16 33 2 5 18 13	20 8 21 24 18 33 2 5 18 13	24 13 25 25 20 33 2 5 18 13	27 17 27 23 22 33 2 5 18 13
14	30 10 28 29 35 31 1 4 18 12	33 15 31 33 2 32 1 5 18 12	36 16 36 1 4 32 1 5 17 12	3 21 4 5 6 33 1 5 17 12	6 24 3 8 8 34 2 5 17 12	9 29 8 12 10 34 2 5 17 12	12 32 14 16 12 34 2 5 17 12	15 1 17 19 14 33 2 5 17 13	18 6 16 22 16 33 2 5 18 13	21 9 21 25 18 33 2 5 18 13	24 15 26 25 20 33 2 5 18 13	27 19 27 23 22 33 2 5 18 13
15	30 11 28 30 35 31 1 4 18 12	33 16 32 33 2 32 1 5 18 12	36 17 1 1 4 32 1 5 17 12	3 22 4 5 6 33 2 5 17 12	6 25 3 8 8 34 2 5 17 12	9 30 8 12 10 34 2 5 17 12	12 33 14 16 12 34 2 5 17 12	15 2 17 19 14 33 2 5 17 13	18 7 16 22 16 33 2 5 18 13	21 11 21 25 18 33 2 5 18 13	24 16 26 24 20 33 2 5 18 13	27 20 26 24 22 33 2 5 18 13
16	30 13 28 30 35 31 1 4 18 12	33 18 32 34 2 32 1 5 18 12	36 19 1 1 4 32 1 5 17 12	3 23 4 5 6 33 2 5 17 12	6 27 3 9 8 34 2 5 17 12	9 31 8 12 10 34 2 5 17 12	12 34 14 16 12 34 2 5 17 12	15 3 17 19 14 33 2 5 17 13	18 8 16 22 16 33 2 5 18 13	21 12 21 25 18 33 2 5 18 13	24 18 26 24 20 33 2 5 18 13	27 21 26 24 22 33 2 5 18 13
17	30 14 28 30 36 31 1 4 18 12	33 19 32 34 2 32 1 5 18 12	36 20 1 1 4 33 1 5 17 12	3 25 4 5 6 33 2 5 17 12	6 28 4 9 8 34 2 5 17 12	9 32 8 12 10 34 2 5 17 12	12 36 14 16 12 34 2 5 17 12	15 5 17 19 14 33 2 5 17 13	18 10 16 23 16 33 2 5 18 13	21 14 21 25 18 33 2 5 18 13	24 19 26 24 20 33 2 5 18 13	27 23 26 24 22 33 2 5 18 13
18	30 16 28 30 36 31 1 4 18 12	33 21 32 34 2 32 1 5 18 12	36 21 1 1 4 33 1 5 17 12	3 26 4 5 6 33 2 5 17 12	6 29 4 9 8 34 2 5 17 12	9 33 9 12 10 34 2 5 17 12	12 1 14 16 12 34 2 5 17 12	15 6 17 19 14 33 2 5 17 13	18 11 16 23 16 33 2 5 18 13	21 15 22 25 18 33 2 5 18 13	24 20 26 24 20 33 2 5 18 13	27 24 26 24 22 33 2 5 18 13
19	30 17 28 30 36 31 1 4 18 12	34 22 32 34 2 32 1 5 18 12	36 23 1 1 4 33 1 5 17 12	3 27 4 5 6 33 2 5 17 12	6 30 4 9 8 34 2 5 17 12	9 35 9 13 10 34 2 5 17 12	12 2 15 16 12 34 2 5 17 12	15 7 17 20 14 33 2 5 17 13	18 13 17 23 16 33 2 5 18 13	21 16 22 25 18 33 2 5 18 13	24 22 26 24 20 33 2 5 18 13	27 25 26 24 22 33 2 5 18 13
20	30 18 28 30 36 31 1 4 18 12	34 23 32 34 2 32 1 5 18 12	36 24 2 2 4 33 1 5 17 12	3 28 4 5 6 33 2 5 17 12	6 31 4 9 8 34 2 5 17 12	9 36 9 13 10 34 2 5 17 12	12 4 15 16 12 34 2 5 17 12	15 9 17 20 14 33 2 5 17 13	18 14 17 23 16 33 2 5 18 13	21 18 22 25 18 33 2 5 18 13	24 23 26 24 20 33 2 5 18 13	27 26 26 24 22 33 2 5 18 13
21	31 20 28 30 36 31 1 4 18 12	34 24 33 34 2 32 1 5 18 12	1 25 2 2 4 33 1 5 17 12	4 29 4 5 6 33 2 5 17 12	6 33 4 9 8 34 2 5 17 12	9 1 9 13 10 34 2 5 17 12	12 5 15 16 12 34 2 5 17 12	15 10 16 20 14 33 2 5 18 13	18 16 17 23 16 33 2 5 18 13	21 19 22 25 18 33 2 5 18 13	24 24 27 24 20 33 2 5 18 13	27 27 26 24 22 33 2 5 18 13
22	31 21 28 30 36 31 1 4 18 12	34 25 33 34 2 32 1 5 18 12	1 26 2 2 4 33 1 5 17 12	4 31 4 6 6 33 2 5 17 12	7 34 4 9 8 34 2 5 17 12	10 3 10 13 11 34 2 5 17 12	12 6 15 16 12 34 2 5 17 12	15 12 16 20 14 33 2 5 18 13	18 17 17 23 16 33 2 5 18 13	21 20 22 25 18 33 2 5 18 13	24 25 27 24 20 33 2 5 18 13	28 29 26 24 22 33 2 5 18 13
23	31 22 28 31 36 31 1 4 18 12	34 27 33 34 2 32 1 5 18 12	1 27 2 2 4 33 1 5 17 12	4 32 3 6 6 33 2 5 17 12	7 35 4 9 9 34 2 5 17 12	10 4 10 13 11 34 2 5 17 12	13 8 15 17 13 34 2 5 17 12	15 13 16 20 15 33 2 5 18 13	18 18 17 23 16 33 2 5 18 13	21 22 22 25 18 33 2 5 18 13	25 27 27 24 20 33 2 5 18 13	28 30 26 24 22 33 2 5 18 13
24	31 23 29 31 36 31 1 4 18 12	34 28 33 35 2 32 1 5 18 12	1 29 2 2 4 33 1 5 17 12	4 33 3 6 6 33 2 5 17 12	7 36 4 9 9 34 2 5 17 12	10 5 10 13 11 34 2 5 17 12	13 9 15 17 13 34 2 5 17 12	16 15 16 20 15 33 2 5 18 13	19 20 17 23 17 33 2 5 18 13	22 23 22 25 18 33 2 5 18 13	25 28 27 24 20 33 2 5 18 13	28 31 26 24 22 33 2 5 18 13
25	31 25 29 31 36 31 1 4 18 12	34 29 33 35 2 32 1 5 18 12	1 30 3 2 4 33 1 5 17 12	4 34 3 6 6 33 2 5 17 12	7 2 4 10 9 34 2 5 17 12	10 7 10 13 11 34 2 5 17 12	13 11 15 17 13 34 2 5 17 12	16 16 16 20 15 33 2 5 18 13	19 21 18 23 17 33 2 5 18 13	22 25 23 25 19 33 2 5 18 13	25 29 27 24 20 33 2 5 18 13	28 32 26 24 22 33 2 5 18 13
26	31 26 29 31 36 31 1 4 18 12	34 30 33 35 3 32 1 5 18 12	1 31 3 2 5 33 1 5 17 12	4 36 3 6 6 33 2 5 17 12	7 3 5 10 9 34 2 5 17 12	10 8 10 13 11 34 2 5 17 12	13 12 15 17 13 34 2 5 17 12	16 18 16 20 15 33 2 5 18 13	19 22 18 23 17 33 2 5 18 13	22 26 23 25 19 33 2 5 18 13	25 30 27 24 21 33 2 5 18 13	28 33 26 24 22 33 2 5 18 13
27	31 27 29 31 36 31 1 4 18 12	34 31 34 35 3 32 1 5 18 12	1 32 3 2 5 33 1 5 17 12	4 1 3 6 7 33 2 5 17 12	7 5 5 10 9 34 2 5 17 12	10 10 11 14 11 34 2 5 17 12	13 14 16 17 13 34 2 5 17 12	16 19 16 20 15 33 2 5 18 13	19 24 18 23 17 33 2 5 18 13	22 27 23 25 19 33 2 5 18 13	25 31 27 24 21 33 2 5 18 13	28 35 26 24 22 33 2 5 18 13
28	31 28 29 31 36 31 1 4 18 12	34 33 34 35 3 32 1 5 18 12	1 33 3 3 5 33 1 5 17 12	4 2 3 6 7 33 2 5 17 12	7 6 5 10 9 34 2 5 17 12	10 11 11 14 11 34 2 5 17 12	13 15 16 17 13 34 2 5 17 12	16 20 16 21 15 33 2 5 18 13	19 25 18 23 17 33 2 5 18 13	22 28 23 25 19 33 2 5 18 13	25 33 27 24 21 33 2 5 18 13	28 36 26 24 23 33 2 5 18 13
29	31 29 29 31 36 31 1 4 18 12		1 35 3 3 5 33 1 5 17 12	4 4 3 6 7 33 2 5 17 12	7 7 5 10 9 34 2 5 17 12	10 13 11 14 11 34 2 5 17 12	13 17 16 17 13 34 2 5 17 12	16 22 16 21 15 33 2 5 18 13	19 26 18 24 17 33 2 5 18 13	22 29 23 25 19 33 2 5 18 13	25 34 27 24 21 33 2 5 18 13	28 1 26 24 23 33 2 5 18 13
30	32 31 29 31 1 31 1 4 18 12		1 36 3 3 5 33 1 5 17 12	4 5 3 7 7 33 2 5 17 12	7 9 5 10 9 34 2 5 17 12	10 14 11 14 11 34 2 5 17 12	13 18 16 17 13 33 2 5 17 12	16 23 16 21 15 33 2 5 18 13	19 27 18 24 17 33 2 5 18 13	22 31 23 25 19 33 2 5 18 13	25 35 27 24 21 33 2 5 18 13	28 2 26 24 23 34 2 5 18 13
31	32 32 29 32 36 31 1 4 18 12		2 2 3 3 5 33 1 5 17 12		7 10 5 10 9 34 2 5 17 12		13 20 16 17 13 33 2 5 17 12	16 24 16 21 15 33 2 5 18 13		22 32 24 25 19 33 2 5 18 13		28 4 26 24 23 34 2 5 18 13

1939

	JAN	FEB	MAR	APR	MAY	JUNE	JULY	AUG	SEPT	OCT	NOV	DEC
1	29 5 26 24 23 34 2 5 18 13	32 10 31 27 25 34 2 5 18 13	35 11 35 30 26 35 2 5 18 12	2 16 2 34 28 36 2 5 18 12	5 20 2 1 30 36 3 5 18 12	8 25 7 5 31 1 3 5 18 12	10 28 13 9 31 1 3 6 18 13	13 33 15 12 30 1 4 6 18 13	16 1 15 16 30 1 4 6 18 13	19 5 20 20 31 1 3 6 18 13	22 10 25 24 32 36 3 6 18 13	25 14 25 28 34 36 3 5 18 13
2	29 6 26 24 23 34 2 5 18 13	32 12 31 27 25 34 2 5 18 13	35 12 36 30 26 35 2 5 18 12	2 18 2 34 28 36 2 5 18 12	5 22 2 1 30 36 3 5 18 12	8 26 7 5 31 1 3 5 18 12	10 30 13 9 31 1 3 6 18 13	13 34 15 13 30 1 4 6 18 13	16 3 15 16 30 1 4 6 18 13	19 6 20 20 31 1 3 6 18 13	22 11 25 24 32 36 3 6 18 13	25 15 25 28 34 36 3 5 18 13
3	29 8 26 24 23 34 2 5 18 13	32 13 31 27 25 34 2 5 18 13	35 14 36 30 26 35 2 5 18 12	2 19 2 34 28 36 2 5 18 12	5 23 2 1 30 36 3 5 18 12	8 28 7 5 31 1 3 5 18 12	11 31 13 9 31 1 3 6 18 13	14 35 15 13 30 1 4 6 18 13	16 4 15 16 30 1 4 6 18 13	19 7 20 20 31 1 3 6 18 13	23 13 25 24 33 36 3 6 18 13	26 16 24 28 34 36 3 5 18 13
4	29 9 27 24 23 34 2 5 18 13	32 15 31 27 25 34 2 5 18 13	35 15 36 30 26 35 2 5 18 12	2 21 2 34 28 36 3 5 18 12	5 24 2 2 30 36 3 5 18 12	8 29 7 5 31 1 3 5 18 12	11 32 13 9 31 1 3 6 18 13	14 1 15 13 30 1 4 6 18 13	17 5 15 17 30 1 4 6 18 13	20 9 20 20 31 1 3 6 18 13	23 14 25 24 33 36 3 6 18 13	26 18 24 28 34 36 3 5 18 13
5	29 11 26 25 23 34 2 5 18 13	32 16 31 27 25 34 2 5 18 13	35 17 36 31 26 35 2 5 18 12	2 22 2 34 28 36 3 5 18 12	5 26 2 2 30 36 3 5 18 12	8 30 8 5 31 1 3 5 18 12	11 33 13 9 31 1 3 6 18 13	14 2 15 13 30 1 4 6 18 13	17 6 15 17 30 1 4 6 18 13	20 10 21 20 31 1 3 6 18 13	23 15 25 24 33 36 3 6 18 13	26 19 24 28 35 36 3 5 18 13
6	29 12 26 25 23 34 2 5 18 13	32 18 32 28 25 34 2 5 18 13	35 18 36 31 26 35 2 5 18 12	2 23 2 34 28 36 3 5 18 12	5 27 2 2 30 36 3 5 18 12	8 31 8 6 31 1 3 5 18 12	11 34 13 9 31 1 4 5 18 13	14 3 15 13 30 1 4 6 18 13	17 8 15 17 30 1 4 6 18 13	20 11 21 21 31 1 3 6 18 13	23 17 25 24 33 36 3 6 18 13	26 21 24 28 35 36 3 5 18 13
7	29 14 26 25 23 34 2 5 18 13	32 19 32 28 25 34 2 5 18 12	35 20 1 31 27 35 2 5 18 12	2 25 1 34 28 36 3 5 18 12	5 28 3 2 30 36 3 5 18 12	8 32 8 6 31 1 3 5 18 12	11 36 14 9 31 1 4 5 18 13	14 4 14 13 30 1 4 6 18 13	17 9 16 17 30 1 4 6 18 13	20 13 21 21 31 1 3 6 18 13	23 18 25 25 33 36 3 6 18 13	26 22 24 28 35 36 3 5 18 13
8	29 15 26 25 23 34 2 5 18 13	32 21 32 28 25 34 2 5 18 12	35 21 1 31 27 35 2 5 18 12	2 26 1 34 28 36 3 5 18 12	5 29 3 2 30 36 3 5 18 12	8 34 8 6 31 1 3 5 18 12	11 1 14 9 31 1 4 5 18 13	14 5 14 13 30 1 4 6 18 13	17 10 16 17 30 1 4 6 18 13	20 14 21 21 31 1 3 6 18 13	23 20 25 25 33 36 3 6 18 13	26 23 24 28 35 36 3 5 18 13
9	29 17 26 25 23 34 2 5 18 13	33 22 32 28 25 34 2 5 18 12	35 23 1 31 27 35 2 5 18 12	2 27 1 35 29 36 3 5 18 12	5 30 3 2 30 36 3 5 18 12	8 35 9 6 31 1 3 5 18 12	11 2 14 10 31 1 4 5 18 13	14 7 14 13 30 1 4 6 18 13	17 12 16 17 30 1 4 6 18 13	20 16 21 21 31 1 3 6 18 13	23 21 25 25 33 36 3 6 18 13	26 25 24 29 35 36 3 5 18 13
10	29 18 26 25 23 34 2 5 18 13	33 23 32 28 25 34 2 5 18 12	35 24 1 31 27 35 2 5 18 12	2 28 1 35 29 36 3 5 18 12	5 32 3 2 30 36 3 5 18 12	8 36 9 6 31 1 3 5 18 12	11 3 14 10 31 1 4 5 18 13	14 8 14 14 30 1 4 6 18 13	17 13 16 17 30 1 4 6 18 13	20 17 21 21 31 1 3 6 18 13	23 23 25 25 33 36 3 6 18 13	26 26 24 29 35 36 3 5 18 13
11	30 20 26 25 23 34 2 5 18 13	33 24 32 28 25 34 2 5 18 12	36 25 1 31 27 35 2 5 18 12	3 30 1 35 29 36 3 5 18 12	6 33 3 2 30 1 3 5 18 12	8 1 9 6 31 1 3 5 18 12	11 5 14 10 31 1 4 5 18 12	14 10 14 14 30 1 4 6 18 13	17 15 16 17 30 1 4 6 18 13	20 19 22 21 31 1 3 6 18 13	23 24 26 25 33 36 3 6 18 13	26 27 24 29 35 36 3 5 18 13
12	30 21 28 25 23 34 2 5 18 13	33 26 32 28 25 34 2 5 18 12	36 26 1 31 27 35 2 5 18 12	3 31 1 35 29 36 3 5 18 12	6 34 3 3 30 1 3 5 18 12	9 3 9 6 31 1 3 5 18 12	11 6 14 10 31 1 4 5 18 13	14 11 14 14 30 1 4 6 18 13	17 16 17 18 30 1 4 6 18 13	20 20 22 21 31 1 3 6 18 13	23 25 26 25 33 36 3 5 18 13	26 28 24 29 35 36 3 5 18 13
13	30 22 28 25 24 34 2 5 18 13	33 27 32 28 25 35 2 5 18 12	36 28 1 31 27 35 2 5 18 12	3 32 1 35 29 36 3 5 18 12	6 35 3 3 30 1 3 5 18 12	9 4 9 6 31 1 3 5 18 12	12 7 14 10 31 1 4 5 18 13	14 13 14 14 30 1 4 6 18 13	17 18 17 18 30 1 4 6 18 13	20 21 22 21 31 1 3 6 18 13	24 27 26 25 33 36 3 5 18 13	27 30 24 29 35 36 3 5 18 13
14	30 23 28 25 24 34 2 5 18 13	33 28 33 28 25 35 2 5 18 12	36 29 2 32 27 35 2 5 18 12	3 33 1 35 29 36 3 5 18 12	6 36 4 3 30 1 3 5 18 12	9 5 10 7 31 1 3 5 18 13	12 9 14 10 31 1 4 5 18 13	15 14 14 14 30 1 4 6 18 13	18 19 17 18 30 1 4 6 18 13	21 22 22 22 31 1 3 6 18 13	24 28 26 25 33 36 3 5 18 13	27 31 25 29 35 36 3 5 18 13
15	30 25 28 25 24 34 2 5 18 13	33 29 33 29 26 35 2 5 18 12	36 30 2 32 27 35 2 5 18 12	3 34 1 35 29 36 3 5 18 13	6 2 4 3 30 1 3 5 18 12	9 7 10 7 31 1 3 5 18 13	12 10 14 10 31 1 4 5 18 13	15 16 14 14 30 1 4 6 18 13	18 21 17 18 30 1 4 6 18 13	21 24 22 22 31 1 3 6 18 13	24 29 26 26 33 36 3 5 18 13	27 32 25 29 35 36 3 5 18 13
16	30 26 28 25 24 34 2 5 18 13	33 30 33 29 26 35 2 5 18 12	36 31 2 32 27 35 2 5 18 12	3 36 1 35 29 36 3 5 18 13	6 3 4 3 30 1 3 5 18 12	9 8 10 7 31 1 3 5 18 13	12 12 14 10 31 1 4 5 18 13	15 17 14 14 30 1 4 6 18 13	18 22 17 18 30 1 4 6 18 13	21 25 22 22 32 1 3 6 18 13	24 30 26 26 33 36 3 5 18 13	27 34 25 29 35 36 3 5 18 13
17	30 27 28 26 24 34 2 5 18 13	33 32 33 29 26 35 2 5 18 12	36 32 2 32 27 35 2 5 18 12	3 1 1 36 29 36 3 5 18 12	6 4 4 3 30 1 3 5 18 12	9 9 10 7 31 1 3 5 18 13	12 13 15 11 31 1 4 5 18 13	15 19 14 14 30 1 4 6 18 13	18 23 17 18 30 1 4 6 18 13	21 26 22 22 32 1 3 6 18 13	24 32 26 26 33 36 3 5 18 13	27 35 25 30 35 36 3 5 18 13
18	30 28 28 26 24 34 2 5 18 13	33 33 33 29 26 35 2 5 18 12	36 34 2 32 27 35 2 5 18 12	3 2 1 36 29 36 3 5 18 12	6 6 4 3 30 1 3 5 18 12	9 11 10 7 31 1 3 5 18 13	12 15 15 11 31 1 4 5 18 13	15 20 14 14 30 1 4 6 18 13	18 25 18 18 30 1 4 6 18 13	21 28 23 22 32 1 3 6 18 13	24 33 26 26 33 36 3 5 18 13	27 36 25 30 35 36 3 5 18 13
19	30 29 29 26 24 34 2 5 18 13	34 34 34 29 26 35 2 5 18 12	36 35 2 32 27 35 2 5 18 12	3 3 1 36 29 36 3 5 18 12	6 7 4 3 30 1 3 5 18 12	9 12 11 7 31 1 3 6 18 13	12 16 15 11 31 1 4 5 18 13	15 22 14 15 30 1 4 6 18 13	18 26 18 18 30 1 4 6 18 13	21 29 23 22 32 1 3 6 18 13	24 34 26 26 34 36 3 5 18 13	27 1 25 30 35 36 3 5 18 13
20	30 31 29 26 24 34 2 5 18 13	34 35 34 29 26 35 2 5 18 12	36 36 2 32 27 35 2 5 18 12	3 5 1 36 29 36 3 5 18 12	6 8 5 4 30 1 3 5 18 12	9 14 11 7 31 1 3 6 18 13	12 18 15 11 31 1 4 5 18 13	15 23 14 15 30 1 4 6 18 13	18 28 18 19 30 1 4 6 18 13	21 31 23 22 32 1 3 6 18 13	24 35 26 26 34 36 3 5 18 13	27 2 25 30 35 1 3 5 18 13
21	31 32 29 26 24 34 2 5 18 13	34 36 34 29 26 35 2 5 18 12	1 1 2 32 28 35 2 5 18 12	4 6 1 36 29 36 3 5 18 12	6 10 5 4 30 1 3 5 18 12	9 15 11 7 31 1 3 6 18 13	12 19 15 11 31 1 4 5 18 13	15 24 14 15 30 1 4 6 18 13	18 29 18 19 30 1 4 6 18 13	21 32 23 22 32 1 3 6 18 13	24 36 26 26 34 36 3 5 18 13	27 4 25 30 35 1 3 5 18 13
22	31 33 29 26 24 34 2 5 18 13	34 2 34 29 26 35 2 5 18 12	1 3 2 32 28 35 2 5 18 12	4 7 1 36 29 36 3 5 18 12	7 11 5 4 30 1 3 5 18 12	10 17 11 8 31 1 3 6 18 13	12 21 15 11 30 1 4 5 18 13	15 25 14 15 30 1 4 6 18 13	18 30 18 19 30 1 3 5 18 13	21 33 23 23 32 1 3 6 18 13	24 2 26 26 34 36 3 5 18 13	27 5 25 30 35 1 3 5 18 13
23	31 34 29 26 24 34 2 5 18 13	34 3 34 29 26 35 2 5 18 12	1 4 2 33 28 35 2 5 18 12	4 9 1 36 29 36 3 5 18 12	7 13 5 4 30 1 3 5 18 12	10 18 11 8 31 1 3 6 18 13	12 22 15 11 30 1 4 5 18 13	15 27 14 15 30 1 4 6 18 13	18 31 19 19 30 1 3 5 18 13	21 34 23 23 32 1 3 6 18 13	25 3 26 27 34 36 3 5 18 13	28 6 26 30 36 1 3 5 18 13
24	31 35 29 26 24 34 2 5 18 13	34 4 35 29 26 35 2 5 18 12	1 5 2 33 28 35 2 5 18 12	4 10 1 36 29 36 3 5 18 12	7 14 5 4 30 1 3 5 18 12	10 19 12 8 31 1 3 6 18 13	13 23 15 11 30 1 4 5 18 13	16 28 14 15 30 1 4 6 18 13	19 32 19 19 31 1 3 5 18 13	22 36 23 23 32 1 3 6 18 13	25 4 25 27 34 36 3 5 18 13	28 8 26 30 36 1 3 5 18 13
25	31 1 29 26 24 34 2 5 18 13	34 5 35 30 26 35 2 5 18 12	1 6 2 33 28 35 2 5 18 12	4 12 1 1 29 36 3 5 18 12	7 16 5 4 31 1 3 5 18 12	10 21 12 8 31 1 3 6 18 13	13 24 15 12 30 1 4 5 18 13	16 29 14 15 30 1 4 6 18 13	19 34 19 19 31 1 3 5 18 13	22 1 24 23 32 1 3 6 18 13	25 5 25 27 34 36 3 5 18 13	28 9 26 31 36 1 3 5 18 13
26	31 2 30 26 24 34 2 5 18 13	34 7 35 30 26 35 2 5 18 12	1 8 2 33 28 35 2 5 18 12	4 13 1 1 29 36 3 5 18 12	7 17 6 4 31 1 3 5 18 12	10 22 12 8 31 1 3 6 18 13	13 26 15 12 30 1 4 5 18 13	16 30 14 15 30 1 4 6 18 13	19 35 19 19 31 1 3 5 18 13	21 2 24 23 32 1 3 6 18 13	25 7 25 27 34 36 3 5 18 13	28 10 26 31 36 1 3 5 18 13
27	31 3 30 27 24 34 2 5 18 13	34 8 35 30 26 35 2 5 18 12	1 9 2 33 28 36 2 5 18 12	4 14 2 1 29 36 3 5 18 12	7 18 6 4 31 1 3 5 18 12	10 23 12 8 31 1 3 6 18 13	13 27 15 12 30 1 4 5 18 13	16 31 14 16 30 1 4 6 18 13	19 36 19 19 31 1 3 5 18 13	21 3 24 23 32 1 3 6 18 13	25 8 25 27 34 36 3 5 18 13	28 12 26 31 36 1 3 5 18 13
28	31 4 30 27 24 34 2 5 18 13	34 10 35 30 26 35 2 5 18 12	1 10 2 33 28 36 2 5 18 12	4 16 2 1 29 36 3 5 18 12	7 20 6 4 31 1 3 5 18 12	10 25 12 8 31 1 3 6 18 13	13 28 15 12 30 1 4 5 18 13	16 33 14 16 30 1 4 6 18 13	19 1 19 20 31 1 3 5 18 13	21 5 24 23 32 1 3 6 18 13	25 9 25 27 34 36 3 5 18 13	28 13 26 31 36 1 3 5 18 13
29	31 6 30 27 25 34 2 5 18 13		1 12 2 33 28 36 2 5 18 12	4 17 2 1 30 36 3 5 18 12	7 21 6 5 31 1 3 5 18 12	10 26 12 8 31 1 3 6 18 13	13 29 15 12 30 1 4 5 18 13	16 34 14 16 30 1 4 6 18 13	19 2 20 20 31 1 3 5 18 13	21 6 24 23 32 1 3 6 18 13	25 11 25 27 34 36 3 5 18 13	28 15 26 31 36 1 3 5 18 13
30	31 7 30 27 25 34 2 5 18 13		1 13 2 33 28 36 2 5 18 12	4 19 2 1 30 36 3 5 18 12	7 22 6 5 31 1 3 5 18 12	10 27 13 8 31 1 3 6 18 13	13 31 15 12 30 1 4 5 18 13	16 35 14 16 30 1 4 6 18 13	19 4 20 20 31 1 3 5 18 13	21 7 24 24 32 36 3 6 18 13	25 12 25 27 34 36 3 5 18 13	28 16 27 31 36 1 3 5 18 13
31	32 9 30 27 25 34 2 5 18 13		2 15 2 34 28 36 2 5 18 12		7 24 7 5 31 1 3 5 18 12		13 32 15 12 30 1 4 5 18 13	16 36 14 16 30 1 4 6 18 13		21 8 24 24 32 36 3 6 18 13		28 18 27 31 36 1 3 5 18 13

1940

	JAN	FEB	MAR	APR	MAY	JUNE	JULY	AUG	SEPT	OCT	NOV	DEC
1	29 19 27 31 36 1 3 5 18 13	32 24 32 35 2 1 3 5 18 13	35 26 36 3 4 2 3 5 18 13	2 31 35 6 6 2 4 5 18 13	5 34 3 9 8 3 4 6 18 13	8 3 9 11 10 4 4 6 18 13	10 6 13 10 12 4 5 6 18 13	13 11 12 10 14 5 5 6 18 13	16 16 16 12 16 5 5 6 18 13	19 21 21 15 18 5 5 6 18 13	22 25 24 18 20 5 5 6 18 13	25 29 23 22 22 4 4 6 18 13
2	29 20 27 32 36 1 3 5 18 13	32 25 32 35 3 1 3 5 18 13	35 28 36 3 4 2 3 5 18 13	2 32 35 6 7 2 4 5 18 13	5 35 3 9 9 3 4 6 18 13	8 4 9 11 11 4 4 6 18 13	11 7 13 10 12 4 5 6 18 13	14 12 12 10 14 5 5 6 18 13	16 17 16 12 16 5 5 6 18 13	19 22 21 15 18 5 5 6 18 13	23 26 24 19 20 5 5 6 18 13	26 30 24 22 22 4 4 6 18 13
3	29 22 27 32 36 1 3 5 18 13	32 27 32 35 3 1 3 5 18 13	35 29 36 3 5 2 3 5 18 13	2 33 35 6 7 2 4 5 18 13	5 1 3 9 9 3 4 6 18 13	8 5 9 11 11 4 4 6 18 13	11 9 13 10 13 4 5 6 18 13	14 14 12 10 14 5 5 6 18 13	17 19 16 12 16 5 5 6 18 13	20 23 22 15 18 5 5 6 18 13	23 28 24 19 20 5 5 6 18 13	26 31 24 22 22 4 4 6 18 13
4	29 23 27 32 1 1 3 5 18 13	32 28 32 36 3 1 3 5 18 13	35 30 36 3 5 2 3 5 18 13	2 35 35 6 7 2 4 5 18 13	5 2 3 9 9 3 4 6 18 13	8 6 9 11 11 4 4 6 18 13	11 10 13 10 13 4 5 6 18 13	14 15 12 10 15 5 5 6 18 13	17 20 17 12 17 5 5 6 18 13	20 24 22 15 18 5 5 6 18 13	23 29 24 19 20 5 5 6 18 13	26 33 24 22 22 4 4 6 18 13
5	29 24 27 32 1 1 3 5 18 13	32 29 32 36 3 1 3 5 18 13	35 31 1 3 5 2 3 5 18 13	2 36 35 7 7 3 4 5 18 13	5 3 3 9 9 3 4 6 18 13	8 8 10 11 11 4 4 6 18 13	11 11 13 10 13 5 5 6 18 13	14 16 12 10 15 5 5 6 18 13	17 22 17 12 17 5 5 6 18 13	20 26 22 15 18 5 5 6 18 13	23 31 24 19 21 5 5 6 18 13	26 34 24 23 22 4 4 6 18 13
6	29 26 28 32 1 1 3 5 18 13	32 30 33 36 3 1 3 5 18 13	35 33 1 3 5 2 3 5 18 13	2 1 35 7 7 3 4 5 18 13	5 4 3 9 9 3 4 6 18 13	8 9 10 11 11 4 4 6 18 13	11 13 13 9 13 5 5 6 18 13	14 18 12 10 15 5 5 6 18 13	17 23 17 12 17 5 5 6 18 13	20 27 22 15 19 5 5 6 18 13	23 32 24 19 21 5 5 6 18 13	26 35 24 23 23 4 4 6 18 13
7	29 27 28 32 1 1 3 5 18 13	32 32 33 36 3 1 3 5 18 13	35 34 1 3 5 2 3 5 18 13	2 2 36 7 7 3 4 6 18 13	5 5 4 10 9 3 4 6 18 13	8 10 10 11 11 4 4 6 18 13	11 14 13 9 13 5 5 6 18 13	14 19 12 10 15 5 5 6 18 13	17 25 17 12 17 5 5 6 18 13	20 28 22 16 19 5 5 6 18 13	23 33 24 19 21 5 5 6 18 13	26 36 24 23 23 4 4 6 18 13
8	29 28 28 32 1 1 3 5 18 13	32 33 33 36 3 1 3 5 18 13	35 35 36 4 5 2 3 5 18 13	2 3 36 7 7 3 4 6 18 13	5 7 4 10 9 3 4 6 18 13	8 12 10 11 11 4 4 6 18 13	11 16 13 9 13 5 5 6 18 13	14 21 12 10 15 5 5 6 18 13	17 26 17 12 17 5 5 6 18 13	20 30 22 16 19 5 5 6 18 13	23 34 24 19 21 4 5 6 18 13	26 1 24 23 23 4 4 6 18 13
9	29 30 28 32 1 1 3 5 18 13	32 34 33 36 3 1 3 5 18 13	35 36 36 4 5 2 3 5 18 13	2 5 36 7 7 3 4 6 18 13	5 8 4 10 9 3 4 6 18 13	8 13 10 11 11 4 4 6 18 13	11 17 13 9 13 5 5 6 18 13	14 22 12 10 15 5 5 6 18 13	17 27 18 13 17 5 5 6 18 13	20 31 22 16 19 5 5 6 18 13	23 35 24 19 21 4 5 6 18 13	26 3 25 23 23 4 4 6 18 13
10	29 31 28 33 1 1 3 5 18 13	33 35 33 36 3 1 3 5 18 13	35 1 36 4 5 2 3 5 18 13	3 6 36 7 7 3 4 6 18 13	5 9 4 10 9 3 4 6 18 13	8 15 11 11 11 4 5 6 18 13	11 18 13 9 13 5 5 6 18 13	14 24 12 10 15 5 5 6 18 13	17 29 18 13 17 5 5 6 18 13	20 32 22 16 19 5 5 6 18 13	23 1 24 20 21 4 5 6 18 13	26 4 25 23 23 4 4 6 18 13
11	30 32 28 33 1 1 3 5 18 13	33 36 34 36 3 1 3 5 18 13	36 2 36 4 5 2 3 5 18 13	3 7 36 7 7 3 4 6 18 13	6 11 4 10 9 3 4 6 18 13	9 16 11 11 11 4 5 6 18 13	11 20 13 9 13 5 5 6 18 13	14 25 12 10 15 5 5 6 18 13	17 30 18 13 17 5 5 6 18 13	20 33 23 16 19 5 5 6 18 13	23 2 23 20 21 4 5 6 18 13	26 5 25 23 23 4 4 6 18 13
12	30 33 28 33 1 1 3 5 18 13	33 2 34 1 3 1 3 5 18 13	36 4 36 4 5 2 3 5 18 13	3 8 36 7 7 3 4 6 18 13	6 12 5 10 9 3 4 6 18 13	9 17 11 11 11 4 5 6 18 13	11 21 13 9 13 5 5 6 18 13	14 26 13 10 15 5 5 6 18 13	17 31 18 13 17 5 5 6 18 13	20 35 23 16 19 5 5 6 18 13	24 3 23 20 21 4 5 6 18 13	27 6 25 23 23 4 4 6 18 13
13	30 34 29 33 1 1 3 5 18 13	33 3 34 1 3 1 3 5 18 13	36 5 36 4 5 2 3 5 18 13	3 10 36 7 7 3 4 6 18 13	6 13 5 10 9 3 4 6 18 13	9 19 11 11 11 4 5 6 18 13	12 23 13 9 13 5 5 6 18 13	15 28 13 10 15 5 5 6 18 13	18 32 18 13 17 5 5 6 18 13	20 36 23 16 19 5 5 6 18 13	24 4 23 20 21 4 5 6 18 13	27 7 25 24 23 4 4 6 18 13
14	30 36 29 33 1 1 3 5 18 13	33 4 34 1 3 1 3 5 18 13	36 6 36 4 5 2 3 5 18 13	3 11 36 8 7 3 4 6 18 13	6 15 5 10 9 3 4 6 18 13	9 20 11 11 11 4 5 6 18 13	12 24 13 9 13 5 5 6 18 13	15 29 13 10 15 5 5 6 18 13	18 34 19 13 17 5 5 6 18 13	21 1 23 16 19 5 5 6 18 13	24 5 23 20 21 4 5 6 18 13	27 9 25 24 23 4 4 6 18 13
15	30 1 29 33 1 1 3 5 18 13	33 5 34 1 3 1 3 5 18 13	36 7 36 4 5 2 3 5 18 13	3 12 36 8 7 3 4 6 18 13	6 16 5 10 9 3 4 6 18 13	9 22 11 11 11 4 5 6 18 13	12 25 13 9 13 5 5 6 18 13	15 30 13 10 15 5 5 6 18 13	18 35 19 13 17 5 5 6 18 13	21 2 23 16 19 5 5 6 18 13	24 7 23 20 21 4 5 6 18 13	27 10 25 24 23 4 4 6 18 13
16	30 2 29 33 1 1 3 5 18 13	33 6 34 1 3 1 3 5 18 13	36 9 36 4 5 2 3 5 18 13	3 14 36 8 7 3 4 6 18 13	6 18 5 10 9 4 4 6 18 13	9 23 11 11 11 4 5 6 18 13	12 27 13 9 13 5 5 6 18 13	15 32 13 10 15 5 5 6 18 13	18 36 19 13 17 5 5 6 18 13	21 3 23 17 19 5 5 6 18 13	24 8 23 20 21 4 5 6 18 13	27 11 26 24 23 4 4 6 18 13
17	30 3 29 33 1 1 3 5 18 13	33 8 35 1 4 1 3 5 18 13	36 10 36 5 5 2 3 5 18 13	3 15 1 8 8 3 4 6 18 13	6 19 6 10 9 4 4 6 18 13	9 24 11 11 11 4 5 6 18 13	12 28 13 9 13 5 5 6 18 13	15 33 13 11 15 5 5 6 18 13	18 1 19 13 17 5 5 6 18 13	21 4 23 17 19 5 5 6 18 13	24 9 23 20 21 4 5 6 18 13	27 13 26 24 23 4 4 6 18 13
18	30 4 29 34 1 1 3 5 18 13	33 9 35 1 4 1 3 5 18 13	36 11 36 5 6 2 3 5 18 13	3 17 1 8 8 3 4 6 18 13	6 21 6 10 10 4 4 6 18 13	9 26 12 10 12 4 5 6 18 13	12 29 13 9 13 5 5 6 18 13	15 34 13 11 15 5 5 6 18 13	18 2 19 14 17 5 5 6 18 13	21 6 23 17 19 5 5 6 18 13	24 10 23 21 21 4 5 6 18 13	27 14 26 24 23 4 4 6 18 13
19	30 6 30 34 2 1 3 5 18 13	33 10 35 1 4 1 3 5 18 13	36 13 36 5 6 2 3 5 18 13	3 18 1 8 8 3 4 6 18 13	6 22 6 10 10 4 4 6 18 13	9 27 12 10 12 4 5 6 18 13	12 31 13 9 14 5 5 6 18 13	15 35 14 11 15 5 5 6 18 13	18 4 19 14 17 5 5 6 18 13	21 7 24 17 19 5 5 6 18 13	24 12 23 21 21 4 5 6 18 13	27 15 26 24 23 4 4 6 18 13
20	30 7 30 34 2 1 3 5 18 13	34 12 35 2 4 1 3 5 18 13	36 14 35 5 6 2 4 5 18 13	4 20 1 8 8 3 4 6 18 13	6 24 6 10 10 4 4 6 18 13	9 28 12 10 12 4 5 6 18 13	12 32 13 9 14 5 5 6 18 13	15 36 14 11 16 5 5 6 18 13	18 5 20 14 18 5 5 6 18 13	21 8 24 17 19 5 5 6 18 13	24 13 23 21 21 4 4 6 18 13	27 17 26 24 23 4 4 6 18 13
21	31 8 30 34 2 1 3 5 18 13	34 13 35 2 4 2 3 5 18 13	1 16 35 5 6 2 4 5 18 13	4 21 1 8 8 3 4 6 18 13	7 25 7 10 10 4 4 6 18 13	9 30 12 10 12 4 5 6 18 13	12 33 12 9 14 5 5 6 18 13	15 2 14 11 16 5 5 6 18 13	18 6 20 14 18 5 5 6 18 13	21 9 24 17 20 5 5 6 18 13	24 14 23 21 22 4 4 6 18 13	27 18 26 25 24 4 4 6 18 13
22	31 10 30 34 2 1 3 5 18 13	34 15 35 2 4 2 3 5 18 13	1 17 35 5 6 2 4 5 18 13	4 23 1 8 8 3 4 6 18 13	7 26 7 10 10 4 4 6 18 13	10 31 12 10 12 4 5 6 18 13	12 34 12 9 14 5 5 6 18 13	15 3 14 11 16 5 5 6 18 13	18 7 20 14 18 5 5 6 18 13	21 11 24 17 20 5 5 6 18 13	25 16 23 21 22 4 4 6 18 13	28 19 26 25 24 4 4 6 18 13
23	31 11 30 34 2 1 3 5 18 13	34 16 36 2 4 2 3 5 18 13	1 19 35 5 6 2 4 5 18 13	4 24 1 8 8 3 4 6 18 13	7 28 7 11 10 4 4 6 18 13	10 32 12 10 12 4 5 6 18 13	13 36 12 9 14 5 5 6 18 13	16 4 14 11 16 5 5 6 18 13	19 8 20 14 18 5 5 6 18 13	22 12 24 17 20 5 5 6 18 13	25 17 23 21 22 4 4 6 18 13	28 21 27 25 24 4 4 6 18 13
24	31 13 30 34 2 1 3 5 18 13	34 18 36 2 4 2 3 5 18 13	1 20 35 5 6 2 4 5 18 13	4 25 1 8 8 3 4 6 18 13	7 29 7 11 10 4 4 6 18 13	10 34 12 10 12 4 5 6 18 13	13 1 12 9 14 5 5 6 18 13	16 5 14 11 16 5 5 6 18 13	19 10 20 14 18 5 5 6 18 13	22 13 24 18 20 5 5 6 18 13	25 18 23 21 22 4 4 6 18 13	28 22 27 25 24 4 4 6 18 13
25	31 14 31 34 2 1 3 5 18 13	34 19 36 2 4 2 3 5 18 13	1 22 35 5 6 2 4 5 18 13	4 27 2 9 8 3 4 6 18 13	7 30 7 11 10 4 4 6 18 13	10 35 12 10 12 4 5 6 18 13	13 2 12 9 14 5 5 6 18 13	16 6 15 11 16 5 5 6 18 13	19 11 20 14 18 5 5 6 18 13	22 15 24 18 20 5 5 6 18 13	25 20 23 21 22 4 4 6 18 13	28 24 27 25 24 4 4 6 18 13
26	31 16 31 34 2 1 3 5 18 13	34 21 36 2 4 2 3 5 18 13	1 23 35 6 6 2 4 5 18 13	4 28 2 9 8 3 4 6 18 13	7 31 8 11 10 4 4 6 18 13	10 36 12 10 12 4 5 6 18 13	13 3 12 9 14 5 5 6 18 13	16 8 15 11 16 5 5 6 18 13	19 12 20 14 18 5 5 6 18 13	22 16 24 18 20 5 5 6 18 13	25 21 23 21 22 4 4 6 18 13	28 25 27 25 24 4 4 6 18 13
27	31 17 31 35 2 1 3 5 18 13	34 22 36 2 4 2 3 5 18 13	1 25 35 6 6 2 4 5 18 13	4 29 2 9 8 3 4 6 18 13	7 33 8 11 10 4 4 6 18 13	10 1 13 10 12 4 5 6 18 13	13 4 12 9 14 5 5 6 18 13	16 9 15 11 16 5 5 6 18 13	19 14 21 14 18 5 5 6 18 13	22 18 24 18 20 5 5 6 18 13	25 23 23 22 22 4 4 6 18 13	28 27 27 25 24 4 4 6 18 13
28	31 19 31 35 2 1 3 5 18 13	34 24 36 3 4 2 3 5 18 13	1 26 35 6 6 2 4 5 18 13	4 31 2 9 8 3 4 6 18 13	7 34 8 11 10 4 4 6 18 13	10 2 13 10 12 4 5 6 18 13	13 5 12 9 14 5 5 6 18 13	16 10 15 11 16 5 5 6 18 13	19 15 21 15 18 5 5 6 18 13	22 19 24 18 20 5 5 6 18 13	25 24 23 22 22 4 4 6 18 13	28 28 27 25 24 4 4 6 18 13
29	31 20 31 35 2 1 3 5 18 13	34 25 36 3 4 2 3 5 18 13	1 27 35 6 6 2 4 5 18 13	4 32 2 9 8 3 4 6 18 13	7 35 8 11 10 4 4 6 18 13	10 3 13 10 12 4 5 6 18 13	13 7 12 9 14 5 5 6 18 13	16 12 16 12 16 5 5 6 18 13	19 17 21 15 18 5 5 6 18 13	22 21 24 18 20 5 5 6 18 13	25 26 23 22 22 4 4 6 18 13	28 29 28 26 24 4 4 6 18 13
30	31 21 31 35 2 1 3 5 18 13		1 29 35 6 6 2 4 5 18 13	4 33 2 9 8 3 4 6 18 13	7 36 8 11 10 4 4 6 18 13	10 5 13 10 12 4 5 6 18 13	13 8 12 9 14 5 5 6 18 13	16 13 16 12 16 5 5 6 18 13	19 18 21 15 18 5 5 6 18 13	22 22 24 18 20 5 5 6 18 13	25 27 23 22 22 4 4 6 18 13	28 31 28 26 24 4 4 6 18 13
31	32 23 32 35 2 1 3 5 18 13		2 30 35 6 6 2 4 5 18 13		7 1 9 11 10 4 4 6 18 13		13 9 12 9 14 5 5 6 18 13	16 14 16 12 16 5 5 6 18 13		22 24 24 18 20 5 5 6 18 13		28 32 28 26 24 4 4 6 18 13

1941

	JAN	FEB	MAR	APR	MAY	JUNE	JULY	AUG	SEPT	OCT	NOV	DEC
1	29 33 28 26 24 4 4 6 18 13	32 2 33 30 26 4 4 6 18 13	35 3 34 33 28 5 5 6 18 13	2 7 35 1 30 5 5 6 28 13	5 10 4 5 33 6 5 6 18 13	8 15 10 9 35 7 6 6 18 13	10 19 11 12 36 7 6 6 18 13	13 24 12 16 2 8 6 6 18 13	16 30 18 20 3 8 6 7 18 13	19 33 22 23 2 9 6 7 18 13	22 2 21 27 2 9 6 6 18 13	25 5 24 30 2 8 6 6 18 13
2	29 35 28 26 24 4 4 6 18 13	32 3 33 30 26 4 4 6 18 13	35 4 34 33 28 5 5 6 18 13	2 8 35 1 31 5 5 6 18 13	5 12 4 5 33 6 5 6 18 13	8 17 10 9 35 7 6 6 18 13	11 20 10 12 1 7 6 6 18 13	13 26 12 16 2 8 6 6 18 13	16 31 18 20 3 8 6 7 18 13	19 34 22 24 2 9 6 7 18 13	22 3 21 27 2 9 6 6 18 13	25 6 24 30 2 8 6 6 18 13
3	29 36 28 26 24 4 4 6 18 13	32 4 34 30 27 4 4 6 18 13	35 5 34 34 28 5 5 6 18 13	2 9 35 1 31 5 5 6 18 13	5 13 4 5 33 6 5 6 18 13	8 18 10 9 35 7 6 6 18 13	11 22 10 13 1 7 6 6 18 13	14 27 12 16 2 8 6 6 18 13	17 32 18 20 3 8 6 7 18 13	19 36 22 24 2 9 6 7 18 13	23 4 21 27 2 9 6 6 18 13	26 7 25 30 2 8 6 6 18 13
4	29 1 28 26 24 4 4 6 18 13	32 5 34 30 27 4 4 6 18 13	35 6 34 34 29 5 5 6 18 13	2 11 35 2 31 5 5 6 18 13	5 14 5 5 33 6 5 6 18 13	8 19 10 9 35 7 6 6 18 13	11 23 10 13 1 7 6 6 18 13	14 29 12 17 2 8 6 6 18 13	17 34 18 20 3 8 6 7 18 13	20 1 22 23 2 9 6 6 18 13	22 5 21 27 2 9 6 6 18 13	26 9 25 30 2 8 6 6 18 13
5	29 2 29 26 24 4 4 6 18 13	32 7 34 30 27 4 4 6 18 13	35 7 34 34 29 5 5 6 18 13	2 12 36 2 31 5 5 6 18 13	5 16 5 5 33 6 5 6 18 13	8 21 10 9 35 7 6 6 18 13	11 25 10 13 1 7 6 6 18 13	14 30 12 17 2 8 6 6 18 13	17 35 18 20 3 8 6 7 18 13	20 2 22 23 2 9 6 7 18 13	22 7 21 27 2 9 6 6 18 13	26 10 25 30 2 8 6 6 18 13
6	29 3 29 27 25 4 4 6 18 13	32 8 34 30 27 4 4 6 18 13	35 9 34 34 29 5 5 6 18 13	2 13 36 2 31 5 5 6 18 13	5 17 5 6 33 6 5 6 18 13	8 22 10 9 35 7 6 6 18 13	11 26 10 13 1 7 6 6 18 13	14 31 13 17 2 8 6 6 18 13	17 36 18 20 3 8 6 7 18 13	20 3 22 23 2 9 6 7 18 13	22 8 21 28 2 9 6 6 18 13	26 11 25 31 2 8 6 6 18 13
7	29 5 29 27 25 4 4 6 18 13	32 9 34 31 27 4 4 6 18 13	35 10 33 34 29 5 5 6 18 13	2 15 36 2 31 5 5 6 18 13	5 18 5 6 33 6 5 6 18 13	8 24 10 9 35 7 6 6 18 13	11 28 10 13 1 7 6 6 18 13	14 33 13 17 2 8 6 6 18 13	17 1 19 21 3 8 6 7 18 13	20 5 22 23 2 9 6 7 18 13	22 9 21 28 2 9 6 6 18 13	26 12 25 31 2 8 6 6 18 13
8	29 6 29 27 25 4 4 6 18 13	32 10 34 31 27 4 4 6 18 13	35 11 33 34 29 5 5 6 18 13	2 16 36 2 31 5 5 6 18 13	5 20 6 6 33 6 5 6 18 13	8 25 11 10 35 7 6 6 18 13	11 29 10 13 1 7 6 6 18 13	14 34 13 17 2 8 6 7 18 13	17 3 19 21 3 8 6 7 18 13	20 6 22 23 2 9 6 7 18 13	22 10 21 28 2 9 6 6 18 13	26 14 25 31 2 8 6 6 18 13
9	29 7 29 27 25 4 4 6 18 13	33 12 34 31 27 4 4 6 18 13	35 12 33 34 29 5 5 6 18 13	2 18 36 2 31 5 5 6 18 13	5 21 6 6 33 6 5 6 18 13	8 27 11 10 35 7 6 6 18 13	11 30 10 13 1 7 6 6 18 13	14 35 13 17 2 8 6 7 18 13	17 4 19 21 3 8 6 7 18 13	20 7 23 24 2 9 6 7 18 13	22 11 21 28 2 8 6 6 18 13	26 15 26 31 2 8 6 6 18 13
10	29 8 29 27 25 4 4 6 18 13	33 13 34 31 27 4 4 6 18 13	35 14 33 34 29 5 5 6 18 13	3 19 36 2 31 5 5 6 18 13	5 23 6 6 33 6 5 6 18 13	8 28 11 10 35 7 6 6 18 13	11 32 10 13 1 8 6 6 18 13	14 36 13 7 2 8 6 7 18 13	17 5 19 21 3 9 6 7 18 13	20 8 23 24 2 9 6 7 18 13	22 13 21 28 2 8 6 6 18 13	26 16 26 31 2 8 6 6 18 13
11	30 10 30 27 25 4 4 6 18 13	33 14 35 31 27 4 4 6 18 13	36 15 33 35 29 5 5 6 18 13	3 21 36 2 31 5 5 6 18 13	6 24 6 6 33 6 5 6 18 13	9 30 11 10 35 7 6 6 18 13	11 33 10 14 1 8 6 6 18 13	14 2 14 17 2 8 6 7 18 13	17 6 19 21 3 9 6 7 18 13	20 9 23 25 2 9 6 7 18 13	22 14 21 28 2 8 6 6 18 13	26 17 26 31 2 8 6 6 18 13
12	30 11 30 27 25 4 4 6 18 13	33 16 35 31 27 4 4 6 18 13	36 17 33 35 29 5 5 6 18 13	3 22 1 3 31 5 5 6 18 13	6 26 6 6 33 6 5 6 18 13	9 31 11 10 35 7 6 6 18 13	11 34 10 14 1 8 6 6 18 13	14 3 14 17 2 8 6 7 18 13	17 7 19 21 3 9 6 7 18 13	20 11 23 25 2 9 6 7 18 13	22 15 22 28 2 8 6 6 18 13	27 19 26 31 2 8 6 6 18 13
13	30 12 30 28 25 4 4 6 18 13	33 17 35 31 27 4 4 6 18 13	36 18 33 35 29 5 5 6 18 13	3 24 1 3 31 6 5 6 18 13	6 27 7 6 33 6 5 6 18 13	9 32 11 10 35 7 6 6 18 13	12 36 10 14 1 8 6 6 18 13	15 4 14 18 2 8 6 7 18 13	18 8 20 21 3 9 6 7 18 13	20 12 23 25 2 9 6 7 18 13	24 17 22 28 2 8 6 6 18 13	27 20 26 31 2 8 6 6 18 13
14	30 14 30 28 25 4 4 6 18 13	33 19 35 31 27 4 4 6 18 13	36 20 33 35 29 5 5 6 18 13	3 25 1 3 31 6 5 6 18 13	6 29 7 6 33 6 5 6 18 13	9 34 11 10 35 7 6 6 18 13	12 1 10 14 1 8 6 6 18 13	15 5 14 18 2 8 6 7 18 13	18 10 20 21 3 9 6 7 18 13	21 13 23 25 2 9 6 7 18 13	24 18 22 28 2 8 6 6 18 13	27 22 26 31 2 8 6 6 18 13
15	30 15 30 28 25 4 4 6 18 13	33 20 35 31 27 4 4 6 18 13	36 21 33 35 29 5 5 6 18 13	3 27 1 3 31 6 5 6 18 13	6 30 7 7 33 6 5 6 18 13	9 35 11 10 35 7 6 6 18 13	12 2 10 14 1 8 6 6 18 13	15 6 14 18 2 8 6 7 18 13	18 11 20 22 3 9 6 7 18 13	21 14 23 25 2 9 6 7 18 13	24 19 22 28 2 8 6 6 18 13	27 23 26 31 2 8 6 6 18 13
16	30 16 30 28 25 4 4 6 18 13	33 22 35 32 27 4 4 6 18 13	36 23 33 35 29 5 5 6 18 13	3 28 1 3 31 6 5 6 18 13	6 32 7 7 34 6 5 6 18 13	9 36 11 11 36 7 6 6 18 13	12 3 10 14 1 8 6 6 18 13	15 8 15 18 3 8 6 7 18 13	18 12 20 22 3 9 6 7 18 13	21 16 23 25 2 9 6 7 18 13	24 21 22 29 2 8 6 6 18 13	27 25 27 31 2 8 6 6 18 13
17	30 18 31 28 25 4 4 6 18 13	33 23 35 32 27 4 4 6 18 13	36 24 34 35 29 5 5 6 18 13	3 29 1 3 32 6 5 6 18 13	6 33 7 7 34 6 5 6 18 13	9 1 11 11 36 7 6 6 18 13	12 5 10 14 1 8 6 6 18 13	15 9 15 18 3 8 6 7 18 13	18 14 20 22 3 9 6 7 18 13	21 17 23 25 2 9 6 7 18 13	24 22 22 29 2 8 6 6 18 13	27 26 27 31 2 8 6 6 18 13
18	30 19 31 28 25 4 4 6 18 13	33 25 35 32 28 4 4 6 18 13	36 26 34 35 29 5 5 6 18 13	3 31 2 3 32 6 5 6 18 13	6 34 8 7 34 6 5 6 18 13	9 3 11 11 36 7 6 6 18 13	12 6 10 14 1 8 6 6 18 13	15 10 15 18 3 8 6 7 18 13	18 15 20 22 3 9 6 7 18 13	21 19 23 25 2 9 6 7 18 13	24 24 22 29 2 8 6 6 18 13	27 28 27 32 2 8 6 6 18 13
19	30 21 31 28 25 4 4 6 18 13	34 26 35 32 28 4 4 6 18 13	36 27 34 36 30 5 5 6 18 13	3 32 2 3 32 6 5 6 18 13	6 35 8 7 34 6 5 6 18 13	9 4 11 11 36 7 6 6 18 13	12 7 10 15 1 8 6 6 18 13	15 11 15 18 3 8 6 7 18 13	18 16 20 22 3 9 6 7 18 13	21 20 23 26 2 9 6 7 18 13	24 25 22 29 2 8 6 6 18 13	27 29 27 32 2 8 6 6 18 13
20	31 22 31 28 26 4 4 6 18 13	34 27 35 32 28 4 4 6 18 13	36 28 34 36 30 5 5 6 18 13	3 33 2 4 32 6 5 6 18 13	6 36 8 7 34 6 5 6 18 13	9 5 11 11 36 7 6 6 18 13	12 8 10 15 1 8 6 6 18 13	15 13 15 18 3 8 6 7 18 13	18 18 21 22 3 9 6 7 18 13	21 21 23 26 2 9 6 7 18 13	24 27 23 29 2 8 6 6 18 13	27 31 27 32 2 8 6 6 18 13
21	31 23 31 28 26 4 4 6 18 13	34 29 35 32 28 5 4 6 18 13	1 30 34 36 30 5 5 6 18 13	4 34 2 4 32 6 5 6 18 13	7 2 8 7 34 6 5 6 18 13	9 6 11 11 36 7 6 6 18 13	12 9 10 15 2 8 6 6 18 13	15 14 16 19 3 8 6 7 18 13	18 19 21 22 3 9 6 7 18 13	21 23 22 26 2 9 6 7 18 13	24 28 23 29 2 8 6 6 18 13	27 32 27 32 3 8 6 6 18 13
22	31 25 31 29 26 4 4 6 18 13	34 30 35 32 28 5 4 6 18 13	1 31 34 36 30 5 5 6 18 13	4 36 2 4 32 6 5 6 18 13	7 3 8 7 34 6 5 6 18 13	10 7 11 11 36 7 6 6 18 13	12 11 10 15 2 8 6 6 18 13	15 15 16 19 3 8 6 7 18 13	18 21 21 22 3 9 6 7 18 13	21 25 22 26 2 9 6 7 18 13	24 30 23 29 2 8 6 6 18 13	28 33 28 32 3 8 6 6 18 13
23	31 26 32 29 26 4 4 6 18 13	34 31 35 33 28 5 4 6 18 13	1 32 34 36 30 5 5 6 18 13	4 1 2 4 32 6 5 6 18 13	7 4 9 8 34 6 5 6 18 13	10 8 11 11 36 7 6 6 18 13	13 12 11 15 2 8 6 6 18 13	15 17 16 19 3 8 6 7 18 13	19 22 21 22 3 9 6 7 18 13	21 26 22 26 2 9 6 7 18 13	25 31 23 29 2 8 6 6 18 13	28 35 28 32 3 8 6 6 18 13
24	31 28 32 29 26 4 4 6 18 13	34 33 34 33 28 5 4 6 18 13	1 33 34 36 30 5 5 6 18 13	4 2 3 4 32 6 5 6 18 13	7 5 9 8 34 6 6 6 18 13	10 10 11 12 36 7 6 6 18 13	13 13 11 15 2 8 6 6 18 13	16 18 16 19 3 8 6 7 18 13	19 24 21 23 3 9 6 7 18 13	22 27 22 26 2 9 6 7 18 13	25 33 23 29 2 8 6 6 18 13	28 36 28 32 3 8 6 6 18 13
25	31 29 32 29 26 4 4 6 18 13	34 34 34 33 28 5 4 6 18 13	1 35 34 36 30 5 5 6 18 13	4 3 3 4 32 6 5 6 18 13	7 6 9 8 34 6 6 6 18 13	10 11 11 12 36 7 6 6 18 13	13 15 11 15 2 8 6 6 18 13	16 20 16 19 3 8 6 7 18 13	19 25 21 23 3 9 6 7 18 13	22 29 22 26 2 9 6 7 18 13	25 34 23 30 2 8 6 6 18 13	28 1 28 32 3 8 6 6 18 13
26	31 30 32 29 26 4 4 6 18 13	34 35 34 33 28 5 4 6 18 13	1 36 34 36 30 5 5 6 18 13	4 4 3 4 32 6 5 6 18 13	7 8 9 8 34 7 6 6 18 13	10 12 11 12 36 7 6 6 18 13	13 16 11 15 2 8 6 6 18 13	16 21 17 19 3 8 6 7 18 13	19 26 21 23 3 9 6 7 18 13	22 30 22 26 2 9 6 7 18 13	25 35 24 30 2 8 6 6 18 13	28 2 28 32 3 8 6 6 18 13
27	31 32 32 29 26 4 4 6 18 13	34 36 34 33 28 5 5 6 18 13	1 1 34 1 30 5 5 6 18 13	4 5 3 4 32 6 5 6 18 13	7 9 9 8 34 7 6 6 18 13	10 14 11 12 36 7 6 6 18 13	13 17 11 16 2 8 6 6 18 13	16 23 17 19 3 8 6 7 18 13	19 28 21 23 3 9 6 7 18 13	22 32 22 26 2 9 6 7 18 13	25 36 24 30 2 8 6 6 18 13	28 4 28 32 3 8 6 6 18 13
28	31 33 33 29 26 4 4 6 18 13	34 1 34 33 28 5 5 6 18 13	1 2 34 1 30 5 5 6 18 13	4 7 3 5 32 6 5 6 18 13	7 10 9 8 34 7 6 6 18 13	10 15 11 12 36 7 6 6 18 13	13 19 11 16 2 8 6 6 18 13	16 24 17 19 3 8 6 7 18 13	19 29 22 23 3 9 6 7 18 13	22 33 22 27 2 9 6 7 18 13	25 2 24 30 2 8 6 6 18 13	28 5 29 32 3 8 6 6 18 13
29	31 34 33 29 26 4 4 6 18 13		1 3 35 1 30 5 5 6 18 13	4 8 4 5 32 6 5 6 18 13	7 11 9 8 34 7 6 6 18 13	10 16 11 12 36 7 6 6 18 13	13 20 11 16 2 8 6 6 18 13	16 25 17 20 3 8 6 7 18 13	19 31 22 23 3 9 6 7 18 13	22 34 22 27 2 9 6 7 18 13	25 3 24 30 2 8 6 6 18 13	28 6 29 32 3 8 6 6 18 13
30	32 35 33 30 26 4 4 6 18 13		1 5 35 1 30 5 5 6 18 13	4 9 4 5 32 6 5 6 18 13	7 13 10 8 34 7 6 6 18 13	10 18 11 12 36 7 6 6 18 13	13 21 11 16 2 8 6 6 18 13	16 27 17 20 3 8 6 7 18 13	19 32 22 23 2 9 6 7 18 13	22 35 21 27 2 9 6 7 18 13	25 4 24 30 2 8 6 6 18 13	28 7 29 32 3 8 6 6 18 13
31	32 1 33 30 26 4 4 6 18 13		2 6 35 1 30 5 5 6 18 13		7 14 10 9 35 7 6 6 18 13		13 23 12 16 2 8 6 6 18 13	16 28 17 20 3 8 6 7 18 13		22 1 21 27 2 9 6 7 18 13		28 8 29 32 3 8 6 6 18 13

1942

	JAN	FEB	MAR	APR	MAY	JUNE	JULY	AUG	SEPT	OCT	NOV	DEC
1	29 10 29 32 3 8 6 6 18 13	32 14 33 32 5 8 6 6 18 13	35 15 32 31 6 8 6 6 18 13	2 20 36 33 8 8 6 6 18 13	5 24 6 36 10 9 6 6 18 13	8 29 9 3 12 9 7 7 18 13	10 33 8 7 14 10 7 7 18 13	13 2 13 11 16 11 7 7 18 13	16 6 19 14 17 11 8 7 18 13	19 9 21 18 19 12 8 7 18 13	22 14 21 22 21 12 8 7 19 13	25 18 25 26 24 12 8 7 19 13
2	29 11 29 32 3 8 6 6 18 13	32 15 33 32 5 8 6 6 18 13	35 16 32 31 6 8 6 6 18 13	2 22 36 33 8 8 6 6 18 13	5 25 6 36 10 9 6 6 18 13	8 31 9 4 12 9 7 7 18 13	10 34 8 7 14 10 7 7 18 13	13 3 13 11 16 11 7 7 18 13	16 8 19 14 18 11 8 7 18 13	19 10 21 18 19 12 8 7 18 13	22 15 21 22 22 12 8 7 19 13	25 19 26 26 24 12 8 7 19 13
3	29 12 30 32 3 8 6 6 18 13	32 17 33 32 5 8 6 6 18 13	35 18 32 31 6 8 6 6 18 13	2 23 36 33 8 8 6 6 18 13	5 27 6 36 10 9 6 6 18 13	8 32 9 4 12 9 7 7 18 13	11 36 8 7 14 10 7 7 18 13	14 4 14 11 16 11 7 7 18 13	16 9 19 15 18 11 8 7 18 13	19 11 21 18 20 12 8 7 19 13	23 16 21 22 22 12 8 7 19 13	26 20 26 26 24 12 8 7 19 13
4	29 13 30 32 3 8 6 6 18 13	32 18 33 32 5 8 6 6 18 13	35 19 32 31 6 8 6 6 18 13	2 24 36 33 8 8 6 6 18 13	5 28 6 36 10 9 6 6 18 13	8 33 9 4 12 9 7 7 18 13	11 1 9 7 14 10 7 7 18 13	14 6 14 11 16 11 8 7 18 13	17 10 19 15 18 11 8 7 18 13	20 12 21 18 20 12 8 7 19 13	23 18 21 22 22 12 8 7 19 13	25 21 26 26 24 12 8 7 19 13
5	29 15 30 33 3 8 6 6 18 13	32 19 33 32 5 8 6 6 18 13	35 21 32 31 6 8 6 6 18 13	2 26 1 33 8 8 6 6 18 13	5 30 7 36 10 9 6 6 18 13	8 35 9 4 12 9 7 7 18 13	11 2 9 7 14 10 7 7 18 13	14 7 14 11 16 11 8 7 18 13	17 11 19 15 18 11 8 7 18 13	20 13 21 19 20 12 8 7 19 13	23 19 21 22 22 12 8 7 19 13	25 23 26 26 24 12 8 7 19 13
6	29 16 30 33 3 8 6 6 18 13	32 21 33 32 5 8 6 6 18 13	35 22 32 31 6 8 6 6 18 13	2 27 1 34 8 8 6 6 18 13	5 31 7 1 10 9 6 6 18 13	8 36 9 4 12 9 7 7 18 13	11 3 9 8 14 10 7 7 18 13	14 8 14 11 16 11 8 7 18 13	17 12 19 15 18 11 8 7 18 13	20 14 21 19 20 12 8 7 19 13	23 20 21 23 22 12 8 7 19 13	25 24 26 26 24 12 8 7 19 13
7	29 17 30 33 3 8 6 6 18 13	32 22 33 32 5 8 6 6 18 13	35 23 32 31 7 8 6 6 18 13	2 29 1 34 8 8 6 6 18 13	5 32 7 1 10 9 6 6 18 13	8 1 9 4 12 9 7 7 18 13	11 5 9 8 14 10 7 7 18 13	14 9 14 11 16 11 8 7 18 13	17 14 19 15 18 11 8 7 18 13	20 16 21 19 20 12 8 7 19 13	23 22 22 23 22 12 8 7 19 13	25 26 26 26 24 12 8 7 19 13
8	29 18 30 33 3 8 6 6 18 13	32 24 33 31 5 8 6 6 18 13	35 25 32 31 7 8 6 6 18 13	2 30 1 34 8 8 6 6 18 13	5 34 7 1 10 9 6 6 18 13	8 3 9 4 12 9 7 7 18 13	11 6 9 8 14 10 7 7 18 13	14 10 15 11 16 11 8 7 18 13	17 15 20 15 18 11 8 7 18 13	20 17 20 19 20 12 8 7 19 13	23 23 22 23 22 12 8 7 19 13	25 27 27 27 24 12 8 7 19 13
9	29 20 30 33 3 8 6 6 18 13	33 25 33 31 5 8 6 6 18 13	35 26 33 31 7 8 6 6 18 13	2 31 1 34 8 8 6 6 18 13	5 35 7 1 10 9 7 6 18 13	8 4 9 4 12 9 7 7 18 13	11 7 9 8 14 10 7 7 18 13	14 11 15 12 16 11 8 7 18 13	17 16 20 15 18 11 8 7 18 13	20 18 20 19 20 12 8 7 19 13	23 25 22 23 22 12 8 7 19 13	25 29 27 27 24 12 8 7 19 13
10	29 21 31 33 3 8 6 6 18 13	33 27 32 31 5 8 6 6 18 13	35 28 33 31 7 8 6 6 18 13	2 33 1 34 9 8 6 6 18 13	5 36 7 1 10 9 7 6 18 13	8 5 9 4 12 10 7 7 18 13	11 8 9 8 14 10 7 7 18 13	14 13 15 12 16 11 8 7 18 13	17 17 20 16 18 11 8 7 18 13	20 20 20 19 20 12 8 7 19 13	23 26 22 23 22 12 8 7 19 13	25 30 27 27 24 12 8 7 19 13
11	30 23 31 33 3 8 6 6 18 13	33 28 32 31 5 8 6 6 18 13	36 29 33 32 7 8 6 6 18 13	3 34 2 34 9 8 6 6 18 13	6 2 8 1 10 9 7 6 18 13	8 6 9 5 12 10 7 7 18 13	11 9 9 8 14 10 7 7 18 13	14 14 15 12 16 11 8 7 18 13	17 19 20 16 18 11 8 7 18 13	20 21 20 19 20 12 8 7 19 13	23 28 22 23 22 12 8 7 19 13	25 32 27 27 24 12 8 7 19 13
12	30 24 31 33 4 8 6 6 18 13	33 29 32 31 5 8 6 6 18 13	36 30 33 32 7 8 6 6 18 13	3 35 2 34 9 8 6 6 18 13	6 3 8 1 11 9 7 6 18 13	9 7 9 5 12 10 7 7 18 13	11 11 9 8 14 10 7 7 18 13	14 15 15 12 16 11 8 7 18 13	17 20 20 16 18 11 8 7 18 13	20 22 20 19 20 12 8 7 19 13	23 29 22 23 22 12 8 7 19 13	25 33 27 27 24 12 8 7 19 13
13	30 26 31 33 4 8 6 6 18 13	33 31 32 31 5 8 6 6 18 13	36 32 33 32 7 8 6 6 18 13	3 1 2 34 9 8 6 6 18 13	6 4 8 1 11 9 7 6 18 13	9 9 8 5 12 10 7 7 18 13	12 12 10 8 14 10 7 7 18 13	15 16 16 12 16 11 8 7 18 13	18 21 20 16 18 11 8 7 18 13	20 24 20 20 20 12 8 7 19 13	24 31 23 23 22 12 8 7 19 13	27 34 27 27 24 12 8 7 19 13
14	30 27 31 33 4 8 6 6 18 13	33 32 32 31 5 8 6 6 18 13	36 33 33 32 7 8 6 6 18 13	3 2 2 34 9 8 6 6 18 13	6 5 8 1 11 9 7 6 18 13	9 10 8 5 12 10 7 7 18 13	12 13 10 8 14 10 7 7 18 13	15 18 16 12 16 11 8 7 18 13	18 22 20 16 18 12 8 7 18 13	20 25 20 20 20 12 8 7 19 13	24 32 23 24 22 12 8 7 19 13	27 36 27 27 24 12 8 7 19 13
15	30 28 31 33 4 8 6 6 18 13	33 34 32 31 5 8 6 6 18 13	36 34 33 32 7 8 6 6 18 13	3 3 2 34 9 8 6 6 18 13	6 6 8 2 11 9 7 7 18 13	9 11 8 5 13 10 7 7 18 13	12 14 10 9 14 10 7 7 18 13	15 19 16 12 16 11 8 7 18 13	18 24 20 16 18 12 8 7 18 13	21 27 20 20 20 12 8 7 19 13	24 33 23 24 22 12 8 7 19 13	27 1 28 27 24 12 8 7 19 13
16	30 30 32 33 4 8 6 6 18 13	33 35 32 31 5 8 6 6 18 13	36 36 33 32 7 8 6 6 18 13	3 4 3 34 9 8 6 6 18 13	6 8 8 2 11 9 7 7 18 13	9 12 8 5 13 10 7 7 18 13	12 16 10 9 15 10 7 7 18 13	15 20 16 12 16 11 8 7 18 13	18 26 20 16 18 12 8 7 18 13	21 28 20 20 20 12 8 7 19 13	24 35 23 24 22 12 8 7 19 13	27 2 28 28 25 12 8 7 19 13
17	30 31 32 33 4 8 6 6 18 13	33 36 32 31 5 8 6 6 18 13	36 1 34 32 7 8 6 6 18 13	3 6 3 35 9 8 6 6 18 13	6 9 8 2 11 9 7 7 18 13	9 13 8 5 13 10 7 7 18 13	12 17 10 9 15 10 7 7 18 13	15 22 16 13 17 11 8 7 18 13	18 27 21 16 19 12 8 7 18 13	21 29 20 20 20 12 8 7 19 13	24 36 23 24 23 12 8 7 19 13	27 4 28 28 25 12 8 7 19 13
18	30 33 32 33 4 8 6 6 18 13	33 2 32 31 6 8 6 6 18 13	36 2 34 32 7 8 6 6 18 13	3 7 3 35 9 8 6 6 18 13	6 10 8 2 11 9 7 7 18 13	9 15 8 5 13 10 7 7 18 13	12 18 10 9 15 10 7 7 18 13	15 23 16 13 17 11 8 7 18 13	18 28 21 16 19 12 8 7 18 13	20 31 20 20 21 12 8 7 19 13	24 1 23 24 23 12 8 7 19 13	27 5 28 28 25 12 8 7 19 13
19	30 34 32 33 4 8 6 6 18 13	34 3 32 31 6 8 6 6 18 13	36 4 34 32 7 8 6 6 18 13	3 8 3 35 9 8 6 6 18 13	6 11 8 2 11 9 7 7 18 13	9 15 8 6 13 10 7 7 18 13	12 19 11 9 15 10 7 7 18 13	15 25 17 13 17 11 8 7 18 13	18 30 21 17 19 12 8 7 18 13	21 32 20 20 21 12 8 7 19 13	24 3 24 24 23 12 8 7 19 13	27 6 28 28 25 12 8 7 19 13
20	30 35 32 32 4 8 6 6 18 13	34 4 32 31 6 8 6 6 18 13	36 5 34 32 7 8 6 6 18 13	3 9 4 35 9 8 6 6 18 13	6 12 9 2 11 9 7 7 18 13	9 17 8 6 13 10 7 7 18 13	12 21 11 9 15 10 7 7 18 13	15 26 17 13 17 11 8 7 18 13	18 31 21 17 19 12 8 7 18 13	21 34 20 20 21 12 8 7 19 13	24 4 24 24 23 12 8 7 19 13	27 7 28 28 25 12 7 7 18 13
21	31 1 32 32 4 8 6 6 18 13	34 5 32 31 6 8 6 6 18 13	1 6 34 32 7 8 6 6 18 13	4 10 4 35 9 8 6 6 18 13	6 14 9 2 11 9 7 7 18 13	9 18 8 6 13 10 7 7 18 13	12 22 11 9 15 10 7 7 18 13	15 27 17 13 17 11 8 7 18 13	18 33 21 17 19 12 8 7 18 13	21 35 20 21 21 12 8 7 19 13	24 5 24 24 23 12 8 7 19 13	27 8 29 27 25 12 7 7 18 13
22	31 2 32 32 4 8 6 6 18 13	34 6 32 31 6 8 6 6 18 13	1 7 34 32 7 8 6 6 18 13	4 12 4 35 9 8 6 6 18 13	7 15 9 2 11 9 7 7 18 13	10 20 8 6 13 10 7 7 18 13	12 23 11 9 15 10 7 7 18 13	15 29 17 13 17 11 8 7 18 13	18 34 21 17 19 12 8 7 18 13	21 36 20 21 21 12 8 7 19 13	24 6 24 25 23 12 8 7 19 13	28 10 29 27 25 12 7 7 18 13
23	31 3 33 32 4 8 6 6 18 13	34 8 32 31 6 8 6 6 18 13	1 8 34 32 7 8 6 6 18 13	4 13 4 35 9 8 6 6 18 13	7 16 9 2 11 9 7 7 18 13	10 21 8 6 13 10 7 7 18 13	12 25 11 10 15 10 7 7 18 13	15 30 17 13 17 11 8 7 18 13	18 35 21 17 19 12 8 7 18 13	21 2 20 21 21 12 8 7 19 13	25 8 24 25 23 12 8 7 19 13	28 11 29 29 25 12 7 7 18 13
24	31 4 33 32 4 8 6 6 18 13	34 9 32 31 6 8 6 6 18 13	1 10 35 32 8 8 6 6 18 13	4 14 4 35 9 9 6 6 18 13	7 17 9 3 11 9 7 7 18 13	10 22 8 6 13 10 7 7 18 13	13 26 12 10 15 10 7 7 18 13	15 32 17 13 17 11 8 7 18 13	19 1 21 17 19 12 8 7 18 13	22 3 20 21 21 12 8 7 19 13	25 9 24 25 23 12 8 7 19 13	28 12 29 29 25 12 7 7 18 13
25	31 6 33 32 4 8 6 6 18 13	34 10 32 31 6 8 6 6 18 13	1 11 35 32 8 8 6 6 18 13	4 35 5 35 9 9 6 6 18 13	7 19 9 3 11 9 7 7 18 13	10 24 8 6 13 10 7 7 18 13	13 28 12 10 15 11 7 7 18 13	16 33 18 14 17 11 8 7 18 13	19 2 21 17 19 12 8 7 18 13	22 4 20 21 21 12 8 7 19 13	25 10 24 25 23 12 8 7 19 13	28 13 29 29 25 12 7 7 18 13
26	31 7 33 32 4 8 6 6 18 13	34 11 32 31 6 8 6 6 18 13	1 12 35 33 8 8 6 6 18 13	4 17 5 35 9 9 6 6 18 13	7 20 9 3 11 9 7 7 18 13	10 26 8 6 13 10 7 7 18 13	13 29 12 10 15 11 7 7 18 13	16 35 18 14 17 11 8 7 18 13	19 3 21 17 19 12 8 7 18 13	22 6 20 21 21 12 8 7 19 13	25 11 25 25 23 12 8 7 19 13	28 14 29 29 25 12 7 7 18 13
27	31 8 33 32 4 8 6 6 18 13	34 12 32 31 6 8 6 6 18 13	1 13 35 33 8 8 6 6 18 13	4 18 5 36 10 9 6 6 18 13	7 22 9 3 11 9 7 7 18 13	10 27 8 6 13 10 7 7 18 13	13 31 12 10 15 11 7 7 18 13	16 36 18 14 17 11 8 7 18 13	19 5 21 18 19 12 8 7 18 13	22 7 20 21 21 12 8 7 19 13	25 12 25 25 23 12 8 7 19 13	28 16 29 29 25 12 7 7 18 13
28	31 9 33 32 4 8 6 6 18 13	34 14 32 31 6 8 6 6 18 13	1 15 35 33 8 8 6 6 18 13	4 19 5 36 10 9 6 6 18 13	7 23 9 3 11 9 7 7 18 13	10 29 8 7 13 10 7 7 18 13	13 32 12 10 15 11 7 7 18 13	16 1 18 14 17 11 8 7 18 13	19 6 21 18 19 12 8 7 18 13	22 9 20 21 21 12 8 7 19 13	25 14 25 25 23 12 8 7 19 13	28 17 30 29 25 12 7 7 18 13
29	31 10 33 32 4 8 6 6 18 13		1 16 35 33 8 8 6 6 18 13	4 21 5 36 10 9 6 6 18 13	7 25 9 3 12 9 7 7 18 13	10 30 8 7 13 10 7 7 18 13	13 34 13 10 15 11 7 7 18 13	16 3 18 14 17 11 8 7 18 13	19 7 21 18 19 12 8 7 18 13	22 10 20 22 21 12 8 7 19 13	25 15 25 25 23 12 8 7 19 13	28 18 30 29 25 12 7 7 18 13
30	31 12 33 32 4 8 6 6 18 13		1 17 36 33 8 8 6 6 18 13	4 22 6 36 10 9 6 6 18 13	7 26 9 3 12 9 7 7 18 13	10 32 8 7 14 10 7 7 18 13	13 35 13 10 15 11 7 7 18 13	16 4 18 14 17 11 8 7 18 13	19 8 21 18 19 12 8 7 18 13	22 12 20 22 21 12 8 7 19 13	25 16 25 26 23 12 8 7 19 13	28 19 30 29 26 12 7 7 18 13
31	31 13 33 32 5 8 6 6 18 13		2 19 36 33 8 8 6 6 18 13		7 28 9 3 12 9 7 7 18 13		13 1 13 10 15 11 7 7 18 13	16 5 19 14 17 11 8 7 18 13		22 13 21 22 21 12 8 7 19 13		28 21 30 30 26 12 7 7 18 13

1943

	JAN	FEB	MAR	APR	MAY	JUNE	JULY	AUG	SEPT	OCT	NOV	DEC
1	29 22 30 30 26 12 7 7 19 13	32 27 30 34 28 11 7 7 19 13	35 28 32 1 30 11 7 7 19 13	2 32 1 5 32 11 7 7 19 13	5 1 6 8 34 11 8 7 18 13	8 6 6 12 1 12 8 7 18 13	10 10 9 15 3 13 8 7 18 13	13 14 15 17 5 13 9 7 18 13	16 18 19 17 7 14 9 7 19 13	19 22 18 16 8 14 9 7 19 13	22 27 22 18 9 15 9 7 19 13	25 31 27 21 8 15 9 7 19 13
2	29 33 30 30 26 12 7 7 19 13	32 29 30 34 28 11 7 7 19 13	35 30 32 1 30 11 7 7 19 13	2 33 2 5 32 11 7 7 19 13	5 3 7 8 35 11 8 7 18 13	8 7 6 12 1 12 8 7 18 13	10 11 9 15 3 13 8 7 18 13	13 15 15 17 5 13 9 7 19 13	16 20 19 17 7 14 9 7 19 13	19 23 18 16 8 14 9 7 19 13	22 28 22 18 9 15 9 7 19 13	25 32 27 21 8 15 9 7 19 13
3	29 25 31 30 26 12 7 7 19 13	32 30 30 34 28 11 7 7 19 13	35 31 32 1 30 11 7 7 19 13	2 34 2 5 32 11 7 7 19 13	5 4 7 9 35 11 8 7 18 13	8 9 6 12 1 12 8 7 18 13	11 12 9 15 3 13 8 7 19 13	14 16 15 17 5 13 9 7 19 13	17 21 19 17 7 14 9 7 19 13	19 25 18 16 8 14 9 7 19 13	23 30 22 18 9 15 9 7 19 13	26 34 27 21 8 15 9 7 19 13
4	29 26 31 20 26 12 7 7 19 13	32 32 30 34 28 11 7 7 19 13	35 33 33 1 30 11 7 7 19 13	2 2 2 5 33 11 7 7 19 13	5 5 7 9 35 11 8 7 18 13	8 10 6 12 1 12 8 7 18 13	11 13 9 15 3 13 8 7 18 13	14 18 15 17 5 13 9 7 19 13	17 22 19 17 7 14 9 7 19 13	20 26 18 16 8 15 9 7 19 13	23 31 22 18 9 15 9 7 19 13	26 35 27 21 8 15 9 7 19 13
5	29 28 31 30 26 12 7 7 19 13	32 33 30 34 28 11 7 7 19 13	35 34 33 1 30 11 7 7 19 13	2 3 2 5 33 11 7 7 19 13	5 7 7 9 35 11 8 7 18 13	8 11 6 12 1 12 8 7 18 13	11 14 9 15 3 13 8 7 18 13	14 19 16 17 5 13 9 7 19 13	17 24 19 17 7 14 9 7 19 13	20 27 18 16 8 15 9 7 19 13	23 33 22 18 9 15 9 7 19 13	26 36 27 21 8 15 9 7 19 13
6	29 29 31 30 26 12 7 7 19 13	32 35 30 34 28 11 7 7 19 13	35 36 33 2 30 11 7 7 19 13	2 4 2 5 33 11 7 7 19 13	5 8 7 9 35 11 8 7 18 13	8 12 6 12 1 12 8 7 18 13	11 15 10 15 3 13 8 7 18 13	14 20 16 17 5 13 9 7 19 13	17 25 19 17 7 14 9 7 19 13	20 29 18 16 8 15 9 7 19 13	23 34 23 18 9 15 9 7 19 13	26 2 27 21 8 15 9 7 19 13
7	29 31 31 30 26 12 7 7 19 13	32 36 30 34 28 11 7 7 19 13	35 1 33 2 30 11 7 7 19 13	2 6 3 6 33 11 7 7 19 13	5 9 7 9 35 11 8 7 18 13	8 13 6 12 1 12 8 7 18 13	11 17 10 15 3 13 8 7 18 13	14 21 16 17 6 13 9 7 19 13	17 26 19 17 7 14 9 7 19 13	20 30 18 16 8 15 9 7 19 13	23 35 23 18 9 15 9 7 19 13	26 4 28 21 8 15 9 7 19 13
8	29 32 31 31 26 12 7 7 19 13	32 2 30 34 28 11 7 7 19 13	35 2 33 2 30 11 7 7 19 13	2 7 3 6 33 11 7 7 19 13	5 10 7 9 35 11 8 7 18 13	8 15 6 13 1 12 8 7 18 13	11 18 10 16 4 13 8 7 18 13	14 23 16 17 6 13 9 7 19 13	17 28 19 17 7 14 9 7 19 13	20 32 18 16 8 15 9 7 19 13	23 1 23 18 9 15 9 7 19 13	26 5 28 22 8 15 9 7 19 13
9	29 34 31 31 26 12 7 7 19 13	32 3 30 35 28 11 7 7 19 13	35 4 33 2 31 11 7 7 19 13	2 8 3 6 33 11 7 7 19 13	5 11 7 9 35 12 8 7 18 13	8 16 6 13 1 12 8 7 18 13	11 19 10 16 4 13 9 7 18 13	14 24 16 17 6 13 9 7 19 13	17 29 19 17 7 14 9 7 19 13	20 33 18 16 8 15 9 7 19 13	23 2 23 18 9 15 9 7 19 13	26 6 28 22 8 15 9 7 19 13
10	29 35 31 31 26 12 7 7 19 13	33 4 30 35 29 11 7 7 19 13	35 5 33 2 31 11 7 7 19 13	2 9 3 6 33 11 7 7 19 13	5 13 7 9 35 12 8 7 18 13	8 17 6 13 2 12 8 7 18 13	11 20 10 16 4 13 9 7 18 13	14 25 16 17 6 13 9 7 19 13	17 31 19 16 7 14 9 7 19 13	20 34 18 16 9 15 9 7 19 13	23 4 23 19 9 15 9 7 19 13	26 7 28 22 8 15 9 7 19 13
11	30 1 31 31 26 12 7 7 19 13	33 5 30 35 29 11 7 7 19 13	36 6 34 2 31 11 7 7 19 13	3 11 3 6 33 11 7 7 19 13	5 14 7 10 35 12 8 7 18 13	8 18 6 13 2 12 8 7 18 13	11 22 11 16 4 13 9 7 18 13	14 27 17 18 6 13 9 7 19 13	17 32 19 16 7 14 9 7 19 13	20 36 18 16 9 15 9 7 19 13	23 5 23 19 9 15 9 7 19 13	26 8 28 22 8 15 9 7 19 13
12	30 2 31 31 26 12 7 7 19 13	33 7 30 35 29 11 7 7 19 13	36 7 34 2 31 11 7 7 19 13	3 12 4 6 33 11 7 7 19 13	6 15 7 10 35 12 8 7 18 13	9 19 6 13 2 12 8 7 18 13	11 23 11 16 4 13 9 7 18 13	14 28 17 18 6 13 9 7 19 13	17 34 19 16 8 14 9 7 19 13	20 1 19 16 9 15 9 7 19 13	23 6 24 19 9 15 9 7 19 13	26 10 28 22 8 15 9 7 19 13
13	30 3 32 31 27 11 7 7 19 13	33 8 30 35 29 11 7 7 19 13	36 9 34 2 31 11 7 7 19 13	3 13 4 6 33 11 7 7 19 13	6 16 7 10 35 12 8 7 18 13	9 21 6 13 2 12 8 7 18 13	12 24 11 16 4 13 9 7 18 13	14 30 17 18 6 13 9 7 19 13	17 35 19 16 8 14 9 7 19 13	20 3 19 16 9 15 9 7 19 13	24 8 24 19 9 15 9 7 19 13	27 11 28 22 7 15 9 7 19 13
14	30 5 32 31 27 11 7 7 19 13	33 9 30 35 29 11 7 7 19 13	36 10 34 3 31 11 7 7 19 13	3 14 4 6 33 11 7 7 19 13	6 17 7 10 36 12 8 7 18 13	9 22 7 13 2 12 8 7 18 13	12 26 11 16 4 13 9 7 18 13	15 31 17 18 6 13 9 7 19 13	18 36 19 16 8 14 9 7 19 13	21 4 19 16 8 15 9 7 19 13	24 9 24 19 9 15 9 7 19 13	27 12 28 22 7 15 9 7 19 13
15	30 6 32 31 27 11 7 7 19 13	33 10 30 35 29 11 7 7 19 13	36 11 34 3 31 11 7 7 19 13	3 15 4 6 33 11 7 7 19 13	6 19 7 10 36 12 8 7 18 13	9 24 7 13 2 12 8 7 18 13	12 27 11 16 4 13 9 7 18 13	15 33 17 18 6 13 9 7 19 13	18 2 19 16 8 14 9 7 19 13	21 6 19 16 9 15 9 7 19 13	24 10 24 19 8 15 9 7 19 13	27 13 29 22 7 15 9 7 19 13
16	30 7 32 32 27 11 7 7 19 13	33 11 31 35 29 11 7 7 19 13	36 12 34 3 31 11 7 7 19 13	3 17 4 7 33 11 7 7 19 13	6 20 7 10 36 12 8 7 18 13	9 25 7 13 2 12 8 7 18 13	12 29 11 16 4 13 9 7 18 13	15 34 17 18 6 14 9 7 19 13	18 3 19 16 8 14 9 7 19 13	21 7 19 17 9 15 9 7 19 13	24 11 24 19 8 15 9 7 19 13	27 15 29 22 7 15 9 7 19 13
17	30 8 32 32 27 11 7 7 19 13	33 13 31 36 29 11 7 7 19 13	36 13 35 3 31 11 7 7 19 13	3 18 5 7 33 11 7 7 19 13	6 21 7 10 36 12 8 7 18 13	9 26 7 14 2 12 8 7 18 13	12 30 12 16 4 13 9 7 18 13	15 36 17 18 6 14 9 7 19 13	18 5 19 16 8 14 9 7 19 13	21 8 19 17 9 15 9 7 19 13	24 13 24 19 9 15 9 7 19 13	27 16 29 23 7 15 9 7 19 13
18	30 9 31 32 27 11 7 7 19 13	33 14 31 36 29 11 7 7 19 13	36 15 35 3 31 11 7 7 19 13	3 19 5 7 34 11 7 7 18 13	6 23 7 10 36 12 8 7 18 13	9 28 7 14 2 12 8 7 18 13	12 32 12 16 4 13 9 7 18 13	15 1 17 18 6 14 9 7 19 13	18 6 19 18 6 14 9 7 19 13	21 9 19 17 9 15 9 7 19 13	24 14 25 19 8 15 9 7 19 13	27 17 29 23 7 15 9 7 19 13
19	30 11 31 32 27 11 7 7 19 13	33 15 31 36 29 11 7 7 19 13	36 16 35 3 31 11 7 7 19 13	3 21 5 7 34 11 7 7 18 13	6 24 7 10 36 12 8 7 18 13	9 29 7 14 2 12 8 7 18 13	12 33 12 16 4 13 9 7 18 13	15 3 18 18 6 14 9 7 19 13	18 7 19 16 8 14 9 7 19 13	21 11 20 17 9 15 9 7 19 13	24 15 25 19 8 15 9 7 19 13	27 18 29 23 7 15 9 7 19 13
20	30 12 31 32 27 11 7 7 19 13	34 16 31 36 29 11 7 7 19 13	36 17 35 3 31 11 7 7 19 13	3 22 5 7 34 11 8 7 18 13	6 26 7 11 36 12 8 7 18 13	9 31 7 14 2 12 8 7 18 13	12 35 13 16 4 13 9 7 18 13	15 4 18 18 6 14 9 7 19 13	18 9 19 16 8 14 9 7 19 13	21 12 20 17 9 15 9 7 19 13	24 16 25 20 8 15 9 7 19 13	27 19 29 23 7 15 9 7 19 13
21	31 13 31 32 27 11 7 7 19 13	34 17 31 36 29 11 7 7 19 13	1 18 35 3 31 11 7 7 19 13	4 23 5 7 34 11 8 7 18 13	6 27 7 11 36 12 8 7 18 13	9 32 7 14 2 12 8 7 18 13	12 36 13 17 4 13 9 7 18 13	15 5 18 17 6 14 9 7 19 13	18 10 19 16 8 14 9 7 19 13	21 13 20 17 9 15 9 7 19 13	24 17 25 20 8 15 9 7 19 13	27 21 29 23 7 15 9 7 19 13
22	31 14 31 32 27 11 7 7 19 13	34 19 31 36 29 11 7 7 19 13	1 20 35 4 32 11 7 7 19 13	4 25 5 7 34 11 8 7 18 13	7 29 7 11 36 12 8 7 18 13	10 34 7 14 2 12 8 7 18 13	12 2 13 17 4 13 9 7 18 13	15 6 18 17 6 14 9 7 19 13	18 11 19 16 8 14 9 7 19 13	21 14 20 17 9 15 9 7 19 13	24 19 25 20 8 15 9 7 19 13	27 22 29 23 7 15 9 7 19 13
23	31 15 31 32 27 11 7 7 19 13	34 20 31 36 30 11 7 7 19 13	1 21 36 4 32 11 7 7 19 13	4 26 6 7 34 11 8 7 18 13	7 30 7 11 36 12 8 7 18 13	10 35 7 14 2 12 8 7 18 13	12 3 13 17 5 13 9 7 18 13	15 8 18 17 6 14 9 7 19 13	18 12 19 16 8 14 9 7 19 13	21 15 20 17 9 15 9 7 19 13	25 20 25 20 8 15 9 7 19 13	28 23 30 23 7 15 9 7 19 13
24	31 17 31 33 27 11 7 7 19 13	34 21 31 36 30 11 7 7 19 13	1 22 36 4 32 11 7 7 19 13	4 28 6 8 34 11 8 7 18 13	7 31 7 11 36 12 8 7 18 13	10 1 8 14 3 12 8 7 18 13	13 4 13 17 5 13 9 7 18 13	16 9 18 7 7 14 9 7 19 13	19 13 19 16 8 14 9 7 19 13	22 17 20 17 9 15 9 7 19 13	25 21 25 20 8 15 9 7 19 13	28 25 30 23 7 15 9 7 19 13
25	31 18 31 33 27 11 7 7 19 13	34 23 32 36 30 11 7 7 19 13	1 24 36 4 32 11 7 7 19 13	4 29 6 8 34 11 8 7 18 13	7 33 7 11 36 12 8 7 18 13	10 2 8 14 3 12 8 7 18 13	13 6 14 17 5 13 9 7 18 13	16 10 18 17 7 14 9 7 19 13	19 15 18 16 8 14 9 7 19 13	22 18 21 17 9 15 9 7 19 13	25 22 26 20 8 15 9 7 19 13	28 26 30 23 7 15 9 7 19 13
26	31 19 31 33 27 11 7 7 19 13	34 24 32 1 30 11 7 7 19 13	1 25 36 4 32 11 7 7 19 13	4 30 6 8 34 11 8 7 18 13	7 34 6 11 36 12 8 7 18 13	10 3 8 14 3 12 8 7 18 13	13 7 14 17 5 13 9 7 18 13	16 11 18 17 7 14 9 7 19 13	19 16 18 16 8 14 9 7 19 13	22 19 21 17 9 15 9 7 19 13	25 24 26 20 8 15 9 7 19 13	28 27 30 24 7 15 9 7 19 13
27	31 20 31 33 27 11 7 7 19 13	34 25 32 1 30 11 7 7 19 13	1 26 36 4 32 11 7 7 19 13	4 32 6 8 34 11 8 7 18 13	7 36 6 11 36 12 8 7 18 13	10 5 8 15 3 12 8 7 18 13	13 8 14 17 5 13 9 7 18 13	16 13 19 17 6 14 9 7 19 13	19 17 18 16 8 14 9 7 19 13	22 20 21 17 9 15 9 7 19 13	25 25 26 20 8 15 9 7 19 13	28 29 30 24 7 15 9 7 19 13
28	31 22 30 33 28 11 7 7 19 13	34 27 32 1 30 11 7 7 19 13	1 28 1 4 32 11 7 7 19 13	4 33 6 8 34 11 8 7 18 13	7 1 6 11 1 12 8 7 18 13	10 6 8 15 3 12 8 7 18 13	13 9 14 17 5 13 9 7 18 13	16 14 19 17 6 14 9 7 19 13	19 18 18 16 8 14 9 7 19 13	22 22 21 17 9 15 9 7 19 13	25 27 26 20 8 15 9 7 19 13	28 30 30 24 7 15 9 7 19 13
29	31 23 30 33 28 11 7 7 19 13		1 29 1 4 32 11 7 7 19 13	4 35 6 8 34 11 8 7 18 13	7 2 6 12 36 12 8 7 18 13	10 7 8 15 3 12 8 7 18 13	13 10 14 17 5 13 9 7 18 13	16 15 19 17 6 14 9 7 19 13	19 19 18 16 8 14 9 7 19 13	22 23 21 17 9 15 9 7 19 13	25 28 26 21 8 15 9 7 19 13	28 32 30 24 7 15 9 7 19 13
30	31 24 30 33 28 11 7 7 19 13		1 30 1 5 32 11 7 7 19 13	4 36 6 8 34 11 8 7 18 13	7 4 6 12 36 12 8 7 18 13	10 8 8 15 3 12 8 7 18 13	13 12 14 17 5 13 9 7 18 13	16 16 19 17 6 14 9 7 19 13	19 21 18 16 8 14 9 7 19 13	22 24 21 18 9 15 9 7 19 13	25 29 26 21 8 15 9 7 19 13	28 33 30 24 7 15 9 7 19 13
31	32 26 30 33 28 11 7 7 19 13		1 31 1 5 32 11 7 7 19 13		7 5 6 12 36 12 8 7 18 13		13 13 15 17 5 13 9 7 18 13	16 17 19 17 6 14 9 7 19 13		22 26 22 17 9 15 9 7 19 13		28 35 30 24 7 15 9 7 19 13

1944

	JAN	FEB	MAR	APR	MAY	JUNE	JULY	AUG	SEPT	OCT	NOV	DEC
1	29 36 30 24 7 15 9 7 19 13	32 5 29 28 7 15 9 7 19 13	35 6 33 32 8 14 8 7 19 13	2 12 3 35 10 14 9 7 19 13	5 15 5 3 11 14 9 7 19 13	8 20 5 7 13 15 9 7 19 13	10 23 11 11 15 15 10 8 19 13	13 28 16 14 17 16 10 8 19 13	16 33 17 18 19 16 10 8 19 13	19 1 18 22 21 17 11 8 19 13	22 6 23 26 23 18 11 8 19 14	25 10 27 29 25 18 10 8 19 14
2	29 2 30 24 7 15 9 7 19 13	32 7 29 28 7 15 8 7 19 13	35 8 33 32 8 14 8 7 19 13	2 13 3 35 10 14 9 7 19 13	5 16 5 3 11 14 9 7 19 13	8 21 5 7 13 15 9 7 19 13	11 24 11 11 15 15 10 8 19 13	14 30 16 15 17 16 10 8 19 13	16 34 17 18 19 16 10 8 19 13	19 2 18 22 21 17 11 8 19 13	22 8 23 26 23 18 11 8 19 14	26 11 28 29 25 18 10 8 19 14
3	29 3 30 25 7 15 9 7 19 13	32 8 29 28 7 15 8 7 19 13	35 10 34 32 8 14 8 7 19 13	2 14 4 36 10 14 9 7 19 13	5 18 5 3 11 14 9 7 19 13	8 22 5 7 13 15 9 7 19 13	11 26 11 11 15 15 10 8 19 13	14 31 16 15 17 16 10 8 19 13	17 36 17 18 19 16 10 8 19 13	20 4 18 22 21 17 11 8 19 13	23 9 23 26 23 18 11 8 19 14	26 12 28 30 25 18 10 8 19 14
4	29 4 30 25 7 15 9 7 19 13	32 9 29 28 7 15 8 7 19 13	35 11 34 32 8 14 8 7 19 13	2 16 4 36 10 14 9 7 19 13	5 19 5 3 11 14 9 7 19 13	8 23 6 7 13 15 9 7 19 13	11 27 11 11 15 15 10 8 19 13	14 32 16 15 17 16 10 8 19 13	17 1 17 19 19 16 10 8 19 13	20 5 18 22 21 17 11 8 19 13	23 10 24 26 23 18 11 8 19 14	26 14 28 30 25 18 10 8 19 14
5	29 6 30 25 7 15 9 7 19 13	32 10 30 29 7 15 8 7 19 13	35 12 34 32 8 14 8 7 19 13	2 17 4 36 10 14 9 7 19 13	5 20 5 4 12 14 9 7 19 13	8 25 6 7 13 15 9 7 19 13	11 28 11 11 15 15 10 8 19 13	14 34 16 15 17 16 10 8 19 13	17 3 17 19 19 16 10 8 19 13	20 7 19 22 21 17 11 8 19 13	23 12 24 26 23 18 11 8 19 14	26 15 28 30 25 18 10 8 19 14
6	29 7 29 25 7 15 9 7 19 13	32 11 30 29 7 15 8 7 19 13	35 14 34 32 8 14 8 7 19 13	2 18 4 36 10 14 9 7 19 13	5 21 4 4 12 14 9 7 19 13	8 26 6 8 13 15 9 7 19 13	11 30 12 11 15 15 10 8 19 13	14 35 17 15 17 16 10 8 19 13	17 4 17 19 19 16 10 8 19 13	20 8 19 23 21 17 11 8 19 13	23 13 24 26 23 18 11 8 19 14	26 16 28 30 25 18 10 8 19 14
7	29 8 29 25 7 15 9 7 19 13	32 13 30 29 7 15 8 7 19 13	35 15 34 32 9 14 8 7 19 13	2 19 4 36 10 14 9 7 19 13	5 23 4 4 12 14 9 7 19 13	8 27 6 8 13 15 9 7 19 13	11 31 12 11 15 15 10 8 19 13	14 1 17 15 17 16 10 8 19 13	17 6 17 19 19 16 10 8 19 13	20 9 19 23 21 17 11 8 19 14	23 14 24 26 23 18 11 8 19 14	26 17 28 30 25 18 10 8 19 14
8	29 9 29 25 7 15 9 7 19 13	32 14 30 29 7 15 8 7 19 13	35 16 34 32 9 14 8 7 19 13	2 20 4 36 10 14 9 7 19 13	5 24 4 4 12 14 9 7 19 13	8 29 6 8 13 15 9 7 19 13	11 33 12 11 15 15 10 8 19 13	14 2 17 15 17 16 10 8 19 13	17 7 17 19 19 16 10 8 19 13	20 11 19 23 21 17 11 8 19 14	23 15 24 27 23 18 11 8 19 14	26 18 28 30 25 18 10 8 19 14
9	29 11 29 25 7 15 9 7 19 13	32 15 30 29 7 15 8 7 19 13	35 17 35 33 9 14 8 7 19 13	2 22 4 36 10 14 9 7 19 13	5 25 4 4 12 14 9 7 19 13	8 30 6 8 14 15 9 7 19 13	11 34 12 12 15 15 10 8 19 13	14 3 17 15 17 16 10 8 19 13	17 9 17 19 19 16 10 8 19 13	20 12 19 23 21 17 11 8 19 14	23 16 24 27 23 18 11 8 19 14	26 20 28 30 25 18 10 8 19 14
10	29 12 29 25 7 15 9 7 19 13	33 16 30 29 8 15 8 7 19 13	35 18 35 33 9 14 9 7 19 13	3 23 4 1 10 14 9 7 19 13	5 26 4 4 12 14 9 7 19 13	8 32 6 8 14 15 9 7 19 13	11 36 12 12 15 15 10 8 19 13	14 5 17 15 17 16 10 8 19 13	17 10 17 19 19 16 10 8 19 13	20 13 19 23 21 17 11 8 19 14	23 18 25 27 23 18 11 8 19 14	26 21 28 30 26 18 10 8 19 14
11	30 13 29 26 7 15 9 7 19 13	33 17 30 29 8 15 8 7 19 13	36 20 35 33 9 14 9 7 19 13	3 24 5 1 10 14 9 7 19 13	6 28 4 4 12 14 9 7 19 13	9 33 7 8 14 15 9 7 19 13	11 1 13 12 15 15 10 8 19 13	14 6 17 16 17 16 10 8 19 13	17 11 17 19 19 16 10 8 19 13	20 14 20 23 21 17 11 8 19 14	23 19 25 27 23 18 11 8 19 14	26 22 28 31 26 18 10 8 19 14
12	30 14 29 26 7 15 9 7 19 13	33 19 30 29 8 15 8 7 19 13	36 21 35 33 9 14 9 7 19 13	3 25 5 1 10 14 9 7 19 13	6 29 4 4 12 14 9 7 19 13	9 35 7 8 14 15 9 7 19 13	11 2 13 12 16 15 10 8 19 13	14 8 17 16 17 16 10 8 19 13	17 12 16 20 19 17 10 8 19 13	20 16 20 23 21 17 11 8 19 14	24 20 25 27 24 18 11 8 19 14	27 23 28 31 26 18 10 8 19 14
13	30 15 29 26 7 15 9 7 19 13	33 20 31 30 8 15 8 7 19 13	36 22 35 33 9 14 9 7 19 13	3 27 5 1 10 14 9 7 19 13	6 31 4 5 12 14 9 7 19 13	9 36 7 8 14 15 9 7 19 13	12 4 13 12 16 15 10 8 19 13	15 9 17 16 18 16 10 8 19 13	18 13 16 20 20 17 10 8 19 13	21 17 20 23 22 17 11 8 19 14	24 21 25 27 24 18 11 8 19 14	27 24 28 31 26 18 10 8 19 14
14	30 17 29 26 7 15 9 7 19 13	33 21 31 30 8 15 8 7 19 13	36 23 36 33 9 14 9 7 19 13	3 28 5 1 10 14 9 7 19 13	6 32 4 5 12 14 9 7 19 13	9 1 7 8 14 15 9 7 19 13	12 5 13 12 16 15 10 8 19 13	15 10 17 16 18 16 10 8 19 13	18 15 16 20 20 17 10 8 19 13	21 18 20 23 22 17 11 8 19 14	24 22 25 27 24 18 11 8 19 14	27 26 28 31 26 18 10 8 19 14
15	30 18 29 26 7 15 9 7 19 13	33 22 31 30 8 15 8 7 19 13	36 24 36 33 9 14 9 7 19 13	3 30 5 1 10 14 9 7 19 13	6 33 4 5 12 14 9 7 19 13	9 3 7 9 14 15 9 7 19 13	12 7 13 12 16 15 10 8 19 13	15 11 17 16 18 16 10 8 19 13	18 16 16 20 20 17 10 8 19 13	21 19 20 24 22 17 11 8 19 14	24 24 25 27 24 18 11 8 19 14	27 27 28 31 26 18 10 8 19 14
16	30 19 28 25 7 15 9 7 19 13	33 24 31 30 8 15 8 7 19 13	36 26 36 33 9 14 9 7 19 13	3 31 5 1 10 14 9 7 19 13	6 35 4 5 12 14 9 7 19 13	9 4 7 9 14 15 9 7 19 13	12 8 14 12 16 15 10 8 19 13	15 13 17 16 18 16 10 8 19 13	18 17 16 20 20 17 10 8 19 13	21 20 21 24 22 17 11 8 19 14	24 25 25 28 24 18 11 8 19 14	27 28 28 31 26 18 10 8 19 13
17	30 20 28 25 7 15 9 7 19 13	33 25 31 30 8 15 8 7 19 13	36 27 36 34 9 14 9 7 19 13	3 32 5 1 11 14 9 7 19 13	6 36 4 5 12 14 9 7 19 13	9 6 7 9 14 15 9 7 19 13	12 9 14 13 16 15 10 8 19 13	15 14 18 16 18 16 10 8 19 13	18 18 16 20 20 17 10 8 19 13	21 22 21 24 22 17 11 8 19 14	24 26 26 28 24 18 11 8 19 14	27 30 28 31 26 18 10 8 19 13
18	30 21 28 25 7 15 9 7 19 13	33 26 31 30 8 15 8 7 19 13	36 29 36 34 9 14 9 7 19 13	3 34 5 1 11 14 9 7 19 13	6 2 4 5 12 14 9 7 19 13	9 7 8 9 14 15 9 8 19 13	12 10 14 13 16 15 10 8 19 13	15 15 18 16 18 16 10 8 19 13	18 19 16 20 20 17 10 8 19 13	21 23 21 24 22 17 11 8 19 14	24 27 26 28 24 18 11 8 19 14	27 31 28 31 26 18 10 8 19 13
19	30 23 28 25 7 15 9 7 19 13	33 28 31 30 8 15 8 7 19 13	36 30 1 34 9 14 9 7 19 13	3 35 5 2 11 14 9 7 19 13	6 3 4 5 12 14 9 7 19 13	9 8 8 9 14 15 9 8 19 13	12 12 14 13 16 15 10 8 19 13	15 16 18 17 18 16 10 8 19 13	18 21 16 20 20 17 10 8 19 13	21 24 21 24 22 17 11 8 19 14	24 29 26 28 24 18 11 8 19 14	27 33 28 31 26 18 10 8 19 13
20	30 24 28 27 7 15 9 7 19 13	34 29 32 30 8 15 8 7 19 13	36 31 1 34 9 14 9 7 19 13	4 1 5 2 11 14 9 7 19 13	6 5 4 5 12 14 9 7 19 13	9 9 8 9 14 15 10 8 19 13	12 13 14 13 16 15 10 8 19 13	15 17 18 17 18 16 10 8 19 13	18 22 16 21 20 17 10 8 19 13	21 25 21 24 22 17 11 8 19 14	24 30 26 28 24 18 11 8 19 14	27 34 28 32 26 18 10 8 19 13
21	31 25 28 27 7 15 9 7 19 13	34 30 32 30 8 15 8 7 19 13	1 33 1 34 9 14 9 7 19 13	4 2 5 2 11 14 9 7 19 13	7 6 4 6 12 14 9 7 19 13	9 11 8 9 14 15 10 8 19 13	12 14 14 13 16 15 10 8 19 13	15 19 18 17 18 16 10 8 19 13	18 23 16 21 20 17 10 8 19 13	21 26 21 24 22 17 11 8 19 14	24 31 26 28 24 18 11 8 19 14	27 35 28 32 26 18 10 8 19 13
22	31 27 28 27 7 15 9 7 19 13	34 32 32 31 8 15 8 7 19 13	1 34 1 34 9 14 9 7 19 13	4 4 5 2 11 14 9 7 19 13	7 7 4 6 12 14 9 7 19 13	10 12 9 9 14 15 10 8 19 13	12 15 15 13 16 15 10 8 19 13	15 20 18 17 18 16 10 8 19 13	18 24 17 21 20 17 10 8 19 13	21 28 22 24 22 17 11 8 19 14	25 33 26 28 24 18 10 8 19 14	28 1 28 32 26 18 10 8 19 13
23	31 28 28 27 7 15 9 7 19 13	34 34 32 31 8 15 8 7 19 13	1 36 1 34 9 14 9 7 19 13	4 5 5 2 11 14 9 7 19 13	7 9 4 6 13 14 9 7 19 13	10 13 9 10 14 15 10 8 19 13	13 16 15 13 16 15 10 8 19 13	16 21 18 17 18 16 10 8 19 13	19 25 17 21 20 17 10 8 19 13	21 29 22 25 22 17 11 8 19 14	25 34 26 28 24 18 10 8 19 14	28 2 28 32 27 18 10 8 19 13
24	31 30 28 27 7 15 9 7 19 13	34 35 32 31 8 15 8 7 19 13	1 1 2 34 9 14 9 7 19 13	4 6 5 2 11 14 9 7 19 13	7 10 4 6 13 14 9 7 19 13	10 14 9 10 14 15 10 8 19 13	13 18 15 13 16 15 10 8 19 13	16 22 18 17 18 16 10 8 19 13	19 27 17 21 20 17 10 8 19 13	22 30 22 25 22 17 11 8 19 14	25 36 27 28 24 18 10 8 19 14	28 4 27 32 27 18 10 8 19 13
25	31 31 29 27 7 15 9 7 19 13	34 1 32 31 8 15 8 7 19 13	1 3 2 35 9 14 9 7 19 13	4 8 5 2 11 14 9 7 19 13	7 11 5 6 13 14 9 7 19 13	10 16 9 10 14 15 10 8 19 13	13 19 15 14 16 15 10 8 19 13	16 23 18 17 18 16 10 8 19 13	19 28 17 21 20 17 11 8 19 13	22 32 22 25 22 17 11 8 19 14	25 1 27 29 24 18 10 8 19 14	28 5 27 32 27 18 10 8 19 13
26	31 33 29 27 7 15 9 7 19 13	34 2 33 31 8 15 8 7 19 13	1 4 2 35 9 14 9 7 19 13	4 9 5 2 11 14 9 7 19 13	7 12 5 6 13 14 9 7 19 13	10 17 9 10 15 15 10 8 19 13	13 20 15 14 16 16 10 8 19 13	16 25 18 17 18 16 10 8 19 13	19 29 17 21 20 17 11 8 19 13	22 33 22 25 22 17 11 8 19 14	25 3 27 29 25 18 10 8 19 14	28 6 27 32 27 18 10 8 19 13
27	31 34 29 27 7 15 9 7 19 13	34 3 33 31 8 15 8 7 19 13	1 6 2 35 9 14 9 7 19 13	4 10 5 3 11 14 9 7 19 13	7 14 5 6 13 14 9 7 19 13	10 18 10 9 14 15 10 8 19 13	13 21 15 14 16 16 10 8 19 13	16 25 18 18 18 16 10 8 19 13	19 31 17 21 20 17 11 8 19 13	22 35 22 25 22 17 11 8 19 14	25 4 27 29 25 18 10 8 19 14	28 8 27 32 27 18 10 8 19 13
28	31 36 29 28 7 15 9 7 19 13	34 5 33 31 8 14 8 7 19 13	1 7 2 35 10 14 9 7 19 13	4 12 5 3 11 14 9 7 19 13	7 15 5 6 13 15 9 7 19 13	10 19 10 9 14 15 10 8 19 13	13 22 15 14 17 16 10 8 19 13	16 27 18 18 18 16 10 8 19 13	19 32 17 22 20 17 11 8 19 13	22 36 22 25 22 17 11 8 19 14	25 5 27 29 25 18 10 8 19 14	28 9 27 33 27 18 10 8 19 13
29	31 1 29 28 7 15 9 7 19 13	34 6 33 31 8 14 8 7 19 13	1 8 3 35 10 14 9 7 19 13	4 13 5 3 11 14 9 7 19 13	7 16 5 7 13 15 9 7 19 13	10 20 10 9 14 15 10 8 19 13	13 24 16 14 17 16 10 8 19 13	16 29 18 18 19 16 10 8 19 13	19 34 18 22 21 17 11 8 19 13	22 2 23 25 23 17 11 8 19 14	25 7 27 29 25 18 10 8 19 14	28 10 27 33 27 18 10 8 19 13
30	31 3 29 28 7 15 9 7 19 13		1 10 3 35 10 14 9 7 19 13	4 14 5 3 11 14 9 7 19 13	7 17 5 7 13 15 9 7 19 13	10 22 10 9 14 15 10 8 19 13	13 25 16 14 17 16 10 8 19 13	16 30 18 18 19 16 10 8 19 13	19 35 18 22 21 17 11 8 19 13	22 3 23 25 23 18 11 8 19 14	25 8 27 29 25 18 10 8 19 14	28 12 27 33 27 18 10 8 19 13
31	32 4 29 28 7 15 9 7 19 13		2 11 3 35 10 14 9 7 19 13		7 18 5 7 13 15 9 7 19 13		13 26 16 14 17 16 10 8 19 13	16 31 17 18 19 16 10 8 19 13		22 5 23 26 23 18 11 8 19 14		28 13 27 33 27 18 10 7 19 13

1945

	JAN	FEB	MAR	APR	MAY	JUNE	JULY	AUG	SEPT	OCT	NOV	DEC
1	29 14 27 33 27 18 10 7 19 13	32 19 30 36 30 18 10 7 19 13	35 20 35 3 32 18 10 7 19 13	2 24 3 4 34 18 10 7 19 13	5 27 2 2 36 17 10 8 19 13	8 32 6 3 3 17 10 8 19 13	10 36 12 6 5 18 11 8 19 13	13 6 16 9 7 18 11 8 19 13	16 11 15 13 9 19 12 8 19 14	19 14 19 16 11 19 12 8 19 14	22 19 24 20 12 20 12 8 19 14	25 22 27 24 13 21 12 8 19 14
2	29 16 27 33 27 18 10 7 19 13	32 20 30 1 30 18 10 7 19 13	35 21 35 3 32 18 10 7 19 13	2 25 3 4 34 18 10 8 19 13	5 29 2 2 36 17 10 8 19 13	8 34 6 3 3 17 11 8 19 13	11 2 12 6 5 18 11 8 19 13	13 7 16 9 7 18 11 8 19 13	16 12 15 13 9 19 12 8 19 14	19 16 19 16 11 19 12 8 19 14	22 20 24 20 12 20 12 8 19 14	25 23 27 24 13 21 12 8 19 14
3	29 17 27 33 27 18 10 7 19 13	32 21 30 1 30 18 10 7 19 13	35 22 35 3 32 18 10 7 19 13	2 26 3 4 34 17 10 8 19 13	5 30 2 2 1 17 10 8 19 13	8 35 6 3 3 17 11 8 19 13	11 3 12 6 5 18 11 8 19 13	14 8 16 9 7 18 11 8 19 13	17 13 15 13 9 19 12 8 19 14	19 17 19 17 11 19 12 8 19 14	23 21 24 20 12 20 12 8 19 14	26 25 26 24 13 21 12 8 19 14
4	29 18 27 33 27 18 10 7 19 13	32 22 30 1 30 18 10 7 19 13	35 23 35 3 32 18 10 7 19 13	2 28 3 4 34 17 10 8 19 13	5 31 2 2 1 17 10 8 19 13	8 1 7 3 3 17 11 8 19 13	11 4 13 6 5 18 11 8 19 13	14 10 16 10 7 18 11 8 19 13	17 15 15 13 9 19 12 8 19 14	20 18 20 17 11 19 12 8 19 14	23 22 25 21 12 20 12 8 19 14	26 26 26 24 13 21 12 8 19 14
5	29 19 27 33 28 18 10 7 19 13	32 24 31 36 30 18 10 7 19 13	35 24 35 3 32 18 10 7 19 13	2 29 3 4 34 17 10 8 19 13	5 33 2 2 1 17 10 8 19 13	8 2 7 4 3 17 11 8 19 13	11 6 13 6 5 18 11 8 19 13	14 11 16 10 7 18 11 8 19 13	17 16 15 13 9 19 12 8 19 14	20 19 20 17 11 19 12 8 19 14	23 24 25 21 12 20 12 8 19 14	26 27 26 24 13 21 12 8 19 14
6	29 20 27 34 28 18 10 7 19 13	32 25 31 36 30 18 10 7 19 13	35 26 36 3 32 18 10 7 19 13	2 30 3 4 34 17 10 8 19 13	5 34 3 2 1 17 10 8 19 13	8 3 7 4 3 17 11 8 19 13	11 7 13 6 5 18 11 8 19 13	14 12 16 10 7 18 11 8 19 13	17 17 15 13 9 19 12 8 19 14	20 20 20 17 11 19 12 8 19 14	23 25 25 21 12 20 12 8 19 14	26 28 26 25 13 21 12 8 19 14
7	29 22 27 34 28 18 10 7 19 13	32 26 31 36 30 18 10 7 19 13	35 27 36 3 32 18 10 7 19 13	2 32 3 4 35 17 10 8 19 13	5 36 3 2 1 17 10 8 19 13	8 5 7 4 3 17 11 8 19 13	11 9 13 7 5 18 11 8 19 13	14 14 16 10 8 18 11 8 19 14	17 18 15 13 9 19 12 8 19 14	20 22 20 17 11 19 12 8 19 14	23 26 25 21 12 20 12 8 19 14	26 29 26 25 13 21 12 8 19 14
8	29 23 27 34 28 18 10 7 19 13	32 27 31 36 30 18 10 7 19 13	35 28 36 3 32 18 10 7 19 13	2 33 3 3 35 17 10 8 19 13	5 1 3 2 1 17 10 8 19 13	8 6 7 4 3 17 11 8 19 13	11 10 13 7 5 18 11 8 19 13	14 15 16 10 8 18 11 8 19 14	17 20 15 14 10 19 12 8 19 14	20 23 20 17 11 19 12 8 19 14	23 27 25 21 12 20 12 8 19 14	26 31 26 25 13 21 12 8 19 14
9	29 24 27 34 28 18 10 7 19 13	33 29 31 36 30 18 10 7 19 13	35 29 36 3 32 18 10 7 19 13	2 35 3 3 35 17 10 8 19 13	5 2 3 2 1 17 10 8 19 13	8 8 8 4 3 17 11 8 19 13	11 11 13 7 6 18 11 8 19 13	14 16 16 10 8 18 11 8 19 14	17 21 15 14 10 19 12 8 19 14	20 24 21 17 11 19 12 8 19 14	23 28 25 21 12 20 12 8 19 14	26 32 26 25 13 21 12 8 19 14
10	29 25 27 34 28 18 10 7 19 13	33 30 31 36 30 18 10 7 19 13	35 31 36 3 32 18 10 7 19 13	3 36 3 3 35 17 10 8 19 13	5 4 3 2 1 17 10 8 19 13	8 9 8 4 3 17 11 8 19 13	11 13 14 7 6 18 11 8 19 13	14 17 16 10 8 18 11 8 19 14	17 22 16 14 10 19 12 8 19 14	20 25 21 17 11 19 12 8 19 14	23 30 25 21 12 20 12 8 19 14	26 33 26 25 13 21 12 8 19 14
11	30 27 27 34 28 18 10 7 19 13	33 31 31 36 30 18 10 7 19 13	36 32 1 4 32 18 10 7 19 13	3 2 3 3 35 17 10 8 19 13	6 6 3 2 1 17 10 8 19 13	9 11 8 4 3 17 11 8 19 13	11 14 14 7 6 18 11 8 19 13	14 19 16 10 8 18 11 8 19 14	17 23 16 14 10 19 12 8 19 14	20 26 21 18 11 20 12 8 19 14	23 31 26 21 12 20 12 8 19 14	26 35 25 25 13 21 12 8 19 14
12	30 28 27 34 28 18 10 7 19 13	33 33 32 36 30 18 10 7 19 13	36 34 1 4 33 18 10 7 19 13	3 3 3 3 35 17 10 8 19 13	6 7 3 2 1 17 10 8 19 13	9 12 8 4 4 17 11 8 19 13	11 15 14 7 6 18 11 8 19 13	14 20 16 10 8 18 11 8 19 14	17 24 16 14 10 19 12 8 19 14	20 28 21 18 11 20 12 8 19 14	23 32 26 22 13 20 12 8 19 14	27 36 25 25 13 21 12 8 19 14
13	30 29 27 34 28 18 10 7 19 13	33 34 32 2 30 18 10 7 19 13	36 35 1 4 33 18 10 7 19 13	3 5 3 3 35 17 10 8 19 13	6 8 3 2 1 17 10 8 19 13	9 13 8 4 4 17 11 8 19 13	12 17 14 7 6 18 11 8 19 13	15 21 16 11 8 18 11 8 19 14	18 25 16 14 10 19 12 8 19 14	20 29 21 18 11 20 12 8 19 14	24 34 26 22 13 20 12 8 19 14	27 1 25 25 13 21 12 8 19 14
14	30 31 28 34 28 18 10 7 19 13	33 36 32 2 31 18 10 7 19 13	36 1 1 4 33 18 10 7 19 13	3 6 3 3 35 17 10 8 19 13	6 10 3 2 1 17 10 8 19 13	9 15 9 4 4 17 11 8 19 13	12 18 14 7 6 18 11 8 19 13	15 22 16 11 8 18 11 8 19 14	18 27 16 14 10 19 12 8 19 14	21 30 21 18 11 20 12 8 19 14	24 35 26 22 13 20 12 8 19 14	27 3 25 26 13 21 12 8 19 14
15	30 32 28 35 28 18 10 7 19 13	33 1 32 2 31 18 10 7 19 13	36 2 1 4 33 18 10 7 19 13	3 8 3 3 35 17 10 8 19 13	6 11 3 2 1 17 10 8 19 13	9 16 9 4 4 17 11 8 19 13	12 19 14 7 6 18 11 8 19 13	15 23 16 11 8 18 11 8 19 14	18 28 16 14 10 19 12 8 19 14	21 31 22 18 11 20 12 8 19 14	24 36 26 22 13 20 12 8 19 14	27 4 25 26 13 21 12 8 19 14
16	30 34 28 35 28 18 10 7 19 13	33 3 32 2 31 18 10 7 19 13	36 4 1 4 33 18 10 7 19 13	3 9 3 3 35 17 10 8 19 13	6 13 3 2 2 17 10 8 19 13	9 17 9 4 4 17 11 8 19 13	12 20 14 7 6 18 11 8 19 13	15 25 16 11 8 18 11 8 19 14	18 29 17 15 10 19 12 8 19 14	21 32 22 18 12 20 12 8 19 14	24 2 26 22 13 20 12 8 19 14	27 6 25 26 13 21 12 8 19 14
17	30 35 28 35 28 18 10 7 19 13	33 4 32 2 31 18 10 7 19 13	36 5 2 4 33 18 10 7 19 13	3 10 3 3 35 17 10 8 19 13	6 14 4 2 2 17 10 8 19 13	9 18 9 5 4 17 11 8 19 13	12 21 15 8 6 18 11 8 19 13	15 26 15 11 8 18 11 8 19 14	18 31 17 15 10 19 12 8 19 14	21 34 22 18 12 20 12 8 19 14	24 3 26 22 13 20 12 8 19 14	27 7 25 26 13 21 12 8 19 14
18	30 36 28 35 28 18 10 7 19 13	33 6 33 2 31 18 10 7 19 13	36 7 2 4 33 18 10 7 19 13	3 12 2 3 35 17 10 8 19 13	6 15 4 2 2 17 10 8 19 13	9 19 10 5 4 17 11 8 19 13	12 23 15 8 6 18 11 8 19 13	15 27 15 11 8 18 11 8 19 14	18 32 17 15 10 19 12 8 19 14	21 36 22 18 12 20 12 8 19 14	24 5 26 22 13 20 12 8 19 14	27 9 25 26 13 21 12 8 19 14
19	30 2 28 35 28 18 10 7 19 13	34 7 33 2 31 18 10 7 19 13	36 8 2 4 33 18 10 7 19 13	3 13 2 3 35 17 10 8 19 13	6 16 4 3 2 17 10 8 19 13	9 21 10 5 4 17 11 8 19 13	12 24 15 8 6 18 11 8 19 13	15 28 15 11 8 18 11 8 19 14	18 33 17 15 10 19 12 8 19 14	21 1 22 19 12 20 12 8 19 14	24 6 26 22 13 20 12 8 19 14	27 10 25 26 13 21 12 8 19 14
20	31 3 28 35 29 18 10 7 19 13	34 8 33 2 31 18 10 7 19 13	36 9 2 4 33 18 10 7 19 13	4 14 2 3 36 17 10 8 19 13	6 17 4 3 2 17 10 8 19 13	9 22 10 5 4 17 11 8 19 13	12 25 15 8 6 18 11 8 19 13	15 30 15 11 8 18 11 8 19 14	18 35 17 15 10 19 12 8 19 14	21 3 22 19 12 20 12 8 19 14	24 8 26 23 13 20 12 8 19 14	27 12 25 26 13 21 12 8 19 14
21	31 5 28 35 29 18 10 7 19 13	34 10 33 2 31 18 10 7 19 13	1 11 2 4 33 18 10 7 19 13	4 15 2 3 36 17 10 8 19 13	7 19 4 3 2 17 10 8 19 13	9 23 10 5 4 17 11 8 19 13	12 26 15 8 6 18 11 8 19 13	15 31 15 11 8 18 12 8 19 14	18 36 17 15 10 19 12 8 19 14	21 4 23 19 12 20 12 8 19 14	24 9 26 23 13 20 12 8 19 14	27 13 25 26 13 21 12 8 19 14
22	31 6 29 35 29 18 10 7 19 13	34 11 33 2 31 18 10 7 19 13	1 12 2 4 33 18 10 7 19 13	4 17 2 3 36 17 10 8 19 13	7 20 4 3 2 17 10 8 19 13	10 24 10 5 4 17 11 8 19 13	12 28 15 8 6 18 11 8 19 13	15 32 15 12 8 18 12 8 19 14	18 2 18 15 10 19 12 8 19 14	21 6 23 19 12 20 12 8 19 14	24 11 27 23 13 20 12 8 19 14	28 14 25 27 13 21 12 8 19 14
23	31 8 29 35 29 18 10 7 19 13	34 12 34 2 31 18 10 7 19 13	1 13 3 4 33 18 10 7 19 13	4 18 2 3 36 17 10 8 19 13	7 21 4 3 2 17 10 8 19 13	10 26 11 5 4 17 11 8 19 13	13 29 15 8 7 18 11 8 19 13	15 34 15 12 9 18 12 8 19 14	19 3 18 15 10 19 12 8 19 14	21 7 23 19 12 20 12 8 19 14	25 12 27 23 13 20 12 8 19 14	28 16 25 27 13 21 12 8 19 14
24	31 9 29 36 29 18 10 7 19 13	34 14 34 3 31 18 10 7 19 13	1 14 3 4 33 18 10 7 19 13	4 19 2 3 36 17 10 8 19 13	7 22 5 3 2 17 10 8 19 13	10 27 11 5 4 17 11 8 19 13	13 30 15 8 7 18 11 8 19 13	16 35 15 12 9 18 12 8 19 14	19 5 18 15 10 19 12 8 19 14	22 9 23 19 12 20 12 8 19 14	25 14 27 23 13 20 12 8 19 14	28 17 26 27 13 21 12 8 19 14
25	31 10 29 36 29 18 10 7 19 13	34 15 34 3 31 18 10 7 19 13	1 16 3 4 34 18 10 7 19 13	4 20 2 2 36 17 10 8 19 13	7 23 5 3 2 17 10 8 19 13	10 28 11 5 5 18 11 8 19 13	13 32 15 8 7 18 11 8 19 13	16 1 15 12 9 19 12 8 19 14	19 6 18 16 11 19 12 8 19 14	22 10 23 19 12 20 12 8 19 14	25 15 27 23 13 20 12 8 19 14	28 18 26 27 13 21 12 8 19 14
26	31 11 29 36 29 18 10 7 19 13	34 16 34 3 31 18 10 7 19 13	1 17 3 4 34 18 10 7 19 13	4 21 2 2 36 17 10 8 19 13	7 25 5 3 2 17 10 8 19 13	10 29 11 5 5 18 11 8 19 13	13 33 15 9 7 18 11 8 19 13	16 2 15 12 9 19 12 8 19 14	19 8 18 16 11 19 12 8 19 14	22 11 23 19 12 20 12 8 19 14	25 16 27 23 13 20 12 8 19 14	28 19 26 27 12 21 12 8 19 14
27	31 13 29 36 29 18 10 7 19 13	34 17 34 3 32 18 10 7 19 13	1 18 3 4 34 18 10 7 19 13	4 23 2 2 36 17 10 8 19 13	7 26 5 3 2 17 10 8 19 13	10 31 11 5 5 18 11 8 19 13	13 34 16 9 7 18 11 8 19 13	16 4 15 12 9 19 12 8 19 14	19 9 19 16 11 19 12 8 19 14	22 13 23 20 12 20 12 8 19 14	25 17 27 23 13 20 12 8 19 14	28 21 26 27 12 21 12 8 19 14
28	31 14 29 36 29 18 10 7 19 13	34 18 34 3 32 18 10 7 19 13	1 19 3 4 34 18 10 7 19 13	4 24 2 2 36 17 10 8 19 13	7 27 5 3 2 17 10 8 19 13	10 32 12 5 5 18 11 8 19 13	13 36 16 9 7 18 11 8 19 13	16 5 15 12 9 19 12 8 19 14	19 10 19 16 11 19 12 8 19 14	22 14 24 20 12 20 12 8 19 14	25 19 27 24 13 20 12 8 19 14	28 22 26 27 12 21 12 8 19 14
29	31 15 29 36 29 18 10 7 19 13		1 20 3 4 34 18 10 7 19 13	4 25 2 2 36 17 10 8 19 13	7 28 5 3 3 17 10 8 19 13	10 33 12 6 5 18 11 8 19 13	13 1 16 9 7 18 11 8 19 13	16 7 15 12 9 19 12 8 19 14	19 12 19 16 11 19 12 8 19 14	22 15 24 20 12 20 12 8 19 14	25 20 27 24 13 20 12 8 19 14	28 23 26 27 12 21 12 8 19 14
30	32 16 30 36 29 18 10 7 19 13		1 22 3 4 34 18 10 7 19 13	4 26 2 2 36 17 10 8 19 13	7 30 6 3 3 17 10 8 19 13	10 35 12 6 5 18 11 8 19 13	13 3 16 9 7 18 11 8 19 13	16 8 15 13 9 19 12 8 19 14	19 13 19 16 11 19 12 8 19 14	22 16 24 20 12 20 12 8 19 14	25 21 27 24 13 21 12 8 19 14	28 24 26 28 12 21 12 8 19 14
31	32 18 30 36 29 18 10 7 19 13		2 23 3 4 34 18 10 7 19 13		7 31 6 3 3 17 10 8 19 13		13 4 16 9 7 18 11 8 19 13	16 9 15 13 9 19 12 8 19 14		22 18 24 20 12 20 12 8 19 14		28 25 26 28 12 21 12 8 19 14

1946

	JAN	FEB	MAR	APR	MAY	JUNE	JULY	AUG	SEPT	OCT	NOV	DEC
1	29 27 26 28 12 21 12 8 19 14	32 31 31 32 11 21 11 8 19 14	35 32 36 35 11 21 11 8 19 13	2 1 1 3 12 21 11 8 19 13	5 5 2 7 13 21 11 8 19 13	8 10 8 11 14 20 12 8 19 13	10 14 13 14 16 20 12 8 19 14	13 19 14 18 18 21 12 9 19 14	16 23 15 21 20 21 13 9 19 14	19 26 21 24 22 22 13 9 19 14	22 31 25 25 24 22 13 9 19 14	25 34 24 23 26 23 13 9 20 14
2	29 28 27 28 12 21 12 8 19 14	32 33 31 32 11 21 11 8 19 14	35 33 36 35 11 21 11 8 19 13	2 3 36 3 12 21 11 8 19 13	5 6 2 7 13 21 11 8 19 13	8 12 8 11 15 20 12 8 19 13	10 15 13 14 16 20 12 8 19 14	13 20 14 18 18 21 12 9 19 14	16 25 15 21 20 21 13 9 19 14	19 28 21 24 22 22 13 9 19 14	22 32 25 25 24 22 13 9 19 14	25 36 24 23 26 23 13 9 20 14
3	29 29 27 28 12 21 12 8 19 14	32 34 31 32 11 21 11 8 19 14	35 35 36 35 11 21 11 8 19 13	2 4 36 3 12 21 11 8 19 13	5 8 2 7 13 20 11 8 19 13	8 13 8 11 14 20 12 8 19 13	11 17 13 14 16 20 12 8 19 14	14 21 14 18 18 21 13 9 19 14	17 26 15 21 20 21 13 9 19 14	19 29 21 24 22 22 13 9 19 14	23 33 25 25 24 22 13 9 19 14	26 1 24 23 26 23 13 9 20 14
4	29 30 27 28 12 21 12 8 19 14	32 35 32 32 11 21 11 8 19 14	35 36 1 36 11 21 11 8 19 13	2 6 36 3 12 21 11 8 19 13	5 9 2 7 13 20 11 8 19 13	8 15 8 11 15 20 12 8 19 13	11 18 13 14 16 20 12 8 19 14	14 23 14 18 18 21 13 9 19 14	17 27 16 21 20 21 13 9 19 14	20 30 21 24 22 22 13 9 19 14	23 35 25 25 24 22 13 9 19 14	26 2 24 23 27 23 13 9 20 14
5	29 32 27 28 12 21 12 8 19 14	32 1 32 32 11 21 11 8 19 14	35 2 1 36 11 21 11 8 19 13	2 7 36 4 12 21 11 8 19 13	5 11 3 7 13 20 11 8 19 13	8 16 9 11 14 20 12 8 19 13	11 19 13 15 16 20 12 8 19 14	14 24 14 18 18 21 13 9 19 14	17 28 16 21 20 21 13 9 19 14	20 31 21 24 22 22 13 9 19 14	23 36 25 25 24 22 13 9 19 14	26 4 24 23 27 23 13 9 20 14
6	29 33 27 28 12 21 12 8 19 14	32 2 32 32 11 21 11 8 19 14	35 3 1 36 11 21 11 8 19 13	2 8 36 4 12 21 11 8 19 13	5 12 3 7 13 20 11 8 19 13	8 17 9 11 14 20 12 8 19 13	11 21 13 15 16 20 12 8 19 13	14 25 14 18 18 21 13 9 19 14	17 29 16 21 20 21 13 9 19 14	20 33 31 24 22 22 13 9 19 14	23 1 25 25 24 22 13 9 19 14	26 5 24 23 27 23 13 9 20 14
7	29 34 27 29 12 21 12 8 19 14	32 4 32 32 11 21 11 8 19 14	35 5 1 36 11 21 11 8 19 13	2 10 36 4 12 21 11 8 19 13	5 14 3 7 13 20 11 8 19 13	8 18 9 11 14 20 12 8 19 13	11 22 14 15 16 20 12 8 19 14	14 26 14 18 18 21 13 9 19 14	17 31 16 22 20 21 13 9 19 14	20 34 21 24 22 22 13 9 19 14	23 3 25 25 25 22 13 9 19 14	26 7 24 23 27 23 13 8 20 14
8	29 36 27 29 12 21 12 8 19 14	32 5 32 33 11 21 11 8 19 14	35 6 1 36 11 21 11 8 19 13	2 11 36 4 12 21 11 8 19 13	5 15 3 8 13 20 12 8 19 13	8 20 9 11 14 20 12 8 19 13	11 23 14 15 17 20 12 8 19 14	14 27 14 18 18 21 13 9 19 14	17 32 16 22 20 21 13 9 19 14	20 35 22 24 22 22 13 9 19 14	23 4 25 25 25 22 13 9 19 14	26 8 24 23 27 23 13 8 20 14
9	29 1 27 29 12 21 12 8 19 14	33 6 32 33 11 21 11 8 19 14	35 7 1 36 11 21 11 8 19 13	2 13 36 4 12 21 11 8 19 13	5 16 3 8 13 20 12 8 19 13	8 21 9 11 14 20 12 8 19 13	11 24 14 15 17 20 12 8 19 14	14 28 14 19 18 21 13 9 19 14	17 33 17 22 20 21 13 9 19 14	20 1 22 24 23 22 13 9 19 14	23 6 25 24 25 22 13 9 19 14	26 10 24 23 27 23 13 8 20 14
10	29 2 28 29 12 21 12 8 19 14	33 8 33 33 11 21 11 8 19 14	35 9 1 36 11 21 11 8 19 13	3 14 36 4 12 21 11 8 19 13	5 17 3 8 13 20 12 8 19 13	8 22 10 12 15 20 12 8 19 13	11 25 14 15 17 20 12 8 19 14	14 30 14 19 19 21 13 9 19 14	17 34 17 22 21 21 13 9 19 14	20 2 22 24 23 22 13 9 19 14	23 7 25 24 25 22 13 9 19 14	26 11 24 23 27 23 13 8 20 14
11	30 4 28 29 12 21 12 8 19 14	33 9 33 33 11 21 11 8 19 14	36 10 1 1 11 21 11 8 19 13	3 15 36 4 12 21 11 8 19 13	6 19 4 8 13 20 12 8 19 13	8 23 10 12 15 20 12 8 19 13	11 26 14 15 17 20 12 8 19 14	14 31 14 19 19 21 13 9 19 14	17 36 17 22 21 21 13 9 19 14	20 4 22 24 23 22 13 9 19 14	23 9 25 24 25 23 13 9 19 14	26 13 24 23 27 23 18 8 20 14
12	30 5 28 29 12 21 12 8 19 14	33 11 33 33 11 21 11 8 19 14	36 12 1 1 11 21 11 8 19 13	3 17 36 4 12 21 11 8 19 13	6 20 4 8 13 20 12 8 19 13	9 24 10 12 15 20 12 8 19 13	11 28 14 15 17 20 12 8 19 14	14 32 14 19 19 21 13 9 19 14	17 1 17 22 21 21 13 9 19 14	20 5 22 24 23 22 13 9 19 14	23 10 25 24 25 23 13 9 19 14	26 14 24 23 27 23 13 8 20 14
13	30 7 28 29 12 21 12 8 19 14	33 12 33 33 11 21 11 8 19 14	36 13 1 1 11 21 11 8 19 13	3 18 36 5 12 21 11 8 19 13	6 21 4 8 13 20 12 8 19 13	9 26 10 12 15 20 12 8 19 14	12 29 14 15 17 20 12 8 19 14	15 34 14 19 19 21 13 9 19 14	18 3 17 22 21 21 13 9 19 14	20 6 22 24 23 22 13 9 19 14	24 12 25 24 25 23 13 9 19 14	27 16 25 23 27 23 13 8 20 14
14	30 8 28 29 12 21 12 8 19 14	33 13 33 33 11 21 11 8 19 14	36 14 1 1 11 21 11 8 19 13	3 19 36 5 12 21 11 8 19 13	6 22 4 8 14 20 12 8 19 13	9 27 10 12 15 20 12 8 19 14	12 30 14 16 17 20 12 8 19 14	15 35 14 19 19 21 13 9 19 14	18 4 18 22 21 21 13 9 19 14	21 8 22 24 23 22 13 9 19 14	24 13 25 24 25 23 13 9 19 14	27 17 25 23 27 23 13 8 20 14
15	30 10 28 30 12 21 12 8 19 14	33 15 33 33 11 21 11 8 19 14	36 16 2 1 11 21 11 8 19 13	3 20 36 5 12 21 11 8 19 13	6 24 4 8 14 20 12 8 19 13	9 28 11 12 15 20 12 8 19 14	12 31 14 16 17 20 12 8 19 14	15 36 14 19 19 21 13 9 19 14	18 5 18 22 21 21 13 9 19 14	21 9 23 24 23 22 13 9 19 14	24 15 25 24 25 23 13 9 19 14	27 18 25 23 27 23 13 8 20 14
16	30 11 29 30 12 21 12 8 19 14	33 16 34 34 11 21 11 8 19 14	36 17 2 1 11 21 11 8 19 13	3 21 36 5 12 21 11 8 19 13	6 25 4 9 14 20 12 8 19 13	9 29 11 12 15 20 12 8 19 14	12 33 14 16 17 20 12 8 19 14	15 2 14 19 19 21 13 9 19 14	18 7 18 22 21 21 13 9 19 14	21 11 23 25 23 22 13 9 19 14	24 16 25 24 25 23 13 9 19 14	27 19 25 23 27 23 13 8 20 14
17	30 12 29 30 12 21 12 8 19 14	33 17 34 34 11 21 11 8 19 14	36 18 2 1 11 21 11 8 19 13	3 23 1 5 12 21 11 8 19 13	6 26 5 9 14 20 12 8 19 13	9 30 11 12 15 20 12 8 19 14	12 34 14 16 17 20 12 8 19 14	15 3 14 19 19 21 13 9 19 14	18 8 18 22 21 21 13 9 19 14	21 12 23 25 23 22 13 9 19 14	24 17 25 24 25 23 13 9 19 14	27 21 25 23 28 23 13 8 20 14
18	30 14 29 30 12 21 12 8 19 14	33 19 34 34 11 21 11 8 19 14	36 19 2 1 11 21 11 8 19 13	3 24 1 5 12 21 11 8 19 13	6 27 5 9 14 20 12 8 19 13	9 32 11 13 15 20 12 8 19 14	12 35 14 16 17 20 12 8 19 14	15 4 14 19 19 21 13 9 19 14	18 10 18 23 21 21 13 9 19 14	21 14 23 25 23 22 13 9 19 14	24 19 25 24 25 23 13 9 19 14	27 22 25 23 28 23 13 8 20 14
19	30 15 29 30 12 21 12 8 19 14	34 20 34 34 11 21 11 8 19 14	36 21 1 2 11 21 11 8 19 13	3 25 1 5 12 21 11 8 19 13	6 28 5 9 14 20 12 8 19 13	9 33 11 13 15 20 12 8 19 14	12 1 14 16 17 20 12 8 19 14	15 6 14 20 19 21 13 9 19 14	18 11 18 23 21 21 13 9 19 14	21 15 23 25 23 22 13 9 19 14	24 20 25 24 25 23 13 9 19 14	27 23 25 23 28 23 13 8 20 14
20	30 16 29 30 12 21 12 8 19 14	34 21 34 34 11 21 11 8 19 14	36 22 1 2 11 21 11 8 19 13	3 26 1 5 12 21 11 8 19 13	6 29 5 9 14 20 12 8 19 13	9 34 11 13 16 20 12 8 19 14	12 2 14 16 17 20 12 8 19 14	15 7 14 20 19 21 13 9 19 14	18 12 19 23 21 21 13 9 19 14	21 16 23 25 23 22 13 9 19 14	24 21 25 24 25 23 13 9 20 14	27 24 25 23 28 23 13 8 20 14
21	31 18 29 30 12 21 12 8 19 14	34 22 35 34 11 21 11 8 19 14	1 23 1 2 11 21 11 8 19 13	4 27 1 6 12 21 11 8 19 13	6 31 5 9 14 20 12 8 19 13	9 36 12 13 16 20 12 8 19 14	12 3 14 16 17 20 12 8 19 14	15 9 14 20 19 21 13 9 19 14	18 14 19 23 21 21 13 9 19 14	21 18 23 25 23 22 13 9 19 14	24 22 24 24 26 23 13 9 20 14	27 25 26 24 28 23 13 8 20 14
22	31 19 29 30 11 21 12 8 19 14	34 23 35 34 11 21 11 8 19 14	1 24 1 2 11 21 11 8 19 13	4 28 1 6 12 21 11 8 19 13	7 32 6 9 14 20 12 8 19 13	10 1 12 13 16 20 12 8 19 14	12 5 14 17 17 20 12 8 19 14	15 10 14 20 19 21 13 9 19 14	18 15 19 23 21 21 13 9 19 14	21 19 24 25 23 22 13 9 19 14	24 23 24 24 26 23 13 9 20 14	28 27 26 24 28 23 13 8 20 14
23	31 20 30 31 11 21 12 8 19 14	34 25 35 34 11 21 11 8 19 14	1 25 1 2 11 21 11 8 19 13	4 30 1 6 13 21 11 8 19 13	7 33 6 9 14 20 12 8 19 13	10 2 12 13 16 20 12 8 19 14	12 6 14 17 17 20 12 9 19 14	15 11 14 20 19 21 13 9 19 14	18 17 19 23 21 21 13 9 19 14	21 20 24 25 23 22 13 9 19 14	25 25 24 24 26 23 13 9 20 14	28 28 26 24 28 23 13 8 20 14
24	31 21 30 31 11 21 12 8 19 14	34 26 35 35 11 21 11 8 19 14	1 27 1 2 11 21 11 8 19 13	4 31 1 6 13 21 11 8 19 13	7 35 6 10 14 20 12 8 19 13	10 4 12 13 16 20 12 8 19 14	13 8 14 17 18 20 12 9 19 14	16 13 14 20 19 21 13 9 19 14	19 18 19 23 21 21 13 9 19 14	22 21 24 25 24 22 13 9 19 14	25 26 24 24 26 23 13 9 20 14	28 29 26 24 28 23 13 8 20 14
25	31 23 30 31 11 21 12 8 19 14	34 27 35 35 11 21 11 8 19 14	1 28 1 2 11 21 11 8 19 13	4 32 1 6 13 21 11 8 19 13	7 36 6 10 14 20 12 8 19 13	10 5 12 13 16 20 12 8 19 14	13 9 14 17 18 20 12 9 19 14	16 14 14 20 20 21 13 9 19 14	19 19 20 23 22 22 13 9 19 14	22 23 24 25 24 22 13 9 19 14	25 27 24 24 26 23 13 9 20 14	28 30 26 24 28 23 13 8 20 14
26	31 24 30 31 11 21 12 8 19 14	34 28 36 35 11 21 11 8 19 14	1 29 1 2 11 21 11 8 19 13	4 34 1 6 13 21 11 8 19 13	7 1 6 10 14 20 12 8 19 13	10 7 12 13 16 20 12 8 19 14	13 11 14 17 18 20 12 9 19 14	16 16 14 20 20 21 13 9 19 14	19 21 20 23 22 22 13 9 19 14	22 24 24 25 24 22 13 9 19 14	25 28 24 23 26 23 13 9 20 14	28 21 26 24 28 23 13 8 20 14
27	21 25 30 31 11 21 12 8 19 14	34 29 36 35 11 21 11 8 19 14	1 30 1 2 11 21 11 8 19 13	4 35 1 6 13 21 11 8 19 13	7 3 7 10 14 20 12 8 19 13	10 8 12 14 16 20 12 8 19 14	13 12 14 17 18 21 12 9 19 14	16 17 14 20 20 21 13 9 19 14	19 22 20 23 22 22 13 9 19 14	22 25 24 25 24 22 13 9 19 14	25 29 24 23 26 23 13 9 20 14	28 33 27 24 28 23 13 8 20 14
28	31 26 30 31 11 21 12 8 19 14	34 31 36 35 11 21 11 8 19 13	1 31 1 3 12 21 11 8 19 13	4 36 2 6 13 21 11 8 19 13	7 4 7 10 14 20 12 8 19 13	10 10 13 14 16 20 12 8 19 14	13 13 14 17 18 21 12 9 19 14	16 18 14 21 20 21 13 9 19 14	19 23 20 23 22 22 13 9 19 14	22 26 24 25 24 22 13 9 19 14	25 31 24 23 26 23 13 9 20 14	28 34 27 24 28 23 13 8 20 14
29	31 27 31 31 11 21 12 8 19 14		1 33 1 3 12 21 11 8 19 13	4 2 2 7 13 21 11 8 19 13	7 6 7 10 14 20 12 8 19 13	10 11 13 14 16 20 12 8 19 14	13 15 14 17 18 21 12 9 19 14	15 20 15 21 20 21 13 9 19 14	19 24 20 23 22 22 13 9 19 14	22 27 24 25 24 22 13 9 19 14	25 32 24 23 26 23 13 9 20 14	28 35 27 24 28 23 13 8 20 14
30	32 29 31 31 11 21 12 8 19 14		1 34 1 3 12 21 11 8 19 13	4 3 2 7 13 21 11 8 19 13	7 7 7 10 14 20 12 8 19 13	10 13 13 14 16 20 12 8 19 14	13 16 14 17 18 21 12 9 19 14	16 21 15 21 20 21 13 9 19 14	19 25 20 24 22 22 13 9 19 14	22 28 25 25 24 22 13 9 19 14	25 33 24 23 26 23 13 9 20 14	28 36 27 24 28 24 13 8 20 14
31	32 30 31 32 11 21 11 8 19 14		2 36 1 3 12 21 11 8 19 13		7 9 7 10 14 20 12 8 19 13		13 18 14 18 18 21 12 9 19 14	16 22 15 21 20 21 13 9 19 14		22 30 25 25 24 22 13 9 19 14		28 2 27 24 29 24 13 8 20 14

1947

	JAN	FEB	MAR	APR	MAY	JUNE	JULY	AUG	SEPT	OCT	NOV	DEC
1	29 3 27 24 29 24 13 8 20 14	32 8 32 27 31 24 13 8 20 14	35 9 36 30 33 24 13 8 20 14	2 15 35 34 36 24 13 8 19 14	5 18 3 1 2 24 13 8 19 14	8 23 9 5 4 24 13 9 19 14	10 27 12 9 7 23 13 9 19 14	13 31 11 12 9 23 14 9 19 14	16 36 17 16 11 24 14 9 19 14	19 3 22 20 13 24 14 9 20 14	22 8 23 24 14 25 15 9 20 14	25 12 24 28 15 25 15 9 20 14
2	29 5 27 24 29 24 13 8 20 14	32 10 33 27 31 24 13 8 20 14	35 11 36 30 33 24 13 8 20 14	2 16 35 34 36 24 13 8 19 14	5 20 3 1 2 24 13 8 19 14	8 24 10 5 4 24 13 9 19 14	10 28 12 9 7 23 13 9 19 14	13 32 11 13 9 23 14 9 19 14	16 1 17 16 11 24 14 9 19 14	19 4 22 20 13 24 14 9 20 14	22 10 23 24 14 25 15 9 20 14	25 14 24 28 16 25 15 9 20 14
3	29 6 28 24 29 24 13 8 20 14	32 11 33 27 31 24 13 8 20 14	35 12 36 30 33 24 13 8 20 14	2 17 35 34 36 24 13 8 19 14	5 21 3 2 2 24 13 8 19 14	8 26 10 5 4 24 13 9 19 14	11 29 12 9 7 23 13 9 19 14	14 33 12 13 9 23 14 9 19 14	17 2 17 17 11 24 14 9 19 14	19 6 22 20 13 24 14 9 20 14	23 11 23 24 14 25 15 9 20 14	26 15 24 28 16 25 15 9 20 14
4	29 7 28 24 29 24 13 8 20 14	32 13 33 27 31 24 13 8 20 14	35 14 36 30 34 24 13 8 20 14	2 19 35 34 36 24 13 8 19 14	5 22 4 2 2 24 13 8 19 14	8 27 10 5 5 24 13 9 19 14	11 30 12 9 7 23 13 9 19 14	14 35 12 13 9 23 14 9 19 14	17 3 17 17 11 24 14 9 19 14	20 7 22 20 13 24 14 9 20 14	23 12 23 24 14 25 15 9 20 14	26 16 24 28 16 25 15 9 20 14
5	29 9 28 25 29 24 13 8 20 14	32 14 33 27 31 24 13 8 20 14	35 15 35 31 34 24 13 8 20 14	2 20 35 34 36 24 13 8 19 14	5 24 4 2 2 24 13 8 19 14	8 28 10 5 5 24 13 9 19 14	11 31 12 9 7 23 13 9 19 14	14 36 12 13 9 23 14 9 19 14	17 5 17 17 11 24 14 9 19 14	20 9 22 21 13 24 14 9 20 14	23 14 23 24 14 25 15 9 20 14	26 18 24 28 16 25 15 9 20 14
6	29 11 28 25 29 24 13 8 20 14	32 16 33 28 31 24 13 8 20 14	35 17 35 31 34 24 13 8 20 14	2 21 35 34 36 24 13 8 19 14	5 25 4 2 2 24 13 8 19 14	8 29 10 6 5 23 13 9 19 14	11 32 12 9 7 23 13 9 19 14	14 1 12 13 9 23 14 9 19 14	17 6 18 17 11 24 14 9 19 14	20 10 22 21 13 24 14 9 20 14	23 15 23 24 14 25 15 9 20 14	26 19 24 28 16 25 15 9 20 14
7	29 12 28 25 29 24 13 8 20 14	32 17 33 28 32 24 13 8 20 14	35 18 35 31 34 24 13 8 20 14	2 23 35 34 36 24 13 8 19 14	5 26 4 2 2 24 13 8 19 14	8 30 10 6 5 23 13 9 19 14	11 34 12 9 7 23 13 9 19 14	14 2 12 13 9 23 14 9 19 14	17 7 18 17 11 24 14 9 19 14	20 11 22 21 13 24 14 9 20 14	23 17 23 25 14 25 15 9 20 14	26 20 25 28 15 25 15 9 20 14
8	29 14 28 25 29 24 13 8 20 14	32 19 34 28 32 24 13 8 20 14	35 19 35 31 34 24 13 8 20 14	2 24 36 35 36 24 13 8 19 14	5 27 4 2 3 24 13 8 19 14	8 32 10 6 5 23 13 9 19 14	11 35 12 10 7 23 13 9 19 14	14 4 12 13 9 23 14 9 19 14	17 9 18 17 11 24 14 9 19 14	20 13 22 21 13 24 14 9 20 14	23 18 22 25 15 25 15 9 20 14	26 22 25 28 15 25 15 9 20 14
9	29 15 29 25 29 24 13 8 20 14	32 30 34 28 32 24 13 8 20 14	35 21 35 31 34 24 13 8 20 14	2 25 36 35 36 24 13 8 19 14	5 28 5 2 3 24 13 8 19 14	8 33 11 6 5 23 13 9 19 14	11 36 12 10 7 23 13 9 19 14	14 5 12 13 9 23 14 9 19 14	17 10 18 17 11 24 14 9 19 14	20 14 22 21 13 24 14 9 20 14	23 19 22 25 15 25 15 9 20 14	26 23 25 29 16 26 15 9 20 14
10	29 16 29 25 29 24 13 8 20 14	33 21 34 28 32 24 13 8 20 14	35 22 35 31 34 24 13 8 19 14	2 26 36 35 36 24 13 8 19 14	5 30 5 2 3 24 13 8 19 14	8 34 11 6 5 23 13 9 19 14	11 1 12 10 7 23 13 9 19 14	14 6 12 14 9 23 14 9 19 14	17 12 18 17 11 24 14 9 19 14	20 16 23 21 13 24 15 9 20 14	23 21 22 25 15 25 15 9 20 14	26 24 25 29 16 26 15 9 20 14
11	30 18 29 25 29 24 13 8 20 14	33 22 34 28 32 24 13 8 20 14	36 23 35 31 34 24 13 8 19 14	3 28 36 35 36 24 13 8 19 14	5 31 5 2 3 24 13 9 19 14	8 35 11 6 5 23 13 9 19 14	11 3 12 10 7 23 13 9 19 14	14 8 13 14 9 23 14 9 19 14	17 13 18 18 11 24 14 9 19 14	20 17 23 21 13 24 15 9 20 14	23 22 22 25 15 25 15 9 20 14	26 26 25 29 16 26 15 9 20 14
12	30 19 29 25 29 24 13 8 20 14	33 24 34 28 32 24 13 8 20 14	36 24 35 31 34 24 13 8 19 14	3 29 36 35 1 24 13 8 19 14	6 32 5 3 3 24 13 9 19 14	9 1 11 6 5 23 13 9 19 14	11 4 12 10 7 23 13 9 19 14	14 9 13 14 9 23 14 9 19 14	17 15 19 18 11 24 14 9 19 14	20 18 23 21 13 24 15 9 20 14	23 23 22 25 15 25 15 9 20 14	26 27 25 29 16 26 15 9 20 14
13	30 20 29 25 30 24 13 8 20 14	33 25 34 28 32 24 13 8 20 14	36 26 35 31 34 24 13 8 19 14	3 30 36 35 1 24 13 8 19 14	6 33 5 3 3 24 13 9 19 14	9 2 11 6 5 23 13 9 19 14	12 5 12 10 7 23 13 9 19 14	14 11 13 14 9 23 14 9 19 14	17 16 19 18 11 24 14 9 19 14	20 20 23 21 13 24 15 9 20 14	24 25 22 25 15 25 15 9 20 14	27 28 25 29 16 26 15 9 20 14
14	30 22 29 25 30 24 13 8 20 14	33 26 35 28 32 24 13 8 20 14	36 27 35 32 34 24 13 8 19 14	3 31 36 35 1 24 13 8 19 14	6 34 6 3 3 24 13 9 19 14	9 3 11 7 5 23 13 9 19 14	12 7 12 10 7 23 13 9 19 14	15 12 13 14 10 23 14 9 19 14	18 18 19 18 12 24 14 9 19 14	21 21 23 22 13 24 15 9 20 14	24 26 22 25 15 25 15 9 20 14	27 29 26 29 16 26 15 9 20 14
15	30 23 29 25 30 24 13 8 20 14	33 27 35 29 32 24 13 8 20 14	36 28 35 32 34 24 13 8 19 14	3 32 36 35 1 24 13 8 19 14	6 36 6 3 3 24 13 9 19 14	9 5 11 7 5 23 13 9 19 14	12 8 12 10 8 23 13 9 19 14	15 14 13 14 10 23 14 9 19 14	18 19 19 18 12 24 14 9 19 14	21 23 23 22 13 24 15 9 20 14	24 27 22 26 15 25 15 9 20 14	27 30 26 29 16 26 15 9 20 14
16	30 24 30 25 30 24 13 8 20 14	33 28 35 29 32 24 13 8 20 14	36 29 35 32 34 24 13 8 19 14	3 34 1 35 1 24 13 8 19 14	6 1 6 3 3 24 13 9 19 14	9 6 11 7 5 23 13 9 19 14	12 10 12 10 8 23 13 9 19 14	15 15 14 14 10 23 14 9 19 14	18 20 19 18 12 24 14 9 19 14	21 24 23 22 13 24 15 9 20 14	24 28 22 26 15 25 15 9 20 14	27 32 26 29 16 26 15 9 20 14
17	30 25 30 26 30 24 13 8 20 14	33 30 35 29 32 24 13 8 20 14	36 30 35 32 34 24 13 8 19 14	3 35 1 36 1 24 13 8 19 14	6 2 6 3 3 24 13 9 19 14	9 8 12 7 6 23 13 9 19 14	12 11 11 11 8 23 13 9 19 14	15 17 14 14 10 23 14 9 19 14	18 22 19 18 12 24 14 9 19 14	21 25 23 22 13 24 15 9 20 14	24 30 22 26 15 25 15 9 20 14	27 33 26 30 16 26 15 9 20 14
18	30 26 30 26 30 24 13 8 20 14	33 31 35 29 32 24 13 8 20 14	36 32 34 32 35 24 13 8 19 14	3 36 1 36 1 24 13 8 19 14	6 4 7 3 3 24 13 9 19 14	9 9 12 7 6 23 13 9 19 14	12 13 11 11 8 23 14 9 19 14	15 18 14 15 10 23 14 9 19 14	18 23 20 18 12 24 14 9 19 14	21 26 23 22 13 24 15 9 20 14	24 31 22 26 15 25 15 9 20 14	27 34 26 30 16 26 15 9 20 14
19	30 28 30 26 30 24 13 8 20 14	34 32 35 29 32 24 13 8 20 14	36 33 34 32 35 24 13 8 19 14	3 2 1 36 1 24 13 8 19 14	6 5 7 3 3 24 13 9 19 14	9 11 12 7 6 23 13 9 19 14	12 14 11 11 8 23 14 9 19 14	15 20 14 15 10 23 14 9 19 14	18 24 20 19 12 24 14 9 19 14	21 28 23 22 14 24 15 9 20 14	24 32 22 26 15 25 15 9 20 14	27 35 26 30 16 26 15 9 20 14
20	30 29 30 26 30 24 13 8 20 14	34 33 36 29 33 24 13 8 20 14	36 34 34 32 35 24 13 8 19 14	3 3 1 36 1 24 13 8 19 14	6 7 7 4 3 24 13 9 19 14	9 12 12 7 6 23 13 9 19 14	12 16 11 11 8 23 14 9 19 14	15 21 14 15 10 23 14 9 19 14	18 26 20 19 12 24 14 9 20 14	21 29 23 22 14 24 15 9 20 14	24 33 22 26 15 25 15 9 20 14	27 36 27 30 16 26 15 9 20 14
21	31 30 30 26 30 24 13 8 20 14	34 35 36 29 33 24 13 8 20 14	1 35 34 32 35 24 13 8 19 14	4 4 1 36 1 24 13 8 19 14	6 8 7 4 4 24 13 9 19 14	9 14 12 7 6 23 13 9 19 14	12 17 11 11 8 23 14 9 19 14	15 22 15 15 10 23 14 9 19 14	18 27 20 19 12 24 14 9 20 14	21 30 24 22 14 24 15 9 20 14	24 34 22 26 15 25 15 9 20 14	27 2 27 30 16 26 15 9 20 14
22	31 31 31 26 30 24 13 8 20 14	34 36 36 29 33 24 13 8 20 14	1 1 34 33 35 24 13 8 19 14	4 6 1 36 1 24 13 8 19 14	7 10 7 4 4 24 13 9 19 14	10 15 12 8 6 23 13 9 19 14	12 19 11 11 8 23 14 9 19 14	15 24 15 15 10 23 14 9 19 14	18 28 20 19 12 24 14 9 20 14	21 31 24 23 14 24 15 9 20 14	25 36 22 26 15 25 15 9 20 14	27 3 27 30 16 26 15 9 20 14
23	31 32 31 26 30 24 13 8 20 14	34 1 36 29 33 24 13 8 20 14	1 2 34 33 35 24 13 8 19 14	4 7 2 36 1 24 13 8 19 14	7 11 8 4 4 24 13 9 19 14	10 16 12 8 6 23 13 9 19 14	12 20 11 11 8 23 14 9 19 14	15 25 15 15 10 23 14 9 19 14	18 29 20 19 12 24 14 9 20 14	21 32 24 23 14 24 15 9 20 14	25 1 23 27 15 25 15 9 20 14	28 4 27 30 16 26 15 9 20 14
24	31 34 31 26 30 24 13 8 20 14	34 2 36 30 33 24 13 8 20 14	1 3 34 33 35 24 13 8 19 14	4 9 2 36 1 24 13 8 19 14	7 13 8 4 4 24 13 9 19 14	10 18 12 8 6 23 13 9 19 14	13 21 11 11 8 23 14 9 19 14	16 26 15 15 10 23 14 9 19 14	19 30 21 19 12 24 14 9 20 14	22 34 24 23 14 25 15 9 20 14	25 2 23 27 15 25 15 9 20 14	28 6 27 30 16 26 15 9 20 14
25	31 35 31 26 30 24 13 8 20 14	34 4 36 30 33 24 13 8 20 14	1 5 34 33 35 24 13 8 19 14	4 10 2 1 2 24 13 8 19 14	7 14 8 4 4 24 13 9 19 14	10 19 12 8 6 23 13 9 19 14	13 23 11 12 8 23 14 9 19 14	16 27 15 15 10 24 14 9 19 14	19 32 21 19 12 24 14 9 20 14	22 35 24 23 14 25 15 9 20 14	25 3 23 27 15 25 15 9 20 14	28 7 27 31 16 26 15 9 20 14
26	31 36 31 26 31 24 13 8 20 14	34 5 36 30 33 24 13 8 20 14	1 6 35 33 35 24 13 8 19 14	4 12 2 1 2 24 13 8 19 14	7 15 8 4 4 24 13 9 19 14	10 20 12 8 6 23 13 9 19 14	13 24 11 12 8 23 14 9 19 14	16 28 16 16 10 24 14 9 19 14	19 33 21 19 12 24 14 9 20 14	22 36 24 23 14 25 15 9 20 14	25 5 23 27 15 25 15 9 20 14	28 8 27 31 16 26 15 9 20 14
27	31 1 31 26 31 24 13 8 20 14	34 7 36 30 33 24 13 8 20 14	1 8 35 33 35 24 13 8 19 14	4 13 2 1 2 24 13 8 19 14	7 17 8 4 4 24 13 9 19 14	10 22 12 8 6 23 13 9 19 14	13 25 11 12 8 23 14 9 19 14	16 29 16 16 10 24 14 9 19 14	19 34 21 20 12 24 14 9 20 14	22 1 24 23 14 25 15 9 20 14	25 6 23 27 15 25 15 9 20 14	28 10 28 31 16 26 15 9 20 14
28	31 3 32 27 31 24 13 8 20 14	34 8 36 30 33 24 13 8 20 14	1 9 35 33 35 24 13 8 19 14	4 14 2 1 2 24 13 8 19 14	7 18 9 5 4 24 13 9 19 14	10 23 12 8 6 23 13 9 19 14	13 26 11 12 8 23 14 9 19 14	16 31 16 16 10 24 14 9 19 14	19 35 21 20 12 24 14 9 20 14	22 3 24 23 14 25 15 9 20 14	25 8 23 27 15 25 15 9 20 14	28 11 28 31 16 26 15 9 20 14
29	31 4 32 27 31 24 13 8 20 14		1 10 35 33 35 24 13 8 19 14	4 16 3 1 2 24 13 8 19 14	7 19 9 5 4 24 13 9 19 14	10 24 12 8 6 23 13 9 19 14	13 27 11 12 8 23 14 9 19 14	16 32 16 16 11 24 14 9 19 14	19 36 21 20 12 24 14 9 20 14	22 4 24 23 14 25 15 9 20 14	25 9 23 27 15 25 15 9 20 14	25 13 28 31 16 26 15 9 20 14
30	31 6 32 27 31 24 13 8 20 14		1 12 35 33 36 24 13 8 19 14	4 17 3 1 2 24 13 8 19 14	7 21 9 5 4 24 13 9 19 14	10 25 12 9 6 23 13 9 19 14	13 29 11 12 9 23 14 9 19 14	16 33 16 16 11 24 14 9 19 14	19 2 21 20 12 24 14 9 20 14	22 5 23 24 14 25 15 9 20 14	25 11 23 27 15 25 15 9 20 14	28 14 28 31 16 26 15 9 20 14
31	32 7 32 27 31 24 13 8 20 14		1 13 35 34 36 24 13 8 19 14		7 22 9 5 4 24 13 9 19 14		13 20 11 12 9 23 14 9 19 14	16 34 16 16 11 24 14 9 19 14		22 7 23 24 14 25 15 9 20 14		28 16 28 31 16 26 15 9 20 14

1948

	JAN	FEB	MAR	APR	MAY	JUNE	JULY	AUG	SEPT	OCT	NOV	DEC
1	28 17 28 31 16 26 15 9 20 14	32 22 33 35 16 27 14 9 20 14	35 25 33 3 15 27 14 9 20 14	2 29 35 6 14 27 14 9 20 14	5 32 5 9 15 27 14 9 20 14	8 1 10 11 16 27 14 9 20 14	10 4 9 9 18 27 15 9 20 14	13 9 12 9 19 27 15 9 20 14	16 14 18 12 21 26 15 10 20 14	19 18 22 15 23 27 16 10 20 14	22 23 21 19 26 27 16 10 20 14	25 27 25 22 28 28 16 9 20 14
2	29 19 29 32 16 26 15 9 20 14	32 24 34 35 16 27 14 9 20 14	35 26 33 3 15 27 14 9 20 14	2 30 35 6 14 27 14 9 20 14	5 33 5 9 15 27 14 9 20 14	8 2 10 11 16 27 14 9 20 14	11 5 9 9 18 27 15 9 20 14	14 10 13 9 19 26 15 9 20 14	16 16 18 12 21 26 15 10 20 14	19 19 22 15 23 27 16 10 20 14	22 25 21 19 26 27 16 10 20 14	26 28 25 22 28 28 16 9 20 14
3	29 20 29 32 16 26 15 9 20 14	32 25 34 36 16 27 14 9 20 14	35 27 33 3 15 27 14 9 20 14	2 31 36 6 14 27 14 9 20 14	5 35 5 9 15 27 14 9 20 14	8 3 10 11 16 27 14 9 20 14	11 7 9 9 18 27 15 9 20 14	14 12 13 10 20 26 15 9 20 14	16 17 18 12 21 26 15 10 20 14	20 21 22 15 24 27 16 10 20 14	23 26 21 19 26 27 16 10 20 14	26 29 25 22 28 28 16 9 20 14
4	29 21 29 32 16 26 15 9 20 14	32 26 34 36 16 27 14 9 20 14	35 28 33 3 15 27 14 9 20 14	2 33 36 6 14 27 14 9 20 14	5 36 6 9 15 27 14 9 20 14	8 4 10 11 16 27 14 9 20 14	11 8 9 9 18 27 15 9 20 14	14 13 13 10 20 26 15 9 20 14	17 19 19 12 22 26 15 10 20 14	20 22 22 15 24 27 16 10 20 14	23 27 21 19 26 27 16 10 20 14	26 31 25 23 28 28 16 9 20 14
5	29 23 29 32 16 26 15 9 20 14	32 27 34 36 16 27 14 9 20 14	35 29 33 3 15 27 14 9 20 14	2 34 36 6 14 27 14 9 20 14	5 1 6 9 15 27 14 9 20 14	8 6 10 11 16 27 14 9 20 14	11 9 9 9 18 27 15 9 20 14	14 15 13 10 20 26 15 9 20 14	17 20 19 12 22 26 15 10 20 14	20 24 22 16 24 27 16 10 20 14	23 29 21 19 26 27 16 10 20 14	26 32 25 23 28 28 16 9 20 14
6	29 24 29 32 16 26 15 9 20 14	32 29 34 36 16 27 14 9 20 14	35 31 33 3 15 27 14 9 20 14	2 35 36 7 14 27 14 9 20 14	5 2 6 9 15 27 14 9 20 14	8 7 10 11 16 27 14 9 20 14	11 11 9 9 18 27 15 9 20 14	14 16 13 10 20 26 15 9 20 14	17 22 19 12 22 26 15 10 20 14	20 25 22 16 24 27 16 10 20 14	23 30 21 19 26 27 16 10 20 14	26 33 26 23 28 28 16 9 20 14
7	29 25 29 32 16 26 15 9 20 14	32 30 34 36 16 27 14 9 20 14	35 32 33 3 15 27 14 9 20 14	2 36 36 7 14 27 14 9 20 14	5 4 6 10 15 27 14 9 20 14	8 9 10 11 16 27 14 9 20 14	11 12 9 9 18 27 15 9 20 14	14 18 15 10 20 26 15 9 20 14	17 23 19 12 22 26 15 10 20 14	20 26 22 16 24 27 16 10 20 14	23 31 21 19 26 27 16 10 20 14	26 34 26 23 28 28 16 9 20 14
8	29 26 30 32 16 26 15 9 20 14	32 31 34 36 16 27 14 9 20 14	35 33 33 4 15 27 14 9 20 14	2 1 36 7 14 27 14 9 20 14	5 5 6 10 15 27 14 9 20 14	8 10 10 11 16 27 14 9 20 14	11 14 9 9 18 27 15 9 20 14	14 19 14 10 20 26 15 9 20 14	17 24 19 12 22 26 15 10 20 14	20 28 22 16 24 27 16 10 20 14	23 32 21 19 26 27 16 10 20 14	26 35 26 23 28 28 16 9 20 14
9	29 28 30 32 16 26 15 9 20 14	32 32 34 36 16 27 14 9 20 14	35 34 33 4 15 27 14 9 20 14	2 3 1 7 14 27 14 9 20 14	5 6 7 10 15 27 14 9 20 14	8 11 10 11 16 27 14 9 20 14	11 15 9 9 18 27 15 9 20 14	14 21 14 10 20 26 15 9 20 14	17 26 19 13 22 26 15 10 20 14	20 29 22 16 24 27 16 10 20 14	23 33 21 19 26 27 16 10 20 14	26 1 26 23 28 28 16 9 20 14
10	29 29 30 33 16 26 15 9 20 14	33 33 34 36 16 27 14 9 20 14	35 35 33 4 15 27 14 9 20 14	3 4 1 7 14 27 14 9 20 14	5 8 7 10 15 27 14 9 20 14	8 13 10 11 17 27 14 9 20 14	11 17 9 9 18 27 15 9 20 14	14 22 14 10 20 26 15 9 20 14	17 27 20 13 22 27 15 10 20 14	20 30 22 16 24 27 16 10 20 14	23 35 22 20 26 27 16 10 20 14	26 2 26 23 29 28 16 9 20 14
11	30 30 30 33 16 26 15 9 20 14	33 34 34 36 16 27 14 9 20 14	36 1 33 4 15 27 14 9 20 14	3 5 1 7 14 27 14 9 20 14	6 9 7 10 15 27 14 9 20 14	9 14 10 10 17 27 14 9 20 14	11 18 9 9 18 27 15 9 20 14	14 23 14 10 20 26 15 9 20 14	17 28 20 13 22 27 15 10 20 14	20 31 22 16 24 27 16 10 20 14	23 36 22 20 26 27 16 10 20 14	26 3 26 23 29 28 16 9 20 14
12	30 31 30 33 16 26 15 9 20 14	33 36 34 1 15 27 14 9 20 14	36 2 33 4 14 27 14 9 20 14	3 7 1 7 14 27 14 9 20 14	6 10 7 10 15 27 14 9 20 14	9 16 10 10 17 27 14 9 20 14	11 20 10 9 18 27 15 9 20 14	14 25 15 10 20 26 15 9 20 14	17 29 20 13 22 27 15 10 20 14	20 33 22 16 24 27 16 10 20 14	24 1 22 20 26 27 16 9 20 14	27 4 27 24 29 28 16 9 20 14
13	30 32 30 33 16 26 15 9 20 14	33 1 34 1 15 27 14 9 20 14	36 3 33 4 14 27 14 9 20 14	3 8 1 7 14 27 14 9 20 14	6 12 7 10 15 27 14 9 20 14	9 17 10 10 17 27 14 9 20 14	12 21 10 9 18 27 15 9 20 14	15 26 15 10 20 26 15 9 20 14	18 31 20 13 22 27 15 10 20 14	20 34 22 16 24 27 16 10 20 14	24 2 22 20 26 27 16 9 20 14	27 5 27 24 29 28 16 9 20 14
14	30 34 31 33 16 26 15 9 20 14	33 2 34 1 15 27 14 9 20 14	36 4 33 4 14 27 14 9 20 14	3 9 1 8 14 27 14 9 20 14	6 13 8 10 15 27 14 9 20 14	9 19 10 10 17 27 14 9 20 14	12 22 10 9 18 27 15 9 20 14	15 27 15 10 20 26 15 9 20 14	18 32 20 13 22 27 15 10 20 14	21 35 22 16 24 27 16 10 20 14	24 3 22 20 27 27 16 9 20 14	27 7 27 24 29 28 16 9 20 14
15	30 35 31 33 16 26 15 9 20 14	33 3 34 1 15 27 14 9 20 14	36 6 33 4 14 27 14 9 20 14	3 11 2 8 14 27 14 9 20 14	6 15 8 10 15 27 14 9 20 14	9 20 10 10 17 27 14 9 20 14	12 24 10 9 18 27 15 9 20 14	15 28 15 10 20 26 15 9 20 14	18 33 20 13 22 27 15 10 20 14	21 36 22 17 24 27 16 10 20 14	24 5 22 20 27 28 16 10 20 14	27 8 27 24 29 28 16 9 20 14
16	30 36 31 33 16 26 15 9 20 14	33 5 34 1 15 27 14 9 20 14	36 7 33 4 14 27 14 9 20 14	3 12 2 8 14 27 14 9 20 14	6 16 8 10 15 27 14 9 20 14	9 21 10 10 17 27 14 9 20 14	12 25 10 9 18 27 15 9 20 14	15 30 15 10 20 26 15 9 20 14	18 34 20 13 22 27 15 10 20 14	21 1 22 17 24 27 16 10 20 14	24 6 22 20 27 28 16 10 20 14	27 9 27 24 29 28 16 9 20 14
17	30 1 31 33 16 26 15 9 20 14	33 6 34 1 15 27 14 9 20 14	36 8 33 5 14 27 14 9 20 14	3 14 2 8 15 27 14 9 20 14	6 17 8 10 15 27 14 9 20 14	9 23 10 10 17 27 14 9 20 14	12 26 10 9 19 27 15 9 20 14	15 31 16 10 20 26 15 9 20 14	18 35 20 13 22 27 15 10 20 14	21 3 22 17 25 27 16 10 20 14	24 7 23 20 27 28 16 10 20 14	27 11 27 24 29 28 16 9 20 14
18	30 2 31 34 16 26 15 9 20 14	33 7 34 1 15 27 14 9 20 14	36 10 34 5 14 27 14 9 20 14	3 15 2 8 15 27 14 9 20 14	6 19 8 10 15 27 14 9 20 14	9 24 10 10 17 27 14 9 20 14	12 27 10 9 19 27 15 9 20 14	15 32 16 11 20 26 15 9 20 14	18 36 21 14 22 27 15 10 20 14	21 4 21 17 25 27 16 10 20 14	24 9 23 21 27 28 16 10 20 14	27 12 27 24 29 28 16 9 20 14
19	30 4 31 34 16 26 15 9 20 14	33 9 34 1 15 27 14 9 20 14	36 11 34 5 14 27 14 9 20 14	3 16 2 8 15 27 14 9 20 14	6 20 8 10 16 27 14 9 20 14	9 25 10 10 17 27 14 9 20 14	12 29 10 9 19 27 15 9 20 14	15 33 16 11 21 26 15 9 20 14	18 2 21 14 23 27 16 10 20 14	21 5 21 17 25 27 16 10 20 14	24 10 23 21 27 28 16 10 20 14	27 14 28 24 29 28 16 9 20 14
20	31 5 32 34 16 26 15 9 20 14	34 10 33 2 15 27 14 9 20 14	36 13 34 5 14 27 14 9 20 14	4 18 3 8 15 27 14 9 20 14	6 22 9 10 16 27 14 9 20 14	9 27 10 10 17 27 14 9 20 14	12 30 10 9 19 27 15 9 20 14	15 34 16 11 21 26 15 9 20 14	18 3 21 14 23 27 16 10 20 14	21 6 21 17 25 27 16 10 20 14	24 11 23 21 27 28 16 10 20 14	27 15 28 25 29 28 16 9 20 14
21	31 6 32 34 16 26 15 9 20 14	34 12 33 2 15 27 14 9 20 14	1 14 34 5 14 27 14 9 20 14	4 19 3 8 15 27 14 9 20 14	7 23 9 10 16 27 14 9 20 14	9 28 10 10 17 27 14 9 20 14	12 31 10 9 19 27 15 9 20 14	15 36 16 11 21 26 15 9 20 14	18 4 21 14 23 27 16 10 20 14	21 8 21 17 25 27 16 10 20 14	24 13 23 21 27 28 16 10 20 14	27 17 28 25 29 28 16 9 20 14
22	31 8 32 34 16 26 15 9 20 14	34 13 33 2 15 27 14 9 20 14	1 15 34 5 14 27 14 9 20 14	4 21 3 8 15 27 14 9 20 14	7 24 9 10 16 27 14 9 20 14	10 29 10 10 17 27 14 9 20 14	12 32 11 9 19 27 15 9 20 14	15 1 16 11 21 26 15 9 20 14	18 5 21 14 23 27 16 10 20 14	21 9 21 17 25 27 16 10 20 14	25 14 23 21 27 28 16 10 20 14	28 18 28 25 29 28 16 9 20 14
23	31 9 32 34 16 26 15 9 20 14	34 15 33 2 15 27 14 9 20 14	1 17 34 5 14 27 14 9 20 14	4 22 3 8 15 27 14 9 20 14	7 26 9 10 16 27 14 9 20 14	10 30 10 10 17 27 14 9 20 14	13 33 11 9 19 26 15 9 20 14	16 2 17 11 21 26 15 9 20 14	19 7 21 14 23 27 16 10 20 14	21 10 21 17 25 27 16 10 20 14	25 16 24 21 27 28 16 10 20 14	28 19 28 25 30 28 16 9 20 14
24	21 11 32 34 16 26 15 9 20 14	34 16 33 2 15 27 14 9 20 14	1 18 34 5 14 27 14 9 20 14	4 24 3 8 15 27 14 9 20 14	7 27 9 10 16 27 14 9 20 14	10 31 10 10 17 27 14 9 20 14	13 35 11 9 19 26 15 9 20 14	16 3 17 11 21 26 15 9 20 14	19 8 21 14 23 27 16 10 20 14	22 12 21 18 25 27 16 10 20 14	25 17 24 21 27 28 16 10 20 14	28 21 28 25 30 28 16 9 20 14
25	31 12 32 34 16 27 15 9 20 14	34 18 33 2 15 27 14 9 20 14	1 20 34 5 14 27 14 9 20 14	4 25 4 9 15 27 14 9 20 14	7 28 9 10 16 27 14 9 20 14	10 33 10 10 17 27 14 9 20 14	13 36 11 9 19 26 15 9 20 14	16 4 17 11 21 26 15 9 20 14	19 9 21 14 23 27 16 10 20 14	22 13 21 18 25 27 16 10 20 14	25 18 24 21 27 28 16 10 20 14	28 22 29 25 30 28 16 9 20 14
26	31 14 33 35 16 27 15 9 20 14	34 19 33 2 15 27 14 9 20 14	1 21 34 6 14 27 14 9 20 14	4 26 4 9 15 27 14 9 20 14	7 29 9 11 16 27 14 9 20 14	10 34 10 10 17 27 14 9 20 14	13 1 11 9 19 26 15 9 20 14	16 6 17 11 21 26 15 9 20 14	19 11 21 14 23 27 16 10 20 14	22 14 21 18 25 27 16 10 20 14	25 20 24 22 27 28 16 10 20 14	28 24 29 25 30 28 16 9 20 14
27	31 15 33 35 16 27 15 9 20 14	34 21 33 2 15 27 14 9 20 14	1 23 35 6 14 27 14 9 20 14	4 27 4 9 15 27 14 9 20 14	7 31 9 11 16 27 14 9 20 14	10 35 10 10 17 27 14 9 20 14	13 2 11 9 19 26 15 9 20 14	16 7 17 11 21 26 15 9 20 14	19 12 22 15 22 27 16 10 20 14	22 16 21 18 25 27 16 10 20 14	25 21 24 22 28 28 16 10 20 14	28 25 29 25 30 28 16 9 20 14
28	31 17 33 35 16 27 15 9 20 14	34 22 33 3 15 27 14 9 20 14	1 24 35 6 14 27 14 9 20 14	4 29 4 9 15 27 14 9 20 14	7 32 10 11 16 27 14 9 20 14	10 36 10 10 17 27 14 9 20 14	13 3 12 9 19 26 15 9 20 14	16 8 17 11 21 26 15 9 20 14	19 13 22 15 22 27 16 10 20 14	22 17 20 18 25 27 16 10 20 14	25 23 24 22 28 28 16 10 20 14	28 26 29 26 30 28 16 9 20 14
29	31 18 33 35 16 27 15 9 20 14	34 24 33 3 15 27 14 9 20 14	1 25 35 6 14 27 14 9 20 14	4 30 4 9 15 27 14 9 20 14	7 33 10 11 16 27 14 9 20 14	10 2 9 9 18 27 15 9 20 14	13 5 12 9 19 26 15 9 20 14	16 10 18 12 21 26 15 9 20 14	19 15 22 15 22 27 16 10 20 14	22 19 20 18 25 27 16 10 20 14	25 24 24 22 28 28 16 10 20 14	28 28 29 26 30 28 16 9 20 14
30	31 20 33 35 16 27 15 9 20 14		1 27 35 6 14 27 14 9 20 14	5 31 5 9 15 27 14 9 20 14	7 34 10 11 16 27 14 9 20 14	10 3 9 9 18 27 15 9 20 14	13 6 12 9 19 26 15 9 20 14	16 11 18 12 21 26 15 9 20 14	19 16 22 15 22 27 16 10 20 14	22 20 20 18 25 27 16 10 20 14	25 25 25 22 28 28 16 10 20 14	28 29 29 26 30 29 16 9 20 14
31	32 21 33 35 16 27 14 9 20 14		2 28 35 6 14 27 14 9 20 14		7 35 10 11 16 27 14 9 20 14		13 7 12 9 19 26 15 9 20 14	16 13 18 12 21 26 15 10 20 14		22 21 20 19 26 27 16 10 20 14		28 30 29 26 30 29 16 9 20 14

1949

	JAN	FEB	MAR	APR	MAY	JUNE	JULY	AUG	SEPT	OCT	NOV	DEC
1	29 31 30 26 30 29 16 9 20 14	32 36 32 30 33 29 16 9 20 14	35 1 32 33 35 30 16 9 20 14	2 5 36 1 1 30 16 9 20 14	5 9 6 5 4 31 15 9 20 14	8 13 8 9 6 31 16 9 20 14	10 17 8 12 8 30 16 10 20 14	13 23 14 16 10 30 16 10 20 14	16 28 19 20 12 30 16 10 20 14	19 31 20 24 14 30 17 10 20 14	22 36 21 27 16 30 17 10 20 14	25 3 26 30 17 31 17 10 20 14
2	29 33 30 26 30 29 16 9 20 14	32 1 32 30 33 29 16 9 20 14	35 2 32 34 35 30 16 9 20 14	2 6 1 1 1 30 16 9 20 14	5 10 7 5 4 31 15 9 20 14	8 15 8 9 6 31 16 9 20 14	11 19 8 13 8 30 16 10 20 14	13 24 14 16 10 30 16 10 20 14	16 29 19 20 12 30 16 10 20 14	19 33 20 24 14 30 17 10 20 14	22 1 21 27 16 30 17 10 20 14	25 4 26 30 17 31 17 10 20 14
3	29 34 30 26 30 29 16 9 20 14	32 2 32 30 33 29 16 9 20 14	35 3 32 34 35 30 16 9 20 14	2 8 1 2 1 30 15 9 20 14	5 11 7 5 4 31 15 9 20 14	8 16 8 9 6 31 16 9 20 14	11 20 9 13 8 30 16 10 20 14	13 25 14 16 10 30 16 10 20 14	17 30 19 20 12 30 16 10 20 14	19 34 20 24 14 30 17 10 20 14	23 2 21 27 16 30 17 10 20 14	26 6 26 30 17 31 17 10 20 14
4	29 35 30 26 30 29 16 9 20 14	32 3 32 30 33 29 16 9 20 14	35 4 32 34 35 30 16 9 20 14	2 9 1 2 2 30 15 9 20 14	5 12 7 5 4 31 15 9 20 14	8 18 8 9 6 31 16 9 20 14	11 22 9 13 8 30 16 10 20 14	14 27 15 17 10 30 16 10 20 14	17 32 19 20 12 30 16 10 20 14	20 35 19 24 14 30 17 10 20 14	23 3 22 27 16 30 17 10 20 14	26 7 26 30 18 31 17 10 20 14
5	29 36 30 27 31 29 16 9 20 14	32 5 32 30 33 29 16 9 20 14	35 5 32 34 35 30 16 9 20 14	2 10 1 2 2 30 15 9 20 14	5 14 7 5 4 31 15 9 20 14	8 19 8 9 6 31 16 9 20 14	11 23 9 13 8 30 16 10 20 14	14 28 15 17 10 30 16 10 20 14	17 33 19 20 12 30 16 10 20 14	20 36 19 24 14 30 17 10 20 14	23 5 22 27 16 30 17 10 20 14	26 8 27 30 18 31 17 10 20 14
6	29 1 31 27 31 29 16 9 20 14	32 6 31 31 33 29 16 9 20 14	35 7 32 34 35 30 16 9 20 14	2 11 1 2 2 30 15 9 20 14	5 15 7 6 4 31 15 9 20 14	8 21 8 9 6 31 16 9 20 14	11 24 9 13 8 30 16 10 20 14	14 29 15 17 10 30 16 10 20 14	17 34 20 21 12 30 17 10 20 14	20 1 19 24 14 30 17 10 20 14	23 6 22 28 16 30 17 10 20 14	26 9 27 31 18 31 17 10 20 14
7	29 2 31 27 31 29 16 9 20 14	32 7 31 31 33 29 16 9 20 14	35 8 33 34 35 30 16 9 20 14	2 13 2 2 2 30 15 9 20 14	5 17 7 6 4 31 15 9 20 14	8 22 8 10 6 31 16 9 20 14	11 26 9 13 8 30 16 10 20 14	14 31 15 17 10 30 16 10 20 14	17 35 20 21 13 30 17 10 20 14	20 3 19 24 14 30 17 10 20 14	23 7 22 28 16 30 17 10 20 14	26 11 27 31 18 31 17 10 20 14
8	29 4 31 27 31 29 16 9 20 14	32 8 31 31 33 29 16 9 20 14	35 9 33 34 35 30 16 9 20 14	2 14 2 2 2 30 15 9 20 14	5 18 7 6 4 31 15 9 20 14	8 23 8 10 6 31 16 9 20 14	11 27 9 13 8 30 16 10 20 14	14 32 15 17 10 30 16 10 20 14	17 1 20 21 13 30 17 10 20 14	20 4 19 24 14 30 17 10 20 14	23 8 22 28 16 30 17 10 20 14	26 12 27 31 18 31 17 10 20 14
9	29 5 31 27 31 29 16 9 20 14	33 10 31 31 33 29 16 9 20 14	35 11 33 34 36 30 16 9 20 14	2 16 2 2 2 30 15 9 20 14	5 20 7 6 4 31 15 9 20 14	8 25 8 10 6 31 16 9 20 14	11 29 9 13 9 30 16 10 20 14	14 33 16 17 11 30 16 10 20 14	17 2 20 21 13 30 17 10 20 14	20 5 19 24 14 30 17 10 20 14	23 10 22 28 16 30 17 10 20 14	26 13 27 31 18 31 17 10 20 14
10	29 6 31 27 31 29 16 9 20 14	33 11 31 31 33 29 16 9 20 14	35 12 33 35 36 30 16 9 20 14	3 17 2 2 2 30 15 9 20 14	5 21 8 6 4 31 15 9 20 14	8 26 7 10 7 31 16 10 20 14	11 30 10 14 9 30 16 10 20 14	14 34 16 17 11 30 16 10 20 14	17 3 20 21 13 30 17 10 20 14	20 6 19 25 15 30 17 10 20 14	23 11 23 28 16 30 17 10 20 14	26 14 27 31 18 31 17 10 20 14
11	30 8 31 27 31 29 16 9 20 14	33 13 31 31 33 29 16 9 20 14	36 13 33 35 36 30 16 9 20 14	3 19 2 2 2 30 15 9 20 14	6 23 8 6 4 31 15 9 20 14	9 28 7 10 7 31 16 10 20 14	11 31 10 14 9 30 16 10 20 14	14 36 16 17 11 30 16 10 20 14	17 4 20 21 13 30 17 10 20 14	20 7 19 25 15 30 17 10 20 14	23 12 23 28 16 30 17 10 20 14	26 16 28 31 18 31 17 10 20 14
12	30 9 31 27 31 29 16 9 20 14	33 14 31 31 34 29 16 9 20 14	36 15 33 35 36 30 16 9 20 14	3 20 3 3 2 30 15 9 20 14	6 24 8 6 4 31 15 9 20 14	9 29 7 10 7 31 16 10 20 14	11 32 10 14 9 30 16 10 20 14	14 1 16 18 11 30 16 10 20 14	17 5 20 21 13 30 17 10 20 14	20 9 19 25 15 30 17 10 20 14	23 13 23 28 16 30 17 10 20 14	27 17 28 31 18 31 17 10 20 14
13	30 10 32 28 31 29 16 9 20 14	33 16 31 31 34 30 16 9 20 14	36 16 33 35 36 30 16 9 20 14	3 22 3 3 2 31 15 9 20 14	6 25 8 6 4 31 15 9 20 14	9 30 7 10 7 31 16 10 20 14	12 34 10 14 9 30 16 10 20 14	15 2 16 18 11 30 16 10 20 14	18 6 20 21 13 30 17 10 20 14	20 10 19 25 15 30 17 10 20 14	24 15 23 28 16 30 17 10 20 14	27 19 28 31 18 31 17 10 20 14
14	30 12 32 28 31 29 16 9 20 14	33 17 31 32 34 30 16 9 20 14	36 18 34 35 36 30 16 9 20 14	3 23 3 3 2 31 15 9 20 14	6 27 8 7 5 31 15 9 20 14	9 32 7 10 7 31 16 10 20 14	12 35 10 14 9 30 16 10 20 14	15 3 16 18 11 30 16 10 20 14	18 8 20 21 13 30 17 10 20 14	21 11 19 25 15 30 17 10 20 14	24 16 23 28 17 30 17 10 20 14	27 20 28 31 18 31 17 10 20 14
15	30 13 32 28 31 29 16 9 20 14	33 19 31 32 34 30 16 9 20 14	36 19 34 35 36 30 16 9 20 14	3 25 3 3 2 31 15 9 20 14	6 28 8 7 5 31 15 9 20 14	9 33 7 10 7 31 16 10 20 14	12 36 11 14 9 30 16 10 20 14	15 4 17 18 11 30 16 10 20 14	18 9 20 22 13 30 17 10 20 14	21 12 19 25 15 30 17 10 20 14	24 18 23 28 17 30 17 10 20 14	27 21 28 31 18 31 17 10 20 14
16	30 15 32 28 31 29 16 9 20 14	33 20 31 32 34 30 16 9 20 14	36 21 34 35 36 30 16 9 20 14	3 26 4 3 2 31 15 9 20 14	6 30 8 7 5 31 15 9 20 14	9 34 7 11 7 31 16 10 20 14	12 1 11 14 9 30 16 10 20 14	15 6 17 18 11 30 16 10 20 14	18 10 20 22 13 30 17 10 20 14	21 14 19 25 15 30 17 10 20 14	24 19 24 29 17 30 17 10 20 14	27 23 28 31 18 31 17 10 20 14
17	30 16 32 28 32 29 16 9 20 14	33 22 31 32 34 30 16 9 20 14	36 22 34 35 36 30 16 9 20 14	3 27 4 3 3 31 15 9 20 14	6 31 8 7 5 31 15 9 20 14	9 35 7 11 7 31 16 10 20 14	12 2 11 14 9 30 16 10 20 14	15 7 17 18 11 30 16 10 20 14	18 12 20 22 13 30 17 10 20 14	21 15 19 25 15 30 17 10 20 14	24 20 24 29 17 30 17 10 20 14	27 24 28 31 18 31 17 10 20 14
18	30 18 32 28 32 29 16 9 20 14	33 23 31 32 34 30 16 9 20 14	36 24 34 36 36 30 16 9 20 14	3 29 4 3 3 31 15 9 20 14	6 32 8 7 5 31 15 9 20 14	9 36 7 11 7 31 16 10 20 14	12 4 11 15 9 30 16 10 20 14	15 8 17 18 11 30 16 10 20 14	18 13 20 22 13 30 17 10 20 14	21 17 19 25 15 30 17 10 20 14	24 22 24 29 17 30 17 10 20 14	27 26 29 31 18 31 17 10 20 14
19	30 19 32 28 32 29 16 9 20 14	34 24 31 32 34 30 16 9 20 14	36 25 34 36 36 30 16 9 20 14	3 30 4 3 3 31 15 9 20 14	6 33 8 7 5 31 15 9 20 14	9 2 7 11 7 31 16 10 20 14	12 5 11 15 9 30 16 10 20 14	15 9 17 18 11 30 16 10 20 14	18 14 20 22 13 30 17 10 20 14	21 18 19 26 15 30 17 10 20 14	24 23 24 29 17 30 17 10 20 14	27 27 29 32 18 31 17 10 20 14
20	31 21 32 28 32 29 16 9 20 14	34 26 31 32 34 30 16 9 20 14	36 27 34 36 36 30 16 9 20 14	4 31 4 4 3 31 15 9 20 14	6 34 8 7 5 31 15 9 20 14	9 3 7 11 7 31 16 10 20 14	12 6 12 15 9 30 16 10 20 14	15 11 17 18 11 30 16 10 20 14	18 16 20 22 13 30 17 10 20 14	21 20 20 26 15 30 17 10 20 14	24 25 24 29 17 30 17 10 20 14	27 29 29 32 18 31 17 10 20 14
21	31 22 32 29 32 29 16 9 20 14	34 27 31 32 34 30 16 9 20 14	1 28 35 36 36 30 16 9 20 14	4 32 5 4 3 31 15 9 20 14	7 36 8 7 5 31 15 9 20 14	9 4 7 11 7 31 16 10 20 14	12 7 12 15 9 30 16 10 20 14	15 12 18 19 11 30 16 10 20 14	18 17 20 22 13 30 17 10 20 14	21 21 20 26 15 30 17 10 20 14	24 26 24 29 17 30 17 10 20 14	27 30 29 32 18 31 17 10 20 14
22	31 23 32 29 32 29 16 9 20 14	34 28 31 33 34 30 16 9 20 14	1 29 35 36 1 30 16 9 20 14	4 34 5 4 3 31 15 9 20 14	7 1 8 8 5 31 15 9 20 14	10 5 8 11 7 31 16 10 20 14	12 9 12 15 9 30 16 10 20 14	15 14 18 19 11 30 16 10 20 14	18 19 20 22 13 30 17 10 20 14	21 23 20 26 15 30 17 10 20 14	24 28 25 29 17 30 17 10 20 14	28 31 29 32 18 31 17 10 20 14
23	31 25 33 29 32 29 16 9 20 14	34 29 31 33 34 30 16 9 20 14	1 30 35 36 1 30 16 9 20 14	4 35 5 4 3 31 15 9 20 14	7 2 8 8 5 31 15 9 20 14	10 6 8 11 7 31 16 10 20 14	13 10 12 15 10 30 16 10 20 14	15 15 18 19 12 30 16 10 20 14	19 20 20 23 14 30 17 10 20 14	21 24 20 26 15 30 17 10 20 14	25 30 25 29 17 30 17 10 20 14	28 33 29 32 18 31 17 10 20 14
24	31 26 33 29 32 29 16 9 20 14	34 31 31 33 34 30 16 9 20 14	1 32 35 36 1 30 16 9 20 14	4 36 5 4 3 31 15 9 20 14	7 3 8 8 5 31 15 9 20 14	10 8 8 12 8 31 16 10 20 14	13 11 12 15 10 30 16 10 20 14	16 17 18 19 12 30 16 10 20 14	19 22 20 23 14 30 17 10 20 14	22 26 20 26 15 30 17 10 20 14	25 31 25 29 17 30 17 10 20 14	28 34 29 32 18 31 17 10 20 14
25	31 27 33 29 32 29 16 9 20 14	34 32 31 33 35 30 16 9 20 14	1 33 35 36 1 30 16 9 20 14	4 1 5 4 3 31 15 9 20 14	7 4 8 8 5 31 15 9 20 14	10 9 8 12 8 31 16 10 20 14	13 13 13 15 10 30 16 10 20 14	16 18 18 19 12 30 16 10 20 14	19 23 20 23 14 30 17 10 20 14	22 27 20 26 15 30 17 10 20 14	25 32 25 29 17 30 17 10 20 14	28 35 30 32 18 31 17 10 20 14
26	31 28 32 29 32 29 16 9 20 14	34 33 32 33 35 30 16 9 20 14	1 34 35 1 1 30 16 9 20 14	4 2 6 4 3 31 15 9 20 14	7 6 8 8 5 31 15 9 20 14	10 10 8 12 8 31 16 10 20 14	13 14 13 15 10 30 16 10 20 14	16 19 18 19 12 30 16 10 20 14	19 25 20 23 14 30 17 10 20 14	22 28 20 26 15 30 17 10 20 14	25 33 25 30 17 30 17 10 20 14	25 36 30 32 19 31 17 10 20 14
27	31 30 32 29 32 29 16 9 20 14	34 34 32 33 35 30 16 9 20 14	1 35 36 1 1 30 16 9 20 14	4 4 6 4 3 31 15 9 20 14	7 7 8 8 6 31 15 9 20 14	10 12 8 12 8 31 16 10 20 14	13 16 13 16 10 30 16 10 20 14	16 21 18 19 12 30 16 10 20 14	19 26 20 23 14 30 17 10 20 14	22 30 20 26 16 30 17 10 20 14	25 34 25 30 17 30 17 10 20 14	28 1 30 32 19 31 17 10 20 14
28	31 31 32 29 32 29 16 9 20 14	34 35 32 33 35 30 16 9 20 14	1 36 36 1 1 30 16 9 20 14	4 5 6 5 3 31 15 9 20 14	7 8 8 8 6 31 15 9 20 14	10 13 8 12 8 30 16 10 20 14	13 17 13 16 10 30 16 10 20 14	15 22 19 19 12 30 16 10 20 14	19 28 20 23 14 30 17 10 20 14	22 31 20 27 16 30 17 10 20 14	25 36 25 30 17 30 17 10 20 14	28 3 30 32 19 31 17 10 20 14
29	31 32 32 30 32 29 16 9 20 14		1 1 36 1 1 30 16 9 20 14	4 6 6 5 3 31 15 9 20 14	7 9 8 8 6 31 15 9 20 14	10 15 8 12 8 30 16 10 20 14	13 18 13 16 10 30 16 10 20 14	16 24 19 20 12 30 16 10 20 14	19 29 20 23 14 30 17 10 20 14	22 32 21 27 16 30 17 10 20 14	25 1 26 30 17 30 17 10 20 14	28 4 30 32 19 31 17 10 20 14
30	32 33 32 30 33 29 16 9 20 14		1 3 36 1 1 30 16 9 20 14	4 7 6 5 4 31 15 9 20 14	7 11 8 9 6 31 15 9 20 14	10 16 8 12 8 30 16 10 20 14	13 20 14 16 10 30 16 10 20 14	16 25 19 20 12 30 16 10 20 14	19 30 20 23 14 30 17 10 20 14	22 34 21 27 16 30 17 10 20 14	25 2 26 30 17 30 17 10 20 14	28 5 30 32 19 31 17 10 20 14
31	32 35 32 30 33 29 16 9 20 14		2 4 36 1 1 30 16 9 20 14		7 12 8 9 6 31 16 9 20 14		13 21 14 16 10 30 16 10 20 14	16 27 19 20 12 30 16 10 20 14		22 35 21 27 16 30 17 10 20 14		28 6 30 32 19 31 17 10 20 14

1950

	JAN	FEB	MAR	APR	MAY	JUNE	JULY	AUG	SEPT	OCT	NOV	DEC
1	29 8 31 32 19 31 17 10 20 14	32 12 29 31 20 32 17 10 20 14	35 13 33 31 19 33 17 10 20 14	2 18 2 33 18 33 17 10 20 14	5 22 6 36 18 34 17 10 20 14	8 27 5 3 18 34 17 10 20 14	10 31 9 7 19 34 17 10 20 14	13 36 15 11 21 34 18 10 20 14	16 4 19 14 23 34 18 10 20 14	19 8 18 18 25 33 18 10 20 14	22 12 22 22 27 33 18 10 20 14	25 15 27 26 29 33 19 10 20 14
2	29 9 21 32 19 31 17 10 20 14	32 14 29 31 20 32 17 10 20 14	35 14 33 31 20 33 17 10 20 14	2 20 2 33 18 33 17 10 20 14	5 24 6 36 18 34 17 10 20 14	8 29 5 4 18 34 17 10 20 14	11 32 10 7 19 34 17 10 20 14	13 1 16 11 21 34 18 10 20 14	16 5 19 15 23 34 18 10 20 14	19 9 18 18 25 33 18 10 20 14	22 13 23 22 27 33 18 10 20 14	25 17 27 26 30 34 19 10 20 14
3	29 10 31 32 19 31 17 10 20 14	32 15 29 31 20 32 17 10 20 14	35 16 33 31 19 33 17 10 20 14	2 21 2 33 18 33 17 10 20 14	5 25 6 36 18 34 17 10 20 14	8 30 6 4 18 34 17 10 20 14	11 34 10 7 19 34 17 10 20 14	14 2 16 11 21 34 18 10 20 14	17 7 19 15 23 34 18 10 20 14	19 10 18 18 25 33 18 10 20 14	23 14 23 22 27 33 18 10 20 14	26 18 27 26 30 34 19 10 20 14
4	29 11 31 32 19 31 17 10 20 14	32 16 30 31 20 32 17 10 20 14	35 17 33 31 19 33 17 10 20 14	2 23 3 33 18 33 17 10 20 14	5 27 6 36 18 34 17 10 20 14	8 32 6 4 18 34 17 10 20 14	11 35 10 7 19 34 17 10 20 14	14 3 16 11 21 34 18 10 20 14	17 8 19 15 23 34 18 10 20 14	20 11 18 19 25 33 18 10 20 14	23 16 23 22 27 33 18 10 20 14	26 19 27 26 30 34 19 10 20 14
5	29 13 31 31 19 31 17 10 20 14	32 18 30 31 20 32 17 10 20 14	35 19 33 31 19 33 17 10 20 14	2 24 3 33 18 33 17 10 20 14	5 28 6 36 18 34 17 10 20 14	8 33 6 4 18 34 17 10 20 14	11 36 10 7 20 34 17 10 20 14	14 5 16 11 21 34 18 10 20 14	17 9 19 15 23 34 18 10 20 14	20 12 18 19 25 33 18 10 20 14	23 17 23 23 27 33 18 10 20 14	26 21 28 26 30 34 19 10 20 14
6	29 14 31 32 19 31 17 10 20 14	32 19 30 31 20 32 17 10 20 14	35 20 33 31 19 33 17 10 20 14	2 26 3 33 18 33 17 10 20 14	5 29 6 1 18 34 17 10 20 14	8 34 6 4 18 34 17 10 20 14	11 1 10 8 20 34 17 10 20 14	14 6 16 11 21 34 18 10 20 14	17 10 19 15 23 34 18 10 20 14	20 14 18 19 25 33 18 10 20 14	23 18 23 23 28 33 18 10 20 14	26 22 28 26 30 34 19 10 20 14
7	29 15 31 32 19 31 17 10 20 14	32 21 30 31 20 32 17 10 20 14	35 22 33 31 19 33 17 10 20 14	2 27 3 34 18 33 17 10 20 14	5 31 6 1 18 34 17 10 20 14	8 35 6 4 18 34 17 10 20 14	11 3 11 8 20 34 17 10 20 14	14 7 16 11 21 34 18 10 20 14	17 12 19 15 23 34 18 10 20 14	20 15 18 19 25 33 18 10 20 14	23 20 23 23 28 33 18 10 20 14	26 24 28 27 30 34 19 10 20 14
8	29 17 31 32 19 31 17 10 20 14	32 22 30 31 20 32 17 10 20 14	35 23 34 31 19 33 17 10 20 14	2 28 4 34 18 33 17 10 20 14	5 32 6 1 18 34 17 10 20 14	8 1 6 4 18 34 17 10 20 14	11 4 11 8 20 34 17 10 20 14	14 8 16 12 21 34 18 10 20 14	17 13 19 15 23 34 18 10 20 14	20 16 18 19 25 33 18 10 20 14	23 21 23 23 28 33 18 10 20 14	26 25 28 27 30 34 19 10 20 14
9	29 18 31 32 19 31 17 10 20 14	33 24 30 31 20 32 17 10 20 14	35 25 34 31 19 33 17 10 20 14	2 30 4 34 18 33 17 10 20 14	5 33 6 1 18 34 17 10 20 14	8 2 6 4 18 34 17 10 20 14	11 5 11 8 20 34 17 10 20 14	14 9 17 12 21 34 18 10 20 14	17 14 19 15 23 34 18 10 20 14	20 18 18 19 25 33 18 10 20 14	23 23 24 23 28 33 18 10 20 14	26 27 28 27 30 34 19 10 20 14
10	29 20 31 32 19 31 17 10 20 14	33 25 30 31 20 32 17 10 20 14	35 26 34 31 19 33 17 10 20 14	3 31 4 34 18 33 17 10 20 14	5 35 6 1 18 34 17 10 20 14	8 3 6 5 18 34 17 10 20 14	11 6 11 8 20 34 17 10 20 14	14 11 17 12 21 34 18 10 20 14	17 15 19 16 23 34 18 10 20 14	20 19 19 19 26 33 18 10 20 14	23 24 24 23 28 33 18 10 20 14	26 28 28 27 30 34 19 10 20 14
11	30 21 31 32 19 31 17 10 20 14	33 26 30 31 20 32 17 10 20 14	36 27 34 31 19 33 17 10 20 14	3 32 4 34 18 33 17 10 20 14	6 36 6 1 18 34 17 10 20 14	8 4 6 5 18 34 17 10 20 14	11 7 11 8 20 34 17 10 20 14	14 12 17 12 22 34 18 10 20 14	17 17 18 16 24 34 18 10 20 14	20 21 19 19 26 33 18 10 20 14	23 26 24 23 28 33 18 10 20 14	26 30 28 27 30 34 19 10 20 14
12	30 22 31 32 19 31 17 10 20 14	33 28 30 31 20 32 17 10 20 14	36 29 34 31 19 33 17 10 20 14	3 34 4 34 18 33 17 10 20 14	6 1 6 1 18 34 17 10 20 14	9 5 6 5 19 34 17 10 20 14	11 9 12 8 20 34 17 10 20 14	14 13 17 12 22 34 18 10 20 14	17 18 18 16 24 34 18 10 20 14	20 22 19 20 26 33 18 10 20 14	23 27 24 23 28 33 18 10 20 14	26 31 29 27 30 34 19 10 20 14
13	30 24 31 32 19 31 17 10 20 14	33 29 30 31 20 32 17 10 20 14	36 30 34 32 19 33 17 10 20 14	3 35 4 34 18 33 17 10 20 14	6 2 6 1 18 34 17 10 20 14	9 7 6 5 19 34 17 10 20 14	12 10 12 8 20 34 17 10 20 14	15 15 17 12 22 34 18 10 20 14	18 21 18 16 24 34 18 10 20 14	20 24 19 20 26 33 18 10 20 14	24 29 24 24 28 33 18 10 20 14	27 33 29 27 30 34 19 10 20 14
14	30 25 31 32 19 31 17 10 20 14	33 30 30 31 20 32 17 10 20 14	36 31 35 32 19 33 17 10 20 14	3 36 5 34 18 33 17 10 20 14	6 3 6 1 18 34 17 10 20 14	9 8 6 5 19 34 17 10 20 14	12 11 12 9 20 34 17 10 20 14	15 16 17 12 22 34 18 10 20 14	18 22 18 16 24 34 18 10 20 14	21 25 19 20 26 33 18 10 20 14	24 30 24 24 28 33 18 10 20 14	27 34 29 27 30 34 19 10 20 14
15	30 27 30 32 19 31 17 10 20 14	33 32 31 31 20 32 17 10 20 14	36 33 35 32 19 33 17 10 20 14	3 1 5 34 18 34 17 10 20 14	6 5 6 2 18 34 17 10 20 14	9 9 7 5 19 34 17 10 20 14	12 12 12 9 20 34 17 10 20 14	15 17 17 12 22 34 18 10 20 14	18 23 18 16 24 33 17 10 20 14	21 27 19 20 26 33 18 10 20 14	24 32 25 24 28 33 18 10 20 14	27 35 29 28 31 34 1910 20 14
16	30 28 30 32 19 32 17 10 20 14	33 33 31 31 20 32 17 10 20 14	36 34 35 32 19 33 17 10 20 14	3 2 5 35 18 34 17 10 20 14	6 6 6 2 18 34 17 10 20 14	9 10 7 5 19 34 17 10 20 14	12 14 13 9 20 34 17 10 20 14	15 19 17 12 22 34 18 10 20 14	18 24 18 16 24 33 17 10 20 14	21 28 20 20 26 33 18 10 20 14	24 33 25 24 28 33 18 10 20 14	27 1 29 28 31 34 19 10 20 14
17	30 29 30 32 19 32 17 10 20 14	33 34 31 31 20 32 17 10 20 14	36 35 35 32 19 33 17 10 20 14	3 4 5 35 18 34 17 10 20 14	6 7 6 2 18 34 17 10 20 14	9 11 7 5 19 34 17 10 20 14	12 15 13 9 20 34 17 10 20 14	15 20 18 13 22 34 18 10 20 14	18 26 18 16 24 33 17 10 20 14	21 29 20 20 26 33 18 10 20 14	24 34 25 24 28 33 18 10 20 14	27 2 29 28 31 34 19 10 20 14
18	30 31 30 32 19 32 17 10 20 14	33 36 31 31 20 32 17 10 20 14	36 36 35 32 19 33 17 10 20 14	3 5 5 35 18 34 17 10 20 14	6 8 6 2 18 34 17 10 20 14	9 13 7 5 19 34 17 10 20 14	12 16 13 9 20 34 17 10 20 14	15 22 18 13 22 34 18 10 20 14	18 27 18 17 24 33 17 10 20 14	21 31 20 20 26 33 18 10 20 14	24 36 25 24 28 33 18 10 20 14	27 3 29 28 31 34 19 10 20 14
19	30 32 30 32 19 32 17 10 20 14	34 1 31 31 20 32 17 10 20 14	36 2 36 32 19 33 17 10 20 14	3 6 5 35 18 34 17 10 20 14	6 9 6 2 18 34 17 10 20 14	9 14 7 6 19 34 17 10 20 14	12 18 13 9 20 34 17 10 20 14	15 23 18 13 22 34 18 10 20 14	18 28 18 17 24 33 17 10 20 14	21 32 20 20 26 33 18 10 20 14	24 1 25 24 28 33 18 10 20 14	27 4 29 28 31 34 19 10 20 14
20	30 33 30 32 19 32 17 10 20 14	34 2 31 31 20 32 17 10 20 14	36 3 36 32 19 33 17 10 20 14	3 7 5 35 18 34 17 10 20 14	6 11 6 2 18 34 17 10 20 14	9 15 7 6 19 34 17 10 20 14	12 19 13 9 20 34 17 10 20 14	15 24 18 13 22 34 18 10 20 14	18 30 18 17 24 33 17 10 20 14	21 33 20 21 26 33 18 10 20 14	24 2 25 24 29 33 18 10 20 14	27 5 29 28 31 34 19 10 20 14
21	31 35 30 32 19 32 17 10 20 14	34 3 31 31 20 32 17 10 20 14	1 4 36 32 19 33 17 10 20 14	4 8 6 35 18 34 17 10 20 14	6 12 5 2 18 34 17 10 20 14	9 17 8 6 19 34 17 10 20 14	12 20 13 9 20 34 17 10 20 14	15 26 18 13 22 34 18 10 20 14	18 31 17 17 24 33 17 10 20 14	21 35 21 21 26 33 18 10 20 14	24 3 25 25 29 33 19 10 20 14	27 7 29 28 31 34 19 10 20 14
22	31 36 30 32 19 32 17 10 20 14	34 4 32 31 20 32 17 10 20 14	1 5 36 32 19 33 17 10 20 14	4 10 6 35 18 34 17 10 20 14	7 13 5 2 18 34 17 10 20 14	10 18 8 6 19 34 17 10 20 14	12 22 14 9 20 34 17 10 20 14	15 27 18 13 22 34 18 10 20 14	18 32 17 17 24 33 17 10 20 14	21 36 21 21 26 33 18 10 20 14	24 4 26 25 29 33 19 10 20 14	28 8 29 28 31 34 19 10 20 14
23	31 1 29 32 19 32 17 10 20 14	34 6 32 31 20 32 17 10 20 14	1 6 36 32 19 33 17 10 20 14	4 11 6 35 18 34 17 10 20 14	7 14 5 2 18 34 17 10 20 14	10 19 8 6 19 34 17 10 20 14	13 23 14 10 20 34 17 10 20 14	15 29 18 13 22 34 18 10 20 14	18 34 17 17 24 33 17 10 20 14	21 1 21 21 26 33 18 10 20 14	25 6 26 25 29 33 19 10 20 14	28 9 29 29 31 34 19 10 20 14
24	31 2 29 32 19 32 17 10 20 14	34 7 32 31 20 32 17 10 20 14	1 8 1 32 19 33 17 10 20 14	4 12 6 35 18 34 17 10 20 14	7 16 5 3 18 34 17 10 20 14	10 21 8 6 19 34 17 10 20 14	13 25 14 10 21 34 17 10 20 14	16 30 18 13 22 34 18 10 20 14	19 35 17 17 24 33 17 10 20 14	22 2 21 21 27 33 18 10 20 14	25 7 26 25 29 33 19 10 20 14	28 10 29 29 31 34 19 10 20 14
25	31 4 29 32 19 32 17 10 20 14	34 8 32 31 19 32 17 10 20 14	1 9 1 32 19 33 17 10 20 14	4 13 6 35 18 34 17 10 20 14	7 17 5 3 18 34 17 10 20 14	10 22 8 6 19 34 17 10 20 14	13 26 14 10 21 34 18 10 20 14	16 31 18 14 22 34 18 10 20 14	19 36 17 17 24 33 17 10 20 14	22 4 21 21 27 33 18 10 20 14	25 8 26 25 29 33 19 10 20 14	28 11 29 29 31 34 19 10 20 14
26	31 5 29 32 19 32 17 10 20 14	34 9 32 31 19 32 17 10 20 14	1 10 1 33 19 33 17 10 20 14	4 15 6 36 18 34 17 10 20 14	7 18 5 3 18 34 17 10 20 14	10 24 8 6 19 34 17 10 20 14	13 28 14 10 21 34 18 10 20 14	16 33 18 14 22 34 18 10 20 14	19 1 17 18 25 33 17 10 20 14	22 5 21 21 27 33 18 10 20 14	25 9 26 25 29 33 19 10 20 14	28 13 29 29 31 34 19 10 20 14
27	31 6 29 32 19 32 17 10 20 14	34 10 32 31 19 33 17 10 20 14	1 11 1 33 19 33 17 10 20 14	4 16 6 36 18 34 17 10 20 14	7 20 5 3 18 34 17 10 20 14	10 25 9 7 19 34 17 10 20 14	13 29 15 10 21 34 18 10 20 14	16 34 18 14 23 34 18 10 20 14	19 3 17 18 25 33 17 10 20 14	22 6 22 21 27 33 18 10 20 14	25 10 26 25 29 33 19 10 20 14	28 14 29 29 31 34 19 10 20 14
28	31 7 29 32 19 32 17 10 20 14	34 12 32 31 19 33 17 10 20 14	1 13 1 33 18 33 17 10 20 14	4 18 6 36 18 34 17 10 20 14	7 21 5 3 18 34 17 10 20 14	10 27 9 7 19 34 17 10 20 14	13 30 15 10 21 34 18 10 20 14	16 35 19 14 23 34 18 10 20 14	19 4 17 18 25 33 17 10 20 14	22 7 22 22 27 33 18 10 20 14	25 12 27 25 29 33 19 10 20 14	28 15 29 29 32 34 19 10 20 14
29	31 8 29 32 19 32 17 10 20 14		1 14 2 33 18 33 17 10 20 14	4 19 6 36 18 34 17 10 20 14	7 23 5 3 18 34 17 10 20 14	10 28 9 7 19 34 17 10 20 14	13 32 15 10 21 34 18 10 20 14	16 1 19 14 23 34 18 10 20 14	19 5 17 18 25 33 17 10 20 14	22 8 22 22 27 33 18 10 20 14	25 13 27 26 29 33 19 10 20 14	28 16 29 29 32 34 19 10 20 14
30	32 10 29 32 20 32 17 10 20 14		1 15 2 33 18 33 17 10 20 14	4 20 6 36 18 34 17 10 20 14	7 24 5 3 18 34 17 10 20 14	10 30 9 7 19 34 17 10 20 14	13 33 15 10 21 34 18 10 20 14	16 2 19 14 23 34 18 10 20 14	19 6 17 18 25 33 17 10 20 14	22 9 22 22 27 33 18 10 20 14	25 14 27 26 29 33 19 10 20 14	28 15 29 29 32 34 19 10 20 14
31	32 11 29 32 20 32 17 10 20 14		2 17 2 33 18 33 17 10 20 14		7 26 5 3 18 34 17 10 20 14		13 35 15 11 21 34 18 10 20 14	16 3 19 14 23 34 18 10 20 14		22 11 22 22 27 33 18 10 20 14		28 19 29 30 32 34 19 10 20 14

1951

	JAN	FEB	MAR	APR	MAY	JUNE	JULY	AUG	SEPT	OCT	NOV	DEC
1	29 21 29 30 32 34 19 10 20 14	32 26 29 34 34 35 19 10 20 14	35 27 34 1 36 35 19 10 20 14	2 32 3 5 3 36 18 10 20 14	5 36 4 8 5 1 18 10 20 14	8 4 5 12 7 1 18 10 20 14	10 8 11 15 9 2 18 10 20 14	13 12 16 17 11 2 18 11 20 14	16 17 16 17 13 2 19 11 20 15	19 20 18 16 15 1 19 11 20 15	22 25 23 18 17 1 19 11 20 15	25 29 27 21 19 1 20 11 21 15
2	29 22 29 30 32 34 19 10 20 14	32 27 29 34 34 35 19 10 20 14	35 28 34 1 1 35 19 10 20 14	2 33 4 5 3 36 18 10 20 14	5 1 3 9 5 1 18 10 20 14	8 5 5 12 7 1 18 10 20 14	10 9 11 15 9 2 18 10 20 14	13 13 16 17 11 2 18 11 20 14	16 18 16 17 13 2 19 11 20 15	19 22 19 16 15 1 19 11 20 15	22 27 24 18 17 1 19 11 21 15	25 31 28 21 19 1 20 11 21 15
3	29 23 28 30 32 34 19 10 20 14	32 28 30 34 34 35 19 10 20 14	35 29 34 1 1 35 19 10 20 14	2 35 4 5 3 36 18 10 20 14	5 2 3 9 5 1 18 10 20 14	8 7 6 12 7 1 18 10 20 14	11 10 12 15 9 2 18 10 20 14	14 14 16 17 12 2 18 11 20 14	17 19 16 17 14 2 19 11 20 15	19 23 19 16 15 1 19 11 20 15	23 28 24 18 17 1 19 11 21 15	26 32 28 21 19 1 20 11 21 15
4	29 25 28 30 32 34 19 10 20 14	32 30 30 34 35 35 19 10 20 14	35 31 34 1 1 35 19 10 20 14	2 36 4 5 3 36 18 10 20 14	5 3 3 9 5 1 18 10 20 14	8 8 6 12 7 1 18 10 20 14	11 11 12 15 10 2 18 10 20 14	14 16 16 17 12 2 18 11 20 14	17 21 16 16 14 2 19 11 20 15	20 24 19 16 15 1 19 11 20 15	23 30 24 18 17 1 19 11 21 15	26 34 28 21 19 1 20 11 21 15
5	29 26 28 30 32 34 19 10 20 14	32 31 30 34 35 35 19 10 20 14	35 32 34 2 1 35 19 10 20 14	2 1 4 5 3 36 18 10 20 14	5 5 3 9 5 1 18 10 20 14	8 9 6 12 8 1 18 10 20 14	11 12 12 15 10 2 18 10 20 14	14 17 16 17 12 2 18 11 20 14	17 22 16 16 14 2 19 11 20 15	20 25 19 16 16 1 19 11 20 15	23 31 24 18 17 1 19 11 21 15	26 35 28 21 19 1 20 11 21 15
6	29 28 28 30 32 34 19 10 20 14	32 33 30 34 35 35 19 10 20 14	35 34 35 2 1 35 19 10 20 14	2 2 4 5 3 36 18 10 20 14	5 6 3 9 5 1 18 10 20 14	8 10 6 12 8 1 18 10 20 14	11 14 12 15 10 2 18 10 20 14	14 18 17 17 12 2 18 11 20 14	17 23 16 16 14 2 19 11 20 15	20 27 19 16 16 1 19 11 20 15	23 32 24 18 17 1 20 11 21 15	26 36 28 21 19 1 20 11 21 15
7	29 29 28 30 32 34 19 10 20 14	32 34 30 34 35 35 19 10 20 14	35 35 35 2 1 35 19 10 20 14	2 4 4 6 3 36 18 10 20 14	5 7 3 9 5 1 18 10 20 14	8 11 6 13 8 1 18 10 20 14	11 15 12 15 10 2 18 11 20 14	14 20 17 17 12 2 18 11 20 14	17 25 16 16 14 2 19 11 20 15	20 29 19 16 16 1 19 11 20 15	23 34 24 18 18 1 20 11 21 15	26 2 28 21 19 1 20 11 21 15
8	29 31 28 31 32 34 19 10 20 14	32 36 30 34 35 35 19 10 20 14	35 36 35 2 1 35 18 10 20 14	2 5 4 6 3 36 18 10 20 14	5 8 3 9 6 1 18 10 20 14	8 13 6 13 8 1 18 10 20 14	11 16 12 16 10 2 18 11 20 14	14 21 17 17 12 2 18 11 20 14	17 26 16 16 14 2 19 11 20 15	20 30 20 16 16 1 19 11 20 15	23 35 25 18 18 1 20 11 21 15	26 3 28 22 19 1 20 11 21 15
9	29 32 28 31 32 34 19 10 20 14	32 1 30 35 35 35 19 10 20 14	35 2 35 2 1 35 18 10 20 14	2 6 4 6 3 36 18 10 20 14	5 9 3 9 6 1 18 10 20 14	8 14 7 13 8 1 18 10 20 14	11 17 13 16 10 2 18 11 20 14	14 22 17 17 12 2 18 11 20 14	17 27 16 16 14 2 19 11 20 15	20 31 20 16 16 1 19 11 20 15	23 1 25 18 18 1 20 11 21 15	26 4 28 22 19 1 20 11 21 15
10	29 33 28 31 33 34 19 10 20 14	33 2 31 35 35 35 19 10 20 14	35 3 35 2 1 36 18 10 20 14	2 7 4 6 4 36 18 10 20 14	5 11 3 9 6 1 18 10 20 14	8 15 7 13 8 1 18 10 20 14	11 19 13 16 10 2 18 11 20 14	14 24 17 17 12 2 18 11 20 14	17 29 16 16 14 2 19 11 20 15	20 33 20 16 16 1 19 11 20 15	23 2 25 19 18 1 20 11 21 15	26 6 28 22 19 1 20 11 21 15
11	30 34 28 31 33 34 19 10 20 14	33 3 31 35 35 35 19 10 20 14	36 4 36 2 1 36 18 10 20 14	3 9 4 6 4 36 18 10 20 14	5 12 3 10 6 1 18 10 20 14	8 16 7 13 8 1 18 10 20 14	11 20 13 16 10 2 18 11 20 14	14 25 17 17 12 2 18 11 20 14	17 30 16 16 14 2 19 11 20 15	20 34 20 16 16 1 19 11 20 15	23 3 25 19 18 1 20 11 21 15	26 7 28 22 19 1 20 11 21 15
12	30 36 28 31 33 34 19 10 20 14	33 5 31 35 35 35 19 10 20 14	36 5 36 2 1 36 18 10 20 14	3 10 4 6 4 36 18 10 20 14	6 13 3 10 6 1 18 10 20 14	9 18 7 13 8 1 18 10 20 14	11 21 13 16 10 2 18 11 20 14	14 26 17 17 12 2 18 11 20 14	17 32 16 16 14 2 19 11 20 15	20 36 20 16 16 1 19 11 20 15	23 4 25 19 18 1 20 11 21 15	27 8 27 22 20 1 20 11 21 15
13	30 1 28 31 33 34 19 10 20 14	33 6 31 35 35 35 19 10 20 14	36 7 36 3 1 36 18 10 20 14	3 11 4 6 4 36 18 10 20 14	6 14 3 10 6 1 18 10 20 14	9 19 7 13 8 2 18 10 20 14	12 23 13 16 10 2 18 11 20 14	14 28 17 17 12 2 18 11 20 14	17 33 16 16 14 2 19 11 20 15	20 1 20 16 16 1 19 11 20 15	24 6 25 19 18 1 20 11 21 15	27 9 27 22 20 1 20 11 21 15
14	30 3 28 31 33 34 19 10 20 14	33 7 31 35 35 35 19 10 20 14	36 8 36 3 1 36 18 10 20 14	3 12 4 6 4 36 18 10 20 14	6 15 3 10 6 1 18 10 20 14	9 20 7 13 8 2 18 10 20 14	12 24 14 16 10 2 18 11 20 14	15 29 17 17 12 2 19 11 20 14	18 35 16 16 14 2 19 11 20 15	21 2 21 16 16 1 19 11 20 15	24 7 25 19 18 1 20 11 21 15	27 10 27 22 20 1 20 11 21 15
15	30 4 28 31 33 34 19 10 20 14	33 8 31 35 35 35 19 10 20 14	36 9 36 3 2 36 18 10 20 14	3 13 4 7 4 36 18 10 20 14	6 17 4 10 6 1 18 10 20 14	9 21 8 13 8 2 18 10 20 14	12 25 14 16 10 2 18 11 20 14	15 31 17 17 12 2 19 11 20 14	18 36 16 16 14 2 19 11 20 15	21 4 21 16 16 1 19 11 20 15	24 8 26 19 18 1 20 11 21 15	27 11 27 22 20 1 20 11 21 15
16	30 5 28 32 33 34 19 10 20 14	33 9 32 35 35 35 19 10 20 14	36 10 1 3 2 36 18 10 20 14	3 15 4 7 4 36 18 10 20 14	6 18 4 10 6 1 18 10 20 14	9 22 8 13 8 2 18 10 20 14	12 27 14 16 10 2 18 11 20 14	15 32 17 17 12 2 19 11 20 14	18 1 16 16 14 2 19 11 20 15	21 5 21 16 16 1 19 11 20 15	24 9 26 19 18 1 20 11 21 15	27 13 27 22 20 1 20 11 21 15
17	30 6 28 32 33 34 19 10 20 14	33 11 32 36 36 35 19 10 20 14	36 11 1 3 2 36 18 10 20 14	3 16 4 7 4 36 18 10 20 14	6 19 4 10 6 1 18 10 20 14	9 24 8 14 8 2 18 10 20 14	12 29 14 16 10 2 18 11 20 14	15 34 17 17 12 2 19 11 20 14	18 3 16 16 14 2 19 11 20 15	21 6 21 17 16 1 19 11 20 15	24 11 26 19 18 1 20 11 21 15	27 14 27 23 20 1 20 11 21 15
18	30 7 28 32 33 34 19 10 20 14	33 12 32 36 36 35 19 10 20 14	36 13 1 3 2 36 18 10 20 14	3 17 4 7 4 36 18 10 20 14	6 21 4 10 6 1 18 10 20 14	9 25 8 14 8 2 18 10 20 14	12 30 14 16 10 2 18 11 20 14	15 35 17 17 12 2 19 11 20 14	18 4 16 16 14 2 19 11 20 15	21 7 21 17 16 1 19 11 20 15	24 12 26 19 18 1 20 11 21 15	27 15 27 23 20 1 20 11 21 15
19	30 9 28 32 33 34 19 10 20 14	34 13 32 36 36 35 19 10 20 14	36 14 1 3 2 36 18 10 20 14	3 19 4 7 4 36 18 10 20 14	6 22 4 10 6 1 18 10 20 14	9 27 9 14 9 2 18 10 20 14	12 32 14 16 11 2 18 11 20 14	15 1 17 17 13 2 19 11 20 14	18 5 16 16 15 2 19 11 20 15	21 9 21 17 16 1 19 11 20 15	24 13 26 19 18 1 20 11 21 15	27 16 27 23 20 1 20 11 21 15
20	30 10 28 32 33 34 19 10 20 14	34 14 32 36 36 35 19 10 20 14	36 15 1 3 2 36 18 10 20 14	3 20 4 7 4 36 18 10 20 14	6 24 4 11 6 1 18 10 20 14	9 28 9 14 9 2 18 10 20 14	12 33 15 16 11 2 18 11 20 14	15 2 17 17 13 2 19 11 20 14	18 7 16 16 15 2 19 11 20 15	21 10 22 17 16 1 19 11 20 15	24 14 26 20 18 1 20 11 21 15	27 17 26 23 20 1 20 11 21 15
21	31 11 28 32 33 34 19 10 20 14	34 16 32 36 36 35 19 10 20 14	1 16 2 4 2 36 18 10 20 14	4 21 4 7 4 36 18 10 20 14	6 25 4 11 6 1 18 10 20 14	9 31 9 14 9 2 18 10 20 14	12 34 15 16 11 2 18 11 20 14	15 4 17 17 13 2 19 11 20 14	18 8 17 16 15 2 19 11 20 15	21 11 22 17 17 1 19 11 20 15	24 15 26 20 18 1 20 11 21 15	27 19 26 23 20 1 20 11 21 15
22	31 12 28 32 33 34 19 10 20 14	34 17 32 36 36 35 19 10 20 14	1 18 2 4 2 36 18 10 20 14	4 23 4 7 4 1 18 10 20 14	7 27 4 11 7 1 18 10 20 14	10 32 9 14 9 2 18 10 20 14	12 36 15 17 11 2 18 11 20 14	15 5 17 17 13 2 19 11 20 14	18 9 17 16 15 2 19 11 20 15	21 12 22 17 17 1 19 11 20 15	24 17 27 20 18 1 20 11 21 15	27 20 26 23 20 1 20 11 21 15
23	31 13 28 32 34 34 19 10 20 14	34 18 33 36 36 35 19 10 20 14	1 19 2 4 2 36 18 10 20 14	4 24 4 7 4 1 18 10 20 14	7 28 4 11 7 1 18 10 20 14	10 34 9 14 9 2 18 10 20 14	12 1 15 17 11 2 18 11 20 14	15 6 17 17 13 2 19 11 20 14	18 10 17 16 15 2 19 11 20 15	21 13 22 17 17 1 19 11 20 15	25 18 27 20 18 1 20 11 21 15	28 21 26 23 20 1 20 11 21 15
24	31 15 28 33 34 34 19 10 20 14	34 20 33 36 36 35 19 10 20 14	1 21 2 4 2 36 18 10 20 14	4 26 4 8 5 1 18 10 20 14	7 30 4 11 7 1 18 10 20 14	10 35 10 14 9 2 18 10 20 14	13 2 15 17 11 2 18 11 20 14	16 7 17 17 13 2 19 11 20 14	19 11 17 16 15 2 19 11 20 15	22 14 22 17 17 1 19 11 20 15	25 19 27 20 19 1 20 11 21 15	28 23 26 23 20 1 20 11 21 15
25	31 16 29 33 34 34 19 10 20 14	34 21 33 1 36 35 19 10 20 14	1 22 2 4 2 36 18 10 29 14	4 27 4 8 5 1 18 10 20 14	7 31 4 11 7 1 18 10 20 14	10 36 10 14 9 2 18 10 20 14	13 4 15 17 11 2 18 11 20 14	16 8 17 17 13 2 19 11 20 14	19 12 17 16 15 2 19 11 20 15	22 16 22 17 17 1 19 11 20 15	25 20 27 20 19 1 20 11 21 15	28 24 26 24 20 1 20 11 21 15
26	31 17 29 33 34 34 19 10 20 14	34 22 33 1 36 35 19 10 20 14	1 23 2 4 2 36 18 10 20 14	4 29 4 8 5 1 18 10 20 14	7 33 4 11 7 1 18 10 20 14	10 2 10 14 9 2 18 10 20 14	13 5 15 17 11 2 18 11 20 14	16 9 17 17 13 2 19 11 20 14	19 14 17 16 15 2 19 11 20 15	22 17 23 17 17 1 19 11 20 15	25 22 27 20 19 1 20 11 21 15	28 26 26 24 20 1 20 11 21 15
27	31 19 29 33 34 35 19 10 20 14	34 24 33 1 36 35 19 10 20 14	1 25 3 4 2 36 18 10 20 14	4 30 4 8 5 1 18 10 20 14	7 34 5 11 7 1 18 10 20 14	10 3 10 15 9 2 18 10 20 14	13 6 15 17 11 2 18 11 20 14	16 10 17 17 13 2 19 11 20 14	19 15 18 16 15 2 19 11 20 15	22 18 23 17 17 1 19 11 20 15	25 23 27 20 19 1 20 11 21 15	28 27 26 24 20 1 20 11 21 15
28	31 20 29 33 34 35 19 10 20 14	34 25 34 1 36 35 19 10 20 14	1 26 3 4 3 36 18 10 20 14	4 32 4 8 5 1 18 10 20 14	7 35 5 11 7 1 18 10 20 14	10 4 10 15 9 2 18 10 20 14	13 7 16 17 11 2 18 11 20 14	16 12 17 17 13 2 19 11 20 14	19 16 18 16 15 1 19 11 20 15	22 20 23 17 17 1 19 11 20 15	25 25 27 20 19 1 20 11 21 15	28 29 26 24 20 1 20 11 21 15
29	31 21 29 33 34 35 19 10 20 14		1 28 3 4 3 36 18 10 20 14	4 33 4 8 5 1 18 10 20 14	7 1 5 12 7 1 18 10 20 14	10 5 11 15 9 2 18 10 20 14	13 8 16 17 11 2 18 11 20 14	16 13 16 17 13 2 19 11 20 15	19 17 18 16 15 1 19 11 20 15	22 21 23 17 17 1 19 11 20 15	25 26 27 21 19 1 20 11 21 15	28 30 26 24 20 1 20 11 21 15
30	31 23 29 33 34 35 19 10 20 14		1 29 3 5 3 36 18 10 20 14	4 34 4 8 5 1 18 10 20 14	7 2 5 12 7 1 18 10 20 14	10 6 11 15 9 2 18 11 20 14	13 10 16 17 11 2 18 11 20 14	16 14 16 17 13 2 19 11 20 15	19 19 18 16 15 1 19 11 20 15	22 22 23 18 17 1 19 11 20 15	25 28 27 21 19 1 20 11 21 15	28 32 26 24 20 1 20 11 21 15
31	32 24 29 33 34 35 19 10 20 14		1 31 3 5 3 36 18 10 20 14		7 3 5 12 7 1 18 10 20 14		13 11 16 17 11 2 18 11 20 14	16 15 16 17 13 2 19 11 20 15		22 24 23 18 17 1 19 11 20 15		28 33 26 24 21 1 20 11 21 15

1952

	JAN	FEB	MAR	APR	MAY	JUNE	JULY	AUG	SEPT	OCT	NOV	DEC
1	29 34 26 24 21 1 20 11 21 15	32 3 30 28 22 2 20 11 21 15	35 6 35 32 23 2 20 11 21 14	2 10 2 35 23 3 20 10 21 14	5 13 2 3 23 4 19 11 20 14	8 18 6 7 22 4 19 11 20 14	10 21 13 11 22 5 19 11 20 14	13 26 15 14 23 5 20 11 20 15	16 31 15 18 25 6 20 11 20 15	19 35 20 22 27 6 20 11 21 15	22 4 25 26 29 5 21 11 21 15	25 8 25 29 31 5 21 11 21 15
2	29 36 26 24 21 1 20 11 21 15	32 5 30 28 22 2 20 11 21 15	35 7 36 32 23 2 20 11 21 14	2 11 2 36 23 3 20 10 21 14	5 14 2 3 23 4 19 11 20 14	8 19 7 7 22 4 19 11 20 14	11 22 13 11 22 5 19 11 20 14	14 27 15 15 23 5 20 11 20 15	16 33 15 18 25 6 20 11 20 15	19 36 20 22 27 6 20 11 20 15	23 6 25 26 29 5 21 11 21 15	26 9 25 30 31 5 21 11 21 15
3	29 1 26 25 21 1 20 11 21 15	32 6 31 28 22 2 20 11 21 15	35 8 36 32 23 2 20 11 21 14	2 12 2 36 23 3 20 11 21 14	5 16 2 3 22 4 19 11 20 14	8 20 7 7 22 4 19 11 20 14	11 24 13 11 22 5 19 11 20 14	14 29 15 15 23 5 20 11 20 15	17 34 15 19 25 6 20 11 20 15	20 2 20 22 27 6 20 11 21 15	23 7 25 26 29 5 21 11 21 15	26 10 25 30 31 5 21 11 21 15
4	29 3 27 25 21 1 20 11 21 15	32 7 31 28 22 2 20 11 21 15	35 9 36 32 23 2 20 10 21 14	2 14 2 36 23 3 20 11 21 14	5 17 2 4 22 4 19 11 20 14	8 21 7 7 22 4 19 11 20 14	11 25 13 11 22 5 19 11 20 15	14 30 15 15 23 5 20 11 20 15	17 36 15 19 25 6 20 11 21 15	20 3 20 22 27 5 20 11 21 15	23 8 25 26 29 5 21 11 21 15	26 12 25 30 31 5 21 11 21 15
5	29 4 27 25 21 1 20 11 21 15	32 8 31 29 22 2 20 11 21 15	35 10 36 32 23 2 20 10 21 14	2 15 2 36 23 3 20 11 21 14	5 18 2 4 22 4 19 11 20 14	8 23 8 7 22 4 19 11 20 14	11 26 13 11 22 5 19 11 20 15	14 32 15 15 23 5 20 11 20 15	17 1 15 19 25 6 20 11 21 15	20 5 21 22 27 5 20 11 21 15	23 10 25 26 29 5 21 11 21 15	26 13 25 30 32 5 21 11 21 15
6	29 5 27 25 21 1 20 11 21 15	32 10 31 29 22 2 20 11 21 15	35 12 36 32 23 2 20 10 21 14	2 16 2 36 23 3 20 11 21 14	5 19 2 4 22 4 19 11 20 14	8 24 8 8 22 4 19 11 20 14	11 28 13 11 22 5 19 11 20 15	14 33 15 15 23 5 20 11 20 15	17 3 15 19 25 6 20 11 21 15	20 6 21 23 27 5 20 11 21 15	23 11 25 26 29 5 21 11 21 15	26 14 25 30 32 5 21 11 21 15
7	29 6 27 25 21 1 20 11 21 15	32 11 31 29 22 2 20 11 21 15	35 13 36 32 23 2 20 10 21 14	2 17 2 36 23 3 20 11 21 14	5 21 3 4 22 4 19 11 20 14	8 26 8 8 22 4 19 11 20 14	11 29 14 11 22 5 19 11 20 15	14 35 15 15 23 5 20 11 20 15	17 4 16 19 25 6 20 11 21 15	20 7 21 23 27 5 20 11 21 15	23 12 25 26 29 5 21 11 21 15	26 15 25 30 32 5 21 11 21 15
8	29 7 27 25 21 1 20 11 21 15	32 12 31 29 22 2 20 11 21 15	35 14 1 33 23 2 20 10 21 14	2 18 2 36 23 3 20 11 21 14	5 22 3 4 22 4 19 11 20 14	8 27 8 8 22 4 19 11 20 14	11 31 14 12 22 5 19 11 20 15	14 36 15 15 23 5 20 11 20 15	17 5 16 19 25 6 20 11 21 15	20 9 21 23 27 5 20 11 21 15	23 13 25 27 29 5 21 11 21 15	26 16 25 30 32 5 21 11 21 15
9	29 9 27 25 21 1 20 11 21 15	32 13 31 29 22 2 20 11 21 15	35 15 1 33 23 2 20 10 21 14	2 20 2 36 23 3 20 11 21 14	5 23 3 4 22 4 19 11 20 14	8 29 8 8 22 4 19 11 20 14	11 32 14 12 22 5 19 11 20 15	14 2 15 15 23 5 20 11 20 15	17 7 16 19 25 6 20 11 21 15	20 10 21 23 27 5 20 11 21 15	23 14 25 27 30 5 21 11 21 15	26 17 25 30 32 5 21 11 21 15
10	29 10 27 25 21 1 20 11 21 15	33 14 32 29 22 2 20 11 21 15	35 16 1 33 23 2 20 10 21 14	3 21 2 1 23 3 20 11 21 14	5 25 3 4 22 4 19 11 20 14	8 30 9 8 22 4 19 11 20 14	11 34 14 12 22 5 19 11 20 15	14 3 15 16 24 5 20 11 20 15	17 8 16 19 25 6 20 11 21 15	20 11 21 23 27 5 20 11 21 15	23 16 26 27 30 5 21 11 21 15	26 19 25 30 32 5 21 11 21 15
11	30 11 27 26 21 1 20 11 21 15	33 16 32 29 22 2 20 11 21 15	36 18 1 33 23 2 20 10 21 14	3 22 2 1 23 3 20 11 21 14	6 26 3 4 22 4 19 11 20 14	9 32 9 8 22 4 19 11 20 14	11 35 14 12 22 5 19 11 20 15	14 4 15 16 24 5 20 11 20 15	17 9 16 20 25 6 20 11 21 15	20 12 22 23 27 5 20 11 21 15	23 17 26 27 30 5 21 11 21 15	26 20 25 31 32 5 21 11 21 15
12	30 12 27 26 21 1 20 11 21 15	33 17 32 29 22 2 20 11 21 15	36 19 1 33 23 3 20 10 21 14	3 24 2 1 23 3 20 11 21 14	6 28 3 4 22 4 19 11 20 14	9 33 9 8 22 5 19 11 20 14	12 1 14 12 22 5 19 11 20 15	14 6 15 16 24 5 20 11 20 15	17 10 16 20 25 6 20 11 21 15	20 14 22 23 28 5 20 11 21 15	24 18 26 27 30 5 21 11 21 15	27 21 25 31 32 5 21 11 21 15
13	30 14 28 26 21 1 20 11 21 15	33 18 32 30 23 2 20 11 21 15	36 20 1 33 23 2 20 10 21 14	3 25 2 1 23 3 20 11 21 14	6 29 3 5 22 4 19 11 20 14	9 34 9 8 22 5 19 11 20 14	12 2 14 12 22 5 19 11 20 15	15 7 14 16 24 5 20 11 20 15	18 12 17 20 26 6 20 11 21 15	21 15 22 23 28 5 20 11 21 15	24 19 26 27 30 5 21 11 21 15	27 22 25 31 32 5 21 11 21 15
14	30 15 28 26 21 1 20 11 21 15	33 19 32 30 23 2 20 11 21 15	36 21 2 33 23 2 20 10 21 14	3 27 1 1 23 3 20 11 21 14	6 30 3 5 22 4 19 11 20 14	9 36 10 9 22 5 19 11 20 14	12 3 14 12 22 5 19 11 20 15	15 8 14 16 24 5 20 11 20 15	18 13 17 20 26 6 20 11 21 15	21 16 22 24 28 5 20 11 21 15	24 20 26 27 30 5 21 11 21 15	27 24 25 31 32 5 21 11 21 15
15	30 16 28 26 21 1 20 11 21 15	33 20 33 30 23 2 20 11 21 15	36 23 2 33 23 2 20 10 21 14	3 28 1 1 23 3 20 11 21 14	6 32 4 5 22 4 19 11 20 14	9 1 10 9 22 5 19 11 20 14	12 5 14 12 22 5 19 11 20 15	15 9 14 16 24 5 20 11 20 15	18 14 17 20 26 6 20 11 21 15	21 17 22 24 28 5 20 11 21 15	24 22 26 27 30 5 21 11 21 15	27 25 25 31 32 5 21 11 21 15
16	30 17 28 26 21 1 20 11 21 15	33 22 33 30 23 2 20 11 21 15	36 24 2 33 23 2 20 10 21 14	3 29 1 1 23 3 20 11 21 14	6 33 4 5 22 4 19 11 20 14	9 2 10 9 22 5 19 11 20 14	12 6 15 12 22 5 19 11 20 15	15 11 14 16 24 6 20 11 20 15	18 15 17 20 26 6 20 11 21 15	21 18 22 24 28 5 20 11 21 15	24 23 26 28 30 5 21 11 21 15	27 27 25 31 32 5 21 11 21 15
17	30 18 28 26 21 1 20 11 21 15	33 23 33 30 23 2 20 11 21 15	36 25 2 34 23 2 20 10 21 14	3 31 1 1 23 3 20 11 21 14	6 35 4 5 22 4 19 11 20 14	9 4 10 9 22 5 19 11 20 14	12 7 15 13 22 5 19 11 20 15	15 12 14 16 24 6 20 11 20 15	18 16 17 20 26 6 20 11 21 15	21 20 22 24 28 5 20 11 21 15	24 24 26 28 30 5 21 11 21 15	27 28 25 31 32 5 21 11 21 15
18	30 19 28 26 21 1 20 11 21 15	33 24 33 30 23 2 20 11 21 15	36 27 2 34 23 3 20 10 21 14	3 32 1 2 23 3 20 11 21 14	6 36 4 5 22 4 19 11 20 14	9 5 10 9 22 5 19 11 20 14	12 9 15 13 22 5 19 11 20 15	15 13 14 17 24 6 20 11 20 15	18 17 18 20 26 6 20 11 21 15	21 21 23 24 28 5 20 11 21 15	24 26 26 28 30 5 21 11 21 15	27 29 25 31 33 5 21 11 21 15
19	30 21 28 27 21 1 20 11 21 15	33 26 33 30 23 2 20 11 21 15	36 28 2 34 23 3 20 10 21 14	3 34 1 2 23 3 20 11 21 14	6 1 4 5 22 4 19 11 20 14	9 6 10 9 22 5 19 11 20 14	12 10 15 13 22 5 19 11 20 15	15 14 14 17 24 6 20 11 20 15	18 19 18 20 26 6 20 11 21 15	21 22 23 24 28 5 20 11 21 15	24 27 26 28 30 5 21 11 21 15	27 31 25 32 33 5 21 11 21 15
20	30 22 28 27 21 1 20 11 21 15	34 27 33 30 23 2 20 11 21 15	36 30 2 34 23 3 20 10 21 14	4 35 1 2 23 3 20 11 21 14	6 3 4 5 22 4 19 11 20 14	9 8 11 9 22 5 19 11 20 14	12 11 15 13 23 5 19 11 20 15	15 15 14 17 24 6 20 11 20 15	18 20 18 21 26 6 20 11 21 15	21 23 23 24 28 5 20 11 21 15	24 29 26 28 30 5 21 11 21 15	27 32 25 32 33 5 21 11 21 15
21	21 23 29 27 21 1 20 11 21 15	34 29 34 31 23 2 20 11 21 15	1 31 2 34 23 3 20 10 21 14	4 36 1 2 23 3 20 11 21 14	7 4 5 6 22 4 19 11 20 14	9 9 11 9 22 5 19 11 20 14	12 12 15 13 23 5 19 11 20 15	15 17 14 17 24 6 20 11 20 15	18 21 18 21 26 6 20 11 21 15	21 25 23 24 28 5 20 11 21 15	24 30 26 28 30 5 21 11 21 15	27 34 25 32 33 5 21 11 21 15
22	31 25 29 27 22 1 20 11 21 15	34 30 34 31 23 2 20 11 21 15	1 33 2 34 23 3 20 10 21 14	4 2 1 2 23 3 20 11 21 14	7 5 5 6 22 4 19 11 20 14	10 10 11 10 22 5 19 11 20 14	12 13 15 13 23 5 19 11 20 15	15 18 14 17 24 6 20 11 20 15	18 22 18 21 26 6 20 11 21 15	21 26 23 25 28 5 20 11 21 15	25 31 26 28 31 5 21 11 21 15	28 35 25 32 33 5 21 11 21 15
23	31 26 29 27 22 1 20 11 21 15	34 32 34 31 23 2 20 11 21 15	1 34 2 34 23 3 20 10 21 14	4 3 1 2 23 3 19 11 20 14	7 7 5 6 22 4 19 11 20 14	10 11 11 10 22 5 19 11 20 14	13 14 15 13 23 5 19 11 20 15	15 19 14 17 24 6 20 11 20 15	19 24 18 21 26 6 20 11 21 15	22 27 23 25 28 5 20 11 21 15	25 33 26 28 31 5 21 11 21 15	28 1 26 32 33 5 21 11 21 15
24	31 28 29 27 22 1 20 11 21 15	34 33 34 31 23 2 20 11 21 14	1 36 2 34 23 3 20 10 21 14	4 5 1 2 23 3 19 11 20 14	7 8 5 6 22 4 19 11 20 14	10 12 12 10 22 5 19 11 20 14	13 16 15 13 23 5 19 11 20 15	16 20 14 17 24 6 20 11 20 15	19 25 19 21 26 6 20 11 21 15	22 29 23 25 28 5 20 11 21 15	25 34 26 29 31 5 21 11 21 15	28 2 26 32 33 5 21 11 21 15
25	31 29 29 27 22 1 20 11 21 15	34 35 34 31 23 2 20 11 21 14	1 1 3 35 23 3 20 10 21 14	4 6 2 2 23 3 19 11 20 14	7 9 5 6 22 4 19 11 20 14	10 14 12 10 22 5 19 11 20 14	13 17 15 14 23 5 19 11 20 15	16 21 14 17 24 6 20 11 20 15	19 28 19 21 26 6 20 11 21 15	22 30 24 25 28 5 20 11 21 15	25 36 26 29 31 5 21 11 21 15	28 3 26 32 33 5 21 11 21 15
26	31 31 29 27 22 1 20 11 21 15	34 36 35 31 23 2 20 11 21 14	1 2 3 35 23 3 20 10 21 14	4 7 2 3 23 3 19 11 20 14	7 10 6 6 22 4 19 11 20 14	10 15 12 10 22 5 19 11 20 14	13 18 15 14 23 5 19 11 20 15	16 23 14 18 24 6 20 11 20 15	19 28 19 21 26 6 20 11 21 15	22 32 24 25 29 5 20 11 21 15	25 1 26 29 31 5 21 11 21 15	28 5 26 32 33 5 21 11 21 15
27	31 32 29 27 22 1 20 11 21 15	34 2 35 31 23 2 20 11 21 14	1 4 3 35 23 3 20 10 21 14	4 8 2 3 23 3 20 11 21 14	7 12 6 6 22 4 19 11 20 14	10 16 12 10 22 5 19 11 20 14	13 19 15 14 23 5 19 11 20 15	16 24 14 18 24 6 20 11 20 15	19 29 19 21 26 6 20 11 21 15	22 33 24 25 29 5 20 11 21 15	25 2 26 29 31 5 21 11 21 15	28 6 26 32 33 5 21 11 21 15
28	31 34 30 28 22 1 20 11 21 15	34 3 35 32 33 2 20 11 21 14	1 5 3 35 23 3 20 10 21 14	4 10 2 3 23 3 19 11 20 14	7 13 6 6 22 4 19 11 20 14	10 17 12 10 22 5 19 11 20 14	13 21 15 14 23 5 20 11 21 15	16 25 14 18 25 6 20 11 20 15	19 31 19 22 27 6 20 11 21 15	22 34 24 25 29 5 21 11 21 15	25 4 26 29 31 5 21 11 21 15	28 7 26 33 33 5 21 11 21 15
29	31 35 30 28 22 1 20 11 21 15	34 4 35 32 23 2 20 11 21 14	1 6 2 35 23 3 20 10 21 14	4 11 2 3 23 4 19 11 21 14	7 14 6 7 22 4 19 11 20 14	10 18 12 10 22 5 19 11 20 14	13 22 15 14 23 5 20 11 21 15	16 27 14 18 25 6 20 11 20 15	19 32 20 22 27 6 20 11 21 15	22 36 24 25 29 5 21 11 21 15	25 5 25 29 31 5 21 11 21 15	28 9 26 33 33 5 21 11 21 15
30	31 1 30 28 22 2 20 11 21 15		1 8 2 35 23 3 20 10 21 14	5 12 2 3 23 4 19 11 21 14	7 15 6 7 22 4 19 11 20 14	10 20 13 11 22 5 19 11 20 14	13 23 15 14 23 5 20 11 21 15	16 28 14 18 25 6 20 11 20 15	19 34 20 22 27 6 20 11 21 15	22 1 24 26 29 5 21 11 21 15	25 6 25 29 31 5 21 11 21 15	28 10 26 33 33 5 21 11 21 15
31	32 2 30 28 22 2 20 11 21 15		2 9 2 35 23 3 20 10 21 14		7 16 6 7 22 4 19 11 20 14		13 24 15 14 23 5 20 11 21 15	15 30 14 18 25 6 20 11 20 15		22 3 24 26 29 5 21 11 21 15		28 11 27 33 34 5 21 11 21 15

1953

	JAN	FEB	MAR	APR	MAY	JUNE	JULY	AUG	SEPT	OCT	NOV	DEC
1	29 12 27 33 34 5 21 11 21 15	32 17 32 36 36 5 21 11 21 15	35 18 36 3 2 5 21 11 21 15	2 22 35 3 4 6 21 11 21 15	5 26 2 2 7 6 21 11 21 15	8 31 9 3 9 7 21 11 21 15	10 35 13 6 11 8 21 11 21 15	13 4 12 9 13 8 21 12 21 15	16 9 16 13 15 9 21 12 21 15	19 12 21 16 17 9 21 12 21 15	22 17 25 20 18 9 22 12 21 15	25 20 23 24 20 9 22 12 21 15
2	29 14 27 33 34 5 21 11 21 15	32 18 32 1 36 5 21 11 21 15	35 19 36 3 2 5 21 11 21 15	2 23 35 3 4 6 21 11 21 15	5 27 3 2 7 6 21 11 21 15	8 32 9 3 9 7 21 11 21 15	11 36 13 6 11 8 21 11 21 15	13 5 12 9 13 8 21 12 21 15	16 10 16 13 15 9 21 12 21 15	19 14 21 17 17 9 21 12 21 15	22 18 25 20 19 9 22 12 21 15	26 21 23 24 20 9 22 12 21 15
3	29 15 27 33 34 5 21 11 21 15	32 19 32 1 36 5 21 11 21 15	35 20 1 3 21 5 21 11 21 15	2 25 36 3 5 6 21 11 21 15	5 28 3 2 7 6 21 11 21 15	8 34 9 3 9 7 21 11 21 15	11 1 13 6 11 8 21 11 21 15	14 7 12 9 13 8 21 12 21 15	17 12 16 13 15 9 21 12 21 15	19 15 21 17 17 9 21 12 21 15	23 19 25 20 19 9 22 12 21 15	26 23 24 24 20 9 22 12 21 15
4	29 16 27 33 34 5 21 11 21 15	32 20 32 1 36 5 21 11 21 15	35 21 1 3 21 5 21 11 21 15	2 26 36 3 5 6 21 11 21 15	5 30 3 2 7 6 21 11 21 15	8 35 9 3 9 7 21 11 21 15	11 3 13 6 11 8 21 11 21 15	14 8 12 10 13 8 21 12 21 15	17 13 16 13 15 9 21 12 21 15	20 16 21 17 17 9 21 12 21 15	23 20 25 21 18 9 22 12 21 15	26 24 24 24 21 9 22 12 21 15
5	29 17 27 34 34 5 21 11 21 15	32 22 32 1 36 5 21 11 21 15	35 22 1 3 21 5 21 11 21 15	2 27 36 3 5 6 21 11 21 15	5 31 3 2 7 6 21 11 21 15	8 36 9 3 9 7 21 11 21 15	11 4 13 6 11 8 21 11 21 15	14 9 12 10 13 8 21 12 21 15	17 14 17 13 15 9 21 12 21 15	20 17 22 17 17 9 21 12 21 15	23 22 25 21 18 9 22 12 21 15	26 25 24 24 21 9 22 12 21 15
6	29 18 28 34 34 5 21 11 21 15	32 23 33 1 36 5 21 11 21 15	35 24 1 3 21 5 21 11 21 15	2 29 36 3 5 6 21 11 21 15	5 32 3 2 7 6 21 11 21 15	8 2 10 4 9 7 21 11 21 15	11 6 13 6 11 8 21 11 21 15	14 11 12 10 13 8 21 12 21 15	17 15 17 13 15 9 21 12 21 15	20 18 22 17 17 9 21 12 21 15	23 23 25 21 18 9 22 12 21 15	26 26 24 25 21 9 22 12 21 15
7	29 19 28 34 34 5 21 11 21 15	32 24 33 1 36 5 21 11 21 15	35 25 1 3 3 5 21 11 21 15	2 30 36 3 5 6 21 11 21 15	5 34 3 2 7 6 21 11 21 15	8 3 10 4 9 7 21 11 21 15	11 7 13 7 11 8 21 11 21 15	14 12 12 10 13 8 21 12 21 15	17 16 17 14 15 9 21 12 21 15	20 20 22 17 17 9 21 12 21 15	23 24 24 21 18 9 22 12 21 15	26 28 24 25 21 9 22 12 21 15
8	29 21 28 34 34 5 21 11 21 15	32 25 33 1 1 5 21 11 21 15	35 26 1 3 3 5 21 11 21 15	2 31 36 3 5 6 21 11 21 15	5 35 4 2 7 6 21 11 21 15	8 5 10 4 9 7 21 11 21 15	11 8 13 7 11 8 21 11 21 15	14 13 12 10 13 8 21 12 21 15	17 18 17 14 15 9 21 12 21 15	20 21 22 17 17 9 21 12 21 15	23 25 24 21 18 9 22 12 21 15	26 29 24 25 21 9 22 12 21 15
9	29 22 28 34 34 5 21 11 21 15	33 27 33 1 1 5 21 11 21 15	35 28 1 3 3 5 21 11 21 15	2 33 36 3 5 6 21 11 21 15	5 1 4 2 7 6 21 11 21 15	8 6 10 4 9 7 21 11 21 15	11 10 13 7 11 8 21 11 21 15	14 14 12 10 13 9 21 12 21 15	17 19 17 14 15 9 21 12 21 15	20 22 22 17 17 9 21 12 21 15	23 27 24 21 18 9 22 12 21 15	26 30 24 25 21 9 22 12 21 15
10	29 23 28 34 34 5 21 11 21 15	33 28 33 1 1 5 21 11 21 15	35 29 1 3 3 5 21 11 21 15	3 34 36 3 5 6 21 11 21 15	5 2 4 2 7 7 21 11 21 15	8 7 10 4 9 7 21 11 21 15	11 11 13 7 11 8 21 11 21 15	14 15 12 10 13 9 21 12 21 15	17 20 18 14 15 9 21 12 21 15	20 23 22 18 17 9 21 12 21 15	23 28 24 21 18 9 22 12 21 15	26 32 24 25 21 9 22 12 21 15
11	30 25 28 34 34 5 21 11 21 15	33 30 33 1 1 5 21 11 21 15	36 30 1 3 3 5 21 11 21 15	3 36 36 3 5 6 21 11 21 15	6 4 4 2 7 7 21 11 21 15	9 9 10 4 9 7 21 11 21 15	11 12 13 7 11 8 21 11 21 15	14 17 12 10 13 9 21 12 21 15	17 21 18 14 15 9 21 12 21 15	20 24 22 18 17 9 21 12 21 15	23 29 24 21 13 9 22 12 21 15	26 33 25 25 21 9 22 12 21 15
12	30 26 28 34 34 5 21 11 21 15	33 31 34 1 1 5 21 11 21 15	36 32 1 3 3 5 21 11 21 15	3 1 36 3 5 6 21 11 21 15	6 5 4 2 7 7 21 11 21 15	9 10 11 4 9 7 21 11 21 15	11 13 13 7 11 8 21 11 21 15	14 18 13 10 13 9 21 12 21 15	17 22 18 14 15 9 21 12 21 15	20 26 23 18 17 9 21 12 21 15	23 31 24 22 18 9 22 12 21 15	27 34 25 25 21 9 22 12 21 15
13	30 27 29 34 35 5 21 11 21 15	33 33 34 2 1 5 21 11 21 15	36 33 1 3 3 5 21 11 21 15	3 3 36 3 5 6 21 11 21 15	6 7 5 2 7 7 21 11 21 15	9 11 11 4 9 7 21 11 21 15	12 15 13 7 11 8 21 11 21 15	15 19 13 11 13 9 21 12 21 15	18 23 18 14 15 9 21 12 21 15	20 27 23 18 17 9 21 12 21 15	24 32 24 22 18 9 22 12 21 15	27 36 25 25 21 9 22 12 21 15
14	30 29 29 35 35 5 21 11 21 15	33 34 34 2 1 5 21 11 21 15	36 35 1 3 3 5 21 11 21 15	3 4 36 3 5 6 21 11 24 15	6 8 5 2 7 7 21 11 21 15	9 13 11 4 10 7 21 11 21 15	12 16 13 7 12 8 21 11 21 15	15 20 13 11 14 9 21 12 21 15	18 25 18 14 15 9 21 12 21 15	21 28 23 18 17 9 21 12 21 15	24 33 24 22 18 9 22 12 21 15	27 1 25 26 21 9 22 12 21 15
15	30 30 29 35 35 5 21 11 21 15	33 36 34 2 1 5 21 11 21 15	36 36 1 4 3 5 21 11 21 15	3 6 36 3 5 6 21 11 21 15	6 9 5 2 7 7 21 11 21 15	9 14 11 4 10 7 21 11 21 15	12 17 13 7 12 8 21 11 21 15	15 21 13 11 14 9 21 12 21 15	18 26 18 14 16 9 21 12 21 15	21 30 23 18 17 9 21 12 21 15	24 35 24 22 18 9 22 12 21 15	27 3 25 26 21 9 22 12 21 15
16	30 32 29 35 35 5 21 11 21 15	33 1 34 2 1 5 21 11 21 15	36 2 36 4 3 5 21 11 21 15	3 7 36 3 5 6 21 11 21 15	6 11 5 2 8 7 21 11 21 15	9 15 11 4 10 7 21 11 21 15	12 18 13 7 12 8 21 11 21 15	15 23 13 11 14 9 21 12 21 15	18 27 19 15 16 9 21 12 21 15	21 31 23 18 18 9 21 12 21 15	24 36 23 22 18 9 22 12 21 15	27 4 25 26 21 9 22 12 21 15
17	30 33 29 35 35 5 21 11 21 15	33 3 35 2 1 5 21 11 21 15	36 3 36 4 3 5 21 11 21 15	3 8 36 3 6 6 21 11 21 15	6 12 5 2 8 7 21 11 21 15	9 16 11 5 10 7 21 11 21 15	12 19 13 8 12 8 21 11 21 15	15 24 13 11 14 9 21 12 21 15	18 29 19 15 16 9 21 12 21 15	21 32 23 18 18 9 21 12 21 15	24 2 23 22 18 9 22 12 21 15	27 6 26 26 21 9 22 12 21 15
18	30 35 29 35 35 5 21 11 21 15	33 4 35 2 1 5 21 11 21 15	36 5 36 4 3 5 21 11 21 15	3 10 1 2 6 6 21 11 21 15	6 13 6 2 8 7 21 11 21 15	9 17 12 5 10 7 21 11 21 15	12 21 13 8 12 8 21 11 21 15	15 25 13 11 14 9 21 12 21 15	18 30 19 15 16 9 21 12 21 15	21 34 23 18 18 9 21 12 21 15	24 3 23 22 20 9 22 12 21 15	27 7 26 26 21 9 22 12 21 15
19	30 36 30 35 35 5 21 11 21 15	34 5 35 2 1 5 21 11 21 15	36 6 36 4 3 5 21 11 21 15	3 11 1 2 6 6 21 11 21 15	6 14 6 2 8 7 21 11 21 15	9 19 12 5 10 7 21 11 21 15	12 22 13 8 12 8 21 11 21 15	15 26 13 11 14 9 21 12 21 15	18 31 19 15 16 9 21 12 21 15	21 35 23 19 18 9 21 12 21 15	24 5 23 22 20 9 22 12 21 15	27 8 26 26 21 9 22 12 21 15
20	31 2 30 35 35 5 21 11 21 15	34 7 35 2 1 5 21 11 21 15	36 8 36 4 4 5 21 11 21 15	4 12 1 2 6 6 21 11 21 15	6 15 6 2 8 7 21 11 21 15	9 20 12 5 10 7 21 11 21 15	12 23 13 8 12 8 21 11 21 15	15 28 14 11 14 9 21 12 21 15	18 33 19 15 16 9 21 12 21 15	21 1 24 19 18 9 21 12 21 15	24 6 23 23 20 9 22 12 21 15	27 10 26 27 22 9 22 12 21 15
21	31 3 30 35 35 5 21 11 21 15	34 8 35 2 2 5 21 11 21 15	1 9 36 4 4 5 21 11 21 15	4 13 1 2 6 6 21 11 21 15	7 17 6 2 8 7 21 11 21 15	9 21 12 5 10 7 21 11 21 15	12 24 13 8 12 8 21 11 21 15	15 29 14 12 14 9 21 12 21 15	18 34 19 15 16 9 21 12 21 15	21 2 24 19 18 9 21 12 21 15	24 8 23 23 20 9 22 12 21 15	27 11 26 27 22 9 22 12 21 15
22	31 4 30 35 35 5 21 11 21 15	34 9 35 2 2 5 21 11 21 15	1 10 36 4 4 5 21 11 21 15	4 15 1 2 6 6 21 11 21 15	7 18 6 3 8 7 21 11 21 15	10 22 12 5 10 8 21 11 21 15	12 26 13 8 12 8 21 11 21 15	15 31 14 12 14 9 21 12 21 15	18 36 20 15 16 9 21 12 21 15	21 4 24 19 18 9 21 12 21 15	24 9 23 23 20 9 22 12 21 15	28 12 26 27 22 9 22 12 21 15
23	31 6 30 35 35 5 21 11 21 15	34 10 36 2 2 5 21 11 21 15	1 11 36 4 4 5 21 11 21 15	4 16 1 2 6 6 21 11 21 15	7 19 7 3 8 7 21 11 21 15	10 24 12 5 10 8 21 11 21 15	13 27 13 8 12 8 21 11 21 15	16 32 14 12 14 9 21 12 21 15	19 1 20 15 16 9 21 12 21 15	21 5 24 19 18 9 22 12 21 15	25 10 23 23 20 9 22 12 21 15	28 14 26 27 22 9 22 12 21 15
24	31 7 30 36 35 5 21 11 21 15	34 12 36 2 2 5 21 11 21 15	1 13 36 4 4 5 21 11 21 15	4 17 1 2 6 6 21 11 21 15	7 20 7 3 8 7 21 11 21 15	10 25 12 5 10 8 21 11 21 15	13 28 13 8 12 8 21 11 21 15	15 34 14 12 14 9 21 12 21 15	19 3 20 16 16 9 21 12 21 15	22 7 24 19 18 9 22 12 21 15	25 12 23 23 20 9 22 12 21 15	28 15 27 27 22 8 22 12 21 15
25	31 8 30 36 35 5 21 11 21 15	34 13 36 3 2 5 21 11 21 15	1 14 36 4 4 6 21 11 21 15	4 18 1 2 6 6 21 11 21 15	7 21 7 3 8 7 21 11 21 15	10 26 12 5 10 8 21 11 21 15	13 30 13 8 12 8 21 11 21 15	16 35 14 12 14 9 21 12 21 15	19 4 20 16 16 9 21 12 21 15	22 8 24 19 18 9 22 12 21 15	25 13 23 23 20 9 22 12 21 15	28 16 27 27 22 8 22 12 21 15
26	31 10 31 36 36 5 21 11 21 15	34 14 36 3 2 5 21 11 21 15	1 15 36 4 4 6 21 11 21 15	4 19 2 2 6 6 21 11 21 15	7 23 7 3 8 7 21 11 21 15	10 28 13 5 10 8 21 11 21 15	13 31 13 9 12 8 21 11 21 15	16 1 15 12 14 9 21 12 21 15	19 6 20 16 16 9 21 12 21 15	22 10 24 19 18 9 22 12 21 15	25 14 23 23 20 9 22 12 21 15	28 17 27 27 22 8 22 12 21 15
27	31 11 31 36 36 5 21 11 21 15	34 15 36 3 2 5 21 11 21 15	1 16 36 4 4 6 21 11 21 15	4 21 2 2 6 6 21 11 21 15	7 24 8 3 8 7 21 11 21 15	10 29 13 5 10 8 21 11 21 15	13 33 13 9 12 8 21 11 21 15	16 2 15 12 14 9 21 12 21 15	19 7 20 16 16 9 21 12 21 15	22 11 24 20 18 9 22 12 21 15	25 15 23 23 20 9 22 12 21 15	28 19 27 27 22 8 22 12 21 15
28	31 12 31 36 36 5 21 11 21 15	34 16 36 3 2 5 21 11 21 15	1 17 36 4 4 6 21 11 21 15	4 22 2 2 6 6 21 11 21 15	7 25 8 3 8 7 21 11 21 15	10 30 13 6 10 8 21 11 21 15	13 34 12 9 12 8 21 11 21 15	16 4 15 12 14 9 21 12 21 15	19 9 21 16 16 9 21 12 21 15	22 12 24 20 18 9 22 12 2 15	25 17 23 24 20 9 22 12 21 15	28 20 27 27 22 8 22 12 21 15
29	31 13 31 36 36 5 21 11 21 15		1 19 36 4 4 6 21 11 21 15	4 23 2 2 6 6 21 11 21 15	7 27 8 3 8 7 21 11 21 15	10 32 13 6 11 8 21 11 21 15	13 36 12 9 12 8 21 11 21 15	16 1 15 12 14 9 21 12 21 15	19 10 21 16 16 9 21 12 21 15	22 13 24 20 18 9 22 12 21 15	25 18 23 24 20 9 22 12 21 15	28 21 27 28 22 8 22 12 21 15
30	32 14 31 36 36 5 21 11 21 15		1 20 35 4 4 6 21 11 12 15	4 24 2 2 6 6 21 11 21 15	7 28 8 3 9 7 21 11 21 15	10 33 13 6 11 8 21 11 21 15	13 1 12 9 13 8 21 11 21 15	16 6 15 13 15 9 21 12 21 15	19 11 21 16 16 9 21 12 21 15	22 15 24 20 18 9 22 12 21 15	25 19 23 24 20 9 22 12 21 15	28 22 28 28 22 8 22 12 21 15
31	32 16 31 36 36 5 21 11 21 15		2 22 35 3 4 6 21 11 21 15		7 29 8 3 9 7 21 11 21 15		13 3 12 9 13 8 21 11 21 15	16 8 16 13 15 9 21 12 21 15		22 16 25 20 18 9 22 12 21 15		28 23 28 28 22 8 22 12 21 15

1954

	JAN	FEB	MAR	APR	MAY	JUNE
1	29 25 28 28 22 8 22 12 21 15	32 29 33 32 24 8 22 12 21 15	35 30 34 35 26 8 22 12 21 15	2 35 35 3 27 9 22 11 21 15	5 3 4 7 28 9 22 11 21 15	8 8 10 11 28 10 22 12 21 15
2	29 26 28 28 22 8 22 12 21 15	32 31 33 32 24 8 22 12 21 15	35 31 34 35 26 8 22 12 21 15	2 1 35 3 27 9 22 11 21 15	5 5 4 7 28 9 22 11 21 15	8 10 10 11 28 10 22 12 21 15
3	29 27 28 28 22 8 22 12 21 15	32 32 33 32 24 8 22 12 21 15	35 33 34 36 26 8 22 11 21 15	2 2 35 3 27 9 22 11 21 15	5 6 4 7 28 9 22 11 21 15	8 11 10 11 28 10 22 12 21 15
4	29 28 28 28 22 8 22 12 21 15	32 34 33 32 24 8 22 12 21 15	35 34 34 36 26 8 22 11 21 15	2 4 35 4 27 9 22 11 21 15	5 8 4 7 28 9 22 11 21 15	8 13 10 11 28 10 22 12 21 15
5	29 30 28 28 22 8 22 12 21 15	32 35 33 32 24 8 22 12 21 15	35 36 34 36 36 8 22 11 21 15	2 5 35 4 27 9 22 11 21 15	5 9 5 7 28 9 22 11 21 15	8 14 10 11 28 10 22 12 21 15
6	29 31 29 29 23 8 22 12 21 15	32 36 33 32 24 8 22 11 21 15	35 1 34 36 26 8 22 11 21 15	2 7 36 4 27 9 22 11 21 15	5 10 5 7 28 9 22 11 21 15	8 15 10 11 28 10 22 12 21 15
7	29 33 29 29 23 8 22 12 21 15	32 2 34 33 24 8 22 11 21 15	35 3 34 36 26 8 22 11 21 15	2 8 36 4 27 9 22 11 21 15	5 12 5 8 28 9 22 11 21 15	8 16 11 11 28 10 22 12 21 15
8	29 34 29 29 23 8 22 12 21 15	32 3 34 33 24 8 22 11 21 15	35 4 34 36 26 8 22 11 21 15	2 10 36 4 27 9 22 11 21 15	5 13 5 8 28 9 22 11 21 15	8 17 11 11 28 10 22 12 21 15
9	29 35 29 29 23 8 22 12 21 15	33 4 34 33 24 8 22 11 21 15	35 6 34 36 26 8 22 11 21 15	2 11 36 4 27 9 22 11 21 15	5 14 5 8 28 9 22 11 21 15	8 19 11 12 28 10 22 12 21 15
10	29 1 29 29 23 8 22 12 21 15	33 6 34 33 25 8 22 11 21 15	35 7 34 36 26 8 22 11 21 15	3 12 36 4 27 9 22 11 21 15	5 16 6 8 28 9 22 11 21 15	8 20 11 12 28 10 22 12 21 15
11	30 2 29 29 23 8 22 12 21 15	33 8 35 33 25 8 22 11 21 15	36 9 34 1 26 8 22 11 21 15	3 13 36 4 27 9 22 11 21 15	6 17 6 8 28 9 22 11 21 15	8 21 11 12 28 10 22 12 21 15
12	30 4 30 29 23 8 22 12 21 15	33 9 35 33 25 8 22 11 21 15	36 10 34 1 26 8 22 11 21 15	3 15 36 4 27 9 22 11 21 15	6 18 6 8 28 9 22 11 21 15	9 22 11 12 28 10 22 12 21 15
13	30 5 30 29 23 8 22 12 21 15	33 10 35 33 25 8 22 11 21 15	36 11 34 1 26 8 22 11 21 15	3 16 1 5 28 9 22 11 21 15	6 19 6 8 28 9 22 11 21 15	9 24 11 12 28 10 22 12 21 15
14	30 7 30 30 23 8 22 12 21 15	33 12 35 33 25 8 22 11 21 15	36 13 34 1 26 8 22 11 21 15	3 17 1 5 28 9 22 11 21 15	6 20 7 8 28 9 22 11 21 15	9 25 11 12 28 10 22 12 21 15
15	30 8 30 30 23 8 22 12 21 15	33 13 35 34 25 8 22 11 21 15	36 14 34 1 26 8 22 11 21 15	3 18 1 5 28 9 22 11 21 15	6 22 7 9 28 9 22 12 21 15	9 26 11 12 28 10 22 12 21 15
16	30 9 30 30 23 8 22 12 21 15	33 14 35 34 25 8 22 11 21 15	36 15 34 1 26 8 22 11 21 15	3 19 1 5 28 9 22 11 21 15	6 23 7 9 28 9 22 12 21 15	9 27 11 12 28 10 22 12 21 15
17	30 11 30 30 23 8 22 12 21 15	33 15 35 34 25 8 22 11 21 15	36 16 34 1 26 8 22 11 21 15	3 21 1 5 28 9 22 11 21 15	6 24 7 9 28 9 22 12 21 15	9 29 11 12 28 10 22 12 21 15
18	30 12 31 30 23 8 22 12 21 15	33 17 35 34 25 8 22 11 21 15	36 17 34 1 26 8 22 11 21 15	3 22 1 5 28 9 22 11 21 15	6 25 7 9 28 9 22 12 21 15	9 30 11 13 28 10 22 12 21 15
19	30 13 31 30 23 8 22 12 21 15	34 18 35 34 25 8 22 11 21 15	36 19 34 2 26 8 22 11 21 15	3 23 1 5 28 9 22 11 21 15	6 26 8 9 28 9 22 12 21 15	9 31 11 13 28 10 22 12 21 15
20	30 14 31 30 23 8 22 12 21 15	34 19 35 34 25 8 22 11 21 15	36 20 34 2 27 8 22 11 21 15	3 24 2 5 28 9 22 11 21 15	6 28 8 9 28 9 22 12 21 15	9 32 11 13 28 10 22 12 21 15
21	31 16 31 30 23 8 22 12 21 15	34 20 35 34 25 8 22 11 21 15	1 21 34 2 27 8 22 11 21 15	4 26 2 6 28 9 22 12 21 15	6 29 8 9 28 9 22 12 21 15	9 34 11 13 28 10 22 12 21 15
22	31 17 31 31 23 8 22 12 21 15	34 21 35 34 25 8 22 11 21 15	1 22 34 2 27 8 22 11 21 15	4 27 2 6 28 9 22 11 21 15	7 30 8 9 28 9 22 12 21 15	10 35 11 13 28 10 22 12 21 15
23	31 18 31 31 24 8 22 12 21 15	34 23 35 35 25 8 22 11 21 15	1 23 34 2 27 8 22 11 21 15	4 28 2 6 28 9 22 11 21 15	7 31 8 9 28 9 22 12 21 15	10 1 11 13 28 10 22 12 21 15
24	31 19 32 31 24 8 22 12 21 15	34 24 35 35 25 8 22 11 21 15	1 25 34 2 27 8 22 11 21 15	4 29 2 6 28 9 22 11 21 15	7 33 9 10 28 10 22 12 21 15	10 2 11 13 28 10 22 12 21 15
25	31 21 32 31 24 8 22 12 21 15	34 25 35 35 25 8 22 11 21 15	1 26 34 2 27 8 22 11 21 15	4 30 3 6 28 9 22 11 21 15	7 34 9 10 28 10 22 12 21 15	10 3 11 13 28 10 22 12 21 15
26	31 22 32 31 24 8 22 12 21 15	34 26 35 35 25 8 22 11 21 15	1 27 34 2 27 8 22 11 21 15	4 32 3 6 28 9 22 11 21 15	7 36 9 10 28 10 22 12 21 15	10 5 11 14 28 10 22 12 21 15
27	31 23 32 31 24 8 22 12 21 15	34 27 35 35 25 8 22 11 21 15	1 28 34 3 27 8 22 11 21 15	4 33 3 6 28 9 22 11 21 15	7 1 9 10 28 10 22 12 21 15	10 6 11 14 28 10 22 12 21 15
28	31 24 32 31 34 8 22 12 21 15	34 29 35 35 26 8 22 11 21 15	1 30 34 3 27 8 22 11 21 15	4 35 3 6 28 9 22 11 21 15	7 2 9 10 28 10 22 12 21 15	10 8 11 14 28 10 22 12 21 15
29	31 25 32 31 34 8 22 12 21 15		1 31 35 3 27 8 22 11 21 15	4 36 3 7 28 9 22 11 21 15	7 4 9 10 28 10 22 12 21 15	10 9 11 14 28 10 22 12 21 15
30	32 27 33 32 24 8 22 12 21 15		1 32 35 3 27 8 22 11 21 15	4 2 4 7 28 9 22 11 21 15	7 5 9 10 28 10 22 12 21 15	10 11 11 14 28 10 22 12 21 15
31	32 28 33 32 24 8 22 12 21 15		2 34 35 3 27 9 22 11 21 15		7 7 10 10 28 10 22 12 21 15	

	JULY	AUG	SEPT	OCT	NOV	DEC
1	10 12 11 14 28 10 22 12 21 15	13 17 12 18 27 11 22 12 21 15	16 21 17 21 28 12 22 12 21 15	19 24 22 24 29 12 22 12 21 15	22 29 22 24 31 12 23 12 21 15	25 32 24 33 33 12 23 12 21 15
2	11 13 11 14 28 10 22 12 21 15	13 18 12 18 27 11 22 12 21 15	16 23 18 21 28 12 22 12 21 15	19 26 22 24 29 12 22 12 21 15	22 30 22 24 31 12 23 12 21 15	25 34 24 23 33 12 23 12 21 15
3	11 15 11 14 27 10 22 12 21 15	14 19 12 18 27 11 22 12 21 15	16 24 18 27 28 12 22 12 21 15	19 27 22 24 29 12 22 12 21 15	23 31 22 24 31 12 23 12 21 15	26 35 24 23 33 12 23 12 21 15
4	11 16 11 14 27 10 22 12 21 15	14 20 12 18 27 11 22 12 21 15	17 25 18 21 28 12 22 12 21 15	20 28 22 24 29 12 22 12 21 15	23 33 21 24 31 12 23 12 21 15	26 36 25 23 34 12 23 12 21 15
5	11 17 11 15 27 10 22 12 21 15	14 22 12 18 27 11 22 12 21 15	17 26 18 21 28 12 22 12 21 15	20 29 22 24 30 12 22 12 21 15	23 34 21 24 31 12 23 12 21 15	26 2 25 23 34 12 23 12 21 15
6	11 18 11 15 27 10 22 12 21 15	14 23 12 18 27 11 22 12 21 15	17 27 18 21 28 12 22 12 21 15	20 31 22 24 30 12 22 12 21 15	23 36 21 24 32 12 23 12 21 15	26 3 25 23 34 12 23 12 21 15
7	11 20 11 15 27 10 22 12 21 15	14 24 12 18 27 11 22 12 21 15	17 29 18 22 28 12 22 12 21 15	20 32 22 24 30 12 22 12 21 15	23 1 21 24 32 12 23 12 21 15	26 5 25 23 34 12 23 12 21 15
8	11 21 11 15 27 11 22 12 21 15	14 25 13 18 27 11 22 12 21 15	17 30 19 22 28 12 22 12 21 15	20 33 22 24 30 12 22 12 21 15	23 3 21 24 32 12 23 12 21 15	26 6 25 23 34 12 23 12 21 15
9	11 22 11 15 27 11 22 12 21 15	14 26 13 19 27 11 22 12 21 15	17 31 19 22 28 12 22 12 21 15	20 35 23 24 30 12 22 12 21 15	23 4 21 24 32 12 23 12 21 15	26 8 25 23 34 12 23 12 21 15
10	11 23 11 15 27 11 22 12 21 15	14 28 13 19 27 11 22 12 21 15	17 33 19 22 28 12 22 12 21 15	20 36 23 24 30 12 22 12 21 15	23 6 21 24 32 12 23 12 21 15	26 9 25 23 34 12 23 12 21 15
11	11 24 11 15 27 11 22 12 21 15	14 29 13 19 27 11 22 12 21 15	17 34 19 22 28 12 22 12 21 15	20 2 23 24 30 12 22 12 21 15	23 7 22 24 31 12 23 12 21 15	26 11 26 23 34 12 23 12 21 15
12	12 26 11 15 27 11 22 12 21 15	14 30 13 19 27 11 22 12 21 15	17 35 19 22 28 12 22 12 21 15	20 3 23 24 30 12 22 12 21 15	23 9 22 24 31 12 23 12 21 15	26 12 26 23 34 12 23 12 21 15
13	12 27 10 16 27 11 22 12 21 15	15 32 14 19 27 11 22 12 21 15	18 1 19 22 28 12 22 12 21 15	20 5 23 24 30 12 22 12 21 15	24 10 22 24 31 12 23 12 21 15	27 14 26 23 34 12 23 12 21 15
14	12 28 10 16 27 11 22 12 21 15	15 33 14 19 27 11 22 12 21 15	18 2 19 22 28 12 22 12 21 15	21 6 23 24 30 12 22 12 21 15	24 11 22 24 31 12 23 12 21 15	27 15 26 23 34 12 23 12 21 15
15	12 29 10 16 27 11 22 12 21 15	15 34 14 19 27 11 22 12 21 15	18 4 20 22 28 12 22 12 21 15	21 8 23 24 30 12 22 12 21 15	24 13 22 24 31 12 23 12 21 15	27 16 26 23 34 12 23 12 21 15
16	12 31 10 16 27 11 22 12 21 15	15 36 14 19 27 11 22 12 21 15	18 5 20 22 28 12 22 12 21 15	21 9 23 24 30 12 22 12 21 15	24 14 22 24 31 12 23 12 21 15	27 18 26 23 34 12 23 12 21 15
17	12 32 10 16 27 11 22 12 21 15	15 1 14 19 27 11 22 12 21 15	18 7 20 22 29 12 22 12 21 15	21 11 23 24 30 12 22 12 21 15	24 15 22 24 31 12 23 12 21 15	27 19 27 23 34 12 23 12 21 15
18	12 34 10 16 27 11 22 12 21 15	15 3 15 20 27 11 22 12 21 15	18 8 20 23 29 12 22 12 21 15	21 12 23 24 30 12 22 12 21 15	24 17 22 24 31 12 23 12 21 15	27 20 27 23 35 12 23 12 21 15
19	12 35 10 16 27 11 22 12 21 15	15 4 15 20 27 11 22 12 21 15	18 10 20 23 29 12 22 12 21 15	21 13 23 24 30 12 23 12 21 15	24 18 22 23 32 12 23 12 21 15	27 21 27 23 35 12 23 12 21 15
20	12 36 10 16 27 11 22 12 21 15	15 6 15 20 27 11 22 12 21 15	18 11 20 23 29 12 22 12 21 15	21 14 23 24 30 12 23 12 21 15	24 19 22 23 33 12 23 12 21 15	27 22 27 23 35 12 23 12 21 15
21	12 2 11 16 27 11 22 12 21 15	15 7 15 20 27 11 22 12 21 15	18 12 21 23 29 12 22 12 21 15	21 16 23 24 30 12 23 12 21 15	24 20 23 23 33 12 23 12 21 15	27 24 27 23 35 12 23 12 21 15
22	12 3 11 17 27 11 22 12 21 15	15 8 15 20 27 11 22 12 21 15	18 13 21 23 29 12 22 12 21 15	21 17 23 24 31 12 23 12 21 15	24 21 23 23 33 12 23 12 21 15	28 25 27 23 35 12 23 12 21 15
23	13 5 11 17 27 11 22 12 21 15	15 10 16 20 27 12 22 12 21 15	18 15 21 23 29 12 22 12 21 15	21 18 23 25 31 12 23 12 21 15	25 23 23 23 33 12 23 12 21 15	28 26 28 24 35 12 23 12 21 15
24	13 6 11 17 27 11 22 12 21 15	16 11 16 20 28 12 22 12 21 15	19 16 21 23 29 12 22 12 21 15	22 19 23 25 31 12 23 12 21 15	25 24 23 23 33 12 23 12 21 15	28 27 28 24 35 12 23 12 21 15
25	13 7 11 17 27 11 22 12 21 15	16 13 16 20 28 12 22 12 21 15	19 17 21 23 29 12 22 12 21 15	22 21 23 25 31 12 23 12 21 15	25 25 23 23 33 12 23 12 21 15	28 28 28 24 35 12 23 12 21 15
26	13 9 11 17 27 11 22 12 21 15	16 14 16 20 28 12 22 12 21 15	19 18 21 23 29 12 22 12 21 15	22 22 22 25 31 12 23 12 21 15	25 26 23 23 33 12 23 12 21 15	28 30 28 24 35 12 23 12 21 15
27	13 10 11 17 27 11 22 12 21 15	16 15 16 20 28 12 22 12 21 15	19 20 21 23 29 12 22 12 21 15	22 23 22 25 31 12 23 12 21 15	25 27 23 23 33 12 23 12 21 15	28 31 28 24 35 12 23 12 21 15
28	13 12 11 17 27 11 22 12 21 15	16 16 17 21 28 12 22 12 21 15	19 21 21 23 29 12 22 12 21 15	22 24 22 24 31 12 23 12 21 15	25 29 24 23 33 12 23 12 21 15	28 32 28 24 35 12 23 12 21 15
29	13 13 11 17 27 11 22 12 21 15	16 18 17 21 28 12 22 12 21 15	19 22 22 23 29 12 22 12 21 15	22 25 22 24 31 12 23 12 21 15	25 30 24 23 33 12 23 12 21 15	28 33 28 24 35 12 23 12 21 15
30	13 14 11 17 27 11 22 12 21 15	16 19 17 21 28 12 22 12 21 15	19 23 22 24 29 12 22 12 21 15	22 27 22 24 31 12 23 12 21 15	25 31 24 23 33 12 23 12 21 15	28 35 29 24 35 12 23 12 21 15
31	13 16 11 18 27 11 22 12 21 15	16 20 17 21 28 12 22 12 21 15		22 28 22 24 31 12 23 12 21 15		28 36 29 24 35 12 23 12 21 15

1955

	JAN	FEB	MAR	APR	MAY	JUNE	JULY	AUG	SEPT	OCT	NOV	DEC
1	29 1 29 24 36 12 23 12 21 15	32 7 33 27 2 12 24 12 21 15	35 8 32 30 4 12 24 12 21 15	2 13 36 34 6 12 24 12 21 15	5 17 6 1 8 12 23 12 21 15	8 21 9 5 10 12 23 12 21 15	10 25 9 9 12 13 23 12 21 15	13 29 13 13 14 13 23 12 21 15	16 34 19 16 16 14 23 13 21 15	19 1 21 20 18 15 23 13 21 15	22 6 21 24 20 15 24 13 21 15	25 10 25 28 22 16 24 13 22 15
2	29 3 29 24 36 12 23 12 21 15	32 8 33 27 2 12 24 12 21 15	35 9 32 30 4 12 24 12 21 15	2 14 36 34 6 12 24 12 21 15	5 18 6 1 8 12 23 12 21 15	8 23 9 5 10 12 23 12 21 15	10 26 9 9 12 13 23 12 21 15	13 30 13 13 14 13 23 12 21 15	16 35 19 16 16 14 23 13 21 15	19 3 21 20 18 15 23 13 21 15	22 8 21 24 20 15 24 13 21 15	25 12 25 28 22 16 24 13 22 15
3	29 4 29 24 36 12 23 12 21 15	32 10 33 27 2 12 24 12 21 15	35 11 32 30 4 12 24 12 21 15	2 16 36 34 6 12 24 12 21 15	5 19 6 2 8 12 23 12 21 15	8 24 9 5 10 12 23 12 21 15	11 27 9 9 12 13 23 12 21 15	14 32 13 13 14 13 23 12 21 15	16 36 19 17 16 14 23 13 21 15	19 4 21 20 18 15 23 13 21 15	23 9 21 24 20 15 24 13 21 15	26 13 25 28 22 16 24 13 22 15
4	29 6 29 24 36 12 23 12 21 15	32 11 33 27 2 12 24 12 21 15	35 12 32 30 4 12 24 12 21 15	2 17 36 34 6 12 24 12 21 15	5 20 6 2 8 12 23 12 21 15	8 25 9 5 10 12 23 12 21 15	11 28 9 9 12 13 23 12 21 15	14 33 14 13 14 13 23 12 21 15	17 2 19 17 16 14 23 13 21 15	20 6 21 20 18 15 23 13 21 15	23 11 21 24 20 15 24 13 21 15	26 15 26 28 22 16 24 13 22 15
5	29 7 30 24 36 12 23 12 21 15	32 12 33 27 2 12 24 12 21 15	35 13 32 31 4 12 24 12 21 15	2 18 36 34 6 12 24 12 21 15	5 22 6 2 8 12 23 12 21 15	8 26 9 6 10 12 23 12 21 15	11 29 9 9 12 13 23 12 21 15	14 34 14 13 14 13 23 12 21 15	17 3 19 17 16 14 23 13 21 15	20 7 21 21 18 15 23 13 21 15	23 12 21 24 20 15 24 13 21 15	26 16 26 28 22 16 24 13 22 15
6	29 9 30 25 36 12 23 12 21 15	32 14 33 28 2 12 24 12 21 15	35 15 32 31 4 12 24 12 21 15	2 20 36 34 6 12 24 12 21 15	5 23 7 2 8 12 23 12 21 15	8 27 9 6 10 12 23 12 21 15	11 31 9 9 12 13 23 12 21 15	14 35 14 13 14 13 23 12 21 15	17 5 19 17 16 14 23 13 21 15	20 8 21 21 18 15 23 13 21 15	23 14 21 25 20 15 24 13 21 15	26 17 26 28 22 16 24 13 22 15
7	29 10 30 25 36 12 23 12 21 15	32 15 33 28 2 12 24 12 21 15	35 16 32 31 4 12 24 12 21 15	2 21 1 34 6 12 24 12 21 15	5 24 7 2 8 12 23 12 21 15	8 28 9 6 10 12 23 12 21 15	11 32 9 9 12 13 23 12 21 15	14 1 14 13 14 13 23 12 21 15	17 6 19 17 16 14 23 13 21 15	20 10 21 21 18 15 23 13 21 15	23 15 21 25 20 15 24 13 21 15	26 19 26 28 22 16 24 13 22 15
8	29 12 30 25 36 12 23 12 21 15	32 17 33 28 2 12 24 12 21 15	35 17 32 31 4 11 24 12 21 15	2 22 1 35 6 12 23 12 21 15	5 25 7 2 8 12 23 12 21 15	8 30 9 6 10 12 23 12 21 15	11 33 9 10 12 13 23 12 21 15	14 2 14 13 14 13 23 12 21 15	17 7 19 17 16 14 23 13 21 15	20 11 21 21 18 15 23 13 21 15	23 16 22 25 20 15 24 13 21 15	26 20 26 29 22 16 24 13 22 15
9	29 13 30 25 36 12 23 12 21 15	32 18 33 28 2 12 24 12 21 15	35 19 33 31 4 11 24 12 21 15	2 23 1 35 6 12 23 12 21 15	5 26 7 2 8 12 23 12 21 15	8 31 9 6 10 12 23 12 21 15	11 34 9 10 12 13 23 12 21 15	14 3 15 13 14 13 23 12 21 15	17 9 20 17 16 14 23 13 21 15	20 13 21 21 18 15 23 13 21 15	23 18 22 25 20 15 24 13 21 15	26 21 26 29 22 16 24 13 22 15
10	29 14 30 25 36 12 23 12 21 15	33 19 33 28 2 12 24 12 21 15	35 20 33 31 4 11 24 12 21 15	2 24 1 35 6 12 23 12 21 15	5 28 7 2 8 12 23 12 21 15	8 32 9 6 11 12 23 12 21 15	11 36 9 10 12 13 23 12 21 15	14 5 15 14 14 13 23 12 21 15	17 10 20 17 16 14 23 13 21 15	20 14 21 21 18 15 23 13 21 15	23 19 22 25 20 15 24 13 21 15	26 22 27 29 22 16 24 13 22 15
11	30 16 31 25 36 12 23 12 21 15	33 20 33 28 2 12 24 12 21 15	36 21 33 31 4 11 24 12 21 15	3 26 1 35 7 12 23 12 21 15	6 29 7 3 9 12 23 12 21 15	8 33 9 6 11 12 23 12 21 15	11 1 9 10 13 13 23 12 21 15	14 6 15 14 14 13 23 12 21 15	17 12 20 18 16 14 23 13 21 15	20 15 21 21 18 15 23 13 21 15	23 20 22 25 20 15 24 13 21 15	26 24 27 29 22 16 24 13 22 15
12	30 17 31 25 36 12 23 12 21 15	33 22 33 28 3 12 24 12 21 15	36 22 33 31 4 11 24 12 21 15	3 27 2 35 7 12 23 12 21 15	6 30 8 3 9 12 23 12 21 15	9 35 9 6 11 12 23 12 21 15	11 2 9 10 13 13 23 12 21 15	14 8 15 14 15 13 23 12 21 15	17 13 20 18 17 14 23 13 21 15	20 17 21 21 18 15 23 13 21 15	23 22 22 25 20 15 24 13 21 15	26 25 27 29 22 16 24 13 22 15
13	30 18 31 25 36 12 23 12 21 15	33 23 33 28 3 12 24 12 21 15	36 24 33 32 5 11 24 12 21 15	3 28 2 35 7 12 23 12 21 15	6 31 8 3 9 12 23 12 21 15	9 36 9 7 11 13 23 12 21 15	12 4 9 10 13 13 23 12 21 15	14 9 15 14 15 13 23 12 21 15	17 14 20 18 17 14 23 13 21 15	20 18 21 22 19 15 23 13 21 15	24 23 22 25 20 15 24 13 21 15	27 26 27 29 22 16 24 13 22 15
14	30 20 31 25 36 12 23 12 21 15	33 24 33 28 3 12 24 12 21 15	36 25 33 32 5 11 24 12 21 15	3 29 2 35 7 12 23 12 21 15	6 32 8 3 9 12 23 12 21 15	9 1 9 7 11 13 23 12 21 15	12 5 10 10 13 13 23 12 21 15	15 11 15 14 15 13 23 12 21 15	18 16 20 18 17 14 23 13 21 15	21 19 20 22 19 15 23 13 21 15	24 24 22 26 21 15 24 13 21 15	27 27 27 29 23 16 24 13 22 15
15	30 21 31 25 1 12 23 12 21 15	33 25 32 29 3 12 24 12 21 15	36 26 33 32 5 11 24 12 21 15	3 30 2 35 7 12 23 12 21 15	6 34 8 3 9 12 23 12 21 15	9 3 9 7 11 13 23 12 21 15	12 7 10 10 13 13 23 12 21 15	15 12 16 14 15 13 23 12 21 15	18 17 20 18 17 15 23 13 21 15	21 21 20 22 19 15 24 13 21 15	24 25 23 26 21 15 24 13 21 15	27 28 27 29 23 16 24 13 22 15
16	30 22 31 25 1 12 23 12 21 15	33 26 32 29 3 12 24 12 21 15	36 27 33 32 5 11 24 12 21 15	3 32 2 36 7 12 23 12 21 15	6 35 8 3 9 12 23 12 21 15	9 4 9 7 11 13 23 12 21 15	12 8 10 11 13 13 23 12 21 15	15 13 16 14 15 13 23 12 21 15	18 18 20 18 17 15 23 13 21 15	21 22 20 22 19 15 24 13 21 15	24 26 23 26 21 15 24 13 21 15	27 30 28 30 23 16 24 13 22 15
17	30 23 32 26 1 12 23 12 21 15	33 28 32 29 3 12 24 12 21 15	36 28 33 32 5 11 24 12 21 15	3 33 3 36 7 12 23 12 21 15	6 36 8 3 9 12 23 12 21 15	9 6 9 7 11 13 23 12 21 15	12 10 10 11 13 13 23 12 21 15	15 15 16 14 15 13 23 12 21 15	18 20 21 18 17 15 23 13 21 15	21 23 20 22 19 15 24 13 21 15	24 27 23 26 21 16 24 13 21 15	27 31 28 30 23 16 24 13 22 15
18	30 24 32 26 1 12 23 12 21 15	33 29 32 29 3 12 24 12 21 15	36 30 34 32 5 11 24 12 21 15	3 34 3 36 7 12 23 12 21 15	6 2 8 3 9 12 23 12 21 15	9 7 9 7 11 13 23 12 21 15	12 11 10 11 13 13 23 12 21 15	15 16 16 15 15 13 23 12 21 15	18 21 21 18 17 15 23 13 21 15	21 24 20 22 19 15 24 13 21 15	24 29 23 26 21 16 24 13 21 15	27 32 28 30 23 16 24 13 22 15
19	30 26 32 26 1 12 23 12 21 15	34 30 32 29 3 12 24 12 21 15	36 31 34 32 5 11 24 12 21 15	3 36 3 36 7 12 23 12 21 15	6 3 8 3 9 12 23 12 21 15	9 9 9 7 11 13 23 12 21 15	12 13 10 11 13 13 23 12 21 15	15 18 16 15 15 13 23 12 21 15	18 22 21 19 17 15 23 13 21 15	21 25 20 22 19 15 24 13 21 15	24 30 23 26 21 16 24 13 21 15	27 33 28 30 23 16 24 13 22 15
20	30 27 32 26 1 12 23 12 21 15	34 31 32 29 3 12 24 12 21 15	36 32 34 32 5 11 24 12 21 15	3 1 3 36 7 12 23 12 21 15	6 5 9 4 9 12 23 12 21 15	9 10 9 7 11 13 23 12 21 15	12 14 11 11 13 13 23 12 21 15	15 19 17 15 15 13 23 12 21 15	18 23 21 19 17 15 23 13 21 15	21 27 20 22 19 15 24 13 21 15	24 31 23 26 21 16 24 13 21 15	27 34 28 30 23 16 24 13 22 15
21	31 28 32 26 1 12 23 12 21 15	34 33 32 29 3 12 24 12 21 15	1 33 34 32 5 11 24 12 21 15	4 3 3 36 7 12 23 12 21 15	6 6 9 4 9 12 23 12 21 15	9 12 9 7 11 13 23 12 21 15	12 15 11 11 13 13 23 12 21 15	15 20 17 15 15 13 23 12 21 15	18 25 21 19 17 15 23 13 21 15	21 28 20 23 19 15 24 13 21 15	24 32 24 26 21 16 24 13 21 15	27 36 28 30 23 16 24 13 22 15
22	31 29 32 26 1 12 23 12 21 15	34 34 32 29 3 12 24 12 21 15	1 36 34 33 5 11 24 12 21 15	4 4 4 36 7 12 23 12 21 15	7 8 9 4 9 12 23 12 21 15	10 13 9 8 11 13 23 12 21 15	12 17 11 11 13 13 23 12 21 15	15 21 17 15 15 13 23 12 21 15	18 26 21 19 17 15 23 13 21 15	21 29 20 23 19 15 24 13 21 15	24 34 24 27 21 16 24 13 21 15	27 1 28 30 23 16 24 13 22 15
23	31 30 33 26 1 12 24 12 21 15	34 35 32 29 3 12 24 12 21 15	1 36 34 33 5 11 24 12 21 15	4 6 4 36 7 12 23 12 21 15	7 9 9 4 9 12 23 12 21 15	10 15 9 8 11 13 23 12 21 15	12 18 11 11 13 13 23 12 21 15	15 23 17 15 15 13 23 12 21 15	18 27 21 19 17 15 23 13 21 15	21 30 20 23 19 15 24 13 21 15	25 35 24 27 21 16 24 13 21 15	28 2 29 30 23 16 24 13 22 15
24	31 32 33 26 1 12 24 12 21 15	34 1 32 30 3 12 24 12 21 15	1 2 34 33 5 11 24 12 21 15	4 7 4 36 7 12 23 12 21 15	7 11 9 4 9 12 23 12 21 15	10 16 9 8 11 13 23 12 21 15	13 19 11 12 13 13 23 12 21 15	16 24 17 15 15 13 23 12 21 15	19 28 21 19 17 15 23 13 21 15	22 32 20 23 19 15 24 13 21 15	25 36 24 27 21 16 24 13 22 15	28 4 29 31 23 16 24 13 22 15
25	31 33 33 26 1 12 24 12 21 15	34 2 32 30 3 12 24 12 21 15	1 3 34 33 5 12 24 12 21 15	4 9 4 1 7 12 23 12 21 15	7 12 9 4 9 12 23 12 21 15	10 17 9 8 11 13 23 12 21 15	13 21 11 12 13 13 23 12 21 15	16 25 17 15 15 13 23 13 21 15	19 29 21 19 17 15 23 13 21 15	22 33 20 23 19 15 24 13 21 15	25 1 24 27 21 16 24 13 22 15	28 5 29 31 23 16 24 13 22 15
26	31 34 33 26 1 12 24 12 21 15	34 4 32 30 4 12 24 12 21 15	1 5 35 33 5 12 24 12 21 15	4 10 4 1 8 12 23 12 21 15	7 14 9 4 10 12 23 12 21 15	10 19 9 8 12 13 23 12 21 15	13 22 12 12 13 13 23 12 21 15	16 26 18 16 15 13 23 13 21 15	19 31 21 19 17 15 23 13 21 15	22 34 20 23 19 15 24 13 21 15	25 3 24 27 21 16 24 13 22 15	28 7 29 31 23 16 24 13 22 15
27	31 36 33 26 1 12 24 12 21 15	34 5 32 30 4 12 24 12 21 15	1 6 35 33 6 12 24 12 21 15	4 11 5 1 8 12 23 12 21 15	7 15 9 4 10 12 23 12 21 15	10 20 9 8 12 13 23 12 21 15	13 23 12 12 14 13 23 12 21 15	16 27 18 16 16 13 23 13 21 15	19 32 21 20 17 15 23 13 21 15	22 35 20 23 19 15 24 13 21 15	25 4 25 27 21 16 24 13 22 15	28 8 29 31 23 16 24 13 22 15
28	31 1 33 27 1 12 24 12 21 15	34 6 32 30 4 12 24 12 21 15	1 8 35 33 6 12 24 12 21 15	4 13 5 1 8 12 23 12 21 15	7 16 9 5 10 12 23 12 21 15	10 21 9 8 12 13 23 12 21 15	13 24 12 12 14 13 23 12 21 15	16 29 18 16 16 13 23 13 21 15	19 33 21 20 18 15 23 13 21 15	22 1 20 23 19 15 24 13 21 15	25 6 25 27 21 16 24 13 22 15	28 10 29 31 23 16 24 13 22 15
29	31 3 33 27 2 12 24 12 21 15		1 9 35 33 6 12 24 12 21 15	4 14 5 1 8 12 23 12 21 15	7 18 9 5 10 12 23 12 21 15	10 22 9 8 12 13 23 12 21 15	13 26 12 12 14 13 23 12 21 15	16 30 18 16 16 13 23 13 21 15	19 35 21 20 18 15 23 13 21 15	22 2 20 24 20 15 24 13 21 15	25 7 25 27 22 16 24 13 22 15	28 11 30 31 23 16 24 13 22 15
30	31 4 33 27 2 12 24 12 21 15		1 10 35 34 6 12 24 12 21 15	4 15 5 1 8 12 23 12 21 15	7 19 9 5 10 12 23 12 21 15	10 23 9 9 12 13 23 12 21 15	13 27 12 12 14 13 23 12 21 15	16 31 18 16 16 13 23 13 21 15	19 36 21 20 18 15 23 13 21 15	22 4 20 24 20 15 24 13 21 15	25 9 25 28 22 16 24 13 22 15	28 13 30 31 24 16 24 13 22 15
31	32 5 33 27 2 12 24 12 21 15		1 12 35 34 6 12 24 12 21 15		7 20 9 5 10 12 23 12 21 15		13 28 13 12 14 13 23 12 21 15	16 32 18 16 16 14 23 13 21 15		22 5 20 24 20 15 24 13 21 15		28 14 30 31 24 16 24 13 22 15

1956

	JAN	FEB	MAR	APR	MAY	JUNE
1	29 16 30 32 24 16 24 13 22 15	32 20 31 35 26 15 25 12 22 15	35 23 32 3 28 15 25 12 22 15	2 27 1 6 30 15 25 12 21 15	5 30 7 9 32 15 25 12 21 15	8 35 7 10 33 15 24 12 21 15
2	29 17 30 32 24 16 24 13 22 15	32 22 30 35 26 15 25 12 22 15	35 24 32 3 28 15 25 12 22 15	2 28 1 6 30 15 25 12 21 15	5 31 7 9 32 15 25 12 21 15	8 36 7 10 33 15 24 12 21 15
3	29 18 30 32 24 16 24 13 22 15	32 23 30 36 26 15 25 12 22 15	35 25 32 3 28 15 25 12 22 15	2 29 2 6 30 15 25 12 21 15	5 33 8 9 32 15 25 12 21 15	8 1 7 10 34 15 24 12 21 15
4	29 20 31 32 24 16 24 13 22 15	32 24 30 36 26 15 25 12 22 15	35 26 32 3 28 15 25 12 22 15	2 31 2 7 30 15 25 12 21 15	5 34 7 9 32 15 25 12 21 15	8 2 7 10 34 15 24 12 21 15
5	29 21 31 32 24 16 24 13 22 15	32 25 30 36 26 15 25 12 22 15	35 27 33 3 28 15 25 12 22 15	2 32 2 7 30 15 25 12 21 15	5 35 7 9 32 15 25 12 21 15	8 4 7 10 34 15 24 12 21 15
6	29 22 31 32 24 16 24 13 22 15	32 27 30 36 26 15 25 12 22 15	35 29 33 3 28 15 25 12 22 15	2 33 2 7 30 15 25 12 21 15	5 36 7 9 32 15 25 12 21 15	8 5 7 10 34 15 24 12 21 15
7	29 23 31 32 24 16 24 13 22 15	32 28 30 36 26 15 25 12 22 15	35 30 33 3 28 15 25 12 22 15	2 34 2 7 30 15 25 12 22 15	5 2 7 9 32 15 25 12 21 15	8 7 7 10 34 15 24 12 21 15
8	29 25 31 32 24 16 24 13 22 15	32 29 30 36 26 15 25 12 22 15	35 31 33 4 28 15 25 12 22 15	2 36 3 7 30 15 25 12 21 15	5 3 7 10 32 15 25 12 21 15	8 8 7 10 34 15 24 12 21 15
9	29 26 31 33 24 16 24 13 22 15	32 30 30 36 26 15 25 12 22 15	35 32 33 4 28 15 25 12 22 15	2 1 3 7 30 15 25 12 21 15	5 4 7 10 32 15 25 12 21 15	8 10 7 10 34 15 24 12 21 15
10	29 27 31 33 24 16 24 13 22 15	33 31 30 36 26 15 25 12 22 15	35 33 33 4 28 15 25 12 22 15	3 2 3 7 30 15 25 12 21 15	5 6 7 10 32 15 25 12 21 15	8 11 7 10 34 15 24 13 21 15
11	30 28 31 33 24 16 24 13 22 15	33 33 30 1 26 15 25 12 22 15	36 35 34 4 28 15 25 12 22 15	3 4 3 7 30 15 25 12 21 15	6 7 7 10 32 15 25 12 21 15	9 13 7 10 34 15 24 13 21 15
12	30 29 32 33 24 16 24 13 22 15	33 34 30 1 26 15 25 12 22 15	36 36 34 4 28 15 25 12 21 15	3 5 4 7 30 15 25 12 21 15	6 9 7 10 32 15 25 12 21 15	9 14 7 10 34 15 24 13 21 15
13	30 30 32 33 24 16 25 13 22 15	33 35 30 1 26 15 25 12 22 15	36 1 34 4 28 15 25 12 21 15	3 6 4 7 30 15 25 12 21 15	6 10 7 10 32 15 25 12 21 15	9 16 7 10 34 15 24 13 21 15
14	30 32 32 33 25 16 25 13 22 15	33 36 30 1 27 15 25 12 22 15	36 3 34 4 28 15 25 12 21 15	3 8 4 8 30 15 25 12 21 15	6 12 7 10 32 15 24 12 21 15	9 17 7 10 34 15 24 13 21 15
15	30 33 32 33 25 16 25 13 22 15	33 2 31 1 27 15 25 12 22 15	36 4 34 4 29 15 25 12 21 15	3 9 4 8 31 15 25 12 21 15	6 13 7 10 32 15 24 12 21 15	9 18 7 10 34 15 24 13 21 15
16	30 34 32 33 25 16 25 13 22 15	33 3 31 1 27 15 25 12 22 15	36 5 34 4 29 15 25 12 21 15	3 11 4 8 31 15 25 12 21 15	6 15 7 10 32 15 24 12 21 15	9 20 7 10 34 15 24 13 21 15
17	30 35 32 33 25 16 25 13 22 15	33 4 31 1 27 15 25 12 22 15	36 7 34 5 29 15 25 12 21 15	3 12 4 8 31 15 25 12 21 15	6 16 7 10 33 15 24 12 21 15	9 21 7 10 34 15 24 13 21 15
18	30 1 32 34 25 15 25 13 22 15	33 6 31 1 27 15 25 12 22 15	36 8 35 5 29 15 25 12 21 15	3 13 5 8 31 15 25 12 21 15	6 17 7 10 33 15 24 12 21 15	9 22 7 10 34 15 24 13 21 15
19	30 2 32 34 25 15 25 13 22 15	33 7 31 1 27 15 25 12 22 15	36 10 35 5 29 15 25 12 21 15	3 15 5 8 31 15 25 12 21 15	6 19 7 10 33 15 24 12 21 15	9 23 7 10 34 15 24 13 21 15
20	30 3 32 34 25 15 25 13 22 15	34 8 31 2 27 15 25 12 22 15	36 11 35 5 29 15 25 12 21 15	4 16 5 8 31 15 25 12 21 15	6 20 7 10 33 15 24 12 21 15	9 25 7 10 34 15 24 13 21 15
21	31 5 32 34 25 15 25 13 22 15	34 10 31 2 27 15 25 12 22 15	1 12 35 5 29 15 25 12 21 15	4 18 5 8 31 15 25 12 21 15	7 21 7 10 33 15 24 12 21 15	10 26 7 10 34 15 24 13 21 15
22	31 6 32 34 25 15 25 13 22 15	34 11 31 2 27 15 25 12 22 15	1 14 35 5 29 15 25 12 21 15	4 19 5 8 31 15 25 12 21 15	7 23 7 10 33 15 24 12 21 15	10 27 7 10 34 15 24 13 21 15
23	31 7 32 34 25 15 25 13 22 15	34 13 31 2 27 15 25 12 22 15	1 15 36 5 29 15 25 12 21 15	4 20 6 8 31 15 25 12 21 15	7 24 7 10 33 15 24 12 21 15	10 28 7 9 35 15 24 13 21 15
24	31 9 32 34 25 15 25 13 22 15	34 14 31 2 27 15 25 12 22 15	1 17 36 5 29 15 25 12 21 15	4 22 6 8 31 15 25 12 21 15	7 25 7 10 33 15 24 12 21 15	10 29 8 9 35 15 24 13 21 15
25	31 10 31 34 25 15 25 13 22 15	34 16 31 2 27 15 25 12 22 15	1 18 36 5 29 15 25 12 21 15	4 23 6 9 31 15 25 12 21 15	7 26 7 10 33 15 24 12 21 15	10 31 8 9 35 15 24 13 21 15
26	31 12 31 35 25 15 25 13 22 15	34 17 32 2 27 15 25 12 22 15	1 19 36 6 29 15 25 12 21 15	4 24 6 9 31 15 25 12 21 15	7 27 7 10 33 15 24 12 21 15	10 32 8 9 35 15 24 13 21 15
27	31 13 31 35 25 15 25 13 22 15	34 19 32 2 27 15 25 12 22 15	1 21 36 6 29 15 25 12 21 15	4 25 6 9 31 15 25 12 21 15	7 29 7 10 33 15 24 12 21 15	10 33 8 9 35 15 24 13 21 15
28	31 15 31 35 25 15 25 12 22 15	34 20 32 3 27 15 25 12 22 15	1 22 36 6 29 15 25 12 21 15	4 27 6 9 31 15 25 12 21 15	7 30 7 10 33 15 24 12 21 15	10 34 8 9 35 15 24 13 21 15
29	31 16 31 35 26 15 25 12 22 15	34 21 32 3 28 15 25 12 22 15	1 23 1 6 29 15 25 12 21 15	4 28 6 9 31 15 25 12 21 15	7 31 7 10 33 15 24 12 21 15	10 35 8 9 35 15 24 13 21 15
30	31 18 31 35 26 15 25 12 22 15		1 25 1 6 30 15 25 12 21 15	5 29 7 9 31 15 25 12 21 15	7 32 7 10 33 15 24 12 21 15	10 1 8 9 35 15 24 13 21 15
31	32 19 31 35 26 15 25 12 22 15		2 26 1 6 30 15 25 12 21 15		7 33 7 10 33 15 24 12 21 15	

	JULY	AUG	SEPT	OCT	NOV	DEC
1	10 2 9 9 35 15 24 13 21 15	13 7 15 9 36 16 24 13 21 15	16 12 19 12 36 16 24 13 21 15	19 16 18 15 35 17 24 13 21 15	22 21 22 19 35 17 25 13 22 16	25 25 26 22 36 18 25 13 22 16
2	11 3 9 9 35 15 24 13 21 15	14 8 15 9 36 16 24 13 21 15	16 14 19 12 36 16 24 13 21 15	19 18 18 15 35 17 24 13 21 15	23 22 22 19 35 17 25 13 22 16	26 26 27 22 36 18 25 13 22 16
3	11 5 9 9 35 15 24 13 21 15	14 10 15 9 36 16 24 13 21 15	17 15 19 12 36 16 24 13 21 15	20 19 18 15 35 17 24 13 21 15	23 23 22 19 35 17 25 13 22 16	26 27 27 22 36 18 25 13 22 16
4	11 6 9 9 35 15 24 13 21 15	14 11 15 10 36 16 24 13 21 15	17 17 19 12 35 16 24 13 21 15	20 20 18 15 35 17 24 13 21 15	23 24 22 19 35 17 25 13 22 16	26 29 27 23 36 18 25 13 22 16
5	11 8 9 9 35 15 24 13 21 15	14 13 15 10 36 16 24 13 21 15	17 18 19 12 35 16 24 13 21 15	20 22 18 15 35 17 24 13 21 15	23 26 22 19 35 17 25 13 22 16	26 30 27 23 36 18 25 13 22 16
6	11 9 9 9 35 15 24 13 21 15	14 14 16 10 36 16 24 13 21 15	17 20 19 12 35 16 24 13 21 15	20 23 18 16 35 17 24 13 21 15	23 28 23 19 35 17 25 13 22 16	26 31 27 23 1 18 25 13 22 16
7	11 11 10 9 35 15 24 12 21 15	14 15 16 10 36 16 24 13 21 15	17 21 20 12 35 16 24 13 21 15	20 24 18 16 35 17 24 13 21 15	23 29 23 19 35 17 25 13 22 16	26 32 27 23 1 18 25 13 22 16
8	11 12 10 9 35 16 24 13 21 15	14 17 16 10 36 16 24 13 21 15	17 22 20 13 35 16 24 13 21 15	20 26 18 16 35 17 24 13 21 15	23 30 23 19 35 17 25 13 22 16	26 33 28 23 1 18 25 13 22 16
9	11 13 10 9 35 16 24 13 21 15	14 19 16 10 36 16 24 13 21 15	17 24 20 13 35 16 24 13 21 15	20 27 18 16 35 17 24 13 21 15	23 31 23 20 35 17 25 13 22 16	26 35 28 23 1 18 25 13 22 16
10	11 15 10 9 35 16 24 13 21 15	14 20 16 10 36 16 24 13 21 15	17 25 20 13 35 16 24 13 21 15	20 28 18 16 35 17 24 13 21 15	23 32 23 20 35 17 25 13 22 16	26 36 28 23 1 18 25 13 22 16
11	11 17 10 9 35 16 24 13 21 15	14 22 16 10 36 16 24 13 21 15	17 26 20 13 35 16 24 13 21 15	20 29 19 16 35 17 25 13 21 15	23 34 23 20 35 17 25 13 22 16	26 1 28 23 1 18 25 13 22 16
12	12 18 11 9 35 16 24 13 21 15	14 23 17 10 36 16 24 13 21 15	17 27 20 13 35 16 24 13 21 15	20 30 19 16 35 17 25 13 21 15	24 35 24 20 35 18 25 13 22 16	27 2 28 24 1 18 25 13 22 16
13	12 19 11 9 35 16 24 13 21 15	15 24 17 10 36 16 24 13 21 15	18 29 20 13 35 16 24 13 21 15	21 32 19 16 35 17 25 13 21 15	24 36 24 20 36 18 25 13 22 16	27 3 28 24 1 19 25 13 22 16
14	12 21 11 9 35 16 24 13 21 15	15 25 17 10 36 16 24 13 21 15	18 30 20 13 35 16 24 13 21 15	21 33 19 16 35 17 25 13 21 15	24 1 24 20 36 18 25 13 22 16	27 5 28 24 1 19 25 13 22 16
15	12 22 11 9 35 16 24 13 21 15	15 26 17 10 36 16 24 13 21 15	18 31 20 13 35 16 24 13 21 15	21 34 19 17 35 17 25 13 21 15	34 3 24 20 36 18 25 13 22 16	27 6 29 24 1 19 25 13 22 16
16	12 23 11 9 35 16 24 13 21 15	15 28 17 10 36 16 24 13 21 15	18 32 20 13 35 16 24 13 21 15	21 35 19 17 35 17 25 13 21 15	24 4 24 20 36 18 25 13 22 16	27 8 29 24 1 19 25 13 22 16
17	12 24 12 9 35 16 24 13 21 15	15 29 17 10 36 16 24 13 21 15	18 33 20 13 35 16 24 13 21 15	21 1 19 17 35 17 25 13 21 15	24 5 24 21 36 18 25 13 22 16	27 9 29 24 1 19 25 13 22 16
18	12 26 12 9 36 16 24 13 21 15	15 30 17 11 36 16 24 13 21 15	18 34 20 14 35 16 24 13 21 15	21 2 19 17 35 17 25 13 21 15	24 7 24 21 36 18 25 13 22 16	27 11 29 24 1 19 25 13 22 16
19	12 27 12 9 36 16 24 13 21 15	15 31 18 11 36 16 24 13 21 15	18 36 20 14 35 16 24 13 21 15	21 3 20 17 35 17 25 13 22 15	24 8 25 21 36 18 25 13 22 16	27 12 29 24 1 19 25 13 22 16
20	12 28 12 9 36 16 24 13 21 15	15 32 18 11 36 16 24 13 21 15	18 1 19 14 35 16 24 13 21 15	21 5 20 17 35 17 25 13 22 16	24 10 25 21 36 18 25 13 22 16	27 14 29 25 1 19 25 13 22 16
21	12 29 13 9 36 16 24 13 21 15	15 34 18 11 36 16 24 13 21 15	18 2 19 14 35 16 24 13 21 15	21 6 20 17 35 17 25 13 22 16	24 11 25 21 36 18 25 13 22 16	27 15 29 25 1 19 25 13 22 16
22	12 30 13 9 36 16 24 13 21 15	15 35 18 11 36 16 24 13 21 15	18 4 19 14 35 16 24 13 21 15	21 7 20 17 35 17 25 13 22 16	25 13 25 21 36 18 25 13 22 16	28 16 30 25 1 19 25 13 22 16
23	13 32 13 9 36 16 24 13 21 15	16 36 18 11 36 16 24 13 21 15	19 5 19 14 35 16 24 13 21 15	22 9 20 18 35 17 25 13 22 16	25 14 25 21 36 18 25 13 22 16	28 18 30 25 1 19 25 13 22 16
24	13 33 13 9 36 16 24 13 21 15	16 1 18 11 36 16 24 13 21 15	19 6 19 14 35 16 24 13 21 15	22 10 20 18 35 17 25 13 22 16	25 15 25 21 36 18 25 13 22 16	28 19 30 25 1 19 25 13 22 16
25	13 34 13 9 36 16 24 13 21 15	16 3 18 11 36 16 24 13 21 15	19 8 19 14 35 16 24 13 21 15	22 11 21 18 35 17 25 13 22 16	25 17 26 22 36 18 25 13 22 16	28 21 30 25 2 19 25 13 22 16
26	13 35 14 9 36 16 24 13 21 15	16 4 18 11 36 16 24 13 21 15	19 9 19 14 35 17 24 13 21 15	22 13 21 18 35 17 25 13 22 16	25 18 26 22 36 18 25 13 22 16	28 22 30 25 2 19 25 13 22 16
27	13 36 14 9 36 16 24 13 21 15	16 5 19 11 36 16 24 13 21 15	19 10 19 15 35 17 24 13 21 15	22 14 21 18 35 17 25 13 22 16	25 20 26 22 36 18 25 13 22 16	28 23 30 25 2 19 25 13 22 16
28	13 2 14 9 36 16 24 13 21 15	16 7 19 11 36 16 24 13 21 15	19 12 19 15 35 17 24 13 21 15	22 16 21 18 35 17 25 13 22 16	25 21 26 22 36 18 25 13 22 16	28 24 30 26 2 19 25 13 22 16
29	13 3 14 9 36 16 24 13 21 15	16 8 19 12 36 16 24 13 21 15	19 13 19 15 35 17 24 13 21 15	22 17 21 18 35 17 25 13 22 16	25 22 26 22 36 18 25 13 22 16	28 26 30 26 2 19 25 13 22 16
30	13 4 14 9 36 16 24 13 21 15	16 9 19 12 36 16 24 13 21 15	19 15 18 15 35 17 24 13 21 15	22 19 21 18 35 17 25 13 22 16	25 24 26 22 36 18 25 13 22 16	28 27 30 26 2 19 25 13 22 16
31	13 6 15 9 36 16 24 13 21 15	16 11 19 12 36 16 24 13 21 15		22 20 22 18 35 17 25 13 22 16		28 28 30 26 2 19 25 13 22 16

1957

	JAN	FEB	MAR	APR	MAY	JUNE	JULY	AUG	SEPT	OCT	NOV	DEC
1	29 29 30 26 2 19 25 13 22 16	32 34 29 30 4 19 26 13 22 15	35 35 33 33 5 18 26 13 22 15	2 3 3 1 7 18 26 13 22 15	5 7 5 5 9 18 26 13 22 15	8 12 5 9 11 18 26 13 22 15	10 16 10 13 13 18 25 13 21 15	13 21 16 16 15 18 25 13 21 15	16 26 18 20 17 19 25 13 22 16	19 29 18 24 19 20 25 14 22 16	22 34 23 27 21 20 26 14 22 16	25 1 27 30 23 21 26 14 22 16
2	29 31 30 26 2 19 25 13 22 16	32 35 29 30 4 19 26 13 22 15	35 36 33 34 6 18 26 13 22 15	2 5 3 1 7 18 26 13 22 15	5 8 5 5 9 18 26 13 22 15	8 13 5 9 11 18 26 13 22 15	11 17 10 13 13 18 25 13 21 15	13 23 16 16 15 18 25 13 21 15	16 27 18 20 17 19 25 13 22 16	19 31 18 24 19 20 25 14 22 16	22 35 23 27 21 20 26 14 22 16	26 2 28 30 23 21 26 14 22 16
3	29 32 30 26 2 19 25 13 22 16	32 36 29 30 4 19 26 13 22 15	35 1 33 34 6 18 26 13 22 15	2 6 3 2 8 18 26 13 22 15	5 9 5 5 9 18 26 13 22 15	8 15 5 9 11 18 26 13 22 15	11 19 11 13 13 18 25 13 21 15	14 24 16 17 15 18 25 13 21 15	17 29 18 20 17 19 25 13 22 16	20 32 18 24 19 20 25 14 22 16	23 36 23 27 21 20 26 14 22 16	26 4 28 30 23 21 26 14 22 16
4	29 33 30 26 2 19 25 13 22 16	32 1 30 30 4 19 26 13 22 15	35 2 34 33 5 18 26 13 22 15	2 7 3 2 8 18 26 13 22 15	5 11 5 5 9 18 26 13 22 15	8 16 5 9 11 18 26 13 22 15	11 20 11 13 13 18 25 13 21 15	14 25 16 17 15 18 25 13 21 15	17 30 18 20 17 19 25 13 22 16	20 33 18 24 19 20 25 14 22 16	23 2 23 27 21 20 26 14 22 16	26 5 28 30 23 21 26 14 22 16
5	29 34 30 27 2 19 25 13 22 16	32 3 30 30 4 19 26 13 22 15	35 4 34 33 5 18 26 13 22 15	2 8 4 2 8 18 26 13 22 15	5 12 5 6 10 18 26 13 22 15	8 18 6 9 11 18 26 13 22 15	11 21 11 13 13 18 25 13 21 15	14 26 16 17 15 18 25 13 22 15	17 31 18 20 17 19 25 13 22 16	20 34 18 24 19 20 25 14 22 16	23 3 24 27 21 20 26 14 22 16	26 6 28 30 23 21 26 14 22 16
6	29 35 30 27 2 19 25 13 22 16	32 4 30 31 4 19 26 13 22 15	35 5 34 33 5 18 26 13 22 15	2 10 4 2 8 18 26 13 22 15	5 14 5 6 10 18 26 13 22 15	8 19 6 9 12 18 26 13 22 15	11 22 11 13 13 18 25 13 21 15	14 28 17 17 15 18 25 13 22 15	17 32 18 21 17 19 25 13 22 16	20 35 19 24 19 20 26 14 22 16	23 4 24 28 21 20 26 14 22 16	26 7 28 30 23 21 26 14 22 16
7	29 36 30 27 2 19 26 13 22 16	32 5 30 31 4 19 26 13 22 15	35 6 34 33 5 18 26 13 22 15	2 11 4 2 8 18 26 13 22 15	5 15 5 6 10 18 26 13 22 15	8 20 6 10 12 18 26 13 22 15	11 23 11 13 14 18 25 13 21 15	14 29 17 17 15 19 25 13 22 15	17 33 17 21 17 19 25 13 22 16	20 1 19 24 19 20 26 14 22 16	23 5 24 28 21 20 26 14 22 16	26 9 28 31 23 21 26 14 22 16
8	29 2 30 27 2 19 26 13 22 16	32 6 30 31 4 19 26 13 22 15	35 7 34 33 5 18 26 13 22 15	2 13 4 2 8 18 26 13 22 15	5 17 5 6 10 18 26 13 22 15	8 22 6 10 12 18 26 13 22 15	11 25 12 13 14 18 25 13 21 15	14 30 17 17 16 19 25 13 22 15	17 35 17 21 17 19 25 13 22 16	20 2 19 24 19 20 26 14 22 16	23 6 24 28 21 20 26 14 22 16	26 10 28 31 24 21 26 14 22 16
9	29 3 29 27 2 19 26 13 22 16	33 8 30 31 4 19 26 13 22 15	35 9 34 33 5 18 26 13 22 15	2 14 4 2 8 18 26 13 22 15	5 18 5 6 10 18 26 13 22 15	8 23 6 10 12 18 26 13 22 15	11 27 12 13 14 18 25 13 21 15	14 31 17 17 16 19 25 13 22 15	17 36 17 21 18 19 25 13 22 16	20 3 19 24 19 20 26 14 22 16	23 8 24 28 22 20 26 14 22 16	26 11 28 31 24 21 26 14 22 16
10	30 4 29 27 2 19 26 13 22 16	33 9 30 31 4 19 26 13 22 15	35 10 35 35 6 18 26 13 22 15	3 15 4 2 8 18 26 13 22 15	5 19 5 6 10 18 26 13 22 15	8 24 6 10 12 18 26 13 22 15	11 28 12 14 14 18 25 13 21 15	14 33 17 17 16 19 25 13 22 15	17 1 17 21 18 19 25 13 22 16	20 4 19 25 20 20 26 14 22 16	23 9 24 28 22 20 26 14 22 16	26 13 28 31 24 21 26 14 22 16
11	30 6 29 27 2 19 26 13 22 16	33 11 30 31 4 19 26 13 22 15	36 12 35 35 6 18 26 13 22 15	3 17 5 3 8 18 26 13 22 15	6 21 5 6 10 18 26 13 22 15	9 26 6 10 12 18 26 13 22 15	11 29 12 14 14 18 25 13 21 15	14 34 17 17 16 19 25 13 22 15	17 2 17 21 18 19 25 13 22 16	20 6 19 25 20 20 26 14 22 16	23 10 24 28 22 20 26 14 22 16	26 14 28 31 24 21 26 14 22 16
12	30 7 29 27 3 19 26 13 22 16	33 12 30 31 4 19 26 13 22 15	36 13 35 35 6 18 26 13 22 15	3 18 5 3 8 18 26 13 22 15	6 22 5 6 10 18 26 13 22 15	9 27 7 10 12 18 26 13 22 15	11 30 12 14 14 18 25 13 21 15	14 35 17 18 16 19 25 13 22 15	17 3 17 21 18 19 25 13 22 16	20 7 20 25 20 20 26 14 22 16	23 12 25 28 22 21 26 14 22 16	27 16 29 31 24 21 26 14 22 16
13	30 8 29 28 3 19 26 13 22 16	33 14 31 31 4 19 26 13 22 15	36 15 35 35 6 18 26 13 22 15	3 20 5 3 8 18 26 13 22 15	6 24 5 7 10 18 26 13 22 15	9 28 7 10 12 18 26 13 22 15	12 32 13 14 14 18 25 13 21 15	15 36 17 18 16 19 25 13 22 15	18 5 17 21 18 19 25 13 22 16	20 8 20 25 20 20 26 14 22 16	24 13 25 28 22 21 26 14 22 16	27 17 29 31 24 21 26 14 22 16
14	30 10 29 28 3 19 26 13 22 16	33 15 31 32 5 19 26 13 22 15	36 16 35 35 6 18 26 13 22 15	3 21 5 3 8 18 26 13 22 15	6 25 5 7 10 18 26 13 22 15	9 30 7 10 12 18 26 13 22 15	12 33 13 14 14 18 25 13 21 15	15 1 17 18 16 19 25 13 22 15	18 6 17 22 18 19 25 13 22 16	21 9 20 25 20 20 26 14 22 16	24 15 25 28 22 21 26 14 22 16	27 18 29 31 24 21 26 14 22 16
15	30 11 29 28 3 19 26 13 22 16	33 17 31 32 5 19 26 13 22 15	36 18 35 35 6 18 26 13 22 15	3 23 5 3 8 18 26 13 22 15	6 26 5 7 10 18 26 13 22 15	9 31 7 11 12 18 26 13 22 15	12 34 13 14 14 18 25 13 21 15	15 2 17 18 16 19 25 13 22 15	18 7 17 22 18 19 25 13 22 16	21 11 20 25 20 20 26 14 22 16	24 16 25 29 22 21 26 14 22 16	27 20 29 31 24 21 26 14 22 16
16	30 13 29 28 3 19 26 13 22 15	33 18 31 32 5 19 26 13 22 15	36 19 36 35 6 18 26 13 22 15	3 24 5 3 8 18 26 13 22 15	6 28 5 7 10 18 26 13 22 15	9 32 7 11 12 18 25 13 22 15	12 35 13 14 14 18 25 13 21 15	15 4 18 18 16 19 25 13 22 15	18 8 17 22 18 19 25 13 22 16	21 12 20 25 20 20 26 14 22 16	24 17 25 29 22 21 26 14 22 16	27 21 29 31 24 21 26 14 22 16
17	30 14 29 28 3 19 26 13 22 15	33 20 31 32 5 19 26 13 22 15	36 21 36 35 6 18 26 13 22 15	3 25 5 3 8 18 26 13 22 15	6 29 5 7 10 18 26 13 22 15	9 33 7 11 12 18 25 13 21 15	12 36 13 14 14 18 25 13 21 15	15 5 18 18 16 19 25 13 22 15	18 10 17 22 18 19 25 14 22 16	21 13 20 25 20 20 26 14 22 16	24 19 25 29 22 21 26 14 22 16	27 23 29 31 24 21 26 14 22 16
18	30 16 29 28 3 19 26 13 22 15	33 21 31 32 5 19 26 13 22 15	36 22 36 36 7 18 26 13 22 15	3 27 5 3 8 18 26 13 22 15	6 30 5 7 10 18 26 13 22 15	9 34 7 11 12 18 25 13 21 15	12 2 14 15 14 18 25 13 21 15	15 6 18 18 16 19 25 13 22 15	18 11 17 22 18 19 25 14 22 16	21 15 21 25 20 20 26 14 22 16	24 20 26 29 22 21 26 14 22 16	27 24 29 31 24 21 26 14 22 16
19	30 17 29 28 3 19 26 13 22 15	34 22 31 32 5 18 26 13 22 15	36 23 36 36 7 18 26 13 22 15	3 28 5 4 9 18 26 13 22 15	6 31 5 7 10 18 26 13 22 15	9 36 8 11 12 18 25 13 21 15	12 2 14 15 14 18 25 13 21 15	15 7 18 18 16 19 25 13 22 16	18 13 17 22 18 19 25 14 22 16	21 16 21 26 20 20 26 14 22 16	24 22 26 29 22 21 26 14 22 16	27 25 29 31 24 21 26 14 22 16
20	31 19 29 28 3 19 26 13 22 15	34 24 32 32 5 18 26 13 22 15	36 25 36 36 7 18 26 13 22 15	4 29 5 4 9 18 26 13 22 15	6 32 5 7 10 18 26 13 22 15	9 1 8 11 12 18 25 13 21 15	12 4 14 15 14 18 25 13 21 15	15 9 18 19 16 19 25 13 22 16	18 14 17 22 18 19 25 14 22 16	21 18 21 26 20 20 26 14 22 16	24 23 26 29 22 21 26 14 22 16	27 27 28 32 24 21 26 14 22 16
21	31 20 29 29 3 19 26 13 22 15	34 25 32 32 5 18 26 13 22 15	1 26 1 36 7 18 26 13 22 15	4 30 5 4 9 18 26 13 22 15	7 34 5 7 11 18 26 13 22 15	9 2 8 11 13 18 25 13 21 15	12 5 14 15 14 18 25 13 21 15	15 10 18 19 16 19 25 13 22 16	18 16 17 22 18 19 25 14 22 16	21 19 21 26 20 20 26 14 22 16	24 25 26 29 22 21 26 14 22 16	27 28 28 32 24 21 26 14 22 16
22	31 22 29 29 3 19 26 13 22 15	34 26 32 32 5 18 26 13 22 15	1 27 1 36 7 18 26 13 22 15	4 32 5 4 9 18 26 13 22 15	7 35 5 8 11 18 26 13 22 15	10 3 8 11 13 18 25 13 21 15	12 7 14 15 14 18 25 13 21 15	15 12 18 19 16 19 25 13 22 16	18 17 17 22 18 19 25 14 22 16	21 21 21 26 20 20 26 14 22 16	24 26 26 29 22 21 26 14 22 16	28 29 28 32 24 21 26 14 22 16
23	31 23 29 29 3 19 26 13 22 15	34 28 32 33 5 18 26 13 22 15	1 28 1 36 7 18 26 13 22 15	4 33 5 4 9 18 26 13 22 15	7 36 5 8 11 18 26 13 22 15	10 4 8 12 13 18 25 13 21 15	13 8 14 15 15 18 25 13 21 15	16 13 18 19 16 19 25 13 22 16	19 19 17 23 18 19 25 14 22 16	21 22 21 26 20 20 26 14 22 16	25 27 26 29 22 21 26 14 22 16	28 31 28 32 25 21 26 14 22 16
24	31 24 29 29 3 19 26 13 22 15	34 29 32 33 5 18 26 13 22 15	1 30 1 36 7 18 26 13 22 15	4 34 5 4 9 18 26 13 22 15	7 1 5 8 11 18 26 13 22 15	10 6 9 12 13 18 25 13 21 15	13 9 15 15 15 18 25 13 21 15	16 15 18 19 17 19 25 13 22 16	19 20 17 23 19 19 25 14 22 16	22 24 22 26 20 20 26 14 22 16	25 29 26 29 23 21 26 14 22 16	28 32 28 32 25 21 26 14 22 16
25	31 25 29 29 3 19 26 13 22 15	34 30 32 33 5 18 26 13 22 15	1 31 1 36 7 18 26 13 22 15	4 35 5 4 9 18 26 13 22 15	7 2 5 8 11 18 26 13 22 15	10 7 9 12 13 18 25 13 21 15	13 11 15 15 15 18 25 13 21 15	16 16 18 19 17 19 25 13 22 16	19 22 17 23 19 19 25 14 22 16	22 25 22 26 21 20 26 14 22 16	25 30 27 29 23 21 26 14 22 16	28 33 28 32 25 21 26 14 22 16
26	31 27 29 29 3 19 26 13 22 15	34 31 33 33 5 18 26 13 22 15	1 32 2 1 7 18 26 13 22 15	4 36 5 4 9 18 26 13 22 15	7 4 5 8 11 18 26 13 22 15	10 9 9 12 13 18 25 13 21 15	13 12 15 16 15 18 25 13 21 15	16 18 18 19 17 19 25 13 22 16	19 23 17 23 19 20 25 14 22 16	22 27 22 26 21 20 26 14 22 16	25 31 27 30 23 21 26 14 22 16	28 34 28 32 25 21 26 14 22 16
27	31 28 29 29 3 19 26 13 22 15	34 32 33 33 5 18 26 13 22 15	1 33 2 1 7 18 26 13 22 15	4 2 5 5 9 18 26 13 22 15	7 5 5 8 11 18 26 13 22 15	10 10 9 12 13 18 25 13 21 15	13 14 15 16 15 18 25 13 21 15	16 19 18 19 17 19 25 13 22 16	19 24 17 23 19 20 25 14 22 16	22 28 22 26 21 20 26 14 22 16	25 32 27 30 23 21 26 14 22 16	28 36 28 32 25 21 26 14 22 16
28	31 29 29 29 3 19 26 13 22 15	34 33 33 33 5 18 26 13 22 15	1 34 2 1 7 18 26 13 22 15	4 3 5 5 9 18 26 13 22 15	7 6 5 8 11 18 26 13 22 15	10 11 9 12 13 18 25 13 21 15	13 15 15 16 15 18 25 13 21 15	16 21 18 20 17 19 25 13 22 16	19 26 17 23 19 20 25 14 22 16	22 29 22 27 21 20 26 14 22 16	25 34 27 30 23 21 26 14 22 16	28 1 28 32 25 21 26 14 22 16
29	31 30 29 30 4 19 26 13 22 15		1 36 2 1 7 18 26 13 22 15	4 4 5 5 9 18 26 13 22 15	7 8 5 8 11 18 26 13 22 15	10 13 10 12 13 18 25 13 21 15	13 17 15 16 15 18 25 13 21 15	16 22 18 20 17 19 25 13 22 16	19 27 17 23 19 20 25 14 22 16	22 30 22 27 21 20 26 14 22 16	25 35 27 30 23 21 26 14 22 16	28 2 27 32 25 21 26 14 22 16
30	32 31 29 30 4 19 26 13 22 15		1 1 2 1 7 18 26 13 22 15	4 5 5 5 9 18 26 13 22 15	7 9 5 9 11 18 26 13 22 15	10 14 10 12 13 18 25 13 21 15	13 18 16 16 15 18 25 13 21 15	16 23 18 20 17 19 25 13 22 16	19 28 18 23 19 20 25 14 22 16	22 32 23 27 21 20 26 14 22 16	25 36 27 30 23 21 26 14 22 16	28 3 27 32 25 21 26 14 22 16
31	32 33 29 30 4 19 26 13 22 15		2 2 3 1 7 18 26 13 22 15		7 10 5 9 11 18 26 13 22 15		13 20 16 16 15 18 25 13 21 15	16 25 18 20 17 19 25 13 22 16		22 33 23 27 21 20 26 14 22 16		28 4 27 32 25 21 26 14 22 16

1958

	JAN	FEB	MAR	APR	MAY	JUNE	JULY	AUG	SEPT	OCT	NOV	DEC
1	29 6 27 32 25 21 26 14 22 16	32 10 30 31 27 22 27 13 22 16	35 11 34 31 29 22 27 13 22 16	2 16 3 33 32 21 27 13 22 16	5 20 3 36 34 21 27 13 22 15	8 25 6 4 36 21 27 13 22 15	10 29 12 7 2 21 27 13 22 16	13 34 16 11 4 21 26 14 22 16	16 2 15 15 6 21 26 14 22 16	19 5 19 18 7 22 26 14 22 16	22 10 24 22 6 23 27 14 22 16	25 14 27 26 5 23 27 14 22 16
2	29 7 27 32 25 21 26 14 22 16	32 12 30 31 27 22 27 13 22 16	35 13 35 31 29 22 27 13 22 16	2 18 3 33 32 21 27 13 22 16	5 22 3 36 34 21 27 13 22 15	8 27 6 4 36 21 27 13 22 15	11 30 12 7 2 21 27 13 22 16	13 35 16 11 4 21 26 14 22 16	16 3 15 15 6 21 26 14 22 16	19 7 19 18 7 22 26 14 22 16	22 11 24 22 6 23 27 14 22 16	25 15 27 26 5 23 27 14 22 16
3	29 8 27 32 25 21 26 14 22 16	32 13 30 31 27 22 27 13 22 16	35 14 35 31 29 22 27 13 22 16	2 19 4 33 32 21 27 13 22 16	5 23 3 36 34 21 27 13 22 15	8 28 6 4 36 21 27 13 22 15	11 32 12 7 2 21 27 14 22 16	14 36 16 11 4 21 26 14 22 16	17 5 15 15 6 21 26 14 22 16	19 8 19 18 7 22 26 14 22 16	23 13 24 22 6 23 27 14 22 16	26 16 27 26 5 23 27 14 22 16
4	29 10 27 32 25 21 26 14 22 16	32 15 30 31 28 22 27 13 22 16	35 15 35 31 30 22 27 13 22 16	2 21 4 33 32 21 27 13 22 16	5 25 3 36 34 21 27 13 22 15	8 30 6 4 36 21 27 13 22 15	11 33 12 7 2 21 27 14 22 16	14 1 16 11 4 21 26 14 22 16	17 6 15 15 6 21 26 14 22 16	20 9 19 19 7 22 26 14 22 16	23 14 24 22 6 23 27 14 22 16	26 18 27 26 5 23 27 14 22 16
5	29 11 27 32 25 21 26 14 22 16	32 16 30 31 26 22 27 13 22 16	35 17 35 31 30 22 27 13 22 16	2 22 4 33 32 22 27 13 22 16	5 26 3 1 34 21 27 13 22 15	8 31 6 4 36 21 27 13 22 15	11 34 13 8 2 21 27 14 22 16	14 3 16 11 4 21 26 14 22 16	17 7 15 15 6 21 26 14 22 16	20 10 20 19 7 22 26 14 22 16	23 15 25 23 6 23 27 14 22 16	26 19 27 26 5 23 27 14 22 16
6	29 12 27 32 26 21 27 14 22 16	32 18 30 31 28 22 27 13 22 16	35 19 35 31 30 22 27 13 22 16	2 24 4 33 32 21 27 13 22 16	5 27 3 1 34 21 27 13 22 15	8 32 7 4 36 21 27 13 22 15	11 35 13 8 3 21 27 14 22 16	14 4 16 11 4 21 26 14 22 16	17 8 15 15 6 21 26 14 22 16	20 12 20 19 7 22 26 14 22 16	23 17 25 23 6 23 27 14 22 16	26 21 27 27 5 23 27 14 22 16
7	29 14 27 32 26 21 27 14 22 16	32 19 31 31 28 22 27 13 22 16	35 20 25 31 30 22 27 13 22 16	2 25 4 34 32 21 27 13 22 16	5 29 3 1 34 21 27 13 22 15	8 33 7 4 1 21 27 13 22 15	11 1 13 8 3 21 27 14 22 16	14 5 16 11 5 21 26 14 22 16	17 10 15 15 6 22 26 14 22 16	20 13 20 19 7 22 26 14 22 16	23 18 25 23 6 23 27 14 22 16	26 22 27 27 5 23 27 14 22 16
8	29 15 27 32 26 21 27 14 22 16	32 21 31 31 28 22 27 13 22 16	35 22 36 31 30 22 27 13 22 16	2 27 4 34 32 21 27 13 22 16	5 30 3 1 34 21 27 13 22 15	8 35 7 4 1 21 27 13 22 15	11 2 13 8 3 21 27 14 22 16	14 6 16 12 5 21 26 14 22 16	17 11 15 15 6 22 26 14 22 16	20 14 20 19 7 22 26 14 22 16	23 20 25 23 6 23 27 14 22 16	26 23 26 27 5 23 27 14 22 16
9	29 17 27 32 26 21 27 14 22 16	33 22 31 31 28 22 27 13 22 16	35 23 36 31 30 22 27 13 22 16	2 28 4 34 32 21 27 13 22 16	5 31 3 1 34 21 27 13 22 15	8 36 7 4 1 21 27 13 22 15	11 3 13 8 3 21 27 14 22 16	14 7 16 12 5 21 26 14 22 16	17 12 15 15 6 22 26 14 22 16	20 16 20 19 7 22 26 14 22 16	23 21 25 23 6 23 27 14 22 16	26 25 26 27 5 23 27 14 22 16
10	29 18 23 32 26 21 27 14 22 16	33 23 31 31 28 22 27 13 22 16	36 24 36 31 30 22 27 13 22 16	3 29 4 34 32 21 27 13 22 16	5 33 3 1 34 21 27 13 22 15	8 1 7 5 1 21 27 13 22 16	11 4 13 8 3 21 27 14 22 16	14 9 16 12 5 21 26 14 22 16	17 13 15 16 6 22 26 14 22 16	20 17 21 19 7 22 26 14 22 16	23 23 25 23 6 23 27 14 22 16	26 26 26 27 5 23 27 14 22 16
11	30 20 27 32 26 21 27 14 22 16	33 25 31 31 28 22 27 13 22 16	36 26 36 31 30 22 27 13 22 16	3 31 3 34 32 21 27 13 22 15	6 34 3 1 35 21 27 13 22 15	9 2 8 5 1 21 27 13 22 16	11 5 14 8 3 21 27 14 22 16	14 10 16 12 5 21 26 14 22 16	17 15 16 16 6 22 26 14 22 16	20 19 21 19 7 22 26 14 22 16	23 24 25 23 6 23 27 14 22 16	26 28 26 27 5 23 27 14 22 16
12	30 21 27 32 26 21 27 14 22 16	33 26 31 31 28 22 27 13 22 16	36 27 1 31 30 22 27 13 22 16	3 32 3 34 32 21 27 13 22 15	6 35 3 1 35 21 27 13 22 15	9 3 8 5 1 21 27 13 22 16	11 7 14 8 3 21 27 14 22 16	14 11 16 12 5 21 26 14 22 16	17 16 16 16 6 22 26 14 22 16	20 20 21 20 7 22 26 14 22 16	23 26 26 23 6 23 27 14 22 16	26 29 26 27 5 24 27 14 22 16
13	30 22 27 32 26 21 27 14 22 16	33 27 32 31 28 22 27 13 22 16	36 28 1 31 20 22 27 13 22 16	3 33 3 34 32 21 27 13 22 15	6 36 3 1 35 21 27 13 22 15	9 5 8 5 1 21 27 13 22 16	12 8 14 8 3 21 27 14 22 16	15 13 16 12 5 21 26 14 22 16	18 18 16 16 6 22 26 14 22 16	20 22 21 20 7 22 26 14 22 16	24 27 26 24 6 23 27 14 22 16	27 31 26 27 5 24 27 14 22 16
14	30 24 27 32 26 22 27 14 22 16	33 29 32 31 28 22 27 13 22 16	36 30 1 32 30 22 27 13 22 16	3 34 3 34 33 21 27 13 22 15	6 1 3 1 35 21 27 13 22 15	9 6 8 5 1 21 27 13 22 16	12 9 14 9 3 21 27 14 22 16	15 14 16 12 5 21 26 14 22 16	18 19 16 16 6 22 26 14 22 16	21 23 21 20 7 22 26 14 22 16	24 29 26 24 6 23 27 14 22 16	27 32 26 28 5 24 27 14 22 16
15	30 25 28 32 26 22 27 14 22 16	33 30 32 31 28 22 27 13 22 16	36 31 1 32 30 22 27 13 22 16	3 35 3 34 33 21 27 13 22 15	6 3 3 2 35 21 17 13 22 15	9 7 9 5 1 21 27 13 22 16	12 10 14 9 3 21 27 14 22 16	15 16 16 12 5 21 26 14 22 16	18 21 16 16 6 22 26 14 22 16	21 25 21 20 7 22 26 14 22 16	24 30 26 24 6 23 27 14 22 16	27 33 26 28 5 24 27 14 22 16
16	30 26 28 32 26 22 27 14 22 16	33 31 32 31 28 22 27 13 22 16	36 32 1 32 30 22 27 13 22 16	3 1 3 34 33 22 27 13 22 15	6 4 3 2 35 21 27 13 22 15	9 8 9 5 1 21 27 13 22 16	12 12 14 9 3 21 27 14 22 16	15 17 16 13 5 21 26 14 22 16	18 22 16 16 6 22 26 14 22 16	21 26 22 20 7 22 26 14 22 16	24 31 26 24 6 23 27 14 22 16	27 35 26 28 5 24 27 14 22 16
17	30 28 28 32 26 22 27 14 22 16	33 32 32 31 28 22 27 13 22 16	36 33 1 32 31 22 27 13 22 16	3 2 3 35 33 21 27 13 22 15	6 5 4 2 35 21 27 13 22 15	9 10 9 5 1 21 27 13 22 16	12 13 14 9 3 21 27 14 22 16	15 19 16 13 5 21 26 14 22 16	18 24 16 16 6 22 26 14 22 16	21 28 22 20 7 22 26 14 22 16	24 32 26 24 6 23 27 14 22 16	27 36 25 28 5 24 27 14 22 16
18	30 29 28 32 26 22 27 14 22 16	33 34 32 31 29 22 27 13 22 16	36 35 2 32 31 22 27 13 22 16	3 3 3 35 33 21 27 13 22 15	6 6 4 2 35 21 27 13 22 15	9 11 9 6 1 21 27 13 22 16	12 15 15 9 3 21 27 14 22 16	15 20 16 13 5 21 26 14 22 16	18 25 17 17 6 22 26 14 22 16	21 29 22 20 7 22 26 14 22 16	24 34 26 24 6 23 27 14 22 16	27 1 25 28 5 24 27 14 22 16
19	30 30 28 32 26 22 27 14 22 16	34 35 33 31 29 22 27 13 22 16	36 36 2 32 21 22 27 13 22 16	3 4 3 35 33 21 27 13 22 15	6 7 4 2 35 21 27 13 22 15	9 12 9 6 1 21 27 13 22 16	12 16 15 9 3 21 27 14 22 16	15 21 16 13 5 21 26 14 22 16	18 27 17 17 6 22 26 14 22 16	21 30 22 20 7 22 26 14 22 16	24 35 26 24 6 23 27 14 22 16	27 2 25 28 5 24 27 14 22 16
20	30 31 28 32 26 22 27 14 22 16	34 36 33 31 29 22 27 13 22 16	36 1 2 32 31 22 27 13 22 16	3 5 3 35 33 21 27 13 22 15	6 9 4 2 35 21 27 13 22 15	9 14 10 6 1 21 27 13 22 16	12 18 15 9 3 21 27 14 22 16	15 23 16 13 5 21 26 14 22 16	18 28 17 17 6 22 26 14 22 16	21 32 22 21 7 22 26 14 22 16	24 36 27 24 6 23 27 14 22 16	27 3 25 28 5 24 27 14 22 16
21	31 33 28 32 27 22 27 13 22 16	34 1 33 31 29 22 27 13 22 16	1 2 2 32 31 21 27 13 22 16	4 7 3 35 33 21 27 13 22 15	6 10 4 2 35 21 27 13 22 15	10 15 10 6 2 21 27 13 22 16	12 19 15 9 4 21 26 14 22 16	15 24 16 13 5 21 26 14 22 16	18 29 17 17 7 22 26 14 22 16	21 33 22 21 7 22 26 14 22 16	24 1 27 25 6 23 27 14 22 16	27 4 25 28 5 24 27 14 22 16
22	31 34 28 32 27 22 27 13 22 16	34 2 33 31 29 22 27 13 22 16	1 3 2 32 31 21 27 13 22 16	4 8 3 35 33 21 27 13 22 15	7 11 4 2 35 21 27 13 22 15	10 16 10 6 2 21 27 13 22 16	12 20 15 10 4 21 26 14 22 16	15 26 16 13 5 21 26 14 22 16	18 31 17 17 7 22 26 14 22 16	21 34 22 21 7 22 26 14 22 16	24 2 27 25 6 23 27 14 22 16	28 6 25 29 5 24 27 14 22 16
23	31 35 29 32 27 22 27 13 22 16	34 3 33 31 29 22 27 13 22 16	1 4 2 32 31 21 27 13 22 16	4 9 3 35 33 21 27 13 22 15	7 13 4 3 35 21 27 13 22 15	10 18 10 6 2 21 27 13 22 16	13 22 15 10 4 21 26 14 22 16	15 27 15 13 5 21 26 14 22 16	18 32 18 17 7 22 26 14 22 16	21 35 23 21 7 22 26 14 22 16	25 4 27 25 6 23 27 14 22 16	28 7 26 29 5 24 27 14 22 16
24	31 36 29 32 27 22 27 13 22 16	34 5 33 31 29 22 27 13 22 16	1 6 3 32 31 21 27 13 22 16	4 10 3 35 33 21 27 13 22 15	7 14 4 3 36 21 27 13 22 15	10 19 10 6 2 21 27 13 22 16	13 23 15 10 4 21 26 14 22 16	16 28 15 14 5 21 26 14 22 16	19 33 18 17 7 22 26 14 22 16	22 36 23 21 7 22 26 14 22 16	25 5 27 25 6 23 27 14 22 16	28 8 26 29 5 24 27 14 22 16
25	31 2 29 32 27 22 27 13 22 16	34 6 34 31 29 22 27 13 22 16	1 7 3 32 21 21 27 13 22 16	4 12 3 35 33 21 27 13 22 15	7 15 5 3 36 21 27 13 22 15	10 21 11 6 2 21 27 13 22 16	13 25 15 10 4 21 26 14 22 16	16 30 15 14 5 21 26 14 22 16	19 34 18 17 7 22 26 14 22 16	22 2 23 21 7 22 26 14 22 16	25 6 27 25 6 23 27 14 22 16	28 9 26 29 5 24 27 14 22 16
26	31 3 29 32 27 22 27 13 22 16	34 7 34 31 29 22 27 13 22 16	1 8 3 32 31 21 27 13 22 16	4 13 3 36 33 21 27 13 22 15	7 17 5 3 36 21 27 13 22 15	10 22 11 6 2 21 27 13 22 16	13 26 16 10 4 21 26 14 22 16	15 31 15 14 6 21 26 14 22 16	19 36 18 18 7 22 26 14 22 16	22 3 23 21 7 23 26 14 22 16	25 7 27 25 6 23 27 14 22 16	28 11 26 29 5 24 27 14 22 16
27	31 4 29 31 27 22 27 13 22 16	34 8 34 31 29 22 27 13 22 16	1 9 3 33 31 21 27 13 22 16	4 14 3 36 34 21 27 13 22 15	7 18 5 3 36 21 27 13 22 15	10 24 11 7 2 21 27 13 22 16	13 27 16 10 4 21 16 14 22 16	16 32 15 14 6 21 26 14 22 16	19 1 18 18 7 22 27 14 22 16	22 4 23 21 7 23 26 14 22 16	25 8 27 25 6 23 27 14 22 16	28 12 26 29 5 24 27 14 22 16
28	31 5 29 31 27 22 27 13 22 16	34 10 34 31 29 22 27 13 22 16	1 11 3 33 31 21 27 13 22 16	4 16 3 36 34 21 27 13 22 15	7 20 5 3 36 21 27 13 22 15	10 25 11 7 2 21 27 13 22 16	13 29 16 10 4 21 26 14 22 16	16 33 15 14 6 21 26 14 22 16	19 2 18 18 7 22 27 14 22 16	22 5 23 22 7 23 26 14 22 16	25 10 27 26 5 23 27 14 22 16	28 13 26 29 5 24 27 14 22 16
29	31 6 29 31 27 22 27 13 22 16		1 12 3 33 31 21 27 13 22 16	4 17 3 36 34 21 27 13 22 15	7 21 5 3 36 21 27 13 22 15	10 26 11 7 2 21 27 13 22 16	13 30 16 10 4 21 26 14 22 16	16 35 15 14 6 21 26 14 22 16	19 3 19 18 7 22 27 14 22 16	22 6 24 22 6 23 26 14 22 16	25 11 27 26 5 23 27 14 22 16	28 15 26 29 5 24 27 14 22 16
30	32 8 29 31 27 22 27 13 22 16		1 13 3 33 31 21 27 13 22 16	4 19 3 36 34 21 27 13 22 15	7 23 5 3 36 21 27 13 22 15	10 28 12 7 2 21 27 13 22 16	13 31 16 11 4 21 26 14 22 16	16 36 15 14 6 21 26 14 22 16	19 4 19 18 7 22 27 14 22 16	22 8 24 22 6 23 26 14 22 16	25 13 27 26 5 23 27 14 22 16	28 16 26 30 5 24 27 14 22 16
31	32 9 30 31 27 22 27 13 22 16		2 15 3 33 32 21 27 13 22 16		7 24 6 3 36 21 27 13 22 15		13 33 16 11 4 21 26 14 22 16	16 1 15 14 6 21 26 14 22 16		22 9 24 22 6 23 26 14 22 16		28 17 26 30 5 24 27 14 22 16

1959

	JAN	FEB	MAR	APR	MAY	JUNE	JULY	AUG	SEPT	OCT	NOV	DEC
1	29 19 26 30 5 24 27 14 22 16	32 24 31 34 6 24 28 14 22 16	35 25 36 1 7 25 28 14 22 16	2 30 1 5 9 25 28 14 22 16	5 34 2 8 11 24 28 14 22 16	8 2 7 12 13 24 28 14 22 16	10 6 13 15 14 24 28 14 22 16	13 10 14 17 16 24 28 14 22 16	16 15 15 16 18 24 28 14 22 16	19 18 20 16 20 24 28 14 22 16	22 24 25 18 22 25 28 15 22 16	25 27 24 21 24 26 28 15 22 16
2	29 20 26 30 5 24 27 14 22 16	32 25 31 34 6 24 28 14 22 16	35 27 36 1 7 25 28 14 22 16	2 32 1 5 9 25 28 14 22 16	5 35 2 9 11 24 28 14 22 16	8 4 8 12 13 24 28 14 22 16	10 7 13 15 14 24 28 14 22 16	13 11 14 17 16 24 28 14 22 16	16 16 15 16 18 24 28 14 22 16	19 20 20 16 20 24 28 14 22 16	22 25 25 18 22 25 28 15 22 16	25 29 24 21 24 26 28 15 22 16
3	29 22 27 30 5 24 27 14 22 16	32 27 31 34 6 24 28 14 22 16	35 28 36 1 7 25 28 14 22 16	2 33 1 5 9 25 28 14 22 16	5 36 2 9 11 24 28 14 22 16	8 5 8 12 13 24 28 14 22 16	10 8 13 15 14 24 28 14 22 16	13 13 14 17 16 24 28 14 22 16	17 17 15 16 18 24 28 14 22 16	19 21 21 16 20 24 28 14 22 16	23 27 25 18 22 25 28 15 22 16	26 30 24 21 24 26 28 15 22 16
4	29 23 27 30 5 24 27 14 22 16	32 28 31 34 6 24 28 14 22 16	35 29 36 1 8 25 28 14 22 16	2 34 1 5 9 25 28 14 22 16	5 2 2 9 11 24 28 14 22 16	8 6 8 12 13 24 28 14 22 16	11 9 13 15 15 24 28 14 22 16	14 14 14 17 16 24 28 14 22 16	17 19 15 16 18 24 28 14 22 16	20 23 21 16 20 24 28 14 22 16	23 28 25 18 22 25 28 15 22 16	26 32 24 21 25 26 28 15 22 16
5	29 25 27 30 5 24 28 14 22 16	32 29 31 34 6 24 28 14 22 16	35 31 1 2 8 25 28 14 22 16	2 35 1 5 9 25 28 14 22 16	5 3 2 9 11 24 28 14 22 16	8 7 8 12 13 24 28 14 22 16	11 10 13 15 15 24 28 14 22 16	14 15 14 17 16 24 28 14 22 16	17 20 16 16 18 24 28 14 22 16	20 24 21 16 20 24 28 14 22 16	23 29 25 18 23 25 28 15 22 16	26 33 24 21 25 26 28 15 22 16
6	29 26 27 30 5 24 28 14 22 16	32 31 32 34 6 24 28 14 22 16	35 32 1 2 8 25 28 14 22 16	2 1 1 6 9 25 28 14 22 16	5 4 3 8 11 24 28 14 22 16	8 8 8 12 13 24 28 14 22 16	11 12 13 15 15 24 28 14 22 16	14 17 14 17 17 24 28 14 22 16	17 22 16 16 19 24 28 14 22 16	20 26 21 16 21 25 28 14 22 16	23 31 25 18 23 25 28 15 22 16	26 34 24 21 25 26 28 15 22 16
7	29 27 27 31 5 24 28 14 22 16	32 32 32 34 6 24 28 14 22 16	35 33 1 2 8 25 28 14 22 16	2 2 1 6 9 25 28 14 22 16	5 5 3 8 11 24 28 14 22 16	8 10 9 13 13 24 28 14 22 16	11 13 14 15 14 24 28 14 22 16	14 18 14 17 17 24 28 14 22 16	17 23 16 16 19 24 28 14 22 16	20 27 21 16 21 25 28 14 22 16	23 32 25 18 23 25 28 15 22 16	26 36 24 21 25 26 28 15 22 16
8	29 29 27 31 5 24 28 14 22 16	32 34 32 35 6 24 28 14 22 16	35 34 1 2 8 25 28 14 22 16	2 3 1 6 9 25 28 14 22 16	5 6 3 8 11 24 28 14 22 16	8 11 9 13 13 24 28 14 22 16	11 14 14 15 14 24 28 14 22 16	14 19 14 17 17 24 28 14 22 16	17 25 16 16 19 24 28 14 22 16	20 28 21 16 21 25 28 14 22 16	23 34 25 18 23 25 28 15 22 16	26 1 24 22 25 26 28 15 22 16
9	29 30 27 31 5 24 28 14 22 16	32 35 32 35 6 24 28 14 22 16	35 36 1 2 8 25 28 14 22 16	2 4 1 6 9 25 28 14 22 16	5 7 3 8 11 24 28 14 22 16	8 12 9 13 13 24 28 14 22 16	11 16 14 16 15 24 28 14 22 16	14 21 13 17 17 24 28 14 22 16	17 26 16 16 19 24 28 14 22 16	20 30 22 16 21 25 28 15 22 16	23 35 25 18 23 25 28 15 22 16	26 2 24 22 25 26 28 15 22 16
10	29 31 27 31 5 24 28 14 22 16	33 36 32 35 6 24 28 14 22 16	35 1 1 2 8 25 28 14 22 16	2 5 1 6 10 25 28 14 22 16	5 9 3 8 11 24 28 14 22 16	8 13 9 13 13 24 28 14 22 16	11 17 14 16 15 24 28 14 22 16	14 22 13 17 17 24 28 14 22 16	17 27 17 16 19 24 28 14 22 16	20 31 22 16 21 25 28 15 22 16	23 36 25 19 23 25 28 15 22 16	26 3 24 22 25 26 28 15 22 16
11	30 33 28 31 5 24 28 14 22 16	33 1 33 35 7 24 28 14 22 16	36 2 1 2 8 25 28 14 22 16	3 7 1 6 10 25 28 14 22 16	6 10 3 8 11 24 28 14 22 16	8 15 9 13 13 24 28 14 22 16	11 18 14 16 15 24 28 14 22 16	14 23 13 17 17 24 28 14 22 16	17 29 17 16 19 24 28 14 22 16	20 33 22 16 21 25 28 15 22 16	23 1 25 19 23 25 28 15 22 16	26 5 24 22 25 26 28 15 22 16
12	30 34 28 31 5 24 28 14 22 16	33 3 33 35 7 25 28 14 22 16	36 3 1 2 8 25 28 14 22 16	3 8 1 6 10 25 28 14 22 16	6 11 3 10 11 24 28 14 22 16	9 16 10 13 13 24 28 14 22 16	11 20 14 16 15 24 28 14 22 16	14 25 13 17 17 24 28 14 22 16	17 30 17 16 19 24 28 14 22 16	20 34 22 16 21 25 28 15 22 16	23 3 25 19 23 25 28 15 22 16	26 6 24 22 25 26 28 15 22 16
13	30 35 28 31 5 24 28 14 22 16	33 4 33 35 7 25 28 14 22 16	36 5 2 3 8 25 28 14 22 16	3 9 1 6 10 25 28 14 22 16	6 12 4 10 11 24 28 14 22 16	9 17 10 13 13 24 28 14 22 16	12 21 14 16 15 24 28 14 22 16	14 26 13 17 17 24 28 14 22 16	17 32 17 16 19 24 28 14 22 16	20 35 22 16 21 25 28 15 22 16	24 4 25 19 23 25 28 15 22 16	27 7 24 22 25 26 28 15 22 16
14	30 1 28 31 6 24 28 14 22 16	33 5 33 35 7 25 28 14 22 16	36 6 2 3 8 25 28 14 22 16	3 10 1 6 10 25 28 14 22 16	6 14 4 10 11 24 28 14 22 16	9 19 10 13 13 24 28 14 22 16	12 22 14 16 15 24 28 14 22 16	15 28 13 17 17 24 28 14 22 16	18 33 17 16 19 24 28 14 22 16	21 36 22 16 21 25 28 15 22 16	24 5 25 19 23 25 28 15 22 16	27 8 25 22 25 26 28 15 22 16
15	30 2 28 32 6 24 28 14 22 16	33 6 33 35 7 25 28 14 22 16	36 7 2 3 8 25 28 14 22 16	3 11 1 7 10 25 28 14 22 16	6 15 4 10 12 24 28 14 22 16	9 20 10 13 13 24 28 14 22 16	12 24 14 16 15 24 28 14 22 16	15 29 13 17 17 24 28 14 22 16	18 34 17 16 19 24 28 14 22 16	21 2 22 16 21 25 28 15 22 16	24 6 25 19 23 25 28 15 22 16	27 9 25 22 25 26 28 15 22 16
16	30 3 28 32 6 24 28 14 22 16	33 7 33 36 7 25 28 14 22 16	36 8 2 3 8 25 28 14 22 16	3 13 1 7 10 25 28 14 22 16	6 16 4 10 12 24 28 14 22 16	9 21 10 13 13 24 28 14 22 16	12 25 14 16 15 24 28 14 22 16	15 31 13 17 17 24 28 14 22 16	18 35 18 16 19 24 28 14 22 16	21 3 23 16 21 25 28 15 22 16	24 7 25 19 23 25 28 15 22 16	27 11 25 23 25 26 28 15 22 16
17	30 4 28 32 6 24 28 14 22 16	33 8 34 36 7 25 28 14 22 16	36 9 2 3 8 25 28 14 22 16	3 14 1 7 10 25 28 14 22 16	6 18 4 10 12 24 28 14 22 16	9 23 11 14 13 24 28 14 22 16	12 27 14 16 15 24 28 14 22 16	15 32 13 17 17 24 28 14 22 16	18 1 18 16 19 24 28 14 22 16	21 4 23 16 21 25 28 15 22 16	24 9 25 19 23 25 28 15 22 16	27 12 25 23 25 26 28 15 22 16
18	30 5 29 32 6 24 28 14 22 16	33 10 34 36 7 25 28 14 22 16	36 11 2 3 8 25 28 14 22 16	3 15 1 7 10 25 28 14 22 16	6 19 4 10 12 24 28 14 22 16	9 24 11 14 14 24 28 14 22 16	12 28 14 16 15 24 28 14 22 16	15 33 13 17 17 24 28 14 22 16	18 2 18 16 19 24 28 14 22 16	21 5 23 17 21 25 28 15 22 16	24 10 25 19 23 25 28 15 22 16	27 13 25 23 26 26 28 15 22 16
19	30 6 29 32 6 24 28 14 22 16	34 11 34 36 7 25 28 14 22 16	36 12 2 3 8 25 28 14 22 16	3 17 1 7 10 25 28 14 22 16	6 20 5 10 13 24 28 14 22 16	9 26 11 14 14 24 28 14 22 16	12 30 14 16 15 24 28 14 22 16	15 35 13 17 17 24 28 14 22 16	18 3 18 16 19 24 28 14 22 16	21 6 23 17 21 25 28 15 22 16	24 11 25 20 23 25 28 15 22 16	27 14 25 23 26 26 28 15 22 16
20	30 8 29 32 6 24 28 14 22 16	34 11 34 36 7 25 28 14 22 16	36 13 2 3 8 25 28 14 22 16	3 18 1 7 10 25 28 14 22 16	6 22 5 11 12 24 28 14 22 16	9 27 11 14 14 24 28 14 22 16	12 31 14 16 16 24 28 14 22 16	15 36 13 17 17 24 28 14 22 16	18 4 18 15 19 24 28 14 22 16	21 8 23 17 21 25 28 15 22 16	24 12 25 20 24 25 28 15 22 16	27 15 25 23 26 26 28 15 22 16
21	31 9 29 32 6 24 28 14 22 16	34 14 34 36 7 25 28 14 22 16	1 14 2 4 8 25 28 14 22 16	4 20 1 7 10 25 28 14 22 16	6 23 5 11 12 24 28 14 22 16	9 29 11 14 14 24 28 14 22 16	12 32 14 16 16 24 28 14 22 16	15 1 13 17 18 24 28 14 22 16	18 6 19 15 20 24 28 14 22 16	21 9 23 17 22 25 28 15 22 16	24 13 25 20 24 25 28 15 22 16	27 17 25 23 26 26 28 15 22 16
22	31 10 29 32 6 24 28 14 22 16	34 15 35 36 7 25 28 14 22 16	1 16 2 4 8 25 28 14 22 16	4 21 1 7 10 25 28 14 22 16	7 25 5 11 12 24 28 14 22 16	10 30 12 14 14 24 28 14 22 16	12 34 14 16 16 24 28 14 22 16	15 2 14 17 18 24 28 14 22 16	18 7 19 15 20 24 28 14 22 16	21 10 23 17 22 25 28 15 22 16	24 15 25 20 24 25 28 15 22 16	27 18 26 23 26 26 28 15 22 16
23	31 12 29 33 6 24 28 14 22 16	34 16 35 36 7 25 28 14 22 16	1 17 2 4 9 25 28 14 22 16	4 23 1 8 10 25 28 14 22 16	7 26 5 11 12 24 28 14 22 16	10 32 12 14 14 24 28 14 22 16	12 35 14 17 16 24 28 14 22 16	15 4 14 17 18 24 28 14 22 16	18 8 19 15 20 24 28 14 22 16	21 11 24 17 22 25 28 15 22 16	25 16 25 20 24 26 28 15 22 16	28 19 26 23 26 26 28 15 22 16
24	31 13 30 33 6 24 28 14 22 16	34 18 35 1 7 25 28 14 22 16	1 19 2 4 9 25 28 14 22 16	4 24 1 8 10 24 28 14 22 16	7 28 6 11 13 24 28 14 22 16	10 33 12 14 14 24 28 14 22 16	13 1 14 17 16 24 28 14 22 16	16 5 14 17 18 24 23 14 22 16	19 9 19 15 20 24 28 14 22 16	22 12 24 17 22 25 28 15 22 16	25 17 25 20 24 26 28 15 22 16	28 21 26 23 26 26 28 15 22 16
25	31 14 30 33 6 24 28 14 22 16	34 19 35 1 7 25 28 14 22 16	1 20 2 4 9 25 28 14 22 16	4 26 1 8 10 24 28 14 22 16	7 29 6 11 12 24 28 14 22 16	10 34 12 14 14 24 28 14 22 16	13 2 14 17 16 24 28 14 22 16	16 6 14 17 18 24 28 14 22 16	19 10 19 16 19 24 28 14 22 16	22 14 24 17 22 25 28 15 22 16	25 19 24 20 24 26 28 15 22 16	28 22 26 24 26 26 28 15 22 16
26	31 16 30 33 6 24 28 14 22 16	34 21 35 1 7 25 28 14 22 16	1 22 2 4 9 25 28 14 22 16	4 27 1 8 10 24 28 14 22 16	7 31 6 11 13 24 28 14 22 16	10 36 12 14 14 24 28 14 22 16	13 3 14 17 16 24 28 14 22 16	16 7 14 17 18 24 28 14 22 16	19 12 19 16 19 24 28 14 22 16	22 15 24 17 22 25 28 15 22 16	25 20 24 20 24 26 28 15 22 16	28 24 26 24 26 26 28 15 22 16
27	31 17 30 33 6 24 28 14 22 16	34 22 35 1 7 25 28 14 22 16	1 23 1 4 9 25 28 14 22 16	4 29 1 8 10 24 28 14 22 16	7 32 6 11 12 24 28 14 22 16	10 1 12 15 14 24 28 14 22 16	13 4 14 17 16 24 28 14 22 16	16 8 14 17 18 24 28 14 22 16	19 13 20 16 19 24 28 14 22 16	22 16 24 17 22 25 28 15 22 16	25 21 24 20 24 26 28 15 22 16	28 25 26 24 26 26 28 15 22 16
28	31 18 30 33 6 24 28 14 22 16	34 24 36 1 7 25 28 14 22 16	1 25 1 4 9 25 28 14 22 16	4 30 2 8 11 24 28 14 22 16	7 33 6 11 12 24 28 14 22 16	10 2 12 15 14 24 28 14 22 16	13 5 14 17 16 24 28 14 22 16	16 10 14 17 18 24 28 14 22 16	19 14 20 16 19 24 28 14 22 16	22 18 24 17 22 25 28 15 22 16	25 23 24 20 24 26 28 15 22 16	28 27 26 24 26 26 28 15 22 16
29	31 20 30 33 6 24 28 14 22 16		1 36 1 5 9 25 28 14 22 16	4 31 2 8 11 24 28 14 22 16	7 35 7 12 12 24 28 14 22 16	10 3 13 15 14 24 28 14 22 16	13 6 14 17 16 24 28 14 22 16	16 11 14 16 18 24 28 14 22 16	19 16 20 16 19 24 28 14 22 16	22 19 24 17 22 25 28 15 22 16	25 24 24 21 24 26 28 15 22 16	28 28 27 24 26 26 28 15 22 16
30	31 21 30 33 6 24 28 14 22 16		1 28 1 5 9 25 28 14 22 16	4 33 2 8 11 24 28 14 22 16	7 36 7 12 12 24 28 14 22 16	10 4 13 15 14 24 28 14 22 16	13 8 14 17 16 24 28 14 22 16	16 12 14 16 18 24 28 14 22 16	19 17 20 16 19 24 28 14 22 16	22 21 24 18 22 25 28 15 22 16	25 26 24 21 24 26 28 15 22 16	28 30 27 24 26 26 28 15 22 16
31	32 23 31 34 6 24 28 14 22 16		2 29 1 5 9 25 28 14 22 16		7 1 7 12 12 24 28 14 22 16		13 9 14 17 16 24 28 14 22 16	16 13 15 16 18 24 28 14 22 16		22 22 25 18 22 25 28 15 22 16		28 31 27 24 26 26 28 15 22 16

1960

	JAN	FEB	MAR	APR	MAY	JUNE	JULY	AUG	SEPT	OCT	NOV	DEC
1	29 33 27 24 27 26 28 15 22 16	32 1 32 28 29 27 29 14 22 16	35 3 36 32 31 28 29 14 22 16	2 8 35 36 33 28 29 14 22 16	5 11 3 3 36 28 29 14 22 16	8 16 9 7 2 28 29 14 22 16	10 19 13 11 4 27 29 14 22 16	13 24 12 15 7 27 29 15 22 16	16 29 17 18 8 27 29 15 22 16	19 33 21 22 10 27 29 15 22 16	22 2 24 26 11 28 29 15 22 16	25 6 24 29 11 28 29 15 22 16
2	29 34 27 25 27 26 28 15 22 16	32 3 32 28 29 27 29 14 22 16	35 5 36 32 31 28 29 14 22 16	2 9 35 36 34 28 29 14 22 16	5 12 3 3 36 28 29 14 22 16	8 17 9 7 2 28 29 14 22 16	11 20 13 11 4 27 29 15 22 16	14 26 12 15 7 27 29 15 22 16	16 31 17 18 8 27 29 15 22 16	19 35 22 22 10 27 29 15 22 16	23 4 29 26 11 28 29 15 22 16	26 7 24 30 11 28 29 15 22 16
3	29 35 27 25 27 26 28 15 22 16	32 4 32 28 29 27 29 14 22 16	35 6 36 32 31 28 29 14 22 16	2 10 35 36 34 28 29 14 22 16	5 14 3 3 36 28 29 14 22 16	8 18 10 7 2 28 29 14 22 16	11 22 13 11 4 27 29 14 22 16	14 27 12 15 7 27 29 15 22 16	17 32 17 19 9 27 29 15 22 16	20 36 22 22 10 27 29 15 22 16	23 5 24 26 11 28 29 15 22 16	26 8 24 30 11 28 29 15 23 16
4	29 1 28 25 27 26 28 15 22 16	32 5 33 29 29 27 29 14 22 16	35 7 36 32 31 28 29 14 22 16	2 11 35 36 34 28 29 14 22 16	5 15 3 4 36 28 29 14 22 16	8 19 10 7 2 28 29 14 22 16	11 23 13 11 5 27 29 14 22 16	14 28 12 15 7 27 29 15 22 16	17 34 17 19 9 27 29 15 22 16	20 1 22 22 10 27 29 15 22 16	23 6 23 26 11 28 29 15 22 16	26 10 24 30 11 28 29 15 23 16
5	29 2 28 25 27 26 28 15 22 16	32 6 33 29 29 27 29 14 22 16	35 8 36 32 31 28 29 14 22 16	2 13 35 36 34 28 29 14 22 16	5 16 4 4 36 28 29 14 22 16	8 21 10 8 2 28 29 14 22 16	11 25 12 11 5 27 29 14 22 16	14 30 12 15 7 27 29 15 22 16	17 35 17 19 9 27 29 15 22 16	20 3 22 23 10 27 29 15 22 16	23 7 23 26 11 28 29 15 22 16	26 11 24 30 11 28 29 15 23 16
6	29 3 28 25 27 26 29 15 22 16	32 8 33 29 29 27 29 14 22 16	35 10 36 32 31 28 29 14 22 16	2 14 35 36 34 28 29 14 22 16	5 17 4 4 36 28 29 14 22 16	8 22 10 8 2 28 29 14 22 16	11 26 12 11 5 27 29 14 22 16	14 31 12 15 7 27 29 15 22 16	17 1 18 19 9 27 29 15 22 16	20 4 22 23 10 27 29 15 22 16	23 9 23 26 11 28 29 15 22 16	26 12 24 30 11 28 29 15 23 16
7	29 4 28 25 27 27 29 15 22 16	32 9 33 29 29 27 29 14 22 16	35 11 36 32 32 28 29 14 22 16	2 15 35 36 34 28 29 14 22 16	5 19 4 4 36 28 29 14 22 16	8 24 10 8 3 28 29 14 22 16	11 28 12 11 5 27 29 14 22 16	14 33 12 15 7 27 29 15 22 16	17 2 18 19 9 27 29 15 22 16	20 5 22 23 10 27 29 15 22 16	23 10 23 27 11 28 29 15 22 16	26 13 24 30 11 28 29 15 23 16
8	29 6 28 25 27 27 29 15 22 16	32 10 33 29 29 27 29 14 22 16	35 12 36 33 32 28 29 14 22 16	2 16 36 36 34 28 29 14 22 16	5 20 4 4 36 28 29 14 22 16	8 25 10 8 3 28 29 14 22 16	11 29 12 12 5 27 29 14 22 16	14 34 12 15 7 27 29 15 22 16	17 3 18 19 9 27 29 15 22 16	20 7 22 23 10 27 29 15 22 16	23 11 23 27 11 28 29 15 22 16	26 14 25 30 11 28 29 15 23 16
9	29 7 28 25 27 27 29 15 22 16	32 11 34 29 29 27 29 14 22 16	35 13 36 33 32 28 29 14 22 16	2 18 36 1 34 28 29 14 22 16	5 21 4 4 36 28 29 14 22 16	8 27 11 8 3 28 29 14 22 16	11 31 12 12 5 27 29 14 22 16	14 36 12 16 7 27 29 15 22 16	17 5 18 19 9 27 29 15 22 16	20 8 23 23 10 27 29 15 22 16	23 12 23 27 11 28 29 15 22 16	26 15 25 30 11 28 29 15 23 16
10	29 8 28 25 27 27 29 15 22 16	33 12 34 29 30 27 29 14 22 16	35 14 36 33 32 28 29 14 22 16	3 19 36 1 34 28 29 14 22 16	5 23 5 4 36 28 29 14 22 16	8 28 11 8 3 27 29 14 22 16	11 32 12 12 5 27 29 15 22 16	14 1 12 16 7 27 29 15 22 16	17 6 18 19 9 27 29 15 22 16	20 9 23 23 10 27 29 15 22 16	23 13 23 27 11 28 29 15 22 16	26 17 25 31 11 28 29 15 23 16
11	30 9 29 26 27 27 29 15 22 16	33 14 34 29 30 27 29 14 22 16	36 16 35 33 32 28 29 14 22 16	3 21 36 1 34 28 29 14 22 16	6 24 5 4 36 28 29 14 22 16	9 30 11 8 3 27 29 14 22 16	11 34 12 12 5 27 29 14 22 16	14 3 13 16 7 27 29 15 22 16	17 7 18 20 9 27 29 15 22 16	20 10 23 23 10 27 29 15 22 16	23 15 23 27 11 28 29 15 22 16	26 18 25 31 11 28 29 15 23 16
12	30 10 29 26 27 27 29 15 22 16	33 15 34 30 30 27 29 14 22 16	36 17 35 33 32 28 29 14 22 16	3 22 36 1 34 28 29 14 22 16	6 26 5 5 1 28 29 14 22 16	9 31 11 8 3 27 29 14 22 16	12 35 12 12 5 27 29 14 22 16	14 4 13 16 7 27 29 14 22 16	17 8 19 20 9 27 29 15 22 16	20 11 23 23 10 27 29 15 22 16	24 16 22 27 11 28 29 15 22 16	27 19 25 31 11 28 29 15 23 16
13	30 11 29 26 27 27 29 15 22 16	33 16 34 30 30 27 29 14 22 16	36 18 35 33 32 28 29 14 22 16	3 23 36 1 34 28 29 14 22 16	6 27 5 5 1 28 29 14 22 16	9 33 11 8 3 27 29 14 22 16	12 36 12 12 5 27 29 14 22 16	15 5 13 16 7 27 29 15 22 16	18 9 19 20 9 27 29 15 22 16	21 13 23 23 11 27 29 15 22 16	24 17 22 27 11 28 29 15 22 16	27 20 25 31 11 28 29 15 23 16
14	30 13 29 26 28 27 29 15 22 16	33 17 34 30 30 27 29 14 22 16	36 20 35 33 32 28 29 14 22 16	3 25 36 1 34 28 29 14 22 16	6 29 6 5 1 28 29 14 22 16	9 34 11 9 3 27 29 14 22 16	12 2 12 12 5 27 29 14 22 16	15 6 13 16 7 27 29 15 22 16	18 11 19 20 9 27 29 15 22 16	21 14 23 24 11 27 29 15 22 16	24 18 22 27 11 28 29 15 22 16	27 22 26 31 11 29 29 15 23 16
15	30 14 29 26 28 27 29 15 22 16	33 19 35 30 30 27 29 14 22 16	36 21 35 33 32 28 29 14 22 16	3 26 36 1 35 28 29 14 22 16	6 30 6 5 1 28 29 14 22 16	9 35 11 9 3 27 29 14 22 16	12 3 12 12 5 27 29 14 22 16	15 7 13 16 7 27 29 15 22 16	18 12 19 20 9 27 29 15 22 16	21 15 23 24 11 27 29 15 22 16	24 20 22 28 11 28 29 15 22 16	27 23 26 31 11 29 29 15 23 16
16	30 15 29 26 28 27 29 15 22 16	33 20 35 30 30 27 29 14 22 16	36 23 35 34 32 28 29 14 22 16	3 28 1 1 35 28 29 14 22 16	6 32 6 5 1 28 29 14 22 16	9 1 11 9 3 27 29 14 22 16	12 4 12 13 5 27 29 14 22 16	15 9 13 16 7 27 29 15 22 16	18 13 19 20 9 27 29 15 22 16	21 16 23 24 11 27 29 15 22 16	24 21 22 28 11 28 29 15 22 16	27 25 26 31 11 29 29 15 23 16
17	30 16 30 26 28 27 29 14 22 16	33 21 35 30 30 27 29 14 22 16	36 24 35 34 32 28 29 14 22 16	3 29 1 1 35 28 29 14 22 16	6 33 6 5 1 28 29 14 22 16	9 2 12 9 3 27 29 14 22 16	12 5 12 13 5 27 29 14 22 16	15 10 14 16 7 27 29 15 22 16	18 14 19 20 9 27 29 15 22 16	21 18 23 24 11 27 29 15 22 16	24 22 22 28 11 28 29 15 22 16	27 26 26 31 11 29 29 15 23 16
18	30 18 30 26 28 27 29 14 22 16	33 23 35 30 30 27 29 14 22 16	36 25 35 34 32 28 29 14 22 16	3 31 1 2 35 28 29 14 22 16	6 34 6 5 1 28 29 14 22 16	9 3 12 9 3 27 29 14 22 16	12 7 12 13 6 27 29 14 22 16	15 11 14 17 8 27 29 15 22 16	18 16 20 20 9 27 29 15 22 16	21 19 23 24 11 27 29 15 22 16	24 24 22 28 11 28 29 15 22 16	27 28 26 31 11 29 29 15 23 16
19	30 19 30 27 28 27 29 14 22 16	33 24 35 30 30 27 29 14 22 16	36 27 35 34 32 28 29 14 22 16	3 32 1 2 35 28 29 14 22 16	6 36 7 5 1 28 29 14 22 16	9 5 12 9 3 27 29 14 22 16	12 8 12 13 6 27 29 14 22 16	15 12 14 17 8 27 29 15 22 16	18 17 20 21 9 27 29 15 22 16	21 20 24 24 11 27 29 15 22 16	24 25 22 28 11 28 29 15 22 16	27 29 26 32 11 29 29 15 23 16
20	30 20 30 27 28 27 29 14 22 16	34 26 35 30 30 27 29 14 22 16	36 28 35 34 33 28 29 14 22 16	4 33 1 2 35 28 29 14 22 16	6 1 7 6 1 28 29 14 22 16	9 6 12 9 4 27 29 14 22 16	12 9 12 13 6 27 29 14 22 16	15 13 14 17 8 27 29 15 22 16	18 18 20 21 9 27 29 15 22 16	21 22 24 24 11 27 29 15 22 16	24 27 22 28 11 28 29 15 22 16	27 31 26 32 11 29 29 15 23 16
21	31 22 30 27 28 27 29 14 22 16	34 27 35 31 30 27 29 14 22 16	1 30 35 34 33 28 29 14 22 16	4 35 1 2 35 28 29 14 22 16	7 2 7 6 1 28 29 14 22 16	10 7 12 9 4 27 29 14 22 16	12 10 12 13 6 27 29 14 22 16	15 15 14 17 8 27 29 15 22 16	18 19 20 21 10 27 29 15 22 16	21 23 24 24 11 27 29 15 22 16	24 28 22 28 11 28 29 15 22 16	27 32 27 32 11 29 29 15 23 16
22	31 23 30 27 28 27 29 14 22 16	34 29 36 31 30 27 29 14 22 16	1 31 35 34 33 28 29 14 22 16	4 36 1 2 35 28 29 14 22 16	7 4 7 6 1 28 29 14 22 16	10 8 12 10 4 27 29 14 22 16	12 11 12 13 6 27 29 15 22 16	15 16 15 17 8 27 29 15 22 16	18 21 20 21 10 27 29 15 22 16	21 24 24 25 11 27 29 15 22 16	25 30 23 28 11 28 29 15 22 16	28 34 27 32 11 29 29 15 23 16
23	31 25 31 27 28 27 29 14 22 16	34 30 36 31 31 27 29 14 22 16	1 32 35 34 33 28 29 14 22 16	4 1 2 2 35 28 29 14 22 16	7 5 7 6 1 28 29 14 22 16	10 9 12 10 4 27 29 14 22 16	13 13 12 13 6 27 29 15 22 16	16 17 15 17 8 27 29 15 22 16	19 22 20 21 10 27 29 15 22 16	22 26 24 25 11 27 29 15 22 16	25 31 23 28 11 28 29 15 22 16	28 35 27 32 11 29 29 15 23 16
24	31 26 31 27 28 27 29 14 22 16	34 31 36 31 31 27 29 14 22 16	1 34 35 35 33 28 29 14 22 16	4 3 2 2 35 28 29 14 22 16	7 6 8 6 1 28 29 14 22 16	10 10 12 10 4 27 29 14 22 16	13 14 12 14 6 27 29 15 22 16	16 18 15 17 8 27 29 15 22 16	19 23 20 21 10 27 29 15 22 16	22 27 24 25 11 27 29 15 22 16	25 33 23 29 11 28 29 15 22 16	28 36 27 32 11 29 29 15 23 16
25	31 28 31 27 28 27 29 14 22 16	34 33 36 31 31 27 29 14 22 16	1 35 35 35 33 28 29 14 22 16	4 4 2 2 35 28 29 14 22 16	7 7 8 6 2 28 29 14 22 16	10 12 12 10 4 27 29 14 22 16	13 15 12 14 6 27 29 15 22 16	16 20 15 17 8 27 29 15 22 16	19 25 21 21 10 27 29 15 22 16	22 29 24 25 11 27 29 15 22 16	25 34 23 29 11 28 29 15 22 16	28 2 27 32 11 29 29 15 23 16
26	31 29 31 27 28 27 29 14 22 16	34 34 36 31 31 27 29 14 22 16	1 36 35 35 33 28 29 14 22 16	4 5 2 3 35 28 29 14 22 16	7 8 8 6 2 28 29 14 22 16	10 13 12 10 4 27 29 14 22 16	13 16 12 14 6 27 29 15 22 16	16 21 15 18 8 27 29 15 22 16	19 26 21 21 10 27 29 15 22 16	22 30 24 25 11 28 29 15 22 16	25 35 23 29 11 28 29 15 22 16	28 3 27 32 11 29 29 15 23 16
27	31 31 31 28 28 27 29 14 22 16	34 36 36 31 31 27 29 14 22 16	1 2 35 35 33 28 29 14 22 16	4 6 2 3 35 28 29 14 22 16	7 10 8 6 2 28 29 14 22 16	10 14 12 10 4 27 29 14 22 16	13 17 12 14 6 27 29 15 22 16	16 22 16 18 8 27 29 15 22 16	19 28 21 22 10 27 29 15 22 16	22 32 24 25 11 28 29 15 22 16	25 1 23 29 11 28 29 15 22 16	28 4 28 33 10 29 29 15 23 16
28	31 32 31 28 29 27 29 14 22 16	34 1 36 32 31 27 29 14 22 16	1 3 35 35 33 28 29 14 22 16	4 8 2 3 36 28 29 14 22 16	7 11 8 7 2 28 29 14 22 16	10 15 12 10 4 27 29 14 22 16	13 19 12 14 6 27 29 15 22 16	16 24 16 18 8 27 29 15 22 16	19 29 21 22 10 27 29 15 22 16	22 33 24 25 11 28 29 15 22 16	25 2 23 29 11 28 29 15 22 16	28 6 28 33 10 29 29 15 23 16
29	31 33 32 28 29 27 29 14 22 16	34 2 36 32 31 27 29 14 22 16	1 4 35 35 33 28 29 14 22 16	4 9 3 3 36 28 29 14 22 16	7 12 9 7 2 28 29 14 22 16	10 16 12 10 4 27 29 14 22 16	13 20 12 14 6 27 29 15 22 16	16 25 16 18 8 27 29 15 22 16	19 30 21 22 10 27 29 15 22 16	22 34 24 25 11 28 29 15 22 16	25 3 23 29 11 28 29 15 22 16	28 7 28 33 10 29 29 15 23 16
30	31 35 32 28 29 27 29 14 22 16		1 6 35 35 33 28 29 14 22 16	5 10 3 3 36 28 29 14 22 16	7 13 9 7 2 28 29 14 22 16	10 18 12 11 4 27 29 14 22 16	13 21 12 14 6 27 29 15 22 16	16 27 16 18 8 27 29 15 22 16	19 32 21 22 10 27 29 15 22 16	22 36 24 26 11 28 29 15 22 16	25 5 23 29 11 28 29 15 22 16	28 8 28 33 10 29 29 15 23 16
31	32 36 32 28 29 27 29 14 22 16		2 7 35 35 33 28 29 14 22 16		7 14 9 7 2 28 29 14 22 16		13 23 12 14 6 27 29 15 22 16	16 28 16 18 8 27 29 15 22 16		22 1 24 26 11 28 29 15 22 16		28 9 28 33 10 29 29 15 23 16

1961

	JAN	FEB	MAR	APR	MAY	JUNE	JULY	AUG	SEPT	OCT	NOV	DEC
1	29 10 28 33 10 29 29 15 23 16	32 15 33 36 10 30 30 15 23 16	35 15 33 3 10 30 30 15 23 16	2 20 35 3 11 31 30 15 23 16	5 24 5 2 12 31 30 15 22 16	8 29 10 3 14 31 30 15 22 16	10 33 10 6 16 31 30 15 22 16	13 2 12 9 18 31 30 15 22 16	16 7 18 13 19 30 30 15 22 16	19 10 22 16 21 30 30 15 22 16	22 15 21 20 24 30 30 15 23 16	25 18 25 24 26 31 30 16 23 16
2	29 11 28 33 10 29 29 15 23 16	32 16 34 1 10 30 30 15 23 16	35 17 33 3 10 30 30 15 23 16	2 21 35 3 11 31 30 15 23 16	5 25 5 2 12 31 30 15 22 16	8 30 10 3 14 31 30 15 22 16	11 34 10 6 16 31 30 15 22 16	13 3 12 9 18 31 30 15 22 16	16 8 18 13 20 30 30 15 22 16	19 11 22 17 22 30 30 15 22 16	22 16 21 20 24 30 30 16 23 16	26 19 25 24 26 31 30 16 23 16
3	29 12 29 33 10 29 29 15 23 16	32 17 34 1 10 30 30 15 23 16	35 18 33 3 10 30 30 15 23 16	2 23 35 3 11 31 30 15 23 16	5 26 5 2 12 31 30 15 22 16	8 32 10 3 14 31 30 15 22 16	11 35 10 6 16 31 30 15 22 16	14 5 12 9 18 31 30 15 22 16	17 9 18 13 20 30 30 15 22 16	20 13 22 17 22 30 30 15 22 16	23 17 21 21 24 30 30 16 23 16	26 20 25 24 26 31 30 16 23 16
4	29 14 29 33 10 29 30 15 23 16	32 18 34 1 10 30 30 15 23 16	35 19 33 3 10 30 30 15 23 16	2 24 36 3 11 31 30 15 23 16	5 28 5 2 12 31 30 15 22 16	8 33 10 3 14 31 30 15 22 16	11 1 10 6 16 31 30 15 22 16	14 6 13 10 18 31 30 15 22 16	17 11 18 13 20 30 30 15 22 16	20 14 22 17 22 30 30 15 22 16	23 18 21 21 24 30 30 16 23 16	26 21 25 24 26 31 30 16 23 16
5	29 15 29 34 10 29 30 15 23 16	32 19 34 1 10 30 30 15 23 16	35 20 33 3 10 30 30 15 23 16	2 25 36 3 11 31 30 15 23 16	5 29 5 2 12 31 30 15 22 16	8 34 10 3 14 31 30 15 22 16	11 2 10 6 16 31 30 15 22 16	14 7 13 10 18 31 30 15 22 16	17 12 19 13 19 30 30 15 22 16	20 15 22 17 22 30 30 15 23 16	23 19 21 21 24 31 30 16 23 16	26 23 25 25 26 31 30 16 23 16
6	29 16 29 34 10 29 30 15 23 16	32 21 34 1 10 30 30 15 23 16	35 22 33 3 10 30 30 15 23 16	2 27 36 3 11 31 30 15 23 16	5 31 6 2 13 31 30 15 22 16	8 36 10 4 14 31 30 15 22 16	11 4 10 6 16 31 30 15 22 16	14 8 13 10 18 31 30 15 22 16	17 13 19 13 19 30 30 15 22 16	20 16 22 17 22 30 30 15 23 16	23 21 21 21 24 31 30 16 23 16	26 24 25 25 26 31 30 16 23 16
7	29 17 29 34 10 29 30 15 23 16	32 22 34 1 10 30 30 15 23 16	35 23 33 3 10 30 30 15 23 16	2 28 36 3 11 31 30 15 23 16	5 32 6 2 13 31 30 15 22 16	8 1 10 4 14 31 30 15 22 16	11 5 10 7 16 31 30 15 22 16	14 10 13 10 18 31 30 15 22 16	17 14 19 14 20 30 30 15 22 16	20 17 22 17 22 30 30 15 23 16	23 22 21 21 24 31 30 16 23 16	26 25 26 25 26 31 30 16 23 16
8	29 18 29 34 10 29 30 15 23 16	32 23 34 1 10 30 30 15 23 16	35 24 33 3 10 30 30 15 23 16	2 29 36 3 11 31 30 15 23 16	5 33 6 2 13 31 30 15 22 16	8 3 10 4 14 31 30 15 22 16	11 6 10 7 16 31 30 15 22 16	14 11 13 10 18 31 30 15 22 16	17 15 19 14 20 30 30 15 22 16	20 19 22 17 22 30 30 15 23 16	23 23 21 21 24 31 30 16 23 16	26 27 26 25 26 31 30 16 23 16
9	29 20 30 34 10 29 30 15 23 16	33 25 34 1 10 30 30 15 23 16	35 26 33 3 10 30 30 15 23 16	2 31 36 3 11 31 30 15 23 16	5 35 6 2 13 31 30 15 22 16	8 4 10 4 14 31 30 15 22 16	11 7 10 7 16 31 30 15 22 16	14 12 14 10 18 31 30 15 22 16	17 16 19 14 20 30 30 15 22 16	20 20 22 17 22 30 30 15 23 16	23 25 21 21 24 31 30 16 23 16	26 28 26 25 26 31 30 16 23 16
10	30 21 30 34 10 29 30 15 23 16	33 26 34 1 10 30 30 15 23 16	35 27 33 3 10 30 30 15 23 16	3 32 1 3 11 31 30 15 23 16	5 36 6 2 13 31 30 15 22 16	8 5 10 4 14 31 30 15 22 16	11 9 10 7 16 31 30 15 22 16	14 13 14 10 18 31 30 15 22 16	17 18 19 14 20 30 30 15 22 16	20 21 22 18 22 30 30 15 23 16	23 26 21 21 24 31 30 16 23 16	26 30 26 25 26 31 30 16 23 16
11	30 22 30 34 10 29 30 15 23 16	33 27 34 1 10 30 30 15 23 16	36 28 33 3 10 30 30 15 23 16	3 34 1 3 11 31 30 15 23 16	6 2 7 2 13 31 30 15 22 16	9 6 10 4 14 31 30 15 22 16	11 10 10 7 16 31 30 15 22 16	14 14 14 10 18 31 30 15 22 16	17 19 20 14 20 30 30 15 22 16	20 22 22 18 22 30 30 15 23 16	23 27 22 22 24 31 30 16 23 16	26 31 26 25 27 31 30 16 23 16
12	30 24 30 34 10 29 30 15 23 16	33 29 34 1 10 30 30 15 23 16	36 30 33 3 10 30 30 15 23 16	3 35 1 2 11 31 30 15 23 16	6 3 7 2 13 31 30 15 22 16	9 8 10 4 15 31 30 15 22 16	11 11 10 7 16 31 30 15 22 16	14 16 14 11 18 30 30 15 22 16	17 20 20 14 20 30 30 15 22 16	20 24 22 18 22 30 30 15 23 16	23 29 22 22 24 31 30 16 23 16	27 32 26 25 27 31 30 16 23 16
13	30 25 30 34 10 29 30 15 23 16	33 30 34 2 10 30 30 15 23 16	36 31 33 3 10 30 30 15 23 16	3 1 1 2 11 31 30 15 23 16	6 4 7 2 13 31 30 15 22 16	9 9 11 4 15 31 30 15 22 16	12 12 10 7 16 31 30 15 22 16	15 17 14 11 18 30 30 15 22 16	18 21 20 14 20 30 30 15 22 16	20 25 22 18 22 30 30 15 23 16	24 30 22 22 24 31 30 16 23 16	27 34 26 26 27 31 30 16 23 16
14	30 27 30 35 10 29 30 15 23 16	33 32 34 2 10 30 30 15 23 16	36 33 33 3 10 30 30 15 23 16	3 2 1 2 11 31 30 15 23 16	6 6 7 2 13 31 30 15 22 16	9 10 11 4 15 31 30 15 22 16	12 13 10 7 16 31 30 15 22 16	15 18 15 11 18 30 30 15 22 16	18 22 20 14 20 30 30 15 22 16	21 26 22 18 22 30 30 15 23 16	24 31 22 22 25 31 30 16 23 16	27 35 27 26 27 31 30 16 23 16
15	30 28 31 35 10 29 30 15 23 16	33 33 34 2 10 30 30 15 23 16	36 34 33 3 10 30 30 15 23 16	3 3 1 2 11 31 30 15 23 16	6 7 7 2 13 31 30 15 22 16	9 11 11 4 15 31 30 15 22 16	12 15 10 7 16 31 30 15 22 16	15 19 15 11 18 30 30 15 22 16	18 24 20 15 20 30 30 15 22 16	21 28 22 18 22 30 30 15 23 16	24 33 22 22 25 31 30 16 23 16	27 1 27 26 27 31 30 16 23 16
16	30 30 31 35 10 29 30 15 23 16	33 35 34 2 10 30 30 15 23 16	36 36 33 3 10 31 30 15 23 16	3 5 2 2 12 31 30 15 23 16	6 8 8 2 13 31 30 15 22 16	9 13 11 4 15 31 30 15 22 16	12 16 10 8 17 31 30 15 22 16	15 20 15 11 18 30 30 15 22 16	18 25 20 15 20 30 30 15 22 16	21 29 22 18 23 30 30 15 23 16	24 34 22 22 25 31 30 16 23 16	27 2 27 26 27 31 30 16 23 16
17	30 31 31 35 10 29 30 15 23 16	33 36 34 2 10 30 30 15 23 16	36 1 33 3 10 31 30 15 23 16	3 6 2 2 12 31 30 15 23 16	6 9 8 2 13 31 30 15 22 16	9 14 11 5 15 31 30 15 22 16	12 17 10 8 17 31 30 15 22 16	15 22 15 11 19 30 30 15 22 16	18 27 20 15 21 30 30 15 22 16	21 30 22 18 23 30 30 15 23 16	24 36 22 22 25 31 30 16 23 16	27 3 27 26 27 31 30 16 23 16
18	30 33 31 35 10 29 30 15 23 16	33 2 34 2 10 30 30 15 23 16	36 3 34 3 10 31 30 15 23 16	3 7 2 2 12 31 30 15 23 16	6 11 8 2 13 31 30 15 22 16	9 15 11 5 15 31 30 15 22 16	12 18 10 8 17 31 30 15 22 16	15 23 15 11 19 30 30 15 22 16	18 28 20 15 21 30 30 15 22 16	21 32 22 19 23 30 30 15 23 16	24 1 23 22 25 31 30 16 23 16	27 5 27 26 27 31 30 16 23 16
19	30 34 31 35 10 29 30 15 23 16	34 3 34 2 10 30 30 15 23 16	36 4 34 3 10 31 30 15 23 16	3 9 2 2 12 31 30 15 23 16	6 12 8 2 13 31 30 15 22 16	9 16 10 5 15 31 30 15 22 16	12 19 10 8 17 31 30 15 22 16	15 24 16 11 19 30 30 15 22 16	18 29 21 15 21 30 30 15 22 16	21 33 22 19 23 30 30 15 23 16	24 2 23 23 25 31 30 16 23 16	27 6 27 26 27 31 30 16 23 16
20	31 35 31 35 10 29 30 15 23 16	34 4 34 2 10 30 30 15 23 16	36 5 34 3 10 31 30 15 23 16	4 10 2 2 12 31 30 15 23 16	6 13 8 2 13 31 30 15 22 16	9 17 10 5 15 31 30 15 22 16	12 21 10 8 17 31 30 15 22 16	15 26 16 11 19 30 30 15 22 16	18 32 21 15 21 30 30 15 22 16	21 35 22 19 23 30 30 15 23 16	24 4 23 23 25 31 30 16 23 16	27 8 28 26 27 31 30 16 23 16
21	31 1 32 35 10 29 30 15 23 16	34 6 34 2 10 30 30 15 23 16	1 7 34 3 10 31 30 15 23 16	4 11 2 2 12 31 30 15 23 16	7 14 8 2 13 31 30 15 22 16	9 19 10 5 15 31 30 15 22 16	12 22 10 8 17 31 30 15 22 16	15 27 16 12 19 30 30 15 22 16	18 34 21 15 21 30 30 15 22 16	21 36 22 19 23 30 30 15 23 16	24 5 23 23 25 31 30 16 23 16	27 9 28 27 27 31 30 16 23 16
22	31 2 32 35 10 29 30 15 23 16	34 7 34 2 10 30 30 15 23 16	1 8 34 3 10 31 30 15 23 16	4 12 3 2 12 31 30 15 23 16	7 15 9 2 13 31 30 15 22 16	10 20 10 5 15 31 30 15 22 16	12 23 10 8 17 31 30 15 22 16	15 28 16 12 19 30 30 15 22 16	19 35 21 15 21 30 30 15 22 16	21 1 21 19 23 30 30 15 23 16	24 7 23 23 25 31 30 16 23 16	28 10 28 27 27 31 30 16 23 16
23	31 4 32 35 10 29 30 15 23 16	34 8 34 2 10 30 30 15 23 16	1 9 34 3 11 31 30 15 23 16	4 13 3 2 12 31 30 15 23 16	7 17 9 2 13 31 30 15 22 16	10 21 10 5 15 31 30 15 22 16	13 25 11 8 17 31 30 15 22 16	16 30 16 12 19 30 30 15 22 16	19 1 21 16 21 30 30 15 22 16	21 3 21 19 23 30 30 15 23 16	25 8 23 23 25 31 30 16 23 16	28 11 28 27 27 31 30 16 23 16
24	31 5 32 36 10 29 30 15 23 16	34 9 33 2 10 30 30 15 23 16	1 10 34 3 11 31 30 15 23 16	4 15 3 2 12 31 30 15 23 16	7 18 9 2 13 31 30 15 22 16	10 22 10 5 15 31 30 15 22 16	13 26 11 8 17 31 30 15 22 16	16 31 17 12 19 30 30 15 22 16	19 2 21 16 21 30 30 15 22 16	22 4 21 19 23 30 30 15 23 16	25 9 23 23 25 31 30 16 23 16	28 13 28 27 27 31 30 16 23 16
25	31 6 32 36 10 30 30 15 23 16	34 11 33 2 10 30 30 15 23 16	1 11 34 3 11 31 30 15 23 16	4 16 3 2 12 31 30 15 23 16	7 19 9 3 14 31 30 15 22 16	10 24 10 5 15 31 30 15 22 16	13 28 11 8 17 31 30 15 22 16	16 33 17 12 19 30 30 15 22 16	19 4 21 16 21 30 30 15 22 16	22 6 21 19 23 30 30 15 23 16	25 10 24 23 25 31 30 16 23 16	28 14 28 27 28 31 30 16 23 16
26	31 7 32 36 10 29 30 15 23 16	34 12 33 3 10 30 30 15 23 16	1 13 34 3 11 31 30 15 23 16	4 17 3 2 12 31 30 15 23 16	7 20 9 3 14 31 30 15 22 16	10 25 10 5 15 31 30 15 22 16	13 29 11 9 17 31 30 15 22 16	16 34 17 12 19 30 30 15 22 16	19 5 21 16 21 30 30 15 22 16	22 7 21 20 23 30 30 15 23 16	25 12 24 23 25 31 30 16 23 16	28 15 29 27 28 31 30 16 23 16
27	31 9 33 36 10 30 30 15 23 16	34 13 33 3 10 30 30 15 23 16	1 14 34 3 11 31 30 15 23 16	4 18 4 2 12 31 30 15 23 16	7 22 9 3 14 31 30 15 22 16	10 27 10 6 15 31 30 15 22 16	13 30 11 9 17 31 30 15 22 16	16 36 17 12 19 30 30 15 22 16	19 6 22 16 21 30 30 15 22 16	22 8 21 20 23 30 30 15 23 16	25 13 24 24 25 31 30 16 23 16	28 16 29 27 28 31 30 16 23 16
28	31 10 33 36 10 30 30 15 23 16	34 14 33 3 10 30 30 15 23 16	1 15 35 3 11 31 30 15 23 16	4 19 4 2 12 31 30 15 23 16	7 23 9 3 14 31 30 15 22 16	10 28 10 6 15 31 30 15 22 16	13 32 11 9 17 31 30 15 22 16	16 1 17 12 19 30 30 15 22 16	19 8 22 16 21 30 30 15 22 16	22 10 21 20 23 30 30 15 23 16	25 14 24 24 26 31 30 16 23 16	28 17 29 27 28 31 30 16 23 16
29	31 11 33 36 10 30 30 15 23 16		1 16 35 3 11 31 30 15 23 16	4 21 4 2 12 31 30 15 23 16	7 24 10 3 14 31 30 15 22 16	10 30 10 6 16 31 30 15 22 16	13 33 11 9 17 31 30 15 22 16	16 3 17 13 19 30 30 15 22 16	19 9 22 16 21 30 30 15 22 16	22 11 21 20 23 30 30 15 23 16	25 15 24 24 26 31 30 16 23 16	28 19 29 28 28 31 30 16 23 16
30	32 12 33 36 10 30 30 15 23 16		1 17 35 3 11 31 30 15 23 16	4 22 4 2 12 31 30 15 22 16	7 26 10 3 14 31 30 15 22 16	10 31 10 6 16 31 30 15 22 16	13 35 12 9 17 31 30 15 22 16	16 4 18 13 19 30 30 15 22 16	19 9 22 16 21 30 30 15 23 16	22 12 21 20 23 30 30 15 23 16	25 17 24 24 26 31 30 16 23 16	28 20 29 28 28 32 30 16 23 16
31	32 13 33 36 10 30 30 15 23 16		2 19 35 3 11 31 30 15 23 16		7 27 10 3 14 31 30 15 22 16		13 36 12 9 17 31 30 15 22 16	16 6 18 13 19 30 30 15 22 16		22 13 21 20 24 30 30 15 23 16		28 21 29 28 28 32 30 16 23 16

1962

	JAN	FEB	MAR	APR	MAY	JUNE	JULY	AUG	SEPT	OCT	NOV	DEC
1	29 22 30 28 28 32 30 16 23 16	32 27 33 32 30 32 31 15 23 16	35 28 32 35 33 33 31 15 23 16	2 34 36 3 35 34 31 15 23 16	5 2 6 7 1 34 32 15 23 16	8 7 8 11 4 35 32 15 23 16	10 10 8 14 6 35 32 15 23 16	13 14 14 18 8 35 31 15 23 16	16 19 19 21 10 34 31 16 23 16	19 22 20 23 12 34 31 16 23 17	22 27 21 24 14 34 31 16 23 17	25 30 26 23 15 34 31 16 23 17
2	29 23 30 28 28 32 30 16 23 16	32 28 32 32 31 32 31 15 23 16	35 29 32 35 33 33 31 15 23 16	2 35 36 3 35 34 31 15 23 16	5 3 6 7 1 34 32 15 23 16	8 8 8 11 4 35 32 15 23 16	11 11 8 14 6 35 32 15 23 16	13 16 14 18 8 35 31 15 23 16	16 20 19 21 10 34 31 16 23 16	19 23 20 24 12 34 31 16 23 17	22 28 21 24 14 34 31 16 23 17	25 32 26 23 15 34 31 16 23 17
3	29 25 30 28 28 32 30 16 23 16	32 30 32 32 31 32 31 15 23 16	35 31 32 36 33 33 31 15 23 16	2 1 1 3 35 34 31 15 23 16	5 5 7 7 2 34 32 15 23 16	8 10 8 11 4 35 32 15 23 16	11 12 8 14 6 35 32 15 23 16	14 17 14 18 8 35 31 15 23 16	17 21 19 21 10 34 31 16 23 16	19 25 20 24 12 34 31 16 23 17	23 29 21 24 14 34 31 16 23 17	26 33 26 23 15 34 31 16 23 17
4	29 26 30 28 28 32 31 16 23 16	32 31 32 32 31 32 31 15 23 16	35 32 32 36 33 33 31 15 23 16	2 2 1 4 35 34 31 15 23 16	5 6 7 7 2 34 32 15 23 16	8 11 8 11 4 35 32 15 23 16	11 14 9 15 6 35 32 15 23 16	14 18 14 18 8 35 31 15 23 16	17 22 19 21 10 34 31 16 23 16	20 26 20 24 12 34 31 16 23 17	23 31 21 24 14 34 31 16 23 17	26 34 26 23 15 34 31 16 23 17
5	29 28 30 28 28 32 31 16 23 16	32 33 32 32 31 32 31 15 23 16	35 34 32 36 33 33 31 15 23 16	2 4 1 4 35 34 31 15 23 16	5 7 7 7 2 34 32 15 23 16	8 12 8 11 4 35 32 15 23 16	11 15 9 15 6 35 31 15 23 16	14 19 14 18 8 35 31 15 23 16	17 24 19 21 10 34 31 16 23 16	20 27 20 24 12 34 31 16 23 17	23 32 22 24 14 34 31 16 23 17	26 36 26 23 15 34 31 16 23 17
6	29 29 30 29 28 32 31 16 23 16	32 34 32 32 31 32 31 15 23 16	35 35 32 36 33 33 31 15 23 16	2 5 1 4 35 34 31 15 23 16	5 9 7 7 2 34 32 15 23 16	8 13 8 11 4 35 32 15 23 16	11 16 9 15 6 35 31 15 23 16	14 20 15 18 8 35 31 15 23 16	17 25 19 21 10 34 31 16 23 17	20 28 20 24 12 34 31 16 23 17	23 33 22 24 14 34 31 16 23 17	26 1 27 23 15 34 31 16 23 17
7	29 31 31 29 29 32 31 16 23 16	32 36 32 33 31 32 31 15 23 16	35 1 33 36 33 33 31 15 23 16	2 7 1 4 36 34 31 15 23 16	5 10 7 8 2 34 32 15 23 16	8 15 8 11 4 35 32 15 23 16	11 17 9 15 6 35 31 15 23 16	14 22 15 18 9 35 31 15 23 16	17 26 20 22 11 34 31 16 23 17	20 30 20 24 12 34 31 16 23 17	23 35 22 24 14 34 31 16 23 17	26 3 27 23 15 34 31 16 23 17
8	29 32 31 29 29 32 31 16 23 16	32 1 32 33 31 32 31 15 23 16	35 2 33 36 33 33 31 15 23 16	2 8 2 4 36 34 31 15 23 16	5 11 7 8 2 34 32 15 23 16	8 16 8 11 4 35 32 15 23 16	11 18 9 15 6 35 31 15 23 16	14 23 15 18 9 35 31 15 23 16	17 28 20 22 11 34 31 16 23 17	20 31 20 24 12 34 31 16 23 17	23 36 22 24 14 34 31 16 23 17	26 4 27 23 15 34 31 16 23 17
9	29 33 31 29 29 32 31 15 23 16	33 3 32 33 31 32 31 15 23 16	35 4 33 36 33 33 31 15 23 16	2 9 2 4 36 34 31 15 23 16	5 13 7 8 2 34 32 15 23 16	8 17 8 12 4 35 32 15 23 16	11 20 9 15 7 35 31 15 23 16	14 24 15 19 9 35 31 15 23 16	17 29 20 22 11 34 31 16 23 17	20 33 20 24 12 34 31 16 23 17	23 2 22 24 14 34 31 16 23 17	26 6 27 23 15 34 31 16 23 17
10	29 35 31 29 29 32 31 15 23 16	33 4 32 33 31 32 31 15 23 16	35 5 33 36 33 33 31 15 23 16	3 11 2 4 36 34 32 15 23 16	5 14 8 8 2 34 32 15 23 16	8 18 8 12 4 35 32 15 23 16	11 21 9 15 7 35 31 15 23 16	14 25 15 19 9 35 31 15 23 16	17 30 20 22 11 34 31 16 23 17	20 34 20 24 12 34 31 16 23 17	23 3 22 24 14 34 31 16 23 17	26 7 27 23 15 34 31 16 23 17
11	30 36 31 29 29 32 31 15 23 16	33 5 32 33 31 33 31 15 23 16	36 6 33 1 33 33 31 15 23 16	3 12 2 4 36 34 32 15 23 16	6 15 8 8 2 34 32 15 23 16	9 19 8 12 5 35 32 15 23 16	11 22 10 15 7 35 31 15 23 16	14 27 16 19 9 35 31 16 23 16	17 32 20 22 11 34 31 16 23 17	20 35 19 24 12 34 31 16 23 17	23 5 23 24 14 34 31 16 23 17	26 8 27 23 15 34 31 16 23 17
12	30 2 31 29 29 32 31 15 23 16	33 7 31 33 31 33 31 15 23 16	36 8 33 1 34 33 31 15 23 16	3 13 2 5 36 34 32 15 23 16	6 16 8 8 2 34 32 15 23 16	9 21 8 12 5 35 32 15 23 16	11 23 10 15 7 35 31 15 23 16	14 28 16 19 9 35 31 16 23 16	17 33 20 22 11 34 31 16 23 17	20 1 19 24 13 34 31 16 23 17	23 6 23 24 14 34 31 16 23 17	27 10 27 23 15 34 31 16 23 17
13	30 3 31 29 29 32 31 15 23 16	33 8 31 33 31 33 31 15 23 16	36 9 33 1 34 33 31 15 23 16	3 14 3 5 36 34 32 15 23 16	6 17 8 8 2 34 32 15 23 16	9 22 8 12 5 35 32 15 23 16	12 25 10 15 7 35 31 15 23 16	15 29 16 19 9 35 31 16 23 16	18 35 20 22 11 34 31 16 23 17	20 2 19 24 13 34 31 16 23 17	24 8 23 23 14 34 31 16 23 17	27 11 28 23 15 34 31 16 23 17
14	30 4 32 30 29 32 31 15 23 16	33 9 31 33 31 33 31 15 23 16	36 10 33 1 34 33 31 15 23 16	3 15 3 5 36 34 32 15 23 16	6 19 8 8 2 34 32 15 23 16	9 23 8 12 5 35 32 15 23 16	12 26 10 16 7 35 31 15 23 16	15 31 16 19 9 34 31 16 23 16	18 36 20 22 11 34 31 16 23 17	21 4 19 24 13 34 31 16 23 17	24 9 23 23 14 34 31 16 23 17	27 13 28 23 15 34 31 16 23 17
15	30 6 32 30 29 32 31 15 23 16	33 11 31 34 32 33 31 15 23 16	36 12 34 1 34 33 31 15 23 16	3 17 3 5 36 34 32 15 23 16	6 20 8 9 2 34 32 15 23 16	9 24 8 12 5 35 32 15 23 16	12 27 10 16 7 35 31 15 23 16	15 32 16 19 9 34 31 16 23 16	18 2 20 22 11 34 31 16 23 17	21 5 19 24 13 34 31 16 23 17	24 11 23 23 14 34 31 16 23 17	27 14 28 23 15 34 31 16 23 17
16	30 7 32 30 29 32 31 15 23 16	33 12 31 34 32 33 31 15 23 16	36 13 34 1 34 33 31 15 23 16	3 18 3 5 36 34 32 15 23 16	6 21 8 9 3 34 32 15 23 16	9 26 8 12 5 35 32 15 23 16	12 29 10 16 7 35 31 15 23 16	15 34 16 19 9 34 31 16 23 16	18 3 20 22 11 34 31 16 23 17	21 7 19 24 13 34 31 16 23 17	24 12 23 23 14 34 31 16 23 17	27 15 28 23 15 34 31 16 23 17
17	30 8 32 30 29 32 31 15 23 16	33 13 31 34 32 33 31 15 23 16	36 14 34 1 34 33 31 15 23 16	3 19 3 5 36 34 32 15 23 16	6 22 8 9 3 34 32 15 23 16	9 27 8 13 5 35 32 15 23 16	12 30 11 16 7 35 31 15 23 16	15 35 17 19 9 34 31 16 23 16	18 5 20 22 11 34 31 16 23 17	21 8 19 24 13 34 31 16 23 17	24 13 24 23 14 34 31 16 23 17	27 16 28 23 15 34 31 16 23 17
18	30 10 32 30 29 32 31 15 23 16	33 14 31 34 32 33 31 15 23 16	36 15 34 1 34 33 31 15 23 16	3 20 4 5 36 34 32 15 23 16	6 24 8 9 3 34 32 15 23 16	9 28 8 13 5 35 32 15 23 16	12 31 11 16 7 35 31 15 23 16	15 1 17 20 9 34 31 16 23 16	18 6 21 23 11 34 31 16 23 17	21 10 19 24 13 34 31 16 23 17	24 14 24 23 14 34 31 16 23 17	27 18 28 23 15 34 31 16 23 17
19	30 11 32 30 29 32 31 15 23 16	34 15 31 34 32 33 31 15 23 16	36 16 34 2 34 33 31 15 23 16	3 21 4 5 36 34 32 15 23 16	6 25 8 9 3 34 32 15 23 16	9 30 8 13 5 35 32 15 23 16	12 33 11 16 7 35 31 15 23 16	15 2 17 20 9 34 31 16 23 16	18 7 21 23 11 34 31 16 23 17	21 11 19 24 13 34 31 16 23 17	24 16 24 23 14 34 31 16 23 17	27 19 29 23 15 34 31 16 23 17
20	31 12 32 30 30 32 31 15 23 16	34 17 31 34 32 33 31 15 23 16	36 18 34 2 34 33 31 15 23 16	4 23 4 6 1 34 32 15 23 16	6 26 8 9 3 34 32 15 23 16	9 31 8 13 5 35 32 15 23 16	12 34 11 16 7 35 31 15 23 16	15 4 17 20 9 34 31 16 23 16	18 9 21 23 11 34 31 16 23 17	21 12 19 24 13 34 31 16 23 17	24 17 24 23 14 34 31 16 23 17	27 20 29 23 15 34 31 16 23 17
21	31 13 32 30 30 32 31 15 23 16	34 18 31 34 32 33 31 15 23 16	1 19 34 2 34 33 31 15 23 16	4 24 4 6 1 34 32 15 23 16	7 27 8 9 3 35 32 15 23 16	9 33 8 13 5 35 32 15 23 16	12 36 11 16 7 35 31 15 23 16	15 5 17 20 9 34 31 16 23 16	18 10 21 23 11 34 31 16 23 17	21 14 19 24 13 34 31 16 23 17	24 18 24 23 14 34 31 16 23 17	27 21 29 23 15 34 31 16 23 17
22	31 14 32 31 30 32 31 15 23 16	34 19 31 34 32 33 31 15 23 16	1 20 35 2 34 33 31 15 23 16	4 25 4 6 1 34 32 15 23 16	7 29 8 9 3 35 32 15 23 16	10 34 8 13 5 35 32 15 23 16	12 1 12 17 7 35 31 15 23 16	15 6 17 20 10 34 31 16 23 16	18 11 21 23 11 34 31 16 23 17	21 15 20 24 13 34 31 16 23 17	24 19 24 23 14 34 31 16 23 17	28 22 29 23 15 34 31 16 23 17
23	31 16 33 31 30 32 31 15 23 16	34 20 31 34 32 33 31 15 23 16	1 21 35 2 34 33 31 15 23 16	4 26 5 6 1 34 32 15 23 16	7 30 8 10 3 35 32 15 23 16	10 35 8 13 5 35 32 15 23 16	13 3 12 17 8 35 31 15 23 16	16 8 18 20 10 34 31 16 23 16	19 13 21 23 11 34 31 16 23 17	21 16 20 24 13 34 31 16 23 17	25 20 24 23 14 34 31 16 23 17	28 24 29 23 15 34 31 16 23 17
24	31 17 33 31 30 32 31 15 23 16	34 21 31 35 32 33 31 15 23 16	1 22 35 2 34 33 31 15 23 16	4 28 5 6 1 34 32 15 23 16	7 32 8 10 3 35 32 15 23 16	10 1 8 13 5 35 32 15 23 16	13 4 12 17 8 35 31 15 23 16	16 9 18 20 10 34 31 16 23 16	19 14 21 23 12 34 31 16 23 17	22 17 20 24 13 34 31 16 23 17	25 22 25 23 14 34 31 16 23 17	28 25 29 23 15 34 31 16 23 17
25	31 18 33 31 30 32 31 15 23 16	34 23 32 35 32 33 31 15 23 16	1 24 35 2 35 33 31 15 23 16	4 29 5 6 1 34 32 15 23 16	7 33 8 10 3 35 32 15 23 16	10 2 8 13 6 35 32 15 23 16	13 5 12 17 8 35 31 15 23 16	16 10 18 20 10 34 31 16 23 16	19 15 21 23 12 34 31 16 23 17	22 18 20 24 13 34 31 16 23 17	25 23 25 23 14 34 31 16 23 17	28 26 29 24 15 34 31 16 23 17
26	31 19 33 31 30 32 31 15 23 16	34 24 32 35 32 33 31 15 23 16	1 25 35 2 35 34 31 15 23 16	4 30 5 6 1 34 32 15 23 16	7 34 9 10 3 35 32 15 23 16	10 4 8 14 6 35 32 15 23 16	13 7 12 17 8 35 31 15 23 16	16 12 18 20 10 34 31 16 23 16	19 16 21 23 12 34 31 16 23 17	22 20 20 24 13 34 31 16 23 17	25 24 25 23 14 34 31 16 23 17	28 27 30 24 15 34 31 16 23 17
27	31 20 33 31 30 32 31 15 23 16	34 25 32 35 32 33 31 15 23 16	1 26 35 3 35 34 31 15 23 16	4 32 5 6 1 34 32 15 23 16	7 36 9 10 3 35 32 15 23 16	10 5 8 14 6 35 32 15 23 16	13 8 13 17 8 35 31 15 23 16	16 13 18 20 10 34 31 16 23 16	19 17 21 23 12 34 31 16 23 17	22 21 20 24 13 34 31 16 23 17	25 25 25 23 15 34 31 16 23 17	28 29 30 24 15 34 31 16 23 17
28	31 22 33 31 30 32 31 15 23 16	34 26 32 35 33 33 31 15 23 16	1 27 36 3 35 34 31 15 23 16	4 33 6 7 1 34 32 15 23 16	7 1 9 10 3 35 32 15 23 16	10 6 8 14 6 35 32 15 23 16	13 9 13 17 8 35 31 15 23 16	16 14 18 21 10 34 31 16 23 16	19 19 21 23 12 34 31 16 23 17	22 22 20 24 13 34 31 16 23 17	25 26 25 23 15 34 31 16 23 17	28 30 30 24 15 34 31 16 23 17
29	31 23 33 31 30 32 31 15 23 16		1 29 36 3 35 34 31 15 23 16	4 34 6 7 1 34 32 15 23 16	7 3 8 10 4 35 32 15 23 16	10 8 8 14 6 35 32 15 23 16	13 11 13 17 8 35 31 15 23 16	16 15 18 21 10 34 31 16 23 16	19 20 21 23 12 34 31 16 23 17	22 23 20 24 13 34 31 16 23 17	25 28 25 23 15 34 31 16 23 17	28 31 30 24 15 34 31 16 23 17
30	32 24 33 32 30 32 31 15 23 16		1 30 36 3 35 34 31 15 23 16	4 36 6 7 1 34 32 15 23 16	7 4 8 10 4 35 32 15 23 16	10 9 8 14 6 35 32 15 23 16	13 12 13 17 8 35 31 15 23 16	16 17 19 21 10 34 31 16 23 16	19 21 21 23 12 34 31 16 23 17	22 24 21 24 13 34 31 16 23 17	25 29 26 23 14 34 31 16 23 17	28 33 30 24 15 34 31 16 23 17
31	32 26 33 32 30 32 31 15 23 16		2 32 36 3 35 34 31 15 23 16		7 5 8 11 4 35 32 15 23 16		13 13 14 18 8 35 31 15 23 16	16 18 19 21 10 34 31 16 23 16		22 26 21 24 13 34 31 16 23 17		28 34 30 24 15 34 31 16 23 17

1963

	JAN	FEB	MAR	APR	MAY	JUNE	JULY	AUG	SEPT	OCT	NOV	DEC
1	29 36 30 24 15 34 32 16 23 17	32 5 30 27 14 35 32 16 23 17	35 6 32 30 13 36 32 16 23 17	2 11 2 34 13 36 33 16 23 17	5 15 6 1 14 36 33 16 23 16	8 19 6 5 15 2 33 16 23 16	10 22 9 9 17 2 33 16 23 16	13 27 15 13 19 2 33 16 23 17	16 31 19 16 21 2 32 16 23 17	19 35 18 20 23 2 32 16 23 17	22 4 22 24 25 2 32 16 23 17	25 8 27 28 27 1 32 16 23 17
2	29 1 31 24 15 34 32 16 23 17	32 6 30 27 14 35 32 16 23 17	35 7 32 30 13 36 32 16 23 17	2 13 2 34 13 36 33 16 23 17	5 16 6 2 14 1 33 16 23 16	8 20 6 5 15 2 33 16 23 16	10 23 9 9 17 2 33 16 23 16	13 28 15 13 19 2 33 16 23 17	16 33 19 17 21 2 32 16 23 17	19 36 18 20 23 2 32 16 23 17	22 6 22 24 25 2 32 16 23 17	25 10 27 28 27 1 32 16 23 17
3	29 2 31 24 15 34 32 16 23 17	32 8 30 27 14 35 32 16 23 17	35 9 33 30 13 36 32 16 23 17	2 14 2 34 13 36 33 16 23 17	5 17 6 2 14 1 33 16 23 16	8 21 6 5 16 2 33 16 23 16	11 25 9 9 17 2 33 16 23 17	14 29 16 13 19 2 33 16 23 17	17 34 19 17 21 2 32 16 23 17	19 2 18 20 23 2 32 16 23 17	23 7 22 24 25 2 32 16 23 17	26 11 27 28 27 1 32 16 23 17
4	29 4 31 24 15 34 32 16 23 17	32 9 30 27 14 35 32 16 23 17	35 10 33 31 13 36 32 16 23 17	2 15 2 34 13 1 33 16 23 17	5 18 7 2 14 1 33 16 23 16	8 23 6 5 16 2 33 16 23 16	11 26 10 9 17 2 33 16 23 17	14 31 16 13 19 2 33 16 23 17	17 36 19 17 21 2 32 16 23 17	20 3 18 21 23 2 32 16 23 17	23 9 23 24 25 2 32 16 23 17	26 12 27 28 27 1 32 16 23 17
5	29 5 31 24 15 34 32 16 23 17	32 10 30 27 14 35 32 16 23 17	35 11 33 31 13 36 32 16 23 17	2 16 3 34 13 1 33 16 23 17	5 19 7 2 14 1 33 16 23 16	8 24 6 6 16 2 33 16 23 16	11 27 10 9 17 2 33 16 23 17	14 32 16 13 19 2 33 16 23 17	17 1 19 17 21 2 32 16 23 17	20 5 18 21 23 2 32 16 23 17	23 10 23 24 25 2 32 16 23 17	26 14 27 28 28 1 32 16 23 17
6	29 7 31 24 15 35 32 16 23 17	32 12 30 28 14 35 32 16 23 17	35 13 33 31 13 36 32 16 23 17	2 17 3 34 13 1 33 16 23 17	5 21 7 2 14 1 33 16 23 16	8 25 6 6 16 2 33 16 23 16	11 28 10 9 17 2 33 16 23 17	14 33 16 13 19 2 33 16 23 17	17 2 19 17 21 2 32 16 23 17	20 6 18 21 23 2 32 16 23 17	23 12 23 25 25 2 32 16 23 17	26 15 28 28 28 1 32 16 23 17
7	29 8 31 25 15 35 32 16 23 17	32 13 30 28 14 35 32 16 23 17	35 14 33 31 13 36 32 16 23 17	2 19 3 35 13 1 33 16 23 16	5 22 7 2 14 1 33 16 23 16	8 26 6 6 16 2 33 16 23 16	11 20 10 10 17 2 33 16 23 17	14 35 16 13 19 2 33 16 23 17	17 4 19 17 21 2 32 16 23 17	20 8 18 21 23 2 32 16 23 17	23 13 23 25 25 2 32 16 23 17	26 16 28 28 28 1 32 16 23 17
8	29 9 31 25 15 35 32 16 23 17	32 14 30 28 14 35 32 16 23 17	35 15 34 31 13 36 32 16 23 17	2 20 3 35 13 1 33 16 23 16	5 23 7 2 14 1 33 16 23 16	8 27 6 6 16 2 33 16 23 16	11 31 10 10 17 2 33 16 23 17	14 36 16 13 19 2 33 16 23 17	17 5 19 17 21 2 32 16 23 17	20 9 18 21 23 2 32 16 23 17	23 14 23 25 26 2 32 16 23 17	26 18 28 29 28 1 32 16 23 17
9	29 11 31 25 15 35 32 16 23 17	33 16 33 28 14 35 32 16 23 17	35 16 34 31 13 36 32 16 23 17	2 21 3 35 13 1 33 16 23 16	5 24 7 2 14 1 33 16 23 16	8 29 6 6 16 2 33 16 23 16	11 32 11 10 17 2 33 16 23 17	14 1 17 14 19 2 33 16 23 17	17 7 19 17 21 2 32 16 23 17	20 11 18 21 23 2 32 16 23 17	23 16 23 25 26 2 32 16 23 17	26 19 28 29 28 1 32 16 23 17
10	29 12 31 25 15 35 32 16 23 17	33 17 33 28 14 35 32 16 23 17	35 18 34 31 13 36 32 16 23 17	3 22 4 35 13 1 33 16 23 16	5 25 6 2 14 1 33 16 23 16	8 30 6 6 16 2 33 16 23 16	11 34 11 10 18 2 33 16 23 17	14 3 17 14 19 2 32 16 23 17	17 8 19 18 21 2 32 16 23 17	20 12 18 21 23 2 32 16 23 17	23 17 24 25 26 2 32 16 23 17	26 20 28 29 28 1 32 16 23 17
11	30 13 31 25 15 35 32 16 23 17	33 18 33 28 14 35 32 16 23 17	36 19 34 31 13 36 32 16 23 17	3 23 4 35 13 1 33 16 23 16	6 27 6 3 14 1 33 16 23 16	8 31 6 6 16 2 33 16 23 16	11 35 11 10 18 2 33 16 23 17	14 4 17 14 19 2 32 16 23 17	17 10 19 18 21 2 32 16 23 17	20 13 19 21 23 2 32 16 23 17	23 18 24 25 26 2 32 16 23 17	26 21 28 29 28 1 32 16 23 17
12	30 15 31 25 15 35 32 16 23 17	33 19 33 28 14 35 32 16 23 17	36 20 34 31 13 36 32 16 23 17	3 24 4 35 13 36 32 16 23 16	6 28 6 3 14 1 33 16 23 16	9 33 6 6 16 2 33 16 23 16	11 36 11 10 18 2 33 16 23 17	14 6 17 14 20 2 32 16 23 17	17 11 19 18 22 2 32 16 23 17	20 15 19 22 24 2 32 16 23 17	23 19 24 25 26 2 32 16 23 17	26 22 28 29 28 1 32 16 23 17
13	30 16 31 25 15 35 32 16 23 17	33 20 33 28 14 35 32 16 23 17	36 21 34 32 13 36 32 16 23 17	3 26 4 35 13 1 33 16 23 16	6 29 6 3 15 1 33 16 23 16	9 34 6 7 16 2 33 16 23 16	12 2 12 10 18 2 33 16 23 17	15 7 17 14 20 2 32 16 23 17	18 12 19 18 22 2 32 16 23 17	20 16 19 22 24 2 32 16 23 17	24 21 24 25 26 2 32 16 23 17	27 24 29 29 28 1 32 16 23 17
14	30 17 31 25 15 35 32 16 23 17	33 22 33 28 14 35 32 16 23 17	36 22 34 32 13 36 32 16 23 17	3 27 4 35 13 1 33 16 23 16	6 30 6 3 15 1 33 16 23 16	9 35 6 7 16 2 33 16 23 16	12 3 12 10 18 2 33 16 23 17	15 8 17 14 20 2 32 16 23 17	18 14 19 18 22 2 32 16 23 17	21 17 19 22 24 2 32 16 23 17	24 22 24 26 26 2 32 16 23 17	27 25 29 29 28 1 32 16 23 17
15	30 18 31 25 15 35 32 16 23 17	33 23 31 29 14 35 32 16 23 17	36 24 35 32 13 36 32 16 23 17	3 28 5 35 14 1 33 16 23 16	6 32 6 3 15 1 33 16 23 16	9 1 7 7 16 2 33 16 23 16	12 5 12 10 18 2 33 16 23 17	15 10 17 14 20 2 32 16 23 17	18 15 19 18 22 2 32 16 23 17	21 18 19 22 24 2 32 16 23 17	24 23 24 26 26 2 32 16 23 17	27 26 29 29 28 1 32 16 23 17
16	30 20 31 25 15 35 32 16 23 17	33 24 31 29 14 35 32 16 23 17	36 25 35 32 13 36 32 16 23 17	3 29 5 36 14 1 33 16 23 16	6 33 6 3 15 1 33 16 23 16	9 2 7 7 16 2 33 16 23 16	12 6 12 11 18 2 33 16 23 17	15 11 17 14 20 2 32 16 23 17	18 16 19 18 22 2 32 16 23 17	21 20 19 22 24 2 32 16 23 17	24 24 25 26 28 2 32 16 23 17	27 27 29 30 28 1 32 16 23 17
17	30 21 31 25 15 35 32 16 23 17	33 25 31 29 14 35 32 16 23 17	36 26 35 22 13 36 32 16 23 17	3 31 5 36 14 1 33 16 23 16	6 34 6 3 15 1 33 16 23 16	9 4 7 7 16 2 33 16 23 16	12 7 12 11 18 2 33 16 23 17	15 13 18 15 20 2 32 16 23 17	18 17 18 18 22 2 32 16 23 17	21 21 20 22 24 2 32 16 23 17	24 25 25 26 26 2 32 16 23 17	27 29 29 30 28 1 32 16 23 17
18	30 22 31 26 15 35 32 16 23 17	33 26 31 29 13 35 32 16 23 17	36 27 35 32 13 36 32 16 23 17	3 32 5 36 14 1 33 16 23 16	6 36 6 3 15 1 33 16 23 16	9 5 7 7 16 2 33 16 23 16	12 9 13 11 18 2 33 16 23 17	15 14 18 15 20 2 32 16 23 17	18 19 18 19 22 2 32 16 23 17	21 22 20 22 24 2 32 16 23 17	24 26 25 26 26 2 32 16 23 17	27 30 29 30 29 1 32 16 23 17
19	30 23 31 26 15 35 32 16 23 17	34 28 31 29 13 35 32 16 23 17	36 28 35 32 13 36 32 16 23 17	3 33 5 36 14 1 33 16 23 16	6 1 6 4 15 2 33 16 23 16	9 6 7 7 16 2 33 16 23 16	12 10 13 11 18 2 33 16 23 17	15 15 18 15 20 2 32 16 23 17	18 20 18 19 22 2 32 16 23 17	21 23 20 22 24 2 32 16 23 17	24 28 25 26 26 2 32 16 23 17	27 31 29 30 29 1 32 16 23 17
20	30 24 30 26 15 35 32 16 23 17	34 29 31 29 13 35 32 16 23 17	36 30 35 32 13 36 32 16 23 17	3 35 5 36 14 1 33 16 23 16	6 3 6 4 15 2 33 16 23 16	9 8 7 7 16 2 33 16 23 16	12 12 13 11 18 2 33 16 23 17	15 17 18 15 20 2 32 16 23 17	18 21 18 19 22 2 32 16 23 17	21 24 20 22 24 2 32 16 23 17	24 29 25 26 26 1 32 16 23 17	27 32 29 30 29 1 32 16 23 17
21	31 26 30 26 15 35 32 16 23 17	34 30 31 29 13 35 32 16 23 17	1 31 36 32 13 36 32 16 23 17	4 36 5 36 14 1 33 16 23 16	6 4 6 4 15 2 33 16 23 16	9 9 7 8 16 2 33 16 23 16	12 13 13 11 18 2 33 16 23 17	15 18 18 15 20 2 32 16 23 17	18 22 18 19 22 2 32 16 23 17	21 26 20 23 24 2 32 16 23 17	24 30 25 26 26 1 32 16 23 17	27 34 29 30 29 2 32 16 23 17
22	31 27 30 26 15 35 32 16 23 17	34 32 31 29 13 36 32 16 23 17	1 33 36 33 13 36 32 16 23 17	4 2 6 36 14 1 33 16 23 16	7 6 6 4 15 2 33 16 23 16	10 11 7 8 17 2 33 16 23 16	12 14 13 11 18 2 33 16 23 17	15 19 18 15 20 2 32 16 23 17	18 24 18 19 22 2 32 16 23 17	21 27 20 23 24 2 32 16 23 17	24 31 26 27 27 1 32 16 23 17	28 35 29 30 29 2 32 16 23 17
23	31 28 30 26 15 35 32 16 23 17	34 33 31 29 13 36 32 16 23 17	1 34 36 33 13 36 32 16 23 17	4 3 6 36 14 1 33 16 23 16	7 7 6 4 15 2 33 16 23 16	10 12 8 8 17 2 33 16 23 16	13 16 14 11 18 2 33 16 23 17	15 20 18 15 20 2 32 16 23 17	18 25 18 19 22 2 32 16 23 17	21 28 21 23 24 2 32 16 23 17	25 33 26 27 27 1 32 16 23 17	28 36 29 30 29 2 32 16 23 17
24	31 30 30 26 14 35 32 16 23 17	34 35 32 30 13 36 32 16 23 17	1 35 36 33 13 36 32 16 23 17	4 5 6 1 14 1 33 16 23 16	7 9 6 4 15 2 33 16 23 16	10 14 8 8 17 2 33 16 23 16	13 17 14 12 18 2 33 16 23 17	16 22 18 15 20 2 32 16 23 17	19 26 18 19 22 2 32 16 23 17	22 29 21 23 24 2 32 16 23 17	25 34 26 27 27 1 32 16 23 17	28 2 30 31 29 2 32 16 23 17
25	31 31 30 26 14 35 32 16 23 17	34 36 32 30 13 36 32 16 23 17	1 1 36 33 13 36 22 16 23 17	4 6 6 1 14 1 33 16 23 16	7 10 6 4 15 2 33 16 23 16	10 15 8 8 17 2 33 16 23 16	13 18 14 12 18 2 33 16 23 17	16 23 18 16 20 2 32 16 23 17	19 27 18 19 22 2 32 16 23 17	22 30 21 23 24 2 32 16 23 17	25 35 26 27 27 1 32 16 23 17	28 3 30 31 29 2 32 16 23 17
26	31 32 30 26 14 35 32 16 23 17	34 2 32 30 13 36 32 16 23 17	1 2 1 33 13 36 32 16 23 17	4 8 6 1 14 1 33 16 23 16	7 11 6 4 15 2 33 16 23 16	10 16 8 8 17 2 33 16 23 16	13 20 14 12 18 2 33 16 23 17	16 24 18 16 20 2 32 16 23 17	19 28 18 20 22 2 32 16 23 17	22 32 21 23 25 2 32 16 23 17	25 1 26 27 27 1 32 16 23 17	28 4 30 31 29 2 32 16 23 17
27	31 34 30 27 14 35 32 16 23 17	34 3 32 30 13 36 32 16 23 17	1 4 1 33 13 36 32 16 23 17	4 9 6 1 14 1 33 16 23 16	7 13 6 5 15 2 33 16 23 16	10 17 8 8 17 2 33 16 23 16	13 21 14 12 19 2 33 16 23 17	16 25 19 16 20 2 32 16 23 17	19 30 18 20 23 2 32 16 23 17	22 33 21 23 25 2 32 16 23 17	25 2 26 27 27 1 32 16 23 17	28 6 30 31 29 2 33 16 23 17
28	31 35 30 27 14 35 32 16 23 17	34 4 32 30 13 36 32 16 23 17	1 5 1 33 13 36 32 16 23 17	4 11 6 1 14 1 33 16 23 16	7 14 6 5 15 2 33 16 23 16	10 19 8 8 17 2 33 16 23 16	13 22 15 12 19 2 33 16 23 17	16 26 19 16 21 2 32 16 23 17	19 31 18 20 23 2 32 16 23 17	22 34 21 23 25 2 32 16 23 17	25 4 26 27 27 1 32 16 23 17	28 7 29 31 29 2 33 16 23 17
29	31 1 30 27 14 35 32 16 23 17		1 7 1 35 13 36 32 16 23 17	4 12 6 1 14 1 33 16 23 16	7 15 6 5 15 2 33 16 23 16	10 20 9 9 17 2 33 16 23 16	13 23 15 12 19 2 33 16 23 17	16 28 19 16 21 2 32 16 23 17	19 32 18 20 23 2 32 16 23 17	22 36 22 24 25 2 32 16 23 17	25 5 27 27 27 1 32 16 23 17	28 9 29 31 29 2 33 16 23 17
30	31 2 30 27 14 35 32 16 23 17		1 8 1 34 13 35 32 16 23 17	4 13 6 1 14 1 33 16 23 16	7 17 6 5 15 2 33 16 23 16	10 21 9 9 17 2 33 16 23 16	13 24 15 12 19 2 33 16 23 17	16 29 19 16 21 2 32 16 23 17	19 34 18 20 23 2 32 16 23 17	22 1 22 24 25 2 32 16 23 17	25 7 27 28 27 1 32 16 23 17	28 10 29 31 29 2 33 16 23 17
31	32 3 30 27 4 35 32 16 23 17		2 10 2 34 13 36 33 16 23 17		7 18 6 5 15 2 33 16 23 16		13 25 15 12 19 2 33 16 23 17	15 30 19 16 21 2 32 16 23 17		22 3 22 24 25 2 32 16 23 17		28 12 29 31 30 2 33 16 23 17

1964

	JAN	FEB	MAR	APR	MAY	JUNE	JULY	AUG	SEPT	OCT	NOV	DEC
1	29 13 29 32 30 2 33 16 23 17	32 18 29 35 32 2 33 16 23 17	35 20 34 3 34 3 33 16 23 17	2 25 3 6 1 3 34 16 23 17	5 28 4 9 3 4 34 16 23 17	8 32 5 10 5 5 34 16 23 17	10 36 11 9 7 5 34 16 23 17	13 5 16 9 7 6 34 16 23 17	17 10 17 12 12 6 34 16 23 17	19 14 18 15 13 6 13 17 23 17	22 19 23 19 15 6 33 17 23 17	25 23 28 22 17 5 33 17 23 17
2	29 15 29 32 30 2 33 16 23 17	32 19 29 36 32 2 33 16 23 17	35 21 34 3 34 3 33 16 23 17	2 26 4 6 1 3 34 16 23 17	5 29 4 9 3 4 34 16 23 17	8 34 5 10 5 5 34 16 23 17	11 1 11 9 8 5 34 16 23 17	14 6 16 9 10 6 34 16 23 17	17 12 16 12 12 6 34 17 23 17	19 15 18 15 14 6 33 17 23 17	23 20 24 19 15 6 33 17 23 17	26 24 28 22 17 5 33 17 23 17
3	29 16 29 32 30 2 33 16 23 17	32 21 30 36 32 2 33 16 23 17	35 23 34 3 34 3 33 16 23 17	2 27 4 6 1 3 34 16 23 17	5 30 4 9 3 4 34 16 23 17	8 35 6 10 5 5 34 16 23 17	11 2 11 9 8 5 34 16 23 17	14 8 16 9 10 6 34 16 23 17	17 13 16 12 12 6 34 17 23 17	20 17 19 15 14 6 33 17 23 17	23 22 24 19 15 6 33 17 23 17	26 25 28 23 17 5 33 17 23 17
4	29 17 29 32 30 2 33 16 23 17	32 22 30 36 32 2 33 16 23 17	35 24 34 3 35 3 33 16 23 17	2 28 4 7 1 3 34 16 23 17	5 31 4 9 3 4 34 16 23 17	8 36 6 10 6 5 34 16 23 17	11 4 12 9 8 5 34 16 23 17	14 9 16 9 10 6 34 16 23 17	17 14 16 12 12 6 34 17 23 17	20 18 19 15 14 6 33 17 23 17	23 23 24 19 15 6 33 17 23 17	26 26 28 23 17 5 33 17 23 17
5	29 19 29 32 30 2 33 16 23 17	32 23 30 36 32 2 33 16 23 17	35 25 34 3 35 3 33 16 23 17	2 29 4 7 1 3 34 16 23 17	5 33 4 9 3 4 34 16 23 17	8 2 6 10 6 5 34 16 23 17	11 5 12 9 8 5 34 16 23 17	14 11 17 10 10 6 34 16 23 17	17 16 16 12 12 6 34 16 23 17	20 20 19 15 14 6 33 17 23 17	23 24 24 19 15 6 33 17 23 17	26 27 28 23 17 5 33 17 23 17
6	29 20 29 32 30 2 33 16 23 17	32 24 30 36 32 2 33 16 23 17	35 26 35 3 35 3 33 16 23 17	2 31 4 7 1 3 34 16 23 17	5 34 4 9 3 4 34 16 23 17	8 3 6 10 6 5 34 16 23 17	11 7 12 9 8 5 34 16 23 17	14 12 17 10 10 6 34 16 23 17	17 17 16 12 12 6 34 17 23 17	20 21 19 16 14 6 33 17 23 17	23 25 24 19 16 6 33 17 23 17	26 29 28 23 17 5 33 17 23 17
7	29 21 28 32 30 2 33 16 23 17	32 25 30 36 32 2 33 16 23 17	35 27 35 4 35 3 33 16 23 17	2 32 4 7 1 3 34 16 23 17	5 35 4 9 34 4 34 16 23 17	8 4 6 10 6 5 34 16 23 17	11 8 12 9 8 5 34 16 23 17	14 14 17 10 10 6 34 16 23 17	17 19 16 12 12 6 34 17 23 17	20 22 19 16 14 6 33 17 23 17	23 27 24 19 16 6 33 17 23 17	26 30 28 23 17 5 33 17 23 17
8	29 22 28 32 30 2 33 16 23 17	32 27 30 36 33 2 33 16 23 17	35 29 25 4 35 3 33 16 23 17	2 33 4 7 1 3 34 16 23 17	5 1 4 9 4 4 34 16 23 17	8 6 6 10 6 5 34 16 23 17	11 10 12 9 8 5 34 16 23 17	14 15 17 10 10 6 34 16 23 17	17 20 16 13 12 6 34 17 23 17	20 23 19 16 14 6 33 17 23 17	23 28 25 20 16 6 3 17 23 17	26 31 28 23 17 5 33 17 23 17
9	29 23 28 33 30 2 33 16 23 17	32 28 30 36 33 2 33 16 23 17	35 30 35 4 35 3 33 16 23 17	2 34 4 7 1 3 34 16 23 17	5 2 4 10 4 4 34 16 23 17	8 7 6 10 6 5 34 16 23 17	11 11 13 9 8 5 34 16 23 17	14 16 17 10 10 6 34 16 23 17	17 21 16 13 12 6 34 16 23 17	20 25 20 16 14 6 33 17 23 17	23 29 25 20 16 6 33 17 23 17	26 32 28 23 17 5 33 17 23 17
10	29 25 28 33 30 2 33 16 23 17	33 29 30 36 33 2 33 16 23 17	36 31 35 4 35 3 33 16 23 17	3 36 4 7 1 3 34 16 23 17	6 4 4 10 4 4 34 16 23 17	8 9 7 10 6 5 34 16 23 17	11 13 13 9 8 5 34 16 23 17	14 18 17 10 10 6 34 16 23 17	17 23 16 13 12 6 34 17 23 17	20 26 20 16 14 6 33 17 23 17	23 30 25 20 16 6 33 17 23 17	26 33 28 23 17 5 33 17 23 17
11	30 26 28 33 30 2 33 16 23 17	33 30 31 1 33 2 33 16 23 17	36 32 35 4 35 3 33 16 23 17	3 1 5 7 2 3 34 16 23 17	6 5 4 10 4 4 34 16 23 17	9 10 7 10 6 5 34 16 23 17	11 14 13 9 8 5 34 16 23 17	14 19 17 10 10 6 34 16 23 17	17 24 16 13 12 6 34 17 23 17	20 27 20 16 14 6 33 17 23 17	23 31 25 20 16 6 33 17 23 17	26 35 28 24 17 5 33 17 23 17
12	30 27 28 33 30 2 33 16 23 17	33 32 31 1 33 2 33 16 23 17	36 34 36 4 35 3 33 16 23 17	3 3 5 7 2 4 34 16 23 17	6 7 4 10 4 4 34 16 23 17	9 12 7 10 6 5 34 16 23 17	12 16 13 9 9 6 34 16 23 17	14 20 17 10 10 6 34 16 23 17	17 25 16 13 12 6 34 17 23 17	20 28 20 16 14 6 33 17 23 17	24 32 25 20 16 6 33 17 23 17	27 36 28 24 17 5 33 17 23 17
13	30 28 28 33 31 2 33 16 23 17	33 33 31 1 33 2 33 16 23 17	36 35 36 4 35 3 33 16 23 17	3 4 5 7 2 4 34 16 23 17	6 8 4 10 4 4 34 16 23 17	9 13 7 10 6 5 34 16 23 17	12 17 13 9 8 6 34 16 23 17	15 22 17 10 10 6 34 16 23 17	18 26 16 13 12 6 34 17 23 17	21 29 20 16 14 6 33 17 23 17	24 24 25 20 16 6 33 17 23 17	27 1 28 24 17 5 33 17 23 17
14	30 29 28 33 31 2 33 16 23 17	33 34 31 1 33 2 33 16 23 17	36 36 36 4 35 3 33 16 23 17	3 6 5 8 2 4 34 16 23 17	6 10 4 10 4 4 34 16 23 17	9 15 7 10 6 5 34 16 23 17	12 18 14 9 8 6 34 16 23 17	15 23 17 10 10 6 34 16 23 17	18 27 16 13 12 6 34 17 23 17	21 30 21 17 14 6 33 17 23 17	24 35 25 20 16 6 33 17 23 17	27 3 28 24 17 5 33 17 23 17
15	30 31 28 33 31 2 33 16 23 17	33 36 31 1 33 2 33 16 23 17	36 2 36 4 35 3 33 16 23 17	3 7 5 8 2 4 34 16 23 17	6 11 4 10 4 4 34 16 23 17	9 16 8 10 6 5 34 16 23 17	12 20 14 9 8 6 34 16 23 17	15 24 17 10 11 6 34 16 23 17	18 29 16 13 12 6 34 17 23 17	21 32 21 17 14 6 33 17 23 17	24 36 26 20 16 6 33 17 23 17	27 4 28 24 17 5 33 17 23 17
16	30 32 28 33 31 2 33 16 23 17	33 1 31 1 33 2 33 16 23 17	36 3 36 5 35 3 33 16 23 17	3 9 5 8 2 4 34 16 23 17	6 12 4 10 4 4 34 16 23 17	9 17 8 10 6 5 34 16 23 17	12 21 14 9 9 6 34 16 23 17	15 25 17 10 11 6 34 16 23 17	18 30 16 13 13 6 33 17 23 17	21 33 21 17 14 6 33 17 23 17	24 2 26 20 16 6 33 17 23 17	27 5 28 24 17 5 34 17 23 17
17	30 33 28 34 31 2 33 16 23 17	33 2 31 1 33 2 33 16 23 17	36 5 1 5 36 3 33 16 23 17	3 10 5 8 2 4 34 16 23 17	6 14 4 10 4 4 34 16 23 17	9 19 8 10 7 5 34 16 23 17	12 22 14 9 9 6 34 16 23 17	15 27 17 10 11 6 34 16 23 17	18 31 16 13 13 6 33 17 23 17	21 34 21 17 14 6 33 17 23 17	24 3 20 21 16 6 33 17 23 17	27 7 27 24 17 5 34 17 23 17
18	30 35 28 34 31 2 33 16 23 17	33 4 32 1 33 2 33 16 23 17	36 6 1 5 36 3 33 16 23 17	3 11 5 8 2 4 34 16 23 17	6 15 4 10 4 4 34 16 23 17	9 20 8 9 7 5 34 16 23 17	12 23 14 9 9 6 34 16 23 17	15 28 17 11 11 6 34 16 23 17	18 32 16 14 13 6 33 17 23 17	21 36 21 17 14 6 33 17 23 17	24 5 26 21 16 6 33 17 23 17	27 7 27 24 17 5 34 17 23 17
19	30 36 28 34 31 2 33 16 23 17	33 5 32 2 33 2 33 16 23 17	36 8 1 5 36 3 33 16 23 17	3 13 5 8 2 4 34 16 23 17	6 17 4 10 4 4 34 16 23 17	9 21 8 9 7 5 34 16 23 17	12 25 14 9 9 6 34 16 23 17	15 29 17 11 11 6 34 16 23 17	18 33 16 14 13 6 33 17 23 17	21 1 22 17 15 6 33 17 23 17	24 6 26 21 16 6 33 17 23 17	27 10 27 25 17 5 34 17 23 17
20	30 1 28 34 31 2 33 16 23 17	34 7 32 2 34 2 33 16 23 17	36 9 1 5 36 3 33 16 23 17	4 14 5 8 2 4 34 16 23 17	6 18 4 10 4 4 34 16 23 17	9 22 9 9 7 5 34 16 23 17	12 26 15 9 9 6 34 16 23 17	15 30 17 11 11 6 34 16 23 17	18 35 17 14 13 6 33 17 23 17	21 2 22 17 15 6 33 17 23 17	24 8 26 21 16 6 33 17 23 17	27 11 27 25 18 5 34 17 23 17
21	31 3 28 34 31 2 33 16 23 17	34 8 32 2 34 2 33 16 23 17	1 10 1 5 36 3 33 16 23 17	4 16 5 8 2 4 34 16 23 17	7 19 4 10 5 4 34 16 23 17	10 24 9 9 7 5 34 16 23 17	12 27 15 9 9 6 34 16 23 17	15 31 17 11 11 6 34 16 23 17	18 36 17 14 13 6 33 17 23 17	21 4 22 17 15 6 33 17 23 17	24 9 26 21 16 5 33 17 23 17	27 13 27 25 18 5 34 17 23 17
22	31 4 28 34 31 2 33 16 23 17	34 9 32 2 34 2 33 16 23 17	1 12 2 5 36 3 33 16 23 17	4 17 4 8 2 4 34 16 23 17	7 20 4 10 5 4 34 16 23 17	10 25 9 9 7 5 34 16 23 17	12 28 15 9 9 6 34 16 23 17	15 32 17 11 11 6 34 16 23 17	18 1 17 14 13 6 33 17 23 17	21 5 22 17 15 6 33 17 23 17	25 10 27 21 16 5 33 17 23 17	28 14 27 25 18 5 34 17 23 17
23	31 5 28 34 31 2 33 16 23 17	34 11 32 2 34 2 33 16 23 17	1 13 2 5 36 3 33 16 23 17	4 18 4 8 2 4 34 16 23 17	7 22 4 10 5 4 34 16 23 17	10 26 9 9 7 5 34 16 23 17	13 29 15 9 9 6 34 16 23 17	16 34 17 11 11 6 34 16 23 17	19 3 17 14 13 6 33 17 23 17	22 7 22 18 15 6 33 17 23 17	25 12 27 21 16 5 33 17 23 17	28 16 27 25 18 5 34 17 23 17
24	31 7 28 34 31 2 33 16 23 17	34 12 32 2 34 2 33 16 23 17	1 14 2 5 36 3 34 16 23 17	4 19 4 8 3 4 34 16 23 17	7 23 4 10 5 5 34 16 23 17	10 27 9 9 7 5 34 16 23 17	13 30 15 9 9 6 34 16 23 17	16 35 17 11 11 6 34 16 23 17	19 4 17 14 13 6 33 17 23 17	22 8 22 18 15 6 33 17 23 17	25 13 27 21 16 5 33 17 23 17	28 17 26 25 18 5 34 17 23 17
25	31 8 29 35 31 2 33 16 23 17	34 14 33 2 34 2 33 16 23 17	1 16 2 6 36 3 34 16 23 17	4 21 4 9 3 4 34 16 23 17	7 24 4 10 5 5 34 16 23 17	10 28 10 9 7 5 34 16 23 17	13 32 15 9 9 6 34 16 23 17	16 36 17 11 11 6 34 16 23 17	19 6 17 14 13 6 33 17 23 17	22 10 22 18 15 6 33 17 23 17	25 15 27 22 16 5 33 17 23 17	28 18 26 25 18 5 34 17 23 17
26	31 10 29 35 32 2 33 16 23 17	34 15 33 2 34 2 33 16 23 17	1 17 2 6 36 3 34 16 23 17	4 22 4 9 3 4 34 16 23 17	7 25 5 10 5 5 34 16 23 17	10 30 10 9 7 5 34 16 23 17	13 33 15 9 9 6 34 16 23 17	16 2 17 11 11 6 34 16 23 17	19 7 17 14 13 6 33 17 23 17	22 11 23 18 15 6 33 17 23 17	25 16 27 22 17 5 33 17 23 17	28 20 26 25 18 5 34 17 23 17
27	31 11 29 35 32 2 33 16 23 17	34 16 33 2 34 2 33 16 23 17	1 18 3 6 36 3 34 16 23 17	4 23 4 9 3 4 34 16 23 17	7 26 5 10 5 5 34 16 23 17	10 31 10 9 7 5 34 16 23 17	13 34 16 9 9 6 34 16 23 17	16 3 17 11 11 6 34 16 23 17	19 8 18 15 13 6 33 17 23 17	22 12 23 18 15 6 33 17 23 17	25 17 27 22 17 5 33 17 23 17	28 21 26 26 18 5 34 17 23 17
28	31 13 29 35 32 2 33 16 23 17	34 18 33 2 34 2 33 16 23 17	1 20 3 6 36 3 34 16 23 17	4 24 4 9 3 4 34 16 23 17	7 28 5 10 5 5 34 16 23 17	10 32 10 9 7 5 34 16 23 17	13 35 16 9 9 6 34 16 23 17	16 5 17 11 11 6 34 16 23 17	19 10 18 15 13 6 33 17 23 17	22 14 23 18 15 6 33 17 23 17	25 19 27 22 17 6 33 17 23 17	28 22 26 26 18 5 34 17 23 17
29	31 14 29 35 32 2 33 16 23 17	34 19 33 2 34 3 33 16 23 17	1 21 3 6 1 3 34 16 23 17	4 25 4 9 3 4 34 16 23 17	7 29 5 10 5 5 34 16 23 17	10 33 11 9 7 5 34 16 23 17	13 1 16 9 9 6 34 16 23 17	16 6 17 12 11 6 34 16 23 17	19 11 18 15 13 6 33 17 23 17	22 15 23 18 15 6 33 17 23 17	25 20 27 22 17 6 33 17 23 17	28 24 26 26 18 5 34 17 23 17
30	31 15 29 35 32 2 33 16 23 17		1 22 3 6 1 3 34 16 23 17	5 27 4 9 3 4 34 16 23 17	7 30 5 10 5 5 34 16 23 17	10 34 11 9 7 5 34 16 23 17	13 2 16 9 9 6 34 16 23 17	16 7 17 12 11 6 34 16 23 17	19 13 18 15 13 6 33 17 23 17	22 16 23 18 15 6 33 17 23 17	25 21 27 22 17 6 33 17 23 17	28 25 26 26 18 5 34 17 23 17
31	32 17 29 35 32 2 33 16 23 17		2 23 3 6 1 3 34 16 23 17		8 31 5 10 5 5 34 16 23 17		13 4 16 9 10 6 34 16 23 17	16 9 17 12 11 6 34 16 23 17		22 18 23 19 15 6 33 17 23 17		29 26 26 26 18 5 34 17 23 17

1965

	JAN	FEB	MAR	APR	MAY	JUNE
1	29 26 26 26 18 5 34 17 23 17	32 31 30 30 18 5 34 17 23 17	35 32 35 33 18 6 34 17 23 17	2 36 3 1 17 6 35 17 23 17	5 4 2 5 16 7 35 17 23 17	8 9 6 9 16 7 35 17 23 17
2	29 28 26 26 18 5 34 17 23 17	32 32 30 30 18 5 34 17 23 17	35 33 35 34 18 6 34 17 23 17	2 2 3 1 17 6 35 17 23 17	5 5 2 5 16 7 35 17 23 17	8 11 6 9 16 7 35 17 23 17
3	29 29 26 26 18 5 34 17 23 17	32 33 30 30 18 5 34 17 23 17	35 34 35 34 18 6 34 17 23 17	2 3 3 1 17 6 35 17 23 17	5 7 2 5 16 7 35 17 23 17	8 12 7 9 17 7 35 17 23 17
4	29 30 27 26 18 5 34 17 23 17	32 35 31 30 18 5 34 17 23 17	35 36 36 34 18 6 34 17 23 17	2 4 3 2 17 6 35 17 23 17	5 8 2 5 16 7 35 17 23 17	8 13 7 9 16 7 35 17 23 17
5	29 31 27 26 18 5 34 17 23 17	32 36 31 30 18 5 34 17 23 17	35 1 36 34 18 6 34 17 23 17	2 6 3 2 17 6 35 17 23 17	5 10 2 6 17 7 35 17 23 17	8 15 7 9 17 7 35 17 23 17
6	29 32 27 27 18 5 34 17 23 17	29 1 31 31 18 5 34 17 23 17	35 2 36 34 18 6 34 17 23 17	2 7 3 2 16 6 35 17 23 17	5 11 2 6 17 7 35 17 23 17	8 16 7 9 17 8 35 17 23 17
7	29 34 27 27 18 5 34 17 23 17	32 3 31 31 18 5 34 17 23 17	35 2 36 34 17 6 34 17 23 17	2 9 2 2 16 6 35 17 23 17	5 12 2 6 17 7 35 17 23 17	8 18 8 10 17 8 35 17 23 17
8	29 35 27 27 18 5 34 17 23 17	32 4 31 31 18 5 34 17 23 17	35 5 36 34 17 6 34 17 23 17	2 10 2 2 16 6 35 17 23 17	5 14 3 6 17 7 35 17 23 17	8 19 8 9 18 8 35 17 23 17
9	29 36 27 27 18 5 34 17 23 17	33 5 31 31 18 5 34 17 23 17	35 6 36 34 17 6 34 17 23 17	2 11 2 2 16 6 35 17 23 17	5 15 3 6 17 7 35 17 23 17	8 20 8 9 18 8 35 17 23 17
10	29 1 27 27 18 5 34 17 23 17	33 6 32 31 18 5 34 17 23 17	35 7 1 35 17 6 34 17 23 17	2 13 2 2 16 6 35 17 23 17	5 17 3 6 17 7 35 17 23 17	8 22 8 9 18 8 35 17 23 17
11	30 3 27 27 18 5 34 17 23 17	33 8 32 31 18 5 34 17 23 17	36 9 1 35 17 6 34 17 23 17	3 14 2 3 16 6 35 17 23 17	6 18 3 6 17 7 35 17 23 17	8 23 8 9 18 8 35 17 23 17
12	30 4 27 27 18 5 34 17 23 17	33 9 32 31 18 5 34 17 23 17	36 10 1 35 17 6 34 17 23 17	3 16 2 3 16 6 35 17 23 17	6 19 3 6 17 7 35 17 23 17	9 24 9 10 18 8 35 17 23 17
13	30 5 27 28 18 5 34 17 23 17	33 11 32 31 18 5 34 17 23 17	36 12 1 35 17 6 34 17 23 17	3 17 2 3 16 6 35 17 23 17	6 21 3 7 17 7 35 17 23 17	9 25 9 10 18 8 35 17 23 17
14	30 7 28 28 18 5 34 17 23 17	33 12 32 32 18 5 34 17 23 17	36 13 1 35 17 6 34 17 23 17	3 18 2 3 16 6 35 17 23 17	6 22 3 7 17 7 35 17 23 17	9 27 9 10 18 8 35 17 23 17
15	30 8 28 28 18 5 34 17 23 17	33 14 32 32 18 5 34 17 23 17	36 15 2 35 17 6 34 17 23 17	3 20 2 3 16 6 35 17 23 17	6 23 3 7 17 7 35 17 23 17	9 28 9 11 18 8 35 17 23 17
16	30 10 28 28 18 5 34 17 23 17	33 15 33 32 18 5 34 17 23 17	36 16 2 35 17 6 34 17 23 17	3 21 2 3 16 6 35 17 23 17	6 25 4 7 17 7 35 17 23 17	9 29 9 11 18 8 35 17 23 17
17	30 11 28 28 18 5 34 17 23 17	33 17 33 32 18 5 34 17 23 17	36 17 2 35 17 6 34 17 23 17	3 22 2 3 16 6 35 17 23 17	6 26 4 7 17 7 35 17 23 17	9 30 10 11 18 8 35 17 23 17
18	30 13 28 28 18 5 34 17 23 17	33 18 33 32 18 5 34 17 23 17	36 19 2 36 17 6 34 17 23 17	3 24 2 3 16 6 35 17 23 17	6 27 4 7 17 7 35 17 23 17	9 31 10 11 18 8 35 17 23 17
19	30 14 28 28 18 5 34 17 23 17	34 20 33 32 18 5 34 17 23 17	36 20 2 36 17 6 35 17 23 17	3 25 2 4 16 6 35 17 23 17	6 28 4 7 17 7 35 17 23 17	9 33 10 11 18 8 35 17 23 17
20	30 16 28 28 18 5 34 17 23 17	34 21 33 32 18 5 34 17 23 17	36 22 2 36 17 6 35 17 23 17	3 26 2 4 16 6 35 17 23 17	6 29 4 7 17 7 35 17 23 17	9 34 10 11 18 8 35 17 23 17
21	31 17 29 29 18 5 34 17 23 17	34 22 33 32 18 5 34 17 23 17	1 23 2 36 17 6 35 17 23 17	4 27 2 4 16 6 35 17 23 17	6 31 4 7 17 7 35 17 23 17	9 35 11 11 18 8 35 17 23 17
22	31 19 29 29 18 5 34 17 23 17	34 23 34 33 18 5 34 17 23 17	1 24 2 36 17 6 35 17 23 17	4 29 2 4 16 6 35 17 23 17	7 32 4 8 17 7 35 17 23 17	10 36 11 11 18 8 35 17 23 17
23	31 20 29 29 18 5 34 17 23 17	34 25 34 33 18 5 34 17 23 17	1 25 3 36 17 6 35 17 23 17	4 30 2 4 16 7 35 17 23 17	7 33 5 8 17 7 35 17 23 17	10 2 11 12 18 8 35 17 23 17
24	31 21 29 29 18 5 34 17 23 17	34 26 34 33 18 5 34 17 23 17	1 27 3 36 17 6 35 17 23 17	4 31 2 4 16 7 35 17 23 17	7 34 5 8 17 7 35 17 23 17	10 3 11 12 18 8 35 17 23 17
25	31 23 29 29 18 5 34 17 23 17	34 27 34 33 18 5 34 17 23 17	1 28 3 36 17 6 35 17 23 17	4 32 2 4 16 7 35 17 23 17	7 35 5 8 17 7 35 17 23 17	10 4 11 12 18 8 35 17 23 17
26	31 24 29 29 18 5 34 17 23 17	34 28 34 33 18 5 34 17 23 17	1 29 3 1 17 6 35 17 23 17	4 33 2 4 16 7 35 17 23 17	7 1 5 8 17 7 35 17 23 17	10 6 12 12 18 8 35 17 23 17
27	31 25 29 29 18 5 34 17 23 17	34 29 35 33 18 5 34 17 23 17	1 30 3 1 17 6 35 17 23 17	4 35 2 5 16 7 35 17 23 17	7 2 5 8 17 7 35 17 23 17	10 7 12 12 18 8 35 17 23 17
28	31 26 30 29 18 5 34 17 23 17	34 31 35 33 18 5 34 17 23 17	1 31 3 1 17 6 35 17 23 17	4 36 2 5 16 7 35 17 23 17	7 3 6 8 17 7 35 17 23 17	10 8 12 12 18 8 35 17 23 17
29	31 27 30 30 18 5 34 17 23 17		1 33 3 1 17 6 35 17 23 17	4 1 2 5 16 7 35 17 23 17	7 5 6 8 17 7 35 17 23 17	10 10 12 12 18 8 35 17 23 17
30	31 29 30 30 18 5 34 17 23 17		1 34 3 1 11 6 35 17 23 17	4 3 2 5 16 7 35 17 23 17	7 6 6 9 17 7 35 17 23 17	10 11 12 12 19 8 35 17 23 17
31	32 30 30 30 18 5 34 17 23 17		2 35 3 1 17 6 35 17 23 17		7 8 6 9 17 7 35 17 23 17	

	JULY	AUG	SEPT	OCT	NOV	DEC
1	10 13 12 13 19 8 35 17 23 17	13 18 16 16 20 9 35 17 23 17	16 23 15 20 22 9 35 17 23 17	19 27 20 23 24 10 35 17 23 17	22 31 24 27 27 10 35 17 23 17	25 34 26 30 29 9 35 17 24 17
2	10 14 13 13 19 8 35 17 23 17	13 20 16 16 20 9 35 17 23 17	16 24 15 20 22 9 35 17 23 17	19 28 20 23 24 10 35 17 23 17	22 32 24 27 27 10 35 17 23 17	25 35 26 30 29 9 35 17 24 17
3	11 16 13 13 19 8 35 17 23 17	14 21 16 17 20 9 35 17 23 17	17 26 15 20 22 9 35 17 23 17	19 29 20 23 24 10 35 17 23 17	23 33 25 27 27 10 35 17 23 17	26 1 26 30 29 9 35 17 24 17
4	11 17 13 13 19 8 35 17 23 17	14 22 15 17 20 9 35 17 23 17	17 27 15 20 22 9 35 17 23 17	20 30 20 23 24 10 35 17 23 17	23 35 25 27 27 10 35 17 23 17	26 2 25 30 29 9 35 17 24 17
5	11 19 13 13 19 8 35 17 23 17	14 24 15 17 21 9 35 17 23 17	17 28 15 20 23 9 35 17 23 17	20 31 20 23 25 10 35 17 23 17	23 36 25 27 27 10 35 17 23 17	26 3 25 30 29 9 35 17 24 17
6	11 20 13 13 19 8 35 17 23 17	14 25 15 17 21 9 35 17 23 17	17 29 15 21 23 9 35 17 23 17	20 33 20 23 25 10 35 17 23 17	23 1 25 28 27 10 35 17 23 17	26 4 25 30 29 9 35 17 24 17
7	11 21 13 13 19 8 35 17 23 17	14 26 15 17 21 9 35 17 23 17	17 31 15 21 23 9 35 17 23 17	20 34 21 23 25 10 35 17 23 17	23 2 25 28 27 10 35 17 23 17	26 6 25 30 29 9 35 17 24 17
8	11 23 13 13 19 8 35 17 23 17	14 27 15 17 21 9 35 17 23 17	17 32 15 21 23 9 35 17 23 17	20 35 21 23 25 10 35 17 23 17	23 4 25 28 27 10 35 17 23 17	26 7 25 31 29 9 35 17 24 17
9	11 24 14 13 19 8 35 17 23 17	14 28 15 17 21 9 35 17 23 17	17 33 16 21 23 9 35 17 23 17	20 36 21 23 25 10 35 17 23 17	23 5 25 28 27 10 35 17 23 17	26 9 25 31 29 9 35 17 24 17
10	11 25 14 14 19 8 35 17 23 17	14 30 15 17 21 9 35 17 23 17	17 34 16 21 23 9 35 17 23 17	20 1 21 25 25 10 35 17 23 17	23 6 25 28 27 10 35 17 23 17	26 10 25 31 29 9 35 17 24 17
11	11 26 14 14 19 8 35 17 23 17	14 31 15 17 21 9 35 17 23 17	17 35 16 21 23 9 35 17 23 17	20 3 21 25 25 10 35 17 23 17	23 8 26 28 27 10 35 17 23 17	26 11 25 31 30 9 35 17 24 17
12	11 28 14 14 19 8 35 17 23 17	14 32 15 18 21 9 35 17 23 17	17 1 16 21 23 9 35 17 23 17	20 4 21 25 25 10 35 17 23 17	23 9 26 28 27 10 35 17 23 17	26 13 25 31 30 9 35 17 24 17
13	12 29 14 14 19 8 35 17 23 17	15 33 15 18 21 9 35 17 23 17	17 2 16 21 23 9 35 17 23 17	20 5 22 25 25 10 35 17 23 17	24 10 26 28 27 10 35 17 23 17	27 14 25 31 30 9 35 17 24 17
14	12 30 14 14 19 8 35 17 23 17	15 34 15 18 21 9 35 17 23 17	18 3 16 22 23 9 35 17 23 17	21 7 22 25 25 10 35 17 23 17	24 12 26 28 28 10 35 17 23 17	27 16 25 31 30 9 35 17 24 17
15	12 31 14 14 19 8 35 17 23 17	15 36 15 18 21 9 35 17 23 17	18 4 17 22 23 9 35 17 23 17	21 8 22 25 25 10 35 17 23 17	24 13 26 28 28 10 35 17 23 17	27 17 25 31 30 9 35 17 24 17
16	12 32 14 14 19 8 35 17 23 17	15 1 15 18 21 9 35 17 23 17	18 6 17 22 23 9 35 17 23 17	21 9 22 25 25 10 35 17 23 17	24 15 26 29 28 10 35 17 23 17	27 19 25 31 30 9 35 17 24 17
17	12 34 15 14 19 8 35 17 23 17	15 2 15 18 21 9 35 17 23 17	18 7 17 22 23 9 35 17 23 17	21 11 22 25 25 10 35 17 23 17	24 16 26 29 28 10 35 17 23 17	27 20 25 31 30 9 35 17 24 17
18	12 35 15 15 20 8 35 17 23 17	15 3 15 18 21 9 35 17 23 17	18 8 17 22 23 9 35 17 23 17	21 12 22 25 25 10 35 17 23 17	24 18 26 29 28 9 35 17 23 17	27 21 25 31 30 9 35 17 24 17
19	12 36 15 15 20 8 35 17 23 17	15 5 15 18 21 9 35 17 23 17	18 10 17 22 23 9 35 17 23 17	21 14 22 26 26 10 35 17 23 17	24 19 26 29 28 9 35 17 23 17	27 23 25 31 30 9 35 17 24 17
20	12 1 15 15 20 9 35 17 23 17	15 6 14 19 21 9 35 17 23 17	18 11 18 22 24 9 35 17 23 17	21 16 23 26 26 10 35 17 23 17	24 20 26 29 28 9 35 17 23 17	27 24 25 31 30 9 35 17 24 17
21	12 2 15 15 20 9 35 17 23 17	15 7 14 19 21 9 35 17 23 17	18 13 18 22 24 9 35 17 23 17	21 17 23 26 26 10 35 17 23 17	24 22 26 29 28 9 35 17 23 17	27 25 25 31 30 9 35 17 24 17
22	13 4 15 15 20 9 35 17 23 17	15 9 14 19 21 9 35 17 23 17	18 14 18 22 24 10 35 17 23 17	21 18 23 26 26 10 35 17 23 17	24 23 26 29 28 9 35 17 23 17	27 26 25 31 30 9 35 17 24 17
23	12 5 15 15 20 9 35 17 23 17	15 10 14 19 21 9 35 17 23 17	18 16 18 23 24 10 35 17 23 17	21 19 23 26 26 10 35 17 23 17	25 24 26 29 28 9 35 17 23 17	28 28 25 32 30 9 35 17 24 17
24	13 6 15 15 20 9 35 17 23 17	16 12 14 19 21 9 35 17 23 17	19 17 18 23 24 10 35 17 23 17	22 21 23 26 26 10 35 17 23 17	25 26 26 29 28 9 35 17 23 17	28 29 26 32 31 9 35 17 24 17
25	13 8 15 15 20 9 35 17 23 17	16 13 14 19 21 9 35 17 23 17	19 18 18 23 24 10 35 17 23 17	22 22 23 26 26 10 35 17 23 17	25 27 26 29 28 9 35 17 23 17	28 30 26 32 31 9 35 17 24 17
26	13 9 15 16 20 9 35 17 23 17	16 15 14 19 21 9 35 17 23 17	19 20 19 23 24 10 35 17 23 17	22 24 23 26 26 10 35 17 23 17	25 28 26 30 28 9 35 17 23 17	28 31 26 32 31 9 35 17 24 17
27	13 11 15 16 20 9 35 17 23 17	16 16 14 19 21 9 35 17 23 17	19 21 19 23 24 10 35 17 23 17	22 25 24 26 26 10 35 17 23 17	25 29 26 30 28 9 35 17 23 17	28 33 26 32 31 9 35 17 24 17
28	13 12 15 16 20 9 35 17 23 17	16 18 14 20 22 9 35 17 23 17	19 23 19 23 24 10 35 17 23 17	22 26 24 27 26 10 35 17 23 17	25 31 26 30 29 9 35 17 23 17	28 34 26 32 31 9 35 17 24 17
29	13 14 15 16 20 9 35 17 23 17	16 19 14 19 21 9 35 17 23 17	19 24 19 23 24 10 35 17 23 17	22 27 24 27 26 10 35 17 23 17	25 32 26 30 29 9 35 17 23 17	28 35 26 32 31 9 35 17 24 17
30	13 15 15 16 20 9 35 17 23 17	16 21 14 20 22 9 35 17 23 17	19 25 19 23 24 10 35 17 23 17	22 29 24 27 26 10 35 17 23 17	25 33 26 30 29 9 35 17 23 17	28 36 26 32 31 9 35 17 24 17
31	13 17 15 16 20 9 35 17 23 17	16 22 14 20 22 9 35 17 23 17		22 30 24 27 26 10 35 17 23 17		28 1 26 32 31 9 35 17 24 17

1966

	JAN	FEB	MAR	APR	MAY	JUNE	JULY	AUG	SEPT	OCT	NOV	DEC
1	28 3 27 32 31 9 35 17 24 17	32 7 31 31 34 9 35 17 24 17	34 8 36 31 36 9 35 17 24 17	2 13 36 33 2 9 36 17 24 17	5 17 2 36 4 9 36 17 24 17	8 23 8 4 7 10 36 17 24 17	10 26 13 7 9 11 36 17 23 17	13 31 13 11 11 11 36 17 23 17	16 35 15 15 13 12 36 17 23 17	19 3 21 18 15 13 36 18 24 17	22 7 25 22 17 13 36 18 24 17	25 11 23 26 18 13 36 18 24 18
2	29 4 27 32 31 9 35 17 24 17	32 9 31 31 34 9 35 17 24 17	35 10 36 31 36 9 35 17 24 17	2 15 36 33 2 9 36 17 24 17	5 19 2 36 5 9 36 17 24 17	8 24 8 4 7 10 36 17 24 17	10 28 13 7 9 11 36 17 23 17	13 32 13 11 11 11 36 17 23 17	16 1 16 15 13 12 36 17 23 17	19 4 21 18 15 13 36 18 24 17	22 9 25 22 17 13 36 18 24 17	25 12 23 26 18 13 36 18 24 18
3	29 5 27 32 31 9 35 17 24 17	32 10 32 31 34 9 35 17 24 17	35 11 36 31 36 9 35 17 24 17	2 16 36 33 2 9 36 17 24 17	5 20 2 36 5 9 36 17 24 17	8 25 9 4 7 10 36 17 24 17	11 29 13 7 9 11 36 17 23 17	14 13 13 11 11 11 36 17 23 17	17 2 16 15 13 12 36 17 23 17	19 5 21 18 15 13 36 18 24 17	23 10 25 23 17 13 36 18 24 17	26 14 24 26 18 13 36 18 24 18
4	29 6 27 32 31 9 35 17 24 17	32 12 32 31 34 9 35 17 24 17	35 12 1 31 36 9 35 17 24 17	2 18 36 33 2 9 36 17 24 17	5 22 3 36 5 9 36 17 24 17	8 27 9 4 7 10 36 17 24 17	11 30 13 7 9 11 36 17 23 17	14 34 13 11 11 11 36 17 23 17	17 3 16 15 13 12 36 17 23 17	20 6 21 19 15 13 36 18 24 17	23 11 25 23 17 13 36 18 24 18	26 15 24 26 18 13 36 18 24 18
5	29 8 27 32 32 9 35 17 24 17	32 13 32 31 34 9 35 17 24 17	35 14 1 31 36 9 35 17 24 17	2 19 36 33 3 9 36 17 24 17	5 23 3 36 5 9 36 17 24 17	8 28 9 4 7 10 36 17 24 17	11 31 13 8 9 11 36 17 23 17	14 35 13 11 11 11 36 17 23 17	17 4 16 15 13 12 36 17 23 17	20 8 21 19 15 13 36 18 24 17	23 13 25 23 17 13 36 128 24 18	26 16 24 26 19 13 36 18 24 18
6	29 9 27 32 32 9 35 17 24 17	32 15 32 31 34 9 35 17 24 17	35 15 1 31 36 9 35 17 24 17	2 21 36 33 3 9 36 17 24 17	5 24 3 1 5 10 36 17 24 17	8 29 9 4 7 10 36 17 24 17	11 32 13 6 9 11 36 17 23 17	14 1 13 11 11 12 36 17 23 17	17 5 16 15 13 12 36 17 23 17	20 9 22 19 15 13 36 18 24 17	23 14 25 23 17 13 36 18 24 18	26 18 24 27 19 13 36 18 24 18
7	29 11 27 32 32 9 35 17 24 17	32 16 32 30 34 9 35 17 24 17	35 17 1 31 36 9 35 17 24 17	2 22 36 34 3 9 36 17 24 17	5 26 3 1 5 10 36 17 24 17	8 30 9 4 7 10 36 17 24 17	11 34 13 8 9 11 36 17 23 17	14 2 13 11 11 12 36 17 23 17	17 7 17 15 13 12 36 17 23 17	20 10 22 19 15 13 36 18 24 17	23 15 25 23 17 13 36 18 24 18	26 19 24 27 19 13 36 18 24 18
8	29 12 28 32 32 9 35 17 24 17	32 18 33 30 34 9 35 17 24 17	35 19 1 31 36 9 35 17 24 17	2 24 36 34 3 9 36 17 24 17	5 27 3 1 5 10 36 17 24 17	8 32 10 4 7 10 36 17 24 17	11 35 13 8 9 11 36 17 23 17	14 3 13 12 11 12 36 17 23 17	17 8 17 15 13 12 36 18 24 17	20 11 22 19 15 13 36 18 24 17	23 17 25 23 17 13 36 18 24 18	26 21 24 27 19 13 36 18 24 18
9	29 14 28 32 32 9 35 17 24 17	32 19 33 30 34 9 35 17 24 17	35 20 1 31 36 9 35 17 24 17	2 25 36 34 3 9 36 17 24 17	5 28 3 1 5 10 36 17 24 17	8 33 10 4 7 10 36 17 24 17	11 36 14 8 9 11 36 17 23 17	14 4 13 12 11 12 36 17 23 17	17 9 17 16 13 12 36 17 23 17	20 13 22 19 15 13 36 18 24 17	23 18 25 23 17 13 36 18 24 18	26 22 24 27 19 13 36 18 24 18
10	29 15 28 32 32 9 35 17 24 17	33 21 33 30 34 9 35 17 24 17	35 21 1 31 1 9 35 17 24 17	2 26 36 34 3 9 36 17 23 17	5 30 4 1 5 10 36 17 234 17	8 34 10 5 7 10 36 17 24 17	11 1 14 8 9 11 36 17 23 17	14 6 13 12 11 12 36 17 23 17	17 11 17 16 13 12 36 17 23 17	20 14 22 19 15 13 36 18 24 17	23 20 25 23 17 13 36 18 24 18	26 23 24 27 19 13 36 18 24 18
11	30 17 28 32 32 9 35 17 24 17	33 22 33 30 34 9 35 17 24 17	35 23 1 31 1 9 35 17 24 17	3 28 36 34 3 9 36 17 24 17	5 31 4 1 5 10 36 17 24 17	8 35 10 5 7 10 36 17 24 17	11 2 14 8 9 11 36 17 23 17	14 7 13 12 12 12 36 17 23 17	17 12 17 16 14 12 36 17 23 17	20 16 22 19 15 13 36 18 24 17	23 21 25 23 17 13 36 18 24 18	26 25 24 27 19 13 36 18 24 18
12	30 18 28 32 32 9 35 17 24	33 23 33 30 35 9 35 17 24 17	36 24 1 31 1 9 36 17 24 17	3 29 36 34 3 9 36 17 24 17	6 32 4 1 5 10 36 17 24 17	9 36 10 5 7 10 36 17 24 17	11 4 14 8 10 11 36 17 23 17	14 8 13 12 12 12 36 17 23 17	17 13 18 16 14 12 36 17 23 17	20 17 22 20 15 13 36 18 24 17	23 23 25 23 17 13 36 18 24 18	26 26 25 27 19 13 36 18 24 18
13	30 20 26 32 32 9 35 17 24 17	33 25 33 30 35 9 35 17 24 17	36 26 1 31 1 9 36 17 34 17	3 30 36 34 3 9 36 17 24 17	6 33 4 1 5 10 36 17 24 17	9 2 10 5 8 10 36 17 24 17	12 5 14 8 10 11 36 17 23 17	14 10 13 12 12 12 36 17 23 17	17 15 18 16 14 12 36 18 23 17	20 19 23 20 16 13 36 18 24 17	24 24 25 24 17 13 36 18 24 18	27 28 25 27 19 13 36 18 24 18
14	30 21 28 32 32 9 35 17 24 17	33 26 34 30 35 9 35 17 24 17	36 27 1 31 1 9 36 17 24 17	3 31 36 34 3 9 36 17 24 17	6 34 4 1 5 10 36 17 24 17	9 3 11 5 8 10 36 17 23 17	12 6 14 9 10 11 36 17 23 17	15 11 13 12 13 12 36 17 23 17	18 16 18 16 14 12 36 18 23 17	21 20 23 20 16 13 36 18 24 17	24 25 24 24 17 13 36 18 24 18	27 28 25 27 19 13 36 18 24 18
15	30 22 29 32 32 9 35 17 24 17	33 27 34 30 35 9 35 17 24 17	36 28 1 32 1 9 36 17 24 17	3 32 36 34 3 9 36 17 24 17	6 36 4 2 6 10 36 17 24 17	9 4 11 5 8 10 36 17 23 17	12 8 14 9 10 11 36 17 23 17	15 13 13 12 13 12 36 17 23 17	18 18 18 16 14 12 36 18 23 17	21 22 23 20 16 13 36 18 24 17	24 27 24 24 17 13 36 18 24 18	27 30 25 28 19 13 36 18 24 18
16	30 24 29 32 32 9 35 17 24 17	33 28 34 30 35 9 35 17 24 17	36 29 1 32 1 9 36 17 24 17	3 34 36 34 3 9 36 17 24 17	6 1 5 2 6 10 36 17 24 17	9 5 11 5 8 10 36 17 23 17	12 9 14 9 10 11 36 17 23 17	15 14 13 13 13 12 36 17 23 17	18 19 18 16 14 12 36 18 23 17	21 23 23 20 16 13 36 18 24 17	24 28 24 24 18 13 36 18 24 18	27 32 25 28 19 13 36 18 24 18
17	30 25 29 32 32 9 35 17 24 17	33 30 34 30 35 9 35 17 24 17	36 30 1 32 1 9 36 17 24 17	3 35 36 35 3 9 36 17 24 17	6 2 5 2 6 10 36 17 24 17	9 7 11 5 8 10 36 17 23 17	12 10 14 9 10 11 36 17 23 17	15 16 13 13 13 12 36 17 23 17	18 21 18 16 14 12 38 18 23 17	21 25 23 20 16 13 36 18 24 17	24 29 24 24 18 13 36 18 24 18	27 33 25 28 19 13 36 18 24 18
18	30 26 29 32 33 9 35 17 24 17	33 31 34 30 35 9 35 17 24 17	36 32 1 32 1 9 36 17 24 17	3 36 1 35 4 9 36 17 24 17	6 3 5 2 6 10 36 17 24 17	9 8 11 6 8 10 36 17 23 17	12 12 14 9 10 11 36 17 23 17	15 17 13 13 13 12 36 17 23 17	18 22 19 17 14 12 36 18 24 17	21 26 23 20 16 13 36 18 24 17	24 31 24 24 18 13 36 18 24 18	27 34 25 28 19 13 36 18 24 18
19	30 27 29 32 33 9 35 17 24 17	33 32 35 30 35 9 35 17 24 17	36 33 1 32 1 9 36 17 24 17	3 1 1 35 4 9 36 17 24 17	6 5 5 6 10 36 17 24 17	9 9 11 6 8 10 36 17 23 17	12 13 14 9 10 11 36 17 23 17	15 19 13 13 13 12 36 7 23 17	18 24 19 17 14 12 36 18 24 17	21 27 23 20 16 13 36 18 24 17	24 32 24 24 18 13 36 18 24 18	27 35 26 28 19 13 36 18 24 18
20	30 29 29 31 33 9 35 17 24 17	34 33 35 30 35 9 35 17 24 17	36 34 1 32 1 9 36 17 24 17	3 2 1 35 4 9 36 17 24 17	6 6 5 2 6 10 36 17 24 17	9 11 12 6 6 10 36 17 23 17	12 15 14 9 10 11 36 17 23 17	15 20 13 13 13 12 36 17 23 17	18 25 19 17 14 12 36 18 24 17	21 29 23 21 16 13 36 18 24 17	24 33 24 24 18 13 36 18 24 18	27 36 26 28 19 13 36 16 24 18
21	31 30 30 31 33 9 35 17 24 17	34 34 35 30 35 9 35 17 24 17	36 35 1 32 1 9 36 17 24 17	4 4 1 35 4 9 36 17 24 17	6 7 6 2 6 10 36 17 24 17	9 12 12 6 8 10 36 17 23 17	12 16 23 9 10 11 36 17 23 17	15 22 13 13 13 12 36 17 23 17	18 27 19 17 14 12 36 18 24 17	21 30 24 21 16 13 36 18 24 17	24 34 23 25 18 13 36 18 24 18	27 2 26 28 19 13 36 18 24 18
22	31 31 30 31 33 9 35 17 24 17	34 35 35 30 35 9 35 17 24 17	1 36 1 32 1 9 36 17 24 17	4 5 1 35 4 9 36 17 24 17	7 9 6 2 6 10 36 17 24 17	10 14 12 6 8 11 36 17 23 17	12 18 13 10 10 11 36 17 23 17	15 23 14 13 13 12 36 17 23 17	18 28 19 17 14 12 36 18 24 17	21 31 24 21 16 13 36 18 24 17	24 36 23 25 18 13 36 18 24 18	27 3 26 29 19 13 36 18 24 18
23	31 32 30 31 33 9 35 17 24 17	34 1 35 30 35 9 35 17 24 17	1 2 36 32 2 9 36 17 24 17	4 6 1 35 4 9 36 17 24 17	7 10 6 2 6 10 36 17 24 17	10 15 12 6 8 11 36 17 23 17	12 19 13 10 10 11 36 17 23 17	15 24 14 13 13 12 36 17 23 17	18 29 19 17 14 12 36 18 24 17	21 32 24 21 16 13 36 18 24 17	25 1 23 25 18 13 36 18 24 18	28 4 26 29 19 13 36 18 24 18
24	31 33 30 31 33 9 36 17 24 17	34 2 35 30 35 9 35 17 24 17	1 3 36 32 2 9 35 17 24 17	4 8 1 35 4 9 36 17 24 17	7 11 6 3 6 10 36 17 24 17	10 17 12 6 8 11 36 17 23 17	13 21 13 10 10 11 36 17 23 17	16 26 14 14 13 12 36 17 23 17	19 30 20 17 14 12 36 18 24 17	22 34 24 21 16 13 36 18 24 17	25 2 23 25 18 13 36 8 24 18	28 5 26 29 20 13 36 18 24 18
25	31 35 30 31 33 9 35 17 24 17	34 3 36 30 36 9 35 17 24 17	1 4 36 32 2 9 36 17 24 17	4 9 1 35 4 9 36 17 24 17	7 13 7 3 6 10 36 17 24 17	10 18 12 6 8 11 36 17 23 17	13 22 13 10 10 11 36 17 23 17	16 27 14 14 13 12 36 17 23 17	19 32 20 17 14 12 36 18 24 17	22 35 24 21 16 13 35 18 24 17	25 3 23 25 18 13 36 18 24 18	28 6 26 29 20 13 36 18 24 18
26	31 36 30 31 33 9 35 17 24 17	34 4 36 31 36 9 35 17 24 17	1 5 36 32 2 9 36 17 24 17	4 10 1 36 4 9 36 17 24 17	7 14 7 3 6 10 36 17 24 17	10 19 12 6 8 11 36 17 23 17	13 23 13 10 10 11 36 17 23 17	16 28 14 14 13 12 36 17 23 17	19 33 20 18 14 12 36 18 24 17	22 36 24 21 16 13 36 18 24 17	25 4 23 25 18 13 36 18 24 18	28 8 27 29 20 13 36 18 24 18
27	31 1 30 31 33 9 35 17 24 17	34 6 36 31 36 9 35 17 24 17	1 7 36 32 2 9 36 17 24 17	4 12 2 36 4 9 36 17 24 17	7 16 7 3 6 10 36 17 24 17	10 21 13 7 9 11 36 17 23 17	13 25 13 10 11 11 36 17 23 17	16 29 14 14 13 12 36 17 23 17	19 34 20 18 15 12 36 18 24 17	22 1 24 21 16 13 36 18 24 17	25 6 23 25 18 13 36 18 24 18	28 9 27 29 20 13 36 18 24 18
28	31 2 31 31 33 9 35 17 24 17	34 7 36 31 36 9 35 17 24 17	1 8 36 33 2 9 35 17 24 17	4 13 2 36 4 9 35 17 24 17	7 17 7 3 6 10 36 17 24 17	10 22 13 7 9 11 36 17 23 17	13 26 13 10 11 11 36 17 23 17	16 31 15 14 13 12 36 17 23 17	19 35 20 18 15 13 36 18 24 17	22 2 24 22 16 13 36 18 24 17	25 7 23 25 18 13 36 18 24 18	28 10 27 29 20 13 36 18 24 18
29	31 3 31 31 33 9 35 17 24 17		1 9 36 33 2 9 35 17 24 17	4 14 2 36 4 9 35 17 24 17	7 18 7 3 7 10 36 17 24 17	10 24 13 7 9 11 36 17 23 17	13 27 13 10 11 11 36 17 23 17	16 32 15 14 13 12 36 17 23 17	19 36 20 18 15 13 36 18 24 17	22 4 24 22 16 13 36 18 24 17	25 8 23 26 18 13 36 18 24 18	28 12 27 29 20 13 36 18 24 18
30	31 5 31 31 33 9 35 17 24 17		1 11 36 33 2 9 35 17 24 17	4 16 2 36 4 9 36 17 24 17	7 230 8 3 7 10 36 17 24 17	10 25 13 7 9 10 36 17 23 17	13 28 13 10 11 11 36 17 23 17	16 33 15 14 13 12 36 17 23 17	19 1 21 18 15 13 36 18 24 17	22 5 24 22 17 13 36 18 24 18	25 10 23 26 18 13 36 18 24 18	28 13 27 30 20 13 36 18 24 18
31	32 6 31 31 34 9 35 17 24 17		1 12 36 33 2 9 36 17 24 17		7 21 8 3 7 10 36 17 24 17		13 30 13 11 11 11 36 17 23 17	16 34 15 14 13 12 36 17 23 17		22 6 25 22 17 13 36 18 24 17		28 15 27 30 20 13 36 18 24 18

1967

	JAN	FEB	MAR	APR	MAY	JUNE	JULY	AUG	SEPT	OCT	NOV	DEC
1	28 16 27 30 20 13 36 18 24 18	32 21 33 34 21 12 36 18 24 18	34 22 35 1 22 12 36 18 24 17	2 27 35 5 21 12 1 18 24 17	4 31 3 8 20 12 1 18 24 17	7 36 10 12 20 13 2 18 24 17	10 3 12 15 21 13 2 18 24 17	13 7 11 17 22 14 2 18 24 17	16 12 17 16 24 15 2 18 24 18	19 15 22 15 26 15 1 18 24 18	22 21 22 18 28 16 1 18 24 18	25 24 24 21 30 16 1 18 24 18
2	29 17 28 30 20 13 36 18 24 18	32 23 33 34 21 12 36 18 24 18	35 24 35 1 22 12 36 18 24 17	2 29 35 5 21 12 1 18 24 17	5 32 4 9 20 12 1 18 24 17	8 1 10 12 20 13 2 18 24 17	10 4 12 15 21 13 2 18 24 17	13 8 11 17 22 14 2 18 24 17	16 13 17 16 24 15 2 18 24 18	19 17 22 16 26 15 1 18 24 18	22 22 22 18 28 16 1 18 24 18	25 26 24 21 31 16 1 18 24 18
3	29 19 28 30 20 13 36 18 24 18	32 24 33 34 21 12 36 18 24 18	35 25 35 1 22 12 36 18 24 17	2 30 35 5 21 12 1 18 24 17	5 33 4 9 20 12 1 18 24 17	8 2 10 12 20 13 2 18 24 17	11 5 12 15 21 13 2 18 24 17	13 10 12 17 22 14 2 18 24 17	16 14 17 16 24 15 2 18 24 18	19 18 22 16 26 15 1 18 24 18	22 24 22 18 28 16 1 18 24 18	26 27 24 21 31 16 1 18 24 18
4	29 20 28 30 20 13 36 18 24 18	32 26 33 34 21 12 36 18 24 18	35 27 35 1 22 12 1 18 24 17	2 31 35 5 21 12 1 18 24 17	5 35 4 9 20 12 1 18 24 17	8 3 10 12 20 13 2 18 24 17	11 6 11 15 21 13 2 18 24 17	14 11 12 17 22 14 2 18 24 17	17 16 18 16 24 15 2 18 24 18	20 20 22 16 26 15 1 18 24 18	23 25 22 18 28 16 1 18 24 18	26 29 24 21 31 16 1 18 24 18
5	29 22 28 30 20 13 36 18 24 18	32 27 33 34 21 12 36 18 24 18	35 28 35 2 22 12 1 18 24 17	2 33 35 5 21 12 1 18 24 17	5 36 4 9 20 12 1 18 24 17	8 4 10 12 20 13 2 18 24 17	11 7 11 15 21 13 2 18 24 17	14 12 12 17 22 14 2 18 24 17	17 17 18 16 24 15 2 18 24 18	20 21 22 16 26 15 1 18 24 18	23 27 22 18 28 16 1 18 24 18	26 30 24 21 31 16 1 18 24 18
6	29 23 28 30 20 13 36 18 24 18	32 28 33 34 21 12 36 18 24 18	35 29 35 2 22 12 1 18 24 17	2 34 35 5 21 12 1 18 24 17	5 1 4 9 20 12 1 18 24 17	8 5 10 12 20 13 2 18 24 17	11 9 11 15 21 13 2 18 24 17	14 14 12 17 22 14 2 18 24 17	17 19 18 16 24 15 2 18 24 18	20 23 22 16 26 15 1 18 24 18	23 28 22 18 29 16 1 18 24 18	26 32 25 21 31 16 1 18 24 18
7	29 24 28 31 20 13 36 18 24 18	32 29 34 34 21 12 36 18 24 18	35 30 34 2 22 12 1 18 24 17	2 35 35 6 21 12 1 18 24 17	5 2 5 9 20 12 1 18 24 17	8 7 10 13 20 13 2 18 24 17	11 10 11 15 21 13 2 18 24 17	14 15 12 17 22 14 2 18 24 17	17 20 18 16 24 15 2 18 24 18	20 24 22 16 26 15 1 18 24 18	23 29 22 18 29 16 1 18 24 18	26 33 25 21 31 16 1 18 24 18
8	29 26 29 31 20 13 36 18 24 18	32 31 34 34 21 12 36 18 24 18	35 32 34 2 22 12 1 18 24 17	2 36 36 6 21 12 1 18 24 17	5 3 5 9 20 12 1 18 24 17	8 8 11 13 20 13 2 18 24 17	11 11 11 15 21 13 2 18 24 17	14 16 12 17 22 14 2 18 24 17	17 22 18 16 24 15 2 18 24 18	20 26 22 16 26 15 1 18 24 18	23 31 22 18 29 16 1 18 24 18	26 34 25 22 31 16 1 18 24 18
9	29 27 29 31 20 13 36 18 24 18	32 32 34 34 21 12 36 18 24 18	35 33 34 2 22 12 1 18 24 17	2 1 36 6 21 12 1 18 24 17	5 5 5 9 20 12 1 18 24 17	8 9 11 13 20 13 2 18 24 17	11 13 11 16 21 13 2 18 24 17	14 18 13 17 23 14 2 18 24 17	17 23 18 16 24 15 2 18 24 18	20 27 23 16 26 15 1 18 24 18	23 32 22 18 29 16 1 18 24 18	26 35 25 22 31 16 1 18 24 18
10	29 28 29 31 20 13 36 18 24 18	33 33 34 34 21 12 36 18 24 18	35 34 34 2 22 12 1 18 24 17	2 3 36 6 21 12 1 18 24 17	5 6 5 9 20 12 1 18 24 17	8 10 11 13 20 13 2 18 24 17	11 14 11 16 21 13 2 18 24 17	14 19 13 17 23 14 2 18 24 17	17 25 19 15 24 15 2 18 24 18	20 28 23 16 27 15 1 18 24 18	23 33 22 19 29 16 1 18 24 18	26 1 25 22 31 16 1 18 24 18
11	30 30 29 31 20 13 36 18 24 18	33 34 34 34 21 12 36 18 24 18	35 35 34 2 22 12 36 18 24 17	3 4 36 6 21 12 1 18 24 17	5 7 5 10 20 12 1 18 24 17	8 11 11 13 20 13 2 18 24 17	11 15 1 16 21 13 2 18 24 17	14 21 13 17 23 14 2 18 24 17	17 26 19 15 25 15 2 18 24 18	20 30 23 16 27 15 1 18 24 18	23 35 22 19 29 16 1 18 24 18	26 2 25 22 31 16 1 18 24 18
12	30 31 29 31 20 13 36 18 24 18	33 36 34 34 21 12 36 18 24 17	36 36 34 2 22 12 1 18 24 17	3 5 36 6 21 12 1 18 24 17	6 8 6 10 20 12 1 18 24 17	9 13 11 13 20 13 2 18 24 17	11 17 11 16 21 13 2 18 24 17	14 22 13 17 23 14 2 18 24 17	17 27 19 15 25 15 2 18 24 18	20 31 23 16 27 15 1 18 24 18	23 36 22 19 29 16 1 18 24 18	26 3 25 22 31 16 1 18 24 18
13	30 32 29 31 20 13 36 18 24 18	33 1 35 34 22 12 36 18 24 17	36 1 34 3 22 12 1 18 24 17	3 6 36 6 21 12 1 18 24 17	6 9 6 10 20 12 1 18 24 17	9 14 11 13 20 13 2 18 24 17	11 18 11 16 21 13 2 18 24 17	14 24 13 17 23 14 2 18 24 17	17 29 19 15 25 15 2 18 24 18	20 32 23 16 27 15 1 18 24 18	23 1 22 19 29 16 1 18 24 18	27 4 26 22 31 16 1 18 24 18
14	30 34 30 31 20 13 36 18 24 18	33 2 35 34 22 12 36 18 24 17	36 3 34 3 22 12 1 18 24 17	3 7 36 6 21 12 1 18 24 17	6 11 6 10 20 12 1 18 24 17	9 16 11 13 20 13 2 18 24 17	12 20 11 16 21 13 2 18 24 17	15 25 13 17 23 14 2 18 24 17	18 30 19 15 25 15 2 18 24 18	20 34 23 16 27 15 1 18 24 18	24 2 22 19 29 16 1 18 24 18	27 5 26 22 31 16 1 18 24 18
15	30 35 30 32 21 13 36 18 24 18	33 3 35 34 22 12 36 18 24 17	36 4 34 3 22 12 1 18 24 17	3 9 1 7 21 12 1 18 24 17	6 12 6 10 20 12 1 18 24 17	9 17 11 13 20 13 2 18 24 17	12 21 11 16 21 14 2 18 24 17	15 26 14 17 23 14 2 18 24 17	18 31 19 15 25 15 2 18 24 18	21 35 23 16 27 15 1 18 24 18	24 3 22 19 29 16 1 18 24 18	27 7 26 22 32 16 1 18 24 18
16	30 36 30 32 21 13 36 18 24 18	33 4 35 36 22 12 36 18 24 17	36 5 34 3 22 12 1 18 24 17	3 10 1 7 21 12 1 18 24 17	6 13 6 10 20 12 1 18 24 17	9 19 11 13 20 13 2 18 24 17	12 23 11 16 21 14 2 18 24 17	15 28 14 17 23 14 2 18 24 17	18 33 20 15 25 15 2 18 24 18	21 36 23 16 27 15 1 18 24 18	24 4 22 19 29 16 1 18 24 18	27 8 26 22 32 16 1 18 24 18
17	30 1 30 32 21 12 36 18 24 18	33 6 35 36 22 12 36 18 24 17	36 6 34 3 22 12 36 18 24 17	3 11 1 7 21 12 1 18 24 17	6 15 7 10 20 12 1 18 24 17	9 20 11 14 20 13 2 18 24 17	12 24 11 16 21 14 2 18 24 17	15 29 14 17 23 14 2 18 24 17	18 34 20 15 25 15 2 18 24 18	21 1 23 16 27 15 1 18 24 18	24 6 22 19 29 16 1 18 24 18	27 9 26 22 32 16 1 18 24 18
18	30 2 30 32 21 12 36 18 24 18	33 7 35 36 22 12 36 18 24 17	36 8 34 3 22 12 1 18 24 17	3 12 1 7 21 12 1 18 24 17	6 16 7 10 20 12 1 18 24 17	9 21 11 14 20 13 2 18 24 17	12 25 11 16 21 14 2 18 24 17	15 30 14 17 23 14 2 18 24 17	18 35 20 15 25 15 2 18 24 18	21 2 23 16 27 15 1 18 24 18	24 7 22 19 29 16 1 18 24 18	27 10 26 22 32 16 1 18 24 18
19	30 4 30 32 21 12 36 18 24 18	33 8 35 36 22 12 36 18 24 17	36 9 34 3 22 12 1 18 24 17	3 14 1 7 21 12 1 18 24 17	6 18 7 10 20 12 1 18 24 17	9 23 11 14 20 13 2 18 24 17	12 27 11 16 21 14 2 18 24 17	15 32 14 17 23 14 2 18 24 17	18 36 20 15 25 15 2 18 24 18	21 4 23 17 27 15 1 18 24 18	24 8 22 19 30 16 1 18 24 18	27 11 27 23 32 16 1 18 24 18
20	30 5 31 32 21 12 36 18 24 18	34 9 35 36 22 12 36 18 24 17	36 10 34 3 22 12 1 18 24 17	3 15 1 7 21 12 1 18 24 17	6 19 7 11 20 12 1 18 24 17	9 24 12 14 20 13 2 18 24 17	12 28 11 16 22 14 2 18 24 17	15 33 15 17 23 14 2 18 24 17	18 2 20 15 25 15 2 18 24 18	21 5 23 17 27 15 1 18 24 18	24 9 22 20 30 16 1 18 24 18	27 13 27 23 32 16 1 18 24 18
21	31 6 31 32 21 12 36 18 24 18	34 11 35 36 22 12 36 18 24 17	36 11 34 4 22 12 1 18 24 17	4 17 2 7 21 12 1 18 24 17	6 20 8 11 20 12 1 18 24 17	9 26 12 14 20 13 2 18 24 17	12 29 11 16 22 14 2 18 24 17	15 34 15 17 23 14 2 18 24 17	18 3 20 15 25 15 1 18 24 18	21 6 23 17 27 16 1 18 24 18	24 11 22 20 30 16 1 18 24 18	27 14 27 23 32 16 1 18 24 18
22	31 7 31 32 21 12 36 18 24 18	34 12 35 36 22 12 36 18 24 17	1 13 34 4 22 12 1 18 24 17	4 18 2 7 21 12 1 18 24 17	7 22 8 11 20 13 2 18 24 17	9 27 12 14 20 14 2 18 24 17	12 31 11 16 22 14 2 18 24 17	15 35 15 16 23 14 2 18 24 17	18 4 20 15 25 15 1 18 24 18	21 7 23 17 27 16 1 18 24 18	24 12 23 20 30 16 1 18 24 18	27 15 27 23 32 16 1 18 24 18
23	31 9 31 33 21 12 36 18 24 18	34 13 35 36 22 12 36 18 24 17	1 14 34 4 22 12 1 18 24 17	4 20 2 8 21 12 1 18 24 17	7 22 8 11 20 12 1 18 24 17	10 29 12 14 20 13 2 18 24 17	12 32 11 16 22 14 2 18 24 17	15 1 15 16 23 14 2 18 24 17	18 5 21 15 25 15 1 18 24 18	21 8 23 17 27 16 1 18 24 18	24 13 23 20 30 16 1 18 24 18	28 17 27 23 32 16 1 18 24 18
24	31 10 31 33 21 12 36 18 24 18	34 15 35 1 22 12 36 18 24 17	1 16 34 4 22 12 1 18 24 17	4 21 2 8 21 12 1 18 24 17	7 25 8 11 20 13 1 18 24 17	10 30 12 14 20 13 2 18 24 17	13 33 11 16 22 14 2 18 24 17	16 2 15 16 23 14 2 18 24 17	19 6 21 15 25 15 1 18 24 18	21 10 23 17 28 16 1 18 24 18	25 14 23 20 30 16 1 18 24 18	28 18 27 23 32 16 1 18 24 18
25	31 11 31 33 21 12 36 18 24 18	34 16 35 1 22 12 36 18 24 17	1 17 34 4 22 12 1 18 24 17	4 23 2 8 21 12 1 18 24 17	7 26 8 11 20 13 1 18 24 17	10 31 12 14 21 13 2 18 24 17	13 34 11 17 22 14 2 18 24 17	16 3 16 16 23 14 2 18 24 17	19 7 21 15 26 15 1 18 24 18	22 11 23 17 28 16 1 18 24 18	25 16 23 20 30 16 1 18 24 18	28 19 28 24 32 16 1 18 24 18
26	31 13 32 33 21 12 36 18 24 18	34 18 35 1 22 12 36 18 24 17	1 19 34 4 22 12 1 18 24 17	4 24 2 8 21 12 1 18 24 17	7 28 9 11 20 13 1 18 24 17	10 33 12 14 21 13 2 18 24 17	13 35 11 17 22 14 2 18 24 17	16 4 16 16 24 14 2 18 24 17	19 9 21 15 26 15 1 18 24 18	22 12 23 17 28 16 1 18 24 18	25 17 23 20 30 16 1 18 24 18	28 21 28 24 32 16 1 18 24 18
27	31 14 32 33 21 12 36 18 24 18	34 19 35 1 22 12 36 18 24 17	1 20 34 4 22 12 1 18 24 17	4 26 3 8 21 12 1 18 24 17	7 29 9 11 20 13 1 18 24 17	10 34 12 14 21 13 2 18 24 17	13 1 11 17 22 14 2 18 24 17	16 5 16 16 24 14 2 18 24 17	19 10 21 15 26 15 1 18 24 18	22 13 23 17 28 16 1 18 24 18	25 18 23 20 30 16 1 18 24 18	28 22 28 24 32 16 1 18 24 18
28	31 16 32 33 21 12 36 18 24 18	34 21 35 1 22 12 36 18 24 17	1 22 34 4 22 12 1 18 24 17	4 27 3 8 21 12 1 18 24 17	7 31 9 11 20 13 1 18 24 17	10 35 12 15 21 13 2 18 24 17	13 2 11 17 22 14 2 18 24 17	16 7 16 16 24 14 2 18 24 17	19 11 21 15 26 15 1 18 24 18	22 15 23 17 28 16 1 18 24 18	25 20 23 20 30 16 1 18 24 18	28 24 24 24 33 16 1 18 24 18
29	31 17 32 33 21 12 36 18 24 18		1 23 34 5 22 12 1 18 24 17	4 28 3 8 21 12 1 18 24 17	7 32 9 12 20 13 1 18 24 17	10 36 12 15 21 13 2 18 24 17	13 3 11 17 22 14 2 18 24 17	16 8 16 16 24 14 2 18 24 17	19 13 21 15 26 15 1 18 24 18	22 16 23 17 28 16 1 18 24 18	25 21 24 21 30 16 1 18 24 18	28 25 28 24 33 16 1 18 24 18
30	31 19 32 33 21 12 36 18 24 18		1 25 35 5 22 12 1 18 24 17	4 30 3 8 21 12 1 18 24 17	7 33 9 12 20 13 1 18 24 17	10 1 12 15 21 13 2 18 24 17	13 5 11 17 22 14 2 18 24 17	16 9 17 16 24 14 2 18 24 17	19 14 21 15 26 15 1 18 24 18	22 18 23 17 28 16 1 18 24 18	25 23 24 21 30 16 1 18 24 18	28 27 28 24 33 16 1 18 24 18
31	32 20 32 34 21 12 36 18 24 18		1 26 35 5 22 12 1 18 24 17		7 34 9 12 20 13 2 18 24 17		13 6 11 17 22 14 2 18 24 17	16 10 17 16 24 15 2 18 24 17		22 19 23 18 28 16 1 18 24 18		28 28 28 24 33 16 1 18 24 18

1968

	JAN	FEB	MAR	APR	MAY	JUNE	JULY	AUG	SEPT	OCT	NOV	DEC
1	28 30 29 24 33 16 1 18 24 18	32 34 33 28 35 16 1 18 24 18	35 1 32 32 1 15 2 18 24 18	2 5 36 36 4 15 2 18 24 18	5 8 5 3 6 15 2 18 24 18	8 13 10 7 8 15 3 18 24 18	10 16 9 11 10 16 3 18 24 18	13 21 13 15 12 16 3 18 24 18	16 27 18 18 14 17 3 18 24 18	19 31 22 22 16 18 3 19 24 18	22 36 21 26 18 18 3 19 24 18	25 3 25 29 20 18 2 19 24 18
2	29 31 29 25 33 16 1 18 24 18	32 36 34 28 35 16 1 18 24 18	35 2 32 32 2 15 2 18 24 18	2 6 36 36 4 15 2 18 24 18	5 9 5 3 6 15 2 18 24 18	8 14 10 7 8 15 3 18 24 18	11 18 9 11 10 16 3 18 24 18	13 23 13 15 12 16 3 18 24 18	16 28 19 18 14 17 3 18 24 18	19 32 22 22 16 18 3 19 24 18	22 1 21 26 18 18 3 19 24 18	25 4 25 30 20 18 2 19 24 18
3	29 32 29 25 33 16 1 18 24 18	32 1 34 28 35 16 1 18 24 18	35 3 32 32 2 15 2 18 24 18	2 7 36 36 4 15 2 18 24 18	5 11 6 3 6 15 2 18 24 18	8 15 10 7 8 15 3 18 24 18	11 19 9 11 10 16 3 18 24 18	14 24 13 15 12 16 3 18 24 18	17 30 19 19 14 17 3 18 24 18	19 33 22 22 16 18 3 19 24 18	23 2 21 26 18 18 3 19 24 18	26 5 25 30 20 18 2 19 24 18
4	29 34 29 25 33 16 1 18 24 18	32 2 34 29 35 16 1 18 24 18	35 4 32 32 2 15 2 18 24 18	2 9 36 36 4 15 2 18 24 18	5 12 6 4 6 15 2 18 24 18	8 17 10 7 8 15 3 18 24 18	11 20 9 11 10 16 3 18 24 18	14 26 13 15 12 16 3 18 24 18	17 31 19 19 14 17 3 18 24 18	20 35 22 22 16 18 3 19 24 18	23 3 21 26 18 18 3 19 24 18	26 7 26 30 20 18 2 19 24 18
5	29 35 29 25 33 16 1 18 24 18	32 3 34 29 36 16 1 18 24 18	35 5 32 32 2 15 2 18 24 18	2 10 36 36 4 15 2 18 24 18	5 13 6 4 6 15 2 18 24 18	8 18 10 8 8 15 3 18 24 18	11 22 9 11 10 16 3 18 24 18	14 27 13 15 12 16 3 18 24 18	17 32 19 19 14 17 3 18 24 18	20 36 22 23 16 18 3 19 24 18	23 5 21 26 18 18 3 19 24 18	26 8 26 30 20 18 2 19 24 18
6	29 36 29 25 33 16 1 18 24 18	32 5 34 29 36 16 1 18 24 18	35 7 32 32 2 15 2 18 24 18	2 11 36 36 4 15 2 18 24 18	5 14 6 4 6 15 2 18 24 18	8 19 10 8 8 15 3 18 24 18	11 23 9 11 10 16 3 18 24 18	14 29 14 15 13 16 3 18 24 18	17 34 19 19 15 17 3 18 24 18	20 1 22 23 16 18 3 19 24 18	23 6 21 26 18 18 3 19 24 18	26 9 26 30 20 18 2 19 24 18
7	29 1 30 25 33 16 1 18 24 18	32 6 34 29 36 16 1 18 24 18	35 8 32 32 2 15 2 18 24 18	2 12 36 36 4 15 2 18 24 18	5 16 7 4 6 15 2 18 24 18	8 21 10 8 9 15 3 18 24 18	11 25 9 11 11 16 3 18 24 18	14 30 14 15 13 16 3 18 24 18	17 35 19 19 15 17 3 18 24 18	20 2 22 23 16 18 3 19 24 18	23 7 21 27 18 18 3 19 24 18	26 10 26 30 20 18 2 19 24 18
8	29 3 30 25 33 16 1 18 24 18	32 7 34 29 36 16 1 18 24 18	35 9 33 33 2 15 2 18 24 18	2 13 1 36 4 15 2 18 24 18	5 17 7 4 6 15 2 18 24 18	8 22 10 8 9 15 3 18 24 18	11 26 9 12 11 16 3 18 24 18	14 31 14 15 13 16 3 18 24 18	17 36 19 19 15 17 3 18 24 18	20 4 21 23 17 18 3 19 24 18	23 8 21 27 18 18 3 19 24 18	26 11 26 30 20 18 2 19 24 18
9	29 4 30 25 33 16 1 18 24 18	32 8 34 29 36 16 1 18 24 18	35 10 33 33 2 15 2 18 24 18	2 15 1 1 4 15 2 18 24 18	5 18 7 4 7 15 2 18 24 18	8 24 10 8 9 15 3 18 24 18	11 28 9 12 11 16 3 18 24 18	14 33 14 16 13 16 3 18 24 18	17 2 20 19 15 17 3 18 24 18	20 5 21 23 17 18 3 19 24 18	23 9 22 27 18 18 3 19 24 18	26 13 26 30 20 18 2 19 24 18
10	29 5 30 25 34 16 1 18 24 18	33 9 34 29 36 16 1 18 24 18	35 11 33 33 2 15 2 18 24 18	3 16 1 1 4 15 2 18 24 18	5 20 7 4 7 15 2 18 24 18	8 25 10 8 9 15 3 18 24 18	11 29 9 12 11 16 3 18 24 18	14 34 15 16 13 16 3 18 24 18	17 3 20 19 15 17 3 18 24 18	20 6 21 23 17 18 3 19 24 18	23 11 22 27 19 18 3 19 24 18	26 14 26 31 20 18 2 19 24 18
11	29 6 30 26 34 16 1 18 24 18	33 11 34 29 36 16 1 18 24 18	36 13 33 33 2 15 2 18 24 18	3 18 1 1 5 15 2 18 24 18	6 21 7 4 7 15 2 18 24 18	9 27 10 8 9 15 3 18 24 18	11 31 9 12 11 16 3 18 24 18	14 36 15 16 13 17 3 18 24 18	17 4 20 20 15 17 3 18 24 18	20 7 21 23 17 18 3 19 24 18	23 12 22 27 19 18 3 19 24 18	26 15 27 31 20 18 2 19 24 18
12	30 7 30 26 34 16 1 18 24 18	33 12 33 29 36 16 1 18 24 18	36 14 33 33 2 15 2 18 24 18	3 19 1 1 5 15 2 18 24 18	6 23 7 5 7 15 2 18 24 18	9 28 10 8 9 15 3 18 24 18	11 32 9 12 11 16 3 18 24 18	14 1 15 16 13 17 3 18 24 18	17 5 20 20 15 17 3 18 24 18	20 8 21 23 17 18 3 19 24 18	23 13 22 27 19 18 3 19 24 18	27 16 27 31 20 18 2 19 24 18
13	30 9 31 26 34 16 1 18 24 18	33 13 33 30 36 16 1 18 24 18	36 15 33 33 2 15 2 18 24 18	3 21 2 1 5 15 2 18 24 18	6 24 8 5 7 15 2 18 24 18	9 30 10 9 9 15 3 18 24 18	12 33 9 12 11 16 3 18 24 18	15 2 15 16 13 17 3 18 24 18	18 7 20 20 15 17 3 18 24 18	20 10 21 23 17 18 3 19 24 18	24 14 22 27 19 18 2 19 24 18	27 18 27 31 21 18 2 19 24 18
14	30 10 31 26 34 16 1 18 24 18	33 15 33 30 36 16 1 18 24 18	36 17 33 33 2 15 2 18 24 18	3 22 2 1 5 15 2 18 24 18	6 26 8 5 7 15 3 18 24 18	9 31 9 9 9 15 3 18 24 18	12 35 10 12 11 16 3 18 24 18	15 3 15 16 13 17 3 18 24 18	18 8 20 20 15 17 3 18 24 18	21 11 19 24 17 18 3 19 24 18	24 15 22 27 19 18 2 19 24 18	27 19 27 31 21 18 2 19 24 18
15	30 11 31 26 34 16 1 18 24 18	33 16 33 30 36 16 1 18 24 18	36 18 33 33 3 15 2 18 24 18	3 24 2 1 5 15 2 18 24 18	6 27 8 5 7 15 3 18 24 18	9 33 9 9 9 15 3 18 24 18	12 36 10 12 11 16 3 18 24 18	15 5 15 16 13 17 3 18 24 18	18 9 20 20 15 17 3 18 24 18	21 12 19 24 17 18 3 19 24 18	24 17 23 28 19 18 2 19 24 18	27 20 27 31 21 18 2 19 24 18
16	30 12 31 26 34 16 1 18 24 18	33 17 33 20 26 16 1 18 24 18	36 20 33 34 3 15 2 18 24 18	3 25 2 1 5 15 2 18 24 18	6 29 8 5 7 15 3 18 24 18	9 34 9 9 9 16 3 18 24 18	12 1 10 13 11 16 3 18 24 18	15 6 16 16 13 17 3 18 24 18	18 10 20 20 15 17 3 18 24 18	21 13 19 24 17 18 3 19 24 18	24 18 23 28 19 18 2 19 24 18	27 22 27 31 21 18 2 19 24 18
17	30 14 31 26 34 16 1 18 24 18	33 19 33 20 26 16 1 18 24 18	36 21 33 34 3 15 2 18 24 18	3 27 2 1 5 15 2 18 24 18	6 30 8 5 7 15 3 18 24 18	9 35 9 9 9 16 3 18 24 18	12 3 10 13 11 16 3 18 24 18	15 7 16 16 13 17 3 18 24 18	18 11 21 20 15 17 3 18 24 18	21 15 19 24 17 18 3 19 24 18	24 19 23 28 19 18 2 19 24 18	27 23 28 31 21 18 2 19 24 18
18	30 15 31 26 34 16 1 18 24 18	33 20 33 30 1 16 1 18 24 18	36 23 34 34 3 15 2 18 24 18	3 28 3 2 5 15 2 18 24 18	6 32 8 5 7 15 3 18 24 18	9 36 9 9 9 16 3 18 24 18	12 4 10 13 11 16 3 18 24 18	15 8 16 17 13 17 3 18 24 18	18 13 21 20 15 17 3 18 24 18	21 16 20 24 17 18 3 19 24 18	24 21 23 28 19 18 2 19 24 18	27 25 28 31 21 18 2 19 24 18
19	30 16 32 27 34 16 1 18 24 18	33 22 33 30 1 16 1 18 24 18	36 24 34 34 3 15 2 18 24 18	3 29 3 2 5 15 2 18 24 18	6 33 8 5 7 15 3 18 24 18	9 2 9 9 9 16 3 18 24 18	12 5 10 13 11 16 3 18 24 18	15 9 16 17 13 17 3 18 24 18	18 14 21 21 15 17 3 18 24 18	21 17 20 24 17 18 3 19 24 18	24 22 23 28 19 18 2 19 24 18	27 26 28 32 21 18 2 19 24 18
20	30 18 32 27 34 16 1 18 24 18	34 23 33 30 1 16 1 18 24 18	36 26 34 34 3 15 2 18 24 18	3 31 3 2 5 15 2 18 24 18	6 34 9 6 7 15 3 18 24 18	9 3 9 9 9 16 3 18 24 18	12 6 10 13 11 16 3 18 24 18	15 10 16 17 13 17 3 18 24 18	18 15 21 21 15 17 3 18 24 18	21 19 20 24 17 18 3 19 24 18	24 24 23 28 19 18 2 19 24 18	27 28 28 32 21 18 2 19 24 18
21	31 19 32 27 34 16 1 18 24 18	34 24 33 31 1 16 2 18 24 18	1 27 34 34 3 15 2 18 24 18	4 32 3 2 5 15 2 18 24 18	6 36 9 6 7 15 3 18 24 18	9 4 9 9 9 16 3 18 24 18	12 7 11 13 11 16 3 18 24 18	15 12 17 17 13 17 3 18 24 18	18 16 21 21 15 17 3 18 24 18	21 20 20 24 17 18 3 19 24 18	24 25 23 28 19 18 2 19 24 18	27 29 28 32 21 18 2 19 24 18
22	31 21 32 27 34 16 1 18 24 18	34 26 32 31 1 16 2 18 24 18	1 28 34 34 3 15 2 18 24 18	4 33 3 2 5 15 2 18 24 18	7 1 9 6 7 15 3 18 24 18	10 5 9 10 10 16 3 18 24 18	12 8 11 13 12 16 3 18 24 18	15 13 17 17 14 17 3 18 24 18	18 18 21 21 16 17 3 18 24 18	21 21 20 25 17 18 3 19 24 18	24 27 24 28 19 18 2 19 24 18	28 31 28 32 21 18 2 19 24 18
23	31 22 32 27 35 16 1 18 24 18	34 27 32 31 1 16 2 18 24 18	1 30 34 34 3 15 2 18 24 18	4 35 4 2 5 15 2 18 24 18	7 2 9 6 8 15 3 18 24 18	10 6 9 10 10 16 3 18 24 18	13 10 11 13 12 16 3 18 24 18	15 14 17 17 14 17 3 18 24 18	19 19 21 21 16 17 3 18 24 18	21 23 20 25 17 18 3 19 24 18	25 28 24 28 19 18 2 19 24 18	28 32 29 32 21 18 2 19 24 18
24	31 23 32 27 35 16 1 18 24 18	34 28 32 31 1 16 2 18 24 18	1 31 34 35 3 15 2 18 24 18	4 36 4 2 5 15 2 18 24 18	7 3 9 6 8 15 3 18 24 18	10 8 9 10 10 16 3 18 24 18	13 11 11 14 12 16 3 18 24 18	16 16 17 17 14 17 3 18 24 18	19 21 21 21 16 17 3 18 24 18	22 24 20 25 18 18 3 19 24 18	25 30 24 29 19 18 2 19 24 18	28 34 29 32 21 18 2 19 24 18
25	31 25 33 27 35 16 1 18 24 18	34 30 32 31 1 16 2 18 24 18	1 32 34 35 3 15 2 18 24 18	4 1 4 2 6 15 2 18 24 18	7 4 9 6 8 15 3 18 24 18	10 9 9 10 10 16 3 18 24 18	13 12 11 14 12 16 3 18 24 18	16 17 17 17 14 17 3 18 24 18	19 22 21 21 16 17 3 18 24 18	22 26 20 25 18 18 3 19 24 18	25 31 24 29 19 18 2 19 24 18	28 35 29 32 21 18 2 19 24 18
26	31 26 33 27 35 16 1 18 24 18	34 31 32 31 1 16 2 18 24 18	1 34 35 35 3 15 2 18 24 18	4 2 4 3 6 15 2 18 24 18	7 6 9 6 8 15 3 18 24 18	10 10 9 10 10 16 3 18 24 18	13 13 11 14 12 16 3 18 24 18	16 18 17 18 14 17 3 18 24 18	19 24 21 21 16 18 3 18 24 18	22 27 20 25 18 18 3 19 24 18	25 33 24 29 20 18 2 19 24 18	28 36 29 32 21 18 2 19 24 18
27	31 28 33 28 35 16 1 18 24 18	34 33 32 31 1 16 2 18 24 18	1 35 35 35 3 15 2 18 24 18	4 3 4 3 6 15 2 18 24 18	7 7 9 6 8 15 3 18 24 18	10 11 9 10 10 16 3 18 24 18	13 15 12 14 12 16 3 18 24 18	16 20 18 18 14 17 3 18 24 18	19 25 21 22 16 18 3 18 24 18	22 29 20 25 18 18 3 19 24 18	25 34 24 29 20 18 2 19 24 18	28 2 29 32 21 18 2 19 24 18
28	31 29 33 28 35 16 1 18 24 18	34 34 32 31 1 16 2 18 24 18	1 36 35 35 4 15 2 18 24 18	4 5 5 3 6 15 2 18 24 18	7 8 9 7 8 15 3 18 24 18	10 12 9 10 10 16 3 18 24 18	13 16 12 14 12 16 3 18 24 18	16 21 18 18 14 17 3 18 24 18	19 26 21 22 16 18 3 18 24 18	22 30 20 25 18 18 3 19 24 18	25 35 24 29 20 18 2 19 24 18	28 3 29 33 21 18 2 19 24 18
29	31 30 33 28 35 16 1 18 24 18	34 35 32 31 1 16 2 18 24 18	1 1 35 35 4 15 2 18 24 18	4 6 5 3 6 15 2 18 24 18	7 9 9 7 8 15 3 18 24 18	10 14 9 10 10 16 3 18 24 18	13 17 12 14 12 16 3 18 24 18	16 22 18 18 14 17 3 18 24 18	19 28 22 22 16 18 3 19 24 18	22 32 20 25 18 18 3 19 24 18	25 1 25 29 20 18 2 19 24 18	28 4 29 33 21 18 2 19 24 18
30	31 32 33 28 35 16 1 18 24 18		1 3 35 35 4 15 2 18 24 18	4 7 5 3 6 15 2 18 24 18	7 10 10 7 8 15 3 18 24 18	10 15 9 11 10 16 3 18 24 18	13 19 12 14 12 16 3 18 24 18	16 24 18 18 14 17 3 18 24 18	19 29 22 22 16 18 3 19 24 18	22 33 20 26 18 18 3 19 24 18	25 2 25 29 20 18 2 19 24 18	28 5 30 33 22 18 2 19 24 18
31	32 33 33 28 35 16 1 18 24 18		2 4 35 35 4 15 2 18 24 18		7 12 10 7 8 15 3 18 24 18		13 20 12 14 12 16 3 18 24 18	16 25 18 18 14 17 3 18 24 18		22 34 20 26 18 18 3 19 24 18		28 6 30 33 22 18 2 19 24 18

1969

	JAN	FEB	MAR	APR	MAY	JUNE	JULY	AUG	SEPT	OCT	NOV	DEC
1	29 8 30 33 22 19 2 19 24 18	32 12 31 36 23 19 3 19 24 18	35 13 32 3 25 19 3 19 24 18	2 17 1 3 26 18 3 19 24 18	5 21 7 2 26 18 4 19 24 18	8 26 7 3 25 18 4 18 24 18	10 30 8 6 25 18 4 19 24 18	13 35 14 9 25 19 4 19 24 18	16 4 19 13 26 19 4 19 24 18	19 8 19 16 28 20 4 19 24 18	22 12 21 20 30 21 4 19 24 18	25 15 26 24 32 21 4 19 24 18
2	29 9 30 33 22 19 2 19 24 18	32 13 31 36 23 19 3 19 24 18	35 14 32 3 25 19 3 19 24 18	2 19 1 3 26 18 3 19 24 18	5 22 7 2 26 18 4 19 24 18	8 28 7 3 25 18 4 18 24 18	10 32 8 6 25 18 4 19 24 18	13 1 15 9 25 19 4 19 24 18	16 5 19 13 26 19 4 19 24 18	19 9 19 17 28 20 4 19 24 18	22 13 22 20 30 21 4 19 24 18	25 16 26 24 32 21 4 19 24 18
3	29 10 30 33 22 19 2 19 24 18	32 14 31 1 23 19 3 19 24 18	35 15 32 3 25 19 3 19 24 18	2 20 1 3 26 18 4 19 24 18	5 24 7 2 26 18 4 19 24 18	8 29 7 3 25 18 4 18 24 18	11 33 9 6 25 18 4 19 24 18	14 2 15 9 25 19 4 19 24 18	17 7 19 13 26 19 4 19 24 18	19 10 19 17 28 20 4 19 24 18	23 14 22 21 30 21 4 19 24 18	26 18 26 24 33 21 4 19 24 18
4	29 11 30 33 22 19 2 19 24 18	32 16 31 1 23 19 3 19 24 18	35 17 32 3 25 19 3 19 24 18	2 21 1 3 26 18 3 19 24 18	5 25 7 2 26 18 4 19 24 18	8 31 7 3 35 18 4 18 24 18	11 34 9 6 25 18 4 19 24 18	14 3 15 10 25 19 4 19 24 18	17 8 19 13 26 19 4 19 24 18	20 11 19 17 28 20 4 19 24 18	23 15 22 21 30 21 4 19 24 18	26 19 27 24 33 21 4 19 21 18
5	29 12 31 34 22 19 2 19 24 18	32 17 31 1 24 19 3 19 24 18	35 18 32 3 25 19 3 19 24 18	2 23 2 3 26 18 3 19 24 18	5 27 7 2 26 18 4 19 24 18	8 32 7 3 25 18 4 18 24 18	11 36 9 6 25 18 4 19 24 18	14 5 15 10 25 19 4 19 24 18	17 9 19 13 27 19 4 19 24 18	20 12 19 17 28 20 4 19 24 18	23 17 22 21 31 21 4 19 24 18	26 20 27 25 33 21 4 19 24 18
6	29 14 31 34 22 19 2 19 24 18	32 18 31 1 24 19 3 19 24 18	35 19 31 3 25 19 3 19 24 18	2 14 2 3 26 18 3 19 24 18	5 28 7 2 26 18 4 19 24 18	8 34 7 3 25 18 4 18 24 18	11 1 9 6 25 18 4 19 24 18	14 6 15 10 25 19 4 19 24 18	17 10 20 13 27 19 4 19 24 18	20 14 19 17 28 20 4 19 24 18	23 18 22 21 31 21 4 19 24 18	26 21 27 25 33 21 4 19 24 18
7	29 15 31 34 22 19 2 19 24 18	32 30 31 1 24 19 3 19 24 18	35 21 33 3 25 19 3 19 24 18	2 26 2 2 26 18 3 19 24 18	5 30 7 2 26 18 4 18 24 18	8 35 7 4 25 18 4 18 24 18	11 3 9 7 25 18 4 19 24 18	14 7 15 10 25 19 4 19 24 18	17 12 20 14 27 19 4 18 24 18	20 15 19 17 29 20 4 19 24 18	23 19 22 21 31 21 4 19 24 18	26 23 27 25 33 21 4 19 24 18
8	29 16 31 34 22 19 2 19 24 18	32 21 31 1 24 19 3 19 24 18	35 22 33 3 25 19 3 19 24 18	2 27 2 2 26 18 3 19 24 18	5 31 7 2 26 18 4 19 24 18	8 36 7 4 25 18 4 18 24 18	11 4 9 7 25 18 4 19 24 18	14 8 16 10 25 19 4 19 24 18	17 13 20 14 27 19 4 19 24 18	20 16 18 17 29 20 4 19 24 18	23 21 23 21 31 21 4 19 24 18	26 24 27 25 33 21 4 19 24 18
9	29 17 31 34 22 19 2 19 24 18	33 22 31 1 24 19 3 19 24 18	35 23 33 3 25 19 3 19 24 18	2 29 2 2 26 18 3 19 24 18	5 33 7 2 26 18 4 19 24 18	8 2 7 4 25 18 4 18 24 18	11 5 10 7 25 18 4 19 24 18	14 10 16 10 25 19 4 19 24 18	17 14 20 14 27 19 4 19 24 18	20 17 18 17 29 20 4 19 24 18	23 22 23 21 31 21 4 19 24 18	26 26 28 25 33 21 4 19 24 18
10	29 19 31 34 22 19 2 19 24 18	33 24 31 1 24 19 3 19 24 18	35 25 33 3 25 19 3 19 24 18	2 30 3 2 26 18 3 19 24 18	5 34 7 2 26 18 4 19 24 18	8 3 7 4 25 18 4 19 24 18	11 6 10 7 5 18 4 19 24 18	14 11 16 10 25 19 4 19 24 18	17 15 20 14 27 20 4 19 24 18	20 18 19 18 29 20 4 19 24 18	23 23 23 21 31 21 4 19 24 18	26 27 28 25 33 21 4 19 24 18
11	30 20 31 34 22 19 2 19 24 18	33 25 31 1 24 19 3 19 24 18	36 26 33 3 25 19 3 19 24 18	3 31 3 2 26 18 3 19 24 18	6 35 8 2 26 18 4 19 24 18	8 4 7 4 25 18 4 18 24 18	11 7 10 7 25 18 4 19 24 18	14 12 16 10 25 19 4 19 24 18	17 16 20 14 27 20 4 19 24 18	20 20 19 18 29 20 4 19 24 18	23 25 23 22 31 21 4 19 24 18	26 29 28 25 33 21 4 19 24 18
12	30 21 32 34 22 19 2 19 24 18	33 26 31 1 24 19 3 19 24 18	36 28 33 3 25 19 3 19 24 18	3 33 3 2 26 18 3 19 24 18	6 1 8 2 26 18 4 18 24 18	9 5 7 4 25 18 4 18 24 18	11 9 10 7 25 18 4 19 24 18	14 13 16 11 25 19 4 19 24 18	17 18 29 14 27 20 4 19 24 18	20 21 19 18 29 20 4 19 24 18	23 26 23 22 31 21 4 19 24 18	26 30 28 25 33 21 4 19 24 18
13	30 23 32 34 22 19 2 19 24 18	33 28 31 1 24 19 3 19 24 18	36 29 34 3 25 19 3 19 24 18	3 34 3 2 26 18 3 18 24 18	6 2 8 2 26 18 4 18 24 18	9 7 7 4 25 18 4 18 24 18	12 10 10 7 25 18 4 19 24 18	15 14 16 11 25 19 4 19 24 18	18 19 20 14 27 20 4 19 24 18	20 22 19 18 29 20 4 19 24 18	24 28 23 22 31 21 4 19 24 18	27 32 28 26 33 21 4 19 24 18
14	30 24 32 35 22 19 2 19 24 18	33 29 31 2 34 19 3 19 24 18	36 30 34 3 25 19 3 19 24 18	3 36 3 2 26 18 3 19 24 18	6 3 8 2 26 18 4 19 24 18	9 8 7 4 25 18 4 18 24 18	12 11 11 7 25 18 4 19 24 18	15 15 17 11 25 19 4 19 24 18	18 20 20 14 27 20 4 19 24 18	21 24 19 18 29 20 4 19 24 18	24 29 24 22 31 21 4 19 24 18	27 33 28 26 33 21 4 19 24 18
15	30 25 32 35 22 19 2 19 24 18	33 31 31 2 24 19 3 19 24 18	36 32 34 3 25 19 3 19 24 18	3 1 4 2 26 18 3 19 24 18	6 4 8 2 26 18 4 19 24 18	9 9 7 4 25 18 4 19 24 18	12 12 11 7 25 18 4 19 24 18	15 17 17 11 26 19 4 19 24 18	18 21 20 15 27 20 4 19 24 18	21 25 19 18 29 20 4 19 24 18	24 31 24 22 31 21 4 19 24 18	27 34 28 26 33 21 4 19 24 18
16	30 27 32 35 22 19 2 19 24 18	33 32 31 2 24 19 3 19 24 18	36 33 34 3 25 19 3 19 24 18	3 2 4 2 26 18 3 19 24 18	6 6 8 2 26 18 4 19 24 18	9 10 7 4 25 18 4 18 24 18	12 13 11 7 25 19 4 19 24 18	15 18 17 11 26 19 4 19 24 18	18 23 20 15 27 20 4 19 24 18	21 27 19 18 29 20 4 19 24 18	24 32 24 22 31 21 4 19 24 18	27 36 28 26 34 21 4 19 24 18
17	30 28 32 35 23 19 2 19 24 18	33 34 31 2 24 19 3 19 24 18	36 35 34 3 25 19 3 19 24 18	3 3 4 2 26 18 3 19 24 18	6 7 8 2 26 18 4 19 24 18	9 11 7 4 25 18 4 18 24 18	12 15 11 8 25 19 4 19 24 18	15 19 17 11 26 19 4 19 24 18	18 24 20 15 27 20 4 19 24 18	21 28 19 18 29 20 4 19 24 18	24 33 24 22 31 21 4 19 24 18	27 1 29 26 34 22 4 19 24 18
18	30 30 32 35 23 19 2 19 24 18	33 35 31 2 24 19 3 19 24 18	36 36 34 3 25 19 3 19 24 18	3 5 4 2 26 18 3 19 24 18	6 8 8 2 26 18 4 19 24 18	9 12 7 5 25 18 4 18 24 18	12 16 11 8 25 19 4 18 24 18	15 20 17 11 26 19 4 19 24 18	18 26 20 15 27 20 4 19 24 18	21 29 19 18 29 20 4 19 24 18	24 35 24 22 31 21 4 19 24 18	27 2 29 26 34 22 4 19 24 18
19	30 31 32 35 23 19 2 19 24 18	34 1 31 2 24 19 3 19 24 18	36 1 34 3 25 19 3 19 24 18	3 6 4 2 26 18 3 19 24 18	6 9 8 2 26 18 4 19 24 18	9 14 7 5 25 18 4 18 24 18	12 17 12 8 25 19 4 19 24 18	15 22 17 11 26 19 4 19 24 18	18 27 20 15 27 20 4 19 24 18	21 31 19 19 29 20 4 19 24 18	24 36 24 23 32 21 4 19 24 18	27 4 29 26 34 22 4 19 24 18
20	30 33 32 35 23 19 2 19 24 18	34 2 31 2 24 19 3 19 24 18	36 3 35 3 25 19 3 19 24 18	3 7 5 2 26 18 3 19 24 18	6 10 8 2 26 18 4 19 24 18	9 15 7 5 25 18 4 18 24 18	12 18 12 8 25 19 4 19 24 18	15 23 18 11 26 19 4 19 24 18	18 30 20 15 27 20 4 19 24 18	21 32 19 19 29 20 4 19 24 18	24 1 24 23 32 21 4 19 24 18	27 5 29 26 34 22 4 19 24 18
21	31 34 32 35 23 19 2 19 24 18	34 3 31 2 24 19 3 19 24 18	1 4 35 3 25 19 3 19 24 18	4 8 5 2 26 18 3 19 24 18	6 12 8 2 26 18 4 18 24 18	9 16 7 5 25 18 4 18 24 18	12 19 12 8 25 19 4 19 24 18	15 24 18 12 26 19 4 19 24 18	18 30 20 15 27 20 4 19 24 18	21 34 20 19 29 20 4 19 24 18	24 3 25 23 32 21 4 19 24 18	27 6 29 27 34 22 4 19 24 18
22	31 36 32 35 23 19 2 19 24 18	34 4 31 2 24 19 3 19 24 18	1 5 35 3 25 19 3 19 24 18	4 10 5 2 26 19 3 19 24 18	7 13 8 2 26 18 4 18 24 18	10 17 7 5 25 18 4 18 24 18	12 21 12 8 25 19 4 19 24 18	15 26 18 12 26 19 4 19 24 18	18 31 20 15 28 20 4 19 24 18	21 35 20 19 30 20 4 19 24 18	24 4 25 23 32 21 4 19 24 18	27 8 29 27 34 22 4 19 24 18
23	31 1 32 35 23 19 2 19 24 18	34 6 31 2 24 19 3 19 24 18	1 6 35 3 26 19 3 19 24 18	4 11 5 2 26 18 3 19 24 18	7-14 8 2 26 18 4 18 24 18	10 19 7 5 25 18 4 18 24 18	12 22 13 8 25 19 4 19 24 18	15 27 18 12 26 19 4 19 24 18	18 33 20 15 28 20 4 19 23 18	21 36 20 19 30 20 4 19 24 18	25 5 25 23 32 21 4 19 24 18	28 9 29 27 34 22 4 19 24 18
24	31 2 32 36 23 19 2 19 24 18	34 7 31 2 24 19 3 19 24 18	1 8 35 3 26 19 3 19 24 18	4 12 5 2 26 18 3 19 24 18	7 15 8 2 26 18 4 18 24 18	10 20 8 5 25 18 4 18 24 18	13 23 13 8 25 19 4 19 24 18	16 29 18 12 26 19 4 19 24 18	19 34 20 16 28 20 4 19 24 18	22 2 20 19 30 20 4 19 24 18	25 7 25 23 32 21 4 19 24 18	28 10 30 27 34 22 4 19 24 18
25	31 4 32 36 23 19 2 19 24 18	34 8 31 2 24 19 3 19 24 18	1 9 36 3 26 19 3 19 24 18	4 13 6 2 26 18 3 19 24 18	7 16 8 3 26 18 4 18 24 18	10 21 8 5 25 18 4 18 24 18	13 25 13 8 25 19 4 19 24 18	16 30 18 12 26 19 4 19 24 18	19 36 20 16 28 20 4 19 24 18	22 3 20 19 30 20 4 20 24 18	25 8 25 23 32 21 4 19 24 18	28 11 30 27 34 22 4 19 24 18
26	31 5 32 36 23 19 2 19 24 18	34 9 32 2 25 19 3 19 24 18	1 10 36 3 26 19 3 19 24 18	4 14 6 2 26 18 3 19 24 18	7 18 7 3 26 18 4 18 24 18	10 23 8 5 25 18 4 19 24 18	13 26 13 9 25 19 4 19 24 18	16 32 18 12 26 19 4 19 24 18	19 1 19 16 28 20 4 19 24 18	22 5 20 20 30 20 4 19 24 18	25 9 25 23 32 21 4 19 24 18	28 12 20 27 34 22 4 19 24 18
27	31 6 32 36 23 19 2 19 24 18	34 10 32 3 25 19 3 19 24 18	1 11 36 3 26 19 3 19 24 18	4 16 6 2 26 18 3 19 24 18	7 19 7 3 26 18 3 19 24 18	10 24 8 5 25 18 4 18 24 18	13 28 13 9 25 19 4 19 24 18	16 33 18 12 26 19 4 19 24 18	19 2 19 16 28 20 4 19 24 18	22 6 21 20 30 21 4 19 24 18	25 10 26 24 32 21 4 19 24 18	28 14 30 27 34 22 4 19 24 18
28	31 7 32 36 23 19 2 19 24 18	34 12 32 3 25 19 3 19 24 18	1 12 36 3 26 19 3 19 24 18	4 16 6 2 26 18 3 19 24 18	7 20 7 3 26 18 4 18 24 18	10 25 8 6 25 18 4 18 24 18	13 29 14 9 25 19 4 19 24 18	16 35 19 12 26 19 4 19 24 18	19 4 19 16 28 20 4 19 24 18	22 7 21 20 30 21 4 19 24 18	25 12 26 24 32 21 4 19 24 18	28 15 30 27 34 22 4 19 24 18
29	31 8 31 36 23 19 3 19 24 18		1 14 36 3 26 19 3 19 24 18	4 17 6 2 26 18 3 19 24 18	7 22 7 3 26 18 4 18 24 18	10 27 8 6 25 18 4 19 24 18	13 31 14 9 25 19 4 19 24 18	16 36 19 16 26 19 4 19 24 18	19 5 19 16 28 20 4 19 24 18	22 8 21 20 30 21 4 19 24 18	25 13 26 24 32 21 4 19 24 18	28 16 30 28 34 22 4 19 24 18
30	31 10 31 36 23 19 3 19 24 18		1 15 36 3 26 19 3 19 24 18	4 18 6 2 26 18 3 19 24 18	7 23 7 3 26 18 4 18 24 18	10 29 8 6 25 18 4 19 24 18	13 32 14 9 25 19 4 19 24 18	16 2 19 13 26 20 4 19 24 18	19 6 19 16 28 20 4 19 24 18	22 10 21 20 30 21 4 19 24 18	25 14 26 24 32 21 4 19 24 18	28 17 30 28 35 22 4 19 24 18
31	32 11 31 36 23 19 3 19 24 18		2 16 1 3 26 19 3 19 24 18		7 25 7 3 26 18 4 18 24 18		13 34 14 9 25 19 4 19 24 18	16 3 19 13 26 19 4 19 24 18		22 11 21 20 30 21 4 19 24 18		28 18 30 28 35 22 4 19 24 18

1970

	JAN	FEB	MAR	APR	MAY	JUNE	JULY	AUG	SEPT	OCT	NOV	DEC
1	29 20 30 28 35 22 4 19 24 18	32 24 29 32 1 22 4 19 25 18	34 25 33 35 3 22 4 19 25 18	2 31 2 3 5 22 4 19 25 18	5 35 6 7 7 21 5 19 25 18	8 4 5 11 9 21 5 19 24 18	10 7 10 14 11 21 5 19 24 18	13 12 16 18 13 21 6 19 24 18	16 16 18 21 17 22 6 19 24 18	19 20 17 23 17 22 6 19 24 18	22 24 23 24 19 23 6 20 24 18	25 28 27 22 21 24 5 20 25 18
2	29 21 30 28 35 22 4 19 24 18	32 26 29 32 1 22 4 19 25 18	35 27 33 35 3 22 4 19 25 18	2 32 3 3 5 22 4 19 25 18	5 36 6 7 7 21 5 19 25 18	8 5 5 11 9 21 5 19 24 18	10 9 10 14 11 21 5 19 24 18	13 13 16 18 13 21 6 19 24 18	16 18 18 21 15 22 6 19 24 18	19 21 18 23 17 22 6 19 24 18	22 26 23 24 19 23 5 20 24 18	25 29 27 22 21 24 5 20 25 18
3	29 22 30 28 35 22 4 19 24 18	32 27 29 32 1 22 4 19 24 18	35 28 33 35 3 22 4 19 25 18	2 34 3 3 5 22 4 19 25 18	5 1 6 7 7 21 5 19 25 18	8 6 5 11 10 21 5 19 24 18	11 10 10 14 12 21 5 19 24 18	14 14 16 18 14 21 6 19 24 18	17 19 18 21 15 22 6 19 24 18	19 22 18 23 17 22 6 19 24 18	23 27 23 24 19 23 5 20 24 18	26 31 27 22 21 24 5 20 25 18
4	29 24 30 28 35 22 4 19 24 18	32 29 29 32 1 22 4 19 24 18	35 30 33 36 3 22 4 19 25 18	2 35 3 4 5 22 4 19 25 18	5 3 6 7 8 21 5 19 24 18	8 8 5 11 10 21 5 19 24 18	11 11 10 15 12 21 5 19 24 18	14 16 16 18 14 21 6 19 24 18	17 20 18 21 16 22 6 19 24 18	20 23 18 24 17 22 6 19 24 18	23 28 23 24 19 23 5 20 24 18	26 32 28 22 21 24 5 20 25 18
5	29 25 30 28 35 22 4 19 24 18	32 30 30 32 1 22 4 19 25 18	35 31 33 36 3 22 4 19 25 18	2 36 3 4 5 22 4 19 25 18	5 4 6 7 8 21 5 19 24 18	8 9 5 11 10 21 5 19 24 18	11 12 11 15 12 21 5 19 24 18	14 17 16 18 14 21 6 19 24 18	17 21 18 24 16 22 6 19 24 18	20 25 18 24 18 22 6 19 24 18	23 30 23 24 19 23 5 20 24 18	26 34 28 23 21 24 5 20 25 18
6	29 26 30 29 35 22 4 19 24 18	32 32 30 32 1 22 4 19 25 18	35 33 34 36 3 22 4 19 25 18	2 2 3 4 6 22 4 19 25 18	5 5 6 7 8 21 5 19 24 18	8 10 6 11 10 21 5 19 24 18	11 13 11 15 12 21 5 19 24 18	14 18 16 18 14 21 6 19 24 18	17 22 18 21 16 22 6 19 24 18	20 26 18 24 18 22 6 19 24 18	23 31 23 24 20 23 5 20 24 18	26 35 28 23 21 24 5 20 25 18
7	29 28 30 29 35 22 4 19 25 18	32 33 30 33 1 22 4 19 25 18	35 34 34 36 3 22 4 19 25 18	2 3 4 4 6 22 4 19 25 18	5 7 5 8 8 21 5 19 24 18	8 11 6 11 10 21 5 19 24 18	11 15 11 15 12 21 5 19 24 18	14 19 16 18 14 21 6 19 24 18	17 24 18 21 16 22 6 19 24 18	20 27 18 24 18 22 6 19 24 18	23 33 24 23 20 23 5 20 25 18	26 36 28 23 22 24 5 20 25 18
8	29 29 30 29 35 22 4 19 25 18	32 35 30 33 2 22 4 19 25 18	35 36 34 36 4 22 4 19 25 18	2 5 4 4 6 22 4 19 25 18	5 8 5 8 8 21 5 19 24 18	8 13 6 11 10 21 5 19 24 18	11 16 11 15 12 21 5 19 24 18	14 20 17 18 14 21 6 19 24 18	17 25 18 22 16 22 6 19 24 18	20 29 19 24 18 22 6 19 24 18	23 34 24 23 20 23 5 20 25 18	26 2 28 23 22 24 5 20 25 18
9	29 31 30 29 35 22 4 19 25 18	32 36 30 33 2 22 4 19 25 18	35 1 34 36 4 22 4 19 25 18	2 6 4 4 6 22 4 19 25 18	5 9 5 8 8 21 5 19 24 18	8 14 6 12 10 21 5 19 24 18	11 17 11 15 12 21 5 19 24 18	14 22 17 19 14 21 6 19 24 18	17 26 18 22 16 22 6 19 24 18	20 30 19 24 18 22 6 19 24 18	23 35 24 23 20 23 5 20 25 18	26 3 28 23 22 24 5 20 25 18
10	29 32 30 29 35 22 4 19 25 18	33 2 30 33 2 22 4 19 25 18	35 2 34 36 4 22 4 19 25 18	2 7 4 4 6 22 4 19 25 18	5 11 5 8 8 21 5 19 24 18	8 15 6 12 10 21 5 19 24 18	11 18 12 15 12 21 5 19 24 18	15 23 17 19 14 21 6 19 24 18	17 28 18 22 16 22 6 19 24 18	20 31 19 24 18 22 6 19 24 18	23 1 24 23 20 23 5 20 25 18	26 5 28 23 22 24 5 20 25 18
11	30 34 30 29 35 22 4 19 25 18	33 3 30 33 2 22 4 19 25 18	36 4 34 1 4 22 4 19 25 18	3 9 4 4 6 22 4 19 25 18	5 12 5 8 8 21 5 19 24 18	8 16 6 12 10 21 5 19 24 18	11 19 12 15 12 21 6 19 24 18	15 24 17 19 14 21 6 19 24 18	17 29 18 22 16 22 6 19 24 18	20 33 19 24 18 23 6 19 24 18	23 2 24 23 20 23 5 20 25 18	26 6 28 23 22 24 5 20 25 18
12	30 35 30 29 36 22 4 19 25 18	33 4 30 33 2 22 4 19 25 18	36 5 34 1 4 22 4 19 25 18	3 10 4 4 6 22 4 19 25 18	6 13 5 8 8 21 5 19 24 18	9 17 6 12 10 21 5 19 24 18	11 21 12 15 12 21 6 19 24 18	15 25 17 19 14 21 6 19 24 18	17 31 18 22 16 22 6 19 24 18	20 34 19 24 18 23 6 19 24 18	23 4 24 23 20 23 5 20 25 18	26 7 28 23 22 24 5 20 25 18
13	30 1 30 29 36 22 4 19 25 18	33 6 30 33 2 22 4 19 25 18	36 7 34 1 4 22 4 19 25 18	3 11 5 4 6 22 4 19 25 18	6 14 5 8 8 21 5 19 24 18	9 19 6 12 10 21 5 19 24 18	12 22 12 16 12 21 6 19 24 18	15 27 17 19 14 21 6 19 24 18	17 32 17 22 16 22 6 19 24 18	20 36 19 24 18 23 6 19 24 18	24 5 24 23 20 23 5 20 25 18	27 9 28 23 22 24 5 20 25 18
14	30 2 30 30 36 22 4 19 25 18	33 7 31 33 2 22 4 19 25 18	36 9 35 1 4 22 4 19 25 18	3 12 5 5 6 22 4 19 25 18	6 15 5 8 8 21 5 19 24 18	9 20 7 12 10 21 5 19 24 18	12 23 12 16 12 21 6 19 24 18	15 28 17 19 14 21 6 19 24 18	18 34 17 22 16 22 6 19 24 18	21 1 20 24 18 23 6 20 24 18	24 7 25 23 20 23 5 20 25 18	27 10 28 23 22 24 5 20 25 18
15	30 3 30 30 36 22 4 19 25 18	33 8 31 34 2 22 4 19 25 18	36 10 35 1 4 22 4 19 25 18	3 13 5 5 6 22 4 19 25 18	6 17 5 8 8 21 5 19 24 18	9 21 7 12 10 21 5 19 24 18	12 25 13 16 12 21 6 19 24 18	15 30 17 19 14 21 6 19 24 18	18 35 17 22 16 22 6 19 24 18	21 3 20 24 18 23 6 20 24 18	24 7 25 23 20 23 5 20 25 18	27 11 28 23 22 24 5 20 25 18
16	30 5 29 30 36 22 4 19 25 18	33 9 31 34 2 22 4 19 25 18	36 11 35 1 4 22 4 19 25 18	3 15 5 5 6 22 4 19 25 18	6 18 5 8 8 21 5 19 24 18	9 22 7 12 10 21 5 19 24 18	12 26 12 16 12 21 6 19 24 18	15 31 18 19 14 22 6 19 24 18	18 1 17 22 16 22 6 19 24 18	21 4 20 24 18 23 6 20 24 18	24 9 25 23 20 23 5 20 25 18	27 13 28 23 22 24 5 20 25 18
17	30 6 29 30 36 22 4 19 25 18	33 11 31 34 2 22 4 19 25 18	36 12 35 1 4 22 4 19 25 18	3 16 5 5 6 22 5 19 25 18	6 19 5 8 8 21 5 19 24 18	9 24 7 13 10 21 5 19 24 18	12 27 13 16 12 21 6 19 24 18	15 33 18 19 14 22 6 19 24 18	18 2 17 22 16 22 6 19 24 18	21 6 20 24 18 23 6 20 24 18	24 10 25 23 20 23 5 20 25 18	27 14 28 23 22 24 5 20 25 18
18	30 7 29 30 36 22 4 19 25 18	33 12 31 34 2 22 4 19 25 18	36 14 36 1 4 22 4 19 25 18	3 17 5 9 8 22 5 19 25 18	6 20 5 9 8 21 5 19 24 18	9 25 7 13 11 21 5 19 24 18	12 29 13 16 12 21 6 19 24 18	15 34 18 19 14 22 6 19 24 18	18 3 17 22 16 22 6 19 24 18	21 7 20 24 18 23 6 20 24 18	24 12 25 23 20 23 5 20 25 18	27 15 28 23 22 24 5 20 25 18
19	30 8 29 30 36 22 4 19 25 18	33 13 31 34 2 22 4 19 25 18	36 15 36 1 4 22 4 19 25 18	3 18 5 5 7 22 5 19 25 18	6 22 5 9 9 21 5 19 24 18	9 27 7 13 11 21 5 19 24 18	12 30 13 16 13 21 6 19 24 18	15 36 18 19 15 22 6 19 24 18	18 5 17 23 17 22 6 19 24 18	21 8 20 24 18 23 6 20 24 18	24 13 25 23 20 23 5 20 25 18	27 16 28 23 22 24 5 20 25 18
20	30 10 29 30 36 22 4 19 25 18	34 14 31 34 2 22 4 19 25 18	36 16 36 1 4 22 4 19 25 18	3 19 5 6 7 22 5 19 25 18	6 23 5 9 9 21 5 19 24 18	9 28 8 13 11 21 5 19 24 18	12 32 14 16 13 21 6 19 24 18	15 1 18 19 15 22 6 19 24 18	18 6 17 23 17 22 6 19 24 18	21 10 21 24 18 23 6 20 24 18	24 14 26 23 20 23 5 20 25 18	27 17 28 23 22 24 5 20 25 18
21	31 11 29 30 36 22 4 19 25 18	34 15 32 34 2 22 4 19 25 18	36 17 36 1 4 22 4 19 25 18	4 21 5 6 7 22 5 19 25 18	6 24 5 9 9 21 5 19 24 18	9 29 8 13 11 21 5 19 24 18	12 33 14 16 13 21 6 19 24 18	15 3 18 19 15 22 6 19 24 18	18 8 17 23 17 22 6 19 24 18	21 11 21 24 19 23 6 20 24 18	24 15 26 23 21 23 5 20 25 18	27 18 28 23 22 24 5 20 25 18
22	31 12 29 31 36 22 4 19 25 18	34 17 32 34 3 22 4 19 25 18	1 18 36 1 4 22 4 19 25 18	4 22 6 6 7 22 5 19 25 18	7 26 5 9 9 21 5 19 24 18	10 31 8 13 11 21 5 19 24 18	12 35 14 17 13 21 6 19 24 18	15 4 18 20 15 22 6 19 24 18	18 9 17 23 17 22 6 19 24 18	21 12 21 24 19 23 6 20 24 18	24 17 26 23 21 23 5 20 25 18	27 20 28 23 22 24 5 20 25 18
23	31 13 29 31 36 22 4 19 25 18	34 18 32 35 3 22 4 19 25 18	1 20 36 1 4 22 4 19 25 18	4 23 6 6 7 22 5 19 25 18	7 27 5 10 9 21 5 19 24 18	10 32 8 13 11 21 5 19 24 18	12 36 14 17 13 21 6 19 24 18	15 5 18 20 15 22 6 19 24 18	18 10 17 23 17 22 6 19 24 18	21 13 21 24 19 23 6 20 24 18	25 18 26 23 21 23 5 20 25 18	28 21 28 23 23 24 5 20 25 18
24	31 14 29 31 36 22 4 19 25 18	34 19 32 35 3 22 4 19 25 18	1 21 1 2 5 22 4 19 25 18	4 25 6 6 7 22 5 19 25 18	7 29 5 10 9 21 5 19 24 18	10 34 8 13 11 21 5 19 24 18	13 2 14 17 13 21 6 19 24 18	16 7 18 20 15 22 6 19 24 18	19 11 17 23 17 22 6 19 24 18	22 15 21 24 19 23 6 20 24 18	25 19 26 23 21 23 5 20 25 18	28 22 28 23 23 24 5 20 25 18
25	31 16 29 31 1 22 4 19 25 18	34 20 32 35 3 22 4 19 25 18	1 22 1 2 5 22 4 19 25 18	4 26 6 6 7 22 5 19 25 18	7 30 5 10 9 21 5 19 24 18	10 35 8 13 11 21 5 19 24 18	13 3 14 17 13 21 6 19 24 18	16 8 18 20 15 22 6 19 24 18	19 13 17 23 17 22 6 19 24 18	22 16 21 24 19 23 6 20 24 18	25 20 26 23 21 23 5 20 25 18	28 23 28 23 23 24 5 20 25 18
26	31 17 29 31 1 22 4 19 25 18	34 21 32 35 3 22 4 19 25 18	1 23 1 2 5 22 4 19 25 18	4 27 6 6 7 22 5 19 25 18	7 31 5 10 9 21 5 19 24 18	10 1 9 14 11 21 5 19 24 18	13 4 15 17 13 21 6 19 24 18	16 9 18 20 15 22 6 19 24 18	19 14 17 23 17 22 6 19 24 18	22 17 22 24 19 23 6 20 24 18	25 21 26 23 21 24 5 20 25 18	28 25 27 24 23 24 5 20 25 18
27	31 18 29 31 1 22 4 19 25 18	34 23 32 35 3 22 4 19 25 18	1 25 1 3 5 22 4 19 25 18	4 29 6 6 7 22 5 19 25 18	7 33 5 10 9 21 5 19 24 18	10 2 9 14 11 21 5 19 24 18	13 6 15 17 13 21 6 19 24 18	16 10 18 20 15 22 6 19 24 18	19 15 17 23 17 22 6 19 24 18	22 18 22 24 19 23 6 20 24 18	25 23 26 23 21 24 5 20 25 18	28 26 27 24 23 24 5 20 25 18
28	31 19 29 31 1 22 4 19 25 18	34 24 33 35 3 22 4 19 25 18	1 26 2 3 5 22 4 19 25 18	4 30 6 7 7 22 5 19 25 18	7 34 5 10 9 21 5 19 24 18	10 3 9 14 11 21 5 19 24 18	13 7 15 17 13 21 6 19 24 18	16 12 18 21 15 22 6 19 24 18	19 16 17 23 17 22 6 19 24 18	22 19 22 24 19 23 6 20 24 18	25 24 27 22 21 24 5 20 25 18	28 27 27 24 23 24 5 20 25 18
29	31 20 29 31 1 22 4 19 25 18		1 27 2 3 5 22 4 19 25 18	4 32 6 7 7 22 5 19 25 18	7 36 5 10 9 21 5 19 24 18	10 5 9 14 11 21 5 19 24 18	13 8 15 17 13 21 6 19 24 18	16 13 18 21 15 22 6 19 24 18	19 17 17 23 17 22 6 19 24 18	22 21 22 24 19 23 6 20 24 18	25 25 27 22 21 24 5 20 25 18	28 29 27 24 23 24 5 20 25 18
30	31 22 29 32 1 22 4 19 25 18		1 28 2 3 5 22 4 19 25 18	4 33 6 7 7 22 5 19 25 18	7 1 5 10 9 21 5 19 24 18	10 6 9 14 11 21 5 19 24 18	13 10 15 17 13 21 6 19 24 18	16 14 18 21 15 22 6 19 24 18	19 18 17 23 17 22 6 19 24 18	22 22 22 24 19 23 6 20 24 18	25 26 27 22 21 24 5 20 25 18	28 30 27 24 23 24 5 20 25 18
31	32 23 29 32 1 22 4 19 25 18		1 29 2 3 5 22 4 19 25 18		7 2 5 10 9 21 5 19 24 18		13 11 15 18 13 21 6 19 24 18	16 15 18 21 15 22 6 19 24 18		22 23 22 24 19 23 6 20 24 18		28 32 27 24 23 24 5 20 25 18

1971

	JAN	FEB	MAR	APR	MAY	JUNE	JULY	AUG	SEPT	OCT	NOV	DEC
1	28 33 28 24 23 24 5 20 25 18	32 2 29 27 25 25 5 20 25 18	34 3 34 30 27 25 5 20 25 18	1 8 3 34 29 25 5 20 25 18	4 12 3 1 30 25 6 19 25 18	7 16 5 5 32 24 6 19 25 18	10 20 11 9 33 24 7 19 24 18	13 24 16 12 32 24 7 19 24 18	16 29 15 16 32 24 7 20 24 18	19 32 19 20 32 25 7 20 24 18	22 2 24 24 33 25 7 20 25 19	25 5 27 28 35 26 7 20 25 19
2	28 35 27 24 23 24 5 20 25 18	32 4 30 27 25 25 5 20 25 18	34 5 34 30 27 25 5 20 25 18	2 10 3 34 29 25 5 20 25 18	4 13 3 1 30 25 6 19 25 18	7 18 5 5 32 24 6 19 25 18	10 21 12 9 33 24 7 19 24 18	13 25 16 13 32 24 7 19 24 18	16 30 15 16 32 24 7 20 24 18	19 34 19 20 32 25 7 20 24 18	22 3 24 24 33 25 7 20 25 19	25 7 27 28 35 26 7 20 25 19
3	29 36 27 24 23 24 5 20 25 18	32 5 30 27 25 25 5 20 25 18	35 6 34 30 27 25 5 20 25 18	2 11 4 34 29 25 5 20 25 18	5 14 3 2 30 25 6 19 25 18	8 19 6 5 32 24 6 19 25 18	10 22 12 9 33 24 7 19 24 18	13 26 16 13 32 24 7 19 24 18	16 31 15 17 32 24 7 20 24 18	19 35 19 20 32 25 7 20 25 18	22 5 24 24 33 25 7 20 25 19	25 8 27 28 35 26 7 20 25 19
4	29 1 27 24 23 24 5 20 25 18	32 7 30 27 25 25 5 20 25 18	35 8 34 30 27 25 5 20 25 18	2 12 4 34 29 25 5 20 25 18	5 16 3 2 30 25 6 19 25 18	8 20 6 5 32 24 6 19 25 18	11 23 12 9 33 24 7 19 24 18	13 28 16 13 32 24 7 19 24 18	16 32 15 17 32 24 7 20 24 18	19 1 19 20 32 25 7 20 25 18	22 6 24 24 33 25 7 20 25 19	26 10 27 28 35 26 7 20 25 19
5	29 3 27 24 23 24 5 20 25 18	32 8 30 27 25 25 5 20 25 18	35 9 35 31 27 25 5 20 25 18	2 14 4 34 29 25 5 20 25 18	5 17 3 2 30 25 6 19 25 18	8 21 6 6 32 24 6 19 25 18	11 24 12 9 33 24 7 19 24 18	14 29 16 13 32 24 7 19 24 18	17 34 15 17 32 24 7 20 24 18	20 2 19 21 32 25 7 20 25 19	23 8 24 24 33 25 7 20 25 19	26 11 27 28 35 26 7 20 25 19
6	29 4 27 24 23 24 5 20 25 18	32 9 30 27 25 25 5 20 25 18	35 10 35 31 27 25 5 20 25 18	2 15 4 34 29 25 5 20 25 18	5 18 3 2 31 25 6 19 25 18	8 22 6 6 32 24 6 19 25 18	11 26 12 9 33 24 7 19 24 18	14 31 16 13 32 24 7 19 24 18	17 36 15 17 32 24 7 20 24 18	20 4 19 21 32 25 7 20 25 19	23 9 24 25 33 25 7 20 25 19	26 12 27 28 35 26 7 20 25 19
7	29 6 27 24 23 24 5 20 25 18	32 10 30 28 25 25 5 20 25 18	35 11 35 31 27 25 5 20 25 18	2 16 4 34 29 25 5 20 25 18	5 19 3 2 31 25 6 19 25 18	8 24 6 6 32 24 6 19 25 18	11 27 13 9 33 24 7 19 24 18	14 32 16 13 32 24 7 19 24 18	17 1 15 17 32 24 7 20 24 18	20 5 20 21 32 25 7 20 25 19	23 10 25 25 33 25 7 20 25 19	26 14 27 28 35 26 7 20 25 19
8	29 7 27 24 23 24 5 20 25 18	32 12 30 28 25 25 5 20 25 18	35 13 35 31 27 25 5 20 25 18	2 17 4 35 29 25 6 20 25 18	5 20 3 2 31 25 6 19 25 18	8 25 7 6 32 24 6 19 25 18	11 28 13 10 33 24 7 19 24 18	14 33 16 13 32 24 7 19 24 18	17 2 15 17 32 24 7 20 24 18	20 7 20 21 32 25 7 20 25 19	23 11 25 25 33 25 7 20 25 19	26 15 27 29 35 26 7 20 25 19
9	29 8 27 25 24 24 5 20 25 18	32 13 31 28 25 25 5 20 25 18	35 14 35 31 27 25 5 20 25 18	2 18 4 35 29 25 6 20 25 18	5 21 3 2 31 25 6 19 25 18	8 26 7 6 32 24 6 19 25 18	11 30 13 10 33 24 7 19 24 18	14 35 16 13 32 24 7 19 24 18	17 4 15 17 32 24 7 20 24 18	20 8 20 21 32 25 7 20 25 19	23 13 25 25 34 25 7 20 25 19	26 16 27 29 35 26 7 20 25 19
10	29 9 27 25 24 24 5 20 25 18	32 14 31 28 26 25 5 20 25 18	35 15 36 31 27 25 5 20 25 18	2 19 4 35 29 25 6 20 25 18	5 23 3 2 31 25 6 19 25 18	8 27 7 6 32 24 6 19 25 18	11 31 13 10 33 24 7 19 24 18	14 36 16 14 32 24 7 19 24 18	17 6 15 17 32 24 7 20 24 18	20 10 20 21 32 25 7 20 25 19	23 14 25 25 34 25 7 20 25 19	26 17 27 29 35 26 7 20 25 19
11	29 11 27 25 24 24 5 20 25 18	33 15 31 28 26 25 5 20 25 18	35 16 36 31 27 25 5 20 25 18	2 21 4 35 29 25 6 20 25 18	5 24 3 2 31 25 6 19 25 18	8 29 7 6 32 24 6 19 25 18	11 33 13 10 33 24 7 19 24 18	14 2 16 14 32 24 7 19 24 18	17 7 15 18 32 24 7 20 24 18	20 11 20 21 32 25 7 20 25 19	23 15 25 25 34 25 7 20 25 19	26 19 27 29 35 26 7 20 25 19
12	30 12 27 25 24 24 5 20 25 18	33 16 31 28 26 25 5 20 25 18	35 17 36 31 27 25 5 20 25 18	3 22 4 35 29 25 6 20 25 18	5 25 3 3 31 25 6 19 25 18	8 30 7 6 32 24 6 19 25 18	11 34 13 10 33 24 7 19 24 18	14 3 16 14 32 24 7 19 24 18	17 9 15 18 32 24 7 20 24 18	20 12 20 21 32 25 7 20 25 19	23 17 25 25 34 26 7 20 25 19	26 20 27 29 35 26 7 20 25 19
13	30 13 27 25 24 24 5 20 25 18	33 18 31 28 26 25 5 20 25 18	36 19 36 31 27 25 5 20 25 18	3 23 4 35 29 25 6 20 25 18	6 27 3 3 31 25 6 19 25 18	9 32 8 6 32 24 6 19 25 18	11 35 14 10 33 24 7 19 24 18	14 5 16 14 32 24 7 19 24 18	17 10 16 18 32 24 7 20 24 18	20 13 21 22 32 25 7 20 25 19	23 18 25 25 34 26 7 20 25 19	26 21 26 29 36 26 7 20 25 19
14	30 14 27 25 24 24 5 20 25 18	33 19 31 28 26 25 5 20 25 18	36 20 36 31 27 25 5 20 25 18	3 24 4 35 29 25 6 20 25 18	6 28 3 3 31 25 6 19 25 18	9 33 8 7 32 24 6 19 25 18	11 1 14 10 33 24 7 19 24 18	14 6 16 14 32 24 7 19 24 18	17 11 16 18 32 24 7 20 24 18	20 15 21 22 32 25 7 20 25 19	23 19 25 26 34 26 7 20 25 19	27 22 26 29 36 26 7 20 25 19
15	30 16 27 25 24 24 5 20 25 18	33 20 31 28 26 25 5 20 25 18	36 21 1 32 28 25 5 20 25 18	3 26 4 35 29 25 6 19 25 18	6 29 3 3 31 25 6 19 25 18	9 34 8 7 32 24 6 19 25 18	12 2 14 10 33 24 7 19 24 18	15 8 16 14 32 24 7 19 24 18	18 12 16 18 32 24 7 20 24 18	20 16 21 22 32 25 7 20 25 19	24 20 26 26 34 26 7 20 25 19	27 23 26 29 36 26 7 20 25 19
16	30 17 28 25 24 24 5 20 25 18	33 21 32 29 26 25 5 20 25 18	36 22 1 32 28 25 5 20 25 18	3 27 4 35 29 25 6 19 25 18	6 30 3 3 31 25 6 19 25 18	9 36 8 7 32 24 6 19 25 18	12 4 14 11 33 24 7 19 24 18	15 9 16 14 32 24 7 19 24 18	18 14 16 18 32 24 7 20 24 18	21 17 21 22 32 25 7 20 25 19	24 21 26 26 34 26 7 20 25 19	27 25 26 29 36 26 7 20 25 19
17	30 18 28 25 24 24 5 20 25 18	33 22 32 29 26 25 5 20 25 18	36 23 1 32 28 25 5 20 25 18	3 28 4 36 29 25 6 19 25 18	6 32 3 3 31 25 6 19 25 18	9 1 8 7 32 24 6 19 25 18	12 5 14 11 33 24 7 19 24 18	15 10 16 14 32 24 7 19 24 18	18 15 16 18 32 24 7 20 24 18	21 18 21 22 32 25 7 20 25 19	24 23 26 26 34 26 7 20 25 19	27 26 26 30 36 26 7 20 25 19
18	30 19 28 25 24 24 5 20 25 18	33 24 32 29 26 25 5 20 25 18	36 25 1 32 28 25 5 20 25 18	3 29 3 36 30 25 6 19 25 18	6 33 3 3 31 25 6 19 25 18	9 3 9 7 32 24 6 19 25 18	12 6 14 11 33 24 7 19 24 18	15 11 16 15 32 24 7 20 24 18	18 16 16 18 32 24 7 20 24 18	21 19 21 22 32 25 7 20 25 19	24 24 26 26 34 26 7 20 25 19	27 27 26 30 36 26 7 20 25 19
19	30 20 28 26 24 24 5 20 25 18	33 25 32 29 26 25 5 20 25 18	36 26 1 32 28 25 5 20 25 18	3 31 3 36 30 25 6 19 25 18	6 35 4 3 31 25 6 19 25 18	9 4 9 7 32 24 6 19 25 18	12 8 14 11 33 24 7 19 24 18	15 13 16 15 32 24 7 20 24 18	18 17 16 19 32 25 7 20 24 18	21 21 22 22 33 25 7 20 25 19	24 25 26 26 34 26 7 20 25 19	27 28 26 30 36 26 7 20 25 19
20	30 22 28 26 24 24 5 20 25 18	33 26 32 29 26 25 5 20 25 18	36 27 2 32 28 25 5 20 25 18	3 32 3 36 30 25 6 19 25 18	6 36 4 4 31 25 6 19 25 18	9 5 9 7 32 24 6 19 25 18	12 9 15 11 33 24 7 19 24 18	15 14 16 15 32 24 7 20 24 18	18 18 17 19 32 25 7 20 24 18	21 22 22 22 33 25 7 20 25 19	24 26 26 26 34 26 7 20 25 19	27 29 26 30 36 26 7 20 25 19
21	30 23 28 26 24 25 5 20 25 18	34 28 32 29 26 25 5 20 25 18	36 28 2 32 28 25 5 20 25 18	3 34 3 36 30 25 6 19 25 18	6 2 4 4 31 25 6 19 25 18	9 7 9 7 32 24 6 19 24 18	12 11 15 11 33 24 7 19 24 18	15 15 16 15 32 24 7 20 24 18	18 20 17 19 32 25 7 20 24 18	21 23 22 23 33 25 7 20 25 19	24 28 26 26 34 26 7 20 25 19	27 31 26 30 36 26 7 20 25 19
22	31 24 28 26 24 25 5 20 25 18	34 29 33 29 26 25 5 20 25 18	36 30 2 33 28 25 5 20 25 18	4 35 3 36 30 25 6 19 25 18	6 3 4 4 31 25 6 19 25 18	9 8 9 8 32 24 6 19 24 18	12 12 15 11 33 24 7 19 24 18	15 16 16 15 32 24 7 20 24 18	18 21 17 19 32 25 7 20 24 18	21 24 22 23 33 25 7 20 25 19	24 29 26 27 34 26 7 20 25 19	27 32 26 30 36 26 7 20 25 19
23	31 25 28 26 24 25 5 20 25 18	34 30 33 29 26 25 5 20 25 18	1 31 2 33 28 25 5 20 25 18	4 1 3 36 30 25 6 19 25 18	7 4 4 4 31 25 6 19 25 18	9 10 10 8 32 24 6 19 24 18	12 13 15 11 33 24 7 19 24 18	15 18 16 15 32 24 7 20 24 18	18 22 17 19 32 25 7 20 24 18	21 25 22 23 33 25 7 20 25 19	24 30 27 27 34 26 7 20 25 19	27 34 26 30 36 26 6 20 25 19
24	31 27 28 26 24 25 5 20 25 18	34 32 33 29 26 25 5 20 25 18	1 33 2 33 28 25 5 20 25 18	4 2 3 36 30 25 6 19 25 18	7 6 4 4 31 25 6 19 25 18	10 11 10 8 32 24 6 19 24 18	12 14 15 11 32 24 7 19 24 18	15 19 16 15 32 24 7 20 24 18	18 23 17 19 32 25 7 20 24 18	21 27 22 23 33 25 7 20 25 19	25 31 27 27 34 26 7 20 25 19	28 35 26 30 36 26 6 20 25 19
25	31 28 28 26 25 25 5 20 25 18	34 33 33 30 26 25 5 20 25 18	1 34 2 33 28 25 5 20 25 18	4 4 3 1 30 25 6 19 25 18	7 7 4 4 31 25 6 19 25 18	10 12 10 8 32 24 6 19 24 18	13 16 15 12 32 24 7 19 24 18	16 20 16 15 32 24 7 20 24 18	19 24 17 19 32 25 7 20 24 18	21 28 23 23 33 25 7 20 25 19	25 33 27 27 34 26 7 20 25 19	28 1 26 31 36 26 6 20 25 19
26	31 30 29 26 25 25 5 20 25 18	34 35 33 30 27 25 5 20 25 18	1 36 3 33 28 25 5 20 25 18	4 5 3 1 30 25 6 19 25 18	7 9 4 4 31 25 6 19 25 18	10 13 10 8 32 24 6 19 24 18	13 17 15 12 32 24 7 19 24 18	16 21 16 16 32 24 7 20 24 18	19 26 18 19 32 25 7 20 24 18	22 29 23 23 33 25 7 20 25 19	25 34 27 27 34 26 7 20 25 19	28 2 26 31 36 27 6 20 25 19
27	31 31 29 26 25 25 5 20 25 18	34 36 34 30 27 25 5 20 25 18	1 1 3 33 28 25 5 20 25 18	4 7 3 1 30 25 6 19 25 18	7 10 5 4 32 25 6 19 25 18	10 15 11 8 32 24 6 19 24 18	13 18 15 12 32 24 7 19 24 18	16 22 16 16 32 24 7 20 24 18	19 27 18 20 32 25 7 20 24 18	22 30 23 23 33 25 7 20 25 19	25 36 27 27 35 26 7 20 25 19	28 3 26 31 36 27 6 20 25 19
28	31 33 29 26 25 25 5 20 25 18	34 2 34 30 27 25 5 20 25 18	1 3 3 33 28 25 5 20 25 18	4 8 3 1 30 25 6 19 25 18	7 11 5 5 32 25 6 19 25 18	10 16 11 8 32 24 7 19 24 18	13 19 16 12 32 24 7 19 24 18	16 24 16 16 32 24 7 20 24 18	19 28 18 20 32 25 7 20 24 18	22 32 23 23 33 25 7 20 25 19	25 1 27 27 35 26 7 20 25 19	28 5 26 31 36 27 6 20 25 19
29	31 34 29 27 25 25 5 20 25 18		1 4 3 33 28 25 5 20 25 18	4 9 3 1 30 24 6 19 25 18	7 13 5 5 32 24 6 19 25 18	10 17 11 8 33 24 7 19 24 18	13 20 16 12 32 24 7 19 24 18	16 25 15 16 32 24 7 20 24 18	19 29 18 20 32 25 7 20 24 18	22 33 23 24 33 25 7 20 25 19	25 2 27 27 35 26 7 20 25 19	28 6 26 31 36 27 6 20 25 19
30	31 36 29 27 25 25 5 20 25 18		1 6 3 33 28 25 5 20 25 18	4 11 3 1 30 25 6 19 25 18	7 14 5 5 32 24 6 19 25 18	10 18 11 9 33 24 7 19 24 18	13 22 16 12 32 24 7 19 24 18	16 26 15 16 32 24 7 20 24 18	19 30 18 20 32 25 7 20 24 18	22 35 23 24 33 25 7 20 25 19	25 4 27 28 35 26 7 20 25 19	28 8 26 31 36 27 6 20 25 19
31	31 1 29 27 25 25 5 20 25 18		1 7 3 34 29 25 5 20 25 18		7 15 5 5 32 24 6 19 25 18		13 23 16 12 32 24 7 19 24 18	16 27 15 16 32 24 7 20 24 18		22 36 23 24 33 25 7 20 25 19		28 9 26 31 36 27 6 20 25 19

1972

	JAN	FEB	MAR	APR	MAY	JUNE	JULY	AUG	SEPT	OCT	NOV	DEC
1	28 11 26 31 1 27 6 20 25 19	32 15 30 35 3 27 6 20 25 19	34 17 36 3 5 28 6 20 25 19	2 22 1 6 7 28 7 20 25 19	4 25 2 9 9 28 7 20 25 18	7 30 7 10 11 28 7 20 25 18	10 33 13 8 13 28 8 20 25 18	13 3 14 9 15 27 8 20 25 19	16 8 15 12 16 27 8 20 25 19	19 12 20 15 18 27 8 20 25 19	22 17 25 19 20 28 8 20 25 19	25 20 24 22 22 28 8 21 25 19
2	28 12 26 32 1 27 6 20 25 19	32 17 31 35 3 27 6 20 25 19	35 19 36 3 5 28 6 20 25 19	2 23 1 6 7 28 7 20 25 19	5 26 2 9 9 28 7 20 25 18	8 31 7 10 11 28 7 20 25 18	10 35 13 8 13 28 8 20 25 18	13 4 14 9 15 27 8 20 25 19	16 9 15 12 17 27 8 20 25 19	19 13 20 15 19 27 8 20 25 19	22 18 25 19 20 28 8 20 25 19	25 21 24 22 22 29 8 21 25 19
3	29 13 26 32 1 27 6 20 25 19	32 18 31 36 3 27 6 20 25 19	35 20 36 3 5 28 6 20 25	2 24 1 6 7 28 7 20 25 19	5 28 2 9 9 28 7 20 25 18	8 32 7 10 11 28 7 20 25 18	11 36 13 8 13 28 8 20 25 18	13 5 14 9 15 27 8 20 25 19	16 11 15 12 17 27 8 20 25 19	19 14 20 15 19 27 8 20 25 19	22 19 25 19 21 28 8 20 25 19	25 22 24 22 23 29 8 21 25 19
4	29 15 27 32 1 27 6 20 25 19	32 19 31 36 3 27 6 20 25 19	35 21 36 3 5 28 6 20 25 19	2 25 1 6 7 28 7 20 25 19	5 29 2 9 9 28 7 20 25 18	8 34 8 10 11 28 7 20 25 18	11 1 13 8 13 28 8 20 25 18	14 7 14 9 15 27 8 20 25 19	17 12 15 12 17 27 8 20 25 19	19 16 21 15 19 27 8 20 25 19	23 20 25 19 21 28 8 20 25 19	26 24 24 23 23 29 8 21 25 19
5	29 16 27 32 1 27 6 20 25 19	32 20 31 36 3 27 6 20 25 19	35 22 36 3 5 28 6 20 25 19	2 27 1 7 7 28 7 20 25 19	5 30 2 9 9 28 7 20 25 18	8 35 8 10 11 28 7 20 25 18	11 3 13 8 13 28 8 20 25 18	14 8 14 9 15 27 8 20 25 19	17 13 15 12 17 27 8 20 25 19	20 17 21 15 19 27 8 20 25 19	23 22 25 19 21 28 8 20 25 9	26 25 24 23 23 29 8 21 25 19
6	29 17 27 32 1 27 6 20 25 19	32 21 31 36 3 27 6 20 25 19	35 23 36 3 5 28 6 20 25 19	2 28 1 7 7 28 7 20 25 19	5 31 2 9 9 28 7 20 25 18	8 36 8 10 11 28 7 20 25 18	11 4 13 8 13 28 8 20 25 18	14 10 14 9 15 27 8 20 25 19	17 15 15 12 17 27 8 20 25 19	20 18 21 15 19 28 8 20 25 19	23 23 25 19 21 28 8 20 25 19	26 26 24 23 23 29 8 21 25 19
7	29 18 27 32 1 27 6 20 25 19	32 23 31 36 3 27 6 20 25 19	35 25 1 3 5 28 6 20 25 19	2 29 1 7 7 28 7 20 25 19	5 33 3 9 9 28 7 20 25 18	8 2 8 10 11 28 7 20 25 18	11 5 13 8 13 28 8 20 25 18	14 11 14 9 15 27 8 20 25 19	17 16 16 12 17 27 8 20 25 19	20 19 21 16 19 28 8 20 25 19	23 24 25 19 21 28 8 20 25 19	26 27 24 23 23 29 8 21 25 19
8	29 19 27 32 1 27 6 20 25 19	32 24 32 36 3 27 6 20 25 19	35 26 1 3 5 28 6 20 25 19	2 30 1 7 7 28 7 20 25 19	5 34 3 9 9 28 7 20 25 18	8 3 9 10 11 28 7 20 25 18	11 7 14 8 13 28 8 20 25 18	14 12 14 10 15 27 8 20 25 19	17 17 16 12 17 27 8 20 25 19	20 21 21 16 19 28 8 20 25 19	23 25 25 19 21 28 8 20 25 19	26 28 24 23 23 29 8 21 25 19
9	29 20 27 32 1 27 6 20 25 19	32 25 32 36 3 27 6 20 25 19	35 27 1 4 5 28 6 20 25 19	2 32 1 7 7 28 7 20 25 19	5 35 3 9 9 28 7 20 25 18	8 5 9 10 11 28 8 20 25 18	11 8 14 8 13 28 8 20 25 18	14 14 14 10 15 27 8 20 25 19	17 19 16 13 17 27 8 20 25 19	20 22 21 16 19 28 8 20 25 19	23 26 25 19 21 28 8 20 25 19	26 30 24 23 23 29 8 21 25 19
10	29 22 27 33 1 27 6 20 25 19	32 36 32 36 3 27 6 20 25 19	35 28 1 4 5 28 6 20 25 19	2 33 1 7 7 28 7 20 25 19	5 1 3 9 9 28 7 20 25 18	8 6 9 9 11 28 8 20 25 18	11 10 14 8 13 28 8 20 25 18	14 15 14 10 15 27 8 20 25 19	17 20 16 13 17 27 8 20 25 19	20 23 21 16 19 28 8 20 25 19	23 27 25 20 21 28 8 20 25 19	26 31 24 23 23 29 8 21 25 19
11	29 23 27 33 1 27 6 20 25 19	33 28 32 36 3 27 6 20 25 19	35 30 1 4 5 28 7 20 25 19	3 35 1 7 7 28 7 20 25 19	5 2 3 9 9 28 7 20 25 18	8 8 9 9 11 28 8 20 25 18	11 12 14 8 13 28 8 20 25 18	14 16 14 10 15 27 8 20 25 19	17 21 16 13 17 27 8 20 25 19	20 24 22 16 19 28 8 20 25 19	23 29 25 20 21 28 8 20 25 19	26 32 24 23 23 29 8 21 25 19
12	29 24 27 33 1 27 6 20 25 19	33 29 32 1 3 27 6 20 25 19	36 31 1 4 5 28 7 20 25 19	3 36 1 7 7 28 7 20 25 19	6 4 3 9 9 28 7 20 25 18	9 9 9 9 11 28 8 20 25 18	11 13 14 8 13 28 8 20 25 18	14 18 14 10 15 27 8 20 25 19	17 22 17 13 17 27 8 20 25 19	20 25 22 16 19 28 8 20 25 19	23 30 26 20 21 28 8 20 25 19	26 33 24 24 23 29 8 21 25 19
13	30 25 28 33 2 27 6 20 25 19	33 30 32 1 4 28 6 20 25 19	36 32 1 4 5 28 7 20 25 19	3 1 1 7 7 28 7 20 25 19	6 5 3 10 9 28 7 20 25 18	9 11 10 9 11 28 8 20 25 18	11 14 14 8 13 28 8 20 25 18	14 19 14 10 15 27 8 20 25 19	17 23 17 13 17 27 8 20 25 19	20 27 22 16 19 28 8 20 25 19	23 31 26 20 21 28 8 20 25 19	27 35 24 24 23 29 8 21 25 19
14	30 26 28 33 2 27 6 20 25 19	33 32 32 1 4 28 6 20 25 19	36 34 2 4 6 28 7 20 25 19	3 3 1 7 8 28 7 20 25 19	6 7 4 10 9 28 7 20 25 18	9 12 10 9 11 28 8 20 25 18	12 16 14 8 13 28 8 20 25 18	15 20 14 10 15 27 8 20 25 19	18 25 17 13 17 27 8 20 25 19	20 28 22 16 19 28 8 20 25 19	24 33 26 20 21 28 8 20 25 19	27 36 24 24 23 29 8 21 25 19
15	30 28 28 33 2 27 6 20 25 19	33 33 33 1 4 28 6 20 25 19	36 35 2 4 6 28 7 20 25 19	3 5 1 7 8 28 7 20 25 19	6 8 4 10 10 28 7 20 25 18	9 13 10 9 12 28 8 20 25 18	12 17 14 8 13 27 8 20 25 18	15 21 13 10 15 27 8 20 25 19	18 26 17 13 17 27 8 20 25 19	21 29 22 17 19 28 8 20 25 19	24 34 26 20 21 28 8 20 25 19	27 1 25 24 24 29 8 21 25 19
16	30 29 28 33 2 27 6 20 25 19	33 34 33 1 4 28 6 20 25 19	36 1 2 4 6 28 7 20 25 19	3 6 1 8 8 28 7 20 25 19	6 10 4 10 10 28 7 20 25 18	9 15 10 9 12 28 8 20 25 18	12 18 14 8 13 28 8 20 25 18	15 23 13 10 15 27 8 20 25 19	18 27 17 13 17 27 8 20 25 19	21 30 22 17 19 28 8 20 25 19	24 35 26 20 21 28 8 20 25 19	27 3 25 24 24 29 8 21 25 19
17	30 31 28 33 2 27 6 20 25 19	33 36 33 1 4 28 6 20 25 19	36 2 2 5 6 28 7 20 25 19	3 8 1 8 8 28 7 20 25 18	6 11 4 10 10 28 7 20 25 18	9 16 11 9 12 28 8 20 25 18	12 19 14 8 14 27 8 20 25 18	15 24 13 10 16 27 8 20 25 19	18 28 18 13 18 27 8 20 25 19	21 31 23 17 19 28 8 20 25 19	24 36 26 20 21 28 8 20 25 19	27 4 25 24 24 29 8 21 25 19
18	30 32 28 34 2 27 6 20 25 19	33 1 33 1 4 28 6 20 25 19	36 4 2 5 6 28 7 20 25 19	3 9 1 8 8 28 7 20 25 18	6 13 4 10 10 28 7 20 25 18	9 17 11 9 12 28 8 20 25 18	12 21 14 8 14 27 8 20 25 18	15 25 13 10 16 27 8 20 25 19	18 29 18 13 18 27 8 20 25 19	21 33 23 17 20 28 8 20 25 19	24 2 26 21 22 28 8 21 25 19	27 6 25 24 24 29 8 21 25 19
19	30 33 28 34 2 27 6 20 25 19	33 3 33 1 4 28 6 20 25 19	36 5 2 5 6 28 7 20 25 19	3 10 1 8 8 28 7 20 25 18	6 14 4 10 10 28 7 20 25 18	9 19 11 9 12 28 8 20 25 18	12 22 14 8 14 27 8 20 25 18	15 26 13 10 16 27 8 20 25 19	18 31 18 13 18 27 8 20 25 19	21 34 23 17 20 28 8 20 25 19	24 3 26 21 22 28 8 21 25 19	27 7 25 24 24 29 8 21 25 19
20	30 35 29 34 2 27 6 20 25 19	33 4 34 2 4 28 6 20 25 19	36 7 2 5 6 28 7 20 25 19	3 11 1 8 8 28 7 20 25 18	6 15 5 10 10 28 7 20 25 18	9 20 11 9 12 28 8 20 25 18	12 23 15 8 14 27 8 20 25 18	15 27 13 11 16 27 8 20 25 19	18 32 18 14 18 27 8 20 25 19	21 36 23 17 20 28 8 20 25 19	24 5 26 21 22 28 8 21 25 19	27 9 25 25 24 29 8 21 25 19
21	30 36 29 34 2 27 6 20 25 19	34 6 34 2 4 28 6 20 25 19	36 8 2 5 6 28 7 20 25 19	3 13 1 8 8 28 7 20 25 18	6 16 5 10 10 28 7 20 25 18	9 21 11 9 12 28 8 20 25 18	12 24 15 8 14 27 8 20 25 18	15 29 14 11 16 27 8 20 25 19	18 33 18 14 18 27 8 20 25 19	21 1 23 17 20 28 8 20 25 19	24 6 25 21 22 28 8 21 25 19	27 10 25 25 24 29 8 21 25 19
22	31 2 29 34 2 27 6 20 25 19	34 7 34 2 4 28 6 20 25 19	1 9 2 5 6 28 7 20 25 19	4 14 1 8 8 28 7 20 25 18	7 18 5 10 10 28 7 20 25 18	9 22 11 9 12 28 8 20 25 18	12 25 15 9 14 27 8 20 25 18	15 30 14 11 16 27 8 20 25 19	18 35 18 14 18 27 8 20 25 19	21 2 23 17 20 28 8 20 25 19	24 8 25 21 22 28 8 21 25 19	27 12 25 25 24 29 8 21 25 19
23	31 3 29 34 2 27 6 20 25 19	34 8 34 2 4 28 6 20 25 19	1 11 2 5 6 28 7 20 25 19	4 16 1 8 8 28 7 20 25 18	7 19 5 10 10 28 7 20 25 18	10 23 11 9 12 28 8 20 25 18	12 27 15 9 14 27 8 20 25 18	15 31 14 11 16 27 8 20 25 19	18 36 19 14 18 27 8 20 25 19	21 4 23 17 20 28 8 20 25 19	24 9 25 21 22 28 8 21 25 19	28 13 26 25 24 29 8 21 25 19
24	31 5 29 34 2 27 6 20 25 19	34 10 34 2 4 28 6 20 25 19	1 12 2 5 6 28 7 20 25 19	4 17 1 8 8 28 7 20 25 18	7 20 5 10 10 28 7 20 25 18	10 25 12 9 12 28 8 20 25 18	13 28 15 9 14 27 8 20 25 18	15 33 14 11 16 27 8 20 25 19	19 2 19 14 18 27 8 20 25 19	21 6 24 18 20 28 8 20 25 19	25 11 25 21 22 28 8 21 25 19	28 14 26 25 24 29 8 21 25 19
25	31 6 29 34 2 27 6 20 25 19	34 11 35 2 4 28 6 20 25 19	1 13 2 5 6 28 7 20 25 19	4 18 1 8 8 28 7 20 25 18	7 21 6 10 10 28 7 20 25 18	10 26 12 9 12 28 8 20 25 18	13 29 15 9 14 27 8 20 25 18	16 34 14 11 16 27 8 20 25 19	19 3 19 14 18 27 8 20 25 19	22 7 24 18 20 28 8 20 25 19	25 12 25 21 22 28 8 21 25 19	28 16 26 25 24 29 8 21 25 19
26	31 7 29 35 2 27 6 20 25 19	34 12 35 2 4 28 6 20 25 19	1 15 2 5 6 28 7 20 25 19	4 19 1 8 8 28 7 20 25 18	7 22 6 10 10 28 7 20 25 18	10 27 12 8 12 28 8 20 25 18	13 30 15 9 14 27 8 20 25 18	16 35 14 11 16 27 8 20 25 19	19 5 19 14 18 27 8 20 25 19	22 9 24 18 20 28 8 20 25 19	25 14 25 22 22 28 8 21 25 19	28 17 26 25 24 29 8 21 25 19
27	31 9 30 35 2 27 6 20 25 19	34 14 35 2 4 28 6 20 25 19	1 16 2 6 6 28 7 20 25 19	4 20 1 8 8 28 7 20 25 18	7 24 6 10 10 28 7 20 25 18	10 28 12 8 12 28 8 20 25 18	13 32 15 9 14 27 8 20 25 18	16 1 14 11 16 27 8 20 25 19	19 6 19 14 18 27 8 20 25 19	22 10 24 18 20 28 8 20 25 19	25 15 25 22 22 28 8 21 25 19	28 18 26 25 24 29 8 21 25 19
28	31 10 30 35 3 27 6 20 25 19	34 15 35 2 5 28 6 20 25 19	1 17 2 6 6 28 7 20 25 19	4 22 1 9 8 28 7 20 25 18	7 25 6 10 10 28 7 20 25 18	10 29 12 8 12 28 8 20 25 18	13 33 15 9 14 27 8 20 25 18	16 2 14 11 16 27 8 20 25 19	19 8 19 15 18 27 8 20 25 19	22 11 24 18 20 28 8 20 25 19	25 16 25 22 22 28 8 21 25 19	28 20 26 26 24 29 8 21 25 19
29	31 11 30 35 3 27 6 20 25 19	34 16 35 3 5 28 6 20 25 19	1 18 2 6 7 28 7 20 25 19	4 23 2 9 9 28 7 20 25 18	7 26 6 10 10 28 7 20 25 18	10 31 12 8 12 28 8 20 25 18	13 34 15 9 14 27 8 20 25 18	16 4 14 11 16 27 8 20 25 19	19 9 20 15 18 27 8 20 25 19	22 13 24 18 20 28 8 20 25 19	25 18 25 22 22 28 8 21 25 19	28 21 26 26 24 29 8 21 25 19
30	31 13 30 35 3 27 6 20 25 19		1 20 2 6 7 28 7 20 25 19	4 24 2 9 9 28 7 20 25 18	7 27 7 10 11 28 7 20 25 18	10 32 13 8 12 28 8 20 25 18	13 36 15 9 14 27 8 20 25 19	16 5 14 11 16 27 8 20 25 19	19 10 20 15 18 27 8 20 25 19	22 14 24 18 20 28 8 20 25 19	25 19 24 22 22 28 8 21 25 19	28 22 27 26 24 29 8 21 25 19
31	31 14 30 35 3 27 6 20 25 19		1 21 2 6 7 28 7 20 25 19		7 29 7 10 11 28 7 20 25 18		13 1 14 9 14 27 8 20 25 19	16 6 14 12 16 27 8 20 25 19		22 15 24 18 20 28 8 20 25 19		28 23 27 26 24 29 8 21 25 19

1973

	JAN	FEB	MAR	APR	MAY	JUNE	JULY	AUG	SEPT	OCT	NOV	DEC
1	28 24 27 26 24 29 8 21 25 19	32 29 32 30 27 30 8 21 25 19	34 30 36 33 29 31 8 21 25 19	2 34 35 1 31 31 8 21 25 19	5 2 2 5 33 31 8 20 25 19	7 7 9 9 35 32 9 20 25 19	10 11 13 12 1 31 9 20 25 19	13 16 12 16 3 31 9 20 25 19	16 21 16 20 4 31 10 20 25 19	19 24 21 23 4 31 10 21 25 19	22 29 24 27 3 31 10 21 25 19	25 32 23 30 3 31 10 21 25 19
2	29 26 27 26 25 29 8 21 25 19	32 30 32 30 27 30 8 21 25 19	35 31 36 34 29 31 8 21 25 19	2 36 35 1 31 31 8 21 25 19	5 3 3 5 33 31 8 20 25 19	8 9 9 9 35 32 9 20 25 19	10 13 13 13 1 31 9 20 25 19	13 17 12 16 3 31 9 20 25 19	16 22 16 20 4 31 10 20 25 19	19 25 21 24 4 31 10 21 25 19	22 30 24 27 3 31 10 21 25 19	25 33 23 30 3 31 10 21 25 19
3	29 27 27 26 25 29 8 21 25 19	32 31 32 30 27 30 8 21 25 19	35 32 36 34 29 31 8 21 25 19	2 1 35 2 31 31 8 21 25 19	5 5 3 5 33 31 8 20 25 19	8 10 9 9 35 32 9 20 25 19	10 14 13 13 1 31 9 20 25 19	13 19 12 16 3 31 9 20 25 19	16 24 17 20 4 31 10 20 25 19	19 26 21 24 4 31 10 21 25 19	22 31 24 27 3 31 10 21 25 19	25 34 24 30 3 31 10 21 25 19
4	29 28 27 26 25 29 8 21 25 19	32 33 32 30 27 30 8 21 25 19	35 33 36 34 29 31 8 21 25 19	2 2 35 2 31 31 8 21 25 19	5 6 3 5 33 32 8 20 25 19	8 12 9 9 35 32 9 20 25 19	11 15 13 13 1 31 9 20 25 19	14 20 12 17 3 31 9 20 25 19	17 25 17 20 4 31 10 20 25 19	19 28 22 24 4 31 10 21 25 19	23 32 24 27 3 31 10 21 25 19	26 36 24 30 3 31 10 21 25 19
5	29 29 27 27 25 29 8 21 25 19	32 34 33 30 27 30 8 21 25 19	35 35 36 34 29 31 8 21 25 19	2 4 35 2 31 31 8 21 25 19	5 8 3 5 33 32 8 20 25 19	8 13 10 9 35 32 9 20 25 19	11 17 13 13 1 31 9 20 25 19	14 22 12 17 3 31 9 20 25 19	17 26 17 20 4 31 10 20 25 19	20 29 22 24 4 31 10 21 25 19	23 34 24 27 3 31 10 21 25 19	26 1 24 30 3 31 10 21 25 19
6	29 30 28 27 25 29 8 21 25 19	32 35 33 31 27 30 8 21 25 19	35 36 36 34 29 31 8 21 25 19	2 5 35 2 31 31 8 21 25 19	5 9 3 6 33 32 8 20 25 19	8 14 10 9 35 32 9 20 25 19	11 18 13 13 1 31 9 20 25 19	14 23 12 17 3 31 9 20 25 19	17 27 17 21 4 31 10 20 25 19	20 30 22 24 4 31 10 21 25 19	23 35 24 27 3 31 10 21 25 19	26 2 24 30 3 31 10 21 25 19
7	29 32 28 27 25 29 8 21 25 19	32 1 33 31 27 30 8 21 25 19	35 2 36 34 29 31 8 21 25 19	2 7 35 2 31 31 8 21 25 19	5 11 4 6 33 32 8 20 25 19	8 16 10 10 35 32 9 20 25 19	11 19 13 13 1 31 9 20 25 19	14 24 12 17 3 31 9 20 25 19	17 28 17 21 4 31 10 21 25 19	20 32 22 24 4 31 10 21 25 19	23 36 24 28 3 31 10 21 25 19	26 4 24 30 3 31 10 21 25 19
8	29 33 28 27 25 29 8 21 25 19	32 2 33 31 27 30 8 21 25 19	35 3 36 34 29 31 8 21 25 19	2 8 35 2 31 31 8 21 25 19	5 12 4 6 33 32 8 20 25 19	8 17 10 10 36 32 9 20 25 19	11 21 13 13 1 31 9 20 25 19	14 25 12 17 3 31 9 20 25 19	17 30 17 21 4 31 10 21 25 19	20 33 22 24 4 31 10 21 25 19	23 2 23 28 3 31 10 21 25 19	26 5 24 30 3 31 10 21 25 19
9	29 34 28 27 25 29 8 21 25 19	32 3 33 31 27 30 8 21 25 19	35 4 36 34 29 31 8 21 25 19	2 10 36 2 31 31 8 21 25 19	5 14 4 6 33 32 8 20 25 19	8 19 10 10 36 32 9 20 25 19	11 22 13 13 2 31 9 20 25 19	14 26 12 17 3 31 9 20 25 19	17 31 18 21 4 31 10 21 25 19	20 34 22 24 4 31 10 21 25 19	23 3 23 28 3 31 10 21 25 19	26 7 24 30 3 31 10 21 25 19
10	29 36 28 27 25 29 8 21 25 19	33 5 33 31 27 30 8 21 25 19	35 6 36 35 29 31 8 21 25 19	2 11 36 2 31 31 8 21 25 19	5 15 4 6 34 32 8 20 25 19	8 20 10 10 36 32 9 20 25 19	11 23 13 14 2 31 9 20 25 19	14 28 12 17 3 31 9 20 25 19	17 32 18 21 4 31 10 21 25 19	20 35 22 24 4 31 10 21 25 19	23 4 23 28 3 31 10 21 25 19	26 8 26 31 3 31 10 21 25 19
11	29 1 28 27 25 29 8 21 25 19	33 6 34 31 27 30 8 21 25 19	35 7 36 35 29 31 8 21 25 19	2 13 36 3 31 31 8 21 25 19	5 16 4 6 34 32 8 20 25 19	8 21 11 10 36 32 9 20 25 19	11 24 13 14 2 31 9 20 25 19	14 29 12 17 3 31 9 20 25 19	17 33 18 21 4 31 10 21 25 19	20 1 22 25 4 31 10 21 25 19	23 6 23 28 3 31 10 21 25 19	26 10 25 31 3 31 10 21 25 19
12	30 2 29 27 25 29 8 21 25 19	33 8 34 31 27 30 8 21 25 19	36 9 36 35 29 31 8 21 25 19	3 14 36 3 32 31 8 21 25 19	6 18 5 6 34 32 8 20 25 19	8 22 11 10 36 32 9 20 25 19	11 26 13 14 2 31 9 20 25 19	14 30 12 18 3 31 10 20 25 19	17 35 18 21 4 31 10 21 25 19	20 2 23 25 4 31 10 21 25 19	23 7 23 28 3 31 10 21 25 19	26 11 25 31 3 31 10 21 25 19
13	30 4 29 28 25 29 8 21 25 19	33 9 34 31 27 30 8 21 25 19	36 10 36 35 29 31 8 21 25 19	3 15 36 3 32 31 8 21 25 19	6 19 5 6 34 32 8 20 25 19	9 23 11 10 36 32 9 20 25 19	11 27 13 14 2 31 9 20 25 19	14 31 13 18 3 31 10 20 25 19	17 36 18 21 4 31 10 21 25 19	20 3 23 25 4 31 10 21 25 19	23 9 23 28 3 31 10 21 25 19	26 13 25 31 3 31 10 21 25 19
14	30 5 29 28 25 29 8 21 25 19	33 10 34 32 28 30 8 21 25 19	36 11 36 35 29 31 8 21 25 19	3 17 36 3 32 31 8 21 25 19	6 20 5 7 34 32 8 20 25 19	9 25 11 10 36 32 9 20 25 19	12 28 13 14 2 31 9 20 25 19	15 32 13 18 3 31 10 20 25 19	18 1 18 21 4 31 10 21 25 19	20 5 23 25 4 31 10 21 25 19	24 10 23 28 3 31 10 21 25 19	27 14 25 31 3 31 10 21 25 19
15	30 7 29 28 25 30 8 21 25 19	33 11 34 32 28 30 8 21 25 19	36 13 36 35 30 31 8 21 25 19	3 18 36 3 32 31 8 20 25 19	6 21 5 7 34 32 8 20 25 19	9 26 11 11 36 32 9 20 25 19	12 29 12 14 2 31 9 20 25 19	15 34 13 18 4 31 10 20 25 19	18 3 19 22 4 31 10 21 25 19	21 6 23 25 4 31 10 21 25 19	24 12 23 28 3 31 10 21 25 19	27 15 25 31 3 31 10 21 25 19
16	30 8 29 28 26 30 8 21 25 19	33 13 35 32 28 30 8 21 25 19	36 14 35 35 30 31 8 21 25 19	3 19 36 3 32 31 8 20 25 19	6 23 5 7 34 32 8 20 25 19	9 27 11 11 36 32 9 20 25 19	12 30 12 14 2 31 9 20 25 19	15 35 13 18 4 31 10 20 25 19	18 4 19 22 4 31 10 21 25 19	21 8 23 25 4 31 10 21 25 19	24 13 23 28 3 31 10 21 25 19	27 17 25 31 3 32 10 21 25 19
17	30 9 29 28 26 30 8 21 25 19	33 14 35 32 28 30 8 21 25 19	36 16 35 35 30 31 8 21 25 19	3 20 36 3 32 31 8 20 25 19	6 24 6 7 34 32 8 20 25 19	9 28 11 11 36 32 9 20 25 19	12 31 12 14 2 31 9 20 25 19	15 36 13 18 4 31 10 20 25 19	18 5 19 22 4 31 10 21 25 19	21 9 23 25 4 31 10 21 25 19	24 14 23 29 3 31 10 21 25 19	27 18 26 31 3 32 10 21 25 19
18	30 11 29 28 26 30 8 21 25 19	33 16 35 32 28 30 8 21 25 19	36 17 35 36 30 31 8 21 25 19	3 22 1 3 32 31 8 20 25 19	6 25 6 7 34 32 8 20 25 19	9 29 12 11 36 32 9 20 25 19	12 33 12 15 2 31 9 20 25 19	15 2 13 18 4 31 10 20 25 19	18 7 19 22 4 31 10 21 25 19	21 11 23 25 4 31 10 21 25 19	24 16 23 29 3 31 10 21 25 19	27 20 26 31 3 32 10 21 25 19
19	30 12 30 28 26 30 8 21 25 19	33 17 35 32 28 30 8 21 25 19	36 18 35 36 30 31 8 21 25 19	3 23 1 4 32 31 8 20 25 19	6 26 6 7 34 32 8 20 25 19	9 31 12 11 36 32 9 20 25 19	12 34 12 15 2 31 9 20 25 19	15 3 14 19 4 31 10 20 25 19	18 8 19 22 4 31 10 21 25 19	21 12 23 25 4 31 10 21 25 19	24 17 23 29 3 31 10 21 25 19	27 21 26 31 3 32 10 21 25 19
20	30 14 30 28 26 30 8 21 25 19	34 19 35 32 28 30 8 21 25 19	36 20 35 36 30 31 8 21 25 19	3 24 1 4 32 31 8 20 25 19	6 27 6 7 34 32 8 20 25 19	9 32 12 11 36 32 9 20 25 19	12 35 12 15 2 31 9 20 25 19	15 4 14 19 4 31 10 20 25 19	18 10 20 22 4 31 10 21 25 19	21 13 23 26 4 31 10 21 25 19	24 19 23 29 3 31 10 21 25 19	27 22 26 31 3 32 10 21 25 19
21	30 15 30 29 26 30 8 21 25 19	34 20 35 32 28 30 8 21 25 19	36 21 35 36 30 31 8 21 25 19	3 25 1 4 32 31 8 20 25 19	6 29 6 7 34 32 8 20 25 19	9 33 12 11 36 32 9 20 25 19	12 1 12 15 2 31 9 20 25 19	15 6 14 19 4 31 10 20 25 19	18 11 20 22 4 31 10 21 25 19	21 15 24 26 4 31 10 21 25 19	24 20 23 29 3 31 10 21 25 19	27 23 26 31 3 32 10 21 25 19
22	31 17 30 29 26 30 8 21 25 19	34 21 35 32 28 30 8 21 25 19	1 22 35 36 30 31 8 21 25 19	4 26 1 4 32 31 8 20 25 19	6 30 7 8 34 32 8 20 25 19	9 34 12 11 36 32 9 20 25 19	12 2 12 15 2 31 9 20 25 19	15 7 14 19 4 31 10 20 25 19	18 12 20 22 4 31 10 21 25 19	21 16 24 26 4 31 10 21 25 19	24 21 23 29 3 31 10 21 25 19	27 25 26 31 3 32 10 21 25 19
23	31 18 30 29 26 30 8 21 25 19	34 22 36 33 28 30 8 21 25 19	1 23 35 36 30 31 8 21 25 19	4 28 1 4 32 31 8 20 25 19	7 31 7 8 34 32 8 20 25 19	10 35 12 12 1 32 9 20 25 19	12 3 12 15 2 31 9 20 25 19	15 8 14 19 4 31 10 20 25 19	18 14 20 23 4 31 10 21 25 19	21 18 24 26 4 31 10 21 25 19	24 22 23 29 3 31 10 21 25 19	28 26 27 31 3 32 10 21 25 19
24	31 19 30 29 26 30 8 21 25 19	34 24 36 33 28 30 8 21 25 19	1 24 35 36 30 31 8 21 25 19	4 29 1 4 32 31 8 20 25 19	7 32 7 8 35 32 9 20 25 19	10 1 12 12 1 32 9 20 25 19	12 5 12 15 2 31 9 20 25 19	15 10 14 19 4 31 10 20 25 19	18 15 20 23 4 31 10 21 25 19	21 19 24 26 4 31 10 21 25 19	25 24 23 29 3 31 10 21 25 19	28 27 27 31 3 32 10 21 25 19
25	31 20 31 29 26 30 8 21 25 19	34 25 36 33 28 30 8 21 25 19	1 26 35 36 30 31 8 21 25 19	4 30 2 4 32 31 8 20 25 19	7 33 7 8 35 32 9 20 25 19	10 2 12 12 1 32 9 20 25 19	13 6 12 15 2 31 9 20 25 19	16 11 15 19 4 31 10 20 25 19	19 17 20 23 4 31 10 21 25 19	22 20 24 26 4 31 10 21 25 19	25 25 23 29 3 31 10 21 25 19	28 28 27 31 3 32 10 21 25 19
26	31 22 31 29 26 30 8 21 25 19	34 26 36 33 28 30 8 21 25 19	1 27 35 1 30 31 8 21 25 19	4 31 2 4 33 31 8 20 25 19	7 35 8 8 35 32 9 20 25 19	10 4 12 12 1 32 9 20 25 19	13 7 12 16 3 31 9 20 25 19	16 13 15 19 4 31 10 20 25 19	19 18 20 23 4 31 10 21 25 19	22 21 24 26 4 31 10 21 25 19	25 26 23 29 3 31 10 21 25 19	28 29 27 31 3 32 10 21 25 19
27	31 23 31 29 26 30 8 21 25 19	34 27 36 33 28 30 8 21 25 19	1 28 35 1 30 31 8 21 25 19	4 32 2 5 33 31 8 20 25 19	7 36 8 8 35 32 9 20 25 19	10 5 12 12 1 32 9 20 25 19	13 9 12 16 3 31 9 20 25 19	16 14 15 19 4 31 10 20 25 19	19 19 21 23 4 31 10 21 25 19	22 23 24 26 3 31 10 21 25 19	25 27 23 29 3 31 10 21 25 19	28 30 27 31 3 32 9 21 25 19
28	31 24 31 29 26 30 8 21 25 19	34 28 36 33 29 30 8 21 25 19	1 29 35 1 30 31 8 21 25 19	4 34 2 5 33 31 8 20 25 19	7 1 8 8 35 32 9 20 25 19	10 7 12 12 1 32 9 20 25 19	13 10 12 16 3 31 9 20 25 19	16 16 15 19 4 31 10 20 25 19	19 21 21 23 4 31 10 21 25 19	22 24 24 26 3 31 10 21 25 19	25 28 23 30 3 31 10 21 25 19	28 32 27 31 4 32 9 21 25 19
29	31 25 31 30 26 30 8 21 25 19		1 30 35 1 31 31 8 21 25 19	4 35 2 5 33 31 8 20 25 19	7 3 8 8 35 32 9 20 25 19	10 8 13 12 1 32 9 20 25 19	13 12 12 16 3 31 9 20 25 19	16 17 15 20 4 31 10 20 25 19	19 22 21 23 4 31 10 21 25 19	22 25 24 27 3 31 10 21 25 19	25 30 23 30 3 31 10 21 25 19	28 33 27 31 4 32 9 21 25 19
30	31 26 32 30 26 30 8 21 25 19		1 32 35 1 31 31 8 21 25 19	4 36 2 5 33 31 8 20 25 19	7 4 8 9 35 32 9 20 25 19	10 10 13 12 1 32 9 20 25 19	13 13 12 16 3 31 9 20 25 19	16 18 16 20 4 31 10 20 25 19	19 23 21 23 4 31 10 21 25 19	22 26 24 27 3 31 10 21 25 19	25 31 23 30 3 31 10 21 25 19	28 34 28 32 4 32 9 21 25 19
31	31 28 32 30 27 30 8 21 25 19		1 33 35 1 31 31 8 21 25 19		7 6 9 9 35 32 9 20 25 19		13 14 12 16 3 31 9 20 25 19	16 20 16 20 4 31 10 20 25 19		22 28 24 27 3 31 10 21 25 19		28 35 28 32 4 32 9 21 25 19

1974

	JAN	FEB	MAR	APR	MAY	JUNE	JULY	AUG	SEPT	OCT	NOV	DEC
1	28 1 28 32 4 32 9 21 25 19	32 5 33 30 5 33 9 21 25 19	34 6 34 30 6 33 9 21 25 19	1 12 35 33 8 34 9 21 25 19	4 16 4 36 10 35 10 21 25 19	7 21 10 3 12 35 10 21 25 19	10 24 10 7 14 35 10 21 25 19	13 29 12 11 16 35 11 21 25 19	16 33 18 14 18 35 11 21 25 19	19 1 22 18 20 34 11 21 25 19	22 5 21 22 22 34 11 21 25 19	25 9 24 26 24 34 11 21 15 19
2	29 2 28 32 4 32 9 21 25 19	32 7 33 30 5 33 9 21 25 19	35 8 33 30 7 33 9 21 25 19	2 13 35 33 8 34 9 21 25 19	5 17 4 36 10 35 10 21 25 19	8 22 10 4 12 35 10 21 25 19	10 26 10 7 14 35 10 21 25 19	13 30 12 11 16 35 11 21 25 19	16 35 18 15 18 35 11 21 25 19	19 2 22 18 20 34 11 21 25 19	22 7 21 22 22 34 11 21 25 19	25 10 24 26 24 34 11 21 25 19
3	29 3 28 32 4 32 9 21 25 19	32 8 33 30 5 33 9 21 25 19	35 9 33 31 7 33 9 21 25 19	2 15 35 33 8 34 9 21 25 19	5 18 4 36 10 35 10 21 25 19	8 23 10 4 12 35 10 21 25 19	10 27 10 7 14 35 10 21 25 19	13 31 12 11 16 35 11 21 25 19	16 36 18 15 18 35 11 21 25 19	19 3 22 18 20 34 11 21 25 19	22 8 21 22 22 34 11 21 25 19	25 12 25 26 24 34 11 21 25 19
4	29 5 28 32 4 32 9 21 25 19	32 10 34 30 5 33 9 21 25 19	35 11 33 31 7 33 9 21 25 19	2 16 35 33 8 34 9 21 25 19	5 20 5 36 10 35 10 21 25 19	8 25 10 4 12 35 10 21 25 19	11 28 10 7 14 35 10 21 25 19	14 32 12 11 16 35 11 21 25 19	17 1 18 15 18 35 11 21 25 19	20 4 22 19 20 34 11 21 25 19	23 9 21 22 22 34 11 21 25 19	26 13 25 26 24 34 11 21 25 19
5	29 6 29 32 4 32 9 21 25 19	32 11 34 30 5 33 9 21 25 19	35 12 33 31 7 33 9 21 25 19	2 17 35 33 8 34 9 21 25 19	5 21 5 36 10 35 10 21 25 19	8 26 10 4 12 35 10 21 25 19	11 29 10 7 14 35 10 21 25 19	14 34 12 11 16 35 11 21 25 19	17 2 18 15 18 35 11 21 25 19	20 6 22 19 20 34 11 21 25 19	23 11 21 23 22 34 11 21 25 19	26 15 25 26 24 34 11 21 25 19
6	29 7 29 32 4 32 9 21 25 19	32 13 34 30 5 33 9 21 25 19	35 14 33 31 7 33 9 21 25 19	2 19 36 33 9 34 9 21 25 19	5 22 5 1 10 35 10 21 25 19	8 27 10 4 12 35 10 21 25 19	11 30 10 7 14 35 10 21 25 19	14 35 12 11 16 35 11 21 25 19	17 3 18 15 18 35 11 21 25 19	20 7 22 19 20 34 11 21 25 19	23 12 21 23 22 34 11 21 25 19	26 16 25 26 24 34 11 21 25 19
7	29 9 29 32 4 32 9 21 25 19	32 14 34 30 5 33 9 21 25 19	35 15 33 31 7 33 9 21 25 19	2 20 36 33 9 34 9 21 25 19	5 24 5 1 10 35 10 21 25 19	8 28 10 4 12 35 10 21 25 19	11 32 10 7 14 35 10 21 25 19	14 36 13 11 16 35 11 21 25 19	17 5 19 15 18 35 11 21 25 19	20 8 22 19 20 34 11 21 25 19	23 14 21 23 22 34 11 21 25 19	26 18 25 27 24 34 11 21 25 19
8	29 10 29 31 4 32 9 21 25 19	32 16 34 30 5 33 9 21 25 19	35 17 33 31 7 33 9 21 25 19	2 22 36 34 9 34 9 21 25 19	5 25 5 1 10 35 10 21 25 19	8 30 10 4 12 35 10 21 25 19	11 33 10 8 14 35 10 21 25 19	14 1 13 12 16 35 11 21 25 19	17 6 19 15 18 35 11 21 25 19	20 10 22 19 20 34 11 21 25 19	23 15 21 23 22 34 11 21 25 19	26 19 25 27 24 34 11 21 25 19
9	29 12 29 31 4 32 9 21 25 19	32 17 34 30 5 33 9 21 25 19	35 18 33 31 7 33 9 21 25 19	2 23 36 34 9 34 9 21 25 19	5 27 6 1 11 35 10 21 25 19	8 31 10 4 12 35 10 21 25 19	11 34 10 8 14 35 10 21 25 19	14 2 13 12 16 35 11 21 25 19	17 7 19 15 18 35 11 21 25 19	20 11 22 19 20 34 11 21 25 19	23 17 21 23 22 34 11 21 25 19	26 20 25 27 24 34 11 21 25 19
10	29 13 29 31 4 32 9 21 25 19	32 19 34 30 5 33 9 21 25 19	35 19 34 30 5 33 9 21 25 19	2 24 36 34 9 34 9 21 25 19	5 28 6 1 11 35 10 21 25 19	8 32 10 5 12 35 10 21 25 19	11 35 10 8 14 35 10 21 25 19	14 4 13 12 16 35 11 21 25 19	17 9 19 16 18 35 11 21 25 19	20 13 22 19 20 34 11 21 25 19	23 18 21 23 22 34 11 21 25 19	26 22 26 27 24 34 11 21 25 19
11	29 15 30 31 4 32 9 21 25 19	33 20 34 30 6 33 9 21 25 19	35 21 33 31 7 33 9 21 25 19	2 25 36 34 9 34 9 21 25 19	5 29 6 1 11 35 10 21 25 19	8 33 11 5 13 35 10 21 25 19	11 36 10 8 14 35 10 21 25 19	14 5 14 12 16 35 11 21 25 19	17 10 19 16 18 35 11 21 25 19	20 14 22 19 20 34 11 21 25 19	23 19 21 23 22 34 11 21 25 19	26 23 26 27 24 34 11 22 25 19
12	30 16 30 31 4 32 9 21 25 19	33 21 34 30 6 33 9 21 25 19	36 22 33 31 7 33 9 21 25 19	3 27 36 34 9 34 9 21 25 19	5 30 6 1 11 35 10 21 25 19	8 34 11 5 13 35 10 21 25 19	11 2 19 8 14 35 10 21 25 19	14 6 14 12 16 35 11 21 25 19	17 12 19 16 18 35 11 21 25 19	20 15 22 20 20 34 11 21 25 19	23 21 21 23 22 34 11 21 25 19	26 24 26 27 24 34 11 22 25 19
13	30 18 30 31 4 32 9 21 25 19	33 23 35 30 6 33 9 21 25 19	36 23 33 31 7 34 9 21 25 19	3 28 1 34 9 34 9 21 25 19	6 31 7 1 11 35 10 21 25 19	9 35 11 5 13 35 10 21 25 19	11 3 10 8 14 35 10 21 35 19	14 8 14 12 16 35 11 21 25 19	17 13 19 16 18 35 11 21 25 19	20 17 22 20 20 34 11 21 25 19	23 22 22 24 22 34 11 21 25 19	26 26 26 27 25 34 11 22 25 19
14	30 19 30 31 4 32 9 21 25 19	33 24 35 30 6 33 9 21 25 19	36 25 33 31 7 34 9 21 25 19	3 29 1 34 9 34 9 21 25 19	6 32 7 1 11 35 10 21 25 19	9 1 11 5 13 35 10 21 25 19	12 4 10 9 15 35 10 21 25 19	14 9 14 12 16 35 11 21 25 19	17 15 20 16 18 35 11 21 25 19	20 18 22 20 20 34 11 21 25 19	24 23 22 24 23 34 11 21 25 19	27 27 26 27 25 34 11 22 25 19
15	30 20 30 31 4 32 9 21 25 19	33 25 35 30 6 33 9 21 25 19	36 26 33 31 7 34 9 21 25 19	3 30 1 34 9 34 9 21 25 19	6 33 7 2 11 35 10 21 25 19	9 2 11 5 13 35 10 21 25 19	12 5 10 9 15 35 10 21 25 19	15 11 14 12 17 35 11 21 25 19	18 16 20 16 19 35 11 21 25 19	21 20 22 20 21 34 11 21 25 19	24 25 22 24 23 34 11 21 25 19	27 28 26 28 25 34 11 22 25 19
16	30 22 30 31 4 32 9 21 25 19	33 26 35 30 6 33 9 21 25 19	36 27 33 31 7 34 9 21 25 19	3 31 1 34 9 34 9 21 25 19	6 35 7 2 11 35 10 21 25 19	9 3 11 5 13 35 10 21 25 19	12 7 10 9 15 35 10 21 25 19	15 12 15 13 17 35 11 21 25 19	18 18 20 16 19 35 11 21 25 19	21 21 22 20 21 34 11 21 25 19	24 26 22 24 23 34 11 21 25 19	27 29 27 28 25 34 11 22 25 19
17	30 23 31 31 4 32 9 21 25 19	33 27 35 30 6 33 9 21 25 19	36 28 33 32 7 34 9 21 25 19	3 33 1 34 9 34 9 21 25 19	6 36 7 2 11 35 10 21 25 19	9 5 11 5 13 35 10 21 25 19	12 8 10 9 15 35 10 21 25 19	15 14 15 13 17 35 11 21 25 19	18 19 20 16 19 35 11 21 25 19	21 23 22 20 21 34 11 21 25 19	24 27 22 24 23 34 11 21 25 19	27 31 27 28 25 35 11 22 25 19
18	30 24 31 31 4 32 9 21 25 19	33 29 35 30 6 33 9 21 25 19	36 29 33 32 7 34 9 21 25 19	3 34 1 35 9 34 9 21 25 19	6 1 8 2 11 35 10 21 25 19	9 6 11 5 13 35 10 21 25 19	12 10 10 9 15 35 10 21 25 19	15 15 15 13 17 35 11 21 25 19	18 20 20 17 19 35 11 21 25 19	21 24 22 20 21 34 11 21 25 19	24 29 22 24 23 34 11 21 25 19	27 32 27 28 25 35 11 22 25 19
19	30 25 31 31 4 32 9 21 25 19	33 30 34 30 6 33 9 21 25 19	36 31 33 32 8 34 9 21 25 19	3 35 2 35 9 34 9 21 25 19	6 2 8 2 11 35 10 21 25 19	9 7 11 6 13 35 10 21 25 19	12 11 10 9 15 35 10 21 25 19	15 17 15 13 17 35 11 21 25 19	18 22 20 17 19 35 11 21 25 19	21 25 22 20 21 34 11 21 25 19	24 30 22 24 23 34 11 21 25 19	27 33 27 28 25 35 11 22 25 19
20	30 27 31 31 4 32 9 21 25 19	33 31 34 30 6 33 9 21 25 19	36 32 34 32 8 34 9 21 25 19	3 36 2 35 9 34 9 21 25 19	6 4 8 2 11 35 10 21 25 19	9 9 11 6 13 35 10 21 25 19	12 13 10 9 15 35 10 21 25 19	15 18 15 13 17 35 11 21 25 19	18 23 20 17 19 35 11 21 25 19	21 27 22 21 21 34 11 21 25 19	24 31 23 24 23 34 11 21 25 19	27 34 27 28 25 35 11 22 25 19
21	30 28 31 31 4 32 9 21 25 19	34 32 34 30 6 33 9 21 25 19	36 33 34 32 8 34 9 21 25 19	3 2 2 35 9 34 9 21 25 19	6 5 8 2 11 35 10 21 25 19	9 10 11 6 13 35 10 21 25 19	12 14 10 9 15 35 10 21 25 19	15 20 16 13 17 35 11 21 35 19	18 25 21 17 19 34 11 21 25 19	21 28 22 21 21 34 11 21 25 19	24 32 23 25 23 34 11 21 25 19	27 35 27 28 25 35 11 22 25 19
22	31 29 31 31 5 32 9 21 25 19	34 33 34 30 6 33 9 21 25 19	36 34 34 32 8 34 9 21 25 19	4 3 2 35 9 34 9 21 25 19	6 7 8 2 11 35 10 21 25 19	9 12 11 6 13 35 10 21 25 19	12 16 10 9 15 35 11 21 25 19	15 21 16 13 17 35 11 21 25 19	18 26 21 17 19 34 11 21 25 19	21 29 22 21 21 34 11 21 25 19	24 33 23 25 23 34 11 21 25 19	27 1 27 28 25 35 11 22 25 19
23	31 30 32 31 5 32 9 21 25 19	34 35 34 30 6 33 9 21 25 19	1 36 34 32 8 34 9 21 25 19	4 4 2 35 10 34 9 21 25 19	7 8 8 2 11 35 10 21 25 19	10 13 11 6 13 35 10 21 25 19	12 17 10 10 15 35 11 21 25 19	15 22 16 13 17 35 11 21 25 19	18 27 21 17 19 34 11 21 25 19	21 30 22 21 21 34 11 21 25 19	24 35 23 25 23 34 11 21 25 19	27 2 28 29 25 35 11 22 25 19
24	31 31 32 31 5 32 9 21 25 19	34 36 34 30 6 33 9 21 25 19	1 1 34 32 8 34 9 21 25 19	4 6 3 35 10 34 9 21 25 19	7 10 9 3 11 35 10 21 25 19	10 15 11 6 13 35 10 21 25 19	12 19 10 10 15 35 11 21 25 19	15 24 16 14 17 35 11 21 25 19	18 28 21 17 19 34 11 21 25 19	21 31 22 21 21 34 11 21 25 19	25 36 23 25 23 34 11 21 25 19	28 3 28 29 25 35 11 22 25 19
25	31 32 32 31 5 32 9 21 25 19	34 1 34 30 6 33 9 21 25 19	1 2 34 32 8 34 9 21 25 19	4 7 3 35 10 34 9 21 25 19	7 11 9 3 11 35 10 21 25 19	10 16 11 6 13 35 10 21 25 19	13 20 11 10 15 35 11 21 25 19	16 25 16 14 17 35 11 21 25 19	19 29 21 17 19 34 11 21 25 19	22 33 22 21 21 34 11 21 15 19	25 1 23 25 23 34 11 21 25 19	28 4 28 29 25 35 11 22 25 19
26	31 34 32 31 5 32 9 21 25 19	34 2 34 30 6 33 9 21 25 19	1 3 34 32 8 34 9 21 25 19	4 9 3 35 10 34 9 21 25 19	7 12 9 3 12 35 10 21 25 19	10 18 11 6 13 35 10 21 25 19	13 21 11 10 15 35 11 21 25 19	16 26 16 14 17 35 11 21 25 19	19 31 21 18 19 34 11 21 25 19	22 34 22 21 21 34 11 21 25 19	25 2 23 25 23 34 11 21 25 19	28 6 28 29 25 35 11 22 25 19
27	31 35 32 31 5 32 9 21 25 19	34 4 34 30 6 33 9 21 25 19	1 5 34 32 8 34 9 21 25 19	4 10 3 36 10 34 10 21 25 19	7 14 9 3 12 35 10 21 25 19	10 19 10 7 14 35 10 21 25 19	13 23 11 10 15 35 11 21 25 19	16 27 17 14 17 35 11 21 25 19	19 32 21 18 19 34 11 21 25 19	22 35 21 21 21 34 11 21 25 19	25 4 24 25 23 34 11 21 25 19	28 7 28 29 26 35 11 22 25 19
28	31 36 32 31 5 32 9 21 25 19	34 5 34 30 6 33 9 21 25 19	1 6 34 32 8 34 9 21 25 19	4 11 3 36 10 34 9 21 25 19	7 15 9 3 12 35 10 21 25 19	10 20 10 7 14 35 10 21 25 19	13 24 11 10 15 35 11 21 25 19	16 29 17 14 17 35 11 21 35 19	19 33 21 18 19 34 11 21 25 19	22 36 21 22 21 34 11 21 25 19	25 5 24 25 23 34 11 21 25 19	28 8 28 29 26 35 11 22 25 19
29	31 1 33 31 5 32 9 21 25 19		1 8 34 33 8 34 9 21 25 19	4 13 4 36 10 34 9 21 25 19	7 17 9 3 12 35 10 21 25 19	10 22 10 7 14 35 10 21 25 19	13 25 11 10 15 35 11 21 25 19	16 30 17 14 17 35 11 21 25 19	19 34 22 18 19 34 11 21 25 19	22 1 21 22 21 34 11 21 25 19	25 6 24 26 24 34 11 21 25 19	28 10 29 29 26 35 11 22 25 19
30	31 3 33 30 5 33 9 21 25 19		1 9 35 33 8 34 9 21 25 19	4 14 4 36 10 35 10 21 25 19	7 18 9 3 12 35 10 21 25 19	10 23 10 7 14 35 10 21 25 19	13 26 11 10 16 35 11 21 25 19	16 31 17 14 18 35 11 21 25 19	19 35 22 18 20 34 11 21 25 19	22 3 21 22 22 34 11 21 25 19	25 8 24 26 24 34 11 21 25 19	28 11 29 29 26 35 11 22 25 19
31	31 4 33 30 5 33 9 21 25 19		1 10 35 33 8 34 9 21 25 19		7 19 10 3 12 35 10 21 15 19		13 28 11 11 16 35 11 21 25 19	16 32 17 14 18 35 11 21 25 19		22 4 21 22 22 34 11 21 25 19		28 13 29 30 26 35 11 22 25 19

1975

	JAN	FEB	MAR	APR	MAY	JUNE	JULY	AUG	SEPT	OCT	NOV	DEC
1	28 14 29 30 26 35 11 22 25 19	32 20 33 34 28 35 11 22 26 19	34 21 32 1 30 36 11 22 26 19	1 26 36 5 33 1 11 22 26 19	4 29 6 8 35 1 11 21 26 19	7 33 9 12 1 2 11 21 25 19	10 36 8 15 3 3 11 21 25 19	13 5 13 17 6 3 12 21 25 19	16 10 19 15 7 3 12 21 25 19	19 13 21 15 9 3 13 22 25 19	22 19 21 18 10 2 13 22 25 20	25 23 25 21 9 2 13 22 26 20
2	28 16 29 30 26 35 11 22 25 19	32 21 33 34 28 35 11 22 26 19	34 22 32 1 30 36 11 22 26 19	2 27 36 5 33 1 11 22 26 19	4 30 6 9 35 1 11 21 26 19	7 35 9 12 1 2 11 21 25 19	10 2 8 15 3 3 11 21 25 19	13 6 13 17 6 3 12 21 25 19	16 11 19 15 7 3 12 21 25 19	19 14 21 15 9 3 13 22 25 19	22 20 21 18 10 2 13 22 25 20	25 24 25 21 9 2 13 22 26 20
3	29 17 29 30 26 35 11 22 25 19	32 22 33 34 28 35 11 22 26 19	35 23 32 1 30 36 11 22 26 19	2 28 36 5 33 1 11 22 26 19	5 31 6 9 35 1 11 21 26 19	8 36 9 12 1 2 11 21 25 19	10 3 8 15 3 3 11 21 25 19	13 7 14 17 6 3 12 21 25 19	16 12 19 15 8 3 12 21 25 19	19 16 21 15 9 3 13 22 25 19	22 22 21 18 10 2 13 22 25 20	25 25 25 21 9 2 13 22 26 20
4	29 19 30 30 26 35 11 22 25 19	32 24 33 34 28 35 11 22 26 19	35 25 32 1 30 36 11 22 26 19	2 29 36 5 33 1 11 22 26 19	5 33 6 9 35 1 11 21 26 19	8 1 9 12 1 2 11 21 25 19	11 4 8 15 4 3 12 21 25 19	14 9 14 17 6 3 12 21 25 19	16 14 19 15 8 3 12 21 25 19	19 18 20 15 9 2 13 22 25 19	22 23 21 18 10 2 13 22 25 20	26 27 26 21 9 2 13 22 26 20
5	29 20 30 30 26 35 11 22 25 19	32 25 33 34 28 35 11 22 26 19	35 26 32 2 31 36 11 22 26 19	2 31 36 5 33 1 11 22 26 19	5 34 6 9 35 2 11 21 26 19	8 2 9 12 1 2 11 21 25 19	11 5 9 15 4 3 12 21 25 19	14 10 14 17 6 3 12 21 25 19	17 15 19 15 8 3 12 21 25 19	20 19 20 15 9 2 13 22 25 19	23 25 21 18 10 2 13 22 25 20	26 28 26 21 9 2 13 22 26 20
6	29 21 30 30 26 35 11 22 25 19	32 26 32 34 29 35 11 22 26 19	35 27 32 2 31 36 11 22 26 19	2 32 1 5 33 1 11 22 26 19	5 35 7 9 35 2 11 21 26 19	8 3 9 12 2 2 11 21 25 19	11 7 9 15 4 3 12 21 25 19	14 12 14 17 6 3 12 21 25 19	17 17 19 15 8 3 12 21 25 19	20 21 20 15 9 2 13 22 25 19	23 26 21 18 10 2 13 22 25 20	26 29 26 21 9 2 13 22 26 20
7	29 23 30 30 26 35 11 22 25 19	32 28 32 34 29 35 11 22 26 19	35 28 32 2 31 36 11 22 26 19	2 33 1 6 33 1 11 22 26 19	5 36 7 9 35 2 11 21 26 19	8 5 8 12 2 2 11 21 25 19	11 8 9 15 4 3 12 21 25 19	14 13 14 17 6 3 12 21 25 19	17 18 19 15 8 3 12 21 25 19	20 22 20 16 9 2 13 22 25 19	23 27 22 18 10 2 13 22 25 20	26 31 26 21 9 2 13 22 26 20
8	29 24 30 31 26 35 11 22 25 19	32 29 32 34 29 35 11 22 26 19	35 30 32 2 31 36 11 22 26 19	2 34 1 6 33 1 11 22 26 19	5 1 7 9 35 2 11 21 26 19	8 6 8 12 2 2 11 21 25 19	11 9 9 15 4 3 12 21 25 19	14 14 14 17 6 3 12 21 25 19	17 20 19 15 8 3 12 21 25 19	20 24 20 16 9 2 13 22 25 19	23 29 22 18 10 2 13 22 25 20	26 32 26 22 9 2 13 22 26 20
9	29 25 30 31 26 35 11 22 25 19	32 30 32 35 29 36 11 22 26 19	35 31 32 2 31 36 11 22 26 19	2 35 1 6 33 1 11 21 26 19	5 3 7 9 35 2 11 21 26 19	8 7 8 12 2 2 11 21 25 19	11 11 9 15 4 3 12 21 25 19	14 16 15 17 6 3 12 21 25 19	17 21 20 15 8 3 12 21 25 19	20 25 20 16 9 2 13 22 25 19	23 30 22 18 10 2 13 22 25 20	26 33 27 22 9 2 13 22 26 20
10	29 27 31 31 27 35 11 22 25 19	32 31 32 35 29 36 11 22 26 19	35 32 33 2 31 36 11 22 26 19	2 36 1 6 33 1 11 21 26 19	5 4 7 9 36 2 11 21 26 19	8 9 8 12 2 2 11 21 25 19	11 12 9 15 4 3 12 21 25 19	14 17 15 17 6 3 12 21 25 19	17 23 20 15 8 3 12 21 25 19	20 27 20 16 9 2 13 22 25 19	23 31 22 18 10 2 13 22 25 20	26 34 27 22 9 2 13 22 26 20
11	29 28 31 31 27 35 11 22 25 19	33 32 32 35 29 36 11 22 26 19	35 33 33 2 31 36 11 22 26 19	2 2 2 6 33 1 11 21 26 19	5 5 7 10 36 2 11 21 25 19	8 10 8 13 2 2 11 21 25 19	11 14 9 16 4 3 12 21 25 19	14 19 15 17 6 3 12 21 25 19	17 24 20 15 8 3 12 21 25 19	20 28 20 16 9 2 13 22 25 19	23 32 22 19 10 2 13 22 25 20	26 36 27 22 9 2 13 22 26 20
12	30 29 31 31 27 35 11 22 25 19	33 34 32 35 29 36 11 22 26 19	35 34 33 2 31 36 11 22 26 19	3 3 2 6 33 1 11 21 26 19	5 6 8 10 36 2 11 21 25 19	8 11 8 13 2 2 11 21 25 19	11 15 9 16 4 3 12 21 25 19	14 21 15 17 6 3 12 21 25 19	17 26 20 15 8 3 12 21 25 19	20 29 20 16 9 2 13 22 25 19	23 34 22 19 10 2 13 22 25 20	26 1 27 22 9 2 13 22 26 20
13	30 30 31 31 27 35 11 22 25 19	33 35 32 35 29 36 11 22 26 19	36 36 33 3 31 36 11 22 26 19	3 4 2 6 33 1 11 21 26 19	6 8 8 10 36 2 11 21 25 19	9 13 8 13 2 2 11 21 25 19	11 17 9 16 4 3 12 21 25 19	14 22 16 16 6 3 12 21 25 19	17 27 20 15 8 3 12 21 25 19	20 30 20 16 9 2 13 22 25 19	23 35 22 19 10 2 13 22 25 20	26 2 27 22 9 2 13 22 26 20
14	30 31 31 31 27 35 11 22 25 19	33 36 32 35 29 36 11 22 26 19	36 1 33 3 31 36 11 22 26 19	3 5 2 6 34 1 11 21 26 19	6 9 8 10 36 2 11 21 25 19	9 14 8 13 2 2 11 21 25 19	11 18 10 16 4 3 12 21 25 19	14 23 16 16 6 3 12 21 25 19	17 28 20 15 8 3 12 21 25 19	20 32 19 16 9 2 13 22 25 19	23 36 23 19 10 2 13 22 25 20	27 3 27 22 9 2 13 22 26 20
15	30 33 31 31 27 35 11 22 25 19	33 1 32 35 29 36 11 22 26 19	36 2 33 3 31 36 11 22 26 19	3 7 2 7 34 1 11 21 26 19	6 10 8 10 36 2 11 21 25 19	9 16 8 13 2 2 11 21 25 19	12 20 10 16 4 3 12 21 25 19	15 25 16 16 6 3 12 21 25 19	18 29 20 15 8 3 12 21 25 19	21 33 19 16 9 2 13 22 25 19	24 1 23 19 10 2 13 22 25 20	27 4 28 22 9 2 13 22 26 20
16	30 34 32 32 27 35 11 22 25 19	33 2 31 35 29 36 11 22 26 19	36 3 33 3 31 36 11 22 26 19	3 8 2 7 34 1 11 21 26 19	6 12 8 10 36 2 11 21 25 19	9 17 8 13 2 2 11 21 25 19	12 21 10 16 4 3 12 21 25 19	15 26 16 16 6 3 12 21 25 19	18 31 20 15 8 3 12 21 25 19	21 34 19 16 9 2 13 22 25 19	24 2 23 19 10 2 13 22 25 20	27 6 28 22 9 2 13 22 26 20
17	30 35 32 32 27 35 11 22 25 19	33 3 31 36 29 36 11 22 26 19	36 4 33 3 31 36 11 22 26 19	3 9 3 7 34 1 11 21 26 19	6 13 8 10 36 2 11 21 25 19	9 18 8 13 2 2 11 21 25 19	12 22 10 16 5 3 12 21 25 19	15 27 16 16 7 3 12 21 25 19	18 32 20 15 8 3 12 21 25 19	21 35 19 16 9 2 13 22 25 19	24 4 23 19 10 2 13 22 25 20	27 7 28 22 9 2 13 22 26 20
18	30 36 32 32 27 35 11 22 25 19	33 5 31 36 29 36 11 22 26 19	36 6 34 3 32 36 11 22 26 19	3 11 3 7 34 1 11 21 26 19	6 14 8 10 36 2 11 21 25 19	9 21 8 14 2 2 11 21 25 19	12 23 10 16 5 3 12 21 25 19	15 29 16 16 7 3 12 21 25 19	18 33 20 15 8 3 12 21 25 19	21 36 19 16 9 2 13 22 25 19	24 5 23 19 10 2 13 22 25 20	27 8 28 23 8 2 13 22 26 20
19	30 1 32 32 27 35 11 22 26 19	33 6 31 36 29 36 11 22 26 19	36 7 34 3 32 36 11 22 26 19	3 12 3 7 34 1 11 21 26 19	6 16 8 10 36 2 11 21 25 19	9 22 8 14 3 2 11 21 25 19	12 25 10 16 5 3 12 21 25 19	15 30 17 16 7 3 12 21 25 19	18 34 21 15 8 3 12 21 25 19	21 2 19 16 9 2 13 22 25 19	24 6 23 19 10 2 13 22 25 20	27 10 28 23 8 2 13 22 26 20
20	30 3 32 32 27 35 11 22 26 19	33 7 31 36 30 36 11 22 26 19	36 8 34 3 32 36 11 22 26 19	3 13 3 7 34 1 11 21 26 19	6 17 8 11 36 2 11 21 25 19	9 23 8 14 3 2 11 21 25 19	12 26 10 16 5 3 12 21 25 19	15 31 17 16 7 3 12 21 25 19	18 36 21 15 8 3 12 21 25 19	21 3 19 16 9 2 13 22 25 19	24 7 24 19 10 2 13 22 25 20	27 11 28 23 8 2 13 22 26 20
21	30 4 32 32 27 35 11 22 26 19	34 9 31 36 30 36 11 22 26 19	36 10 34 4 32 36 11 22 26 19	3 15 4 7 34 1 11 21 26 19	6 19 8 11 36 2 11 21 25 19	9 24 8 14 3 2 11 21 25 19	12 28 10 16 5 3 12 21 25 19	15 32 17 16 7 3 12 21 25 19	18 1 21 15 8 3 12 21 25 19	21 4 19 16 9 2 13 22 25 19	24 9 24 20 10 2 13 22 25 20	27 12 28 23 8 2 13 22 26 20
22	31 5 32 32 27 35 11 22 26 19	34 10 31 36 30 36 11 22 26 19	36 11 34 4 32 36 11 22 26 19	4 16 4 7 34 1 11 21 26 19	6 20 8 11 36 2 11 21 25 19	9 25 8 14 3 2 11 21 25 19	12 29 10 16 5 3 12 21 25 19	15 33 17 16 7 3 12 21 25 19	18 2 21 15 9 3 12 21 25 19	21 5 19 16 10 2 13 22 25 19	24 10 24 20 9 2 13 22 25 20	27 14 29 23 8 2 13 22 26 20
23	31 6 32 32 27 35 11 22 26 19	34 11 31 36 30 36 11 22 26 19	1 12 34 4 32 1 11 22 26 19	4 18 4 7 34 1 11 21 26 19	7 22 9 11 1 2 11 21 25 19	9 27 8 14 3 2 11 21 25 19	12 30 11 16 5 3 12 21 25 19	15 35 17 16 7 3 12 21 25 19	18 3 21 15 9 3 12 21 25 19	21 6 19 16 10 2 13 22 25 19	24 11 24 20 9 2 13 22 25 20	27 15 29 23 8 2 13 22 26 20
24	31 8 33 33 28 35 11 22 26 19	34 13 31 36 30 36 11 22 26 19	1 14 34 4 32 1 11 22 26 19	4 19 4 8 34 1 11 21 26 19	7 23 9 11 1 2 11 21 25 19	10 28 8 14 3 2 11 21 25 19	12 31 11 16 5 3 12 21 25 19	15 36 17 16 7 3 12 21 25 19	18 4 21 15 9 3 12 21 25 19	21 8 20 17 10 2 13 22 25 19	25 13 24 20 9 2 13 22 25 20	28 16 29 23 8 2 13 22 26 20
25	31 9 33 33 28 35 11 22 26 19	34 14 31 1 30 36 11 22 26 19	1 15 35 4 32 1 11 22 26 19	4 21 5 8 34 1 11 21 26 19	7 24 9 11 1 2 11 21 25 19	10 29 8 14 3 2 11 21 25 19	13 33 12 16 5 3 12 21 25 19	16 1 18 16 7 3 12 21 25 19	19 5 21 15 9 3 12 21 25 19	21 9 20 17 10 2 13 22 25 20	25 14 24 20 9 2 13 22 25 20	28 18 29 24 8 2 13 22 26 20
26	31 11 33 33 28 35 11 22 26 19	34 16 32 1 30 36 11 22 26 19	1 17 35 4 32 1 11 22 26 19	4 22 5 8 34 1 11 21 26 19	7 26 9 11 1 2 11 21 25 19	10 30 8 14 3 2 11 21 25 19	13 34 12 16 5 3 12 21 25 19	16 2 18 16 7 3 12 21 25 19	19 7 21 15 9 3 12 21 25 19	22 10 20 17 10 2 13 22 25 20	25 15 25 20 9 2 13 22 25 20	28 19 29 24 8 2 13 22 26 20
27	31 12 33 33 28 35 11 22 26 19	34 18 32 1 30 36 11 22 26 19	1 18 35 4 32 1 11 22 26 19	4 24 5 8 35 1 11 21 26 19	7 27 9 11 1 2 11 21 25 19	10 32 8 14 3 3 11 21 25 19	13 35 12 16 5 3 12 21 25 19	16 3 18 16 7 3 12 21 25 19	19 8 21 15 9 3 12 21 25 19	22 12 20 17 10 2 13 22 25 20	25 17 25 20 9 2 13 22 25 20	28 21 29 24 8 2 13 22 26 20
28	31 14 33 33 28 35 11 22 26 19	34 19 32 1 30 36 11 22 26 19	1 19 35 4 32 1 11 22 26 19	4 25 5 8 35 1 11 21 26 19	7 28 9 11 1 2 11 21 25 19	10 33 8 14 3 3 11 21 25 19	13 36 12 16 5 3 12 21 25 19	16 5 18 16 7 3 12 21 25 19	19 9 21 15 9 3 12 21 25 19	22 13 20 17 10 2 13 22 25 20	25 18 25 20 9 2 13 22 25 20	28 22 29 24 8 2 13 22 26 20
29	31 15 33 33 28 35 11 22 26 19		1 21 35 4 32 1 11 22 26 19	4 26 5 8 35 1 11 21 26 19	7 30 9 11 1 2 11 21 25 19	10 34 8 15 3 3 11 21 25 19	13 1 12 16 5 3 12 21 25 19	16 6 18 16 7 3 12 21 25 19	19 11 21 15 9 3 12 21 25 19	22 14 20 17 10 2 13 22 25 20	25 20 25 20 9 2 13 22 25 20	28 23 29 24 8 2 13 22 26 20
30	31 17 33 33 28 35 11 22 26 19		1 23 35 4 32 1 11 22 26 19	4 28 6 8 35 1 11 21 26 19	7 31 9 11 1 2 11 21 25 19	10 35 8 15 3 3 11 21 25 19	13 3 13 16 5 3 12 21 25 19	16 7 18 16 7 3 12 21 25 19	19 12 21 15 9 3 12 21 25 19	22 16 20 17 10 2 13 22 25 20	25 21 25 20 9 2 13 22 25 20	28 25 30 24 8 2 13 22 26 20
31	31 18 33 33 28 35 11 22 26 19		1 24 36 5 33 36 11 22 26 19		7 32 9 12 1 2 11 21 25 19		13 4 13 17 5 3 12 21 25 19	16 8 18 16 7 3 12 21 25 19		22 17 20 17 10 2 13 22 25 20		28 26 30 24 8 2 13 22 26 20

1976

	JAN	FEB	MAR	APR	MAY	JUNE	JULY	AUG	SEPT	OCT	NOV	DEC
1	28 28 30 24 8 2 13 22 26 20	32 32 30 28 8 2 12 22 26 20	34 34 32 32 9 3 12 22 26 20	2 3 1 35 10 4 12 22 26 20	4 6 7 3 12 4 12 22 26 19	7 11 6 7 13 5 12 22 26 19	10 14 9 11 15 6 13 22 26 19	13 20 15 14 17 6 13 22 26 19	16 25 19 18 19 6 13 22 26 20	19 29 18 22 21 7 14 22 26 20	22 34 22 26 23 6 14 22 26 20	25 1 27 29 25 6 14 22 26 20
2	28 29 30 24 8 2 12 22 26 20	32 34 30 28 8 2 12 22 26 20	35 36 32 32 9 3 12 22 26 20	2 4 2 36 10 4 12 22 26 20	5 7 7 3 12 4 12 22 26 19	8 12 6 7 13 5 12 22 26 19	10 16 9 11 15 6 13 22 26 19	13 21 15 15 17 6 13 22 26 19	16 26 19 18 19 6 13 22 26 20	19 30 18 22 21 6 14 22 26 20	22 35 22 26 23 6 14 22 26 20	25 2 27 30 25 6 14 22 26 20
3	29 30 30 25 8 2 12 22 26 20	32 35 30 28 8 2 12 22 26 20	35 1 32 32 9 3 12 22 26 20	2 5 2 36 10 4 12 22 26 20	5 9 7 3 12 4 12 22 26 19	8 13 6 7 13 5 12 22 26 19	11 17 9 11 15 6 13 22 26 19	13 23 15 15 17 6 13 22 26 19	16 28 19 19 19 6 13 22 26 20	19 31 18 22 21 6 14 22 26 20	22 36 22 26 23 6 14 22 26 20	25 4 27 30 25 6 14 22 26 20
4	29 32 31 25 8 2 12 22 26 20	32 36 30 28 8 2 12 22 26 20	35 2 33 32 9 3 12 22 26 20	2 7 2 36 10 4 12 22 26 20	5 10 7 4 12 4 12 22 26 19	8 14 6 7 14 5 12 22 26 19	11 19 9 11 15 6 13 22 26 19	14 24 15 15 17 6 13 22 26 19	17 29 19 19 19 6 14 22 26 20	19 33 18 22 21 6 14 22 26 20	23 1 22 26 23 6 14 22 26 20	26 5 27 30 25 6 14 22 26 20
5	29 33 31 25 8 2 12 22 26 20	32 1 30 29 8 2 12 22 26 20	35 3 33 32 9 3 12 22 26 20	2 8 2 36 10 4 12 22 26 20	5 11 7 4 12 4 12 22 26 19	8 16 6 7 14 5 12 22 26 19	11 20 9 11 15 6 13 22 26 19	14 25 16 15 17 6 13 22 26 19	17 31 19 19 19 6 14 22 26 20	20 34 18 22 21 6 14 22 26 20	23 3 23 26 23 6 14 22 26 20	26 6 27 30 25 6 14 22 26 20
6	29 34 31 25 8 2 12 22 26 20	32 2 30 29 8 2 12 22 26 20	35 4 33 32 9 3 12 22 26 20	2 9 2 36 10 4 12 22 26 20	5 13 7 4 12 4 12 22 26 19	8 18 6 8 14 5 12 22 26 19	11 21 10 11 15 6 13 22 26 19	14 27 16 15 17 6 13 22 26 19	17 32 19 19 19 6 14 22 26 20	20 35 18 23 21 6 14 22 26 20	23 4 23 26 23 6 14 22 26 20	26 7 27 30 25 6 14 22 26 20
7	29 35 31 25 8 2 12 22 26 20	32 4 30 29 8 2 12 22 26 20	35 6 33 32 9 3 12 22 26 20	2 10 3 36 10 4 12 22 26 20	5 14 7 4 12 4 12 22 26 19	8 19 6 8 14 5 12 22 26 19	11 23 10 11 15 6 13 22 26 19	14 28 16 15 17 6 13 22 26 19	17 33 19 19 19 6 14 22 26 20	20 1 18 23 21 6 14 22 26 20	23 5 23 27 23 6 14 22 26 20	26 8 27 30 26 6 14 22 26 20
8	29 36 31 25 8 2 12 22 26 20	32 5 30 29 8 2 12 22 26 20	35 7 33 33 9 3 12 22 26 20	2 11 3 36 10 4 12 22 26 20	5 15 7 4 12 4 12 22 26 19	8 20 6 8 14 5 12 22 26 19	11 24 10 12 15 6 13 22 26 19	14 30 16 15 17 6 13 22 26 19	17 34 19 19 19 6 14 22 26 20	20 2 18 23 21 6 14 22 26 20	23 6 23 27 23 6 14 22 26 20	26 9 28 30 26 6 14 22 26 20
9	29 2 31 25 8 2 12 22 26 20	32 6 30 29 8 2 12 22 26 20	35 8 33 33 9 3 12 22 26 20	2 13 3 36 10 4 12 22 26 20	5 17 7 4 12 4 12 22 26 19	8 22 6 8 14 5 12 22 26 19	11 26 10 12 16 6 13 22 26 19	14 31 16 16 17 6 13 22 26 19	17 36 19 19 19 7 14 22 26 20	20 3 18 23 21 6 14 22 26 20	23 7 23 27 24 6 14 22 26 20	26 11 28 30 26 6 14 22 26 20
10	29 3 31 25 8 2 12 22 26 20	32 7 30 29 8 2 12 22 26 20	35 9 33 33 9 3 12 22 26 20	2 14 3 1 10 4 12 22 26 20	5 18 7 4 12 4 12 22 26 19	8 23 6 8 14 5 12 22 26 19	11 27 11 12 16 6 13 22 26 19	14 32 16 16 17 6 13 22 26 19	17 1 19 19 19 7 14 22 26 20	20 4 18 23 21 6 14 22 26 20	23 9 23 27 24 6 14 22 26 20	26 12 28 30 26 6 14 22 26 20
11	29 4 31 26 8 2 12 22 26 20	33 8 30 29 8 2 12 22 26 20	35 11 34 33 9 3 12 22 26 20	3 16 4 1 11 4 12 22 26 20	5 19 7 4 12 4 12 22 26 19	8 25 6 8 14 5 12 22 26 19	11 29 11 12 16 6 13 22 26 19	14 34 17 16 18 6 13 22 26 19	17 2 19 20 20 7 14 22 26 20	20 5 18 23 22 6 14 22 26 20	23 10 24 27 24 6 14 22 26 20	26 13 28 31 26 6 14 22 26 20
12	29 5 31 26 8 2 12 22 26 20	33 10 30 29 8 2 12 22 26 20	36 12 34 33 9 3 12 22 26 20	3 17 4 1 11 4 12 22 26 19	6 20 7 5 12 5 12 22 26 19	9 26 6 8 14 5 12 22 26 19	11 30 11 12 16 6 13 22 26 19	14 35 17 16 18 6 13 22 26 19	17 3 19 20 20 7 14 22 26 20	20 6 19 23 22 6 14 22 26 20	23 11 24 27 24 6 14 22 26 20	26 14 28 31 26 6 14 22 26 20
13	30 6 31 26 8 2 12 22 26 20	33 11 30 30 8 3 12 22 26 20	36 13 34 33 9 3 12 22 26 20	3 19 4 1 11 4 12 22 26 19	6 22 7 5 12 5 12 22 26 19	9 28 6 8 14 5 12 22 26 19	11 31 11 12 16 6 13 22 26 19	14 36 17 16 18 6 13 22 26 19	17 4 19 20 20 7 14 22 26 20	20 8 19 24 22 6 14 22 26 20	23 12 24 27 24 6 14 22 26 20	27 16 28 31 26 6 14 22 26 20
14	30 8 31 26 8 2 12 22 26 20	33 13 30 30 8 3 12 22 26 20	36 15 34 33 9 3 12 22 26 20	3 20 4 1 11 4 12 22 26 19	6 23 7 5 12 5 12 22 26 19	9 29 6 9 14 5 12 22 26 19	12 33 11 12 16 6 13 22 26 19	15 1 17 16 18 6 13 22 26 19	18 6 19 20 20 7 14 22 26 20	20 9 19 24 22 6 14 22 26 20	24 13 24 27 24 6 14 22 26 20	27 17 28 31 26 6 14 22 26 20
15	30 9 31 26 8 2 12 22 26 20	33 14 30 30 8 3 12 22 26 20	36 16 34 33 9 3 12 22 26 20	3 22 4 1 11 4 12 22 26 19	6 25 7 5 12 5 12 22 26 19	9 31 7 9 14 5 13 22 26 19	12 34 12 12 16 6 13 22 26 19	15 2 17 16 18 6 13 22 26 19	18 7 19 20 20 7 14 22 26 20	21 10 19 24 22 6 14 22 26 20	24 15 24 27 24 6 14 22 26 20	27 19 29 31 26 6 14 22 26 20
16	30 10 31 26 8 2 12 22 26 20	33 15 30 30 8 3 12 22 26 20	36 18 34 34 9 3 12 22 26 20	3 23 4 1 11 4 12 22 26 19	6 25 7 5 12 5 12 22 26 19	9 32 7 9 14 5 13 22 26 19	12 35 12 13 16 6 13 22 26 19	15 4 17 16 18 6 13 22 26 19	18 8 19 20 20 7 14 22 26 20	21 11 19 24 22 6 14 22 26 20	24 16 24 28 24 6 14 22 26 20	27 20 29 31 26 6 14 22 26 20
17	30 12 31 26 8 2 12 22 26 20	33 17 31 30 8 3 12 22 26 20	36 19 35 34 9 3 12 22 26 20	3 25 5 1 11 4 12 22 26 19	6 28 7 5 12 5 12 22 26 19	9 33 7 9 14 5 13 22 26 19	12 36 12 13 16 6 13 22 26 19	15 5 17 16 18 6 13 22 26 19	18 9 19 20 20 7 14 22 26 20	21 13 19 24 22 6 14 22 26 20	24 17 24 28 24 6 14 22 26 20	27 21 29 31 26 6 14 22 26 20
18	30 13 31 26 8 2 12 22 26 20	33 19 31 30 8 3 12 22 26 20	36 21 35 34 9 3 12 22 26 20	3 26 5 2 11 4 12 22 26 19	6 30 7 5 12 5 12 22 26 19	9 34 7 9 14 5 13 22 26 19	12 2 12 13 16 6 13 22 26 19	15 6 18 17 18 6 13 22 26 19	18 10 19 20 20 7 14 22 26 20	21 14 20 24 22 6 14 22 26 20	24 19 25 28 24 6 14 22 26 20	27 23 29 31 26 6 14 22 26 20
19	30 15 31 27 8 2 12 22 26 20	33 20 31 30 8 3 12 22 26 20	36 22 35 34 9 3 12 22 26 20	3 28 5 2 11 4 12 22 26 19	6 31 6 5 13 5 12 22 26 19	9 36 7 9 14 5 13 22 26 19	12 3 12 13 16 6 13 22 26 19	15 7 18 17 18 6 13 22 26 19	18 12 19 21 20 7 14 22 26 20	21 15 20 24 22 6 14 22 26 20	24 20 25 28 24 6 14 22 26 20	27 24 29 32 26 6 14 22 26 20
20	30 16 31 27 8 2 12 22 26 20	33 21 31 30 8 3 12 22 26 20	36 23 35 34 9 3 12 22 26 20	3 29 5 2 11 4 12 22 26 19	6 32 6 6 13 5 12 22 26 19	9 1 7 9 14 5 13 22 26 19	12 4 13 13 16 6 13 22 26 19	15 8 18 17 18 6 13 22 26 19	18 13 19 21 20 7 14 22 26 20	21 17 20 24 22 6 14 22 26 20	24 22 25 28 24 6 14 22 26 20	27 26 29 32 27 6 14 22 26 20
21	30 17 31 27 8 2 12 22 26 20	34 23 31 31 8 3 12 22 26 20	36 25 35 34 10 3 12 22 26 20	4 30 5 2 11 4 12 22 26 19	6 34 6 6 13 5 12 22 26 19	9 2 7 9 14 5 13 22 26 19	12 5 13 13 16 6 13 22 26 19	15 10 18 17 18 6 13 22 26 20	18 14 18 21 20 7 14 22 26 20	21 18 20 24 22 6 14 22 26 20	24 23 25 28 24 6 14 22 26 20	27 27 29 32 27 6 14 22 26 20
22	31 19 31 27 8 2 12 22 26 20	34 24 31 31 8 3 12 22 26 20	1 26 36 34 10 3 12 22 26 20	4 31 5 2 11 4 12 22 26 19	7 35 6 6 13 5 12 22 26 19	9 3 7 10 15 5 13 22 26 19	12 6 13 13 16 6 13 22 26 19	15 11 18 17 18 6 13 22 26 20	18 16 18 21 20 7 14 22 26 20	21 20 20 25 22 6 14 22 26 20	24 25 25 28 24 6 14 22 26 20	27 29 29 32 27 6 14 22 26 20
23	31 20 31 27 8 2 12 22 26 20	34 26 31 31 8 3 12 22 26 20	1 28 36 34 10 3 12 22 26 20	4 33 6 2 11 4 12 22 26 19	7 36 6 6 13 5 12 22 26 19	10 4 7 10 15 5 13 22 26 19	12 8 13 13 16 6 13 22 26 19	15 12 18 17 18 6 13 22 26 20	18 17 18 21 20 7 14 22 26 20	21 21 20 25 22 6 14 22 26 20	24 26 25 28 25 6 14 22 26 20	28 30 30 32 27 6 14 22 26 20
24	31 22 31 27 8 2 12 22 26 20	34 27 31 31 8 3 12 22 26 20	1 29 36 35 10 3 12 22 26 20	4 34 6 2 11 4 12 22 26 19	7 1 6 6 13 5 12 22 26 19	10 6 8 10 15 5 13 22 26 19	13 9 13 14 16 6 13 22 26 19	15 14 18 17 18 6 13 22 26 20	19 19 18 21 20 7 14 22 26 20	21 23 21 25 22 6 14 22 26 20	25 28 26 29 25 6 14 22 26 20	28 32 30 32 27 6 14 22 26 20
25	31 23 30 27 8 2 12 22 26 20	34 28 31 31 9 3 12 22 26 20	1 31 36 35 10 3 12 22 26 20	4 35 6 2 11 4 12 22 26 19	7 3 6 6 13 5 12 22 26 19	10 7 8 10 15 5 13 22 26 19	13 10 14 14 17 6 13 22 26 19	16 15 18 17 18 6 13 22 26 20	19 20 18 21 20 7 14 22 26 20	22 24 21 25 23 6 14 22 26 20	25 30 26 29 25 6 14 22 26 20	28 33 30 32 27 6 14 22 26 20
26	31 25 30 27 8 2 12 22 26 20	34 30 32 31 9 3 12 22 26 20	1 32 36 35 10 3 12 22 26 20	4 36 6 3 11 4 12 22 26 19	7 4 6 6 13 5 12 22 26 19	10 8 8 10 15 6 13 22 26 19	13 11 14 14 17 6 13 22 26 19	16 16 18 18 19 6 13 22 26 20	19 22 18 21 21 7 14 22 26 20	22 26 21 25 23 6 14 22 26 20	25 31 26 29 25 6 14 22 26 20	28 34 30 32 27 6 14 22 26 20
27	31 26 30 27 8 2 12 22 26 20	34 31 32 31 9 3 12 22 26 20	1 33 36 35 10 3 12 22 26 20	4 1 6 3 11 4 12 22 26 19	7 5 6 6 13 5 12 22 26 19	10 9 8 10 15 6 13 22 26 19	13 13 14 14 17 6 13 22 26 19	16 18 19 18 19 6 13 22 26 20	19 23 18 22 21 7 14 22 26 20	22 27 21 25 23 6 14 22 26 20	25 32 26 29 25 6 14 22 26 20	28 35 30 32 27 6 14 22 26 20
28	31 27 30 28 8 2 12 22 26 20	34 32 32 31 9 3 12 22 26 20	1 34 1 35 10 3 12 22 26 20	4 3 6 3 11 4 12 22 26 19	7 6 6 7 13 5 12 22 26 19	10 11 8 10 15 6 13 22 26 19	13 14 14 14 17 6 13 22 26 19	16 19 19 18 19 6 13 22 26 20	19 25 18 22 21 7 14 22 26 20	22 28 21 25 23 6 14 22 26 20	25 33 26 29 25 6 14 22 26 20	28 1 30 33 27 6 14 22 26 20
29	31 29 30 28 8 2 12 22 26 20	34 33 32 32 9 3 12 22 26 20	1 35 1 35 10 3 12 22 26 20	4 4 6 3 11 4 12 22 26 19	7 7 6 7 13 5 12 22 26 19	10 12 8 10 15 6 13 22 26 19	13 16 14 14 17 6 13 22 26 19	16 21 19 18 19 6 13 22 26 20	19 26 18 22 21 7 14 22 26 20	22 30 21 25 23 6 14 22 26 20	25 35 26 29 25 6 14 22 26 20	28 2 30 33 27 6 14 22 26 20
30	31 30 30 28 8 2 12 22 26 20		1 36 1 35 10 3 12 22 26 20	4 5 6 3 11 4 12 22 26 19	7 8 6 7 13 5 12 22 26 19	10 13 9 11 15 6 13 22 26 19	13 17 15 14 17 6 13 22 26 19	16 22 19 18 19 6 13 22 26 20	19 28 18 22 21 7 14 22 26 20	22 31 22 26 23 6 14 22 26 20	25 36 26 29 25 6 14 22 26 20	28 3 30 33 27 6 14 22 26 20
31	31 31 30 28 8 2 12 22 26 20		1 1 1 35 10 4 12 22 26 20		7 10 6 7 13 5 12 22 26 19		13 18 15 14 17 6 13 22 26 19	16 24 19 18 19 6 13 22 26 20		22 32 22 26 23 6 14 22 26 20		28 4 30 33 27 6 14 22 26 20

1977

	JAN	FEB	MAR	APR	MAY	JUNE	JULY	AUG	SEPT	OCT	NOV	DEC
1	28 5 30 33 27 6 14 22 26 20	32 10 29 36 30 6 14 23 26 20	34 11 33 2 32 6 14 23 26 20	2 15 3 2 34 6 13 22 26 20	4 19 4 1 1 7 13 22 26 20	7 24 5 3 3 8 14 22 26 20	10 28 10 6 5 8 14 22 26 20	13 33 16 9 7 9 14 22 26 20	16 2 17 13 9 10 15 22 26 20	19 5 18 16 11 10 15 22 26 20	22 10 23 20 13 10 15 23 26 20	25 13 27 14 13 10 15 23 26 20
2	29 7 29 33 27 6 14 22 26 20	32 11 29 36 30 6 14 23 26 20	35 12 33 2 32 6 14 23 26 20	2 17 3 2 34 6 13 22 26 20	5 20 4 1 1 7 13 22 26 20	8 26 5 3 3 8 14 22 26 20	10 30 11 6 5 8 14 22 26 20	13 35 16 9 7 9 14 22 26 20	16 3 17 13 9 10 15 22 26 20	19 7 18 17 11 10 15 22 26 20	22 11 23 20 13 10 15 23 26 20	25 14 27 24 13 10 15 23 26 20
3	29 8 29 33 28 6 14 22 26 20	32 12 29 36 30 6 14 23 26 20	35 13 34 3 32 6 14 23 26 20	2 18 3 2 34 6 13 22 26 20	5 22 4 1 1 7 13 22 26 20	8 27 5 3 3 8 14 22 26 20	10 31 11 6 5 8 14 22 26 20	13 36 16 9 8 9 14 22 26 20	16 4 17 13 9 10 15 22 26 20	19 8 18 17 11 10 15 22 26 20	22 12 23 21 13 10 15 23 26 20	25 16 28 24 13 10 15 23 26 20
4	29 9 29 33 28 6 14 23 26 20	32 14 29 1 30 6 14 23 26 20	35 15 34 3 32 6 14 23 26 20	2 20 4 2 35 6 13 22 26 20	5 23 4 1 1 7 13 22 26 20	8 29 5 3 3 8 14 22 26 20	11 33 11 6 5 8 14 22 26 20	14 1 16 10 8 9 14 22 26 20	17 5 17 13 9 10 15 22 26 20	19 9 18 17 11 10 15 22 26 20	23 13 24 21 13 10 15 23 26 20	26 27 28 24 14 10 15 23 26 20
5	29 10 29 33 28 6 14 23 26 20	32 15 30 1 30 6 14 23 26 20	35 16 34 3 32 6 14 23 26 20	2 21 4 2 35 6 13 22 26 20	5 25 4 1 1 7 13 22 26 20	8 30 6 3 3 8 14 22 26 20	11 34 11 6 6 8 14 22 26 20	14 3 16 10 8 9 14 22 26 20	17 7 17 13 9 10 15 22 26 20	20 10 19 17 11 10 15 22 26 20	23 15 24 21 13 10 15 23 26 20	26 18 28 25 14 10 15 23 26 20
6	29 12 29 34 28 6 14 23 26 20	32 16 30 1 30 6 14 23 26 20	35 17 34 3 32 6 14 23 26 20	2 23 4 2 35 7 13 22 26 20	5 26 4 1 1 7 13 22 26 20	8 32 6 3 3 8 14 22 26 20	11 35 11 6 6 8 14 22 26 20	14 4 16 10 8 9 14 22 26 20	17 8 17 13 9 10 15 22 26 20	20 11 19 17 11 10 15 22 26 20	23 16 24 21 13 10 15 23 26 20	26 19 28 25 14 10 15 23 26 20
7	29 13 29 34 28 6 14 23 26 20	32 17 30 1 30 6 14 23 26 20	35 19 34 3 32 6 14 23 26 20	2 24 4 2 35 7 13 22 26 20	5 28 4 1 1 7 13 22 26 20	8 33 6 3 3 8 14 22 26 20	11 1 11 6 6 9 14 22 26 20	14 5 17 10 8 9 14 22 26 20	17 9 16 14 9 10 15 22 26 20	20 13 19 17 11 10 15 22 26 20	23 17 24 21 13 10 15 23 26 20	26 21 28 25 14 10 15 23 26 20
8	29 14 29 34 28 6 14 23 26 20	32 19 30 1 30 6 14 23 26 20	35 20 34 3 32 6 13 23 26 20	2 25 4 2 35 7 13 22 26 20	5 29 4 1 1 7 13 22 26 20	8 34 6 4 4 8 14 22 26 20	11 2 12 7 6 9 14 22 26 20	14 6 17 10 8 9 14 22 26 20	17 11 16 14 9 10 15 22 26 20	20 14 19 17 12 10 15 22 26 20	23 19 24 21 13 10 15 23 26 20	26 22 28 25 14 10 15 23 26 20
9	29 16 29 34 28 6 14 23 26 20	32 21 30 1 30 6 14 23 26 20	35 22 25 3 33 6 13 23 26 20	2 27 4 2 35 7 13 22 26 20	5 31 4 1 1 7 13 22 26 20	8 35 6 4 4 8 14 22 26 20	11 3 12 7 6 9 14 22 26 20	14 7 17 10 8 9 14 22 26 20	17 12 16 14 9 10 15 22 26 20	20 15 19 17 12 10 15 22 26 20	23 20 24 21 13 10 15 23 26 20	26 24 28 25 14 10 15 23 26 20
10	29 17 28 34 28 6 14 23 26 20	33 22 30 1 30 6 14 23 26 20	35 23 35 3 33 6 13 23 26 20	2 28 4 2 35 7 13 22 26 20	5 32 4 2 1 7 13 22 26 20	8 1 6 4 4 8 14 22 26 20	11 4 12 7 6 9 14 22 26 20	14 9 17 10 8 9 14 22 26 20	17 13 16 14 10 10 15 22 26 20	20 16 19 18 12 10 15 22 26 20	23 21 24 21 13 10 15 23 26 20	26 25 28 25 14 10 15 23 26 20
11	29 18 28 34 28 6 14 23 26 20	33 23 30 1 31 6 14 23 26 20	35 25 35 3 33 6 13 23 26 20	2 29 4 2 35 7 13 22 26 20	5 34 4 2 1 7 13 22 26 20	8 2 6 4 4 8 14 22 26 20	11 5 12 7 6 9 14 22 26 20	14 10 17 10 8 9 14 22 26 20	17 14 16 14 10 10 15 22 26 20	20 18 20 18 12 10 15 22 26 20	23 23 25 22 13 10 15 23 26 20	26 27 28 25 14 10 15 23 26 20
12	30 19 28 34 28 6 14 23 26 20	33 25 31 1 31 6 14 23 26 20	36 26 35 3 33 6 13 23 26 20	3 31 5 2 35 7 13 22 26 20	6 35 4 2 2 7 13 22 26 20	8 3 7 4 4 8 14 22 26 20	11 7 13 7 6 9 14 22 26 20	14 11 17 10 8 9 14 22 26 20	17 16 16 14 10 10 15 22 26 20	20 19 20 18 12 10 15 22 26 20	23 24 25 22 13 10 15 23 26 20	26 28 28 25 14 10 15 23 26 20
13	30 21 28 34 28 6 14 23 26 20	33 26 31 1 31 6 14 23 26 20	36 27 35 3 33 6 13 23 26 20	3 32 5 2 35 7 13 22 26 20	6 36 4 2 2 7 13 22 26 20	9 4 7 4 4 8 14 22 26 20	11 8 13 7 6 9 14 22 26 20	14 12 17 11 8 9 14 22 26 20	17 17 16 14 10 10 15 22 26 20	20 21 20 18 12 10 15 22 26 20	23 26 25 22 13 10 15 23 26 20	26 30 28 26 14 10 15 23 26 20
14	30 22 28 34 28 6 14 23 26 20	33 28 31 1 31 6 14 23 26 20	36 29 36 3 33 6 13 23 26 20	3 34 5 2 35 7 13 22 26 20	6 1 4 2 2 7 13 22 26 20	9 6 7 4 4 8 14 22 26 20	12 9 13 7 6 9 14 22 26 20	15 13 17 11 8 9 14 22 26 20	18 18 16 14 10 10 15 22 26 20	20 22 20 18 12 10 15 22 26 20	24 27 25 22 13 10 15 23 26 20	27 31 28 26 14 10 15 23 26 20
15	30 24 28 35 28 6 14 23 26 20	33 29 31 2 31 6 14 23 26 20	36 30 36 3 33 6 13 23 26 20	3 35 5 2 35 7 13 22 26 20	6 2 4 2 2 7 13 22 26 20	9 7 7 4 4 8 14 22 26 20	12 10 13 7 6 9 14 22 26 20	15 15 17 11 8 9 14 22 26 20	18 20 16 14 10 10 15 22 26 20	21 23 20 18 12 10 15 22 26 20	24 29 25 22 13 10 15 23 26 20	27 33 28 26 14 10 15 23 26 20
16	30 25 28 35 29 6 14 23 26 20	33 31 31 2 31 6 14 23 26 20	36 31 36 3 33 6 13 23 26 20	3 36 5 1 35 7 13 22 26 20	6 4 4 2 2 7 14 22 26 20	9 8 7 4 4 8 14 22 26 20	12 11 14 7 6 9 14 22 26 20	15 16 17 11 8 9 14 22 26 20	18 21 16 15 10 10 15 22 26 20	21 25 20 18 12 10 15 22 26 20	24 30 25 22 13 10 15 23 26 20	27 34 28 26 14 10 15 23 26 20
17	30 27 28 35 29 6 14 23 26 20	33 32 31 2 31 6 14 23 26 20	36 33 36 3 33 6 13 23 26 20	3 1 5 1 36 7 13 22 26 20	6 5 4 2 2 7 14 22 26 20	9 9 7 4 4 8 14 22 26 20	12 13 14 8 6 9 14 22 36 20	15 17 17 11 8 9 14 22 26 20	18 22 16 15 10 10 15 22 26 20	21 26 21 18 12 10 15 22 26 20	24 31 25 22 13 10 15 23 26 20	27 35 28 26 14 10 15 23 26 20
18	30 28 28 35 29 6 14 23 26 20	33 33 31 2 31 6 14 23 26 20	36 34 36 3 33 6 13 23 26 20	3 3 5 1 36 7 13 22 26 20	6 6 4 2 2 7 14 22 26 20	9 10 8 4 4 8 14 22 26 20	12 14 14 8 6 9 14 22 26 20	15 19 17 11 9 9 15 22 26 20	18 24 16 15 10 10 15 22 26 20	21 28 21 19 12 10 15 23 26 20	24 33 26 22 13 10 15 23 26 20	27 1 28 26 14 10 15 23 26 20
19	30 29 28 35 29 6 14 23 26 20	33 34 32 2 31 6 14 23 26 20	36 35 1 3 33 6 13 23 26 20	3 4 5 1 36 7 13 22 26 20	6 7 4 2 2 7 14 22 26 20	9 12 8 5 4 8 14 22 26 20	12 15 14 8 6 9 14 22 26 20	15 20 17 11 9 9 15 22 26 20	18 25 16 15 10 10 15 22 26 20	21 29 21 19 12 10 15 23 26 20	24 34 26 23 13 10 15 23 26 20	27 2 28 26 14 10 15 23 26 20
20	30 31 28 35 29 6 14 23 26 20	34 35 32 2 31 6 14 23 26 20	36 1 1 3 33 6 13 23 26 20	3 5 5 1 36 7 13 22 26 20	6 8 4 2 2 7 14 22 26 20	9 13 8 5 4 8 14 22 26 20	12 16 14 8 7 9 14 22 26 20	15 22 17 11 9 9 15 22 26 20	18 27 16 15 11 10 15 22 26 20	21 31 21 19 12 10 15 23 26 20	24 36 26 23 13 10 15 23 26 20	27 3 28 26 14 10 15 23 26 20
21	30 32 28 35 29 6 14 23 26 20	34 1 32 2 31 6 14 23 26 20	36 2 1 3 33 6 13 23 26 20	3 6 5 1 36 7 13 22 26 20	6 10 4 2 2 7 14 22 26 20	9 14 8 5 4 8 14 22 26 20	12 18 14 8 7 9 14 22 26 20	15 23 17 12 9 9 15 22 26 20	18 28 16 15 11 10 15 22 26 20	21 32 21 19 12 10 15 23 26 20	24 1 26 23 13 10 15 23 26 20	27 4 28 27 14 10 15 23 26 20
22	31 34 28 35 29 6 14 23 26 20	34 2 32 2 31 6 14 23 26 20	1 3 1 3 34 6 13 23 26 20	4 7 5 1 36 7 13 22 26 20	6 11 4 2 2 7 14 22 26 20	9 15 8 5 5 8 14 22 26 20	12 19 14 8 7 9 14 22 26 20	15 24 17 12 9 9 15 22 26 20	18 30 17 15 11 10 15 22 26 20	21 33 22 19 12 10 15 23 26 20	24 3 26 23 13 10 15 23 26 20	27 6 27 27 13 10 15 23 26 20
23	31 35 28 35 29 6 14 23 26 20	34 4 32 2 31 6 14 23 26 20	1 4 1 3 34 6 13 23 26 20	4 9 5 1 36 7 13 22 26 20	7 12 4 2 2 8 14 22 26 20	10 17 9 5 5 8 14 22 26 20	12 20 15 8 7 9 14 22 26 20	15 26 17 12 9 9 15 22 26 20	18 31 17 15 11 10 15 22 26 20	21 35 22 19 12 10 15 23 26 20	24 4 26 23 13 10 15 23 26 20	28 7 27 27 13 10 15 23 26 20
24	31 36 28 35 29 6 14 23 26 20	34 5 32 2 32 6 14 23 26 20	1 5 2 3 34 6 13 23 26 20	4 10 5 1 36 7 13 22 26 20	7 13 4 2 2 8 14 22 26 20	10 18 9 5 5 8 14 22 26 20	12 22 15 8 7 9 14 22 26 20	15 27 17 12 9 9 15 22 26 20	18 32 17 16 11 10 15 22 26 20	21 36 22 19 12 10 15 23 26 20	25 5 26 23 13 10 15 23 26 20	28 8 27 27 13 9 15 23 26 20
25	31 1 28 36 29 6 14 23 26 20	34 6 33 2 32 6 14 23 26 20	1 7 2 3 34 6 13 23 26 20	4 11 5 1 36 7 13 22 26 20	7 14 4 2 2 8 14 22 26 20	10 19 9 5 5 8 14 22 26 20	13 23 15 8 7 9 14 22 26 20	16 29 17 12 9 9 15 22 26 20	19 34 17 16 11 10 15 22 26 20	22 1 22 19 12 10 15 23 26 20	25 6 27 23 13 10 15 23 26 20	28 9 27 27 13 9 15 23 26 20
26	31 3 29 36 29 6 14 23 26 20	34 7 33 2 32 6 14 23 26 20	1 8 2 3 34 6 13 23 26 20	4 12 5 1 36 7 13 22 26 20	7 16 4 2 3 8 14 22 26 20	10 21 9 5 5 8 14 22 26 20	13 25 15 9 7 9 14 22 26 20	16 30 17 12 9 9 15 22 26 20	19 35 17 16 11 10 15 22 26 20	22 3 22 20 12 10 15 23 26 20	25 7 27 23 13 10 15 23 26 20	28 10 27 27 13 9 15 23 26 20
27	31 4 29 36 29 6 14 23 26 20	34 8 33 2 32 6 14 23 26 20	1 9 2 3 34 6 13 23 26 20	4 14 5 1 36 7 13 22 26 20	7 17 4 3 3 8 14 22 26 20	10 22 9 5 5 8 14 22 26 20	13 26 15 9 7 9 14 22 26 20	16 31 17 12 9 10 15 22 26 20	19 36 17 16 11 10 15 22 26 20	22 4 22 20 12 10 15 23 26 20	25 8 27 24 13 10 15 23 26 20	28 10 27 27 13 9 15 23 26 20
28	31 5 29 36 29 6 14 23 26 20	34 9 33 2 32 6 14 23 26 20	1 10 2 3 34 6 13 23 26 20	4 15 5 1 36 7 13 22 26 20	7 18 5 3 3 8 14 22 26 20	10 24 10 5 5 8 14 22 26 20	13 28 15 9 7 9 14 22 26 20	16 33 17 12 9 10 15 22 26 20	19 2 17 16 11 10 15 22 26 20	22 5 22 20 12 10 15 23 26 20	25 10 27 24 13 10 15 23 26 20	28 13 27 27 13 9 15 23 26 20
29	31 6 29 36 30 6 14 23 26 20		1 11 3 3 34 6 13 23 26 20	4 16 5 1 36 7 13 22 26 20	7 20 5 3 3 8 14 22 26 20	10 25 10 5 5 8 14 22 26 20	13 29 15 9 7 9 14 22 26 20	16 34 17 12 9 10 15 22 26 20	19 3 18 16 11 10 15 22 26 20	22 6 23 20 12 10 15 23 26 20	25 11 27 24 13 10 15 23 26 20	28 14 27 28 13 9 15 23 26 20
30	31 7 29 36 30 6 14 23 26 20		1 13 3 2 34 6 13 23 26 20	4 18 4 1 1 7 13 22 26 20	7 21 5 3 3 8 14 22 26 20	10 26 10 6 5 8 14 22 26 20	13 31 16 9 7 9 14 22 26 20	16 35 17 13 9 10 15 22 26 20	19 4 18 16 11 10 15 22 26 20	22 7 23 20 12 10 15 23 26 20	25 12 27 24 13 10 15 23 26 20	28 15 27 28 13 9 15 23 26 20
31	32 9 29 36 30 6 14 23 26 20		1 14 3 2 34 6 13 23 26 20		7 23 5 3 3 8 14 22 26 20		13 32 16 9 7 9 14 22 26 20	16 1 17 13 9 10 15 22 26 20		22 9 23 20 12 10 15 23 26 20		28 16 27 28 13 9 15 23 26 20

1978

	JAN	FEB	MAR	APR	MAY	JUNE	JULY	AUG	SEPT	OCT	NOV	DEC
1	28 18 27 28 13 9 15 23 26 20	32 23 30 32 12 9 15 23 26 20	34 24 35 35 12 9 15 23 26 20	1 29 3 3 12 9 15 23 26 20	4 33 2 7 13 10 15 23 26 20	7 2 6 11 15 10 15 23 26 20	10 5 12 14 16 11 15 23 26 20	13 10 16 18 18 12 15 23 26 20	16 14 15 21 20 12 16 23 26 20	19 17 19 23 22 13 16 23 26 20	22 22 24 23 24 13 17 23 26 20	25 25 26 22 27 13 17 23 26 20
2	29 19 27 28 13 9 15 23 26 20	32 24 30 32 12 9 15 23 26 20	35 25 35 35 12 9 15 23 26 20	1 30 3 3 12 9 15 23 26 20	5 34 2 7 13 10 15 23 26 20	8 3 6 11 15 10 15 23 26 20	10 7 12 14 16 11 15 23 26 20	13 11 16 18 18 12 15 23 26 20	16 16 15 21 20 12 16 23 26 20	19 19 19 23 22 13 16 23 26 20	22 24 24 23 24 13 17 23 26 20	25 28 26 22 27 13 17 23 26 20
3	29 20 27 28 13 9 15 23 26 20	32 25 30 32 12 9 15 23 26 20	35 26 35 36 12 9 15 23 26 20	2 32 3 3 12 9 15 23 26 20	5 36 2 7 13 10 15 23 26 20	8 4 6 11 15 10 15 23 26 20	10 8 12 14 17 11 15 23 26 20	13 12 16 18 18 12 15 23 26 20	16 17 15 21 20 12 16 23 26 20	19 20 20 23 22 13 16 23 26 20	23 25 24 23 25 13 17 23 26 20	25 29 26 22 27 13 17 23 26 20
4	29 22 27 28 13 9 15 23 26 20	32 27 30 32 12 9 15 23 26 20	35 28 35 36 12 9 15 23 26 20	2 33 3 4 12 9 15 23 26 20	5 1 2 7 13 10 15 23 26 20	8 6 6 11 15 10 15 23 26 20	11 9 13 14 17 11 15 23 26 20	14 13 16 18 18 12 15 23 26 20	17 18 15 21 20 12 16 23 26 20	20 22 20 23 22 13 16 23 26 20	23 27 24 23 25 13 17 23 26 20	26 31 26 22 27 13 17 23 26 20
5	29 23 27 28 13 9 15 23 26 20	32 28 30 32 12 9 15 23 26 20	35 29 35 36 12 9 15 23 26 20	2 35 3 4 12 9 15 23 26 20	5 2 2 7 13 10 15 23 26 20	8 7 7 11 15 10 15 23 26 20	11 10 13 15 17 11 15 23 26 20	14 14 16 18 18 12 15 23 26 20	17 19 15 21 20 12 16 23 26 20	20 23 20 23 22 13 16 23 26 20	23 28 25 23 25 13 17 23 26 20	26 32 26 22 27 13 17 23 26 20
6	29 25 27 29 13 9 15 23 26 20	32 29 31 32 12 9 15 23 26 20	35 31 36 36 12 9 15 23 26 20	2 36 3 4 12 9 15 23 26 20	5 4 2 7 13 10 15 23 26 20	8 8 7 11 15 10 15 23 26 20	11 11 13 15 17 11 15 23 26 20	14 16 16 18 19 12 15 23 26 20	17 21 15 21 20 12 16 23 26 20	20 24 20 23 22 13 16 23 26 20	23 30 25 23 25 13 17 23 26 20	26 34 26 22 27 13 17 23 26 20
7	29 26 27 29 13 9 15 23 26 20	32 31 31 33 12 9 15 23 26 20	35 32 36 36 12 9 15 23 26 20	2 1 3 4 12 9 15 23 26 20	5 5 2 8 13 10 15 23 26 20	8 9 7 11 15 10 15 23 26 20	11 13 13 15 17 11 15 23 26 20	14 17 16 18 19 12 16 23 26 20	17 22 15 21 21 12 16 23 26 20	20 26 20 23 23 13 16 23 26 20	23 31 25 23 25 13 17 23 26 20	26 35 26 22 27 13 17 23 26 20
8	29 28 27 29 13 9 15 23 26 20	32 33 31 33 12 9 15 23 26 20	35 34 36 36 12 9 15 23 26 20	2 3 3 4 12 9 15 23 26 20	5 6 2 8 13 10 15 23 26 20	8 11 7 11 15 10 15 23 26 20	11 14 13 15 17 11 15 23 26 20	14 18 16 18 19 12 16 23 26 20	17 23 15 21 21 12 16 23 26 20	20 27 20 23 23 13 16 23 26 20	23 32 25 23 25 13 17 23 26 20	26 36 25 22 27 13 17 23 26 20
9	29 29 27 29 13 9 15 23 26 20	32 34 31 33 12 9 15 23 26 20	35 35 36 36 12 9 15 23 26 20	2 4 3 4 12 9 15 23 26 20	5 7 3 8 13 10 15 23 26 20	8 12 8 12 15 10 15 23 26 20	11 15 13 15 17 11 15 23 26 20	14 20 16 18 19 12 16 23 26 20	17 25 15 22 21 12 16 23 26 20	20 28 21 24 23 13 16 23 26 20	23 34 25 23 25 13 17 23 26 20	26 2 25 22 27 13 17 23 26 20
10	29 31 27 29 13 9 15 23 26 20	32 36 31 33 12 9 15 23 26 20	35 1 36 36 12 9 15 23 26 20	2 5 3 4 12 9 15 23 26 20	5 8 3 8 13 10 15 23 26 20	8 13 8 12 15 11 15 23 26 20	11 16 14 15 17 11 15 23 26 20	14 21 16 19 19 12 16 23 26 20	17 26 15 22 21 12 16 23 26 20	20 30 21 24 23 13 16 23 26 20	23 35 25 23 25 13 17 23 26 20	26 3 25 22 27 13 17 23 26 20
11	29 32 27 29 13 9 15 23 26 20	33 1 31 33 12 9 15 23 26 20	35 2 36 1 12 9 15 23 26 20	2 7 3 4 12 9 15 23 26 20	5 10 3 8 14 10 15 23 26 20	8 14 8 12 15 11 15 23 26 20	11 17 14 15 17 11 15 23 26 20	14 22 16 19 19 12 16 23 26 20	17 27 16 22 21 13 16 23 26 20	20 31 21 24 23 13 16 23 26 20	23 1 25 23 25 13 17 23 26 20	26 4 25 22 27 13 17 23 26 20
12	30 34 27 29 13 9 15 23 26 20	33 2 32 33 12 9 15 23 26 20	36 3 1 1 12 9 15 23 26 20	3 8 3 5 12 9 15 23 26 20	5 11 3 8 14 10 15 23 26 20	8 15 8 12 15 11 15 23 26 20	11 19 14 15 17 11 15 23 26 20	14 23 15 19 19 12 16 23 26 20	17 29 16 22 21 13 16 23 26 20	20 32 21 24 23 13 16 23 26 20	23 2 26 23 25 13 17 23 26 20	26 5 25 22 27 13 17 23 26 20
13	30 35 27 29 13 9 15 23 26 20	33 4 32 33 12 9 15 23 26 20	36 4 1 1 12 9 15 23 26 20	3 9 2 5 12 9 15 23 26 20	6 12 3 8 14 10 15 23 26 20	9 16 8 12 15 11 15 23 26 20	11 20 14 16 17 11 15 23 26 20	14 25 15 19 19 12 16 23 26 20	17 30 16 22 21 13 16 23 26 20	20 34 21 24 23 13 16 23 26 20	23 3 26 23 25 13 17 23 26 20	26 7 25 23 27 13 17 23 26 20
14	30 36 27 30 13 9 15 23 26 20	33 5 32 33 12 9 15 23 26 20	36 6 1 1 12 9 15 23 26 20	3 10 2 5 13 9 15 23 26 20	6 13 3 8 14 10 15 23 26 20	9 18 9 12 15 11 15 23 26 20	12 21 14 16 17 11 15 23 26 20	14 26 15 19 19 12 16 23 26 20	17 32 16 22 21 13 16 23 26 20	20 35 21 24 23 13 16 23 26 20	24 5 26 23 25 13 17 23 26 20	27 8 25 23 27 13 17 23 26 20
15	30 2 28 30 13 9 15 23 26 20	33 6 32 34 12 9 15 23 26 20	36 7 1 1 12 9 15 23 26 20	3 11 2 5 13 9 15 23 26 20	6 14 3 9 14 10 15 23 26 20	9 19 9 12 15 11 15 23 26 20	12 23 14 16 17 11 15 23 26 20	15 28 15 19 19 12 16 23 26 20	18 33 16 22 21 13 16 23 26 20	21 1 22 24 23 13 16 23 26 20	24 6 26 23 25 13 17 23 26 20	27 9 25 23 28 13 17 23 26 20
16	30 3 28 30 13 9 15 23 26 20	33 7 32 34 12 9 15 23 26 20	36 8 1 1 12 9 15 23 26 20	3 13 2 5 13 9 15 23 26 20	6 16 3 9 14 10 15 23 26 20	9 20 9 12 16 11 15 23 26 20	12 24 14 16 17 11 15 23 26 20	15 29 15 19 19 12 16 23 26 20	18 35 16 22 21 13 16 23 26 20	21 2 22 24 23 13 16 23 26 20	24 7 26 23 25 13 17 23 26 20	27 10 25 23 28 13 17 23 26 20
17	30 4 28 30 13 9 15 23 26 20	33 8 32 34 12 9 15 23 26 20	36 9 2 1 12 9 15 23 26 20	3 14 2 5 13 9 15 23 26 20	6 17 3 9 14 10 15 23 26 20	9 22 9 12 16 11 15 23 26 20	12 25 14 16 17 11 15 23 26 20	15 31 15 19 19 12 16 23 26 20	18 36 16 22 21 13 16 23 26 20	21 4 22 24 23 13 16 23 26 20	24 8 26 22 25 13 17 23 26 20	27 12 25 23 28 13 17 23 26 20
18	30 5 28 30 13 9 15 23 26 20	33 10 33 34 12 9 15 23 26 20	36 10 2 1 12 9 15 23 26 20	3 15 2 5 13 9 15 23 26 20	6 18 4 9 14 10 15 23 26 20	9 23 9 13 16 11 15 23 26 20	12 27 15 16 17 11 15 23 26 20	15 32 15 19 19 12 16 23 26 20	18 1 17 22 21 13 16 23 26 20	21 5 22 24 23 13 16 23 26 20	24 10 26 22 25 13 17 23 26 20	27 13 25 23 28 13 17 23 26 20
19	30 7 28 30 13 9 15 23 26 20	33 11 33 34 12 9 15 23 26 20	36 12 2 2 12 9 15 23 26 20	3 16 2 5 13 9 15 23 26 20	6 19 4 9 14 10 15 23 26 20	9 25 10 13 16 11 15 23 26 20	12 28 15 16 17 11 15 23 26 20	15 34 15 20 19 12 16 23 26 20	18 3 17 22 21 13 16 23 26 20	21 6 22 24 23 13 16 23 26 20	24 11 26 22 26 13 17 23 26 20	27 14 25 23 28 13 17 23 26 20
20	30 8 28 30 13 9 15 23 26 20	33 12 33 34 12 9 15 23 26 20	36 13 2 2 12 9 15 23 26 20	3 17 2 6 13 10 15 23 26 20	6 21 4 9 14 10 15 23 26 20	9 26 10 13 16 11 15 23 26 20	12 30 15 16 17 11 15 23 26 20	15 35 15 20 19 12 16 23 26 20	18 4 17 22 21 13 16 23 26 20	21 8 22 24 23 13 16 23 26 20	24 12 26 22 26 13 17 23 26 20	27 15 25 23 28 13 17 23 26 20
21	30 9 28 30 13 9 15 23 26 20	34 13 33 34 12 9 15 23 26 20	36 14 2 2 12 9 15 23 26 20	3 19 2 6 13 10 15 23 26 20	6 22 4 9 14 10 15 23 26 20	9 28 10 13 16 11 15 23 26 20	12 31 15 16 18 11 15 23 26 20	15 1 15 20 19 12 16 23 26 20	18 5 17 23 21 13 16 23 26 20	21 9 23 24 24 13 16 23 26 20	24 13 26 22 26 13 17 23 26 20	27 16 25 23 28 13 17 23 26 20
22	30 10 28 31 13 9 15 23 26 20	34 14 33 34 12 9 15 23 26 20	1 15 2 2 12 9 15 23 26 20	4 19 2 6 13 10 15 23 26 20	6 23 4 9 14 10 15 23 26 20	9 29 10 13 16 11 15 23 26 20	12 33 15 17 18 11 15 23 26 20	15 2 15 20 20 12 16 23 26 20	18 7 18 23 22 13 16 23 26 20	21 10 23 24 24 13 16 23 26 20	24 14 26 22 26 13 17 23 26 20	27 18 25 23 28 13 17 23 26 20
23	31 11 29 31 13 9 15 23 26 20	34 16 33 35 12 9 15 23 26 20	1 17 2 2 12 9 15 23 26 20	4 22 2 6 13 10 15 23 26 20	7 25 4 10 14 10 15 23 26 20	10 31 11 13 16 11 15 23 26 20	12 34 15 17 18 11 15 23 26 20	15 3 15 20 20 12 16 23 26 20	18 8 18 23 22 13 16 23 26 20	21 11 23 24 24 13 16 23 26 20	24 16 27 22 26 13 17 23 26 20	27 19 25 23 28 13 17 23 26 20
24	31 12 29 31 12 9 15 23 26 20	34 17 34 35 12 9 15 23 26 20	1 18 3 2 12 9 15 23 26 20	4 23 2 6 13 10 15 23 26 20	7 26 4 10 14 10 15 23 26 20	10 32 11 13 16 11 15 23 26 20	12 35 15 17 18 11 15 23 26 20	15 5 15 20 20 12 16 23 26 20	18 9 18 23 22 13 16 23 26 20	21 12 23 24 24 13 16 23 26 20	25 17 27 22 26 13 17 23 26 20	28 20 25 23 28 13 17 23 26 20
25	31 14 29 31 12 9 15 23 26 20	34 18 34 35 12 9 15 23 26 20	1 19 3 2 12 9 15 23 26 20	4 24 2 6 13 10 15 23 26 20	7 28 2 6 14 10 15 23 26 20	10 34 11 13 16 11 15 23 26 20	13 1 15 17 18 12 15 23 26 20	16 6 15 20 20 12 16 23 26 20	19 10 18 23 22 13 16 23 26 20	22 14 23 24 24 13 16 23 26 20	25 18 27 22 26 13 17 23 26 20	28 21 25 23 28 13 17 23 26 20
26	31 15 29 31 12 9 15 23 26 20	34 20 34 35 12 9 15 23 26 20	1 21 3 2 12 9 15 23 26 20	4 26 2 6 13 10 15 23 26 20	7 30 5 10 14 10 15 23 26 20	10 35 11 14 16 11 15 23 26 20	13 3 15 17 18 12 15 23 26 20	16 7 14 20 20 12 16 23 26 20	19 12 18 23 22 13 16 23 26 20	22 15 23 24 24 13 16 23 26 20	25 19 27 22 26 13 17 23 26 20	28 23 26 23 28 13 17 23 26 20
27	31 16 29 31 12 9 15 23 26 20	34 21 34 35 12 9 15 23 26 20	1 22 3 3 12 9 15 23 26 20	4 27 2 6 13 10 15 23 26 20	7 31 5 10 14 10 15 23 26 20	10 36 11 14 16 11 15 23 26 20	13 4 15 17 18 12 15 23 26 20	16 8 14 20 20 12 16 23 26 20	19 13 18 23 22 13 16 23 26 20	22 16 23 24 24 13 16 23 26 20	25 20 27 22 26 13 17 23 26 20	28 24 26 23 28 13 17 23 26 20
28	31 17 29 31 12 9 15 23 26 20	34 22 34 35 12 9 15 23 26 20	1 23 3 3 12 9 15 23 26 20	4 29 2 6 13 9 15 23 26 20	7 33 5 10 14 10 15 23 26 20	10 2 12 14 16 11 15 23 26 20	13 5 15 17 18 12 15 23 26 20	16 10 14 20 20 12 16 23 26 20	19 14 19 23 22 13 16 23 26 20	22 17 24 23 24 13 17 23 26 20	25 22 27 22 26 13 17 23 26 20	28 25 26 24 29 13 17 23 26 20
29	31 19 29 31 12 9 15 23 26 20		1 25 3 3 12 9 15 23 26 20	4 30 2 7 13 9 15 23 26 20	7 34 5 10 15 10 15 23 26 20	10 3 12 14 16 11 15 23 26 20	13 6 16 17 18 12 15 23 26 20	16 11 14 21 20 12 16 23 26 20	19 15 19 23 22 13 16 23 26 20	22 19 24 23 24 13 17 23 26 20	25 23 26 22 26 13 17 23 26 20	28 26 26 24 29 13 17 23 26 20
30	31 20 30 32 12 9 15 23 26 20		1 26 3 3 12 9 15 23 26 20	4 31 2 7 13 10 15 23 26 20	7 35 6 10 15 10 15 23 26 20	10 4 12 14 16 11 15 23 26 20	13 8 16 17 18 12 15 23 26 20	16 12 14 21 20 12 16 23 26 20	19 16 19 23 22 13 16 23 26 20	22 20 24 23 24 13 17 23 26 20	25 24 26 22 26 13 17 23 26 20	28 28 26 24 29 13 17 23 26 20
31	31 21 30 32 12 9 15 23 26 20		1 28 3 3 12 9 15 23 26 20		7 1 6 10 15 10 15 23 26 20		13 9 16 18 18 12 15 23 26 20	16 13 14 21 20 12 16 23 26 20		22 21 24 23 24 13 17 23 26 20		28 29 26 24 29 13 17 23 26 20

1979

	JAN	FEB	MAR	APR	MAY	JUNE	JULY	AUG	SEPT	OCT	NOV	DEC
1	28 31 26 24 29 13 17 23 26 20	32 1 31 27 31 13 17 23 26 20	34 2 36 30 33 12 16 23 26 20	1 7 36 34 36 12 16 23 26 20	4 10 2 1 2 12 16 23 26 20	7 14 8 5 5 13 16 23 26 20	10 17 13 9 7 13 16 23 26 20	13 22 13 13 9 14 17 23 26 20	16 27 15 16 11 15 17 23 26 20	19 31 20 20 13 15 17 23 26 20	22 36 25 24 14 16 18 23 26 20	25 4 24 28 16 16 18 24 26 21
2	28 32 26 24 29 13 17 23 26 20	32 2 31 27 31 13 17 23 26 20	34 3 36 30 34 12 16 23 26 20	2 8 36 34 36 12 16 23 26 20	5 11 2 1 2 13 16 23 26 20	7 16 8 5 5 13 16 23 26 20	10 19 13 9 7 13 16 23 26 20	13 23 13 13 9 14 17 23 26 20	16 28 15 17 11 15 17 23 26 20	19 32 21 20 13 15 17 23 26 20	22 1 25 24 15 16 18 23 26 20	25 5 24 28 16 16 18 24 26 21
3	29 34 27 24 29 13 17 23 26 20	32 4 31 27 31 13 17 23 26 20	35 4 36 30 34 12 16 23 26 20	2 9 36 34 36 12 16 23 26 20	5 12 2 2 2 13 16 23 26 20	8 17 8 5 5 13 16 23 26 20	10 20 13 9 7 14 16 23 26 20	13 25 13 13 9 14 17 23 26 20	16 29 15 17 11 15 17 23 26 20	19 33 21 20 13 15 17 23 26 20	22 3 25 24 15 16 18 23 26 20	25 7 24 28 16 16 18 24 26 21
4	29 36 27 24 29 13 17 23 26 20	32 5 31 27 32 13 17 23 26 20	35 6 36 30 34 12 16 23 26 20	2 10 36 34 36 12 16 23 26 20	5 13 2 2 2 13 16 23 26 20	8 18 8 5 5 13 16 23 26 20	11 21 13 9 7 14 16 23 26 20	14 26 13 13 9 14 17 23 26 20	16 31 16 17 11 15 17 23 26 20	19 35 21 21 13 15 17 23 26 20	22 4 25 24 15 16 18 23 26 21	26 8 24 28 16 16 18 24 26 21
5	29 1 27 24 29 13 17 23 26 20	32 6 32 27 32 13 17 23 26 20	35 7 1 31 34 12 16 23 26 20	2 12 36 34 36 12 16 23 26 20	5 15 2 2 3 13 16 23 26 20	8 19 9 6 5 13 16 23 26 20	11 22 13 9 7 14 16 23 26 20	14 27 13 13 9 14 17 23 26 20	17 33 16 17 11 15 17 23 26 20	20 36 21 21 13 16 17 23 26 20	23 5 25 24 15 16 18 23 26 21	26 9 24 28 16 16 18 24 26 21
6	29 3 27 24 29 13 17 23 26 20	32 7 32 27 32 13 17 23 26 20	35 8 1 31 34 12 16 23 26 20	2 13 36 34 36 12 16 23 26 20	5 16 3 2 3 13 16 23 26 20	8 20 9 6 5 13 16 23 26 20	11 24 13 9 7 14 16 23 26 20	14 29 13 13 9 14 17 23 26 20	17 34 16 17 11 15 17 23 26 20	20 2 21 21 13 16 17 23 26 20	23 7 25 25 15 16 18 23 26 21	26 10 24 28 16 16 18 24 26 21
7	29 4 27 24 29 13 17 23 26 20	32 9 32 28 32 13 17 23 26 20	35 10 1 31 34 12 16 23 26 20	2 14 36 34 36 12 16 23 26 20	5 17 3 2 3 13 16 23 26 20	8 22 9 6 5 13 16 23 26 20	11 25 13 9 7 14 16 23 26 20	14 30 13 13 9 14 17 23 26 20	17 36 16 17 11 15 17 23 26 20	20 3 21 21 13 16 17 23 26 20	23 8 25 25 15 16 18 23 26 21	26 12 24 28 16 16 18 24 26 21
8	29 5 27 24 29 13 17 23 26 20	32 10 32 28 32 13 17 23 26 20	35 11 1 31 34 12 16 23 26 20	2 15 36 35 36 12 16 23 26 20	5 18 3 2 3 13 16 23 26 20	8 23 9 6 5 13 16 23 26 20	11 26 13 10 7 14 16 23 26 20	14 32 13 13 9 14 17 23 26 20	17 1 16 17 11 15 17 23 26 20	20 5 22 21 13 16 17 23 26 20	23 10 25 25 15 16 18 23 26 21	26 13 24 29 16 16 18 24 26 21
9	29 7 27 25 29 13 17 23 26 20	32 11 32 28 32 13 17 23 26 20	35 12 1 31 34 12 16 23 26 20	2 16 36 35 1 12 16 23 26 20	5 19 3 2 3 13 16 23 26 20	8 24 9 6 5 13 16 23 26 20	11 28 14 10 7 14 16 23 26 20	14 33 13 14 9 14 17 23 26 20	17 3 17 17 11 15 17 23 26 20	20 6 22 21 13 16 17 23 26 20	23 11 25 25 15 16 18 23 26 21	26 14 24 29 16 16 18 24 26 21
10	29 8 28 25 30 13 17 23 26 20	32 12 33 28 32 13 17 23 26 20	35 13 1 31 34 12 16 23 26 20	2 17 36 35 1 12 16 23 26 20	5 21 3 2 3 13 16 23 26 20	8 26 10 6 5 13 16 23 26 20	11 29 14 10 7 14 16 23 26 20	14 35 13 14 9 14 17 23 26 20	17 4 17 17 11 15 17 23 26 20	20 8 22 21 13 16 17 23 26 20	23 12 25 25 15 16 18 24 26 21	26 16 24 29 16 16 18 24 26 21
11	29 9 28 25 30 13 17 23 26 20	33 13 33 28 32 13 17 23 26 20	35 14 1 31 34 12 16 23 26 20	2 19 36 35 1 12 16 23 26 20	5 22 3 3 3 13 16 23 26 20	8 27 10 6 5 13 16 23 26 20	11 31 14 10 7 14 16 23 26 20	14 36 13 14 10 14 17 23 26 20	17 5 17 18 12 15 17 23 26 20	20 9 22 21 13 16 17 23 26 20	23 13 25 25 15 16 18 24 26 21	26 17 24 29 16 16 18 24 26 21
12	30 10 28 25 30 13 17 23 26 20	33 15 33 28 32 13 17 23 26 20	35 16 1 31 34 12 16 23 26 20	3 20 36 35 1 12 16 23 26 20	5 23 4 3 3 13 16 23 26 20	8 28 10 6 5 13 16 23 26 20	11 32 14 10 8 14 16 23 26 20	14 2 13 14 10 14 17 23 26 20	17 7 17 18 12 15 17 23 26 20	20 10 22 21 13 16 18 23 26 20	23 15 25 25 15 16 18 24 26 21	26 18 24 29 16 16 18 24 26 21
13	30 11 28 25 30 13 17 23 26 20	33 16 33 28 32 13 17 23 26 20	36 17 1 31 34 12 16 23 26 20	3 21 36 35 1 12 16 23 26 20	6 25 4 3 3 13 16 23 26 20	9 30 10 7 5 13 16 23 26 20	11 34 14 10 8 14 16 23 26 20	14 3 13 14 10 14 17 23 26 20	17 8 17 18 12 15 17 23 26 20	20 11 22 22 13 16 18 23 26 20	23 16 25 25 15 16 18 24 26 21	26 19 24 29 16 16 18 24 26 21
14	30 13 28 25 30 13 17 23 26 20	33 17 33 28 32 13 17 23 26 20	36 18 1 32 35 12 16 23 26 20	3 22 36 35 1 12 16 23 26 20	6 26 4 3 3 13 16 23 26 20	9 31 10 7 5 13 16 23 26 20	11 35 14 10 8 14 16 23 26 20	14 4 13 14 10 14 17 23 26 20	17 9 18 18 12 15 17 23 26 20	20 13 22 22 14 16 18 23 26 20	24 17 25 26 15 16 18 24 26 21	27 20 25 29 16 16 18 24 26 21
15	30 14 28 25 30 13 17 23 26 20	33 18 33 28 32 13 17 23 26 20	36 19 1 32 35 12 16 23 26 20	3 24 36 35 1 12 16 23 26 20	6 28 4 3 3 13 16 23 26 20	9 32 11 7 5 13 16 23 26 20	12 1 14 11 8 14 16 23 26 20	15 5 13 14 10 14 17 23 26 20	18 11 18 18 12 15 17 23 26 20	21 14 23 22 14 16 18 23 26 20	24 18 25 26 15 16 18 24 26 21	27 21 25 29 16 16 18 24 26 21
16	30 15 28 25 30 13 17 23 26 20	33 19 34 29 32 13 17 23 26 20	36 20 1 32 35 12 16 23 26 20	3 25 36 36 1 12 16 23 26 20	6 29 4 3 3 13 16 23 26 20	9 34 11 7 6 13 16 23 26 20	12 2 14 11 8 14 16 23 26 20	15 7 13 14 10 14 17 23 26 20	18 12 18 18 12 15 17 23 26 20	21 15 23 22 14 16 18 23 26 20	24 19 25 26 15 16 18 24 26 21	27 23 25 30 16 16 18 24 26 21
17	30 16 29 25 30 13 17 23 26 20	33 21 34 29 33 13 17 23 26 20	36 22 1 32 35 12 16 23 26 20	3 26 36 36 1 12 16 23 26 20	6 30 4 3 3 13 16 23 26 20	9 36 11 7 6 13 16 23 26 20	12 4 14 11 8 14 16 23 26 20	15 8 13 15 10 14 17 23 26 20	18 13 18 18 12 15 17 23 26 20	21 16 23 22 14 16 18 23 26 20	24 21 25 26 15 16 18 24 26 21	27 24 25 30 16 16 18 24 26 21
18	30 17 29 25 30 13 17 23 26 20	33 22 34 29 33 13 17 23 26 20	36 23 1 32 35 12 16 23 26 20	3 28 36 36 1 12 16 23 26 20	6 32 5 3 4 13 16 23 26 20	9 1 11 7 6 13 16 23 26 20	12 5 14 11 8 14 16 23 26 20	15 10 13 15 10 15 17 23 26 20	18 14 18 18 12 15 17 23 26 20	21 17 23 22 14 16 18 23 26 20	24 22 24 26 15 16 18 24 26 21	27 25 25 30 16 16 18 24 26 21
19	30 19 29 26 30 13 17 23 26 20	33 23 34 29 33 12 17 23 26 20	36 24 1 32 35 12 16 23 26 20	3 29 1 36 1 12 16 23 26 20	6 33 5 4 4 13 16 23 26 20	9 2 11 7 6 13 16 23 26 20	12 6 14 11 8 14 16 23 26 20	15 11 13 15 10 15 17 23 26 20	18 15 18 19 12 15 17 23 26 20	21 19 23 22 14 16 18 23 26 20	24 23 24 26 15 16 18 24 26 21	27 27 25 30 16 16 18 24 26 21
20	30 20 29 26 30 13 17 23 26 20	33 25 34 29 33 12 17 23 26 20	36 25 1 32 35 12 16 23 26 20	3 31 1 36 1 12 16 23 26 20	6 35 5 4 4 13 16 23 26 20	9 4 11 7 6 13 16 23 26 20	12 7 14 11 8 14 17 23 26 20	15 12 13 15 10 15 17 23 26 20	18 17 19 19 12 15 17 23 26 20	21 20 23 22 14 16 18 23 26 20	24 25 24 26 15 16 18 24 26 21	27 28 25 30 17 16 18 24 26 21
21	30 21 29 26 30 13 17 23 26 20	34 26 35 29 33 12 17 23 26 20	36 27 1 32 35 12 16 23 26 20	3 32 1 36 1 12 16 23 26 20	6 36 5 4 4 13 16 23 26 20	9 5 11 8 6 13 16 23 26 20	12 9 14 11 8 14 17 23 26 20	15 13 13 15 10 15 17 23 26 20	18 18 19 19 12 15 17 23 26 20	21 21 23 23 14 16 18 23 26 20	24 26 24 26 15 16 18 24 26 21	27 29 26 30 17 16 18 24 26 21
22	31 22 29 26 31 13 17 23 26 20	34 27 35 29 33 12 17 23 26 20	36 28 1 33 35 12 16 23 26 20	4 34 1 36 2 12 16 23 26 20	6 1 5 4 4 13 16 23 26 20	9 7 12 8 6 13 16 23 26 20	12 10 14 11 8 14 17 23 26 20	15 14 13 15 10 15 17 23 26 20	18 19 19 19 12 15 17 23 26 20	21 22 23 23 14 16 18 23 26 20	24 27 24 27 15 16 18 24 26 21	27 31 26 30 17 16 18 24 26 21
23	31 23 30 26 31 13 17 23 26 20	34 29 35 29 33 12 17 23 26 20	1 29 1 33 35 12 16 23 26 20	4 35 1 36 2 12 16 23 26 20	7 3 6 4 4 13 16 23 26 20	9 8 12 8 6 13 16 23 26 20	12 11 14 11 8 14 17 23 26 20	15 16 14 15 10 15 17 23 26 20	18 20 19 19 12 15 17 23 26 20	21 23 24 23 14 16 18 23 26 20	24 28 24 27 16 16 18 24 26 21	27 32 26 30 17 16 18 24 26 21
24	31 25 30 26 31 13 17 23 26 20	34 30 35 30 33 12 17 23 26 20	1 31 1 33 35 12 16 23 26 20	4 36 1 1 2 12 16 23 26 20	7 4 6 4 4 13 16 23 26 20	10 9 12 8 6 13 16 23 26 20	12 12 14 12 8 14 17 23 26 20	15 17 14 15 10 15 17 23 26 20	18 21 19 19 12 15 17 23 26 20	21 25 24 23 14 16 18 23 26 20	25 30 24 27 16 16 18 24 26 21	28 34 26 31 17 16 18 24 26 21
25	31 26 30 26 31 13 17 23 26 20	34 32 35 30 33 12 17 23 26 20	1 32 1 33 35 12 16 23 26 20	4 2 1 1 2 12 16 23 26 20	7 5 6 4 4 13 16 23 26 20	10 10 12 8 6 13 16 23 26 20	13 14 14 12 8 14 17 23 26 20	16 18 14 16 10 15 17 23 26 20	19 23 19 19 12 15 17 23 26 20	21 26 24 23 14 16 18 23 26 20	25 31 24 27 16 16 18 24 26 21	28 35 26 31 17 16 18 24 26 21
26	31 28 30 26 31 13 17 23 26 20	34 33 35 30 33 12 17 23 26 20	1 34 1 33 35 12 16 23 26 20	4 3 1 1 2 12 16 23 26 20	7 7 6 4 4 13 16 23 26 20	10 11 12 8 6 13 16 23 26 20	13 15 14 12 8 14 17 23 26 20	16 19 14 16 11 15 17 23 26 20	19 24 20 19 12 15 17 23 26 20	22 27 24 23 14 16 18 23 26 20	25 33 24 27 16 16 18 24 26 21	28 1 26 31 17 16 18 24 26 21
27	31 29 30 26 31 13 17 23 26 20	34 35 36 30 33 12 17 23 26 20	1 35 1 33 36 12 16 23 26 20	4 5 1 1 2 12 16 23 26 20	7 8 6 4 4 13 16 23 26 20	10 13 12 8 6 13 16 23 26 20	13 16 14 12 8 14 17 23 26 20	16 20 14 16 11 15 17 23 26 20	19 25 20 20 13 15 17 23 26 20	22 29 24 23 14 16 18 23 26 20	25 34 24 27 16 16 18 24 26 21	28 2 26 31 17 16 18 24 26 21
28	31 31 30 26 31 13 17 23 26 20	34 36 36 30 33 12 17 23 26 20	1 1 36 33 36 12 16 23 26 20	4 6 1 1 2 12 16 23 26 20	7 10 7 5 4 13 16 23 26 20	10 14 12 8 7 13 16 23 26 20	13 17 13 12 8 14 17 23 26 20	16 22 14 16 11 15 17 23 26 20	19 26 20 20 13 15 17 23 26 20	22 30 24 23 14 16 18 23 26 20	25 35 24 27 16 16 18 24 26 21	28 3 27 31 17 16 18 24 26 21
29	31 32 30 27 31 13 17 23 26 20		1 2 36 33 36 12 16 23 26 20	4 7 2 1 2 12 16 23 26 20	7 11 7 5 4 13 16 23 26 20	10 15 13 9 7 13 16 23 26 20	13 18 13 12 8 14 17 23 26 20	16 23 14 16 11 15 17 23 26 20	19 28 20 20 13 15 17 23 26 20	22 31 24 24 14 16 18 23 26 20	25 1 24 27 16 16 18 24 26 21	28 5 27 31 17 16 18 24 26 21
30	31 34 31 27 31 13 17 23 26 20		1 4 36 34 36 12 16 23 26 20	4 9 2 1 2 12 16 23 26 20	7 12 7 5 4 13 16 23 26 20	10 16 13 9 7 13 16 23 26 20	13 19 13 12 8 14 17 23 26 20	16 24 15 16 11 15 17 23 26 20	19 29 20 20 13 15 17 23 26 20	22 32 24 24 14 16 18 23 26 20	25 2 24 28 16 16 18 24 26 21	28 6 27 31 17 16 18 24 26 21
31	31 35 31 27 31 13 17 23 26 20		1 5 36 34 36 12 16 23 26 20		7 13 7 5 5 13 16 23 26 20		13 21 13 12 8 14 17 23 26 20	16 25 15 16 11 15 17 23 26 20		22 34 24 24 14 16 18 23 26 20		28 7 27 31 17 16 18 24 26 21

1980

	JAN	FEB	MAR	APR	MAY	JUNE	JULY	AUG	SEPT	OCT	NOV	DEC
1	28 9 27 32 17 16 18 24 26 21	32 13 32 35 17 16 18 24 27 21	34 16 35 3 16 16 18 24 27 21	2 20 35 6 15 16 18 24 27 21	4 23 3 9 15 16 18 24 27 20	7 28 9 10 16 16 18 24 27 20	10 32 12 8 18 16 18 24 27 20	13 1 11 9 20 17 18 24 26 20	16 6 17 12 22 17 18 24 26 21	19 10 22 15 24 18 19 24 26 21	22 15 23 19 26 18 19 24 26 21	25 18 24 22 28 19 19 24 27 21
2	28 10 27 32 17 16 18 24 26 21	32 15 32 35 17 16 18 24 27 21	35 17 35 3 16 16 18 24 27 21	2 21 35 6 15 16 18 24 27 21	5 25 3 9 15 16 18 24 27 20	8 29 10 10 16 16 18 24 27 20	10 33 12 8 18 16 18 24 27 20	13 2 11 9 20 17 18 24 26 20	16 8 17 12 22 17 18 24 26 21	19 11 22 15 24 18 19 24 26 21	22 16 23 19 26 19 19 24 26 21	25 19 24 22 28 19 19 24 27 21
3	29 11 28 32 17 16 18 24 27 21	32 16 33 36 17 16 18 24 27 21	35 18 35 3 16 16 18 24 27 21	2 22 35 6 15 16 18 24 27 21	5 26 4 9 15 16 18 24 27 20	8 31 10 9 16 16 18 24 27 20	11 34 12 8 18 16 18 24 27 20	13 4 12 9 20 17 18 24 26 20	16 9 17 12 22 17 18 24 26 21	19 13 22 15 24 18 19 24 26 21	22 17 23 19 26 19 19 24 26 21	25 20 24 23 28 19 19 24 27 21
4	29 13 28 32 17 16 18 24 27 21	32 17 33 36 17 16 18 24 27 21	35 19 35 3 16 16 18 24 27 21	2 24 35 6 15 16 18 24 27 21	5 27 4 9 15 16 18 24 27 20	8 32 10 9 17 16 18 24 27 20	11 36 12 8 18 16 18 24 27 20	14 5 12 9 20 17 18 24 26 20	17 10 17 12 22 17 18 24 26 21	19 14 22 15 24 18 19 24 26 21	23 18 22 19 26 19 19 24 26 21	26 22 24 23 28 19 19 24 27 21
5	29 14 28 32 17 16 18 24 27 21	32 18 33 36 17 16 18 24 27 21	35 20 35 3 16 16 18 24 27 21	2 25 35 7 15 16 18 24 27 21	5 28 4 9 15 16 18 24 27 20	8 33 10 9 17 16 18 24 27 20	11 1 12 8 18 16 18 24 27 20	14 7 12 9 20 17 18 24 26 20	17 12 18 12 22 17 18 24 26 21	20 15 22 15 24 18 19 24 26 21	23 20 22 19 26 19 19 24 27 21	26 23 24 23 28 19 19 24 27 21
6	29 15 28 32 17 16 18 24 27 21	32 19 33 36 17 16 18 24 27 21	35 22 35 3 16 16 18 24 27 21	2 26 35 7 15 16 18 24 27 21	5 30 4 9 15 16 18 24 27 20	8 35 10 9 17 16 18 24 27 20	11 3 12 8 18 16 18 24 27 20	14 8 12 9 20 17 18 24 26 20	17 13 18 12 22 17 18 24 26 21	20 16 22 16 24 18 19 24 26 21	23 21 22 19 26 19 19 24 27 21	26 24 24 23 28 19 19 24 27 21
7	29 16 28 32 17 16 18 24 27 21	32 21 33 36 17 16 18 24 27 21	35 23 35 3 16 16 18 24 27 21	2 27 35 7 15 16 18 24 27 21	5 31 4 9 15 16 18 24 27 20	8 36 10 9 17 16 18 24 27 20	11 4 12 8 18 16 18 24 27 20	14 9 12 9 20 17 18 24 26 20	17 14 18 12 22 17 18 24 26 21	20 17 22 16 24 18 19 24 26 21	23 22 22 19 26 19 19 24 27 21	26 25 25 23 29 19 19 24 27 21
8	29 17 28 32 17 16 18 24 27 21	32 22 34 36 17 16 18 24 27 21	35 24 35 4 16 16 18 24 27 21	2 29 36 7 15 16 18 24 27 21	5 32 5 9 16 16 18 24 27 20	8 2 10 9 17 16 18 24 27 20	11 6 12 8 18 16 18 24 27 20	14 11 12 10 20 17 18 24 26 20	17 15 18 12 22 17 18 24 26 21	20 19 22 16 24 18 19 24 26 21	23 23 22 19 26 19 19 24 27 21	26 26 25 23 29 19 19 24 27 21
9	29 19 28 33 17 16 18 24 27 21	32 23 34 36 17 16 18 24 27 21	35 25 35 4 15 16 18 24 27 21	2 30 36 7 15 16 18 24 27 21	5 34 5 9 16 16 18 24 27 20	8 3 11 9 17 16 18 24 27 20	11 7 12 8 18 16 18 24 27 20	14 12 12 10 20 17 18 24 26 20	17 17 18 12 22 17 18 24 26 21	20 20 22 16 24 18 19 24 26 21	23 24 22 20 26 19 19 24 27 21	26 28 25 23 29 19 19 24 27 21
10	29 20 29 33 17 16 18 24 27 21	32 24 34 36 17 16 18 24 27 21	35 26 35 4 15 16 18 24 27 21	2 31 36 7 15 16 18 24 27 21	5 35 5 9 16 16 18 24 27 20	8 5 11 9 17 16 18 24 27 20	11 8 11 8 18 16 18 24 27 20	14 13 13 10 20 17 18 24 26 20	17 18 18 13 22 17 18 24 26 21	20 21 23 16 24 18 19 24 26 21	23 26 22 20 26 19 19 24 27 21	26 29 25 23 29 19 19 24 27 21
11	29 21 29 33 17 16 18 24 27 21	33 26 34 1 17 16 18 24 27 21	35 28 35 4 15 16 18 24 27 21	3 33 36 7 15 16 18 24 27 21	5 1 5 10 16 16 18 24 27 20	8 6 11 9 17 16 18 24 27 20	11 10 11 8 18 16 18 24 27 20	14 14 13 10 20 17 18 24 26 20	17 19 19 13 22 17 18 24 26 21	20 22 23 16 24 18 19 24 26 21	23 27 22 20 26 19 19 24 27 21	26 30 25 23 29 19 19 24 27 21
12	29 22 29 33 17 16 18 24 27 21	33 27 34 1 17 16 18 24 27 21	36 29 34 4 15 16 18 24 27 21	3 34 36 7 15 16 18 24 27 21	6 2 5 10 16 16 18 24 27 20	9 7 11 9 17 16 18 24 27 20	11 11 11 8 18 16 18 24 27 20	14 16 13 10 20 17 18 24 26 20	17 20 19 13 22 17 18 24 26 21	20 23 23 16 24 18 19 24 26 21	23 28 22 20 27 19 19 24 27 21	26 32 25 24 29 19 19 24 27 21
13	30 23 29 33 17 16 18 24 27 21	33 28 34 1 16 16 18 24 27 21	36 31 34 4 15 16 18 24 27 21	3 36 36 7 15 16 18 24 27 21	6 4 6 10 16 16 18 24 27 20	9 9 11 9 17 16 18 24 27 20	11 12 11 8 19 16 18 24 27 20	14 17 13 10 20 17 18 24 26 20	17 21 19 13 22 17 18 24 26 21	20 25 23 16 24 18 19 24 26 21	23 29 22 20 27 19 19 24 27 21	27 33 26 24 29 19 19 24 27 21
14	30 25 29 33 17 16 18 24 27 21	33 30 35 1 16 16 18 24 27 21	36 32 34 4 15 16 18 24 27 21	3 1 36 7 15 16 18 24 27 21	6 5 6 10 16 16 18 24 27 20	9 10 11 9 17 16 18 24 27 20	12 14 11 8 19 16 18 24 27 20	15 18 13 10 20 17 18 24 26 20	18 23 19 13 22 17 18 24 26 21	20 26 23 16 25 18 19 24 26 21	24 31 22 20 27 19 19 24 27 21	27 34 26 24 29 19 19 24 27 21
15	30 26 29 33 17 16 18 24 27 21	33 31 35 1 16 16 18 24 27 21	36 33 34 4 15 16 18 24 27 21	3 3 36 7 15 16 18 24 27 21	6 7 6 10 16 16 18 24 27 20	9 12 11 9 17 16 18 24 27 20	12 15 11 8 19 16 18 24 27 20	15 19 13 10 20 17 18 24 26 20	18 24 19 13 22 18 18 24 26 21	21 27 23 17 25 18 19 24 26 21	24 32 22 20 27 19 19 24 27 21	27 36 26 24 29 19 19 24 27 21
16	30 28 30 33 17 16 18 24 27 21	33 33 35 1 16 16 18 24 27 21	36 35 34 4 15 16 18 24 27 21	3 4 1 8 15 16 18 24 27 21	6 8 6 10 16 16 18 24 27 20	9 13 11 9 17 16 18 24 27 20	12 16 11 8 19 16 18 24 27 20	15 20 14 10 21 17 18 24 26 20	18 25 19 13 23 18 18 24 26 21	21 28 23 17 25 18 19 24 26 21	24 33 22 20 27 19 19 24 27 21	27 1 26 24 29 19 19 24 27 21
17	30 29 30 34 17 16 18 24 27 21	33 34 35 1 16 16 18 24 27 21	36 36 34 5 15 16 18 24 27 21	3 6 1 8 15 16 18 24 27 21	6 9 6 10 16 16 18 24 27 20	9 14 11 9 17 16 18 24 27 20	12 17 11 8 19 16 18 24 27 20	15 22 14 10 21 17 18 24 26 20	18 26 20 13 23 18 18 24 26 21	21 30 23 17 25 18 19 24 26 21	24 35 22 20 27 19 19 24 27 21	27 2 26 24 29 19 19 24 27 21
18	30 30 30 34 17 16 18 24 27 21	33 35 35 1 16 16 18 24 27 21	36 2 34 5 15 16 18 24 27 21	3 7 1 8 15 16 18 24 27 21	6 11 7 10 16 16 18 24 27 20	9 15 12 9 17 16 18 24 27 20	12 19 11 8 19 16 18 24 27 20	15 23 14 10 21 17 18 24 26 20	18 28 20 13 23 18 18 24 26 21	21 31 23 17 25 18 19 24 26 21	24 36 22 21 27 19 19 24 27 21	27 4 26 24 29 19 19 24 27 21
19	30 32 30 34 17 16 18 24 27 21	33 1 35 1 16 16 18 24 27 21	36 3 34 5 15 16 18 24 27 21	3 9 1 8 15 16 18 24 27 21	6 12 7 10 16 16 18 24 27 20	9 17 12 9 17 16 18 24 27 20	12 20 11 8 19 16 18 24 27 20	15 24 14 10 21 17 18 24 26 20	18 29 20 14 23 18 18 24 26 21	21 32 23 17 25 18 19 24 26 21	24 1 22 21 27 19 19 24 27 21	27 5 26 24 29 19 19 24 27 21
20	30 33 30 34 17 16 18 24 27 21	33 1 35 2 16 16 18 24 27 21	36 5 34 5 15 16 18 24 27 21	3 10 1 8 15 16 18 24 27 21	6 13 7 10 16 16 18 24 27 20	9 18 12 9 17 16 18 24 27 20	12 21 11 8 19 16 18 24 27 20	15 25 14 11 21 17 18 24 26 20	18 30 20 14 23 18 18 24 26 21	21 34 23 17 25 18 19 24 26 21	24 3 22 21 27 19 19 24 27 21	27 7 27 25 30 19 19 24 27 21
21	30 35 30 34 17 16 18 24 27 21	34 4 35 2 16 16 18 24 27 21	36 6 34 5 15 16 18 24 27 21	4 11 1 8 15 16 18 24 27 21	6 15 7 10 16 16 18 24 27 20	9 19 12 8 17 16 18 24 27 20	12 22 11 8 19 16 18 24 27 20	15 27 15 11 21 17 18 24 26 20	18 31 20 14 23 18 18 24 26 21	21 35 23 17 25 18 19 24 26 21	24 4 22 21 27 19 19 24 27 21	27 8 27 25 30 19 19 24 27 21
22	31 36 31 34 17 16 18 24 27 21	34 5 35 2 16 16 18 24 27 21	1 8 34 5 15 16 18 24 27 21	4 13 2 8 15 16 18 24 27 21	7 16 8 10 16 16 18 24 27 20	9 20 12 8 17 16 18 24 27 20	12 23 11 8 19 16 18 24 27 20	15 28 15 11 21 17 18 24 26 20	18 32 20 14 23 18 18 24 26 21	21 1 23 17 25 18 19 24 26 21	24 5 22 21 27 19 19 24 27 21	27 10 27 25 30 19 19 24 27 21
23	31 2 31 34 17 16 18 24 27 21	34 7 35 2 16 16 18 24 27 21	1 9 34 5 15 16 18 24 27 21	4 14 2 8 15 16 18 24 27 21	7 17 8 10 16 16 18 24 27 20	10 21 12 8 17 16 18 24 27 20	12 25 11 8 19 16 18 24 27 20	15 29 15 11 21 17 18 24 26 20	18 34 20 14 23 18 18 24 26 21	21 2 23 18 25 18 19 24 26 21	24 7 23 21 27 19 19 24 27 21	28 11 27 25 30 19 19 24 27 21
24	31 3 31 34 17 16 18 24 27 21	34 8 36 2 16 16 18 24 27 21	1 10 34 5 15 16 18 24 27 21	4 15 2 8 15 16 18 24 27 21	7 18 8 10 16 16 18 24 27 20	10 22 12 8 18 16 18 24 27 20	13 26 11 8 19 16 18 24 27 20	15 31 15 11 21 17 18 24 26 20	19 36 21 14 23 18 18 24 26 21	21 4 23 18 25 18 19 24 26 21	25 8 23 21 28 19 19 24 27 21	28 13 27 25 30 19 19 24 27 21
25	31 4 31 34 17 16 18 24 27 21	34 9 36 2 16 16 18 24 27 21	1 12 34 5 15 16 18 24 27 21	4 16 2 8 15 16 18 24 27 20	7 19 8 10 16 16 18 24 27 20	10 24 12 8 18 16 18 24 27 20	13 27 11 9 19 16 18 24 27 20	16 32 15 11 21 17 18 24 26 20	19 1 21 14 23 18 18 24 26 21	22 5 23 18 25 18 19 24 26 21	25 10 23 22 28 19 19 24 27 21	28 14 27 25 30 19 19 24 27 21
26	31 5 31 35 17 16 18 24 27 21	34 11 36 2 16 16 18 24 27 21	1 13 34 5 15 16 18 24 27 21	4 17 2 8 15 16 18 24 27 20	7 20 8 10 16 16 18 24 27 20	10 25 12 8 18 16 18 24 27 20	13 28 11 9 19 16 18 24 26 20	16 34 16 11 21 17 18 24 26 20	19 2 21 14 23 18 18 24 26 21	22 7 23 18 25 18 19 24 26 21	25 12 23 22 28 19 19 24 27 21	28 15 28 25 30 19 19 24 27 21
27	31 7 31 35 17 16 18 24 27 21	34 12 36 2 16 16 18 24 27 21	1 14 34 6 15 16 18 24 27 21	4 19 2 8 15 16 18 24 27 20	7 22 9 10 16 16 18 24 27 20	10 26 12 8 18 16 18 24 27 20	13 30 11 9 19 16 18 24 26 20	16 35 16 11 21 17 18 24 26 20	19 4 21 14 23 18 18 24 26 21	22 8 23 18 25 18 19 24 26 21	25 13 23 22 28 19 19 24 27 21	28 16 28 25 30 19 19 24 27 21
28	31 8 32 35 17 16 18 24 27 21	34 13 36 3 16 16 18 24 27 21	1 15 34 6 15 16 18 24 27 21	4 20 3 9 15 16 18 24 27 20	7 23 9 10 16 16 18 24 27 20	10 28 12 8 18 16 18 24 27 20	13 31 11 9 19 16 18 24 26 20	16 1 16 11 21 17 18 24 26 20	19 5 21 15 23 18 18 24 26 21	22 10 23 18 26 18 19 24 26 21	25 14 23 22 28 19 19 24 27 21	28 17 28 26 30 19 19 24 27 21
29	31 10 32 35 17 16 18 24 27 21	34 14 35 3 16 16 18 24 27 21	1 16 35 6 15 16 18 24 27 21	4 21 3 9 15 16 18 24 27 20	7 24 9 10 16 16 18 24 27 20	10 29 12 8 18 16 18 24 27 20	13 33 11 9 20 17 18 24 26 20	16 2 16 11 21 17 18 24 26 21	19 7 21 15 23 18 18 24 26 21	22 11 23 18 26 18 19 24 26 21	25 16 23 22 28 19 19 24 27 21	28 19 28 26 30 19 19 24 27 21
30	31 11 32 35 17 16 18 24 27 21		1 18 35 6 15 16 18 24 27 21	4 22 3 9 15 16 18 24 27 20	7 25 9 10 16 16 18 24 27 20	10 30 12 8 18 16 18 24 27 20	13 34 11 9 20 17 18 24 26 20	16 4 17 12 21 17 18 24 26 21	19 8 21 15 24 18 19 24 26 21	22 12 23 18 26 18 19 24 26 21	25 17 24 22 28 19 19 24 27 21	28 20 28 26 30 19 19 24 27 21
31	31 12 32 35 17 16 18 24 27 21		1 19 35 6 15 16 18 24 27 21		7 27 9 10 16 16 18 24 27 20		13 35 11 9 20 17 18 24 26 20	16 5 17 12 22 17 18 24 26 21		22 14 23 18 26 18 19 24 26 21		28 21 28 26 30 19 19 24 27 21

1981

	JAN	FEB	MAR	APR	MAY	JUNE	JULY	AUG	SEPT	OCT	NOV	DEC
1	29 23 29 26 31 19 19 24 27 21	32 27 34 30 33 20 19 24 27 21	35 28 32 34 35 19 19 25 27 21	2 32 35 1 2 19 19 24 27 21	5 36 5 5 4 19 19 24 27 21	8 5 10 9 6 19 19 24 27 21	10 9 9 13 8 19 19 24 27 21	13 14 12 16 10 19 19 24 27 21	16 19 18 20 12 20 19 24 27 21	19 22 22 24 14 20 20 24 27 21	22 27 21 27 16 21 20 24 27 21	25 30 25 30 18 22 20 25 27 21
2	29 24 29 26 31 19 19 24 27 21	32 28 34 30 33 20 19 24 27 21	35 29 32 34 35 19 19 25 27 21	2 34 35 2 2 19 19 24 27 21	5 2 5 5 4 19 19 24 27 21	8 7 10 9 6 19 19 24 27 21	11 11 9 13 8 19 19 24 27 21	13 16 13 17 10 19 19 24 27 21	16 20 18 20 12 20 19 24 27 21	19 24 22 24 14 20 20 24 27 21	22 28 21 27 16 21 20 24 27 21	25 31 25 30 18 22 20 25 27 21
3	29 25 29 26 31 19 19 24 27 21	32 30 34 30 33 20 19 24 27 21	35 30 33 34 35 19 19 25 27 21	2 35 36 2 2 19 19 24 27 21	5 3 5 5 4 19 19 24 27 21	8 8 10 9 6 19 19 24 27 21	11 12 9 13 8 19 19 24 27 21	14 17 13 17 11 19 19 24 27 21	17 22 19 20 13 20 19 24 27 21	19 25 22 24 14 20 20 24 27 21	23 29 21 27 16 21 20 24 27 21	26 33 25 30 18 22 20 25 27 21
4	29 26 29 27 31 19 19 24 27 21	32 31 34 30 33 20 19 24 27 21	35 32 33 34 35 19 19 25 27 21	2 1 36 2 2 19 19 24 27 21	5 5 6 6 4 19 19 24 27 21	8 10 10 9 6 19 19 24 27 21	11 14 9 13 9 19 19 24 27 21	14 18 13 17 11 19 19 24 27 21	17 23 19 20 13 20 19 24 27 21	20 26 22 24 14 20 20 24 27 21	23 30 21 27 16 21 20 24 27 21	26 34 25 30 18 22 20 25 27 21
5	29 27 29 27 31 19 19 24 27 21	32 32 34 31 33 20 19 24 27 21	35 33 33 34 36 19 19 25 27 21	2 2 36 2 2 19 19 24 27 21	5 6 6 6 4 19 19 24 27 21	8 11 10 9 6 19 19 24 27 21	11 15 9 13 9 19 19 24 27 21	14 20 13 17 11 19 19 24 27 21	17 24 19 21 13 20 19 24 27 21	20 27 22 24 15 20 20 24 27 21	23 32 21 27 16 21 20 24 27 21	26 35 25 30 18 22 20 25 27 21
6	29 29 29 27 31 19 19 24 27 21	32 34 34 31 33 20 19 24 27 21	35 34 33 34 36 19 19 25 27 21	2 4 36 2 2 19 19 25 27 21	5 8 6 6 4 19 19 24 27 21	8 13 10 10 7 19 19 24 27 21	11 16 9 13 9 19 19 24 27 21	14 21 13 17 11 19 19 24 27 21	17 25 19 21 13 20 19 24 27 21	20 28 22 24 15 20 20 24 27 21	23 33 21 28 16 21 20 24 27 21	26 1 26 30 18 22 20 25 27 21
7	29 30 30 27 31 19 19 24 27 21	32 35 34 31 34 20 19 24 27 21	35 36 33 34 36 19 19 25 27 21	2 5 36 2 2 19 19 24 27 21	5 9 6 6 4 19 19 24 27 21	8 14 10 10 7 19 19 24 27 21	11 18 9 13 9 19 19 24 27 21	14 22 14 17 11 19 19 24 27 21	17 26 19 21 13 20 19 24 27 21	20 30 22 24 15 20 20 24 27 21	23 34 21 28 16 21 20 24 27 21	26 2 26 30 18 22 20 25 27 21
8	29 31 30 27 31 19 19 24 27 21	32 36 34 31 34 20 19 24 27 21	35 1 33 34 36 19 19 25 27 21	2 7 36 2 2 19 19 24 27 21	5 11 6 6 4 19 19 24 27 21	8 15 10 10 7 19 19 24 27 21	11 19 9 13 9 19 19 24 27 21	14 23 14 17 11 19 19 24 27 21	17 28 19 21 13 20 19 24 27 21	20 31 22 24 15 20 20 24 27 21	23 36 21 28 17 21 20 24 27 21	26 3 26 30 18 22 20 25 27 21
9	29 33 30 27 31 19 19 24 27 21	33 2 34 31 34 20 19 24 27 21	35 3 33 35 36 19 19 25 27 21	2 8 1 2 2 19 19 24 27 21	5 12 7 6 5 19 19 24 27 21	8 17 10 10 7 19 19 24 27 21	11 20 9 14 9 19 19 24 27 21	14 24 14 17 11 19 19 24 27 21	17 29 19 21 13 20 19 24 27 21	20 32 22 25 15 20 20 24 27 21	23 1 21 28 17 21 20 24 27 21	26 5 26 31 18 22 20 25 27 21
10	29 34 30 27 31 20 19 24 27 21	33 3 34 31 34 19 19 24 27 21	35 4 33 35 36 19 19 25 27 21	3 10 1 3 2 19 19 24 27 21	5 13 7 6 5 19 19 24 27 21	8 18 10 10 7 19 19 24 27 21	11 21 9 14 9 19 19 24 27 21	14 26 14 17 11 19 19 24 27 21	17 30 20 21 13 20 19 24 27 21	20 33 22 25 15 20 20 24 27 21	23 3 22 28 17 21 20 24 27 21	26 6 26 31 18 22 20 25 27 21
11	30 35 30 27 31 20 19 24 27 21	33 5 34 31 34 19 19 24 27 21	36 6 33 35 36 19 19 25 27 21	3 11 1 3 2 19 19 24 27 21	6 15 7 6 5 19 19 24 27 21	8 19 10 10 7 19 19 24 27 21	11 22 9 14 9 19 19 24 27 21	14 27 14 18 11 19 19 24 27 21	17 31 20 21 13 20 19 24 27 21	20 35 22 25 15 20 20 24 27 21	23 4 22 28 17 21 20 24 27 21	26 8 27 31 18 22 21 25 27 21
12	30 1 30 28 31 20 19 24 27 21	33 6 34 31 34 19 19 24 27 21	36 7 33 35 36 19 19 25 27 21	3 12 1 3 2 19 19 24 27 21	6 16 7 7 5 19 19 24 27 21	9 20 10 10 7 19 19 24 27 21	11 24 9 14 9 19 19 24 27 21	14 28 15 18 11 19 19 24 27 21	17 33 20 21 13 20 19 24 27 21	20 36 22 25 15 20 20 24 27 21	23 6 22 28 17 21 20 24 27 21	26 9 27 31 18 22 21 25 27 21
13	30 2 31 28 32 20 19 24 27 21	33 8 34 32 34 19 19 24 27 21	36 9 33 35 36 19 19 25 27 21	3 14 1 3 3 19 19 24 27 21	6 17 7 7 5 19 19 24 27 21	9 22 10 10 7 19 19 24 27 21	12 25 10 14 9 19 19 24 27 21	15 29 15 18 11 19 19 24 27 21	18 34 20 22 13 20 20 24 27 21	20 2 22 25 15 21 20 24 27 21	24 7 22 28 17 21 20 24 27 21	27 11 27 31 18 22 21 25 27 21
14	30 4 31 28 32 20 19 24 27 21	33 9 34 32 34 19 19 24 27 21	36 10 33 35 36 19 19 25 27 21	3 15 1 3 3 19 19 24 27 21	6 18 8 7 5 19 19 24 27 21	9 23 10 11 7 19 19 24 27 21	12 26 10 14 9 19 19 24 27 21	15 31 15 18 11 19 19 24 27 21	18 35 20 22 13 20 20 24 27 21	21 3 22 25 15 21 20 24 27 21	24 9 22 28 17 21 20 24 27 21	27 12 27 31 18 22 21 25 27 21
15	30 5 31 28 32 20 19 24 27 21	33 10 34 32 34 19 19 24 27 21	36 11 33 35 36 19 19 25 27 21	3 16 2 3 3 19 19 24 27 21	6 20 8 7 5 19 19 24 27 21	9 24 10 11 7 19 19 24 27 21	12 27 10 14 9 19 19 24 27 21	15 32 15 18 11 19 19 24 27 21	18 1 20 22 13 20 20 24 27 21	21 5 21 25 15 21 20 24 27 21	24 10 22 28 17 21 20 24 27 21	27 13 27 31 18 22 21 25 27 21
16	30 6 31 28 32 20 19 24 27 21	33 12 34 32 34 19 19 24 27 21	36 13 33 35 36 19 19 25 27 21	3 17 2 3 3 19 19 24 27 21	6 21 8 7 5 19 19 24 27 21	9 25 10 11 7 19 19 24 27 21	12 28 10 14 9 19 19 24 27 21	15 33 15 18 11 19 19 24 27 21	18 2 20 22 13 20 20 24 27 21	21 6 21 25 15 21 20 24 27 21	24 12 22 29 17 21 20 24 27 21	27 15 27 31 18 22 21 25 27 21
17	30 8 31 28 32 20 19 24 27 21	33 13 33 32 34 19 19 24 27 21	36 14 33 36 36 19 19 25 27 21	3 19 2 3 3 19 19 24 27 21	6 22 8 7 5 19 19 24 27 21	9 26 10 11 7 19 19 24 27 21	12 30 10 15 9 19 19 24 27 21	15 35 16 18 11 19 19 24 27 21	18 4 20 22 13 20 20 24 27 21	21 8 21 25 15 21 20 24 27 21	24 13 23 29 17 21 20 25 27 21	27 17 27 31 19 22 21 25 27 21
18	30 9 31 28 32 20 19 24 27 21	33 14 33 32 34 19 19 25 27 21	36 15 33 36 1 19 19 25 27 21	3 20 2 4 3 19 19 24 27 21	6 23 8 7 5 19 19 24 27 21	9 28 10 11 7 19 19 24 27 21	12 31 10 15 9 19 19 24 27 21	15 36 16 18 12 19 19 24 27 21	18 5 21 22 14 20 20 24 27 21	21 9 21 26 15 21 20 24 27 21	24 14 23 29 17 21 20 25 27 21	27 18 28 31 19 22 21 25 27 21
19	30 11 32 28 32 20 19 24 27 21	34 16 33 32 34 19 19 25 27 21	36 16 34 36 1 19 19 25 27 21	3 21 2 4 3 19 19 24 27 21	6 24 8 7 5 19 19 24 27 21	9 29 10 11 7 19 19 24 27 21	12 32 10 15 10 19 19 24 27 21	15 1 16 19 12 19 19 24 27 21	18 7 21 22 14 20 20 24 27 21	21 10 21 26 15 21 20 24 27 21	24 16 23 29 17 21 20 25 27 21	27 19 28 31 19 22 21 25 27 21
20	30 12 32 29 32 20 19 24 27 21	34 17 33 32 35 19 19 25 27 21	36 18 34 36 1 19 19 25 27 21	3 22 3 4 3 19 19 24 27 21	6 25 9 8 5 19 19 24 27 21	9 30 10 11 8 19 19 24 27 21	12 34 10 15 10 19 19 24 27 21	15 3 16 19 12 19 19 24 27 21	18 8 21 22 14 20 20 24 27 21	21 12 21 26 15 21 20 24 27 21	24 18 23 29 17 21 20 25 27 21	27 20 28 31 19 22 21 25 27 21
21	31 13 32 29 32 20 19 24 27 21	34 18 33 33 35 19 19 25 27 21	1 19 34 36 1 19 19 24 27 21	4 23 3 4 3 19 19 24 27 21	6 27 9 8 5 19 19 24 27 21	9 31 10 11 8 19 19 24 27 21	12 35 10 15 10 19 19 24 27 21	15 4 16 19 12 19 19 24 27 21	18 10 21 22 14 20 20 24 27 21	21 13 21 26 15 21 20 24 27 21	24 18 23 29 17 21 20 25 27 21	27 22 28 31 19 22 21 25 27 21
22	31 15 32 29 32 20 19 24 27 21	34 19 33 33 35 19 19 25 27 21	1 20 34 36 1 19 19 24 27 21	4 25 3 4 3 19 19 24 27 21	7 28 9 8 5 19 19 24 27 21	10 33 10 12 8 19 19 24 27 21	12 36 11 15 10 19 19 24 27 21	15 6 17 19 12 19 19 24 27 21	18 11 21 23 14 20 20 24 27 21	21 15 21 26 16 21 20 24 27 21	24 19 23 29 17 21 20 25 27 21	28 23 28 31 19 22 21 25 27 21
23	31 16 32 29 32 20 19 24 27 21	34 21 33 33 35 19 19 25 27 21	1 21 34 36 1 19 19 24 27 21	4 26 3 4 3 19 19 24 27 21	7 29 9 8 6 19 19 24 27 21	10 34 9 12 8 19 19 24 27 21	13 2 11 15 10 19 19 24 27 21	15 7 17 19 12 19 19 24 27 21	18 12 21 23 14 20 20 24 27 21	21 16 21 26 16 21 20 24 27 21	25 21 24 29 17 21 20 25 27 21	28 24 28 31 19 22 21 25 27 21
24	31 17 32 29 32 20 19 24 27 21	34 22 33 33 35 19 19 25 27 21	1 22 34 36 1 19 19 24 27 21	4 27 3 4 3 19 19 24 27 21	7 30 9 8 6 19 19 24 27 21	10 35 9 12 8 19 19 24 27 21	13 3 11 15 10 19 19 24 27 21	16 8 17 19 12 20 19 24 27 21	19 14 21 23 14 20 20 24 27 21	22 17 20 26 16 21 20 24 27 21	25 22 24 29 17 21 20 25 27 21	28 25 28 31 19 22 21 25 27 21
25	31 19 33 29 32 20 19 24 27 21	34 23 33 33 35 19 19 25 27 21	1 24 34 1 1 19 19 24 27 21	4 28 4 4 3 19 19 24 27 21	7 32 9 8 6 19 19 24 27 21	10 1 9 12 8 19 19 24 27 21	13 4 11 16 10 19 19 24 27 21	16 10 17 19 12 20 19 24 27 21	19 15 21 23 14 20 20 24 27 21	22 18 20 26 16 21 20 24 27 21	25 23 24 29 17 21 20 25 27 21	28 26 29 31 19 22 21 25 27 21
26	31 20 33 29 33 20 19 24 27 21	34 24 32 33 35 19 19 25 27 21	1 25 34 1 1 19 19 24 27 21	4 29 4 5 4 19 19 24 27 21	7 33 9 8 6 19 19 24 27 21	10 2 9 12 8 19 19 24 27 21	13 6 11 16 10 19 19 24 27 21	16 11 17 19 12 20 19 24 27 21	19 16 21 23 14 20 20 24 27 21	22 20 20 26 16 21 20 24 27 21	25 24 24 29 18 21 20 25 27 21	28 27 28 31 19 22 21 25 27 21
27	31 21 33 29 33 20 19 24 27 21	34 25 32 33 35 19 19 25 27 21	1 26 35 1 1 19 19 24 27 21	4 31 4 5 4 19 19 24 27 21	7 34 9 8 6 19 19 24 27 21	10 3 9 12 8 19 19 24 27 21	13 7 11 16 10 19 19 24 27 21	16 13 17 20 12 20 19 24 27 21	19 18 21 23 14 20 20 24 27 21	22 21 20 26 16 21 20 24 27 21	25 25 24 30 18 21 20 25 27 21	28 29 29 31 19 22 21 25 27 21
28	31 22 33 30 33 20 19 24 27 21	34 26 32 33 35 19 19 25 27 21	1 27 35 1 1 19 19 24 27 21	4 32 4 5 4 19 19 24 27 21	7 36 9 8 6 19 19 24 27 21	10 5 9 12 8 19 19 24 27 21	13 9 12 16 10 19 19 24 27 21	16 14 18 20 12 20 19 24 27 21	19 19 22 23 14 20 20 24 27 21	22 22 20 27 16 21 20 24 27 21	25 27 24 30 18 22 20 25 27 21	28 30 29 31 19 22 21 25 27 21
29	31 23 33 30 33 20 19 24 27 21		1 29 35 1 1 19 19 24 27 21	4 33 5 5 4 19 19 24 27 21	7 1 10 9 6 19 19 24 27 21	10 6 9 12 8 19 19 24 27 21	13 10 12 16 10 19 19 24 27 21	16 15 18 20 12 20 19 24 27 21	19 20 22 23 14 20 20 24 27 21	22 23 20 27 16 21 20 24 27 21	25 28 25 30 18 22 20 25 27 21	28 31 29 31 19 22 21 25 27 21
30	32 24 33 30 33 20 19 24 27 21		1 30 35 1 1 19 19 24 27 21	4 35 5 5 4 19 19 24 27 21	7 2 10 9 6 19 19 24 27 21	10 8 9 13 8 19 19 24 27 21	13 12 12 16 10 19 19 24 27 21	16 17 18 20 12 20 19 24 27 21	19 21 22 23 14 20 20 24 27 21	22 25 20 27 16 21 20 24 27 21	25 29 25 30 18 22 20 25 27 21	28 32 29 31 19 22 21 25 27 21
31	32 26 33 30 33 20 19 24 27 21		2 31 35 1 2 19 19 24 27 21		7 4 10 9 6 19 19 24 27 21		13 13 12 16 10 19 19 24 27 21	16 18 18 20 12 20 19 24 27 21		22 26 20 27 16 21 20 24 27 21		28 34 30 31 19 22 21 25 27 21

1982

	JAN	FEB	MAR	APR	MAY	JUNE	JULY	AUG	SEPT	OCT	NOV	DEC
1	29 35 30 31 19 22 21 25 27 21	32 4 31 30 20 22 21 25 27 21	35 5 32 30 20 23 21 25 27 21	2 10 1 33 20 22 20 25 27 21	5 14 6 36 19 22 20 25 27 21	8 19 8 4 19 22 20 25 27 21	11 23 8 7 20 22 20 25 27 21	13 27 14 11 21 22 20 25 27 21	16 31 19 15 23 22 20 25 27 21	19 34 19 18 25 23 21 25 27 21	22 4 21 22 28 23 21 25 27 21	25 7 26 26 30 24 22 25 27 21
2	29 36 30 31 19 22 21 25 27 21	32 5 31 30 20 22 21 25 27 21	35 6 32 30 20 23 21 25 27 21	2 12 1 33 19 22 20 25 27 21	5 16 7 36 19 22 20 25 27 21	8 20 8 4 19 22 20 25 27 21	11 24 8 7 20 22 20 25 27 21	13 28 14 11 21 22 20 25 27 21	16 33 19 15 23 22 20 25 27 21	19 35 19 18 25 23 21 25 27 21	22 5 21 22 28 23 21 25 27 21	25 9 26 26 30 24 22 25 27 21
3	29 1 30 31 19 22 21 25 27 21	32 7 31 30 20 22 21 25 27 21	35 8 32 31 20 23 21 25 27 21	2 13 1 33 19 22 20 25 27 21	5 17 7 36 19 22 20 25 27 21	8 22 8 4 19 22 20 25 27 21	11 25 8 7 20 22 20 25 27 21	14 29 14 11 21 22 20 25 27 21	17 34 19 15 23 22 20 25 27 21	19 1 19 19 25 23 21 25 27 21	23 6 21 22 28 23 21 25 27 21	26 10 26 26 30 24 22 25 27 21
4	29 3 30 31 19 22 21 25 27 21	32 8 31 30 20 22 21 25 27 21	35 9 32 31 20 23 21 25 27 21	2 14 1 33 19 22 20 25 27 21	5 18 7 36 19 22 20 25 27 21	8 23 7 4 19 22 20 25 27 21	11 26 9 8 20 22 20 25 27 21	14 31 15 11 22 22 20 25 27 21	17 35 19 15 23 22 21 25 27 21	20 3 19 19 25 23 21 25 27 21	23 8 22 23 28 23 21 25 27 21	26 12 26 26 30 24 22 25 27 21
5	29 4 30 31 19 22 21 25 27 21	32 10 31 30 20 22 21 25 27 21	35 11 32 31 20 23 21 25 27 21	2 16 1 33 19 22 20 25 27 21	5 19 7 1 19 22 20 25 27 21	8 24 7 4 19 22 20 25 27 21	11 27 9 8 20 22 20 25 27 21	14 32 15 11 22 22 20 25 27 21	17 36 20 15 23 22 21 25 27 21	20 4 19 19 26 23 21 25 27 21	23 9 22 23 28 23 21 25 27 21	26 13 27 27 30 24 22 25 27 21
6	29 6 31 31 19 22 21 25 27 21	32 11 31 30 20 22 21 25 27 21	35 12 32 31 20 23 21 25 27 21	2 17 1 33 19 22 20 25 27 21	5 21 7 1 19 22 20 25 27 21	8 25 7 4 19 22 20 25 27 21	11 29 9 8 20 22 20 25 27 21	14 33 15 11 22 22 20 25 27 21	17 2 20 15 24 22 21 25 27 21	20 6 19 19 26 23 21 25 27 21	23 11 22 23 28 23 21 25 27 21	26 15 27 27 30 24 22 25 27 21
7	29 7 31 31 19 22 21 25 27 21	32 13 31 30 20 22 21 25 27 21	35 13 33 31 20 23 21 25 27 21	2 18 2 34 19 22 20 25 27 21	5 22 7 1 19 22 20 25 27 21	8 26 7 4 19 22 20 25 27 21	11 30 9 8 20 22 20 25 27 21	14 34 15 12 22 22 20 25 27 21	17 3 20 15 24 22 21 25 27 21	20 7 19 19 26 23 21 25 27 21	23 12 22 23 28 23 21 25 27 21	26 16 27 27 30 24 22 25 27 21
8	29 9 31 31 19 22 21 25 27 21	32 14 31 30 20 22 21 25 27 21	35 15 33 31 20 23 21 25 27 21	2 20 2 34 19 22 20 25 27 21	5 23 7 1 19 22 20 25 27 21	8 28 7 4 19 22 20 25 27 21	11 31 9 8 20 22 20 25 27 21	14 36 15 12 22 22 20 25 27 21	17 4 20 16 24 22 21 25 27 21	20 8 19 19 26 23 21 25 27 21	23 14 22 23 28 23 21 25 27 21	26 17 27 27 30 24 22 25 27 21
9	29 10 31 31 20 22 21 25 27 21	32 15 31 30 20 22 21 25 27 21	35 16 33 31 20 23 21 25 27 21	2 21 2 34 19 22 20 25 27 21	5 24 7 1 19 22 20 25 27 21	8 29 7 5 19 22 20 25 27 21	11 32 9 8 20 22 20 25 27 21	14 1 16 12 22 22 20 25 27 21	17 6 20 16 24 22 21 25 27 21	20 10 19 19 26 23 21 25 27 21	23 15 22 23 28 23 21 25 27 21	26 19 27 27 30 24 22 25 27 21
10	29 12 31 31 20 22 21 25 27 21	33 17 31 30 20 23 21 25 27 21	35 18 33 31 20 23 21 25 27 21	2 22 2 34 19 22 20 25 27 21	5 26 8 1 19 22 20 25 27 21	8 30 7 5 19 22 20 25 27 21	11 33 10 8 20 22 20 25 27 21	14 2 16 12 22 22 20 25 27 21	17 7 20 16 24 22 21 25 27 21	20 11 19 19 26 23 21 25 27 21	23 16 23 23 29 24 21 25 27 21	26 20 27 27 31 24 22 25 27 21
11	30 13 31 31 20 22 21 25 27 21	33 18 31 30 20 23 21 25 27 21	36 19 33 31 20 22 21 25 27 21	3 24 2 34 19 22 20 25 27 21	5 27 8 1 19 22 20 25 27 21	8 31 7 5 19 22 20 25 27 21	11 35 10 8 20 22 20 25 27 21	14 3 16 12 22 22 20 25 27 21	17 9 20 16 24 22 21 25 27 21	20 13 19 20 26 23 21 25 27 21	23 18 23 24 29 24 21 25 27 21	26 21 28 27 31 24 22 25 27 21
12	30 15 31 31 20 22 21 25 27 21	33 19 31 30 20 23 21 25 27 21	36 20 33 31 20 22 21 25 27 21	3 25 3 34 19 22 20 25 27 21	6 28 8 1 19 22 20 25 27 21	9 32 7 5 19 22 20 25 27 21	11 36 10 8 20 22 20 25 27 21	14 4 16 12 22 22 20 25 27 21	17 10 20 16 24 22 21 25 27 21	20 14 19 20 26 23 21 25 27 21	23 19 23 24 29 24 21 25 27 21	26 23 28 27 31 24 22 25 27 21
13	30 16 32 31 20 22 21 25 27 21	33 21 31 30 20 23 21 25 27 21	36 21 33 31 20 22 21 25 27 21	3 26 3 34 19 22 20 25 27 21	6 29 8 1 19 22 20 25 27 21	9 34 7 5 19 22 20 25 27 21	12 1 10 9 20 22 20 25 27 21	14 6 16 12 22 22 20 25 27 21	17 11 20 16 24 22 21 25 27 21	20 15 19 20 26 23 21 25 27 21	24 20 23 24 29 24 21 25 27 21	27 24 28 28 31 24 22 25 27 21
14	30 17 32 31 20 22 21 25 27 21	33 22 31 30 20 23 21 25 27 21	36 23 34 31 20 22 21 25 27 21	3 27 3 34 19 22 20 25 27 21	6 30 8 2 19 22 20 25 27 21	9 35 7 5 19 22 20 25 27 21	12 2 10 9 20 22 20 25 27 21	15 8 16 12 22 22 20 25 27 21	18 13 20 16 24 22 21 25 27 21	21 17 19 20 26 23 21 25 27 21	24 22 23 24 29 24 21 25 27 21	27 25 28 28 31 24 22 25 27 21
15	30 19 32 31 20 22 21 25 27 21	33 23 31 30 20 23 21 25 27 21	36 24 34 31 20 22 21 25 27 21	3 28 3 34 19 22 20 25 27 21	6 32 8 2 19 22 20 25 27 21	9 36 7 5 19 22 20 25 27 21	12 4 11 9 20 22 20 25 27 21	15 9 17 13 22 22 20 25 27 21	18 14 20 16 24 22 21 25 27 21	21 18 19 20 26 23 21 25 27 21	24 23 23 24 29 24 21 25 27 21	27 26 28 28 31 24 22 25 27 21
16	30 20 32 31 20 22 21 25 27 21	33 24 31 30 20 23 21 25 27 21	36 25 34 31 20 22 21 25 27 21	3 29 4 34 19 22 20 25 27 21	6 33 8 2 19 22 20 25 27 21	9 1 7 5 19 22 20 25 27 21	12 5 11 9 21 22 20 25 27 21	15 10 17 13 22 22 20 25 27 21	18 16 20 17 24 22 21 25 27 21	21 19 19 20 26 23 21 25 27 21	24 24 24 24 29 24 21 25 27 21	27 28 28 28 31 24 22 25 27 21
17	30 21 32 31 20 22 21 25 27 21	33 25 31 30 20 23 21 25 27 21	36 26 34 32 20 22 21 25 27 21	3 31 4 35 19 22 20 25 27 21	6 34 8 2 19 22 20 25 27 21	9 3 7 5 19 22 20 25 27 21	12 7 11 9 21 22 20 25 27 21	15 12 17 13 22 22 20 25 27 21	18 17 20 17 24 22 21 25 27 21	21 21 19 20 26 23 21 25 27 21	24 25 24 24 29 24 21 25 27 21	27 29 28 28 31 24 22 25 27 21
18	30 22 32 31 20 22 21 25 27 21	33 27 31 30 20 23 21 25 27 21	36 28 34 32 20 22 21 25 27 21	3 32 4 35 19 22 20 25 27 21	6 35 8 2 19 22 20 25 27 21	9 4 7 6 19 22 20 25 27 21	12 8 11 9 21 22 20 25 27 21	15 13 17 13 22 22 20 25 27 21	18 19 20 17 24 22 21 25 27 21	21 22 19 20 26 23 21 25 27 21	24 27 24 24 29 24 21 25 27 21	27 30 29 28 31 24 22 25 27 21
19	30 24 32 31 20 22 21 25 27 21	34 28 31 30 20 23 21 25 27 21	36 29 34 32 20 22 21 25 27 21	3 33 4 35 19 22 20 25 27 21	6 1 8 2 19 22 20 25 27 21	9 6 7 6 19 22 20 25 27 21	12 10 11 9 21 22 20 25 27 21	15 15 17 13 22 22 20 25 27 21	18 20 20 17 24 22 21 25 27 21	21 23 19 21 27 23 21 25 27 21	24 28 24 25 29 24 21 25 27 21	27 31 29 28 31 24 22 25 27 21
20	30 25 32 31 20 22 21 25 27 21	34 29 31 30 20 23 21 25 27 21	36 30 34 32 20 22 21 25 27 21	3 34 4 35 19 22 20 25 27 21	6 2 8 2 19 22 20 25 27 21	9 7 7 6 19 22 20 25 27 21	12 11 12 9 21 22 20 25 27 21	15 16 17 13 22 22 20 25 27 21	18 21 20 17 24 22 21 25 27 21	21 25 19 21 27 23 21 25 27 21	24 29 24 25 29 24 21 25 27 21	27 32 29 28 31 24 22 25 27 21
21	31 26 32 31 20 22 21 25 27 21	34 30 31 30 20 23 21 25 27 21	1 31 35 32 20 22 21 25 27 21	4 36 5 35 19 22 20 25 27 21	6 3 8 2 19 22 20 25 27 21	9 9 7 6 19 22 20 25 27 21	12 13 12 10 21 22 20 25 27 21	15 18 18 13 23 22 20 25 27 21	18 23 20 17 25 22 21 25 27 21	21 26 19 21 27 23 21 25 27 21	24 30 24 25 29 24 21 25 27 21	27 33 29 28 31 24 22 25 27 21
22	31 27 32 31 20 22 21 25 27 21	34 31 31 30 20 23 21 25 27 21	1 32 35 32 20 22 21 25 27 21	4 1 5 35 19 22 20 25 27 21	7 5 8 2 19 22 20 25 27 21	10 10 7 6 19 22 20 25 27 21	12 14 12 10 21 22 20 25 27 21	15 19 18 13 23 22 20 25 27 21	18 24 20 17 25 22 21 25 27 21	21 27 20 21 27 23 21 25 27 21	24 31 24 25 29 24 21 25 27 21	27 35 29 29 31 24 22 25 27 21
23	31 28 32 31 20 22 21 25 27 21	34 33 31 30 20 23 21 25 27 21	1 34 35 32 20 22 21 25 27 21	4 3 5 35 19 22 20 25 27 21	7 6 8 3 19 22 20 25 27 21	10 12 7 6 19 22 20 25 27 21	12 16 12 10 21 22 20 25 27 21	15 21 18 14 23 22 20 25 27 21	18 25 20 17 25 23 21 25 27 21	21 28 20 21 27 23 21 25 27 21	25 33 25 25 29 24 21 25 27 21	28 36 29 29 32 24 22 25 27 21
24	31 30 32 30 20 22 21 25 27 21	34 34 31 30 20 23 21 25 27 21	1 35 35 32 20 22 21 25 27 21	4 4 5 35 19 22 20 25 27 21	7 8 8 3 19 22 20 25 27 21	10 13 8 6 20 22 20 25 27 21	13 17 12 10 21 22 20 25 27 21	16 22 18 14 23 22 20 25 27 21	19 26 20 17 25 23 21 25 27 21	22 29 20 21 27 23 21 25 27 21	25 34 25 25 29 24 21 25 27 21	28 1 29 29 32 24 22 25 27 21
25	31 31 32 30 20 22 21 25 27 21	34 35 31 30 20 23 21 25 27 21	1 36 35 32 20 22 21 25 27 21	4 6 5 35 19 22 20 25 27 21	7 9 8 3 19 22 20 25 27 21	10 15 8 6 20 22 20 25 27 21	13 18 13 10 21 22 20 25 27 21	16 23 18 14 23 22 20 25 27 21	19 27 20 18 25 23 21 25 27 21	22 31 20 21 27 23 21 25 27 21	25 35 25 25 29 24 21 25 27 21	28 2 30 29 32 24 22 25 27 21
26	31 32 32 30 20 22 21 25 27 21	34 1 32 30 20 23 21 25 27 21	1 2 35 32 20 22 20 25 27 21	4 7 6 36 19 22 20 25 27 21	7 11 8 3 19 22 20 25 27 21	10 16 8 7 20 22 20 25 27 21	13 20 13 10 21 22 20 25 27 21	16 24 18 14 23 22 20 25 27 21	19 29 20 18 25 23 21 25 27 21	22 32 20 21 27 23 21 25 27 21	25 36 25 25 29 24 21 25 27 21	28 4 30 29 32 24 22 25 27 21
27	31 33 32 30 20 22 21 25 27 21	34 2 32 30 20 23 21 25 27 21	1 3 36 32 20 22 20 25 27 21	4 8 6 36 19 22 20 25 27 21	7 12 8 3 19 22 20 25 27 21	10 17 8 7 20 22 20 25 27 21	13 21 13 10 21 22 20 25 27 21	16 25 18 14 23 22 20 25 27 21	19 30 20 18 25 23 21 25 27 21	22 33 20 22 27 23 21 25 27 21	25 2 25 26 29 24 21 25 27 21	28 5 30 29 32 25 22 25 27 21
28	31 35 32 30 20 22 21 25 27 21	34 4 32 30 20 23 21 25 27 21	1 5 36 33 20 22 20 25 27 21	4 10 6 36 19 22 20 25 27 21	7 13 8 3 19 22 20 25 27 21	10 19 8 7 20 22 20 25 27 21	13 22 13 10 21 22 20 25 27 21	16 27 18 14 23 22 20 25 27 21	19 31 20 18 25 23 21 25 27 21	22 34 21 22 27 23 21 25 27 21	25 3 26 26 30 24 21 25 27 21	28 7 30 29 32 25 22 25 27 21
29	31 36 32 30 20 22 21 25 27 21		1 6 36 33 20 22 20 25 27 21	4 11 6 36 19 22 20 25 27 21	7 15 8 3 19 22 20 25 27 21	10 20 8 7 20 22 20 25 27 21	13 23 13 11 21 22 20 25 27 21	16 28 19 14 23 22 20 25 27 21	19 32 20 18 25 23 21 25 27 21	22 36 21 22 27 23 21 25 27 21	25 4 26 26 30 24 21 25 27 21	28 8 30 30 32 25 22 25 27 21
30	31 1 32 30 20 22 21 25 27 21		1 7 36 33 20 22 20 25 27 21	4 13 6 36 19 22 20 25 27 21	7 16 8 3 19 22 20 25 27 21	10 21 8 7 20 22 20 25 27 21	13 25 14 11 21 22 20 25 27 21	16 29 19 14 23 22 20 25 27 21	19 33 20 18 25 23 21 25 27 21	22 1 21 22 27 23 21 25 27 21	25 6 26 26 30 24 22 25 27 21	28 10 30 30 32 25 22 25 27 21
31	32 3 32 30 20 22 21 25 27 21		1 9 36 33 20 22 20 25 27 21		7 18 8 4 19 22 20 25 27 21		13 26 14 11 21 22 20 25 27 21	16 30 19 15 23 22 20 25 27 21		22 2 21 22 27 23 21 25 27 21		28 11 30 30 32 25 22 25 27 21

1983

	JAN	FEB	MAR	APR	MAY	JUNE	JULY	AUG	SEPT	OCT	NOV	DEC
1	29 13 30 30 32 25 22 25 27 21	32 18 29 34 35 25 22 25 27 21	34 19 33 1 1 25 22 25 27 21	2 24 2 5 3 26 22 25 27 21	5 27 6 9 5 25 22 25 27 21	7 32 5 12 8 25 21 25 27 21	10 35 9 15 10 25 21 25 27 21	13 3 15 16 12 25 21 25 27 21	16 8 19 15 14 25 22 25 27 21	19 12 17 15 16 25 22 25 27 21	22 17 22 18 17 26 22 25 27 21	25 21 27 21 19 26 23 25 27 21
2	29 14 31 30 32 25 22 25 27 21	32 19 29 34 35 25 22 25 27 21	35 20 33 1 1 25 22 25 27 21	2 25 2 5 3 26 22 25 27 21	5 28 6 9 5 25 22 25 27 21	8 33 5 12 8 25 21 25 27 21	10 36 10 15 10 25 21 25 27 21	13 4 16 16 12 25 21 25 27 21	16 9 19 15 14 25 22 25 27 21	19 13 18 15 16 25 22 25 27 21	22 19 23 18 18 26 22 25 27 21	25 22 27 21 19 26 23 25 27 21
3	29 16 31 30 32 25 22 25 27 21	32 21 29 34 35 25 22 25 27 21	35 22 33 1 1 25 22 25 27 21	2 26 3 5 3 26 22 25 27 21	5 29 6 9 6 25 22 25 27 21	8 34 5 12 8 25 21 25 27 21	11 1 10 15 10 25 21 25 27 21	14 6 16 16 12 25 21 25 27 21	16 11 19 15 14 25 22 25 27 21	19 15 18 15 16 25 22 25 27 21	22 20 23 18 18 26 22 25 27 21	26 24 27 21 19 26 23 25 27 21
4	29 17 31 30 32 25 22 25 27 21	32 22 29 34 35 25 22 25 27 21	35 23 33 2 1 26 22 25 27 21	2 27 3 5 3 26 22 25 27 21	5 31 6 9 6 25 22 25 27 21	8 35 5 12 8 25 21 25 27 21	11 2 10 15 10 25 21 25 27 21	14 7 16 16 12 25 21 25 27 21	17 12 19 15 14 25 22 25 27 21	20 16 18 15 16 25 22 25 27 21	23 21 23 18 18 26 22 25 27 21	26 25 27 21 19 26 23 25 27 21
5	29 18 31 30 32 25 22 25 27 21	32 23 30 34 35 25 22 25 27 21	35 24 33 2 1 26 22 25 27 21	2 29 3 5 3 26 22 25 27 21	5 32 6 9 6 25 22 25 27 21	8 36 5 12 8 25 21 25 27 21	11 3 10 15 10 25 21 25 27 21	14 8 16 16 12 25 21 25 27 21	17 14 19 15 14 25 22 25 27 21	20 18 18 15 16 25 22 25 27 21	23 22 23 18 18 26 22 25 27 22	26 26 28 21 19 26 23 25 27 22
6	29 20 31 31 33 25 22 25 27 21	32 25 30 34 35 25 22 25 27 21	35 25 33 2 1 26 22 25 27 21	2 30 3 6 4 26 22 25 27 21	5 33 6 9 6 25 22 25 27 21	8 1 6 12 8 25 21 25 27 21	11 5 10 15 10 25 21 25 27 21	14 10 16 16 12 25 21 25 27 21	17 15 19 15 14 25 22 25 27 21	20 19 18 16 16 25 22 25 27 21	23 24 23 18 18 26 22 25 27 22	26 28 28 21 20 27 23 25 27 22
7	29 21 31 31 33 25 22 25 27 21	32 26 30 35 35 25 22 25 27 21	35 27 34 2 1 26 22 25 27 21	2 31 3 6 4 26 22 25 27 21	5 34 6 9 6 25 21 25 27 21	8 3 6 13 8 25 21 25 27 21	11 6 11 15 10 25 21 25 27 21	14 11 16 16 12 25 21 25 27 21	17 17 18 15 14 25 22 25 27 21	20 21 18 16 16 25 22 25 27 21	23 25 23 18 18 26 22 25 27 22	26 29 28 22 20 27 23 25 27 22
8	29 22 31 31 33 25 22 25 27 21	32 27 30 35 35 25 22 25 27 21	35 28 34 2 1 26 22 25 27 21	2 32 4 6 4 26 22 25 27 21	5 35 6 9 6 25 21 25 27 21	8 4 6 13 8 25 21 25 27 21	11 8 11 15 10 25 21 25 27 21	14 13 16 16 12 25 21 25 27 21	17 18 18 15 14 25 22 25 27 21	20 22 18 16 16 25 22 25 27 21	23 27 24 18 18 26 22 25 27 22	26 30 28 22 20 27 23 25 27 22
9	29 24 31 31 33 25 22 25 27 21	32 28 30 35 35 25 22 25 27 21	35 29 34 2 1 26 22 25 27 21	2 33 4 6 4 26 22 25 27 21	5 1 6 9 6 25 21 25 27 21	8 5 6 13 8 25 21 25 27 21	11 9 11 15 10 25 21 25 27 21	14 14 17 16 12 25 21 25 27 21	17 20 18 15 14 25 22 25 27 21	20 23 19 16 16 25 22 25 27 21	23 28 24 18 18 26 22 25 27 22	26 31 28 22 20 27 23 25 27 22
10	29 25 31 31 33 25 22 25 27 21	33 29 30 35 35 25 22 25 27 21	35 30 34 2 1 26 22 25 27 21	2 35 4 6 4 26 22 25 27 21	5 2 6 10 6 25 21 25 27 21	8 7 6 13 8 25 21 25 27 21	11 10 11 15 10 25 21 25 27 21	14 16 17 16 12 25 21 25 27 21	17 21 18 15 14 25 22 25 27 21	20 25 19 16 16 25 22 25 27 21	23 29 24 19 18 26 22 25 27 22	26 32 28 22 20 27 23 25 27 22
11	30 26 31 31 33 25 22 25 27 21	33 30 30 35 35 25 22 25 27 21	35 31 34 2 1 26 22 25 27 21	3 36 4 6 4 26 22 25 27 21	5 3 6 10 6 25 21 25 27 21	8 8 6 13 8 25 21 25 27 21	11 12 11 16 10 25 21 25 27 21	14 17 17 16 12 25 21 25 27 21	17 23 18 15 14 25 22 25 27 21	20 26 19 16 16 25 22 25 27 21	23 30 24 19 18 26 22 25 27 22	26 34 28 22 20 27 23 25 27 22
12	30 27 31 31 33 25 22 25 27 21	33 32 30 35 35 25 22 25 27 21	36 33 34 3 2 26 22 25 27 21	3 1 4 6 4 26 22 25 27 21	6 5 6 10 6 25 21 25 27 21	9 10 6 13 8 25 21 25 27 21	11 14 12 16 10 25 21 25 27 21	14 19 17 16 12 25 21 25 27 21	17 24 18 15 14 25 22 25 27 21	20 27 19 16 16 25 22 25 27 21	23 32 24 19 18 26 22 25 27 22	26 35 28 22 20 27 23 25 27 22
13	30 28 30 31 33 25 22 25 27 21	33 33 30 35 36 25 22 25 27 21	36 34 34 3 2 26 22 25 27 21	3 2 4 6 4 26 22 25 27 21	6 6 6 10 6 25 21 25 27 21	9 11 6 13 8 25 21 25 27 21	12 15 12 16 10 25 21 25 27 21	14 20 17 16 12 25 21 25 27 21	17 25 18 15 14 25 22 25 27 21	20 28 19 16 16 25 22 25 27 21	24 33 24 19 18 26 22 25 27 22	27 36 29 22 20 27 23 25 27 22
14	30 30 30 32 33 25 22 25 27 21	33 34 30 35 36 25 22 25 27 21	36 35 35 3 2 26 22 25 27 21	3 4 5 7 4 26 22 25 27 21	6 7 6 10 6 25 21 25 27 21	9 13 6 13 8 25 21 25 27 21	12 17 12 16 10 25 21 25 27 21	15 22 17 16 13 25 21 25 27 21	18 26 18 15 14 25 22 25 27 21	21 30 19 16 16 25 22 25 27 21	24 34 24 19 18 26 22 25 27 22	27 1 29 22 20 27 23 26 27 22
15	30 31 30 32 33 25 22 25 27 21	33 35 31 36 36 25 22 25 27 21	36 36 35 3 2 26 22 25 27 21	3 5 5 7 4 26 22 25 27 21	6 9 6 10 6 25 21 25 27 21	9 14 7 13 9 25 21 25 27 21	12 18 12 16 11 25 21 25 27 21	15 23 17 16 13 25 21 25 27 21	18 28 18 15 15 25 22 25 27 21	21 31 20 16 16 25 22 25 27 21	24 35 25 19 18 26 22 25 27 22	27 2 29 22 20 27 23 26 27 22
16	30 32 30 32 33 25 22 25 27 21	33 1 31 36 36 25 22 25 27 21	36 1 35 3 2 26 22 25 27 21	3 6 5 7 4 26 22 25 27 21	6 10 5 10 6 25 21 25 27 21	9 16 7 13 9 25 21 25 27 21	12 19 13 16 11 25 21 25 27 21	15 24 17 16 13 25 21 25 27 21	18 29 18 15 15 25 22 25 27 21	21 32 20 16 16 25 22 25 27 21	24 36 25 19 18 26 22 25 27 22	27 4 29 23 20 27 23 26 27 22
17	30 33 30 32 33 25 22 25 27 21	33 2 31 36 36 25 22 25 27 21	36 3 35 3 2 26 22 25 27 21	3 8 5 7 4 26 22 25 27 21	6 12 5 10 7 25 21 25 27 21	9 17 7 14 9 25 21 25 27 21	12 21 13 16 11 25 21 25 27 21	15 26 18 16 13 25 21 25 27 21	18 30 17 15 15 25 22 25 27 21	21 33 20 16 17 25 22 25 27 21	24 2 25 19 18 26 22 25 27 22	27 5 29 23 20 27 23 26 27 22
18	30 34 30 32 34 25 22 25 27 21	33 3 31 36 36 25 22 25 27 21	36 4 35 3 2 26 22 25 27 21	3 9 5 7 4 26 22 25 27 21	6 13 5 10 7 25 21 25 27 21	9 18 7 14 9 25 21 25 27 21	12 22 13 16 11 25 21 25 27 21	15 27 18 16 13 25 21 25 27 21	18 31 17 15 15 25 22 25 27 21	21 34 20 16 17 25 22 25 27 21	24 3 25 19 18 26 22 25 27 22	27 6 29 23 20 27 23 26 27 22
19	30 36 30 32 33 25 22 25 27 21	33 4 31 36 36 25 22 25 27 21	36 5 36 3 2 26 22 25 27 21	3 11 5 7 4 26 22 25 27 21	6 14 5 11 7 25 21 25 27 21	9 20 7 14 9 25 21 25 27 21	12 23 13 16 11 25 21 25 27 21	15 28 18 16 13 25 21 25 27 21	18 32 17 15 15 25 22 25 27 21	21 36 20 16 17 25 22 25 27 21	24 4 25 20 19 26 22 25 27 22	27 8 29 23 20 27 23 26 27 22
20	30 1 30 32 33 25 22 25 27 21	34 6 31 36 36 25 22 25 27 21	36 7 36 4 2 26 22 25 27 21	3 12 5 7 5 26 22 25 27 21	6 16 5 11 7 25 21 25 27 21	9 21 7 14 9 25 21 25 27 21	12 25 13 16 11 25 21 25 27 21	15 29 18 16 13 25 21 25 27 21	18 34 17 15 15 25 22 25 27 21	21 1 20 17 17 25 22 25 27 21	24 6 25 20 19 26 22 25 27 22	27 9 29 23 20 27 23 26 27 22
21	31 2 29 32 34 25 22 25 27 21	34 7 31 36 36 25 22 25 27 21	36 8 36 4 2 26 22 25 27 21	4 13 6 7 5 26 22 25 27 21	6 17 5 11 7 25 21 25 27 21	9 22 7 14 9 25 21 25 27 21	12 26 14 16 11 25 21 25 27 21	15 30 18 16 13 25 21 25 27 21	18 35 17 15 15 25 22 25 27 21	21 2 21 17 17 26 22 25 27 21	24 7 26 20 19 26 22 25 27 22	27 11 29 23 20 27 23 26 27 22
22	31 3 29 33 34 25 22 25 27 21	34 8 31 36 36 25 22 25 27 21	1 9 36 4 2 26 22 25 27 21	4 15 6 7 5 26 22 25 27 21	7 19 5 11 7 25 21 25 27 21	10 24 8 14 9 25 21 25 27 21	12 27 14 16 11 25 21 25 27 21	15 32 18 16 13 25 21 25 27 21	18 36 17 15 15 25 22 25 27 21	21 3 21 17 17 26 22 25 27 21	24 8 26 20 19 26 22 25 27 22	27 12 29 23 20 27 23 26 27 22
23	31 5 29 33 34 25 22 25 27 21	34 10 32 1 36 25 22 25 27 21	1 11 36 4 2 26 22 25 27 21	4 16 6 8 5 25 22 25 27 21	7 20 5 11 7 25 21 25 27 21	10 25 8 14 9 25 21 25 27 21	12 28 14 16 11 25 21 25 27 21	15 33 18 16 13 25 21 25 27 21	18 1 17 15 15 25 22 25 27 21	21 5 21 17 17 26 22 25 27 21	24 10 26 20 19 26 22 25 27 22	28 13 29 23 20 27 23 26 27 22
24	31 6 29 33 34 25 22 25 27 21	34 11 32 1 36 25 22 25 27 21	1 12 1 4 3 26 22 25 27 21	4 18 6 8 5 25 22 25 27 21	7 21 5 11 7 25 21 25 27 21	10 26 8 14 9 25 21 25 27 21	13 29 14 16 11 25 21 25 27 21	16 34 18 16 13 25 21 25 27 21	19 2 17 15 15 25 22 25 27 21	22 6 21 17 17 26 22 25 27 21	24 11 26 20 19 26 23 25 27 22	28 15 29 24 21 27 23 26 27 22
25	31 7 29 33 34 25 22 25 27 21	34 13 32 1 1 25 22 25 27 21	1 14 1 4 3 26 22 25 27 21	4 19 6 8 5 25 22 25 27 21	7 23 5 11 7 25 21 25 27 21	10 27 8 14 9 25 21 25 27 21	13 31 14 16 11 25 21 25 27 21	16 35 18 16 13 25 21 25 27 21	19 4 17 15 15 25 22 25 27 21	22 7 21 17 17 26 22 25 27 21	25 12 26 20 19 26 23 25 27 22	28 16 29 24 21 27 23 26 27 22
26	31 9 29 33 34 25 22 25 27 21	34 14 32 1 1 25 22 25 27 21	1 15 1 4 3 26 22 25 27 21	4 20 6 8 5 25 22 25 27 21	7 24 5 11 7 25 21 25 27 21	10 29 8 14 9 25 21 25 27 21	13 32 14 16 11 25 21 25 27 21	16 36 18 16 13 25 22 25 27 21	19 5 17 15 15 25 22 25 27 21	22 9 21 17 17 26 22 25 27 21	25 14 26 20 19 26 23 25 27 22	28 18 29 24 21 27 23 26 27 22
27	31 10 29 33 34 25 22 25 27 21	34 16 32 1 1 25 22 25 27 21	1 17 1 4 3 26 22 25 27 21	4 22 6 8 5 25 22 25 27 21	7 25 5 11 7 25 21 25 27 21	10 30 9 14 9 25 21 25 27 21	13 33 15 16 11 25 21 25 27 21	16 2 18 16 13 25 22 25 27 21	19 6 17 15 15 25 22 25 27 21	22 10 22 17 17 26 22 25 27 21	25 15 26 20 19 26 23 25 27 22	28 19 29 24 21 27 23 26 27 22
28	31 12 29 33 34 25 22 25 27 21	34 17 32 1 1 25 22 25 27 21	1 18 1 5 3 26 22 25 27 21	4 23 6 8 5 25 22 25 27 21	7 27 5 12 7 25 21 25 27 21	10 31 9 15 9 25 21 25 27 21	13 34 15 16 11 25 21 25 27 21	16 3 18 15 13 25 22 25 27 21	19 8 17 15 15 25 22 25 27 21	22 11 22 17 17 26 22 25 27 21	25 17 27 21 19 26 23 25 27 22	28 21 29 24 21 27 23 26 27 22
29	31 13 29 33 34 25 22 25 27 21		1 20 2 5 3 26 22 25 27 21	4 24 6 8 5 25 22 25 27 21	7 28 5 12 7 25 21 25 27 21	10 32 9 15 9 25 21 25 27 21	13 35 15 16 11 25 21 25 27 21	16 4 18 15 13 25 22 25 27 21	19 9 17 15 15 25 22 25 27 21	22 13 22 17 17 26 22 25 27 21	25 18 27 21 19 26 23 25 27 22	28 22 29 24 21 27 23 26 27 22
30	31 15 29 34 34 25 22 25 27 21		1 21 2 5 3 26 22 25 27 21	4 26 6 8 5 25 22 25 27 21	7 29 5 12 7 25 21 25 27 21	10 33 9 15 10 25 21 25 27 21	13 1 15 16 12 25 21 25 27 21	16 5 19 15 14 25 22 25 27 21	19 10 17 15 16 25 22 25 27 21	22 14 22 17 17 26 22 25 27 21	25 20 27 21 19 26 23 25 27 22	28 23 29 24 21 27 23 26 27 22
31	32 16 29 34 35 25 22 25 27 21		1 22 2 5 3 26 22 25 27 21		7 30 5 12 7 25 21 25 27 21		13 2 15 16 12 25 21 25 27 21	16 7 19 15 14 25 22 25 27 21		22 16 22 18 17 26 22 25 27 21		28 25 28 24 21 27 23 26 27 22

1984

	JAN	FEB	MAR	APR	MAY	JUNE	JULY	AUG	SEPT	OCT	NOV	DEC
1	28 26 28 24 21 27 23 26 27 22	32 31 29 28 23 28 23 26 28 22	35 33 34 32 24 28 23 26 28 22	2 1 4 36 24 29 23 26 28 22	5 4 3 3 24 29 23 26 28 22	8 9 5 7 23 29 23 26 28 21	10 13 11 11 23 28 22 26 27 21	13 18 16 15 24 28 22 25 27 21	16 24 16 18 25 28 23 25 27 22	19 27 19 22 27 28 23 26 27 22	22 32 24 26 29 28 23 26 27 22	25 35 27 30 32 29 24 26 28 22
2	29 27 28 25 21 27 23 26 27 22	32 32 30 28 23 28 23 26 28 22	35 34 34 32 24 28 23 26 28 22	2 2 4 36 24 29 23 26 28 22	5 6 3 3 24 29 23 26 28 22	8 11 6 7 23 29 23 26 28 21	11 14 12 11 23 28 22 26 27 21	13 20 16 15 24 28 23 25 27 21	16 25 16 19 25 28 23 25 27 22	19 29 19 22 27 28 23 26 27 22	22 33 24 26 29 28 23 26 27 22	25 36 28 30 32 29 24 26 28 22
3	29 28 28 25 21 27 23 26 27 22	32 33 30 29 23 28 23 26 28 22	35 35 34 32 24 28 23 26 28 22	2 4 4 36 24 29 23 26 28 22	5 7 3 4 24 29 23 26 28 22	8 12 6 7 23 29 23 26 28 21	11 16 12 11 23 28 22 26 27 21	14 21 16 15 24 28 23 25 27 21	17 26 16 19 25 28 23 25 27 22	19 30 19 22 27 28 23 26 27 22	23 34 24 26 30 28 23 26 27 22	26 2 28 30 32 29 24 26 28 22
4	29 30 28 25 21 27 23 26 27 22	32 34 30 29 23 28 23 26 28 22	35 36 34 32 24 28 23 26 28 22	2 5 4 36 24 29 23 26 28 22	5 8 3 4 24 29 23 26 28 22	8 13 6 8 23 29 23 26 28 21	11 17 12 11 23 28 22 26 27 21	14 23 16 15 24 28 23 25 27 21	17 28 16 19 25 28 23 25 27 22	20 31 19 23 27 28 23 26 27 22	23 35 24 26 30 28 23 26 27 22	26 3 28 30 32 29 24 26 28 22
5	29 31 28 25 21 27 23 26 27 22	32 35 30 29 23 28 23 26 28 22	35 1 35 32 24 28 23 26 28 22	2 6 4 36 24 29 23 26 28 22	5 10 3 4 24 29 23 26 28 22	8 15 6 8 23 29 23 26 28 21	11 19 12 11 23 28 22 26 27 21	14 24 16 15 24 28 23 25 27 21	17 29 16 19 25 28 23 25 27 22	20 32 19 23 27 28 23 26 27 22	23 1 24 26 30 28 23 26 27 22	26 4 28 30 32 29 24 26 28 22
6	29 32 28 25 21 27 23 26 27 22	32 36 30 29 23 28 23 26 28 22	35 3 35 32 24 28 23 26 28 22	2 7 4 36 24 29 23 26 28 22	5 11 3 4 24 29 23 26 28 22	8 16 6 8 23 29 23 26 28 21	11 20 12 11 23 28 22 26 27 21	14 25 17 15 24 28 23 25 27 21	17 30 16 19 26 28 23 25 27 22	20 33 19 23 28 28 23 26 27 22	23 2 24 27 30 28 23 26 27 22	26 5 28 30 32 29 24 26 28 22
7	29 33 28 25 21 27 23 26 27 22	32 2 30 29 23 28 23 26 28 22	35 4 35 33 24 28 23 26 28 22	2 9 4 36 24 29 23 26 28 22	5 12 3 4 24 29 23 26 28 22	8 18 6 8 23 29 23 26 28 21	11 21 13 12 23 28 22 26 27 21	14 27 17 15 24 28 23 25 27 21	17 31 16 19 26 28 23 25 27 22	20 35 20 23 28 28 23 26 27 22	23 3 25 27 30 28 23 26 27 22	26 6 28 30 32 29 24 26 28 22
8	29 34 28 25 21 27 23 26 27 22	32 3 30 29 23 28 23 26 28 22	35 5 35 33 24 28 23 26 28 22	2 10 4 1 24 29 23 26 28 22	5 13 3 4 24 29 23 26 28 22	8 19 7 8 23 29 23 26 28 21	11 23 13 12 23 28 22 26 27 21	14 28 17 16 24 28 23 25 27 21	17 33 16 19 26 28 23 25 27 22	20 36 20 23 28 28 23 26 27 22	23 4 25 27 30 29 23 26 27 22	26 8 27 30 32 29 24 26 28 22
9	29 36 28 25 21 27 23 26 27 22	32 4 30 29 23 28 23 26 28 22	35 6 35 33 24 28 23 26 28 22	2 11 4 1 24 29 23 26 28 22	5 15 3 4 24 29 23 26 28 22	8 20 7 8 23 29 23 26 28 21	11 24 13 12 23 28 22 26 27 21	14 29 17 16 24 28 23 25 27 21	17 34 16 19 26 28 23 25 27 22	20 1 20 23 28 28 23 26 27 22	23 5 25 27 30 29 23 26 27 22	26 9 27 30 32 29 24 26 28 22
10	29 1 28 26 21 27 23 26 27 22	33 5 31 29 23 28 23 26 28 22	35 8 36 33 24 28 23 26 28 22	3 13 4 1 24 29 23 26 28 22	5 16 3 4 24 29 23 26 28 22	8 22 7 8 23 29 23 26 28 21	11 26 13 12 23 28 22 26 27 21	14 30 17 16 24 28 23 25 27 21	17 35 16 20 26 28 23 25 27 22	20 2 20 23 28 28 23 26 27 22	23 7 25 27 30 29 23 26 27 22	26 10 27 31 32 29 24 26 28 22
11	29 2 28 26 21 27 23 26 27 22	33 7 31 29 23 28 23 26 28 22	36 9 36 33 24 28 23 26 28 22	3 14 4 1 24 29 23 26 28 22	6 18 3 5 24 29 23 26 28 22	9 23 7 8 23 29 23 26 28 21	11 27 13 12 23 28 22 26 27 21	14 32 17 16 24 28 23 25 27 21	17 36 16 20 26 28 23 25 27 22	20 3 20 23 28 28 23 26 27 22	23 8 25 27 30 29 23 26 27 22	26 11 27 31 32 29 24 26 28 22
12	30 3 28 26 22 27 23 26 27 22	33 8 31 30 23 28 23 26 28 22	36 10 36 33 24 28 23 26 28 22	3 15 4 1 24 29 23 26 28 22	6 19 3 5 24 29 23 26 28 22	9 24 7 9 23 29 23 26 28 21	11 28 13 12 23 28 22 26 27 21	14 33 17 16 24 28 23 25 27 21	17 1 16 20 26 28 23 25 27 22	20 5 20 23 28 28 23 26 27 22	23 9 25 27 30 29 23 26 27 22	27 13 27 31 32 29 24 26 28 22
13	30 5 28 26 22 27 23 26 27 22	33 9 31 30 23 28 23 26 28 22	36 12 36 33 24 28 23 26 28 22	3 17 4 1 24 29 23 26 28 22	6 21 3 5 24 29 23 26 28 22	9 25 8 9 23 29 23 26 28 21	12 29 14 12 23 28 22 26 27 21	15 34 17 16 24 28 23 25 27 21	18 2 16 20 26 28 23 25 27 22	20 6 21 24 28 28 23 26 27 22	24 10 25 27 30 29 23 26 27 22	27 14 27 31 33 29 24 26 28 22
14	30 6 28 26 22 27 23 26 27 22	33 11 31 30 23 28 23 26 28 22	36 13 36 33 24 28 23 26 28 22	3 18 4 1 24 29 23 26 28 22	6 22 3 5 23 29 23 26 28 22	9 26 8 9 23 29 23 26 28 21	12 31 14 12 23 28 22 26 27 21	15 35 17 16 24 28 23 25 27 21	18 4 16 20 26 28 23 25 27 22	21 7 21 24 28 28 23 26 27 22	24 12 26 28 30 29 23 26 27 22	27 16 27 31 33 29 24 26 28 22
15	30 7 28 26 22 27 23 26 27 22	33 12 31 30 23 28 23 26 28 22	36 15 1 34 24 28 23 26 28 22	3 20 4 1 24 29 23 26 28 22	6 24 3 5 23 29 23 26 28 22	9 29 8 9 23 28 23 26 28 21	12 32 14 13 23 28 22 26 27 21	15 36 17 16 24 28 23 25 27 21	18 5 16 20 26 28 23 25 27 22	21 8 21 24 28 28 23 26 27 22	24 13 26 28 30 29 23 26 27 22	27 17 27 31 33 29 24 26 28 22
16	30 9 28 26 22 27 23 26 27 22	33 14 32 30 23 28 23 26 28 22	36 16 1 34 24 28 23 26 28 22	3 21 4 2 24 29 23 26 28 22	6 25 3 5 23 29 23 26 29 22	9 30 8 9 23 28 23 26 28 21	12 33 14 13 23 28 22 25 27 21	15 2 17 17 24 28 23 25 27 21	18 6 16 20 26 28 23 25 27 22	21 9 21 24 28 28 23 26 27 22	24 15 26 28 31 29 23 26 27 22	27 18 27 31 33 29 24 26 28 22
17	30 10 28 26 22 27 23 26 27 22	33 15 32 30 23 28 23 26 28 22	36 18 1 34 24 28 23 26 28 22	3 23 4 2 24 29 23 26 28 22	6 26 4 5 23 29 23 26 28 22	9 31 8 9 23 28 23 26 28 21	12 34 14 13 23 28 22 25 27 21	15 3 17 17 24 28 23 25 27 21	18 7 16 20 26 28 23 25 27 22	21 11 21 24 28 28 23 26 27 22	24 16 26 28 31 29 23 26 27 22	27 20 26 31 33 29 24 26 28 22
18	30 11 28 27 22 27 23 26 27 22	33 17 32 30 23 28 23 26 28 22	36 19 1 34 24 28 23 26 28 22	3 24 4 2 24 29 23 26 28 22	6 28 4 5 23 29 23 26 28 21	9 32 9 9 23 28 23 26 28 21	12 36 14 13 23 28 22 25 27 21	15 4 17 17 25 28 23 25 27 21	18 9 16 21 26 28 23 25 27 22	21 12 21 24 28 28 23 26 27 22	24 17 26 28 31 29 23 26 27 22	27 21 26 32 33 29 24 26 28 22
19	30 13 28 27 22 27 23 26 28 22	33 18 32 30 23 28 23 26 28 22	36 21 1 34 24 28 23 26 28 22	3 26 4 2 24 29 23 26 28 22	6 29 4 6 23 29 23 26 28 21	9 34 9 9 23 28 23 26 28 21	12 1 15 13 23 28 22 25 27 21	15 5 17 17 25 28 23 25 27 21	18 10 16 21 26 28 23 25 27 22	21 13 22 24 28 28 23 26 27 22	24 19 26 28 31 29 23 26 27 22	27 23 26 32 33 29 24 26 28 22
20	30 14 28 27 22 28 23 26 28 22	34 20 32 31 23 28 23 26 28 22	36 22 2 34 24 28 23 26 28 22	4 27 4 2 24 29 23 26 28 22	6 30 4 6 23 29 23 26 28 21	9 35 9 9 23 28 23 26 28 21	12 2 15 13 23 28 22 25 27 21	15 6 17 17 25 28 23 25 27 21	18 11 17 21 26 28 23 25 27 22	21 15 22 24 29 28 23 26 27 22	24 20 26 28 31 29 24 26 27 22	27 24 26 32 33 29 24 26 28 22
21	31 16 28 27 22 28 23 26 28 22	34 21 33 31 23 28 23 26 28 22	1 23 2 34 24 29 23 26 28 22	4 28 4 2 24 29 23 26 28 22	7 32 4 6 23 29 23 26 28 21	10 36 9 10 23 28 23 26 28 21	12 3 15 13 23 28 22 25 27 21	15 8 17 17 25 28 23 25 27 21	18 13 17 21 27 28 23 26 27 22	21 16 22 25 29 28 23 26 27 22	24 22 26 28 31 29 24 26 27 22	27 26 26 32 33 29 24 26 28 22
22	31 17 28 27 22 28 23 26 28 22	34 23 33 31 23 28 23 26 28 22	1 25 2 34 24 29 23 26 28 22	4 30 4 2 24 29 23 26 28 22	7 33 4 6 23 29 23 26 28 21	10 1 9 10 23 28 23 26 28 21	12 4 15 13 23 28 22 25 27 21	15 9 17 17 25 28 23 25 27 21	18 14 17 21 27 28 23 26 27 22	21 18 22 25 29 28 23 26 27 22	24 23 27 28 31 29 24 26 28 22	28 27 26 32 33 29 24 26 28 22
23	31 19 28 27 22 28 23 26 28 22	34 24 33 31 23 28 23 26 28 22	1 26 2 35 24 29 23 26 28 22	4 31 4 2 24 29 23 26 28 22	7 34 4 6 23 29 23 26 28 21	10 2 10 10 23 28 23 26 27 21	13 6 15 14 23 28 22 25 27 21	16 10 17 17 25 28 23 25 27 21	19 15 17 21 27 28 23 26 27 22	21 19 22 25 29 28 23 26 27 22	25 25 27 29 31 29 24 26 28 22	28 28 26 32 33 29 24 26 28 22
24	31 20 28 27 22 28 23 26 28 22	34 25 33 31 23 28 23 26 28 22	1 27 2 35 24 29 23 26 28 22	4 32 4 2 24 29 23 26 28 22	7 35 4 6 23 29 23 26 28 21	10 4 10 10 23 28 22 26 27 21	13 7 15 14 23 28 22 25 27 21	16 12 16 17 25 28 23 25 27 21	19 17 17 21 27 28 23 26 27 22	21 21 22 25 29 28 23 26 27 22	25 26 27 29 31 29 24 26 28 22	28 29 26 32 33 29 24 26 28 22
25	31 22 29 27 22 28 23 26 28 22	34 27 33 31 24 28 23 26 28 22	1 29 2 35 24 29 23 26 28 22	4 33 4 3 24 29 23 26 28 22	7 36 4 6 23 29 23 26 28 21	10 5 10 10 23 28 22 26 27 21	13 8 15 14 23 28 22 25 27 21	16 13 16 18 25 28 23 25 27 21	19 19 17 21 27 28 23 26 27 22	22 22 23 25 29 28 23 26 27 22	25 27 27 29 31 29 24 26 28 22	28 31 26 32 33 29 24 26 28 22
26	31 23 29 28 22 28 23 26 28 22	34 28 33 31 24 28 23 26 28 22	1 30 3 35 24 29 23 26 28 22	4 34 3 3 24 29 23 26 28 22	7 2 5 6 23 29 23 26 28 21	10 6 10 10 23 28 22 26 27 21	13 10 15 14 23 28 22 25 27 21	16 15 16 18 25 28 23 25 27 21	19 20 18 22 27 28 23 26 27 22	22 24 23 25 29 28 23 26 27 22	25 29 27 29 31 29 24 26 28 22	28 32 26 32 34 30 24 26 28 22
27	31 24 29 28 22 28 23 26 28 22	34 29 33 31 24 28 23 26 28 22	1 31 3 35 24 29 23 26 28 22	4 36 3 3 24 29 23 26 28 22	7 3 5 7 23 29 23 26 28 21	10 7 11 10 23 28 22 26 27 21	13 11 16 14 23 28 22 25 27 21	16 16 16 18 25 28 23 25 27 21	19 22 18 22 27 28 23 26 27 22	22 25 23 25 29 28 23 26 27 22	25 30 27 29 31 29 24 26 28 22	28 33 26 33 34 30 24 26 28 22
28	31 26 29 28 22 28 23 26 28 22	34 30 34 32 24 28 23 26 28 22	1 32 3 35 24 29 23 26 28 22	4 1 3 3 24 29 23 26 28 22	7 4 5 7 23 29 23 26 28 21	10 9 11 10 23 28 22 26 27 21	13 12 16 14 24 28 22 25 27 21	16 18 16 18 25 28 23 25 27 22	19 23 18 22 27 28 23 26 27 22	22 27 23 25 29 28 23 26 27 22	25 31 27 29 31 29 24 26 28 22	28 35 26 33 34 30 24 26 28 22
29	31 27 29 28 22 28 23 26 28 22	34 31 34 32 24 28 23 26 28 22	1 34 3 35 24 29 23 26 28 22	4 2 3 3 24 29 23 26 28 22	7 5 5 7 23 29 23 26 28 21	10 10 11 11 23 28 22 26 27 21	13 14 16 14 24 28 22 25 27 21	16 19 16 18 25 28 23 25 27 22	19 24 18 22 27 28 23 26 27 22	22 28 23 26 29 28 23 26 27 22	25 33 27 29 31 29 24 26 28 22	28 36 26 33 34 30 24 26 28 22
30	31 28 29 28 22 28 23 26 28 22		1 35 3 35 24 29 23 26 28 22	4 3 3 3 24 29 23 26 28 22	7 7 5 7 23 29 23 26 28 21	10 11 11 11 23 28 22 26 27 21	13 15 16 14 24 28 22 25 27 21	16 21 16 18 25 28 23 25 27 22	19 26 18 22 27 28 23 26 27 22	22 29 23 26 29 28 23 26 27 22	25 34 27 29 32 29 24 26 28 22	28 1 26 33 34 30 24 26 28 22
31	32 29 29 28 22 28 23 26 28 22		2 36 3 36 24 29 23 26 28 22		7 8 5 7 23 29 23 26 28 21		13 17 16 15 24 28 22 25 27 21	16 22 16 18 25 28 23 25 27 22		22 31 24 26 29 28 23 26 27 22		28 2 26 33 34 30 24 26 28 22

1985

	JAN	FEB	MAR	APR	MAY	JUNE	JULY	AUG	SEPT	OCT	NOV	DEC
1	29 3 26 33 34 30 24 26 28 22	32 8 30 36 36 30 24 26 28 22	35 9 35 2 2 31 24 26 28 22	2 13 2 2 5 32 24 26 28 22	5 17 2 1 7 32 24 26 28 22	8 23 7 3 9 32 24 26 28 22	10 26 13 6 11 32 24 26 28 22	13 31 15 9 13 32 24 26 28 22	16 36 15 13 15 31 24 26 28 22	19 3 20 17 17 31 24 26 28 22	22 8 25 21 19 31 24 26 28 22	25 11 25 24 21 32 25 26 28 22
2	29 5 26 33 34 30 24 26 28 22	32 9 31 36 36 30 24 26 28 22	35 10 36 2 3 31 24 26 28 22	2 15 2 2 5 32 24 26 28 22	5 19 2 1 7 32 24 26 28 22	8 24 7 3 9 32 24 26 28 22	11 28 13 6 11 32 24 26 28 22	13 33 15 9 13 32 24 26 28 22	16 1 15 13 15 31 24 26 28 22	19 5 20 17 17 31 24 26 28 22	22 9 25 21 19 31 24 26 28 22	25 12 25 24 21 32 25 26 28 22
3	29 6 26 33 34 30 24 26 28 22	32 10 31 1 1 30 24 26 28 22	35 11 36 3 3 31 24 26 28 22	2 16 2 2 5 32 24 26 28 22	5 20 2 1 7 32 24 26 28 22	8 26 7 3 9 32 24 26 28 22	11 29 13 6 11 32 24 26 28 22	14 34 15 10 13 32 24 26 28 22	17 3 15 13 15 31 24 26 28 22	19 6 20 17 17 31 24 26 28 22	23 10 25 21 19 31 24 26 28 22	26 14 25 24 21 32 25 26 28 22
4	29 7 27 33 34 30 24 26 28 22	32 12 31 1 1 30 24 26 28 22	35 13 36 3 3 31 24 26 28 22	2 18 2 2 5 32 24 26 28 22	5 22 2 1 7 32 24 26 28 22	8 27 7 3 9 32 34 26 28 22	11 31 13 6 11 32 24 26 28 22	14 35 15 10 13 32 24 26 28 22	17 4 15 13 15 31 24 26 28 22	20 7 20 17 17 31 24 26 28 22	23 12 25 21 19 31 24 26 28 22	26 15 25 25 21 32 25 26 28 22
5	29 8 27 34 34 30 24 26 28 22	32 13 31 1 1 30 24 26 28 22	35 14 36 3 3 31 24 26 28 22	2 19 2 2 5 32 24 26 28 22	5 23 2 1 7 32 24 26 28 22	8 28 8 3 9 32 24 26 28 22	11 32 13 6 11 32 24 26 28 22	14 1 15 10 13 32 24 26 28 22	17 5 15 13 15 31 24 26 28 22	20 8 21 17 17 31 24 26 28 22	23 13 25 21 19 31 24 26 28 22	26 16 24 25 21 32 25 26 28 22
6	29 10 27 34 34 30 24 26 28 22	32 15 31 1 1 30 24 26 28 22	35 16 36 3 3 31 24 26 28 22	2 21 2 2 5 32 24 26 28 22	5 25 2 1 7 32 24 26 28 22	8 30 8 3 9 32 24 26 28 22	11 33 13 6 11 32 24 26 28 22	14 2 15 10 13 32 24 26 28 22	17 6 16 14 15 31 24 26 28 22	20 9 21 17 17 31 24 26 28 22	23 14 25 21 19 31 24 26 28 22	26 18 24 25 21 32 25 26 28 22
7	29 11 27 34 34 30 24 26 28 22	32 16 31 1 1 31 24 26 28 22	35 17 1 3 3 31 24 26 26 28	2 22 2 2 5 32 24 26 28 22	5 26 3 1 7 32 24 26 28 22	8 31 8 4 9 32 24 26 28 22	11 35 14 7 11 32 24 26 28 22	14 3 15 10 13 32 24 26 28 22	17 7 16 14 15 31 24 26 28 22	20 11 21 17 17 31 24 26 28 22	23 15 25 21 19 31 24 26 28 22	26 19 24 25 21 32 25 26 28 22
8	29 12 27 34 35 30 24 26 28 22	32 18 32 1 1 31 24 26 28 22	35 19 1 3 3 31 24 26 28 22	2 24 2 2 5 32 24 26 28 22	5 28 3 1 7 32 24 26 28 22	8 32 8 4 9 32 24 26 28 22	11 36 14 7 11 32 24 26 28 22	14 4 14 10 13 32 24 26 28 22	17 9 16 14 15 31 24 26 28 22	20 12 21 17 17 31 24 26 28 22	23 17 25 21 19 31 24 26 28 22	26 20 24 25 21 32 25 26 28 22
9	29 14 27 34 35 30 24 26 28 22	33 19 32 1 1 31 24 26 28 22	35 20 1 3 3 31 24 26 28 22	2 25 1 2 5 32 24 26 28 22	5 29 3 1 7 32 24 26 28 22	8 34 8 4 9 32 24 26 28 22	11 1 14 7 11 32 24 26 28 22	14 5 14 10 13 32 24 26 28 22	17 10 16 14 15 31 24 26 28 22	20 13 21 18 17 31 24 26 28 22	23 18 25 21 19 31 24 26 28 22	26 22 24 25 21 32 25 26 28 22
10	29 15 27 34 35 30 24 26 28 22	33 21 32 1 1 31 24 26 28 22	35 22 1 3 3 31 24 26 28 22	3 27 1 2 5 32 24 26 28 22	5 30 3 1 7 32 24 26 28 22	8 35 9 4 10 32 24 26 28 22	11 2 14 7 12 32 24 26 28 22	14 7 14 10 14 32 24 26 28 22	17 11 16 14 15 31 24 26 28 22	20 15 21 18 17 31 24 26 28 22	23 20 26 22 19 31 24 26 28 22	26 23 24 25 21 32 25 26 28 22
11	30 17 27 34 35 30 24 26 28 22	33 22 32 1 1 31 24 26 28 22	36 23 1 3 3 31 24 26 28 22	3 28 1 1 5 32 24 26 28 22	6 32 3 2 8 32 24 26 28 22	9 36 9 4 10 32 24 26 28 22	11 3 14 7 12 32 24 26 28 22	14 8 14 11 14 32 24 26 28 22	17 12 16 14 16 31 24 26 28 22	20 16 22 18 17 31 24 26 28 22	23 21 26 22 19 31 24 26 28 22	26 25 24 25 21 32 25 26 28 22
12	30 18 28 34 35 30 24 26 28 22	33 23 32 1 1 31 24 26 28 22	36 24 1 3 3 31 24 26 28 22	3 29 1 1 5 32 24 26 28 22	6 33 3 2 8 32 24 26 28 22	9 1 9 4 10 32 24 26 28 22	11 5 14 7 12 32 24 26 28 22	14 9 14 11 14 32 24 26 28 22	17 13 17 14 16 31 24 26 28 22	20 17 22 18 18 31 24 26 28 22	23 23 26 22 19 31 24 26 28 22	26 26 24 26 21 32 25 26 28 22
13	30 19 28 34 35 30 24 26 28 22	33 25 32 1 1 31 24 26 28 22	36 26 1 3 3 31 24 26 28 22	3 31 1 1 6 32 24 26 28 22	6 34 3 2 8 32 24 26 28 22	9 3 9 4 10 32 24 26 28 22	12 6 14 7 12 32 24 26 28 22	15 10 14 11 14 32 24 26 28 22	18 15 17 14 16 31 24 26 28 22	20 19 22 18 18 31 24 26 28 22	24 24 26 22 20 31 24 26 28 22	27 28 25 26 21 32 25 26 28 22
14	30 21 28 35 35 30 24 26 28 22	33 26 33 1 1 31 24 26 28 22	36 27 2 3 3 31 24 26 28 22	3 32 1 1 6 32 24 26 28 22	6 35 3 2 8 32 24 26 28 22	9 4 10 4 10 32 24 26 28 22	12 7 14 7 12 32 24 26 28 22	15 12 14 11 14 32 24 26 28 22	18 16 17 15 16 31 24 26 28 22	21 20 22 18 18 31 24 26 28 22	24 26 26 22 20 31 24 26 28 22	27 29 25 26 21 32 25 26 28 22
15	30 22 28 35 35 30 24 26 28 22	33 27 33 2 1 31 24 26 28 22	36 28 2 3 3 31 24 26 28 22	3 33 1 1 6 32 24 26 28 22	6 1 4 2 8 32 24 26 28 22	9 5 10 4 10 32 24 26 28 22	12 8 14 7 12 32 24 26 28 22	15 13 14 11 14 32 24 26 28 22	18 18 17 15 16 31 24 26 28 22	21 22 22 18 18 31 24 26 28 22	24 27 26 22 20 31 24 26 28 22	27 31 25 26 21 32 25 26 28 22
16	30 24 28 35 35 30 24 26 28 22	33 29 33 2 1 31 24 26 28 22	36 30 2 3 4 31 24 26 28 22	3 34 1 1 6 32 24 26 28 22	6 2 4 2 8 32 24 26 28 22	9 6 10 4 10 32 24 26 28 22	12 9 14 8 12 32 24 26 28 22	15 14 14 11 14 32 24 26 28 22	18 19 17 15 16 31 24 26 28 22	21 23 22 18 18 31 24 26 28 22	24 29 26 22 20 32 24 26 28 22	27 32 25 26 22 32 25 26 28 22
17	30 25 28 35 35 30 24 26 28 22	33 30 33 2 2 31 24 26 28 22	36 31 2 3 4 31 24 26 28 22	3 36 1 1 6 32 24 26 28 22	6 3 4 2 8 32 24 26 28 22	9 7 10 5 10 32 24 26 28 22	12 11 15 8 12 32 24 26 28 22	15 16 14 11 14 32 24 26 28 22	18 21 17 15 16 31 24 26 28 22	21 25 22 19 18 31 24 26 28 22	24 30 26 22 20 32 24 26 28 22	27 34 25 26 22 32 25 26 28 22
18	30 26 28 35 35 30 24 26 28 22	33 31 33 2 2 31 24 26 28 22	36 32 2 3 4 31 24 26 28 22	3 1 1 1 6 32 24 26 28 22	6 4 4 2 8 32 24 26 28 22	9 9 10 5 10 32 24 26 28 22	12 12 15 8 12 32 24 26 28 22	15 17 14 11 14 32 24 26 28 22	18 22 18 15 16 31 24 26 28 22	21 26 23 19 18 31 24 26 28 22	24 31 26 23 20 32 25 26 28 22	27 35 25 26 22 32 25 26 28 22
19	30 28 28 35 35 30 24 26 28 22	34 33 34 2 2 31 24 26 28 22	36 34 2 3 4 31 24 26 28 22	3 2 1 1 6 32 24 26 28 22	6 5 4 2 8 32 24 26 28 22	9 10 11 5 10 32 24 26 28 22	12 13 15 8 12 32 24 26 28 22	15 19 14 11 14 32 24 26 28 22	18 24 18 15 16 31 24 26 28 22	21 28 23 19 18 31 24 26 28 22	24 33 26 23 20 32 25 26 28 22	27 36 25 26 22 32 25 26 28 22
20	30 29 29 35 35 30 24 26 28 22	34 34 34 2 2 31 24 26 28 22	36 35 2 3 4 31 24 26 28 22	3 3 1 1 6 32 24 26 28 22	6 6 4 2 8 32 24 26 28 22	9 11 11 5 10 32 24 26 28 22	12 15 15 8 12 32 24 26 28 22	15 20 14 12 14 32 24 26 28 22	18 25 18 15 16 31 24 26 28 22	21 29 23 19 18 31 24 26 28 22	24 34 26 23 20 32 25 26 28 22	27 1 25 27 22 32 25 26 28 22
21	31 30 29 35 36 30 24 26 28 22	34 35 34 2 2 31 24 26 28 22	1 36 2 3 4 31 24 26 28 22	4 4 1 1 6 32 24 26 28 22	6 8 5 2 8 32 24 26 28 22	9 12 11 5 10 32 24 26 28 22	12 16 15 8 12 32 24 26 28 22	15 21 14 12 14 31 24 26 28 22	18 27 18 15 16 31 24 26 28 22	21 30 23 19 18 31 24 26 28 22	24 35 26 23 20 32 25 26 28 22	27 3 25 27 22 32 25 26 28 22
22	31 32 29 35 36 30 24 26 28 22	34 36 34 2 2 31 24 26 28 22	1 1 2 3 4 31 24 26 28 22	4 6 1 1 6 32 24 26 28 22	7 9 5 2 8 32 24 26 28 22	10 14 11 5 10 32 24 26 28 22	12 17 15 8 12 32 24 26 28 22	15 23 14 12 14 31 24 26 28 22	18 28 18 15 16 31 24 26 28 22	21 32 23 19 18 31 24 26 28 22	24 36 26 23 20 32 25 26 28 22	28 4 25 27 22 32 25 26 28 22
23	31 33 29 35 36 30 24 26 28 22	34 2 34 2 2 31 24 26 28 22	1 2 2 3 4 31 24 26 28 22	4 7 1 1 6 32 24 26 28 22	7 10 5 2 8 32 24 26 28 22	10 15 11 5 10 32 24 26 28 22	13 19 15 8 12 32 24 26 28 22	15 24 14 12 14 31 24 26 28 22	18 29 19 16 16 31 24 26 28 22	21 33 23 19 18 31 24 26 28 22	25 2 26 23 20 32 25 26 28 22	28 5 26 27 22 32 25 26 28 22
24	31 34 29 36 36 30 24 26 28 22	34 3 34 2 2 31 24 26 28 22	1 4 2 3 4 31 24 26 28 22	4 8 1 1 6 32 24 26 28 22	7 11 5 2 8 32 24 26 28 22	10 16 12 5 10 32 24 26 28 22	13 20 15 8 12 32 24 26 28 22	16 26 14 12 14 31 24 26 28 22	19 31 19 16 16 31 24 26 28 22	22 34 23 19 18 31 24 26 28 22	25 3 26 23 20 32 25 26 28 22	28 6 26 27 22 32 25 26 28 22
25	31 35 29 36 36 30 24 26 28 22	34 4 35 2 2 31 24 26 28 22	1 5 2 2 4 31 24 26 28 22	4 9 1 1 6 32 24 26 28 22	7 13 5 2 8 32 24 26 28 22	10 18 12 5 11 32 24 26 28 22	13 22 15 9 12 32 24 26 28 22	16 27 14 12 14 31 24 26 28 22	19 32 19 16 16 31 24 26 28 22	22 36 24 20 18 31 24 26 28 22	25 4 26 23 20 32 25 26 28 22	28 7 26 27 22 32 25 26 28 22
26	31 1 30 36 36 30 24 26 28 22	34 5 35 2 2 31 24 26 28 22	1 6 2 2 4 31 24 26 28 22	4 10 1 1 6 32 24 26 28 22	7 14 6 3 9 32 24 26 28 22	10 19 12 5 11 32 24 26 28 22	13 23 15 9 13 32 24 26 28 22	16 28 14 12 15 31 24 26 28 22	19 33 19 16 17 31 24 26 28 22	22 1 24 20 18 31 24 26 28 22	25 5 26 24 20 32 25 26 28 22	28 8 26 27 22 32 25 26 28 22
27	31 2 30 36 36 30 24 26 28 22	34 6 35 2 2 31 24 26 28 22	1 7 2 2 4 32 24 26 28 22	4 12 2 1 7 32 24 26 28 22	7 15 6 3 9 32 24 26 28 22	10 21 12 6 11 32 24 26 28 22	13 25 15 9 13 32 24 26 28 22	16 30 14 12 15 31 24 26 28 22	19 35 19 16 17 31 24 26 28 22	22 2 24 20 18 31 24 26 28 22	25 6 25 24 20 32 25 26 28 22	28 10 26 27 22 32 25 26 28 22
28	31 3 30 36 36 30 24 26 28 22	34 7 35 2 2 31 24 26 28 22	1 8 2 2 4 32 24 26 28 22	4 13 2 1 7 32 24 26 28 22	7 17 6 3 9 32 24 26 28 22	10 22 12 6 11 32 24 26 28 22	13 26 15 9 13 32 24 26 28 22	16 31 14 12 15 31 24 26 28 22	19 36 19 16 17 31 24 26 28 22	22 3 24 20 19 31 24 26 28 22	25 8 25 24 20 32 25 26 28 22	28 11 26 28 22 32 25 26 28 22
29	31 4 30 36 36 30 24 26 28 22		1 10 2 2 4 32 24 26 28 22	4 14 2 1 7 32 24 26 28 22	7 18 6 3 9 32 24 26 28 22	10 24 12 6 11 32 24 26 28 22	13 27 15 9 13 32 24 26 28 22	16 32 14 13 15 31 24 26 28 22	19 1 20 16 17 31 24 26 28 22	22 4 24 20 19 31 24 26 28 22	25 9 25 24 20 32 25 26 28 22	28 12 26 28 22 32 25 26 28 22
30	32 5 30 36 36 30 24 26 28 22		1 11 2 2 5 32 24 26 28 22	4 16 2 1 7 32 24 26 28 22	7 20 6 3 9 32 24 26 28 22	10 25 13 6 11 32 24 26 28 22	13 29 15 9 13 32 24 26 28 22	16 34 14 13 15 31 24 26 28 22	19 2 20 16 17 31 24 26 28 22	22 6 24 20 19 31 24 26 28 22	25 10 25 24 21 32 25 26 28 22	28 13 27 28 22 32 25 26 28 22
31	32 7 30 36 36 30 24 26 28 22		2 12 2 2 5 32 24 26 28 22		7 21 7 3 9 32 24 26 28 22		13 30 15 9 13 32 24 26 28 22	16 35 14 13 15 31 24 26 28 22		22 7 24 20 19 31 24 26 28 22		28 15 27 28 22 32 25 26 28 22

1986

	JAN	FEB	MAR	APR	MAY	JUNE
1	29 16 27 28 23 32 25 26 28 22	32 21 32 32 24 33 25 27 28 22	35 22 36 35 26 34 25 27 28 22	2 28 35 3 28 34 25 27 28 22	5 31 2 7 29 35 25 27 28 22	8 36 9 11 30 36 25 27 28 22
2	29 17 27 28 23 32 25 26 28 22	32 23 32 32 24 33 25 27 28 22	35 24 36 36 26 34 25 27 28 22	2 29 35 3 28 34 25 27 28 22	5 33 3 7 29 35 25 27 28 22	8 1 9 11 30 36 25 27 28 22
3	29 19 27 28 23 32 25 26 28 22	32 24 32 32 25 33 25 27 28 22	35 25 36 36 26 34 25 27 28 22	2 30 35 4 28 34 25 27 28 22	5 34 3 7 29 35 25 27 28 22	8 3 9 11 30 36 25 27 28 22
4	29 20 27 28 23 32 25 26 28 22	32 25 32 32 25 33 25 27 28 22	35 26 1 36 26 34 25 27 28 22	2 32 35 4 28 34 25 27 28 22	5 35 3 7 29 35 25 27 28 22	8 4 9 11 30 36 25 27 28 22
5	29 21 27 29 23 32 25 26 28 22	32 27 32 32 25 33 25 27 28 22	35 28 1 36 26 34 25 27 28 22	2 33 35 4 28 35 25 27 28 22	5 1 3 7 29 35 25 27 28 22	8 5 9 11 30 36 25 27 28 22
6	29 23 28 29 23 32 25 26 28 22	32 28 33 33 25 33 25 27 28 22	35 29 1 36 26 34 25 27 28 22	2 34 35 4 28 35 25 27 28 22	5 2 3 8 29 35 25 27 28 22	8 6 10 11 30 36 25 27 28 22
7	29 24 28 29 23 32 25 26 28 22	32 30 33 33 25 33 25 27 28 22	35 31 1 36 26 34 25 27 28 22	2 36 36 4 28 35 25 27 28 22	5 3 3 8 29 35 25 27 28 22	8 7 10 11 30 36 25 27 28 22
8	29 26 28 29 23 32 25 26 28 22	32 31 33 33 25 33 25 27 28 22	35 32 1 36 26 34 25 27 28 22	2 1 36 4 28 35 25 27 28 22	5 4 4 8 29 35 25 27 28 22	8 9 10 12 30 36 25 27 28 22
9	29 27 28 29 23 33 25 26 28 22	32 32 33 33 25 33 25 27 28 22	35 33 1 36 26 34 25 27 28 22	2 2 36 4 28 35 25 27 28 22	5 5 4 8 29 35 25 27 28 22	8 10 10 12 30 36 25 27 28 22
10	29 29 28 29 23 33 25 27 28 22	33 34 33 33 25 33 25 27 28 22	35 35 1 1 27 34 25 27 28 22	2 3 36 4 28 35 25 27 28 22	5 7 4 8 29 35 25 27 28 22	8 11 10 12 30 36 25 27 28 22
11	30 30 28 29 23 33 25 27 28 22	33 35 33 33 25 33 25 27 28 22	36 36 1 1 27 34 25 27 28 22	3 5 36 5 28 35 25 27 28 22	6 8 4 8 29 35 25 27 28 22	8 12 10 12 30 36 25 27 28 22
12	30 32 28 29 23 33 25 27 28 22	33 36 34 33 25 33 25 27 28 22	36 1 36 1 27 34 25 27 28 22	3 6 36 5 28 35 25 27 28 22	6 9 4 8 29 35 25 27 28 22	9 13 11 12 30 36 25 27 28 22
13	30 33 29 30 23 33 25 27 28 22	33 2 34 33 25 33 25 27 28 22	36 2 36 1 27 34 25 27 28 22	3 7 36 5 28 35 25 27 28 22	6 10 5 8 29 35 25 27 28 22	9 15 11 12 30 36 25 27 28 22
14	30 34 29 30 23 33 25 27 28 22	33 3 34 34 25 33 25 27 28 22	36 4 36 1 27 34 25 27 28 22	3 8 36 5 28 35 25 27 28 22	6 11 5 9 29 35 25 27 28 22	9 16 11 12 30 36 25 27 28 22
15	30 36 29 30 23 33 25 27 28 22	33 4 34 34 25 33 25 27 28 22	36 5 36 1 27 34 25 27 28 22	3 9 36 5 28 35 25 27 28 22	6 13 5 9 29 35 25 27 28 22	9 17 11 12 30 36 25 27 28 22
16	30 1 29 30 23 33 25 27 28 22	33 5 34 34 25 33 25 27 28 22	36 6 36 1 27 34 25 27 28 22	3 10 36 5 28 35 25 27 28 22	6 14 5 9 29 35 25 27 28 22	9 19 11 13 30 36 25 27 28 22
17	30 2 29 30 24 33 25 27 28 22	33 6 35 34 25 33 25 27 28 22	36 7 36 1 27 34 25 27 28 22	3 12 36 5 28 35 25 27 28 22	6 15 5 9 30 35 25 27 28 22	9 20 12 13 30 36 25 27 28 22
18	30 3 29 30 24 33 25 27 28 22	33 8 35 34 25 33 25 27 28 22	36 8 36 2 27 34 25 27 28 22	3 13 1 5 28 35 25 27 28 22	6 16 6 9 30 35 25 27 28 22	9 21 12 13 30 36 25 27 28 22
19	30 5 30 30 24 33 25 27 28 22	34 9 35 34 25 33 25 27 28 22	36 10 36 2 27 34 25 27 28 22	3 14 1 6 29 35 25 27 28 22	6 18 6 9 30 35 25 27 28 22	9 23 12 13 30 36 25 27 28 22
20	30 6 30 30 24 33 25 27 28 22	34 10 35 34 26 33 25 27 28 22	36 11 36 2 27 34 25 27 28 22	3 15 1 6 29 35 25 27 28 22	6 19 6 9 30 35 25 27 28 22	9 24 12 13 30 36 25 27 28 22
21	31 7 30 31 24 33 25 27 28 22	34 11 35 34 26 34 25 27 28 22	1 12 36 2 27 34 25 27 28 22	4 17 1 6 29 35 25 27 28 22	6 20 6 9 30 35 25 27 28 22	9 26 12 13 30 36 25 26 28 22
22	31 8 30 31 24 33 25 27 28 22	34 13 35 35 26 34 25 27 28 22	1 13 36 2 27 34 25 27 28 22	4 18 1 6 29 35 25 27 28 22	7 22 6 10 30 35 25 27 28 22	10 27 12 13 30 36 25 26 28 22
23	31 9 30 31 24 33 25 27 28 22	34 14 36 35 26 34 25 27 28 22	1 15 36 2 27 34 25 27 28 22	4 20 1 6 29 35 25 27 28 22	7 23 7 10 30 35 25 27 28 22	10 29 12 13 30 36 25 26 28 22
24	31 11 30 31 24 33 25 27 28 22	34 15 36 35 26 34 25 27 28 22	1 16 35 2 27 34 25 27 28 22	4 21 1 6 29 35 25 27 28 22	7 25 7 10 30 35 25 27 28 22	10 30 12 13 30 36 25 26 28 22
25	31 12 30 31 24 33 25 27 28 22	34 17 36 35 26 34 25 27 28 22	1 17 35 2 27 34 25 27 28 22	4 23 1 6 29 35 25 27 28 22	7 26 7 10 30 35 25 27 28 22	10 32 12 14 30 36 25 26 28 22
26	31 13 31 31 24 33 25 27 28 22	34 18 36 35 26 34 25 27 28 22	1 19 35 3 27 34 25 27 28 22	4 24 2 6 29 35 25 27 28 22	7 28 7 10 30 35 25 27 28 22	10 33 12 14 30 36 25 26 28 22
27	31 14 31 31 24 33 25 27 28 22	34 19 36 35 26 34 25 27 28 22	1 20 35 3 27 34 25 27 28 22	4 26 2 7 29 35 25 27 28 22	7 29 8 10 30 35 25 27 28 22	10 35 13 14 30 36 25 26 28 22
28	31 16 31 31 24 33 25 27 28 22	34 21 36 35 26 34 25 27 28 22	1 22 35 3 27 34 25 27 28 22	4 27 2 7 29 35 25 27 28 22	7 31 8 10 30 35 25 27 28 22	10 36 13 14 30 36 25 26 28 22
29	31 17 31 32 24 33 25 27 28 22		1 23 35 3 28 34 25 27 28 22	4 29 2 7 29 35 25 27 28 22	7 32 8 10 30 35 25 27 28 22	10 1 13 14 30 36 25 26 28 22
30	31 18 31 32 24 33 25 27 28 22		1 25 35 3 28 34 25 27 28 22	4 30 2 7 29 35 25 27 28 22	7 34 8 11 30 35 25 27 28 22	10 2 13 14 30 36 25 26 28 22
31	32 20 32 32 24 33 25 27 28 22		1 26 35 3 28 34 25 27 28 22		7 35 8 11 30 36 25 27 28 22	

	JULY	AUG	SEPT	OCT	NOV	DEC
1	10 4 13 14 30 36 25 27 28 22	13 8 12 18 29 36 25 27 28 22	16 12 16 21 29 35 25 27 28 22	19 16 21 23 30 25 25 27 28 22	22 21 24 23 32 35 25 27 28 22	25 24 23 22 34 35 26 27 28 22
2	10 5 13 14 29 36 25 27 28 22	13 9 12 18 29 36 25 27 28 22	16 14 16 21 29 35 25 27 28 22	19 17 21 23 30 35 25 27 28 22	22 22 24 23 32 35 25 27 28 22	25 26 23 22 34 35 26 27 28 22
3	11 6 13 15 29 36 25 27 28 22	14 10 12 18 29 36 25 27 28 22	17 15 16 21 29 35 25 27 28 22	19 18 21 23 30 35 25 27 28 22	23 24 24 23 32 35 25 27 28 22	26 27 24 22 34 35 26 27 28 22
4	11 7 13 15 29 36 25 27 28 22	14 12 12 18 29 36 25 27 28 22	17 16 16 21 29 35 25 27 28 22	20 20 21 23 30 35 25 27 28 22	23 25 24 23 32 35 25 27 28 22	26 29 24 22 34 35 26 27 28 22
5	11 8 13 15 29 36 25 27 28 22	14 13 12 18 29 36 25 27 28 22	17 18 17 21 29 35 25 27 28 22	20 21 22 23 30 35 25 27 28 22	23 27 24 23 32 35 25 27 28 22	26 30 24 22 34 35 26 27 28 22
6	11 10 13 15 29 36 25 27 28 22	14 14 12 18 29 36 25 27 28 22	17 19 17 21 29 35 25 27 28 22	20 23 22 23 30 35 25 27 28 22	23 28 24 23 32 35 25 27 28 22	26 32 24 22 34 35 26 27 28 22
7	11 11 13 15 29 36 25 27 28 22	14 15 12 18 29 36 25 27 28 22	17 20 17 21 29 35 25 27 28 22	20 24 22 23 30 35 25 27 28 22	23 29 24 23 32 35 25 27 28 22	26 33 24 22 34 35 26 27 28 22
8	11 12 13 15 29 36 25 27 28 22	14 17 12 19 29 36 25 27 28 22	17 22 17 22 29 35 25 27 28 22	20 26 22 23 30 35 25 27 28 22	23 31 24 23 32 35 25 27 28 22	26 35 24 22 34 35 26 27 28 22
9	11 13 13 15 29 36 25 27 28 22	14 18 12 19 29 36 25 27 28 22	17 23 17 22 29 35 25 27 28 22	20 27 22 23 30 35 25 27 28 22	23 32 24 23 32 35 25 27 28 22	26 36 24 22 34 35 26 27 28 22
10	11 14 13 15 29 36 25 27 28 22	14 19 12 19 29 36 25 27 28 22	17 24 18 22 29 35 25 27 28 22	20 28 22 23 31 35 25 27 28 22	23 34 24 22 32 35 25 27 28 22	26 1 24 22 34 35 26 27 28 22
11	11 16 13 15 29 36 25 27 28 22	14 21 12 19 29 36 25 27 28 22	17 26 18 22 29 35 25 27 28 22	20 30 22 23 31 35 25 27 28 22	23 35 24 22 32 35 25 27 28 22	26 3 25 22 35 35 26 27 28 22
12	12 17 13 16 29 36 25 27 28 22	14 22 13 19 29 36 25 27 28 22	17 27 18 22 29 35 25 27 28 22	20 31 23 24 31 35 25 27 28 22	23 36 24 22 33 35 25 27 28 22	26 4 25 22 35 35 26 27 28 22
13	12 18 13 16 29 36 25 27 28 22	14 23 13 19 29 36 25 27 28 22	17 29 18 22 29 35 25 27 28 22	20 33 23 24 31 35 25 27 28 22	24 2 24 22 33 35 25 27 28 22	27 5 25 22 35 35 26 27 28 22
14	12 20 13 16 29 36 25 27 28 22	14 25 13 19 29 36 25 27 28 22	18 30 18 22 29 35 25 27 28 22	21 34 23 24 31 35 25 27 28 22	24 3 23 22 33 35 25 27 28 22	27 6 25 23 35 35 26 27 28 22
15	12 21 13 16 29 36 25 27 28 22	15 26 13 19 29 36 25 27 28 22	18 32 18 22 29 35 25 27 28 22	21 35 23 24 31 35 25 27 28 22	24 4 23 22 33 35 25 27 28 22	27 7 25 23 35 35 26 27 28 22
16	12 22 13 16 29 36 25 27 28 22	15 28 13 19 29 36 25 27 28 22	18 33 19 22 29 35 25 27 28 22	21 1 23 24 31 35 25 27 28 22	24 5 23 22 33 35 26 27 28 22	27 9 25 23 35 35 26 27 28 22
17	12 24 13 16 29 36 25 27 28 22	15 29 13 19 29 36 25 27 28 22	18 34 19 22 29 35 25 27 28 22	21 2 23 24 31 35 25 27 28 22	24 6 23 22 33 35 26 27 28 22	27 10 26 23 35 35 26 27 28 22
18	12 25 13 16 29 36 25 27 28 22	15 31 13 20 29 36 25 27 28 22	18 36 19 22 29 35 25 27 28 22	21 3 23 24 31 35 25 27 28 22	24 8 23 22 33 35 26 27 28 22	27 11 26 23 35 35 26 27 28 22
19	12 27 13 16 29 36 25 27 28 22	15 32 13 20 29 36 25 27 28 22	18 1 19 22 30 35 25 27 28 22	21 4 23 24 31 35 25 27 28 22	24 9 23 22 33 35 26 27 28 22	27 12 26 23 35 35 26 27 28 22
20	12 28 13 16 29 36 25 27 28 22	15 33 14 20 29 36 25 27 28 22	18 2 19 22 30 35 25 27 28 22	21 6 24 24 31 35 25 27 28 22	24 10 23 22 33 35 26 27 28 22	27 13 26 23 35 35 26 27 28 22
21	12 30 13 17 29 36 25 27 28 22	15 35 14 20 29 36 25 27 28 22	18 4 19 23 30 35 25 27 28 22	21 7 24 23 31 35 25 27 28 22	24 11 23 22 33 35 26 27 28 22	27 15 26 23 35 35 26 27 28 22
22	12 31 13 17 29 36 25 27 28 22	15 36 14 20 29 36 25 27 28 22	18 5 20 23 30 35 25 27 28 22	21 8 24 23 31 35 25 27 28 22	24 12 23 22 33 35 26 27 28 22	27 16 26 23 35 35 26 27 28 22
23	12 33 13 17 29 36 25 27 28 22	15 2 14 20 29 36 25 27 28 22	18 6 20 23 30 35 25 27 28 22	21 9 24 23 31 35 25 27 28 22	25 14 23 22 33 35 26 27 28 22	28 17 26 23 35 35 26 27 28 22
24	13 34 12 17 29 36 25 27 28 22	16 3 14 20 29 36 25 27 28 22	19 7 20 23 30 35 25 27 28 22	22 10 24 23 31 35 25 27 28 22	25 15 23 22 33 35 26 27 28 22	28 18 27 23 35 35 26 27 28 22
25	13 35 12 17 29 36 25 27 28 22	16 4 14 20 29 36 25 27 28 22	19 8 20 23 30 35 25 27 28 22	22 12 24 23 31 35 25 27 28 22	25 16 23 22 33 35 26 27 28 22	28 20 27 23 35 35 26 27 28 22
26	13 1 12 17 29 36 25 27 28 22	16 5 15 20 29 36 25 27 28 22	19 10 20 23 30 35 25 27 28 22	22 13 24 23 31 35 25 27 28 22	25 17 23 22 33 35 26 27 28 22	28 21 27 23 36 35 26 27 28 22
27	13 2 12 17 29 36 25 27 28 22	16 6 15 20 29 35 25 27 28 22	19 11 20 23 30 35 25 27 28 22	22 14 24 23 32 35 25 27 28 22	25 19 23 22 34 35 26 27 28 22	28 22 27 23 36 35 26 27 28 22
28	13 3 12 17 29 36 25 27 28 22	16 8 15 21 29 35 25 27 28 22	19 12 21 23 30 35 25 27 28 22	22 15 24 23 32 35 25 27 28 22	25 20 23 22 34 35 26 27 28 22	28 24 27 24 36 35 26 27 28 22
29	13 4 12 17 29 36 25 27 28 22	16 9 15 21 29 35 25 27 28 22	19 13 21 23 30 35 25 27 28 22	22 17 24 23 32 35 25 27 28 22	25 21 23 22 34 35 26 27 28 22	28 25 27 24 36 35 26 27 28 22
30	13 6 12 18 29 36 25 27 28 22	16 10 15 21 29 35 25 27 28 22	19 14 21 23 30 36 25 27 28 22	22 18 24 23 32 35 25 27 28 22	25 23 23 22 34 35 26 27 28 22	28 27 28 24 36 35 26 27 28 22
31	13 7 12 18 29 36 25 27 28 22	16 11 16 21 29 35 25 27 28 22		22 19 24 23 32 35 25 27 28 22		28 28 28 24 36 35 26 27 28 22

1987

	JAN	FEB	MAR	APR	MAY	JUNE	JULY	AUG	SEPT	OCT	NOV	DEC
1	29 30 28 24 36 35 26 27 28 22	32 35 33 27 2 36 26 27 28 22	34 36 34 30 4 36 27 27 28 22	2 5 35 34 6 1 27 27 28 22	5 8 4 2 8 2 27 27 28 22	8 12 10 5 10 3 26 27 28 22	10 16 11 9 12 3 26 27 28 22	13 20 12 13 14 3 26 27 28 22	16 25 17 17 16 3 26 27 28 22	19 29 22 20 18 3 26 27 28 22	22 34 22 24 20 3 26 27 28 22	25 2 24 28 22 3 27 27 28 23
2	29 31 28 24 36 35 26 27 28 22	32 36 33 27 2 36 26 27 28 22	35 1 34 30 4 1 27 27 28 22	2 6 35 34 6 1 27 27 28 22	5 9 4 2 8 2 27 27 28 22	8 14 10 5 10 3 26 27 28 22	10 17 11 9 12 3 26 27 28 22	13 21 12 13 14 3 26 27 28 22	16 26 18 17 16 3 26 27 28 22	19 30 22 20 18 3 26 27 28 22	22 36 21 24 20 3 26 27 28 22	25 3 24 28 22 3 27 27 28 23
3	29 33 28 24 36 35 26 27 28 22	32 2 33 27 2 36 26 27 28 22	35 3 34 30 4 1 27 27 28 22	2 7 35 34 6 1 27 27 28 22	5 10 4 2 8 2 27 27 28 22	8 15 10 6 10 3 26 27 28 22	11 18 11 9 12 3 26 27 28 22	14 23 12 13 14 3 26 27 28 22	16 28 18 17 16 3 26 27 28 22	19 32 22 21 18 3 26 27 28 22	23 1 21 24 20 3 26 27 28 22	26 5 24 28 22 3 27 27 28 23
4	29 34 28 24 36 35 26 27 28 22	32 3 33 27 2 36 26 27 28 22	35 4 34 31 4 1 27 27 28 22	2 8 35 34 6 1 27 27 28 22	5 12 4 2 8 2 27 27 28 22	8 16 10 6 10 3 26 27 28 22	11 19 11 9 12 3 26 27 28 22	14 24 12 13 14 3 26 27 28 22	17 29 18 17 16 3 26 27 28 22	20 33 22 21 18 3 26 27 28 22	23 2 21 25 20 3 26 27 28 22	26 6 25 28 22 2 27 27 28 23
5	29 36 28 24 36 35 26 27 28 22	32 4 34 27 2 36 26 27 28 22	35 5 34 31 4 1 27 27 28 22	2 10 35 34 6 1 27 27 28 22	5 13 5 2 8 2 27 27 28 22	8 17 10 6 10 3 26 27 28 22	11 21 11 9 12 3 26 27 28 22	14 26 12 13 14 3 26 27 28 22	17 31 18 17 16 3 26 27 28 22	20 35 22 21 18 3 26 27 28 22	23 4 21 25 20 3 26 27 28 23	26 7 25 28 22 2 27 27 28 23
6	29 1 29 24 36 35 26 27 28 22	32 6 34 28 2 36 26 27 28 22	35 6 34 31 4 1 27 27 28 22	2 11 35 34 7 1 27 27 28 22	5 14 5 2 9 2 27 27 28 22	8 18 10 6 11 3 26 27 28 22	11 22 11 10 12 3 26 27 28 22	14 27 12 13 14 3 26 27 28 22	17 32 18 17 16 3 26 27 28 22	20 36 22 21 18 3 26 27 28 22	23 5 21 25 20 3 26 27 28 23	26 9 25 28 22 2 27 27 28 23
7	29 2 29 24 36 35 26 27 28 22	32 7 34 28 3 36 26 27 28 22	35 8 34 31 4 1 27 27 28 22	2 12 36 35 7 1 27 27 28 22	5 15 5 2 9 2 27 27 28 22	8 20 10 6 11 3 26 27 28 22	11 23 11 10 13 3 26 27 28 22	14 28 13 13 14 3 26 27 28 22	17 34 18 17 16 3 26 27 28 22	20 2 22 21 18 3 26 27 28 22	23 6 21 25 20 3 26 27 28 23	26 10 25 29 22 2 27 27 28 23
8	29 3 29 25 36 35 26 27 28 22	32 8 34 28 3 36 26 27 28 22	35 9 34 31 5 1 27 27 28 22	2 13 36 35 7 1 27 27 28 22	5 16 5 2 9 2 27 27 28 22	8 21 11 6 11 3 26 27 28 22	11 25 10 10 13 3 26 27 28 22	14 30 13 14 15 3 26 27 28 22	17 35 19 17 17 3 26 27 28 22	20 3 22 21 18 3 26 27 28 22	23 8 21 25 20 3 26 27 28 23	26 11 25 29 22 2 27 27 28 23
9	29 5 29 25 1 35 26 27 28 22	32 9 34 28 3 36 26 27 28 22	35 10 34 31 5 1 27 27 28 22	2 14 36 35 7 1 27 27 28 22	5 18 5 2 9 2 26 27 28 22	8 22 11 6 11 3 26 27 28 22	11 26 10 10 13 3 26 27 28 22	14 31 13 14 15 3 26 27 28 22	17 1 19 18 17 3 26 27 28 22	20 4 23 21 19 3 26 27 28 22	23 9 21 25 21 3 26 27 28 23	26 12 26 29 22 2 27 27 28 23
10	29 6 29 25 1 35 26 27 28 22	33 10 34 28 3 36 26 27 28 22	35 11 34 31 5 1 27 27 28 22	2 16 36 35 7 1 27 27 28 22	5 19 6 3 9 2 26 27 28 22	8 24 11 6 11 3 26 27 28 22	11 28 10 10 13 3 26 27 28 22	14 33 13 14 15 3 26 27 28 22	17 2 19 18 17 3 26 27 28 22	20 6 23 21 19 3 26 27 28 22	23 10 21 25 21 3 26 27 28 23	26 13 26 29 23 2 27 27 28 23
11	30 7 29 25 1 35 26 27 28 22	33 11 34 28 3 36 26 27 28 22	35 12 34 31 5 1 27 27 28 22	3 17 36 35 7 1 27 27 28 22	5 20 6 3 9 2 26 27 28 22	8 25 11 6 11 3 26 27 28 22	11 29 10 10 13 3 26 27 28 22	14 34 13 14 15 3 26 27 28 22	17 4 19 18 17 3 26 27 28 22	20 7 23 22 19 3 26 27 28 22	23 11 21 25 21 3 26 27 28 23	26 15 26 29 23 2 27 27 28 23
12	30 8 30 25 1 35 26 27 28 22	33 13 35 28 3 36 26 27 28 22	36 14 33 32 5 1 27 27 28 22	3 18 36 35 7 1 27 27 28 22	6 22 6 3 9 2 26 27 28 22	9 27 11 7 11 3 26 27 28 22	11 31 10 10 13 3 26 27 28 22	14 36 13 14 15 3 26 27 28 22	17 5 19 18 17 3 26 27 28 22	20 8 23 22 19 3 26 27 28 22	23 13 22 26 21 3 26 27 28 23	26 16 26 29 23 2 27 27 28 23
13	30 9 30 25 1 35 26 27 28 22	33 14 35 28 3 36 26 27 28 22	36 15 33 32 5 1 27 27 28 22	3 19 1 35 7 1 27 27 28 22	6 23 6 3 9 2 26 27 28 22	9 28 11 7 11 3 26 27 28 22	12 32 10 10 13 3 26 27 28 22	14 1 14 14 15 3 26 27 28 22	17 6 19 18 17 3 26 27 28 22	20 9 23 22 19 3 26 27 28 22	24 14 22 26 21 3 26 27 28 23	27 17 26 29 23 2 27 27 28 23
14	30 11 30 25 1 35 26 27 28 22	33 15 35 28 3 36 26 27 28 22	36 16 34 32 5 2 27 27 28 22	3 21 1 35 7 2 27 27 28 22	6 24 7 3 9 2 26 27 28 22	9 30 11 7 11 3 26 27 28 22	12 34 10 11 13 3 26 27 28 22	15 3 14 14 15 3 26 27 28 22	18 7 20 18 17 3 26 27 28 22	21 11 23 22 19 3 26 27 28 22	24 15 22 26 21 3 26 27 28 23	27 18 26 29 23 2 27 27 28 23
15	30 12 30 25 1 35 26 27 28 22	33 16 35 29 3 36 26 27 28 22	36 17 34 32 5 1 27 27 28 22	3 22 1 36 7 2 27 27 28 22	6 26 7 3 9 2 26 27 28 22	9 31 11 7 11 3 26 27 28 22	12 35 10 11 13 3 26 27 28 22	15 4 14 14 15 3 26 27 28 22	18 9 20 18 17 3 26 27 28 22	21 12 23 22 19 3 26 27 28 22	24 16 22 26 21 3 27 27 28 23	27 19 26 30 23 2 27 27 28 23
16	30 13 30 25 1 36 26 27 28 22	33 18 35 29 3 36 26 27 28 22	36 19 34 32 5 1 27 27 28 22	3 23 1 36 7 2 27 27 28 22	6 27 7 3 9 2 26 27 28 22	9 33 11 7 11 3 26 27 28 22	12 36 10 11 13 3 26 27 28 22	15 5 14 15 15 3 26 27 28 22	18 10 20 18 17 3 26 27 28 22	21 13 23 22 19 3 26 27 28 22	24 17 22 26 21 3 27 27 28 23	27 21 26 30 23 2 27 27 28 23
17	30 14 30 25 1 36 26 27 28 22	33 19 35 29 3 36 26 27 28 22	36 20 34 32 5 1 27 27 28 22	3 25 1 36 7 2 27 27 28 22	6 29 7 3 9 2 26 27 28 22	9 34 11 7 11 3 26 27 28 22	12 2 10 11 13 3 26 27 28 22	15 7 14 15 15 3 26 27 28 22	18 11 20 19 17 3 26 27 28 22	21 14 23 22 19 3 26 27 28 22	24 19 22 26 21 3 27 27 28 23	27 22 27 30 23 2 27 27 28 23
18	30 15 31 26 1 36 26 27 28 22	33 20 35 29 3 36 26 27 28 22	36 21 34 32 5 1 27 27 28 22	3 26 1 36 7 2 27 27 28 22	6 30 7 4 9 2 26 27 28 22	9 36 11 7 11 3 26 27 28 22	12 3 10 11 13 3 26 27 28 22	15 8 15 15 15 3 26 27 28 22	18 12 20 19 17 3 26 27 28 22	21 15 23 22 19 3 26 27 28 22	24 20 22 26 21 3 27 27 28 23	27 23 27 30 23 2 27 27 28 23
19	30 17 31 26 1 36 26 27 28 22	33 21 35 29 3 36 26 27 28 22	36 23 34 32 5 1 27 27 28 22	3 28 2 36 7 2 27 27 28 22	6 32 8 4 9 2 26 27 28 22	9 1 11 7 11 3 26 27 28 22	12 4 10 11 13 3 26 27 28 22	15 9 15 15 15 3 26 27 28 22	18 13 20 19 17 3 26 27 28 22	21 17 23 23 19 3 26 27 28 22	24 21 22 26 21 3 27 27 28 23	27 25 27 30 23 2 27 27 28 23
20	30 18 31 26 1 36 26 27 28 22	34 23 35 29 3 36 26 27 28 22	36 24 34 32 5 1 27 27 28 22	3 29 2 36 7 2 27 27 28 22	6 33 8 4 9 2 26 27 28 22	9 2 11 8 11 3 26 27 28 22	12 6 10 11 13 3 26 27 28 22	15 10 15 15 15 3 26 27 28 22	18 15 20 19 17 3 26 27 28 22	21 18 23 23 19 3 26 27 28 22	24 23 22 26 21 3 27 27 28 23	27 27 27 30 23 2 27 27 28 23
21	31 19 31 26 1 36 26 27 28 22	34 24 35 29 4 36 26 27 28 22	36 25 34 33 5 1 27 27 28 22	4 31 2 36 8 2 27 27 28 22	6 35 8 4 9 2 26 27 28 22	9 3 11 8 11 3 26 27 28 22	12 7 10 11 13 3 26 27 28 22	15 11 15 15 15 3 26 27 28 22	18 16 21 19 17 3 26 27 28 22	21 19 23 23 19 3 26 27 28 22	24 24 23 27 21 3 27 27 28 23	27 28 27 30 23 2 27 27 28 23
22	31 20 31 26 1 36 26 27 28 22	34 26 35 29 4 36 27 27 28 22	1 27 34 33 6 1 27 27 28 22	4 32 2 36 8 2 27 27 28 22	7 36 8 4 10 2 26 27 28 22	10 5 11 8 12 3 26 27 28 22	12 8 10 11 13 3 26 27 28 22	15 13 16 15 15 3 26 27 28 22	18 17 21 19 17 3 26 27 28 22	21 20 23 23 19 3 26 27 28 22	24 25 23 27 21 3 27 27 28 23	27 29 27 30 23 2 27 27 28 23
23	31 22 31 26 2 36 26 27 28 22	34 27 35 30 4 36 27 27 28 22	1 28 34 33 6 1 27 27 28 22	4 33 2 1 8 2 27 27 28 22	7 1 8 4 10 2 26 27 28 22	10 6 11 8 12 3 26 27 28 22	12 9 11 12 14 3 26 27 28 22	15 14 16 15 16 3 26 27 28 22	18 18 21 19 17 3 26 27 28 22	21 22 23 23 19 3 26 27 28 22	25 27 23 27 21 3 27 27 28 23	28 31 28 31 23 2 27 27 28 23
24	31 23 32 26 2 36 26 27 28 22	34 28 35 30 4 36 27 27 28 22	1 30 34 33 6 1 27 27 28 22	4 35 2 1 8 2 27 27 28 22	7 2 9 4 10 2 26 27 28 22	10 7 11 8 12 3 26 27 28 22	13 11 11 12 14 3 26 27 28 22	16 15 16 16 16 3 26 27 28 22	19 20 21 19 18 3 26 27 28 22	22 23 22 23 19 3 26 27 28 22	25 28 23 27 21 3 27 27 28 23	28 32 28 31 23 2 27 27 28 23
25	31 25 32 26 2 36 26 27 28 22	34 30 35 30 4 36 27 27 28 22	1 31 34 33 6 1 27 27 28 22	4 36 3 1 8 2 27 27 28 22	7 4 9 4 10 2 26 27 28 22	10 8 11 8 12 3 26 27 28 22	13 12 11 12 14 3 26 27 28 22	16 16 16 16 16 3 26 27 28 22	19 21 21 20 18 3 26 27 28 22	22 24 22 23 20 3 26 27 28 22	25 30 23 27 22 3 27 27 28 23	28 34 28 31 24 2 27 27 28 23
26	31 26 32 26 2 36 26 27 28 22	34 31 35 30 4 36 27 27 28 22	1 32 34 33 6 1 27 27 28 22	4 2 3 1 8 2 27 27 28 22	7 5 9 5 10 2 26 27 28 22	10 10 11 8 12 3 26 27 28 22	13 13 11 12 14 3 26 27 28 22	16 17 16 16 16 3 26 27 28 22	19 22 21 20 18 3 26 27 28 22	22 26 22 23 20 3 26 27 28 22	25 31 23 27 22 3 27 27 28 23	28 35 28 31 24 2 27 27 28 23
27	31 28 32 27 2 36 26 27 28 22	34 33 34 30 4 36 27 27 28 22	1 34 34 33 6 1 27 27 28 22	4 3 3 1 8 2 27 27 28 22	7 6 9 5 10 2 26 27 28 22	10 11 11 8 12 3 26 27 28 22	13 14 11 12 14 3 26 27 28 22	16 19 16 16 16 3 26 27 28 22	19 23 21 20 18 3 26 27 28 22	22 27 22 24 20 3 26 27 28 22	25 33 23 27 22 3 27 27 28 23	28 36 28 31 24 2 27 27 28 23
28	31 29 32 27 2 36 26 27 28 22	34 34 34 30 4 36 27 27 28 22	1 35 34 33 6 1 27 27 28 22	4 4 3 1 8 2 27 27 28 22	7 8 9 5 10 3 26 27 28 22	10 12 11 9 12 3 26 27 28 22	13 15 11 12 14 3 26 27 28 22	16 20 17 16 16 3 26 27 28 22	19 25 21 20 18 3 26 27 28 22	22 29 22 24 20 3 26 27 28 22	25 34 24 27 22 3 27 27 28 23	28 2 28 31 24 2 27 27 28 23
29	31 31 32 27 2 36 26 27 28 22		1 1 35 34 6 1 27 27 28 22	4 5 3 1 8 3 27 27 28 22	7 9 9 5 10 3 26 27 28 22	10 13 11 9 12 3 26 27 28 22	13 16 11 12 14 3 26 27 28 22	16 21 17 16 16 3 26 27 28 22	19 26 22 20 18 3 26 27 28 22	22 30 22 24 20 3 26 27 28 22	25 35 24 28 22 3 27 27 28 23	28 3 29 31 24 2 27 27 28 23
30	31 32 33 27 2 36 26 27 28 22		1 2 35 34 6 1 27 27 28 22	4 7 4 1 8 2 27 27 28 22	7 10 9 5 10 3 26 27 28 22	10 14 11 9 12 3 26 27 28 22	13 18 11 12 14 3 26 27 28 22	16 22 17 16 16 3 26 27 28 22	19 28 22 20 18 3 26 27 28 22	22 31 22 24 20 3 26 27 28 22	25 1 24 28 22 3 27 27 28 23	28 4 29 31 24 2 27 27 28 23
31	32 34 33 27 2 36 26 27 28 22		1 3 35 34 6 1 27 27 28 22		7 11 10 5 10 3 26 27 28 22		13 19 11 13 14 3 26 27 28 22	16 24 17 16 16 3 26 27 28 22		22 32 22 24 20 3 26 27 28 22		28 6 29 32 24 2 27 27 28 23

1988

	JAN	FEB	MAR	APR	MAY	JUNE	JULY	AUG	SEPT	OCT	NOV	DEC
1	28 7 29 32 24 3 27 27 28 23	32 12 33 35 26 3 27 27 28 23	35 14 32 3 28 3 28 28 28 23	2 18 36 6 30 4 28 28 29 23	5 21 6 9 32 5 28 28 29 23	8 26 9 9 34 5 28 27 28 23	10 30 8 8 36 6 27 27 28 22	13 35 13 9 1 7 27 27 28 22	16 5 19 12 2 7 27 27 28 23	19 8 21 15 1 7 27 27 28 23	22 13 21 19 36 7 27 27 28 23	25 16 25 22 1 6 28 27 28 23
2	29 8 29 32 24 3 27 27 28 23	32 13 33 36 26 3 27 27 28 23	35 15 32 3 28 3 28 28 28 23	2 19 36 6 30 4 28 28 29 23	5 23 6 9 32 5 28 28 29 23	8 28 9 9 34 5 28 27 28 23	11 32 9 8 36 6 27 27 28 22	13 1 13 9 1 7 27 27 28 22	16 6 19 12 2 7 27 27 28 23	19 10 21 15 1 7 27 27 28 23	22 14 21 19 1 7 27 27 28 23	26 17 26 23 1 6 28 27 28 23
3	29 9 29 32 24 3 27 27 28 23	32 14 33 36 26 3 27 27 28 23	35 16 32 3 28 3 28 28 28 23	2 21 36 6 30 4 28 28 29 23	5 24 6 9 32 5 28 28 29 23	8 29 9 9 34 5 28 27 28 23	11 33 9 8 36 6 27 27 28 22	14 2 14 9 1 7 27 27 28 22	17 7 19 12 2 7 27 27 28 23	20 11 21 15 1 7 27 27 28 23	23 15 21 19 1 7 27 27 28 23	26 18 26 23 1 6 28 28 28 23
4	29 11 29 32 24 3 27 27 28 23	32 15 33 36 26 3 27 27 28 23	35 17 32 3 28 3 28 28 28 23	2 22 36 7 30 4 28 28 29 23	5 25 6 9 32 5 28 28 29 23	8 31 9 9 34 6 28 27 28 23	11 34 9 8 36 6 27 27 28 22	14 4 14 9 1 7 27 27 28 22	17 9 19 12 2 7 27 27 28 23	20 12 21 15 1 7 27 27 28 23	23 16 21 19 1 7 27 27 28 23	26 20 26 23 1 6 28 28 28 23
5	29 12 30 32 24 3 27 27 28 23	32 16 33 36 26 3 27 27 28 23	35 18 32 3 28 3 28 28 28 23	2 23 1 7 30 4 28 28 29 23	5 27 7 9 32 5 28 28 29 23	8 32 9 9 34 6 28 27 28 23	11 36 9 8 36 6 27 27 28 22	14 5 14 9 1 7 27 27 28 22	17 10 19 12 2 7 27 27 28 23	20 13 21 16 1 7 27 27 28 23	23 18 21 19 1 7 27 27 28 23	26 21 26 23 1 6 28 28 28 23
6	29 13 30 32 24 3 27 27 28 23	32 18 33 36 26 3 27 27 28 23	35 20 32 3 28 3 28 28 28 23	2 24 1 7 30 4 28 28 29 23	5 28 7 9 32 5 28 28 29 23	8 33 9 9 34 6 28 27 28 23	11 1 9 8 36 6 27 27 28 22	14 6 14 9 1 7 27 27 28 22	17 11 19 12 2 7 27 27 28 23	20 14 21 16 1 7 27 27 28 23	23 19 21 19 1 7 27 27 28 23	26 22 26 23 1 6 28 28 28 23
7	29 14 30 32 24 3 27 27 28 23	32 19 33 36 26 3 27 27 28 23	35 21 32 4 28 3 28 28 28 23	2 26 1 7 31 4 28 28 29 23	5 29 7 9 33 5 28 28 29 23	8 35 9 9 34 6 28 27 28 23	11 3 9 8 36 6 27 27 28 22	14 8 14 10 1 7 27 27 28 22	17 12 19 12 2 7 27 27 28 23	20 16 21 16 1 7 27 27 28 23	23 20 22 19 1 7 27 27 28 23	26 23 26 23 1 6 28 28 28 23
8	29 15 30 33 24 3 27 27 28 23	32 20 33 36 27 3 27 27 28 23	35 22 33 4 28 3 28 28 28 23	2 27 1 7 31 4 28 28 29 23	5 31 7 9 33 5 28 28 29 23	8 36 9 9 35 6 28 27 28 23	11 4 9 8 36 6 27 27 28 22	14 9 15 10 1 7 27 27 28 22	17 14 20 13 2 7 27 27 28 23	20 17 21 16 1 7 27 27 28 23	23 21 22 20 1 7 27 27 28 23	26 25 26 23 1 6 28 28 28 23
9	29 17 30 33 25 3 27 27 28 23	32 21 33 36 27 3 27 27 28 23	35 23 33 4 29 4 28 28 28 23	2 28 1 7 31 4 28 28 29 23	5 32 7 9 33 5 28 28 28 23	8 2 9 9 35 6 28 27 28 23	11 5 9 8 36 6 27 27 28 22	14 10 15 10 1 7 27 27 28 22	17 15 20 13 2 7 27 27 28 23	20 18 21 16 1 7 27 27 28 23	23 22 22 20 1 7 27 27 28 23	26 26 27 23 1 6 28 28 28 23
10	29 18 30 33 25 3 27 27 28 23	33 22 33 1 27 3 27 27 28 23	35 25 33 4 29 4 28 28 28 23	3 30 1 7 31 4 28 28 29 23	5 34 7 9 33 5 28 28 28 23	8 3 9 9 35 6 28 27 28 23	11 7 9 8 36 6 27 27 28 22	14 11 15 10 1 7 27 27 28 22	17 16 20 13 2 7 27 27 28 23	20 19 20 16 1 7 27 27 28 23	23 24 22 20 1 7 27 27 28 23	26 27 27 24 1 6 28 28 28 23
11	29 19 31 33 25 3 27 27 28 23	33 24 33 1 27 3 27 27 28 23	36 26 33 4 29 4 28 28 28 23	3 31 2 7 31 4 28 28 29 23	6 35 8 9 33 5 28 28 28 23	9 4 9 9 35 6 27 27 28 23	11 8 9 8 36 6 27 27 28 22	14 13 15 10 1 7 27 27 28 22	17 17 20 13 1 7 27 27 28 23	20 20 20 16 1 7 27 27 28 23	23 25 22 20 1 7 27 27 28 23	26 29 27 24 2 6 28 28 28 23
12	30 20 31 33 25 3 27 27 28 23	33 25 33 1 27 3 27 27 28 23	36 27 33 4 29 4 28 28 28 23	3 33 2 7 31 4 28 28 29 23	6 1 8 9 33 5 28 28 28 23	9 6 9 9 35 6 27 27 28 23	11 9 9 8 36 6 27 27 28 22	14 14 15 10 2 7 27 27 28 22	17 18 20 13 1 7 27 27 28 23	20 22 20 16 1 7 27 27 28 23	23 26 22 20 1 7 27 27 28 23	27 30 27 24 2 6 28 28 28 23
13	30 22 31 33 25 3 27 27 28 23	33 26 32 1 27 3 27 27 28 23	36 29 33 4 29 4 28 28 28 23	3 34 2 7 31 4 28 28 29 23	6 2 8 9 33 5 28 28 28 23	9 7 9 9 35 6 27 27 28 23	12 11 10 8 36 6 27 27 28 22	15 15 16 10 2 7 27 27 28 22	18 19 20 13 1 7 27 27 28 23	20 23 20 16 1 7 27 27 28 23	24 28 23 20 1 7 28 27 28 23	27 31 27 24 2 6 28 28 28 23
14	30 23 31 33 25 3 27 27 28 23	33 28 32 1 27 3 28 27 28 23	36 30 33 4 29 4 28 28 28 23	3 36 2 7 31 4 28 28 29 23	6 3 8 9 33 5 28 28 28 23	9 8 9 9 35 6 27 27 28 23	12 12 10 8 1 6 27 27 28 22	15 16 16 10 2 7 27 27 28 22	18 21 20 13 1 7 27 27 28 23	21 24 20 17 1 7 27 27 28 23	24 29 23 20 1 7 28 27 28 23	27 33 27 24 2 6 28 28 28 23
15	30 24 31 33 25 3 27 27 28 23	33 29 32 1 27 3 28 28 28 23	36 32 33 4 29 4 28 28 28 23	3 1 2 8 31 4 28 28 29 23	6 5 8 9 33 5 28 28 28 23	9 10 9 9 35 6 27 27 28 23	12 13 10 8 1 6 27 27 28 22	15 17 16 10 2 7 27 27 28 22	18 22 20 13 1 7 27 27 28 23	21 25 20 17 1 7 27 27 28 23	24 30 23 20 1 7 28 27 28 23	27 34 28 24 2 6 28 28 28 23
16	30 26 31 34 25 3 27 27 28 23	33 31 32 1 27 3 28 28 28 23	36 33 33 5 29 4 28 28 29 23	3 2 3 8 31 4 28 28 29 23	6 6 8 9 33 5 28 28 28 23	9 11 9 9 35 6 27 27 28 23	12 14 10 8 1 6 27 27 28 22	15 19 16 10 2 7 27 27 28 22	18 23 20 13 1 7 27 27 28 23	21 27 20 17 1 7 27 27 28 23	24 32 23 21 1 7 28 27 28 23	27 36 28 24 2 6 28 28 28 23
17	30 27 32 34 25 3 27 27 28 23	33 32 32 1 27 3 28 28 28 23	36 35 34 5 29 4 28 28 29 23	3 4 3 8 31 4 28 28 29 23	6 7 8 9 33 5 28 28 28 23	9 12 9 8 35 6 27 27 28 23	12 15 10 8 1 6 27 27 28 22	15 20 16 10 2 7 27 27 28 22	18 24 21 14 1 7 27 27 28 23	21 28 20 17 1 7 27 27 28 23	24 33 23 21 1 7 28 27 28 23	27 1 28 24 2 6 28 28 28 23
18	30 28 32 34 25 3 27 27 28 23	33 34 32 1 27 3 28 28 28 23	36 36 34 5 29 4 28 28 29 23	3 5 3 8 31 4 28 28 29 23	6 9 8 10 33 5 28 28 28 23	9 13 8 8 35 6 27 27 28 23	12 17 10 8 1 6 27 27 28 22	15 21 16 10 2 7 27 27 28 23	18 26 21 14 1 7 27 27 28 23	21 29 20 17 1 7 27 27 28 23	24 35 23 21 1 7 28 27 28 23	27 2 28 25 2 6 28 28 28 23
19	30 30 32 34 25 3 27 27 28 23	33 35 32 2 27 3 28 28 28 23	36 2 34 5 29 4 28 28 29 23	3 7 3 8 31 4 28 28 29 23	6 10 9 10 33 5 28 28 28 23	9 15 8 8 35 6 27 27 28 23	12 18 11 8 1 6 27 27 28 22	15 22 17 11 2 7 27 27 28 23	18 27 21 14 1 7 27 27 28 23	21 31 20 17 1 7 27 27 28 23	24 36 23 21 1 7 28 27 28 23	27 4 28 25 2 6 28 28 28 23
20	30 32 32 34 25 3 27 27 28 23	34 1 32 2 27 3 28 28 28 23	36 3 34 5 29 4 28 28 29 23	4 8 3 8 31 4 28 28 29 23	6 11 9 10 33 5 28 28 28 23	9 16 8 8 35 6 27 27 28 22	12 19 11 8 1 6 27 27 28 22	15 23 17 11 2 7 27 27 28 23	18 28 21 14 1 7 27 27 28 23	21 32 20 17 1 7 27 27 28 23	24 1 24 21 1 7 28 27 28 23	27 5 28 25 2 6 28 28 28 23
21	31 33 32 34 25 3 27 27 28 23	34 2 32 2 27 3 28 28 28 23	1 4 34 5 29 4 28 28 29 23	4 9 4 8 31 4 28 28 29 23	7 13 9 10 33 5 28 28 28 23	9 17 8 8 35 6 27 27 28 22	12 20 11 8 1 6 27 27 28 22	15 25 17 11 2 7 27 27 28 23	18 30 21 14 1 7 27 27 28 23	21 34 20 17 1 7 27 27 28 23	24 3 24 21 1 7 28 27 28 23	27 7 29 25 2 6 28 28 28 23
22	31 35 32 34 25 3 27 27 28 23	34 4 32 2 27 3 28 28 28 23	1 6 34 5 29 4 28 28 29 23	4 11 4 8 32 5 28 28 29 23	7 14 9 10 33 5 28 28 28 23	10 18 8 8 35 6 27 27 28 22	12 21 11 8 1 7 27 27 28 22	15 26 17 11 2 7 27 27 28 23	18 31 21 14 1 7 27 27 28 23	21 35 20 18 1 7 27 27 28 23	24 4 24 21 1 7 28 27 28 23	28 8 29 25 2 6 28 28 28 23
23	31 36 33 34 25 3 27 27 28 23	34 5 32 2 28 3 28 28 28 23	1 7 34 5 29 4 28 28 29 23	4 12 4 8 32 5 28 28 29 23	7 15 9 10 34 5 28 28 28 23	10 19 8 8 35 6 27 27 28 22	13 23 11 8 1 7 27 27 28 22	16 27 17 11 2 7 27 27 28 23	19 33 21 14 1 7 27 27 28 23	21 36 20 18 1 7 27 27 28 23	25 6 24 21 1 7 28 27 28 23	28 9 29 25 2 6 28 28 28 23
24	31 1 33 35 26 3 27 27 28 23	34 6 32 2 28 3 28 28 28 23	1 8 35 5 30 4 28 28 29 23	4 13 4 8 32 5 28 28 29 23	7 16 9 10 34 5 28 28 28 23	10 21 8 8 35 6 27 27 28 22	13 24 11 9 1 7 27 27 28 22	16 29 17 11 2 7 27 27 28 23	19 34 21 14 1 7 27 27 28 23	22 2 20 18 36 7 27 27 28 23	25 7 24 22 1 7 28 27 28 23	28 11 29 25 2 6 28 28 28 23
25	31 3 33 35 26 3 27 27 28 23	34 8 32 2 28 3 28 28 28 23	1 10 35 6 30 4 28 28 29 23	4 14 5 8 32 5 28 28 29 23	7 17 9 10 34 5 28 28 28 23	10 22 8 8 36 6 27 27 28 22	13 25 12 9 1 7 27 27 28 22	16 30 18 11 2 7 27 27 28 23	19 36 21 14 1 7 27 27 28 23	22 3 20 18 36 7 27 27 28 23	25 9 24 22 1 7 28 27 28 23	28 12 29 25 2 6 28 28 28 23
26	31 4 33 35 26 3 27 27 28 23	34 9 32 2 28 3 28 28 28 23	1 11 35 6 30 4 28 28 29 23	4 15 5 8 32 5 28 28 29 23	7 19 9 10 34 5 28 27 28 23	10 23 8 8 36 6 27 27 28 22	13 27 12 9 1 7 27 27 28 22	16 32 18 11 2 7 27 27 28 23	19 1 21 14 1 7 27 27 28 23	22 5 20 18 36 7 27 27 28 23	25 10 25 22 1 7 28 27 28 23	28 13 29 26 2 6 28 28 28 23
27	31 5 33 35 26 3 27 27 28 23	34 10 32 3 28 3 28 28 28 23	1 12 35 6 30 4 28 28 29 23	4 17 5 9 32 5 28 28 29 23	7 20 9 10 34 5 28 27 28 23	10 24 8 8 36 6 27 27 28 22	13 28 12 9 1 7 27 27 28 22	16 33 18 11 2 7 27 27 28 23	19 3 21 14 1 7 27 27 28 23	22 6 20 18 36 7 27 27 28 23	25 11 25 22 1 7 28 27 28 23	28 14 29 26 2 6 28 28 28 23
28	31 7 33 35 26 3 27 27 28 23	34 11 32 3 28 3 28 28 28 23	1 13 35 6 30 4 28 28 29 23	4 18 5 9 32 5 28 28 29 23	7 21 9 9 34 5 28 27 28 23	10 26 8 8 36 6 27 27 28 22	13 29 12 9 1 7 27 27 28 22	16 35 18 11 2 7 27 27 28 23	19 4 21 14 1 7 27 27 28 23	22 8 20 18 36 7 27 27 28 23	25 12 25 22 1 7 28 27 28 23	28 16 30 26 2 6 28 28 28 23
29	31 8 33 35 26 3 27 27 28 23	34 12 32 3 28 3 28 28 28 23	1 15 35 6 30 4 28 28 29 23	4 19 5 9 32 5 28 28 29 23	7 22 9 9 34 5 28 27 28 23	10 27 8 8 36 6 27 27 28 22	13 31 13 9 1 7 27 27 28 22	16 36 18 12 2 7 27 27 28 23	19 6 21 14 1 7 27 27 28 23	22 9 20 18 36 7 27 27 28 23	25 14 25 22 1 7 28 27 28 23	28 17 30 26 2 6 28 28 28 23
30	31 9 33 35 26 3 27 27 28 23		1 16 35 6 30 4 28 28 29 23	4 20 6 9 32 5 28 28 29 23	7 24 9 9 34 5 28 27 28 23	10 29 8 8 36 6 27 27 28 22	13 32 13 9 1 7 27 27 28 22	16 2 18 12 2 7 27 27 28 23	19 7 21 14 1 7 27 27 28 23	22 10 20 19 36 7 27 27 28 23	25 15 25 22 1 7 28 27 28 23	28 18 30 26 2 6 28 28 28 23
31	32 10 33 35 26 3 27 27 28 23		2 17 35 6 30 4 28 28 29 23		7 25 9 9 34 5 28 27 28 23		13 34 13 9 1 7 27 27 28 22	16 3 19 12 2 7 27 27 28 23		22 12 21 19 36 7 27 27 28 23		28 19 30 26 2 6 28 28 28 23

1989

	JAN	FEB	MAR	APR	MAY	JUNE	JULY	AUG	SEPT	OCT	NOV	DEC
1	29 20 30 26 3 6 28 28 28 23	32 25 30 30 4 6 28 28 29 23	35 26 32 34 6 6 29 28 29 23	2 31 1 2 8 7 29 28 29 23	5 34 7 5 10 7 29 28 29 23	8 4 6 9 12 8 29 28 29 23	10 8 9 13 13 9 29 28 29 23	13 13 15 16 15 10 28 28 29 23	16 17 19 20 17 10 28 28 28 23	19 20 18 24 19 10 28 28 28 23	22 25 22 27 21 11 28 28 29 23	25 28 26 30 23 10 29 28 29 23
2	29 22 30 26 3 6 28 28 28 23	32 26 30 30 4 6 28 28 29 23	35 27 32 34 6 6 29 28 29 23	2 32 1 2 8 7 29 28 29 23	5 36 7 5 10 7 29 28 29 23	8 5 6 9 12 8 29 28 29 23	11 9 9 13 13 9 29 28 29 23	13 14 15 17 15 10 28 28 29 23	16 18 19 20 17 10 28 28 28 23	19 22 18 24 19 10 28 28 28 23	22 26 22 27 21 11 28 28 29 23	25 30 27 30 23 10 29 28 29 23
3	29 23 31 27 3 6 28 28 29 23	32 28 30 30 4 6 28 28 29 23	35 28 32 34 6 6 29 28 29 23	2 33 2 2 8 7 29 28 29 23	5 1 7 5 10 7 29 28 29 23	8 7 6 9 12 8 29 28 29 23	11 10 9 13 14 9 29 28 29 23	14 15 15 17 15 10 28 28 29 23	17 20 19 20 17 10 28 28 28 23	19 23 18 24 19 10 28 28 28 23	23 27 22 27 21 11 28 28 29 23	26 31 27 30 23 10 29 28 29 23
4	29 24 31 27 3 6 28 28 29 23	32 29 30 31 4 6 28 28 29 23	35 30 33 34 6 6 29 28 29 23	2 35 2 2 8 7 29 28 29 23	5 3 7 6 10 8 29 28 29 23	8 8 6 9 12 8 29 28 29 23	11 12 9 13 14 9 29 28 29 23	14 16 15 17 16 10 28 28 29 23	17 21 19 21 17 10 28 28 28 23	20 24 18 24 19 10 28 28 28 23	23 29 22 27 21 11 28 28 29 23	26 32 27 30 24 10 29 28 29 23
5	29 25 31 27 3 6 28 28 29 23	32 30 30 31 4 6 28 28 29 23	35 31 33 34 6 6 29 28 29 23	2 36 2 2 8 7 29 28 29 23	5 4 7 6 10 8 29 28 29 23	8 9 6 10 12 8 29 28 29 23	11 13 9 13 14 9 29 28 29 23	14 18 15 17 16 10 28 28 29 23	17 22 19 21 18 10 28 28 28 23	20 25 18 24 20 10 28 28 28 23	23 30 22 27 22 11 28 28 29 23	26 33 27 30 24 10 29 28 29 23
6	29 27 31 27 3 6 28 28 29 23	32 32 30 31 4 6 28 28 29 23	35 33 33 34 6 6 29 28 29 23	2 2 2 2 8 7 29 28 29 23	5 6 7 6 10 8 29 28 29 23	8 11 6 10 12 8 29 28 29 23	11 14 10 13 14 9 29 28 29 23	14 19 16 17 16 10 28 28 29 23	17 23 19 21 18 10 28 28 28 23	20 26 18 24 20 11 28 28 28 23	23 31 23 28 22 11 28 28 29 23	26 35 27 30 24 10 29 28 29 23
7	29 28 31 27 3 6 28 28 29 23	32 33 30 31 5 6 28 28 29 23	35 34 33 34 6 6 29 28 29 23	2 3 2 2 8 7 29 28 29 23	5 7 7 6 10 8 29 28 29 23	8 12 6 10 12 8 29 28 29 23	11 16 10 13 14 9 29 28 29 23	14 20 16 17 16 10 28 28 29 23	17 24 19 21 18 10 28 28 28 23	20 28 18 24 20 11 28 28 28 23	23 32 23 28 22 11 28 28 29 23	26 36 27 30 24 10 29 28 29 23
8	29 30 31 27 3 6 28 28 29 23	32 35 30 31 5 6 28 28 29 23	35 36 33 35 6 6 29 28 29 23	2 5 3 2 8 7 29 28 29 23	5 9 7 6 10 8 29 28 29 23	8 13 6 10 12 8 29 28 29 23	11 17 10 14 14 9 29 28 29 23	14 21 16 17 16 10 28 28 29 23	17 26 19 21 18 10 28 28 28 23	20 29 18 24 20 11 28 28 28 23	23 34 23 28 22 11 28 28 29 23	26 2 28 30 24 10 29 28 29 23
9	29 31 31 27 3 6 28 28 29 23	33 36 30 31 5 6 28 28 29 23	35 1 33 35 6 6 29 28 29 23	2 6 3 3 8 7 29 28 29 23	5 10 7 6 10 8 29 28 29 23	8 15 6 10 12 8 29 28 29 23	11 18 10 14 14 9 29 28 29 23	14 22 16 17 16 10 28 28 29 23	17 27 20 21 18 10 28 28 28 23	20 30 18 25 20 11 28 28 28 23	23 35 23 28 22 11 28 28 29 23	26 3 28 30 24 10 29 28 29 23
10	29 32 31 27 3 6 28 28 29 23	33 2 30 31 5 6 29 28 29 23	35 3 33 35 6 6 29 28 29 23	3 8 3 3 8 7 29 28 29 23	5 11 7 6 10 8 29 28 29 23	8 16 6 10 12 8 29 28 29 23	11 19 10 14 14 9 29 28 29 23	14 24 16 18 16 10 28 28 29 23	17 28 20 21 18 10 28 28 28 23	20 32 18 25 20 11 28 28 28 23	23 1 23 28 22 11 29 28 29 23	26 5 28 30 24 10 29 28 29 23
11	30 34 31 28 3 6 28 28 29 23	33 3 30 31 5 6 29 28 29 23	36 4 34 35 6 6 29 28 29 23	3 9 3 3 8 7 29 28 29 23	6 13 7 6 10 8 29 28 29 23	9 17 6 10 12 8 29 28 29 23	11 20 11 14 14 9 28 28 29 23	14 25 16 18 16 10 28 28 29 23	17 29 20 21 18 10 28 28 28 23	20 33 18 25 20 11 28 28 28 23	23 2 23 28 22 11 29 28 29 23	26 6 28 31 24 10 29 28 29 23
12	30 35 32 28 3 6 28 28 29 23	33 5 30 32 5 6 29 28 29 23	36 6 34 35 7 7 29 28 29 23	3 11 4 3 8 7 29 28 29 23	6 14 7 7 10 8 29 28 29 23	9 18 6 10 12 8 29 28 29 23	11 22 11 14 14 9 28 28 29 23	14 26 17 18 16 10 28 28 29 23	17 31 20 21 18 10 28 28 28 23	20 34 19 25 20 11 28 28 28 23	23 4 24 28 22 11 29 28 29 23	26 8 28 31 24 10 29 28 29 23
13	30 1 32 28 3 6 28 28 29 23	33 6 30 32 5 6 29 28 29 23	36 7 34 35 7 7 29 28 29 23	3 12 4 3 9 7 29 28 29 23	6 15 7 7 10 8 29 28 29 23	9 20 7 11 12 8 29 28 29 23	12 23 11 14 14 9 28 28 29 23	15 27 17 18 16 10 28 28 29 23	18 32 20 22 18 10 28 28 28 23	20 36 19 25 20 11 28 28 28 23	24 5 24 28 22 11 29 28 29 23	27 9 28 31 24 10 29 28 29 23
14	30 2 32 28 3 6 28 28 29 23	33 7 30 32 5 6 29 28 29 23	36 8 34 35 7 7 29 28 29 23	3 13 4 3 9 7 29 28 29 23	6 16 7 7 10 8 29 28 29 23	9 21 7 11 12 8 29 28 29 23	12 24 11 14 14 9 28 28 29 23	15 29 17 18 16 10 28 28 28 23	18 34 20 22 18 10 28 28 28 23	21 1 19 25 20 11 28 28 28 23	24 7 24 28 22 11 29 28 29 23	27 10 28 31 24 10 29 28 29 23
15	30 4 32 28 3 6 28 28 29 23	33 9 31 32 5 6 29 28 29 23	36 10 34 35 7 7 29 28 29 23	3 14 4 3 9 7 29 28 29 23	6 18 7 7 10 8 29 28 29 23	9 22 7 11 12 8 29 28 29 23	12 25 11 14 14 9 28 28 29 23	15 30 17 18 16 10 28 28 28 23	18 35 20 22 18 10 28 28 28 23	21 3 19 25 20 11 28 28 28 23	24 8 24 28 22 11 29 28 29 23	27 12 29 31 24 10 29 28 29 23
16	30 5 32 28 3 6 28 28 29 23	33 10 31 32 5 6 29 28 29 23	36 11 34 36 7 7 29 28 29 23	3 16 4 3 9 7 29 28 29 23	6 19 7 7 11 8 29 28 29 23	9 23 7 11 12 9 29 28 29 23	12 26 12 15 14 9 28 28 29 23	15 31 17 18 16 10 28 28 28 23	18 1 19 22 18 10 28 28 28 23	21 4 19 25 20 11 28 28 28 23	24 10 24 29 22 11 29 28 29 23	27 13 29 31 24 10 29 28 29 23
17	30 6 32 28 3 6 28 28 29 23	33 11 31 32 5 6 29 28 29 23	36 12 35 36 7 7 29 28 29 23	3 17 5 4 9 7 29 28 29 23	6 20 7 7 11 8 29 28 29 23	9 24 7 11 13 9 29 28 29 23	12 28 12 15 14 9 28 28 29 23	15 33 17 18 16 10 28 28 28 23	18 2 19 22 18 10 28 28 28 23	21 6 19 25 20 11 28 28 28 23	24 11 24 29 22 11 29 28 29 23	27 15 29 31 24 10 29 28 29 23
18	30 8 32 28 3 6 28 28 29 23	33 12 31 32 5 6 29 28 29 23	36 13 35 36 7 7 29 28 29 23	3 18 5 4 9 7 29 28 29 23	6 21 7 7 11 8 29 28 29 23	9 26 7 11 13 9 29 28 29 23	12 29 12 15 14 9 28 28 29 23	15 34 17 18 16 10 28 28 28 23	18 4 19 22 18 10 28 28 28 23	21 7 20 26 20 11 28 28 28 23	24 12 24 29 22 11 29 28 29 23	27 16 29 31 24 10 29 28 29 23
19	30 9 32 29 3 6 28 28 29 23	34 14 31 32 5 6 29 28 29 23	36 15 35 36 7 7 29 28 29 23	3 19 5 4 9 7 29 28 29 23	6 22 7 7 11 8 29 28 29 23	9 27 7 11 13 9 29 28 29 23	12 30 12 15 15 9 28 28 29 23	15 36 18 19 16 10 28 28 28 23	18 5 19 22 18 10 28 28 28 23	21 9 20 26 20 11 28 28 28 23	24 13 25 29 22 11 29 28 29 23	27 17 29 31 25 10 29 28 29 23
20	30 10 32 29 4 6 28 28 29 23	34 15 31 33 5 6 29 28 29 23	36 16 35 36 7 7 29 28 29 23	3 20 5 4 9 7 29 28 29 23	6 24 7 8 11 8 29 28 29 23	9 28 7 11 13 9 29 28 29 23	12 32 12 15 15 9 28 28 29 23	15 1 18 19 17 10 28 28 28 23	18 6 19 22 19 10 28 28 28 23	21 10 20 26 20 11 28 28 28 23	24 15 25 29 23 11 29 28 29 23	27 18 29 31 25 10 29 28 29 23
21	31 12 31 29 4 6 28 28 29 23	34 16 31 33 5 6 29 28 29 23	1 17 35 36 7 7 29 28 29 23	4 21 5 4 9 7 29 28 29 23	6 25 7 8 11 8 29 28 29 23	9 30 7 11 13 9 29 28 29 23	12 33 13 15 15 9 28 28 29 23	15 3 18 19 17 10 28 28 28 23	18 8 19 22 19 10 28 28 28 23	21 12 20 26 21 11 28 28 28 23	24 16 25 29 23 11 29 28 29 23	27 20 29 31 25 10 29 28 29 23
22	31 13 31 29 4 6 28 28 29 23	34 17 31 33 5 6 29 28 29 23	1 18 35 36 7 7 29 28 29 23	4 23 5 4 9 7 29 28 29 23	7 26 7 8 11 8 29 28 29 23	10 31 7 12 13 9 29 28 29 23	12 35 13 15 15 9 28 28 29 23	15 4 18 19 17 10 28 28 28 23	18 9 19 23 19 10 28 28 28 23	21 13 20 26 21 11 28 28 28 23	24 17 25 29 23 10 29 28 29 23	28 21 29 31 25 10 29 28 29 23
23	31 14 31 29 4 6 28 28 29 23	34 18 31 33 6 6 29 28 29 23	1 19 36 36 7 7 29 28 29 23	4 24 6 4 9 7 29 28 29 23	7 27 7 8 11 8 29 28 29 23	10 32 7 12 13 9 29 28 29 23	13 36 13 15 15 9 28 28 29 23	15 5 18 19 17 10 28 28 28 23	18 11 19 23 19 10 28 28 28 23	21 14 20 26 21 11 28 28 28 23	25 19 25 29 23 10 29 28 29 23	28 22 30 31 25 10 29 28 29 23
24	31 15 31 29 4 6 28 28 29 23	34 20 31 33 6 6 29 28 29 23	1 21 36 1 7 7 29 28 29 23	4 25 6 4 9 7 29 28 29 23	7 29 7 8 11 8 29 28 29 23	10 34 8 12 13 9 29 28 29 23	13 2 13 15 15 9 28 28 29 23	16 7 18 19 17 10 28 28 28 23	19 12 19 23 19 10 28 28 28 23	22 15 20 26 21 11 28 28 28 23	25 20 25 29 23 10 29 28 29 23	28 23 30 31 25 10 29 28 29 23
25	31 16 31 29 4 6 28 28 29 23	34 21 32 33 6 6 29 28 29 23	1 22 36 1 7 7 29 28 29 23	4 26 6 4 9 7 29 28 29 23	7 30 7 8 11 8 29 28 29 23	10 35 8 12 13 9 29 28 29 23	13 3 13 16 15 9 28 28 29 23	16 8 18 19 17 10 28 28 28 23	19 13 19 23 19 10 28 28 28 23	22 17 21 26 21 11 28 28 28 23	25 21 26 29 23 10 29 28 29 23	28 24 30 31 25 10 29 28 29 23
26	31 18 31 29 4 6 28 28 29 23	34 22 32 33 6 6 29 28 29 23	1 23 36 1 7 7 29 28 29 23	4 28 6 5 9 7 29 28 29 23	7 31 7 8 11 8 29 28 29 23	10 36 8 12 13 9 29 28 29 23	13 4 14 16 15 9 28 28 29 23	16 10 18 19 17 10 28 28 28 23	19 14 19 23 19 10 28 28 28 23	22 18 21 26 21 11 28 28 28 23	25 22 26 29 23 10 29 28 29 23	28 25 30 31 25 10 29 28 29 23
27	31 19 31 30 4 6 28 28 29 23	34 23 32 33 6 6 29 28 29 23	1 24 36 1 7 7 29 28 29 23	4 29 6 5 9 7 29 28 29 23	7 33 7 8 11 8 29 28 29 23	10 2 8 12 13 9 29 28 29 23	13 6 14 16 15 9 28 28 29 23	16 11 19 20 17 10 28 28 28 23	19 16 18 23 19 10 28 28 28 23	22 19 21 27 21 11 28 28 28 23	25 23 26 30 23 10 29 28 29 23	28 27 30 31 25 10 29 28 29 23
28	31 20 31 30 4 6 28 28 29 23	34 24 32 34 6 6 29 28 29 23	1 25 36 1 8 7 29 28 29 23	4 30 6 5 9 7 29 28 29 23	7 34 7 9 11 8 29 28 29 23	10 3 8 12 13 9 29 28 29 23	13 7 14 16 15 9 28 28 29 23	16 12 19 20 17 10 28 28 28 23	19 17 18 23 19 10 28 28 28 23	22 20 21 27 21 11 28 28 28 23	25 25 26 30 23 10 29 28 29 23	28 28 30 31 25 10 29 28 29 23
29	31 21 31 30 4 6 28 28 29 23		1 27 1 1 8 7 29 28 29 23	4 32 6 5 9 7 29 28 29 23	7 35 6 9 11 8 29 28 29 23	10 5 8 12 13 9 29 28 29 23	13 9 14 16 15 9 28 28 29 23	16 13 19 20 17 10 28 28 28 23	19 18 18 23 19 10 28 28 28 23	22 21 21 27 21 11 28 28 29 23	25 26 26 30 23 10 29 28 29 23	28 29 30 31 25 10 29 28 29 23
30	32 22 30 30 4 6 28 28 29 23		1 28 1 1 8 7 29 28 29 23	4 33 7 5 10 7 29 28 29 23	7 1 6 9 11 8 29 28 29 23	10 6 8 13 13 9 29 28 29 23	13 10 14 16 15 9 28 28 29 23	16 15 19 20 17 10 28 28 28 23	19 19 18 24 19 10 28 28 28 23	22 23 21 27 21 11 28 28 29 23	25 27 26 30 23 10 29 28 29 23	28 31 30 31 25 10 29 28 29 23
31	32 24 30 30 4 6 28 28 29 23		2 29 1 1 8 7 29 28 29 23		7 2 6 9 11 8 29 28 29 23		13 11 15 16 15 10 28 28 29 23	16 16 19 20 17 10 28 28 28 23		22 24 22 27 21 11 28 28 29 23		28 32 30 31 25 10 29 28 29 23

1990

	JAN	FEB	MAR	APR	MAY	JUNE	JULY	AUG	SEPT	OCT	NOV	DEC
1	29 33 30 31 25 10 29 28 29 23	32 2 29 30 28 10 29 28 29 23	35 3 33 30 30 10 30 28 29 23	2 9 3 33 32 10 30 28 29 23	5 12 5 36 34 10 30 28 29 23	8 17 5 4 1 11 30 28 29 23	10 21 10 7 3 11 30 28 29 23	13 25 16 11 5 12 30 28 29 23	16 29 18 15 10 13 29 28 29 23	19 33 18 18 8 13 29 28 29 23	22 2 23 22 8 14 30 28 29 23	25 5 27 26 7 14 30 28 29 23
2	29 35 30 31 26 10 29 28 29 23	32 4 29 30 28 10 29 28 29 23	35 5 33 30 30 10 30 28 29 23	2 10 3 33 32 10 30 28 29 23	5 14 5 36 34 10 30 28 29 23	8 19 5 4 1 11 30 28 29 23	10 22 10 7 3 11 30 28 29 23	13 26 16 11 5 12 30 28 29 23	16 31 18 15 10 13 29 28 29 23	19 34 18 19 8 13 29 28 29 23	22 3 23 22 8 14 30 28 29 23	25 7 27 26 7 14 30 28 29 23
3	29 36 30 31 26 10 29 28 29 23	32 5 29 30 28 10 29 28 29 23	35 6 33 30 30 10 30 28 29 23	2 12 3 33 32 10 30 28 29 23	5 15 5 36 34 10 30 28 29 23	8 20 5 4 1 11 30 28 29 23	11 23 11 7 3 11 30 28 29 23	14 27 16 11 5 12 30 28 29 23	17 32 18 15 10 13 29 28 29 23	19 35 18 19 8 13 29 28 29 23	23 5 23 23 8 14 30 28 29 23	26 9 28 26 7 14 30 28 29 23
4	29 1 30 31 26 10 29 28 29 23	32 7 29 30 28 10 29 28 29 23	35 8 34 31 30 10 30 28 29 23	2 13 3 33 32 10 30 28 29 23	5 16 5 36 34 10 30 28 29 23	8 21 5 4 1 11 30 28 29 23	11 24 11 8 3 11 30 28 29 23	14 29 16 11 5 12 30 28 29 23	17 33 17 15 10 13 29 28 29 23	20 1 18 19 8 13 29 28 29 23	23 6 23 23 8 14 30 28 29 23	26 10 28 26 7 14 30 28 29 23
5	29 3 30 31 26 10 29 28 29 23	32 8 30 30 28 10 29 28 29 23	35 9 34 31 30 10 30 28 29 23	2 14 4 33 32 10 30 28 29 23	5 18 5 1 35 10 30 28 29 23	8 22 6 4 1 11 30 28 29 23	11 25 11 8 3 12 30 28 29 23	14 30 16 11 5 12 30 28 29 23	17 35 17 15 10 13 29 28 29 23	20 2 18 19 8 13 29 28 29 23	23 8 24 23 8 14 30 28 29 23	26 12 28 27 7 14 30 28 29 23
6	29 4 30 31 26 10 29 28 29 23	32 9 30 30 28 10 29 28 29 23	35 10 34 31 30 10 30 28 29 23	2 15 4 33 32 10 30 28 29 23	5 19 5 1 35 10 30 28 29 23	8 23 6 4 1 11 30 28 29 23	11 27 11 8 3 12 30 28 29 23	14 31 16 12 5 12 30 28 29 23	17 36 17 15 10 13 29 28 29 23	20 4 19 19 8 13 29 28 29 23	23 9 24 23 8 14 30 28 29 23	26 13 28 27 7 14 30 28 29 23
7	29 6 30 31 26 10 29 28 29 23	32 11 30 30 28 10 29 28 29 23	35 12 34 31 30 10 30 28 29 23	2 17 4 34 32 10 30 28 29 23	5 20 5 1 35 10 30 28 29 23	8 24 6 4 1 11 30 28 29 23	11 28 11 8 3 12 30 28 29 23	14 32 17 12 5 12 30 28 29 23	17 1 17 15 10 13 29 28 29 23	20 5 19 19 8 13 29 28 29 23	23 11 24 23 8 14 30 28 29 23	26 14 28 27 7 14 30 28 29 23
8	29 7 29 31 26 10 29 28 29 23	32 12 30 30 28 10 30 28 29 23	35 13 34 31 30 10 30 28 29 23	2 18 4 34 33 10 30 28 29 23	5 21 5 1 35 10 30 28 29 23	8 26 6 4 1 11 30 28 29 23	11 29 12 8 3 12 30 28 29 23	14 34 17 12 5 12 30 28 29 23	17 3 17 16 10 13 29 28 29 23	20 7 19 19 8 13 29 28 29 23	23 12 24 23 8 14 30 28 29 23	26 16 28 27 7 14 30 28 29 23
9	29 8 29 31 26 10 29 28 29 23	32 14 30 30 28 10 30 28 29 23	35 14 34 31 30 10 30 28 29 23	2 19 4 34 33 10 30 28 29 23	5 22 5 1 35 10 30 28 29 23	8 27 6 5 1 11 30 28 29 23	11 30 12 8 3 12 30 28 29 23	14 35 17 12 5 12 30 28 29 23	17 4 17 16 10 13 29 28 29 23	20 8 19 19 8 13 29 28 29 23	23 13 24 23 8 14 30 28 29 23	26 17 28 27 7 14 30 28 29 23
10	29 10 29 31 26 10 29 28 29 23	33 15 30 30 28 10 30 28 29 23	35 16 35 31 30 10 30 28 29 23	2 20 4 34 33 10 30 28 29 23	5 24 4 1 35 10 30 28 29 23	8 28 6 5 1 11 30 28 29 23	11 31 12 8 3 12 30 28 29 23	14 36 17 12 5 12 30 28 29 23	17 6 17 16 10 13 29 28 29 23	20 10 19 20 8 13 29 28 29 23	23 15 24 23 8 14 30 28 29 23	26 18 28 27 7 14 30 28 29 23
11	30 11 29 31 26 10 29 28 29 23	33 16 30 30 28 10 30 28 29 23	36 17 35 31 30 10 30 28 29 23	3 22 4 34 33 10 30 28 29 23	6 25 4 1 35 10 30 28 29 23	8 29 6 5 1 11 30 28 29 23	11 33 12 9 3 12 30 28 29 23	14 2 17 12 5 12 30 28 29 23	17 7 17 16 10 13 29 28 29 23	20 11 19 20 8 13 29 28 29 23	23 16 25 24 8 14 30 28 29 23	26 20 28 27 7 14 30 28 29 23
12	30 13 29 31 26 10 29 28 29 23	33 17 30 30 28 10 30 28 29 23	36 18 35 31 31 10 30 28 29 23	3 23 5 34 33 10 30 28 29 23	6 26 4 1 35 10 30 28 29 23	9 31 6 5 1 11 30 28 29 23	11 34 13 9 3 12 30 28 29 23	14 3 17 12 5 12 30 28 29 23	17 9 17 16 10 13 29 28 29 23	20 12 20 20 8 13 29 28 29 23	23 17 25 24 8 14 30 28 29 23	26 21 28 27 7 14 30 28 29 23
13	30 14 29 31 26 10 29 28 29 23	33 19 31 30 29 10 30 28 29 23	36 19 35 31 31 10 30 28 29 23	3 24 5 34 33 10 30 28 29 23	6 27 4 2 35 10 30 28 29 23	9 32 7 5 1 11 30 28 29 23	12 35 13 9 4 12 30 28 29 23	15 5 17 12 5 12 30 28 29 23	17 10 17 16 10 13 29 28 29 23	20 14 20 20 8 14 29 28 29 23	24 19 25 24 8 14 30 28 29 23	27 22 28 28 7 14 30 28 29 23
14	30 15 29 31 26 10 29 28 29 23	33 20 31 30 29 10 30 28 29 23	36 21 35 31 31 10 30 28 29 23	3 25 5 34 33 10 30 28 29 23	6 28 4 2 35 10 30 28 29 23	9 33 7 5 1 11 30 28 29 23	12 1 13 9 4 12 30 28 29 23	15 6 17 13 6 12 29 28 29 23	18 11 17 16 10 13 29 28 29 23	21 15 20 20 8 14 30 28 29 23	24 20 25 24 8 14 30 28 29 23	27 23 28 28 7 14 30 28 29 23
15	30 17 29 31 26 10 29 28 29 23	33 21 31 30 29 10 30 28 29 23	36 22 36 31 31 10 30 28 29 23	3 26 5 34 33 10 30 28 29 23	6 30 4 2 35 10 30 28 29 23	9 34 7 5 2 11 30 28 29 23	12 2 13 9 4 12 30 28 29 23	15 7 17 13 6 12 29 28 29 23	18 13 17 16 10 13 29 28 29 23	21 16 20 20 8 14 29 28 29 23	24 21 25 24 8 14 30 28 29 23	27 24 29 28 6 14 30 28 29 23
16	30 18 29 31 27 10 29 28 29 23	33 22 31 30 29 10 30 28 29 23	36 23 36 31 31 10 30 28 29 23	3 27 5 35 33 10 30 28 29 23	6 31 4 2 35 10 30 28 29 23	9 36 7 5 2 11 30 28 29 23	12 4 13 9 4 12 30 28 29 23	15 9 17 13 6 12 29 28 29 23	18 14 16 17 10 13 29 28 29 23	21 18 20 20 8 14 29 28 29 23	24 22 25 24 7 14 30 28 29 23	27 26 28 28 6 14 30 28 29 23
17	30 19 29 30 27 10 29 28 29 23	33 23 31 30 29 10 30 28 29 23	36 24 36 32 31 10 30 28 29 23	3 29 5 35 33 10 30 28 29 23	6 32 4 2 35 10 30 28 29 23	9 1 7 6 2 11 30 28 29 23	12 5 13 9 4 12 30 28 29 23	15 10 18 13 6 12 29 28 29 23	18 15 16 17 10 13 29 28 29 23	21 19 20 20 8 14 29 28 29 23	24 24 25 24 7 14 30 28 29 23	27 27 28 28 6 14 30 28 29 23
18	30 20 29 30 27 10 29 28 29 23	33 25 31 30 29 10 30 28 29 23	36 25 36 32 31 10 30 28 29 23	3 30 5 35 33 10 30 28 29 23	6 33 4 2 36 11 30 28 29 23	9 3 8 6 2 11 30 28 29 23	12 6 14 9 4 12 30 28 29 23	15 12 18 13 6 12 29 28 29 23	18 17 16 17 10 13 29 28 29 23	21 20 21 21 8 14 29 28 29 23	24 25 26 24 7 14 30 28 29 23	27 28 28 28 6 14 30 28 29 23
19	30 21 28 30 27 10 29 28 29 23	34 26 31 30 29 10 30 28 29 23	36 27 36 32 31 10 30 28 29 23	3 31 5 35 33 10 30 28 29 23	6 35 4 2 36 11 30 28 29 23	9 4 8 6 2 11 30 28 29 23	12 8 14 9 4 12 30 28 29 23	15 13 18 13 6 13 29 28 29 23	18 18 16 17 10 13 29 28 29 23	21 21 21 21 8 14 29 28 29 23	24 26 26 25 7 14 30 28 29 23	27 29 28 28 6 14 30 28 29 23
20	30 23 28 30 27 10 29 28 29 23	34 27 32 30 29 10 30 28 29 23	36 28 1 32 31 10 30 28 29 23	3 32 5 35 33 10 30 28 29 23	6 36 4 2 36 11 30 28 29 23	9 5 8 6 2 11 30 28 29 23	12 9 14 9 4 12 30 28 29 23	15 15 18 13 6 13 29 28 29 23	18 19 17 17 10 13 29 28 29 23	21 23 21 21 8 14 29 28 29 23	24 27 26 25 7 14 30 28 29 23	27 30 28 28 6 14 30 28 29 23
21	31 24 28 30 27 10 29 28 29 23	34 28 32 30 29 10 30 28 29 23	1 29 1 32 31 10 30 28 29 23	4 34 5 35 34 10 30 28 29 23	6 2 4 2 36 11 30 28 29 23	9 7 8 6 2 11 30 28 29 23	12 11 14 10 4 12 30 28 29 23	15 16 18 13 6 13 29 28 29 23	18 21 17 17 10 13 29 28 29 23	21 24 21 21 8 14 29 28 29 23	24 28 26 25 7 14 30 28 29 23	27 32 28 29 6 14 30 28 29 23
22	31 25 28 30 27 10 29 28 29 23	34 30 32 30 29 10 30 28 29 23	1 30 1 32 31 10 30 28 29 23	4 35 5 35 34 10 30 28 29 23	7 3 4 3 36 11 30 28 29 23	10 8 8 6 2 11 30 28 29 23	12 12 14 10 4 12 30 28 29 23	15 17 18 13 6 13 29 28 29 23	18 22 17 17 10 13 29 28 29 23	21 25 21 21 8 14 29 28 29 23	24 29 26 25 7 14 30 28 29 23	27 33 28 29 6 14 30 28 29 23
23	31 26 29 30 27 10 29 28 29 23	34 31 32 30 29 10 30 28 29 23	1 32 1 32 31 10 30 28 29 23	4 1 5 35 34 10 30 28 29 23	7 5 4 3 36 11 30 28 29 23	10 10 8 6 2 11 30 28 29 23	12 14 14 10 4 12 30 28 29 23	15 18 18 14 6 13 29 28 29 23	18 23 17 17 10 13 29 28 29 23	21 26 21 21 8 14 29 28 29 23	25 31 26 25 7 14 30 28 29 23	28 34 28 29 6 14 30 28 29 23
24	31 28 29 30 27 10 29 28 29 23	34 32 32 30 29 10 30 28 29 23	1 33 1 32 31 10 30 28 29 23	4 2 5 35 34 10 30 28 29 23	7 6 4 3 36 11 30 28 29 23	10 11 9 6 2 11 30 28 29 23	13 15 15 10 4 12 30 28 29 23	16 20 18 14 6 13 29 28 29 23	19 24 17 18 10 13 29 28 29 23	22 27 22 21 8 14 29 28 29 23	25 32 26 25 7 14 30 28 29 23	28 35 28 29 6 14 30 28 29 23
25	31 29 29 30 27 10 29 28 29 23	34 34 32 30 29 10 30 28 29 23	1 34 2 32 31 10 30 28 29 23	4 4 5 35 34 10 30 28 29 23	7 8 5 3 36 11 30 28 29 23	10 13 9 6 2 11 30 28 29 23	13 16 15 10 4 12 30 28 29 23	16 21 18 14 6 13 29 28 29 23	19 25 17 18 11 13 29 28 29 23	22 29 22 22 8 14 29 28 29 23	25 33 27 25 7 14 30 28 29 23	28 1 28 29 6 14 30 28 29 23
26	31 30 29 30 27 10 29 28 29 23	34 35 33 30 29 10 30 28 29 23	1 36 2 32 32 10 30 28 29 23	4 5 5 36 34 10 30 28 29 23	7 9 5 3 36 11 30 28 29 23	10 14 9 7 2 11 30 28 29 23	13 18 15 10 4 12 30 28 29 23	16 22 18 14 6 13 29 28 29 23	19 27 17 18 11 13 29 28 29 23	22 30 22 22 8 14 29 28 29 23	25 34 27 25 7 14 30 28 29 23	28 2 27 29 6 14 30 28 29 23
27	31 31 29 30 27 10 29 28 29 23	34 36 33 30 30 10 30 28 29 23	1 1 2 32 32 10 30 28 29 23	4 7 5 36 34 10 30 28 29 23	7 11 5 3 36 11 30 28 29 23	10 16 9 7 2 11 30 28 29 23	13 19 15 10 4 12 30 28 29 23	16 23 18 14 6 13 29 28 29 23	19 28 17 18 11 13 29 28 29 23	22 31 22 22 8 14 29 28 29 23	25 36 27 26 7 14 30 28 29 23	28 3 27 29 6 14 30 28 29 23
28	31 33 29 30 27 10 29 28 29 23	34 2 33 30 30 10 30 28 29 23	1 3 2 33 32 10 30 28 29 23	4 8 5 36 34 10 30 28 29 23	7 12 5 3 36 11 30 28 29 23	10 17 10 7 2 11 30 28 29 23	13 20 15 10 5 12 30 28 29 23	16 25 18 14 6 13 29 28 29 23	19 29 17 18 11 13 29 28 29 23	22 32 22 22 8 14 29 28 29 23	25 1 27 26 7 14 30 28 29 23	28 5 27 29 6 14 30 28 29 23
29	31 34 29 30 27 10 29 28 29 23		1 4 2 33 32 10 30 28 29 23	4 10 5 36 34 10 30 28 29 23	7 13 5 3 36 11 30 28 29 23	10 18 10 7 3 11 30 28 29 23	13 21 15 11 5 12 30 28 29 23	16 26 18 14 6 13 29 28 29 23	19 30 17 18 11 13 29 28 29 23	22 34 22 22 8 14 29 28 29 23	25 2 27 26 7 14 30 28 29 23	28 6 27 30 6 14 30 28 29 23
30	31 36 29 30 28 10 29 28 29 23		1 6 3 33 32 10 30 28 29 23	4 11 5 36 34 10 30 28 29 23	7 15 5 3 36 11 30 28 29 23	10 19 10 7 3 11 30 28 29 23	13 23 16 11 5 12 30 28 29 23	16 27 18 14 6 13 29 28 29 23	19 31 18 18 11 13 29 28 29 23	22 35 23 23 8 14 29 28 29 23	25 4 27 26 7 14 30 28 29 23	28 8 27 30 6 14 30 28 29 23
31	32 1 29 30 28 10 29 28 29 23		2 7 3 33 32 10 30 28 29 23		7 16 5 4 36 11 30 28 29 23		13 24 16 11 5 12 30 28 29 23	16 28 18 15 6 13 29 28 29 23		22 36 23 23 8 14 29 28 29 23		28 9 27 30 6 14 30 28 29 23

1991

	JAN	FEB	MAR	APR	MAY	JUNE	JULY	AUG	SEPT	OCT	NOV	DEC
1	29 11 27 30 6 14 30 28 29 23	32 16 30 34 7 13 30 29 29 24	34 17 34 1 8 13 31 29 29 24	2 22 3 5 9 13 31 29 29 23	5 25 2 9 11 13 31 29 29 23	8 29 6 12 13 13 31 29 29 23	10 33 12 15 15 14 31 29 29 23	13 1 16 16 17 15 31 29 29 23	16 6 15 15 18 15 31 28 29 23	19 10 19 15 20 16 31 28 29 23	22 16 24 18 23 16 31 29 29 23	25 19 27 21 25 17 31 29 29 24
2	29 12 27 30 6 14 30 28 29 23	32 17 30 34 7 13 30 29 29 24	35 18 35 1 8 13 31 29 29 24	2 23 3 5 9 13 31 29 29 23	5 26 2 9 11 13 31 29 29 23	8 31 6 12 13 13 31 29 29 23	10 34 12 15 15 14 31 29 29 23	13 3 16 16 17 15 31 29 29 23	16 8 15 15 19 15 31 28 29 23	19 12 19 15 21 16 31 28 29 23	22 17 24 18 23 16 31 29 29 23	25 21 27 21 25 17 31 29 29 24
3	29 14 27 30 6 14 30 28 29 23	32 19 30 34 7 13 30 29 29 24	35 19 35 2 8 13 31 29 29 24	2 24 3 5 9 13 31 29 29 23	5 27 2 9 11 13 31 29 29 23	8 32 6 12 13 13 31 29 29 23	11 35 12 15 15 14 31 29 29 23	14 4 16 16 17 15 31 29 29 23	17 9 15 15 19 15 31 28 29 23	19 13 19 15 21 16 31 28 29 23	23 18 24 18 23 16 31 29 29 23	26 22 27 21 25 17 31 29 29 24
4	29 15 27 30 6 14 30 28 29 23	32 20 30 34 7 13 30 29 29 24	35 21 35 2 8 13 31 29 29 24	2 25 3 5 10 13 31 29 29 23	5 28 2 9 11 13 31 29 29 23	8 33 6 12 13 13 31 29 29 23	11 36 12 15 15 14 31 29 29 23	14 5 16 16 17 15 31 29 29 23	17 10 15 15 19 15 31 28 29 23	20 14 20 15 21 16 31 28 29 23	23 20 24 18 23 16 31 29 29 23	26 23 27 21 25 17 31 29 29 24
5	29 17 27 30 6 14 30 28 29 23	32 21 30 34 7 13 30 29 29 24	35 22 35 2 8 13 31 29 29 24	2 26 3 6 10 13 31 29 29 23	5 30 2 9 11 13 31 29 29 23	8 34 6 12 13 13 31 29 29 23	11 2 13 15 15 14 31 29 29 23	14 7 16 16 17 15 31 29 29 23	17 12 15 15 19 15 31 28 29 23	20 16 20 15 21 16 31 28 29 23	23 21 25 18 23 17 31 29 29 24	26 24 27 21 25 17 31 29 29 24
6	29 18 27 31 6 14 30 29 29 23	32 23 31 34 7 13 30 29 29 24	35 23 35 2 8 13 31 29 29 24	2 28 3 6 10 13 31 29 29 23	5 31 3 9 11 13 31 29 29 23	8 35 7 12 13 13 31 29 29 23	11 3 13 15 15 14 31 29 29 23	14 8 16 16 17 15 31 29 29 23	17 13 15 15 19 15 31 28 29 23	20 17 20 15 21 16 31 28 29 23	23 22 25 18 23 17 31 29 29 24	26 26 26 21 25 17 31 29 29 24
7	29 19 27 31 6 14 30 29 29 23	32 24 31 35 7 13 31 29 29 24	35 25 36 2 8 13 31 29 29 24	2 29 3 6 10 13 31 29 29 23	5 32 3 9 11 13 31 29 29 23	8 1 7 13 13 13 31 29 29 23	11 4 13 15 15 14 31 29 29 23	14 10 16 16 17 15 31 29 29 23	17 15 15 15 19 15 31 28 29 23	20 19 20 16 21 16 31 28 29 23	23 24 25 18 23 17 31 29 29 24	26 27 26 22 25 17 31 29 29 24
8	29 20 27 31 6 14 30 29 29 23	32 25 31 35 7 13 31 29 29 24	35 26 36 2 8 13 31 29 29 24	2 30 3 6 10 13 31 29 29 23	5 33 3 9 11 13 31 29 29 23	8 2 7 13 13 14 31 29 29 23	11 6 13 15 15 14 31 29 29 23	14 11 16 16 17 15 31 29 29 23	17 16 15 15 19 15 31 28 29 23	20 20 20 16 21 16 31 28 29 23	23 25 25 18 23 17 31 29 29 24	26 28 26 22 25 17 31 29 29 24
9	29 22 27 31 6 14 30 29 29 23	32 26 31 35 7 13 31 29 29 24	35 27 36 2 8 13 31 29 29 24	2 31 3 6 10 13 31 29 29 23	5 35 3 9 11 13 31 29 29 23	8 3 7 13 13 14 31 29 29 23	11 7 13 15 15 14 31 29 29 23	14 13 16 16 17 15 31 29 29 23	17 18 15 15 19 15 31 28 29 23	20 21 20 16 21 16 31 29 29 23	23 26 25 18 23 17 31 29 29 24	26 29 26 22 25 17 31 29 29 24
10	29 23 27 31 6 14 30 29 29 23	33 27 31 35 7 13 31 29 29 24	35 28 36 2 8 13 31 29 29 24	2 32 3 6 10 13 31 29 29 23	5 36 3 10 12 13 31 29 29 23	8 5 7 13 13 14 31 29 29 23	11 9 13 15 15 14 31 29 29 23	14 14 16 16 17 15 31 29 29 23	17 19 15 15 19 15 31 28 29 23	20 23 21 16 21 16 31 29 29 23	23 27 25 19 23 17 31 29 29 24	26 30 26 22 25 17 31 29 29 24
11	30 24 27 31 6 14 30 29 29 23	33 28 31 35 7 13 31 29 29 24	36 29 36 3 8 13 31 29 29 24	3 34 3 6 10 13 31 29 29 23	5 1 3 10 12 13 31 29 29 23	8 6 8 13 13 14 31 29 29 23	11 10 14 15 15 14 31 29 29 23	14 16 16 16 17 15 31 29 29 23	17 21 16 15 19 15 31 28 29 23	20 24 21 16 21 16 31 29 29 23	23 28 25 19 23 17 31 29 29 24	26 32 26 22 25 17 31 29 29 24
12	30 25 27 31 6 14 30 29 29 23	33 30 31 35 7 13 31 29 29 24	36 30 1 3 8 13 31 29 29 24	3 35 3 6 10 13 31 29 29 23	6 3 3 10 12 13 31 29 29 23	9 7 8 13 13 14 31 29 29 23	11 12 14 16 15 14 31 29 29 23	14 17 16 16 17 15 31 29 29 23	17 22 16 15 19 16 31 28 29 23	20 25 21 16 21 16 31 29 29 23	23 30 26 19 23 17 31 29 29 24	26 33 26 22 25 17 31 29 29 24
13	30 26 27 31 6 14 30 29 29 23	33 31 32 35 7 13 31 29 29 24	36 32 1 3 8 13 31 29 29 24	3 36 3 6 10 13 31 29 29 23	6 4 3 10 12 13 31 29 29 23	9 9 8 13 14 14 31 29 29 23	12 13 14 16 15 14 31 29 29 23	14 18 16 16 17 15 31 29 29 23	17 23 16 15 19 16 31 28 29 23	20 26 21 16 21 16 31 29 29 23	24 31 26 19 23 17 31 29 29 24	27 34 26 22 25 17 31 29 29 24
14	30 28 27 32 6 14 30 29 29 23	33 32 32 35 7 13 31 29 29 24	36 33 1 3 8 13 31 29 29 24	3 2 3 7 10 13 31 29 29 23	6 6 3 10 12 13 31 29 29 23	9 11 8 13 14 14 31 29 29 23	12 15 14 16 15 14 31 29 29 23	15 20 16 16 17 15 31 29 29 23	18 24 16 15 19 16 31 28 29 23	21 28 21 16 21 16 31 29 29 23	24 32 26 19 23 17 31 29 29 24	27 35 25 22 26 17 31 29 29 24
15	30 29 28 32 6 14 30 29 29 23	33 33 32 36 7 13 31 29 29 24	36 34 1 3 9 13 31 29 29 24	3 3 3 7 10 13 31 29 29 23	6 7 3 10 12 13 31 29 29 23	9 12 9 13 14 14 31 29 29 23	12 16 14 16 15 14 31 29 29 23	15 21 16 16 17 15 31 29 29 23	18 26 16 15 19 16 31 28 29 23	21 29 21 16 21 16 31 29 29 23	24 33 26 19 24 17 31 29 29 24	27 36 25 23 26 17 31 29 29 24
16	30 30 28 32 6 14 30 29 29 24	33 35 32 36 7 13 31 29 29 24	36 36 1 3 9 13 31 29 29 24	3 5 3 7 10 13 31 29 29 23	6 8 3 10 12 13 31 29 29 23	9 14 9 13 14 14 31 29 29 23	12 18 14 16 16 14 31 29 29 23	15 22 16 16 17 15 31 29 29 23	18 27 16 15 19 16 31 28 29 23	21 30 22 16 21 16 31 29 29 23	24 34 26 19 24 17 31 29 29 24	27 2 25 23 26 17 31 29 29 24
17	30 31 28 32 6 14 30 29 29 24	33 36 32 36 7 13 31 29 29 24	36 1 1 3 9 13 31 29 29 24	3 6 3 7 10 13 31 29 29 23	6 10 4 10 12 13 31 29 29 23	9 15 9 14 14 14 31 29 29 23	12 19 14 16 16 14 31 29 29 23	15 24 16 16 18 15 31 29 29 23	18 28 16 15 20 16 31 28 29 23	21 31 22 16 22 16 31 29 29 23	24 36 26 19 24 17 31 29 29 24	27 3 25 23 26 17 31 29 29 24
18	30 32 28 32 6 14 30 29 29 24	33 1 32 36 7 13 31 29 29 24	36 2 2 3 9 13 31 29 29 24	3 8 3 7 10 13 31 29 29 23	6 11 4 10 12 13 31 29 29 23	9 17 9 14 14 14 31 29 29 23	12 20 15 16 16 14 31 29 29 23	15 25 16 16 18 15 31 29 29 23	18 29 17 15 20 16 31 28 29 23	21 32 22 16 22 16 31 29 29 23	24 1 26 19 24 17 31 29 29 24	27 4 25 23 26 17 31 29 29 24
19	30 34 28 32 6 13 30 29 29 24	33 3 33 36 7 13 31 29 29 24	36 4 2 4 9 13 31 29 29 24	3 9 3 7 10 13 31 29 29 23	6 13 4 11 12 13 31 29 29 23	9 18 9 14 14 14 31 29 29 23	12 22 15 16 16 14 31 29 29 23	15 26 16 16 18 15 31 29 29 23	18 30 17 15 20 16 31 28 29 23	21 34 22 16 22 16 31 29 29 23	24 2 26 20 24 17 31 29 29 24	27 6 25 23 26 17 31 29 29 24
20	30 35 28 32 6 13 30 29 29 24	34 4 33 36 7 13 31 29 29 24	36 5 2 4 9 13 31 29 29 24	3 10 3 7 10 13 31 29 29 23	6 14 4 11 12 13 31 29 29 23	9 19 10 14 14 14 31 29 29 23	12 23 15 16 16 14 31 29 29 23	15 27 15 16 18 15 31 29 29 23	18 32 17 15 20 16 31 28 29 23	21 35 22 17 22 16 31 29 29 23	24 4 26 20 24 17 31 29 29 24	27 7 25 23 26 17 31 29 29 24
21	31 36 28 32 6 13 30 29 29 24	34 5 33 36 8 13 31 29 29 24	36 7 2 4 9 13 31 29 29 24	4 12 3 7 10 13 31 29 29 23	6 16 4 11 12 13 31 29 29 23	9 21 10 14 14 14 31 29 29 23	12 24 15 16 16 14 31 29 29 23	15 28 15 16 18 15 31 29 29 23	18 33 17 15 20 16 31 28 29 23	21 36 22 17 22 16 31 29 29 23	24 5 27 20 24 17 31 29 29 24	27 9 25 23 26 17 31 29 29 24
22	31 2 28 33 7 13 30 29 29 24	34 7 33 36 8 13 31 29 29 24	1 8 2 4 9 13 31 29 29 24	4 13 2 8 11 13 31 29 29 23	7 17 4 11 12 13 31 29 29 23	10 22 10 14 14 14 31 29 29 23	12 25 15 16 16 14 31 29 29 23	15 30 15 15 18 15 31 29 29 23	18 34 17 15 20 16 31 28 29 23	21 1 23 17 22 16 31 29 29 23	24 6 27 20 24 17 31 29 29 24	27 10 25 23 26 17 31 29 29 24
23	31 3 29 33 7 13 30 29 29 24	34 8 33 1 8 13 31 29 29 24	1 9 2 4 9 13 31 29 29 24	4 15 2 8 11 13 31 29 29 23	7 18 4 11 12 13 31 29 29 23	10 23 10 14 14 14 31 29 29 23	12 26 15 16 16 14 31 29 29 23	15 31 15 15 18 15 31 29 29 23	18 35 18 15 20 16 31 28 29 23	21 3 23 17 22 16 31 29 29 23	25 8 27 20 24 17 31 29 29 24	28 12 25 23 26 17 31 29 29 24
24	31 4 29 33 7 13 30 29 29 24	34 10 33 1 8 13 31 29 29 24	1 11 3 4 9 13 31 29 29 24	4 16 2 8 11 13 31 29 29 23	7 20 4 11 12 13 31 29 29 23	10 24 11 14 14 14 31 29 29 23	13 28 15 16 16 14 31 29 29 23	16 32 15 15 18 15 31 29 29 23	19 1 18 15 20 16 31 28 29 23	22 4 23 17 22 16 31 29 29 23	25 9 27 20 24 17 31 29 29 24	28 13 26 24 26 17 31 29 29 24
25	31 6 29 33 7 13 30 29 29 24	34 11 34 1 8 13 31 29 29 24	1 12 3 4 9 13 31 29 29 24	4 17 2 8 11 13 31 29 29 23	7 21 5 11 12 13 31 29 29 23	10 25 11 14 14 14 31 29 29 23	13 29 15 16 16 14 31 29 29 23	16 33 15 15 18 15 31 29 29 23	19 2 18 15 20 16 31 28 29 23	22 6 23 17 22 16 31 29 29 23	25 11 27 20 24 17 31 29 29 24	28 15 26 24 26 17 31 29 29 24
26	31 7 29 33 7 13 30 29 29 24	34 13 34 1 8 13 31 29 29 24	1 14 3 4 9 13 31 29 29 24	4 19 2 8 11 13 31 29 29 23	7 22 5 11 12 13 31 29 29 23	10 27 11 14 14 14 31 29 29 23	13 30 15 16 16 14 31 29 29 23	16 34 15 15 18 15 31 29 29 23	19 3 18 15 20 16 31 28 29 23	22 7 23 17 22 16 31 29 29 23	25 12 27 20 24 17 31 29 29 24	28 16 26 24 26 17 31 29 29 24
27	31 9 29 33 7 13 30 29 29 24	34 14 34 1 8 13 31 29 29 24	1 15 3 4 9 13 31 29 29 24	4 20 2 8 11 13 31 29 29 23	7 23 5 11 13 13 31 29 29 23	10 28 11 14 14 14 31 29 29 23	13 31 16 16 16 14 31 29 29 23	16 36 15 15 18 15 31 29 29 23	19 5 18 15 20 16 31 28 29 23	22 8 23 17 22 16 31 29 29 23	25 14 27 20 24 17 31 29 29 24	28 18 26 24 27 17 31 29 29 24
28	31 10 29 33 7 13 30 29 29 24	34 15 34 1 8 13 31 29 29 24	1 16 3 5 9 13 31 29 29 24	4 21 2 8 11 13 31 29 29 23	7 25 5 12 13 13 31 29 29 23	10 29 11 15 14 14 31 29 29 23	13 32 16 16 16 14 31 29 29 23	16 1 15 15 18 15 31 29 29 23	19 6 18 15 20 16 31 28 29 23	22 10 23 17 22 16 31 29 29 23	25 15 27 21 24 17 31 29 29 24	28 19 26 24 27 17 31 29 29 24
29	31 12 29 33 7 13 30 29 29 24		1 18 3 5 9 13 31 29 29 24	4 22 2 8 11 13 31 29 29 23	7 26 5 12 13 13 31 29 29 23	10 30 12 15 14 14 31 29 29 23	13 34 16 16 16 15 31 29 29 23	16 2 15 15 18 15 31 29 29 23	19 7 19 15 20 16 31 28 29 23	22 11 24 17 22 16 31 29 29 23	25 17 27 21 24 17 31 29 29 24	28 20 26 24 27 17 31 29 29 24
30	31 13 29 34 7 13 30 29 29 24		1 19 3 5 9 13 31 29 29 24	4 24 2 8 11 13 31 29 29 23	7 27 5 12 13 13 31 29 29 23	10 31 12 15 15 15 31 29 29 23	13 35 16 16 16 15 31 29 29 23	16 4 15 15 18 15 31 29 29 23	19 9 19 15 20 16 31 28 29 23	22 13 24 17 22 16 31 29 29 23	25 18 27 21 25 17 31 29 29 24	28 22 26 24 27 17 31 29 29 24
31	32 15 30 34 7 13 30 29 29 24		1 20 3 5 9 13 31 29 29 23		7 28 6 12 13 13 31 29 29 23		13 36 16 16 16 15 31 29 29 23	16 5 15 15 18 15 31 28 29 23		22 14 24 18 22 16 31 29 29 23		28 23 26 24 27 17 31 29 29 24

1992

	JAN	FEB	MAR	APR	MAY	JUNE	JULY	AUG	SEPT	OCT	NOV	DEC
1	28 24 26 25 27 17 31 29 29 24	32 29 31 28 29 17 31 29 29 24	35 31 36 32 31 16 32 29 29 24	2 35 1 36 34 16 32 29 29 24	5 2 2 3 36 16 32 29 29 24	8 7 8 7 2 16 32 29 29 24	10 11 13 11 5 16 32 29 29 24	13 17 14 15 7 17 32 29 29 24	16 22 15 19 9 17 32 29 29 24	19 25 20 22 11 18 32 29 29 24	22 30 25 26 12 19 32 29 29 24	25 33 24 30 12 19 32 29 29 24
2	29 25 26 25 27 17 31 29 29 24	32 30 31 28 29 17 31 29 29 24	35 32 36 32 31 16 32 29 29 24	2 36 1 36 34 16 32 29 29 24	5 4 2 4 36 16 32 29 29 24	8 9 8 7 3 16 32 29 29 24	11 13 13 11 5 16 32 29 29 24	13 18 14 15 7 17 32 29 29 24	16 23 15 19 9 17 32 29 29 24	19 27 21 22 11 18 32 29 29 24	22 31 25 26 12 19 32 29 29 24	26 34 24 30 12 19 32 29 29 24
3	29 26 27 25 27 17 31 29 29 24	32 31 31 29 29 17 31 29 29 24	35 33 36 32 32 16 32 29 29 24	2 2 1 36 34 16 32 29 29 24	5 5 2 4 36 16 32 29 29 24	8 10 8 7 3 16 32 29 29 24	11 14 13 11 5 17 32 29 29 24	14 19 14 15 7 17 32 29 29 24	17 24 15 19 9 17 32 29 29 24	20 28 21 22 11 18 32 29 29 24	23 32 25 26 12 19 32 29 29 24	26 35 24 30 12 20 32 29 29 24
4	29 28 27 25 27 17 31 29 29 24	32 32 31 29 29 17 31 29 29 24	35 34 1 32 32 16 32 29 29 24	2 3 36 36 34 16 32 29 29 24	5 6 3 4 36 16 32 29 29 24	8 12 8 8 3 16 32 29 29 24	11 16 13 11 5 17 32 29 29 24	14 21 13 15 7 17 32 29 29 24	17 26 16 19 9 17 32 29 29 24	20 29 21 23 11 18 32 29 29 24	23 33 25 26 12 19 32 29 29 24	26 1 24 30 12 20 32 29 29 24
5	29 29 27 25 27 17 31 29 29 24	32 33 32 29 29 17 31 29 29 24	35 35 1 32 32 16 32 29 29 24	2 4 36 36 34 16 32 29 29 24	5 8 3 4 36 16 32 29 29 24	8 13 8 8 3 16 32 29 29 24	11 17 13 11 5 17 32 29 29 24	14 22 13 15 7 17 32 29 29 24	17 27 16 19 9 17 32 29 29 24	20 30 21 23 11 18 32 29 29 24	23 35 25 26 12 19 32 29 29 24	26 2 24 30 12 20 32 29 29 24
6	29 30 27 25 27 17 31 29 29 24	32 35 32 29 30 17 32 29 29 24	35 1 1 33 32 16 32 29 29 24	2 6 36 36 34 16 32 29 29 24	5 9 3 4 1 16 32 29 29 24	8 15 9 8 3 16 32 29 29 24	11 18 14 12 5 17 32 29 29 24	14 24 13 15 7 17 32 29 29 24	17 28 16 19 9 17 32 29 29 24	20 31 21 23 11 18 32 29 29 24	23 36 25 27 12 19 32 29 29 24	26 3 24 30 12 20 32 29 29 24
7	29 31 27 25 27 17 31 29 29 24	32 36 32 29 30 17 32 29 29 24	35 2 1 33 32 16 32 29 29 24	2 7 36 36 34 16 32 29 29 24	5 11 3 4 1 16 32 29 29 24	8 16 9 8 3 16 32 29 29 24	11 20 14 12 5 17 32 29 29 24	14 25 13 15 7 17 32 29 29 24	17 29 16 19 9 17 32 29 29 24	20 33 21 23 11 18 32 29 29 24	23 1 25 27 12 19 32 29 29 24	26 4 24 30 12 20 32 29 29 24
8	29 32 27 25 27 17 31 29 29 24	32 1 32 29 30 17 32 29 29 24	35 3 1 33 32 16 32 29 29 24	2 8 36 1 34 16 32 29 29 24	5 12 3 4 1 16 32 29 29 24	8 17 9 8 3 16 32 29 29 24	11 21 14 12 5 17 32 29 29 24	14 26 13 16 7 17 32 29 29 24	17 31 16 19 9 17 32 29 29 24	20 34 22 23 11 18 32 29 29 24	23 2 25 27 12 19 32 29 29 24	26 6 24 30 12 20 32 29 29 24
9	29 34 27 26 27 17 31 29 29 24	32 2 32 29 30 17 32 29 29 24	35 5 1 33 32 16 32 29 29 24	2 10 36 1 34 16 32 29 29 24	5 13 3 4 1 16 32 29 29 24	8 19 9 8 3 16 32 29 29 24	11 23 14 12 5 17 32 29 29 24	14 27 13 16 7 17 32 29 29 24	17 32 17 20 9 17 32 29 29 24	20 35 22 23 11 18 32 29 29 24	23 4 25 27 12 19 32 29 29 24	26 7 24 31 12 20 32 29 29 24
10	29 35 27 26 28 17 31 29 29 24	33 4 32 29 30 17 32 29 29 24	35 6 1 33 32 16 32 29 29 24	3 11 36 1 35 16 32 29 29 24	5 15 3 5 1 16 32 29 29 24	8 20 10 8 3 16 32 29 29 24	11 24 14 12 5 17 32 29 29 24	14 29 13 16 7 17 32 29 29 24	17 33 17 20 9 17 32 29 29 24	20 36 22 23 11 18 32 29 29 24	23 5 25 27 12 19 32 29 29 24	26 8 24 31 12 20 32 29 29 24
11	30 36 28 26 28 17 31 29 29 24	33 5 33 30 30 17 32 29 29 24	36 7 1 33 32 16 32 29 29 24	3 12 36 1 35 16 32 29 29 24	6 16 3 5 1 16 32 29 29 24	9 22 10 8 3 16 32 29 29 24	11 25 14 12 5 17 32 29 29 24	14 30 13 16 8 17 32 29 29 24	17 34 17 20 9 17 32 29 29 24	20 1 22 23 11 19 32 29 29 24	23 6 25 27 12 19 32 29 29 24	26 10 24 31 12 20 32 29 29 24
12	30 1 28 26 28 17 31 29 29 24	33 6 33 30 30 17 32 29 29 24	36 9 1 33 32 16 32 29 29 24	3 14 36 1 35 16 32 29 29 24	6 18 4 5 1 16 32 29 29 24	9 23 10 9 3 16 32 29 29 24	11 26 14 12 5 17 32 29 29 24	14 31 13 16 8 17 32 29 29 24	17 35 17 20 9 17 32 29 29 24	20 3 22 24 11 19 32 29 29 24	23 7 25 27 12 19 32 29 29 24	27 11 24 31 12 20 32 29 29 24
13	30 3 28 26 28 17 31 29 29 24	33 8 33 30 30 17 32 29 29 24	36 10 2 33 32 16 32 29 29 24	3 15 36 1 35 16 32 29 29 24	6 19 4 5 1 16 32 29 29 24	9 24 10 9 3 16 32 29 29 24	12 28 14 12 6 17 32 29 29 24	15 32 13 16 8 17 32 29 29 24	18 1 17 20 9 17 32 29 29 24	20 4 22 24 11 19 32 29 29 24	24 9 25 27 12 19 32 29 29 24	27 13 25 31 12 20 32 29 29 24
14	30 4 28 26 28 17 31 29 29 24	33 9 33 30 30 17 32 29 29 24	36 11 2 34 32 16 32 29 29 24	3 17 36 1 35 16 32 29 29 24	6 21 4 5 1 16 32 29 29 24	9 25 10 9 3 16 32 29 29 24	12 29 14 13 6 17 32 29 29 24	15 33 13 16 8 17 32 29 29 24	18 2 18 20 10 17 32 29 29 24	21 5 22 24 11 19 32 29 29 24	24 10 25 28 12 19 32 29 29 24	27 14 25 31 12 20 32 29 29 24
15	30 5 28 26 28 17 31 29 29 24	33 10 33 30 30 17 32 29 29 24	36 13 2 34 32 16 32 29 29 24	3 18 1 1 35 16 32 29 29 24	6 22 4 5 1 16 32 29 29 24	9 27 11 9 4 16 32 29 29 24	12 29 14 13 6 17 32 29 29 24	15 34 13 16 8 17 32 29 29 24	18 3 18 20 10 17 32 29 29 24	21 6 23 24 11 19 32 29 29 24	24 12 25 28 12 19 32 29 29 24	27 15 25 31 12 20 32 29 29 24
16	30 7 28 26 28 17 31 29 29 24	33 12 33 30 30 17 32 29 29 24	36 14 2 34 33 16 32 29 29 24	3 20 1 2 35 16 32 29 29 24	6 23 4 5 1 16 32 29 29 24	9 28 11 9 4 16 32 29 29 24	12 31 14 13 6 17 32 29 29 24	15 36 13 17 8 17 32 29 29 24	18 4 18 20 10 17 32 29 29 24	21 8 23 24 11 19 32 29 29 24	24 13 25 28 12 19 32 29 29 24	27 17 25 31 12 20 32 29 29 24
17	30 8 29 26 28 17 31 29 29 24	33 13 33 30 30 17 32 29 29 24	36 16 2 34 33 16 32 29 29 24	3 21 1 2 35 16 32 29 29 24	6 25 5 5 1 16 32 29 29 24	9 29 11 9 4 16 32 29 29 24	12 32 14 13 6 17 32 29 29 24	15 1 13 17 8 17 32 29 29 24	18 6 18 21 10 17 32 29 29 24	21 9 23 24 11 19 32 29 29 24	24 14 25 28 12 19 32 29 29 24	27 18 25 31 12 20 32 29 29 24
18	30 10 29 27 28 17 31 29 29 24	33 15 33 30 30 17 32 29 29 24	36 17 2 34 33 16 32 29 29 24	3 22 1 2 35 16 32 29 29 24	6 26 5 6 1 16 32 29 29 24	9 30 11 9 4 16 32 29 29 24	12 34 14 13 6 17 32 29 29 24	15 2 13 17 8 17 32 29 29 24	18 7 18 21 10 17 32 29 29 24	21 10 23 24 11 19 32 29 29 24	24 16 25 28 12 19 32 29 29 24	27 20 25 32 12 20 32 29 29 24
19	30 11 29 27 28 17 31 29 29 24	33 16 34 31 31 17 32 29 29 24	36 19 2 34 33 16 32 29 29 24	3 24 1 2 35 16 32 29 29 24	6 27 5 6 2 16 32 29 29 24	9 32 11 9 4 16 32 29 29 24	12 35 14 13 6 17 32 29 29 24	15 3 13 17 8 17 32 29 29 24	18 8 18 21 10 17 32 29 29 24	21 12 23 24 11 19 32 29 29 24	24 17 25 28 12 19 32 29 29 24	27 21 25 32 12 20 32 29 29 24
20	30 13 29 27 28 17 31 29 29 24	34 18 34 31 31 17 32 29 29 24	36 20 2 34 33 16 32 29 29 24	4 25 1 2 35 16 32 29 29 24	6 28 5 6 2 16 32 29 29 24	9 33 11 10 4 16 32 29 29 24	12 36 14 13 6 17 32 29 29 24	15 5 13 17 8 17 32 29 29 24	18 9 19 21 10 17 32 29 29 24	21 13 23 25 11 19 32 29 29 24	24 19 25 28 12 19 32 29 29 24	27 22 25 32 12 20 32 29 29 24
21	31 14 29 27 28 17 31 29 29 24	34 19 34 31 31 17 32 29 29 24	1 22 2 34 33 16 32 29 29 24	4 26 1 2 35 16 32 29 29 24	7 30 5 6 2 16 32 29 29 24	9 34 12 10 4 16 32 29 29 24	12 1 14 13 6 17 32 29 29 24	15 6 13 17 8 17 32 29 29 24	18 11 19 21 10 17 32 29 29 24	21 15 23 25 11 19 32 29 29 24	24 20 25 28 12 19 32 29 29 24	27 24 26 32 12 20 32 29 29 24
22	31 16 29 27 28 17 31 29 29 24	34 21 35 31 31 17 32 29 29 24	1 23 1 34 33 16 32 29 29 24	4 28 1 2 35 16 32 29 29 24	7 31 5 6 2 16 32 29 29 24	10 35 12 10 4 16 32 29 29 24	12 3 14 13 6 17 32 29 29 24	15 7 14 17 8 17 32 29 29 24	18 12 19 21 10 17 32 29 29 24	21 16 24 25 11 19 32 29 29 24	24 21 24 29 12 19 32 29 29 24	28 25 26 32 12 20 32 29 29 24
23	31 17 29 27 29 17 31 29 29 24	34 22 35 31 31 17 32 29 29 24	1 24 1 35 33 16 32 29 29 24	4 29 1 2 36 16 32 29 29 24	7 32 6 6 2 16 32 29 29 24	10 36 12 10 4 16 32 29 29 24	13 4 14 14 6 17 32 29 29 24	16 8 14 17 8 17 32 29 29 24	19 13 19 21 10 17 32 29 29 24	21 18 24 25 11 19 32 29 29 24	25 23 24 29 12 19 32 29 29 24	28 26 26 32 12 20 32 29 29 24
24	31 19 30 27 29 17 31 29 29 24	34 23 35 31 31 17 32 29 29 24	1 25 1 35 33 16 32 29 29 24	4 30 1 3 36 16 32 29 29 24	7 33 6 6 2 16 32 29 29 24	10 2 12 10 4 16 32 29 29 24	13 5 14 14 6 17 32 29 29 24	16 10 14 18 8 17 32 29 29 24	19 15 19 21 10 17 32 29 29 24	22 19 24 25 12 19 32 29 29 24	25 24 24 29 12 19 32 29 29 24	28 28 26 32 12 20 32 29 29 24
25	31 20 30 27 29 17 31 29 29 24	34 25 35 31 31 17 32 29 29 24	1 27 1 35 33 16 32 29 29 24	4 31 1 3 36 16 32 29 29 24	7 34 6 6 2 16 32 29 29 24	10 3 12 10 4 16 32 29 29 24	13 6 14 14 6 17 32 29 29 24	16 12 14 18 8 18 32 29 29 24	19 17 20 21 10 17 32 29 29 24	22 21 24 25 12 19 32 29 29 24	25 26 24 29 12 19 32 29 29 24	28 29 26 32 12 20 32 29 29 24
26	31 21 30 28 29 17 31 29 29 24	34 26 35 31 31 17 32 29 29 24	1 28 1 35 33 16 32 29 29 24	4 32 1 3 36 16 32 29 29 24	7 35 6 6 2 16 32 29 29 24	10 4 12 10 4 16 32 29 29 24	13 8 14 14 6 17 32 29 29 24	16 13 14 18 8 18 32 29 29 24	19 18 20 22 10 17 32 29 29 24	22 22 24 25 12 19 32 29 29 24	25 27 24 29 12 19 32 29 29 24	28 30 26 32 12 20 32 29 29 24
27	31 23 30 28 29 17 31 29 29 24	34 27 35 32 31 16 32 29 29 24	1 29 1 35 33 16 32 29 29 24	4 33 2 3 36 16 32 29 29 24	7 1 7 7 2 16 32 29 29 24	10 5 12 10 4 16 32 29 29 24	13 9 14 14 7 17 32 29 29 24	16 14 14 18 9 18 32 29 29 24	19 20 20 22 10 17 32 29 29 24	22 23 24 25 12 19 32 29 29 24	25 28 24 29 12 19 32 29 29 24	28 31 27 33 12 20 32 29 29 24
28	31 24 30 28 29 16 31 29 29 24	34 28 36 32 31 16 32 29 29 24	1 30 1 35 33 16 32 29 29 24	4 35 2 3 36 16 32 29 29 24	7 2 7 7 2 16 32 29 29 24	10 7 13 11 4 16 32 29 29 24	13 10 14 14 7 17 32 29 29 24	16 16 14 18 9 18 32 29 29 24	19 21 20 22 10 17 32 29 29 24	22 25 24 26 12 19 32 29 29 24	25 29 24 29 12 19 32 29 29 24	28 33 27 33 12 20 32 29 29 24
29	31 25 30 28 29 16 31 29 29 24	34 29 36 32 31 16 32 29 29 24	1 31 1 35 34 16 32 29 29 24	4 36 2 3 36 16 32 29 29 24	7 3 7 7 2 16 32 29 29 24	10 8 13 11 5 16 32 29 29 24	13 12 14 14 7 17 32 29 29 24	16 17 15 18 9 18 32 29 29 24	19 23 20 22 10 17 32 29 29 24	22 26 24 26 12 19 32 29 29 24	25 31 24 29 12 19 32 29 29 24	28 34 27 33 12 20 32 29 29 24
30	31 26 31 28 29 16 31 29 29 24		1 33 1 35 34 16 32 29 29 24	4 1 2 3 36 16 32 29 29 24	7 5 7 7 2 16 32 29 29 24	10 10 13 11 5 16 32 29 29 24	13 13 14 14 7 17 32 29 29 24	16 19 15 18 9 18 32 29 29 24	19 24 20 22 10 17 32 29 29 24	22 27 25 26 12 19 32 29 29 24	25 33 24 29 12 19 32 29 29 24	28 35 27 33 12 20 32 29 29 24
31	32 27 31 28 29 17 31 29 29 24		2 34 1 36 34 16 32 29 29 24		7 6 7 7 2 16 32 29 29 24		13 15 14 15 7 17 32 29 29 24	16 20 15 18 9 18 32 29 29 24		22 29 25 26 12 19 32 29 29 24		28 36 27 33 12 20 32 29 29 24

1993

	JAN	FEB	MAR	APR	MAY	JUNE
1	29 1 27 33 12 19 32 29 29 24	32 6 32 36 11 20 32 29 29 24	35 7 36 2 10 20 33 29 29 24	2 12 35 2 11 19 33 30 30 24	5 15 3 1 13 19 33 30 30 24	8 21 9 3 14 19 34 30 30 24
2	29 3 27 33 12 19 32 29 29 24	32 7 32 36 10 20 33 29 29 24	35 8 36 2 10 20 33 29 29 24	2 13 35 2 11 19 33 30 30 24	5 17 3 1 13 19 33 30 30 24	8 22 9 3 14 19 34 30 30 24
3	29 4 28 33 11 19 32 29 29 24	32 9 33 1 10 20 33 29 29 24	35 9 36 2 11 20 33 29 29 24	2 15 35 2 11 19 33 30 30 24	5 18 3 1 13 19 33 30 30 24	8 24 10 3 14 19 34 30 30 24
4	29 5 28 34 11 19 32 29 29 24	32 10 33 1 10 20 33 29 29 24	35 11 36 2 11 20 33 29 29 24	2 16 35 2 11 19 33 30 30 24	5 20 4 1 13 19 33 30 30 24	8 25 10 3 14 19 34 30 30 24
5	29 6 28 34 11 19 32 29 29 24	32 11 33 1 10 20 33 29 29 24	35 12 36 2 11 20 33 29 29 24	2 17 35 1 11 19 33 30 30 24	5 21 4 1 13 19 33 30 30 24	8 27 10 3 14 19 34 30 30 24
6	29 8 28 34 11 19 32 29 29 24	32 13 33 1 10 20 33 29 29 24	35 14 36 2 11 20 33 29 29 24	2 19 35 1 12 19 33 30 30 24	5 23 4 1 13 19 33 30 30 24	8 28 10 3 15 19 34 30 30 24
7	29 9 28 34 11 19 32 29 29 24	32 14 33 1 10 20 33 29 29 24	35 15 36 2 11 20 33 29 29 24	2 21 35 1 12 19 33 30 30 24	5 24 4 1 13 19 33 30 30 24	8 29 10 4 15 19 34 30 30 24
8	29 11 28 34 11 19 32 29 29 24	32 16 34 1 10 20 33 29 29 24	35 17 35 2 11 20 33 29 29 24	2 22 36 1 12 19 33 30 30 24	5 26 4 1 13 19 33 30 30 24	8 30 10 4 15 19 34 30 30 24
9	29 12 28 34 11 19 32 29 29 24	33 17 34 1 10 20 33 29 29 24	35 18 35 2 11 20 33 29 29 24	2 23 36 1 12 19 33 30 30 24	5 27 5 1 13 19 33 30 30 24	8 32 11 4 15 19 34 30 30 24
10	29 13 29 34 11 19 32 29 29 24	33 19 34 1 10 20 33 29 29 24	35 20 35 2 11 20 33 29 29 24	3 25 36 1 12 19 33 30 30 24	5 28 5 1 13 19 33 30 30 24	8 33 11 4 15 19 34 30 30 24
11	30 15 29 34 11 19 32 29 29 24	33 20 34 1 10 20 33 30 29 24	36 21 35 3 11 20 33 29 29 24	3 26 36 1 12 19 33 30 30 24	6 30 5 1 13 19 33 30 30 24	9 34 11 4 15 19 34 30 30 24
12	30 16 29 34 11 19 32 29 29 24	33 22 34 1 10 20 33 30 29 24	36 23 35 3 11 20 33 29 29 24	3 28 36 1 12 19 33 30 30 24	6 31 5 2 13 19 33 30 30 24	9 35 11 4 15 19 34 30 30 24
13	30 18 29 35 11 19 32 29 29 24	33 23 34 1 10 20 33 30 29 24	36 24 35 2 11 20 33 29 29 24	3 29 36 1 12 19 33 30 30 24	6 32 5 2 13 19 33 30 30 24	9 1 11 4 15 19 34 30 30 24
14	30 19 29 35 11 19 32 29 29 24	33 24 35 1 10 20 33 30 29 24	36 25 35 2 11 20 33 29 29 24	3 30 36 1 12 19 33 30 30 24	6 33 6 2 13 19 33 30 30 24	9 2 11 4 15 19 34 30 30 24
15	30 21 29 35 11 19 32 29 29 24	33 26 35 2 10 20 33 30 29 24	36 27 35 2 11 20 33 29 29 24	3 31 36 1 12 19 33 30 30 24	6 35 6 2 13 19 33 30 30 24	9 3 11 4 15 19 34 30 30 24
16	30 22 30 35 11 19 32 29 29 24	33 27 35 2 10 20 33 30 30 24	36 28 35 2 11 20 33 29 29 24	3 33 1 1 12 19 33 30 30 24	6 36 6 2 13 19 33 30 30 24	9 4 11 4 15 19 34 30 30 24
17	30 24 30 35 11 19 32 29 29 24	33 28 35 2 10 20 33 30 30 24	36 30 35 2 11 20 33 29 29 24	3 34 1 1 12 19 33 30 30 24	6 1 6 2 13 19 33 30 30 24	9 5 12 5 15 19 34 30 30 24
18	30 25 30 35 11 19 32 29 29 24	33 30 35 2 10 20 33 30 30 24	36 31 35 2 11 20 33 29 29 24	3 35 1 1 12 19 33 30 30 24	6 2 6 2 14 19 33 30 30 24	9 7 12 5 15 19 34 30 30 24
19	30 26 30 35 11 19 32 29 29 24	34 31 35 2 10 20 33 30 30 24	36 32 35 2 11 20 33 29 29 24	3 36 1 1 12 19 33 30 30 24	6 3 7 2 14 19 33 30 30 24	9 8 12 5 15 19 34 30 30 24
20	30 27 30 35 11 19 32 29 29 24	34 32 35 2 10 20 33 30 30 24	36 33 35 2 11 20 33 29 29 24	3 1 1 1 12 19 33 30 30 24	6 5 7 2 14 19 33 30 30 24	9 9 12 5 15 19 34 30 30 24
21	31 29 30 35 11 19 32 29 29 24	34 33 36 2 10 20 33 30 30 24	1 34 35 2 11 20 33 29 29 24	4 2 1 1 12 19 33 30 30 24	6 6 7 2 14 19 33 30 30 24	9 11 12 5 15 19 34 30 30 24
22	31 30 31 35 11 19 32 29 29 24	34 34 36 2 10 20 33 30 30 24	1 35 35 2 11 20 33 29 29 24	4 4 1 1 12 19 33 30 30 24	7 7 7 2 14 19 34 30 30 24	10 12 12 5 15 19 34 30 30 24
23	31 31 31 36 11 19 32 29 29 24	34 36 36 2 10 20 33 30 30 24	1 36 35 2 11 20 33 29 29 24	4 5 2 1 12 19 33 30 30 24	7 8 8 2 14 19 34 30 30 24	10 13 12 5 15 19 34 30 30 24
24	31 32 31 36 11 19 32 29 29 24	34 1 36 2 10 20 33 30 30 24	1 2 35 2 11 20 33 29 29 24	4 6 2 1 12 19 33 30 30 24	7 10 8 2 14 19 34 30 30 24	10 15 12 5 16 19 34 30 30 24
25	31 33 31 36 11 19 32 29 29 24	34 2 36 2 10 20 33 30 30 24	1 3 35 2 11 20 33 29 29 24	4 7 2 1 12 19 33 30 30 24	7 11 8 2 14 19 34 30 30 24	10 16 12 5 16 19 34 30 30 24
26	31 35 31 36 11 19 32 29 29 24	34 3 36 2 10 20 33 30 30 24	1 4 35 2 11 20 33 29 29 24	4 9 2 1 12 19 33 30 30 24	7 12 8 3 14 19 34 30 30 24	10 18 12 5 16 19 34 30 30 24
27	31 36 31 36 11 19 32 29 29 24	34 4 36 2 10 20 33 30 30 24	1 5 35 2 11 20 33 29 29 24	4 10 2 1 12 19 33 30 30 24	7 14 8 3 14 19 34 30 30 24	10 19 12 6 16 19 34 30 30 24
28	31 1 32 36 11 19 32 29 29 24	34 6 36 2 10 20 33 30 30 24	1 6 35 2 11 20 33 29 29 24	4 11 2 1 13 19 33 30 30 24	7 15 9 3 14 19 34 30 30 24	10 21 12 6 16 19 34 30 30 24
29	31 2 32 36 11 19 32 29 29 24		1 8 35 2 11 19 33 29 29 24	4 13 3 1 13 19 33 30 30 24	7 17 9 3 14 19 34 30 30 24	10 22 12 6 16 19 34 30 30 24
30	32 3 32 36 11 19 32 29 29 24		1 9 35 2 11 19 33 29 29 24	4 14 3 1 13 19 33 30 30 24	7 18 9 3 14 19 34 30 30 24	10 23 12 6 16 19 34 30 30 24
31	32 5 32 36 11 19 32 29 29 24		2 10 35 2 11 19 33 29 29 24		7 19 9 3 14 19 34 30 30 24	

	JULY	AUG	SEPT	OCT	NOV	DEC
1	10 25 12 6 16 19 33 30 30 24	13 30 12 9 18 19 33 29 29 24	16 34 17 13 20 20 33 29 29 24	19 2 21 17 22 21 33 29 29 24	22 6 23 20 24 21 33 29 29 24	25 9 24 24 26 22 33 29 29 24
2	11 26 12 6 16 19 33 30 30 24	13 31 12 10 18 19 33 29 29 24	16 35 17 13 20 20 33 29 29 24	19 3 22 17 22 21 33 29 29 24	22 7 23 21 24 21 33 29 29 24	25 11 24 24 26 22 33 29 29 24
3	11 27 12 6 16 19 33 30 30 24	14 32 12 10 18 20 33 29 29 24	17 1 17 13 20 20 33 29 29 24	19 4 22 17 22 21 33 29 29 24	22 8 23 21 24 21 33 29 29 24	26 12 24 25 26 22 33 30 29 24
4	11 29 12 6 16 19 33 30 29 24	14 33 12 10 18 20 33 29 29 24	17 2 17 13 20 20 33 29 29 24	20 5 22 17 22 21 33 29 29 24	23 10 23 21 24 21 33 29 29 24	26 13 24 25 26 22 33 30 29 24
5	11 30 12 6 16 19 33 30 29 24	14 35 12 10 18 20 33 29 29 24	17 3 17 13 20 20 33 29 29 24	20 6 22 17 22 21 33 29 29 24	23 11 23 21 24 21 33 29 29 24	26 15 24 25 26 22 33 30 29 24
6	11 31 12 6 16 19 33 30 29 24	14 36 12 10 18 20 33 29 29 24	17 4 18 14 20 20 33 29 29 24	20 7 22 17 22 21 33 29 29 24	23 12 23 21 24 21 33 29 29 24	26 16 24 25 26 22 33 30 29 24
7	11 33 12 7 16 19 33 30 29 24	14 1 12 10 18 20 33 29 29 24	17 5 18 14 20 20 33 29 29 24	20 9 22 17 22 21 33 29 29 24	23 14 23 21 24 21 33 29 29 24	26 17 24 25 27 22 33 30 29 24
8	11 34 12 7 16 19 33 30 29 24	14 2 12 10 18 20 33 29 29 24	17 7 18 14 20 20 33 29 29 24	20 10 22 18 22 21 33 29 29 24	23 15 23 21 24 21 33 29 29 24	26 19 25 25 27 22 33 30 29 24
9	11 35 12 7 16 19 33 30 29 24	14 3 12 10 18 20 33 29 29 24	17 8 18 14 20 20 33 29 29 24	20 11 23 18 22 21 33 29 29 24	23 16 23 21 24 21 33 29 29 24	26 20 25 25 27 22 33 30 29 24
10	11 36 12 7 16 19 33 30 29 24	14 5 12 10 18 20 33 29 29 24	17 9 18 14 20 20 33 29 29 24	20 13 23 18 22 21 33 29 29 24	23 18 22 22 25 21 33 29 29 24	26 22 25 25 27 22 33 30 29 24
11	11 1 12 7 17 19 33 30 29 24	14 6 13 11 18 20 33 29 29 24	17 10 18 14 20 20 33 29 29 24	20 14 23 18 22 21 33 29 29 24	23 19 22 22 25 22 33 29 29 24	26 23 25 26 27 22 33 30 29 24
12	11 3 12 7 17 19 33 30 29 24	14 7 13 11 18 20 33 29 29 24	17 12 19 14 20 20 33 29 29 24	20 15 23 18 23 21 33 29 29 24	23 21 22 22 25 22 33 29 29 24	26 25 25 26 27 22 33 30 29 24
13	12 4 12 7 17 19 33 30 29 24	15 8 13 11 19 20 33 29 29 24	18 13 19 14 21 20 33 29 29 24	20 17 23 18 23 21 33 29 29 24	24 22 22 22 25 22 33 29 29 24	27 26 25 26 27 22 33 30 29 24
14	12 5 12 7 17 19 33 30 29 24	15 10 13 11 19 20 33 29 29 24	18 15 19 15 21 20 33 29 29 24	21 18 23 18 23 21 33 29 29 24	24 24 22 22 25 22 33 29 29 24	27 27 26 26 27 22 33 30 29 24
15	12 6 12 7 17 19 33 30 29 24	15 11 13 11 19 20 33 29 29 24	18 16 19 15 21 20 33 29 29 24	21 20 23 18 23 21 33 29 29 24	24 25 22 22 25 22 33 29 29 24	27 29 26 26 27 22 33 30 29 24
16	12 7 12 8 17 19 33 30 29 24	15 12 13 11 19 20 33 29 29 24	18 18 19 15 21 20 33 29 29 24	21 21 23 18 23 21 33 29 29 24	24 27 22 22 25 22 33 29 29 24	27 30 26 26 27 22 33 30 29 24
17	12 9 12 8 17 19 33 29 29 24	15 15 14 11 19 20 33 29 29 24	18 19 19 15 21 20 33 29 29 24	21 23 23 18 23 21 33 29 29 24	24 28 22 22 25 22 33 29 29 24	27 32 26 26 27 22 33 30 29 24
18	12 10 12 8 17 19 33 29 29 24	15 15 14 11 19 20 33 29 29 24	18 21 20 15 21 20 33 29 29 24	21 24 23 19 23 21 33 29 29 24	24 29 22 23 25 22 33 29 29 24	27 33 26 26 27 22 33 30 29 24
19	12 12 12 8 17 19 33 29 29 24	15 17 14 11 19 20 33 29 29 24	18 22 20 15 21 20 33 29 29 24	21 26 23 19 23 21 33 29 29 24	24 31 22 23 25 22 33 29 29 24	27 34 26 27 27 22 33 30 29 24
20	12 13 11 8 17 19 33 29 29 24	15 18 14 12 19 20 33 29 29 24	18 24 20 15 21 20 33 29 29 24	21 27 24 19 23 21 33 29 29 24	24 32 22 23 25 22 33 29 29 24	27 35 26 27 27 22 33 30 30 24
21	12 14 11 8 17 19 33 29 29 24	15 20 14 12 19 20 33 29 29 24	18 25 20 15 21 20 33 29 29 24	21 29 24 19 23 21 33 29 29 24	24 33 22 23 25 22 33 29 29 24	27 36 27 27 28 22 33 30 30 24
22	12 16 11 8 17 19 33 29 29 24	15 21 15 12 19 20 33 29 29 24	18 26 20 16 21 20 33 29 29 24	21 30 24 19 23 21 33 29 29 24	24 34 23 23 25 22 33 29 29 24	28 2 27 27 28 22 33 30 30 24
23	13 17 11 8 17 19 33 29 29 24	15 23 15 12 19 20 33 29 29 24	18 28 20 16 21 20 33 29 29 24	21 31 24 19 23 21 33 29 29 24	25 36 23 23 25 22 33 29 29 24	28 3 27 27 28 22 33 30 30 24
24	13 19 11 8 17 19 33 29 29 24	16 24 15 12 19 20 33 29 29 24	19 29 20 16 21 20 33 29 29 24	22 32 24 19 23 21 33 29 29 24	25 1 23 23 26 22 33 29 29 24	28 4 27 27 28 22 33 30 30 24
25	13 20 11 9 17 19 33 29 29 24	16 25 15 12 19 20 33 29 29 24	19 30 21 16 21 21 33 29 29 24	22 34 24 20 23 21 33 29 29 24	25 2 23 23 26 22 33 29 29 24	28 5 27 27 28 22 33 30 30 24
26	13 22 11 9 17 19 33 29 29 24	16 27 15 12 19 20 33 29 29 24	19 32 21 16 21 21 33 29 29 24	22 35 24 20 23 21 33 29 29 24	25 3 23 24 26 22 33 29 29 24	28 6 27 27 28 22 33 30 30 24
27	13 23 11 9 17 19 33 29 29 24	16 28 16 12 19 20 33 29 29 24	19 33 21 16 21 21 33 29 29 24	22 36 24 20 24 21 33 29 29 24	25 4 23 24 26 22 33 29 29 24	28 8 28 28 28 22 33 30 30 24
28	13 24 11 9 18 19 33 29 29 24	16 29 16 13 20 20 33 29 29 24	19 34 21 16 22 21 33 29 29 24	22 1 24 20 24 21 33 29 29 24	25 6 23 24 26 22 33 29 29 24	28 9 28 28 28 22 33 30 30 24
29	13 26 11 9 18 19 33 29 29 24	16 31 16 13 20 20 33 29 29 24	19 35 21 16 20 21 33 29 29 24	22 2 24 20 24 21 33 29 29 24	25 7 23 24 26 22 33 29 29 24	28 10 28 28 28 22 33 30 30 24
30	13 27 11 9 18 19 33 29 29 24	16 32 16 13 20 20 33 29 29 24	19 36 21 17 22 21 33 29 29 24	22 3 24 20 24 21 33 29 29 24	25 8 23 24 26 22 33 29 29 24	28 12 28 28 28 22 33 30 30 24
31	13 28 11 9 18 19 33 29 29 24	16 33 16 13 20 20 33 29 29 24		22 4 24 20 24 21 33 29 29 24		28 13 28 28 28 22 33 30 30 24

1994

	JAN	FEB	MAR	APR	MAY	JUNE	JULY	AUG	SEPT	OCT	NOV	DEC
1	29 14 28 28 28 22 33 30 30 24	32 20 33 32 31 23 34 30 30 24	35 21 33 36 33 23 34 30 30 24	2 26 35 3 35 23 34 30 30 24	5 30 5 7 2 22 35 30 30 24	8 34 10 11 4 22 35 30 30 24	10 2 10 14 6 22 35 30 30 24	13 6 12 18 8 22 35 30 30 24	16 10 18 21 10 22 34 30 30 24	19 14 22 23 12 23 34 30 30 24	22 19 21 23 14 24 34 30 30 24	25 23 25 22 15 24 34 30 30 24
2	29 16 29 28 28 22 33 30 30 24	32 21 34 32 31 23 34 30 30 24	35 22 33 36 33 23 34 30 30 24	2 27 35 4 36 23 34 30 30 24	5 31 5 7 2 22 35 30 30 24	8 36 10 11 4 22 35 30 30 24	10 3 10 14 6 22 35 30 30 24	13 7 12 18 9 22 35 30 30 24	16 12 18 21 11 22 34 30 30 24	19 15 22 23 12 23 34 30 30 24	22 20 21 23 14 24 34 30 30 24	25 24 25 22 15 24 34 30 30 24
3	29 17 29 28 29 23 33 30 30 24	32 22 34 32 31 23 34 30 30 24	35 24 33 36 33 23 34 30 30 24	2 29 35 4 36 23 34 30 30 24	5 32 5 7 2 22 35 30 30 24	8 1 10 11 4 22 35 30 30 24	11 4 9 15 6 22 35 30 30 24	14 8 12 18 9 22 35 30 30 24	17 13 18 21 11 23 34 30 30 24	19 17 22 23 12 23 34 30 30 24	23 22 21 23 14 24 34 30 30 24	26 26 25 22 15 24 34 30 30 24
4	29 19 29 29 29 23 33 30 30 24	32 24 34 32 31 23 34 30 30 24	35 25 33 36 33 23 34 30 30 24	2 30 36 4 36 23 34 30 30 24	5 33 5 7 2 22 35 30 30 24	8 2 10 11 4 22 35 30 30 24	11 5 9 15 7 22 35 30 30 24	14 10 13 18 9 22 35 30 30 24	17 14 18 21 11 23 34 30 30 24	20 18 22 23 12 23 34 30 30 24	23 23 21 22 14 24 34 30 30 24	26 27 25 22 15 24 34 30 30 24
5	29 20 29 29 29 23 33 30 30 24	32 25 34 33 31 23 34 30 30 24	35 26 33 36 33 23 34 30 30 24	2 31 36 4 36 23 34 30 30 24	5 35 5 8 2 22 35 30 30 24	8 3 10 11 4 22 35 30 30 24	11 6 9 15 7 22 35 30 30 24	14 11 13 18 9 22 35 30 30 24	17 16 19 21 11 23 34 30 30 24	20 19 22 23 13 23 34 30 30 24	23 25 21 22 14 24 34 30 30 24	26 29 25 22 15 24 34 30 30 24
6	29 21 29 29 29 23 33 30 30 24	32 27 34 33 31 23 34 30 30 24	35 28 33 36 33 23 34 30 30 24	2 33 36 4 36 23 34 30 30 24	5 36 6 8 2 22 35 30 30 24	8 4 10 11 4 22 35 30 30 24	11 7 9 15 7 22 35 30 30 24	14 12 13 18 9 22 35 30 30 24	17 17 19 21 11 23 34 30 30 24	20 21 22 23 13 23 34 30 30 24	23 26 21 22 14 24 34 30 30 24	26 30 25 22 15 24 34 30 30 24
7	29 23 29 29 29 23 33 30 30 24	32 28 34 33 31 23 34 30 30 24	35 29 33 36 33 23 34 30 30 24	2 34 36 4 36 23 34 30 30 24	5 1 6 8 2 22 35 30 30 24	8 6 10 12 4 22 35 30 30 24	11 9 9 15 7 22 35 30 30 24	14 13 13 18 9 22 35 30 30 24	17 19 19 21 11 23 34 30 30 24	20 22 22 23 13 23 34 30 30 24	23 28 21 22 14 24 34 30 30 24	26 31 26 22 15 24 34 30 30 24
8	29 24 30 29 29 23 33 30 30 24	32 29 34 33 31 23 34 30 30 24	35 30 33 36 34 23 34 30 30 24	2 35 36 4 36 23 34 30 30 24	5 2 6 8 2 22 35 30 30 24	8 7 10 12 5 22 35 30 30 24	11 10 9 15 7 22 35 30 30 24	14 15 13 19 9 22 35 30 30 24	17 20 19 22 11 23 34 30 30 24	20 24 22 23 13 23 34 30 30 24	23 29 21 22 14 24 34 30 30 24	26 33 26 22 15 24 34 30 30 24
9	29 26 30 29 29 23 33 30 30 24	33 31 34 33 31 23 34 30 30 24	35 32 33 1 34 23 34 30 30 24	2 36 36 4 36 23 34 30 30 24	5 3 6 8 2 22 35 30 30 24	8 8 10 12 5 22 35 30 30 24	11 11 9 15 7 22 35 30 30 24	14 16 14 19 9 22 35 30 30 24	17 21 19 22 11 23 34 30 30 24	20 25 22 23 13 23 34 30 30 24	23 31 21 22 14 24 34 30 30 24	26 34 26 22 15 24 34 30 30 24
10	29 27 30 29 29 23 33 30 30 24	33 32 34 33 32 23 34 30 30 24	35 33 33 1 34 23 34 30 30 24	2 1 1 5 36 23 34 30 30 24	5 5 7 8 2 22 35 30 30 24	8 9 10 12 5 22 35 30 30 24	11 13 9 15 7 22 35 30 30 24	14 18 14 19 9 22 35 30 30 24	17 23 19 22 11 23 34 30 30 24	20 27 22 23 13 23 34 30 30 24	23 32 21 22 14 24 34 30 30 24	26 35 26 22 15 25 34 30 30 24
11	30 28 30 29 29 23 33 30 30 24	33 33 34 33 32 23 34 30 30 24	36 34 33 1 34 23 34 30 30 24	3 3 1 5 36 23 34 30 30 24	6 6 7 8 3 22 35 30 30 24	8 10 10 12 5 22 35 30 30 24	11 14 10 15 7 22 35 30 30 24	14 19 14 19 9 22 35 30 30 24	17 24 20 22 11 23 34 30 30 24	20 28 22 23 13 23 34 30 30 24	23 33 22 22 14 24 34 30 30 24	26 1 26 22 15 25 34 30 30 24
12	30 30 30 30 29 23 33 30 30 24	33 34 34 33 32 23 34 30 30 24	36 35 33 1 34 23 34 30 30 24	3 4 1 5 36 23 34 30 30 24	6 7 7 8 3 22 35 30 30 24	9 12 10 12 5 22 35 30 30 24	11 15 10 16 7 22 35 30 30 24	14 20 14 19 9 22 35 30 30 24	17 26 20 22 11 23 34 30 30 24	20 30 22 23 13 23 34 30 30 24	23 35 22 22 14 24 34 30 30 24	26 2 26 22 15 25 34 30 30 24
13	30 31 30 30 29 23 33 30 30 24	33 36 34 34 32 23 34 30 30 24	36 1 33 1 34 23 34 30 30 24	3 5 1 5 36 23 34 30 30 24	6 8 7 9 3 22 35 30 30 24	9 13 10 12 5 22 35 30 30 24	12 17 10 16 7 22 35 30 30 24	15 22 15 19 9 22 35 30 30 24	17 27 20 22 11 23 34 30 30 24	20 31 22 23 13 23 34 31 30 24	24 36 22 22 14 24 34 30 30 24	27 3 27 22 16 25 34 30 30 24
14	30 32 30 30 29 23 33 30 30 24	33 1 34 34 32 23 34 30 30 24	36 2 33 1 34 23 34 30 30 24	3 6 1 5 36 23 34 30 30 24	6 9 7 9 3 22 35 30 30 24	9 14 10 12 5 22 35 30 30 24	12 18 10 16 7 22 35 30 30 24	15 23 15 19 9 22 35 30 30 24	18 29 20 22 11 23 34 30 30 24	21 32 22 23 13 23 34 30 30 24	24 1 22 22 15 24 34 30 30 24	27 4 27 22 16 25 34 30 30 24
15	30 34 31 30 29 23 33 30 30 24	33 2 34 34 32 23 34 30 30 24	36 3 33 1 34 23 34 30 30 24	3 7 1 5 1 23 34 30 30 24	6 11 7 9 3 22 35 30 30 24	9 16 10 12 5 22 35 30 30 24	12 19 10 16 7 22 35 30 30 24	15 25 15 19 9 22 35 30 30 24	18 30 20 22 11 23 34 30 30 24	21 34 22 23 13 23 34 30 30 24	24 2 22 22 15 24 34 30 30 24	27 5 27 23 16 25 34 30 30 24
16	30 35 31 30 30 23 33 30 30 24	33 3 34 34 32 23 34 30 30 24	36 4 33 1 34 23 34 30 30 24	3 9 2 5 1 23 34 30 30 24	6 12 8 9 3 22 35 30 30 24	9 17 10 13 5 22 35 30 30 24	12 21 10 16 7 22 35 30 30 24	15 26 15 19 9 22 35 30 30 24	18 31 20 22 11 23 34 30 30 24	21 35 22 23 13 23 34 30 30 24	24 3 22 22 15 24 34 30 30 24	27 7 27 23 16 25 34 30 30 24
17	30 36 31 30 30 23 33 30 30 24	33 4 34 34 32 23 34 30 30 24	36 5 33 2 34 23 34 30 30 24	3 10 2 5 1 23 34 30 30 24	6 13 8 9 3 22 35 30 30 24	9 18 10 13 5 22 35 30 30 24	12 22 10 16 7 22 35 30 30 24	15 27 15 19 10 22 35 30 30 24	18 33 20 22 11 23 34 30 30 24	21 36 22 23 13 23 34 30 30 24	24 5 22 22 15 24 34 30 30 24	27 8 27 23 16 25 34 30 30 24
18	30 1 31 30 30 23 33 30 30 24	33 6 34 34 32 23 34 30 30 24	36 6 33 2 34 23 34 30 30 24	3 11 2 5 1 23 34 30 30 24	6 15 8 9 3 22 35 30 30 24	9 20 10 13 5 22 35 30 30 24	12 24 10 16 7 22 35 30 30 24	15 29 15 20 10 22 35 30 30 24	18 34 20 22 12 23 34 30 30 24	21 1 22 23 13 23 34 30 30 24	24 6 23 22 15 24 34 30 30 24	27 9 27 23 16 25 34 30 30 24
19	30 2 31 30 30 23 33 30 30 24	34 7 34 34 32 23 34 30 30 24	36 8 34 2 34 23 34 30 30 24	3 12 2 6 1 23 34 30 30 24	6 16 8 9 3 22 35 30 30 24	9 21 10 13 5 22 35 30 30 24	12 25 10 16 8 22 35 30 30 24	15 30 16 20 10 22 35 30 30 24	18 35 21 22 12 23 34 30 30 24	21 2 22 23 13 23 34 30 30 24	24 7 23 22 15 24 34 30 30 24	27 10 27 23 16 25 34 30 30 24
20	30 4 32 31 30 23 33 30 30 24	34 8 34 34 32 23 34 30 30 24	36 9 34 2 34 23 34 30 30 24	3 14 2 6 1 23 34 30 30 24	6 17 8 9 3 22 35 30 30 24	9 23 10 13 5 22 35 30 30 24	12 26 10 16 8 22 35 30 30 24	15 32 16 20 10 22 34 30 30 24	18 36 21 22 12 23 34 30 30 24	21 4 21 23 13 23 34 30 30 24	24 8 23 22 15 24 34 30 30 24	27 11 28 23 16 25 34 30 30 24
21	31 5 32 31 30 23 33 30 30 24	34 9 34 35 32 23 34 30 30 24	1 10 34 2 35 23 34 30 30 24	4 15 3 6 1 23 34 30 30 24	6 19 9 9 3 22 35 30 30 24	9 24 10 13 6 22 35 30 30 24	12 28 10 17 8 22 35 30 30 24	15 33 16 20 10 22 34 30 30 24	18 2 21 22 12 23 34 30 30 24	21 5 21 23 13 23 34 30 30 24	24 9 23 22 15 24 34 30 30 24	27 13 28 23 16 25 34 30 30 24
22	31 6 32 31 30 23 33 30 30 24	34 11 33 35 32 23 34 30 30 24	1 11 34 2 35 23 34 30 30 24	4 16 3 6 1 23 34 30 30 24	7 20 9 10 3 22 35 30 30 24	10 26 10 13 6 22 35 30 30 24	12 29 10 17 8 22 35 30 30 24	15 34 16 20 10 22 34 30 30 24	18 3 21 23 12 23 34 30 30 24	21 6 21 23 13 23 34 30 30 24	24 10 23 22 15 24 34 30 30 24	27 14 28 23 16 25 34 30 30 24
23	31 7 32 31 30 23 33 30 30 24	34 12 33 35 33 23 34 30 30 24	1 13 34 2 35 23 34 30 30 24	4 18 3 6 1 23 34 30 30 24	7 22 9 10 3 22 35 30 30 24	10 27 10 13 6 22 35 30 30 24	12 31 11 17 8 22 35 30 30 24	15 36 16 20 10 22 34 30 30 24	18 4 21 23 12 23 34 30 30 24	21 7 21 23 13 23 34 30 30 24	25 12 23 22 15 24 34 30 30 24	28 15 28 23 16 25 34 30 30 24
24	31 8 32 31 30 23 33 30 30 24	34 13 33 35 33 23 34 30 30 24	1 14 34 2 35 23 34 30 30 24	4 19 3 6 1 23 34 30 30 24	7 23 9 10 4 22 35 30 30 24	10 28 10 14 6 22 35 30 30 24	13 32 11 17 8 22 35 30 30 24	16 1 17 20 10 22 34 30 30 24	19 5 21 23 12 23 34 30 30 24	22 8 21 23 13 23 34 30 30 24	25 13 24 22 15 24 34 30 30 24	28 16 28 23 16 25 34 30 30 24
25	31 10 32 31 30 23 33 30 30 24	34 15 33 35 33 23 34 30 30 24	1 15 34 3 35 23 34 30 30 24	4 21 3 6 1 23 34 30 30 24	7 25 9 10 4 22 35 30 30 24	10 30 10 14 6 22 35 30 30 24	13 33 11 17 8 22 35 30 30 24	16 2 17 20 10 22 34 30 30 24	19 6 21 23 12 23 34 30 30 24	22 10 21 23 14 23 34 30 30 24	25 14 24 22 15 24 34 30 30 24	28 18 28 23 16 25 34 30 30 24
26	31 11 33 31 30 23 33 30 30 24	34 16 33 35 33 23 34 30 30 24	1 16 34 3 35 23 34 30 30 24	4 22 4 6 1 23 34 30 30 24	7 26 9 10 4 22 35 30 30 24	10 31 10 14 6 22 35 30 30 24	13 35 11 17 8 22 35 30 30 24	16 3 17 20 10 22 34 30 30 24	19 8 21 23 12 23 34 30 30 24	22 11 21 23 14 23 34 30 30 24	25 15 24 22 15 24 34 30 30 24	28 19 29 23 16 25 34 30 30 24
27	31 12 33 31 30 23 33 30 30 24	34 18 33 35 33 23 34 30 30 24	1 18 34 3 35 23 34 30 30 24	4 24 4 7 1 23 34 30 30 24	7 28 9 10 4 22 35 30 30 24	10 33 10 14 6 22 35 30 30 24	13 36 11 17 8 22 35 30 30 24	16 4 17 20 10 22 34 30 30 24	19 9 21 23 12 23 34 30 30 24	22 12 21 23 14 23 34 30 30 24	25 17 24 22 15 24 34 30 30 24	28 21 29 23 16 25 34 30 30 24
28	31 14 33 32 30 23 33 30 30 24	34 19 33 35 33 23 34 30 30 24	1 20 35 3 35 23 34 30 30 24	4 25 4 7 2 23 34 30 30 24	7 29 9 10 4 22 35 30 30 24	10 34 10 14 6 22 35 30 30 24	13 1 11 17 8 22 35 30 30 24	16 6 17 21 10 22 34 30 30 24	19 10 22 23 12 23 34 30 30 24	22 13 21 23 14 23 34 30 30 24	25 18 24 22 15 24 34 30 30 24	28 22 29 24 16 25 34 30 30 24
29	31 15 33 32 31 23 34 30 30 24		1 21 35 3 35 23 34 30 30 24	4 27 4 7 2 22 35 30 30 24	7 30 10 10 4 22 35 30 30 24	10 35 10 14 6 22 35 30 30 24	13 2 12 17 8 22 35 30 30 24	16 7 17 21 10 22 34 30 30 24	19 11 22 23 12 23 34 30 30 24	22 15 21 23 14 23 34 30 30 24	25 20 24 22 15 24 34 30 30 24	28 23 29 24 16 25 34 30 30 24
30	31 17 33 32 31 23 34 30 30 24		1 23 35 3 35 23 34 30 30 24	4 28 4 7 2 22 35 30 30 24	7 32 10 11 4 22 35 30 30 24	10 36 10 14 6 22 35 30 30 24	13 4 12 18 8 22 35 30 30 24	16 8 18 21 10 22 34 30 30 24	19 12 22 23 12 23 34 30 30 24	22 16 21 23 14 23 34 30 30 24	25 21 24 22 15 24 34 30 30 24	28 25 29 24 16 25 34 30 30 24
31	32 18 33 32 31 23 34 30 30 24		2 24 35 3 35 23 34 30 30 24		7 33 10 11 4 22 35 30 30 24		13 5 12 18 8 22 35 30 30 24	16 9 18 21 10 22 34 30 30 24		22 17 21 23 14 23 34 30 30 24		28 26 29 24 16 25 34 30 30 24

1995

	JAN	FEB	MAR	APR	MAY	JUNE	JULY	AUG	SEPT	OCT	NOV	DEC
1	29 28 30 24 16 25 34 30 30 24	32 33 32 27 15 26 35 30 30 25	34 34 32 30 14 26 35 30 30 25	2 3 36 34 14 26 35 30 30 25	5 6 6 2 15 26 36 31 30 24	8 10 8 5 16 26 36 31 30 24	10 14 8 9 17 25 36 30 30 24	13 18 14 13 19 25 36 30 30 24	16 24 19 17 21 25 36 30 30 24	19 27 20 20 23 26 36 30 30 24	22 33 21 24 25 26 35 30 30 24	25 36 26 28 28 27 35 30 30 25
2	29 29 30 24 16 25 34 30 30 24	32 34 32 27 15 26 35 30 30 25	35 35 32 30 14 26 35 30 30 25	2 4 36 34 14 26 35 30 30 25	5 7 6 2 15 26 36 31 30 24	8 12 8 5 16 26 36 31 30 24	10 15 8 9 17 25 36 30 30 24	13 20 14 13 19 25 36 30 30 24	16 25 19 17 21 25 36 30 30 24	19 29 20 20 23 26 36 30 30 24	22 34 21 24 25 26 35 30 30 24	25 2 26 28 28 27 35 30 30 25
3	29 31 30 24 16 25 34 30 30 24	32 36 32 27 15 26 35 30 30 25	35 1 32 31 14 26 35 30 30 25	2 5 1 34 14 26 35 31 30 25	5 8 7 2 15 26 36 31 30 24	8 13 8 6 16 26 36 31 30 24	11 16 8 9 17 25 36 30 30 24	14 21 14 13 19 25 36 30 30 24	17 26 19 17 21 25 36 30 30 24	19 30 20 21 23 26 35 30 30 24	23 35 21 24 25 26 35 30 30 24	26 3 26 28 28 27 35 30 30 25
4	29 32 30 24 16 25 34 30 30 24	32 1 32 27 15 26 35 30 30 25	35 2 32 31 14 26 35 30 30 25	2 6 1 34 14 26 35 31 30 25	5 9 7 2 15 26 36 31 30 24	8 14 8 6 16 26 36 31 30 24	11 17 9 9 18 25 36 30 30 24	14 22 14 13 19 25 36 30 30 24	17 28 19 17 21 25 36 30 30 24	20 32 20 21 23 26 35 30 30 24	23 1 21 25 26 26 35 30 30 24	26 4 26 28 28 27 35 30 30 25
5	29 34 30 24 16 25 34 30 30 24	32 2 32 28 15 26 35 30 30 25	35 3 32 31 14 26 35 30 30 25	2 7 1 35 14 26 35 31 30 25	5 11 7 2 15 26 36 31 30 24	8 15 8 6 16 26 36 31 30 24	11 19 9 9 18 25 36 30 30 24	14 24 15 13 19 25 36 30 30 24	17 29 19 17 21 25 36 30 30 24	20 33 20 21 23 26 35 30 30 24	23 2 22 25 26 26 35 30 30 24	26 5 26 28 28 27 35 30 30 25
6	29 35 30 24 16 25 34 30 30 24	32 3 32 28 15 26 35 30 30 25	35 4 32 31 14 26 35 30 30 25	2 9 1 35 14 26 35 31 30 25	5 12 7 2 15 26 36 31 30 24	8 16 8 6 16 25 36 31 30 24	11 20 9 10 18 25 36 30 30 24	14 25 15 13 19 25 36 30 30 24	17 31 19 17 21 25 36 30 30 24	20 34 20 21 23 26 35 30 30 24	23 3 22 25 26 26 35 30 30 24	26 7 27 29 28 27 35 30 30 25
7	29 36 31 24 16 25 34 30 30 24	32 5 32 28 15 26 35 30 30 25	35 5 32 31 14 26 35 30 30 25	2 10 1 35 14 26 35 31 30 25	5 13 7 2 15 26 36 31 30 24	8 18 8 6 16 25 36 31 30 24	11 21 9 10 18 25 36 30 30 24	14 27 15 14 20 25 36 30 30 24	17 32 20 17 21 25 36 30 30 24	20 36 19 21 24 26 35 30 30 24	23 5 22 25 26 26 35 30 30 24	26 8 27 29 28 27 35 30 30 25
8	29 1 31 25 16 25 34 30 30 24	32 6 31 28 15 26 35 30 30 25	35 7 33 31 14 26 35 30 30 25	2 11 2 35 14 26 35 31 30 25	5 14 7 2 15 26 36 31 30 24	8 19 8 6 16 25 36 31 30 24	11 23 9 10 18 25 36 30 30 24	14 28 15 14 20 25 36 30 30 24	17 33 20 17 22 25 36 30 30 24	20 1 19 21 24 26 35 30 30 24	23 6 22 25 26 26 35 30 30 24	26 9 27 29 28 27 35 30 30 25
9	29 3 31 25 16 25 34 30 30 24	32 7 31 28 15 26 35 30 30 25	35 8 33 31 14 26 35 30 30 25	2 12 2 35 14 26 35 31 30 25	5 16 7 3 15 26 36 31 30 24	8 20 8 6 16 25 36 30 30 24	11 24 9 10 18 25 36 30 30 24	14 30 15 14 20 25 36 30 30 24	17 35 20 18 22 25 36 30 30 24	20 2 19 21 24 26 35 30 30 24	23 7 22 25 26 26 35 30 30 24	26 10 27 29 28 27 35 30 30 25
10	29 4 31 25 16 25 34 30 30 24	33 8 31 28 15 26 35 30 30 25	35 9 33 31 14 26 35 30 30 25	2 13 2 35 14 26 35 31 30 25	5 17 8 3 15 26 36 31 30 24	8 22 8 6 16 25 36 30 30 24	11 26 9 10 18 25 36 30 30 24	14 31 15 14 20 25 36 30 30 24	17 36 20 18 22 25 36 30 30 24	20 4 19 21 24 26 35 30 30 24	23 8 22 25 26 26 35 30 30 25	26 11 27 29 28 27 35 30 30 25
11	30 5 31 25 16 25 34 30 30 24	33 9 31 28 15 26 35 30 30 25	35 10 33 31 14 26 35 30 30 25	3 15 2 35 14 26 35 31 30 25	5 18 8 3 15 26 36 31 30 24	8 23 8 7 16 25 36 30 30 24	11 27 10 10 18 25 36 30 30 24	14 33 16 14 20 25 36 30 30 24	17 2 20 18 22 25 36 30 30 24	20 5 19 22 24 26 35 30 30 24	23 9 23 26 26 26 35 30 30 25	26 13 27 29 28 27 35 30 30 25
12	30 6 31 25 16 25 34 30 30 24	33 11 31 28 15 26 35 30 30 25	36 11 33 32 14 26 35 30 30 25	3 16 2 35 14 26 35 31 30 25	6 20 8 3 15 26 36 31 30 24	9 25 8 7 16 25 36 30 30 24	11 29 10 10 18 25 36 30 30 24	14 34 16 14 20 25 36 30 30 24	17 3 20 18 22 25 36 30 30 24	20 6 19 22 24 26 35 30 30 24	23 11 23 26 26 26 35 30 30 25	26 14 27 29 28 27 35 30 30 25
13	30 7 31 25 16 25 34 30 30 24	33 12 31 28 15 26 35 30 30 25	36 13 33 32 14 26 35 30 30 25	3 17 3 35 14 26 35 31 30 25	6 21 8 3 15 26 36 31 30 24	9 26 8 7 16 25 36 30 30 24	12 30 10 10 18 25 36 30 30 24	14 35 16 14 20 25 36 30 30 24	17 4 20 18 22 25 36 30 30 24	20 7 19 22 24 26 35 30 30 24	24 12 23 26 26 26 35 30 30 25	27 15 28 29 28 27 35 30 30 25
14	30 9 32 25 16 25 34 30 30 24	33 13 31 29 15 26 35 30 30 25	36 14 33 32 14 26 35 30 30 25	3 19 3 36 14 26 35 31 30 25	6 23 8 3 15 26 36 31 30 24	9 28 8 7 16 25 36 30 30 24	12 32 10 11 18 25 36 30 30 24	15 1 16 14 20 25 36 30 30 24	18 5 20 18 22 25 36 30 30 24	21 9 19 22 24 26 35 30 30 24	24 13 23 26 26 26 35 30 30 25	27 16 28 30 29 27 35 30 30 25
15	30 10 32 25 16 25 34 30 30 24	33 14 31 29 15 26 35 30 30 25	36 15 34 32 14 26 35 30 30 25	3 20 3 36 14 26 35 31 30 25	6 24 8 3 15 26 36 31 30 24	9 29 8 7 16 25 36 30 30 24	12 33 10 11 18 25 36 30 30 24	15 2 16 15 20 25 36 30 30 24	18 7 20 18 22 25 36 30 30 24	21 10 19 22 24 26 35 30 30 24	24 14 23 26 26 26 35 30 30 25	27 17 28 30 29 27 35 30 30 25
16	30 11 32 25 16 25 34 30 30 25	33 16 31 29 15 26 35 30 30 25	36 17 34 32 14 26 35 30 30 25	3 22 3 36 14 26 35 31 30 25	6 26 8 3 15 26 36 31 30 24	9 31 7 7 17 25 36 30 30 24	12 35 10 11 18 25 36 30 30 24	15 3 17 15 20 25 36 30 30 24	18 8 20 18 22 25 36 30 30 24	21 11 19 22 24 26 35 30 30 24	24 15 23 26 26 26 35 30 30 25	27 19 28 30 29 27 35 30 30 25
17	30 12 32 25 16 25 34 30 30 25	33 17 31 29 15 26 35 30 30 25	36 18 34 32 14 26 35 31 30 25	3 23 3 36 14 26 35 31 30 25	6 27 8 4 15 26 36 31 30 24	9 32 7 7 17 25 36 30 30 24	12 36 11 11 18 25 36 30 30 24	15 5 17 15 20 25 36 30 30 24	18 9 20 19 22 25 36 30 30 24	21 12 19 22 24 26 35 30 30 24	24 17 24 26 26 26 35 30 30 25	27 20 28 30 29 27 35 30 30 25
18	30 14 32 26 16 25 34 30 30 25	33 18 31 29 15 26 35 30 30 25	36 19 34 32 14 26 35 30 30 25	3 25 4 36 14 26 36 31 30 25	6 29 8 4 15 26 36 31 30 24	9 34 7 7 17 25 36 30 30 24	12 1 11 11 18 25 36 30 30 24	15 6 17 15 20 25 36 30 30 24	18 10 20 19 22 25 36 30 30 24	21 13 19 22 24 26 35 30 30 24	24 18 24 26 27 26 35 30 30 25	27 21 28 30 29 27 35 30 30 25
19	30 15 32 26 16 25 34 30 30 25	33 20 31 29 15 26 35 30 30 25	36 21 34 32 14 26 35 30 30 25	3 26 4 36 14 26 36 31 30 25	6 30 8 4 15 26 36 31 30 24	9 35 7 8 17 25 36 30 30 24	12 3 11 11 18 25 36 30 30 24	15 7 17 15 20 25 36 30 30 24	18 11 20 19 22 25 36 30 30 24	21 15 19 23 24 26 35 30 30 24	24 19 24 26 27 26 35 30 30 25	27 23 29 30 29 27 35 30 30 25
20	30 16 32 26 16 25 34 30 30 25	34 21 31 29 14 26 35 30 30 25	36 22 34 33 14 26 35 30 30 25	3 28 4 36 14 26 36 31 30 25	6 31 8 4 15 26 36 31 30 24	9 36 8 8 17 25 36 30 30 24	12 4 11 11 18 25 36 30 30 24	15 8 17 15 20 25 36 30 30 24	18 13 20 19 22 25 36 30 30 24	21 16 19 23 24 26 35 30 30 24	24 21 24 27 27 27 35 30 30 25	27 24 29 30 29 27 35 30 30 25
21	31 17 32 26 16 25 34 30 30 25	34 23 31 29 14 26 35 30 30 25	36 24 34 33 14 26 35 30 30 25	4 29 4 36 14 26 36 31 30 24	6 33 8 4 15 26 36 31 30 24	9 2 8 8 17 25 36 30 30 24	12 5 11 11 18 25 36 30 30 24	15 9 17 15 20 25 36 30 30 24	18 14 21 19 22 25 36 30 30 24	21 17 19 23 25 26 35 30 30 24	24 22 24 27 27 27 35 30 30 25	27 26 29 30 29 27 35 30 30 25
22	31 19 33 26 16 25 34 30 30 25	34 24 31 29 14 26 35 30 30 25	1 25 35 33 14 26 35 30 30 25	4 30 4 36 14 26 36 31 30 24	7 34 8 4 15 26 36 31 30 24	10 3 8 8 17 25 36 30 30 24	12 6 12 12 19 25 36 30 30 24	15 11 17 15 20 25 36 30 30 24	18 15 21 19 22 25 36 30 30 24	21 18 20 23 25 26 35 30 30 24	24 24 24 27 27 27 35 30 30 25	27 27 29 31 29 27 35 30 30 25
23	31 20 33 26 15 25 35 30 30 25	34 25 31 30 14 26 35 30 30 25	1 27 35 33 14 26 35 30 30 25	4 32 5 1 14 26 36 31 30 24	7 35 8 4 15 26 36 31 30 24	10 4 8 8 17 25 36 30 30 24	12 7 12 12 19 25 36 30 30 24	15 12 18 15 21 25 36 30 30 24	18 16 21 19 23 25 36 30 30 24	21 20 20 23 25 26 35 30 30 24	25 25 25 27 27 27 35 30 30 25	28 29 29 31 29 27 35 30 30 25
24	31 22 33 26 15 25 35 30 30 25	34 27 31 30 14 26 35 30 30 25	1 28 35 33 14 26 35 30 30 25	4 33 5 1 14 26 36 31 30 24	7 1 8 4 15 26 36 31 30 24	10 5 8 8 17 25 36 30 30 24	13 9 12 12 19 25 36 30 30 24	16 13 18 16 21 25 36 30 30 24	19 18 21 19 23 25 36 30 30 24	22 21 20 23 25 26 35 30 30 24	25 27 25 27 27 27 35 30 30 25	28 30 29 31 29 27 35 30 30 25
25	31 23 33 26 15 25 35 30 30 25	34 28 31 30 14 26 35 30 30 25	1 29 35 33 14 26 35 30 30 25	4 34 5 1 14 26 36 31 30 24	7 2 8 4 15 26 36 31 30 24	10 6 8 8 17 25 36 30 30 24	13 10 12 12 19 25 36 30 30 24	16 14 18 16 21 25 36 30 30 24	19 19 20 20 23 25 36 30 30 24	22 23 20 23 25 26 35 30 30 24	25 28 25 27 27 27 35 30 30 25	28 32 29 31 29 27 35 30 30 25
26	31 24 33 26 15 25 35 30 30 25	34 30 32 30 14 26 35 30 30 25	1 31 35 33 14 26 35 30 30 25	4 36 5 1 14 26 36 31 30 24	7 3 8 5 16 26 36 31 30 24	10 8 8 8 17 25 36 30 30 24	13 11 13 12 19 25 36 30 30 24	16 16 18 16 21 25 36 30 30 24	19 20 20 20 23 25 36 30 30 24	22 24 20 23 25 26 35 30 30 24	25 30 25 27 27 27 35 30 30 25	28 33 30 31 29 27 35 30 30 25
27	31 26 33 27 15 25 35 30 30 25	34 31 32 30 14 26 35 30 30 25	1 32 35 33 14 26 35 30 30 25	4 1 5 1 14 26 36 31 30 24	7 4 8 5 16 26 36 31 30 24	10 9 8 8 17 25 36 30 30 24	13 12 13 12 19 25 36 30 30 24	16 17 18 16 21 25 36 30 30 24	19 22 20 20 23 25 36 30 30 24	22 26 20 24 25 26 35 30 30 24	25 31 25 27 27 27 35 30 30 25	28 35 30 31 30 27 35 30 30 25
28	31 27 33 27 15 25 35 30 30 25	34 33 32 30 14 26 35 30 30 25	1 33 36 33 14 26 35 30 30 25	4 2 6 1 14 26 36 31 30 24	7 6 8 5 16 26 36 31 30 24	10 10 8 9 17 25 36 30 30 24	13 13 13 12 19 25 36 30 30 24	16 18 18 16 21 25 36 30 30 24	19 23 20 20 23 26 36 30 30 24	22 27 20 24 25 26 35 30 30 24	25 32 25 28 27 27 35 30 30 25	28 36 30 31 30 27 35 30 30 25
29	31 29 33 27 15 25 35 30 30 25		1 35 36 34 14 26 35 30 30 25	4 4 6 1 14 26 36 31 30 24	7 7 8 5 16 26 36 31 30 24	10 11 8 9 17 25 36 30 30 24	13 15 13 12 19 25 36 30 30 24	16 19 18 16 21 26 36 30 30 24	19 25 20 20 23 26 36 30 30 24	22 29 20 24 25 26 35 30 30 24	25 34 25 28 27 27 35 30 30 25	28 1 30 31 30 27 35 30 30 25
30	31 30 32 27 15 26 35 30 30 25		1 36 36 34 14 26 35 30 30 25	4 5 6 1 14 26 36 31 30 24	7 8 8 5 16 26 36 31 30 24	10 12 8 9 17 25 36 30 30 24	13 16 13 13 19 25 36 30 30 24	16 21 19 16 21 25 36 30 30 24	19 26 20 20 23 26 36 30 30 24	22 30 21 24 25 26 35 30 30 24	25 35 26 28 27 27 35 30 30 25	28 3 30 32 30 27 35 30 30 25
31	32 32 32 27 15 26 35 30 30 25		1 1 36 34 14 26 35 30 30 25		7 9 8 5 16 26 36 31 30 24		13 17 14 13 19 25 36 30 30 24	16 22 19 16 21 25 36 30 30 24		22 31 21 24 25 26 35 30 30 24		28 4 30 32 30 27 35 30 30 25

1996

	JAN	FEB	MAR	APR	MAY	JUNE	JULY	AUG	SEPT	OCT	NOV	DEC
1	28 5 30 32 30 27 35 30 30 25	32 10 29 36 32 28 36 31 30 25	35 12 33 3 35 29 36 31 30 25	2 16 3 6 1 29 36 31 30 25	5 19 6 9 3 29 1 31 30 25	8 24 6 9 6 29 1 31 30 25	10 28 9 8 8 29 1 31 30 25	13 34 15 9 10 28 1 31 30 25	16 3 19 12 12 28 1 31 30 25	19 6 18 15 14 28 1 31 30 25	22 11 22 19 16 29 1 31 30 25	25 14 27 22 17 29 1 31 30 25
2	29 6 31 32 30 27 35 30 30 25	32 11 29 36 32 28 36 31 30 25	35 13 33 3 35 29 36 31 30 25	2 17 3 6 1 29 36 31 30 25	5 21 6 9 3 29 1 31 30 25	8 26 6 9 6 29 1 31 30 25	11 30 9 8 8 29 1 31 30 25	13 35 16 9 10 28 1 31 30 25	16 4 19 12 12 28 1 31 30 25	19 8 18 15 14 28 1 31 30 25	22 12 22 19 16 29 1 31 30 25	26 15 27 23 17 29 1 31 30 25
3	29 8 31 32 30 27 35 30 30 25	32 12 29 36 32 28 36 31 30 25	35 14 33 3 35 29 36 31 30 25	2 19 3 6 1 29 36 31 30 25	5 22 6 9 4 29 1 31 30 25	8 27 6 9 6 29 1 31 30 25	11 31 10 8 8 29 1 31 30 25	14 1 16 9 10 28 1 31 30 25	17 5 19 12 12 28 1 31 30 25	20 9 18 15 14 28 1 31 30 25	23 13 23 19 16 29 1 31 30 25	26 16 27 23 17 29 1 31 30 25
4	29 9 31 32 30 28 35 30 30 25	32 13 30 36 33 28 36 31 30 25	35 15 33 3 35 29 36 31 30 25	2 20 3 7 1 29 36 31 30 25	5 24 6 9 4 29 1 31 30 25	8 29 6 9 6 29 1 31 30 25	11 33 10 8 8 29 1 31 30 25	14 2 16 9 10 28 1 31 30 25	17 7 19 12 12 28 1 31 30 25	20 10 18 15 14 28 1 31 30 25	23 14 23 19 16 29 1 31 30 25	26 18 27 23 17 29 1 31 30 25
5	29 10 31 32 30 28 35 30 30 25	32 14 30 36 33 28 36 31 30 25	35 17 33 3 35 29 36 31 30 25	2 21 3 7 1 29 36 31 30 25	5 25 6 9 4 29 1 31 30 25	8 30 6 9 6 29 1 31 30 25	11 34 10 8 8 29 1 31 30 25	14 3 16 9 10 28 1 31 30 25	17 8 19 12 12 28 1 31 30 25	20 11 18 16 14 28 1 31 30 25	23 16 23 19 16 29 1 31 30 25	26 19 28 23 17 29 1 31 30 25
6	29 11 31 32 30 28 35 30 30 25	32 16 30 36 33 28 36 31 30 25	35 18 33 3 35 29 36 31 30 25	2 23 3 7 1 29 36 31 30 25	5 26 6 9 4 29 1 31 30 25	8 32 6 9 6 29 1 31 30 25	11 36 10 8 8 29 1 31 30 25	14 5 16 9 10 28 1 31 30 25	17 9 19 12 12 28 1 31 30 25	20 12 18 16 14 28 1 31 30 25	23 17 23 19 16 29 1 31 30 25	26 20 28 23 17 29 1 31 30 25
7	29 12 31 32 30 28 35 30 30 25	32 17 30 36 33 28 36 31 30 25	35 19 33 4 35 29 36 31 30 25	2 24 3 7 2 29 36 31 30 25	5 28 6 9 4 29 1 31 30 25	8 33 6 9 6 29 1 31 30 25	11 1 10 8 8 29 1 31 30 25	14 6 16 9 10 28 1 31 30 25	17 10 19 12 12 28 1 31 30 25	20 14 18 16 14 28 1 31 30 25	23 18 23 20 16 29 1 31 30 25	26 21 28 23 17 29 1 31 30 25
8	29 14 31 33 30 28 35 30 30 25	32 18 30 36 33 28 36 31 30 25	35 20 34 4 35 29 36 31 30 25	2 25 3 7 2 29 1 31 30 25	5 29 6 9 4 29 1 31 30 25	8 35 6 9 6 29 1 31 30 25	11 2 11 8 8 29 1 31 30 25	14 7 16 10 10 28 1 31 30 25	17 12 19 13 12 28 1 31 30 25	20 15 18 16 14 28 1 31 30 25	23 19 23 20 16 29 1 31 30 25	26 23 28 23 17 29 1 31 30 25
9	29 15 31 33 31 28 35 30 30 25	32 19 30 36 33 28 36 31 30 25	35 22 34 4 35 29 36 31 30 25	2 27 4 7 2 29 1 31 30 25	5 31 6 9 4 29 1 31 30 25	8 36 6 9 6 29 1 31 30 25	11 4 11 8 8 29 1 31 30 25	14 8 17 10 10 28 1 31 30 25	17 13 19 13 12 28 1 31 30 25	20 16 18 16 14 28 1 31 30 25	23 21 24 20 16 29 1 31 30 25	26 24 28 23 18 30 1 31 30 25
10	29 16 31 33 31 28 36 30 30 25	33 21 30 1 33 28 36 31 30 25	35 23 34 4 35 29 36 31 30 25	3 28 4 7 2 29 1 31 30 25	5 32 6 9 4 29 1 31 30 25	8 1 6 9 6 29 1 31 30 25	11 5 11 8 8 29 1 31 30 25	14 10 17 10 11 28 1 31 30 25	17 14 19 13 13 28 1 31 30 25	20 17 19 16 14 28 1 31 30 25	23 22 24 20 16 29 1 31 30 25	26 25 28 24 18 30 1 31 30 25
11	30 17 31 33 31 28 36 30 30 25	33 22 30 1 33 28 36 31 30 25	36 24 34 4 35 29 36 31 30 25	3 30 4 7 2 29 1 31 30 25	6 34 6 9 4 29 1 31 30 25	9 3 6 8 6 29 1 31 30 25	11 6 11 8 8 29 1 31 30 25	14 11 17 10 11 28 1 31 30 25	17 15 19 13 13 28 1 31 30 25	20 18 19 16 14 28 1 31 30 25	23 23 24 20 16 29 1 31 30 25	26 27 28 24 18 30 1 31 30 25
12	30 18 31 33 31 28 36 30 30 25	33 23 30 1 33 28 36 31 30 25	36 26 34 4 36 29 36 31 30 25	3 31 4 7 2 29 1 31 30 25	6 35 6 9 4 29 1 31 30 25	9 4 6 8 7 29 1 31 30 25	11 7 12 8 9 29 1 31 30 25	14 12 17 10 11 28 1 31 30 25	17 16 19 13 13 28 1 31 30 25	20 20 19 16 14 29 1 31 30 25	23 25 24 20 16 29 1 31 30 25	27 28 29 24 18 30 1 31 30 25
13	30 20 31 33 31 28 36 30 30 25	33 25 30 1 33 28 36 31 30 25	36 27 34 4 36 29 36 31 30 25	3 32 4 7 2 29 1 31 30 25	6 36 6 9 4 29 1 31 30 25	9 5 6 8 7 29 1 31 30 25	12 9 12 8 9 29 1 31 30 25	15 13 17 10 11 28 1 31 30 25	18 18 18 13 13 28 1 31 30 25	20 21 19 17 15 29 1 31 30 25	24 26 24 20 16 29 1 31 30 25	27 30 29 24 18 30 1 31 30 25
14	30 21 31 33 31 28 36 31 30 25	33 26 30 1 33 28 36 31 30 25	36 29 34 4 36 29 36 31 30 25	3 34 5 7 2 29 1 31 30 25	6 2 6 9 4 29 1 31 30 25	9 6 7 8 7 29 1 31 30 25	12 10 12 8 9 29 1 31 30 25	15 14 17 10 11 28 1 31 30 25	18 19 18 13 13 28 1 31 30 25	21 22 19 17 15 29 1 31 30 25	24 27 24 20 16 29 1 31 30 25	27 31 29 24 18 30 1 31 30 25
15	30 22 31 33 31 28 36 31 30 25	33 28 30 1 33 28 36 31 30 25	36 30 35 4 36 29 36 31 30 25	3 35 5 8 2 29 1 31 30 25	6 3 6 9 4 29 1 31 30 25	9 8 7 8 7 29 1 31 30 25	12 11 12 8 9 29 1 31 30 25	15 15 17 10 11 28 1 31 30 25	18 20 18 13 13 28 1 31 30 25	21 24 19 17 15 29 1 31 30 25	24 29 25 21 16 29 1 31 30 25	27 33 29 24 18 30 1 31 30 25
16	30 24 31 34 31 28 36 31 30 25	33 29 31 1 34 28 36 31 30 25	36 31 35 5 36 29 36 31 30 25	3 1 5 8 2 29 1 31 30 25	6 4 6 9 4 29 1 31 30 25	9 9 7 8 7 29 1 31 30 25	12 12 12 8 9 29 1 31 30 25	15 17 18 10 11 28 1 31 30 25	18 21 18 13 13 28 1 31 30 25	21 25 20 17 15 29 1 31 30 25	24 30 25 21 16 29 1 31 30 25	27 34 29 24 18 30 1 31 30 25
17	30 25 31 34 31 28 36 31 30 25	33 30 31 1 34 28 36 31 30 25	36 33 35 5 36 29 36 31 30 25	3 2 5 8 2 29 1 31 30 25	6 6 6 9 5 29 1 31 30 25	9 10 7 8 7 29 1 31 30 25	12 13 13 8 9 29 1 31 30 25	15 18 18 10 11 28 1 31 30 25	18 23 18 14 13 28 1 31 30 25	21 26 20 17 15 29 1 31 30 25	24 32 25 21 16 29 1 31 30 25	27 36 29 24 18 30 1 31 30 25
18	30 27 30 34 31 28 36 31 30 25	33 32 31 2 34 28 36 31 30 25	36 34 35 5 36 29 36 31 30 25	3 3 5 8 2 29 1 31 30 25	6 7 6 9 5 29 1 31 30 25	9 11 7 8 7 29 1 31 30 25	12 15 13 8 9 29 1 31 30 25	15 19 18 10 11 28 1 31 30 25	18 24 18 14 13 28 1 31 30 25	21 28 20 17 15 29 1 31 30 25	24 33 25 21 17 29 1 31 30 25	27 1 29 25 18 30 1 31 30 25
19	30 28 30 34 31 28 36 31 30 25	33 33 31 2 34 28 36 31 30 25	36 36 36 5 36 29 36 31 30 25	3 5 5 8 2 29 1 31 30 25	6 8 6 9 5 29 1 31 30 25	9 13 7 8 7 29 1 31 30 25	12 16 13 8 9 29 1 31 30 25	15 20 18 11 11 28 1 31 30 25	18 25 18 14 13 28 1 31 30 25	21 29 20 17 15 29 1 31 30 25	24 34 25 21 17 29 1 31 30 25	27 2 29 25 18 30 1 31 30 25
20	30 30 30 34 31 28 36 31 30 25	34 35 31 2 34 28 36 31 30 25	36 1 36 5 36 29 36 31 30 25	4 6 5 8 3 29 1 31 30 25	6 9 6 9 5 29 1 31 30 25	9 14 7 8 7 29 1 31 30 25	12 17 13 8 9 29 1 31 30 25	15 22 18 11 11 28 1 31 30 25	18 27 18 14 13 28 1 31 30 25	21 31 20 17 15 29 1 31 30 25	24 36 25 21 17 29 1 31 30 25	27 4 29 25 18 30 1 31 30 25
21	31 31 30 34 31 28 36 31 30 25	34 36 31 2 34 29 36 31 30 25	1 3 36 5 36 29 36 31 30 25	4 7 6 8 3 29 1 31 30 25	7 10 6 9 5 29 1 31 30 25	9 15 7 8 7 29 1 31 30 25	12 18 13 8 9 29 1 31 30 25	15 23 18 11 11 28 1 31 30 25	18 28 18 14 13 28 1 31 30 25	21 32 20 17 15 29 1 31 30 25	24 1 25 21 17 29 1 31 30 25	27 5 29 25 18 30 1 31 30 25
22	31 33 30 34 32 28 36 31 30 25	34 2 31 2 34 29 36 31 30 25	1 4 36 5 36 29 36 31 30 25	4 8 6 8 3 29 1 31 30 25	7 12 6 9 5 29 1 31 30 25	10 16 8 8 7 29 1 31 30 25	12 19 14 8 9 29 1 31 30 25	15 24 18 11 11 28 1 31 30 25	18 29 18 14 13 28 1 31 30 25	21 33 21 18 15 29 1 31 30 25	24 3 26 21 17 29 1 31 30 25	28 6 29 25 18 30 1 31 30 25
23	31 34 30 34 32 28 36 31 30 25	34 3 31 2 34 29 36 31 30 25	1 5 36 5 36 29 36 31 30 25	4 10 6 8 3 29 1 31 30 25	7 13 6 9 5 29 1 31 30 25	10 17 8 8 7 29 1 31 30 25	13 21 14 8 9 29 1 31 30 25	16 26 18 11 11 28 1 31 30 25	19 31 18 14 13 28 1 31 30 25	21 35 21 18 15 29 1 31 30 25	25 4 26 21 17 29 1 31 30 25	28 7 29 25 18 30 1 31 30 25
24	31 36 30 35 32 28 36 31 30 25	34 4 32 2 34 29 36 31 30 25	1 6 36 5 36 29 36 31 30 25	4 11 6 8 3 29 1 31 30 25	7 14 6 9 5 29 1 31 30 25	10 19 8 8 7 29 1 31 30 25	13 22 14 8 9 29 1 31 30 25	16 27 18 11 11 28 1 31 30 25	19 32 17 14 13 28 1 31 30 25	22 36 21 18 15 29 1 31 30 25	25 5 26 22 17 29 1 31 30 25	28 9 29 25 18 30 1 31 30 25
25	31 1 30 35 32 28 36 31 30 25	34 6 32 2 34 29 36 31 30 25	1 8 1 6 1 29 36 31 30 25	4 12 6 8 3 29 1 31 30 25	7 15 5 9 5 29 1 31 30 25	10 20 8 8 7 29 1 31 30 25	13 23 14 9 9 29 1 31 30 25	16 28 18 11 11 28 1 31 30 25	19 34 17 14 13 28 1 31 30 25	22 2 21 18 15 29 1 31 30 25	25 7 26 22 17 29 1 31 30 25	28 10 29 25 18 30 1 31 30 25
26	31 2 30 35 32 28 36 31 30 25	34 7 32 2 34 29 36 31 30 25	1 9 1 6 1 29 36 31 30 25	4 13 6 8 3 29 1 31 30 25	7 16 5 9 5 29 1 31 30 25	10 21 8 8 7 29 1 31 30 25	13 25 14 9 10 29 1 31 30 25	16 30 18 11 12 28 1 31 30 25	19 35 17 15 13 28 1 31 30 25	22 3 21 18 15 29 1 31 30 25	25 8 26 22 17 29 1 31 30 25	28 11 29 26 18 30 1 31 30 25
27	31 4 29 35 32 28 36 31 30 25	34 8 32 3 34 29 36 31 30 25	1 10 1 6 1 29 36 31 30 25	4 14 6 8 3 29 1 31 30 25	7 18 5 9 5 29 1 31 30 25	10 22 8 8 8 29 1 31 30 25	13 26 15 9 10 29 1 31 30 25	16 31 19 11 12 28 1 31 30 25	19 1 17 15 14 28 1 31 30 25	22 4 21 18 15 29 1 31 30 25	25 9 26 22 17 29 1 31 30 25	28 12 29 26 18 30 1 31 30 25
28	31 5 29 35 32 28 36 31 30 25	34 9 32 3 34 29 36 31 30 25	1 11 1 6 1 29 36 31 30 25	4 16 6 9 3 29 1 31 30 25	7 19 5 9 5 29 1 31 30 25	10 24 9 8 8 29 1 31 30 25	13 28 15 9 10 28 1 31 30 25	16 33 19 11 12 28 1 31 30 25	19 2 17 15 14 28 1 31 30 25	22 6 22 18 15 29 1 31 30 25	25 10 27 22 17 29 1 31 30 25	28 14 29 26 18 30 1 31 30 25
29	31 6 29 35 32 28 36 31 30 25	34 10 32 3 35 29 36 31 30 25	1 12 1 6 1 29 36 31 30 25	4 17 6 9 3 29 1 31 30 25	7 20 5 9 5 29 1 31 30 25	10 25 9 8 8 29 1 31 30 25	13 29 15 9 10 28 1 31 30 25	16 34 19 12 12 28 1 31 30 25	19 4 17 15 14 28 1 31 30 25	22 7 22 18 15 29 1 31 30 25	25 12 27 22 17 29 1 31 30 25	28 15 29 26 18 30 1 31 30 25
30	31 7 29 35 32 28 36 31 30 25		1 14 2 6 1 29 36 31 30 25	4 18 6 9 3 29 1 31 30 25	7 22 5 9 6 29 1 31 30 25	10 27 9 8 8 29 1 31 30 25	13 31 15 9 10 28 1 31 30 25	16 36 19 12 12 28 1 31 30 25	19 5 17 15 14 28 1 31 30 25	22 8 22 19 15 29 1 31 30 25	25 13 27 22 17 29 1 31 30 25	28 16 29 26 18 30 1 31 30 25
31	32 8 29 35 32 28 36 31 30 25		2 15 2 6 1 29 36 31 30 25		7 23 5 9 6 29 1 31 30 25		13 32 15 9 10 28 1 31 30 25	16 1 19 12 12 28 1 31 30 25		22 10 22 19 16 29 1 31 30 25		28 17 29 26 18 30 1 31 30 25

1997

	JAN	FEB	MAR	APR	MAY	JUNE	JULY	AUG	SEPT	OCT	NOV	DEC
1	29 18 29 26 18 30 1 31 30 25	32 23 29 30 19 31 1 31 30 25	35 24 34 34 19 31 1 31 30 25	2 29 3 2 18 32 2 31 30 25	5 33 4 5 17 32 2 31 30 25	8 2 5 9 18 33 2 31 30 25	10 6 11 13 19 33 2 31 30 25	13 11 16 17 21 32 3 31 30 25	16 15 16 20 23 32 2 31 30 25	19 19 18 24 25 32 2 31 30 25	22 23 23 27 27 32 2 31 30 25	25 26 28 30 29 32 2 31 30 25
2	29 20 29 26 18 31 1 31 30 25	32 24 30 30 19 31 1 31 30 25	35 25 34 34 19 31 1 31 30 25	2 30 4 2 18 32 2 31 30 25	5 34 4 5 17 32 2 31 30 25	8 3 5 9 18 33 2 31 30 25	11 7 11 13 19 33 2 31 30 25	13 12 16 17 21 32 3 31 30 25	16 16 16 20 23 32 2 31 30 25	19 20 18 24 25 32 2 31 30 25	22 24 24 27 27 32 2 31 30 25	25 28 28 30 29 32 2 31 30 25
3	29 21 29 27 18 30 1 31 30 25	32 26 30 30 19 31 1 31 30 25	35 26 34 34 19 31 1 31 30 25	2 32 4 2 18 32 2 31 30 25	5 36 4 6 17 32 2 31 30 25	8 5 6 9 18 33 2 31 30 25	11 8 11 13 19 33 2 31 30 25	14 13 16 17 21 32 3 31 30 25	17 18 16 20 23 32 2 31 30 25	19 21 19 24 25 32 2 31 30 25	23 26 24 27 27 32 2 31 30 25	26 29 28 30 29 32 2 31 30 25
4	29 22 28 27 19 30 1 31 30 25	32 27 30 31 19 31 1 31 30 25	35 28 34 34 19 31 1 31 30 25	2 33 4 2 18 32 2 31 30 25	5 1 4 6 17 32 2 31 30 25	8 6 6 9 18 33 2 31 30 25	11 10 12 13 19 33 2 31 30 25	14 14 16 17 21 32 3 31 30 25	17 19 16 21 23 32 2 31 30 25	20 22 19 24 25 32 2 31 30 25	23 27 24 27 27 32 2 31 30 25	26 31 28 30 29 32 2 31 30 25
5	29 23 28 27 19 30 1 31 30 25	32 28 30 31 19 31 1 31 30 25	35 29 34 34 19 31 1 31 30 25	2 35 4 2 18 32 2 31 30 25	5 2 4 6 17 32 2 31 30 25	8 8 6 10 18 33 2 31 30 25	11 11 12 13 19 33 2 31 30 25	14 16 16 17 21 32 3 31 30 25	17 20 16 21 23 32 2 31 30 25	20 23 19 24 25 32 2 31 30 25	23 28 24 27 27 32 2 31 30 25	26 32 28 30 29 32 2 31 30 25
6	29 25 28 27 19 30 1 31 30 25	32 30 30 31 19 31 1 31 30 25	35 31 35 34 19 31 1 31 30 25	2 36 4 2 17 32 2 31 30 25	5 4 3 6 17 33 2 31 30 25	8 9 6 10 18 33 2 31 30 25	11 12 12 13 19 33 2 31 30 25	14 17 17 17 21 32 3 31 30 25	17 21 16 21 23 32 2 31 30 25	20 25 19 24 25 32 2 31 30 25	23 29 24 28 27 32 2 31 30 25	26 33 28 30 30 32 2 31 30 25
7	29 26 28 27 19 30 1 31 30 25	32 31 30 31 19 31 1 31 30 25	35 32 35 34 19 32 1 31 30 25	2 2 4 2 17 32 2 31 30 25	5 5 3 6 17 33 2 31 30 25	8 10 6 10 18 33 2 31 30 25	11 14 12 13 19 33 2 31 30 25	14 18 17 17 21 32 3 31 30 25	17 22 16 21 23 32 2 31 30 25	20 26 19 24 25 32 2 31 30 25	23 31 24 28 27 32 2 31 30 25	26 35 28 30 30 32 2 31 30 25
8	29 28 28 27 19 30 1 31 30 25	32 33 30 31 19 31 1 31 30 25	35 34 35 35 19 32 1 31 30 25	2 3 4 2 17 32 2 31 30 25	5 7 3 6 17 33 2 31 30 25	8 11 6 10 18 33 2 31 30 25	11 15 12 14 19 33 2 31 30 25	14 19 17 17 21 32 3 31 30 25	17 24 16 21 23 32 2 31 30 25	20 27 20 24 25 32 2 31 30 25	23 32 25 28 27 32 2 31 30 25	26 36 28 30 30 32 2 31 30 25
9	29 29 28 27 19 30 1 31 30 25	33 34 30 31 19 31 1 31 30 25	35 35 35 35 18 32 1 31 30 25	2 4 4 3 17 32 2 31 30 25	5 8 3 6 17 33 2 31 30 25	8 13 7 10 18 33 2 31 30 25	11 16 13 14 19 33 2 31 30 25	14 20 17 17 21 32 3 31 30 25	17 25 16 21 23 32 2 31 30 25	20 28 20 25 25 32 2 31 30 25	23 34 25 28 27 32 2 31 30 25	26 1 28 30 30 32 2 31 30 25
10	29 31 28 27 19 30 1 31 30 25	33 36 31 31 19 31 1 31 30 25	35 1 35 35 18 32 1 31 30 25	3 6 4 3 17 32 2 31 30 25	5 9 3 6 17 33 2 31 30 25	8 14 7 10 18 33 2 31 30 25	11 17 13 14 19 33 2 31 30 25	14 22 17 18 21 32 3 31 30 25	17 26 16 21 23 32 2 31 30 25	20 30 20 25 25 32 2 31 30 25	23 35 25 28 28 32 2 31 30 25	26 3 28 30 30 32 2 31 30 25
11	30 32 28 28 19 30 1 31 30 25	33 1 31 31 19 31 1 31 30 25	36 2 35 35 18 32 1 31 30 25	3 7 4 3 17 32 2 31 30 25	6 11 3 7 17 33 2 31 30 25	9 15 7 10 18 33 2 31 30 25	11 18 13 14 20 33 2 31 30 25	14 23 17 18 21 32 3 31 30 25	17 27 16 21 23 32 2 31 30 25	20 31 20 25 25 32 2 31 30 25	23 36 25 28 28 32 2 31 30 25	26 4 28 30 30 32 2 31 30 25
12	30 34 28 28 19 30 1 31 30 25	33 3 31 32 19 31 1 31 30 25	36 4 36 35 18 32 1 31 30 25	3 9 4 3 17 32 2 31 30 25	6 12 3 7 17 33 2 31 30 25	9 16 7 10 18 33 2 31 30 25	11 19 13 14 20 33 2 31 30 25	14 24 17 18 21 32 3 31 30 25	17 29 16 21 23 32 2 31 30 25	20 33 20 25 25 32 2 31 30 25	23 2 25 28 28 32 2 31 30 25	26 6 28 30 30 32 2 31 30 25
13	30 35 28 28 19 30 1 31 30 25	33 4 31 32 19 31 1 31 30 25	36 5 36 35 18 32 1 31 30 25	3 10 4 3 17 32 2 31 30 25	6 13 4 7 17 33 2 31 30 25	9 17 7 11 18 33 2 31 30 25	12 21 13 14 20 33 3 31 30 25	15 25 17 18 21 32 3 31 30 25	18 30 16 22 23 32 2 31 30 25	20 34 20 25 25 32 2 31 30 25	24 3 25 28 28 32 2 31 30 25	27 7 28 31 30 32 2 31 30 25
14	30 1 28 28 19 30 1 31 30 25	33 6 31 32 19 31 1 31 30 25	36 6 36 35 18 32 1 31 30 25	3 11 4 3 17 32 2 31 30 25	6 14 4 7 17 33 2 31 30 25	9 19 7 11 18 33 2 31 30 25	12 22 14 14 20 33 3 31 30 25	15 27 17 18 21 32 3 31 30 25	18 32 16 22 23 32 2 31 30 25	21 36 21 25 26 32 2 31 30 25	24 5 25 28 28 32 2 31 30 25	27 9 27 31 30 32 2 31 30 25
15	30 2 28 28 19 30 1 31 30 25	33 7 31 32 19 31 1 31 30 25	36 8 36 35 18 32 1 31 30 25	3 12 4 3 17 32 2 31 30 25	6 16 4 7 17 33 2 31 30 25	9 20 8 11 18 33 2 31 30 25	12 23 14 14 20 33 3 31 30 25	15 28 17 18 22 32 3 31 30 25	18 33 16 22 24 32 2 31 30 25	21 1 21 25 26 32 2 31 30 25	24 6 26 28 28 32 2 31 30 25	27 10 27 31 30 32 2 31 30 25
16	30 3 28 28 19 30 1 31 30 25	33 8 32 32 19 31 1 31 30 25	36 9 36 36 18 32 1 31 30 25	3 14 4 3 17 32 2 31 30 25	6 17 4 7 17 33 2 31 30 25	9 21 8 11 18 33 2 31 30 25	12 24 14 15 20 32 3 31 30 25	15 29 17 18 22 32 3 31 30 25	18 35 16 22 24 32 2 31 30 25	21 3 21 25 26 32 2 31 30 25	24 8 26 29 28 32 2 31 30 25	27 11 27 31 30 32 2 31 30 25
17	30 5 28 28 19 30 1 31 30 25	33 9 32 32 19 31 1 31 30 25	36 10 1 36 18 32 1 31 30 25	3 15 4 4 17 32 2 31 30 25	6 18 4 7 17 33 2 31 30 25	9 22 8 11 18 33 2 31 30 25	12 26 14 15 20 32 3 31 30 25	15 31 17 18 22 32 3 31 30 25	18 36 16 22 24 32 2 31 30 25	21 4 21 25 26 32 2 31 30 25	24 9 26 29 28 32 2 31 30 25	27 13 27 31 30 32 2 31 30 25
18	30 6 28 28 19 30 1 31 30 25	33 11 32 32 19 31 1 31 30 25	36 11 1 36 18 32 1 31 30 25	3 16 4 4 17 32 2 31 30 25	6 19 4 7 17 33 2 31 30 25	9 24 8 11 18 33 2 31 30 25	12 27 14 15 20 32 3 31 30 25	15 32 17 19 22 32 3 31 30 25	18 2 16 22 24 32 2 31 30 25	21 6 21 26 26 32 2 31 30 25	24 10 26 29 28 32 2 31 30 25	27 14 27 31 30 32 2 31 30 25
19	30 7 28 29 19 30 1 31 30 25	34 12 32 32 19 31 1 31 30 25	36 13 1 36 18 32 1 31 30 25	3 17 4 4 17 32 2 31 30 25	6 20 4 8 17 33 2 31 30 25	9 25 8 11 18 33 2 31 30 25	12 29 14 15 20 32 3 31 30 25	15 34 17 19 22 32 3 31 30 25	18 3 16 22 24 32 2 31 30 25	21 7 21 26 26 32 2 31 30 25	24 12 26 29 28 32 2 31 30 25	27 15 27 31 31 32 2 31 30 25
20	30 8 28 29 19 30 1 31 30 25	34 13 32 33 19 31 1 31 30 25	36 14 1 36 18 32 1 31 30 25	3 18 4 4 17 32 2 31 30 25	6 22 4 8 17 33 2 31 30 25	9 26 9 11 19 33 2 31 30 25	12 30 15 15 20 32 3 31 30 25	15 35 17 19 22 32 3 31 30 25	18 5 16 22 24 32 2 31 30 25	21 8 22 26 26 32 2 31 30 25	24 13 26 29 28 32 2 31 30 25	27 16 27 31 31 32 2 31 30 25
21	31 10 28 29 19 30 1 31 30 25	34 14 32 33 19 31 1 31 30 25	1 15 1 36 18 32 1 31 30 25	4 19 4 4 17 32 2 31 30 25	6 23 4 8 17 33 2 31 30 25	9 28 9 12 19 33 2 31 30 25	12 32 15 15 20 32 3 31 30 25	15 1 17 19 22 32 3 31 30 25	18 6 17 23 24 32 2 31 30 25	21 10 22 26 26 32 2 31 30 25	24 14 26 29 28 32 2 31 30 25	27 17 26 31 31 33 2 31 30 25
22	31 11 28 29 19 31 1 31 30 25	34 15 32 33 19 31 1 31 30 25	1 16 2 36 18 32 1 31 30 25	4 21 4 4 17 32 2 31 30 25	7 24 4 8 18 33 2 31 30 25	10 29 9 12 19 33 2 31 30 25	12 33 15 15 20 32 3 31 30 25	15 2 17 19 22 32 3 31 30 25	18 7 17 23 24 32 2 31 30 25	21 11 22 26 26 32 2 31 30 25	24 15 27 29 28 32 2 31 30 25	28 19 26 31 31 33 2 31 30 25
23	31 12 28 29 19 31 1 31 30 25	34 17 33 33 19 31 1 31 30 25	1 17 2 36 18 32 1 31 30 25	4 22 4 4 17 32 2 31 30 25	7 25 4 8 18 33 2 31 30 25	10 31 9 12 19 33 2 31 30 25	13 34 15 15 20 32 3 31 30 25	15 4 17 19 22 32 3 31 30 25	19 9 17 23 24 32 2 31 30 25	21 12 22 26 26 32 2 31 30 25	25 17 27 29 29 32 2 31 30 25	28 20 26 31 31 33 2 31 30 25
24	31 13 28 29 19 31 1 31 30 25	34 18 33 33 19 31 1 31 30 25	1 19 2 1 18 32 1 31 30 25	4 23 4 4 17 32 2 31 30 25	7 27 4 8 18 33 2 31 30 25	10 32 10 12 19 33 2 31 30 25	13 36 15 16 20 32 3 31 30 25	16 5 17 19 22 32 2 31 30 25	19 10 17 23 24 32 2 31 30 25	22 13 22 26 26 32 2 31 30 25	25 18 27 29 29 32 2 31 30 25	28 21 26 31 31 33 2 31 30 25
25	31 14 29 29 19 31 1 31 30 25	34 19 33 33 19 31 1 31 30 25	1 20 2 1 18 32 1 31 30 25	4 25 4 5 17 32 2 31 30 25	7 28 4 8 18 33 2 31 30 25	10 33 10 12 19 33 2 31 30 25	13 1 15 16 20 32 3 31 30 25	16 7 17 19 22 32 2 31 30 25	19 11 17 23 24 32 2 31 30 25	22 15 22 26 26 32 2 31 30 25	25 19 27 29 29 32 2 31 30 25	28 22 26 31 31 33 2 31 30 25
26	31 16 29 29 19 31 1 31 30 25	34 20 33 33 19 31 1 31 30 25	1 21 2 1 18 32 1 31 30 25	4 26 4 5 17 32 2 31 30 25	7 30 4 8 18 33 2 31 30 25	10 35 10 12 19 33 2 31 30 25	13 3 15 16 20 32 3 31 30 25	16 8 17 19 22 32 2 31 30 25	19 13 17 23 24 32 2 31 30 25	22 16 23 26 26 32 2 31 30 25	25 20 27 29 29 32 2 31 30 25	28 23 26 31 31 33 2 31 30 25
27	31 17 29 30 19 31 1 31 30 25	34 21 33 33 19 31 1 31 30 25	1 22 3 1 18 32 1 31 30 25	4 27 4 5 17 32 2 31 30 25	7 31 5 8 18 33 2 31 30 25	10 36 10 12 19 33 2 31 30 25	13 4 15 16 20 32 3 31 30 25	16 9 17 20 22 32 2 31 30 25	19 14 18 23 24 32 2 31 30 25	22 17 23 27 27 32 2 31 30 25	25 21 27 29 29 32 2 31 30 25	28 25 26 31 31 33 2 31 30 25
28	31 18 29 30 19 31 1 31 30 25	34 23 33 34 19 31 1 31 30 25	1 24 3 1 18 32 1 31 30 25	4 29 4 5 17 32 2 31 30 25	7 32 5 9 18 33 2 31 30 25	10 2 10 12 19 33 2 31 30 25	13 6 16 16 20 32 3 31 30 25	16 10 17 20 22 32 2 31 30 25	19 15 18 23 24 32 2 31 30 25	22 18 23 27 27 32 2 31 30 25	25 23 27 30 29 32 2 31 30 25	28 26 26 31 31 33 2 31 30 25
29	31 19 29 30 19 31 2 31 30 25		1 25 3 1 18 32 2 31 30 25	4 30 4 5 17 32 2 31 30 25	7 34 5 9 18 33 2 31 30 25	10 3 11 13 19 33 2 31 30 25	13 7 16 16 21 32 3 31 30 25	16 12 17 20 22 32 2 31 30 25	19 16 18 23 25 32 2 31 30 25	22 19 23 27 27 32 2 31 30 25	25 24 27 30 29 32 2 31 30 25	28 27 26 31 31 33 2 31 30 25
30	32 20 29 30 19 31 1 31 30 25		1 26 3 1 18 32 2 31 30 25	4 31 4 5 17 32 2 31 30 25	7 35 5 9 18 33 2 31 30 25	10 5 11 13 19 33 2 31 30 25	13 8 16 16 21 32 3 31 30 25	16 13 16 20 22 32 2 31 30 25	19 17 18 24 25 32 2 31 30 25	22 21 23 27 27 32 2 31 30 25	25 25 27 30 29 32 2 31 30 25	28 29 26 31 31 33 2 31 30 25
31	32 22 29 30 19 31 1 31 30 25		2 27 3 1 18 32 2 31 30 25		7 1 5 9 18 33 2 31 30 25		13 9 16 16 21 32 3 31 30 25	16 14 16 20 23 32 2 31 30 25		22 22 23 27 27 32 2 31 30 25		28 30 26 31 31 33 2 31 30 25

1998

	JAN	FEB	MAR	APR	MAY	JUNE	JULY	AUG	SEPT	OCT	NOV	DEC
1	29 31 26 31 32 33 2 31 30 25	32 1 30 29 34 33 2 31 31 25	35 2 35 30 36 34 2 32 31 25	2 7 3 33 3 35 3 32 31 25	5 11 2 36 5 35 3 32 31 25	8 15 6 4 7 36 3 32 31 25	10 19 13 7 9 36 4 32 31 25	13 23 15 11 11 36 4 32 31 25	16 27 15 15 13 36 4 31 30 25	19 31 20 19 15 36 4 31 30 25	22 36 24 22 17 35 3 31 30 25	25 4 26 26 19 35 3 31 31 25
2	29 32 26 31 32 33 2 31 30 25	32 2 30 29 34 33 2 31 31 25	35 3 35 30 36 34 2 32 31 25	2 8 2 33 3 35 3 32 31 25	5 12 2 36 5 35 3 32 31 25	8 17 7 4 7 36 3 32 31 25	10 20 13 7 9 36 4 32 31 25	13 24 15 11 11 36 4 32 31 25	16 29 15 15 13 36 4 31 30 25	19 32 20 19 15 36 4 31 30 25	22 1 25 23 17 35 3 31 30 25	25 5 25 26 19 35 3 31 31 25
3	29 34 26 31 32 33 2 31 30 25	32 4 31 29 34 33 2 31 31 25	35 5 35 30 36 34 2 32 31 25	2 10 2 33 3 35 3 32 31 25	5 13 2 36 5 35 3 32 31 25	8 18 7 4 7 36 3 32 31 25	11 21 13 8 9 36 4 32 31 25	14 25 15 11 11 36 4 32 31 25	17 30 15 15 13 36 4 31 30 25	19 34 20 19 15 36 4 31 30 25	23 3 25 23 17 35 3 31 30 25	26 7 25 26 19 35 3 31 31 25
4	29 36 27 31 32 33 2 31 30 25	32 5 31 29 34 33 2 31 31 25	35 6 36 30 36 34 2 32 31 25	2 11 2 33 3 35 3 32 31 25	5 14 2 1 5 35 3 32 31 25	8 19 7 4 7 36 3 32 31 25	11 22 13 8 9 36 4 32 31 25	14 27 15 11 11 36 4 32 31 25	17 31 15 15 13 36 4 31 30 25	20 35 20 19 15 36 4 31 30 25	23 4 25 23 17 35 3 31 30 25	26 8 25 27 19 35 3 31 31 25
5	29 1 27 31 32 33 2 31 30 25	32 6 31 29 34 34 2 31 31 25	35 7 36 31 1 34 2 32 31 25	2 12 2 33 3 35 3 32 31 25	5 16 2 1 5 36 3 32 31 25	8 20 7 4 7 36 3 32 31 25	11 23 13 8 9 36 4 32 31 25	14 28 15 11 11 36 4 32 31 25	17 33 15 15 13 36 4 31 30 25	20 36 20 19 15 36 4 31 30 25	23 6 25 23 17 35 3 31 30 25	26 10 25 27 19 35 3 31 31 25
6	29 3 27 31 32 33 2 31 30 25	32 8 31 29 34 34 2 31 31 25	35 9 36 31 1 34 2 32 31 25	2 14 2 33 3 35 3 32 31 25	5 17 2 1 5 36 3 32 31 25	8 21 7 4 7 36 3 32 31 25	11 25 13 8 9 36 4 32 31 25	14 29 15 12 12 36 4 32 31 25	17 34 15 15 14 36 4 31 30 25	20 2 21 19 15 36 4 31 30 25	23 7 25 23 17 35 3 31 30 25	26 11 25 27 19 35 3 31 31 25
7	29 4 27 31 32 33 2 31 30 25	32 9 31 29 34 34 2 31 31 25	35 10 36 31 1 34 2 32 31 25	2 15 2 34 3 35 3 32 31 25	5 18 2 1 5 36 3 32 31 25	8 22 8 4 7 36 3 32 31 25	11 26 13 8 10 36 4 32 31 25	14 31 15 12 12 36 4 32 31 25	17 36 15 16 14 36 4 31 30 25	20 4 21 19 15 36 4 31 30 25	23 9 25 23 17 35 3 31 30 25	26 13 25 27 19 35 3 31 31 25
8	29 5 27 31 32 33 2 31 30 25	32 10 31 29 35 34 2 31 31 25	35 11 36 31 1 34 2 32 31 25	2 16 2 34 3 35 3 32 31 25	5 19 3 1 5 36 3 32 31 25	8 24 8 5 8 36 3 32 31 25	11 27 14 8 10 36 4 32 31 25	14 32 15 12 12 36 4 32 31 25	17 1 15 16 14 36 4 31 30 25	20 5 21 19 16 36 4 31 30 25	23 10 25 23 17 35 3 31 30 25	26 14 25 27 19 35 3 31 31 25
9	29 7 27 31 32 33 2 31 30 25	33 12 32 29 35 34 2 31 31 25	35 13 1 31 1 34 2 32 31 25	2 17 2 34 3 35 3 32 31 25	5 20 3 1 5 36 3 32 31 25	8 25 8 5 8 36 3 32 31 25	11 28 14 8 10 36 4 32 31 25	14 33 15 12 12 36 4 32 31 25	17 3 16 16 14 36 4 31 30 25	20 7 21 20 16 36 4 31 30 25	23 12 25 23 17 35 3 31 30 25	26 15 25 27 19 35 3 31 31 25
10	29 8 27 30 32 33 2 31 30 25	33 13 32 29 35 34 2 31 31 25	35 14 1 31 1 34 2 32 31 25	2 18 2 34 3 35 3 32 31 25	5 22 3 1 5 36 3 32 31 25	8 26 8 5 8 36 4 32 31 25	11 30 14 8 10 36 4 32 31 25	14 35 15 12 12 36 4 32 31 25	17 4 16 16 14 36 4 31 30 25	20 8 21 20 16 36 4 31 30 25	23 13 26 24 18 35 3 31 30 25	26 16 25 27 19 35 3 31 31 25
11	30 9 27 30 32 33 2 31 30 25	33 14 32 29 35 34 2 31 31 25	36 15 1 31 1 34 2 32 31 25	3 20 2 34 3 35 3 32 31 25	6 23 3 1 6 36 3 32 31 25	8 27 9 5 8 36 4 32 31 25	11 31 14 8 10 36 4 32 31 25	14 36 15 12 12 36 4 32 31 25	17 6 16 16 14 36 4 31 30 25	20 9 21 20 16 35 4 31 30 25	23 14 26 24 18 35 3 31 30 25	26 18 25 27 19 35 3 31 31 25
12	30 11 27 30 32 33 2 31 30 25	33 15 32 29 35 34 2 31 31 25	36 16 1 31 1 34 2 32 31 25	3 21 2 34 3 35 3 32 31 25	6 24 3 1 6 36 3 32 31 25	9 29 9 5 8 36 4 32 31 25	11 32 14 9 10 36 4 32 31 25	14 2 15 12 12 36 4 32 31 25	17 7 16 16 14 36 4 31 30 25	20 11 21 20 16 35 4 31 30 25	23 16 26 24 18 35 3 31 30 25	26 19 25 28 19 35 3 32 31 25
13	30 12 28 30 33 33 2 31 30 25	33 17 32 29 35 34 2 31 31 25	36 18 1 31 1 34 2 32 31 25	3 22 2 34 3 35 3 32 31 25	6 25 3 2 6 36 3 32 31 25	9 30 9 5 8 36 4 32 31 25	12 34 14 9 10 36 4 32 31 25	15 3 15 12 12 36 4 32 31 25	18 8 16 16 14 36 4 31 30 25	20 12 22 20 16 35 4 31 30 25	24 17 26 24 18 35 3 31 30 25	27 20 25 28 19 35 3 32 31 25
14	30 13 28 30 33 33 2 31 30 25	33 18 32 29 35 34 2 31 31 25	36 19 1 31 1 34 2 32 31 25	3 23 2 34 4 35 3 32 31 25	6 27 3 2 6 36 3 32 31 25	9 31 9 5 8 36 4 32 31 25	12 35 14 9 10 36 4 32 31 25	15 5 15 13 12 36 4 32 31 25	18 10 17 16 14 36 4 31 30 25	21 13 22 20 16 35 4 31 30 25	24 18 26 24 18 35 3 31 30 25	27 21 25 28 19 35 3 32 31 25
15	30 15 28 30 33 33 2 31 30 25	33 19 33 30 35 34 2 31 31 25	36 20 2 31 1 34 2 32 31 25	3 24 2 34 4 35 3 32 31 25	6 28 3 2 6 36 3 32 31 25	9 33 9 5 8 36 4 32 31 25	12 1 14 9 10 36 4 32 31 25	15 6 15 13 12 36 4 32 31 25	18 11 17 17 14 36 4 31 30 25	21 15 22 20 16 35 4 31 30 25	24 19 26 24 18 35 3 31 30 25	27 22 25 28 19 35 3 32 31 25
16	30 16 28 30 33 33 2 31 30 25	33 20 33 30 35 34 2 31 31 25	36 21 2 31 1 34 2 32 31 25	3 26 2 35 4 35 3 32 31 25	6 29 4 2 6 36 3 32 31 25	9 34 10 5 8 36 4 32 31 25	12 2 14 9 10 36 4 32 31 25	15 7 14 13 12 36 4 32 31 25	18 12 17 17 14 36 4 31 30 25	21 16 22 20 16 35 4 31 30 25	24 20 26 24 18 35 3 31 30 25	27 24 25 28 20 35 3 32 31 25
17	30 17 28 30 33 33 2 31 30 25	33 21 33 30 35 34 2 31 31 25	36 22 2 32 1 34 2 32 31 25	3 27 2 35 4 35 3 32 31 25	6 30 4 2 6 36 3 32 31 25	9 35 10 6 8 36 4 32 31 25	12 3 15 9 10 36 4 32 31 25	15 9 14 13 12 36 4 32 31 25	18 14 17 17 14 36 4 31 30 25	21 17 22 21 16 35 4 31 30 25	24 22 26 24 18 35 3 31 30 25	27 25 25 28 20 36 3 32 31 25
18	30 18 28 30 33 33 2 31 30 25	33 23 33 30 35 34 2 31 31 25	36 23 2 32 2 34 2 32 31 25	3 28 2 35 4 35 3 32 31 25	6 32 4 2 6 36 3 32 31 25	9 1 10 6 8 36 4 32 31 25	12 5 15 9 10 36 4 32 31 25	15 10 14 13 12 36 4 32 31 25	18 15 17 17 14 36 4 31 30 25	21 18 22 21 16 35 4 31 30 25	24 23 26 25 18 35 3 31 30 25	27 26 25 28 20 36 3 32 31 25
19	30 19 28 30 33 33 2 31 30 25	34 24 33 30 35 34 2 31 31 25	36 25 2 32 2 35 2 32 31 25	3 29 1 35 4 35 3 32 31 25	6 33 4 2 6 36 3 32 31 25	9 2 10 6 8 36 4 32 31 25	12 6 15 9 10 36 4 32 31 25	15 11 14 13 12 36 4 32 31 25	18 16 17 17 14 36 4 31 30 25	21 19 23 21 16 35 4 31 30 25	24 24 26 25 18 35 3 31 30 25	27 27 25 28 20 36 3 32 31 25
20	30 21 28 30 33 33 2 31 30 25	34 25 33 30 36 34 2 31 31 25	36 26 2 32 2 35 2 32 31 25	3 31 1 35 4 35 3 32 31 25	6 34 4 2 6 36 3 32 31 25	9 4 10 6 8 36 4 32 31 25	12 8 15 10 10 36 4 32 31 25	15 13 14 13 12 36 4 32 31 25	18 17 18 17 14 36 4 31 30 25	21 21 23 21 16 35 4 31 30 25	24 25 26 25 18 35 3 31 30 25	27 28 25 29 20 36 3 32 31 25
21	31 22 29 30 33 33 2 31 30 25	34 26 34 30 36 34 2 31 31 25	1 27 2 32 2 35 2 32 31 25	4 32 1 35 4 35 3 32 31 25	6 36 4 2 6 36 3 32 31 25	9 5 11 6 8 36 4 32 31 25	12 9 15 10 10 36 4 32 31 25	15 14 14 13 13 36 4 32 31 25	18 19 18 17 14 36 4 31 30 25	21 22 23 21 16 35 4 31 30 25	24 26 26 25 18 35 3 31 30 25	27 30 25 29 20 36 3 32 31 25
22	31 23 29 30 33 33 2 31 30 25	34 28 34 30 36 34 2 32 31 25	1 28 2 32 2 35 2 32 31 25	4 33 1 35 4 35 3 32 31 25	7 1 5 3 6 36 3 32 31 25	10 7 11 6 9 36 4 32 31 25	12 10 15 10 11 36 4 32 31 25	15 15 14 14 13 36 4 32 31 25	18 20 18 17 15 36 4 31 30 25	21 23 23 21 16 35 4 31 30 25	24 28 26 25 18 35 3 31 30 25	27 31 25 29 20 36 3 32 31 25
23	31 24 29 30 33 33 2 31 30 25	34 29 34 30 36 34 2 32 31 25	1 30 3 32 2 35 2 32 31 25	4 35 2 35 4 35 3 32 31 25	7 3 5 3 6 36 3 32 31 25	10 8 11 6 9 36 4 32 31 25	12 12 15 10 11 36 4 32 31 25	15 17 14 14 13 36 4 31 31 25	18 21 18 18 15 36 4 31 30 25	21 24 23 21 16 35 4 31 30 25	25 29 26 25 18 35 3 31 30 25	28 32 25 29 20 36 3 32 31 25
24	31 25 29 30 33 33 2 31 30 25	34 30 34 30 36 34 2 32 31 25	1 31 3 32 2 35 2 32 31 25	4 36 2 35 4 35 3 32 31 25	7 4 5 3 6 36 3 32 31 25	10 10 11 6 9 36 4 32 31 25	13 13 15 10 11 36 4 32 31 25	16 18 14 14 13 36 4 31 30 25	19 22 18 18 15 36 4 31 30 25	22 25 23 21 16 35 4 31 30 25	25 30 26 25 18 35 3 31 30 25	28 34 26 29 20 36 3 32 31 25
25	31 27 29 30 33 33 2 31 30 25	34 32 34 30 36 34 2 32 31 25	1 33 3 32 2 35 2 32 31 25	4 2 2 36 4 35 3 32 31 25	7 6 5 3 7 36 3 32 31 25	10 11 11 7 9 36 4 32 31 25	13 14 15 10 11 36 4 32 31 25	16 19 14 14 13 36 4 31 30 25	19 23 19 18 15 36 4 31 30 25	22 27 23 22 17 35 4 31 30 25	25 31 26 25 18 35 3 31 30 25	28 35 26 29 20 36 3 32 31 25
26	31 28 29 30 34 33 2 31 30 25	34 33 35 30 36 34 2 32 31 25	1 34 3 32 2 35 2 32 31 25	4 3 2 36 4 35 3 32 31 25	7 7 5 3 7 36 3 32 31 25	10 12 12 7 9 36 4 32 31 25	13 16 15 10 11 36 4 32 31 25	16 20 14 14 13 36 4 31 30 25	19 25 19 18 15 36 4 31 30 25	22 28 24 22 17 35 3 31 30 25	25 33 26 26 18 35 3 31 30 25	28 36 26 29 20 36 3 32 31 25
27	31 30 29 30 34 33 2 31 30 25	34 35 35 30 36 34 2 32 31 25	1 36 3 32 2 35 2 32 31 25	4 5 2 36 5 35 3 32 31 25	7 9 5 3 7 36 3 32 31 25	10 14 12 7 9 36 4 32 31 25	13 17 15 10 11 36 4 32 31 25	16 21 14 14 13 36 4 31 30 25	19 26 19 18 15 36 4 31 30 25	22 29 24 22 17 35 3 31 30 25	25 34 26 26 18 35 3 31 30 25	28 2 26 29 20 36 3 32 31 25
28	31 31 30 30 34 33 2 31 30 25	34 36 35 30 36 34 2 32 31 25	1 1 3 33 2 35 2 32 31 25	4 6 2 36 5 35 3 32 31 25	7 10 6 3 7 36 3 32 31 25	10 15 12 7 9 36 4 32 31 25	13 18 15 11 11 36 4 32 31 25	16 23 14 14 13 36 4 31 30 25	19 27 19 18 15 36 4 31 30 25	22 30 24 22 17 35 3 31 30 25	25 35 26 26 19 35 3 31 31 25	28 3 26 30 20 36 3 32 31 25
29	31 32 30 29 34 33 2 31 30 25		1 3 3 33 2 35 2 32 31 25	4 8 2 36 5 35 3 32 31 25	7 11 6 3 7 36 3 32 31 25	10 16 12 7 9 36 4 32 31 25	13 19 15 11 11 36 4 32 31 25	16 24 14 14 13 36 4 31 30 25	19 28 19 18 15 36 4 31 30 25	22 32 24 22 17 35 3 31 30 25	25 1 26 26 19 35 3 31 31 25	28 5 26 30 20 36 3 32 31 25
30	31 34 30 29 34 33 2 31 30 25		1 4 3 33 2 35 2 32 31 25	4 9 2 36 5 35 3 32 31 25	7 13 6 4 7 36 3 32 31 25	10 17 12 7 9 36 4 32 31 25	13 21 15 11 11 36 4 32 31 25	16 25 14 15 13 36 4 31 30 25	19 29 19 18 15 36 4 31 30 25	22 33 24 22 17 35 3 31 30 25	25 2 26 26 19 35 3 31 31 25	28 6 26 30 20 36 3 32 31 25
31	32 35 30 29 34 33 2 31 30 25		2 6 3 33 3 35 2 32 31 25		7 14 6 4 7 36 3 32 31 25		13 22 15 11 11 36 4 32 31 25	16 26 14 15 13 36 4 31 30 25		22 34 24 22 17 35 3 31 30 25		28 8 26 30 20 36 3 32 31 25

1999

	JAN	FEB	MAR	APR	MAY	JUNE	JULY	AUG	SEPT	OCT	NOV	DEC
1	29 9 27 30 20 36 3 32 31 25	32 14 31 34 22 36 3 32 31 26	34 15 36 1 23 1 3 32 31 26	2 20 36 5 23 2 4 32 31 26	5 23 2 9 22 2 4 32 31 26	8 27 9 12 21 3 5 32 31 25	10 31 13 15 21 4 5 32 31 25	13 36 12 16 23 4 5 32 31 25	16 5 16 15 24 4 5 32 31 25	19 9 21 15 26 4 5 32 31 25	22 14 25 18 29 3 5 32 31 25	25 18 23 21 31 3 5 32 31 26
2	29 10 27 30 20 36 3 32 31 25	32 15 32 34 22 36 3 32 31 26	35 16 36 2 23 1 4 32 31 26	2 21 36 5 23 2 4 32 31 26	5 24 2 9 22 2 4 32 31 25	8 29 9 12 21 3 5 32 31 25	10 32 13 15 21 4 5 32 31 25	13 1 12 16 23 4 5 32 31 25	16 6 16 15 24 4 5 32 31 25	19 10 21 15 26 4 5 32 31 25	22 15 25 18 29 3 5 32 31 25	25 19 23 21 31 3 5 32 31 26
3	29 12 27 30 20 36 3 32 31 25	32 17 32 34 22 36 3 32 31 26	35 18 1 2 23 1 4 32 31 26	2 22 36 5 23 2 4 32 31 26	5 25 3 9 22 2 4 32 31 25	8 30 9 12 21 3 5 32 31 25	11 33 13 15 21 4 5 32 31 25	14 2 12 16 23 4 5 32 31 25	17 8 16 15 25 4 5 32 31 25	19 12 21 15 27 4 5 32 31 25	23 17 25 18 29 3 5 32 31 25	26 20 24 21 31 3 5 32 31 26
4	29 13 27 30 20 36 3 32 31 25	32 18 32 34 22 36 3 32 31 26	35 19 1 2 23 1 4 32 31 26	2 23 36 5 23 2 4 32 31 26	5 26 3 9 22 2 4 32 31 25	8 31 9 12 21 3 5 32 31 25	11 35 13 15 21 4 5 32 31 25	14 4 12 16 23 4 5 32 31 25	17 9 16 14 25 4 5 32 31 25	20 13 21 15 27 4 5 32 31 25	23 18 25 18 29 3 5 32 31 25	26 21 24 21 31 3 5 32 31 26
5	29 15 27 31 21 36 3 32 31 25	32 19 32 34 22 36 3 32 31 26	35 20 1 2 23 1 4 32 31 26	2 24 36 6 23 2 4 32 31 26	5 28 3 9 22 2 4 32 31 25	8 32 9 12 21 3 5 32 31 25	11 36 13 15 21 4 5 32 31 25	14 5 12 16 23 4 5 32 31 25	17 10 16 14 25 4 5 32 31 25	20 14 21 15 27 4 5 32 31 25	23 19 25 18 29 3 5 32 31 25	26 23 24 21 31 3 5 32 31 26
6	29 16 27 31 21 36 3 32 31 25	32 20 32 35 22 36 3 32 31 26	35 21 1 2 23 1 4 32 31 26	2 26 36 6 23 2 4 32 31 26	5 29 3 9 21 2 4 32 31 25	8 34 9 13 21 3 5 32 31 25	11 1 13 15 22 4 5 32 31 25	14 7 12 16 23 4 5 32 31 25	17 12 17 14 25 4 5 32 31 25	20 16 22 15 27 4 5 32 31 25	23 20 25 18 29 3 5 32 31 25	26 24 24 22 31 3 5 32 31 26
7	29 17 27 31 21 36 3 32 31 25	32 22 32 35 22 36 3 32 31 26	35 22 1 2 23 1 4 32 31 26	2 27 36 6 22 2 4 32 31 26	5 30 3 9 21 2 4 32 31 25	8 35 9 13 21 3 5 32 31 25	11 3 13 15 22 4 5 32 31 25	14 8 12 16 23 4 5 32 31 25	17 13 17 14 25 4 5 32 31 25	20 17 22 15 27 4 5 32 31 25	23 22 25 18 29 3 5 32 31 25	26 25 24 22 31 3 5 32 31 26
8	29 18 28 31 21 36 3 32 31 25	32 23 33 35 22 36 3 32 31 26	35 24 1 2 23 1 4 32 31 26	2 28 36 6 22 2 4 32 31 26	5 31 3 9 21 2 4 32 31 25	8 36 10 13 21 3 5 32 31 25	11 4 13 15 22 4 5 32 31 25	14 9 12 16 23 4 5 32 31 25	17 15 17 14 25 4 5 32 31 25	20 18 22 16 27 4 5 32 31 25	23 23 25 18 29 3 5 32 31 25	26 26 24 22 31 3 5 32 31 26
9	29 20 28 31 21 36 3 32 31 25	32 24 33 35 22 36 3 32 31 26	35 25 1 2 23 1 4 32 31 26	2 29 36 6 22 2 4 32 31 26	5 33 4 10 21 3 4 32 31 25	8 2 10 13 21 3 5 32 31 25	11 5 13 15 22 4 5 32 31 25	14 11 12 16 23 4 5 32 31 25	17 16 17 14 25 4 5 32 31 25	20 19 22 16 27 4 5 32 31 25	23 24 25 18 29 3 5 32 31 25	26 27 24 22 31 3 5 32 31 26
10	29 21 28 31 21 36 3 32 31 25	33 25 33 35 22 36 3 32 31 26	35 26 1 2 23 1 4 32 31 26	2 30 36 6 22 2 4 32 31 26	5 34 4 10 21 3 4 32 31 25	8 3 10 13 21 3 5 32 31 25	11 7 13 15 22 4 5 32 31 25	14 12 12 16 23 4 5 32 31 25	17 17 17 14 25 4 5 32 31 25	20 21 22 16 27 4 5 32 31 25	23 25 24 19 29 3 5 32 31 25	26 28 24 22 32 3 5 32 31 26
11	30 22 28 31 21 36 3 32 31 25	33 26 33 35 22 36 3 32 31 26	35 27 1 3 23 1 4 32 31 26	3 32 36 6 22 2 4 32 31 26	5 35 4 10 21 3 4 32 31 25	8 5 10 13 21 3 5 32 31 25	11 8 13 15 22 4 5 32 31 25	14 14 12 16 23 4 5 32 31 25	17 19 17 14 25 4 5 32 31 25	20 22 22 16 27 4 5 32 31 25	23 26 24 19 29 3 5 32 31 25	26 30 24 22 32 3 5 32 31 26
12	30 23 28 31 21 36 3 32 31 25	33 28 33 35 22 36 3 32 31 26	36 28 1 3 23 1 4 32 31 26	3 33 36 6 22 2 4 32 31 26	6 1 4 10 21 3 4 32 31 25	9 6 10 13 21 3 5 32 31 25	11 10 13 15 22 4 5 32 31 25	14 15 13 16 23 4 5 32 31 25	17 20 18 14 25 4 5 32 31 25	20 23 22 16 27 4 5 32 31 25	23 28 24 19 29 3 5 32 31 25	26 31 25 22 32 3 5 32 31 26
13	30 24 28 32 21 36 3 32 31 25	33 29 34 35 22 36 3 32 31 26	36 30 1 3 23 1 4 32 31 26	3 34 36 7 22 2 4 32 31 26	6 2 4 10 21 3 4 32 31 25	9 8 11 13 21 3 5 32 31 25	12 11 13 16 22 4 5 32 31 25	14 16 13 16 23 4 5 32 31 25	17 21 18 14 25 4 5 32 31 25	20 24 23 16 27 4 5 32 31 25	24 29 24 19 29 3 5 32 31 25	27 32 25 22 32 3 5 32 31 26
14	30 26 29 32 21 36 3 32 31 25	33 30 34 36 22 1 3 32 31 26	36 31 1 3 23 1 4 32 31 26	3 36 36 7 22 2 4 32 31 26	6 4 4 10 21 3 4 32 31 25	9 9 11 13 21 3 5 32 31 25	12 13 13 16 22 4 5 32 31 25	15 18 13 16 23 4 5 32 31 25	18 22 18 14 25 4 5 32 31 25	21 26 23 16 27 4 5 32 31 25	24 30 24 19 30 3 5 32 31 25	27 33 25 22 32 3 5 32 31 26
15	30 27 29 32 21 36 3 32 31 25	33 31 34 36 22 1 3 32 31 26	36 32 1 3 23 1 4 32 31 26	3 1 36 7 22 2 4 32 31 26	6 5 5 10 21 3 4 32 31 25	9 11 11 13 21 3 5 32 31 25	12 14 13 16 22 4 5 32 31 25	15 19 13 16 23 4 5 32 31 25	18 24 18 14 25 4 5 32 31 25	21 27 23 16 27 4 5 32 31 25	24 31 24 19 30 3 5 32 31 25	27 35 25 23 32 3 5 32 31 26
16	30 28 29 32 21 36 3 32 31 25	33 33 34 36 22 1 3 32 31 26	36 34 1 3 23 1 4 32 31 26	3 3 36 7 22 2 4 32 31 26	6 7 5 10 21 3 4 32 31 25	9 12 11 13 21 3 5 32 31 25	12 16 13 16 22 4 5 32 31 25	15 20 13 15 23 4 5 32 31 25	18 25 18 14 25 4 5 32 31 25	21 28 23 16 27 4 5 32 31 25	24 32 24 19 30 3 5 32 31 25	27 36 25 23 32 3 5 32 31 26
17	30 29 29 32 21 36 3 32 31 25	33 34 34 36 22 1 3 32 31 26	36 35 1 3 23 1 4 32 31 26	3 4 36 7 22 2 4 32 31 26	6 8 5 10 21 3 4 32 31 25	9 13 11 14 21 3 5 32 31 25	12 17 13 16 22 4 5 32 31 25	15 22 13 15 23 4 5 32 31 25	18 26 19 14 25 4 5 32 31 25	21 29 23 16 27 4 5 32 31 25	24 34 24 19 30 3 5 32 31 25	27 1 25 23 32 3 5 32 31 26
18	30 31 29 32 21 36 3 32 31 25	33 36 34 36 22 1 3 32 31 26	36 36 1 3 23 1 4 32 31 26	3 6 1 7 22 2 4 32 31 26	6 10 5 11 21 3 4 32 31 25	9 15 11 14 21 3 5 32 31 25	12 18 13 16 22 4 5 32 31 25	15 23 13 15 24 4 5 32 31 25	18 27 19 14 25 4 5 32 31 25	21 30 23 16 28 4 5 32 31 25	24 35 24 19 30 3 5 32 31 25	27 3 25 23 32 3 5 32 31 26
19	30 32 29 32 21 36 3 32 31 25	33 1 35 36 22 1 3 32 31 26	36 2 36 4 23 1 4 32 31 26	3 7 1 7 22 2 4 32 31 26	6 11 5 11 21 3 4 32 31 25	9 16 12 14 21 3 5 32 31 25	12 20 13 16 22 4 5 32 31 25	15 24 13 15 24 4 5 32 31 25	18 28 19 14 26 4 5 32 31 25	21 32 23 16 28 4 5 32 31 25	24 36 23 20 30 3 5 32 31 25	27 4 26 23 32 3 5 32 31 26
20	30 33 29 32 21 36 3 32 31 25	34 2 35 36 22 1 3 32 31 26	36 3 36 4 23 1 4 32 31 26	3 9 1 7 22 2 4 32 31 26	6 13 6 11 21 3 4 32 31 25	9 17 12 14 21 3 5 32 31 25	12 21 13 16 22 4 5 32 31 25	15 25 13 15 24 4 5 32 31 25	18 30 19 15 26 4 5 32 31 25	21 33 23 17 28 4 5 32 31 25	24 2 23 20 30 3 5 32 31 25	27 5 26 23 32 3 5 32 31 26
21	31 35 30 33 21 36 2 32 31 25	34 4 35 36 22 1 3 32 31 26	36 5 36 4 23 1 4 32 31 26	4 10 1 7 22 2 4 32 31 26	6 14 6 11 21 3 4 32 31 25	9 19 12 14 21 3 5 32 31 25	12 22 13 16 22 4 5 32 31 25	15 26 14 15 24 4 5 32 31 25	18 31 19 15 26 4 5 32 31 25	21 34 24 17 28 4 5 32 31 25	24 3 23 20 30 3 5 32 31 25	27 7 26 23 32 3 5 32 31 26
22	31 36 30 33 21 36 3 32 31 26	34 5 35 1 22 1 3 32 31 26	1 6 36 4 23 1 4 32 31 26	4 12 1 8 22 2 4 32 31 26	7 15 6 11 21 3 4 32 31 25	10 20 12 14 21 3 5 32 31 25	12 23 13 16 22 4 5 32 31 25	15 28 14 15 24 4 5 32 31 25	18 32 19 15 26 4 5 32 31 25	21 35 24 17 28 4 5 32 31 25	24 5 23 20 30 3 5 32 31 25	27 8 26 23 32 3 5 32 31 26
23	31 1 30 33 21 36 3 32 31 25	34 7 35 1 22 1 3 32 31 26	1 8 36 4 23 1 4 32 31 26	4 13 1 8 22 2 4 32 31 26	7 17 6 11 21 3 4 32 31 25	10 21 12 14 21 3 5 32 31 25	12 24 13 16 22 4 5 32 31 25	15 29 14 15 24 4 5 32 31 25	18 33 20 15 26 4 5 32 31 25	21 1 24 17 28 4 5 32 31 25	25 6 23 20 30 3 5 32 31 26	28 10 26 24 33 3 5 32 31 26
24	31 3 30 33 21 36 3 32 31 25	34 8 36 1 22 1 3 32 31 26	1 9 36 4 23 1 4 32 31 26	4 14 1 8 22 2 4 32 31 26	7 18 7 11 21 3 5 32 31 25	10 22 12 14 21 3 5 32 31 25	13 26 13 16 22 4 5 32 31 25	16 30 14 15 24 4 5 32 31 25	19 35 20 15 26 4 5 32 31 25	22 2 24 17 28 3 5 32 31 25	25 8 23 20 30 3 5 32 31 26	28 11 26 24 33 3 5 32 31 26
25	31 4 30 33 21 36 3 32 31 25	34 10 36 1 22 1 3 32 31 26	1 11 36 4 23 1 4 32 31 26	4 16 1 8 22 2 4 32 31 26	7 19 7 11 21 3 5 32 31 25	10 24 12 14 21 3 5 32 31 25	13 27 13 16 22 4 5 32 31 25	16 31 14 15 24 4 5 32 31 25	19 36 20 15 26 4 5 32 31 25	22 4 24 17 28 3 5 32 31 25	25 9 23 20 30 3 5 32 31 26	28 13 27 24 33 3 5 32 31 26
26	31 6 30 33 21 36 3 32 31 25	34 11 36 1 22 1 3 32 31 26	1 12 36 4 23 1 4 32 31 26	4 17 1 8 22 2 4 32 31 26	7 20 7 11 21 3 5 32 31 25	10 25 12 14 21 3 5 32 31 25	13 28 13 16 22 4 5 32 31 25	16 33 14 15 24 4 5 32 31 25	19 1 20 15 26 4 5 32 31 25	22 5 24 17 28 3 5 32 31 25	25 11 23 20 30 3 5 32 31 26	28 14 27 24 33 3 5 32 31 26
27	31 7 31 33 22 36 3 32 31 25	34 12 36 1 23 1 3 32 31 26	1 13 36 5 23 1 4 32 31 26	4 18 2 8 22 2 4 32 31 25	7 21 7 11 21 3 5 32 31 25	10 26 13 14 21 3 5 32 31 25	13 29 13 16 22 4 5 32 31 25	16 34 15 15 24 4 5 32 31 25	19 3 20 15 26 4 5 32 31 25	22 7 24 17 28 3 5 32 31 25	25 12 23 20 31 3 5 32 31 26	28 16 27 24 33 3 5 32 31 26
28	31 8 31 33 22 36 3 32 31 25	34 14 36 1 23 1 3 32 31 26	1 15 36 5 23 2 4 32 31 26	4 19 2 8 22 2 4 32 31 25	7 23 7 12 21 3 5 32 31 25	10 27 13 15 21 3 5 32 31 25	13 30 13 16 22 4 5 32 31 25	16 35 15 15 24 4 5 32 31 25	19 4 20 15 26 4 5 32 31 25	22 8 24 17 28 3 5 32 31 25	25 14 23 21 31 3 5 32 31 26	28 17 27 24 33 3 5 32 31 26
29	31 10 31 34 22 36 3 32 31 25		1 16 36 5 23 2 4 32 31 26	4 21 2 8 22 2 4 32 31 25	7 24 8 12 21 3 5 32 31 25	10 28 13 15 21 4 5 32 31 25	13 32 13 16 22 4 5 32 31 25	16 1 15 15 24 4 5 32 31 25	19 6 21 15 26 4 5 32 31 25	22 10 24 17 28 3 5 32 31 25	25 15 23 21 31 3 5 32 31 26	28 18 27 24 33 3 5 32 31 26
30	31 11 31 34 22 36 3 32 31 26		1 17 36 5 23 2 4 32 31 26	4 22 2 9 22 2 4 32 31 25	7 25 8 12 21 3 5 32 31 25	10 30 13 15 21 4 5 32 31 25	13 33 13 16 23 4 5 32 31 25	16 2 15 15 24 4 5 32 31 25	19 7 21 15 26 4 5 32 31 25	22 11 24 17 28 3 5 32 31 25	25 16 23 21 31 3 5 32 31 26	28 20 27 24 33 3 5 32 31 26
31	31 13 31 34 22 36 3 32 31 26		1 18 36 5 23 2 4 32 31 26		7 26 8 12 21 3 5 32 31 25		13 34 13 16 23 4 5 32 31 25	16 3 15 15 24 4 5 32 31 25		22 13 25 18 29 3 5 32 31 25		28 21 27 24 33 3 5 32 31 26

2000

	JAN	FEB	MAR	APR	MAY	JUNE	JULY	AUG	SEPT	OCT	NOV	DEC
1	28 22 28 25 33 3 5 32 31 26	32 27 33 28 36 3 5 32 31 26	35 29 35 32 2 4 5 32 31 26	2 33 35 36 4 4 5 32 31 26	5 36 4 3 6 5 5 33 31 26	8 5 10 7 8 6 6 33 31 26	10 9 11 11 10 7 6 33 31 26	13 15 12 15 12 7 6 32 31 26	16 20 17 19 14 7 7 32 31 26	19 23 22 22 16 8 7 32 31 26	22 28 22 26 18 7 6 32 31 26	25 31 24 30 20 7 6 32 31 26
2	29 23 28 25 33 3 5 32 31 26	32 28 33 29 36 3 5 32 31 26	35 30 35 32 2 4 5 32 31 26	2 34 35 36 4 4 5 32 31 26	5 2 4 4 6 5 5 33 31 26	8 7 10 7 9 6 6 33 31 26	11 11 11 11 11 7 6 33 31 26	14 16 12 15 13 7 6 32 31 26	16 21 17 19 15 8 7 32 31 26	19 25 22 22 16 8 7 32 31 26	22 29 22 26 18 7 6 32 31 26	26 32 24 30 20 7 6 32 31 26
3	29 25 28 25 33 3 5 32 31 26	32 29 33 29 36 3 5 32 31 26	35 31 34 32 2 4 5 32 31 26	2 36 35 36 4 4 5 32 31 26	5 3 4 4 6 5 5 33 31 26	8 8 10 8 9 6 6 33 31 26	11 12 11 11 11 7 6 33 31 26	14 18 12 15 13 7 6 32 31 26	17 22 18 19 15 8 7 32 31 26	20 26 22 23 17 8 7 32 31 26	23 30 22 26 18 7 6 32 31 26	26 33 24 30 20 7 6 32 31 26
4	29 26 28 25 33 3 5 32 31 26	32 30 33 29 36 3 5 32 31 26	35 32 34 32 2 4 5 32 31 26	2 1 35 36 4 4 5 32 31 26	5 5 4 4 7 5 5 33 31 26	8 10 10 8 9 6 6 33 31 26	11 14 11 11 11 7 6 33 31 26	14 19 12 15 13 7 6 32 31 26	17 24 18 19 15 8 7 32 31 26	20 27 22 23 17 8 7 32 31 26	23 31 22 26 18 7 6 32 31 26	26 35 25 30 20 7 6 32 31 26
5	29 27 28 25 34 3 5 32 31 26	32 31 33 29 36 3 5 32 31 26	35 34 34 32 2 4 5 32 31 26	2 2 35 36 4 5 5 32 31 26	5 6 4 4 7 5 5 33 31 26	8 11 10 8 9 6 6 33 31 26	11 15 11 11 11 7 6 33 31 26	14 20 12 15 13 7 6 32 31 26	17 25 18 19 15 8 7 32 31 26	20 28 22 23 17 8 7 32 31 26	23 33 22 27 19 7 6 32 31 26	26 36 25 30 20 7 6 32 31 26
6	29 28 28 25 34 3 5 32 31 26	32 33 34 29 36 3 5 32 31 26	35 35 34 33 2 4 5 32 31 26	2 4 36 36 5 5 5 32 31 26	5 8 5 4 7 5 5 33 31 26	8 13 10 8 9 6 6 33 31 26	11 17 11 12 11 7 6 33 31 26	14 22 12 15 13 7 6 32 31 26	17 26 18 19 15 8 7 32 31 26	20 29 22 23 17 8 7 32 31 26	23 34 22 27 19 7 6 32 31 26	26 1 25 30 20 7 6 32 31 26
7	29 29 29 25 34 3 5 32 31 26	32 34 34 29 36 3 5 32 31 26	35 36 34 33 2 4 5 32 31 26	2 5 36 1 5 5 5 32 31 26	5 9 5 4 7 5 5 33 31 26	8 14 11 8 9 6 6 33 31 26	11 18 11 12 11 7 6 33 31 26	14 23 12 16 13 7 6 32 31 26	17 27 18 19 15 8 7 32 31 26	20 31 22 23 17 8 7 32 31 26	23 35 22 27 19 7 6 32 31 26	26 2 25 30 21 7 6 32 31 26
8	29 31 29 25 34 3 5 32 31 26	32 35 34 29 36 3 5 32 31 26	35 1 34 33 2 4 5 32 31 26	2 7 36 1 5 5 5 32 31 26	5 11 5 4 7 5 6 33 31 26	8 16 11 8 9 6 6 33 31 26	11 19 11 12 11 7 6 33 31 26	14 24 13 16 13 7 6 32 31 26	17 29 19 19 15 8 7 32 31 26	20 32 23 23 17 8 7 32 31 26	23 36 21 27 19 7 6 32 31 26	26 4 25 30 21 7 6 32 31 26
9	29 32 29 26 34 3 5 32 31 26	32 36 34 29 36 3 5 32 31 26	35 3 34 33 2 4 5 32 31 26	2 8 36 1 5 5 5 32 31 26	5 12 5 4 7 5 6 33 31 26	8 17 11 8 9 6 6 33 31 26	11 21 11 12 11 7 6 33 31 26	14 25 13 16 13 7 6 32 31 26	17 30 19 20 15 8 7 32 31 26	20 33 23 23 17 8 7 32 31 26	23 2 22 27 19 7 6 32 31 26	26 5 25 31 21 7 6 32 31 26
10	29 33 29 26 34 3 5 32 31 26	33 2 34 29 36 3 5 32 31 26	35 4 34 33 3 4 5 32 31 26	3 9 36 1 5 5 5 33 31 26	5 13 6 5 7 5 6 33 31 26	8 19 11 8 9 6 6 33 31 26	11 22 11 12 11 7 6 33 31 26	14 27 13 16 13 7 6 32 31 26	17 31 19 20 15 8 7 32 31 26	20 34 23 23 17 8 7 32 31 26	23 3 22 27 19 7 6 32 31 26	26 6 25 31 21 7 6 32 31 26
11	30 34 29 26 34 3 5 32 31 26	33 3 34 30 36 3 5 32 31 26	36 6 34 33 3 4 5 32 31 26	3 11 36 1 5 5 5 33 31 26	6 15 6 5 7 5 6 33 31 26	9 20 11 9 9 6 6 33 31 26	11 23 11 12 11 7 6 33 31 26	14 28 13 16 13 7 7 32 31 26	17 32 19 20 15 8 7 32 31 26	20 35 23 23 17 8 7 32 31 26	23 4 22 27 19 7 6 32 31 26	26 8 26 31 21 7 6 32 31 26
12	30 35 29 26 34 3 5 32 31 26	33 5 35 30 36 3 5 32 31 26	36 7 34 33 3 4 5 32 31 26	3 12 36 1 5 5 5 33 31 26	6 16 6 5 7 5 6 33 31 26	9 21 11 9 9 6 6 33 31 26	11 24 11 12 11 7 6 32 31 26	14 29 13 16 13 7 7 32 31 26	17 33 19 20 15 8 7 32 31 26	20 1 23 24 17 8 7 32 31 26	23 6 22 27 19 7 6 32 31 26	27 9 26 31 21 7 6 32 31 26
13	30 1 30 26 34 3 5 32 31 26	33 6 35 30 1 3 5 32 31 26	36 8 34 33 3 4 5 32 31 26	3 14 36 1 5 5 5 33 31 26	6 17 6 5 7 5 6 33 31 26	9 22 11 9 9 6 6 33 31 26	12 26 11 12 11 7 6 32 31 26	15 30 14 16 13 7 7 32 31 26	18 35 19 20 15 8 7 32 31 26	20 2 23 24 17 8 7 32 31 26	24 7 22 27 19 7 6 32 31 26	27 11 26 31 21 7 6 32 31 26
14	30 2 30 26 34 3 5 32 31 26	33 7 35 30 1 3 5 32 31 26	36 10 34 34 3 4 5 32 31 26	3 15 1 1 5 5 5 33 31 26	6 19 6 5 7 5 6 33 31 26	9 24 11 9 9 6 6 33 31 26	12 27 11 13 11 7 6 32 31 26	15 31 14 16 13 7 7 32 31 26	18 36 19 20 15 8 7 32 31 26	21 3 23 24 17 8 7 32 31 26	24 9 22 28 19 7 6 32 31 26	27 12 26 31 21 7 6 32 31 26
15	30 3 30 26 34 3 5 32 31 26	33 9 35 30 1 4 5 32 31 26	36 11 34 34 3 4 5 32 31 26	3 16 1 2 5 5 5 33 31 26	6 20 7 5 7 5 6 33 31 26	9 25 11 9 9 6 6 33 31 26	12 28 11 13 11 7 6 32 31 26	15 33 14 17 13 7 7 32 31 26	18 1 20 20 15 8 7 32 31 26	21 5 23 24 17 8 7 32 31 26	24 10 22 28 19 7 6 32 31 26	27 14 26 31 21 7 6 32 31 26
16	30 5 30 26 34 3 5 32 31 26	33 10 35 30 1 4 5 32 31 26	36 13 34 34 3 4 5 32 31 26	3 18 1 2 5 5 5 33 31 26	6 21 7 5 7 5 6 33 31 26	9 26 11 9 9 6 6 33 31 26	12 29 11 13 11 7 6 32 31 26	15 34 14 17 13 7 7 32 31 26	18 2 20 20 15 8 7 32 31 26	21 6 23 24 17 8 7 32 31 26	24 11 22 28 19 7 6 32 31 26	27 15 26 31 21 7 6 32 31 26
17	30 6 30 27 34 3 5 32 31 26	33 12 35 30 1 4 5 32 31 26	36 14 34 34 3 4 5 32 31 26	3 19 1 2 5 5 5 33 31 26	6 23 7 5 7 5 6 33 31 26	9 27 11 9 10 6 6 33 31 26	12 30 11 13 12 7 6 32 31 26	15 35 14 17 14 7 7 32 31 26	18 4 20 21 15 8 7 32 31 26	21 8 23 24 17 8 6 32 31 26	24 13 22 28 19 7 6 32 31 26	27 17 27 32 21 7 6 32 31 26
18	30 8 30 27 35 3 5 32 31 26	33 13 35 30 1 4 5 32 31 26	36 15 34 34 3 4 5 32 31 26	3 20 1 2 5 5 5 33 31 26	6 24 7 6 7 6 6 33 31 26	9 28 11 9 10 6 6 33 31 26	12 32 11 13 12 7 6 32 31 26	15 36 15 17 14 7 7 32 31 26	18 5 20 21 16 8 7 32 31 26	21 9 23 24 17 8 6 32 31 26	24 14 22 28 19 7 6 32 31 26	27 18 27 32 21 7 6 32 31 26
19	30 9 31 27 35 3 5 32 31 26	33 15 35 31 1 4 5 32 31 26	36 17 34 34 3 4 5 32 31 26	3 22 1 2 5 5 5 33 31 26	6 25 7 6 8 6 6 33 31 26	9 30 11 10 10 6 6 33 31 26	12 33 11 13 12 7 6 32 31 26	15 1 15 17 14 7 7 32 31 26	18 6 20 21 16 8 7 32 31 26	21 10 23 24 18 8 6 32 31 26	24 16 22 28 19 7 6 32 31 26	27 19 27 32 21 7 6 32 31 26
20	30 11 31 27 35 3 5 32 31 26	34 16 35 31 1 4 5 32 31 26	36 18 34 34 3 4 5 32 31 26	4 23 2 2 6 5 5 33 31 26	6 26 8 6 8 6 6 33 31 26	9 31 11 10 10 6 6 33 31 26	12 34 11 13 12 7 6 32 31 26	15 3 15 17 14 7 7 32 31 26	18 8 20 21 16 8 7 32 31 26	21 12 23 25 18 8 6 32 31 26	24 17 22 28 19 7 6 32 31 26	27 21 27 32 21 7 6 32 31 26
21	31 12 31 27 35 3 5 32 31 26	34 17 35 31 1 4 5 32 31 26	1 20 34 34 3 4 5 32 31 26	4 24 2 2 6 5 5 33 31 26	7 27 8 6 8 6 6 33 31 26	9 32 11 10 10 6 6 33 31 26	12 35 11 13 12 7 6 32 31 26	15 4 15 17 14 7 7 32 31 26	18 9 20 21 16 8 7 32 31 26	21 13 23 25 18 8 6 32 31 26	24 18 23 28 20 7 6 32 31 26	27 22 27 32 21 7 6 32 31 26
22	31 14 31 27 35 3 5 32 31 26	34 19 35 31 1 4 5 32 31 26	1 21 34 35 3 4 5 32 31 26	4 25 2 2 6 5 5 33 31 26	7 29 8 6 8 6 6 33 31 26	10 33 11 10 10 6 6 33 31 26	12 36 11 14 12 7 6 32 31 26	15 5 15 17 14 7 7 32 31 26	18 11 21 21 16 8 7 32 31 26	21 15 23 25 18 8 6 32 31 26	24 20 23 29 20 7 6 32 31 26	28 23 27 32 21 7 6 32 31 26
23	31 15 31 27 35 3 5 32 31 26	34 20 35 31 1 4 5 32 31 26	1 22 34 35 3 4 5 32 31 26	4 27 2 3 6 5 5 33 31 26	7 30 8 6 8 6 6 33 31 26	10 34 11 10 10 6 6 33 31 26	13 2 11 14 12 7 6 32 31 26	16 7 16 17 14 7 7 32 31 26	19 12 21 21 16 8 7 32 31 26	21 16 23 25 18 8 6 32 31 26	25 21 23 29 20 7 6 32 31 26	28 25 27 32 21 7 6 32 31 26
24	31 17 31 27 35 3 5 32 31 26	34 21 35 31 1 4 5 32 31 26	1 23 34 35 4 4 5 32 31 26	4 28 2 3 6 5 5 33 31 26	7 31 8 6 8 6 6 33 31 26	10 36 11 10 10 6 6 33 31 26	13 3 11 14 12 7 6 32 31 26	16 8 16 18 14 7 7 32 31 26	19 14 21 21 16 8 7 32 31 26	22 17 23 25 18 8 6 32 31 26	25 22 23 29 20 7 6 32 31 26	28 26 28 32 22 7 6 32 31 26
25	31 18 32 28 35 3 5 32 31 26	34 23 35 31 1 4 5 32 31 26	1 25 34 35 4 4 5 32 31 26	4 29 3 3 6 5 5 33 31 26	7 32 9 6 8 6 6 33 31 26	10 1 11 10 10 6 6 33 31 26	13 4 11 14 12 7 6 32 31 26	16 10 16 18 14 7 7 32 31 26	19 15 21 22 16 8 7 32 31 26	22 19 23 25 18 8 6 32 31 26	25 24 23 29 20 7 6 32 31 26	28 27 28 32 22 7 6 32 31 26
26	31 19 32 28 35 3 5 32 31 26	34 24 35 31 2 4 5 32 31 26	1 26 34 35 4 4 5 32 31 26	4 30 3 3 6 5 5 33 31 26	7 33 9 7 8 6 6 33 31 26	10 2 11 10 10 6 6 33 31 26	13 6 11 14 12 7 6 32 31 26	16 11 16 18 14 7 7 32 31 26	19 16 21 22 16 8 7 32 31 26	22 20 23 25 18 8 6 32 31 26	25 25 23 29 20 7 6 32 31 26	28 28 28 33 22 7 6 32 31 26
27	31 21 32 28 35 3 5 32 31 26	34 25 35 32 2 4 5 32 31 26	1 27 34 35 4 4 5 32 31 26	4 31 3 3 6 5 5 33 31 26	7 35 9 7 8 6 6 33 31 26	10 3 11 10 10 6 6 33 31 26	13 7 11 14 12 7 6 32 31 26	16 13 16 18 14 7 7 32 31 26	19 18 21 22 16 8 7 32 31 26	22 21 23 25 18 7 6 32 31 26	25 26 23 29 20 7 6 32 31 26	28 29 28 33 22 7 6 32 31 26
28	31 22 32 28 35 3 5 32 31 26	34 26 35 32 2 4 5 32 31 26	1 28 34 35 4 4 5 32 31 26	4 33 3 3 6 5 5 33 31 26	7 36 9 7 8 6 6 33 31 26	10 5 11 11 10 6 6 33 31 26	13 9 11 14 12 7 6 32 31 26	16 14 17 18 14 7 7 32 31 26	19 19 21 22 16 8 7 32 31 26	22 23 22 26 18 7 6 32 31 26	25 27 24 29 20 7 6 32 31 26	28 31 28 33 22 7 6 32 31 26
29	31 23 32 28 35 3 5 32 31 26	34 27 35 32 2 4 5 32 31 26	1 29 35 35 4 4 5 32 31 26	4 34 3 3 6 5 5 33 31 26	7 1 9 7 8 6 6 33 31 26	10 6 11 11 10 6 6 33 31 26	13 10 11 14 12 7 6 32 31 26	16 16 17 18 14 7 7 32 31 26	19 21 22 22 16 8 7 32 31 26	22 24 22 26 18 7 6 32 31 26	25 29 24 29 20 7 6 32 31 26	28 32 28 33 22 7 6 32 31 26
30	31 24 32 28 36 3 5 32 31 26		1 31 35 36 4 4 5 32 31 26	4 35 3 3 6 5 5 33 31 26	7 3 9 7 8 6 6 33 31 26	10 8 11 11 10 6 6 33 31 26	13 12 11 15 12 7 6 32 31 26	16 17 17 18 14 7 7 32 31 26	19 22 22 22 16 8 7 32 31 26	22 25 22 26 18 7 6 32 31 26	25 30 24 30 20 7 6 32 31 26	28 33 29 33 22 7 6 32 31 26
31	32 25 33 28 36 3 5 32 31 26		2 32 35 36 4 4 5 32 31 26		7 4 10 7 8 6 6 33 31 26		13 13 11 15 12 7 6 32 31 26	16 18 17 18 14 7 7 32 31 26		22 27 22 26 18 7 6 32 31 26		28 34 29 33 22 7 6 32 31 26

2001

	JAN	FEB	MAR	APR	MAY	JUNE	JULY	AUG	SEPT	OCT	NOV	DEC
1	29 35 29 33 22 7 6 32 31 26	32 4 33 36 24 7 6 33 31 26	35 5 32 2 25 7 6 33 31 26	2 10 36 1 27 7 6 33 31 26	5 14 5 1 27 8 7 33 31 26	8 19 9 3 27 9 7 33 31 26	10 23 9 6 26 9 7 33 31 26	13 28 13 9 26 10 8 33 31 26	16 32 18 13 27 10 8 33 31 26	19 36 21 17 29 11 8 33 31 26	22 4 21 21 31 11 8 33 31 26	25 8 25 24 33 11 8 33 31 26
2	29 1 29 33 22 7 6 32 31 26	32 5 34 36 24 7 6 33 31 26	35 6 32 2 25 7 6 33 31 26	2 11 36 1 27 7 6 33 31 26	5 15 6 1 27 8 7 33 31 26	8 21 9 3 27 9 7 33 31 26	11 24 9 6 26 9 7 33 31 26	13 29 13 10 26 10 8 33 31 26	16 33 19 13 27 11 8 33 31 26	19 1 21 17 29 11 8 33 31 26	22 5 21 21 31 11 8 33 31 26	25 9 25 24 33 11 8 33 31 26
3	29 2 29 33 22 7 6 32 31 26	32 7 34 1 24 7 6 33 31 26	35 8 32 2 25 7 6 33 31 26	2 13 36 1 27 7 6 33 31 26	5 17 6 1 27 8 7 33 31 26	8 22 9 3 27 9 7 33 31 26	11 26 9 6 26 9 7 33 31 26	14 30 13 10 26 10 8 33 31 26	17 35 19 13 27 11 8 33 31 26	19 2 21 17 29 11 8 33 31 26	23 7 21 21 31 11 8 33 31 26	26 10 25 25 33 11 8 33 31 26
4	29 3 29 34 22 7 6 32 31 26	32 8 34 1 24 7 6 33 31 26	35 9 32 2 25 7 6 33 31 26	2 14 36 1 27 7 6 33 31 26	5 18 6 1 27 8 7 33 31 26	8 23 9 3 27 9 7 33 31 26	11 27 9 6 26 9 7 33 31 26	14 31 13 10 26 10 8 33 31 26	17 36 19 13 27 11 8 33 31 26	20 3 21 17 29 11 8 33 31 26	23 8 21 21 31 11 8 33 31 26	26 12 26 25 33 11 8 33 31 26
5	29 4 30 34 22 7 6 32 31 26	32 9 34 1 24 7 6 33 31 26	35 10 32 2 25 7 6 33 31 26	2 16 36 1 27 7 6 33 31 26	5 20 6 1 27 8 7 33 31 26	8 25 9 3 27 9 7 33 31 26	11 28 9 6 26 9 7 33 31 26	14 33 14 10 26 10 8 33 31 26	17 1 19 14 27 11 8 33 31 26	20 4 21 17 29 11 8 33 31 26	23 9 21 21 31 11 8 33 31 26	26 13 26 25 33 11 8 33 31 26
6	29 6 30 34 22 7 6 32 31 26	32 11 34 1 24 7 6 33 31 26	35 12 32 2 25 7 6 33 31 26	2 17 36 1 27 7 6 33 31 26	5 21 6 1 27 8 7 33 31 26	8 26 9 3 27 9 7 33 31 26	11 29 9 7 26 9 7 33 31 26	14 34 14 10 26 10 8 33 31 26	17 2 19 14 27 11 8 33 31 26	20 6 21 17 29 11 8 33 31 26	23 11 21 21 31 11 8 33 31 26	26 14 26 25 33 11 8 33 31 26
7	29 7 30 34 22 7 6 32 31 26	32 12 33 1 24 7 6 33 31 26	35 13 32 2 26 7 6 33 31 26	2 19 1 1 27 7 6 33 31 26	5 22 7 1 27 8 7 33 31 26	8 27 9 4 27 9 7 33 31 26	11 31 9 7 26 9 7 33 31 26	14 35 14 10 26 10 8 33 31 26	17 3 19 14 27 11 8 33 31 26	20 7 21 17 29 11 8 33 31 26	23 12 21 21 31 11 8 33 31 26	26 16 26 25 33 11 8 33 31 26
8	29 9 30 34 22 7 6 32 31 26	32 14 33 1 24 7 6 33 31 26	35 15 33 2 26 7 6 33 31 26	2 20 1 1 27 7 6 33 31 26	5 24 7 1 27 8 7 33 31 26	8 28 9 4 27 9 7 33 31 26	11 32 9 7 26 9 7 33 31 26	14 36 14 10 26 10 8 33 31 26	17 5 19 14 27 11 8 33 31 26	20 8 21 18 29 11 8 33 31 26	23 13 22 21 31 11 8 33 31 26	26 17 26 25 33 11 8 33 31 26
9	29 10 30 34 22 7 6 32 31 26	33 16 33 1 24 7 6 33 31 26	35 16 33 2 26 7 6 33 31 26	2 22 1 1 27 7 6 33 31 26	5 25 7 1 27 8 7 33 31 26	8 30 9 4 27 9 7 33 31 26	11 33 9 7 26 9 7 33 31 26	14 1 14 10 26 10 8 33 31 26	17 6 20 14 28 11 8 33 31 26	20 10 21 18 29 11 8 33 31 26	23 15 22 22 31 11 8 33 31 26	26 19 26 25 34 11 8 33 31 26
10	29 12 30 34 23 7 6 32 31 26	33 17 33 1 24 7 6 33 31 26	35 18 33 2 26 7 6 33 31 26	3 23 1 1 27 7 6 33 31 26	5 26 7 1 27 8 7 33 31 26	8 31 9 4 27 9 7 33 31 26	11 34 9 7 26 9 7 33 31 26	14 3 15 10 26 10 8 33 31 26	17 7 20 14 28 11 8 33 31 26	20 11 21 18 29 11 8 33 31 26	23 16 22 22 31 11 8 33 31 26	26 20 27 25 34 11 8 33 31 26
11	30 13 31 34 23 7 6 32 31 26	33 19 33 1 24 7 6 33 31 26	36 19 33 2 26 7 6 33 31 26	3 24 1 1 27 7 6 33 31 26	6 28 7 1 27 8 7 33 31 26	9 32 9 4 27 9 7 33 31 26	11 35 9 7 26 9 8 33 31 26	14 4 15 11 26 10 8 33 31 26	17 9 20 14 28 11 8 33 31 26	20 12 21 18 29 11 8 33 31 26	23 18 22 22 31 11 8 33 31 26	26 22 27 26 34 11 8 33 31 26
12	30 15 31 34 23 7 6 32 31 26	33 20 33 1 24 7 6 33 31 26	36 21 33 2 26 7 6 33 31 26	3 26 2 1 27 7 6 33 31 26	6 29 8 1 27 8 7 33 31 26	9 33 9 4 27 9 7 33 31 26	11 36 9 7 26 9 8 33 31 26	14 5 15 11 26 10 8 33 31 26	17 10 20 14 28 11 8 33 31 26	20 14 21 18 29 11 8 33 31 26	23 19 22 22 32 11 8 33 31 26	27 23 27 26 34 11 8 33 31 26
13	30 16 31 34 23 7 6 32 31 26	33 21 33 1 24 7 6 33 31 26	36 22 33 2 26 7 6 33 31 26	3 27 2 1 27 7 6 33 31 26	6 30 8 1 27 8 7 33 31 26	9 34 9 4 27 9 7 33 31 26	12 2 10 7 26 9 8 33 31 26	15 6 15 11 26 10 8 33 31 26	18 11 20 15 28 11 8 33 31 26	20 15 21 18 30 11 8 33 31 26	24 21 22 22 32 11 8 33 31 26	27 24 27 26 34 11 8 33 31 26
14	30 18 31 35 23 7 6 32 31 26	33 23 33 1 24 7 6 33 31 26	36 24 33 2 26 7 6 33 31 26	3 28 2 1 27 8 6 33 31 26	6 31 8 2 27 8 7 33 31 26	9 36 9 4 27 9 7 33 31 26	12 3 10 7 26 10 8 33 31 26	15 8 15 11 26 10 8 33 31 26	18 13 20 15 28 11 8 33 31 26	21 17 21 18 30 11 8 33 31 26	24 22 22 22 32 11 8 33 31 26	27 26 27 26 34 11 8 33 31 26
15	30 19 31 35 23 7 6 32 31 26	33 24 33 1 25 7 6 33 31 26	36 25 33 2 26 7 6 33 31 26	3 29 2 1 27 8 6 33 31 26	6 32 8 2 27 8 7 33 31 26	9 1 9 4 27 9 7 33 31 26	12 4 10 8 26 10 8 33 31 26	15 9 16 11 26 10 8 33 31 26	18 14 20 15 28 11 8 33 31 26	21 18 20 18 30 11 8 33 31 26	24 23 23 22 32 11 8 33 31 26	27 27 27 26 34 11 8 33 31 26
16	30 20 31 35 23 7 6 32 31 26	33 25 33 2 25 7 6 33 31 26	36 26 33 2 26 7 6 33 31 26	3 30 2 1 27 8 6 33 31 26	6 34 8 2 27 8 7 33 31 26	9 2 9 4 27 9 7 33 31 26	12 5 10 8 26 10 8 33 31 26	15 10 16 11 26 10 8 33 31 26	18 16 20 15 28 11 8 33 31 26	21 20 20 19 30 11 8 33 31 26	24 25 23 22 32 11 8 33 31 26	27 28 28 26 34 11 8 33 31 26
17	30 22 32 35 23 7 6 32 31 26	33 26 32 2 25 7 6 33 31 26	36 27 33 2 26 7 6 33 31 26	3 32 3 1 27 8 6 33 31 26	6 35 8 2 27 8 7 33 31 26	9 3 9 5 27 9 7 33 31 26	12 7 10 8 26 10 8 33 31 26	15 12 16 11 27 10 8 33 31 26	18 17 21 15 28 11 8 33 31 26	21 21 20 19 30 11 8 33 31 26	24 26 23 23 32 11 8 33 31 26	27 30 28 26 34 11 8 33 31 26
18	30 23 32 35 23 7 6 32 31 26	33 28 32 2 25 7 6 33 31 26	36 28 34 2 26 7 6 33 31 26	3 33 3 1 27 8 6 33 31 26	6 36 8 2 27 8 7 33 31 26	9 5 9 5 27 9 7 33 31 26	12 8 10 8 26 10 8 33 31 26	15 13 16 11 27 10 8 33 31 26	18 19 21 15 28 11 8 33 31 26	21 23 20 19 30 11 8 33 31 26	24 27 23 23 32 11 8 33 31 26	27 31 28 26 34 11 8 33 31 26
19	30 24 32 35 23 7 6 32 31 26	34 29 32 2 25 7 6 33 31 26	36 30 34 2 26 7 6 33 31 26	3 34 3 1 27 8 6 33 31 26	6 1 9 2 27 8 7 33 31 26	9 6 9 5 27 9 7 33 31 26	12 10 10 8 26 10 8 33 31 26	15 15 16 12 27 10 8 33 31 26	18 20 21 15 28 11 8 33 31 26	21 24 20 19 30 11 8 33 31 26	24 29 23 23 32 11 8 33 31 26	27 32 28 27 34 11 8 33 31 26
20	30 26 32 35 23 7 6 32 31 26	34 30 32 2 25 7 6 33 31 26	36 31 34 2 26 7 6 33 31 26	3 35 3 1 27 8 6 33 31 26	6 3 9 2 27 8 7 33 31 26	9 7 9 5 27 9 7 33 31 26	12 11 11 8 26 10 8 33 31 26	15 16 17 12 27 10 8 33 31 26	18 22 21 15 28 11 8 33 31 26	21 25 20 19 30 11 8 33 31 26	24 30 23 23 32 11 8 33 31 26	27 33 28 27 34 11 8 33 31 26
21	31 27 32 35 23 7 6 32 31 26	34 31 32 2 25 7 6 33 31 26	1 32 34 2 26 7 6 33 31 26	4 36 3 1 27 8 7 33 31 26	7 4 9 2 27 8 7 33 31 26	9 9 9 5 27 9 7 33 31 26	12 13 11 8 26 10 8 33 31 26	15 18 17 12 27 10 8 33 31 26	18 23 21 15 28 11 8 33 31 26	21 27 20 19 30 11 8 33 31 26	24 31 24 23 32 11 8 33 31 26	27 34 28 27 34 11 8 33 31 26
22	31 28 32 35 23 7 6 32 31 26	34 32 32 2 25 7 6 33 31 26	1 33 34 2 26 7 6 33 31 26	4 2 4 1 27 8 7 33 31 26	7 5 9 2 27 8 7 33 31 26	10 10 9 5 27 9 7 33 31 26	12 14 11 8 26 10 8 33 31 26	15 19 17 12 27 10 8 33 31 26	18 25 21 16 28 11 8 33 31 26	21 28 20 19 30 11 8 33 31 26	24 32 24 23 32 11 8 33 31 26	28 36 28 27 34 11 8 33 31 26
23	31 29 33 36 23 7 6 32 31 26	34 34 32 2 25 7 6 33 31 26	1 34 34 2 26 7 6 33 31 26	4 3 4 1 27 8 7 33 31 26	7 7 9 2 27 8 7 33 31 26	10 12 9 5 26 9 7 3 31 26	13 16 11 8 26 10 8 33 31 26	15 21 17 12 27 10 8 33 31 26	19 26 21 16 28 11 8 33 31 26	21 29 20 19 30 11 8 33 31 26	25 34 24 23 32 11 8 33 31 26	28 1 29 27 35 11 7 33 31 26
24	31 30 33 36 23 7 6 32 31 26	34 35 32 2 25 7 6 33 31 26	1 36 34 2 26 7 6 33 31 26	4 4 4 1 27 8 7 33 31 26	7 8 9 2 27 8 7 33 31 26	10 13 9 5 26 9 7 33 31 26	13 17 11 9 26 10 8 33 31 26	16 22 17 12 27 10 8 33 31 26	19 27 21 16 28 11 8 33 31 26	22 30 20 20 30 11 8 33 31 26	25 35 24 23 32 11 8 33 31 26	28 2 29 27 35 11 7 33 31 26
25	31 31 33 36 23 7 6 32 31 26	34 36 32 2 25 7 6 33 31 26	1 1 35 2 26 7 6 33 31 26	4 6 4 1 27 8 7 33 31 26	7 9 9 2 27 8 7 33 31 26	10 15 9 5 26 9 7 33 31 26	13 19 11 9 26 10 8 33 31 26	16 24 17 12 27 10 8 33 31 26	19 28 21 16 28 11 8 33 31 26	22 32 20 20 30 11 8 33 31 26	25 36 24 24 32 11 8 33 31 26	28 3 29 27 35 11 7 33 31 26
26	31 33 33 36 23 7 6 32 31 26	34 1 32 2 25 7 6 33 31 26	1 2 35 2 26 7 6 33 31 26	4 7 4 1 27 8 7 33 31 26	7 11 9 2 27 8 7 33 31 26	10 16 9 5 26 9 7 33 31 26	13 20 12 9 26 10 8 33 31 26	16 25 18 12 27 10 8 33 31 26	19 30 21 16 28 11 8 33 31 26	22 33 20 20 30 11 8 33 31 26	25 1 24 24 33 11 8 33 31 26	28 4 29 27 35 11 7 33 31 26
27	31 34 33 36 23 7 6 33 31 26	34 2 32 2 25 7 6 33 31 26	1 3 35 2 26 7 6 33 31 26	4 8 5 1 27 8 7 33 31 26	7 12 9 3 27 8 7 33 31 26	10 18 9 6 26 9 7 33 31 26	13 21 12 9 26 10 8 33 31 26	16 26 18 12 27 10 8 33 31 26	19 31 21 16 29 11 8 33 31 26	22 34 20 20 30 11 8 33 31 26	25 2 25 24 33 11 8 33 31 26	28 6 29 28 35 11 7 33 31 26
28	31 35 33 36 24 7 6 33 31 26	34 4 32 2 25 7 6 33 31 26	1 5 35 2 26 7 6 33 31 26	4 10 5 1 27 8 7 33 31 26	7 14 9 3 27 8 7 33 31 26	10 19 9 6 26 9 7 33 31 26	13 23 12 9 26 10 8 33 31 26	16 27 18 13 27 10 8 33 31 26	19 32 21 16 29 11 8 33 31 26	22 35 20 20 31 11 8 33 31 26	25 4 25 24 33 11 8 33 31 26	28 7 29 28 35 11 7 33 31 26
29	31 36 33 36 24 7 6 33 31 26		1 6 35 2 26 7 6 33 31 26	4 11 5 1 27 8 7 33 31 26	7 15 9 3 27 8 7 33 31 26	10 20 9 6 26 9 7 33 31 26	13 24 12 9 26 10 8 33 31 26	16 29 18 13 27 10 8 33 31 26	19 33 21 16 29 11 8 33 31 26	22 36 20 20 31 11 8 33 31 26	25 5 25 24 33 11 8 33 31 26	28 8 30 28 35 11 7 33 31 26
30	32 1 33 36 24 7 6 33 31 26		1 7 35 1 26 7 6 33 31 26	4 13 5 1 27 8 7 33 31 26	7 16 9 3 27 8 7 33 31 26	10 22 9 6 26 9 7 33 31 26	13 25 12 9 26 10 8 33 31 26	16 30 18 13 27 10 8 33 31 26	19 34 21 17 29 11 8 33 31 26	22 2 20 20 31 11 8 33 31 26	25 6 25 24 33 11 8 33 31 26	28 10 30 28 35 11 7 33 31 26
31	32 3 33 36 24 7 6 33 31 26		2 9 35 1 27 7 6 33 31 26		7 18 9 3 27 9 7 33 31 26		13 27 13 9 26 10 8 33 31 26	16 31 18 13 27 10 8 33 31 26		22 3 20 20 31 11 8 33 31 26		28 11 30 28 35 11 7 33 31 26

2002

	JAN	FEB	MAR	APR	MAY	JUNE	JULY	AUG	SEPT	OCT	NOV	DEC
1	29 13 30 28 35 11 7 33 31 26	32 18 31 32 1 10 7 33 31 26	35 19 32 36 3 10 7 33 31 26	2 24 1 3 6 10 8 33 32 26	5 28 7 7 8 11 8 33 32 26	8 32 7 11 10 11 8 33 32 26	10 36 8 14 12 12 9 33 32 26	13 4 15 18 14 12 9 33 31 26	16 8 19 21 16 13 9 33 31 26	19 12 19 23 18 14 9 33 31 26	22 17 22 22 20 14 9 33 31 26	25 21 26 22 21 14 9 33 31 26
2	29 14 30 28 35 11 7 33 31 26	32 19 31 32 2 10 7 33 31 26	35 20 32 36 4 10 7 33 31 26	2 25 1 4 6 10 8 33 32 26	5 29 7 7 8 11 8 33 32 26	8 34 7 11 10 11 8 33 32 26	10 1 9 14 12 12 9 33 32 26	13 5 15 18 14 13 9 33 31 26	16 10 19 21 16 13 9 33 31 26	19 13 19 23 18 14 9 33 31 26	22 18 22 22 20 14 9 33 31 26	25 22 26 22 22 14 9 33 31 26
3	29 16 30 28 35 11 7 33 31 26	32 21 31 32 2 10 7 33 31 26	35 22 32 36 4 10 7 33 31 26	2 27 1 4 6 10 8 33 32 26	5 30 7 7 8 11 8 33 32 26	8 35 7 11 10 11 8 33 32 26	11 2 9 15 12 12 9 33 32 26	14 6 15 18 14 13 9 33 31 26	17 11 19 21 16 13 9 33 31 26	19 15 18 23 18 14 9 33 31 26	23 20 22 22 20 14 9 33 31 26	26 24 27 22 22 14 9 33 31 26
4	29 17 31 29 35 11 7 33 31 26	32 22 31 32 2 10 7 33 31 26	35 23 32 36 4 10 7 33 31 26	2 28 2 4 6 10 8 33 32 26	5 31 7 8 8 11 8 33 32 26	8 36 7 11 10 11 8 33 32 26	11 3 9 15 12 12 9 33 32 26	14 8 15 18 14 13 9 33 31 26	17 12 19 21 16 13 9 33 31 26	20 16 18 23 18 14 9 33 31 26	23 21 22 22 20 14 9 33 31 26	26 25 27 22 22 14 9 33 31 26
5	29 18 31 29 35 11 7 33 31 26	32 24 30·33 2 10 7 33 31 26	35 25 32 36 4 10 7 33 31 26	2 29 2 4 6 10 8 33 32 26	5 33 7 8 8 11 8 33 32 26	8 1 7 11 10 11 8 33 32 26	11 4 9 15 12 12 9 33 32 26	14 9 15 18 14 13 9 33 31 26	17 14 19 21 16 13 9 33 31 26	20 18 18 23 18 14 9 33 31 26	23 23 22 22 20 14 9 33 31 26	26 27 27 22 22 14 9 33 31 26
6	29 20 31 29 36 10 7 33 31 26	32 25 30 33 2 10 7 33 31 26	35 26 33 36 4 10 7 33 31 26	2 31 2 4 6 10 8 33 32 26	5 34 7 8 8 11 8 33 32 26	8 2 7 11 10 11 8 33 32 26	11 6 9 15 12 12 9 33 32 26	14 10 15 18 14 13 9 33 31 26	17 15 19 21 16 13 9 33 31 26	20 19 18 23 18 14 9 33 31 26	23 24 22 22 20 14 9 33 31 26	26 28 27 22 22 14 9 33 31 26
7	29 21 31 29 36 10 7 33 31 26	32 26 30 33 2 10 7 33 31 26	35 27 33 36 4 10 7 33 31 26	2 32 2 4 6 10 8 33 32 26	5 35 7 8 8 11 8 33 32 26	8 3 7 12 10 11 8 33 32 26	11 7 9 15 12 12 9 33 32 26	14 12 16 18 14 13 9 33 31 26	17 17 20 21 16 13 9 33 31 26	20 21 18 23 18 14 9 33 31 26	23 26 23 22 20 14 9 33 31 26	26 29 27 22 22 14 9 33 31 26
8	29 23 31 29 36 10 7 33 31 26	32 28 30 33 2 10 7 33 31 26	35 29 33 36 4 10 7 33 31 26	2 33 2 4 6 10 8 33 32 26	5 36 7 8 8 11 8 33 32 26	8 5 7 12 10 11 8 33 32 26	11 8 10 15 12 12 9 33 32 26	14 13 16 19 14 13 9 33 31 26	17 18 20 21 16 13 9 33 31 26	20 22 18 23 18 14 9 33 31 26	23 27 23 22 20 14 9 33 31 26	26 31 27 22 22 14 9 33 31 26
9	29 24 31 29 36 10 7 33 31 26	33 29 30 33 2 10 7 33 31 26	35 30 33 1 4 10 7 33 31 26	2 34 3 4 6 10 8 33 32 26	5 1 7 8 8 11 8 33 32 26	8 6 7 12 10 11 8 33 32 26	11 9 10 15 12 12 9 33 32 26	14 14 16 19 14 13 9 33 31 26	17 20 20 22 16 13 9 33 31 26	20 24 18 23 18 14 9 33 31 26	23 29 23 22 20 14 9 33 31 26	26 32 28 22 22 14 9 33 31 26
10	29 25 31 29 36 10 7 33 31 26	33 30 30 33 2 10 7 33 31 26	35 31 33 1 4 10 7 33 31 26	2 35 3 5 6 10 8 33 32 26	5 3 7 8 8 11 8 33 32 26	8 7 7 12 10 11 8 33 32 26	11 11 10 15 12 12 9 33 32 26	14 16 16 19 14 13 9 33 31 26	17 21 20 22 16 13 9 33 31 26	20 25 18 23 18 14 9 33 31 26	23 30 23 22 20 14 9 33 31 26	26 33 28 22 22 14 9 33 31 26
11	30 27 31 29 36 10 7 33 31 26	33 31 30 33 2 10 7 33 31 26	36 32 33 1 4 10 7 33 31 26	3 1 3 5 6 10 8 33 32 26	6 4 7 8 8 11 8 33 32 26	8 9 7 12 10 11 8 33 32 26	11 12 10 16 12 12 9 33 32 26	14 17 16 19 14 13 9 33 31 26	17 23 20 22 16 13 9 33 31 26	20 26 18 23 18 14 9 33 31 26	23 31 23 22 20 14 9 33 31 26	26 35 28 22 22 14 9 33 31 26
12	30 28 32 30 36 10 7 33 31 26	33 32 30 33 2 10 7 33 31 26	36 33 34 1 4 10 7 33 31 26	3 2 3 5 6 10 8 33 32 26	6 5 7 8 8 11 8 33 32 26	9 10 7 12 10 11 8 33 32 26	11 13 10 16 12 12 9 33 32 26	14 19 16 19 14 13 9 33 31 26	17 24 20 22 16 13 9 33 31 26	20 28 19 23 18 14 9 33 31 26	23 33 23 22 20 14 9 33 31 26	26 36 28 22 22 14 9 33 31 26
13	30 29 32 30 36 10 7 33 31 26	33 34 30 34 2 10 7 33 31 26	36 35 34 1 4 10 7 33 31 26	3 3 3 5 6 10 8 33 32 26	6 6 7 9 8 11 8 33 32 26	9 11 7 12 11 11 8 33 32 26	12 15 11 16 12 12 9 33 32 26	15 20 17 19 14 13 9 33 31 26	18 26 20 22 16 13 9 33 31 26	20 29 19 23 18 14 9 33 31 26	24 34 23 22 20 14 9 33 31 26	27 1 28 22 22 14 9 33 31 26
14	30 30 32 30 36 10 7 33 31 26	33 35 31 34 2 10 7 33 31 26	36 36 34 1 4 10 7 33 32 26	3 4 4 5 7 10 8 33 32 26	6 8 7 9 9 11 8 33 32 26	9 13 7 12 11 11 8 33 32 26	12 16 11 16 13 12 9 33 32 26	15 22 17 19 15 13 9 33 31 26	18 27 20 22 16 13 9 33 31 26	21 30 19 23 18 14 9 33 31 26	24 35 24 22 20 14 9 33 31 26	27 2 28 22 22 14 9 33 31 26
15	30 32 32 30 36 10 7 33 31 26	33 36 31 34 2 10 7 33 31 26	36 1 34 1 4 10 7 33 32 26	3 5 4 5 7 10 8 33 32 26	6 9 7 9 9 11 8 33 32 26	9 14 7 13 11 11 8 33 32 26	12 18 11 16 13 12 9 33 32 26	15 23 17 19 15 13 9 33 31 26	18 28 20 22 17 13 9 33 31 26	21 32 19 23 18 14 9 33 31 26	24 36 24 22 20 14 9 33 31 26	27 3 28 22 22 14 9 33 31 26
16	30 33 32 30 36 10 7 33 31 26	33 1 31 34 3 10 7 33 31 26	36 2 34 1 5 10 7 33 32 26	3 7 4 5 7 10 8 33 32 26	6 10 7 9 9 11 8 33 32 26	9 15 7 13 11 11 8 33 32 26	12 19 11 16 13 12 9 33 32 26	15 25 17 19 15 13 9 33 31 26	18 30 20 22 17 13 9 33 31 26	21 33 19 23 19 14 9 33 31 26	24 1 24 22 20 14 9 33 31 26	27 5 29 23 22 14 9 33 31 26
17	30 34 32 30 36 10 7 33 31 26	33 2 31 34 3 10 7 33 31 26	36 3 34 2 5 10 7 33 32 26	3 8 4 5 7 10 8 33 32 26	6 11 7 9 9 11 8 33 32 26	9 17 7 13 11 11 8 33 32 26	12 21 11 16 13 12 9 33 32 26	15 26 17 19 15 13 9 33 31 26	18 31 20 22 17 13 9 33 31 26	21 34 19 23 19 14 9 33 31 26	24 3 24 22 21 14 9 33 31 26	27 6 29 23 22 14 9 33 31 26
18	30 35 32 30 36 10 7 33 31 26	33 4 31 34 3 10 7 33 31 26	36 5 34 2 5 10 7 33 32 26	3 9 4 6 7 10 8 33 32 26	6 13 7 9 9 11 8 33 32 26	9 18 7 13 11 12 8 33 32 26	12 22 12 16 13 12 9 33 31 26	15 27 17 20 15 13 9 33 31 26	18 32 20 22 17 13 9 33 31 26	21 35 19 23 19 14 9 33 31 26	24 4 24 22 21 14 9 33 31 26	27 7 29 23 23 14 9 33 31 26
19	30 36 32 30 1 10 7 33 31 26	34 5 31 34 3 10 7 33 31 26	36 6 35 2 5 10 7 33 32 26	3 10 5 6 7 10 8 33 32 26	6 14 7 9 9 11 8 33 32 26	9 20 7 13 11 12 8 33 32 26	12 23 12 16 13 12 9 33 31 26	15 29 17 20 15 13 9 33 31 26	18 33 20 22 17 14 9 33 31 26	21 1 19 23 19 14 9 33 31 26	24 5 24 22 21 14 9 33 31 26	27 8 29 23 23 14 9 33 31 26
20	30 2 32 31 1 10 7 33 31 26	34 6 31 34 3 10 7 33 31 26	36 7 35 2 5 10 7 33 32 26	3 12 5 6 7 10 8 33 32 26	6 16 7 9 9 11 8 33 32 26	9 21 7 13 11 12 8 33 32 26	12 25 12 17 13 12 9 33 31 26	15 30 18 20 15 13 9 33 31 26	18 34 20 22 17 14 9 33 31 26	21 2 20 23 19 14 9 33 31 26	24 6 25 22 21 14 9 33 31 26	27 10 29 23 23 14 9 33 31 26
21	31 3 32 31 1 10 7 33 31 26	34 7 31 35 3 10 7 33 31 26	1 8 35 2 5 10 7 33 32 26	4 13 5 6 7 10 8 33 32 26	6 17 7 10 9 11 8 33 32 26	9 22 7 13 11 12 8 33 32 26	12 26 12 17 13 12 9 33 31 26	15 31 18 20 15 13 9 33 31 26	18 36 20 22 17 14 9 33 31 26	21 3 20 23 19 14 9 33 31 26	24 7 25 22 21 14 9 33 31 26	27 11 29 23 23 14 9 33 31 26
22	31 4 32 31 1 10 7 33 31 26	34 9 31 35 3 10 7 33 31 26	1 9 35 2 5 10 7 33 32 26	4 15 5 6 7 10 8 33 32 26	7 18 7 10 9 11 8 33 32 26	10 24 7 13 11 12 9 33 32 26	12 28 13 17 13 12 9 33 31 26	15 32 18 20 15 13 9 33 31 26	18 1 20 22 17 14 9 33 31 26	21 4 20 23 19 14 9 33 31 26	24 9 25 22 21 14 9 33 31 26	27 12 29 23 23 14 9 33 31 26
23	31 5 32 31 1 10 7 33 31 26	34 10 31 35 3 10 7 33 31 26	1 11 35 2 5 10 7 33 32 26	4 16 5 6 7 10 8 33 32 26	7 20 7 10 9 11 8 33 32 26	10 25 7 13 11 12 9 33 32 26	12 29 13 17 13 12 9 33 31 26	15 34 18 20 15 13 9 33 31 26	18 2 19 23 17 14 9 33 31 26	21 5 20 23 19 14 9 33 31 26	25 10 25 22 21 14 9 33 31 26	28 13 30 23 23 14 9 33 31 26
24	31 6 32 31 1 10 7 33 31 26	34 11 31 35 3 10 7 33 31 26	1 12 35 2 5 10 7 33 32 26	4 17 6 6 7 10 8 33 32 26	7 21 7 10 9 11 8 33 32 26	10 27 7 14 11 12 9 33 32 26	13 30 13 17 13 12 9 33 31 26	16 35 18 20 15 13 9 33 31 26	19 3 19 23 17 14 9 33 31 26	22 6 20 23 19 14 9 33 31 26	25 11 25 22 21 14 9 33 31 26	28 15 30 23 23 14 9 33 31 26
25	31 8 32 31 1 10 7 33 31 26	34 13 31 35 3 10 7 33 31 26	1 14 36 3 5 10 7 33 32 26	4 19 6 6 7 11 8 33 32 26	7 23 7 10 9 11 8 33 32 26	10 28 8 14 11 12 9 33 32 26	13 31 13 17 13 12 9 33 31 26	16 36 18 20 15 13 9 33 31 26	19 4 19 23 17 14 9 33 31 26	22 8 20 23 19 14 9 33 31 26	25 12 25 22 21 14 9 33 31 26	28 16 30 23 23 14 9 33 31 26
26	31 9 31 31 1 10 7 33 31 26	34 14 32 35 3 10 7 33 31 26	1 15 36 3 5 10 7 33 32 26	4 20 6 7 7 11 8 33 32 26	7 24 7 10 9 11 8 33 32 26	10 29 8 14 11 12 9 33 32 26	13 33 13 17 13 12 9 33 31 26	16 1 18 20 15 13 9 33 31 26	19 6 19 23 17 14 9 33 31 26	22 9 21 23 19 14 9 33 31 26	25 14 26 22 21 14 9 33 31 26	28 18 30 23 23 14 9 33 31 26
27	31 11 31 31 1 10 7 33 31 26	34 16 32 35 3 10 7 33 31 26	1 17 36 3 5 10 8 33 32 26	4 22 6 7 7 11 8 33 32 26	7 26 7 10 9 11 8 33 32 26	10 31 8 14 11 12 9 33 32 26	13 34 14 17 13 12 9 33 31 26	16 2 19 20 15 13 9 33 31 26	19 7 19 23 17 14 9 33 31 26	22 10 21 23 19 14 9 33 31 26	25 15 26 22 21 14 9 33 31 26	28 19 30 23 23 14 9 33 31 26
28	31 12 31 32 1 10 7 33 31 26	34 17 32 35 3 10 7 33 31 26	1 18 36 3 5 10 8 33 32 26	4 23 6 7 7 11 8 33 32 26	7 27 7 10 9 11 8 33 32 26	10 32 8 14 11 12 9 33 32 26	13 35 14 17 13 12 9 33 31 26	16 4 19 21 15 13 9 33 31 26	19 8 19 23 17 14 9 33 31 26	22 11 21 22 19 14 9 33 31 26	25 16 26 22 21 14 9 33 31 26	28 20 30 23 23 14 9 33 31 26
29	31 13 31 32 1 10 7 33 31 26		1 20 36 3 5 10 8 33 32 26	4 25 6 7 8 11 8 33 32 26	7 28 7 11 10 11 8 33 32 26	10 33 8 14 12 12 9 33 32 26	13 36 14 18 13 12 9 33 31 26	16 5 19 21 15 13 9 33 31 26	19 9 19 23 17 14 9 33 31 26	22 13 21 22 19 14 9 33 31 26	25 18 26 22 21 14 9 33 31 26	28 22 30 24 23 14 9 33 31 26
30	31 15 31 32 1 10 7 33 31 26		1 21 1 3 5 10 8 33 32 26	4 26 6 7 8 11 8 33 32 26	7 30 7 11 10 11 8 33 32 26	10 34 8 14 12 12 9 33 32 26	13 2 14 18 14 12 9 33 31 26	16 6 19 21 16 13 9 33 31 26	19 11 19 23 17 14 9 33 31 26	22 14 21 22 19 14 9 33 31 26	25 19 26 22 21 14 9 33 31 26	28 23 30 24 23 14 9 33 31 26
31	32 16 31 32 1 10 7 33 31 26		2 23 1 3 6 10 8 33 32 26		7 31 7 11 10 11 8 33 32 26		13 3 14 18 14 12 9 33 31 26	16 7 19 21 16 13 9 33 31 26		22 16 21 22 19 14 9 33 31 26		28 25 30 24 23 14 9 33 31 26

2003

	JAN	FEB	MAR	APR	MAY	JUNE	JULY	AUG	SEPT	OCT	NOV	DEC
1	29 26 30 24 23 14 9 33 31 26	32 31 29 27 25 14 9 33 32 26	34 32 33 30 27 13 9 33 32 26	2 1 3 34 29 13 9 34 32 26	5 4 5 2 31 13 9 34 32 26	8 8 5 5 33 14 9 34 32 26	10 12 10 9 34 14 10 34 32 26	13 17 16 13 35 15 10 34 32 26	16 22 18 17 34 16 11 34 32 26	19 26 18 20 34 16 11 33 32 26	22 31 23 24 34 17 11 33 32 26	25 35 27 28 36 17 11 33 32 26
2	29 28 30 24 24 14 9 33 31 26	32 32 29 27 26 14 9 33 32 26	35 33 33 30 27 13 9 33 32 26	2 2 3 34 29 13 9 34 32 26	5 5 5 2 31 13 9 34 32 26	8 10 5 6 33 14 9 34 32 26	10 13 10 9 34 14 10 34 32 26	13 18 16 13 35 15 10 34 32 26	16 23 18 17 34 16 11 34 32 26	19 27 18 21 34 16 11 33 32 26	22 32 23 24 34 17 11 33 32 26	25 36 27 28 36 17 11 33 32 26
3	29 29 30 24 24 14 9 33 31 26	32 34 29 27 26 14 9 33 32 26	35 35 33 31 27 13 9 33 32 26	2 3 3 34 29 13 9 34 32 26	5 6 5 2 31 13 9 34 32 26	8 11 5 6 33 14 9 34 32 26	11 14 10 9 34 14 10 34 32 26	14 19 16 13 34 15 10 34 32 26	17 25 18 17 34 16 11 34 32 26	19 29 18 21 34 16 11 33 32 26	23 34 23 25 34 17 11 33 32 26	26 1 28 28 36 17 11 33 32 26
4	29 30 30 24 24 14 9 33 31 26	32 35 29 27 26 14 9 33 32 26	35 36 33 31 27 13 9 33 32 26	2 4 3 34 29 13 9 34 32 26	5 8 5 2 31 13 9 34 32 26	8 12 5 6 33 14 9 34 32 26	11 16 10 9 34 14 10 34 32 26	14 21 16 13 34 15 10 34 32 26	17 26 18 17 34 16 11 34 32 26	20 30 18 21 34 16 11 33 32 26	23 35 23 25 34 17 11 33 32 26	26 2 28 28 36 17 11 33 32 26
5	29 32 30 24 24 14 9 33 31 26	32 36 30 28 26 14 9 33 32 26	35 1 33 31 28 13 9 33 32 26	2 5 3 34 29 13 9 34 32 26	5 9 5 2 31 13 9 34 32 26	8 13 5 6 33 14 10 34 32 26	11 17 11 10 34 14 10 34 32 26	14 22 16 13 34 15 10 34 32 26	17 28 18 17 34 16 11 34 32 26	20 31 18 21 34 16 11 33 32 26	23 36 23 25 34 17 11 33 32 26	26 4 28 28 36 17 11 33 32 26
6	29 33 30 24 24 14 9 33 31 26	32 1 30 28 26 14 9 33 32 26	35 2 34 31 28 13 9 33 32 26	2 7 4 35 30 13 9 34 32 26	5 10 5 2 31 13 9 34 32 26	8 15 6 6 33 14 10 34 32 26	11 18 11 10 34 14 10 34 32 26	14 24 16 13 34 15 10 34 32 26	17 29 18 17 34 16 11 34 32 26	20 33 18 21 34 16 11 33 32 26	23 1 24 25 34 17 11 33 32 26	26 5 28 29 36 17 11 33 32 26
7	29 34 30 24 24 14 9 33 31 26	32 3 30 28 26 14 9 33 32 26	35 3 34 31 28 13 9 33 32 26	2 8 4 35 30 13 9 34 32 26	5 11 5 2 31 13 9 34 32 26	8 16 6 6 33 14 10 34 32 26	11 20 11 10 34 14 10 34 32 26	14 25 17 14 34 15 10 34 32 26	17 30 18 17 34 16 11 34 32 26	20 34 18 21 34 16 11 33 32 26	23 3 24 25 34 17 11 33 32 26	26 6 28 29 36 17 11 33 32 26
8	29 35 30 25 24 14 9 33 31 26	32 4 30 28 26 14 9 33 32 26	35 5 34 31 28 13 9 33 32 26	2 9 4 35 30 13 9 34 32 26	5 12 5 2 31 13 9 34 32 26	8 17 6 6 33 14 10 34 32 26	11 21 11 10 34 14 10 34 32 26	14 27 17 14 34 15 10 34 32 26	17 32 18 18 34 16 11 34 32 26	20 35 19 21 34 16 11 33 32 26	23 4 24 25 35 17 11 33 32 26	26 7 28 29 36 17 11 33 32 26
9	29 1 30 25 24 14 9 33 31 26	32 5 30 28 26 14 9 33 32 26	35 6 34 31 28 13 9 33 32 26	2 10 4 35 30 13 9 34 32 26	5 14 5 3 32 13 9 34 32 26	8 19 6 6 33 14 10 34 32 26	11 23 12 10 34 14 10 34 32 26	14 28 17 14 34 15 10 34 32 26	17 33 18 18 34 16 11 34 32 26	20 1 19 21 34 16 11 33 32 26	23 5 24 25 35 17 11 33 32 26	26 8 28 29 36 17 11 33 32 26
10	29 2 30 25 24 14 9 33 31 26	33 6 30 28 26 14 9 33 32 26	35 7 34 31 28 13 9 33 32 26	2 11 4 35 30 13 9 34 32 26	5 15 5 3 32 13 9 34 32 26	8 20 6 6 33 14 10 34 32 26	11 24 12 10 34 14 10 34 32 26	14 29 17 14 34 15 10 34 32 26	17 34 17 18 34 16 11 34 32 26	20 2 19 22 34 16 11 33 32 26	23 6 24 25 35 17 11 33 32 26	26 9 28 29 36 17 11 33 32 26
11	30 3 30 25 24 14 9 33 31 26	33 7 30 28 26 14 9 33 32 26	35 8 35 32 28 13 9 33 32 26	3 13 4 35 30 13 9 34 32 26	5 16 5 3 32 14 9 34 32 26	8 22 6 7 33 14 10 34 32 26	11 26 12 10 34 14 10 34 32 26	14 31 17 14 34 15 10 34 32 26	17 36 17 18 34 16 11 34 32 26	20 3 19 22 34 16 11 33 32 26	23 7 24 26 35 17 11 33 32 26	26 11 28 29 36 17 11 33 32 26
12	30 4 30 25 24 14 9 33 31 26	33 9 30 28 26 14 9 33 32 26	36 9 35 32 28 13 9 34 32 26	3 14 5 35 30 13 9 34 32 26	6 18 5 3 32 14 9 34 32 26	9 23 6 7 33 14 10 34 32 26	11 27 12 10 34 15 10 34 32 26	14 32 17 14 34 15 10 34 32 26	17 1 17 18 34 16 11 34 32 26	20 4 19 22 34 16 11 33 32 26	23 9 24 26 35 17 11 33 32 26	26 12 29 29 36 17 11 33 32 26
13	30 5 29 25 24 14 9 33 31 26	33 10 30 28 26 14 9 33 32 26	36 11 35 32 28 13 9 34 32 26	3 15 5 35 30 13 9 34 32 26	6 19 5 3 32 14 9 34 32 26	9 25 6 7 33 14 10 34 32 26	12 28 12 11 34 15 10 34 32 26	14 33 17 14 34 15 10 34 32 26	17 2 17 18 34 16 11 34 32 26	20 5 20 22 34 16 11 33 32 26	24 10 25 26 35 17 11 33 32 26	27 13 29 29 36 17 11 33 32 26
14	30 7 29 25 24 14 9 33 32 26	33 11 31 29 26 14 9 33 32 26	36 12 35 32 28 13 9 34 32 26	3 17 5 36 30 13 9 34 32 26	6 21 5 3 32 14 9 34 32 26	9 26 7 7 33 14 10 34 32 26	12 30 13 11 34 15 10 34 32 26	15 35 17 14 34 15 10 34 32 26	18 3 17 18 34 16 11 34 32 26	21 7 20 22 34 16 11 33 32 26	24 11 25 26 35 17 11 33 32 26	27 14 29 30 36 17 11 33 32 26
15	30 8 29 25 24 14 9 33 32 26	33 12 31 29 26 14 9 33 32 26	36 13 35 32 28 13 9 34 32 26	3 18 5 36 30 13 9 34 32 26	6 22 5 3 32 14 9 34 32 26	9 28 7 7 33 14 10 34 32 26	12 31 13 11 34 15 10 34 32 26	15 36 17 15 34 15 10 34 32 26	18 5 17 18 34 16 11 34 32 26	21 8 20 22 34 17 11 33 32 26	24 12 25 26 35 17 11 33 32 26	27 16 29 30 36 17 11 33 32 26
16	30 9 29 25 24 14 9 33 32 26	33 14 31 29 26 14 9 33 32 26	36 15 35 32 28 13 9 34 32 26	3 20 5 36 30 13 9 34 32 26	6 24 5 3 32 14 9 34 32 26	9 29 7 7 33 14 10 34 32 26	12 33 13 11 34 15 10 34 32 26	15 1 18 15 34 15 10 34 32 26	18 6 17 19 34 16 11 33 32 26	21 9 20 22 34 17 11 33 32 26	24 13 25 26 35 17 11 33 32 26	27 17 29 30 36 17 11 33 32 26
17	30 10 29 25 24 14 9 33 32 26	33 15 31 29 26 14 9 33 32 26	36 16 36 32 28 13 9 34 32 26	3 21 5 36 30 13 9 34 32 26	6 25 5 4 32 14 9 34 32 26	9 30 7 7 33 14 10 34 32 26	12 34 13 11 34 15 10 34 32 26	15 3 18 15 34 15 10 34 32 26	18 7 17 19 34 16 11 33 32 26	21 10 20 22 34 17 11 33 32 26	24 15 25 26 35 17 11 33 32 26	27 18 29 30 1 17 11 33 32 26
18	30 12 29 26 25 14 9 33 32 26	33 17 31 29 27 14 9 33 32 26	36 18 36 32 28 13 9 34 32 26	3 23 5 36 30 13 9 34 32 26	6 27 5 4 32 14 9 34 32 26	9 32 7 7 34 14 10 34 32 26	12 35 13 11 34 15 10 34 32 26	15 4 18 15 34 15 10 34 32 26	18 8 17 19 34 16 11 33 32 26	21 11 20 23 34 17 11 33 32 26	24 16 25 26 35 17 11 33 32 26	27 20 29 30 1 17 11 33 32 26
19	30 13 29 26 25 14 9 33 32 26	33 18 31 29 27 14 9 33 32 26	36 19 36 32 28 13 9 34 32 26	3 24 5 36 30 13 9 34 32 26	6 28 5 4 32 14 9 34 32 26	9 33 7 8 34 14 10 34 32 26	12 1 14 11 34 15 10 34 32 26	15 5 18 15 34 15 10 34 32 26	18 9 17 19 34 16 11 33 32 26	21 13 21 23 34 17 11 33 32 26	24 17 26 27 35 17 11 33 32 26	27 21 29 30 1 17 11 33 32 27
20	30 14 29 26 25 14 9 33 32 26	34 20 31 29 27 14 9 33 32 26	36 21 36 33 28 13 9 34 32 26	3 26 5 36 30 13 9 34 32 26	6 30 5 4 32 14 9 34 32 26	9 34 8 8 34 14 10 34 32 26	12 2 14 11 34 15 10 34 32 26	15 6 18 15 34 15 10 34 32 26	18 11 17 19 34 16 11 33 32 26	21 14 21 23 34 17 11 33 32 26	24 19 26 27 35 17 11 33 32 26	27 23 29 30 1 17 11 33 32 27
21	31 16 29 26 25 14 9 33 32 26	34 21 32 29 27 14 9 33 32 26	36 22 36 33 29 13 9 34 32 26	4 27 5 36 30 13 9 34 32 26	6 31 5 4 32 14 9 34 32 26	9 36 8 8 34 14 10 34 32 26	12 3 14 11 34 15 10 34 32 26	15 7 18 15 34 15 10 34 32 26	18 12 17 19 34 16 11 33 32 26	21 15 21 23 34 17 11 33 32 26	24 20 26 27 35 17 11 33 32 26	27 24 29 30 1 17 11 33 32 27
22	31 17 29 26 25 14 9 33 32 26	34 23 32 30 27 14 9 33 32 26	1 24 1 33 29 13 9 34 32 26	4 29 5 1 31 13 9 34 32 26	7 32 5 4 32 14 9 34 32 26	10 1 8 8 34 14 10 34 32 26	12 4 14 12 34 15 10 34 32 26	15 9 18 15 34 15 10 34 32 26	18 13 17 19 34 16 11 33 32 26	21 17 21 23 34 17 11 33 32 26	24 22 26 27 35 17 11 33 32 26	27 25 29 31 1 17 11 33 32 27
23	31 19 29 26 25 14 9 33 32 26	34 24 32 30 27 14 9 33 32 26	1 25 1 33 29 13 9 34 32 26	4 30 5 1 31 13 9 34 32 26	7 34 5 4 32 14 9 34 32 26	10 2 8 8 34 14 10 34 32 26	12 5 14 12 34 15 10 34 32 26	15 10 18 16 34 15 10 34 32 26	18 14 17 19 34 16 11 33 32 26	21 18 21 23 34 17 11 33 32 26	25 23 26 27 35 17 11 33 32 26	28 27 28 31 1 17 11 33 32 27
24	31 20 29 26 25 14 9 33 32 26	34 25 32 30 27 14 9 33 32 26	1 26 1 33 29 13 9 34 32 26	4 31 6 1 31 13 9 34 32 26	7 35 5 4 32 14 9 34 32 26	10 3 8 8 34 14 10 34 32 26	13 7 14 12 34 15 10 34 32 26	16 11 18 16 34 15 10 34 32 26	19 16 17 20 34 16 11 33 32 26	22 19 21 23 34 17 11 33 32 26	25 25 26 27 35 17 11 33 32 26	28 29 28 31 1 17 11 33 32 27
25	31 21 29 26 25 14 9 33 32 26	34 27 32 30 27 14 9 33 32 26	1 28 1 33 29 13 9 34 32 26	4 33 6 1 31 13 9 34 32 26	7 36 5 5 32 14 9 34 32 26	10 5 9 8 34 14 10 34 32 26	13 8 15 12 35 15 10 34 32 26	16 12 18 16 34 15 10 34 32 26	19 17 17 20 34 16 11 33 32 26	22 21 22 23 34 17 11 33 32 26	25 26 26 27 35 17 11 33 32 26	28 30 28 31 1 17 11 33 32 27
26	31 23 29 26 25 14 9 33 32 26	34 28 32 30 27 14 9 33 32 26	1 29 1 33 29 13 9 34 32 26	4 34 6 1 31 13 9 34 32 26	7 1 5 5 32 14 9 34 32 26	10 6 9 8 34 14 10 34 32 26	13 9 15 12 35 15 10 34 32 26	16 14 18 16 34 15 11 34 32 26	19 19 17 20 34 16 11 33 32 26	22 22 22 24 34 17 11 33 32 26	25 28 27 27 35 17 11 33 32 26	28 31 28 31 1 17 11 33 32 27
27	31 24 29 27 25 14 9 33 32 26	34 29 33 30 27 14 9 33 32 26	1 30 2 33 29 13 9 34 32 26	4 35 6 1 31 13 9 34 32 26	7 2 5 5 32 14 9 34 32 26	10 7 9 9 34 14 10 34 32 26	13 10 15 12 35 15 10 34 32 26	16 15 18 16 34 15 11 34 32 26	19 20 17 20 34 16 11 33 32 26	22 24 22 24 34 17 11 33 32 26	25 29 27 27 35 17 11 33 32 26	28 33 28 31 1 17 11 33 32 27
28	31 26 29 27 25 14 9 33 32 26	34 31 33 30 27 13 9 33 32 26	1 32 2 34 29 13 9 34 32 26	4 36 6 1 31 13 9 34 32 26	7 4 5 5 33 14 9 34 32 26	10 8 9 9 34 14 10 34 32 26	13 11 15 12 35 15 10 34 32 26	16 16 18 16 34 16 11 34 32 26	19 22 17 20 34 16 11 33 32 26	22 25 22 24 34 17 11 33 32 26	25 31 27 28 35 17 11 33 32 26	28 34 28 31 1 17 11 33 32 27
29	31 27 29 27 25 14 9 33 32 26		1 33 2 34 29 13 9 34 32 26	4 2 6 1 31 13 9 34 32 26	7 5 5 5 33 14 9 34 32 26	10 9 9 9 34 14 10 34 32 26	13 13 15 12 35 15 10 34 32 26	16 18 18 16 34 16 11 34 32 26	19 23 17 20 34 16 11 33 32 26	22 27 22 24 34 17 11 33 32 26	25 32 27 28 36 17 11 33 32 26	28 36 28 31 1 17 10 33 32 27
30	31 28 29 27 25 14 9 33 32 26		1 34 2 34 29 13 9 34 32 26	4 3 6 2 31 13 9 34 32 26	7 6 5 5 33 14 9 34 32 26	10 11 10 9 34 14 10 34 32 26	13 14 15 13 35 15 10 34 32 26	16 19 18 16 34 16 11 34 32 26	19 24 17 20 34 16 11 33 32 26	22 28 22 24 34 17 11 33 32 26	25 33 27 28 36 17 11 33 32 26	28 1 28 32 1 17 10 33 32 27
31	32 30 29 27 25 14 9 33 32 26		1 35 2 34 29 13 9 34 32 26		7 7 5 5 33 14 9 34 32 26		13 15 16 13 35 15 10 34 32 26	16 21 18 17 34 16 11 34 32 26		22 30 23 24 34 17 11 33 32 26		28 2 27 32 1 17 10 34 32 27

2004

	JAN	FEB	MAR	APR	MAY	JUNE	JULY	AUG	SEPT	OCT	NOV	DEC
1	28 3 27 32 1 17 10 34 32 27	32 8 30 36 3 17 10 34 32 27	35 10 34 3 5 17 10 34 32 27	2 14 3 6 7 17 10 34 32 27	5 17 3 9 9 16 10 34 32 27	8 23 6 9 11 16 11 34 32 27	10 26 12 7 13 17 11 34 32 27	13 32 16 9 15 17 11 34 32 26	16 1 15 12 17 18 12 34 32 26	19 4 19 15 19 19 12 34 32 26	22 9 24 19 21 19 12 34 32 27	25 12 27 23 23 20 12 34 32 27
2	29 4 27 32 1 17 10 34 32 27	32 9 30 36 3 17 10 34 32 27	35 11 34 3 5 17 10 34 32 27	2 15 4 6 7 17 10 34 32 27	5 19 3 9 9 16 10 34 32 27	8 24 6 9 11 17 11 34 32 27	11 28 12 7 13 17 11 34 32 27	14 33 16 9 15 17 11 34 32 26	16 2 15 12 17 18 12 34 32 26	19 6 19 15 19 19 12 34 32 26	22 10 24 19 21 19 12 34 32 27	26 13 27 23 23 20 12 34 32 27
3	29 6 27 32 2 17 10 34 32 27	32 10 30 36 3 17 10 34 32 27	35 12 35 3 5 17 10 34 32 27	2 17 4 6 7 17 10 34 32 27	5 20 3 9 9 16 10 34 32 27	8 26 6 9 11 17 11 34 32 27	11 29 12 7 13 17 11 34 32 27	14 35 16 9 15 17 12 34 32 26	17 3 15 12 17 18 12 34 32 26	20 7 19 15 19 19 12 34 32 26	23 11 24 19 21 19 12 34 32 27	26 14 27 23 23 20 12 34 32 27
4	29 7 27 32 2 17 10 34 32 27	32 11 30 36 4 17 10 34 32 27	35 13 35 3 5 17 10 34 32 27	2 18 4 7 7 17 10 34 32 27	5 22 3 9 9 16 10 34 32 27	8 27 6 9 11 17 11 34 32 27	11 31 12 7 13 17 11 34 32 27	14 36 16 9 15 17 12 34 32 26	17 5 15 12 17 18 12 34 32 26	20 8 19 16 19 19 12 34 32 26	23 12 24 19 21 19 12 34 32 27	26 16 27 23 23 20 12 34 32 27
5	29 8 27 32 2 17 10 34 32 27	32 12 30 36 4 17 10 34 32 27	35 15 35 3 5 17 10 34 32 27	2 19 4 7 7 17 10 34 32 27	5 23 3 9 9 16 10 34 32 27	8 29 6 8 11 17 11 34 32 27	11 32 13 8 13 17 11 34 32 27	14 1 16 9 15 17 12 34 32 26	17 6 15 12 17 18 12 34 32 26	20 9 20 16 19 19 12 34 32 26	23 14 25 19 21 19 12 34 32 27	26 17 27 23 23 20 12 34 32 27
6	29 9 27 32 2 17 10 34 32 27	32 14 30 36 4 17 10 34 32 27	35 16 35 4 6 17 10 34 32 27	2 21 4 7 8 17 10 34 32 27	5 25 3 9 9 16 10 34 32 27	8 30 7 8 11 17 11 34 32 27	11 34 13 8 13 17 11 34 32 27	14 3 16 9 15 17 12 34 32 26	17 7 15 12 17 18 12 34 32 26	20 10 20 16 19 19 12 34 32 26	23 15 25 19 21 19 12 34 32 27	26 18 27 23 23 20 12 34 32 27
7	29 10 27 33 2 17 10 34 32 27	32 15 30 36 4 17 10 34 32 27	35 17 35 4 6 17 10 34 32 27	2 22 4 7 8 17 10 34 32 27	5 26 3 9 9 16 10 34 32 27	8 32 7 8 11 17 11 34 32 27	11 35 13 8 13 17 11 34 32 27	14 4 16 9 15 17 12 34 32 26	17 8 15 13 17 18 12 34 32 26	20 12 20 16 19 19 12 34 32 26	23 16 25 20 21 19 12 34 32 27	26 19 27 23 23 20 12 34 32 27
8	29 12 27 33 2 17 10 34 32 27	32 16 31 36 4 17 10 34 32 27	35 19 36 4 6 17 10 34 32 27	2 24 4 7 8 17 10 34 32 27	5 28 3 9 10 16 10 34 32 27	8 33 7 8 11 17 11 34 32 27	11 1 13 8 13 17 11 34 32 27	14 5 16 10 15 17 12 34 32 26	17 10 15 13 17 18 12 34 32 26	20 13 20 16 19 19 12 34 32 26	23 17 25 20 21 19 12 34 32 27	26 21 27 23 23 20 12 34 32 27
9	29 13 27 33 2 17 10 34 32 27	32 18 31 1 4 17 10 34 32 27	35 20 36 4 6 17 10 34 32 27	2 25 4 7 8 16 10 34 32 27	5 29 3 9 10 16 10 34 32 27	8 34 7 8 12 17 11 34 32 27	11 2 13 8 13 17 11 34 32 27	14 6 16 10 15 18 12 34 32 26	17 11 15 13 17 18 12 34 32 26	20 14 20 16 19 19 12 34 32 26	23 19 25 20 21 19 12 34 32 27	26 22 27 24 23 20 12 34 32 27
10	29 14 27 33 2 17 10 34 32 27	33 19 31 1 4 17 10 34 32 27	35 21 36 4 6 17 10 34 32 27	3 27 4 7 8 16 10 34 32 27	5 31 3 9 10 16 10 34 32 27	8 36 7 8 12 17 11 34 32 27	11 3 13 8 14 17 11 34 32 27	14 8 16 10 15 18 12 34 32 26	17 12 15 13 17 18 12 34 32 26	20 15 21 16 19 19 12 34 32 26	23 20 25 20 21 19 12 34 32 27	26 23 26 24 23 20 12 34 32 27
11	30 15 27 33 2 17 10 34 32 27	33 20 31 1 4 17 10 34 32 27	36 23 36 4 6 17 10 34 32 27	3 28 4 7 8 16 10 34 32 27	6 32 3 9 10 16 10 34 32 27	9 1 8 8 12 17 11 34 32 27	11 4 14 8 14 17 11 34 32 27	14 9 16 10 16 18 12 34 32 26	17 13 16 13 18 18 12 34 32 26	20 16 21 16 19 19 12 34 32 26	23 21 25 20 21 19 12 34 32 27	26 25 26 24 23 20 12 34 32 27
12	30 17 27 33 2 17 10 34 32 27	33 22 31 1 4 17 10 34 32 27	36 24 36 4 6 17 10 34 32 27	3 30 4 7 8 16 10 34 32 27	6 33 3 9 10 16 10 34 32 27	9 2 8 8 12 17 11 34 32 27	11 6 14 8 14 17 11 34 32 27	14 10 16 10 16 18 12 34 32 26	17 14 16 13 18 18 12 34 32 26	20 18 21 16 20 19 12 34 32 27	23 23 26 20 22 19 12 34 32 27	27 26 26 24 24 20 12 34 32 27
13	30 18 27 33 2 17 10 34 32 27	33 23 31 1 4 17 10 34 32 27	36 26 1 4 6 17 10 34 32 27	3 31 4 7 8 16 10 34 32 27	6 35 3 9 10 16 10 34 32 27	9 3 8 8 12 17 11 34 32 27	12 7 14 8 14 17 11 34 32 27	15 11 16 10 16 18 12 34 32 26	18 16 16 13 18 18 12 34 32 26	20 19 21 17 20 19 12 34 32 27	24 24 26 20 22 20 12 34 32 27	27 28 26 24 24 20 12 34 32 27
14	30 19 27 33 2 17 10 34 32 27	33 25 32 1 4 17 10 34 32 27	36 27 1 4 6 17 10 34 32 27	3 32 3 7 8 16 10 34 32 27	6 36 3 9 10 16 11 34 32 27	9 5 8 8 12 17 11 34 32 27	12 8 14 8 14 17 11 34 32 27	15 12 16 10 16 18 12 34 32 26	18 17 16 13 18 18 12 34 32 26	21 20 21 17 20 19 12 34 32 27	24 26 26 20 22 20 12 34 32 27	27 29 26 24 24 20 12 34 32 27
15	30 21 28 34 2 17 10 34 32 27	33 26 32 1 4 17 10 34 32 27	36 28 1 5 6 17 10 34 32 27	3 34 3 8 8 16 10 34 32 27	6 1 3 9 10 16 11 34 32 27	9 6 8 8 12 17 11 34 32 27	12 9 14 8 14 17 11 34 32 27	15 14 16 10 16 18 12 34 32 26	18 18 16 13 18 18 12 34 32 26	21 22 21 17 20 19 12 34 32 27	24 27 26 21 22 20 12 34 32 27	27 31 26 24 24 20 12 34 32 27
16	30 22 28 34 2 17 10 34 32 27	33 27 32 1 4 17 10 34 32 27	36 30 1 5 6 17 10 34 32 27	3 35 3 8 8 16 10 34 32 27	6 2 3 9 10 16 11 34 32 27	9 7 9 8 12 17 11 34 32 27	12 10 14 8 14 17 11 34 32 27	15 15 16 10 16 18 12 34 32 26	18 20 16 13 18 18 12 34 32 26	21 23 22 17 20 19 12 34 32 27	24 29 26 21 22 20 12 34 32 27	27 32 26 24 24 20 12 34 32 27
17	30 23 28 34 2 17 10 34 32 27	33 29 32 1 4 17 10 34 32 27	36 31 1 5 6 17 10 34 32 27	3 36 3 8 8 16 10 34 32 27	6 4 4 9 10 16 11 34 32 27	9 8 9 8 12 17 11 34 32 27	12 11 14 8 14 17 11 34 32 27	15 16 16 10 16 18 12 34 32 26	18 21 16 14 18 18 12 34 32 26	21 25 22 17 20 19 12 34 32 27	24 30 26 21 22 20 12 34 32 27	27 34 26 25 24 20 12 34 32 27
18	30 25 28 34 2 17 10 34 32 27	33 30 32 2 4 17 10 34 32 27	36 33 2 5 6 17 10 34 32 27	3 2 3 8 8 16 10 34 32 27	6 5 4 9 10 16 11 34 32 27	9 9 9 8 12 17 11 34 32 27	12 13 15 8 14 17 11 34 32 27	15 17 16 10 16 18 12 34 32 26	18 22 17 14 18 18 12 34 32 26	21 26 22 17 20 19 12 34 32 27	24 31 26 21 22 20 12 34 32 27	27 35 26 25 24 20 12 34 32 27
19	30 26 28 34 3 17 10 34 32 27	33 32 32 2 4 17 10 34 32 27	36 34 2 5 6 17 10 34 32 27	3 3 3 8 8 16 10 34 32 27	6 6 4 9 10 16 11 34 32 27	9 11 9 8 12 17 11 34 32 27	12 14 15 8 14 17 11 34 32 26	15 19 16 11 16 18 12 34 32 26	18 24 17 14 18 18 12 34 32 26	21 28 22 17 20 19 12 34 32 27	24 33 26 21 22 20 12 34 32 27	27 1 26 25 24 20 12 34 32 27
20	30 28 28 34 3 17 10 34 32 27	34 33 33 2 5 17 10 34 32 27	36 35 2 5 6 17 10 34 32 27	4 4 3 8 8 16 10 34 32 27	6 7 4 9 10 16 11 34 32 27	9 12 10 8 12 17 11 34 32 27	12 15 15 8 14 17 11 34 32 26	15 20 16 11 16 18 12 34 32 26	18 25 17 14 18 18 12 34 32 26	21 29 22 17 20 19 12 34 32 27	24 34 27 21 22 20 12 34 32 27	27 2 26 25 24 20 12 34 32 27
21	31 29 28 34 3 17 10 34 32 27	34 34 33 2 5 17 10 34 32 27	1 1 2 5 6 17 10 34 32 27	4 5 3 8 8 16 10 34 32 27	7 8 4 9 10 16 11 34 32 27	9 13 10 8 12 17 11 34 32 27	12 16 15 8 14 17 11 34 32 26	15 21 16 11 16 18 12 34 32 26	18 26 17 14 18 18 12 34 32 26	21 30 22 18 20 19 12 34 32 27	24 36 27 21 22 20 12 34 32 27	27 3 26 25 24 20 12 34 32 27
22	31 31 28 34 3 17 10 34 32 27	34 36 33 2 5 17 10 34 32 27	1 2 2 5 7 17 10 34 32 27	4 6 3 8 9 16 10 34 32 27	7 10 4 9 10 16 11 34 32 27	10 14 10 8 12 17 11 34 32 27	12 18 15 8 14 17 11 34 32 26	15 23 16 11 16 18 12 34 32 26	18 28 17 14 18 18 12 34 32 26	21 32 22 18 20 19 12 34 32 27	25 1 27 21 22 20 12 34 32 27	28 4 26 25 24 20 12 34 32 27
23	31 32 28 35 3 17 10 34 32 27	34 1 33 2 5 17 10 34 32 27	1 3 2 5 7 17 10 34 32 27	4 8 3 8 9 16 10 34 32 27	7 11 4 9 10 16 11 34 32 27	10 15 10 8 12 17 11 34 32 27	13 19 15 8 14 17 11 34 32 26	16 24 16 11 16 18 12 34 32 26	19 29 17 14 18 18 12 34 32 26	21 33 23 18 20 19 12 34 32 27	25 2 27 22 22 20 12 34 32 27	28 6 26 25 24 20 12 34 32 27
24	31 34 29 35 3 17 10 34 32 27	34 2 33 2 5 17 10 34 32 27	1 4 3 5 7 17 10 34 32 27	4 9 3 8 9 16 10 34 32 27	7 12 4 9 11 16 11 34 32 27	10 17 10 8 13 17 11 34 32 27	13 20 15 8 14 17 11 34 32 26	16 25 16 11 16 18 12 34 32 26	19 31 18 14 18 18 12 34 32 26	22 35 23 18 20 19 12 34 32 27	25 3 27 22 22 20 12 34 32 27	28 7 26 25 24 20 12 34 32 27
25	31 35 29 35 3 17 10 34 32 27	34 4 33 2 5 17 10 34 32 27	1 6 3 6 7 17 10 34 32 27	4 10 3 8 9 16 10 34 32 27	7 13 5 9 11 16 11 34 32 27	10 18 11 8 13 17 11 34 32 27	13 22 15 8 14 17 11 34 32 26	16 27 16 11 16 18 12 34 32 26	19 32 18 14 18 18 12 34 32 26	22 36 23 18 20 19 12 34 32 27	25 5 27 22 22 20 12 34 32 27	28 8 26 26 24 20 12 34 32 27
26	31 36 29 35 3 17 10 34 32 27	34 5 34 3 5 17 10 34 32 27	1 7 3 6 7 17 10 34 32 27	4 11 3 8 9 16 10 34 32 27	7 14 5 9 11 16 11 34 32 27	10 19 11 7 13 17 11 34 32 27	13 23 16 9 15 17 11 34 32 26	16 28 15 11 16 18 12 34 32 26	19 34 18 15 18 19 12 34 32 26	22 1 23 18 20 19 12 34 32 27	25 6 27 22 22 20 12 34 32 27	28 9 26 26 25 20 12 34 32 27
27	31 2 29 35 3 17 10 34 32 27	34 6 34 3 5 17 10 34 32 27	1 8 3 6 7 17 10 34 32 27	4 12 3 8 9 16 10 34 32 27	7 16 5 9 11 16 11 34 32 27	10 21 11 7 13 17 11 34 32 27	13 24 16 9 15 17 11 34 32 26	16 30 15 11 17 18 12 34 32 26	19 35 18 15 19 19 12 34 32 26	22 3 23 18 20 19 12 34 32 27	25 7 27 22 23 20 12 34 32 27	28 10 26 26 25 20 12 34 32 27
28	31 3 29 35 3 17 10 34 32 27	34 7 34 3 5 17 10 34 32 27	1 9 3 6 7 17 10 34 32 27	4 14 3 8 9 16 10 34 32 27	7 17 5 9 11 16 11 34 32 27	10 22 11 7 13 17 11 34 32 27	13 26 16 9 15 17 11 34 32 26	16 31 15 11 17 18 12 34 32 26	19 36 18 15 19 19 12 34 32 26	22 4 23 18 21 19 12 34 32 27	25 8 27 22 23 20 12 34 32 27	28 12 26 26 25 20 12 34 32 27
29	31 4 29 35 3 17 10 34 32 27	34 8 34 3 5 17 10 34 32 27	1 10 3 6 7 17 10 34 32 27	4 15 3 9 9 16 10 34 32 27	7 18 5 9 11 16 11 34 32 27	10 23 11 7 13 17 11 34 32 27	13 27 16 9 15 17 11 34 32 26	16 33 15 12 17 18 12 34 32 26	19 2 19 15 19 19 12 34 32 26	22 5 24 18 21 19 12 34 32 27	25 10 27 22 23 20 12 34 32 27	28 13 26 26 25 20 12 34 32 27
30	31 5 29 35 3 17 10 34 32 27		1 12 3 6 7 17 10 34 32 27	4 16 3 9 9 16 10 34 32 27	7 20 5 9 11 16 11 34 32 27	10 25 12 7 13 17 11 34 32 27	13 29 16 9 15 17 11 34 32 26	16 34 15 12 17 18 12 34 32 26	19 3 19 15 19 19 12 34 32 26	22 6 24 19 21 19 12 34 32 27	25 11 27 22 23 20 12 34 32 27	28 14 26 26 25 20 12 34 32 27
31	32 6 29 35 3 17 10 34 32 27		2 13 3 6 7 17 10 34 32 27		7 21 6 9 11 16 11 34 32 27		13 30 16 9 15 17 11 34 32 26	16 35 15 12 17 18 12 34 32 26		22 8 24 19 21 19 12 34 32 27		28 15 26 26 25 20 12 34 32 27

2005

	JAN	FEB	MAR	APR	MAY	JUNE	JULY	AUG	SEPT	OCT	NOV	DEC
1	29 16 26 26 25 20 12 34 32 27	32 21 31 30 27 20 12 34 32 27	35 22 36 34 29 20 12 34 32 27	2 27 1 2 31 20 12 34 32 27	5 31 2 5 33 20 12 34 32 27	8 36 7 9 36 19 12 35 32 27	10 4 13 13 2 19 12 35 32 27	13 9 14 17 4 20 13 34 32 27	16 13 15 20 5 20 13 34 32 27	19 17 20 24 6 21 13 34 32 27	22 21 25 27 5 22 14 34 32 27	25 25 24 30 4 22 14 34 32 27
2	29 18 26 27 25 20 12 34 32 27	32 22 31 30 27 20 12 34 32 27	35 23 36 34 29 20 12 34 32 27	2 29 1 2 31 20 12 34 32 27	5 33 2 5 34 20 12 34 32 27	8 2 7 9 36 19 12 35 32 27	11 5 13 13 2 19 12 35 32 27	13 10 14 17 4 20 13 34 32 27	16 15 15 20 5 20 13 34 32 27	19 18 20 24 6 21 13 34 32 27	22 22 25 27 5 22 14 34 32 27	25 26 24 30 4 22 14 34 32 27
3	29 19 27 27 25 20 12 34 32 27	32 24 31 31 27 20 12 34 32 27	35 25 36 34 29 20 12 34 32 27	2 30 1 2 31 20 12 34 32 27	5 34 2 6 34 20 12 35 32 27	8 3 8 9 36 19 12 35 32 27	11 7 13 13 2 20 12 35 32 27	14 11 14 17 4 20 13 34 32 27	17 16 15 20 5 20 13 34 32 27	19 19 21 24 6 21 13 34 32 27	23 24 25 27 5 22 14 34 32 27	26 27 24 30 4 22 14 34 32 27
4	29 20 27 27 25 20 12 34 32 27	32 25 31 31 27 20 12 34 32 27	35 26 36 34 29 20 12 34 32 27	2 32 1 2 32 20 12 34 32 27	5 35 2 6 34 20 12 35 32 27	8 4 8 10 36 19 12 35 32 27	11 8 13 13 2 20 12 35 32 27	14 12 14 17 4 20 13 34 32 27	17 17 15 21 5 20 13 34 32 27	20 20 21 24 6 21 13 34 32 27	23 25 25 27 5 22 14 34 32 27	26 29 24 30 4 22 14 34 32 27
5	29 21 27 27 25 20 12 34 32 27	32 27 31 31 27 20 12 34 32 27	35 28 36 34 29 20 12 34 32 27	2 33 1 2 32 20 12 34 32 27	5 1 2 6 34 20 12 35 32 27	8 6 8 10 36 19 12 35 32 27	11 9 13 13 2 20 12 35 32 27	14 14 14 17 4 20 13 34 32 27	17 18 16 21 5 20 13 34 32 27	20 21 21 24 6 21 13 34 32 27	23 26 25 27 5 22 14 34 32 27	26 30 24 30 4 22 14 34 32 27
6	29 23 27 27 25 20 12 34 32 27	32 28 32 31 27 20 12 34 32 27	35 29 1 34 29 20 12 34 32 27	2 34 1 2 32 20 12 34 32 27	5 2 3 6 34 20 12 35 32 27	8 7 8 10 36 19 12 35 32 27	11 10 14 13 2 20 12 35 32 27	14 15 14 17 4 20 13 34 32 27	17 19 16 21 5 20 13 34 32 27	20 23 21 24 6 21 13 34 32 27	23 28 25 28 5 22 14 34 32 27	26 32 24 30 4 22 14 34 32 27
7	29 24 27 27 25 20 12 34 32 27	32 30 32 31 28 20 12 34 32 27	35 31 1 35 30 20 12 34 32 27	2 36 1 2 32 20 12 34 32 27	5 3 3 6 34 20 12 35 32 27	8 8 9 10 36 19 12 35 32 27	11 12 14 14 2 20 12 35 32 27	14 16 14 17 4 20 13 34 32 27	17 21 16 21 5 20 13 34 32 27	20 24 21 24 6 21 13 34 32 27	23 29 25 28 5 22 14 34 32 27	26 33 24 30 4 22 14 34 32 27
8	29 26 27 27 25 20 12 34 32 27	32 31 32 31 28 20 12 34 32 27	35 32 1 35 30 20 12 34 32 27	2 1 1 3 32 20 12 34 32 27	5 5 3 6 34 20 12 35 32 27	8 9 9 10 36 19 12 35 32 27	11 13 14 14 2 20 12 35 32 27	14 17 14 17 4 20 13 34 32 27	17 22 16 21 5 20 13 34 32 27	20 25 21 24 6 21 13 34 32 27	23 31 25 28 5 22 14 34 32 27	26 35 24 30 4 22 14 34 32 27
9	29 27 27 27 25 20 12 34 32 27	33 33 32 31 28 20 12 34 32 27	35 33 1 35 30 20 12 34 32 27	2 3 1 3 32 20 12 34 32 27	5 6 3 6 34 20 12 35 32 27	8 11 9 10 36 19 12 35 32 27	11 14 14 14 2 20 12 35 32 27	14 18 14 18 4 20 13 34 32 27	17 23 16 21 5 21 13 34 32 27	20 27 22 25 6 21 13 34 32 27	23 32 25 28 5 22 14 34 32 27	26 36 24 30 4 22 14 34 32 27
10	29 29 27 28 26 20 12 34 32 27	33 34 32 31 28 20 12 34 32 27	35 35 1 35 30 20 12 34 32 27	3 4 1 3 32 20 12 34 32 27	5 7 3 6 34 19 12 35 32 27	8 12 9 10 36 19 12 35 32 27	11 15 14 14 2 20 12 35 32 27	14 20 14 18 4 20 13 34 32 27	17 24 16 21 6 21 13 34 32 27	20 28 22 25 6 21 13 34 32 27	23 33 25 28 5 22 14 34 32 27	26 1 24 30 4 22 14 34 32 27
11	30 30 28 28 26 20 12 34 32 27	33 36 32 32 28 20 12 34 32 27	36 36 1 35 30 20 12 34 32 27	3 5 1 3 32 20 12 34 32 27	6 9 3 7 34 19 12 35 32 27	9 13 9 10 36 19 12 35 32 27	11 16 14 14 2 20 12 35 32 27	14 21 14 18 4 20 13 34 32 27	17 26 17 21 6 21 13 34 32 27	20 30 22 25 6 21 13 34 32 27	23 35 26 28 5 22 14 34 32 27	26 3 24 30 4 22 14 34 32 27
12	30 32 28 28 26 20 12 34 32 27	33 1 33 32 28 20 12 34 32 27	36 2 1 35 30 20 12 34 32 27	3 7 1 3 32 20 12 34 32 27	6 10 3 7 34 19 12 35 32 27	9 14 10 11 36 19 12 35 32 27	11 17 14 14 3 20 12 35 32 27	14 22 13 18 4 20 13 34 32 27	17 27 17 22 6 21 13 34 32 27	20 31 22 25 6 21 13 34 32 27	23 36 26 28 5 22 14 34 32 27	27 4 24 30 4 22 14 34 32 27
13	30 33 28 28 26 20 12 34 32 27	33 2 33 32 28 20 12 34 32 27	36 3 2 35 30 20 12 34 32 27	3 8 1 3 32 20 12 34 32 27	6 11 4 7 34 19 12 35 32 27	9 15 10 11 1 19 12 35 32 27	12 19 14 14 3 20 12 35 32 27	15 23 13 18 4 20 13 34 32 27	18 29 17 22 6 21 13 34 32 27	20 32 22 25 6 21 13 34 32 27	24 2 26 28 5 22 14 34 32 27	27 5 25 30 4 22 14 34 32 27
14	30 35 28 28 26 20 12 34 32 27	33 4 33 32 28 20 12 34 32 27	36 4 2 35 30 20 12 34 32 27	3 9 1 3 32 20 12 34 32 27	6 12 4 7 34 19 12 35 32 27	9 17 10 11 1 19 12 35 32 27	12 20 14 14 3 20 12 35 32 27	15 25 13 18 4 20 13 34 32 27	18 30 17 22 6 21 13 34 32 27	21 34 22 25 6 21 13 34 32 27	24 3 26 28 5 22 14 34 32 27	27 7 25 30 4 23 14 34 32 27
15	30 36 28 28 26 20 12 34 32 27	33 5 33 32 28 20 12 34 32 27	36 6 2 36 30 20 12 34 32 27	3 10 1 3 32 20 12 34 32 27	6 13 4 7 35 19 12 35 32 27	9 18 10 11 1 19 12 35 32 27	12 21 14 15 3 20 12 35 32 27	15 26 13 18 4 20 13 34 32 27	18 31 17 22 6 21 13 34 32 27	21 35 22 25 6 21 13 34 32 27	24 4 26 28 5 22 14 34 32 27	27 8 25 30 4 23 14 34 32 27
16	30 2 28 28 26 20 12 34 32 27	33 6 33 32 28 20 12 34 32 27	36 7 2 36 30 20 12 34 32 27	3 11 1 4 32 20 12 34 32 27	6 15 4 7 35 19 12 35 32 27	9 19 10 11 1 19 12 35 32 27	12 22 14 15 3 20 12 35 32 27	15 28 13 18 5 20 13 34 32 27	18 33 18 22 6 21 13 34 32 27	21 1 23 25 6 21 14 34 32 27	24 6 26 29 5 22 14 34 32 27	27 9 25 31 4 23 14 34 32 27
17	30 3 28 28 26 20 12 34 32 27	33 7 34 32 28 20 12 34 32 27	36 8 2 36 30 20 12 34 32 27	3 13 1 4 32 20 12 34 32 27	6 16 4 7 35 19 12 35 32 27	9 20 11 11 1 19 12 35 32 27	12 24 14 15 3 20 13 35 32 27	15 29 13 18 5 20 13 34 32 27	18 34 18 22 6 21 13 34 32 27	21 2 23 25 6 21 14 34 32 27	24 7 26 29 5 22 14 34 32 27	27 11 25 31 4 23 14 34 32 27
18	30 4 29 29 26 20 12 34 32 27	33 9 34 32 28 20 12 34 32 27	36 9 2 36 30 20 12 34 32 27	3 14 1 4 33 20 12 34 32 27	6 17 4 7 35 19 12 35 32 27	9 22 11 11 1 19 12 35 32 27	12 25 14 15 3 20 13 35 32 27	15 31 13 19 5 20 13 34 32 27	18 36 18 22 6 21 13 34 32 27	21 4 23 26 6 21 14 34 32 27	24 8 25 29 5 22 14 34 32 27	27 12 25 31 4 23 14 34 32 27
19	30 5 29 29 26 20 12 34 32 27	34 10 34 33 28 20 12 34 32 27	36 11 2 36 30 20 12 34 32 27	3 15 1 4 33 20 12 34 32 27	6 18 5 8 35 19 12 35 32 27	9 23 11 11 1 19 12 35 32 27	12 27 14 15 3 20 13 35 32 27	15 32 13 19 5 20 13 34 32 27	18 1 18 22 6 21 13 34 32 27	21 5 23 26 6 21 14 34 32 27	24 10 25 29 5 22 14 34 32 27	27 13 25 31 4 23 14 34 32 27
20	31 7 29 29 26 20 12 34 32 27	34 11 34 33 28 20 12 34 32 27	36 12 2 36 30 20 12 34 32 27	4 16 1 4 33 20 12 34 32 27	6 20 5 8 35 19 12 35 32 27	9 24 11 11 1 19 12 35 32 27	12 28 15 15 3 20 13 35 32 27	15 34 13 19 5 20 13 34 32 27	18 3 18 22 6 21 13 34 32 27	21 6 23 26 6 21 14 34 32 27	24 11 25 29 5 22 14 34 32 27	27 14 25 31 4 23 14 34 32 27
21	31 8 29 29 26 20 12 34 32 27	34 12 34 33 29 20 12 34 32 27	1 13 2 36 31 20 12 34 32 27	4 17 1 4 33 20 12 34 32 27	7 21 5 8 35 19 12 35 32 27	9 26 11 12 1 19 12 35 32 27	12 30 15 15 3 20 13 35 32 27	15 35 14 19 5 20 13 34 32 27	18 4 19 23 6 21 13 34 32 27	21 8 23 26 6 21 14 34 32 27	24 12 25 29 5 22 14 34 32 27	27 15 25 31 4 23 14 34 32 27
22	31 9 29 29 26 20 12 34 32 27	34 13 34 33 29 20 12 34 32 27	1 14 2 36 31 20 12 34 32 27	4 19 1 4 33 20 12 34 32 27	7 22 5 8 35 19 12 35 32 27	10 27 12 12 1 19 12 35 32 27	12 31 15 15 3 20 13 35 32 27	15 1 14 19 5 20 13 34 32 27	18 6 19 23 6 21 13 34 32 27	21 9 23 26 6 21 14 34 32 27	24 13 25 29 5 22 14 34 32 27	28 17 26 31 4 23 14 34 32 27
23	31 10 29 29 26 20 12 34 32 27	34 15 35 33 29 20 12 34 32 27	1 15 2 1 31 20 12 34 32 27	4 20 1 4 33 20 12 34 32 27	7 24 5 8 35 19 12 35 32 27	10 29 12 12 1 19 12 35 32 27	13 33 15 15 3 20 13 35 32 27	15 2 14 19 5 20 13 34 32 27	19 7 19 23 6 21 13 34 32 27	21 10 24 26 6 21 14 34 32 27	25 15 25 29 5 22 14 34 32 27	28 18 26 31 4 23 14 34 32 27
24	31 11 30 29 27 20 12 34 32 27	34 16 35 33 29 20 12 34 32 27	1 17 2 1 31 20 12 34 32 27	4 21 1 5 33 20 12 34 32 27	7 25 6 8 35 19 12 35 32 27	10 30 12 12 1 19 12 35 32 27	13 34 15 16 3 20 13 35 32 27	16 3 14 19 5 20 13 34 32 27	19 8 19 23 6 21 13 34 32 27	22 11 24 26 5 21 14 34 32 27	25 16 25 29 5 22 14 34 32 27	28 19 26 31 4 23 14 34 32 27
25	31 13 30 29 27 20 12 34 32 27	34 17 35 33 29 20 12 34 32 27	1 18 2 1 31 20 12 34 32 27	4 23 1 5 33 20 12 34 32 27	7 26 6 8 35 19 12 35 32 27	10 32 12 12 1 19 12 35 32 27	13 36 15 16 3 20 13 35 32 27	16 5 14 19 5 20 13 34 32 27	19 9 19 23 6 21 13 34 32 27	22 13 24 26 5 22 14 34 32 27	25 17 25 29 4 22 14 34 32 27	28 20 26 31 4 23 14 34 32 27
26	31 14 30 30 27 20 12 34 32 27	34 18 35 33 29 20 12 34 32 27	1 19 2 1 31 20 12 34 32 27	4 24 1 5 33 20 12 34 32 27	7 28 6 8 35 19 12 35 32 27	10 33 12 12 1 19 12 35 32 27	13 1 15 16 3 20 13 35 32 27	16 6 14 20 5 20 13 34 32 27	19 11 19 23 6 21 13 34 32 27	22 14 24 26 5 22 14 34 32 27	25 18 25 29 4 22 14 34 32 27	28 21 26 31 4 23 14 34 32 27
27	31 15 30 30 27 20 12 34 32 27	34 20 35 34 29 20 12 34 32 27	1 20 2 1 31 20 12 34 32 27	4 26 1 5 33 20 12 34 32 27	7 29 6 9 35 19 12 35 32 27	10 35 12 12 2 19 12 35 32 27	13 3 14 16 3 20 13 35 32 27	16 7 14 20 5 20 13 34 32 27	19 12 20 23 6 21 13 34 32 27	22 15 24 27 5 22 14 34 32 27	25 19 24 29 4 22 14 34 32 27	28 23 26 31 4 23 14 34 32 27
28	31 16 30 30 27 20 12 34 32 27	34 21 36 34 29 20 12 34 32 27	1 22 2 1 31 20 12 34 32 27	4 27 2 5 33 20 12 34 32 27	7 31 6 9 35 19 12 35 32 27	10 36 12 12 2 19 12 35 32 27	13 4 14 16 3 20 13 35 32 27	16 9 14 20 5 20 13 34 32 27	19 13 20 23 6 21 13 34 32 27	22 16 24 27 5 22 14 34 32 27	25 21 24 30 4 22 14 34 32 27	28 24 26 31 5 23 14 34 32 27
29	31 17 30 30 27 20 12 34 32 27		1 23 1 1 31 20 12 34 32 27	4 28 2 5 33 20 12 34 32 27	7 32 7 9 36 19 12 35 32 27	10 2 13 13 2 19 12 35 32 27	13 5 14 16 4 20 13 35 32 27	16 10 14 20 5 20 13 34 32 27	19 14 20 23 6 21 13 34 32 27	22 17 24 27 5 22 14 34 32 27	25 22 24 30 4 22 14 34 32 27	28 25 27 31 5 23 14 34 32 27
30	32 19 30 30 27 20 12 34 32 27		1 25 1 1 31 20 12 34 32 27	4 30 2 5 33 20 12 34 32 27	7 34 7 9 36 19 12 35 32 27	10 3 13 13 2 19 12 35 32 27	13 6 14 16 4 20 13 35 32 27	16 11 15 20 5 20 13 34 32 27	19 15 20 24 6 21 13 34 32 27	22 19 24 27 5 22 14 34 32 27	25 23 24 30 4 22 14 34 32 27	28 27 27 31 5 23 14 34 32 27
31	32 20 31 30 27 20 12 34 32 27		2 26 1 2 31 20 12 34 32 27		7 35 7 9 36 19 12 35 32 27		13 8 14 16 4 20 13 34 32 27	16 12 15 20 5 20 13 34 32 27		22 20 25 27 5 22 14 34 32 27		28 28 27 31 5 23 13 34 32 27

2006

	JAN	FEB	MAR	APR	MAY	JUNE	JULY	AUG	SEPT	OCT	NOV	DEC
1	29 30 27 31 5 23 13 34 32 27	32 35 32 29 6 23 13 34 32 27	35 36 36 30 7 23 13 35 32 27	2 5 35 33 9 23 13 35 32 27	5 9 3 36 10 23 13 35 32 27	8 13 9 4 12 23 13 35 32 27	10 16 13 7 14 22 14 35 32 27	13 21 12 11 16 22 14 35 32 27	16 25 16 15 18 23 14 35 32 27	19 29 21 19 20 23 15 35 32 27	22 34 24 22 22 24 15 35 32 27	25 2 23 26 24 25 15 35 32 27
2	29 31 27 30 5 23 13 34 32 27	32 1 32 29 6 23 13 34 32 27	35 1 36 30 7 23 13 35 32 27	2 7 35 33 9 23 13 35 32 27	5 10 3 36 11 23 13 35 32 27	8 14 9 4 12 23 13 35 32 27	11 18 13 7 14 22 14 35 32 27	13 22 12 11 16 23 14 35 32 27	16 27 17 15 18 23 14 35 32 27	19 30 21 19 20 23 15 35 32 27	22 36 24 23 22 24 15 35 32 27	25 3 24 26 24 25 15 35 32 27
3	29 33 27 30 5 23 13 34 32 27	32 2 32 29 6 23 13 34 32 27	35 3 36 30 7 23 13 35 32 27	2 8 35 33 9 23 13 35 32 27	5 11 3 36 11 23 13 35 32 27	8 16 9 4 12 23 13 35 32 27	11 19 13 8 14 22 14 35 32 27	14 23 12 11 16 23 14 35 32 27	17 28 17 15 18 23 14 35 32 27	19 32 22 19 20 23 15 35 32 27	23 1 24 23 22 24 15 35 32 27	26 5 24 26 24 25 15 35 32 27
4	29 34 28 30 5 23 13 34 32 27	32 3 33 29 6 23 13 34 32 27	35 4 36 30 7 23 13 35 32 27	2 9 35 33 9 23 13 35 32 27	5 12 3 1 11 23 13 35 32 27	8 17 10 4 13 23 13 35 32 27	11 20 13 8 14 22 14 35 32 27	14 25 12 11 16 23 14 35 32 27	17 29 17 15 18 23 14 35 32 27	20 33 22 19 20 23 15 35 32 27	23 2 24 23 22 24 15 35 32 27	26 6 24 27 24 25 15 35 32 27
5	29 36 28 30 5 23 13 34 32 27	32 5 33 29 6 23 13 34 32 27	35 6 36 30 7 23 13 35 32 27	2 10 35 33 9 23 13 35 32 27	5 14 3 1 11 23 13 35 32 27	8 18 10 4 13 23 13 35 32 27	11 21 13 8 14 22 14 35 32 27	14 26 12 12 16 23 14 35 32 27	17 31 17 15 18 23 14 35 32 27	20 35 22 19 20 23 15 35 32 27	23 4 24 23 22 24 15 35 32 27	26 8 24 27 24 25 15 35 32 27
6	29 1 28 30 5 23 13 34 32 27	32 6 33 29 6 23 13 34 32 27	35 7 36 31 7 23 13 35 32 27	2 12 35 33 9 23 13 35 32 27	5 15 4 1 11 23 13 35 32 27	8 19 10 4 13 23 13 35 32 27	11 22 13 8 14 22 14 35 32 27	14 27 12 12 16 23 14 35 32 27	17 32 17 15 18 23 14 35 32 27	20 36 22 19 20 23 15 35 32 27	23 5 24 23 22 24 15 35 32 27	26 9 24 27 24 25 15 35 32 27
7	29 2 28 30 5 23 13 34 32 27	32 7 33 29 6 23 13 34 32 27	35 8 36 31 7 23 13 35 32 27	2 13 35 34 9 23 13 35 32 27	5 16 4 1 11 23 13 35 32 27	8 20 10 4 13 23 13 35 32 27	11 24 13 8 15 22 14 35 32 27	14 29 12 12 16 23 14 35 32 27	17 34 17 16 18 23 14 35 32 27	20 2 22 19 20 23 15 35 32 27	23 7 23 23 22 24 15 35 32 27	26 11 24 27 25 25 15 35 32 27
8	29 4 28 30 5 23 13 34 32 27	32 9 33 29 6 23 13 34 32 27	35 10 36 31 7 23 13 35 32 27	2 14 36 34 9 23 13 35 32 27	5 17 4 1 11 23 13 35 32 27	8 22 10 5 13 23 13 35 32 27	11 25 13 8 15 22 14 35 32 27	14 30 12 12 17 23 14 35 32 27	17 35 18 16 18 23 14 35 32 27	20 3 22 19 20 23 15 35 32 27	23 8 23 23 23 24 15 35 32 27	26 12 24 27 25 25 15 35 32 27
9	29 5 28 30 5 23 13 34 32 27	33 10 33 29 6 23 13 34 32 27	35 11 36 31 7 23 13 35 32 27	2 15 36 34 9 23 13 35 32 27	5 18 4 1 11 23 13 35 32 27	8 23 10 5 13 23 13 35 32 27	11 26 13 8 15 22 14 35 32 27	14 31 12 12 17 23 14 35 32 27	17 1 18 16 19 23 14 35 32 27	20 5 22 20 21 24 15 35 32 27	23 10 23 23 23 24 15 35 32 27	26 13 25 27 25 25 15 35 32 27
10	29 6 28 30 5 23 13 34 32 27	33 11 34 29 6 23 13 34 32 27	35 12 36 31 8 23 13 35 32 27	2 16 36 34 9 23 13 35 32 27	5 20 4 1 11 23 13 35 32 27	8 24 11 5 13 23 13 35 32 27	11 28 13 8 15 22 14 35 32 27	14 33 12 12 17 23 14 35 32 27	17 2 18 16 19 23 14 35 32 27	20 6 23 20 21 24 15 35 32 27	23 11 23 24 23 24 15 35 32 27	26 14 25 27 25 25 15 35 32 27
11	30 8 29 30 5 23 13 34 32 27	33 12 34 29 6 23 13 34 32 27	36 13 36 31 8 23 13 35 32 27	3 18 36 34 9 23 13 35 32 27	6 21 5 1 11 23 13 35 32 27	8 26 11 5 13 22 13 35 32 27	11 29 12 9 15 22 14 35 32 27	14 34 12 12 17 23 14 35 32 27	17 4 18 16 19 23 14 35 32 27	20 8 23 20 21 24 15 35 32 27	23 12 23 24 23 24 15 35 32 27	26 16 25 27 25 25 15 35 32 27
12	30 9 29 30 5 23 13 34 32 27	33 14 34 29 6 23 13 34 32 27	36 14 36 31 8 23 13 35 32 27	3 19 36 34 9 23 13 35 32 27	6 22 5 1 11 23 13 35 32 27	9 27 11 5 13 22 13 35 32 27	11 31 12 9 15 22 14 35 32 27	14 36 13 12 17 23 14 35 32 27	17 5 18 16 19 23 14 35 32 27	20 9 23 20 21 24 15 35 32 27	23 14 23 24 23 24 15 35 32 27	26 17 25 28 25 25 15 35 32 27
13	30 10 29 30 5 23 13 34 32 27	33 15 34 29 6 23 13 34 32 27	36 16 36 31 8 23 13 35 32 27	3 20 36 34 9 23 13 35 32 27	6 23 5 2 11 23 13 35 32 27	9 28 11 5 13 22 13 35 32 27	12 32 12 9 15 22 14 35 32 27	15 1 13 13 17 23 14 35 32 27	18 7 19 16 19 23 14 35 32 27	20 10 23 20 21 24 15 35 32 27	24 15 23 24 23 24 15 35 32 27	27 18 25 28 25 25 15 35 32 27
14	30 11 29 30 5 23 13 34 32 27	33 16 34 29 6 23 13 34 32 27	36 17 35 31 8 23 13 35 32 27	3 21 36 34 9 23 13 35 32 27	6 25 5 2 11 23 13 35 32 27	9 30 11 5 13 22 13 35 32 27	12 34 12 9 15 22 14 35 32 27	15 3 13 13 17 23 14 35 32 27	18 8 19 16 19 23 14 35 32 27	21 12 23 20 21 24 15 35 32 27	24 16 23 24 23 24 15 35 32 27	27 19 25 28 25 25 15 35 32 27
15	30 13 29 30 5 23 13 34 32 27	33 17 35 29 6 23 13 34 32 27	36 18 35 31 8 23 13 35 32 27	3 22 36 34 10 23 13 35 32 27	6 26 5 2 11 23 13 35 32 27	9 31 11 5 13 22 13 35 32 27	12 35 12 9 15 22 14 35 32 27	15 4 13 13 17 23 14 35 32 27	18 9 19 17 19 23 14 35 32 27	21 13 23 20 21 24 15 35 32 27	24 17 22 24 23 24 15 35 32 27	27 20 26 28 25 25 15 35 32 27
16	30 14 29 30 5 23 13 34 32 27	33 18 35 29 6 23 13 34 32 27	36 19 35 31 8 23 13 35 32 27	3 24 36 35 10 23 13 35 32 27	6 27 6 2 11 23 13 35 32 27	9 33 11 6 13 22 13 35 32 27	12 36 12 9 15 22 14 35 32 27	15 6 13 13 17 23 14 35 32 27	18 11 19 17 19 23 14 35 32 27	21 14 23 20 21 24 15 35 32 27	24 18 22 24 23 24 15 35 32 27	27 22 26 28 25 25 15 35 32 27
17	30 15 30 30 5 23 13 34 32 27	33 19 35 29 6 23 13 34 32 27	36 20 35 32 8 23 13 35 32 27	3 25 1 35 10 23 13 35 32 27	6 29 6 2 11 23 13 35 32 27	9 34 12 6 13 22 13 35 32 27	12 2 12 9 15 22 14 35 32 27	15 7 13 13 17 23 14 35 32 27	18 12 19 17 19 23 14 35 32 27	21 15 23 21 21 24 15 35 32 27	24 20 22 24 23 24 15 35 32 27	27 23 26 28 25 25 15 35 32 27
18	30 16 30 30 5 23 13 34 32 27	33 21 35 29 7 23 13 35 32 27	36 22 35 32 8 23 13 35 32 27	3 26 1 35 10 23 13 35 32 27	6 30 6 2 11 23 13 35 32 27	9 35 12 6 13 22 13 35 32 27	12 3 12 9 15 22 14 35 32 27	15 8 14 13 17 23 14 35 32 27	18 13 19 17 19 23 14 35 32 27	21 16 23 21 21 24 15 35 32 27	24 21 22 25 23 24 15 35 32 27	27 24 26 28 25 25 15 35 32 27
19	30 17 30 30 5 23 13 34 32 27	34 22 35 30 7 23 13 35 32 27	36 23 35 32 8 23 13 35 32 27	3 28 1 35 10 23 13 35 32 27	6 31 6 2 12 23 13 35 32 27	9 1 12 6 13 22 13 35 32 27	12 5 12 9 15 22 14 35 32 27	15 10 14 13 17 23 14 35 32 27	18 14 20 17 19 23 15 35 32 27	21 18 24 21 21 24 15 35 32 27	24 22 22 25 23 24 15 35 32 27	27 25 26 28 25 25 15 35 32 27
20	30 19 30 30 5 23 13 34 32 27	34 23 35 30 7 23 13 35 32 27	36 24 35 32 8 23 13 35 32 27	3 29 1 35 10 23 13 35 32 27	6 33 7 2 12 23 13 35 32 27	9 2 12 6 13 22 13 35 32 27	12 6 12 10 15 22 14 35 32 27	15 11 14 13 17 23 14 35 32 27	18 15 20 17 19 23 15 35 32 27	21 19 24 21 21 24 15 35 32 27	24 23 22 25 23 24 15 35 32 27	27 27 26 29 25 25 15 35 32 27
21	31 20 30 29 5 23 13 34 32 27	34 24 35 30 7 23 13 35 32 27	1 25 35 32 8 23 13 35 32 27	4 30 1 35 10 23 13 35 32 27	6 34 7 3 12 23 13 35 32 27	9 4 12 6 14 22 13 35 32 27	12 7 12 10 15 22 14 35 32 27	15 12 14 13 17 23 14 35 32 27	18 17 20 17 19 23 15 35 32 27	21 20 24 21 21 24 15 35 32 27	24 24 22 25 23 24 15 35 32 27	27 28 26 29 26 25 15 35 32 27
22	31 21 30 29 5 23 13 34 32 27	34 26 36 30 7 23 13 35 32 27	1 27 35 32 8 23 13 35 32 27	4 32 1 35 10 23 13 35 32 27	7 36 7 3 12 23 13 35 32 27	10 5 12 6 14 22 13 35 32 27	12 9 12 10 15 22 14 35 32 27	15 13 14 14 17 23 14 35 32 27	18 18 20 17 19 23 15 35 32 27	21 21 24 21 21 24 15 35 32 27	24 26 23 25 24 24 15 35 32 27	27 29 27 29 26 25 15 35 32 27
23	31 22 31 29 5 23 13 34 32 27	34 27 36 30 7 23 13 35 32 27	1 28 35 32 8 23 13 35 32 27	4 33 1 35 10 23 13 35 32 27	7 1 7 3 12 23 13 35 32 27	10 6 12 6 14 22 13 35 32 27	13 10 12 10 16 22 14 35 32 27	15 15 15 14 17 23 14 35 32 27	18 19 20 18 19 23 15 35 32 27	21 22 24 21 21 24 15 35 32 27	25 27 23 25 24 24 15 35 32 27	28 31 27 29 26 25 15 35 32 27
24	31 23 31 29 5 23 13 34 32 27	34 28 36 30 7 23 13 35 32 27	1 29 35 32 8 23 13 35 32 27	4 35 2 35 10 23 13 35 32 27	7 3 7 3 12 23 13 35 32 27	10 8 12 6 14 22 13 35 32 27	13 11 12 10 16 22 14 35 32 27	16 16 15 14 18 23 14 35 32 27	19 20 20 18 20 23 15 35 32 27	22 24 24 21 22 24 15 35 32 27	25 28 23 25 24 24 15 35 32 27	28 32 27 29 26 25 15 35 32 27
25	31 25 31 29 5 23 13 34 32 27	34 30 36 30 7 23 13 35 32 27	1 31 35 32 8 23 13 35 32 27	4 36 2 36 10 23 13 35 32 27	7 4 8 3 12 23 13 35 32 27	10 9 12 7 14 22 13 35 32 27	13 12 12 10 16 22 14 35 32 27	16 17 15 14 18 23 14 35 32 27	19 21 20 18 20 23 15 35 32 27	22 25 24 22 22 24 15 35 32 27	25 30 23 25 24 25 15 35 32 27	28 33 27 29 26 25 15 35 32 27
26	31 26 31 29 5 23 13 34 32 27	34 31 36 30 7 23 13 35 32 27	1 32 35 32 8 23 13 35 32 27	4 2 2 36 10 23 13 35 32 27	7 5 8 3 12 23 13 35 32 27	10 10 12 7 14 22 13 35 32 27	13 14 12 10 16 22 14 35 32 27	16 18 15 14 18 23 14 35 32 27	19 23 21 18 20 23 15 35 32 27	22 26 24 22 22 24 15 35 32 27	25 31 23 26 24 25 15 35 32 27	28 35 27 29 26 25 15 35 32 27
27	31 28 31 29 5 23 13 34 32 27	34 33 36 30 7 23 13 35 32 27	1 34 35 32 8 23 13 35 32 27	4 3 2 36 10 23 13 35 32 27	7 7 8 3 12 23 13 35 32 27	10 12 12 7 14 22 13 35 32 27	13 15 12 10 16 22 14 35 32 27	16 19 15 14 18 23 14 35 32 27	19 24 21 18 20 23 15 35 32 27	22 27 24 22 22 24 15 35 32 27	25 32 23 26 24 25 15 35 32 27	28 36 27 29 26 25 15 35 32 27
28	31 29 31 29 6 23 13 34 32 27	34 34 36 30 7 23 13 35 32 27	1 35 35 33 9 23 13 35 32 27	4 4 2 36 10 23 13 35 32 27	7 8 8 3 12 23 13 35 32 27	10 13 12 7 14 22 13 35 32 27	13 16 12 11 16 22 14 35 32 27	16 21 16 14 18 23 14 35 32 27	19 25 21 18 20 23 15 35 32 27	22 29 24 22 22 24 15 35 32 27	25 34 23 26 24 25 15 35 32 27	28 2 28 30 26 25 15 35 32 27
29	31 31 32 29 6 23 13 34 32 27		1 1 35 33 9 23 13 35 32 27	4 6 2 36 10 23 13 35 32 27	7 9 8 3 12 23 13 35 32 27	10 14 13 7 14 22 13 35 32 27	13 17 12 11 16 22 14 35 32 27	16 22 16 14 18 23 14 35 32 27	19 26 21 18 20 23 15 35 32 27	22 30 24 22 22 24 15 35 32 27	25 35 23 26 24 25 15 35 32 27	28 3 28 30 26 25 15 35 32 27
30	31 32 32 29 6 23 13 34 32 27		1 2 35 33 9 23 13 35 32 27	4 7 3 36 10 23 13 35 32 27	7 11 9 4 12 23 13 35 32 27	10 15 13 7 14 22 14 35 32 27	13 18 12 11 16 22 14 35 32 27	16 23 16 15 18 23 14 35 32 27	19 28 21 18 20 23 15 35 32 27	22 31 24 22 22 24 15 35 32 27	25 1 23 26 24 25 15 35 32 27	28 4 28 30 26 25 15 35 32 27
31	32 34 32 29 6 23 13 34 32 27		2 4 35 33 9 23 13 35 32 27		7 12 9 4 12 23 13 35 32 27		13 20 12 11 16 22 14 35 32 27	16 24 16 15 18 23 14 35 32 27		22 33 24 22 22 24 15 35 32 27		28 6 28 30 26 25 15 35 32 27

2007

	JAN	FEB	MAR	APR	MAY	JUNE	JULY	AUG	SEPT	OCT	NOV	DEC
1	29 7 28 30 26 25 15 35 32 27	32 12 33 34 29 26 15 35 32 27	35 13 33 1 31 26 15 35 33 27	2 18 35 5 33 26 14 35 33 27	5 21 4 9 35 26 14 35 33 27	8 25 10 12 2 26 14 35 33 27	10 29 10 15 4 26 15 35 33 27	13 34 12 16 6 25 15 35 33 27	16 3 18 14 8 26 15 35 33 27	19 7 22 15 10 26 16 35 32 27	22 12 21 18 11 26 16 35 32 27	25 16 24 21 11 27 16 35 32 27
2	29 9 28 30 26 25 15 35 32 27	32 13 33 34 29 26 15 35 32 27	35 14 33 2 31 26 15 35 33 27	2 19 35 5 33 26 14 35 33 27	5 22 4 9 35 26 14 35 33 27	8 27 10 12 2 26 14 35 33 27	10 30 10 15 4 26 15 35 33 27	13 35 12 16 6 25 15 35 33 27	16 5 18 14 8 26 15 35 33 27	19 9 22 15 10 26 16 35 32 27	22 14 21 18 11 26 16 35 32 27	25 17 25 21 11 27 16 35 32 27
3	29 10 28 30 26 25 15 35 32 27	32 15 34 34 29 26 15 35 32 27	35 16 33 2 31 26 15 35 33 27	2 20 35 5 33 26 14 35 33 27	5 23 5 9 36 26 14 35 33 27	8 28 10 12 2 26 14 35 33 27	11 32 10 15 4 26 15 35 33 27	14 1 12 16 6 25 15 35 33 27	17 6 18 14 8 26 16 35 33 27	19 10 22 15 10 26 16 35 32 27	23 15 21 18 11 27 16 35 32 27	26 18 25 21 11 27 16 35 32 27
4	29 11 29 30 27 25 15 35 32 27	32 16 34 34 29 26 15 35 32 27	35 17 33 2 31 26 14 35 33 27	2 21 35 6 33 26 14 35 33 27	5 25 5 9 36 26 14 35 33 27	8 29 10 12 2 26 14 35 33 27	11 33 10 15 4 26 15 35 33 27	14 2 12 16 6 25 15 35 33 27	17 7 18 14 8 26 16 35 33 27	20 11 22 15 10 26 16 35 32 27	23 16 21 18 11 27 16 35 32 27	26 19 25 21 10 27 16 35 32 27
5	29 13 29 31 27 25 15 35 32 27	32 17 34 34 29 26 15 35 32 27	35 18 33 2 31 26 14 35 33 27	2 22 36 6 33 26 14 35 33 27	5 26 5 9 36 26 14 35 33 27	8 31 10 12 2 26 14 35 33 27	11 34 10 15 4 26 15 35 33 27	14 4 13 16 6 25 15 35 33 27	17 9 18 14 8 26 16 35 33 27	20 13 22 15 10 26 16 35 32 27	23 17 21 18 11 27 16 35 32 27	26 21 25 21 10 27 16 35 32 27
6	29 14 29 31 27 25 15 35 32 27	32 18 34 35 29 26 15 35 32 27	35 19 33 2 31 26 14 35 33 27	2 24 36 6 33 26 14 35 33 27	5 27 5 9 36 26 14 35 33 27	8 32 10 13 2 26 15 35 33 27	11 36 10 15 4 26 15 35 33 27	14 5 13 16 6 25 15 35 33 27	17 10 19 14 8 26 16 35 33 27	20 14 22 15 10 26 16 35 32 27	23 19 21 18 11 27 16 35 32 27	26 22 25 22 10 27 16 35 32 27
7	29 15 29 31 27 25 15 35 32 27	32 20 34 35 29 26 15 35 32 27	35 20 33 2 31 26 14 35 33 27	2 25 36 6 34 26 14 35 33 27	5 28 6 9 36 26 14 35 33 27	8 33 10 13 2 26 15 35 33 27	11 1 10 15 4 26 15 35 33 27	14 6 13 16 6 25 15 35 33 27	17 12 19 14 8 26 16 35 33 27	20 15 22 15 10 26 16 35 32 27	23 20 21 18 11 27 16 35 32 27	26 23 25 22 10 27 16 35 32 27
8	29 16 29 31 27 25 15 35 32 27	32 21 34 35 29 26 15 35 32 27	35 22 33 2 31 26 14 35 33 27	2 26 36 6 34 26 14 35 33 27	5 30 6 9 36 26 14 35 33 27	8 35 10 13 2 26 15 35 33 27	11 2 10 15 4 26 15 35 33 27	14 8 13 16 7 25 15 35 33 27	17 13 19 14 8 26 16 35 32 27	20 16 22 15 10 26 16 35 32 27	23 21 21 18 11 27 16 35 32 27	26 24 26 22 10 27 16 35 32 27
9	29 18 29 31 27 25 15 35 32 27	32 22 34 35 29 26 15 35 32 27	35 23 33 2 31 26 14 35 33 27	2 27 36 6 34 26 14 35 33 27	5 31 6 10 36 26 14 35 33 27	8 36 10 13 2 26 15 35 33 27	11 4 10 15 5 26 15 35 33 27	14 9 13 16 7 25 15 35 33 27	17 14 19 14 8 26 16 35 32 27	20 18 22 16 10 26 16 35 32 27	23 22 21 19 11 27 16 35 32 27	26 25 26 22 10 27 16 35 32 27
10	29 19 30 31 27 26 15 35 32 27	33 23 34 35 29 26 15 35 32 27	35 24 33 3 31 26 14 35 33 27	2 29 36 6 34 26 14 35 33 27	5 32 6 10 36 26 14 35 33 27	8 1 11 13 2 26 15 35 33 27	11 5 10 15 5 26 15 35 33 27	14 11 14 15 7 25 15 35 33 27	17 15 19 14 9 26 16 35 32 27	20 19 22 16 10 26 16 35 32 27	23 23 21 19 11 27 16 35 32 27	26 27 26 22 10 27 16 35 32 27
11	30 20 30 31 27 26 15 35 32 27	33 24 34 35 29 26 15 35 32 27	36 25 33 3 31 26 14 35 33 27	3 30 1 6 34 26 14 35 33 27	5 34 6 10 36 26 14 35 33 27	8 3 11 13 2 26 15 35 33 27	11 7 10 15 5 26 15 35 33 27	14 12 14 15 7 25 15 35 33 27	17 17 19 14 9 26 16 35 32 27	20 20 22 16 10 26 16 35 32 27	23 24 21 19 11 27 16 35 32 27	26 28 26 22 10 27 16 35 32 27
12	30 21 30 31 27 26 15 35 32 27	33 26 34 35 29 26 15 35 32 27	36 26 33 3 32 26 14 35 33 27	3 31 1 6 34 26 14 35 33 27	6 35 7 10 36 26 14 35 33 27	9 4 11 13 3 26 15 35 33 27	11 8 10 15 5 26 15 35 33 27	14 13 14 15 7 25 15 35 33 27	17 18 19 14 9 26 16 35 32 27	20 21 22 16 10 26 16 35 32 27	23 26 22 19 11 27 16 35 32 27	26 29 26 22 10 27 16 35 32 27
13	30 22 30 32 27 26 15 35 32 27	33 27 35 35 30 26 15 35 32 27	36 28 33 3 32 26 14 35 33 27	3 33 1 7 34 26 14 35 33 27	6 36 7 10 36 26 14 35 33 27	9 6 11 13 3 26 15 35 33 27	12 10 10 15 5 26 15 35 33 27	14 15 14 15 7 25 15 35 33 27	17 19 20 14 9 26 16 35 32 27	20 22 22 16 10 26 16 35 32 27	24 27 22 19 11 27 16 35 32 27	27 30 26 22 10 27 16 35 32 27
14	30 24 30 32 27 26 15 35 32 27	33 28 35 36 30 26 15 35 32 27	36 29 33 3 32 26 14 35 33 27	3 34 1 7 34 26 14 35 33 27	6 2 7 10 36 26 14 35 33 27	9 7 11 13 3 26 15 35 33 27	12 11 10 15 5 26 15 35 33 27	15 16 14 15 7 26 15 35 33 27	18 20 20 14 9 26 16 35 32 27	21 24 22 16 10 26 16 35 32 27	24 28 22 19 11 27 16 35 32 27	27 31 26 22 10 27 16 35 32 27
15	30 25 30 32 27 26 15 35 32 27	33 30 35 36 30 26 15 35 32 27	36 30 33 3 32 26 14 35 33 27	3 35 1 7 34 26 14 35 33 27	6 3 7 10 36 26 14 35 33 27	9 9 11 13 3 26 15 35 33 27	12 12 10 16 5 26 15 35 33 27	15 17 15 15 7 26 15 35 33 27	18 22 20 14 9 26 16 35 32 27	21 25 22 16 10 26 16 35 32 27	24 29 22 19 11 27 16 35 32 27	27 33 27 23 10 27 16 35 32 27
16	30 26 31 32 27 26 15 35 32 27	33 31 34 36 30 26 15 35 32 27	36 32 33 3 32 26 14 35 33 27	3 1 1 7 34 26 14 35 33 27	6 5 7 10 1 26 14 35 33 27	9 10 11 13 3 26 15 35 33 27	12 14 10 16 5 26 15 35 33 27	15 18 15 15 7 26 15 35 33 27	18 23 20 14 9 26 16 35 32 27	21 26 22 16 10 26 16 35 32 27	24 31 22 19 11 27 16 35 32 27	27 34 27 23 10 27 16 35 32 27
17	30 27 31 32 28 26 15 35 32 27	33 32 34 36 30 26 15 35 32 27	36 33 33 3 32 26 14 35 33 27	3 2 2 7 34 26 14 35 33 27	6 6 8 10 1 26 14 35 33 27	9 12 11 14 3 26 15 35 33 27	12 15 10 16 5 26 15 35 33 27	15 20 15 15 7 26 15 35 33 27	18 24 20 14 9 26 16 35 32 27	21 27 22 16 10 26 16 35 32 27	24 32 22 19 11 27 16 35 32 27	27 35 27 23 10 27 16 35 32 27
18	30 29 31 32 28 26 15 35 32 27	33 34 34 36 30 26 15 35 32 27	36 35 33 4 32 26 14 35 33 27	3 4 2 7 34 26 14 35 33 27	6 8 8 11 1 26 14 35 33 27	9 13 11 14 3 26 15 35 33 27	12 16 10 16 5 26 15 35 33 27	15 21 15 15 7 26 15 35 33 27	18 25 20 14 9 26 16 35 32 27	21 28 22 16 10 26 16 35 32 27	24 33 22 19 11 27 16 35 32 27	27 1 27 23 10 27 16 35 32 27
19	30 30 31 32 28 26 15 35 32 27	33 35 34 36 30 26 15 35 32 27	36 36 34 4 32 26 14 35 33 27	3 6 2 7 34 26 14 35 33 27	6 9 8 11 1 26 14 35 33 27	9 14 11 14 3 26 15 35 33 27	12 17 10 16 5 26 15 35 33 27	15 22 15 15 7 26 15 35 33 27	18 26 20 14 9 26 16 35 32 27	21 30 22 16 10 26 16 35 32 27	24 34 23 20 11 27 16 35 32 27	27 2 27 23 10 28 16 35 32 27
20	30 32 31 32 28 26 15 35 32 27	34 1 34 36 30 26 15 35 32 27	36 2 34 4 32 26 14 35 33 27	3 7 2 7 35 26 14 35 33 27	6 11 8 11 1 26 14 35 33 27	9 15 11 14 3 26 15 35 33 27	12 19 10 16 5 26 15 35 33 27	15 23 16 15 7 26 15 35 33 27	18 28 21 14 9 26 16 35 32 27	21 31 22 17 10 26 16 35 32 27	24 36 23 20 11 27 16 35 32 27	27 4 27 23 10 28 16 35 32 27
21	31 33 31 33 28 26 15 35 32 27	34 2 34 36 30 26 15 35 32 27	36 3 34 4 32 26 14 35 33 27	4 8 2 8 35 26 14 35 33 27	6 12 8 11 1 26 14 35 33 27	9 17 11 14 3 26 15 35 33 27	12 20 10 16 5 26 15 35 33 27	15 24 16 15 7 26 15 35 33 27	18 29 21 14 9 26 16 35 32 27	21 32 22 17 10 26 16 35 32 27	24 1 23 20 11 27 16 35 32 27	27 5 28 23 10 28 16 35 32 27
22	31 34 32 33 28 26 15 35 32 27	34 4 34 1 30 26 15 35 33 27	1 5 34 4 32 26 14 35 33 27	4 10 2 8 35 26 14 35 33 27	7 13 8 11 1 26 14 35 33 27	10 18 11 14 3 26 15 35 33 27	12 21 10 16 5 26 15 35 33 27	15 25 16 15 7 26 15 35 33 27	18 30 21 14 9 26 16 35 32 27	21 34 22 17 10 26 16 35 32 27	24 3 23 20 11 27 16 35 32 27	27 7 28 23 10 28 16 35 32 27
23	31 36 32 33 28 26 15 35 32 27	34 5 34 1 30 26 15 35 33 27	1 6 34 4 32 26 14 35 33 27	4 11 3 8 35 26 14 35 33 27	7 15 9 11 1 26 14 35 33 27	10 19 10 14 3 26 15 35 33 27	12 22 10 16 5 26 15 35 33 27	15 27 16 15 7 26 15 35 33 27	18 31 21 15 9 26 16 35 32 27	21 35 22 17 10 26 16 35 32 27	25 4 23 20 11 27 16 35 32 27	28 8 28 24 10 28 16 35 32 27
24	31 1 32 33 28 26 15 35 32 27	34 7 34 1 30 26 15 35 33 27	1 8 34 4 32 26 14 35 33 27	4 13 3 8 35 26 14 35 33 27	7 16 9 11 1 26 14 35 33 27	10 20 10 14 3 26 15 35 33 27	13 23 11 16 6 26 15 35 33 27	16 28 16 15 8 26 15 35 33 27	19 33 21 15 9 26 16 35 32 27	22 36 22 17 10 26 16 35 32 27	25 6 23 20 11 27 16 35 32 27	28 10 28 24 10 28 16 35 33 27
25	31 3 32 33 28 26 15 35 32 27	34 8 34 1 30 26 15 35 33 27	1 9 34 4 33 26 14 35 33 27	4 14 3 8 35 26 14 35 33 27	7 17 9 11 1 26 14 35 33 27	10 21 10 14 4 26 15 35 33 27	13 25 11 16 6 26 15 35 33 27	16 29 17 15 8 26 15 35 33 27	19 34 21 15 9 26 16 35 32 27	22 2 21 17 10 26 16 35 32 27	25 7 23 20 11 27 16 35 32 27	28 11 28 24 10 28 16 35 33 27
26	31 4 32 33 28 26 15 35 32 27	34 9 34 1 30 26 15 35 33 27	1 10 34 4 33 26 14 35 33 27	4 15 3 8 35 26 14 35 33 27	7 18 9 11 1 26 14 35 33 27	10 23 10 14 4 26 15 35 33 27	13 26 11 16 6 26 15 35 33 27	16 31 17 15 8 26 15 35 33 27	19 36 21 15 9 26 16 35 32 27	22 3 21 17 10 26 16 35 32 27	25 9 24 20 11 27 16 35 32 27	28 13 28 24 10 28 16 35 33 27
27	31 6 32 33 28 26 15 35 32 27	34 11 34 1 31 26 15 35 33 27	1 12 34 5 33 26 14 35 33 27	4 16 3 8 35 26 14 35 33 27	7 19 9 12 1 26 14 35 33 27	10 24 10 14 4 26 15 35 33 27	13 27 11 16 6 26 15 35 33 27	16 32 17 14 8 26 15 35 33 27	19 1 21 15 9 26 16 35 32 27	22 5 21 17 11 26 16 35 32 27	25 10 24 21 11 27 16 35 32 27	28 14 29 24 10 28 16 35 33 27
28	31 7 33 33 28 26 15 35 32 27	34 12 33 1 31 26 15 35 33 27	1 13 34 5 33 26 14 35 33 27	4 17 4 8 35 26 14 35 33 27	7 21 9 12 1 26 14 35 33 27	10 25 10 14 4 26 15 35 33 27	13 28 11 16 6 26 15 35 33 27	16 33 17 14 8 26 15 35 33 27	19 3 22 15 9 26 16 35 32 27	22 6 21 17 11 26 16 35 32 27	25 12 24 21 11 27 16 35 32 27	28 15 29 24 10 28 16 35 33 27
29	31 8 33 34 28 26 15 35 32 27		1 14 35 5 33 26 14 35 33 27	4 19 4 8 35 26 14 35 33 27	7 22 9 12 2 26 14 35 33 27	10 26 10 15 4 26 15 35 33 27	13 30 11 16 6 26 15 35 33 27	16 35 17 14 8 26 15 35 33 27	19 4 22 15 10 26 16 35 32 27	22 8 21 17 11 26 16 35 32 27	25 13 24 21 11 27 16 35 32 27	28 17 29 24 10 28 16 35 33 27
30	31 10 33 34 28 26 15 35 32 27		1 15 35 5 33 26 14 35 33 27	4 20 4 9 35 26 14 35 33 27	7 23 10 12 2 26 14 35 33 27	10 28 10 15 4 26 15 35 33 27	13 31 11 16 6 26 15 35 33 27	16 36 17 14 8 26 15 35 33 27	19 6 22 15 10 26 16 35 32 27	22 9 21 17 11 26 16 35 32 27	25 14 24 21 11 27 16 35 32 27	28 18 29 24 10 28 16 35 33 27
31	32 11 33 34 29 26 15 35 32 27		1 17 35 5 33 26 14 35 33 27		7 24 10 12 2 26 14 35 33 27		13 32 12 16 6 26 15 35 33 27	16 2 18 14 8 26 15 35 33 27		22 11 21 18 11 26 16 35 32 27		28 19 29 25 10 28 16 35 33 27

2008

	JAN	FEB	MAR	APR	MAY	JUNE	JULY	AUG	SEPT	OCT	NOV	DEC
1	28 20 29 25 9 28 16 35 33 27	32 25 33 28 9 28 16 35 33 28	35 27 32 32 9 29 16 35 33 28	2 31 36 36 11 30 16 35 33 28	5 34 6 4 12 30 16 36 33 28	8 4 9 7 14 30 16 36 33 28	10 7 8 11 15 29 16 36 33 27	13 13 14 15 17 29 16 36 33 27	16 18 19 19 19 29 17 36 33 27	19 21 21 22 21 29 17 35 33 27	22 26 21 26 23 29 17 35 33 27	25 29 26 30 26 30 18 35 33 28
2	29 21 29 25 9 28 16 35 33 27	32 26 33 29 9 29 16 35 33 28	35 28 32 32 9 29 16 35 33 28	2 32 36 36 11 30 16 35 33 28	5 36 6 4 12 30 16 36 33 28	8 5 9 7 14 30 16 36 33 28	11 9 8 11 16 29 16 36 33 27	14 14 14 15 17 29 16 36 33 27	16 19 19 19 19 29 17 36 33 27	19 23 20 22 21 29 17 35 33 27	22 27 21 26 23 29 17 35 33 27	26 30 26 30 26 30 18 35 33 28
3	29 23 30 25 9 28 16 35 33 27	32 27 33 29 9 29 16 35 33 28	35 29 32 32 9 29 16 35 33 28	2 34 1 36 11 30 16 36 33 28	5 1 7 4 12 30 16 36 33 28	8 7 8 8 14 30 16 36 33 28	11 11 8 11 16 29 16 36 33 27	14 16 14 15 17 29 16 36 33 27	17 20 19 19 19 29 17 36 33 27	20 24 20 23 21 29 17 35 33 27	23 28 21 26 24 29 17 35 33 27	26 31 26 30 26 30 18 35 33 28
4	29 24 30 25 9 28 16 35 33 27	32 28 33 29 9 29 16 35 33 28	35 30 32 32 9 29 16 35 33 28	2 35 1 36 11 30 16 36 33 28	5 3 7 4 12 30 16 36 33 28	8 8 8 8 14 30 16 36 33 28	11 12 9 11 16 29 16 36 33 27	14 17 14 15 18 29 16 36 33 27	17 22 19 19 20 29 17 36 33 27	20 25 20 23 21 29 17 35 33 27	23 29 21 26 24 29 17 35 33 27	26 33 26 30 26 30 18 35 33 28
5	29 25 30 25 9 28 16 35 33 27	32 29 32 29 9 29 16 35 33 28	35 32 32 33 10 29 16 35 33 28	2 36 1 36 11 30 16 36 33 28	5 4 7 4 12 30 16 36 33 28	8 10 8 8 14 30 16 36 33 28	11 13 9 12 16 29 16 36 33 27	14 18 14 15 18 29 16 36 33 27	17 23 19 19 20 29 17 36 33 27	20 26 20 23 22 29 17 35 33 27	23 30 22 27 24 29 17 35 33 27	26 34 26 30 26 30 18 35 33 28
6	29 26 30 25 9 28 16 35 33 27	32 31 32 29 9 29 16 35 33 28	35 33 32 33 10 29 16 35 33 28	2 2 1 36 11 30 16 36 33 28	5 6 7 4 12 30 16 36 33 28	8 11 8 8 14 30 16 36 33 28	11 15 9 12 16 29 16 36 33 27	14 20 15 15 18 29 16 36 33 27	17 24 20 19 20 29 17 36 33 27	20 27 20 23 22 29 17 35 33 27	23 32 22 27 24 29 17 35 33 27	26 35 26 30 26 30 18 35 33 28
7	29 27 30 25 9 28 16 35 33 27	32 32 32 29 9 29 16 35 33 28	35 34 32 33 10 29 16 35 33 28	2 3 1 1 11 30 16 36 33 28	5 7 7 4 12 30 16 36 33 28	8 13 8 8 14 30 16 36 33 28	11 16 9 12 16 29 16 36 33 27	14 21 15 16 18 29 16 36 33 27	17 25 20 19 20 29 17 36 33 27	20 28 20 23 22 29 17 35 33 27	23 33 22 27 24 29 17 35 33 27	26 36 27 30 26 30 18 35 33 28
8	29 29 30 26 9 28 16 35 33 27	32 33 32 29 9 29 16 35 33 28	35 36 33 33 10 29 16 35 33 28	2 5 1 1 11 30 16 36 33 28	5 9 7 4 12 30 16 36 33 28	8 14 8 8 14 30 16 36 33 28	11 18 9 12 16 29 16 36 33 27	14 22 15 16 18 29 16 36 33 27	17 27 20 20 20 29 17 36 33 27	20 30 20 23 22 29 17 35 33 27	23 34 22 27 24 29 17 35 33 27	26 2 27 31 26 30 18 35 33 28
9	29 30 31 26 9 28 16 35 33 27	32 35 32 29 9 29 16 35 33 28	35 1 33 33 10 29 16 35 33 28	2 6 2 1 11 30 16 36 33 28	5 10 7 5 12 30 16 36 33 28	8 15 8 8 14 30 16 36 33 28	11 19 9 12 16 29 16 36 33 27	14 23 15 16 18 29 16 36 33 27	17 28 20 20 20 29 17 36 33 27	20 31 20 23 22 29 17 35 33 27	23 36 22 27 24 29 17 35 33 27	26 3 27 31 26 30 18 35 33 28
10	29 31 31 26 9 28 16 35 33 27	33 36 32 30 9 29 16 35 33 28	35 3 33 33 10 29 16 35 33 28	3 8 2 1 11 30 16 36 33 28	5 12 8 5 13 30 16 36 33 28	8 17 8 8 14 30 16 36 33 28	11 20 9 12 16 29 16 36 33 27	14 25 15 16 18 29 16 36 33 27	17 29 20 20 20 29 17 36 33 27	20 32 20 23 22 29 17 35 33 27	23 1 22 27 24 29 17 35 33 27	26 5 27 31 26 30 18 35 33 28
11	30 32 31 26 9 28 16 35 33 27	33 2 32 30 9 29 16 35 33 28	36 4 33 33 10 29 16 35 33 28	3 9 2 1 11 30 16 36 33 28	6 13 8 5 13 30 16 36 33 28	9 18 8 9 14 30 16 36 33 28	11 21 10 12 16 29 16 36 33 27	14 26 16 16 18 29 16 36 33 27	17 30 20 20 20 29 17 36 33 27	20 33 19 24 22 29 17 35 33 27	23 2 23 27 24 29 17 35 33 27	26 6 27 31 26 30 18 35 33 28
12	30 34 31 26 9 28 16 35 33 27	33 3 32 30 9 29 16 35 33 28	36 5 33 33 10 29 16 35 33 28	3 11 2 1 11 30 16 36 33 28	6 14 8 5 13 30 16 36 33 28	9 19 8 9 14 30 16 36 33 28	12 23 10 12 16 29 16 36 33 27	14 27 16 16 18 29 16 36 33 27	17 31 20 20 20 29 17 36 33 27	20 35 19 24 22 29 17 35 33 27	23 4 23 27 24 29 17 35 33 27	27 8 27 31 26 30 18 35 33 28
13	30 35 31 26 9 28 16 35 33 27	33 4 32 30 9 29 16 35 33 28	36 7 33 34 10 29 16 35 33 28	3 12 2 1 11 30 16 36 33 28	6 16 8 5 13 30 16 36 33 28	9 20 8 9 14 30 16 36 33 28	12 24 10 13 16 29 16 36 33 27	15 28 16 16 18 29 16 36 33 27	18 33 20 20 20 29 17 36 33 27	21 36 19 24 22 29 17 35 33 27	24 5 23 28 24 29 17 35 33 27	27 9 28 31 26 30 18 35 33 28
14	30 36 31 26 9 28 16 35 33 27	33 6 31 30 9 29 16 35 33 28	36 8 33 34 10 29 16 35 33 28	3 13 3 1 11 30 16 36 33 28	6 17 8 5 13 30 16 36 33 28	9 22 8 9 14 30 16 36 33 28	12 25 10 13 16 29 16 36 33 27	15 29 16 16 18 29 16 36 33 27	18 34 20 20 20 29 17 36 33 27	21 1 19 24 22 29 17 35 33 27	24 7 23 28 24 29 17 35 33 27	27 11 28 31 27 30 18 35 33 28
15	30 2 32 26 9 28 16 35 33 27	33 7 31 30 9 29 16 35 33 28	36 10 34 34 10 29 16 35 33 28	3 15 3 2 11 30 16 36 33 28	6 18 8 5 13 30 16 36 33 28	9 23 8 9 15 30 16 36 33 27	12 26 10 13 16 29 16 36 33 27	15 31 16 17 18 29 16 36 33 27	18 35 20 20 20 29 17 36 33 27	21 3 19 24 22 29 17 35 33 27	24 8 23 28 24 29 17 35 33 27	27 12 28 31 27 30 18 35 33 28
16	30 3 32 26 9 28 16 35 33 27	33 9 31 30 9 29 16 35 33 28	36 11 34 34 10 29 16 35 33 28	3 16 3 2 11 30 16 36 33 28	6 20 8 5 13 30 16 36 33 28	9 24 8 9 15 30 16 36 33 27	12 27 10 13 16 29 16 36 33 27	15 32 16 17 18 29 16 36 33 27	18 1 20 21 20 29 17 36 33 27	21 4 19 24 22 29 17 35 33 27	24 10 23 28 24 29 17 35 33 27	27 14 28 31 27 30 18 35 33 28
17	30 5 32 27 9 28 16 35 33 27	33 10 31 30 9 29 16 35 33 28	36 12 34 34 10 29 16 35 33 28	3 17 3 2 11 30 16 36 33 28	6 21 8 6 13 30 16 36 33 28	9 25 8 9 15 30 16 36 33 27	12 28 11 13 16 29 16 36 33 27	15 33 17 17 18 29 16 36 33 27	18 2 21 21 20 29 17 36 33 27	21 6 19 24 22 29 17 35 33 27	24 11 23 28 25 29 17 35 33 27	27 15 28 32 27 30 18 35 33 28
18	30 6 32 27 9 28 16 35 33 27	33 11 31 31 9 29 16 35 33 28	36 14 34 34 10 29 16 35 33 28	3 19 4 2 11 30 16 36 33 28	6 22 8 6 13 30 16 36 33 28	9 26 8 9 15 30 16 36 33 27	12 30 11 13 16 29 16 36 33 27	15 34 17 17 18 29 16 36 33 27	18 3 21 21 20 29 17 36 33 27	21 7 19 24 22 29 17 35 33 27	24 13 24 28 25 29 18 35 33 27	27 16 28 32 27 30 18 35 33 28
19	30 8 32 27 9 28 16 35 33 27	33 13 31 31 9 29 16 35 33 28	36 15 34 34 10 29 16 35 33 28	3 20 4 2 11 30 16 36 33 28	6 23 8 6 13 30 16 36 33 28	9 28 8 10 15 29 16 36 33 27	12 31 11 13 17 29 16 36 33 27	15 36 17 17 18 29 16 36 33 27	18 5 21 21 20 29 17 36 33 27	21 9 19 25 23 29 17 35 33 27	24 14 24 28 25 29 18 35 33 27	27 18 29 32 27 30 18 35 33 28
20	30 9 32 27 9 28 16 35 33 27	34 14 31 31 9 29 16 35 33 28	36 16 34 34 10 29 16 35 33 28	4 21 4 2 11 30 16 36 33 28	6 24 8 6 13 30 16 36 33 28	9 29 8 10 15 29 16 36 33 27	12 32 11 13 17 29 16 36 33 27	15 1 17 17 19 29 17 36 33 27	18 6 21 21 21 29 17 36 33 27	21 10 19 25 23 29 17 35 33 27	24 15 24 28 25 30 18 35 33 27	27 19 29 32 27 30 18 35 33 28
21	31 10 32 27 9 28 16 35 33 27	34 15 31 31 9 29 16 35 33 28	1 18 34 34 10 29 16 35 33 28	4 22 4 2 12 30 16 36 33 28	7 26 9 6 13 30 16 36 33 28	10 30 8 10 15 29 16 36 33 27	12 33 11 14 17 29 16 36 33 27	15 2 17 17 19 29 17 36 33 27	18 8 21 21 21 29 17 36 33 27	21 12 19 25 23 29 17 35 33 27	24 17 24 28 25 30 18 35 33 27	27 20 29 32 27 30 18 35 33 28
22	31 12 32 27 9 28 16 35 33 27	34 17 31 31 9 29 16 35 33 28	1 19 35 35 10 29 16 35 33 28	4 23 4 2 12 30 16 36 33 28	7 27 9 6 13 30 16 36 33 28	10 31 8 10 15 29 16 36 33 27	12 35 12 14 17 29 16 36 33 27	15 4 17 17 19 29 17 36 33 27	18 9 21 21 21 29 17 36 33 27	21 13 20 25 23 29 17 35 33 27	25 18 24 29 25 30 18 35 33 27	28 22 29 32 27 30 18 35 33 28
23	31 13 33 27 9 28 16 35 33 27	34 18 31 31 9 29 16 35 33 28	1 20 35 35 10 29 16 35 33 28	4 25 5 3 12 30 16 36 33 28	7 28 9 6 13 30 16 36 33 28	10 32 8 10 15 29 16 36 33 27	13 36 12 14 17 29 16 36 33 27	16 5 18 18 19 29 17 36 33 27	19 11 21 21 21 29 17 36 33 27	21 14 20 25 23 29 17 35 33 27	25 19 24 29 25 30 18 35 33 27	28 23 29 32 27 30 18 35 33 28
24	31 15 33 27 9 28 16 35 33 27	34 19 31 31 9 29 16 35 33 28	1 21 35 35 10 29 16 35 33 28	4 26 5 3 12 30 16 36 33 28	7 29 9 6 13 30 16 36 33 28	10 34 8 10 15 29 16 36 33 27	13 1 12 14 17 29 16 36 33 27	16 7 18 18 19 29 17 36 33 27	19 12 21 21 21 29 17 36 33 27	22 16 20 25 23 29 17 35 33 27	25 21 25 29 25 30 18 35 33 27	28 24 29 32 27 30 18 35 33 28
25	31 16 33 28 9 28 16 35 33 27	34 21 32 31 9 29 16 35 33 28	1 23 35 35 10 29 16 35 33 28	4 27 5 3 12 30 16 36 33 28	7 30 9 7 13 30 16 36 33 28	10 35 8 10 15 29 16 36 33 27	13 3 12 14 17 29 16 36 33 27	16 8 18 18 19 29 17 36 33 27	19 13 21 22 21 29 17 36 33 27	22 17 20 25 23 29 17 35 33 27	25 22 25 29 25 30 18 35 33 27	28 25 29 32 27 30 18 35 33 28
26	31 17 33 28 9 28 16 35 33 27	34 22 32 32 9 29 16 35 33 28	1 24 35 35 10 29 16 35 33 28	4 28 5 3 12 30 16 36 33 28	7 32 9 7 13 30 16 36 33 28	10 36 8 10 15 29 16 36 33 27	13 4 12 14 17 29 16 36 33 27	16 9 18 18 19 29 17 36 33 27	19 15 21 22 21 29 17 36 33 27	22 18 20 25 23 29 17 35 33 27	25 23 25 29 25 30 18 35 33 27	28 26 30 33 27 30 18 35 33 28
27	31 19 33 28 9 28 16 35 33 28	34 23 32 32 9 29 16 35 33 28	1 25 35 35 10 29 16 35 33 28	4 29 5 3 12 30 16 36 33 28	7 33 9 7 13 30 16 36 33 28	10 2 8 11 15 29 16 36 33 27	13 6 13 14 17 29 16 36 33 27	16 11 18 18 19 29 17 36 33 27	19 16 21 22 21 29 17 36 33 27	22 20 20 25 23 29 17 35 33 27	25 24 25 29 25 30 18 35 33 27	28 28 30 33 27 30 18 35 33 28
28	31 20 33 28 9 28 16 35 33 28	34 24 32 32 9 29 16 35 33 28	1 26 35 35 10 29 16 35 33 28	4 31 6 3 12 30 16 36 33 28	7 34 9 7 13 30 16 36 33 28	10 3 8 11 15 29 16 36 33 27	13 7 13 14 17 29 16 36 33 27	16 12 18 18 19 29 17 36 33 27	19 17 21 22 21 29 17 36 33 27	22 21 20 26 23 29 17 35 33 27	25 25 25 29 25 30 18 35 33 28	28 29 30 33 28 30 18 35 33 28
29	31 21 33 28 9 28 16 35 33 28	34 25 32 32 9 29 16 35 33 28	1 27 36 35 10 29 16 35 33 28	4 32 6 3 12 30 16 36 33 28	7 35 9 7 14 30 16 36 33 28	10 5 8 11 15 29 16 36 33 27	13 8 13 14 17 29 16 36 33 27	16 14 18 18 19 29 17 36 33 27	19 19 21 22 21 29 17 36 33 27	22 22 20 26 23 29 17 35 33 27	25 27 25 29 25 30 18 35 33 28	28 30 30 33 28 30 18 35 33 28
30	31 22 33 28 9 28 16 35 33 28		1 29 36 36 10 29 16 35 33 28	5 33 6 3 12 30 16 36 33 28	7 1 9 7 14 30 16 36 33 28	10 6 8 11 15 29 16 36 33 27	13 10 13 15 17 29 16 36 33 27	16 15 19 18 19 29 17 36 33 27	19 20 21 22 21 29 17 36 33 27	22 23 21 26 23 29 17 35 33 27	25 28 26 30 25 30 18 35 33 28	28 31 30 33 28 30 18 35 33 28
31	32 23 33 28 9 28 16 35 33 28		2 30 36 36 11 30 16 35 33 28		7 2 9 7 14 30 16 36 33 28		13 11 13 15 17 29 16 36 33 27	16 17 19 19 19 29 17 36 33 27		22 25 21 26 23 29 17 35 33 27		28 32 30 33 28 30 18 35 33 28

2009

	JAN	FEB	MAR	APR	MAY	JUNE	JULY	AUG	SEPT	OCT	NOV	DEC
1	29 33 30 33 28 30 18 35 33 28	32 2 30 36 30 31 18 36 33 28	35 3 32 2 32 32 17 36 33 28	2 9 2 1 35 32 17 36 33 28	5 12 7 1 1 33 17 36 33 28	8 18 6 3 4 33 17 36 33 28	10 21 9 6 6 33 17 36 33 28	13 26 15 9 8 33 17 36 33 28	16 30 19 13 10 32 18 36 33 28	19 34 18 17 12 32 18 36 33 28	22 2 22 21 13 32 19 36 33 28	25 6 27 24 14 33 19 36 33 28
2	29 35 31 33 28 30 18 35 33 28	32 4 30 36 30 31 18 36 33 28	35 5 32 2 32 32 17 36 33 28	2 10 2 1 35 32 17 36 33 28	5 14 7 1 1 33 17 36 33 28	8 19 6 3 4 33 17 36 33 28	11 23 9 6 6 33 17 36 33 28	13 27 15 10 8 33 17 36 33 28	16 32 19 13 10 32 18 36 33 28	19 35 18 17 12 32 18 36 33 28	22 3 22 21 13 32 19 36 33 28	25 7 27 25 14 33 19 36 33 28
3	29 36 31 33 28 30 18 35 33 28	32 5 30 36 30 31 18 36 33 28	35 6 33 2 33 32 17 36 33 28	2 11 2 1 35 32 17 36 33 28	5 15 7 1 1 33 17 36 33 28	8 20 6 3 4 33 17 36 33 28	11 24 9 6 6 33 17 36 33 28	14 28 16 10 8 33 17 36 33 28	17 33 19 13 10 32 18 36 33 28	19 36 18 17 12 32 18 36 33 28	23 5 22 21 13 32 19 36 33 28	26 9 27 25 14 33 19 36 33 28
4	29 1 31 34 28 30 18 35 33 28	32 6 30 1 30 31 18 36 33 28	35 7 33 2 33 32 17 36 33 28	2 13 2 1 35 32 17 36 33 28	5 17 7 1 1 33 17 36 33 28	8 22 6 3 4 33 17 36 33 28	11 25 10 6 6 33 17 36 33 28	14 29 16 10 8 33 17 36 33 28	17 34 19 13 10 32 18 36 33 28	20 1 18 17 12 32 18 36 33 28	23 6 23 21 13 32 19 36 33 28	26 10 27 25 14 33 19 36 33 28
5	29 3 31 34 28 30 18 35 33 28	32 8 30 1 31 31 18 36 33 28	35 9 33 2 33 32 17 36 33 28	2 14 3 1 35 32 17 36 33 28	5 18 7 1 1 33 17 36 33 28	8 23 6 3 4 33 17 36 33 28	11 26 10 6 6 33 17 36 33 28	14 31 16 10 8 33 17 36 33 28	17 35 19 14 10 32 18 36 33 28	20 3 18 17 12 32 18 36 33 28	23 8 23 21 13 32 19 36 33 28	26 11 27 25 14 33 19 36 33 28
6	29 4 31 34 28 31 18 35 33 28	32 9 30 1 31 31 18 36 33 28	35 10 33 2 33 32 17 36 33 28	2 16 3 1 35 33 17 36 33 28	5 19 7 1 2 33 17 36 33 28	8 24 6 3 4 33 17 36 33 28	11 27 10 7 6 33 17 36 33 28	14 32 16 10 8 33 17 36 33 28	17 36 19 14 10 32 18 36 33 28	20 4 18 17 12 32 18 36 33 28	23 9 23 21 13 32 19 36 33 28	26 13 28 25 14 33 19 36 33 28
7	29 5 31 34 28 31 18 35 33 28	32 11 30 1 31 31 18 36 33 28	35 12 33 2 33 32 17 36 33 28	2 17 3 1 35 33 17 36 33 28	5 21 7 1 2 33 17 36 33 28	8 25 6 4 4 33 17 36 33 28	11 29 10 7 6 33 17 36 33 28	14 33 16 10 8 33 17 36 33 28	17 2 19 14 10 32 18 36 33 28	20 5 18 18 12 32 18 36 33 28	23 10 23 21 13 32 19 36 33 28	26 14 28 25 14 33 19 36 33 28
8	29 7 31 34 28 31 18 35 33 28	32 12 30 1 31 31 18 36 33 28	35 13 33 2 33 32 17 36 33 28	2 18 3 1 35 33 17 36 33 28	5 22 7 1 2 33 17 36 33 28	8 27 6 4 4 33 17 36 33 28	11 30 10 7 6 33 17 36 33 28	14 34 16 10 8 33 18 36 33 28	17 3 19 14 10 32 18 36 33 28	20 7 18 18 12 32 18 36 33 28	23 12 23 21 14 32 19 36 33 28	26 16 28 25 14 33 19 36 33 28
9	29 8 31 34 28 31 18 35 33 28	33 14 30 1 31 31 18 36 33 28	35 15 34 2 33 32 17 36 33 28	2 20 3 1 35 33 17 36 33 28	5 23 7 1 2 33 17 36 33 28	8 28 6 4 4 33 17 36 33 28	11 31 11 7 6 33 17 36 33 28	14 35 16 10 8 33 18 36 33 28	17 4 19 14 10 32 18 36 33 28	20 8 18 18 12 32 18 36 33 28	23 13 23 22 14 32 19 36 33 28	26 17 28 25 14 33 19 36 33 28
10	29 10 31 34 29 31 18 35 33 28	33 15 30 1 31 31 18 36 33 28	35 16 34 2 33 32 17 36 33 28	3 21 4 1 36 33 17 36 33 28	5 24 7 1 2 33 17 36 33 28	8 29 6 4 4 33 17 36 33 28	11 32 11 7 6 33 17 36 33 28	14 1 17 11 8 33 18 36 33 28	17 6 19 14 10 32 18 36 33 28	20 9 18 18 12 32 18 36 33 28	23 15 24 22 14 32 19 36 33 28	26 19 28 26 14 33 19 36 33 28
11	30 11 31 34 29 31 18 35 33 28	33 17 30 1 31 31 18 36 33 28	36 17 34 2 33 32 17 36 33 28	3 22 4 1 36 33 17 36 33 28	6 26 7 1 2 33 17 36 33 28	9 30 6 4 4 33 17 36 33 28	11 33 11 7 6 33 17 36 33 28	14 2 17 11 9 33 18 36 33 28	17 7 19 14 11 32 18 36 33 28	20 11 19 18 12 32 18 36 33 28	23 16 24 22 14 32 19 36 33 28	26 20 28 26 14 33 19 36 33 28
12	30 13 31 34 29 31 18 35 33 28	33 18 30 1 31 31 18 36 33 28	36 19 34 2 33 32 17 36 33 28	3 24 4 36 36 33 17 36 33 28	6 27 7 1 2 33 17 36 33 28	9 31 6 4 4 33 17 36 33 28	11 35 11 7 6 33 17 36 33 28	14 3 17 11 9 33 18 36 33 28	17 8 19 14 11 32 18 36 33 28	20 12 19 18 12 32 18 36 33 28	23 18 24 22 14 32 19 36 33 28	27 21 28 26 14 33 19 36 33 28
13	30 14 31 35 29 31 18 35 33 28	33 19 30 1 31 31 18 36 33 28	36 20 34 2 33 32 17 36 33 28	3 25 4 36 36 33 17 36 33 28	6 28 7 1 2 33 17 36 33 28	9 32 6 4 4 33 17 36 33 28	12 36 11 7 7 33 17 36 33 28	15 5 17 11 9 33 18 36 33 28	18 10 19 15 11 32 18 36 33 28	20 14 19 18 12 32 18 36 33 28	24 19 24 22 14 32 19 36 33 28	27 23 29 26 14 33 19 36 33 28
14	30 16 31 35 29 31 18 35 33 28	33 21 30 1 31 31 18 36 33 28	36 21 34 2 33 32 17 36 33 28	3 26 4 36 36 33 17 36 33 28	6 29 6 1 2 33 17 36 33 28	9 34 6 4 4 33 17 36 33 28	12 1 12 7 7 33 17 36 33 28	15 6 17 11 9 33 18 36 33 28	18 11 19 15 11 32 18 36 33 28	21 15 19 18 12 32 18 36 33 28	24 20 24 22 14 32 19 36 33 28	27 24 29 26 14 33 19 36 33 28
15	30 17 31 35 29 31 18 35 33 28	33 22 31 1 31 31 18 36 33 28	36 23 35 2 33 32 17 36 33 28	3 27 5 36 36 33 17 36 33 28	6 30 6 2 2 33 17 36 33 28	9 35 7 4 5 33 17 36 33 28	12 2 12 8 7 33 17 36 33 28	15 7 17 11 9 33 18 36 33 28	18 13 19 15 11 32 18 36 33 28	21 16 19 19 12 32 18 36 33 28	24 22 24 22 14 32 19 36 33 28	27 25 29 26 14 33 19 36 33 28
16	30 19 31 35 29 31 18 35 33 28	33 23 31 1 31 31 17 36 33 28	36 24 35 2 34 32 17 36 33 28	3 28 5 36 36 33 17 36 33 28	6 32 6 2 2 33 17 36 33 28	9 36 7 4 5 33 17 36 33 28	12 4 12 8 7 33 17 36 33 28	15 9 17 11 9 33 18 36 33 28	18 14 19 15 11 32 18 36 33 28	21 18 19 19 12 32 18 36 33 28	24 23 24 23 14 32 19 36 33 28	27 26 29 26 14 33 19 36 33 28
17	30 20 31 35 29 31 18 35 33 28	33 24 31 1 31 31 17 36 33 28	36 25 35 2 34 32 17 36 33 28	3 30 5 36 36 33 17 36 33 28	6 33 6 2 2 33 17 36 33 28	9 1 7 5 5 33 17 36 33 28	12 5 12 8 7 33 17 36 33 28	15 10 18 11 9 33 18 36 33 28	18 16 19 15 11 32 18 36 33 28	21 19 20 19 13 32 18 36 33 28	24 24 25 23 14 32 19 36 33 28	27 28 29 26 14 33 19 36 33 28
18	30 21 31 35 29 31 18 35 33 28	33 26 31 2 32 32 17 36 33 28	36 26 35 2 34 32 17 36 33 28	3 31 5 36 36 33 17 36 33 28	6 34 6 2 2 33 17 36 33 28	9 3 7 5 5 33 17 36 33 28	12 6 13 8 7 33 17 36 33 28	15 12 18 11 9 33 18 36 33 28	18 17 19 15 11 32 18 36 33 28	21 21 20 19 13 32 18 36 33 28	24 25 25 23 14 32 19 36 33 28	27 29 29 27 14 33 19 36 33 28
19	30 22 31 35 29 31 18 35 33 28	34 27 31 2 32 32 17 36 33 28	36 28 35 2 34 32 17 36 33 28	3 32 5 36 36 33 17 36 33 28	6 35 6 2 3 33 17 36 33 28	9 4 7 5 5 33 17 36 33 28	12 8 13 8 7 33 17 36 33 28	15 13 18 12 9 33 18 36 33 28	18 18 18 15 11 32 18 36 33 28	21 22 20 19 13 32 18 36 33 28	24 27 25 23 14 32 19 36 33 28	27 30 29 27 14 33 19 36 33 28
20	31 24 31 35 29 31 18 35 33 28	34 28 31 2 32 32 17 36 33 28	36 29 35 2 34 32 17 36 33 28	4 33 5 36 36 33 17 36 33 28	6 1 6 2 3 33 17 36 33 28	9 5 7 5 5 33 17 36 33 28	12 9 13 8 7 33 17 36 33 28	15 15 18 12 9 33 18 36 33 28	18 20 18 15 11 32 18 36 33 28	21 23 20 19 13 32 18 36 33 28	24 28 25 23 14 32 19 36 33 28	27 31 29 27 14 33 19 36 33 28
21	31 25 31 35 29 31 18 35 33 28	34 29 31 2 32 32 17 36 33 28	1 30 36 2 34 32 17 36 33 28	4 34 6 36 36 33 17 36 33 28	7 2 6 2 3 33 17 36 33 28	9 7 7 5 5 33 17 36 33 28	12 11 13 8 7 33 17 36 33 28	15 16 18 12 9 33 18 36 33 28	18 21 18 16 11 32 18 36 33 28	21 25 20 19 13 32 18 36 33 28	24 29 25 23 14 32 19 36 33 28	27 32 29 27 14 33 19 36 33 28
22	31 26 30 35 29 31 18 35 33 28	34 30 31 2 32 32 17 36 33 28	1 31 36 2 34 32 17 36 33 28	4 36 6 36 36 33 17 36 33 28	7 3 6 2 3 33 17 36 33 28	10 8 7 5 5 33 17 36 33 28	12 12 13 8 7 33 17 36 33 28	15 18 18 12 9 33 18 36 33 28	18 23 18 16 11 32 18 36 33 28	21 26 20 19 13 32 18 36 33 28	24 30 25 23 14 32 19 36 33 28	28 34 30 27 14 33 19 36 33 28
23	31 27 30 35 30 31 18 36 33 28	34 32 31 2 32 32 17 36 33 28	1 32 36 2 34 32 17 36 33 28	4 1 6 36 1 33 17 36 33 28	7 5 6 2 3 33 17 36 33 28	10 10 8 5 5 33 17 36 33 28	13 14 14 8 7 33 17 36 33 28	16 19 18 12 9 33 18 36 33 28	19 24 18 16 11 32 18 36 33 28	21 27 21 20 13 32 18 36 33 28	25 32 26 23 14 32 19 36 33 28	28 35 30 27 14 33 19 36 33 28
24	31 28 30 36 30 31 18 36 33 28	34 33 32 2 32 32 17 36 33 28	1 34 36 1 34 32 17 36 33 28	4 2 6 36 1 33 17 36 33 28	7 6 6 2 3 33 17 36 33 28	10 11 8 5 5 33 17 36 33 28	13 15 14 9 7 33 17 36 33 28	16 20 18 12 9 33 18 36 33 28	19 25 18 16 11 32 18 36 33 28	22 28 21 20 13 32 18 36 33 28	25 33 26 24 14 32 19 36 33 28	28 36 30 27 14 33 19 36 33 28
25	31 30 30 36 30 31 18 36 33 28	34 34 32 2 32 32 17 36 33 28	1 35 36 1 34 32 17 36 33 28	4 4 6 1 1 33 17 36 33 28	7 8 6 2 3 33 17 36 33 28	10 13 8 5 5 33 17 36 33 28	13 17 14 9 7 33 17 36 33 28	16 22 18 12 9 33 18 36 33 28	19 26 18 16 11 32 18 36 33 28	22 30 21 20 13 32 18 36 33 28	25 34 26 24 14 33 19 36 33 28	28 1 30 27 14 33 19 36 33 28
26	31 31 30 36 30 31 18 36 33 28	34 35 32 2 32 32 17 36 33 28	1 36 1 1 34 32 17 36 33 28	4 5 6 1 1 33 17 36 33 28	7 9 6 2 3 33 17 36 33 28	10 14 8 5 5 33 17 36 33 28	13 18 14 9 7 33 17 36 33 28	16 23 19 12 10 33 18 36 33 28	19 28 18 16 11 32 18 36 33 28	22 31 21 20 13 32 18 36 33 28	25 35 26 24 14 33 19 36 33 28	28 2 30 28 14 33 19 36 33 28
27	31 32 30 36 30 31 18 36 33 28	34 1 32 2 32 32 17 36 33 28	1 2 1 1 34 32 17 36 33 28	4 7 6 1 1 33 17 36 33 28	7 11 6 3 3 33 17 36 33 28	10 16 8 6 5 33 17 36 33 28	13 20 14 9 8 33 17 36 33 28	16 24 19 13 10 33 18 36 33 28	19 29 18 16 11 32 18 36 33 28	22 32 21 20 13 32 18 36 33 28	25 36 26 24 14 33 19 36 33 28	28 4 30 28 14 33 19 36 33 28
28	31 33 30 36 30 31 18 36 33 28	34 2 32 2 32 32 17 36 33 28	1 3 1 1 35 32 17 36 33 28	4 8 6 1 1 33 17 36 33 28	7 12 6 3 3 33 17 36 33 28	10 17 8 6 5 33 17 36 33 28	13 21 14 9 8 33 17 36 33 28	16 26 19 13 10 33 18 36 33 28	19 30 18 16 12 32 18 36 33 28	22 33 21 20 13 32 18 36 33 28	25 2 26 24 14 33 19 36 33 28	28 5 30 28 14 33 19 36 33 28
29	31 34 30 36 30 31 18 36 33 28		1 4 1 1 35 32 17 36 33 28	4 10 6 1 1 33 17 36 33 28	7 13 6 3 3 33 17 36 33 28	10 19 9 6 6 33 17 36 33 28	13 22 15 9 8 33 17 36 33 28	16 27 19 13 10 33 18 36 33 28	19 31 18 17 12 32 18 36 33 28	22 34 22 20 13 32 18 36 33 28	25 3 26 24 14 33 19 36 33 28	28 6 30 28 14 33 19 36 33 28
30	32 36 30 36 30 31 18 36 33 28		1 6 1 1 35 32 17 36 33 28	4 11 6 1 1 33 17 36 33 28	7 15 6 3 3 33 17 36 33 28	10 20 9 6 6 33 17 36 33 28	13 23 15 9 8 33 17 36 33 28	16 28 19 13 10 33 18 36 33 28	19 32 18 17 12 32 18 36 33 28	22 36 22 20 13 32 19 36 33 28	25 4 27 24 14 33 19 36 33 28	28 8 30 28 14 33 19 36 33 28
31	32 1 30 36 30 31 18 36 33 28		2 7 2 1 35 32 17 36 33 28		7 16 6 3 3 33 17 36 33 28		13 25 15 9 8 33 17 36 33 28	16 29 19 13 10 33 18 36 33 28		22 1 22 20 13 32 19 36 33 28		28 9 29 28 14 33 19 36 33 28

2010

	JAN	FEB	MAR	APR	MAY	JUNE	JULY	AUG	SEPT	OCT	NOV	DEC
1	29 11 29 28 14 33 19 36 33 28	32 16 29 32 13 34 19 36 33 28	35 17 33 36 13 34 19 36 33 28	2 22 3 4 13 35 19 36 33 28	5 26 4 7 14 36 18 36 33 28	8 30 5 11 15 36 18 1 33 28	10 33 11 14 17 1 18 1 33 28	13 2 16 18 19 1 19 1 33 28	16 6 17 21 21 1 19 36 33 28	19 10 18 23 23 36 19 36 33 28	22 15 23 22 25 36 20 36 33 28	25 19 27 22 27 36 20 36 33 28
2	29 12 29 28 14 33 19 36 33 28	32 18 29 32 13 34 19 36 33 28	35 18 34 36 13 35 19 36 33 28	2 24 3 4 13 35 19 36 33 28	5 27 4 7 14 36 18 36 33 28	8 31 5 11 15 36 18 1 33 28	11 35 11 15 17 1 18 1 33 28	13 3 16 18 19 1 19 1 33 28	16 8 17 21 21 1 19 36 33 28	19 11 18 23 23 36 19 36 33 28	22 17 23 22 25 36 20 36 33 28	25 21 28 22 27 36 20 36 33 28
3	29 14 29 29 14 33 19 36 33 28	32 19 30 32 13 34 19 36 33 28	35 20 34 36 13 35 19 36 33 28	2 25 4 4 13 35 19 36 33 28	5 28 4 7 14 36 18 36 33 28	8 33 5 11 15 36 18 1 33 28	11 36 11 15 17 1 18 1 33 28	14 4 16 18 19 1 19 1 33 28	17 9 17 21 21 1 19 36 33 28	19 13 18 23 23 36 19 36 33 28	23 18 24 22 25 36 20 36 33 28	26 22 28 22 27 36 20 36 33 28
4	29 15 29 29 14 33 19 36 33 28	32 21 30 33 13 34 19 36 33 28	35 21 34 36 13 35 19 36 33 28	2 26 4 4 13 35 19 36 33 28	5 29 4 8 14 36 18 36 33 28	8 34 6 11 15 36 18 1 33 28	11 1 11 15 17 1 18 1 33 28	14 6 16 18 19 1 19 1 33 28	17 10 17 21 21 1 19 36 33 28	20 14 19 23 23 36 19 36 33 28	23 20 24 22 25 36 20 36 33 28	26 23 28 22 27 36 20 36 33 28
5	29 17 29 29 14 33 19 36 33 28	32 22 30 33 13 34 19 36 33 28	35 23 34 36 13 35 19 36 33 28	2 27 4 4 13 35 19 36 33 28	5 31 4 8 14 36 18 36 33 28	8 35 6 11 15 36 18 1 33 28	11 2 12 15 17 1 18 1 33 28	14 7 16 18 19 1 19 1 33 28	17 12 16 21 21 1 19 36 33 28	20 16 19 23 23 36 19 36 33 28	23 21 24 22 25 36 20 36 33 28	26 25 28 22 27 36 20 36 33 28
6	29 18 29 29 14 33 19 36 33 28	32 23 30 33 13 34 19 36 33 28	35 24 34 36 13 35 19 36 33 28	2 29 4 4 13 35 19 36 33 28	5 32 4 8 14 36 18 36 33 28	8 36 6 12 15 36 18 1 33 28	11 3 12 15 17 1 18 1 33 28	14 8 17 18 19 1 19 1 33 28	17 13 16 21 21 1 19 36 33 28	20 17 19 23 23 36 19 36 33 28	23 23 24 22 25 36 20 36 33 28	26 26 28 22 27 36 20 36 33 28
7	29 20 29 29 14 33 19 36 33 28	32 24 30 33 13 34 19 36 33 28	35 25 34 36 13 35 19 36 33 28	2 30 4 4 13 35 19 36 33 28	5 33 4 8 14 36 18 36 33 28	8 1 6 12 15 1 18 1 33 28	11 5 12 15 17 1 18 1 33 28	14 10 17 18 19 1 19 1 33 28	17 15 16 21 21 1 19 36 33 28	20 19 19 23 23 36 19 36 33 28	23 24 24 22 25 36 20 36 33 28	26 28 28 22 27 36 20 36 33 28
8	29 21 29 29 14 33 19 36 33 28	32 26 30 33 13 34 19 36 33 28	35 27 35 1 13 35 19 36 33 28	2 31 4 4 13 35 18 36 33 28	5 34 4 8 14 36 18 36 33 28	8 3 6 12 16 1 18 1 33 28	11 6 12 15 17 1 18 1 33 28	14 11 17 19 19 1 19 1 33 28	17 16 16 21 21 1 19 36 33 28	20 20 19 23 23 36 19 36 33 28	23 25 24 22 25 36 20 36 33 28	26 29 28 22 28 36 20 36 33 28
9	29 22 28 29 14 33 19 36 33 28	33 27 30 33 13 34 19 36 33 28	35 28 35 1 13 35 19 36 33 28	2 32 4 5 13 35 18 36 33 28	5 35 4 8 14 36 18 36 33 28	8 4 6 12 16 1 18 1 33 28	11 7 12 15 17 1 18 1 33 28	14 13 17 19 19 1 19 1 33 28	17 18 16 22 21 1 19 36 33 28	20 22 19 23 23 36 19 36 33 28	23 27 25 21 25 36 20 36 33 28	26 30 28 22 28 36 20 36 33 28
10	29 24 28 29 14 33 19 36 33 28	33 28 30 33 13 34 19 36 33 28	35 29 35 1 13 35 19 36 33 28	3 33 4 5 13 35 18 36 33 28	5 1 4 8 14 36 18 36 33 28	8 5 6 12 16 1 18 1 33 28	11 9 13 15 17 1 18 1 33 28	14 14 17 19 19 1 19 1 33 28	17 19 16 22 21 36 19 36 33 28	20 23 20 23 23 36 19 36 33 28	23 28 25 21 25 36 20 36 33 28	26 31 28 22 28 36 20 36 33 28
11	30 25 28 30 14 33 19 36 33 28	33 29 31 33 13 34 19 36 33 28	36 30 35 1 13 35 19 36 33 28	3 35 4 5 13 35 18 36 33 28	6 2 4 8 14 36 18 36 33 28	8 7 7 12 16 1 18 1 33 28	11 10 13 16 17 1 18 1 33 28	14 16 17 19 19 1 19 1 33 28	17 21 16 22 21 36 19 36 33 28	20 25 20 23 23 36 19 36 33 28	23 29 25 21 25 36 20 36 33 28	26 33 28 22 28 36 20 36 33 28
12	30 26 28 30 14 33 19 36 33 28	33 31 31 34 13 34 19 36 33 28	36 31 35 1 13 35 19 36 33 28	3 36 5 5 13 35 18 36 33 28	6 3 4 9 14 36 18 36 33 28	9 8 7 12 16 1 18 1 33 28	11 12 13 16 17 1 18 1 33 28	14 17 17 19 19 1 19 1 33 28	17 22 16 22 21 36 19 36 33 28	20 26 20 23 23 36 19 36 33 28	23 31 25 21 26 36 20 36 33 28	26 34 28 22 28 36 20 36 33 28
13	30 27 28 30 14 33 19 36 33 28	33 32 31 34 13 34 19 36 33 28	36 33 36 1 13 35 19 36 33 28	3 1 5 5 13 35 18 36 33 28	6 4 4 9 14 36 18 36 33 28	9 9 7 12 16 1 18 1 33 28	12 13 13 16 17 1 18 1 33 28	15 19 17 19 19 1 19 1 33 28	18 24 16 22 21 36 19 36 33 28	20 27 20 23 23 36 19 36 33 28	24 32 25 21 26 36 20 36 33 28	27 35 28 22 28 36 20 36 33 28
14	30 28 28 30 14 33 19 36 33 28	33 33 31 34 13 34 19 36 33 28	36 34 36 1 13 35 19 36 33 28	3 2 5 5 13 36 18 36 33 28	6 6 4 9 14 36 18 36 33 28	9 11 7 12 16 1 18 1 33 28	12 15 13 16 18 1 18 1 33 28	15 20 17 19 19 1 19 37 33 28	18 25 16 22 21 36 19 36 33 28	21 29 20 23 23 36 19 36 33 28	24 33 25 21 26 36 20 36 33 28	27 36 28 22 28 36 20 36 33 28
15	30 30 28 30 14 33 19 36 33 28	33 34 31 34 13 34 19 36 33 28	36 35 36 1 13 35 19 36 33 28	3 4 5 5 13 36 18 36 33 28	6 7 4 9 14 36 18 36 33 28	9 12 7 13 16 1 18 1 33 28	12 16 13 16 18 1 18 1 33 28	15 21 17 19 19 1 19 36 33 28	18 26 16 22 22 36 19 36 33 28	21 30 21 23 24 36 19 36 33 28	24 34 25 21 26 36 20 36 33 28	27 1 28 22 28 36 20 36 33 28
16	30 31 28 30 14 33 19 36 33 28	33 35 31 34 13 34 19 36 33 28	36 36 36 2 13 35 19 36 33 28	3 5 5 5 13 36 18 36 33 28	6 8 4 9 14 36 18 36 33 28	9 14 8 13 16 1 18 1 33 28	12 18 14 16 18 1 18 1 33 28	15 23 17 19 20 1 19 36 33 28	18 28 16 22 22 36 19 36 33 28	21 31 21 23 24 36 19 36 33 28	24 35 26 21 26 36 20 36 33 28	27 3 28 22 28 36 20 36 33 28
17	30 32 28 30 14 33 19 36 33 28	33 36 31 34 13 34 19 36 33 28	36 1 36 2 13 35 19 36 33 28	3 6 5 5 13 36 18 36 33 28	6 10 4 9 14 36 18 36 33 28	9 15 8 13 16 1 18 1 33 28	12 19 14 16 18 1 18 1 33 28	15 24 17 19 20 1 19 36 33 28	18 29 16 22 22 36 19 36 33 28	21 32 21 23 24 36 19 36 33 28	24 1 26 21 26 36 20 36 33 28	27 4 28 23 28 36 20 36 33 28
18	30 33 28 30 14 33 19 36 33 28	33 2 32 34 13 34 19 36 33 28	36 3 1 2 13 35 19 36 33 28	3 7 5 6 13 36 18 36 33 28	6 11 4 9 14 36 18 36 33 28	9 17 8 13 16 1 18 1 33 28	12 20 14 16 18 1 18 1 33 28	15 25 17 20 20 1 19 36 33 28	18 30 16 22 22 36 19 36 33 28	21 33 21 23 24 36 19 36 33 28	24 2 26 21 26 36 20 36 33 28	27 5 28 23 28 36 20 36 33 28
19	30 34 28 31 14 34 19 36 33 28	34 3 32 34 13 34 19 36 33 28	36 4 1 2 13 35 19 36 33 28	3 9 5 6 13 36 18 36 33 28	6 13 4 9 15 36 18 36 33 28	9 18 8 13 16 1 18 1 33 28	12 22 14 16 18 1 18 1 33 28	15 27 17 20 20 1 19 36 33 28	18 31 16 22 22 36 19 36 33 28	21 35 21 23 24 36 19 36 33 28	24 3 26 21 26 36 20 36 33 28	27 6 27 23 28 36 20 36 33 28
20	30 36 28 31 14 34 19 36 33 28	34 4 32 35 13 34 19 36 33 28	36 5 1 2 13 35 19 36 33 28	3 10 5 6 13 36 18 36 33 28	6 14 4 9 15 36 18 36 33 28	9 19 8 13 16 1 18 1 33 28	12 23 14 17 18 1 18 1 33 28	15 28 17 20 20 1 19 36 33 28	18 33 16 22 22 36 19 36 33 28	21 36 21 23 24 36 20 36 33 28	24 4 26 21 26 36 20 36 33 28	27 8 27 23 28 36 20 36 33 28
21	31 1 28 31 14 34 19 36 33 28	34 5 32 35 13 34 19 36 33 28	1 6 1 2 13 35 19 36 33 28	4 12 5 6 13 36 18 36 33 28	6 16 4 10 15 36 18 36 33 28	9 21 9 13 16 1 18 1 33 28	12 25 14 17 18 1 18 1 33 28	15 29 17 20 20 1 19 36 33 28	18 34 17 22 22 36 19 36 33 28	21 1 22 23 24 36 20 36 33 28	24 5 26 21 26 36 20 36 33 28	27 9 27 23 28 36 20 36 33 28
22	31 2 28 31 14 34 19 36 33 28	34 7 32 35 13 34 19 36 33 28	1 8 1 2 13 35 19 36 33 28	4 13 5 6 13 36 18 36 33 28	7 17 4 10 15 36 18 36 33 28	10 22 9 13 16 1 18 1 33 28	12 26 15 17 18 1 18 1 33 28	15 30 17 20 20 1 19 36 33 28	18 35 17 22 22 36 19 36 33 28	21 2 22 22 24 36 20 36 33 28	24 7 26 21 26 36 20 36 33 28	28 10 27 23 29 36 20 36 33 28
23	31 3 28 31 14 34 19 36 33 28	34 8 32 35 13 34 19 36 33 28	1 9 2 2 13 35 19 36 33 28	4 14 5 6 13 36 18 36 33 28	7 18 4 10 15 36 18 36 33 28	10 24 9 14 16 1 18 1 33 28	13 27 15 17 18 1 19 1 33 28	15 32 17 20 20 1 19 36 33 28	18 36 17 22 22 36 19 36 33 28	21 3 22 22 24 36 20 36 33 28	25 8 27 21 26 36 20 36 33 28	28 12 27 23 29 36 20 36 33 28
24	31 5 28 31 14 34 19 36 33 28	34 10 33 35 13 34 19 36 33 28	1 11 2 3 13 35 19 36 33 28	4 16 5 6 13 36 18 36 33 28	7 20 4 10 15 36 18 36 33 28	10 25 9 14 16 1 18 1 33 28	13 28 15 17 18 1 19 1 33 28	16 33 17 20 20 1 19 36 33 28	19 1 17 22 22 36 19 36 33 28	22 5 22 22 24 36 20 36 33 28	25 9 27 21 26 36 20 36 33 28	28 13 27 23 29 36 20 36 33 28
25	31 6 29 31 14 34 19 36 33 28	34 11 33 35 13 34 19 36 33 28	1 12 2 3 13 35 19 36 33 28	4 17 5 6 14 36 18 36 33 28	7 21 4 10 15 36 18 36 33 28	10 26 9 14 16 1 18 1 33 28	13 30 15 17 18 1 19 1 33 28	16 34 17 20 20 1 19 36 33 28	19 2 17 23 22 36 19 36 33 28	22 6 22 22 24 36 20 36 33 28	25 11 27 21 27 36 20 36 33 28	28 15 27 23 29 36 20 36 33 28
26	31 7 29 31 14 34 19 36 33 28	34 12 33 35 13 34 19 36 33 28	1 13 2 3 13 35 19 36 33 28	4 19 4 7 14 36 18 36 33 28	7 23 4 10 15 36 18 36 33 28	10 27 10 14 17 1 18 1 33 28	13 31 15 17 18 1 19 1 33 28	16 35 17 20 20 1 19 36 33 28	19 4 17 23 22 36 19 36 33 28	22 7 22 22 24 36 20 36 33 28	25 12 27 21 27 36 20 36 33 28	28 16 27 23 29 36 20 36 33 28
27	31 9 29 32 14 34 19 36 33 28	34 14 33 35 13 34 19 36 33 28	1 15 2 3 13 35 19 36 33 28	4 20 4 7 14 36 18 36 33 28	7 24 5 10 15 36 18 36 33 28	10 29 10 14 17 1 18 1 33 28	13 32 15 17 18 1 19 1 33 28	16 36 17 20 20 1 19 36 33 28	19 5 17 23 22 36 19 36 33 28	22 8 22 22 24 36 20 36 33 28	25 14 27 21 27 36 20 36 33 28	28 17 27 23 29 36 20 36 33 28
28	31 10 29 32 14 34 19 36 33 28	34 15 33 36 13 34 19 36 33 28	1 16 3 3 13 35 19 36 33 28	4 22 4 7 14 36 18 36 33 28	7 25 5 10 15 36 18 36 33 28	10 30 10 14 17 1 18 1 33 28	13 33 16 17 18 1 19 1 33 28	16 2 17 21 20 1 19 36 33 28	19 6 18 23 22 36 19 36 33 28	22 10 23 22 24 36 20 36 33 28	25 15 27 21 27 36 20 36 33 28	28 19 27 23 29 36 20 36 33 28
29	31 12 29 32 14 34 19 36 33 28		1 18 3 3 13 35 19 36 33 28	4 23 4 7 14 36 18 36 33 28	7 27 5 11 15 36 18 1 33 28	10 31 10 14 17 1 18 1 33 28	13 34 16 18 18 1 19 1 33 28	16 3 17 21 20 1 19 36 33 28	19 7 18 23 22 36 19 36 33 28	22 11 23 22 25 36 20 36 33 28	25 16 27 21 27 36 20 36 33 28	28 20 26 24 29 36 20 36 33 28
30	31 13 29 32 13 34 19 36 33 28		1 19 3 3 13 35 19 36 33 28	4 24 4 7 14 36 18 36 33 28	7 28 5 11 15 36 18 1 33 28	10 32 10 14 17 1 18 1 33 28	13 35 16 18 19 1 19 1 33 28	16 4 17 21 20 1 19 36 33 28	19 9 18 23 23 36 19 36 33 28	22 12 23 22 25 36 20 36 33 28	25 18 27 21 27 36 20 36 33 28	28 22 26 24 29 36 20 36 33 28
31	32 15 29 32 13 34 19 36 33 28		2 21 3 3 13 35 19 36 33 28		7 29 5 11 15 36 18 1 33 28		13 1 16 18 19 1 19 1 33 28	16 5 17 21 21 1 19 36 33 28		22 14 23 22 25 36 20 36 33 28		28 23 26 24 29 36 20 36 33 28

2011

	JAN	FEB	MAR	APR	MAY	JUNE	JULY	AUG	SEPT	OCT	NOV	DEC
1	29 24 26 24 29 36 20 36 33 28	32 29 30 27 32 1 20 36 33 28	35 30 35 30 34 1 20 36 33 28	2 35 3 34 36 2 20 1 33 28	5 2 2 2 3 3 20 1 34 28	8 7 6 5 5 3 20 1 34 28	10 10 12 9 7 4 20 1 34 28	13 15 16 13 9 4 20 1 34 28	16 20 15 17 11 5 20 1 33 28	19 24 19 20 13 4 20 1 33 28	22 29 24 24 15 4 21 1 33 28	25 33 26 28 16 4 21 1 33 28
2	29 26 27 24 29 36 20 36 33 28	32 31 30 27 32 1 20 36 33 28	35 31 35 30 34 1 20 36 33 28	2 36 3 34 36 2 20 1 33 28	5 3 2 2 3 3 20 1 34 28	8 8 6 6 5 3 20 1 34 28	10 11 12 9 7 4 20 1 34 28	13 16 16 13 9 4 20 1 34 28	16 22 15 17 11 5 20 1 33 28	19 26 20 21 13 4 20 1 33 28	22 31 24 24 15 4 21 1 33 28	25 34 26 28 16 4 21 1 33 28
3	29 27 27 24 29 36 20 36 33 28	32 32 30 27 32 1 20 36 33 28	35 33 35 31 34 1 20 36 33 28	2 1 3 34 1 2 20 1 33 28	5 4 2 2 3 3 20 1 34 28	8 9 7 6 5 3 20 1 34 28	11 13 13 9 7 4 20 1 34 28	14 18 16 13 9 4 20 1 34 28	17 23 15 17 11 5 20 1 33 28	19 27 20 21 13 4 20 1 33 28	23 32 25 25 15 4 21 1 33 28	26 35 26 28 17 4 21 1 33 28
4	29 28 27 24 30 36 20 36 33 28	32 33 31 27 32 1 20 36 33 28	35 34 35 31 34 1 20 36 33 28	2 2 3 34 1 2 20 1 33 28	5 6 2 2 3 3 20 1 34 28	8 10 7 6 5 3 20 1 34 28	11 14 13 9 7 4 20 1 34 28	14 19 16 13 10 4 20 1 34 28	17 25 15 17 12 5 20 1 33 28	20 28 20 21 13 4 20 1 33 28	23 33 25 25 15 4 21 1 33 28	26 36 26 28 17 4 21 1 33 28
5	29 30 27 24 30 36 20 36 33 28	32 34 31 28 32 1 20 36 33 28	35 35 36 31 34 1 20 36 33 28	2 4 3 35 1 2 20 1 34 28	5 7 2 2 3 3 20 1 34 28	8 12 7 6 5 4 20 1 34 28	11 15 13 10 7 4 20 1 34 28	14 21 16 13 10 4 20 1 34 28	17 26 15 17 12 5 20 1 33 28	20 30 20 21 13 4 20 1 33 28	23 34 25 25 15 4 21 1 33 28	26 2 26 29 17 4 21 1 33 28
6	29 31 27 24 30 36 20 36 33 28	32 35 31 28 32 1 20 36 33 28	35 36 36 31 34 1 20 36 33 28	2 5 3 35 1 2 20 1 34 28	5 8 2 2 3 3 20 1 34 28	8 13 7 6 5 4 20 1 34 28	11 17 13 10 8 4 20 1 34 28	14 22 16 14 10 4 20 1 33 28	17 27 15 17 12 5 20 1 33 28	20 31 20 21 14 4 20 1 33 28	23 36 25 25 15 4 21 1 33 28	26 3 25 29 17 4 21 1 33 28
7	29 32 27 24 30 36 20 36 33 28	32 1 31 28 32 1 20 36 33 28	35 1 36 31 34 1 20 36 33 28	2 6 3 35 1 2 20 1 34 28	5 9 2 2 3 3 20 1 34 28	8 14 7 6 5 4 20 1 34 28	11 18 13 10 8 4 20 1 34 28	14 24 16 14 10 4 20 1 33 28	17 29 15 17 12 5 20 1 33 28	20 32 20 21 14 4 20 1 33 28	23 1 25 25 15 4 21 1 33 28	26 4 25 29 17 4 21 1 33 28
8	29 33 27 25 30 36 20 36 33 28	32 2 31 28 32 1 20 36 33 28	35 3 36 31 35 1 20 36 33 28	2 7 3 35 1 2 20 1 34 28	5 11 3 3 3 3 20 1 34 28	8 16 8 6 6 4 20 1 34 28	11 20 13 10 8 4 20 1 34 28	14 25 16 14 10 4 20 1 33 28	17 30 15 18 12 5 20 1 33 28	20 33 21 21 14 4 20 1 33 28	23 2 25 25 15 4 21 1 33 28	26 5 25 29 17 4 21 1 33 28
9	29 35 27 25 30 36 20 36 33 28	32 3 31 28 32 1 20 36 33 28	35 4 36 31 35 1 20 36 33 28	2 8 3 35 1 2 20 1 34 28	5 12 3 3 3 3 20 1 34 28	8 17 8 6 6 4 20 1 34 28	11 21 14 10 8 4 20 1 34 28	14 26 15 14 10 4 20 1 33 28	17 31 15 18 12 5 20 1 33 28	20 35 21 21 14 4 20 1 33 28	23 3 25 25 15 4 21 1 33 28	26 6 25 29 17 4 21 1 33 28
10	29 36 27 25 30 36 20 36 33 28	33 4 31 28 32 1 20 36 33 28	35 5 1 31 35 1 20 36 33 28	2 10 2 35 1 2 20 1 34 28	5 13 3 3 3 3 20 1 34 28	8 19 8 7 6 4 20 1 34 28	11 23 14 10 8 4 20 1 34 28	14 28 15 14 10 4 20 1 33 28	17 32 16 18 12 5 20 1 33 28	20 36 21 22 14 4 20 1 33 28	23 4 25 25 15 4 21 1 33 28	26 8 25 29 17 4 21 1 33 28
11	30 1 27 25 30 36 20 36 33 28	33 5 32 28 33 1 20 36 33 28	36 6 1 32 35 2 20 36 33 28	3 11 2 35 1 2 20 1 34 28	5 15 3 3 3 3 20 1 34 28	8 20 8 7 6 4 20 1 34 28	11 24 14 10 8 4 20 1 34 28	14 29 15 14 10 4 20 1 33 28	17 34 16 18 12 5 20 1 33 28	20 1 21 22 14 4 20 1 33 28	23 5 26 26 15 4 21 1 33 28	26 9 25 29 17 4 21 1 33 28
12	30 2 27 25 30 36 20 36 33 28	33 7 32 28 33 1 20 36 33 28	36 7 1 32 35 2 20 36 33 28	3 12 2 35 1 2 20 1 34 28	6 16 3 3 4 3 20 1 34 28	9 21 8 7 6 4 20 1 34 28	11 25 14 10 8 4 20 1 34 28	14 30 15 14 10 4 20 1 33 28	17 35 16 18 12 5 20 1 33 28	20 2 21 22 14 4 20 1 33 28	23 7 26 26 16 4 21 1 33 28	26 10 25 29 17 4 21 1 33 28
13	30 3 27 25 30 36 20 36 33 28	33 8 32 29 33 1 20 36 33 28	36 9 1 32 35 2 20 1 33 28	3 14 2 36 1 2 20 1 34 28	6 18 3 3 4 3 20 1 34 28	9 23 9 7 6 4 20 1 34 28	12 27 14 11 8 4 20 1 34 28	14 32 15 14 10 4 20 1 33 28	17 36 16 18 12 5 20 1 33 28	20 3 21 22 14 4 21 1 33 28	24 8 26 26 16 4 21 1 33 28	27 11 25 30 17 4 21 1 33 28
14	30 5 28 25 30 36 20 36 33 28	33 9 32 29 33 1 20 36 33 28	36 10 1 32 35 2 20 1 33 28	3 15 2 36 1 2 20 1 34 28	6 19 3 3 4 3 20 1 34 28	9 24 9 7 6 4 20 1 34 28	12 28 14 11 8 4 20 1 34 28	15 33 15 15 10 4 20 1 33 28	18 1 16 18 12 5 20 1 33 28	21 5 22 22 14 4 21 1 33 28	24 9 26 26 16 4 21 1 33 28	27 13 25 30 17 4 21 1 33 28
15	30 6 28 25 30 36 20 36 33 28	33 11 32 29 33 1 20 36 33 28	36 11 1 32 35 2 20 1 33 28	3 17 2 36 1 2 20 1 34 28	6 20 3 3 4 3 20 1 34 28	9 26 9 7 6 4 20 1 34 28	12 29 14 11 8 4 20 1 34 28	15 34 15 15 10 4 20 1 33 28	18 3 16 18 12 4 20 1 33 28	21 6 22 22 14 4 21 1 33 28	24 10 26 26 16 4 21 1 33 28	27 14 25 30 17 4 21 1 33 28
16	30 7 28 25 31 36 20 36 33 28	33 12 32 29 33 1 20 36 33 28	36 13 2 32 35 2 20 1 33 28	3 18 2 36 2 2 20 1 34 28	6 22 4 4 4 3 20 1 34 28	9 27 9 7 6 4 20 1 34 28	12 31 14 11 8 4 20 1 34 28	15 35 15 15 10 5 20 1 33 28	18 4 17 19 12 4 20 1 33 28	21 7 22 22 14 4 21 1 33 28	24 12 26 26 16 4 21 1 33 28	27 15 25 30 17 4 21 1 33 28
17	30 8 28 25 31 36 20 36 33 28	33 13 33 29 33 1 20 36 33 28	36 14 2 32 35 2 20 1 33 28	3 20 2 36 2 2 20 1 34 28	6 23 4 4 4 3 20 1 34 28	9 29 10 7 6 4 20 1 34 28	12 32 15 11 8 4 20 1 34 28	15 36 15 15 10 5 20 1 33 28	18 5 17 19 12 4 20 1 33 28	21 8 22 22 14 4 21 1 33 28	24 13 26 26 16 4 21 1 33 28	27 17 25 30 17 4 21 1 33 28
18	30 10 28 26 31 36 20 36 33 28	33 15 33 29 33 1 20 36 33 28	36 16 2 32 35 2 20 1 33 28	3 21 2 36 2 2 20 1 34 28	6 25 4 4 4 3 20 1 34 28	9 30 10 8 6 4 20 1 34 28	12 33 15 11 8 4 20 1 34 28	15 2 15 15 10 5 20 1 33 28	18 6 17 19 12 4 20 1 33 28	21 9 22 23 14 4 21 1 33 28	24 14 26 26 16 4 21 1 33 28	27 18 25 30 17 4 21 1 33 28
19	30 11 28 26 31 36 20 36 33 28	33 16 33 29 33 1 20 36 33 28	36 17 2 33 35 2 20 1 33 28	3 23 2 36 2 2 20 1 34 28	6 26 4 4 4 3 20 1 34 28	9 31 10 8 6 4 20 1 34 28	12 34 15 11 8 4 20 1 34 28	15 3 15 15 11 5 20 1 33 28	18 7 17 19 12 4 20 1 33 28	21 11 22 23 14 4 21 1 33 28	24 16 26 27 16 4 21 1 33 28	27 19 25 30 17 4 21 1 33 28
20	30 13 28 26 31 36 20 36 33 28	34 18 33 29 33 1 20 36 33 28	36 19 2 33 35 2 20 1 33 28	3 24 2 36 2 2 20 1 34 28	6 28 4 4 4 3 20 1 34 28	9 32 10 8 6 4 20 1 34 28	12 36 15 11 9 4 20 1 34 28	15 4 15 15 11 5 20 1 33 28	18 9 17 19 13 4 20 1 33 28	21 12 23 23 14 4 21 1 33 28	24 17 26 27 16 4 21 1 33 28	27 21 25 30 17 4 21 1 33 28
21	31 14 28 26 31 36 20 36 33 28	34 19 33 29 33 1 20 36 33 28	1 20 2 33 36 2 20 1 33 28	4 26 2 36 2 2 20 1 34 28	6 29 4 4 4 3 20 1 34 28	9 34 10 8 6 4 20 1 34 28	12 1 15 12 9 4 20 1 34 28	15 5 15 15 11 5 20 1 33 28	18 10 18 19 13 4 20 1 33 28	21 13 23 23 14 4 21 1 33 28	24 18 26 27 16 4 21 1 33 28	27 22 25 31 17 4 21 1 33 28
22	31 16 29 26 31 36 20 36 33 28	34 21 34 30 33 1 20 36 33 28	1 22 2 33 36 2 20 1 33 28	4 27 2 1 2 3 20 1 34 28	7 30 4 4 4 3 20 1 34 28	10 35 11 8 7 4 20 1 34 28	12 2 15 12 9 4 20 1 34 28	15 6 15 16 11 5 20 1 33 28	18 11 18 19 13 4 20 1 33 28	21 15 23 23 14 4 21 1 33 28	24 20 26 27 16 4 21 1 33 28	27 24 25 31 17 4 21 1 33 28
23	31 17 29 26 31 1 20 36 33 28	34 22 34 30 33 1 20 36 33 28	1 23 3 33 36 2 20 1 33 28	4 28 2 1 2 3 20 1 34 28	7 32 5 4 4 3 20 1 34 28	10 36 11 8 7 4 20 1 34 28	12 3 15 12 9 4 20 1 34 28	15 8 14 16 11 5 20 1 33 28	18 12 18 19 13 4 20 1 33 28	21 16 23 23 14 4 21 1 33 28	25 21 26 27 16 4 21 1 33 28	28 25 25 31 17 4 21 1 33 28
24	31 18 29 26 31 1 20 36 33 28	34 24 34 30 34 1 20 36 33 28	1 25 3 33 36 2 20 1 33 28	4 30 2 1 2 3 20 1 34 28	7 33 5 4 4 3 20 1 34 28	10 1 11 8 7 4 20 1 34 28	13 4 15 12 9 4 20 1 34 28	16 9 14 16 11 5 20 1 33 28	19 14 18 20 13 4 20 1 33 28	22 18 23 23 15 4 21 1 33 28	25 23 27 27 16 4 21 1 33 28	28 27 26 31 17 4 21 1 33 28
25	31 20 29 26 31 1 20 36 33 28	34 25 34 30 34 1 20 36 33 28	1 26 3 33 36 2 20 1 33 28	4 31 2 1 2 3 20 1 34 28	7 34 5 5 5 3 20 1 34 28	10 2 11 8 7 4 20 1 34 28	13 6 15 12 9 4 20 1 34 28	16 10 14 16 11 5 20 1 33 28	19 15 18 20 13 4 20 1 33 28	22 19 23 23 15 4 21 1 33 28	25 24 27 27 16 4 21 1 33 28	28 28 26 31 17 4 21 1 33 28
26	31 21 29 26 31 1 20 36 33 28	34 26 34 30 34 1 20 36 33 28	1 27 3 33 36 2 20 1 33 28	4 32 2 1 2 3 20 1 34 28	7 35 5 5 5 3 20 1 34 28	10 4 11 8 7 4 20 1 34 28	13 7 15 12 9 4 20 1 34 28	16 12 14 16 11 5 20 1 33 28	19 17 19 20 13 4 20 1 33 28	22 21 23 24 15 4 21 1 33 28	25 26 26 27 16 4 21 1 33 28	28 30 26 31 17 4 21 1 33 28
27	31 23 29 27 31 1 20 36 33 28	34 28 34 30 34 1 20 36 33 28	1 29 3 33 36 2 20 1 33 28	4 33 2 1 2 3 20 1 34 28	7 36 5 5 5 3 20 1 34 28	10 5 12 9 7 4 20 1 34 28	13 8 15 12 9 4 20 1 34 28	16 13 14 16 11 5 20 1 33 28	19 18 19 20 13 4 20 1 33 28	22 22 24 24 15 4 21 1 33 28	25 27 26 28 16 4 21 1 33 28	28 31 26 31 17 4 21 1 33 28
28	31 24 29 27 31 1 20 36 33 28	34 29 35 30 34 1 20 36 33 28	1 30 3 34 36 2 20 1 33 28	4 34 2 1 2 3 20 1 34 28	7 2 5 5 5 3 20 1 34 28	10 6 12 9 7 4 20 1 34 28	13 9 15 12 9 4 20 1 34 28	16 14 14 16 11 5 20 1 33 28	19 20 19 20 13 4 20 1 33 28	22 24 24 24 15 4 21 1 33 28	25 29 26 28 16 4 21 1 33 28	28 32 26 31 17 4 21 1 33 28
29	31 25 30 27 32 1 20 36 33 28		1 31 3 34 36 2 20 1 33 28	4 36 2 1 3 3 20 1 34 28	7 3 6 5 5 3 20 1 34 28	10 7 12 9 7 4 20 1 34 28	13 11 16 13 9 4 20 1 34 28	16 16 14 16 11 5 20 1 33 28	19 21 19 20 13 4 20 1 33 28	22 25 24 24 15 4 21 1 33 28	25 30 26 28 16 4 21 1 33 28	28 34 26 32 17 4 21 1 33 28
30	31 27 30 27 32 1 20 36 33 28		1 32 3 34 36 2 20 1 33 28	4 1 2 2 3 3 20 1 34 28	7 4 6 5 5 3 20 1 34 28	10 9 12 9 7 4 20 1 34 28	13 12 16 13 9 4 20 1 34 28	16 17 14 17 11 5 20 1 33 28	19 23 19 20 13 4 20 1 33 28	22 27 24 24 15 4 21 1 33 28	25 31 26 28 16 4 21 1 33 28	28 35 26 32 17 4 21 1 33 28
31	32 28 30 27 32 1 20 36 33 28		1 34 3 34 36 2 20 1 33 28		7 5 6 5 5 3 20 1 34 28		13 14 16 13 9 4 20 1 34 28	16 19 14 17 11 5 20 1 33 28		22 28 24 24 15 4 21 1 33 28		28 36 26 32 17 4 21 1 33 28

2012

	JAN	FEB	MAR	APR	MAY	JUNE	JULY	AUG	SEPT	OCT	NOV	DEC
1	28 1 26 32 18 4 21 1 33 28	32 6 31 36 18 4 21 1 33 28	35 8 36 3 17 4 21 1 34 28	2 12 36 6 16 5 21 1 34 28	5 16 2 9 16 6 21 1 34 28	8 21 8 8 17 6 21 1 34 28	10 25 13 7 18 7 21 1 34 28	13 30 13 9 20 8 21 1 34 28	16 35 15 12 22 8 22 1 34 28	19 2 21 15 24 8 22 1 34 28	22 7 25 19 26 8 22 1 34 28	25 10 23 23 29 8 22 1 34 28
2	29 2 27 32 18 4 21 1 33 28	32 7 31 36 18 4 21 1 33 28	35 9 36 3 17 4 21 1 34 28	2 13 36 6 16 5 21 1 34 28	5 17 2 9 16 6 21 1 34 28	8 22 8 8 17 6 21 1 34 28	11 26 13 7 18 7 21 1 34 28	14 31 13 9 20 8 21 1 34 28	16 36 16 12 22 8 22 1 34 28	19 4 21 15 24 8 22 1 34 28	22 8 25 19 26 8 22 1 34 28	26 11 24 23 29 8 22 1 34 28
3	29 4 27 32 18 4 21 1 33 28	32 8 32 36 18 4 21 1 33 28	35 10 1 3 17 4 21 1 34 28	2 15 36 6 16 5 21 1 34 28	5 18 2 9 16 6 21 1 34 28	8 24 9 8 17 6 21 1 34 28	11 28 13 7 18 7 21 1 34 28	14 33 13 9 20 8 21 1 34 28	17 1 16 12 22 8 22 1 34 28	20 5 21 15 24 8 22 1 34 28	23 9 25 19 26 8 22 1 34 28	26 12 24 23 29 8 22 1 34 28
4	29 5 27 32 18 4 21 1 33 28	32 9 32 36 18 4 21 1 34 28	35 11 1 3 17 4 21 1 34 28	2 16 36 7 16 5 21 1 34 28	5 20 3 9 16 6 21 1 34 28	8 25 9 8 17 6 21 1 34 28	11 29 13 7 19 7 21 1 34 28	14 34 13 9 20 8 21 1 34 28	17 3 16 12 22 8 22 1 34 28	20 6 21 16 24 8 22 1 34 28	23 10 25 19 27 8 22 1 34 28	26 14 24 23 29 8 22 1 34 28
5	29 6 27 32 18 4 21 1 33 28	32 10 32 36 18 4 21 1 34 28	35 13 1 3 17 4 21 1 34 28	2 18 36 7 16 5 21 1 34 28	5 21 3 9 16 6 21 1 34 28	8 27 9 8 17 6 21 1 34 28	11 30 13 7 19 7 21 1 34 28	14 35 13 9 20 8 21 1 34 28	17 4 16 12 22 8 22 1 34 28	20 7 21 16 24 8 22 1 34 28	23 12 25 19 27 8 22 1 34 28	26 15 24 23 29 8 22 1 34 28
6	29 7 27 32 18 4 21 1 33 28	32 12 32 36 18 4 21 1 34 28	35 14 1 4 17 4 21 1 34 28	2 19 36 7 16 5 21 1 34 28	5 23 3 9 16 6 21 1 34 28	8 28 9 8 17 6 21 1 34 28	11 32 13 7 19 7 21 1 34 28	14 1 13 9 20 8 21 1 34 28	17 5 16 12 22 8 22 1 34 28	20 8 22 16 24 8 22 1 34 28	23 13 25 20 27 8 22 1 34 28	26 16 24 23 29 8 22 1 34 28
7	29 8 27 33 18 4 21 1 33 28	32 13 32 36 18 4 21 1 34 28	35 15 1 4 17 4 21 1 34 28	2 21 36 7 16 5 21 1 34 28	5 24 3 9 16 6 21 1 34 28	8 30 9 8 17 6 21 1 34 28	11 33 14 7 19 7 21 1 34 28	14 2 13 9 20 8 21 1 34 28	17 6 17 13 22 8 22 1 34 28	20 9 22 16 24 8 22 1 34 28	23 14 25 20 27 8 22 1 34 28	26 17 24 23 29 8 22 1 34 28
8	29 10 27 33 18 4 21 1 33 28	32 14 32 36 18 4 21 1 34 28	35 17 1 4 17 4 21 1 34 28	2 22 36 7 16 5 21 1 34 28	5 26 3 9 16 6 21 1 34 28	8 31 10 8 17 6 21 1 34 28	11 35 14 7 19 7 21 1 34 28	14 3 13 10 21 8 21 1 34 28	17 7 17 13 23 8 22 1 34 28	20 11 22 16 25 8 22 1 34 28	23 15 25 20 27 8 22 1 34 28	26 19 24 23 29 8 22 1 34 28
9	29 11 28 33 18 4 21 1 33 28	32 16 33 1 18 4 21 1 34 28	35 18 1 4 17 4 21 1 34 28	2 24 36 7 16 5 21 1 34 28	5 27 3 9 16 6 21 1 34 28	8 32 10 8 17 6 21 1 34 28	11 36 14 7 19 7 21 1 34 28	14 4 13 10 21 8 21 1 34 28	17 9 17 13 23 8 22 1 34 28	20 12 22 16 25 8 22 1 34 28	23 17 25 20 27 8 22 1 34 28	26 20 24 24 29 8 22 1 34 28
10	29 12 28 33 18 4 21 1 33 28	33 17 33 1 18 4 21 1 34 28	35 20 1 4 17 4 21 1 34 28	3 25 36 7 16 5 21 1 34 28	5 29 4 9 16 6 21 1 34 28	8 34 10 8 17 6 21 1 34 28	11 1 14 8 19 7 21 1 34 28	14 6 13 10 21 8 21 1 34 28	17 10 17 13 23 8 22 1 34 28	20 13 22 16 25 8 22 1 34 28	23 18 25 20 27 8 22 1 34 28	26 22 24 24 29 8 22 1 34 28
11	30 14 28 33 18 4 21 1 33 28	33 19 33 1 18 4 21 1 34 28	36 21 1 4 17 4 21 1 34 28	3 26 36 7 16 5 21 1 34 28	6 30 4 9 16 6 21 1 34 28	9 35 10 8 17 6 21 1 34 28	11 2 14 8 19 7 21 1 34 28	14 7 13 10 21 8 21 1 34 28	17 11 17 13 23 8 22 1 34 28	20 14 22 16 25 8 22 1 34 28	23 19 25 20 27 8 22 1 34 28	26 23 24 24 29 8 22 1 34 28
12	30 15 28 33 18 4 21 1 33 28	33 20 33 1 18 4 21 1 34 28	36 23 1 4 17 4 21 1 34 28	3 28 36 7 16 5 21 1 34 28	6 32 4 9 16 6 21 1 34 28	9 36 10 8 17 7 21 1 34 28	12 4 14 8 19 7 21 1 34 28	14 8 13 10 21 8 21 1 34 28	17 12 18 13 23 8 22 1 34 28	20 16 22 17 25 8 22 1 34 28	24 21 25 20 27 8 22 1 34 28	27 25 25 24 29 8 22 1 34 28
13	30 16 28 33 18 4 21 1 33 28	33 22 33 1 18 4 21 1 34 28	36 24 1 4 17 4 21 1 34 28	3 29 36 7 16 5 21 1 34 28	6 33 4 9 16 6 21 1 34 28	9 1 11 8 17 7 21 1 34 28	12 5 14 8 19 7 21 1 34 28	15 9 13 10 21 8 21 1 34 28	18 14 18 13 23 8 22 1 34 28	21 17 23 17 25 8 22 1 34 28	24 22 25 20 27 8 22 1 34 28	27 26 25 24 29 7 22 1 34 28
14	30 18 28 33 18 4 21 1 33 28	33 23 33 1 18 4 21 1 34 28	36 26 1 4 16 4 21 1 34 28	3 31 36 7 16 5 21 1 34 28	6 34 4 9 16 6 21 1 34 28	9 3 11 8 18 7 21 1 34 28	12 6 14 8 19 7 21 1 34 28	15 10 13 10 21 8 21 1 34 28	18 15 18 13 23 8 22 1 34 28	21 19 23 17 25 8 22 1 34 28	24 24 25 21 27 8 22 1 34 28	27 28 25 24 30 7 22 1 34 28
15	30 19 28 34 18 4 21 1 33 28	33 24 34 1 17 4 21 1 34 28	36 27 1 5 16 4 21 1 34 28	3 32 36 7 16 5 21 1 34 28	6 35 5 9 16 6 21 1 34 28	9 4 11 8 18 7 21 1 34 28	12 7 14 8 19 7 21 1 34 28	15 12 13 10 21 8 21 1 34 28	18 16 18 13 23 8 22 1 34 28	21 20 23 17 25 8 22 1 34 28	24 25 24 21 27 8 22 1 34 28	27 29 25 24 30 7 22 1 34 28
16	30 21 29 34 18 4 21 1 33 28	33 26 34 1 17 4 21 1 34 28	36 28 1 5 16 4 21 1 34 28	3 33 36 8 16 5 21 1 34 28	6 1 5 9 16 6 21 1 34 28	9 5 11 8 18 7 21 1 34 28	12 8 14 8 19 7 21 1 34 28	15 13 13 10 21 8 21 1 34 28	18 18 18 14 23 8 22 1 34 28	21 21 23 17 25 8 22 1 34 28	24 27 24 21 27 8 22 1 34 28	27 31 25 24 30 7 22 1 34 28
17	30 22 29 34 18 4 21 1 33 28	33 27 34 2 17 4 21 1 34 28	36 30 1 5 16 4 21 1 34 28	3 34 1 8 16 5 21 1 34 28	6 2 5 9 16 6 21 1 34 28	9 6 11 7 18 7 21 1 34 28	12 9 14 8 19 7 21 1 34 28	15 14 13 10 21 8 21 1 34 28	18 19 19 14 23 8 22 1 34 28	21 23 23 17 25 8 22 1 34 28	24 28 24 21 27 8 22 1 34 28	27 32 25 25 30 7 22 1 34 28
18	30 23 29 34 18 4 21 1 33 28	33 29 34 2 17 4 21 1 34 28	36 31 1 5 16 4 21 1 34 28	3 36 1 8 16 5 21 1 34 28	6 3 5 9 16 6 21 1 34 28	9 7 11 7 18 7 21 1 34 28	12 11 14 8 19 7 21 1 34 28	15 15 13 10 21 8 21 1 34 28	18 21 19 14 23 8 22 1 34 28	21 24 23 17 25 8 22 1 34 28	24 30 24 21 28 8 22 1 34 28	27 33 25 25 30 7 22 1 34 28
19	30 25 29 34 18 4 21 1 33 28	33 30 34 2 17 4 21 1 34 28	36 32 1 5 16 5 21 1 34 28	3 1 1 8 16 5 21 1 34 28	6 4 5 9 16 6 21 1 34 28	9 9 12 7 18 7 21 1 34 28	12 12 14 8 19 7 21 1 34 28	15 17 13 11 21 8 21 1 34 28	18 22 19 14 23 8 21 1 34 28	21 26 23 17 25 8 22 1 34 28	24 31 24 21 28 8 22 1 34 28	27 35 26 25 30 7 22 1 34 28
20	30 26 29 34 18 4 21 1 33 28	34 31 35 2 17 4 21 1 34 28	36 33 1 5 16 5 21 1 34 28	4 2 1 8 16 5 21 1 34 28	6 5 6 9 17 6 21 1 34 28	9 10 12 7 18 7 21 1 34 28	12 13 14 8 19 7 21 1 34 28	15 18 13 11 21 8 21 1 34 28	18 24 19 14 23 8 21 1 34 28	21 27 24 17 25 8 22 1 34 28	24 33 24 21 28 8 22 1 34 28	27 36 26 25 30 7 22 1 34 28
21	31 28 29 34 18 4 21 1 33 28	34 33 35 2 17 4 21 1 34 28	1 35 1 5 16 5 21 1 34 28	4 3 1 8 16 5 21 1 34 28	7 7 6 9 17 6 21 1 34 28	10 11 12 7 18 7 21 1 34 28	12 15 14 8 19 7 21 1 34 28	15 20 14 11 21 8 21 1 34 28	18 25 19 14 23 8 21 1 34 28	21 29 24 18 25 8 22 1 34 28	24 34 24 21 28 8 22 1 34 28	27 1 26 25 30 7 22 1 34 28
22	31 29 30 34 18 4 21 1 33 28	34 34 35 2 17 4 21 1 34 28	1 36 1 5 16 5 21 1 34 28	4 4 1 8 16 5 21 1 34 28	7 8 6 9 17 6 21 1 34 28	10 12 12 7 18 7 21 1 34 28	12 16 14 8 20 7 21 1 34 28	15 21 14 11 21 8 21 1 34 28	18 26 19 14 23 8 21 1 34 28	21 30 24 18 26 8 22 1 34 28	25 35 24 21 28 8 22 1 34 28	28 3 26 25 30 7 22 1 34 28
23	31 30 30 35 18 4 21 1 33 28	34 35 35 2 17 4 21 1 34 28	1 1 1 5 16 5 21 1 34 28	4 6 1 8 16 5 21 1 34 28	7 9 6 9 17 6 21 1 34 28	10 14 12 7 18 7 21 1 34 28	13 17 14 8 20 7 21 1 34 28	16 22 14 11 21 8 21 1 34 28	19 28 20 14 24 8 21 1 34 28	21 32 24 18 26 8 22 1 34 28	25 36 23 22 28 8 22 1 34 28	28 4 26 25 30 7 22 1 34 28
24	31 32 30 35 18 4 21 1 33 28	34 36 35 2 17 4 21 1 34 28	1 2 36 5 16 5 21 1 34 28	4 7 1 8 16 5 21 1 34 28	7 10 6 9 17 6 21 1 34 28	10 15 12 7 18 7 21 1 34 28	13 19 13 8 20 7 21 1 34 28	16 24 14 11 22 8 21 1 34 28	19 29 20 14 24 8 21 1 34 28	22 33 24 18 26 8 22 1 34 28	25 2 23 22 28 8 22 1 34 28	28 5 26 25 30 7 22 1 34 28
25	31 33 30 35 18 4 21 1 33 28	34 2 35 2 17 4 21 1 34 28	1 4 36 6 16 5 21 1 34 28	4 8 1 8 16 5 21 1 34 28	7 11 7 9 17 6 21 1 34 28	10 16 12 7 18 7 21 1 34 28	13 20 13 8 20 7 21 1 34 28	16 25 14 11 22 8 21 1 34 28	19 31 20 15 24 8 21 1 34 28	22 34 24 18 26 8 22 1 34 28	25 3 23 22 28 8 22 1 34 28	28 6 26 26 30 7 22 1 34 28
26	31 34 30 35 18 4 21 1 33 28	34 3 36 3 17 4 21 1 34 28	1 5 36 6 16 5 21 1 34 28	4 9 1 8 16 5 21 1 34 28	7 13 7 9 17 6 21 1 34 28	10 18 12 7 18 7 21 1 34 28	13 21 13 8 20 7 21 1 34 28	16 27 14 11 22 8 21 1 34 28	19 32 20 15 24 8 21 1 34 28	22 35 24 18 26 8 22 1 34 28	25 4 23 22 28 8 22 1 34 28	28 7 27 26 30 7 22 1 34 28
27	31 36 30 35 18 4 21 1 33 28	34 4 36 3 17 4 21 1 34 28	1 6 36 6 16 5 21 1 34 28	4 10 2 8 16 5 21 1 34 28	7 14 7 9 17 6 21 1 34 28	10 19 13 7 18 7 21 1 34 28	13 23 13 9 20 7 21 1 34 28	16 28 15 11 22 8 21 1 34 28	19 33 20 15 24 8 21 1 34 28	22 1 24 18 26 8 22 1 34 28	25 5 23 22 28 8 22 1 34 28	28 9 27 26 31 7 22 1 34 28
28	31 1 31 35 18 4 21 1 33 28	34 5 36 3 17 4 21 1 34 28	1 7 36 6 16 5 21 1 34 28	4 12 2 8 16 5 21 1 34 28	7 15 7 9 17 6 21 1 34 28	10 20 13 7 18 7 21 1 34 28	13 24 13 9 20 7 21 1 34 28	16 29 15 11 22 8 21 1 34 28	19 35 20 15 24 8 21 1 34 28	22 2 24 18 26 8 22 1 34 28	25 6 23 22 28 8 22 1 34 28	28 10 27 26 31 7 22 1 34 28
29	31 2 31 35 18 4 21 1 33 28	34 6 36 3 17 4 21 1 34 28	1 8 36 6 16 5 21 1 34 28	4 13 2 8 16 5 21 1 34 28	7 16 7 9 17 6 21 1 34 28	10 22 13 7 18 7 21 1 34 28	13 26 13 9 20 7 21 1 34 28	16 31 15 12 22 8 21 1 34 28	19 36 21 15 24 8 21 1 34 28	22 3 24 19 26 8 22 1 34 28	25 8 23 22 28 8 22 1 34 28	28 11 27 26 31 7 22 1 34 28
30	31 3 31 35 18 4 21 1 33 28		1 10 36 6 16 5 21 1 34 28	5 14 2 8 16 5 21 1 34 28	7 18 8 8 17 6 21 1 34 28	10 23 13 7 18 7 21 1 34 28	13 27 13 9 20 7 21 1 34 28	16 32 15 12 22 8 21 1 34 28	19 1 21 15 24 8 21 1 34 28	22 4 25 19 26 8 22 1 34 28	25 9 23 22 28 8 22 1 34 28	28 12 27 26 31 7 22 1 34 28
31	32 4 31 36 18 4 21 1 33 28		2 11 36 6 16 5 21 1 34 28		7 19 8 8 17 6 21 1 34 28		13 28 13 9 20 8 21 1 34 28	16 34 15 12 22 8 21 1 34 28		22 6 25 19 26 8 22 1 34 28		28 13 27 26 31 7 22 1 34 28

2013

	JAN	FEB	MAR	APR	MAY	JUNE	JULY	AUG	SEPT	OCT	NOV	DEC
1	29 15 28 26 31 7 22 1 34 28	32 19 33 30 33 7 23 1 34 29	35 20 35 34 36 7 23 1 34 29	2 26 35 2 2 8 23 1 34 29	5 30 3 5 4 8 22 2 34 29	8 35 10 9 7 9 22 2 34 29	10 2 12 13 9 10 22 2 34 29	13 7 11 17 11 10 22 2 34 28	16 11 17 20 13 11 22 2 34 28	19 15 22 24 15 11 23 2 34 28	22 19 23 27 16 12 23 1 34 28	25 23 24 30 18 11 23 1 34 29
2	29 16 28 27 31 7 22 1 34 28	32 21 33 30 33 7 23 1 34 29	35 22 35 34 36 7 23 1 34 29	2 27 35 2 2 8 23 1 34 29	5 31 4 6 4 8 22 2 34 29	8 36 10 9 7 9 22 2 34 29	11 4 12 13 9 10 22 2 34 29	13 8 12 17 11 10 22 2 34 28	16 12 17 20 13 11 22 2 34 28	19 16 22 24 15 11 23 2 34 28	22 20 22 27 17 12 23 1 34 28	25 24 24 30 18 11 23 1 34 29
3	29 17 28 27 31 7 22 1 34 28	32 22 33 31 34 7 23 1 34 29	35 23 35 34 36 7 23 1 34 29	2 29 35 2 2 8 23 1 34 29	5 32 4 6 4 8 22 2 34 29	8 1 10 9 7 9 22 2 34 29	11 5 12 13 9 10 22 2 34 29	14 9 12 17 11 10 22 2 34 28	17 14 17 21 13 11 22 2 34 28	19 17 22 24 15 11 23 2 34 28	23 22 22 27 17 12 23 1 34 28	26 26 24 30 18 11 23 1 34 29
4	29 18 28 27 31 7 22 1 34 28	32 24 33 31 34 7 23 1 34 29	35 25 35 34 36 7 23 1 34 29	2 30 35 2 2 8 22 1 34 29	5 34 4 6 5 8 22 2 34 29	8 3 10 10 7 9 22 2 34 29	11 6 12 13 9 10 22 2 34 29	14 10 12 17 11 10 22 2 34 28	17 15 18 21 13 11 22 2 34 28	20 18 22 24 15 11 23 2 34 28	23 23 22 27 17 12 23 1 34 28	26 27 24 30 18 11 23 1 34 29
5	29 20 28 27 31 7 22 1 34 28	32 25 33 31 34 7 23 1 34 29	35 26 35 34 36 7 23 1 34 29	2 31 35 2 2 8 22 1 34 29	5 35 4 6 5 8 22 2 34 29	8 4 10 10 7 9 22 2 34 29	11 7 12 13 9 10 22 2 34 29	14 12 12 17 11 10 22 2 34 28	17 16 18 21 13 11 22 2 34 28	20 20 22 24 15 11 23 2 34 28	23 25 22 27 17 12 23 1 34 28	26 29 24 30 18 11 23 1 34 29
6	29 21 28 27 31 7 22 1 34 28	32 26 34 31 34 7 23 1 34 29	35 27 35 34 36 7 23 1 34 29	2 33 35 2 2 8 22 1 34 29	5 36 4 6 5 8 22 2 34 29	8 5 10 10 7 9 22 2 34 29	11 8 12 14 9 10 22 2 34 29	14 13 12 17 11 10 22 2 34 28	17 17 18 21 13 11 22 2 34 28	20 21 22 24 15 11 23 2 34 28	23 26 22 28 17 12 23 1 34 28	26 30 25 30 18 11 23 1 34 29
7	29 23 29 27 31 7 22 1 34 28	32 28 34 31 34 7 23 1 34 29	35 29 35 35 36 7 23 1 34 29	2 34 36 2 2 8 22 1 34 29	5 2 5 6 5 8 22 2 34 29	8 6 10 10 7 9 22 2 34 29	11 10 11 14 9 10 22 2 34 29	14 14 12 17 11 10 22 2 34 28	17 19 18 21 13 11 22 2 34 28	20 22 22 24 15 11 23 2 34 28	23 28 22 28 17 12 23 1 34 28	26 32 25 30 18 11 23 1 34 29
8	29 24 29 27 32 7 23 1 34 28	32 29 34 31 34 7 23 1 34 29	35 30 35 35 36 7 23 1 34 29	2 35 36 3 3 8 22 1 34 29	5 3 5 6 5 8 22 2 34 29	8 8 11 10 7 9 22 2 34 29	11 11 11 14 9 10 22 2 34 29	14 15 12 17 11 10 22 2 34 28	17 20 18 21 13 11 22 2 34 28	20 24 23 25 15 11 23 2 34 28	23 29 22 28 17 12 23 1 34 28	26 33 25 30 19 11 23 1 34 29
9	29 25 29 27 32 7 23 1 34 28	33 31 34 31 34 7 23 1 34 29	35 32 34 35 36 7 23 1 34 29	2 1 36 3 3 8 22 1 34 29	5 4 5 6 5 8 22 2 34 29	8 9 11 10 7 9 22 2 34 29	11 12 11 14 9 10 22 2 34 29	14 17 13 18 11 10 22 2 34 28	17 21 18 21 13 11 22 2 34 28	20 25 23 25 15 11 23 2 34 28	23 31 22 28 17 12 23 1 34 28	26 34 25 30 19 11 23 1 34 29
10	29 27 29 28 32 7 23 1 34 28	33 32 34 31 34 7 23 1 34 29	35 33 34 35 36 7 23 1 34 29	3 2 36 3 3 8 22 1 34 29	5 5 5 7 5 8 22 2 34 29	8 10 11 10 7 9 22 2 34 29	11 13 11 14 9 10 22 2 34 29	14 18 13 18 11 10 22 2 34 28	17 23 19 21 13 11 22 2 34 28	20 27 23 25 15 11 23 2 34 28	23 32 22 28 17 12 23 1 34 28	26 36 25 30 19 11 23 1 34 29
11	30 28 29 28 32 7 23 1 34 28	33 34 34 32 34 7 23 1 34 29	36 35 34 35 36 7 23 1 34 29	3 3 36 3 3 8 22 1 34 29	6 7 5 7 5 8 22 2 34 29	9 11 11 10 7 9 22 2 34 29	11 14 11 14 9 10 22 2 34 29	14 19 13 18 11 11 22 2 34 28	17 24 19 21 13 11 22 2 34 28	20 28 23 25 15 11 23 2 34 28	23 33 22 28 17 12 23 1 34 28	26 1 25 30 19 11 23 1 34 29
12	30 30 29 28 32 7 23 1 34 28	33 35 35 32 34 7 23 1 34 29	36 36 34 35 36 7 23 1 34 29	3 5 36 3 3 8 22 1 34 29	6 8 6 7 5 8 22 2 34 29	9 12 11 11 7 9 22 2 34 29	11 16 11 14 9 10 22 2 34 29	14 20 13 18 11 11 22 2 34 28	17 26 19 22 13 11 22 2 34 28	20 29 23 25 15 11 23 2 34 28	23 35 22 28 17 12 23 1 34 28	27 2 26 30 19 11 23 1 34 29
13	30 31 29 28 32 7 23 1 34 28	33 36 35 32 34 7 23 1 34 29	36 1 34 35 1 7 23 1 34 29	3 6 36 3 3 8 22 1 34 29	6 9 6 7 5 9 22 2 34 29	9 13 11 11 7 9 22 2 34 29	12 17 11 14 9 10 22 2 34 29	15 22 13 18 12 11 22 2 34 28	18 27 19 22 14 11 22 2 34 28	20 31 23 25 15 11 23 2 34 28	24 36 22 28 17 12 23 1 34 28	27 4 26 30 19 11 23 1 34 29
14	30 33 30 28 32 7 23 1 34 28	33 2 35 32 34 7 23 1 34 29	36 2 34 35 1 7 23 1 34 29	3 7 36 3 3 8 22 1 34 29	6 10 6 7 5 9 22 2 34 29	9 15 11 11 7 9 22 2 34 29	12 18 11 14 10 10 22 2 34 28	15 23 14 18 12 11 22 2 34 28	18 28 19 22 14 11 22 2 34 28	21 32 23 25 15 11 23 2 34 28	24 1 22 28 17 12 23 1 34 28	27 5 26 30 19 11 23 1 34 29
15	30 34 30 28 32 7 23 1 34 28	33 3 35 32 35 7 23 1 34 29	36 4 34 36 1 7 23 1 34 29	3 8 1 3 3 8 22 1 34 29	6 11 6 7 5 9 22 2 34 29	9 16 11 11 8 9 22 2 34 29	12 19 11 15 10 10 22 2 34 28	15 24 14 18 12 11 22 2 34 28	18 30 19 22 14 11 22 2 34 28	21 34 23 25 15 11 23 2 34 28	24 3 22 28 17 12 23 1 34 28	27 6 26 30 19 11 23 1 34 29
16	30 36 30 28 32 7 23 1 34 28	33 4 35 32 35 7 23 1 34 29	36 5 34 36 1 7 23 1 34 29	3 9 1 4 3 8 22 1 34 29	6 13 7 7 5 9 22 2 34 29	9 17 11 11 8 9 22 2 34 29	12 21 11 15 10 10 22 2 34 28	15 26 14 18 12 11 22 2 34 28	18 31 20 22 14 11 22 2 34 28	21 35 23 25 16 11 23 2 34 28	24 4 22 28 17 12 23 1 34 28	27 7 26 30 19 11 23 1 34 29
17	30 1 30 28 32 7 23 1 34 28	33 5 35 32 35 7 23 1 34 29	36 6 34 36 1 7 23 1 34 29	3 11 1 4 3 8 22 1 34 29	6 14 7 7 5 9 22 2 34 29	9 18 11 11 8 9 22 2 34 29	12 22 11 15 10 10 22 2 34 28	15 27 14 19 12 11 22 2 34 28	18 33 20 22 14 11 22 2 34 28	21 36 23 26 16 11 23 1 34 28	24 5 22 29 17 12 23 1 34 28	27 9 26 30 19 11 23 1 34 29
18	30 2 30 29 32 7 23 1 34 28	33 7 35 32 35 7 23 1 34 29	36 7 34 36 1 7 23 1 34 29	3 12 1 4 3 8 22 1 34 29	6 15 7 8 6 9 22 2 34 29	9 20 12 11 8 9 22 2 34 29	12 23 11 15 10 10 22 2 34 28	15 29 14 19 12 11 22 2 34 28	18 34 20 22 14 11 22 2 34 28	21 2 23 26 16 11 23 1 34 28	24 6 22 29 17 12 23 1 34 28	27 10 26 30 19 11 23 1 34 29
19	30 3 30 29 32 7 23 1 34 28	34 8 35 33 35 7 23 1 34 29	36 9 34 36 1 7 23 1 34 29	3 13 1 4 3 8 22 1 34 29	6 16 7 8 6 9 22 2 34 29	9 21 12 11 8 9 22 2 34 29	12 25 11 15 10 10 22 2 34 28	15 30 15 19 12 11 22 2 34 28	18 36 20 22 14 11 22 2 34 28	21 3 23 26 16 11 23 1 34 28	24 8 22 29 17 12 23 1 34 28	27 11 27 30 19 11 23 1 34 29
20	31 5 31 29 32 7 23 1 34 28	34 9 35 33 35 7 23 1 34 29	36 10 34 36 1 7 23 1 34 29	4 14 1 4 3 8 22 1 34 29	6 18 7 8 6 9 22 2 34 29	9 23 12 12 8 9 22 2 34 29	12 26 11 15 10 10 22 2 34 28	15 32 15 19 12 11 22 2 34 28	18 1 20 23 14 11 22 2 34 28	21 4 23 26 16 11 23 1 34 28	24 9 22 29 18 12 23 1 34 28	27 12 27 30 19 11 23 1 34 29
21	31 6 31 29 33 7 23 1 34 29	34 10 35 33 35 7 23 1 34 29	1 11 34 36 1 7 23 1 34 29	4 15 2 4 4 8 22 1 34 29	7 19 8 8 6 9 22 2 34 29	9 24 12 12 8 9 22 2 34 29	12 28 11 15 10 10 22 2 34 28	15 33 15 19 12 11 22 2 34 28	18 2 20 23 14 11 22 2 34 28	21 6 23 26 16 12 23 1 34 28	24 10 22 29 18 12 23 1 34 28	27 13 27 30 19 11 23 1 34 29
22	31 7 31 29 33 7 23 1 34 29	34 11 35 33 35 7 23 1 34 29	1 12 34 36 1 7 23 1 34 29	4 17 2 4 4 8 22 1 34 29	7 20 8 8 6 9 22 2 34 29	10 25 12 12 8 9 22 2 34 29	12 29 11 15 10 10 22 2 34 28	15 35 15 19 12 11 22 2 34 28	18 4 20 23 14 11 22 2 34 28	21 7 23 26 16 12 23 1 34 28	24 11 23 29 18 12 23 1 34 28	28 15 27 30 19 11 23 1 34 29
23	31 8 31 29 33 7 23 1 34 29	34 13 35 33 35 7 23 1 34 29	1 13 34 1 1 8 23 1 34 29	4 18 2 4 4 8 22 1 34 29	7 22 8 8 6 9 22 2 34 29	10 27 12 12 8 9 22 2 34 29	13 31 11 16 10 10 22 2 34 28	16 36 15 19 12 11 22 2 34 28	19 5 21 23 14 11 22 2 34 28	21 8 23 26 16 12 23 1 34 28	25 13 23 29 18 12 23 1 34 28	28 16 27 30 19 11 23 1 34 29
24	31 9 31 29 33 7 23 1 34 29	34 14 35 33 35 7 23 1 34 29	1 15 34 1 1 8 23 1 34 29	4 19 2 5 4 8 22 1 34 29	7 23 8 8 6 9 22 2 34 29	10 29 12 12 8 9 22 2 34 29	13 32 11 16 10 10 22 2 34 28	16 1 16 19 12 11 22 2 34 28	19 6 21 23 14 11 22 2 34 28	22 9 23 26 16 12 23 1 34 28	25 14 23 29 18 12 23 1 34 28	28 17 27 30 19 11 23 1 34 29
25	31 11 31 29 33 7 23 1 34 29	34 15 35 33 35 7 23 1 34 29	1 16 34 1 1 8 23 1 34 29	4 21 2 5 4 8 22 1 34 29	7 25 8 8 6 9 22 2 34 29	10 30 12 12 8 9 22 2 34 29	13 34 11 16 10 10 22 2 34 28	16 3 16 19 12 11 22 2 34 28	19 7 21 23 14 11 22 2 34 28	22 11 23 26 16 12 23 1 34 28	25 15 23 29 18 12 23 1 34 28	28 18 28 30 19 11 23 1 34 29
26	31 12 32 30 33 7 23 1 34 29	34 16 35 33 35 7 23 1 34 29	1 17 34 1 2 8 23 1 34 29	4 22 2 5 4 8 22 2 34 29	7 26 9 9 6 9 22 2 34 29	10 32 12 12 8 9 22 2 34 29	13 35 11 16 10 10 22 2 34 28	16 4 16 20 12 11 22 2 34 28	19 9 21 23 14 11 22 2 34 28	22 12 23 26 16 12 23 1 34 28	25 16 23 29 18 11 23 1 34 29	28 19 28 30 19 11 23 1 34 29
27	31 13 32 30 33 7 23 1 34 29	34 18 35 34 35 7 23 1 34 29	1 19 34 1 2 8 23 1 34 29	4 24 3 5 4 8 22 2 34 29	7 28 9 9 6 9 22 2 34 29	10 33 12 12 8 10 22 2 34 29	13 1 11 16 10 10 22 2 34 28	16 5 16 20 12 11 22 2 34 28	19 10 21 23 14 11 22 2 34 28	22 13 23 27 16 12 23 1 34 28	25 17 23 29 18 11 23 1 34 29	28 21 28 30 19 11 23 1 34 29
28	31 14 32 30 33 7 23 1 34 29	34 19 35 34 36 7 23 1 34 29	1 20 35 1 2 8 23 1 34 29	4 25 3 5 4 8 22 2 34 29	7 29 9 9 6 9 22 2 34 29	10 34 12 13 8 10 22 2 34 29	13 2 11 16 10 10 22 2 34 28	16 7 16 20 12 11 22 2 34 28	19 11 21 23 14 11 22 2 34 28	22 14 23 27 16 12 23 1 34 28	25 19 23 29 18 11 23 1 34 29	28 22 28 30 19 11 23 1 34 29
29	31 16 32 30 33 7 23 1 34 29		1 21 35 1 2 8 23 1 34 29	4 27 3 5 4 8 22 2 34 29	7 31 9 9 6 9 22 2 34 29	10 36 12 13 9 10 22 2 34 29	13 3 11 16 11 10 22 2 34 28	16 8 16 20 13 11 22 2 34 28	19 12 21 24 15 11 22 2 34 28	22 15 23 27 16 12 23 1 34 28	25 20 24 30 18 11 23 1 34 29	28 23 28 30 20 11 24 1 34 29
30	32 17 32 30 33 7 23 1 34 29		1 23 35 1 2 8 23 1 34 29	4 28 3 5 4 8 22 2 34 29	7 32 9 9 6 9 22 2 34 29	10 1 12 13 9 10 22 2 34 29	13 4 11 16 11 10 22 2 34 28	16 9 17 20 13 11 22 2 34 28	19 13 22 24 15 11 22 2 34 28	22 17 23 27 16 12 23 1 34 28	25 21 24 30 18 11 23 1 34 29	28 25 28 30 20 11 24 1 34 29
31	32 18 33 30 33 7 23 1 34 29		2 24 35 2 2 8 23 1 34 29		7 33 9 9 6 9 22 2 34 29		13 6 11 17 11 10 22 2 34 28	16 10 17 20 13 11 22 2 34 28		22 18 23 27 16 12 23 1 34 28		28 26 29 30 20 11 24 1 34 29

2014

	JAN	FEB	MAR	APR	MAY	JUNE	JULY	AUG	SEPT	OCT	NOV	DEC
1	29 28 29 30 20 11 24 1 34 29	32 33 34 29 21 11 24 1 34 29	35 34 32 30 21 11 24 2 34 29	2 3 35 33 21 11 24 2 34 29	5 7 5 36 20 11 24 2 34 29	8 11 10 4 19 12 23 2 34 29	10 14 9 7 20 12 23 2 34 29	13 19 13 11 22 13 23 2 34 29	16 24 18 15 24 14 23 2 34 29	19 27 22 19 26 14 24 2 34 29	22 33 20 23 28 15 24 2 34 29	25 36 25 26 30 15 24 2 34 29
2	29 29 29 30 20 11 24 1 34 29	32 35 34 29 21 11 24 1 34 29	35 36 32 30 21 11 24 2 34 29	2 5 36 33 21 11 24 2 34 29	5 8 5 36 20 11 24 2 34 29	8 12 10 4 20 12 23 2 34 29	11 16 9 8 20 12 23 2 34 29	13 20 13 11 22 13 23 2 34 29	16 25 18 15 24 14 23 2 34 29	19 29 22 19 26 14 24 2 34 29	22 34 21 23 28 15 24 2 34 29	25 2 25 26 30 15 24 2 34 29
3	29 31 29 30 20 11 24 1 34 29	32 36 34 29 21 11 24 1 34 29	35 1 32 30 21 11 24 2 34 29	2 6 36 33 21 11 24 2 34 29	5 9 6 36 20 11 24 2 34 29	8 14 10 4 20 12 23 2 34 29	11 17 9 8 20 12 23 2 34 29	14 21 13 11 22 13 23 2 34 29	17 26 19 15 24 14 23 2 34 29	19 30 22 19 26 14 24 2 34 29	23 35 21 23 28 15 24 2 34 29	26 3 25 27 30 15 24 2 34 29
4	29 32 29 30 20 11 24 1 34 29	32 2 34 29 21 11 24 1 34 29	35 2 32 30 21 11 24 2 34 29	2 7 36 33 21 11 24 2 34 29	5 10 6 1 20 11 24 2 34 29	8 15 10 4 20 12 23 2 34 29	11 18 9 8 20 12 23 2 34 29	14 23 13 11 22 13 23 2 34 29	17 28 19 15 24 14 23 2 34 29	20 31 22 19 26 14 24 2 34 29	23 1 21 23 28 15 24 2 34 29	26 5 25 27 30 15 24 2 34 29
5	29 34 29 30 20 11 24 1 34 29	32 3 34 29 21 11 24 1 34 29	35 4 32 30 21 11 24 2 34 29	2 8 36 33 21 11 24 2 34 29	5 12 6 1 20 11 24 2 34 29	8 16 10 4 20 12 23 2 34 29	11 19 9 8 20 12 23 2 34 29	14 24 13 12 22 13 23 2 34 29	17 29 19 15 24 14 23 2 34 29	20 33 22 19 26 14 24 2 34 29	23 2 21 23 28 15 24 2 34 29	26 6 26 27 31 15 24 2 34 29
6	29 35 30 30 20 11 24 1 34 29	32 4 34 29 21 11 24 1 34 29	35 5 32 31 21 11 24 2 34 29	2 10 36 34 21 11 24 2 34 29	5 13 6 1 20 11 24 2 34 29	8 17 10 4 20 12 23 2 34 29	11 20 9 8 21 12 23 2 34 29	14 25 14 12 22 13 23 2 34 29	17 31 19 16 24 14 23 2 34 29	20 34 22 19 26 14 24 2 34 29	23 4 21 23 28 15 24 2 34 29	26 7 26 27 31 15 24 2 34 29
7	29 1 30 30 20 11 24 1 34 29	32 6 34 29 21 11 24 1 34 29	35 6 33 31 21 11 24 2 34 29	2 11 36 34 20 11 24 2 34 29	5 14 6 1 20 11 24 2 34 29	8 18 10 5 20 12 23 2 34 29	11 22 9 8 21 12 23 2 34 29	14 27 14 12 22 13 23 2 34 29	17 32 19 16 24 14 23 2 34 29	20 36 22 19 26 14 24 2 34 29	23 5 21 23 28 15 24 2 34 29	26 9 26 27 31 15 24 2 34 29
8	29 2 30 30 20 11 24 1 34 29	32 7 34 29 21 11 24 1 34 29	35 8 33 31 21 11 24 2 34 29	2 12 1 34 20 11 24 2 34 29	5 15 7 1 19 11 24 2 34 29	8 20 10 5 20 12 23 2 34 29	11 23 9 8 21 12 23 2 34 29	14 28 14 12 22 13 23 2 34 29	17 34 19 16 24 14 23 2 34 29	20 1 22 20 26 14 24 2 34 29	23 6 21 23 28 15 24 2 34 29	26 10 26 27 31 15 24 2 34 29
9	29 3 30 30 20 11 24 1 34 29	33 8 34 29 21 11 24 1 34 29	35 9 33 31 21 11 24 2 34 29	2 13 1 34 20 11 24 2 34 29	5 16 7 1 19 11 24 2 34 29	8 21 10 5 20 12 23 2 34 29	11 24 9 8 21 12 23 2 34 29	14 30 14 12 22 13 23 2 34 29	17 35 19 16 24 14 23 2 34 29	20 3 22 20 26 14 24 2 34 29	23 8 22 24 29 15 24 2 34 29	26 11 26 27 31 15 24 2 34 29
10	29 5 30 30 20 11 24 1 34 29	33 9 34 29 21 11 24 1 34 29	35 10 33 31 21 11 24 2 34 29	3 14 1 34 20 11 24 2 34 29	5 18 7 1 19 11 24 2 34 29	8 22 10 5 20 12 23 2 34 29	11 26 9 8 21 12 23 2 34 29	14 31 14 12 22 13 23 2 34 29	17 1 20 16 24 14 23 2 34 29	20 4 22 20 26 14 24 2 34 29	23 9 22 24 29 15 24 2 34 29	26 12 26 27 31 15 24 2 34 29
11	30 6 30 30 20 11 24 1 34 29	33 10 34 29 21 11 24 1 34 29	36 11 33 31 21 11 24 2 34 29	3 16 1 34 20 11 24 2 34 29	6 19 7 1 19 11 24 2 34 29	9 24 10 5 20 12 23 2 34 29	11 27 9 9 21 12 23 2 34 29	14 33 15 12 22 13 23 2 34 29	17 2 20 16 24 14 23 2 34 29	20 6 21 20 26 14 24 2 34 29	23 10 22 24 29 15 24 2 34 29	26 14 27 28 31 15 24 2 34 29
12	30 7 31 30 20 11 24 1 34 29	33 12 34 29 21 11 24 1 34 29	36 12 33 31 21 11 24 2 34 29	3 17 1 34 20 11 24 2 34 29	6 20 7 2 19 11 23 2 34 29	9 25 10 5 20 12 23 2 34 29	11 29 9 9 21 12 23 2 34 29	14 34 15 12 22 13 23 2 34 29	17 3 20 16 24 14 23 2 34 29	20 7 21 20 26 14 24 2 34 29	23 12 22 24 29 15 24 2 34 29	26 15 27 28 31 15 24 2 34 29
13	30 8 31 30 20 11 24 1 34 29	33 13 34 29 21 11 24 1 34 29	36 14 33 31 21 11 24 2 34 29	3 18 1 34 20 11 24 2 34 29	6 21 7 2 19 11 23 2 34 29	9 26 10 5 20 12 23 2 34 29	12 30 9 9 21 12 23 2 34 29	15 36 15 13 22 13 23 2 34 29	18 5 20 16 24 14 23 2 34 29	20 8 21 20 27 14 24 2 34 29	24 13 22 24 29 15 24 2 34 29	27 16 27 28 31 15 24 2 34 29
14	30 9 31 29 20 11 24 1 34 29	33 14 33 29 21 11 24 1 34 29	36 15 33 31 21 11 24 2 34 29	3 19 2 34 20 11 24 2 34 29	6 23 8 2 19 11 23 2 34 29	9 28 10 5 20 12 23 2 34 29	12 32 10 9 21 12 23 2 34 29	15 1 15 13 23 13 23 2 34 29	18 6 20 17 25 14 23 2 34 29	21 10 21 20 27 14 24 2 34 29	24 14 22 24 29 15 24 2 34 29	27 17 27 28 31 15 24 2 34 29
15	30 11 31 29 20 11 24 1 34 29	33 15 33 29 21 11 24 2 34 29	36 16 33 31 21 11 24 2 34 29	3 21 2 34 20 11 24 2 34 29	6 24 8 2 19 11 23 2 34 29	9 29 10 5 20 12 23 2 34 29	12 33 10 9 21 12 23 2 34 29	15 3 15 13 23 13 23 2 34 29	18 7 20 17 25 14 23 2 34 29	21 11 21 20 27 14 24 2 34 29	24 15 22 24 29 15 24 2 34 29	27 18 27 28 31 15 24 2 34 29
16	30 12 31 29 20 11 24 1 34 29	33 16 33 29 21 11 24 2 34 29	36 17 33 31 21 11 24 2 34 29	3 22 2 35 20 11 24 2 34 29	6 26 8 2 19 11 23 2 34 29	9 31 10 6 20 12 23 2 34 29	12 35 10 9 21 12 23 2 34 29	15 4 16 13 23 13 23 2 34 29	18 9 20 17 25 14 23 2 34 29	21 12 21 21 27 14 24 2 34 29	24 16 23 24 29 15 24 2 34 29	27 19 27 28 31 15 24 2 34 29
17	30 13 31 29 20 11 24 1 34 29	33 18 33 29 21 11 24 2 34 29	36 18 33 31 21 11 24 2 34 29	3 23 2 35 20 11 24 2 34 29	6 27 8 2 19 11 23 2 34 29	9 32 10 6 20 12 23 2 34 29	12 36 10 9 21 13 23 2 34 29	15 5 16 13 23 13 23 2 34 29	18 10 20 17 25 14 23 2 34 29	21 13 21 21 27 14 24 2 34 29	24 18 23 25 29 15 24 2 34 29	27 21 27 28 31 15 24 2 34 29
18	30 14 32 29 20 11 24 1 34 29	33 19 33 29 21 11 24 2 34 29	36 20 34 32 21 11 24 2 34 29	3 25 2 35 20 11 24 2 34 29	6 28 8 2 19 11 23 2 34 29	9 34 9 6 20 12 23 2 34 29	12 2 10 9 21 13 23 2 34 29	15 7 16 13 23 13 23 2 34 29	18 11 21 17 25 14 23 2 34 29	21 14 21 21 27 14 24 2 34 29	24 19 23 25 29 15 24 2 34 29	27 22 28 28 32 15 24 2 34 29
19	30 15 32 29 20 11 24 1 34 29	34 20 33 29 21 11 24 2 34 29	36 21 34 32 21 11 24 2 34 29	3 26 3 35 20 11 24 2 34 29	6 30 8 2 19 11 23 2 34 29	9 35 9 6 20 12 23 2 34 29	12 3 10 10 21 13 23 2 34 29	15 8 16 13 23 13 23 2 34 29	18 12 21 17 25 14 23 2 34 29	21 16 21 21 27 14 24 2 34 29	24 20 23 25 29 15 24 2 34 29	27 23 28 29 32 15 24 2 34 29
20	30 17 32 29 20 11 24 1 34 29	34 21 33 29 21 11 24 2 34 29	36 22 34 32 21 11 24 2 34 29	3 27 3 35 20 11 24 2 34 29	6 31 9 2 19 11 23 2 34 29	9 1 9 6 20 12 23 2 34 29	12 4 10 10 21 13 23 2 34 29	15 9 16 13 23 13 23 2 34 29	18 14 21 17 25 14 23 2 34 29	21 17 20 21 27 14 24 2 34 29	24 21 23 25 29 15 24 2 34 29	27 25 28 29 32 15 24 2 34 29
21	31 18 32 29 20 11 24 1 34 29	34 23 33 30 21 11 24 2 34 29	1 24 34 32 21 11 24 2 34 29	4 29 3 35 20 11 24 2 34 29	6 33 9 3 19 11 23 2 34 29	9 2 9 6 20 12 23 2 34 29	12 6 10 10 21 13 23 2 34 29	15 10 16 14 23 13 23 2 34 29	18 15 21 17 25 14 23 2 34 29	21 18 20 21 27 14 24 2 34 29	24 22 23 25 29 15 24 2 34 29	27 26 28 29 32 15 24 2 34 29
22	31 19 32 29 21 11 24 1 34 29	34 24 33 30 21 11 24 2 34 29	1 25 34 32 21 11 24 2 34 29	4 30 3 35 20 11 24 2 34 29	7 34 9 3 19 11 23 2 34 29	10 3 9 6 20 12 23 2 34 29	12 7 11 10 21 13 23 2 34 29	15 11 17 14 23 13 23 2 34 29	18 16 21 18 25 14 23 2 34 29	21 19 20 21 27 14 24 2 34 29	24 24 24 25 29 15 24 2 34 29	28 27 28 29 32 15 24 2 34 29
23	31 20 32 29 21 11 24 1 34 29	34 25 32 30 21 11 24 2 34 29	1 26 34 32 21 11 24 2 34 29	4 32 3 35 20 11 24 2 34 29	7 36 9 3 19 11 23 2 34 29	10 5 9 6 20 12 23 2 34 29	13 8 11 10 21 13 23 2 34 29	15 13 17 14 23 13 23 2 34 29	18 17 21 18 25 14 23 2 34 29	21 20 20 21 27 14 24 2 34 29	25 25 24 25 30 15 24 2 34 29	28 29 28 29 32 15 24 2 34 29
24	31 22 32 29 21 11 24 1 34 29	34 27 32 30 21 11 24 2 34 29	1 28 34 32 21 11 24 2 34 29	4 33 4 35 20 11 24 2 34 29	7 1 9 3 19 11 23 2 34 29	10 6 9 7 20 12 23 2 34 29	13 9 11 10 21 13 23 2 34 29	16 14 17 14 23 13 23 2 34 29	19 18 21 18 25 14 23 2 34 29	22 22 20 22 27 14 24 2 34 29	25 27 24 25 30 15 24 2 34 29	28 30 29 29 32 15 25 2 34 29
25	31 23 33 29 21 11 24 1 34 29	34 28 32 30 21 11 24 2 34 29	1 29 34 32 21 11 24 2 34 29	4 35 4 36 20 11 24 2 34 29	7 2 9 3 19 11 23 2 34 29	10 7 9 7 20 12 23 2 34 29	13 11 11 10 21 13 23 2 34 29	16 15 17 14 23 13 23 2 34 29	19 20 21 18 25 14 23 2 34 29	22 23 20 22 27 14 24 2 34 29	25 28 24 26 30 15 24 2 34 29	28 32 29 29 32 15 25 2 34 29
26	31 24 33 29 21 11 24 1 34 29	34 30 32 30 21 11 24 2 34 29	1 31 35 32 21 11 24 2 34 29	4 36 4 36 20 11 24 2 34 29	7 4 9 3 19 11 23 2 34 29	10 8 9 7 20 12 23 2 34 29	13 12 11 10 21 13 23 2 34 29	16 16 17 14 23 13 23 2 34 29	19 21 21 18 25 14 24 2 34 29	22 24 20 22 27 14 24 2 34 29	25 29 24 26 30 15 24 2 34 29	28 33 29 29 32 15 25 2 34 29
27	31 26 33 29 21 11 24 1 34 29	34 31 32 30 21 11 24 2 34 29	1 32 35 32 21 11 24 2 34 29	4 1 4 36 20 11 24 2 34 29	7 5 9 3 19 11 23 2 34 29	10 10 9 7 20 12 23 2 34 29	13 13 12 11 22 13 23 2 34 29	16 17 18 14 23 13 23 2 34 29	19 22 21 18 25 14 24 2 34 29	22 26 20 22 28 14 24 2 34 29	25 31 24 26 30 15 24 2 34 29	28 35 29 30 32 15 25 2 34 29
28	31 27 33 29 21 11 24 1 34 29	34 33 32 30 21 11 24 2 34 29	1 33 35 33 21 11 24 2 34 29	4 3 4 36 20 11 24 2 34 29	7 6 9 3 19 11 23 2 34 29	10 11 9 7 20 12 23 2 34 29	13 14 12 11 22 13 23 2 34 29	16 19 18 14 23 13 23 2 34 29	19 23 22 18 25 14 24 2 34 29	22 27 20 22 28 14 24 2 34 29	25 32 24 26 30 15 24 2 34 29	28 36 29 30 32 15 25 2 34 29
29	31 29 33 29 21 11 24 1 34 29		1 35 35 33 21 11 24 2 34 29	4 4 5 36 20 11 24 2 34 29	7 8 9 3 19 11 23 2 34 29	10 12 9 7 20 12 23 2 34 29	13 15 12 11 22 13 23 2 34 29	16 20 18 15 23 13 23 2 34 29	19 25 22 18 26 14 24 2 34 29	22 28 20 22 28 15 24 2 34 29	25 34 25 26 30 15 24 2 34 29	28 2 29 30 32 15 25 2 34 29
30	32 30 33 29 21 11 24 1 34 29		1 36 35 33 21 11 24 2 34 29	4 5 5 36 20 11 24 2 34 29	7 9 10 4 19 11 23 2 34 29	10 13 9 7 20 12 23 2 34 29	13 17 12 11 22 13 23 2 34 29	16 21 18 15 24 13 23 2 34 29	19 26 22 19 26 14 24 2 34 29	22 30 20 22 28 15 24 2 34 29	25 35 25 26 30 15 24 2 34 29	28 3 30 30 32 15 25 2 34 29
31	32 32 33 29 21 11 24 1 34 29		2 2 35 33 21 11 24 2 34 29		7 10 10 4 19 12 23 2 34 29		13 18 12 11 22 13 23 2 34 29	16 22 18 15 24 13 23 2 34 29		22 31 20 22 28 15 24 2 34 29		28 4 30 30 33 15 25 2 34 29

2015

	JAN	FEB	MAR	APR	MAY	JUNE	JULY	AUG	SEPT	OCT	NOV	DEC
1	29 6 30 30 33 15 25 2 34 29	32 10 31 34 35 14 25 2 34 29	35 11 32 2 1 14 25 2 34 29	2 16 1 5 4 14 25 2 34 29	5 19 6 9 6 14 25 2 34 29	8 24 7 12 8 14 25 2 34 29	10 27 8 15 10 15 24 3 34 29	13 32 14 15 12 15 24 3 34 29	16 1 19 14 14 16 24 2 34 29	19 5 19 15 16 17 25 2 34 29	22 10 21 18 18 17 25 2 34 29	25 14 26 21 20 18 25 2 34 29
2	29 7 30 30 33 15 25 2 34 29	32 12 31 34 35 14 25 2 34 29	35 13 32 2 1 14 25 2 34 29	2 17 1 5 4 14 25 2 34 29	5 20 7 9 6 14 25 2 34 29	8 25 7 12 8 14 25 2 34 29	10 28 8 15 10 15 24 3 34 29	13 34 14 15 12 15 24 3 34 29	16 3 19 14 14 16 24 2 34 29	19 7 19 15 16 17 25 2 34 29	22 12 21 18 18 17 25 2 34 29	25 15 26 21 20 18 25 2 34 29
3	29 8 30 30 33 15 25 2 34 29	32 13 31 34 35 14 25 2 34 29	35 14 32 2 1 14 25 2 34 29	2 18 1 5 4 14 25 2 34 29	5 21 7 9 6 14 25 2 34 29	8 26 7 12 8 14 25 2 34 29	11 30 9 15 10 15 24 3 34 29	14 35 15 15 12 15 24 3 34 29	17 4 19 14 14 16 24 2 34 29	19 8 19 15 16 17 25 2 34 29	23 13 22 18 18 17 25 2 34 29	26 16 26 21 20 18 25 2 34 29
4	29 9 30 31 33 15 25 2 34 29	32 14 31 34 35 14 25 2 34 29	35 15 32 2 1 14 25 2 34 29	2 19 1 6 4 14 25 2 34 29	5 23 7 9 6 14 25 2 34 29	8 27 7 12 8 14 25 2 34 29	11 31 9 15 10 15 24 3 34 29	14 1 15 15 12 15 24 3 34 29	17 6 19 14 14 16 24 2 34 29	20 9 19 15 16 17 25 2 34 29	23 14 22 18 18 17 25 2 34 29	26 17 27 21 20 18 25 2 34 29
5	29 11 30 31 33 15 25 2 34 29	32 15 31 35 35 14 25 2 34 29	35 16 32 2 1 14 25 2 34 29	2 21 1 6 4 14 25 2 34 29	5 24 7 9 6 14 25 2 34 29	8 29 7 12 8 14 25 2 34 29	11 33 9 15 10 15 24 3 34 29	14 2 15 15 12 15 24 3 34 29	17 7 19 14 14 16 24 2 34 29	20 11 19 15 16 17 25 2 34 29	23 15 22 18 18 17 25 2 34 29	26 19 27 21 20 18 25 2 34 29
6	29 12 31 31 33 15 25 2 34 29	32 16 31 35 35 14 25 2 34 29	35 17 32 2 2 14 25 2 34 29	2 22 2 6 4 14 25 2 34 29	5 25 7 9 6 14 25 2 34 29	8 30 7 13 8 14 25 2 34 29	11 34 9 15 10 15 24 3 34 29	14 3 15 15 12 15 24 3 34 29	17 9 20 14 14 16 24 2 34 29	20 12 19 15 16 17 25 2 34 29	23 17 22 18 18 17 25 2 34 29	26 20 27 22 20 18 25 2 34 29
7	29 13 31 31 33 15 25 2 34 29	32 18 31 35 35 14 25 2 34 29	35 18 33 2 2 14 25 2 34 29	2 23 2 6 4 14 25 2 34 29	5 26 7 9 6 14 25 2 34 29	8 32 7 13 8 14 25 2 34 29	11 36 9 15 10 15 24 3 34 29	14 5 15 15 12 15 24 3 34 29	17 10 20 14 14 16 24 2 34 29	20 13 19 15 16 17 25 2 34 29	23 18 22 18 18 17 25 2 34 29	26 21 27 22 20 18 25 2 34 29
8	29 14 31 31 33 15 25 2 34 29	32 19 31 35 36 14 25 2 34 29	35 20 33 2 2 14 25 2 34 29	2 24 2 6 4 14 25 2 34 29	5 28 7 10 6 14 25 2 34 29	8 33 7 13 8 14 25 2 34 29	11 1 9 15 10 15 24 3 34 29	14 6 16 15 12 15 24 3 34 29	17 11 20 14 14 16 24 2 34 29	20 15 19 15 16 17 25 2 34 29	23 19 22 18 18 17 25 2 34 29	26 22 27 22 20 18 25 2 34 29
9	29 16 31 31 33 15 25 2 34 29	32 20 31 35 36 14 25 2 34 29	35 21 33 2 2 14 25 2 34 29	2 26 2 6 4 14 25 2 34 29	5 29 7 10 6 14 25 2 34 29	8 34 7 13 8 14 25 2 34 29	11 2 10 15 10 15 24 3 34 29	14 8 16 15 13 15 24 3 34 29	17 12 20 14 14 16 24 2 34 29	20 16 19 16 16 17 25 2 34 29	23 20 23 19 18 17 25 2 34 29	26 23 27 22 20 18 25 2 34 29
10	29 17 31 31 33 15 25 2 34 29	33 21 31 35 36 14 25 2 34 29	35 22 33 3 2 14 25 2 34 29	2 27 2 6 4 14 25 2 34 29	5 31 7 10 6 14 25 2 34 29	8 36 7 13 9 14 25 2 34 29	11 4 10 15 11 15 24 3 34 29	14 9 16 15 13 15 24 3 34 29	17 14 20 14 15 16 24 2 34 29	20 17 19 16 16 17 25 2 34 29	23 21 23 19 18 17 25 2 34 29	26 25 27 22 20 18 25 2 34 29
11	30 18 31 31 33 15 25 2 34 29	33 22 31 35 36 14 25 2 34 29	36 23 33 3 2 14 25 2 34 29	3 28 3 6 4 14 25 2 34 29	6 32 8 10 6 14 25 2 34 29	8 1 7 13 9 14 25 2 34 29	11 5 10 15 11 15 24 3 34 29	14 10 16 15 13 15 24 3 34 29	17 15 20 14 15 16 24 2 34 29	20 18 19 16 16 17 25 2 34 29	23 22 23 19 18 17 25 2 34 29	26 26 28 22 20 18 25 2 34 29
12	30 19 31 32 33 15 25 2 34 29	33 24 31 35 36 14 25 2 34 29	36 25 33 3 2 14 25 2 34 29	3 29 3 7 4 14 25 2 34 29	6 33 8 10 6 14 25 2 34 29	9 3 7 13 9 14 25 2 34 29	11 6 10 15 11 15 24 3 34 29	14 11 16 15 13 16 24 3 34 29	17 16 20 14 15 16 24 2 34 29	20 19 19 16 17 17 25 2 34 29	23 24 23 19 18 17 25 2 34 29	26 27 28 22 20 18 25 2 34 29
13	30 20 32 32 34 15 25 2 34 29	33 25 31 36 36 14 25 2 34 29	36 26 33 3 2 14 25 2 34 29	3 31 3 7 4 14 25 2 34 29	6 35 8 10 7 14 25 2 34 29	9 4 7 13 9 14 25 2 34 29	12 8 10 15 11 15 24 3 34 29	14 13 16 15 13 16 24 3 34 29	17 17 20 14 15 16 24 2 34 29	20 20 19 16 17 17 25 2 34 29	24 25 23 19 19 17 25 2 34 29	27 28 28 22 20 18 25 2 34 29
14	30 22 32 32 34 15 25 2 34 29	33 26 31 36 36 14 25 2 34 29	36 27 34 3 2 14 25 2 34 29	3 32 3 7 4 14 25 2 34 29	6 36 8 10 7 14 25 2 34 29	9 5 7 13 9 14 25 2 34 29	12 9 10 15 11 15 24 3 34 29	15 14 17 15 13 16 24 3 34 29	18 18 20 14 15 16 24 2 34 29	21 22 19 16 17 17 25 2 34 29	24 26 23 19 19 17 25 2 34 29	27 30 28 23 20 18 25 2 34 29
15	30 23 32 32 34 15 25 2 34 29	33 28 31 36 36 14 25 2 34 29	36 28 34 3 2 14 25 2 34 29	3 34 4 7 5 14 25 2 34 29	6 2 8 10 7 14 25 2 34 29	9 7 7 13 9 14 25 2 34 29	12 10 11 15 11 15 24 3 34 29	15 15 17 15 13 16 24 3 34 29	18 20 20 14 15 16 24 2 34 29	21 23 19 16 17 17 25 2 34 29	24 27 24 19 19 17 25 2 34 29	27 31 28 23 20 18 25 2 34 29
16	30 24 32 32 34 15 25 2 34 29	33 29 31 36 36 14 25 2 34 29	36 30 34 3 2 14 25 2 34 29	3 35 4 7 5 14 25 2 34 29	6 3 8 10 7 14 25 2 34 29	9 8 7 13 9 14 24 2 34 29	12 12 11 15 11 15 24 3 34 29	15 16 17 15 13 16 24 3 34 29	18 21 20 14 15 16 24 2 34 29	21 24 19 16 17 17 25 2 34 29	24 29 24 19 19 17 25 2 34 29	27 32 28 23 20 18 25 2 34 29
17	30 25 32 32 34 15 25 2 34 29	33 30 31 36 36 14 25 2 34 29	36 31 34 3 2 14 25 2 34 29	3 1 4 7 5 14 25 2 34 29	6 5 8 10 7 14 25 2 34 29	9 10 7 14 9 14 24 2 34 29	12 13 11 15 11 15 24 3 34 29	15 17 17 15 13 16 24 3 34 29	18 22 20 14 15 16 24 2 34 29	21 25 19 16 17 17 25 2 34 29	24 30 24 19 19 17 25 2 34 29	27 34 29 23 21 18 25 2 34 29
18	30 27 32 32 34 15 25 2 34 29	33 32 31 36 36 14 25 2 34 29	36 33 34 4 2 14 25 2 34 29	3 2 4 7 5 14 25 2 34 29	6 6 8 11 7 14 25 2 34 29	9 11 7 14 9 14 24 2 34 29	12 14 11 15 11 15 24 3 34 29	15 19 17 15 13 16 24 3 34 29	18 23 20 14 15 16 24 2 34 29	21 27 19 16 17 17 25 2 34 29	24 31 24 20 19 17 25 2 34 29	27 35 29 23 21 18 25 2 34 29
19	30 28 32 32 34 15 25 2 34 29	34 34 31 36 36 14 25 2 34 29	36 34 34 4 3 14 25 2 34 29	3 4 4 7 5 14 25 2 34 29	6 7 8 11 7 14 25 2 34 29	9 12 7 14 9 14 24 2 34 29	12 15 12 16 11 15 24 3 34 29	15 20 17 15 13 16 24 3 34 29	18 24 20 14 15 16 25 2 34 29	21 28 19 16 17 17 25 2 34 29	24 33 24 20 19 17 25 2 34 29	27 1 29 23 21 18 25 2 34 29
20	30 30 32 33 34 14 25 2 34 29	34 35 31 36 1 14 25 2 34 29	36 36 35 4 3 14 25 2 34 29	3 5 5 7 5 14 25 2 34 29	6 9 8 11 7 14 25 2 34 29	9 13 7 14 9 14 24 2 34 29	12 17 12 16 11 15 24 3 34 29	15 21 17 15 13 16 24 3 34 29	18 26 20 14 15 16 25 2 34 29	21 29 19 16 17 17 25 2 34 29	24 34 24 20 19 17 25 2 34 29	27 2 29 23 21 18 25 2 34 29
21	31 31 32 33 34 14 25 2 34 29	34 1 31 1 1 14 25 2 34 29	1 1 35 4 3 14 25 2 34 29	4 7 5 8 5 14 25 2 34 29	6 10 8 11 7 14 25 2 34 29	9 15 7 14 9 14 24 2 34 29	12 18 12 16 11 15 24 3 34 29	15 22 18 14 13 16 24 3 34 29	18 27 20 14 15 16 25 2 34 29	21 30 20 17 17 17 25 2 34 29	24 36 25 20 19 17 25 2 34 29	27 3 29 23 21 18 25 2 34 29
22	31 33 32 33 34 14 25 2 34 29	34 2 31 1 1 14 25 2 34 29	1 3 35 4 3 14 25 2 34 29	4 8 5 8 5 14 25 2 34 29	7 11 8 11 7 14 25 2 34 29	10 16 7 14 9 14 24 3 34 29	12 19 12 16 11 15 24 3 34 29	15 23 18 14 13 16 24 3 34 29	18 28 20 14 15 16 25 2 34 29	21 32 20 17 17 17 25 2 34 29	24 1 25 20 19 17 25 2 34 29	27 5 29 23 21 18 26 2 34 29
23	31 34 32 33 34 14 25 2 34 29	34 3 31 1 1 14 25 2 34 29	1 4 35 4 3 14 25 2 34 29	4 9 5 8 5 14 25 2 34 29	7 13 8 11 7 14 25 2 34 29	10 17 7 14 9 15 24 3 34 29	12 20 12 16 11 15 24 3 34 29	15 25 18 14 13 16 24 3 34 29	18 29 20 14 15 16 25 2 34 29	21 33 20 17 17 17 25 2 34 29	25 2 25 20 19 18 25 2 34 29	28 6 29 24 21 18 26 2 34 29
24	31 36 32 33 34 14 25 2 34 29	34 5 31 1 1 14 25 2 34 29	1 6 35 4 3 14 25 2 34 29	4 11 5 8 5 14 25 2 34 29	7 14 8 11 7 14 25 2 34 29	10 18 7 14 9 15 24 3 34 29	13 21 13 16 11 15 24 3 34 29	16 26 18 14 13 16 24 3 34 29	19 31 20 14 15 16 25 2 34 29	22 35 20 17 17 17 25 2 34 29	25 4 25 20 19 18 25 2 34 29	28 8 30 24 21 18 26 2 34 29
25	31 1 32 33 34 14 25 2 34 29	34 6 31 1 1 14 25 2 34 29	1 7 35 4 3 14 25 2 34 29	4 12 6 8 5 14 25 2 34 29	7 15 8 11 7 14 25 2 34 29	10 19 8 14 10 15 24 3 34 29	13 23 13 16 12 15 24 3 34 29	16 27 18 14 14 16 24 3 34 29	19 32 20 15 15 16 25 2 34 29	22 36 20 17 17 17 25 2 34 29	25 5 25 20 19 18 25 2 34 29	28 9 30 24 21 18 26 2 34 29
26	31 3 32 33 35 14 25 2 34 29	34 8 32 1 1 14 25 2 34 29	1 8 36 5 3 14 25 2 34 29	4 13 6 8 5 14 25 2 34 29	7 16 8 11 7 14 25 2 34 29	10 21 8 14 10 15 24 3 34 29	13 24 13 16 12 15 24 3 34 29	16 29 18 14 14 16 24 3 34 29	19 34 20 15 16 16 25 2 34 29	22 2 20 17 17 17 25 2 34 29	25 7 25 20 19 18 25 2 34 29	28 11 30 24 21 18 26 2 34 29
27	31 4 32 33 35 14 25 2 34 29	34 9 32 1 1 14 25 2 34 29	1 10 36 5 3 14 25 2 34 29	4 14 6 8 5 14 25 2 34 29	7 17 8 12 8 14 25 2 34 29	10 22 8 14 10 15 24 3 34 29	13 25 13 16 12 15 24 3 34 29	16 30 18 14 14 16 24 3 34 29	19 35 20 15 16 17 25 2 34 29	22 3 20 17 17 17 25 2 34 29	25 8 25 21 19 18 25 2 34 29	28 12 30 24 21 18 26 2 34 29
28	31 5 32 34 35 14 25 2 34 29	34 10 32 1 1 14 25 2 34 29	1 11 36 5 3 14 25 2 34 29	4 15 6 8 5 14 25 2 34 29	7 19 8 12 8 14 25 2 34 29	10 23 8 14 10 15 24 3 34 29	13 26 13 16 12 15 24 3 34 29	16 31 19 14 14 16 24 3 34 29	19 1 20 15 16 17 25 2 34 29	22 5 21 17 18 17 25 2 34 29	25 10 26 21 19 18 25 2 34 29	28 13 30 24 21 18 26 2 34 29
29	31 7 32 34 35 14 25 2 34 29		1 12 36 5 3 14 25 2 34 29	4 17 6 8 6 14 25 2 34 29	7 20 7 12 8 14 25 2 34 29	10 24 8 15 10 15 24 3 34 29	13 28 14 16 12 15 24 3 34 29	16 33 19 14 14 16 24 3 34 29	19 2 19 15 16 17 25 2 34 29	22 6 21 17 18 17 25 2 34 29	25 11 26 21 19 18 25 2 34 29	28 15 30 24 21 18 26 2 34 29
30	31 8 32 34 35 14 25 2 34 29		1 13 36 5 3 14 25 2 34 29	4 18 6 9 6 14 25 2 34 29	7 21 7 12 8 14 25 2 34 29	10 26 8 15 10 15 24 3 34 29	13 29 14 16 12 15 24 3 34 29	16 34 19 14 14 16 24 3 34 29	19 4 19 15 16 17 25 2 34 29	22 8 21 17 18 17 25 2 34 29	25 12 26 21 20 18 25 2 34 29	28 16 30 24 21 18 26 2 34 29
31	32 9 31 34 35 14 25 2 34 29		1 15 36 5 3 14 25 2 34 29		7 22 7 12 8 14 25 2 34 29		13 31 14 16 12 15 24 3 34 29	16 36 19 14 14 16 24 3 34 29		22 9 21 18 18 17 25 2 34 29		28 17 30 25 21 18 26 2 34 29

2016

	JAN	FEB	MAR	APR	MAY	JUNE	JULY	AUG	SEPT	OCT	NOV	DEC
1	28 18 30 25 21 18 26 2 34 29	32 22 29 29 23 18 26 2 34 29	35 25 33 32 24 17 26 2 34 29	2 29 3 36 25 17 26 2 35 29	5 33 6 4 25 17 26 3 35 29	8 2 5 7 24 17 26 3 35 29	10 6 10 11 24 17 26 3 35 29	13 11 16 15 24 18 25 3 35 29	16 16 18 19 26 18 26 3 35 29	19 19 18 22 28 19 26 3 34 29	22 24 23 26 30 20 26 3 34 29	25 27 27 30 32 20 26 3 34 29
2	29 19 30 25 21 18 26 2 34 29	32 24 29 29 23 18 26 2 34 29	35 26 33 32 24 17 26 2 34 29	2 30 3 36 25 17 26 2 35 29	5 34 6 4 25 17 26 3 35 29	8 3 5 8 24 17 26 3 35 29	11 7 10 11 24 17 26 3 35 29	14 12 16 15 24 18 25 3 35 29	16 17 18 19 26 18 26 3 35 29	19 21 18 23 28 19 26 3 34 29	22 25 23 26 30 20 26 3 34 29	26 28 27 30 32 20 26 3 34 29
3	29 21 31 25 21 18 26 2 34 29	32 25 29 29 23 18 26 2 34 29	35 27 33 32 24 17 26 2 34 29	2 32 3 36 25 17 26 3 35 29	5 35 6 4 25 17 26 3 35 29	8 5 5 8 24 17 26 3 35 29	11 9 10 11 24 17 26 3 35 29	14 14 16 15 25 18 25 3 35 29	17 18 18 19 26 18 26 3 35 29	20 22 18 23 28 19 26 3 34 29	23 26 23 26 30 20 26 3 34 29	26 29 28 30 32 20 26 3 34 29
4	29 22 31 25 22 18 26 2 34 29	32 26 29 29 23 18 26 2 34 29	35 28 33 32 24 17 26 2 34 29	2 33 3 36 25 17 26 3 35 29	5 1 6 4 25 17 26 3 35 29	8 6 5 8 24 17 26 3 35 29	11 10 10 11 24 17 26 3 35 29	14 15 16 15 25 18 25 3 35 29	17 20 18 19 26 18 26 3 35 29	20 23 18 23 28 19 26 3 34 29	23 27 23 27 30 20 26 3 34 29	26 31 28 30 32 20 26 3 34 29
5	29 23 31 25 22 18 26 2 34 29	32 27 30 29 23 18 26 2 34 29	35 30 33 33 24 17 26 2 34 29	2 35 3 36 25 17 26 3 35 29	5 2 6 4 25 17 26 3 35 29	8 8 6 8 24 17 26 3 35 29	11 12 11 12 24 17 26 3 35 29	14 16 16 15 25 18 25 3 35 29	17 21 18 19 26 18 26 3 35 29	20 24 18 23 28 19 26 3 34 29	23 29 23 27 30 20 26 3 34 29	26 32 28 30 32 20 26 3 34 29
6	29 24 31 25 22 18 26 2 34 29	32 29 30 29 23 18 26 2 34 29	35 31 34 33 24 17 26 2 34 29	2 36 4 1 25 17 26 3 35 29	5 4 6 4 25 17 26 3 35 29	8 9 6 8 24 17 26 3 35 29	11 13 11 12 24 17 26 3 35 29	14 18 16 16 25 18 25 3 35 29	17 22 18 19 26 18 26 3 35 29	20 25 18 23 28 19 26 3 34 29	23 30 23 27 30 20 26 3 34 29	26 33 28 30 32 20 26 3 34 29
7	29 25 31 25 22 18 26 2 34 29	32 30 30 29 23 18 26 2 34 29	35 32 34 33 25 17 26 2 34 29	2 2 4 1 25 17 26 3 35 29	5 5 6 4 25 17 26 3 35 29	8 11 6 8 24 17 26 3 35 29	11 14 11 12 24 17 26 3 35 29	14 19 17 16 25 18 25 3 35 29	17 23 18 19 26 18 26 3 35 29	20 26 18 23 28 19 26 3 34 29	23 31 24 27 30 20 26 3 34 29	26 35 28 30 33 20 26 3 34 29
8	29 27 31 26 22 18 26 2 34 29	32 32 30 29 23 18 26 2 34 29	35 34 34 33 25 17 26 2 34 29	2 3 4 1 25 17 26 3 35 29	5 7 6 4 25 17 26 3 35 29	8 12 6 8 24 17 26 3 35 29	11 16 11 12 24 17 26 3 35 29	14 20 17 16 25 18 25 3 35 29	17 24 18 20 26 18 26 3 35 29	20 28 19 23 28 19 26 3 34 29	23 32 24 27 30 20 26 3 34 29	26 36 28 31 33 20 26 3 34 29
9	29 28 30 26 22 18 26 2 34 29	32 33 30 29 23 18 26 2 34 29	35 35 34 33 25 17 26 2 34 29	2 5 4 1 25 17 26 3 35 29	5 8 5 5 25 17 26 3 35 29	8 13 6 8 24 17 26 3 35 29	11 17 11 12 24 17 26 3 35 29	14 21 17 16 25 18 25 3 35 29	17 26 18 20 26 18 26 3 35 29	20 29 19 23 28 19 26 3 34 29	23 34 24 27 30 20 26 3 34 29	26 1 28 31 33 20 26 3 34 29
10	29 29 30 26 22 18 26 2 34 29	33 34 30 30 23 18 26 2 34 29	35 1 34 33 25 17 26 2 34 29	3 6 4 1 25 17 26 3 35 29	5 10 5 5 25 17 26 3 35 29	8 15 6 9 24 17 26 3 35 29	11 18 12 12 24 17 26 3 35 29	14 22 17 16 25 18 25 3 35 29	17 27 18 20 26 19 26 3 35 29	20 30 19 23 28 19 26 3 34 29	23 35 24 27 31 20 26 3 34 29	26 3 28 31 33 20 26 3 34 29
11	30 31 30 26 22 18 26 2 34 29	33 36 30 30 23 18 26 2 34 29	36 2 34 33 25 17 26 2 34 29	3 8 4 1 25 17 26 3 35 29	6 11 5 5 25 17 26 3 35 29	9 16 6 9 24 17 26 3 35 29	11 19 12 12 24 17 26 3 35 29	14 24 17 16 25 18 25 3 35 29	17 28 18 20 26 19 26 3 35 29	20 31 19 24 28 19 26 3 34 29	23 36 24 27 31 20 26 3 34 29	26 4 29 31 33 20 26 3 34 29
12	30 32 30 26 22 18 26 2 34 29	33 1 30 30 24 18 26 2 34 29	36 4 35 33 25 17 26 2 34 29	3 9 5 1 25 17 26 3 35 29	6 13 5 5 25 17 26 3 35 29	9 17 6 9 24 17 26 3 35 29	12 20 12 12 24 17 26 3 35 29	14 25 17 16 25 18 25 3 35 29	17 29 18 20 27 19 26 3 35 29	20 33 19 24 28 19 26 3 34 29	24 2 24 27 31 20 26 3 34 29	27 6 29 31 33 20 26 3 34 29
13	30 34 30 26 22 18 26 2 34 29	33 3 30 30 24 18 26 2 34 29	36 5 35 34 25 17 26 2 34 29	3 10 5 1 25 17 26 3 35 29	6 14 5 5 25 17 26 3 35 29	9 18 7 9 24 17 26 3 35 29	12 22 12 13 24 17 26 3 35 29	15 26 17 16 25 18 25 3 35 29	18 31 18 20 27 19 26 3 35 29	21 34 19 24 29 19 26 3 34 29	24 3 25 28 31 20 26 3 34 29	27 7 29 31 33 20 26 3 34 29
14	30 35 30 26 22 18 26 2 34 29	33 4 31 30 24 18 26 2 34 29	36 7 35 34 25 17 26 2 35 29	3 12 5 2 25 17 26 3 35 29	6 15 5 5 25 17 26 3 35 29	9 20 7 9 24 17 26 3 35 29	12 23 12 13 24 17 26 3 35 29	15 27 17 17 25 18 25 3 35 29	18 32 17 20 27 19 26 3 35 29	21 36 20 24 29 19 26 3 34 29	24 5 25 28 31 20 26 3 34 29	27 9 29 31 33 20 26 3 34 29
15	30 36 30 26 22 18 26 2 34 29	33 6 31 30 24 18 26 2 34 29	36 8 35 34 25 17 26 2 35 29	3 13 5 2 25 17 26 3 35 29	6 16 5 5 25 17 26 3 35 29	9 21 7 9 24 17 26 3 35 29	12 24 13 13 24 17 26 3 35 29	15 29 17 17 25 18 25 3 35 29	18 33 17 20 27 19 26 3 35 29	21 1 20 24 29 19 26 3 34 29	24 6 25 28 31 20 26 3 34 29	27 10 29 31 33 20 26 3 34 29
16	30 2 30 27 22 18 26 2 34 29	33 7 31 30 24 18 26 2 34 29	36 9 35 34 25 17 26 2 35 29	3 14 5 2 25 17 26 3 35 29	6 18 5 5 25 17 26 3 35 29	9 22 7 9 24 17 26 3 35 29	12 25 13 13 24 17 26 3 35 29	15 30 18 17 25 18 25 3 35 29	18 35 17 21 27 19 26 3 35 29	21 3 20 24 29 19 26 3 34 29	24 8 25 28 31 20 26 3 34 29	27 12 29 31 33 20 26 3 34 29
17	30 3 30 27 22 18 26 2 34 29	33 8 31 30 24 18 26 2 34 29	36 11 36 34 25 17 26 2 35 29	3 16 5 2 25 17 26 3 35 29	6 19 5 6 25 17 26 3 35 29	9 23 7 9 24 17 26 3 35 29	12 26 13 13 24 17 26 3 35 29	15 31 18 17 25 18 25 3 35 29	18 36 17 21 27 19 26 3 35 29	21 4 20 24 29 19 26 3 34 29	24 9 25 28 31 20 26 3 34 29	27 13 29 32 33 20 26 3 34 29
18	30 5 29 27 22 18 26 2 34 29	33 10 31 31 24 18 26 2 34 29	36 12 36 34 25 17 26 2 35 29	3 17 5 2 25 17 26 3 35 29	6 20 5 6 25 17 26 3 35 29	9 24 7 10 24 17 26 3 35 29	12 28 13 13 24 17 26 3 35 29	15 33 18 17 25 18 25 3 35 29	18 2 17 21 27 19 26 3 35 29	21 6 20 24 29 19 26 3 34 29	24 11 25 28 31 20 26 3 34 29	27 15 29 32 33 20 26 3 34 29
19	30 6 29 27 22 18 26 2 34 29	33 11 31 31 24 18 26 2 34 29	36 13 36 34 25 17 26 2 35 29	3 18 5 2 25 17 26 3 35 29	6 21 5 6 25 17 26 3 35 29	9 26 7 10 24 17 26 3 35 29	12 29 13 13 24 17 26 3 35 29	15 34 18 17 25 18 25 3 35 29	18 3 17 21 27 19 26 3 35 29	21 7 21 25 29 19 26 3 34 29	24 12 25 28 31 20 26 3 34 29	27 16 29 32 33 20 26 3 34 29
20	30 7 29 27 22 18 26 2 34 29	34 12 31 31 24 18 26 2 34 29	36 15 36 34 25 17 26 2 35 29	4 19 5 2 25 17 26 3 35 29	6 22 5 6 25 17 26 3 35 29	9 27 8 10 24 17 26 3 35 29	12 30 14 13 24 17 26 3 35 29	15 35 18 17 25 18 25 3 35 29	18 5 17 21 27 19 26 3 35 29	21 9 21 25 29 19 26 3 34 29	24 14 26 28 31 20 26 3 34 29	27 17 29 32 34 20 26 3 34 29
21	31 9 29 27 22 18 26 2 34 29	34 14 31 31 24 18 26 2 34 29	1 16 36 35 25 17 26 2 35 29	4 20 6 2 25 17 26 3 35 29	7 24 5 6 25 17 26 3 35 29	10 28 8 10 24 17 26 3 35 29	12 32 14 14 24 18 26 3 35 29	15 1 18 17 25 18 25 3 35 29	18 6 17 21 27 19 26 3 35 29	21 10 21 25 29 19 26 3 34 29	24 15 26 29 31 20 26 3 34 29	27 18 29 32 34 20 27 3 34 29
22	31 10 29 27 22 18 26 2 34 29	34 15 32 31 24 18 26 2 34 29	1 17 36 35 25 17 26 2 35 29	4 21 6 3 25 17 26 3 35 29	7 25 5 6 25 17 26 3 35 29	10 29 8 10 24 17 26 3 35 29	12 33 14 14 24 18 26 3 35 29	15 2 18 18 25 18 25 3 35 29	18 8 17 21 27 19 26 3 35 29	21 11 21 25 29 19 26 3 34 29	25 16 26 29 31 20 26 3 34 29	28 20 29 32 34 20 27 3 34 29
23	31 11 29 27 23 18 26 2 34 29	34 16 32 31 24 18 26 2 34 29	1 18 1 35 25 17 26 2 35 29	4 23 6 3 25 17 26 3 35 29	7 26 5 6 25 17 26 3 35 29	10 31 8 10 24 17 26 3 35 29	13 34 14 14 24 18 26 3 35 29	16 4 18 18 25 18 25 3 35 29	19 9 17 21 27 19 26 3 35 29	22 13 21 25 29 19 26 3 34 29	25 18 26 29 32 20 26 3 34 29	28 21 29 32 34 21 27 3 34 29
24	31 13 29 28 23 18 26 2 34 29	34 17 32 31 24 18 26 2 34 29	1 19 1 35 25 17 26 2 35 29	4 24 6 3 25 17 26 3 35 29	7 27 5 6 25 17 26 3 35 29	10 32 8 10 24 17 26 3 35 29	13 36 14 14 24 18 26 3 35 29	16 5 18 18 25 18 25 3 35 29	19 10 17 22 27 19 26 3 35 29	22 14 21 25 29 19 26 3 34 29	25 19 26 29 32 20 26 3 34 29	28 22 29 32 34 21 27 3 34 29
25	31 14 29 28 23 18 26 2 34 29	34 19 32 31 24 17 26 2 34 29	1 21 1 35 25 17 26 2 35 29	4 25 6 3 25 17 26 3 35 29	7 28 5 7 25 17 26 3 35 29	10 33 8 10 24 17 26 3 35 29	13 1 15 14 24 18 26 3 35 29	16 7 18 18 26 18 25 3 35 29	19 12 17 22 27 19 26 3 35 29	22 15 22 25 29 19 26 3 34 29	25 20 26 29 32 20 26 3 34 29	28 23 29 32 34 21 27 3 34 29
26	31 15 29 28 23 18 26 2 34 29	34 20 32 32 24 17 26 2 34 29	1 22 1 35 25 17 26 2 35 29	4 26 6 3 25 17 26 3 35 29	7 30 5 7 25 17 26 3 35 29	10 35 9 11 24 17 26 3 35 29	13 3 15 14 24 18 26 3 35 29	16 8 18 18 26 18 25 3 35 29	19 13 17 22 27 19 26 3 35 29	22 17 22 25 29 19 26 3 34 29	25 21 27 29 32 20 26 3 34 29	28 24 29 33 34 21 27 3 34 29
27	31 17 29 28 23 18 26 2 34 29	34 21 32 32 24 17 26 2 34 29	1 23 1 35 25 17 26 2 35 29	4 28 6 3 25 17 26 3 35 29	7 31 5 7 25 17 26 3 35 29	10 36 9 11 24 17 26 3 35 29	13 4 15 14 24 18 26 3 35 29	16 9 18 18 26 18 25 3 35 29	19 14 17 22 27 19 26 3 34 29	22 18 22 26 30 20 26 3 34 29	25 22 27 29 32 20 26 3 34 29	28 26 28 33 34 21 27 3 34 29
28	31 18 29 28 23 18 26 2 34 29	34 22 32 32 24 17 26 2 34 29	1 24 2 35 25 17 26 2 35 29	4 29 6 3 25 17 26 3 35 29	7 32 5 7 24 17 26 3 35 29	10 1 9 11 24 17 26 3 35 29	13 5 15 14 24 18 26 3 35 29	16 11 18 18 26 18 25 3 35 29	19 16 17 22 28 19 26 3 34 29	22 19 22 26 30 20 26 3 34 29	25 23 27 29 32 20 26 3 34 29	28 27 28 33 34 21 27 3 34 29
29	31 19 29 28 23 18 26 2 34 29	34 23 33 32 24 17 26 2 34 29	1 25 2 36 25 17 26 2 35 29	4 30 6 3 25 17 26 3 35 29	7 34 5 7 24 17 26 3 35 29	10 3 9 11 24 17 26 3 35 29	13 7 15 15 24 18 25 3 35 29	16 12 18 18 26 18 25 3 35 29	19 17 17 22 28 19 26 3 34 29	22 20 22 26 30 20 26 3 34 29	25 25 27 29 32 20 26 3 34 29	28 28 28 33 34 21 27 3 34 29
30	31 20 29 28 23 18 26 2 34 29		1 27 2 36 25 17 26 2 35 29	5 31 6 3 25 17 26 3 35 29	7 35 5 7 24 17 26 3 35 29	10 4 10 11 24 17 26 3 35 29	13 8 15 15 24 18 25 3 35 29	16 13 18 18 26 18 26 3 35 29	19 18 17 22 28 19 26 3 34 29	22 21 22 26 30 20 26 3 34 29	25 26 27 30 32 20 26 3 34 29	28 29 28 33 34 21 27 3 34 29
31	32 21 29 28 23 18 26 2 34 29		2 28 2 36 25 17 26 2 35 29		7 36 5 7 24 17 26 3 35 29		13 10 16 15 24 18 25 3 35 29	16 15 18 19 26 18 26 3 35 29		22 23 23 26 30 20 26 3 34 29		28 30 28 33 34 21 27 3 34 29

2017

	JAN	FEB	MAR	APR	MAY	JUNE	JULY	AUG	SEPT	OCT	NOV	DEC
1	29 32 28 33 34 21 27 3 34 29	32 1 30 36 1 21 27 3 35 29	35 2 34 2 3 21 27 3 35 29	2 7 4 1 5 20 27 3 35 29	5 11 3 1 7 20 27 3 35 29	8 16 5 3 9 20 27 3 35 29	10 19 12 6 11 20 27 3 35 29	13 24 16 10 13 20 27 3 35 29	16 28 15 13 15 21 27 3 35 29	19 31 19 17 17 21 27 3 35 29	22 36 24 21 19 22 27 3 35 29	25 4 27 24 21 23 27 3 35 29
2	29 33 28 33 35 21 27 3 34 29	32 2 30 36 1 21 27 3 35 29	35 3 34 2 3 21 27 3 35 29	2 8 4 1 5 20 27 3 35 29	5 12 3 1 7 20 27 3 35 29	8 17 6 3 9 20 27 3 35 29	11 21 12 6 11 20 27 3 35 29	13 25 16 10 13 20 27 3 35 29	16 29 15 13 15 21 27 3 35 29	19 33 19 17 17 21 27 3 35 29	22 1 24 21 19 22 27 3 35 29	25 5 27 25 21 23 27 3 35 29
3	29 34 28 33 35 21 27 3 34 29	32 3 30 36 1 21 27 3 35 29	35 4 34 2 3 21 27 3 35 29	2 10 4 1 5 20 27 3 35 29	5 14 3 1 7 20 27 3 35 29	8 18 6 3 9 20 27 3 35 29	11 22 12 6 11 20 27 3 35 29	14 26 16 10 13 20 27 3 35 29	17 31 15 13 15 21 27 3 35 29	19 34 19 17 17 21 27 3 35 29	23 3 24 21 19 22 27 3 35 29	26 7 27 25 21 23 27 3 35 29
4	29 36 28 34 35 21 27 3 34 29	32 5 30 1 1 21 27 3 35 29	35 6 35 2 3 21 27 3 35 29	2 11 4 36 5 20 27 3 35 29	5 15 3 1 7 20 27 3 35 29	8 20 6 3 9 20 27 3 35 29	11 23 12 6 11 20 27 3 35 29	14 27 16 10 13 20 27 3 35 29	17 32 15 14 15 21 27 3 35 29	20 35 19 17 17 21 27 3 35 29	23 4 24 21 19 22 27 3 35 29	26 8 27 25 21 23 27 3 35 29
5	29 1 27 34 35 21 27 3 34 29	32 6 30 1 1 21 27 3 35 29	35 7 35 2 3 21 27 3 35 29	2 13 4 36 5 20 27 3 35 29	5 16 3 1 7 20 27 3 35 29	8 21 6 3 10 20 27 3 35 29	11 24 12 6 11 20 27 3 35 29	14 29 16 10 13 20 27 3 35 29	17 33 15 14 15 21 27 3 35 29	20 1 19 17 17 21 27 3 35 29	23 6 24 21 19 22 27 3 35 29	26 10 27 25 21 23 27 3 35 29
6	29 2 27 34 35 21 27 3 34 29	32 8 30 1 1 21 27 3 35 29	35 9 35 2 3 21 27 3 35 29	2 14 4 36 5 20 27 3 35 29	5 18 3 1 8 20 27 3 35 29	8 22 6 3 10 20 27 3 35 29	11 25 12 7 12 20 27 3 35 29	14 30 16 10 14 20 27 3 35 29	17 35 15 14 16 21 27 3 35 29	20 2 20 17 17 21 27 3 35 29	23 7 25 21 19 22 27 3 35 29	26 11 27 25 21 23 27 3 35 29
7	29 4 27 34 35 21 27 3 34 29	32 9 30 1 1 21 27 3 35 29	35 10 35 2 3 21 27 3 35 29	2 15 4 36 5 20 27 3 35 29	5 19 3 1 8 20 27 3 35 29	8 23 7 4 10 20 27 3 35 29	11 27 13 7 12 20 27 3 35 29	14 31 17 10 14 20 27 3 35 29	17 36 15 14 16 21 27 3 35 29	20 4 20 18 18 21 27 3 35 29	23 9 25 21 19 22 27 3 35 29	26 13 27 25 21 23 27 3 35 29
8	29 5 27 34 35 21 27 3 34 29	32 11 31 1 1 21 27 3 35 29	35 12 35 2 3 21 27 3 35 29	2 17 4 36 6 20 27 3 35 29	5 20 3 1 8 20 27 3 35 29	8 25 7 4 10 20 27 3 35 29	11 28 13 7 12 20 27 3 35 29	14 32 17 10 14 20 27 3 35 29	17 1 15 14 16 21 27 3 35 29	20 5 20 18 18 21 27 3 35 29	23 10 25 22 20 22 27 3 35 29	26 14 27 25 21 23 27 3 35 29
9	29 7 27 34 35 21 27 3 34 29	33 12 31 1 1 21 27 3 35 29	35 13 36 2 3 21 27 3 35 29	2 18 4 36 6 20 27 3 35 29	5 21 3 1 8 20 27 3 35 29	8 26 7 4 10 20 27 3 35 29	11 29 13 7 12 20 27 3 35 29	14 34 17 10 14 20 27 3 35 29	17 3 15 14 16 21 27 3 35 29	20 6 20 18 18 21 27 3 35 29	23 12 25 22 20 22 27 3 35 29	26 16 27 25 21 23 27 3 35 29
10	29 8 27 34 35 21 27 3 34 29	33 13 31 1 1 21 27 3 35 29	35 14 36 2 3 21 27 3 35 29	3 19 4 36 6 20 27 3 35 29	5 22 3 1 8 20 27 3 35 29	8 27 7 4 10 20 27 3 35 29	11 30 13 7 12 20 27 3 35 29	14 35 17 11 14 20 27 3 35 29	17 4 15 14 16 21 27 3 35 29	20 8 20 18 18 21 27 3 35 29	23 13 25 22 20 22 27 3 35 29	26 17 27 26 22 23 27 3 35 29
11	30 10 27 34 35 21 27 3 34 29	33 15 31 1 2 21 27 3 35 29	36 16 36 2 4 21 27 3 35 29	3 20 4 36 6 20 27 3 35 29	6 24 3 1 8 20 27 3 35 29	9 28 7 4 10 20 27 3 35 29	11 31 13 7 12 20 27 3 35 29	14 36 17 11 14 20 27 3 35 29	17 5 16 14 16 21 27 3 35 29	20 9 20 18 18 21 27 3 35 29	23 15 25 22 20 22 27 3 35 29	26 18 27 26 22 23 27 3 35 29
12	30 11 27 34 35 21 27 3 35 29	33 16 31 1 2 21 27 3 35 29	36 17 36 2 4 21 27 3 35 29	3 22 4 36 6 20 27 3 35 29	6 25 3 1 8 20 27 3 35 29	9 29 7 4 10 20 27 3 35 29	11 33 14 7 12 20 27 3 35 29	14 2 17 11 14 20 27 3 35 29	17 7 16 15 16 21 27 3 35 29	20 11 21 18 18 22 27 3 35 29	23 16 25 22 20 22 27 3 35 29	27 20 27 26 22 23 27 3 35 29
13	30 12 28 35 35 21 27 3 35 29	33 17 31 1 2 21 27 3 35 29	36 18 36 2 4 21 27 3 35 29	3 23 4 36 6 20 27 3 35 29	6 26 3 1 8 20 27 3 35 29	9 31 8 4 10 20 27 3 35 29	12 34 14 7 12 20 27 3 35 29	15 3 17 11 14 20 27 3 35 29	18 8 16 15 16 21 27 3 35 29	20 12 21 18 18 22 27 3 35 29	24 17 26 22 20 22 27 3 35 29	27 21 27 26 22 23 27 3 35 29
14	30 14 28 35 35 21 27 3 35 29	33 19 32 1 2 21 27 3 35 29	36 19 1 2 4 21 27 3 35 29	3 24 4 36 6 20 27 3 35 29	6 27 3 1 8 20 27 3 35 29	9 32 8 4 10 20 27 3 35 29	12 35 14 7 12 20 27 3 35 29	15 4 17 11 14 20 27 3 35 29	18 10 16 15 16 21 27 3 35 29	21 13 21 18 18 22 27 3 35 29	24 19 26 22 20 22 27 3 35 29	27 22 26 26 22 23 27 3 35 29
15	30 15 28 35 36 21 27 3 35 29	33 20 32 1 2 21 27 3 35 29	36 21 1 2 4 21 27 3 35 29	3 25 4 36 6 20 27 3 35 29	6 28 3 2 8 20 27 3 35 29	9 33 8 4 10 20 27 3 35 29	12 1 14 8 12 20 27 3 35 29	15 6 17 11 14 20 27 3 35 29	18 11 16 15 16 21 27 3 35 29	21 15 21 19 18 22 27 3 35 29	24 20 26 22 20 22 27 3 35 29	27 23 26 26 22 23 27 3 35 29
16	30 17 28 35 36 21 27 3 35 29	33 21 32 1 2 21 27 3 35 29	36 22 1 2 4 21 27 3 35 29	3 26 4 36 6 20 27 3 35 29	6 30 3 2 8 20 27 3 35 29	9 34 8 4 10 20 27 3 35 29	12 2 14 8 12 20 27 3 35 29	15 7 17 11 14 20 27 3 35 29	18 12 16 15 16 21 27 3 35 29	21 16 21 19 18 22 27 3 35 29	24 21 26 23 20 22 27 3 35 29	27 24 26 26 22 23 27 3 35 29
17	30 18 28 35 36 21 27 3 35 29	33 22 32 1 2 21 27 3 35 29	36 23 1 1 4 21 27 3 35 29	3 28 4 36 6 20 27 3 35 29	6 31 4 2 8 20 27 3 35 29	9 36 9 5 10 20 27 3 35 29	12 3 14 8 12 20 27 3 35 29	15 9 17 11 14 20 27 3 35 29	18 14 16 15 16 21 27 3 35 29	21 18 21 19 18 22 27 3 35 29	24 22 26 23 20 22 27 3 35 29	27 26 26 26 22 23 27 3 35 29
18	30 19 28 35 36 21 27 3 35 29	33 24 32 1 2 21 27 3 35 29	36 24 1 1 4 21 27 3 35 29	3 29 4 36 6 20 27 3 35 29	6 32 4 2 8 20 27 3 35 29	9 1 9 5 10 20 27 3 35 29	12 5 14 8 12 20 27 3 35 29	15 10 17 12 14 20 27 3 35 29	18 15 16 15 16 21 27 3 35 29	21 19 22 19 18 22 27 3 35 29	24 24 26 23 20 22 27 3 35 29	27 27 26 27 22 23 27 3 35 29
19	30 20 28 35 36 21 27 3 35 29	34 25 32 1 2 21 27 3 35 29	36 26 2 1 4 21 27 3 35 29	3 30 4 36 6 20 27 3 35 29	6 33 4 2 8 20 27 3 35 29	9 2 9 5 10 20 27 3 35 29	12 6 15 8 12 20 27 3 35 29	15 11 17 12 14 20 27 3 35 29	18 17 17 15 16 21 27 3 35 29	21 20 22 19 18 22 27 3 35 29	24 25 26 23 20 22 27 3 35 29	27 28 26 27 22 23 27 3 35 29
20	31 22 28 35 36 21 27 3 35 29	34 26 32 2 2 21 27 3 35 29	36 27 2 1 4 21 27 3 35 29	4 31 4 36 6 20 27 3 35 29	6 35 4 2 8 20 27 3 35 29	9 4 9 5 11 20 27 3 35 29	12 8 15 8 12 20 27 3 35 29	15 13 16 12 14 20 27 3 35 29	18 18 17 15 16 21 27 3 35 29	21 21 22 19 18 22 27 3 35 29	24 26 26 23 20 22 27 3 35 29	27 29 26 27 22 23 27 3 35 29
21	31 23 28 35 36 21 27 3 35 29	34 27 33 2 2 21 27 3 35 29	1 28 2 1 4 21 27 3 35 29	4 32 3 36 6 20 27 3 35 29	7 36 4 2 9 20 27 3 35 29	9 5 9 5 11 20 27 3 35 29	12 9 15 8 13 20 27 3 35 29	15 14 16 12 15 21 27 3 35 29	18 19 17 16 16 21 27 3 35 29	21 23 22 19 18 22 27 3 35 29	24 27 27 23 20 22 27 3 35 29	27 30 26 27 22 23 28 3 35 29
22	31 24 28 35 36 21 27 3 35 29	34 28 33 2 2 21 27 3 35 29	1 29 2 1 4 21 27 3 35 29	4 34 3 36 7 20 27 3 35 29	7 1 4 2 9 20 27 3 35 29	10 7 10 5 11 20 27 3 35 29	12 10 15 8 13 20 27 3 35 29	15 16 16 12 15 21 27 3 35 29	18 21 17 16 17 21 27 3 35 29	21 24 22 19 18 22 27 3 35 29	24 28 27 23 20 22 27 3 35 29	28 32 26 27 22 23 28 3 35 29
23	31 25 28 35 36 21 27 3 35 29	34 30 33 2 2 21 27 3 35 29	1 30 2 1 4 21 27 3 35 29	4 35 3 36 7 20 27 3 35 29	7 3 4 2 9 20 27 3 35 29	10 8 10 5 11 20 27 3 35 29	13 12 15 9 13 20 27 3 35 29	16 17 16 12 15 21 27 3 35 29	19 22 17 16 17 21 27 3 35 29	21 25 22 20 19 22 27 3 35 29	25 30 27 23 20 22 27 3 35 29	28 33 26 27 22 23 28 3 35 29
24	31 26 29 36 36 21 27 3 35 29	34 31 33 2 2 21 27 3 35 29	1 32 2 1 5 21 27 3 35 29	4 36 3 36 7 20 27 3 35 29	7 4 4 2 9 20 27 3 35 29	10 10 10 5 11 20 27 3 35 29	13 13 15 9 13 20 27 3 35 29	16 18 16 12 15 21 27 3 35 29	19 23 17 16 17 21 27 3 35 29	22 26 23 20 19 22 27 3 35 29	25 31 27 24 21 22 27 3 35 29	28 34 26 27 22 23 28 3 35 29
25	31 28 29 36 36 21 27 3 35 29	34 32 33 2 3 21 27 3 35 29	1 33 3 1 5 20 27 3 35 29	4 2 3 36 7 20 27 3 35 29	7 6 4 2 9 20 27 3 35 29	10 11 10 5 11 20 27 3 35 29	13 15 15 9 13 20 27 3 35 29	16 20 16 12 15 21 27 3 35 29	19 24 18 16 17 21 27 3 35 29	22 27 23 20 19 22 27 3 35 29	25 32 27 24 21 22 27 3 35 29	28 35 26 27 22 23 28 3 35 29
26	31 29 29 36 36 21 27 3 35 29	34 33 34 2 3 21 27 3 35 29	1 34 3 1 5 20 27 3 35 29	4 3 3 36 7 20 27 3 35 29	7 7 5 2 9 20 27 3 35 29	10 13 10 6 11 20 27 3 35 29	13 16 16 9 13 20 27 3 35 29	16 21 16 12 15 21 27 3 35 29	19 25 18 16 17 21 27 3 35 29	22 29 23 20 19 22 27 3 35 29	25 33 27 24 21 23 27 3 35 29	28 36 26 28 23 23 28 3 35 29
27	31 30 29 36 36 21 27 3 35 29	34 35 34 2 3 21 27 3 35 29	1 36 3 1 5 20 27 3 35 29	4 5 3 36 7 20 27 3 35 29	7 9 5 3 9 20 27 3 35 29	10 14 11 6 11 20 27 3 35 29	13 18 16 9 13 20 27 3 35 29	16 22 16 13 15 21 27 3 35 29	19 27 18 16 17 21 27 3 35 29	22 30 23 20 19 22 27 3 35 29	25 34 27 24 21 23 27 3 35 29	28 2 26 28 23 23 28 3 35 29
28	31 31 29 36 36 21 27 3 35 29	34 36 34 2 3 21 27 3 35 29	1 1 3 1 5 20 27 3 35 29	4 6 3 36 7 20 27 3 35 29	7 10 5 3 9 20 27 3 35 29	10 15 11 6 11 20 27 3 35 29	13 19 16 9 13 20 27 3 35 29	16 24 16 13 15 21 27 3 35 29	19 28 18 16 17 21 27 3 35 29	22 31 23 20 19 22 27 3 35 29	25 36 27 24 21 23 27 3 35 29	28 3 26 28 23 23 28 3 35 29
29	31 33 29 36 1 21 27 3 35 29		1 3 3 1 5 20 27 3 35 29	4 8 3 1 7 20 27 3 35 29	7 12 5 3 9 20 27 3 35 29	10 17 11 6 11 20 27 3 35 29	13 20 16 9 13 20 27 3 35 29	16 25 16 13 15 21 27 3 35 29	19 29 18 17 17 21 27 3 35 29	22 32 23 20 19 22 27 3 35 29	25 1 27 24 21 23 27 3 35 29	28 5 26 28 23 23 28 3 35 29
30	32 34 29 36 1 21 27 3 35 29		1 4 3 1 5 20 27 3 35 29	4 9 3 1 7 20 27 3 35 29	7 13 5 3 9 20 27 3 35 29	10 18 11 6 11 20 27 3 35 29	13 21 16 9 13 20 27 3 35 29	16 26 16 13 15 21 27 3 35 29	19 30 18 17 17 21 27 3 35 29	22 34 23 20 19 22 27 3 35 29	25 2 27 24 21 23 27 3 35 29	28 6 26 28 23 23 28 3 35 29
31	32 35 29 36 1 21 27 3 35 29		2 5 3 1 5 20 27 3 35 29		7 15 5 3 9 20 27 3 35 29		13 23 16 9 13 20 27 3 35 29	16 27 16 13 15 21 27 3 35 29		22 35 24 21 19 22 27 3 35 29		28 7 26 28 23 23 28 3 35 29

2018

	JAN	FEB	MAR	APR	MAY	JUNE	JULY	AUG	SEPT	OCT	NOV	DEC
1	29 9 26 28 23 23 28 3 35 29	32 14 31 32 25 24 28 3 35 29	35 15 36 36 27 24 28 3 35 30	2 20 2 4 28 24 28 3 35 30	5 24 2 7 30 23 28 3 35 30	8 28 7 11 31 23 28 4 35 30	10 31 13 14 31 23 28 4 35 30	13 36 15 18 31 23 28 4 35 29	16 5 15 21 30 23 28 4 35 29	19 8 20 23 31 24 28 4 35 29	22 14 25 21 33 24 28 4 35 29	25 18 25 21 34 25 28 3 35 29
2	29 11 26 28 23 23 28 3 35 29	32 16 31 32 25 24 28 3 35 29	35 17 36 36 27 24 28 3 35 30	2 22 2 4 28 24 28 3 35 30	5 25 2 7 30 23 28 3 35 30	8 29 7 11 31 23 28 4 35 30	11 33 13 15 31 23 28 4 35 30	13 1 15 18 31 23 28 4 35 29	16 6 15 21 30 23 28 4 35 29	19 10 20 23 31 24 28 4 35 29	22 15 25 21 33 24 28 4 35 29	25 19 24 21 35 25 28 3 35 29
3	29 12 26 29 23 23 28 3 35 29	32 17 31 33 25 24 28 3 35 29	35 18 36 36 27 24 28 3 35 30	2 23 2 4 28 24 28 3 35 30	5 26 2 8 30 23 28 3 35 30	8 31 7 11 31 23 28 4 35 30	11 34 13 15 31 23 28 4 35 30	14 2 15 18 31 23 28 4 35 29	17 7 15 21 30 23 28 4 35 29	19 11 20 23 31 24 28 4 35 29	23 17 25 21 33 24 28 4 35 29	26 20 24 22 35 25 28 3 35 29
4	29 14 27 29 23 23 28 3 35 29	32 19 31 33 25 24 28 3 35 29	35 19 36 36 27 24 28 3 35 30	2 24 2 4 28 24 28 3 35 30	5 27 2 8 30 23 28 3 35 30	8 32 8 11 31 23 28 4 35 30	11 35 13 15 31 23 28 4 35 30	14 4 15 18 31 23 28 4 35 29	17 9 15 21 30 23 28 4 35 29	20 13 21 23 31 24 28 4 35 29	23 18 25 21 33 24 28 4 35 29	26 22 24 22 35 25 28 3 35 29
5	29 15 27 29 23 23 28 3 35 29	32 20 31 33 25 24 28 3 35 29	35 21 36 36 27 24 28 3 35 30	2 25 1 4 29 24 28 3 35 30	5 29 2 8 30 23 28 3 35 30	8 33 8 11 31 23 28 4 35 30	11 36 13 15 31 23 28 4 35 30	14 5 14 18 31 23 28 4 35 29	17 10 15 21 30 23 28 4 35 29	20 14 21 23 31 24 28 4 35 29	23 19 25 21 33 24 28 4 35 29	26 23 24 22 35 25 28 3 35 29
6	29 16 27 29 23 23 28 3 35 29	32 21 31 33 25 24 28 3 35 29	35 22 36 36 27 24 28 3 35 30	2 27 1 4 29 24 28 3 35 30	5 30 2 8 30 23 28 3 35 30	8 34 8 12 31 23 28 4 35 30	11 2 13 15 31 23 28 4 35 30	14 6 14 18 31 23 28 4 35 29	17 12 15 21 30 23 28 4 35 29	20 16 21 23 31 24 28 4 35 29	23 21 25 21 33 24 28 4 35 29	26 24 24 22 35 25 28 3 35 29
7	29 18 27 29 23 23 28 3 35 29	32 23 32 33 25 24 28 3 35 30	35 23 1 1 27 24 28 3 35 30	2 28 1 4 29 24 28 3 35 30	5 31 3 8 30 23 28 3 35 30	8 35 8 12 31 23 28 4 35 30	11 3 14 15 31 23 28 4 35 30	14 8 14 19 31 23 28 4 35 29	17 13 16 21 30 23 28 4 35 29	20 17 21 23 31 24 28 4 35 29	23 22 25 21 33 24 28 3 35 29	26 26 24 22 35 25 28 3 35 29
8	29 19 27 29 23 23 28 3 35 29	32 24 32 33 25 24 28 3 35 30	35 25 1 1 27 24 28 3 35 30	2 29 1 4 29 24 28 3 35 30	5 32 3 8 30 23 28 3 35 30	8 1 8 12 31 23 28 4 35 30	11 4 14 15 31 23 28 4 35 30	14 9 14 19 31 23 28 4 35 29	17 15 16 21 30 23 28 4 35 29	20 18 21 23 31 24 28 4 35 29	23 23 25 21 33 24 28 3 35 29	26 27 24 22 35 25 28 3 35 29
9	29 20 27 29 23 23 28 3 35 29	33 25 32 33 25 24 28 3 35 30	35 26 1 1 27 24 28 3 35 30	2 30 1 5 29 24 28 3 35 30	5 33 3 8 30 23 28 3 35 30	8 2 9 12 31 23 28 4 35 30	11 5 14 15 31 23 28 4 35 30	14 11 14 19 31 23 28 4 35 29	17 16 16 21 30 23 28 4 35 29	20 20 21 23 31 24 28 4 35 29	23 25 25 21 33 25 28 3 35 29	26 28 24 22 35 25 28 3 35 29
10	29 22 27 29 23 23 28 3 35 29	33 26 32 33 25 24 28 3 35 30	35 27 1 1 27 24 28 3 35 30	3 31 1 5 29 24 28 3 35 30	5 35 3 8 30 23 28 3 35 30	8 3 9 12 31 23 28 4 35 30	11 7 14 15 31 23 28 4 35 30	14 12 14 19 31 23 28 4 35 29	17 18 16 22 30 23 28 4 35 29	20 21 21 23 31 24 28 4 35 29	23 26 26 21 33 25 28 3 35 29	26 29 24 22 35 25 28 3 35 29
11	30 23 27 30 24 23 28 3 35 29	33 27 32 34 25 24 28 3 35 30	36 28 1 1 27 24 28 3 35 30	3 33 1 5 29 24 28 3 35 30	6 36 3 8 30 23 28 3 35 30	9 5 9 12 31 23 28 4 35 30	11 8 14 16 31 23 28 4 35 30	14 14 14 19 31 23 28 4 35 29	17 19 16 22 30 23 28 4 35 29	20 23 22 23 32 24 28 4 35 29	23 27 26 21 33 25 28 3 35 29	26 31 24 22 35 25 28 3 35 29
12	30 24 28 30 24 23 28 3 35 29	33 29 32 34 26 24 28 3 35 30	36 29 1 1 27 24 28 3 35 30	3 34 1 5 29 24 28 3 35 30	6 1 3 9 30 23 28 3 35 30	9 6 9 12 31 23 28 4 35 30	11 10 14 16 31 23 28 4 35 30	14 15 14 19 31 23 28 4 35 29	17 20 17 22 31 23 28 4 35 29	20 24 22 23 32 24 28 4 35 29	23 29 26 21 33 25 28 3 35 29	26 32 24 22 35 25 28 3 35 29
13	30 25 28 30 24 23 28 3 35 29	33 30 33 34 26 24 28 3 35 30	36 31 2 1 27 24 28 3 35 30	3 35 1 5 29 24 28 3 35 30	6 2 3 9 30 23 28 3 35 30	9 8 10 12 31 23 28 4 35 30	12 11 14 16 31 23 28 4 35 30	15 17 14 19 31 23 28 4 35 29	18 22 17 22 31 23 28 4 35 29	20 25 22 22 32 24 28 4 35 29	24 30 26 21 33 25 28 3 35 29	27 33 25 22 35 25 28 3 35 29
14	30 27 28 30 24 23 28 3 35 29	33 31 33 34 26 24 28 3 35 30	36 32 2 1 27 24 28 3 35 30	3 36 1 5 29 24 28 3 35 30	6 4 4 9 30 23 28 3 35 30	9 9 10 13 31 23 28 4 35 30	12 13 14 16 31 23 28 4 35 29	15 18 14 19 30 23 28 4 35 29	18 23 17 22 31 23 28 4 35 29	21 27 22 22 32 24 28 4 35 29	24 31 26 21 33 25 28 3 35 29	27 34 25 22 35 25 28 3 35 30
15	30 28 28 30 24 23 28 3 35 29	33 32 33 34 26 24 28 3 35 30	36 33 2 1 27 24 28 3 35 30	3 2 1 5 29 24 28 3 35 30	6 5 4 9 30 23 28 3 35 30	9 11 10 13 31 23 28 4 35 30	12 14 14 16 31 23 28 4 35 29	15 20 14 19 30 23 28 4 35 29	18 24 17 22 31 23 28 4 35 29	21 28 22 22 32 24 28 4 35 29	24 32 26 21 33 25 28 3 35 29	27 35 25 22 35 25 28 3 35 30
16	30 29 28 30 24 23 28 3 35 29	33 33 33 34 26 24 28 3 35 30	36 34 2 2 27 24 28 3 35 30	3 3 1 5 29 24 28 3 35 30	6 7 4 9 30 23 28 4 35 30	9 12 10 13 31 23 28 4 35 30	12 16 14 16 31 23 28 4 35 29	15 21 14 19 30 23 28 4 35 29	18 26 17 22 31 23 28 4 35 29	21 29 22 22 32 24 28 4 35 29	24 33 26 21 34 25 28 3 35 29	27 36 25 22 35 25 28 3 35 30
17	30 30 28 30 24 23 28 3 35 29	33 35 33 34 26 24 28 3 35 30	36 35 2 2 27 24 28 3 35 30	3 4 1 6 29 24 28 3 35 30	6 8 4 9 31 23 28 4 35 30	9 14 10 13 31 23 28 4 35 30	12 17 15 16 31 23 28 4 35 29	15 22 14 19 30 23 28 4 35 29	18 27 18 22 31 23 28 4 35 29	21 30 23 22 32 24 28 4 35 29	24 34 26 21 34 25 28 3 35 29	27 2 25 22 35 25 28 3 35 30
18	30 31 28 30 24 23 28 3 35 29	33 36 33 34 26 24 28 3 35 30	36 1 2 2 28 24 28 3 35 30	3 6 1 6 29 24 28 3 35 30	6 10 4 9 31 23 28 4 35 30	9 15 11 13 31 23 28 4 35 30	12 19 15 16 31 23 28 4 35 29	15 24 14 20 30 23 28 4 35 29	18 28 18 22 31 23 28 4 35 29	21 31 23 22 32 24 28 4 35 29	24 36 26 21 34 25 28 3 35 29	27 3 25 23 36 25 28 3 35 30
19	30 32 29 31 24 23 28 3 35 29	34 1 34 35 26 24 28 3 35 30	36 2 2 2 28 24 28 3 35 30	3 7 1 6 29 24 28 3 35 30	6 11 4 9 31 23 28 4 35 30	9 16 11 13 31 23 28 4 35 30	12 20 15 16 31 23 28 4 35 29	15 25 14 20 30 23 28 4 35 29	18 29 18 22 31 23 28 4 35 29	21 32 23 22 32 24 28 4 35 29	24 1 26 21 34 25 28 3 35 29	27 4 25 23 36 25 28 3 35 30
20	30 34 29 31 24 23 28 3 35 29	34 2 34 35 26 24 28 3 35 30	36 3 2 2 28 24 28 3 35 30	3 9 1 6 29 24 28 3 35 30	6 13 5 10 31 23 28 4 35 30	9 18 11 13 31 23 28 4 35 30	12 21 15 17 31 23 28 4 35 29	15 26 14 20 30 23 28 4 35 29	18 31 18 22 31 24 28 4 35 29	21 34 23 22 32 24 28 4 35 29	24 2 26 21 34 25 28 3 35 29	27 6 25 23 36 25 28 3 35 30
21	31 35 29 31 24 23 28 3 35 29	34 4 34 35 26 24 28 3 35 30	1 5 2 2 28 24 28 3 35 30	4 10 1 6 29 24 28 3 35 30	6 14 5 10 31 23 28 4 35 30	9 19 11 13 31 23 28 4 35 30	12 23 15 17 31 23 28 4 35 29	15 27 14 20 30 23 28 4 35 29	18 32 18 22 31 24 28 4 35 29	21 35 23 22 32 24 28 4 35 29	24 4 26 21 34 25 28 3 35 29	27 7 25 23 36 25 29 3 35 30
22	31 36 29 31 24 24 28 3 35 29	34 5 34 35 26 24 28 3 35 30	1 6 2 2 28 24 28 3 35 30	4 11 1 6 29 24 28 3 35 30	7 15 5 10 31 23 28 4 35 30	10 20 11 13 31 23 28 4 35 30	12 24 15 17 31 23 28 4 35 29	15 28 14 20 30 23 28 4 35 29	18 33 18 22 31 24 28 4 35 29	21 36 23 22 32 24 28 4 35 29	24 5 26 21 34 25 28 3 35 29	28 8 25 23 36 25 29 3 35 30
23	31 1 29 31 24 24 28 3 35 29	34 6 34 35 26 24 28 3 35 30	1 8 2 2 28 24 28 3 35 30	4 13 1 6 29 24 28 3 35 30	7 17 5 10 31 23 28 4 35 30	10 22 11 14 31 23 28 4 35 30	13 25 15 17 31 23 28 4 35 29	15 30 14 20 30 23 28 4 35 29	18 34 19 22 31 24 28 4 35 29	21 1 23 22 32 24 28 4 35 29	25 6 26 21 34 25 28 3 35 29	28 10 26 23 36 25 29 3 35 30
24	31 3 29 31 24 24 28 3 35 29	34 8 35 35 26 24 28 3 35 30	1 9 2 3 28 24 28 3 35 30	4 14 1 6 30 24 28 3 35 30	7 18 5 10 31 23 28 4 35 30	10 23 12 14 31 23 28 4 35 30	13 26 15 17 31 23 28 4 35 29	16 31 14 20 30 23 28 4 35 29	19 35 19 22 31 24 28 4 35 29	22 3 24 22 32 24 28 4 35 29	25 8 25 21 34 25 28 3 35 29	28 11 26 23 36 26 29 3 35 30
25	31 4 29 31 24 24 28 3 35 29	34 9 35 35 26 24 28 3 35 30	1 10 2 3 28 24 28 3 35 30	4 16 1 7 30 24 28 3 35 30	7 19 5 10 31 23 28 4 35 30	10 24 12 14 31 23 28 4 35 30	13 28 15 17 31 23 28 4 35 29	16 32 14 20 30 23 28 4 35 29	19 1 19 22 31 24 28 4 35 29	22 4 24 22 32 24 28 4 35 29	25 9 25 21 34 25 28 3 35 29	28 13 26 23 36 26 29 3 35 30
26	31 5 30 31 24 24 28 3 35 29	34 11 35 35 26 24 28 3 35 30	1 12 2 3 28 24 28 3 35 30	4 17 1 7 30 23 28 3 35 30	7 21 6 10 31 23 28 4 35 30	10 25 12 14 31 23 28 4 35 30	13 29 15 17 31 23 28 4 35 29	16 33 14 20 30 23 28 4 35 29	19 2 19 22 31 24 28 4 35 29	22 5 24 22 32 24 28 4 35 29	25 11 25 21 34 25 28 3 35 29	28 14 26 23 36 26 29 3 35 30
27	31 7 30 32 25 24 28 3 35 29	34 12 35 36 26 24 28 3 35 30	1 13 2 3 28 24 28 3 35 30	4 18 1 7 30 23 28 3 35 30	7 22 6 10 31 23 28 4 35 30	10 27 12 14 31 23 28 4 35 30	13 30 15 17 31 23 28 4 35 29	16 34 14 20 30 23 28 4 35 29	19 3 19 22 31 24 28 4 35 29	22 7 24 22 32 24 28 4 35 29	25 12 25 21 34 25 28 3 35 29	28 16 26 23 36 26 29 3 35 30
28	31 8 30 32 25 24 28 3 35 29	34 14 35 36 26 24 28 3 35 30	1 15 2 3 28 24 28 3 35 30	4 20 2 7 30 23 28 3 35 30	7 23 6 11 31 23 28 4 35 30	10 28 12 14 31 23 28 4 35 30	13 31 15 17 31 23 28 4 35 29	16 36 14 21 30 23 28 4 35 29	19 4 20 22 31 24 28 4 35 29	22 8 24 22 32 24 28 4 35 29	25 13 25 21 34 25 28 3 35 29	28 17 26 23 36 26 29 3 35 30
29	31 10 30 32 25 24 28 3 35 29		1 16 2 3 28 24 28 3 35 30	4 21 2 7 30 23 28 3 35 30	7 25 6 11 31 23 28 4 35 30	10 29 12 14 31 23 28 4 35 30	13 32 15 18 31 23 28 4 35 29	16 1 14 21 30 23 28 4 35 29	19 6 20 22 31 24 28 4 35 29	22 10 24 22 32 24 28 4 35 29	25 15 25 21 34 25 28 3 35 29	28 19 26 24 36 26 29 3 35 30
30	32 11 30 32 25 24 28 3 35 29		1 17 2 3 28 24 28 3 35 30	4 22 2 7 30 23 28 3 35 30	7 26 7 11 31 23 28 4 35 30	10 30 13 14 31 23 28 4 35 30	13 34 15 18 31 23 28 4 35 29	16 2 14 21 30 23 28 4 35 29	19 7 20 23 31 24 28 4 35 29	22 11 24 22 33 24 28 4 35 29	25 16 25 21 34 25 28 3 35 29	28 20 27 24 36 26 29 3 35 30
31	32 13 30 32 25 24 28 3 35 29		2 19 2 3 28 24 28 3 35 30		7 27 7 11 31 23 28 4 35 30		13 35 15 18 31 23 28 4 35 29	16 3 15 21 30 23 28 4 35 29		22 12 24 22 33 24 28 4 35 29		28 21 27 24 36 26 29 3 35 30

2019

	JAN	FEB	MAR	APR	MAY	JUNE	JULY	AUG	SEPT	OCT	NOV	DEC
1	29 23 27 24 36 26 29 3 35 30	32 27 32 27 3 26 29 3 35 30	35 28 36 30 4 27 29 3 35 30	2 33 35 34 7 27 29 4 35 30	5 36 2 2 9 27 30 4 35 30	8 5 9 6 11 27 29 4 35 30	10 8 13 9 12 26 29 4 35 30	13 13 12 13 14 26 29 4 35 30	16 19 16 17 16 26 29 4 35 30	19 22 21 21 18 26 29 4 35 30	22 27 24 24 20 27 29 4 35 30	25 31 23 28 22 27 29 4 35 30
2	29 24 27 24 1 26 29 3 35 30	32 29 32 27 3 26 29 3 35 30	35 30 36 31 5 27 29 3 35 30	2 34 35 34 7 27 29 4 35 30	5 1 3 2 9 27 30 4 35 30	8 6 9 6 11 27 29 4 35 30	10 9 13 9 13 26 29 4 35 30	13 15 12 13 14 26 29 4 35 30	16 20 16 17 16 26 29 4 35 30	19 24 21 21 18 26 29 4 35 30	22 29 24 25 20 27 29 4 35 30	25 32 23 28 22 27 29 4 35 30
3	29 25 27 24 1 26 29 3 35 30	32 30 32 27 3 26 29 3 35 30	35 31 36 31 5 27 29 3 35 30	2 35 35 34 7 27 29 4 35 30	5 2 3 2 9 27 30 4 35 30	8 7 9 6 11 27 29 4 35 30	11 11 13 9 13 26 29 4 35 30	14 16 12 13 15 26 29 4 35 30	17 22 16 17 17 26 29 4 35 30	19 25 21 21 18 26 29 4 35 30	23 30 24 25 20 27 29 4 35 30	26 33 24 28 22 28 29 4 35 30
4	29 27 27 24 1 26 29 3 35 30	32 31 32 28 3 26 29 3 35 30	35 32 36 31 5 27 29 3 35 30	2 36 35 34 7 27 29 4 35 30	5 4 3 2 9 27 30 4 35 30	8 9 9 6 11 27 29 4 35 30	11 12 13 10 13 26 29 4 35 30	14 18 12 13 15 26 29 4 35 30	17 23 17 17 17 26 29 4 35 30	20 27 22 21 18 26 29 4 35 30	23 31 24 25 20 27 29 4 35 30	26 34 24 28 22 28 29 4 35 30
5	29 28 27 24 1 26 29 3 35 30	32 32 33 28 3 26 29 3 35 30	35 33 36 31 5 27 29 3 35 30	2 2 35 35 7 27 30 4 35 30	5 5 3 2 9 27 30 4 35 30	8 10 10 6 11 27 29 4 35 30	11 14 13 10 13 26 29 4 35 30	14 19 12 13 15 26 29 4 35 30	17 24 17 17 17 26 29 4 35 30	20 28 22 21 19 26 29 4 35 30	23 32 24 25 21 27 29 4 35 30	26 36 24 29 23 28 29 4 35 30
6	29 29 28 24 1 26 29 3 35 30	32 33 33 28 3 26 29 3 35 30	35 34 36 31 5 27 29 3 35 30	2 3 35 35 7 27 30 4 35 30	5 6 3 2 9 27 30 4 35 30	8 11 10 6 11 27 29 4 35 30	11 15 13 10 13 26 29 4 35 30	14 21 12 14 15 26 29 4 35 30	17 26 17 17 17 26 29 4 35 30	20 29 22 21 19 26 29 4 35 30	23 34 24 25 21 27 29 4 35 30	26 1 24 29 23 28 29 4 35 30
7	29 30 28 24 1 26 29 3 35 30	32 35 33 28 3 26 29 3 35 30	35 35 36 31 5 27 29 4 35 30	2 4 35 35 7 27 30 4 35 30	5 8 4 2 9 27 30 4 35 30	8 13 10 6 11 26 29 4 35 30	11 17 13 10 13 26 29 4 35 30	14 22 12 14 15 26 29 4 35 30	17 27 17 18 17 26 29 4 35 30	20 30 22 21 19 26 29 4 35 30	23 35 24 25 21 27 29 4 35 30	26 2 24 29 23 28 29 4 35 30
8	29 31 28 25 1 26 29 3 35 30	32 36 33 28 3 26 29 3 35 30	35 1 36 31 5 27 29 4 35 30	2 5 36 35 7 27 30 4 35 30	5 9 4 3 9 27 30 4 35 30	8 14 10 6 11 26 29 4 35 30	11 18 13 10 13 26 29 4 35 30	14 23 12 14 15 26 29 4 35 30	17 28 17 18 17 26 29 4 35 30	20 32 22 21 19 26 29 4 35 30	23 36 24 25 21 27 29 4 35 30	26 3 24 29 23 28 29 4 35 30
9	29 33 28 25 1 26 29 3 35 30	32 1 33 28 3 26 29 3 35 30	35 2 36 31 5 27 29 4 35 30	2 7 36 35 7 27 30 4 35 30	5 10 4 3 9 27 30 4 35 30	8 16 10 6 11 26 29 4 35 30	11 20 13 10 13 26 29 4 35 30	14 25 12 14 15 26 29 4 35 30	17 29 18 18 17 26 29 4 35 30	20 33 22 22 19 26 29 4 35 30	23 1 24 25 21 27 29 4 35 30	26 4 24 29 23 28 29 4 35 30
10	29 34 28 25 1 26 29 3 35 30	33 2 33 28 3 26 29 3 35 30	35 3 36 31 5 27 29 4 35 30	2 8 36 35 7 27 30 4 35 30	5 12 4 3 9 27 30 4 35 30	8 17 10 7 11 26 29 4 35 30	11 21 13 10 13 26 29 4 35 30	14 26 12 14 15 26 29 4 35 30	17 31 18 18 17 26 29 4 35 30	20 34 22 22 19 26 29 4 35 30	23 2 24 26 21 27 29 4 35 30	26 6 25 29 23 28 29 4 35 30
11	30 35 28 25 1 26 29 3 35 30	33 3 34 28 3 26 29 3 35 30	36 4 36 32 5 27 29 4 35 30	3 9 36 35 7 27 30 4 35 30	6 13 4 3 9 27 30 4 35 30	8 18 11 7 11 26 29 4 35 30	11 22 13 10 13 26 29 4 35 30	14 27 12 14 15 26 29 4 35 30	17 32 18 18 17 26 29 4 35 30	20 35 23 22 19 26 29 4 35 30	23 4 23 26 21 27 29 4 35 30	26 7 25 29 23 28 29 4 35 30
12	30 36 29 25 1 26 29 3 35 30	33 5 34 28 3 26 29 3 35 30	36 6 36 32 5 27 29 4 35 30	3 11 36 35 7 27 30 4 35 30	6 15 5 3 9 27 30 4 35 30	9 20 11 7 11 26 29 4 35 30	11 24 13 11 13 26 29 4 35 30	14 28 13 14 15 26 29 4 35 30	17 33 18 18 17 26 29 4 35 30	20 36 23 22 19 26 29 4 35 30	23 5 23 26 21 27 29 4 35 30	26 8 25 29 23 28 29 4 35 30
13	30 1 29 25 1 26 29 3 35 30	33 6 34 29 3 26 29 3 35 30	36 7 36 32 5 27 29 4 35 30	3 12 36 36 7 27 30 4 35 30	6 16 5 3 9 27 30 4 35 30	9 21 11 7 11 26 29 4 35 30	12 25 13 11 13 26 29 4 35 30	14 30 13 14 15 26 29 4 35 30	17 34 18 18 17 26 29 4 35 30	20 1 23 22 19 26 29 4 35 30	24 6 23 26 21 27 29 4 35 30	27 10 25 30 23 28 29 4 35 30
14	30 3 29 25 1 26 29 3 35 30	33 7 34 29 3 26 29 3 35 30	36 8 36 32 5 27 29 4 35 30	3 13 36 36 7 27 30 4 35 30	6 17 5 3 9 27 30 4 35 30	9 23 11 7 11 26 29 4 35 30	12 26 13 11 13 26 29 4 35 30	15 31 13 15 15 26 29 4 35 30	18 35 18 18 17 26 29 4 35 30	21 3 23 22 19 27 29 4 35 30	24 7 23 26 21 27 29 4 35 30	27 11 25 30 23 28 29 4 35 30
15	30 4 29 25 1 26 29 3 35 30	33 9 34 29 4 26 29 3 35 30	36 10 36 32 5 27 29 4 35 30	3 15 36 36 7 27 30 4 35 30	6 19 5 3 9 27 30 4 35 30	9 24 11 7 11 26 29 4 35 30	12 28 13 11 13 26 29 4 35 30	15 32 13 15 15 26 29 4 35 30	18 1 19 19 17 26 29 4 35 30	21 4 23 22 19 27 29 4 35 30	24 9 23 26 21 27 29 4 35 30	27 12 25 30 23 28 29 4 35 30
16	30 5 29 25 2 26 29 3 35 30	33 10 34 29 4 27 29 3 35 30	36 11 36 32 5 27 29 4 35 30	3 16 36 36 8 27 30 4 35 30	6 20 5 4 9 27 30 4 35 30	9 25 11 7 11 26 29 4 35 30	12 29 13 11 13 26 29 4 35 30	15 33 13 15 15 26 29 4 35 30	18 2 19 19 17 26 29 4 35 30	21 5 23 22 19 27 29 4 35 30	24 10 23 26 21 27 29 4 35 30	27 14 25 30 23 28 29 4 35 30
17	30 6 29 26 2 26 29 3 35 30	33 12 35 29 4 27 29 3 35 30	36 12 36 32 6 27 29 4 35 30	3 18 36 36 8 27 30 4 35 30	6 22 6 4 10 27 30 4 35 30	9 27 11 7 12 26 29 4 35 30	12 30 13 11 13 26 29 4 35 30	15 34 13 15 15 26 29 4 35 30	18 3 19 19 17 26 29 4 35 30	21 6 23 23 19 27 29 4 35 30	24 11 23 26 21 27 29 4 35 30	27 15 26 30 23 28 29 4 35 30
18	30 8 29 26 2 26 29 3 35 30	33 13 35 29 4 27 29 3 35 30	36 14 36 32 6 27 29 4 35 30	3 19 1 36 8 27 30 4 35 30	6 23 6 4 10 27 30 4 35 30	9 28 12 8 12 26 29 4 35 30	12 31 13 11 14 26 29 4 35 30	15 36 13 15 15 26 29 4 35 30	18 4 19 19 17 26 29 4 35 30	21 8 23 23 19 27 29 4 35 30	24 13 23 27 21 27 29 4 35 30	27 16 26 30 23 28 29 4 35 30
19	30 9 30 26 2 26 29 3 35 30	34 15 35 29 4 27 29 3 35 30	36 15 36 33 6 27 29 4 35 30	3 21 1 36 8 27 30 4 35 30	6 24 6 4 10 27 30 4 35 30	9 29 12 8 12 26 29 4 35 30	12 32 13 11 14 26 29 4 35 30	15 1 14 15 16 26 29 4 35 30	18 5 19 19 18 26 29 4 35 30	21 9 23 23 19 27 29 4 35 30	24 14 23 27 21 27 29 4 35 30	27 18 26 30 23 28 29 4 35 30
20	30 11 30 26 2 26 29 3 35 30	34 16 35 29 4 27 29 3 35 30	36 17 35 33 6 27 29 4 35 30	3 22 1 36 8 27 30 4 35 30	6 26 6 4 10 27 30 4 35 30	9 30 12 8 12 26 29 4 35 30	12 34 12 12 14 26 29 4 35 30	15 2 14 15 16 26 29 4 35 30	18 7 19 19 18 26 29 4 35 30	21 10 24 23 20 27 29 4 35 30	24 15 23 27 22 27 29 4 35 30	27 19 26 30 24 28 30 4 35 30
21	31 12 30 26 2 26 29 3 35 30	34 18 35 29 4 27 29 3 35 30	1 18 35 33 6 27 29 4 35 30	4 24 1 1 8 27 30 4 35 30	6 27 6 4 10 27 30 4 35 30	9 32 12 8 12 26 29 4 35 30	12 35 12 12 14 26 29 4 35 30	15 3 14 15 16 26 29 4 35 30	18 8 20 19 18 26 29 4 35 30	21 12 24 23 20 27 29 4 35 30	24 17 23 27 22 27 29 4 35 30	27 21 26 31 24 28 30 4 35 30
22	31 14 30 26 2 26 29 3 35 30	34 19 35 30 4 27 29 3 35 30	1 20 35 33 6 27 29 4 35 30	4 25 1 1 8 27 30 4 35 30	7 28 7 4 10 27 30 4 35 30	10 33 12 8 12 26 29 4 35 30	12 36 12 12 14 26 29 4 35 30	15 4 14 16 16 26 29 4 35 30	18 9 20 19 18 26 29 4 35 30	21 13 24 23 20 27 29 4 35 30	24 18 23 27 22 27 29 4 35 30	27 22 26 31 24 28 30 4 35 30
23	31 15 30 26 2 26 29 3 35 30	34 21 36 30 4 27 29 3 35 30	1 21 35 33 6 27 29 4 35 30	4 26 1 1 8 27 30 4 35 30	7 30 7 4 10 27 30 4 35 30	10 34 12 8 12 26 29 4 35 30	12 1 12 12 14 26 29 4 35 30	15 6 14 16 16 26 29 4 35 30	18 11 20 20 18 26 29 4 35 30	21 14 24 23 20 27 29 4 35 30	25 20 23 27 22 27 29 4 35 30	28 24 27 31 24 28 30 4 35 30
24	31 17 30 26 2 26 29 3 35 30	34 22 36 30 4 27 29 3 35 30	1 23 35 33 6 27 29 4 35 30	4 28 1 1 8 27 30 4 35 30	7 31 7 5 10 27 30 4 35 30	10 35 12 8 12 26 29 4 35 30	13 2 12 12 14 26 29 4 35 30	16 7 14 16 16 26 29 4 35 30	19 12 20 20 18 26 29 4 35 30	22 16 24 23 20 27 29 4 35 30	25 21 23 27 22 27 29 4 35 30	28 25 27 31 24 28 30 4 35 30
25	31 18 31 26 2 26 29 3 35 30	34 23 36 30 4 27 29 3 35 30	1 24 35 33 6 27 29 4 35 30	4 29 2 1 8 27 30 4 35 30	7 32 7 5 10 27 30 4 35 30	10 36 12 8 12 26 29 4 35 30	13 4 12 12 14 26 29 4 35 30	16 8 15 16 16 26 29 4 35 30	19 13 20 20 18 26 29 4 35 30	22 17 24 24 20 27 29 4 35 30	25 23 23 27 22 27 29 4 35 30	28 26 27 31 24 28 30 4 35 30
26	31 20 31 26 2 26 29 3 35 30	34 25 36 30 4 27 29 3 35 30	1 25 35 33 6 27 29 4 35 30	4 30 2 1 8 27 30 4 35 30	7 33 7 5 10 27 29 4 35 30	10 2 12 9 12 26 29 4 35 30	13 5 12 12 14 26 29 4 35 30	16 10 15 16 16 26 29 4 35 30	19 15 20 20 18 26 29 4 35 30	22 19 24 24 20 27 29 4 35 30	25 24 23 27 22 27 29 4 35 30	28 28 27 31 24 28 30 4 35 30
27	31 21 31 27 2 26 29 3 35 30	34 26 36 30 4 27 29 3 35 30	1 27 35 34 6 27 29 4 35 30	4 31 2 1 8 27 30 4 35 30	7 34 8 5 10 27 29 4 35 30	10 3 12 9 12 26 29 4 35 30	13 6 12 12 14 26 29 4 35 30	16 11 15 16 16 26 29 4 35 30	19 16 21 20 18 26 29 4 35 30	22 20 24 24 20 27 29 4 35 30	25 25 23 28 22 27 29 4 35 30	28 29 27 31 24 28 30 4 35 30
28	31 22 31 27 2 26 29 3 35 30	34 27 36 30 4 27 29 3 35 30	1 28 35 34 6 27 29 4 35 30	4 32 2 1 8 27 30 4 35 30	7 36 8 5 10 27 29 4 35 30	10 4 13 9 12 26 29 4 35 30	13 7 12 12 14 26 29 4 35 30	16 13 15 16 16 26 29 4 35 30	19 18 21 20 18 26 29 4 35 30	22 22 24 24 20 27 29 4 35 30	25 27 23 28 22 27 29 4 35 30	28 30 27 31 24 28 30 4 35 30
29	31 24 31 27 2 26 29 3 35 30		1 29 35 34 6 27 29 4 35 30	4 34 2 2 8 27 30 4 35 30	7 1 8 5 10 27 29 4 35 30	10 5 13 9 12 26 29 4 35 30	13 9 12 13 14 26 29 4 35 30	16 14 15 16 16 26 29 4 35 30	19 19 21 20 18 26 29 4 35 30	22 23 24 24 20 27 29 4 35 30	25 28 23 28 22 27 29 4 35 30	28 31 27 32 24 28 30 4 35 30
30	31 25 31 27 2 26 29 3 35 30		1 30 35 34 6 27 29 4 35 30	4 35 2 2 8 27 30 4 35 30	7 2 8 5 10 27 29 4 35 30	10 7 13 9 12 26 29 4 35 30	13 10 12 13 14 26 29 4 35 30	16 16 16 17 16 26 29 4 35 30	19 21 21 20 18 26 29 4 35 30	22 25 24 24 20 27 29 4 35 30	25 29 23 28 22 27 29 4 35 30	28 33 28 32 24 28 30 4 35 30
31	32 26 32 27 3 26 29 3 35 30		1 32 35 34 6 27 29 4 35 30		7 3 9 5 10 27 29 4 35 30		13 12 12 13 14 26 29 4 35 30	16 17 16 17 16 26 29 4 35 30		22 26 24 24 20 27 29 4 35 30		28 34 28 32 24 28 30 4 35 30

About the author

Helena Paterson is a professional astrologer, herbalist and writer on esoteric philosophies. She has been an active member of the British Astrological Association for over twenty years, and is also an international speaker at astrological conferences around the world. Helena has had an interest since childhood in Western mystery schools. She studied the Qabalah in order to learn the applied techniques of creative visualization used for divination in the tarot and astrology, specializing in the interpretation of the unconscious as part of the dynamics of the human psyche.

As an accomplished practitioner, Helena has written a number of books on Celtic divination, including *The Celtic Tarot*, *The Celtic Lunar Zodiac* and *The Handbook of Celtic Astrology*, as well as titles on Celtic art and mythology. She lives in Salisbury, England, with her husband Chris.

Acknowledgements

AUTHOR'S ACKNOWLEDGEMENTS

As every author knows, it takes a considerable amount of teamwork to produce a book from their original manuscript. *The Celtic Moon Sign Kit* is more than a book. It is a comprehensive package that required the innovative skills of others. Special thanks are due to the artist Danuta for her exquisite lunar zodiac symbols and to Elaine Partington, Art Director, and Brazzle, the Project Designer. Their combined talents have greatly enhanced the whole package.

Special recognition must also be attributed to Tessa Monina, whose editorial skills provided a sharper focus on the text format. Thank you Tessa for your professional and friendly manner during our work together. To Ian Jackson, I can only add that your support and encouragement enabled me to complete the book on time.

EDDISON•SADD EDITIONS

Editorial Director.....Ian Jackson
Commissioning Editor.....Liz Wheeler
Senior Editor.....Tessa Monina
Art Director.....Elaine Partington
Project Designer.....Brazzle Atkins
Lunar zodiac illustrations.....Danuta Mayer
Production.....Karyn Claridge and Charles James

Bibliography

Cumont, Franz, *Astrology and Religion among the Greeks and Romans*. New York, NY: Dover, 1960.

Evans Wentz, W. Y., *The Fairy Faith in Celtic Countries*. Bucks, England: Colin Smythe Ltd, 1981.

Foulkes, I., *Iolo Manuscripts*. Published for Welsh M.S.S. Society, 1848.

Frazer, J. G., *The Golden Bough*. London: Macmillan, 1971; New York: Simon & Schuster, 1996.

Gantz, Jeffrey, *The Mabinogion*. New York: Viking Press,1976.

Geoffrey of Monmouth, *The History of the Kings of Britain*. London: Penguin, 1988.

Graves, Robert, *The White Goddess*. London: Faber & Faber, 1971; New York: Noonday Press, 1997.

Heath, Robin, *Sun, Moon and Stonehenge*. Cardigan, Wales: Bluestone Press, 1998.

Kendrick, T. D., *The Druids*. London: Methuen & Co. Ltd, 1928.

Mclean, Adam, *The Four Fire Festivals*. Edinburgh: Megalithic Research, 1979.

Morien, O. Morgan, *The Royal Winged Son of Stonehenge and Avebury*. London: Whittaker & Co., 1900.

Nichols, Ross, *The Book of Druidry*. Wellingborough, England: The Aquarian Press, 1990.

O'Kelly, *Michael J., Newgrange Archaeology*. Art and Legend. London: Thames & Hudson, 1982.

Parry, J. H., *The Cambrian Plutarch*. London: W. Simpkin & R. Marshall, 1834.

Rees, Alwyn and Bramley Rees, *Celtic Heritage*. London: Thames & Hudson, 1989.

Rolleston, T. W., *Myths and Legends of the Celtic Race*. London: Harrap, 1917.

Spence, Lewis, *The Mysteries of Britain*. London: Rider & Co, 1931.

Further reading

Bailey, Alice, *Esoteric Astrology*, Vol. 3. New York, NY: Lucis, 1976.

Jung, C. G., *Four Archetypes*. London: Routledge, 1986; Princeton, NJ: Princeton University Press, 1970.

Matthews, Caitlin, *The Celtic Book of Days*. Rochester, VT: Inner Traditions, 1995.

Paterson, Helena, *The Celtic Lunar Zodiac*. St Paul, MN: Llewellyn, 1997.

Paterson, Helena, *The Handbook of Celtic Astrology*. St Paul, MN: Llewellyn, 1994.

Paterson, Helena, *Celtic Mandalas*. London: Blandford, 1994.

Rudhyar, Dane, *An Astrological Mandala*. New York: Random House, 1974.

Rudhyar, Dane, *The Lunation Cycle*. Boulder, CA/London: Shambhala, 1971.

Vogh, James, *Arachne Rising*. London: Granada, 1977.

Volguine, Alexandre, *Lunar Astrology*. New York, NY: Asi, 1974.